**Die Frankfurter Seminare Theodor W. Adornos**
Band 2

# Die Frankfurter Seminare Theodor W. Adornos

Gesammelte Sitzungsprotokolle 1949–1969

Herausgegeben von Dirk Braunstein

# Band 2

# Wintersemester 1957/58 – Wintersemester 1960/61

---

Herausgegeben von Dirk Braunstein

unter Mitwirkung von
Nico Bobka, Maischa Gelhard, Jessica Lütgens,
Hannes Weidmann, Lena Welling und Marcel Woznica

**DE GRUYTER**

ISBN 978-3-11-111011-0
e-ISBN (PDF) 978-3-11-072283-3
e-ISBN (EPUB) 978-3-11-072286-4

**Library of Congress Control Number:** 2020952376

**Bibliografische Information der Deutschen Nationalbibliothek**
Die Deutsche Nationalbibliothek verzeichnet diese Publikation in der Deutschen
Nationalbibliografie; detaillierte bibliografische Daten sind im Internet
über http://dnb.dnb.de abrufbar.

© 2022 Walter de Gruyter GmbH, Berlin/Boston
Dieser Band ist text- und seitenidentisch mit der 2021 erschienenen
gebundenen Ausgabe.
Druck und Bindung: CPI books GmbH, Leck

www.degruyter.com

# Inhalt

**Editorische Richtlinien —— 1**
    Textgestalt —— 1
    Anmerkungsapparat —— 4

**Siglenverzeichnis —— 6**

## Protokolle

**Wintersemester 1957/58: Adorno,**
**»Zur Metakritik der Erkenntnistheorie« [I] —— 19**
| | | |
|---|---|---|
| 124 | [N.N.], 28. November 1957 —— **20** | |
| 125 | Rudolf Walter, 5. Dezember 1957 —— **25** | |
| 126 | Hilmar Tillack, 9. Januar 1958 —— **28** | |
| 127 | Rainer Zoll, 16. Januar 1958 —— **35** | |
| 128 | Helga Neumann, 30. Januar 1958 —— **39** | |
| 129 | Adalbert Rang, 20. Februar 1958 —— **43** | |

**Wintersemester 1957/58: Wirtschaft und Gesellschaft [I] —— 48**
| | | |
|---|---|---|
| 130 | Klaus Horn, 12. November 1957 —— **49** | |
| 131 | Hilmar Tillack, 26. November 1957 —— **52** | |
| 132 | Ellen Schölch, 3. Dezember 1957 —— **56** | |
| 133 | Rudolf Billerbeck, 10. Dezember 1957 —— **64** | |
| 134 | Horst Helmut Kaiser, 17. Dezember 1957 —— **73** | |
| 135 | Otto-Ernst Laske, 7. Januar 1958 —— **77** | |
| 136 | Hans Carle, 4. Februar 1958 —— **86** | |
| 137 | Wilke Thomssen, 11. Februar 1958 —— **91** | |
| 138 | Ursula Deininger, 25. Februar 1958 —— **95** | |

**Sommersemester 1958: Adorno,**
**»Zur Metakritik der Erkenntnistheorie« II —— 98**
| | | |
|---|---|---|
| 139 | Rolf Tiedemann, 26. Juni 1958 —— **99** | |
| 140 | Hilmar Tillack, 10. Juli 1958 —— **106** | |
| 141 | Ulrich Desselberger, 17. Juli 1958 —— **109** | |
| 142 | Rudolf Walter, 24. Juli 1958 —— **114** | |
| 143 | Otto-Ernst Laske, 31. Juli 1958 —— **117** | |

**Sommersemester 1958: Wirtschaft und Gesellschaft II —— 122**
144        Ingrid Sommerkorn, 13. Mai 1958 —— **123**
145        Erna Hochleitner, 20. Mai 1958 —— **129**
146        Otto-Ernst Laske, 3. Juni 1958 —— **136**
147        Erwin Rogler, 10. Juni 1958 —— **140**
148        Reinhart Chr. Bartholomäi, 8. Juli 1958 —— **144**
149        Hans-Heinrich Ehrhardt, 15. Juli 1958 —— **148**

**Wintersemester 1958/59: Hegels »Philosophische Propädeutik« —— 154**
150        Elisabeth Stehfen, 10. November 1958 —— **155**
151        Volker Amend, 17. November 1958 —— **158**
152        Otto-Ernst Laske, 15. Dezember 1958 —— **163**
153        Gisela Brückner, 5. Januar 1959 —— **171**
154        Helga Thomas, 12. Januar 1959 —— **176**
155        Manfred Walther, 26. Januar 1959 —— **180**
156        [N.N.], 9. Februar 1959 —— **185**
157        Helmut Damm, 16. Februar 1959 —— **191**

**Wintersemester 1958/59: Kausalität [I] —— 195**
158        Joachim Gaudigs, 20. November 1958 —— **196**
159        Gudrun Mohr, 27. November 1958 —— **201**
160        [N.N.], 4. Dezember 1958 —— **204**
161        Hermann Peter Piwitt, 18. Dezember 1958 —— **207**
162        Elisabeth Barbara Meyer, 15. Januar 1959 —— **210**
163        Heinz Eckardt, 22. Januar 1959 —— **214**
164        Herbert Schnädelbach, 29. Januar 1959 —— **220**
165        Erich Harmuth, 5. Februar 1959 —— **223**

**Wintersemester 1958/59: Kunstsoziologie —— 229**
166        Günther Hepp, 18. November 1958 —— **230**
167        Klaus Horn, 2. Dezember 1958 —— **237**
168        Roland Pelzer, 9. Dezember 1958 —— **245**
169        Sebastian Herkommer, 16. Dezember 1958 —— **249**
170        Werner Sörgel, 6. Januar 1959 —— **258**
171        Friedrich Rothe, 13. Januar 1959 —— **264**
172        Hans-Heinrich Ehrhardt, 20. Januar 1959 —— **269**
173        Kurt Trautmann, 27. Januar 1959 —— **273**
174        Erich Cramer, 3. Februar 1959 —— **277**

**Sommersemester 1959: Kausalität II —— 283**
175         Hilmar Tillack, 14. Mai 1959 —— **284**
176         Otto-Ernst Laske, 4. Juni 1959 —— **288**
177         Peter Gorsen, 11. Juni 1959 —— **297**
178         [N.N.], 18. Juni 1959 —— **305**
179         Gudrun Mohr, 25. Juni 1959 —— **309**
180         Werner Becker, 9. Juli 1959 —— **313**
181         Karlheinz Funk, 23. Juli 1959 —— **317**
182         Werner Kriesel, 28. Juli 1959 —— **319**

**Sommersemester 1959: Was ist Gesellschaft? —— 324**
183         U. Kloss, 12. Mai 1959 —— **325**
184         Hans von Loesch, 9. Juni 1959 —— **329**
185         Hilmar Tillack, 16. Juni 1959 —— **334**
186         Klaus Horn, 23. Juni 1959 —— **338**

**Wintersemester 1959/60: Hegels »Logik« [I] —— 343**
187         Horst Albert Glaser, [ohne Datum] —— **344**
188         [N.N.], 26. November 1959 —— **345**
189         Brigitte Reichardt, 3. Dezember 1959 —— **347**
190         Christine Herzog, 10. Dezember 1959 —— **350**
191         Bülow, 17. Dezember 1959 —— **353**
192         Elisabeth Barbara Meyer, 7. Januar 1960 —— **357**
193         Hans-Eberhard Steffen, 14. Januar 1960 —— **362**
194         Herbert Schnädelbach, 21. Januar 1960 —— **366**
195         [N.N.], 28. Januar 1960 —— **370**
196         Peter Bochow, 4. Februar 1960 —— **373**
197         Hilmar Tillack, 11. Februar 1960 —— **379**
198         Marianne Zimmer, 18. Februar 1960 —— **386**
199         Ingelore Kasprik, 25. Februar 1960 —— **389**

**Wintersemester 1959/60: Zum Studium**
**des autoritätsgebundenen Charakters —— 392**
200         Klaus Horn, 5. Januar 1960 —— **393**
201         Werner Kriesel, 5. Januar 1960 —— **399**
202         Regina Schmidt und Hilmar Tillack, 12. Januar 1960 —— **405**
203         Imme Wolff und Alexander Koch, 19. Januar 1960 —— **413**
204         Dieter Müller und Elke Hanf-Dressler, 26. Januar 1960 —— **417**
205         Wulf Overdyck, 2. Februar 1960 —— **425**
206         Hans von Loesch, 9. Februar 1960 —— **431**

207     Sigrid Pesel, 16. und 23. Februar 1960 —— **435**

**Sommersemester 1960: Hegels »Logik« II —— 439**
208     Werner Kriesel, 12. Mai 1960 —— **440**
209     [N.N.], 19. Mai 1960 —— **445**
210     Karlheinz Funk, 2. Juni 1960 —— **447**
211     Kurt Jürgen Huch, 23. Juni 1960 —— **451**
212     Herbert Schnädelbach, 30. Juni 1960 —— **454**
213     Herbert Schäfer, 7. Juli 1960 —— **460**
214     Jürgen Scheschkewitz, 14. Juli 1960 —— **467**
215     Helmuth Reuss, 21. Juli 1960 —— **471**

**Sommersemester 1960: Ausgewählte Texte zum Verhältnis von Philosophie und Soziologie —— 476**
216     Klaus Horn, 10. Mai 1960 —— **477**
217     Susanna Schad, 17. Mai 1960 —— **481**
218     Hilmar Tillack, 31. Mai 1960 —— **485**
219     Heidi Fricke, 14. Juni 1960 —— **493**
220     Michaela von Alth, 28. Juni 1960 —— **500**
221     Sigrid Pesel, 5. Juli 1960 —— **507**
222     Helga Pauck, 12. Juli 1960 —— **512**
223     Hans Ulrich Engelmann, 19. Juli 1960 —— **518**
224     Werner Kriesel, 26. Juli 1960 —— **522**

**Wintersemester 1960/61: Schelling, »Die Weltalter« —— 524**
225     Hannelore Ochs, 10. November 1960 —— **525**
226     Claus Cebulla, 17. November 1960 —— **530**
227     Annemarie Kohlmaier, 24. November 1960 —— **536**
228     Hubert Hilleke, 1. Dezember 1960 —— **540**
229     Gudrun Mohr, 8. Dezember 1960 —— **547**
230     Klaus Hofmann, 15. Dezember 1960 —— **553**
231     Willi Lautemann, 5. Januar 1961 —— **560**
232     Wolfgang Adler, 12. Januar 1961 —— **568**
233     Peter Bochow, 19. Januar 1961 —— **572**
234     Konrad Balder Schäuffelen, 26. Januar 1961 —— **578**
235     Elisabeth Barbara Meyer, 2. Februar 1961 —— **585**
236     Claus Behncke, 9. Februar 1961 —— **590**
237     Hilmar Tillack, 16. Februar 1961 —— **595**
238     Bodo Ahlborn, 23. Februar 1961 —— **601**

**Wintersemester 1960/61: Probleme der Bildungssoziologie —— 606**
239       Klaus Horn, 8. November 1960 —— **607**
240       Klaus Hermann, 15. November 1960 —— **609**
241       Nils Lindquist, 29. November 1960 —— **612**
242       Irmgard Lüter, 6. Dezember 1960 —— **618**
243       Hilmar Tillack, 13. Dezember 1960 —— **621**
244       Alexander Koch, 10. Januar 1961 —— **630**
245       U. W., 17. Januar 1961 —— **638**
246       Irmela Nitz, 24. Januar 1961 —— **646**
247       Hans von Loesch, 31. Januar 1961 —— **650**
248       Hans Ulrich Engelmann, 7. Februar 1961 —— **653**
249       Wolfgang Wintzer, 21. Februar 1961 —— **658**

**Personenverzeichnis —— 663**

# Editorische Richtlinien

## Textgestalt

Insofern die Sitzungsprotokolle dazu dienten, innerhalb des Seminars verlesen zu werden, hatte der Herausgeber, um sie Dekaden später einem Lesepublikum zugänglich zu machen, zum einen zu beachten, dass den Protokollen keine Werkförmigkeit eignet, zum anderen war auf den Wechsel des Mediums – von Texten, die von ihren Verfassern innerhalb des Seminarkontexts verfasst und verlesen wurden, hin zu Texten, die Teil eines öffentlich rezipierbaren Korpus werden –, zu reagieren. So hatte der Herausgeber, was die Darbietung des Texts betrifft, nicht lediglich den Rezipienten bei deren Rezeption zu helfen, als vielmehr sehr gelegentlich den Texten selbst, die für den unmittelbaren Gebrauch verfasst wurden und deren Verfasser damit rechneten, sie würden nach dem Verlesen im Seminar, spätestens aber nach dessen Beendigung jenem Vergessen anheimfallen, vor dem sie diese Edition nun bewahren will. Textdarbietung und Einrichtung des Anmerkungsapparats folgen dieser Aufgabe.

Diese Ausgabe ist entsprechend rezeptionsorientiert ediert. Im Vordergrund stehen die Sitzungsprotokolle, nicht die Umstände ihrer Entstehung, das heißt, es wird keine Textgenese dargestellt, sondern ein insofern ›fertiger‹ Text, als er seine intendierte Funktion beim Verlesen innerhalb des Seminars vollständig erfüllt hat. Weil die Texte Dekaden später nicht etwa gehört, sondern gelesen werden – zum ersten Mal und in einer grundlegend veränderten Rezeptionssituation –, sah sich der Herausgeber veranlasst, in die Textgestalt einzugreifen, um dieser Veränderung editorisch gerecht zu werden. Denn schwerlich dürften Rezipienten ein Interesse am Schreibprozess von Protokollen haben, deren häufig unbekannte Verfasser jene in aller Regel mit der Schreibmaschine verfassten. Aus diesem Grund schied jede Edition aus, deren Prinzipien an kritische oder gar historisch-kritische Maßgaben angelehnt wäre. Ein Grundsatz der Edition war des Weiteren von Anfang an, formale Fehler stillschweigend zu tilgen, um die Verfasser nicht etliche Jahrzehnte später gegebenenfalls einer Genugtuung derer auszusetzen, die es vermeintlich besser wissen: Ein Interesse daran, ob sich im Protokoll einer Verfasserin oder eines Verfassers etwa ein orthographischer Lapsus eingeschlichen hat oder nicht, will die Edition keinesfalls bedienen.

Das bedeutet im Einzelnen:

Sämtliche offenkundigen Interpunktions- und Rechtschreibfehler[1] wurden ebenso stillschweigend korrigiert wie offenkundige Grammatikfehler. Das um-

---

1 Zugrunde gelegt wurde der »Duden«; vgl. Duden. Bd. 1. Rechtschreibung der deutschen

fasst neben wenigen fehlerhaften Numerusbildungen auch gelegentlich vorkommende eindeutig fehlerhafte Konjunktive, nämlich den Gebrauch des Konjunktiv II, wo der Konjunktiv I unzweifelhaft geboten wäre; auch hier werden offenkundige Grammatikfehler ebenfalls stillschweigend korrigiert. Alle anderen Eingriffe in die Textgestalt sind in den Anmerkungen mit Beschreibung des Originaltexts nachgewiesen.

Ebenfalls stillschweigend korrigiert sind fehlerhafte Werktitel, offensichtlich inkorrekte Dopplungen von Wörtern oder Satzteilen, wie sie bei der Abfassung eines Sitzungsprotokolls zuweilen unterlaufen sind, sowie kleine Versehen in der Zitation, wie etwa unterschlagene Hervorhebungen innerhalb der Quelle; bei offenkundig inkorrekten sowie bei unvollständigen Zitaten werden die entsprechenden Abschnitte in den Anmerkungen korrekt wiedergegeben.

Eine Ausnahme von der Korrektur in die damals geltende Rechtschreibung hat der Herausgeber bei lateinischen Wörtern gemacht, die ins Deutsche eingewandert sind. So wird etwa die Schreibung »status quo« nicht in die mögliche Schreibung »Status quo« umgewandelt, sondern als fachspezifischer Terminus beibehalten. In keinem Fall hat der Herausgeber in die Textgestalt inhaltlich einzugreifen versucht; nirgends sollte ein Text ›geglättet‹ oder einer abweichenden inhaltlichen oder formalen Ansicht angepasst werden. Sämtliche vom Herausgeber hinzugefügten Morpheme, Wörter oder Satzteile, die die Semantik des Texts verändern, sind durch eckige Klammern, »[ ]«, gekennzeichnet.

Im Übrigen werden die Texte der Vorlagen unterschiedslos als *eine* Textschicht wiedergegeben: Der gegebenenfalls mittels Sofortkorrekturen seitens der Verfasserinnen und Verfasser erstellte Text wird als gültig betrachtet und entsprechend dargelegt. Offenkundig nachträglich erfolgte Texturierung – Benotungen, An- und Unterstreichungen sowie anderweitige Lektürespuren – findet keine Beachtung. Ausnahmen werden nur in den äußerst seltenen Fällen gemacht, wo Adorno in die Vorlage eingriff: Hier wird zwar der vom jeweiligen Verfasser hergestellte Text als gültig wiedergegeben, in den Anmerkungen werden jedoch zugleich Adornos Eingriffe nachgewiesen. – Keine Ausnahme ohne Ausnahme: Benotungen, mit denen Adorno zuweilen die als Prüfungsleistung eingereichten Sitzungsprotokolle auf deren ersten Seite beurteilte, bleiben unnachgewiesen.

In einigen wenigen Fällen ließ sich nicht entscheiden, welcher Korrekturvorgang vom Autor des Protokolls durchgeführt worden war und welcher danach geschah; etwa, wenn sichtlich zwei Korrektoren am Werk waren, von denen keiner als Verfasserin oder Verfasser des Sitzungsprotokolls identifiziert werden konnte.

---

Sprache und der Fremdwörter, hrsg. von der Dudenredaktion auf der Grundlage der amtlichen Rechtschreibregeln, 19. Aufl., Mannheim, Wien und Zürich 1986.

Nur in diesem unentscheidbaren Fall werden beide Korrekturvorgänge als gleichberechtigt behandelt. Weist hingegen die Vorlage eine Korrektur auf, ohne dass das Korrigierte, als zu Ersetzendes, gestrichen wurde, wird wie bei einer Sofortkorrektur verfahren, in der das Korrigierte zu streichen vergessen wurde, d. h., die Sofortkorrektur wird als verbindlicher Text betrachtet, bei dem das zu Ersetzende fortfällt. Korrekturen, die ihrerseits gestrichen wurden, werden nicht wiedergegeben.

Abkürzungen werden dann nicht aufgelöst, wenn der »Duden« sie aufführt.[2] Einzige Ausnahme ist die Abkürzung »u.«, die, wenn sie innerhalb des Textes (und nicht etwa in Literarangaben oder als Teil einer umfassenderen Abkürzung, wie etwa »u.dgl.«) steht, ebenso wie das Pluszeichen, »+«, in entsprechenden Fällen um der Lesbarkeit willen zu »und« aufgelöst wurde. Abgekürzte Wörter in Werktiteln wurden stets aufgelöst. In wenigen Fällen hatte der Herausgeber abgekürzte Nachnamen stillschweigend zu ergänzen, so dass etwa »M.W.« zu »M. Weber« wurde.

Alle Auszeichnungen (Unterstreichungen, Versalien, Sperrungen) in der Vorlage werden kursiv wiedergegeben.

Eine Vereinheitlichung von Anführungszeichen innerhalb eines Protokolls wird im Allgemeinen nicht vorgenommen; eine Ausnahme wird gemacht bei Unregelmäßigkeiten bei der Nennung von Werktiteln, wenn also evident ist, dass die Unterschiede der Anführungen keine semantischen sind: Wenn die Vorlage etwa zunächst »Negative Dialektik« bietet, dann ›Negative Dialektik‹, dann *Negative Dialektik*, wird stets die erste benutzte Form für alle weiteren Kennzeichnungen von Werktiteln übernommen.

Sämtliche einfachen Absätze in den Vorlagen, seien sie durch einfachen Absatz markiert, durch Einzug, Auszug, Lehrzeile und ähnlichem, werden durch einfachen Absatz mit Einzug wiedergeben. Eine Ausnahme stellen durch Absätze getrennte Aufzählungen dar, etwa im Literaturverzeichnis innerhalb der Vorlage, die mit einfachen Absätzen ohne Einzug wiedergegeben werden. Bietet die Vorlage offenkundig Absätze höherer Ordnung, so werden diese Absätze durch Lehrzeilen wiedergegeben, während innerhalb dieser Absätze wiederum solche mit Einzug die Unterordnung gliedern. Daraus folgt, dass mehr als zwei Lehrzeilen nicht reproduziert werden, auch nicht bei der Wiedergabe von Titelblättern, wie sie sich zuweilen den Sitzungsprotokollen vorangestellt finden. Anfang und Ende eines Titelblatts sind in der Edition durch einen senkrechten Strich, »|«, gekennzeichnet. Sowohl die Elemente der Titelei als auch die Signatur eines Protokolls werden dennoch in ihrer Anordnung abzubilden versucht.

---

[2] S. vorige Anm.

Eckige Klammern in den Vorlagen sowie in Zitaten, die in den Anmerkungen gegeben werden, werden stets als geschweifte Klammern, »{ }«, wiedergegeben, um sie von den eckigen Klammern abzugrenzen, die für Einfügungen bzw. Auslassungen seitens des Herausgebers reserviert sind.

Anmerkungsziffern und -zeichen in der Vorlage werden stets durch fortlaufende Ziffern ersetzt und im Protokolltext in eckige Klammern gesetzt sowie – um Kollisionen mit vom Herausgeber ergänzten einfachen Ziffern zu vermeiden – mit einem vorangestellten Asterisk versehen: »[*1]«, »[*2]«, usw. Die Anmerkungen der Vorlage werden stets im Anschluss an den Haupttext wiedergegeben. Diese Vereinheitlichungen sind Resultat der veränderten Seitenaufteilung innerhalb dieser Edition.

Doppelte oder mehrfache Bindestriche, die schreibmaschinenbedingt als Ersatz für den Gedankenstrich verwendet wurden, »--«, sind stillschweigend durch einen Gedankenstrich ersetzt: »–«.

Anführungszeichen innerhalb von Passagen, die mit Anführungszeichen markiert sind, werden immer als einfache wiedergegeben. Schließt ein Zitat im Original mit einem Punkt ab, während in der Vorlage bei Satzende der Punkt erst nach den abschließenden Anführungszeichen gesetzt ist, wird der Punkt stillschweigend ins Zitat gesetzt; aus »›[...] xyz‹.« wird in diesem Fall also »›[...] xyz.‹«.

Etwaige Seitenzahlen, mit denen die Vorlage paginiert wurde, werden nicht mitgeteilt.

Sofern die Verfasser ihren Namen oder das Datum der protokollierten Sitzung nicht im Protokoll selbst vermerken, geschah die Zuordnung zu Verfasser und Datum, wenn möglich, entweder mittels der Kennzeichnung der Protokolle durch Dritte oder einer von Dritten nachträglich angefertigten Inhaltsangabe des Konvoluts, dem die Vorlage entstammt. Auf diese Weise sind auch gegebenenfalls jene Titel sowie Verfasser von Referatstexten eruiert, die selbst nicht mehr aufgefunden wurden.

Die überlieferten Sitzungsprotokolle sind zu Seminaren zusammengefasst, die chronologisch wiedergegeben werden, mit den philosophischen vor den soziologischen Seminaren, wie sie auch in den zeitgenössischen Vorlesungsverzeichnissen aufgeführt sind, ohne jedoch irgendeinen Vorrang jener vor diesen nahelegen zu wollen.

## Anmerkungsapparat

Die vom Herausgeber gemachten Anmerkungen wollen eine Orientierungshilfe bieten, zumal vor dem Hintergrund der oben erläuterten veränderten Rezeptionssituation. Ihnen geht es nicht um die Kommentierung des Texts, nicht um

Rezeptionslenkung; keinesfalls sollen sie einer vermeintlich notwendigen ›Ergänzung‹ der überlieferten Texte dienen. Ebenso wenig ist an eine erste Sekundärliteratur zu den Sitzungsprotokollen gedacht. Stattdessen handelt es sich bei den Anmerkungen, neben vereinzelten formalen Beschreibungen bei Besonderheiten der Vorlage sowie Konjekturen, Korrekturen und Personennachweisen, zum größten Teil um Zitatnachweise und -kontextualisierungen. Dabei sind nicht zwangsläufig die damals benutzten Zitationsquellen – die im Übrigen auch gar nicht vollständig zu rekonstruieren wären – in Anspruch genommen, sondern die Anmerkungen weisen nach Möglichkeit den Text nach, dem das jeweilige Zitat entstammt, um die Leserschaft darüber zu informieren, wo sie es – möglichst unkompliziert – gegenwärtig finden kann. Hierzu gehört auch, nach Möglichkeit deutschsprachige Übersetzungen zitierter fremdsprachiger Schriften heranzuziehen, sofern es nicht, wie in einzelnen Fällen, innerhalb eines Sitzungsprotokolls gerade um das Originalzitat geht.

Edieren heißt, banal, auch interpretieren; jede Interpretation birgt die Möglichkeit eines Irrtums, und so macht sich der Herausgeber der vorliegenden, denn doch einigermaßen umfassenden Edition keine Illusionen darüber, dass er die Leserschaft mit der ein oder anderen Anmerkung womöglich unabsichtlich in die Irre führt, sie andererseits durch eine unterlassene Anmerkung, wo eine erwünscht wäre, mit dem Text der Sitzungsprotokolle alleine lässt.

Und schließlich sind alle Zitate sowie Titel von Schriften, die von Adorno stammen oder an denen er mitgewirkt hat, ohne Anführungszeichen kursiv gesetzt: eine Reminiszenz an das Vorgehen, wie es Rolf Tiedemann gewählt hatte, dessen Andenken diese Edition hiermit freundschaftlich gewidmet sei.

# Siglenverzeichnis

Archivzentrum   Archivzentrum an der Universitätsbibliothek Johann Christian Senckenberg, Frankfurt a. M.

BGS   Walter Benjamin, Gesammelte Schriften, unter Mitw. von Theodor W. Adorno und Gershom Scholem hrsg. von Rolf Tiedemann und Hermann Schweppenhäuser, Frankfurt a. M.
- Bd. I: Abhandlungen, hrsg. von Rolf Tiedemann und Hermann Schweppenhäuser, 1974
- Bd. II: Aufsätze, Essays, Vorträge, hrsg. von Rolf Tiedemann und Hermann Schweppenhäuser, 1977
- Bd. IV: Kleine Prosa, Baudelaire-Übertragungen, hrsg. von Tillman Rexroth, 1972
- Bd. V: Das Passagen-Werk, hrsg. von Rolf Tiedemann, 1982
- Bd. VII: Nachträge, hrsg. von Rolf Tiedemann und Hermann Schweppenhäuser, unter Mitarb. von Christoph Gödde, Henri Lonitz und Gary Smith, 1989

FGA   J[ohann] G[ottlieb] Fichte, Gesamtausgabe der Bayerischen Akademie der Wissenschaften, hrsg. von Erich Fuchs, Hans Gliwitzky, Hans Jacob, Reinhard Lauth und Peter K. Schneider, Stuttgart
- Bd. I/1: Werke 1791–1794, hrsg. von Reinhard Lauth und Hans Jacob, unter Mitw. von Richard Schottky und Manfred Zahn, 1964
- Bd. I/2: Werke 1793–1795, hrsg. von Reinhard Lauth und Hans Jacob, unter Mitw. von Manfred Zahn, 1965
- Bd. I/4: Werke 1797–1798, hrsg. von Reinhard Lauth und Hans Gliwitzky, unter Mitw. von Richard Schottky, 1970
- Bd. I/7: Werke 1800–1801, hrsg. von Reinhard Lauth und Hans Gliwitzky, unter Mitw. von Erich Fuchs und Peter K. Schneider, 1988
- Bd. I/9: Werke 1806–1807, hrsg. von Reinhard Lauth und Hans Gliwitzky, unter Mitw. von Josef Beeler, Erich Fuchs, Marco Ivaldo, Ives Radrizzani, Peter K. Schneider und Anna-Maria Schnurr-Lorusso, 1995
- Bd. II/13: Nachgelassene Schriften 1812, hrsg. von Reinhard Lauth, Erich Fuchs, Peter K. Schneider, Hans Georg von Manz, Ives Radrizzani und Günter Zöller, 2002
- Bd. II/15: Nachgelassene Schriften 1813, hrsg. von Erich Fuchs, Hans Georg von Manz, Ives Radrizzani, Peter K. Schneider, Martin Siegel und Günter Zöller, unter Mitw. von Gunter Meckenstock und Erich Ruff, 2009
- Bd. III/2: Briefwechsel 1793–1795, hrsg. von Rainhard Lauth und Hans Jacob, unter Mitw. von Hans Gliwitzky und Manfred Zahn, 1970
- Bd, IV/1: Kollegnachschriften 1796–1798, hrsg. von Reinhard Lauth und Hans Gliwitzky, unter Mitw. von Michael Brüggen, Kurt Hiller, Peter Schneider und Anna Maria Schurr, 1977
- Bd. IV/2: Kollegnachschriften 1796–1804, hrsg. von Reinhard Lauth und Hans Gliwitzky, unter Mitw. von José Manzana, Erich Fuchs, Kurt Hiller und Peter K. Schneider, 1978

FGW    Sigm[und] Freud, Gesammelte Werke. Chronologisch geordnet, London
　　　　Bd. IV:    Zur Psychopathologie des Alltagslebens, unter Mitw. von Marie Bonaparte hrsg. von Anna Freud, E[dward] Bibring, W[ilhelm] Hoffer und E[rnst] Kris, 1941
　　　　Bd. VII:   Werke aus den Jahren 1906–1909, unter Mitw. von Marie Bonaparte hrsg. von Anna Freud, E[dward] Bibring, W[ilhelm] Hoffer, E[rnst] Kris und O[tto] Isakower, 1941
　　　　Bd. VIII:  Werke aus den Jahren 1909–1915, unter Mitw. von Marie Bonaparte hrsg. von Anna Freud, E[dward] Bibring, W[ilhelm] Hoffer, E[rnst] Kris und O[tto] Isakower, 1943
　　　　Bd. IX:    Totem und Tabu, unter Mitw. von Marie Bonaparte hrsg. von Anna Freud, E[dward] Bibring, W[ilhelm] Hoffer, E[rnst] Kris und O[tto] Isakower, 1940
　　　　Bd. X:     Werke aus den Jahren 1913–1917, unter Mitw. von Marie Bonaparte hrsg. von Anna Freud, E[dward] Bibring, W[ilhelm] Hoffer, E[rnst] Kris und O[tto] Isakower, 1946
　　　　Bd. XI:    Vorlesungen zur Einführung in die Psychoanalyse, unter Mitw. von Marie Bonaparte hrsg. von Anna Freud, E[dward] Bibring, W[ilhelm] Hoffer, E[rnst] Kris und O[tto] Isakower, 1944
　　　　Bd. XII:   Werke aus den Jahren 1917–1920, unter Mitw. von Marie Bonaparte hrsg. von Anna Freud, E[dward] Bibring, W[ilhelm] Hoffer, E[rnst] Kris und O[tto] Isakower, 1947
　　　　Bd. XIII:  Jenseits des Lustprinzips/Massenpsychologie und Ich-Analyse/Das Ich und das Es, unter Mitw. von Marie Bonaparte hrsg. von Anna Freud, E[dward] Bibring, W[ilhelm] Hoffer, E[rnst] Kris und O[tto] Isakower, 1940
　　　　Bd. XIV:   Werke aus den Jahren 1925–1931, unter Mitw. von Marie Bonaparte hrsg. von Anna Freud, E[dward] Bibring, W[ilhelm] Hoffer, E[rnst] Kris und O[tto] Isakower, 1948
　　　　Bd. XV:    Neue Folge der Vorlesungen zur Einführung in die Psychoanalyse, unter Mitw. von Marie Bonaparte hrsg. von Anna Freud, Edward Bibring und Ernst Kris, 1944
　　　　Bd. XVI:   Werke aus den Jahren 1932–1939, unter Mitw. von Marie Bonaparte hrsg. von Anna Freud, E[dward] Bibring, W[ilhelm] Hoffer, E[rnst] Kris und O[tto] Isakower, 1950

GS     Theodor W. Adorno, Gesammelte Schriften, hrsg. von Rolf Tiedemann, unter Mitw. von Gretel Adorno, Susan Buck-Morss und Klaus Schultz, Frankfurt a. M.
　　　　Bd. 1:     Philosophische Frühschriften, 3. Aufl., 1996
　　　　Bd. 2:     Kierkegaard. Konstruktion des Ästhetischen, 2. Aufl., 1990
　　　　Bd. 3:     *Max Horkheimer und Theodor W. Adorno*, Dialektik der Aufklärung. Philosophische Fragmente, 3. Aufl., 1996
　　　　Bd. 4:     Minima Moralia. Reflexionen aus dem beschädigten Leben, 2. Aufl., 1996
　　　　Bd. 5:     Zur Metakritik der Erkenntnistheorie/Drei Studien zu Hegel, 5. Aufl., 1996
　　　　Bd. 6:     Negative Dialektik/Jargon der Eigentlichkeit, 5. Aufl., 1996
　　　　Bd. 7:     Ästhetische Theorie, 6. Aufl., 1996
　　　　Bd. 8:     Soziologische Schriften I, 4. Aufl., 1996
　　　　Bd. 9·1:   Soziologische Schriften II. Erste Hälfte, 3. Aufl., 1997
　　　　Bd. 9·2:   Soziologische Schriften II. Zweite Hälfte, 3. Aufl., 1997

| | |
|---|---|
| Bd. 10·1: | Kulturkritik und Gesellschaft I: Prismen/Ohne Leitbild, 2. Aufl., 1996 |
| Bd. 10·2: | Kulturkritik und Gesellschaft II: Eingriffe/Stichworte, 2. Aufl., 1996 |
| Bd. 11: | Noten zur Literatur, 4. Aufl., 1996 |
| Bd. 12: | Philosophie der neuen Musik, 2. Aufl., 1990 |
| Bd. 13: | Die musikalischen Monographien, 3. Aufl., 1985 |
| Bd. 14: | Dissonanzen/Einleitung in die Musiksoziologie, 3. Aufl. 1990 |
| Bd. 15: | *Theodor W. Adorno und Hanns Eisler*, Komposition für den Film. Der getreue Korrepetitor, 2. Aufl., 1996 |
| Bd. 16: | Musikalische Schriften I–III: Klangfiguren/Quasi una fantasia/Musikalische Schriften III, 2. Aufl., 1990 |
| Bd. 17: | Musikalische Schriften IV: Moments musicaux. Impromptus, 1982 |
| Bd. 18: | Musikalische Schriften V, 1984 |
| Bd. 19: | Musikalische Schriften VI, 1984 |
| Bd. 20·1: | Vermischte Schriften I, 1986 |
| Bd. 20·2: | Vermischte Schriften II, 1986 |

HEH  Husserliana · Edmund Husserl · Gesammelte Werke, hrsg. von H[erman] L[eo] Van Breda bzw. in Verb. mit Rudolf Boehm unter Leitung von Samuel IJsseling et al., Den Haag u. a.

| | |
|---|---|
| Bd. I: | Cartesianische Meditationen und Pariser Vorträge, hrsg. von S[tephan] Strasser, 1950 |
| Bd. III: | Ideen zu einer reinen Phänomenologie und phänomenologischen Philosophie. Erstes Buch. Allgemeine Einführung in die reine Phänomenologie, hrsg. von Walter Biemel, 1950 |
| Bd. IV: | Ideen zu einer reinen Phänomenologie und phänomenologischen Philosophie. Zweites Buch. Phänomenologische Untersuchungen zur Konstitution, hrsg. von Marly Biemel, 1952 |
| Bd. XVII: | Formale und Transzendentale Logik. Versuch einer Kritik der logischen Vernunft, hrsg. von Paul Janssen, 1974 |
| Bd. XVIII: | Logische Untersuchungen. Erster Band. Prolegomena zur reinen Logik, hrsg. von Elmar Holenstein, 1975 |
| Bd. XIX/1: | Logische Untersuchungen. Zweiter Band. Erster Teil. Untersuchungen zur Phänomenologie und Theorie der Erkenntnis, hrsg. von Ursula Panzer, 1984 |
| Bd. XIX/2: | Logische Untersuchungen. Zweiter Band. Zweiter Teil. Untersuchungen zur Phänomenologie und Theorie der Erkenntnis, hrsg. von Ursula Panzer, 1984 |
| Bd. XXV: | Aufsätze und Vorträge (1911–1921), hrsg. von Thomas Nenon und Hans Rainer Sepp, 1987 |

HGS  Max Horkheimer, Gesammelte Schriften, hrsg. von Alfred Schmidt und Gunzelin Schmid Noerr, Frankfurt a. M.

| | |
|---|---|
| Bd. 3: | Schriften 1931–1936, hrsg. von Alfred Schmidt, 1988 |
| Bd. 4: | Schriften 1936–1941, hrsg. von Alfred Schmidt, 1988 |
| Bd. 6: | ›Zur Kritik der instrumentellen Vernunft‹ und ›Notizen 1949–1969‹, hrsg. von Alfred Schmidt, 1991 |
| Bd. 7: | Vorträge und Aufzeichnungen 1949–1973, 1. Philosophisches 2. Würdigungen 3. Gespräche, hrsg. von Gunzelin Schmid Noerr, 1985 |

| | | |
|---|---|---|
| | Bd. 8: | Vorträge und Aufzeichnungen 1949—1973. 4. Soziologisches 5. Universität und Studium, hrsg. von Gunzelin Schmid Noerr, 1985 |
| | Bd. 12: | Nachgelassene Schriften 1931–1949, hrsg. von Gunzelin Schmid Noerr, 1985 |

HJu Georg Wilhelm Friedrich Hegel, Sämtliche Werke. Jubiläumsausgabe in zwanzig Bänden, auf Grund des von Ludwig Boumann, Friedrich Förster, Eduard Gans, Karl Hegel, Leopold von Henning, Heinrich Gustav Hotho, Philipp Marheineke, Karl Ludwig Michelet, Karl Rosenkranz und Johannes Schulze bes. Originaldruckes im Faksimileverfahren neu hrsg. von Hermann Glockner, Stuttgart

| | |
|---|---|
| Bd. 1: | Aufsätze aus dem kritischen Journal der Philosophie und andere Schriften aus der Jenenser Zeit, mit Vorw. von Hermann Glockner, 1927 |
| Bd. 2: | Phänomenologie des Geistes, mit Vorw. von Johannes Schulze, 1927 |
| Bd. 3: | Philosophische Propädeutik, Gymnasialreden und Gutachten über den Philosophie-Unterricht, mit Vorw. von Karl Rosenkranz, 1927 |
| Bd. 4: | Wissenschaft der Logik. Erster Teil. Die objektive Logik, mit Vorw. von Leopold von Henning, 1928 |
| Bd. 5: | Wissenschaft der Logik. Zweiter Teil. Die subjektive Logik oder Lehre vom Begriff, mit Vorw. von Leopold von Henning, 1928 |
| Bd. 7: | Grundlinien der Philosophie des Rechts oder Naturrecht und Staatswissenschaft im Grundrisse, mit Vorw. von Eduard Gans, 1928 |
| Bd. 8: | System der Philosophie. Erster Teil. Die Logik, mit Vorw. von Leopold von Henning, 1929 |
| Bd. 9: | System der Philosophie. Zweiter Teil. Die Naturphilosophie, mit Vorw. von Karl Ludwig Michelet, 1929 |
| Bd. 11: | Vorlesungen über die Philosophie der Geschichte, mit Vorw. von Eduard Gans und Karl Hegel, 1928 |
| Bd. 16: | Vorlesungen über die Philosophie der Religion. Zweiter Band, mit Vorw. von Philipp Marheineke, 1928 |
| Bd. 17: | Vorlesungen über die Geschichte der Philosophie. Erster Band, mit Vorw. von Karl Ludwig Michelet, 1928 |
| Bd. 19: | Vorlesungen über die Geschichte der Philosophie. Dritter Band, mit Vorw. von Karl Ludwig Michelet, 1928 |

HSW Georg Wilhelm Friedrich Hegel, Sämtliche Werke, hrsg. von Georg Lasson, Leipzig

| | |
|---|---|
| Bd. I: | Erste Druckschriften, 1928 (Philosophische Bibliothek; 62) |
| Bd. II: | Phänomenologie des Geistes, 2. Aufl., 1921 (Philosophische Bibliothek; 114) |
| Bd. III: | Wissenschaft der Logik. Erster Teil, 1923 (Philosophische Bibliothek; 56) |
| Bd. IV: | Wissenschaft der Logik. Zweiter Teil, 1923 (Philosophische Bibliothek; 57) |
| Bd. V: | Encyclopädie der philosophischen Wissenschaften im Grundrisse, 2. Aufl., 1920 (Philosophische Bibliothek; 33) |
| Bd. VI: | Grundlinien der Philosophie des Rechts. Mit den von Gans redigierten Zusätzen aus Hegels Vorlesungen, 1911 (Philosophische Bibliothek; 124) |
| Bd. VIII: | Vorlesungen über die Philosophie der Weltgeschichte, Erster Halbband: 1. Einleitung des Herausgebers: Hegel als Geschichtsphilosoph. 2. Die Vernunft in der Geschichte, 1920 (Philosophische Bibliothek; 171e) |

HVA  Georg Wilhelm Friedrich Hegel's Werke. Vollständige Ausgabe durch einen Verein von Freunden des Verewigten: Ph[ilipp] Marheineke, J[ohann] Schulze, Ed[uard] Gans, L[eo]p[old] v. Henning, H[einrich] Hotho, K[arl] Michelet, F[riedrich] Förster, Berlin

Bd. 2: Phänomenologie des Geistes, hrsg. von Johann Schulze, 1832
Bd. 3: Wissenschaft der Logik. Erster Theil. Die objektive Logik. Erste Abtheilung. Die Lehre vom Seyn, hrsg. von Leopold von Henning, 1833
Bd. 4: Wissenschaft der Logik. Erster Theil. Die objektive Logik. Zweite Abtheilung. Die Lehre vom Wesen, hrsg. von Leopold von Henning, 1834
Bd. 5: Wissenschaft der Logik. Zweiter Theil. Die subjektive Logik, oder: Die Lehre vom Begriff, hrsg. von Leopold von Henning, 1834
Bd. 6: Encyclopädie der philosophischen Wissenschaften im Grundrisse. Erster Theil. Die Logik, hrsg. von Leopold von Henning, 1840
Bd. 7.1: Vorlesungen über die Naturphilosophie als der Encyclopädie der philosophischen Wissenschaften im Grundrisse. Zweiter Teil, hrsg. von Carl Ludwig Michelet, 1842
Bd. 8: Grundlinien der Philosophie des Rechts, oder Naturrecht und Staatswissenschaft im Grundrisse, hrsg. von Eduard Gans, 1833
Bd. 9: Vorlesungen über die Geschichte der Philosophie, hrsg. von Eduard Gans, 1837
Bd. 11: Vorlesungen über die Philosophie der Religion. Nebst einer Schrift über die Beweise vom Daseyn Gottes. Erster Theil, hrsg. von Philipp Marheineke, 2. Aufl., Berlin 1840
Bd. 18: Philosophische Propädeutik, hrsg. von Karl Rosenkranz, 1840

HW  Georg Wilhelm Friedrich Hegel, Werke, auf der Grundlage der Werke von 1832–1845 neu edierte Ausgabe, Red.: Eva Moldenhauer und Karl Markus Michel, Frankfurt a. M. (Theorie-Werkausgabe)

Bd. 1: Frühe Schriften, 1971
Bd. 2: Jenaer Schriften (1801–1807), 1970
Bd. 3: Phänomenologie des Geistes, 1970
Bd. 4: Nürnberger und Heidelberger Schriften 1808–1817, 1970
Bd. 5: Wissenschaft der Logik · I. Erster Teil. Die objektive Logik. Erstes Buch, 1969
Bd. 6: Wissenschaft der Logik · II. Erster Teil. Die objektive Logik. Zweites Buch. Zweiter Teil. Die subjektive Logik, 1969
Bd. 7: Grundlinien der Philosophie des Rechts oder Naturrecht und Staatswissenschaft im Grundrisse. Mit Hegels eigenhändigen Notizen und den mündlichen Zusätzen, 1970
Bd. 8: Enzyklopädie der philosophischen Wissenschaften im Grundrisse (1830). Erster Teil. Die Wissenschaft der Logik. Mit den mündlichen Zusätzen, 1970
Bd. 9: Enzyklopädie der philosophischen Wissenschaften im Grundrisse (1830). Zweiter Teil. Die Naturphilosophie. Mit den mündlichen Zusätzen, 1970
Bd. 10: Enzyklopädie der philosophischen Wissenschaften im Grundrisse (1830). Dritter Teil. Die Philosophie des Geistes. Mit den mündlichen Zusätzen, 1970
Bd. 11: Berliner Schriften 1818–1831, 1970
Bd. 12: Vorlesungen über die Philosophie der Geschichte, 1970

|  |  |  |
|---|---|---|
|  | Bd. 13: | Vorlesungen über die Ästhetik · I, 1970 |
|  | Bd. 14: | Vorlesungen über die Ästhetik · II, 1970 |
|  | Bd. 16: | Vorlesungen über die Philosophie der Religion · I, 1969 |
|  | Bd. 17: | Vorlesungen über die Philosophie der Religion · II. Vorlesungen über die Beweise vom Dasein Gottes, 1969 |
|  | Bd. 18: | Vorlesungen über die Geschichte der Philosophie · I, 1971 |
|  | Bd. 20: | Vorlesungen über die Geschichte der Philosophie · III, 1971 |
| IfS | | Institut für Sozialforschung, Frankfurt a. M. |
| KW | | Immanuel Kant, Werke in zwölf Bänden, hrsg. von Wilhelm Weischedel, Frankfurt a. M. 1968 |
|  | Bd. III: | Kritik der reinen Vernunft · 1 |
|  | Bd. IV: | Kritik der reinen Vernunft · 2 |
|  | Bd. V: | Schriften zur Metaphysik und Logik · 1 |
|  | Bd. VI: | Schriften zur Metaphysik und Logik · 2 |
|  | Bd. VII: | Schriften zur Ethik und Religionsphilosophie · 1 |
|  | Bd. VIII: | Schriften zur Ethik und Religionsphilosophie · 2 |
|  | Bd. IX: | Kritik der Urteilskraft und naturphilosophische Schriften · 1 |
|  | Bd. X: | Kritik der Urteilskraft und naturphilosophische Schriften · 2 |
|  | Bd. XI: | Schriften zur Anthropologie, Geschichtsphilosophie, Politik und Pädagogik · 1 |
| MEW | | Karl Marx, Friedrich Engels, Werke, hrsg. vom Institut für Marxismus-Leninismus beim ZK der SED bzw. vom Institut für Geschichte der Arbeiterbewegung Berlin bzw. von der Bundesstiftung Rosa Luxemburg · Gesellschaftsanalyse und Politische Bildung, Berlin |
|  | Bd. 1: | Karl Marx und Friedrich Engels, [1839 bis 1844], 13. Aufl., Leitung der Editionsarb.: Erich Kundel, Roland Nietzold, Richard Sperl und Hildegard Scheibler, editorische Bearb. von Anni Krüger, verantwortlich für die Red.: Waltraud Bergemann und Gisela Schmitt, 1981 |
|  | Bd. 2: | Karl Marx und Friedrich Engels, [1844 bis 1846], 12. Aufl., Leitung der Editionsarb.: Ludwig Arnold, editorische Bearb. von Arthur Wilde, unter Mitarb. von Hilde Schönherr, verantwortlich für die Red.: Walter Schulz, 1990 |
|  | Bd. 3: | Karl Marx und Friedrich Engels, [1845 bis 1846], 5. Aufl., Leitung der Editionsarb.: Ludwig Arnold, verantwortlich für die Red.: Walter Schulz, 1978 |
|  | Bd. 4: | Karl Marx und Friedrich Engels, {Mai 1846–März 1848}, 8. Aufl., Leitung der Editionsarb.: Ludwig Arnold, editorische Bearb. von Arthur Wilde, unter Mitarb. von Marguerite Kuczynski, Hans-Dieter Krause und Hannes Skambraks, verantwortlich für die Red.: Walter Schulz, 1977 |
|  | Bd. 6: | Karl Marx und Friedrich Engels, {November 1848–Juli 1849}, 7. Aufl., Leitung der Editionsarb.: Ludwig Arnold, editorische Bearb. von Horst Merbach und Richard Sperl, unter Mitarb. von Ella Ruben und Anna Krüger, verantwortlich für die Red.: Walter Schulz, 1982 |

Bd. 7: Karl Marx und Friedrich Engels, {August 1849–Juni 1951}, 9. Aufl., Leitung der Editionsarb.: Erich Kundel, Roland Nietzold, Richard Sperl und Hildegard Scheibler, editorische Bearb. von Anni Krüger, Leni Hoffmann und Eva-Maria Späthe, verantwortlich für die Red.: Waltraud Bergemann und Gisela Schmitt, 1990

Bd. 8: Karl Marx und Friedrich Engels, {August 1851–März 1853}, 4. Aufl., Leitung der Editionsarb.: Ludwig Arnold, editorische Bearb. von Marguerite Kuczynski, unter Mitarb. von Anna Krüger und Peter Langstein, verantwortlich für die Red.: Walter Schulz, 1973

Bd. 13: Karl Marx und Friedrich Engels, {Jan[uar] 1859–Feb[ruar] 1860}, 11. Aufl., Leitung der Editionsarb.: Ludwig Arnold, editorische Bearb. von Richard Sperl, unter Mitarb. von Käte Schwank und Anna Krüger, verantwortlich für die Red.: Walter Schulz und Richard Sperl, 1961

Bd. 17: Karl Marx und Friedrich Engels, {Juli 1870–Februar 1872}, 9. Aufl., Leitung der Editionsarb.: Ludwig Arnold, editorische Bearb. von Ruth Stolz, unter Mitarb. von Rosi Rudich und Heinz Ruschinski, verantwortlich für die Red.: Walter Schulz und Richard Sperl, 1999

Bd. 19: Karl Marx und Friedrich Engels, {März 1875–Mai 1883}, 9. Aufl., Leitung der Editionsarb.: Ludwig Arnold, editorische Bearb. von Käte Schwank, unter Mitarb. von Christa Müller und Peter Langstein, verantwortlich für die Red.: Walter Schulz und Richard Sperl, 1987

Bd. 20: Karl Marx und Friedrich Engels, {Anti-Dühring, Dialektik der Natur}, 10. Aufl., Leitung der Editionsarb.: Ludwig Arnold, editorische Bearb. von Bernhard Dohm, unter Mitarb. von Leni Hoffmann, verantwortlich für die Red.: Walter Schulz und Richard Sperl, 1990

Bd. 21: Karl Marx und Friedrich Engels, [Mai 1883–Dezember 1889], 7. Aufl., Leitung der Editionsarb.: Ludwig Arnold, editorische Bearb. von Charlotte Fischer, unter Mitarb. von Anna Krüger, Therese Winkelmann und Dieter Müller, verantwortlich für die Red.: Walter Schulz und Richard Sperl, 1981

Bd. 22: Karl Marx und Friedrich Engels, [Januar 1890–August 1895], 4. Aufl., Leitung der Editionsarb.: Horst Merbach, editorische Bearb. von Dieter Krause und Hanni Wettengel, unter Mitarb. von Renate Merkel und Adelheid Wolf, verantwortlich für die Red.: Walter Schulz und Richard Sperl, 1974

Bd. 23: Karl Marx, Das Kapital. Kritik der politischen Ökonomie. Erster Band. Buch I: Der Produktionsprozeß des Kapitals, Leitung der Editionsarb.: Horst Merbach, editorische Bearb. von Artur Schnickmann, unter Mitarb. von Jutta Nesler, Ilse Reinhold und Hannes Skambraks, verantwortlich für die Red.: Walter Schulz, 1962

Bd. 24: Karl Marx, Das Kapital. Kritik der politischen Ökonomie. Zweiter Band. Buch II: Der Zirkulationsprozeß des Kapitals. Hrsg. von Friedrich Engels, Leitung der Editionsarb.: Horst Merbach, editorische Bearb. von Ilse Reinhold, Jutta Nesler und Hannes Skambraks, verantwortlich für die Red.: Walter Schulz, 1963

Bd. 25: Karl Marx, Das Kapital. Kritik der politischen Ökonomie. Dritter Band. Buch III: Der Gesamtprozeß der kapitalistischen Produktion. Hrsg. von Friedrich Engels, Leitung der Editionsarb.: Horst Merbach, editorische Bearb. von Artur Schnickmann, unter Mitarb. von Jutta Nesler und Hannes Skambraks, verantwortlich für die Red.: Walter Schulz, 1964

Bd. 26·1: Karl Marx, Theorien über den Mehrwert. (Vierter Band des »Kapitals«). Erster Teil. Erstes bis siebentes Kapitel und Beilagen, Leitung der Editionsarb.: Horst Merbach, editorische Bearb. von Bernhard Dohm, Hannes Skambraks, verantwortlich für die Red.: Walter Schulz, 1965

Bd. 26·2: Karl Marx, Theorien über den Mehrwert. (Vierter Band des »Kapitals«). Zweiter Teil. Achtes bis achtzehntes Kapitel, Leitung der Editionsarb.: Rolf Dlubek, Erich Kundel und Richard Sperl, editorische Bearb. von Horst Merbach und Artur Schnickmann, verantwortlich für die Red.: Walter Schulz, 1967

Bd. 26·3: Karl Marx, Theorien über den Mehrwert (Vierter Band des »Kapitals«). Dritter Teil. Neunzehntes bis vierundzwanzigstes Kapitel und Beilagen, Leitung der Editionsarb.: Rolf Dlubek, Erich Kundel und Richard Sperl, editorische Bearb. von Artur Schnickmann, Manfred Müller, Jutta Nesler und Hannes Skambraks, verantwortlich für die Red.: Walter Schulz, 1968

Bd. 30: Karl Marx und Friedrich Engels, [Briefe: Januar 1860 bis September 1864], 4. Aufl., Leitung der Editionsarb.: Horst Merbach, editorische Bearb.: Waldtraud Opitz, Leni Hoffmann und Manfred Müller, verantwortlich für die Red.: Walter Schulz, 1982

Bd. 31: Karl Marx und Friedrich Engels, {Briefe: Okt[ober] 1864–Dez[ember] 1867}, 4. Aufl., Leitung der Editionsarb.: Horst Merbach, editorische Bearb.: Ruth Stolz, Heidi Wolf und Renate Merkel, verantwortlich für die Red.: Walter Schulz, 1986

Bd. 36: Karl Marx und Friedrich Engels, [Briefe: April 1883 bis Dezember 1887], 2. Aufl., Leitung der Editionsarb.: Rolf Dlubek, Erich Kundel, Richard Sperl, editorische Bearb. von Werner Ettelt, Ruth Stolz, Käte Heidenreich, Rosie Rudich und Heidi Wolf, verantwortlich für die Red.: Walter Schulz, 1973

Bd. 40: Karl Marx, Schriften und Briefe. November 1837–August 1844, 2. Aufl., Leitung der Editionsarb.: Rolf Dlubek, Erich Kundel und Richard Sperl, editorische Bearb. von Bernhard Dohm, Inge Taubert und Käte Heidenreich, verantwortlich für die Red.: Walter Schulz, 1990

Bd. 42: Karl Marx, Ökonomische Manuskripte 1857/1858, Leitung der Editionsarb.: Erich Kundel, Roland Nietzold, Richard Sperl und Hildegard Scheibler, editorische Bearb. von Hildegard Scheibler, Gerda Lindner, Jutta Nesler und Resi Winkelmann, verantwortlich für die Red.: Waltraud Bergemann und Ludwig Lehmann, 1983

MWG Max Weber, Gesamtausgabe, hrsg. von Horst Baier, Gangolf Hübinger, M. Rainer Lepsius, Wolfgang J. Mommsen, Wolfgang Schluchter und Johannes Winckelmann, Tübingen

Bd. I/7: Zur Logik und Methodik der Sozialwissenschaften. Schriften 1900–1907, hrsg. von Gerhard Wagner, in Zusammenarb. mit Claudia Härpfer, Tom Kaden, Kai Müller und Angelika Zahn, 2018

Bd. I/9: Asketischer Protestantismus und Kapitalismus. Schriften und Reden 1904–1911, hrsg. von Wolfgang Schluchter, in Zusammenarb. mit Ursula Bube, 2014

Bd. I/12: Verstehende Soziologie und Werturteilsfreiheit. Schriften und Reden 1908–1917, hrsg. von Johannes Weiß, in Zusammenarb. mit Sabine Frommer, 2018

Bd. I/17: Wissenschaft als Beruf 1917/1919. Politik als Beruf 1919, hrsg. von Wolfgang J. Mommsen und Wolfgang Schluchter, in Zusammenarb. mit Birgitt Morgenbrod, 1992

Bd. I/18: Die protestantische Ethik und der Geist des Kapitalismus/Die protestantischen Sekten und der Geist des Kapitalismus. Schriften 1904–1920, hrsg. von Wolfgang Schluchter, in Zusammenarb. mit Ursula Bube, 2016

Bd. I/22-1: Wirtschaft und Gesellschaft. Die Wirtschaft und die gesellschaftlichen Ordnungen und Mächte. Nachlaß. Teilband 1: Gemeinschaften, hrsg. von Wolfgang J. Mommsen, in Zusammenarb. mit Michael Meyer, 2001

Bd. I/22-2: Wirtschaft und Gesellschaft. Die Wirtschaft und die gesellschaftlichen Ordnungen und Mächte. Nachlaß. Teilband 2: Religiöse Gemeinschaften, hrsg. von Hans G. Kippenberg, in Zusammenarb. mit Petra Schilm, unter Mitw. von Jutta Niemeier, 2001

Bd. I/22-3: Wirtschaft und Gesellschaft. Die Wirtschaft und die gesellschaftlichen Ordnungen und Mächte. Nachlaß. Teilband 3: Recht, hrsg. von Werner Gephart und Siegfried Hermes, 2010

Bd. I/22-4: Wirtschaft und Gesellschaft. Die Wirtschaft und die gesellschaftlichen Ordnungen und Mächte. Nachlaß. Teilband 4: Herrschaft, hrsg. von Edith Hanke, in Zusammenarb. mit Thomas Kroll, 2005

Bd. I/22-5: Wirtschaft und Gesellschaft. Die Wirtschaft und die gesellschaftlichen Ordnungen und Mächte. Nachlaß. Teilband 5: Die Stadt, hrsg. von Wilfried Nippel, 1999

Bd. I/23: Wirtschaft und Gesellschaft. Soziologie. Unvollendet 1919–1920, hrsg. von Knut Borchardt, Edith Hanke und Wolfgang Schluchter, 2013

Bd. I/24: Wirtschaft und Gesellschaft. Entstehungsgeschichte und Dokumente, hrsg. von Wolfgang Schluchter, 2009

Bd. I/25: Wirtschaft und Gesellschaft. Gesamtregister, bearb. von Edith Hanke und Christoph Morlok, 2015

NaS Theodor W. Adorno, Nachgelassene Schriften, hrsg. vom Theodor W. Adorno Archiv, Frankfurt a. M. und Berlin

Bd. I·1: Beethoven. Philosophie der Musik. Fragmente und Texte, hrsg. von Rolf Tiedemann, 3. Aufl., 1999

Bd. I·2: Zu einer Theorie der musikalischen Reproduktion. Aufzeichnungen, ein Entwurf und zwei Schemata, hrsg. von Henri Lonitz, 2001

Bd. I·3: Current of Music. Elements of a Radio Theory, hrsg. von Robert Hullot-Kentor, 2006

Bd. IV·1: Erkenntnistheorie (1957/58), hrsg. von Karel Markus, 2018

Bd. IV·2: Einführung in die Dialektik (1958), hrsg. von Christoph Ziermann, 2010

Bd. IV·3: Ästhetik (1958/59), hrsg. von Eberhard Ortland, 2009

Bd. IV·4: Kants »Kritik der reinen Vernunft« (1959), hrsg. von Rolf Tiedemann, 1995

|   |   |
|---|---|
| Bd. IV·6: | Philosophie und Soziologie (1960), hrsg. von Dirk Braunstein, 2011 |
| Bd. IV·7: | Ontologie und Dialektik (1960/61), hrsg. von Rolf Tiedemann, 2002 |
| Bd. IV·9: | Philosophische Terminologie I und II, hrsg. von Henri Lonitz, 2016 |
| Bd. IV·10: | Probleme der Moralphilosophie (1963), hrsg. von Thomas Schröder, 1997 |
| Bd. IV·12: | Philosophische Elemente einer Theorie der Gesellschaft (1964), hrsg. von Tobias ten Brink und Marc Phillip Nogueira, 2008 |
| Bd. IV·13: | Zur Lehre von der Geschichte und von der Freiheit (1964/65), hrsg. von Rolf Tiedemann, 2000 |
| Bd. IV·14: | Metaphysik. Begriff und Probleme (1965), hrsg. von Rolf Tiedemann, 1998 |
| Bd. IV·15: | Einleitung in die Soziologie (1968), hrsg. von Christoph Gödde, 1993 |
| Bd. IV·16: | Vorlesung über Negative Dialektik. Fragmente zur Vorlesung 1965/66, hrsg. von Rolf Tiedemann, 2003 |
| Bd. IV·17: | Kranichsteiner Vorlesungen, hrsg. von Klaus Reichert und Michael Schwarz, 2014 |
| Bd. V·1: | Vorträge 1949–1968, hrsg. von Michael Schwarz, 2019 |

NW   Friedrich Nietzsche, Sämtliche Werke. Kritische Studienausgabe in 15 Bänden, hrsg. von Giorgio Colli und Mazzino Montinari, 2. Aufl., Berlin, New York 1988
- Bd. 1: Die Geburt der Tragödie · Unzeitgemäße Betrachtungen I–IV · Nachgelassene Schriften 1870–1873
- Bd. 2: Menschliches, Allzumenschliches I und II
- Bd. 3: Morgenröte · Idyllen aus Messina · Die fröhliche Wissenschaft
- Bd. 4: Also sprach Zarathustra I–IV
- Bd. 5: Jenseits von Gut und Böse · Zur Genealogie der Moral
- Bd. 6: Der Fall Wagner · Götzen-Dämmerung · Der Antichrist · Ecce homo · Dionysos-Dithyramben · Nietzsche contra Wagner
- Bd. 11: Nachgelassene Fragmente 1884–1885

SW   Schellings Werke. Münchner Jubiläumsdruck. Nach der Originalausgabe in neuer Anordnung, hrsg. von Manfred Schröter, München
- Bd. 1: Jugendschriften 1793–1798, 1927
- Bd. 2: Schriften zur Naturphilosophie, 1799–1801, 1927
- Bd. 3: Schriften zur Identitätsphilosophie 1801–1806, 1927
- Bd. 4: Schriften zur Philosophie der Freiheit 1805–1815, 1927
- Bd. 5: Schriften zur geschichtlichen Philosophie 1821–1854, 1928
- Ergänzungsbd. 1: Zur Naturphilosophie 1792–1803, 1956
- Ergänzungsbd. 2: Zur Identitätsphilosophie 1804, 1956
- Nachlaßbd.: Die Weltalter. Fragmente. In den Urfassungen von 1811 und 1813, 1946

TWAA   Theodor W. Adorno Archiv, Frankfurt a. M.

UAF   Universitätsarchiv der Johann Wolfgang Goethe-Universität Frankfurt a. M.

**Protokolle**

# Wintersemester 1957/58:
# Adorno, »Zur Metakritik der Erkenntnistheorie« [I]

Philosophisches Hauptseminar mit Max Horkheimer

In diesem Semester hält Adorno zudem die philosophische Vorlesung »Einleitung in die Erkenntnistheorie« und gibt das soziologische Hauptseminar »Wirtschaft und Gesellschaft [I]«

Das Seminar findet donnerstags von 18 bis 20 Uhr statt

**124–129** Archivzentrum Na 1, 885

## 124 [N.N.],
## 28. November 1957

*Protokoll der Hauptseminarsitzung vom 28. 11. 57*

Zu Anfang der Seminarsitzung wies Prof. Adorno auf eine Eigenart der Husserlschen Phänomenologie hin, die bislang etwas außerhalb des Blickwinkels gelegen hatte. Es sei interessant, daß sich bei Husserl zwei recht heterogene Elemente vereinbart finden; nämlich, daß sich unter dem allgemeinen Anspruch strenger Wissenschaftlichkeit ein pointierter Charakter der Beliebigkeit zeige. Das entspringe der Denkgewohnheit des Mathematikers, der das Setzen von ganzen (geistigen) Regionen für legitim halte, was eine Husserlsche Formulierung wie: »Wir können uns aber auch vorstellen ...«[1] gut illustriert. Dieses Verfahren bringt einen gewissen Irrationalismus in seine Philosophie, der es möglich macht, aus den nichtwirklichen Regionen soviel abzuleiten wie aus den wirklichen. Diese Beliebigkeit im Ansatz erinnere an die Existentialphilosophie, wo ein Entwurf den anderen ablöst, die ganze Sphäre der Beliebigkeit sich aber im allgemeinen Rahmen des Systemzwanges befinde.

Auch Husserl ist in Wirklichkeit ein Systematiker, tut aber so, als seien die Leistungen nicht in den Systemen entstanden, sondern unmittelbar an den Sachen selber einsichtig geworden. Es soll dasselbe geleistet werden wie in den Systemen, es soll aber kein System sein.

Nicht seine Bilderphänomenologie[2] sei Husserl so sehr vorzuwerfen, denn diese habe dem »Muffigen« der offiziellen Systeme gegenüber etwas durchaus Legitimes.

---

[1] So heißt es etwa: »Das Eidos, das *reine Wesen*, kann sich intuitiv in Erfahrungsgegebenheiten, in solchen der Wahrnehmung, Erinnerung usw. exemplifizieren, ebensogut aber *auch in bloßen Phantasiegegebenheiten.*« (HEH, Bd. III, S. 16)

[2] In der *Metakritik der Erkenntnistheorie* [1956] schreibt Adorno: Husserl hat die Bilder- und Zeichentheorie nicht bekämpft, um sie in der »Phänomenologie der Erkenntnis« unbekümmert zu restituieren: so hat er denn in der sechsten Untersuchung die Abbildtheorie sogleich wieder abgewehrt, und es ist diese Abwehr, welche die Revision der kategorialen Anschauung einleitet: »Wir gingen davon aus, daß die Idee eines gewissermaßen bildartigen Ausdrückens ganz unbrauchbar ist, um das Verhältnis zu beschreiben, das zwischen den ausdrückenden Bedeutungen und den ausgedrückten Anschauungen im Falle geformter Ausdrücke statthat. Dies ist zweifellos richtig und soll jetzt nur noch eine nähere Bestimmung erfahren. Wir brauchen uns bloß ernstlich zu überlegen, was möglicherweise Sache der Wahrnehmung und was Sache des Bedeutens ist, und wir müssen aufmerksam werden, daß jeweils nur gewissen, in der bloßen Urteilsform im voraus angebbaren Aussageteilen in der Anschauung etwas entspricht, während den anderen Aussageteilen in ihr überhaupt nichts entsprechen kann.« Aber der Begriff der kategorialen Anschauung kann der Bil-

Zitat S. 209/210 der Metakritik der Erkenntnistheorie:
»Aber die sich zunächst zu Husserl hingezogen fühlten, waren keineswegs bloß Dunkelmänner. Sie wurden gelockt vielmehr von der Chance, philosophisch nicht länger einzig mit abstrakten Leerformen befaßt zu werden, die nachträglich und zufällig mit einem ›Material‹ sich auffüllen, dem die Formen bloß äußerlich sind; sie hofften auf ein Verfahren, das Material selber aufzuschließen und ihm seine eigentümlichen konkreten Formen abzuzwingen.«[3]

Übrigens hat jene Systemphilosophie eine gewisse Branchenhaftigkeit mit sich gebracht, die sich schon seinerzeit darin zeigte, daß man Nietzsches Antrag auf Erteilung der venia legendi für Philosophie zurückwies, weil man ihn schematisch als Altphilologe einordnete.[4] Dabei entscheidet sich das, was Philosophie ist, immer erst hinterher. Der Wille zum System ist – um mit Nietzsche zu sprechen – ein Mangel an Rechtschaffenheit.[5]

Dagegen hat die Phänomenologie, die für die menschliche Erkenntnis keine andere Möglichkeit sieht, als am ego cogito anzufangen, die am Subjekt als einem Erstgegebenen ansetzt und glaubt, daß allgemeingültige und für jeden reproduzierbare Erkenntnis, nicht anders als die Hypothese eines transzendentalen Subjekts, undogmatisch begründet werden kann, etwas durchaus Legitimes. In der Husserlschen Intentionenlehre, in ihrer Insistenz auf dem gegebenen Besonderen, das das Allgemeine in sich enthält, liegt gegenüber der orthodoxen Systemphilosophie ein großer Fortschritt. Die Kritik setzt erst da ein, wo sich Phänomenologie zur prima philosophia, zur absoluten Wahrheit überhaupt aufbläht.

Das Interesse wandte sich dem Problem der »Heideggerschen Sprachschöpfungen« zu. Wenn also Heidegger z. B. für die Kategorie des Bleibenden die Kategorie

---

*dertheorie nicht entraten: nur wenn die kategorialen Momente der Bedeutungen ein objektiv-ideales Sein abbilden, ihnen »entsprechen«, anstatt es erst zu produzieren, kann dies objektiv- ideale Sein in einem wie immer gearteten Sinn zur Anschauung gelangen.* (GS, Bd. 5, S. 206 f.) – Vgl. HEH, Bd. XIX/2, S. 663.
3 Theodor W. Adorno, *Zur Metakritik der Erkenntnistheorie. Studien über Husserl und die phänomenologischen Antinomien*, Stuttgart 1956, S. 209 f.; vgl. GS, Bd. 5, S. 203.
4 Zu Nietzsches Versuch, anstelle seiner Professur für Klassische Philologie eine philosophische Professur zu erwerben vgl. Friedrich Nietzsche an Wilhelm Vischer-Bilfinger, vermutlich Januar 1871, in: Friedrich Nietzsche, Sämtliche Briefe. Kritische Studienausgabe in 8 Bänden, hrsg. von Giorgio Colli und Mazzino Montinari, Bd. 3 [1986], 2. Aufl., München, Berlin und New York 2003, S. 174–178.
5 »Ich misstraue allen Systematikern und gehe ihnen aus dem Weg. Der Wille zum System ist ein Mangel an Rechtschaffenheit.« (NW, Bd. 6, S. 63)

der Bleibe setzt,⁶ so will er offensichtlich ein ruhendes Moment in eine Sprache bringen, in der das Dynamische einen größeren Nachdruck ausübt als das Statische, was sich schon von der Dynamik im Wirtschaftssystem her bestimmt, einem Wirtschaftssystem, das sich immer weiter ausbreiten muß, um sich am Leben zu erhalten – das nie innehalten kann.

Durch die Einführung eines Wortes wie Bleibe aber wird der Trug hervorgerufen, es sei das Geistige und Vermittelte etwas Anschauliches und Mittelbares. Dieses Wort, das für einen Begriff steht, kling fast wie ein Name, hat etwas Kunstgewerbliches an sich. So werden konkrete Wörter mit einer Herzenswärme versehen, die ihren Begriffscharakter verkappt. Diese Befrachtung mit Gefühlsworten läßt sie in ein falsches Licht geraten; sie für den weiteren Gebrauch untauglich werden. Sicher steckt in den Wörtern mehr als im Begriff – aber dieses Mehr läßt sich nicht konservieren und zu Herzenswärme verarbeiten. Diese »Seelchen«-Wörter dienen einer Wortmagie; durch ihren Gebrauch hofft man, das längst Verlorene beschwören zu können. Im Grunde sind die Menschen so verzweifelt, daß sie sich lieber an etwas klammern, von dem sie wissen, daß es nicht wahr ist, als über die Dinge nachzudenken. Aber nichts läßt sich dadurch retten, daß man es aus der kritischen Überlegung ausklammert. Eine Hoffnung für die Rettung der Gehalte besteht nur dann, wenn sie säkularisiert werden, in die Profanität eingehen, nicht aber in der Beschaffung von Reservisten für das Sakrale und das Festklammern an die längst entleerten Hüllen. Das bringt dann jene Kostümfestatmosphäre hervor, wie sie zum Beispiel bei Klages zu finden ist.

Auf die Frage danach, wie die Dialektik, die ja in ihrem Abarbeiten von Subjekt und Objekt die Geschichte zur Voraussetzung, zum Material hat, über die Geschichte hinausgehen, in einer Geschichte die erst noch stattfindet, in Gang kommen könne, antwortet Prof. Adorno, daß man als Erkennender nicht aus der Geschichte herausspringen könne, daß die reine Natur uns soweit durch die Geschichte vermittelt ist, daß man sie aus ihr nicht herausnehmen könne. Ein uns nicht durch die Geschichte Vermitteltes liegt jenseits unserer Vorstellungskraft, und auch die geschichtsfremdesten Kategorien – wie z. B. die Dinosaurier – werden erst durch ihre Vermittlung durch die Geschichte in unser Verständnis

---

6 So heißt es bei Heidegger etwa: »Das Ausbleiben der Unverborgenheit als solcher und das Bleiben der Verborgenheit wesen in einer Bleibe, die dem eigenen Wesen beider schon die Unterkunft ist. Aber das Ausbleiben von Unverborgenheit und das Bleiben von Verborgenheit sehen sich nicht erst nachträglich nach einer Unterkunft um, sondern diese west mit ihnen als die Ankunft, als welche das Sein selbst ist. Diese Ankunft ist in sich die Ankunft ihrer Unterkunft. Die Ortschaft des Ortes des Seins als solchen ist das Sein selber.« (Martin Heidegger, Die seinsgeschichtliche Bestimmung des Nihilismus [1944], in: Martin Heidegger, Gesamtausgabe, Bd. 6.2, hrsg. von Brigitte Schillbach, Frankfurt a. M. 1997, S. 301–361; hier: S. 322)

gebracht. So ist es unmöglich, etwa zu sagen: »Hier ist der Ursprung, die Wahrheit, die reine Natur, und dort ist die Geschichte das Epiphänomen.« Auch vermeintlich ursprüngliche mimetische Phänomene wie z. B. das Lächeln sind auf einer verhältnismäßig späten Entwicklungsstufe der Menschheit entstanden.

In seiner, in Beantwortung einer Frage erfolgten, Interpretation des Satzes: »Nicht die erste Philosophie ist an der Zeit sondern eine letzte«[7], am Ende der Einleitung seiner Metakritik der Erkenntnis, wies Prof. Adorno darauf hin, daß diese letzte Philosophie vielmehr sich daran orientiere, wohin es geht, anstatt auf das »alte Wahre« zurückzugehen, welches sicherlich abgewirtschaftet habe. Diese letzte Philosophie, die man ebensogut eine erste nennen könne, richtet sich auf das hin was sich bildet, auf das Potentielle.

Prof. Adorno gab zu bedenken, daß, da man darauf vereidigt sei, die Dinge à la lettre zu sehen, man leicht vergesse, daß eine philosophische Schrift nicht Lesen, sondern mehr, nämlich Nachdenken verlange. Diese Forderung stelle sich um so nachdrücklicher, wenn, wie bei ihm, der rationale Denker mit dem Schriftsteller eine Verbindung eingegangen sei.

Eine Frage nach dem Problem der Stellung des Individuums in der dialektischen Philosophie gab Anlaß zu folgenden Erörterungen. Prof. Adorno gab seiner Befürchtung Ausdruck, daß vielerorts eine gewisse Angst vor der Dialektik herrsche, daß man glaube, sie könne etwas wegnehmen, das Bleibende noch entreißen – eine ungewisse Furcht, wie sie ähnlich etwa vor dem Sozialismus bestände.

Aber gerade diese Überzeugung, daß etwas Festes doch bleiben müsse, führt zur Fetischisierung, zur Verkümmerung und damit zu dessen Verlust. Dabei müsse der Gewinn doch genau darin bestehen, diese Scheinwahrheit aufzugeben.

Was die Beziehung von Individuum und Gesellschaft in der Dialektik anbetreffe, so sei es keineswegs so, daß die Gesellschaft alles, das Individuum aber nichts, daß diese Beziehung schon immer zugunsten der Gesellschaft vorentschieden sei.

Eine solche Auffassung eliminiert die Spannung, die zwischen Individuum und Gesellschaft besteht, und verstößt die Dialektik. Dialektik ist kein Gesellschaftsspiel, in dem die Gesellschaft immer Recht behält. Wenn auch die Tendenz zum Staatskult in Hegels Rechtsphilosophie angelegt ist, was seinerzeit schon

---

[7] *Ist das Zeitalter der Interpretation der Welt vorüber und gilt es sie zu verändern, dann nimmt Philosophie Abschied, und im Abschied halten die Begriffe inne und werden zu Bildern. Möchte Philosophie als wissenschaftliche Semantik die Sprache in Logik übersetzen, so ist ihr als spekulativer noch übrig, die Logik zum Sprechen zu bringen. Nicht die Erste Philosophie ist an der Zeit sondern eine letzte.* (Adorno, *Zur Metakritik der Erkenntnistheorie*, a. a. O. [s. Anm. 3], S. 49; vgl. GS, Bd. 5, S. 47)

Denker wie Veblen, Dewey und Santayana dazu bewogen hat, ihn mit dem deutschen Faschismus und Imperialismus zusammenzuwerfen,[8] – so unterliegen doch Gesellschaft wie Individuum gleichermaßen der Kritik der Philosophie.

So wird die Dialektik einem schuldigen Menschen gerechter als z. B. die Kantsche Philosophie, die diesen ohne weiteres aus der Gesellschaft ausstößt,[9] während doch die Hegelsche Philosophie, die die bürgerlichen Instanzen schon relativiert hat, ihn durch die Strafe mit seinem Begriff versöhnen will.[10]

Wenn man sich aber auf das Individuum als einen Wert beruft, ist es meistens schon bedenklich, denn wo der Mensch sich als einen Wert bestimmt, macht er sich zu einem Dinghaften.

---

[8] In der zuerst 1957 publizierten Schrift *Aspekte* schreibt Adorno: *Die bürgerliche Gesellschaft ist eine antagonistische Totalität. Sie erhält einzig durch ihre Antagonismen hindurch sich am Leben und vermag sie nicht zu schlichten. In dem um seiner restaurativen Tendenz, um der Apologie des Bestehenden, um des Staatskults willen verrufensten Hegelschen Werk, der Rechtsphilosophie, ist das unverblümt formuliert. Gerade die Exzentrizitäten Hegels, die provokanten Stellen, die Schuld daran tragen, daß in der westlichen Welt bedeutende Denker wie Veblen, Dewey und auch Santayana ihn mit dem deutschen Imperialismus und Faschismus zusammenwarfen, wären aus dem Bewußtsein des antagonistischen Charakters der Totalität selber abzuleiten.* (Ebd., S. 274)

[9] Bei Kant heißt es etwa: »Nur vom *Menschen unter moralischen Gesetzen* können wir, ohne die Schranken unserer Einsicht zu überschreiten, sagen: sein Dasein mache der Welt Endzweck aus. Dieses stimmt auch vollkommen mit dem Urteile der moralisch über den Weltlauf reflektierenden Menschenvernunft. Wir glauben die Spuren einer weisen Zweckbeziehung auch am Bösen wahrzunehmen, wenn wir nur sehen, daß der frevelhafte Bösewicht nicht eher stirbt, als bis er die wohlverschuldete Strafe seiner Untaten erlitten hat.« (KW, Bd. X, S. 575 f., Anm. [B 421 f.; A 417])

[10] Vgl. den Abschnitt »Zwang und Verbrechen«, HW, Bd. 7, S. 178–202.

# 125 Rudolf Walter,
## 5. Dezember 1957

Rudolf Walter

*Protokoll der Seminarsitzung vom 5. Dezember 1957.*

Gegen die Kritik, die Dialektik an der prima philosophia übt, könnte man einwenden, daß alles dem Zufall überantwortet wird, wenn man kein Erstes hat. Kommt man sich beim dialektischen Denken nicht vor wie in einem fahrenden Zug, aus dem man nicht aussteigen darf, und nach dessen Ausgangspunkt zu fragen verboten ist?

Darauf läßt sich antworten: Die Philosophen, die auf ein Erstes, das keine Genesis hat und keinen weiteren Bedingungen unterworfen wird, zurückgreifen, wollen Wahrheit als einen festen Besitz. Die Dialektik zeigt, daß dieser Besitz unsicher ist. Sie weist darauf hin, daß sich der Begriff der Wahrheit auf Einzelurteile nicht anwenden läßt. Indem sie diese falsche Wahrheit zerstört, strebt sie nach der Wahrheit des Ganzen: Die Begriffe gewinnen Leben erst in ihrer Konstellation.

Keineswegs aber bedeutet das Verbot, das Erste als ein Absolutes zu setzen, daß man nach der Genesis nicht fragen dürfe. Entscheidend nur ist die Emphase, die man auf den Anfang legt. Das Seiende läßt sich nicht unvermittelt aus Absolutem gewinnen; doch steckt im Anfang, unentfaltet, das Spätere. Der Anfang bereits enthält Kategorien des Endes.

Sodann wurde eingewandt, daß auch die Kunst den Anspruch erhebe, das Absolute zu sagen. Wenn nun die Kritik das absolut Erste in der Philosophie seiner Unwahrheit überführe, vernichte sie zugleich die Grundlage der Kunst.

Festhalten muß man zunächst, daß Aussagen von Künstlern, die Kunst erreiche das Absolute, ebensowenig entscheidend sind, wie die Versicherungen des Gegenteils. Solche Aussagen geben meist nur das psychologische Gefühl des Künstlers wieder, vielfach sogar sind sie das Ergebnis einer Selbstreflexion, die durch übernommene, traditionelle Ideen bestimmt wird.

Das Kunstwerk wird so sehr von der Logik der Sache bestimmt, daß kaum eine andere Sphäre weniger von Psychologie bestimmt ist als die der Kunst. Wesentlich für unsere Frage ist also nur der objektive Anspruch des Kunstwerks.

Das Kunstwerk aber ist im Gegensatz zur prima philosophia offen! Es gibt in ihm kein Absolutes, aus dem alles hervorginge. Wohl weist es auf die Wahrheit hin, ohne sie jedoch zu erreichen; jeder Künstler weiß, daß es kein vollendetes Kunstwerk gibt. Das Kunstwerk will das Unendliche in einer konkreten Gestalt darstellen, da es sich aber zugleich als ein Endliches weiß, enthält es eine Kritik an seinem ursprünglichen Wollen. Den Anspruch, das Absolute unmittelbar zu sein, bezahlt es mit Unverbindlichkeit.

Anders als die Kunst verhält sich hier die Philosophie des Absoluten, z. B. Fichtes. Seine Philosophie glaubt, das Absolute in einem Spruch zu haben. Er hätte die psychologische Überzeugung, die Wahrheit zu haben, durch die Anstrengung der kritischen Reflexion ihrer Grenzen überführen sollen. Statt dessen machte er sie zum objektiven Prinzip. Hoffnung aber darf nicht zum Prinzip werden.[11]

Zwar fordert jedes Urteil, die ganze Wahrheit zu sein, weist sich jedoch als endlich aus. Die dialektische Spannung dieser beiden Momente, die den Gedanken über sich hinaustreibt, deutet auf das Absolute hin. Dialektik rettet den Begriff des Absoluten, indem sie auf seine Verabsolutierung verzichtet.

Nicht stichhaltig ist der Einwand, man brauche feste Gesetze und einen sicheren Standpunkt, um die Frage nach dem richtigen Handeln zu beantworten. Zwar ist die Besinnung aufs Allgemeine notwendig, doch lassen sich keine unbedingt gültigen Regeln aufstellen. Hinfällig ist auch der Hinweis auf das weitverbreitete Bedürfnis, etwas Festes zu haben. Heute setzen die Menschen Absolutes, obwohl sie nicht daran glauben, weil sie meinen, ohne eine solche Bindung nicht leben zu können.

Zuletzt wurde über die Gefahr eines Umschlags der Dialektik in eine positive Philosophie gesprochen. So dient die Dialektik dazu, den Staatsabsolutismus des Ostens zu verteidigen. Aber es ist eine erstarrte Dialektik, die dort betrieben wird. Nichts ist gegen Mißbrauch gefeit. Es wurden ja auch im Namen des Christentums Ketzer verbrannt. Da der Geist nur ein Moment, nichts Absolutes ist, kann er zum Teil eines falschen Ganzen gemacht werden.

Wird die Dialektik ferner nicht zu einem Urdualismus, wenn sie die Geschichte als Vermittlung von Geist und Materie auffaßt? Aber diese Gefahr besteht nur, wenn man Grundbegriffe der prima philosophia von außen in die Dialektik hineinbringt. Materie und Geist sind Relationsbegriffe; sie dürfen nicht als Urprinzipien aufgefaßt werden.

Gegen die Gefahr allerdings, zu einer prima philosophia zu werden, ist Dialektik nicht von vornherein gesichert. Hegel enthält dazu die Tendenz, aber auch

---

[11] Anspielung auf Ernst Blochs Werk »Das Prinzip Hoffnung« [1954–1959]; vgl. Ernst Bloch, Das Prinzip Hoffnung. In fünf Teilen, in: Ernst Bloch, Werkausgabe, Bd. 5, Frankfurt a. M. 1985 (Suhrkamp-Taschenbuch Wissenschaft; 554).

ihre Negation. Das Ganze ist bei ihm die Totalität der einzelnen bestimmten Negationen.

Hegel fordert, daß das Absolute nicht nur das Absolute als Resultat sei, sondern ebenso die Reflexion auf den dialektischen Prozeß, der zu ihm geführt hat. Wenn er aber den Staat als Absolutes setzt, so scheint ihm das nicht ganz gelungen zu sein. Doch läßt sich zu Hegels Verteidigung wieder sagen:

Hegel legt auf den Staat kein so großes Gewicht, wie man gemeinhin glaubt.

Er erkennt Nichtidentität innerhalb des Staates an. Sein Staat weiß darum, daß er in sich Gegensätze enthält, die durch Vernunft versöhnt werden sollen.[12]

Die Verabsolutierung des Staates ist ein verzweifelter Versuch, die Entwicklung der bürgerlichen Gesellschaft über sich hinaus, die damals bereits sichtbar war, aufzuhalten. Er setzt dem dialektischen Prozeß ein Ziel.

Demgegenüber ist eine offene Dialektik zu fordern, die sich kein konkretes Ziel setzt.

---

12 Vgl. etwa HW, Bd. 7, S. 407–410.

## 126 Hilmar Tillack,
## 9. Januar 1958

Hilmar Tillack

*Protokoll*

des Philosophischen Oberseminars vom 9. 1. 58

Nach der Verlesung des Protokolls der vorhergegangenen Sitzung referierte Herr Deininger über Brentanos Schrift »Vom Ursprung sittlicher Erkenntnis«.[13] In den Grundzügen führte er dabei folgendes aus: Brentano begründet seine Ethik in reiner Subjektivität und versucht rein aus »natürlichen Prinzipien« heraus die moralischen Gesetze abzuleiten. Eine empiristische oder transzendentalphilosophische Fundierung weist er ab. Zum Aufbau einer richtigen Ethik genüge die natürliche philosophische Erkenntnis vollkommen. Aus dem Studium des Aristoteles erwuchs ihm die Vorstellung, daß sie möglich sei,[14] und er verbindet sie dann in eigentümlicher Weise mit dem Gedanken des Primats des Subjekts.

*Was* Gut und Böse sei, könne rein aufgrund natürlicher Prinzipien erkannt werden. Metaphysische Überlegungen könnten zu einer Begründung der Ethik nicht beitragen, denn die letzten Ziele menschlichen Handelns, mit denen es die Ethik zu tun habe, seien nicht durch Überlegungen des Verstandes bestimmt, sondern ausschließlich durch unsere Gefühle und Neigungen.

Wenn aber das Gefühl in alle bedeutsamen ethischen Fragen entscheide, so seien diese Entscheidungen deswegen nicht minder allgemeingültig als die des Verstandes. Sittliches Erkennen steht für Brentano in Analogie zum Urteilen des Verstandes, und das ermöglicht ihm die zureichende Bestimmung der Tätigkeit des Gefühls im Bereich der Ethik. Der Begriff der Intentionalität spielt bei Brentano eine besondere Rolle. Intentionale Beziehung ist in der inneren Wahrnehmung auf dreierlei Weise möglich, nämlich in Form von Vorstellungen, Urteilen

---

13 Dieter Deininger, »Über Brentanos Schrift ›Vom Ursprung sittlicher Erkenntnis‹«, Archivzentrum Na 1, 855; vgl. Franz Brentano, Vom Ursprung sittlicher Erkenntnis [1874], 4. Aufl., hrsg. von Oskar Kraus, Hamburg 1955 (Philosophische Bibliothek; 55).
14 Die Einleitung des Herausgebers Oskar Kraus in die Schrift Brentanos (ebd., S. VII–XVI) bemerkt: Platon »und seinem großen Schüler *Aristoteles* war die Lehre gemeinsam, daß analog, wie es ein richtiges und unrichtiges Urteilen gibt, auch von einem rechten und unrechten Fühlen und Wollen gesprochen werden könne. Franz *Brentano* endlich zeigte, in welchen seelischen Tätigkeiten der Maßstab für die Richtigkeit unsres Fühlens und Wollens gelegt ist.« (Ebd., S. VIII)

und Gemütsbewegungen. Im Verstandesurteil erfahren wir das intentionale Objekt als wahr oder falsch, im Falle des Fühlens hingegen als gut oder schlecht.

Die Analogie, die Brentano für die Urteils- und Gemütsakte postuliert, begründet er im einzelnen. So heiße Urteilen: Anerkennen oder Verwerfen eines Sachverhaltes. Wahr sei ein Urteil immer dann, wenn es aus sich selbst heraus einsichtig sei, evident. Die Möglichkeit von Evidenz ist gegeben durch die substantielle Identität des Erfassenden mit dem Erfaßten. Husserl versucht später im Gegensatz dazu die Evidenz als ein psychologisches Faktum ohne Allgemeingültigkeit hinzustellen.

Herr Prof. Adorno warf hier ein, daß der *klassische* Husserl Brentanos Evidenzbegriff übernommen habe;[15] auch Scheler sei dem gefolgt.[16]

Im weiteren Verlauf seines Referates führte Herr Deininger aus, daß bei Brentano, analog dem Verwerfen oder Anerkennen eines Sachverhaltes im Urteilsakt, im *Gemütsakt* das Objekt geliebt oder gehaßt werde. Wie ein Urteil wahr oder falsch sein könne, so könne auch im Gemütsakt zu Recht oder zu Unrecht geliebt oder gehaßt werden. Wie das Kriterium eines wahren Urteils die Evidenz sei, so sei die Richtigkeit eines Gefühlsaktes durch »unmittelbares Einleuchten« gesichert.[17]

---

15 Bei Adorno heißt es: *Fortschrittlich fungieren prinzipiell die demontierenden Motive der Phänomenologie, wie sie zumal die Auseinandersetzungen des früheren Husserl mit Brentano und dessen engerer Schule ausbilden. In den begrifflichen Hilfsapparaturen, gegen die er angeht, wie dem Evidenzgefühl, dem »Gegenstand« der Empfindung, der angeblichen psychologischen Unmöglichkeit der Koexistenz kontradiktorischer Urteile im gleichen Bewußtsein zur gleichen Zeit, oder in den verschiedenen Bilder- und Zeichentheorien hat Husserl theoretische Inventionen zerstört durch ihre Konfrontation mit den Erkenntnisleistungen, denen begriffsfetischistisches Denken die erfundenen Funktionen zumutete.* (GS, Bd. 5, S. 215)
16 Vgl. etwa Max Scheler, Vom Ewigen im Menschen [1921], 4. Aufl., in: Max Scheler, Gesammelte Werke, Bd. 5. hrsg. von Maria Scheler, Bern 1954, S. 92–99.
17 In der Abhandlung »Vom Lieben und Hassen« spricht Brentano davon, »daß wir Regungen von Liebe und Haß haben, in welchen wir etwas in sich selbst lieben und hassen und bei welchen sich diese Liebe und dieser Haß als richtig verraten, während dies bei anderen nicht der Fall ist, sodaß es ganz ähnlich ist, wie auf dem Gebiet des Urteils, wo gewisse unmittelbar gefällte Urteile selbst evident sind, andere nicht. Nicht als richtig charakterisiert sind instinktive Triebe wie Hunger, Durst usw., und ebenso gewohnheitsmäßige Triebe wie der einer durch die Gewohnheit geschaffenen Habsucht. Dagegen leuchtet es ein, daß wir richtig lieben, wenn wir die Erkenntnis lieben, die Freude lieben, die richtige Liebe lieben, die gerechte Vergeltung lieben, das Vorstellen lieben u. dgl. [...]. Untersucht man die Fälle genauer, so wird man finden, daß sie nicht bloß im allgemeinen mit unmittelbar evidenten Urteilen Ähnlichkeit haben, sondern insbesondere mit solchen, wo, wie man sagt, das Urteil *aus den Begriffen* einleuchtet. *Es sind dies Fälle, wo das Vorstellen die evidente Leugnung bewirkt*, wie z. B. die Vorstellung eines runden Vierecks zur evidenten Leugnung desselben führt.« (Brentano, Vom Ursprung sittlicher Erkenntnis, a. a. O. [s. Anm. 13], S. 142–168; hier: S. 151 f.)

Dieses »Einleuchten« sei im Grunde ebensowenig ein psychologisches Faktum wie die Evidenz. Wer ein »Richtig« anerkennt, das bloß subjektiv sei, der fälsche den Begriff der Richtigkeit wie jemand, der von bloß subjektiver Wahrheit rede. Richtige Akte des Fühlens seien ebenso allgemeingültig wie richtige Akte des Urteilens, vor allem darum, weil alle als »richtig« charakterisierten Akte des Liebens auf *begrifflich* gedachte Objekte gerichtet sind. Im Gegensatz dazu seien instinktive Triebe wie Hunger und Durst und erworbene Triebe wie Habsucht nicht als »richtig« zu charakterisieren. Hingegen leuchte es ein, daß wir »richtig« lieben, wenn wir die Erkenntnis, die Freude, die richtige Liebe und die gerechte Vergeltung lieben (was etwas sonderbar klingt). Die einzige Abweichung in der Analogie von Gemüts- und Urteilsakten liege darin, daß ein Urteil entweder wahr oder falsch sein müsse, während emotionale Objekte in bezug auf ihr »Gut- bzw. Liebwertsein« graduell unterschieden sein könnten.[18]

So könne das eine Objekt gegenüber dem anderen als »besser« erfahren werden. Dann werde es vorgezogen. Das »richtige Vorziehen« aus der Erkenntnis des Besserseins gegenüber einem anderen sei dann ebenso allgemeingültig wie das Einleuchten der richtigen Liebe oder die Evidenz eines Urteils. Vorziehen könne niedriger, d.h. triebhafter Art sein; höherer Art sei es aber, wenn es wie richtige Liebe aus dem *Begriff* entspringe. Dann sei es, analog dem evidenten Urteil, richtig.[19]

Analog dem instinktiven Drang, trügerischen äußeren Wahrnehmungen oder blinden Urteilen zu vertrauen, bestehe in uns auch ein Drang, uns blinden Affekten zu überlassen, ja, im Konflikt mit einer als richtig charakterisierten Liebe könne jener blinde Drang siegen. In einem solchen Fall werden die Menschen durch egoistische Triebe abgehalten, dem zu folgen, was durch natürliche Sanktion gut ist, was nämlich seinem Begriffe nach die Notwendigkeit, geliebt zu werden, enthält.

Dieser Konflikt entstehe nur bei endlichen Wesen, nicht aber bei Gott als dem ersten Weltprinzip, denn wenn er sich selbst über alles liebe, so liebe er richtig.[20]

Trotz egoistischer Triebe sei die natürliche Sanktion des Guten in den Menschen sehr mächtig. Sie bräuchten, um das Bessere vorzuziehen, nicht eigens über die Gesetze des Liebens und Vorziehens Bescheid zu wissen. Auch in der Ge-

---

**18** Vgl. ebd., S. 148 und ebd., S. 152–155.
**19** »Ähnlich wie in den instinktiven Trieben haben wir in den sinnlichen Redundanzen [...] einen der wunderbarsten teleologischen Züge unserer psychischen Lebensordnung zu erkennen. [...] Wie dadurch, daß eine richtige *Liebe*, aus dem Begriffe entspringend, sich als notwendig richtig zu erkennen gibt, so auch ein richtiges *Vorziehen*, und wie wir dort zur Erkenntnis als ›Gut‹ gelangen, so hier zur Erkenntnis als ›Besser‹.« (Ebd., S. 163f.)
**20** Vgl. ebd., S. 166f.

schichte sei der Motor des sittlichen Fortschritts nicht die Erkenntnis, sondern ein blinder Drang, der gleichwohl das Gute wolle. Schon in frühen »prämoralischen« Zeiten habe es Ansätze von natürlichem Recht und natürlicher Sittlichkeit gegeben. Oft würden sowohl der blinde Drang wie auch die Erkenntnis des Guten das Gleiche zum Gebot erheben. Weil das Gute in der Realität so mächtig sei, bedürfe es, um sich von ihm zu entfernen, schon gehöriger Anstrengung, etwa durch langjährige Gewohnheit.[21]

Herr Prof. Adorno bemerkte hier zusammenfassend, daß diese Gedanken Brentanos im wesentlichen auf Kantische Ethik hinausliefen.

Das Referat ging nun auf die Kritik Schelers an Brentano ein.[22] Scheler kritisiert, daß Brentano darauf verzichtet, seine Akte des Liebens und Vorziehens in eine materiale Rangordnung der Werte einzugliedern und aus dieser heraus zu entscheiden, ob etwa ein Akt der Erkenntnis höher stehe (wie die Griechen meinten) oder ein Akt der Liebe (wie die Christen meinen).

Gleichwohl sei der Begriff des Guten bei Brentano nicht so unbestimmt und allgemein, wie es zunächst den Anschein habe. Für seine inhaltliche Bestimmung bringe er immer Beispiele aus der Klasse der »höheren« Gemütstätigkeiten, vor allem aus der Liebe zur Erkenntnis selbst. Er erweise sich hier wie anderswo als Anhänger einer rationalistischen Psychologie. Gleich den englischen Utilitaristen stelle er Erwägungen über die mögliche Summierung von Gutem an, und der bürgerliche Moralkodex bestimme bei ihm die Entwicklung des sittlichen Fortschritts schon zu den Zeiten, in denen sich gerade erst die Horden gebildet hatten.

Dieser positive Kodex der Sittlichkeit stehe im Herzen des Volkes geschrieben. Die öffentliche Meinung billige Fleiß, Generosität, Ökonomie; sie mißbillige Trägheit, Geiz, Verschwendung usw. Sie belohne durch einen guten Ruf und strafe durch einen schlechten. Zwar könne man sich nach Brentano auch hinsichtlich dieses positiven Sittlichen noch irren, aber der Gedanke, daß der Irrtum total sein und die ganze öffentliche Meinung nichts anderes darstellen könnte als ein gesamtgesellschaftliches ideologisches Bewußtsein, komme ihm nicht.

---

21 »Aristoteles schon bemerkt [...], man könne nicht jeden zum Hörer der Ethik brauchen. Durch Gewohnheiten gut geführt müsse derjenige sein, welcher über Recht und Sittlichkeit hören solle. Bei anderen, meint er, sei alle Mühe verschwendet. *[Absatz]* Ja noch mehr kann ich jener nicht prähistorischen, aber doch prämoralischen Zeit von Verdiensten für die Erkenntnis von natürlichem Recht und natürlicher Sittlichkeit nachrühmen.« (Ebd., S. 42)
22 Vgl. etwa den Abschnitt »›Höhere‹ und ›niedrigere‹ Werte«, in: Max Scheler, Der Formalismus in der Ethik und die materiale Wertethik. Neuer Versuch der Grundlegung eines ethischen Personalismus [1913/1916], 5. Aufl., in: Scheler, Gesammelte Werke, Bd. 2, hrsg. von Maria Scheler, Bern und München 1966, S. 104–117.

In seiner Lehre von der richtigen Liebe fehlt das Erotische; nur die »höheren« Gemütsakte seien darin eingeschlossen. Er habe ähnliche Moralvorstellungen wie die englischen Utilitaristen. Die bei ihm ein wenig mystische Übereinkunft des blinden sittlichen Fortschritts in der Geschichte mit dem, was die sittliche Erkenntnis vorschreibt, erkläre sich dadurch, daß er von vornherein die Askese, die die Gesamtgesellschaft dem Individuum aufzwingt, zum Prinzip seiner Ethik mache. So sei er in einem bestimmten Stadium des bürgerlichen moralischen Bewußtseins befangen.

Abschließend wies Herr Deininger darauf hin, daß aber nicht dies der entscheidende Ausgangspunkt einer Kritik von Brentanos Ethik sein könne, sondern eine Analyse seines Begriffes von Subjektivität. Dann würde sich herausstellen, ob die emotionalen Akte wirklich allgemeingültig sind, und welche Seinsweise die intentionalen Objekte haben.

Im Anschluß hieran wurde die Frage erörtert, inwieweit die Brentanosche Lehre in vorkritisches Denken zurückfalle. Herr Prof. Adorno sagte, bei Brentano sei die Sache insofern etwas kompliziert, weil sich bei ihm zwei Motivationen überschneiden: einmal ein Objektivismus, die Feststellung, es gäbe natürliche Evidenz des Wahren und Guten. Man wisse sich versichert: analog dem naiven Realismus hinsichtlich der Dingwelt, gibt es zweifelsfreie Gewißheit im Gemüt. Damit sei das intentionale Objekt der geistigen Akte in seiner realen Wirklichkeit vindiziert. Bei Husserl und Scheler sei das noch stärker der Fall. Andererseits liege bei Brentano ein nominalistisch-moderner Subjektivismus vor, dessen Kriterium die subjektive Evidenz sei. Es handele sich hier doch wieder nicht um ein einfaches Ansichsein des Guten etwa wie bei Aristoteles. Wie beide Momente bei Brentano dann im Einzelnen durcheinander vermittelt seien, sei sehr schwierig herauszufinden. Wichtig sei aber, welche dieser Dinge von Husserl, Scheler und Heidegger dann übernommen wurden.

Zur Frage der Verflechtung der beiden Motivationen wurde weiter gesagt, daß hier bei Brentano eine Schwierigkeit vorliege, weil er nirgends das Subjekt zureichend charakterisiert habe. Die Erkenntnisbeziehung lasse hinsichtlich der Existenz des intentionalen Objekts keine Aussage zu.

Mit der im Intentionalitätsbegriff entfalteten Dualität glaubte man ein Instrument zu haben, um unmittelbar etwas über die Dinge selbst aussagen zu können. Brentano selbst hat das allerdings gar nicht so gewollt.

Wenn Kraus in einer Bemerkung von Brentano sage, daß er sich zu seinen Schülern verhalte wie Plato zu Aristoteles,[23] so wiederhole sich dieses Verhältnis zwischen Husserl und Heidegger. Man las immer mehr das objektivistische

---

23 S. oben, Anm. 14.

Prinzip heraus: Jedem Nachfolgenden war der Vorgänger zu subjektivistisch. Husserl zitiere Brentano immer in der Weise, daß er das objektivistische Prinzip herausstelle, und das entspreche dem Noematischen. Dabei sei Husserl doch subjektivistisch. Durch Evidenz zu rechtfertigen seien nur die psychischen Phänomene.

Zur strategischen Situation gewissermaßen dieser philosophischen Richtung sei zu sagen, daß sie alles aus der Subjektivität herausziehen wollte, ohne aber auf die erarbeiteten Positionen der subjektivistischen Philosophie sich einzulassen. Sie fühlten sich in gewisser Weise durch den Kritizismus verängstigt. In dieser Lage glaubten sie, im Gemeinen des Meinens fänden sie das Objekt selbst, nämlich was als im Meinen vom Meinen Unterschiedenes seinem ureigensten Sinne nach über Bewußtsein hinausweise, und damit zugleich etwas Transzendentes. Sie waren überzeugt, die Analyse der mentalen Inexistenz führe auf Extramentales.

Herr Prof. Horkheimer führte dazu aus: Wenn einem ein Hyletisches gegeben sei, etwa eine visuelle Erscheinung, so habe Husserl sehr wohl gesehen, daß es einen immanenten Weg gibt, von dieser Gegebenheit zum physischen Ding zu kommen, indem er dieses Visuelle in der Sphäre der Immanenz als Abschattung eines Dinges deutete. Das erscheint dann als Nichtimmanentes in der Immanenz. Husserl meinte, wir brauchten uns um das Jenseits der phänomenologischen Reduktionen nicht zu kümmern, denn es komme gewissermaßen von selbst nach und nach in der Reduktion wieder herein. Er wollte die Transzendenz in der Immanenz retten, indem er zeigte, wie die Welt sich in der Immanenz aufbaut. Darin sei Husserl sozusagen Neukantianer. Die ganze Welt komme als eine vermeinte Sache, ohne daß etwas fehlt, herein.

Während es bei Husserl auf die Kantische Tendenz hinauslaufe, sei bei Scheler und Heidegger die entgegengesetzte Tendenz zum Zuge gekommen, nämlich die Hypostasierung des Objekts. Hier liege die Unwahrheit der Ontologie. Die Frage der Konstitution des Gegenstandes wird abgeschnitten. Aufgrund angeblicher Urbeziehung sei der Gegenstand unverfälscht und wie er an sich selbst sei gegeben. Jedes Denken ist zwar ein Denken von etwas, aber das besagt nicht, daß dieses Etwas damit auch wirklich Sein habe. Der Husserlsche Objektivismus sei ein subjektivistischer Trug.

Von den damaligen Diskussionen über diese Frage, bei denen Gelb[24], Scheler u. a. beteiligt gewesen seien, berichtete Herr Prof. Horkheimer, daß sie gewöhnlich damit ausgingen, daß man sagte: Idealismus oder Realismus – das sei schon ganz

---

[24] Gemeint ist der Gestaltpsychologe Adhémar Gelb, in dessen Seminar an der Frankfurter Universität Adorno und Horkheimer einander kennenlernten (vgl. GS, Bd. 20.1, S. 156).

uninteressant. Ein Unterschied zwischen der natürlichen Welt und der vermeinten bestehe im Grunde gar nicht. Sie sahen die Folgen nicht. In Beziehung auf physikalisch-wissenschaftlich nachprüfbare Dinge hätte Scheler schon noch gesagt, daß die Existenz eines Dinges nicht schon mit seinem bloßen Meinen erwiesen sei. Aber in den sog. »höheren Sphären« der Wissenschaft, wo das Gute und ähnliches behandelt wird, sei keine Korrektur erfolgt, und da käme der Trug eigentlich zustande. Während die Ergebnisse der reinen und praktischen Naturwissenschaft in einem langen geschichtlichen Prozeß von vielen erarbeitet werden müssen, glaube man in der phänomenologischen Philosophie, angefangen von Brentano, das Wesentliche oder die Sache selbst hänge von der Einsicht eines einzigen Menschen ab. Für die wissenschaftliche Erkenntnis solle es zwar nach Ansicht dieser Philosophie Konstitutionsprobleme geben, aber in den sog. »höheren Sphären« solle bloße Intention zur Sache selbst führen.

Herr Prof. Adorno betonte, daß es eigentliche Hauptaufgabe dieser Seminarerörterungen sei, zu zeigen, daß der Gegensatz, in dem wir uns zur Ontologie befinden, nicht weltanschaulich sei, sondern auf wirkliche, bestimmbare Fehler zurückgehe. Es handle sich hier um ein Bewußtsein, das sich sozusagen mitten im Denken selbst »Halt!« zuruft, ein Denken, das in einem bestimmten entscheidenden Sinne nicht denkt, die Begriffe nicht bewegt, sondern, wie in der Grundtatsache der Intentionalität, sich selber zu seinem eigenen Visavis entfremdet. Das Moment der Praxis ist aus dem Denken heraus. Denken wird zum bloßen Betrachten dieses von ihm selbst gestifteten Visavis, das es als solches jedoch verkennt. Die Spontaneität ist eliminiert, wodurch es sich dann als vorkritischer Dogmatismus erweist.

Auf die Frage, ob denn nicht schon im Satz des Parmenides, daß das Denken und Sein dasselbe seien,[25] die in der Phänomenologie gemeinte Existenz des Gemeinten vorweggenommen sei, antwortete Herr Prof. Adorno, Parmenides meine damit nicht, daß, was ich denke, auch sein müsse, sondern daß der Begriff des Denkens in äußerster Allgemeinheit identisch mit dem Sein in äußerster Allgemeinheit sei.

Zum Schluß des Seminars machte Herr Gorsen einige Vorbemerkungen zu seinem Referat,[26] das in der nächsten Sitzung gehalten werden soll.

---

25 In der Übersetzung von Hermann Diels lautet das entsprechende Fragment: »Denn *das Seiende* denken und sein ist dasselbe.« (Hermann Diels, Die Fragmente der Vorsokratiker. Griechisch und deutsch [1903], Bd. 1, 2. Aufl., Berlin 1906, S. 117)
26 Der Referatstext von Peter Gorsen wurde nicht aufgefunden.

# 127 Rainer Zoll, 16. Januar 1958

Rainer Zoll

Protokoll der Sitzung

des philosophischen Hauptseminars am 16. 1. 58

An einige Sätze aus dem Protokoll der vorletzten Seminarsitzung schlossen sich Bemerkungen von Herrn Professor Adorno und Herrn Professor Horkheimer über den Begriff der Evidenz in der Ethik Brentanos an.

Die richtige Erkenntnis in der Evidenz ist nicht nur in der Lehre Brentanos enthalten, auch bei Hegel gibt es auf jeder Stufe des Bewußtseins Unmittelbarkeit. Doch darf man die Evidenz nicht verabsolutieren; sie ist schon bei Hegel nicht nur unmittelbar, sondern gleichzeitig etwas Vermitteltes, denn es steckt immer geistige Arbeit, also Vermittlung in den Teilmomenten, die in der Evidenz zusammenschießen. Hier geht es um den Unterschied von den Denkprozessen und dem Einsehen, das Husserl absolut setzte. Nun soll keineswegs das Einsehen dogmatisch verworfen werden, denn es gibt sehr wohl diese intellektuelle Funktion der Passivität, die aber gleichzeitig eine ungeheure Aktivität bedeutet.

Wir verdanken Husserl die Insistenz auf der Unterscheidung der Bedeutungen, sogar von Bedeutungsschichten mit einem Ausdruck von Husserl. Herr Professor Horkheimer differenzierte den Begriff der Evidenz. Sie ist einmal ein psychologischer Vorgang, der als »Aha-Erlebnis« umschrieben wurde. Als Beispiel diente die Lösung des Rätsels, das ein Vexierbild aufgibt. Dann hat aber Evidenz nicht nur ihre Bedeutung im Gegensatz zum Chaotischen, das Gegenteil der Evidenz ist eine nicht notwendige Wahrheit. – So kann die Geste eines Menschen in einem Gerichtssaal für uns zweifach evident sein; einmal wird die Geste als solche erfaßt, zum anderen aber drängt sich dahinter der wirkliche Sachverhalt uns in einer Art Offenbarung auf. Letzteres wird mit dem Begriff der kategorialen Anschauung in der Philosophie Husserls bezeichnet.[27] Es gibt Menschen, die diese Fähigkeit, einen Sachverhalt solcherart zu erfassen, nicht besitzen. Jene Anschauung bleibt menschlich, sie kann auch falsch sein und darf daher nicht absolut gesetzt werden.

Ein Seminarteilnehmer meinte, daß in der heutigen Forschung, besonders in den Naturwissenschaften der Begriff der Evidenz überholt sei, da die For-

---

[27] Vgl. den Abschnitt »Sinnliche und kategoriale Anschauungen«, HEH, Bd. XIX/2, S. 657–693.

schungsergebnisse meist durch Nichtevidenz erarbeitet würden und zudem immer unanschaulicher werden. Es handele sich um ein immer automatischeres Verfahren und darin um Rückmeldungen – ähnlich wie im Elektronengehirn. Dagegen war einzuwenden, daß auch das Nichtzusammenstimmen in einem Akt der Evidenz erkannt werden kann. Das Elektronengehirn hat keine Evidenzerlebnisse, es arbeitet mit Formeln, die von dem Menschen durch Evidenz erkannt wurden. Wenn auch die Evidenz der Fallibilität unterworfen ist, bleibt sie doch unumgänglich. So ist das Lernen zwar ein verhältnismäßig kontinuierlicher Vorgang, hat aber in seinen Teilmomenten notwendig Evidenzcharakter.

In Ergänzung zu dem letzten Protokoll berichtete Herr Professor Horkheimer noch einmal von Diskussionen, die früher in Frankfurt von den Gestalttheoretikern, von Scheler, Gelb u. a. geführt wurden.[28] Der Unterschied zwischen Realismus und Idealismus wurde als unerheblich angesehen. Bei dem Problem der Bewegung in der der beherrschten Natur wäre z. B. die Frage der Herkunft aus dem Subjekt oder der Unmittelbarkeit zweitrangig, sie fügte der Sache nichts hinzu, sie wäre gewissermaßen nur ein Reim darauf. Dabei wurde aber die geschichtsphilosophische Situation völlig verkannt. Die Frage nach dem Weiterbestehen der traditionellen Formen (z. B. das Privateigentum, die Ehe, der gute Ruf etc.) war gestellt, und in dem Versuch zu retten, was noch zu retten war, versuchte man damals den moralischen Sätzen eine ebensolche Gültigkeit zuzuerkennen wie den naturwissenschaftlichen. Dadurch wurde der Verfall der sogenannten »ewigen Werte« erst recht beschleunigt. Die Geschichtsphilosophie dagegen hatte jene traditionellen Formen schon längst als historisch relative erkannt.

Zu Beginn seines Vortrags sprach Herr Gorsen über das Verhältnis zwischen setzenden Vorstellungen und prädikativen Urteilen bei Husserl, ferner über das Verhältnis von Ontologie und Erkenntnistheorie. Herr Gorsen sah einen Ansatzpunkt für spätere ontologische Interpretationen in einer Stelle aus den Prolegomena von Kant. Dort sagt Kant, daß der von ihm so genannte Idealismus nicht die Existenz der Sachen, sondern die Vorstellungen von den Sachen (zu denen an erster Stelle Raum und Zeit gehören) betreffe; diese sind keine Sachen, sondern bloße Vorstellungsarten. Die Seminarleiter ergänzten hierzu: Die ontologischen Elemente bei Kant sind eher im formalen Bereich, in der Gegebenheit der Kategorien zu suchen. Für Kant ist das Zusammenbestehen von empirischem Realismus und transzendentalem Idealismus typisch; er bezweifelt, daß alles an den Sachen Vorstellung ist. Die zitierte Stelle[29] ist zweideutig, da sie sich auf das Ding

---

28 S. oben, Anm. 24.
29 Nicht ermittelt.

als Konstitutum, aber auch auf das transzendente Ding an sich beziehen kann. Schon Cornelius wies auf die Hauptschwierigkeit für das Verständnis von Kant hin, die darin liegt, daß man nicht von vorneherein weiß, was Ding jedesmal bedeutet.[30]

Den Ausführungen von Herrn Gorsen über die Umwandlung eines prädikativen Urteils von der Form »S = P« in ein Existenzialurteil von der Form »SP ist«[31] und über die Auseinandersetzung von Brentano mit J. St. Mill[32] wurde hinzugefügt, daß es so aussieht, als ob zwischen dem prädikativen und dem Existenzialurteil ein absoluter Unterschied bestehe. Hegel sah, daß dies nicht zutrifft. In gewissen Fällen kann man ein prädikatives Urteil in einen Existentialsatz umformen; es gibt doxische Urteile, die beide umfassen.[33]

Im Gegensatz zu J. St. Mill kann bei Brentano auch ein einzelnes Merkmal anerkannt oder verworfen werden. Husserl beschreibt das Merkmal als sich in einer einstrahligen Thesis Setzendes. Er betont den Unterschied zwischen dem Nennen und der Aussage eines Satzes. Herr Gorsen zitierte zwei Sätze, die Husserl zu Verdeutlichung anführte: »Endlich ist Regen eingetreten. Das wird die Landwirte freuen.«[34] Dies sind zwei prädikative Sätze, die dieselbe logische Form haben. Derselbe Sachverhalt wird uns in doppelter Form vorgestellt, in Aussage und

---

30 Mit Blick auf die »Kritik der reinen Vernunft« spricht Hans Cornelius vom »Festhalten Kants an dem unklaren Begriff des ›Dings an sich‹, das sich doch andererseits durch die Ergebnisse seiner Untersuchung als vollkommen unerkennbar, ja als verbotener Gegenstand wissenschaftlicher Überlegung herausstellt. Dieses Ding an sich und seine Stellung im System Kants ist, wie schon frühzeitig von seinen Kritikern erkannt worden ist, um so bedenklicher, als es ihm immer wieder als *Ursache* der Erscheinungen gilt, während doch nach den Beweisen der Kritik selbst die Kategorie der Ursache nur auf Erscheinungen, nicht auf Dinge an sich, Anwendung finden kann. Der weitaus größte Teil der Unklarheiten und Widersprüche, die dem Verständnis des Werkes im Wege stehen, beruht auf diesem dogmatisch vorausgesetzten Begriffe.« (Hans Cornelius, Kommentar zu Kants Kritik der reinen Vernunft, Erlangen 1926, S. 9)
31 Vgl. den Abschnitt »Fortsetzung. Ob Aussagen als ganze Namen fungieren können«, HEH, Bd. XIX/1, S. 490–495.
32 Vgl. Brentano, Vom Ursprung sittlicher Erkenntnis, a.a.O. (s. Anm. 13), S. 103–106, Anm. 68.
33 Vgl. etwa HW, Bd. 6, S. 402f.
34 »Noch eine wichtige Klasse von Beispielen müssen wir erwägen, um auch an ihr unsere Auffassung vom Verhältnis zwischen nominalen Akten und Urteilen zu bewähren. Es handelt sich um die Fälle, wo *Aussagesätze* nicht nur in determinativer Absicht Verwendung finden und dabei – als aktuelle Aussagen – Teile von Namen zu bilden scheinen, sondern wo sie geradezu als Namen, *als volle und ganze Namen zu fungieren scheinen. Z.B., daß endlich Regen eingetreten ist, wird die Landwirte freuen.* Der Subjektsatz ist, das Zugeständnis scheint hier unumgänglich, eine volle Aussage. Es ist ja gemeint, daß wirklich Regen eingetreten ist. Der modifizierte Ausdruck, den das Urteil durch die Form eines Nebensatzes erfahren hat, kann hier also nur dazu dienen, den Umstand anzudeuten, daß die Aussage hier in Subjektfunktion stehe, daß sie den Grundakt für eine darauf zu bauende Prädikatssetzung abgeben solle.« (HEH, Bd. XIX/1, S. 490)

in Nennen. Der zweite Satz hat den ganzen ersten – genauer dessen gemeinten Sachverhalt – zum Subjekt, er weist auf ihn hin, er »meint« den Sachverhalt; er ist nicht das Urteil selbst, welches vorausgegangen ist.

Dazu ein Aperçu von Herrn Professor Adorno: »Das Ganze ist so, wie sich ein Laie die Philosophie vorstellt.«

Die Logik unmittelbar vor Husserl macht nicht den Unterschied zwischen dem Urteil über einen Sachverhalt und dem Sachverhalt. Es spielt hier eine große Rolle, daß das Urteil bei Husserl ein intentionaler Akt ist. Die genannte Unterscheidung ist ein mühsames Wiedererfassen einer vergessenen Wahrheit. In der traditionellen Logik war das Urteil aus den syntaktischen Formen zusammengesetzt. Diese zerstückeln gewissermaßen das Urteil. Husserl sieht, daß sich ein solcher Satz auf einen zusammenhängenden Sachverhalt bezieht; er wendet sich gegen den Fetischismus der Sprache, in der die Kontinuität des Sachverhaltes getrennt wird.

# 128 Helga Neumann, 30. Januar 1958

*Protokoll über die Seminarsitzung vom 30. 1. 1958*

Zu Anfang wurde die Frage nach der Motivation von Husserls logischen Untersuchungen gestellt. Der Referent antwortete, daß die Idee der Wahrheit dahinterstecke; die Frage nämlich, wie es möglich sei, daß in einem Urteil aktueller Sinn der Aussage und selbst gegebener Sachverhalt zusammenstimmen. Die eigentliche Schwierigkeit bestehe in der Existenz von irrealen Sachverhalten – ist überhaupt oder vielmehr, wie ist ein Kentaur oder die Unmöglichkeit eines runden Vierecks im Unterschied zur Existenz eines Dinges, eines Realwesens?

Seit Aristoteles ziehe die Äquivokation im Begriffe des »ὄν« entweder im Sinne von einem Realwesen oder im Sinne von etwas Existierendem durch die Geschichte der Philosophie, und ist ein Urteil durch »die Beziehung auf ein etwas als Objekt« charakterisiert, so frage sich, ob das »etwas« ein Terminus ist, der bald auf ein Ding, bald auf ein Unding, schließlich auf alle Dinge und Undinge anwendbar ist.[35]

Ein oberster Gattungsbegriff könnte das »etwas« nicht sein, denn welch ein Merkmal hätten Ding und Unding gemeinsam, das den obersten Gattungsbegriff rechtfertige, unter den sie fallen sollen?

Brentano wie Husserl hätten diesen Unterschied im Terminus des »ὄν« gesehen und die Ungereimtheiten, die sich aus diesem Oberbegriff ergeben, der Reales und Irreales umfassen soll. Beide hätten jedoch verschiedene Konsequenzen daraus gezogen, indem letzten Endes jeder – der eine als Idealist, der andere als naiver Realist – eines dem anderen gleichgemacht hat. So endeten beide in konträren Positionen: Husserl, indem er versichert, daß alle transzendental gereinigten Erlebnisse Irrealitäten sind, gesetzt außer aller Einordnung in die wirkliche Welt[36] – Brentano, indem er in seiner Spätlehre sagt, daß nur Dinge,

---

35 Für die mannigfachen Bedeutung des ὄν bei Aristoteles vgl. Aristoteles, Metaphysik, nach der Übers. von Hermann Bonitz bearb. von Horst Seidl, in: Aristoteles, Philosophische Schriften in sechs Bänden, Bd. 5, Hamburg 1995, S. 131–133 (1028a–b).

36 »Wenn wir [...] *immanente von transzendenten Gegenständen scheiden,* so kann das [...] nur eine Scheidung *innerhalb* dieses weitesten Transzendenzbegriffes besagen. Aber das ändert nichts daran, daß auch die Transzendenz des Realen und in höchster Stufe des intersubjektiven Realen (des Objektiven in einem ausgezeichneten Sinne) sich ausschließlich in der immanenten Sphäre, der der Bewußtseinsmannigfaltigkeiten, nach Sein und Sinn konstituiert, und daß seine *Transzendenz als Reales eine besondere Gestalt der ›Idealität‹* ist oder besser einer *psychischen Irrealität,* eines in der rein phänomenologischen Bewußtseinssphäre *selbst Auftretenden* oder möglicherweise Auftretenden mit allem, was ihm eigenwesentlich zugehört, *und doch so, daß es*

Realwesen, gedacht werden können und somit jene Irrealia bloße Fiktionen sind.[37]

Es bestand doch bis zu diesem Denken ein Gegensatz zwischen den inhaltlich bestimmten Wissenschaften und der Erkenntnistheorie, die durch begriffliche Konstruktion das Fundament für die Einzelwissenschaften hat liefern wollen. So ist denn in der Bemühung, die Methode der positivistischen Forschung auf die Erkenntnistheorie anzuwenden, der Versuch zu sehen, diesen Widerspruch zu schlichten. Es war die Absicht dieser Forschung, auf substituierte Begriffe oder Kategorien zu verzichten und einfach nachzusehen, was vorliegt, wenn z. B. ein logischer Satz gesprochen, wenn abstrahiert wird. Dadurch aber, daß geistige Sachverhalte wie Tatsachen beschrieben werden, werden diese hypostasiert und zu einem An-sich-Seiendem gemacht. Um den starken Zug, der zu diesem »zweiten Positivismus« führt, zu verstehen, muß man sich vorstellen, daß in der zweiten Hälfte des 19. Jahrhundert die positiven Wissenschaften der Philosophie vorhielten: »Was ihr da tut, das hat ja keinen wissenschaftliche Wert, ihr untersucht ja gar nichts. Während wir mit der Untersuchung unseres empirischen Materials befaßt sind, habt ihr es ja eigentlich mit gar nichts zu tun.« – So wurde es bei den Philosophen mit großer Erleichterung vermerkt, als Husserl gegen diesen Vorwurf ins Feld führen konnte: »Wir sind ja die Wissenschaftler überhaupt, denn wir haben es mit den Sachen selbst zu tun; wir haben zwar kein Mikroskop, aber um so schärfere Augen und eigentlich verhalten wir uns zur Mathematik wie die Mathematik sich zur Physik verhält. Alles, was uns die bösen Wissenschaften entrissen haben, das gewinnen wir nun wieder.« – Interessant dabei ist, daß Husserl von dem ungeheuren Ausschlagen seiner Phänomenologie in seiner Freiburger Zeit selbst überrascht war, denn noch in Göttingen hatte man seine Arbeiten als Spielereien abgetan.[38]

Das Tragische in Husserls großangelegtem Versuch liegt darin, daß bei seinem mikroskopisch feinem Hinsehen die Dinge sich immer weiter aufblättern, so daß zuletzt nichts Bestimmtes zu sagen übrigbleibt.

---

evidenterweise *kein reelles Stück oder Moment des Bewußtseins*, kein reelles psychisches Datum ist.« (HEH, Bd. XVII, S. 174)

37 Vgl. Franz Brentano, Über die Entstehung der irrigen Lehre von den entia irrealia. »Aufzeichnungen von A. Kastil nach einem Gespräche mit Brentano. Mai 1914 in Innsbruck«. Wie ich zu dem irrigen Gedanken der Existenz von Nichtrealem kam, in: Franz Brentano, Wahrheit und Evidenz. Erkenntnistheoretische Abhandlungen und Briefe, hrsg. von Oskar Kraus, Leipzig 1930 (Philosophische Bibliothek; 201), S. 162–164.

38 1916 wechselt Husserl von Göttingen auf den freigewordenen Freiburger Lehrstuhl Heinrich Rickerts.

Auf die Frage nach der entscheidenden Gemeinsamkeit Husserlscher und Brentanoscher Intentionen, wurde angeführt, daß die Entwicklung von Brentanos Lehre sich in 2 großen Bewegungen darstelle – zunächst in einer nach innen gerichteten auf den bewußtseins-immanenten Gegenstand als Korrelat des Bewußtseins und darüber hinaus in einer – zeitlich späteren – auf den dogmatisch naturalistischen Dingbegriff gerichteten Bewegung.

Beides wiederhole sich in der Phänomenologie Husserls dergestalt, daß sie über die Wesenserkenntnis des Idealen hinaus beansprucht, Wesenserkenntnis von Realem zu sein. Der Gedanke des frühen, innenpsychologisch orientierten Brentano, daß die äußere Wahrnehmung eigentlich gar keine ist,[39] müsse den Transzendentalphilosophen in Husserl aufs höchste erregt haben. Es gehe ihm daher darum, die Evidenz des transzendent Wahrgenommenen bzw. die Konstitution der ganzen sichtbaren Welt zu leisten, etwas, was der frühe Brentano im Begriff des physischen Phänomens – als durch die Evidenz nicht erweisbar – aufbewahrte, bevor sein Denken jene transzendierende Richtung auf das wirkliche Ding, das Realwesen, nahm.

In dem anschließenden Referat wurde die Stellung von Philosophie und Wissenschaft näher erörtert:[40]

Wenn man die Lage der Philosophie seit Descartes betrachtet, so sieht man ein, daß die Philosophie in einer verzweifelten Situation ist. Denn hält sie daran fest, das Unbedingte zu denken, den Gedanken spontan auf den Gegenstand zu beziehen, so verfällt sie dem Vorwurf der Unwissenschaftlichkeit und gerät den positiven Wissenschaften gegenüber ins Hintertreffen – wird ohnmächtiges Reservat.

Versteht sie sich aber dazu, ihre Erkenntnisse nach dem exakten Modell der Mathematik und der mathematischen Naturwissenschaften zu gewinnen, so unterwirft sie sich der Arbeitsteilung und dem organisierten Wissenschaftsbetrieb, verliert ihren eigenen Impuls und ist nicht mehr dazu imstande, den kritischen Maßstab an das gesellschaftliche Geschehen anzulegen. Wie übrigens auch das Denken, das sich gegen die Arbeitsteilung sperrt, hinter die Entwicklung der gesellschaftlichen Kräfte zurückfallen muß.

Bergson versucht nun, diesen Konflikt zu lösen, der in dem Verhältnis Philosophie und Wissenschaft besteht, indem er versucht, das verdinglichte, begrifflich-klassifikatorische Denken der Wissenschaften radikal zu trennen von einem unmittelbar anschaulichen Innewerden des Lebendigen, das von jeder

---

**39** Vgl. den Abschnitt »Über die Methode der Psychologie, insbesondere die Erfahrung, welche für sie die Grundlage bildet«, in: Franz Brentano, Psychologie vom empirischen Standpunkt [1874], hrsg. und eingel. von Oskar Kraus, Leipzig 1924 (Philosophische Bibliothek; 192), S. 39–61.
**40** Ein entsprechender Referatstext wurde nicht aufgefunden.

ordnenden Begrifflichkeit befreit ist. Bergson setzt der szientifischen Erkenntnisweise die intuitive als absolut von ihr verschieden entgegen und setzt damit einen ontologischen Abgrund zwischen dem diskursiven Denken und der Intuition.

Er glaubt, daß die Methode, deren sich die Erkenntnis den wechselnden Gegenständen gegenüber bedienen kann, von der Sache zu isolieren sei. Insofern unterscheidet sich die lebendige Erkenntnis, um die es Bergson geht, von der Wissenschaft doch nicht durch ein höheres Prinzip oder ein andersgeartetes Erkenntnisvermögen, sondern allein durch den verschiedenen Gebrauch der begrifflichen Mittel und deren Stellung zu den Objekten.

Allerdings sieht Bergson nicht, daß eine so verstandene Intuition ja gar kein Gegensatz zur Logik darstellt, sondern dieser als ein Moment im Erkenntnis-Prozeß, das die Vernunft anhält, auf sich selbst zu reflektieren, angehört.

Während bei Bergson dem Begriff des Bewußtseinsstroms das Leben vorgeordnet ist, verfährt Husserl ungleich szientifischer, indem er die cogitationes fest artikuliert.[41] Bei Husserl hat der Bewußtseinsstrom die Rolle der Konstitution; hinter allem Strömen steht das transzendentale Ich. Bei Bergson wird mit dem Bewußtseinsstrom in der Weise ernstgemacht, als von einem Ich-Prinzip abgesehen wird, wie überhaupt bei ihm das Emphatische auf dem Strömen liegt.

Das Leben im biologischen Sinne ist dem Ich vorgeordnet – Wahrheit ist in dem Bereich zu finden, der noch nicht durch das Ich hindurchgegangen ist. Bergson wollte die Verdinglichungsprozesse, die zur Bildung der Begriffe, zu den Wissenschaften geführt haben, rückgängig machen in einer Reflexion, die bis zum Leben, bis vor das verdinglichte wissenschaftliche Bewußtsein zurückführt, um so die Wahrheit zu finden.

---

41 Vgl. Henri Bergson, Zeit und Freiheit. Versuch über das dem Bewußtsein unmittelbar Gegebene [1889], hrsg. und übers. von Margarethe Drewsen, eingel. von Rémi Brague, Hamburg 2016 (Philosophische Bibliothek; 632).

## 129 Adalbert Rang, 20. Februar 1958

Adalbert Rang

*Protokoll*

des philosophischen Hauptseminars vom 20. 2. 1958

Herr Negt verlas den letzten Teil seines Referates über das Kapitel »Kritik des logischen Absolutismus« aus der »Metakritik«.[42] Ausgangspunkt der Diskussion war die Frage Herrn Euteneuers[43], ob es nicht widersprüchlich sei, mit zwei verschiedenen Begriffen von Logik zu operieren: Einmal sei sie als ein Mittel zur Rechtfertigung des Bestehenden, als harmonisierend kritisiert worden, dann wieder werde von ihr gesagt, sie erfülle auch eine kritische Funktion, indem sie als Mittel zum Aufweis der Inkonsistenz und Widersprüchlichkeit der Realität diene. Dem fügte an einer späteren Stelle Herr Fein[44] die Frage hinzu, woher denn nun die »Metakritik« ihrerseits das Pathos der Gültigkeit nehme und wie überhaupt zu vermitteln sei, zwischen einerseits der Anerkennung der Gültigkeit der logischen Gesetze und andererseits der Kritik an eben jener Gültigkeit. Herr Molitor[45] schließlich äußerte Zweifel an dem auf Durkheim sich berufenden Satz der »Metakritik«, wonach die »implizite Genesis des Logischen ... ein gesellschaftliches Verhalten ...« (S. 86)[46] sei. Er fragte, ob nicht ein logischer Absolutist sich die

---

42 Vgl. das entsprechende Kapitel, GS, Bd. 5, S. 48 – 95; der entsprechende Referatstext von Oskar Negt wurde nicht aufgefunden.
43 Nicht ermittelt.
44 Nicht ermittelt.
45 D. i. Jacob Molitor.
46 *Husserl macht es sich darum mit seiner Polemik gegen die genetische Auffassung der Logik so leicht, weil er sie einengt auf den ›Psychologismus‹. Die genetische Interpretation der logischen Gesetze müsse auf die Bewußtseinsvorgänge im psychologischen Subjekt, im einzelmenschlichen Individuum als auf ihr letztes Substrat rekurrieren. Das erlaubt ihm recht wohl, den Unterschied zwischen der psychologischen Fundierung in individuellen Bewußtseinsakten und der Objektivität des logischen Gehalts hervorzukehren. Aber die implizite Genesis des Logischen ist gar nicht die psychologische Motivation. Sie ist ein gesellschaftliches Verhalten. In den logischen Sätzen schlagen Durkheim zufolge gesellschaftliche Erfahrungen wie die Ordnung von Generations- und Eigentumsverhältnissen sich nieder, welche den Vorrang über Sein und Bewußtsein des einzelnen behaupten. Verbindlich zugleich und dem Einzelinteresse entfremdet, treten sie dem psychologischen Subjekt stets als ein an sich Geltendes, Zwingendes, und doch wiederum auch Zufälliges gegenüber – ganz so, wie es bei Husserl gegen seinen Willen den ›Sätzen an sich‹ widerfährt. Die Gewalt des logischen Absolutismus über die psychologische Begründung der Logik ist der Objektivität des die*

dialektische Einsicht, daß ebensowohl das genetische Moment des Geltungsmomentes, wie umgekehrt das Geltungsmoment des genetischen Momentes bedürfe, zunutze machen und im Sinne des logischen Absolutismus argumentieren könne, es würden die gesellschaftlichen Verhältnisse in die stets schon bereitliegenden logischen Formen gefaßt.

Die Antworten von Herrn Professor Horkheimer und Herrn Professor Adorno lauteten, zusammengefaßt, etwa folgendermaßen:

Logik sei *unmittelbar* stets Logik der Beherrschung, ein System, durch das man die Dinge »in den Griff bekommt«, ein »Netz« (Leibniz)[47], das ihnen übergeworfen wird. Man »filtere« sozusagen die Realität und eliminiere dabei das Widersprüchliche an ihr. Logik selber impliziere dann von vornherein, daß die Welt in Ordnung sei, daß sie positiv mit sich übereinstimme. Zur *kritischen* werde sie erst, wenn man sie anwende im Hinblick auf mögliche Veränderung dessen, was ist. Tendenziell, als negative Bestimmung, bietet sie eine Möglichkeit, das zu zeigen, was *nicht* stimmt. Wenn etwa eine gesellschaftliche Theorie erkläre: Das *ist* so – so stecke das Problem im »ist«. Dieses »ist« sei immer zugleich richtig und falsch. Obgleich weder die Welt noch das Subjekt *fest*ständen, müsse dennoch das Subjekt, im Denken, die Welt *fest*stellen. Der damit entstehende Konflikt sei den Philosophen, seit Kant, bewußt geworden. Kant habe sich zu helfen gesucht, indem er erklärte: Ich stelle bloß Erscheinungen fest. Sage er nun aber: Dies oder jenes *ist* so, so wirke das zurück auf den Begriff der Erscheinung und fordere die kritische Frage: Wie lassen sich, wenn »bloß« Erscheinungen gewußt werden können, über diese verbindliche Aussagen machen? Hegel, in seiner Kritik an Kant, habe mit Recht gefragt, wie es möglich sei, die Relativität zu behaupten, wenn man die absolute Wahrheit nicht habe. Das aber besage: Der Anspruch auf Gültigkeit, ja auf schlechthinnige Wahrheit muß festgehalten werden, obgleich wir stets auch merken, daß die Realität anders ist als das ihr übergeworfene Netz und Wahrheit somit nie etwas Fertiges. Das bedeute nicht, daß Wahrheit von Dialektik nicht ernstgenommen werde. Überhaupt sei Dialektik nicht so sehr Ausdruck einer Überlegenheit, als vielmehr immer auch Ausdruck der Schwäche.

---

*einzelnen unter sich zwingenden und ihnen zugleich undurchsichtigen gesellschaftlichen Prozesses abgeborgt.* (Adorno, *Zur Metakritik der Erkenntnistheorie*, a. a. O. [s. Anm. 3], S. 86; vgl. GS, Bd. 5, S. 82f.)

47 Bei Leibniz heißt es etwa: »Einen *Leitfaden des Denkens* aber nenne ich eine bestimmte leichte und sichere Methode, mit der wir, wenn wir ihr folgen, ohne Beunruhigung des Geistes, ohne Streitigkeiten, ohne Furcht zu irren nicht weniger sicher voranschreiten als jemand, der im Labyrinth einen Ariadnefaden zur Verfügung hat.« (Gottfried Wilhelm Leibniz, Die Grundlagen des logischen Kalküls. Lateinisch – Deutsch, hrsg. und übers. von Franz Schupp, unter Mitw. von Stephanie Weber, Hamburg 2000 [Philosophische Bibliothek; 525], S. 15)

Sie versuche dem Umstand Rechnung zu tragen, daß einerseits alle Aussagen vor der Logik sich zu verantworten haben, daß andererseits die Sache selber ein Widersprüchliches, in Logik nicht rein Aufgehendes ist und daß dieses Widersprüchliche seinerseits wiederum nur mit den Mitteln der Logik erfaßt werden kann. Die Kritik der traditionellen Logik erfolge nicht so sehr von deren Anwendung, sondern vom Problem her, das in der Logik selber, in ihrer inneren Zusammensetzung, liege und danach verlange, begriffen zu werden. Die Kritik an Husserls logischem Absolutismus wolle gegen ihn *nicht* den Standpunkt des Psychologismus oder Soziologismus geltend machen. Es sei nicht die These der »Metakritik«, daß, weil Logik ein Entsprungenes ist, ihre Sätze nur relativ seien. Die Logik gelte objektiv, man könne nicht aus ihr herausspringen, aber *trotzdem* sei sie ein Entsprungenes, die Genese stecke immer schon mit darin, Wahrheit selber habe einen Zeitkern.[48] Im übrigen sei die Idee der absoluten Gültigkeit ein selber geschichtlich Entsprungenes, als ein Moment jedoch liege ihr ein Sachverhalt zugrunde, der sie auch rechtfertige. Frage man, wie etwas seine Geltung erlange, so könne die Antwort nur darin bestehen, daß man den Prozeß der Anerkennung, der Einsicht in die logischen Verhältnisse zu entfalten versuche. In dieser Entfaltung könnten die logischen Gesetze nicht relativiert werden, weil in der Entfaltung diese Gesetze immer auch schon enthalten seien. Erkenne man so einerseits die Geltung der logischen Sätze an, so werde man doch andererseits, von der Sache her, dazu gedrängt, jene Sätze nicht zu fetischisieren. Wenn Erkennen gleichsam ein Filtrieren sei, so bleibe das, was anders nicht subsumierbar ist, draußen. Die sogenannte Objektivität der Erkenntnis sei damit ein selber Subjektives. Wenn aber selbst an dem, was in Erkenntnis eingeht, sich zeige, daß, was wir unter den Begriff bringen, mit ihm nicht übereinstimmt, daß zwischen den logischen Formen und dem Material, auf das sie angewandt werden, keine Harmonie herrscht, so treibe eben dieses Moment der Nichtidentität dazu, über die traditionelle Logik hinauszugehen. In der Erkenntnis des Gegensatzes von Sache und Begriff liege bereits die Intention, die Anweisung auf Überwindung dieses Gegensatzes. Hegel, in der Phänomenologie, habe gewissermaßen eine Dopplung der Dialektik benannt, indem er erkannte, daß, wenn das Subjekt diese Intention auf das Absolute nicht hat, es zur Erkenntnis des Widerspruchs in der Realität gar nicht kommt.[49] Husserl aber habe nicht nur das Moment der Ver-

---

**48** Die Wendung geht zurück auf das »Passagenwerk« Walter Benjamins, wo es heißt: »Entschiedne Abkehr vom Begriffe der ›zeitlosen Wahrheit‹ ist am Platz. Doch Wahrheit ist nicht – wie der Marxismus es behauptet – nur eine zeitliche Funktion des Erkennens sondern an einen Zeitkern, welcher im Erkannten und Erkennenden zugleich steckt, gebunden. Das ist so wahr, daß das Ewige jedenfalls eher eine Rüsche am Kleid ist als eine Idee.« (BGS, Bd. V·1, S. 578 [N 3,2])
**49** Vgl. die Vorrede zur »Phänomenologie des Geistes« [1807], HW, Bd. 3, S. 11–67.

mittlung, die geistigen Elemente in der Sache, nicht gesehen – er habe das einfache philosophische Staunen über jenen Gegensatz nicht mehr gespürt. Wenn er dem Satz der Identität absolute Geltung zuschreibe, so sei das schlechterdings unwahr. Auf Lebewesen etwa sei dieser Satz, in absolutem Sinne, nicht anwendbar, denn jedes Lebewesen sei nur als ständig sich veränderndes zu denken. Wenn Husserl so weit gehe, das Gravitationsgesetz für gültig zu erklären, selbst wenn es kein gravitierendes Material gäbe, so werde daran offenbar, was auch schon in seiner Verabsolutierung der logischen Sätze stecke. Jenes Gesetz sei ein Moment dessen, womit wir uns Natur vorstellen. Es verweise auf Naturbeherrschung. Der gleiche Zusammenhang lasse sich noch an den traditionellen Begriffen »Subjekt« und »Objekt« zeigen, deren sprachlicher Ursprung auf Bewältigung der Welt deute. Selbst wenn jedoch das Gravitationsgesetz sich so ausdrücken lasse wie ein formallogischer Satz, verstoße doch die Verabsolutierung eines solchen Gesetzes ebenso wie diejenige der logischen Sätze gegen deren Sinn, der eben darin bestehe, sich auf etwas, d. h. auf ein Objekt, auf Welt zu beziehen. Logik sei gleichermaßen Bedingung für Sachhaltiges, wie umgekehrt Sachhaltiges Bedingung für Logik. Die traditionelle Logik werde nicht außer Kurs gesetzt, aber unsere Reflexion auf sie müsse das genetische Moment stets einbeziehen. Nichts anderes geschehe in der »Metakritik« dort, wo an Durkheim angeknüpft werde. Daß nicht die Genesis gegen die Geltung hypostasiert werden könne, lasse sich an Durkheims eigenem Verfahren verdeutlichen, der dort, wo er sogar Raum und Zeit aus Gesellschaftlichem ableitet,[50] Kategorien zu benutzen gezwungen sei, die selber einen räumlich-zeitlichen Ursprung haben. Hier walte eine Dialektik, aus der es kein Herausspringen gebe. Genesis und Geltung bedingten sich gegenseitig und seien niemals völlig voneinander zu isolieren.

---

50 Bei Durkheim heißt es: »Man stelle sich zum Beispiel vor, was der Begriff der Zeit wäre, wenn wir das abziehen, womit wir sie einteilen, messen und mit Hilfe von objektiven Zeichen ausdrücken, eine Zeit, die keine Folge von Jahren, Monaten, Wochen, Tagen, Stunden wäre! Das wäre etwas fast Unvorstellbares. Wir können die Zeit nur begreifen, wenn wir in ihr verschiedene Augenblicke unterscheiden. [...] Die Einteilung in Tage, Wochen, Monate, Jahre usw. entspricht der Periodizität der Riten, der Feste, der öffentlichen Zeremonien. Ein Kalender drückt den Rhythmus der Kollektivtätigkeit aus und hat zugleich die Funktion, deren Regelmäßigkeit zu sichern. *[Absatz]* Dasselbe gilt für den Raum. Wie Hamelin gezeigt hat, ist der Raum nicht jener vage und unbestimmte Ort, wie ihn sich Kant vorgestellt hat: absolut und völlig homogen. Er würde zu nichts dienen und könnte nicht einmal gedacht werden.« (Émile Durkheim, Die elementaren Formen des religiösen Lebens [1912], übers. von Ludwig Schmidts, Berlin 2007 [Verlag der Weltreligionen Taschenbuch; 2], S. 25–27) – Die letzten beiden Sätze beziehen sich auf Octave Hamelin, Essai sur les éléments principaux de la représentation, Paris 1907 – Vgl. NaS, Bd. IV·4, S. 255–257, sowie NaS, Bd. IV·6, S. 204 f.

Anknüpfend an das Problem der Kontingenz war bereits vorher die von Herrn Professor Horkheimer gestellte Frage behandelt worden, woher das Bedürfnis des Denkens komme, vor allem starre und unverrückbare Zusammenhänge begreifen zu wollen. Zwar müsse man mit der Feststellung von Kausalbeziehungen hier sehr vorsichtig sein, zweifellos aber stamme das hier sich geltend machende Sicherheitsbedürfnis aus der Angst, wie überhaupt Eigentum und Unsicherheit zusammengehörten und jenes geradezu durch seine Verlierbarkeit definiert sei. Wenn die Neuzeit durch Wissenschaft den Zerfall des objektiven Kosmos bewirkt habe, so werde gerade in dieser Situation Sicherheit um so bedeutsamer. Was nicht mehr länger substantiell sei, werde nun von der Reflexion um so eindringlicher beschworen; ein Vorgang der schon an der platonischen Philosophie und ihren geschichtlichen Voraussetzungen sich zeigen lasse und der in der Neuzeit sich wiederholt habe. Relativismus und Absolutismus seinen korrelativ. Wo es nur noch ums bloße Fortkommen in einer radikal entfesselten Wirtschaft gehe und die sogenannten Werte mehr und mehr dahinsänken, spreche die Philosophie um so lauter von den »ewigen Werten«. Die Husserlsche Philosophie freilich sei schon kaum noch in diesem Sinne zu verstehen; man könne viel mehr fragen, ob nicht in ihr bereits, wie erst recht in den nachfolgenden Ontologien, das Gefrieren der gesellschaftlichen Dynamik in der jüngsten geschichtlichen Phase sich ausdrücke.

# Wintersemester 1957/58:
# Wirtschaft und Gesellschaft [I]

Soziologisches Hauptseminar

In diesem Semester hält Adorno zudem die philosophische Vorlesung »Einleitung in die Erkenntnistheorie« [I] und gibt das philosophische Hauptseminar »Adorno, ›Zur Metakritik der Erkenntnistheorie‹«

Das Seminar findet dienstags von 17 bis 19 Uhr statt

**130–138** UAF Abt. 139 Nr. 3

## 130 Klaus Horn,
## 12. November 1957

Klaus Horn

*Protokoll des soziologischen Hauptseminars vom 12. 11. 57*

An den Anfang der ersten Sitzung des Seminars im Wintersemester stellte Herr Prof. Adorno einige grundsätzliche Überlegungen über die Arbeit des Seminars.

Die Problematik des Themas »Wirtschaft und Gesellschaft« ist außerordentlich komplex. Die Übereinstimmung des Themas mit dem Titel eines der Hauptwerke Max Webers[1] soll keineswegs bestimmend für die Arbeit sein, vielmehr hat das Seminar die Absicht, über die Gesellschaft als Totalität und den Zusammenhang der Ökonomie und der Soziologie im engeren Sinne zu reflektieren. Es soll versucht werden, die Gesellschaft in ihrer Gesamtheit an einigen Stellen besonders zu beleuchten, zu erkennen, was sie zusammenhält und wie sie sich reproduziert. Durch die Aufspaltung der ursprünglichen politischen Ökonomie in die »reine« Soziologie, die politische Wissenschaft, die Psychologie und die Wirtschaftswissenschaft sind brennende Fragen aus dem Blickfeld der Soziologie verschwunden. Wohl ist die Arbeitsteilung in der Wissenschaft notwendig, sie ist aber zugleich verhängnisvoll, und es soll versucht werden, über diese Arbeitsteilung hinweg im Seminar zu zentralen Fragen hindurchzudringen. Es soll versucht werden, einen Einblick in das Getriebe der Gesellschaft zu gewinnen und sich von der perspektivisch verzerrenden Betrachtungsweise der »Bindestrichsoziologien« sowie anderer Disziplinen zu lösen, die Gesellschaftliches zum Gegenstand haben. Der Generalfehler der »Bindestrichsoziologien«,[2] aber auch

---

[1] Max Weber beginnt 1909 mit der ersten Ausarbeitung eines Vorhabens, das bald den Titel »Wirtschaft und Gesellschaft« erhält, jedoch zeit seines Lebens nicht abgeschlossen wird. Seine Gattin, Marianne Weber, gibt unter diesem Titel 1921/22 postum die erhaltenen Schriften heraus, deren Anordnung vom späteren Herausgeber Johannes Winckelmann mehrfach geändert wird. Vgl. jetzt MWG, Bd. I/22–1; MWG, Bd. I/22–2; MWG, Bd. I/22–3; MWG, Bd. I/22–4; MWG, Bd. I/22–5; MWG, Bd. I/23; MWG, Bd. I/24; MWG, Bd. I/25.

[2] In seiner Einleitung zum soziologischen Hauptseminar über »Probleme der Bildungssoziologie« im Wintersemester 1960/61 (s. die Protokolle 239–249) äußert sich Adorno: *Ich könnte mir immerhin vorstellen, daß manche von Ihnen dagegen ein bißchen skeptisch sind und sich sagen: »Nun ist also schon wieder eine neue Branche von Soziologie, eine neue Bindestrichsoziologie erfunden worden, jetzt gibt es also nicht nur die Verbandssoziologie und nicht nur die Staatssoziologie, von der eh niemand genau weiß, was er sich darunter vorzustellen hat, und nicht nur die Wissenssoziologie, sondern nun soll's auch noch die Bildungssoziologie geben. Was ist das überhaupt für eine Wissenschaft, bei der man nur irgendein Wort zu nehmen braucht und Soziologie dranzuhängen, und schon hat man eine neue Wissenschaft?«* (Theodor W. Adorno, *Einleitung in das so-*

bestimmter Richtungen der allgemeinen Soziologie, so sagte Herr Prof. Adorno, ist die Suche nach einem eigenen Gegenstand, die Vermutung, daß man das Ganze in seinen Teilen erkennen könne. Es sei vielmehr die Aufgabe, die gesellschaftlichen Phänomene unter dem Blickwinkel ihrer Funktionen zu sehen, die sie in der Gesellschaft erfüllen; es soll versucht werden, die Mechanismen der Disziplinen in funktionale Zusammenhänge aufzulösen, das Nebeneinander des naturwissenschaftlichen Klassifizierens von empirischen Tatsachen in den Einzelwissenschaften in eine Einheit von Lebenszusammenhängen zu überführen.

Herr Prof. Adorno nannte einige Fragen, die sich uns zur Diskussion anbieten: Was macht die Gesellschaft zu der Totalität, als die sie uns erscheint? Gibt es diese Totalität überhaupt und worin besteht der Zusammenhalt? Besteht er durch den Staat, den Geist, die Nation oder eine Hierarchie? Was wird in der Gesellschaft erhalten? Eine Idee? Das Leben als biologisches Faktum? Wie kommt es in der Gesellschaft zu Mißständen trotz des allgemeinen Fortschritts der Technik?

Den letzten großen Versuch, das Wesen der Gesellschaft als eines Ganzen zu begreifen, machte Marx, der, obwohl er zwischen Sein und Bedeutung der Dinge zu unterscheiden suchte, paradoxerweise die Philosophie verleugnete. Herr Prof. Adorno hob hervor, daß jedoch selbst der Wirtschaftsprozeß als materielle Reproduktion des Lebens des Geistigen bedürfe: Der Vergleich materiell verschiedener Dinge in der Tauschgesellschaft erfordert die Leistung der Abstraktion. Die Tatsache, daß heute über das Wesen der Gesellschaft nichts mehr gesagt wird, führte Herr Prof. Adorno darauf zurück, daß eine gewisse Scheu vor Theorien besteht. Bei uns, d. h. in der westlichen Welt, beschränkt man sich darauf, Fakten festzustellen, während im Ostblock ein Dogmatismus herrscht, mit dem man die Wirklichkeit in Einklang zu bringen versucht. Die Aufgabe der westlichen Soziologie sei die Reflexion der Zusammenhänge, die Aufdeckung von Zusammenhängen funktionaler Art und eine sinnvolle empirische Forschung in dieser Richtung. Notwendigerweise werden für unser Seminar nur Vorfeldfragen des Zusammenhanges von Wirtschaft und Gesellschaft zur Diskussion bleiben, da empirisches Material fast ganz fehlt. Es soll aber die Frage aufgeworfen werden, ob die Zusammenhänge zwischen Wirtschaft und Gesellschaft die »mächtige Macht« des Gesellschaftsprozesses sind, oder ob es vom Ökonomischen unabhängige Gesetzmäßigkeiten gibt. Das Problem der Verflechtung von Herrschaft und Wirtschaft steht ebenfalls zur Diskussion. Können wir den Auslegungen des Sozialismus folgen und die Ableitung der Herrschaft aus der Ökonomie bejahen,

---

*ziologische Hauptseminar »Probleme der Bildungssoziologie«, 8. November 1960*, hrsg. von Dirk Braunstein, in: WestEnd. Neue Zeitschrift für Sozialforschung, 12. Jg., 2015, H. 1, S. 153–167; hier: S. 154)

oder ist die Herrschaft der Wirtschaft über die Herrschaft ein Fehlschluß? Liegen noch andere, irrationalere Begründungen im Wesen der Entwicklung?

In der abschließenden Diskussion wurden noch verschiedene problematisch erscheinende Fragen zur Sprache gebracht. Herr Molitor gab seiner Befürchtung Ausdruck, ob nicht von vornherein eine Auffassung vertreten wird, wonach Gesellschaft nichts anderes als deduzierte Wirtschaft sei, eine Diskussionsgrundlage, die durch ihre Einseitigkeit die Arbeit vielleicht unfruchtbar werden lasse. Herr Prof. Adorno entgegnete darauf, daß er ja hoffe, daß diese Frage gestellt werde, wie er schon einführend betonte. Er glaube aber nicht, daß diese Fragestellung für die gesamte Seminararbeit hinderlich sein könne, da durch die Themen der zu erwartenden Referate auch ganz andere Auffassungen zur Sprache kämen. Auf die Frage, ob eine kritische Regeneration der Soziologie auf dem von uns zu beschreitenden Wege möglich sei, antwortete Herr Prof. Adorno abschließend noch einmal grundsätzlich. Er glaube nicht, daß wir eine Patentlösung finden können, gab aber seiner Hoffnung Ausdruck, daß das Seminar kraft seines explorativen Charakters grundlegende Fragen fruchtbar diskutieren wird.

Es soll der Versuch unternommen werden, die neuralgischen Punkte der Soziologie, die Funktionalität ihrer Einzelwissenschaften im Gesamtzusammenhang als die Voraussetzung für die Kontrolle der Absurditäten der Gesellschaft zu diskutieren. Es sei keineswegs die Absicht des Seminars, so betonte Herr Prof. Adorno, an auftauchenden Fragen nach Ursprünglichem und Nebensächlichem vorbeizugehen. Wir wollen untersuchen, wie und warum Rationales und Irrationales im Gesellschaftsprozeß ineinander greifen, unsere vornehmliche Aufgabe aber wird sein, Bausteine zu einer politisch-ökonomischen Theorie jenseits der Spaltung von Ökonomie und Soziologie zusammenzutragen und damit zu verhindern, daß durch die Entökonomisierung der Soziologie diese zu nichts anderem werde als zu einer verkappten Psychologie.

## 131 Hilmar Tillack, 26. November 1957

Hilmar Tillack

*Protokoll*
*des Soziologischen Hauptseminars »Wirtschaft und Gesellschaft« vom 26. 11. 57*

*Thema* der Seminarsitzung: 2. Teil des Referates von Herrn Brandt über
»Probleme der Marxschen Politischen Ökonomie«[3]
(Da jeder Teilnehmer einen Abzug dieses Referates in Händen hat, kann hier auf die Wiedergabe des Inhaltes verzichtet werden.)

Zu Beginn erinnerte Herr Brandt daran, daß die klassische Nationalökonomie (Smith, Ricardo, Mill usw.) historisch an der Schwelle zur bürgerlichen Gesellschaftsepoche entstand und selbst ein Moment der Auflösung der alten Gesellschaft darstellt. Seither aber verzichtet die bürgerliche Nationalökonomie überhaupt darauf, den Zusammenhang der Gesellschaft darzustellen. Sie entwickelte sich zur Fachwissenschaft. Statt die Analyse an den (historisch bedingten) Produktionsverhältnissen anzusetzen, sucht sie die Probleme außerhalb der Produktionssphäre, und mit dem Anspruch auf Allgemeinheit läßt sie die spezifisch historischen Bedingungen menschlichen Wirtschaftens außer acht. So versäumt sie das, was die Klassiker, wenn auch unfreiwillig, schon erblickt hatten: immanente Bewegungsgesetze der Gesellschaft im Kapitalismus. Marx' Theorie knüpfte jedoch an die große Politische Ökonomie an und wollte lösen, was diese schuldig geblieben war.

In diesem Zusammenhang warf Herr Prof. Adorno die Frage auf, wie bei Marx der Begriff der »gesellschaftlich nützlichen Arbeit«[4] zu verstehen sei. Es wurde

---

3 Der Referatstext von Gerhard Brandt wurde nicht aufgefunden.
4 In der Schrift »Zur Kritik der politischen Ökonomie« [1859] von Marx heißt es: »Die Ware habe ihren besondern Gebrauchswert abgestreift und durch dessen Entäußerung die stoffliche Bedingung erfüllt, gesellschaftlich nützliche Arbeit zu sein, statt besondre Arbeit des einzelnen für sich selbst. So muß sie dann im Austauschprozeß als Tauschwert, allgemeines Äquivalent, vergegenständlichte allgemeine Arbeitszeit für die andern Waren werden und so nicht mehr die beschränkte Wirkung eines besonderen Gebrauchswerts, sondern die unmittelbare Darstellungsfähigkeit in allen Gebrauchswerten als ihren Äquivalenten erhalten. Jede Ware aber ist *die* Ware, die so durch Entäußerung ihres besonderen Gebrauchswerts als direkte Materiatur der allgemeinen Arbeitszeit erscheinen muß. Andrerseits aber stehen sich im Austauschprozeß nur besondere Waren gegenüber, in besonderen Gebrauchswerten verkörperte Arbeiten von Privatindividuen. Die allgemeine Arbeitszeit selbst ist eine Abstraktion, die als solche für die Waren nicht existiert.« (MEW, Bd. 13, S. 31)

dahingehend geantwortet, daß der Tauschwert als alleiniger Maßstab für gesellschaftlich nützliche Arbeit zu gelten habe;⁵ alle Arbeit, die nur Gebrauchswerte produziert, sei in diesem Sinne nicht gesellschaftlich nützlich. Weiter wurde der Begriff »Ausbeutung« diskutiert. Bei Marx ist dieser Begriff streng ökonomisch definiert und meint das Maß an angeeigneter fremder Arbeit, also jenen Teil der Arbeit, der dem Kapitalisten zugute kommt und nicht dem Arbeiter. Im kapitalistischen Tausch werden zwei Mittel getauscht, die zwar als Äquivalente erscheinen, in Wahrheit aber keine Äquivalente sind. Dabei kann dann der Kapitalist bona fide sagen: Ich tausche seine (des Arbeiters) Ware Arbeitskraft um ihre Reproduktionskosten.⁶

Hier ist zu bemerken, daß Marx zwar immer am Einzelarbeiter, an der einzelnen Fabrik usw. demonstriert, jedoch diese Individuen, Betriebe usw. stets als gesellschaftliche Durchschnittsgrößen auffaßt.

Im weiteren Verlauf des Referats wurde vom Begriff der »steigenden organischen Zusammensetzung«⁷ des Kapitals gesprochen. Darunter ist der steigende Anteil des in Maschinen, Anlagen, Boden usw. abgelegten Kapitals zu verstehen, doch nur im Sinne einer Wertrelation, nicht als technisches Verhältnis. Herr Prof. Adorno wies darauf hin, daß es sich bei den Begriffen »Mehrwertsmenge« und

---

5 Ab hier Marginalie von Adornos Hand am Rand: *gemeint ist stets das [ih]m Imma[ne]nte*. (Ergänzungen aufgrund von Textverlust durch Bindung.)
6 Von Adorno handschriftlich ergänzt: *(Wie alle anderen Waren, d. h. als Tauschwerte).*
7 Marx spricht im dritten Band des »Kapitals« [1894] von der »Tendenz der kapitalistischen Produktion«: »Diese erzeugt mit der fortschreitenden relativen Abnahme des variablen Kapitals gegen das konstante eine steigend höhere organische Zusammensetzung des Gesamtkapitals, deren unmittelbare Folge ist, daß die Rate des Mehrwerts bei gleichbleibendem und selbst bei steigendem Exploitationsgrad der Arbeit sich in einer beständig sinkenden allgemeinen Profitrate ausdrückt.« (MEW, Bd. 25, S. 223) Zum Begriff der organischen Zusammensetzung des Kapitals heißt es: »Die Zusammensetzung des Kapitals ist in zweifachem Sinn zu fassen. Nach der Seite des Werts bestimmt sie sich durch das Verhältnis, worin es sich teilt in konstantes Kapital oder Wert der Produktionsmittel und variables Kapital oder Wert der Arbeitskraft, Gesamtsumme der Arbeitslöhne. Nach der Seite des Stoffs, wie er im Produktionsprozeß fungiert, teilt sich jedes Kapital in Produktionsmittel und lebendige Arbeitskraft; diese Zusammensetzung bestimmt sich durch das Verhältnis zwischen der Masse der angewandten Produktionsmittel einerseits und der zu ihrer Anwendung erforderlichen Arbeitsmenge andrerseits. Ich nenne die erstere die Wertzusammensetzung, die zweite die technische Zusammensetzung des Kapitals. Zwischen beiden besteht enge Wechselbeziehung. Um diese auszudrücken, nenne ich die Wertzusammensetzung des Kapitals, insofern sie durch seine technische Zusammensetzung bestimmt wird und deren Änderungen widerspiegelt: die organische Zusammensetzung des Kapitals. Wo von der Zusammensetzung des Kapitals kurzweg die Rede ist, ist stets seine organische Zusammensetzung zu verstehn.« (MEW, Bd. 23, S. 640)

»Mehrwertrate«[8] um sehr diffizile Dinge handelt: Die Menge bzw. Masse des Mehrwertes (m) ist nicht dasselbe wie die Mehrwertsrate (m/v).[9] Der Begriff des Mehrwertes ist an die lebendige Arbeit gebunden. Steigt die organische Zusammensetzung des Kapitals, so muß der Quotient, die Proportion des zu erzielenden Mehrwerts zum Gesamtprodukt, notwendig fallen. Dieser »tendenzielle Fall der Profitrate«[10] bildet die Basis vieler Zusammenbruchstheorien.

Auf die Frage, warum denn der Arbeiter Mehrwert schaffen müsse, antwortete[11] Herr Brandt, daß ihm ja keine Wahl bleibe, denn er habe ja nichts als seine Arbeitskraft, die er unter den gegebenen Bedingungen verkaufen müsse. Herr Mohl[12] bemerkte hierzu, daß ja die Konkurrenz der Arbeiter untereinander wirksam werde, und Herr Teschner[13] führte die Theorie der industriellen Reservearmee[14] an. Herr Prof. Adorno entgegnete jedoch, daß sich die Marxsche Theorie dialektisch entfalte, und daß auf dieser Stufe weder die industrielle Reservearmee, die eine sekundäre Erscheinung, noch die Konkurrenz, die ein Epiphänomen sei, bemüht zu werden brauche. Die Theorie der sinkenden Profitrate sei zunächst ohne Rücksicht auf die industrielle Reservearmee entwickelt worden. Hier gehe es um die Verteilung des bereits in der Produktion entstehenden Mehrwerts.

Weiter kam zur Sprache, daß die Ansprüche der Arbeiter nicht primär im Marktvorgang geltend gemacht werden könnten. Hier werden lediglich zwei Waren miteinander getauscht: Gib mir 10 Stunden deine Arbeitskraft, dann bekommst du soundso viel Geld. Willst du nicht, dann bleibe weg. Da das Angebot größer ist als die Nachfrage, so muß der Arbeiter annehmen, wenn er am Leben bleiben will. Eine gesellschaftliche Durchsetzung der Arbeiterinteressen als Gegentendenz kann erst zu einem späteren Zeitpunkt, wenn sich die Arbeiterschaft organisiert hat, durch die Gewerkschaften geltend gemacht werden.

Überhaupt habe sich Marx bei der Theorie vom Zusammenbruch des kapitalistischen Systems nicht festgelegt, obwohl er zweifellos damit rechnete. Spätere Politiker sind dagegen von viel handfesteren Voraussagen ausgegangen, und

---

8 Konjiziert für: »Mehrwertsrate«.
9 »m« steht für Mehrwert, »v« für variables Kapital, »m/v« entsprechend für die Mehrwertrate; vgl. den Abschnitt »Verschiedne Formen für die Rate des Mehrwerts«, ebd., S. 553–556.
10 Vgl. den Abschnitt »Gesetz des tendenziellen Falls der Profitrate«, MEW, Bd. 25, S. 221–241.
11 Von Adorno handschriftlich ergänzt zu: »[...] schaffen, *also mehr geben* müsse *als er empfange,* antwortete [...]«.
12 D.i. Ernst Theodor Mohl.
13 D.i. Manfred Teschner.
14 Vgl. den Abschnitt »Progressive Produktion einer relativen Übervölkerung oder industriellen Reservearmee«, MEW, Bd. 23, S. 657–670.

so wurde z. B. der führende sowjetische Wirtschaftswissenschaftler Varga seinerzeit eingesperrt, weil er statt des endlichen Zusammenbruchs eine weitere Phase des Kapitalismus ankündigte.[15]

Eine Klärung des Begriffes der »Akkumulation« ergab, daß Marx darunter nie Vermögensanhäufung verstehe, sondern ständig fortschreitende produktive Verwendung des in der Produktion erzielten Mehrwertes, d. h. Anlage desselben in zusätzlichem konstanten und variablen Kapital.[16] Nur wenn der Mehrwert in den Verwertungsprozeß gesteckt wird, kann sich das System erhalten. Das ist gerade das tragische Moment in dieser Gesellschaft, damit sie am Leben bleibt, muß sie expandieren[17]; indem sie das tut, treibt sie ihrem eigenen Untergang zu. Hier haben wir das innerste Prinzip des Zusammenhanges von Wirtschaft und Gesellschaft im Kapitalismus.[18] Auch Sombart und Max Weber haben das immer wieder betont: den Dynamismus der kapitalistischen Gesellschaft im Gegensatz zur Statik des Feudalismus.

Es wurde darauf hingewiesen, daß bei Marx eine einheitliche Darstellung der Krisentheorie fehlt, ebenso wie eine solche der Klassentheorie.

Da Herr Brandt mit seinem Referat nicht zu Ende gekommen war, wurde die allgemeine Diskussion darüber bis zur nächsten Sitzung vertagt.

---

15 Vgl. den Abschnitt »Veränderungen in der kapitalistischen Wirtschaft im Gefolge des Zweiten Weltkrieges« [1947], in: Eugen Varga, Die Krise des Kapitalismus und ihre politischen Folgen [1969], hrsg. und eingel. von Elmar Altvater, 2. Aufl., Frankfurt a. M. 1974, S. 416–425.
16 So heißt es etwa: »Der Teil des Kapitals also, der sich in Produktionsmittel, d. h. in Rohmaterial, Hilfsstoffe und Arbeitsmittel umsetzt, verändert seine Wertgröße nicht im Produktionsprozeß. Ich nenne ihn daher konstanten Kapitalteil, oder kürzer: konstantes Kapital. *[Absatz]* Der in Arbeitskraft umgesetzte Teil des Kapitals verändert dagegen seinen Wert im Produktionsprozeß. Er reproduziert sein eignes Äquivalent und einen Überschuß darüber, Mehrwert, der selbst wechseln, größer oder kleiner sein kann. Aus einer konstanten Größe verwandelt sich dieser Teil des Kapitals fortwährend in eine variable. Ich nenne ihn daher variablen Kapitalteil, oder kürzer: variables Kapital. Dieselben Kapitalbestandteile, die sich vom Standpunkt des Arbeitsprozesses als objektive und subjektive Faktoren, als Produktionsmittel und Arbeitskraft unterscheiden, unterscheiden sich vom Standpunkt des Verwertungsprozesses als konstantes Kapital und variables Kapital.« (MEW, Bd. 23, S. 223 f.)
17 Von Adorno handschriftlich ergänzt zu: »Das ist gerade das tragische Moment in dieser Gesellschafts*theorie: damit die Gesellschaft* am Leben bleibt, muß sie *sich* expandieren«.
18 Von Adorno handschriftlich ergänzt zu: »Hier haben wir das innerste Prinzip der *M*[arxschen] *Lehre des* Zusammenhanges von Wirtschaft und Gesellschaft im Kapitalismus.«

## 132 Ellen Schölch,
## 3. Dezember 1957

Ellen Schölch

*Soziologisches Hauptseminar*:
Protokoll zur Seminarsitzung vom 3.12.1957

2 Theorien über die Herkunft von Krisen haben in der marxistischen Literatur von jeher eine Rolle gespielt. Die erste Theorie, die die Krise auf die Tendenz zur sinkenden Profitrate und die zweite, die sie auf das Realisationsproblem[19] zurückführt, das Herr Brandt am Ende seines Referates in dieser Seminarstunde entwickelte.

Diese Theorie bezieht sich auf die Wirkungen der Kapitalakkumulation und bildete eine der Kontroversen zwischen Ricardo und Say einerseits und Malthus andererseits,[20] der der Meinung war, daß zunehmende Akkumulation von Kapital vom Fall der Warenpreise und infolgedessen auch der Unternehmerprofite be-

---

[19] Popularität erlangt die Frage nach der Realisation des Mehrwerts durch Lenins Schrift »Die Entwicklung des Kapitalismus in Rußland« [1899], die ein ganzes Kapitel der »Marxschen Realisationstheorie« widmet (vgl. W. I. Lenin, Werke, hrsg. vom Institut für Marxismus-Leninismus beim ZK der KPdSU, übers. vom Institut für Marxismus-Leninismus beim Zentralkomitee der SED, Bd. 3, Berlin 1956, S. 39–47). Die Schlussfolgerung, die Lenin hier zieht, lautet: »Das Wachstum der kapitalistischen Produktion und folglich auch des inneren Marktes erfolgt nicht so sehr auf der Linie der Konsumtionsmittel als auf der Linie der Produktionsmittel. Mit anderen Worten: Das Wachstum der Produktionsmittel überflügelt das Wachstum der Konsumtionsmittel.« (Ebd., S. 42)
[20] Bei Marx heißt es: »Allerdings erhebt sich [...] auf nationalökonomischem Boden eine Kontroverse. Die eine Seite (Lauderdale, Malthus etc.) empfiehlt den *Luxus* und verwünscht die Sparsamkeit; die andre (Say, Ricardo etc.) empfiehlt die Sparsamkeit und verwünscht den Luxus. Aber jene gesteht, daß sie den Luxus will, um die *Arbeit*, d. h. die absolute Sparsamkeit zu produzieren; die andre Seite gesteht, daß sie die Sparsamkeit empfiehlt, um den *Reichtum*, d. h. den Luxus zu produzieren. Die erstere Seite hat die *romantische* Einbildung, die Habsucht dürfe nicht allein die Konsumtion der Reichen bestimmen, und sie widerspricht ihren eignen Gesetzen, wenn sie die *Verschwendung* unmittelbar für ein Mittel der Bereicherung ausgibt, und von der andern Seite wird ihr daher sehr ernstlich und umständlich bewiesen, daß ich durch die Verschwendung meine *Habe* verringere und nicht vermehre; die andre Seite begeht die Heuchelei, nicht zu gestehn, daß grade die Laune und der Einfall die Produktion bestimmt; sie vergißt die ›verfeinerten Bedürfnisse‹, sie vergißt, daß ohne Konsumtion nicht produziert würde; sie vergißt, daß die Produktion durch die Konkurrenz nur allseitiger, luxuriöser werden muß; sie vergißt, daß der Gebrauch ihr den Wert der Sache bestimmt und daß die Mode den Gebrauch bestimmt; sie wünscht nur ›Nützliches‹ produziert zu sehn, aber sie vergißt, daß die Produktion von zuviel Nützlichem zuviel *unnütze* Population produziert. Beide Seiten vergessen, daß Verschwendung und Ersparung, Luxus und Entblößung, Reichtum und Armut = sind.« (MEW, Bd. 40, S. 550)

gleitet sein würde, wenn die Akkumulation von Kapital in keinem Verhältnis mehr zur effektiven Nachfrage stehen würde. Da im kapitalistischen System produziert wird um des Profits willen, besteht die Tendenz, daß die effektive Nachfrage nach Produktions- sowie Konsumtionsgütern hinter der Produktion dieser Güter höherer und niederer Ordnung, die alle nach einer Spielregel produziert werden, zurückbleibt. Eine Produktion hat sich nicht gelohnt, wenn nicht verkauft werden kann.

Das Realisationsproblem hat nach Marx seinen Ursprung in der Konsumtionsbeschränkung der Massen, des Arbeiters, der einen Mehrwert für andere, d.h. den Unternehmer produziert, dem es als Träger der kapitalistischen Produktion bei steigender Aneignung fremder Arbeit nur um den Tauschwert und dessen Vermehrung zu tun ist, nicht um den Gebrauchswert und dessen Verbesserung. Obwohl Marx diese Theorie anscheinend nur als eine schlechtere Erklärung der Erscheinungen betrachtet hat, die er auf den tendenziellen Fall der Profitrate zurückzuführen suchte, maß er doch der Diskrepanz von Produktion und effektiver Nachfrage, d.h. dem Widerspruch von Produktions- und Distributionsweise entscheidende Bedeutung bei.

Dabei stehen die Kapitalisten vor der Alternative: 1. die Produkte unter ihrem Wert zu verkaufen oder 2. auf den Verkauf zu verzichten. Auf jeden Fall wäre das Resultat ein Sinken der Profitrate, die Folgen laufen also auf dieselben heraus wie die des tendenziellen Falls der Profitrate, eine Tatsache, die dazu verleitet, den zwischen den beiden Theorien bestehenden Unterschied zu verwischen. Jedoch muß dazu betont werden, daß im ersten Fall das Sinken der Profitrate die Ursache, der zweite Fall aber das Symptom der Krise darstellt.

Hier unterbrach Professor Adorno den Referenten mit dem Hinweis, daß die Auseinandersetzung innerhalb des Marxismus sich um diese beiden Theorien kristallisiert habe. Dabei waren die Vertreter der ersten Theorie, die orthodoxen Marxisten der Meinung, die Vertreter der zweiten Theorie bezögen sich lediglich auf ein Epiphänomen. Es hat immer schon eine Kontroverse zwischen den Vertretern dieser beiden Theorien gegeben. Hinzu kommt nun noch die Theorie, die die Krisen auf Disproportionalitäten, Diskrepanzen von Angebot und Nachfrage zwischen einzelnen Produktionszweigen, als Folge des anarchischen Charakters der kapitalistischen Produktion, bei der dem Unternehmer die Übersicht über den Markt fehlt, zurückzuführen sucht. Vertreter dieser Disproportionalitätentheorie und Gegner der Realisationstheorie war der bürgerliche Theoretiker Tugan-Baranowski.[21] Baranowski kann als Vater des Revisionismus bezeichnet werden

---

21 Vgl. Michael von Tugan-Baranowsky, Studien zur Theorie und Geschichte der Handelskrisen in England, Jena 1901. Hier beschreibt der Autor unter anderem, »in welcher Weise die allgemeine

insofern, als dessen Vertreter, der bekannteste unter ihnen ist Bernstein,[22] auf die Disproportionalitätentheorie gestützt der Meinung waren, Störungen dieser Art ließen sich durch zunehmende Rationalisierung des Kapitalismus mit Hilfe von Reformen und Planungen innerhalb des kapitalistischen Produktionsprozesses beseitigen.

Am Ende des vorigen Jahrhunderts, vor allem nach der Spaltung der SPD im Ersten Weltkrieg[23] hat sich diese Meinung innerhalb der Mehrheitspartei durchgesetzt und bekommt dadurch ihre politische Bedeutung. Marx hat diesen Disproportionalitäten jedoch keinen allzu großen Wert beigemessen. Die Theorie spielt allerdings in der neueren Nationalökonomie eine große Rolle, da sie auf eine Krise der gesamten Wirtschaft hinauslaufen kann, indem sie sich von Produktionszweig zu Produktionszweig fortsetzt.

Die Aufgabe der Theorie der Realisationskrisen besteht nun darin, die Tendenzen und Kräfte zu untersuchen und festzustellen, die dem Trend zur Unterkonsumtion entgegenwirken. Entscheidend waren in der Vergangenheit die Industrialisierung, Fehlinvestitionen und Bevölkerungswachstum. Am wichtigsten waren dabei die erstere und die letztere. Zu Beginn der Entwicklung des Kapitalismus konnte der in einzelnen Industrien erzeugte Mehrwert in neu erstehenden Industrien realisiert werden, später trug noch die kapitalistische Investition in nicht kapitalistischen Ländern dazu bei (Imperialismustheorie), die Tendenz zur Überproduktion nicht wirksam werden zu lassen. Hinzu kommt das Wachstum der Bevölkerung im 18. und 19. Jahrhundert, der Produktionsausweitung und Vergrößerung des Beschäftigungsvolumens entsprach also eine Ausweitung des Konsums. Dazu ist noch zu bemerken, daß beim Ausfall dieser beiden Gegenkräfte die Entstehung einer neuen Schicht, neuer Mittelstand und unproduktive

---

Warenüberproduktion in der Geldwirtschaft entsteht. *Der allgemeinen Ueberproduktion liegt zu Grunde eine partielle Ueberproduktion. Diese oder jene Waren werden in einer die gewöhnliche Nachfrage überschreitenden Menge hergestellt. Ihre Preise sinken. Die Verminderung der Geldeinnahmen schränkt die Kaufkraft der Besitzer dieser Waren ein. Es folgt ein Preisfall aller der Waren, für deren Kauf diese Kaufkraft verausgabt wird, und so erweisen sich alle Waren infolge der übermässigen Produktion einiger von ihnen als im Uebermasse vorhanden.«* (Ebd., S. 11 f.)
**22** Vgl. etwa Ed[uard] Bernstein, Tugan Baranowsky als Sozialist, in: Archiv für Sozialwissenschaft und Sozialpolitik, Bd. 28, 1909, S. 786–796.
**23** 1917 spaltet sich die Unabhängige Sozialdemokratische Partei (USPD) aus Gründen der Kriegsgegnerschaft vom verbliebenen größeren Teil der SPD – der bis 1922 so genannten Mehrheitssozialdemokratischen Partei Deutschlands (MSPD) – ab, deren Mitglieder die Kriegspolitik des Deutschen Kaiserreichs unterstützen.

Konsumenten, bei Marx 3. Personen genannt,[24] sowie die zunehmende Bedeutung der Staatsausgaben der Gefahr einer Unterkonsumtion entgegen wirkten.

Der Referent führte zum Schluß aus, daß es sich um ein theoretisches Referat über so handgreifliche Dinge wie Wirtschaft und Gesellschaft handele, die in der Theorie oft ein anderes Gesicht zeigen als in der Praxis. Jedoch geben sich die Erscheinungen auf der Straße auch nicht unmittelbar zu erkennen, und es bedürfe weiterer Anstrengungen, sie zu begreifen.

Wichtig sei, den doppelten Charakter des Produktionsprozesses zu verstehen, der den Zusammenhang von Wirtschaft und Gesellschaft impliziere. Der Produktionsprozeß habe einen technischen Aspekt auf der einen Seite und sei auf der anderen Seite als Verwertungs- und Ausbeutungsprozeß an Bedingungen historischer und gesellschaftlicher Art geknüpft, wobei die gesellschaftlichen Bedingungen von einem bestimmten Punkt an zur Fessel des Produktionsprozesses werden.[25]

Das Funktionieren des Systems hänge davon ab, daß eine Klasse nur über eine Ware, nämlich Arbeitskraft verfügt, die sie verkaufen muß, daß sie zugleich von den Produktionsmitteln getrennt ist, die sich im Besitz der anderen Klasse befinden.

Hier fügte Professor Adorno noch hinzu, daß die Stellung sowohl von Produzenten als auch von Arbeitern zu den Produktionsmitteln von entscheidender Bedeutung sei. Beide Klassen seien dem selbständig gewordenen Gesetz des

---

24 So heißt es bei Marx etwa: »Nun aber existieren nur zwei Ausgangspunkte: der Kapitalist und der Arbeiter. Alle dritten Personenrubriken müssen entweder für Dienstleistungen Geld von diesen beiden Klassen erhalten oder, soweit sie es ohne Gegenleistung erhalten, sind sie Mitbesitzer des Mehrwerts in der Form von Rente, Zins etc.« (MEW, Bd. 24, S. 334f.)

25 »Je ein Kapitalist schlägt viele tot. Hand in Hand mit dieser Zentralisation oder der Expropriation vieler Kapitalisten durch wenige entwickelt sich die kooperative Form des Arbeitsprozesses auf stets wachsender Stufenleiter, die bewußte technische Anwendung der Wissenschaft, die planmäßige Ausbeutung der Erde, die Verwandlung der Arbeitsmittel in nur gemeinsam verwendbare Arbeitsmittel, die Ökonomisierung aller Produktionsmittel durch ihren Gebrauch als Produktionsmittel kombinierter, gesellschaftlicher Arbeit, die Verschlingung aller Völker in das Netz des Weltmarkts und damit der internationale Charakter des kapitalistischen Regimes. Mit der beständig abnehmenden Zahl der Kapitalmagnaten, welche alle Vorteile dieses Umwandlungsprozesses usurpieren und monopolisieren, wächst die Masse des Elends, des Drucks, der Knechtschaft, der Entartung, der Ausbeutung, aber auch die Empörung der stets anschwellenden und durch den Mechanismus des kapitalistischen Produktionsprozesses selbst geschulten, vereinten und organisierten Arbeiterklasse. Das Kapitalmonopol wird zur Fessel der Produktionsweise, die mit und unter ihm aufgeblüht ist. Die Zentralisation der Produktionsmittel und die Vergesellschaftung der Arbeit erreichen einen Punkt, wo sie unverträglich werden mit ihrer kapitalistischen Hülle. Sie wird gesprengt. Die Stunde des kapitalistischen Privateigentums schlägt. Die Expropriateurs werden expropriiert.« (MEW, Bd. 23, S. 790f.)

Kapitalismus unterworfen, der nur mit Profit funktioniere. Hier finde man die das Ganze zusammenhaltende gesellschaftliche Dynamik, die die gesellschaftlichen Konflikte und Bedingungen produziere. Die Mehrwerttheorie sei ebenso ökonomisch wie gesellschaftlich zu verstehen, als Indifferenzpunkt von Wirtschaft und Gesellschaft.

Der Referent führte dazu aus, daß über weite Strecken vor allem des 19. Jahrhunderts dieser Tatbestand versteckt gewesen sei. Indem man den gesellschaftlichen Prozeß auf der Grundlage einer Klassifizierung von Individuen an Hand willkürlicher Merkmale, z. B. einer Aufteilung in Berufskategorien oder einer Schichtung nach der Einkommenshöhe, aufgebaut habe, sei der eigentliche Zusammenhang, nämlich die verschiedenen Interessen zweier Klassen, die in notwendig antagonistischem Verhältnis stehen, verschleiert worden. Marx habe eine solche Klassifizierung entschieden von der Hand gewiesen, und sowohl er als auch später Rosa Luxemburg haben betont, daß der Unterschied zwischen den beiden Klassen sich nicht in dem zwischen arm und reich erschöpfe.[26]

Neuere marxistische Theoretiker sind der Ansicht, daß sich dieser Antagonismus in den alten kapitalistischen Ländern immer mehr durchsetzt. Auf kurze

---

26 Bei Marx heißt es etwa: »Das Wucherkapital als charakteristische Form des zinstragenden Kapitals entspricht dem Vorherrschen der kleinen Produktion, der selbstarbeitenden Bauern und kleinen Handwerksmeister. Wo dem Arbeiter, wie in der entwickelten kapitalistischen Produktionsweise, die Arbeitsbedingungen und das Produkt der Arbeit als Kapital gegenübertreten, hat er als Produzent kein Geld zu borgen. Wo er es borgt, geschieht es wie im Pfandhaus für persönliche Notdurft. Wo der Arbeiter dagegen Eigentümer, wirklicher oder nomineller, seiner Arbeitsbedingungen und seines Produkts ist, steht er als Produzent im Verhältnis zum Kapital des Geldverleihers, das ihm als Wucherkapital gegenübertritt. Newman drückt die Sache fad aus, wenn er sagt, daß der Bankier angesehn ist, während der Wucherer verhaßt und verachtet ist, weil jener den Reichen leiht, dieser den Armen. [...] Er übersieht, daß hier der Unterschied zweier gesellschaftlicher Produktionsweisen und der ihnen entsprechenden gesellschaftlichen Ordnungen dazwischen liegt und die Sache nicht mit dem Gegensatz von arm und reich abgemacht ist.« (MEW, Bd. 25, S. 608f.) – Newman schreibt: »The primitive Banker is a lender of his own money; but differs from the old *Usurer* in this respect, that he lends to the rich and seldom or never to the poor. Hence he lends with less risk, and can afford to do it on cheap terms; and for both reasons, he avoids the popular odium which attended the Usurer.« (Francis William Newman, Lectures on Political Economy, London 1851, S. 44) – In ihrer theoretischen Auseinandersetzung mit Wilhelm Weitling einerseits und Eduard Bernstein andererseits schreibt Luxemburg: »Damit sind wir von Marx und Engels glücklich auf den Verfasser des Evangeliums des armen Sünders [scil. Weitling] zurückgebracht, nur mit dem Unterschiede, daß Weitling mit richtigem proletarischem Instinkt eben in diesem Gegensatz von arm und reich in primitiver Form die Klassengegensätze *erkannte* und zum Hebel der sozialistischen Bewegung machen wollte, während Bernstein umgekehrt, in der Verwandlung der Armen in Reiche, d. h. in der Verwischung des Klassengegensatzes, also im kleinbürgerlichen Verfahren die Aussichten des Sozialismus sieht.« (Rosa Luxemburg, Sozialreform oder Revolution? [1899], 2. Aufl., Leipzig 1908, S. 28)

Sicht mag es auch im Interesse des Arbeiters liegen, beispielsweise zu kolonisieren, auf die Dauer aber trete dieser Antagonismus immer mehr zutage, und in den alten kapitalistischen Ländern sei der Faschismus ein Ausdruck davon.

Nach Beendigung des Referates von Herrn Brandt wurden Fragen, die sich vor allem auf die Mehrwerttheorie konzentrierten, gestellt.

Dabei konnte die erste Frage von Herrn Oehler[27] über die Beziehung zwischen Arbeitsproduktivität und Mehrwert im Laufe dieser Diskussion nicht klargestellt werden und muß ihre Klärung im Verlauf der Diskussion der nächsten Seminarstunde erfahren.

Es wurde jedoch von Professor Adorno darauf hingewiesen, daß, wenn eine Steigerung der Arbeitsproduktivität durch zunehmende Mechanisierung eintrete, diese wiederum als eine Folge von Lohnsteigerungen dem Produzenten aufgezwungen würde; denn erreicht der Lohn eine solche Höhe, daß der Profit sinkt, so muß der Produzent neue Maschinen anschaffen, um die Produktivität zu steigern. In der Auffassung der orthodoxen Marxisten führt dieses Wettrennen schließlich zum Zusammenbruch des Kapitalismus, nämlich dann, wenn der Kapitalist keinen Profit mehr erzielt.

Die nächste Frage von Herrn Munz[28] befaßte sich mit rein kalkulatorischen Problemen über die Abschreibungen von Investitionen auf der einen und des durch sie erzielten Gewinnes auf der anderen Seite.

Professor Adorno wies bei der Beantwortung dieser Frage darauf hin, daß heute zwar die schnelle Entwicklung der Technik die Rentabilität neu erworbener Maschinen oft in sehr kurzer Zeit durch die laufende Vervollkommnung der Mechanisierungsmöglichkeiten in Frage stellt, daß jedoch zu Beginn der Entwicklung der Grundstoffindustrien, etwa um 1830, die Rentabilität von Maschinen meist von viel längerer Dauer war, als man es sich vorgestellt hatte. Eine Äquivalenz sei also nicht möglich, weil man die Lebensdauer von Maschinen vorher nicht genau berechnen könne. Dabei wies Professor Adorno den Einwand des Referenten zurück, Marx entwickele seine Theorie auf verschiedenen Abstraktionsebenen, und die Frage sei hier nicht zutreffend. Professor Adorno stellte ein umfangslogisches Denken, das sich weigere, über diese Ebenen hinauszugehen, dem dialektischen Denken gegenüber. Marx habe zwar in der Vorrede zum Kapital erklärt, er habe nur mit der Hegelschen Sprache kokettiert, wenn man jedoch die Dialektik als in der Praxis vorgehend ernst nehme, müsse man an jedem Punkt der Theorie von Marx ansetzen können, um von da dialektisch das Ganze zu ent-

---

[27] D.i. Christoph Oehler.
[28] D.i. Horst Munz.

wickeln, d. h. der dialektische Gedanke müsse aus seiner eigenen Bewegung heraus ins Konkrete übergehen.

Viel wichtiger, betonte Professor Adorno, sei jedoch das Begreifen des eigentlichen Denkmodells des Marxismus mit der Mehrwerttheorie als Ausgangspunkt, das sich leider durch die Trennung der Welt in einen westlichen und einen östlichen Block und die Verzerrung des Modells auf beiden Seiten in einem elenden Zustand befinde.

Die nächsten Einwände kamen von Herrn Zieler[29] und zwar zunächst folgender: Wie will man nachweisen, daß Arbeit allein den Mehrwert schafft? Darauf antwortete zunächst der Referent, daß Marx in seiner Theorie die Leistung des Unternehmers durchaus miteinbeziehe und zwar im Unternehmerlohn. Daß es jedoch darüber hinaus, abgesehen von der Unterscheidung in produktive und unproduktive Arbeit (etwa der von Dienstboten), nicht von der Hand zu weisen sei, daß beim Unternehmer noch ein arbeitsloses Einkommen vorliege.

Den neuen Einwand Herrn Zielers, daß die Leistung des Unternehmers nicht einfach von der Leistung aller getrennt werden könne, und vor allem auch die Bereitstellung des Kapitals als Leistung aufgefaßt werden müsse, beantwortete Professor Adorno dahingehend, daß erstens die Zurverfügungstellung von Kapital sich schon im Rahmen des kapitalistischen Systems vollziehe, da das Kapital ja schon erworben sein müsse, und daß zweitens durch diesen Einwand die Schranken der Diskussion gesprengt worden seien, indem Herr Zieler die Arbeitswerttheorie verlassen habe.

Der Mehrwert des Unternehmers entstehe dort, wo sich im äquivalenten Tausch eine Lücke zeige, und zwar dort, wo der Arbeiter für seine einzige Ware, die Arbeitskraft, die überdies selber wieder produziere, weniger bekomme als er gibt. Herr Mohl fügte noch hinzu, die orthodoxe Antwort darauf wäre, daß Kapital geronnene Arbeit darstelle, damit sei allerdings der Zins nicht erklärt.

Die nächste Frage wurde von Herrn Doermer[30] gestellt, sie bezog sich wieder auf den Arbeitswert und lautete folgendermaßen:

Vertreibt der Arbeiter seine Ware Arbeitskraft nicht nach denselben kapitalistischen Grundsätzen wie der Unternehmer und erhält genau wie dieser einen Mehrwert? Professor Adorno beantwortete diese Frage dahingehend, daß auch der Arbeiter genau wie der Unternehmer dem kapitalistischen Produktionsprozeß immanent sei, nur ziehe er beim Tausch mit dem Unternehmer immer den kürzeren, indem er den Mehrwert für andere, also den Kapitalisten erzeuge. Dazu erläuterte er am Ende dieser Seminarsitzung, daß es eine soziologische Frage sei,

---

29 Nicht ermittelt.
30 Nicht ermittelt.

Unternehmer und Arbeiter als soziale Typen aufzufassen. Das Modell ihres Verhaltens stimme weitgehend überein. Jedoch verleite die Einteilung in soziale Typen zu oberflächlicher Betrachtung, zur Ideologie, die den Blick für die reale objektive Situation des Individuums verschleiere. Marx habe schon durch die Darstellung des Fetischcharakters der Ware[31] darauf hingewiesen, wie sehr die Gesellschaft die Oberflächenerscheinung ihrer Situation als gegebenen Ursprung hinzunehmen bereit sei. Die Umstände könnten sich allerdings so überzeugend zeigen, daß z. B. der Arbeiter sich als sozialen Typ begreift und nicht als Vertreter einer Klasse, die in antagonistischem Verhältnis zu einer anderen steht, daß schließlich das System der Gesellschaft selbst dadurch verändert wird. Aufgabe einer kritischen Soziologie sei das Innewerden der objektiven Situation unter dieser Oberfläche.

---

31 Vgl. den Abschnitt »Der Fetischcharakter der Ware und sein Geheimnis«, MEW, Bd. 23, S. 85–98.

## 133 Rudolf Billerbeck, 10. Dezember 1957

Rudolf Billerbeck

*Protokoll*

der Sitzung des soziologischen Hauptseminars
10. Dezember 1957

Herr Munz meldete sich und wollte wissen, wie Marx zu einer klaren Definition der Bemessungsgrundlage der Zeit gelange, die doch die Basis für die Aufteilung der Arbeitsleistung in solche für die Reproduktion nötige und die darüber hinaus Mehrwert schaffende sei. Als Beispiele für die Schwierigkeit der Berechnung führte er die verschiedenen Leistungen von Arbeitern und auch Unternehmern an, denn, so fragte er weiter, sei nicht im Kapital als geronnene Arbeit auch geronnener Geist enthalten?

In der Antwort sagte Herr Brandt, daß Marx, wenn er von Arbeitskraft oder Zeit rede, nicht an individuelle Bezirke, sondern immer nur an gesamtgesellschaftliche Durchschnittsgrößen gedacht hat. Auch könne man komplizierte Arbeit, z. B. in »Time and Motion Study«[32], auf einfache Arbeit zurückführen, und sie so, wie es Taylor versucht hat, sogar quantifizieren. Daß im Kapital auch geronnener Geist enthalten sei, stellt Marx nicht in Frage; aber eine strenge Trennung von nur geistiger und nur physischer Arbeit sei nicht möglich. Selbst in die Leistung eines Erfinders gehen über die Ausbildung andere Arbeitsleistungen mit ein. Zudem wird diese Leistung durch andere Glieder erst ermöglicht. Marx' Arbeitsbegriff bezieht sich in seiner gesamtgesellschaftlichen Analyse immer auf Durchschnittsgrößen.

Über den Zusammenhang von besserer Ausstattung der Betriebe mit Produktionsmitteln und der Arbeitszeit führte Brandt aus, daß man hier von einer verschiedenen organischen Zusammensetzung des Kapitals ausgehen müsse. Gewiß steige mit erhöhtem Anteil des konstanten Kapitals auch die Arbeitsproduktivität, aber das Wertgesetz werde dadurch nicht aufgehoben. Dies höhere Quantum geronnener Arbeit geht auf die Produktivkräfte zurück.

---

32 Vgl. Frederick Winslow Taylor, Die Grundsätze wissenschaftlicher Betriebsführung [1911], hrsg. und eingel. von Walter Volpert und Richard Vahrenkamp, übers. von Rudolf Roesler, Weinheim und Basel 1977.

Professor Adorno fügte hinzu, daß die gesellschaftlich notwendige durchschnittliche Arbeitszeit den durchschnittlichen Stand der Technik mit einbegreift. Aber dies seien mehr Probleme, die sich auf das Verhältnis des Denkmodells zur Realität beziehen. Dennoch stecke ein richtiger Impuls dahinter, wenn man verlange, daß dieses Denksystem auf die Gesellschaft stimmen soll. Jedoch erhält sich die Gesellschaft nur aufgrund der Gesetze des Durchschnitts am Leben, und nach Marx lassen sich die Abweichungen davon sogar errechnen. Er sucht Modifikationen aus den Kategorien abzuleiten. Doch dazu wäre eine detailliertere Analyse des »Kapitals« nötig, die hier im Grundlagenreferat nicht gegeben werden konnte. Vor allen Dingen könne man geistige Gebilde nur mit einer gewissen Liberalität verstehen, »wörtlich stimmt's nie«. Diese Distanz zwischen geistigen Modellen und Empirie ist notwendig einbegriffen, wenn die Theorie mehr sein soll als eine Reproduktion der Fakten mit Hilfe von Begriffen. Marx wollte keine Betriebstheorie aufstellen, sondern eine Theorie der Gesamtgesellschaft. Das Gesamtgesellschaftliche aber kann man empirisch niemals völlig in den Griff bekommen, wie es bei einzelnen Sektoren möglich ist.

Herr Laske[33] gab folgendes zu bedenken: Wenn man bei der Bestimmung des Tauschwertes einer Ware von jeglicher Form konkreter nützlicher Arbeit absieht, so entsteht die Frage, ob eine derartig weitgehende Abstraktion, die doch sehr reale Folgen tragen kann, sinnvoll ist. Es müßte eine reale gesellschaftliche Gegebenheit vorliegen, die solch eine Abstraktion rechtfertigt. Herr Brandt antwortete, daß die reale Gegebenheit in der Welt vorliege, denn die Gebrauchswerte werden ja in verhältnismäßig festen Relationen ausgetauscht. Der Austausch findet über das Geld statt, und so kann das Geld zum allgemeinen Nenner werden.

Professor Adorno ergänzte, daß Marx nur nachvollziehe, was im realen Tauschakt schon vorliege. Durch den Tausch selbst geht ein Moment der Abstraktion in die Realität ein.

Herr Laske fragte weiter, ob dann nicht Äquivalente getauscht werden müßten, was doch offensichtlich nicht der Fall ist.

Professor Adorno antwortete, daß Marx' System auch Kritik der politischen Ökonomie sei, also auch Kritik an der liberalen Nationalökonomie. Und wenn eine liberal denkende Gesellschaft behaupte, sie tausche Äquivalente, dann fragt Marx: An welcher Stelle werden keine Äquivalente getauscht?

Wenn man den Tauschwert als Abstraktion des Gebrauchswertes begreife, könne der Verdacht aufkommen, daß Marx in seiner Theorie vom Gebrauchswert absieht. Marx sagt jedoch: Der Tauschwert einer Ware setzt einen Gebrauchswert

---

**33** D. i. Otto-Ernst Laske.

voraus. Wenn sie keinen Gebrauchswert habe, dann hat sie auch keinen Tauschwert. Eine Ware ohne Gebrauchswert wird nicht getauscht.

Im zweiten Referat des Wintersemesters sprach Herr Teschner über die marxistische Theorie des modernen Imperialismus.[34] Diese Theorie stammt nicht von Marx selber, sondern ist in Fortbildung seiner Theorie entstanden.

Herr Teschner gab zur besseren Orientierung erst mal eine Inhaltsübersicht. Teil I solle einige zentrale Motive des Imperialismus freilegen und sich mit der Bedeutung dieser Theorie innerhalb des marxistischen Systems befassen. Der II. Teil bringe eine Zusammenfassung von inhaltlichen Resultaten aus verschiedenen Büchern neuerer marxistischer Theoretiker[35] und eine Anwendung der marxistischen politischen Ökonomie auf die gegenwärtige gesellschaftliche Wirklichkeit.

Die marxistische Imperialismustheorie erhebt den Anspruch, eine Theorie des Kapitalismus in der Spätphase zu sein und steht in der Nachfolge der politischen Ökonomie. Die in ihr gestellte Frage nach den Entwicklungstendenzen des Kapitalismus impliziert schon den geschichtlichen, also vergänglichen Charakter des Objekts.

Professor Adorno warf ein, daß Marx hier mit Hegel und der bürgerlichen Soziologie, vor allem der Spencers, übereinstimmt. Der dynamische Charakter der Gesellschaft war schon von ihnen erkannt worden.

Der Referent wies ergänzend darauf hin, daß die moderne Wirtschaftstheorie zwar auch Dynamik kenne, jedoch nur Marx das notwendig Vergängliche zu zeigen scheint. Schon durch ihre Zielsetzung unterscheidet sich die politische Ökonomie sowohl von der modernen Soziologie als auch von der Nationalökonomie. Während die Soziologie, hauptsächlich auf strukturell-funktionale Analyse beschränkt (Parsons), vor den Problemen der gesellschaftlichen Entwicklung versagt, versucht die Nationalökonomie, da auch ihr der Begriff des Bewegungsgesetzes fremd ist, z. B. wirtschaftliche Krisen und Ungleichgewichtigkeiten als temporär und mit system-konformen Mitteln behebbar zu erklären oder sie auf außerökonomische Faktoren zurückzuführen. Kennzeichnend für die nicht-marxistische Soziologie und Nationalökonomie ist vor allem, daß sie zwar vergangene

---

34 Manfred Teschner, »Die marxistische Theorie des modernen Imperialismus«, UAF Abt. 139 Nr. 3.
35 Bei den entsprechenden Schriften handelt es sich um: Maurice Dobb, Political Economy and Capitalism, London 1953; Maurice Dobb, Studies in the Development of Capitalism. Some essays in economic tradition, London 1954; Rudolf Hilferding, Das Finanzkapital. Eine Studie über die jüngste Entwicklung des Kapitalismus [1910], 3. Aufl., Wien 1923 (Marx-Studien; 3); Paul M. Sweezy, The Theory of Capitalist Development. Principles of Marxian Political Economy, New York 1942.

Gesellschafts- und Wirtschaftsordnungen als bloß historische betrachten, diesen kritischen Ansatz jedoch nicht auf den Kapitalismus anwenden.

Professor Adorno unterbrach mit dem Hinweis, daß dies kein willkürlicher Halt in der geschichtlichen Betrachtungsweise sei, es hänge vielmehr mit der liberalen Theorie zusammen und mit dem Glauben: »Wir sind was anderes.« Die Theorie des Liberalismus vertritt den Anspruch der Rationalität und hält eine nach dem Kalkül rational vollzogene Herrschaft für möglich. Wenn auch das Irrationale unter rationaler Kontrolle stehe, dann könne sich die Vernunft erhalten. Dies ist deshalb so entscheidend, weil Marx dargestellt hat, daß es vorerst ein Gesamtsubjekt, das die Vernunft vertritt, nicht gibt, sondern nur eine antagonistische Klassengesellschaft.

Im Referat fortfahrend stellte Herr Teschner fest, daß dies Versagen der Kritik vor dem Kapitalismus von sozialistischen Theoretikern als eine typische Eigenart des bürgerlichen Denkens bezeichnet worden ist und belegte dies durch Zitate aus Marx, Lukács und einem neueren amerikanischen Marxisten.[36]

Aufs Referat zurückkommend sagte er, daß moderne Soziologie und Nationalökonomie von der oben beschriebenen und von den sozialistischen Theoretikern als begrenzt erkannten Ausgangsposition zwar Einsichten in das Funktionieren des Systems und besonders seiner Teile gewännen, ihnen jedoch der Blick auf die Entwicklung und Bewertung des Ganzen versperrt bliebe. Von hier aus ist zu verstehen, warum sich die marxistische Theorie vor allem an Gesamtgrößen hält. Ihr Gegenstand ist die materielle Reproduktion in ihren Zusammenhängen, die Entstehung des Gesamtprodukts und seine Verteilung auf die einzelnen Klassen, ferner, wie sich diese Aggregate, insbesondere die Klassen, im Laufe der

---

36 Das Referat zitiert einen Passus aus dem »Elend der Philosophie« [1885]: »Somit hat es eine Geschichte gegeben, aber es gibt keine mehr; es hat eine Geschichte gegeben, weil feudale Einrichtungen bestanden haben und weil man in diesen feudalen Einrichtungen Produktionsverhältnisse findet, vollständig verschieden von denen der bürgerlichen Gesellschaft, welche die Ökonomen als natürliche und demgemäß ewige angesehen wissen wollen.« (MEW, Bd. 4, S. 139 f.) Danach folgt ein Zitat aus Lukács' »Geschichte und Klassenbewußtsein«: »Am krassesten tritt uns dieses ungeschichtliche, antigeschichtliche Wesen des bürgerlichen Denkens entgegen, wenn wir *das Problem der Gegenwart als geschichtliches Problem* betrachten. [...] Die vollkommene Unfähigkeit aller bürgerlichen Denker und Historiker, weltgeschichtliche Ereignisse der Gegenwart als Weltgeschichte zu begreifen, muß jeder nüchtern urteilende Mensch seit Weltkrieg und Weltrevolution in grauenhafter Erinnerung bewahren.« (Georg Lukács, Geschichte und Klassenbewußtsein. Studien über marxistische Dialektik [1923], in: Georg Lukács, Werke, Bd. 2, Neuwied und Berlin 1968, S. 161–517, hier: S. 340) Schließlich paraphrasiert das Referat ein Zitat von Paul M. Sweezy: »Most people take capitalism for granted, just as they take the solar system for granted. The eventual passing of capitalism, which is often conceded nowadays, is thought of in much the same way as the eventual cooling of the sun, that is to say, its relevance to contemporary events is denied.« (Sweezy, The Theory of Capitalist Development, a. a. O. [s. vorige Anm.], S. 21)

gesellschaftlichen Entwicklung zueinander verhalten. Im Mittelpunkt der Analyse stehen die dem System immanenten Widersprüche.

Prof. Adorno hob hervor, daß die Herstellung des temporären Gleichgewichts innerhalb der Wirtschaft bei Marx auch eine Rolle spiele. Er erkannte das System aber nicht als eine in sich gestörte Einheit, sondern als ein im wesentlichen antagonistisches. Bei Marx erhält sich die Gesellschaft nur durch den Widerspruch hindurch. Das würde von der positivistischen Nationalökonomie bestritten werden.

Hier konnte Herr Teschner anknüpfen, daß sich der Antagonismus in Krisen offenbare. Es sei jedoch fraglich, ob man mit dem Nachweis der Krisen schon dem Anspruch genüge, daß das System historisch vergänglich sei. Führen die Krisen sozusagen als ein memento mori schließlich zum Zusammenbruch? Im Verlaufe der weiteren theoretischen Erörterung entzündete sich an dieser Frage eine Kontroverse, die zu Spaltung der sozialistischen Theorie in Revisionismus und orthodoxen Marxismus führte.

Die Problematik beginnt schon bei der Analyse der Marx'schen Werke. Zwar war Marx von der Unabwendbarkeit der sozialistischen Gesellschaft überzeugt, aber es findet sich bei ihm keine Beschreibung der Endphase des Kapitalismus. Soll man dies Fehlen einer Endtheorie durch die Unabgeschlossenheit des Werkes erklären oder dadurch, daß Marx als dialektischer Denker davon absah, diese Theorie durchzukonstruieren, weil sie von dem subjektiven Faktor Klassenbewußtsein absehen und so notwendigerweise mechanistisch werden müßte?

Bei der Analyse des »Kapitals« könne man sich fragen, ob Marx hier historisch-dialektisch vorgehe. Herr Teschner meinte, daß Marx hier mehr naturwissenschaftlich-positivistisch verfahre. Er sei insofern naturwissenschaftlich-positivistisch, als er der klassischen Nationalökonomie folgt und vom Klassenbewußtsein als subjektivem Faktor absieht.

Professor Adorno beschränkte dies nochmals auf Marx als objektiven klassischen Ökonomen. Der wahre Positivist dagegen glaube nicht an Bewegungsgesetze, die sich über die Köpfe hinweg durchsetzten, sondern an subjektive Bewußtseinslagen der Individuen.

Dr. Habermas[37] machte darauf aufmerksam, daß Herr Teschner meint, innerhalb der dialektischen historischen Betrachtungsweise seien zwei Versionen möglich. Einmal, daß die Bildung eines Klassenbewußtseins einhergehen muß mit dem notwendigen, aber nicht automatischen objektiven Vorgang und zum anderen die mechanistische Version, die die objektiven Momente in den Vorder-

---

[37] Jürgen Habermas wird 1954 in Bonn mit der Schrift »Das Absolute und die Geschichte. Von der Zwiespältigkeit in Schellings Denken« promoviert.

grund rücke und das Bewußtsein vernachlässige. Diese Theorie wird wichtig, wenn man bedenkt, daß zu einem gewissen Zeitpunkt, einer Krise zum Beispiel, dieses angenommene Klassenbewußtsein in Verbindung mit den objektiven Zusammenhängen der Entwicklung eine andere Richtung geben kann.

Das Thema des Zusammenbruchs taucht bei Marx immer nur verstreut auf. Im Manifest weist er auf die immer ernster werdenden Krisen hin.[38] Ferner würde die mit der Entwicklung der Produktivkräfte sinkende Profitrate dem Kapitalismus ein Ende setzen und ebenso wirke die Zentralisierung des Kapitals, da sie die Produktionsweise solange fördere, bis diese die inzwischen unerträglich gewordene Hülle sprengt. Daneben erwähnt er auch das transformierende gesellschaftliche Subjekt, wenn er sagt, daß sich die bürgerliche Großindustrie ihr Grab selber produziere, indem sie die vorher durch die Konkurrenz isolierten Arbeiter assoziiere.[39]

Hier wies Professor Adorno hin auf die Verwandtschaft zu der bei Hegel vorkommenden Dialektik von Herrschaft und Knechtschaft.[40]

Eine gute Darstellung der Diskussion der Zusammenbruchstheorie findet sich in dem Buch von Henryk Grossmann: »Das Akkumulations- und Zusammenbruchsgesetz des kapitalistischen Systems«.[41] In unserem Zusammenhang geht es dabei vor allem um die Differenz zwischen früherer Zusammenbruchstheorie und jetziger Imperialismustheorie. Den Reigen der Stimmen pro und contra eröffnete der Referent mit einem Zitat von Eduard Bernstein; er glaubt den Sozialismus durch die geschichtliche Entwicklung widerlegt.[42] Die politischen Privilegien der

---

38 So heißt es etwa: »Die bürgerlichen Verhältnisse sind zu eng geworden, um den von ihnen erzeugten Reichtum zu fassen. – Wodurch überwindet die Bourgeoisie die Krisen? Einerseits durch die erzwungene Vernichtung einer Masse von Produktivkräften; anderseits durch die Eroberung neuer Märkte und die gründlichere Ausbeutung alter Märkte. Wodurch also? Dadurch, daß sie allseitigere und gewaltigere Krisen vorbereitet und die Mittel, den Krisen vorzubeugen, vermindert.« (MEW, Bd. 4, S. 468)
39 Vgl. ebd., S. 470–472.
40 Vgl. den Abschnitt »Selbständigkeit und Unselbständigkeit des Selbstbewußtseins; Herrschaft und Knechtschaft«, HW, Bd. 3, S. 145–155.
41 Vgl. Henryk Grossmann, Das Akkumulations- und Zusammenbruchsgesetz des kapitalistischen Systems. (Zugleich eine Krisentheorie), Leipzig 1929 (Schriften des Instituts für Sozialforschung an der Universität Frankfurt am Main; 1).
42 Das Referat bringt drei Zitate von Bernstein in Folge: »Wenn der Sieg des Sozialismus eine ›immanente ökonomische Notwendigkeit‹ sein soll, dann muß er auf den Nachweis von der *Unvermeidlichkeit* des *ökonomischen* Zusammenbruchs der bestehenden Gesellschaft begründet werden. Dieser Nachweis ist noch nicht erbracht worden und nicht zu erbringen. Die Entwicklung hat in verschiedenen Punkten einen anderen Weg genommen, als der Fall sein müßte, wenn der Zusammenbruch aus rein ökonomischen Gründen unvermeidlich sein sollte.« (Ed[uard] Bernstein, Antwort, in: Vorwärts. Berliner Volksblatt. Zentralorgan der sozialdemokratischen Partei

kapitalistischen Bourgeoisie weichen demokratischen Einrichtungen, und eine wachsende Arbeiterbewegung treibt eine gesellschaftliche Gegenaktion gegen die Ausbeutung durch das Kapital voran. So bleibt ihm Sozialismus nicht mehr als eine zwingende Notwendigkeit, sondern nur noch als eine freiere, höhere Lebensform.

Professor Adorno fügte hinzu, daß sich Bernstein auf Marx berufen konnte, weil dieser auch an einen Rückfall gedacht hatte. Bernstein sah jedoch als erster die Differenz zwischen Entwicklung und Theorie.

Herr Teschner bezeichnete es als einen nicht nur für Bernstein typischen Zug, daß man die Theorie mit den Fakten konfrontiere und bei einem Widerspruch schon glaubt, die Theorie widerlegt zu haben; worauf Dr. Habermas zu bedenken gab, daß es in einer Theorie Nervenpunkte gebe, und wenn es hier nicht übereinstimme, dann sei sie eben falsch.

Bernstein war davon überzeugt, so fuhr der Referent fort, daß die Klassenkämpfe verschwinden würden, wenn die explosive Kraft im Kapitalismus abgeschwächt sei.

Die orthodoxen Marxisten reagierten verschieden. Kautsky bestritt, daß es bei Marx eine rein ökonomische Zusammenbruchstheorie gebe.[43] Indem er den

---

Deutschlands, 16. Jg., 26. März 1899, Nr. 73, S. [9]f.; hier: S. [9]); »Politisch sehen wir das Privilegium der kapitalistischen Bourgeoisie in allen vorgeschrittenen Ländern Schritt für Schritt demokratischen Einrichtungen weichen. Unter dem Einfluß dieser und getrieben von der sich immer kräftiger regenden Arbeiterbewegung hat eine gesellschaftliche Gegenaktion gegen die ausbeuterischen Tendenzen des Kapitals eingesetzt, die zwar heute noch sehr zaghaft und tastend vorgeht, aber doch da ist und immer mehr Gebiete des Wirthschaftslebens ihrem Einfluß unterzieht. Fabrikgesetzgebung, die Demokratisirung der Gemeindeverwaltungen und die Erweiterung ihres Arbeitsgebiets, die Befreiung des Gewerkschafts- und Genossenschaftswesens von alten gesetzlichen Hemmungen, Berücksichtigung der Arbeiterorganisationen bei allen von öffentlichen Behörden vergebenden [sic!] Arbeiten kennzeichnen diese Stufe der Entwicklung.« (Ed[uard] Bernstein, Die Voraussetzungen des Sozialismus und die Aufgaben der Sozialdemokratie [1899], Stuttgart 1902, S. VI); »Aus dem Bewußtsein, die Pioniere einer höheren Kultur zu sein, schöpfen ihre [scil. der Sozialdemokratie] Anhänger immer wieder Begeisterung und Anfeuerung, in ihm ruht auch zuletzt der sittliche Rechtstitel der angestrebten gesellschaftlichen Expropriation.« (Ebd., S. 127)

43 Referat und Protokoll folgen hier Grossmann, bei dem es heißt: »Dieselben ›Tatsachen‹, die *Bernstein* als Material seiner Kritik der Marxschen Zusammenbruchstheorie dienten, haben offenbar auch K. *Kautsky* aus dem Sattel geworfen. Denn was antwortete er auf die Kritik *Bernsteins*? Hätte sich *Kautsky* darauf beschränkt, zu zeigen, daß nach *Marx* der *relative* Lohn fallen kann, obwohl der (in Produkten gemessene) *Real*lohn steigt, daß also auch in diesem für die Arbeiterklasse günstigsten Fall ihr ›soziales Elend‹ und die Abhängigkeit vom Kapital wächst, – so hätte er zur Vertiefung der Marxschen Lehre beigetragen. Aber er *leugnete darüber hinaus die Zusammenbruchstheorie* überhaupt.« (Grossmann, Das Akkumulations- und Zusammenbruchsgesetz des kapitalistischen Systems, a.a.O. [s. Anm. 41], S. 16f.)

wachsenden Einfluß des Proletariats betonte, verschob er die Akzente von den objektiven auf die subjektiven Kräfte und weicht so der Frage nach der ökonomischen Notwendigkeit des Zusammenbruchs aus.

Rosa Luxemburg wiederum rekurriert auf die objektiven Elemente, indem sie eine Realisierung des akkumulierten Mehrwerts innerhalb eines geschlossenen Systems aus Kapitalisten und Arbeitern für unmöglich hält, weshalb der Expansionsprozeß sich nicht-kapitalisierte Absatzmärkte suchen müsse. Sind diese alle absorbiert, müsse der Kapitalismus zusammenbrechen.[44] So glaubt sie auch den kapitalistischen Imperialismus erklärt zu haben.

Wie Professor Adorno ergänzte, ist diese Theorie insofern orthodox, als Marx sagt, daß man internationale Phänomene aus ökonomischen Vorgängen erklären muß, die sich innerhalb der einzelnen Länder abspielen. So sei Außenpolitik von den wirtschaftlichen und gesellschaftlichen Vorgängen in den Ländern abzuleiten und nicht umgekehrt[45]. Abgesehen davon, daß die Theorie Rosa Luxemburgs schon in sich als unhaltbar zu betrachten sei, wendet Henryk Grossmann gegen sie ein, daß die Schwierigkeit nicht in dem Überschuß, sondern in der Verwertung des Kapitals liege, da die Mehrwertmenge durch die fallende Profitrate unter den Nullpunkt sinke.[46] Seiner Behauptung legt er jedoch sehr unrealistische Annahmen zugrunde.

---

44 Das Referat bringt bei dieser Gelegenheit zwei Zitate Rosa Luxemburgs: »Wo rührt nun die ständig wachsende Nachfrage her, die der fortschreitenden Erweiterung der Produktion im Marxschen Schema zugrunde liegt?« (Rosa Luxemburg, Die Akkumulation des Kapitals. Ein Beitrag zur ökonomischen Erklärung des Imperialismus [1913], in: Rosa Luxemburg, Gesammelte Werke, hrsg. vom Institut für Marxismus-Leninismus, Bd. 5, Berlin 1985, S. 102); »Daß die Erklärung der ökonomischen Wurzel des Imperialismus speziell aus den Gesetzen der Kapitalakkumulation abgeleitet und mit ihnen in Einklang gebracht werden muß, unterliegt keinem Zweifel [...]« (Rosa Luxemburg, Die Akkumulation des Kapitals oder Was die Epigonen aus der Marxschen Theorie gemacht haben. Eine Antikritik [1921], in: Luxemburg, Gesammelte Werke, Bd. 5, a.a.O., S. 413–523; hier: S. 431).
45 Diese Aussage Marx' wurde nicht ermittelt, wenngleich sich verschiedentlich Äußerungen finden, die in die gemeinte Richtung gehen, so etwa, wenn Marx und Engels 1850 schreiben, »daß Rußland weder für den Absatz seiner Rohprodukte noch für den Einkauf von Industrieprodukten England auch nur auf sechs Monate lang entbehren kann, was schon zur Zeit der Napoleonischen Kontinentalsperre klar hervortrat, was aber jetzt in noch viel höherem Grade der Fall ist. Die Abschneidung des englischen Marktes würde Rußland in wenig Monaten in die heftigsten Konvulsionen versetzen. England kann dagegen nicht nur den russischen Markt auf einige Zeit entbehren, sondern auch alle russischen Rohprodukte von andern Märkten beziehen. Man sieht, daß das gefürchtete Rußland keineswegs so gefährlich ist.« (MEW, Bd. 7, S. 216)
46 »Es zeigt sich, daß das Problem nicht darin liegt, ob ein überschüssiges Produkt zurückbleibt oder nicht, – der einzige Gesichtspunkt, der für *R. Luxemburg* wichtig ist. Wir haben ja das Gleichgewicht *vorausgesetzt*, wo per definitionem kein unabsetzbarer Rest zurückbleibt; und

Die Weltkriege, Faschismus und Oktoberrevolution veranlaßten die sozialistischen Theoretiker, nach neuen Formulierungen der Zusammenbruchstheorie zu suchen. Man hat den Eindruck einer mechanistischen Vorstellung bei ihnen. Die Theorie sollte den Punkt bezeichnen, wo die kapitalistische Gesellschaft mit dem Kapitalismus zusammenbricht. Historisch könnte das ein langer Auflösungsprozeß sein, der einsetzt, wenn sich die inzwischen zur Fessel der Produktivkräfte gewordene Ordnung nur noch mit Gewalt von der herrschenden Klasse aufrechterhalten läßt. Ob dies z.B. in einen Atomkrieg oder in die Entstehung einer neuen Klasse mündet, die, von den heute bestehenden Bindungen gelöst, die Aufgaben übernehmen kann, hängt nicht zuletzt von dem Bewußtsein der Gesellschaft von sich selbst, von der Theorie der Gesellschaft ab.

---

dennoch müßte das System zusammenbrechen. Die Schwierigkeit liegt vielmehr in der *Verwertung* des Kapitals: der Mehrwert reicht nicht aus zur Fortsetzung der Akkumulation bei der angenommenen Akkumulationsrate! Daher die Katastrophe.« (Grossmann, Das Akkumulations- und Zusammenbruchsgesetz des kapitalistischen Systems, a.a.O. [s. Anm. 41], S. 178)

## 134 Horst Helmut Kaiser, 17. Dezember 1957

Horst Helmut Kaiser

Protokoll vom 17. Dezember 1957
zum Soziologischen Hauptseminar
*»Wirtschaft und Gesellschaft«*:

Mit der Darstellung der desintegrierenden Kräfte, die in den letzten Jahrzehnten in der kapitalistischen Gesellschaft wirksam waren, wurde das Referat »Die marxistische Theorie des modernen Imperialismus« von Herrn Teschner fortgesetzt. Zuvor kam es noch zu einer Debatte über Bernstein, dessen »Revisionismus« oft ohne Prüfung seiner Stichhaltigkeit abgetan wird, trotz des berechtigten Zweifels von Bernstein zum Beispiel an der Verelendungstheorie.[47]

Es folgte die ausführliche Gegenüberstellung von Merkantilismus und modernem Imperialismus. Der Merkantilismus wurde als kameralistische, also vor allem finanzpolitisch orientierte Wirtschaftsform bezeichnet, die sich wohl am Modell des absolutistischen Monarchen als eines unabhängigen Wirtschaftssubjektes gebildet hat. Im Gegensatz dazu standen die Physiokraten, den Grundbesitz betonend, und die klassisch-liberalen Wirtschaftstheoretiker. Gemeinsam mit dem modernen Imperialismus hat der Merkantilismus das Kolonialsystem und monopolistische Praktiken. War jedoch für den aggressiven Merkantilismus vor allem die Sicherung des Handels zwischen dem Mutterland und den Kolonien wichtig, tritt mit dem Ende des 19. Jahrhunderts das Exportieren von Kapital immer stärker in den Vordergrund. Dies entweder in Form von Geldanleihen oder durch direkten Export von Kapitalgütern, also mehrwertschaffenden Produktionsmitteln, die – neben dem Aufblühen der Kapitalgüterindustrie im Mutterland – unter den günstigen wirtschaftlichen Bedingungen in dem beherrschten Kolonialland (gemeinsames Zollgebiet, Vorverkaufsrecht) vor allem der Tendenz der fallenden Profitrate entgegenwirken sollen. Über die Auswirkung dieses Prozesses auf den Arbeitsmarkt des Mutterlandes bestanden im Seminar Differenzen. Einige Teilnehmer zogen daraus den Schluß der Besserstellung der Ware Arbeitskraft, die überdies durch Verkürzung der Arbeitszeit und durch die Zunahme der öffentlichen Dienstleistungen, zu denen die bessere Ausbildung der

---

47 Vgl. vor allem den Abschnitt »Die wirtschaftliche Entwicklung der modernen Gesellschaft«, in: Eduard Bernstein, Die Voraussetzungen des Sozialismus und die Aufgaben der Sozialdemokratie [1899], hrsg. von Günther Hillmann, Red.: Curt Grützmacher und Sybille Claus, Reinbek bei Hamburg 1969 (Philosophie der Neuzeit. Politik und Gesellschaft; 14), S. 65–111.

Menschen zählt, immer knapper wird. Professor Adorno wies demgegenüber auf die Problematik der Vollbeschäftigung hin, die den Arbeitsplatz des einzelnen arbeitenden Subjektes immer überflüssiger werden läßt. Der Gefahr des ständig drohenden Verlustes entspricht die mangelnde gesellschaftliche Autonomie des einzelnen. Damit wurde der zentrale Zusammenhang zwischen Wirtschaft und Gesellschaft besonders deutlich; daß nämlich die Bewegungstendenzen innerhalb der Gesellschaft nicht unabhängig von den wirtschaftlichen sind, sondern hier genau in Beziehung dazu stehen.

Durch den Kapitalexport kam es zu einer relativen Angleichung des technischen Fortschrittes in den kolonisierten Ländern, d. h., der Imperialismus entwickelt sich gleichmäßig schnell in den verschiedenen Kontinenten. Dazu waren jedoch meist tiefgreifende Veränderungen der Sozialstruktur in den beherrschten Ländern notwendig. Neben der Forderung nach einer starken Staatsgewalt kommt es im Zusammenhang mit der Eroberung der Kolonien zu einem Funktionswandel von »Nation« und »Rasse«. Für den Nation-Begriff wurde dabei angeführt, daß der Nationalismus seine Kraft, auf die Menschen überzeugend zu wirken, aus dem legitimen Aufstand gegen veraltete Gesellschaftsformen gewonnen hatte, um nun zum Schein – ohne noch mit dem alten, oft längst erreichten Ziel etwas zu tun zu haben – dafür noch einmal, in Wirklichkeit aber zur Durchsetzung von Gruppeninteressen (Kartellen und Monopolen) einges[etzt][48] werden. So schnell wie die imperialistische Expansion entstanden [auch] Theorien zu ihrer Rechtfertigung, wie die der Überlegenheit eine[r Rasse] über die andere. Es wurde gefragt, wieweit nicht *jede* Idee du[rch ihre Um]funktionierung in den Dienst gesellschaftlicher Interessen geste[llt wer]den kann. Am Beispiel des »Irrationalismus« wurde darauf hingewi[esen], daß nicht von dem spezifischen Zusammenhang eines geistigen Gebi[etes,] worin etwa eine Philosophie oder ein Kunstwerk steht, abgesehen [werden] darf. Sonst verfällt man selbst einem verhängnisvollen Mechanism[us, der] zum Beispiel Bergson und Hitler unter dem Stichwort »Unvernunft« [sub]sumiert. Nach dem Hinweis auf die unterschiedliche Eignungsfähig[keit] von einzelnen Philosophen und Künstlern, zur Rechtfertigung eine[r Ideo]logie mißbraucht zu werden, wurde die Debatte abgeschlossen mit [der Fest]stellung, daß bei aller Reserve gegen irrationalistische Tendenz[en, diese] selbst auch noch vor eigenem ideologischen Mißbrauch geschützt w[erden] müssen. So sieht zum Beispiel Georg Lukács in seiner »Zerstörung [der] Vernunft« gänzlich vom Moment des Protestes ab, das auch in noch [so] abstrakten Kunst-

---

[48] Von hier bis zum Ende dieses Protokolls werden in eckigen Klammern Konjekturen geboten, weil der rechte Rand der Vorlage wegen der Einbindung der Seminarmaterialien unlesbar ist.

werken gegen Verhärtungstendenzen der Gesellschaft [eintritt] und kommt damit zu vorschnellen Verallgemeinerungen.

Welche Probleme entstehen durch die mit der imperialistischen Exp[ansion] einhergehende Monopolisierung? Die Monopolbildung selber ist vor [allem] zurückzuführen auf die neuen, technischen Bedingungen der Fließba[nd- und] Massenproduktion und auf die Zentralisierung des Kapitals. »Kapit[al«] im doppelten Sinne, als das Industrie- und als das Bankkapital zu [...] stehen, wobei mit Nachdruck auf den bloßen Schein der Herrschaft, [die] das Finanzkapital ausübt, hingewiesen wurde. Wie auch [bei] der Konzentration der Industrieproduktion die Anzahl der kleinere[n Unter]nehmen, so viele auch den Sog zur Zentralisierung überstanden habe[n,] keinen Aufschluß über die Beteiligung am Sozialprodukt mehr gibt, [denn] ihre Zahl entspricht nicht dem Verhältnis, in welchem die Betrieb[e mit] ihrer Produktion daran beteiligt sind. (Starkes Übergewicht der [...].) Die Abhängigkeit der einzelnen Unternehmen untereinander und ihre [Bin]dung an die Banken steht unter normalen Wirtschaftsbedingungen ei[ner] Konkurrenz bis aufs Messer entgegen. Besonderen Belastungen wird [...] nicht standgehalten. Als Beispiel wurde, die Weltwirtschaftskrise [ange]führt, mit der es auch zum Bankrott des Bankkapitals kam, ohne da[ß es] das Industriekapital in gleicher Weise zu realisieren brauchte. I[hm] war es danach leicht, gegen das »raffende (Bank)kapital« vorzugeh[en, weil] es die Macht, die ihm zugeschrieben wurde, gar nicht besaß. Mit d[em Im]perialismus verschwindet auch der alte Gegensatz zwischen Industr[ie und] Grundeigentum, der die gemeinsame Expansionspolitik nur stören wü[rde.] Zugleich vollzieht sich mit diesen wirtschaftlichen Tendenzen ein [ein]greifender Funktionswandel des Staates, der im Gegensatz zum libe[ralen] »Nachtwächterstaat«[49] immer mehr koordinative Funktionen zu überneh[men] hat. Damit verstärkt sich seine Macht. Dies zeigt sich besonders [deut]lich an der zunehmenden Bedeutung der Exekutive gegenüber der Leg[is]lative. Womit wiederum ein zentraler Zusammenhang zwischen wirtsc[haft]lichen

---

**49** Das Wort geht auf Ferdinand Lassalle zurück, der 1862 bei einem Vortrag in Berlin äußert, die Bourgeoisie fasse »den sittlichen Staatszweck so auf: er bestehe ausschließend und allein darin, die persönliche Freiheit des Einzelnen und sein Eigenthum zu schützen. *[Absatz]* Dies ist eine Nachtwächteridee, meine Herren, eine Nachtwächteridee deshalb, weil sie sich den Staat selbst nur unter dem Bilde eines Nachtwächters denken kann, dessen ganze Function darin besteht, Raub und Einbruch zu verhüten. Leider ist diese Nachtwächteridee nicht nur bei den eigentlichen Liberalen zu Haus, sondern selbst bei vielen angeblichen Demokraten, in Folge mangelnder Gedankenbildung, oft genug anzutreffen.« (Ferdinand Lassalle, Arbeiterprogramm. Ueber den besondern Zusammenhang der gegenwärtigen Geschichtsperiode mit der Idee des Arbeiterstandes [1862], 3. Aufl., Leipzig 1870, S. 36)

Prozessen und damit in Verbindung stehenden gesellschaftli[chen] Wandlungen aufgezeigt wurde.

Zum Schluß des Seminars wurde am Beispiel der Angestellten die mö[gliche] Differenz zwischen objektiven gesellschaftlichen Tendenzen und de[m sub]jektiven Selbstverständnis der Klassen, an denen sich die Verände[rungen] vollziehen, erörtert. Man wandte sich sowohl gegen die Behauptung, [daß] die Arbeiter in einen »neuen Mittelstand« übergehen[50] (Hinweis auf [die öko]nomische Abhängigkeit durch Arbeitsvertrag gegenüber der wirtscha[ftlichen] Freiheit des Bürgers), wie auch umgekehrt die Verarmten bürgerlic[hen] Schichten nicht zu Proletariern werden, obwohl sich ihre Lage obj[ektiv] von der der Arbeiter nicht unterscheidet. Als Ersatz für die Klas[sen]solidarität werden dann von den Nationalsozialisten geschickt Ras[se und] Nation benutzt. Über die Entstehung des Faschismus soll jedoch im [näch]sten Seminar gesprochen werden.

Horst Helmut Kaise[r]<br>(hhk)[51]

---

[50] Anspielung auf den Begriff der ›nivellierten Mittelstandsgesellschaft‹ bei Schelsky; vgl. den Abschnitt »Deutung der sozialen Ziele und Leitbilder der Familien: Die nivellierte Mittelstandsgesellschaft«, in: Helmut Schelsky, Wandlungen der deutschen Familie in der Gegenwart. Darstellung und Deutung einer empirisch-soziologischen Tatbestandsaufnahme [1953], 5. Aufl., Stuttgart 1967, S. 218–242.
[51] Handschriftliche Paraphe.

## 135 Otto-Ernst Laske, 7. Januar 1958

Otto-Ernst Laske

Protokoll der Sitzung des Soziologischen Hauptseminars
am 7. Januar 1958
==================================================

Die Sitzung wurde eröffnet durch die Verlesung des letzten Teils des Referates von Herrn *Teschner* über die marxistische Theorie des modernen Imperialismus. Dabei handelte es sich im wesentlichen um die Genese des Faschismus als einer Form, »die der Imperialismus im Zeitalter der Kriege um die Neuaufteilung der Welt annehmen kann«.[52]

Die Entstehung des Faschismus unterliegt historischen Bedingungen, welche aus der Einwirkung imperialistischer Kriege auf die gesellschaftliche Struktur kapitalistischer Staaten erwachsen. Die Erschütterung der überkommenen Ordnungen hat entweder ihre völlige Umwandlung zur Folge oder bewirkt das Zustandekommen eines demokratisch verbrämten, auf kapitalistischen Eigentumsverhältnissen ruhenden, temporären Gleichgewichts.

Die sich in dessen Scheinhaftigkeit verstärkt entfaltenden Klassenantagonismen sind, was das Aufkommen der faschistischen Bewegungen anbelangt, charakterisiert durch die Verarmung des von Krieg und Inflation ohnehin geschwächten Mittelstandes infolge technologischer Arbeitslosigkeit. Aufgrund der außer Kraft gesetzten imperialistischen Mechanismen terminiert das Mißverhältnis zwischen den durch Rationalisierungsinvestitionen verbesserten Produktionskapazitäten und der zurückgebliebenen effektiven Verbrauchernachfrage in einer alle Zweige der Wirtschaft ergreifenden Krise.

Der Faschismus, Ausgeburt dieser Krise, reflektiert in Ideologie und Programm die gesellschaftliche Position seines Ursprungs, des Mittelstandes, der in der weiteren Entwicklung seine Massenbasis darstellt. Seine Propaganda ist vorwiegend ausgezeichnet durch die Feindschaft gegen das Großkapital.

Dessen demagogische Identifizierung mit der[53] Konsumsphäre, damit [mit dem] der Unmittelbarkeit des Lebens psychologisch sehr nahe stehenden Finanzkapital, ermöglicht es, in besonderen Maße Haßgefühle gegen die Zirkulationssphäre zu mobilisieren, obgleich gesellschaftlicher Wirklichkeit nach diese

---

52 Zitat aus dem Referatstext.
53 Konjiziert für: »mit dem der«.

in der Spätphase des Kapitalismus bereits der Abhängigkeit vom Industriekapital verfallen ist.

Nach Überwindung anfänglichen Mißtrauens erscheint der durch extremen Nationalismus gekennzeichnete Faschismus auch der kapitalistischen Klasse als einzig noch möglicher Bundesgenosse zur Etablierung eines starken Staates und zur Durchsetzung imperialistischer Ansprüche.

Die Inhaber der leitenden Posten der Bürokratie, »die entweder aus der alten herrschenden Schicht stammen oder sich zumindest in ihrem politischen Bewußtsein mit ihr identifizieren«[54], schaffen wesentliche Voraussetzungen einer faschistischen Machtübernahme.

Die gesellschaftlichen Nachkriegsverhältnisse erscheinen der sozialistischen Theorie insonderheit durch zwei oppositionelle Kräfte ausgezeichnet, welche, Begleiterscheinungen der imperialistischen Expansion, dieser immer stärkere Grenzen setzen: die aus der internen Entwicklung der kapitalistischen Länder hervorgehende steigende Opposition der Arbeiterschaft einerseits, und zum anderen die kolonialen Oppositionsbewegungen, deren Führung – stark nationalistisch eingestellt – in zunehmendem Maße sozialistisch ausgerichteten Gruppen zufällt. Als von entscheidender Bedeutung in der Spätphase des Kapitalismus, die durch das Nebeneinanderbestehen kapitalistischer und planwirtschaftlicher und ein Übergangsstadium kolonialer Systeme bestimmt wird, sieht sie es an, »ob die wachsende Macht des planwirtschaftlichen Systems einen konsolidierenden oder desintegrierenden Effekt auf das kapitalistische System ausüben wird«[55].

Desintegrierung wird dabei verstanden als ein Abspaltungsprozeß, den kapitalistische Staaten hin zu planwirtschaftlichen Gesellschaftsformen durchmachen. Eine Konsolidierung hingegen würde bedeuten, daß es gelänge, die systemimmanenten antagonistischen Widersprüche des Kapitalismus durch gewaltige Rüstungsanstrengungen zu überspielen, die ihre Motivation in dem Welteroberungsanspruch des Kommunismus finden.

Die sozialistische Theorie bezweifelt damit die Möglichkeit, mit Hilfe des modernen wirtschaftspolitischen Instrumentariums eine von Antagonismen grundsätzlich freie kapitalistische Gesellschaftsordnung zu errichten.

Sich der methodologischen Schwierigkeiten bewußt, welche darin liegen, im Rahmen einer dialektischen Theorie Grundstrukturen des Verhältnisses von »Wirtschaft und Gesellschaft« zu entwickeln, trug *Professor Adorno* im Anschluß

---

54 Zitat aus dem Referatstext.
55 Zitat aus dem Referatstext.

an den Vortrag von Herrn *Teschner* zur Verdeutlichung des eigentlichen Gegenstandes des Seminars einige Thesen zur Theorie der Gesellschaft vor.

Von der Frage nach der Priorität von Wirtschaft oder Gesellschaft ausgehend, sagte *Professor Adorno*, Aufgabe einer wirklich kritischen Theorie müsse es sein, eine derartige Frage zu liquidieren. Nicht den Vorrang einer von beiden, sondern ihre Einheit zu erweisen, sei bedeutsam.

Der Begriff der politischen Ökonomie selbst, so führte er in der Folge aus, bedeute, wenn man ihn ernst nähme, die Einheit von Tauschwirtschaft und gesellschaftlichem Prozeß.

Danach erscheine in ihrem Rahmen der Lebensprozeß der Gesellschaft in seiner Ganzheit als wesenhaft durch den Tausch selbst vermittelter, demgegenüber andere Gegebenheiten, etwa anthropologischer oder biologischer Art, ihre Relevanz einbüßten.

Die »kopernikanische Wendung« bei Marx bestehe darin, daß in seiner Theorie aufgeräumt werde mit der Annahme, es käme in der Tat auf das an, was durch den gesellschaftlichen Prozeß hindurch sich gleich bleibe.

Indes werden die Invarianten keineswegs geleugnet; allein, sie gewinnen erst innerhalb des dynamischen Ganzen ihren spezifischen Stellenwert, und es ist »der Unterschied von Leben und Sterben«, in welcher gesellschaftlichen Struktur sie in die Erscheinung treten.

Die Bewegungsgesetze der Gesellschaft erlauben es nun kaum, von dieser Struktur als von einer »Form« zu sprechen, vielmehr ist sie selbst von der gesellschaftlichen Dynamik gar nicht abzulösen und weist sowohl positiv als auch negativ ständig über sich hinaus. Ihren unmittelbaren Ausdruck findet die Einheit von Ökonomie und gesellschaftlichem Ganzen in der wesenhaft dynamischen Struktur eben dieses Ganzen selbst.

Die Einsicht nun, daß Geschichte und Gesellschaft nicht von der Beschaffenheit der Menschen als Individuen oder Gattung, sondern von der Einrichtung der Gesellschaft abhängen, in welche sie hineingeboren werden, ist dem gesellschaftlichen Bewußtsein fremd.

Tragisch ist es, daß zu einem Zeitpunkt, in dem die Möglichkeit der Installierung einer vernünftigen Gesellschaft virtuell besteht, der Gedanke an sie sich von ihr abwendet. Auf diese Weise vergißt man nur zu leicht daran, daß die menschliche Bestimmung selbst weitgehend durch die gesellschaftliche Struktur bestimmt ist und darüber hinaus ihren Sinn allererst im Verlaufe der gesellschaftlichen Entwicklung erhalten kann.

Entscheidend sind in der marxistischen Theorie der Gesellschaft nicht die abstrakten Thesen der Abhängigkeit der Gesellschaft von der Wirtschaft: Vielmehr hat sie sich die Aufgabe gesetzt, aufzuzeigen, auf welche Weise die gesellschaftlichen aus einfachen Warenbeziehungen hervorgehen. Als konstitutiv für diesen Prozeß wird das Tauschprinzip angesehen.

Zur[56] Frage nach der Priorität von Wirtschaft oder Gesellschaft zurückgehend, erinnerte *Professor Adorno* daran, daß die sozialistischen Klassiker eine wesentliche Frontstellung gegen den Anarchismus zu beziehen gehabt hätten.

Dieser suchte ohne Reflexion aufs Ökonomische das gesellschaftliche Unrecht bei der Herrschaft als solcher. Dem entgegen sei das Herrschaftsverhältnis, wie es Engels im Anti-Dühring unternommen,[57] als ein bereits Vermitteltes zu erweisen.

Wiewohl in der Theorie unmittelbar aus den ökonomischen Gegebenheiten abgeleitet, bleibe zweifelhaft, ob die Begründung des Herrschaftsverhältnisses tatsächlich dem Tausch vorangehe oder aber ihm folge.

Eine Hypostasierung der Wirtschaft sei durchaus problematisch. Insoweit es »Wirtschaft« nur im Sinne einer entfalteten Tauschwirtschaft geben könne, sei überdies fraglich, inwieweit eine die Herrschaftsverhältnisse auf ökonomische Faktoren reduzierende Theorie auf Vortauschverhältnisse überhaupt anwendbar sei.

Mit der Ableitung des Geistes und der Gesellschaft von der Wirtschaft aus dem dynamisch sich entfaltenden Tausch will die marxistische Theorie keineswegs etwa eine Weltanschauung geben. Nur werden die Widersprüche unmittelbar als aus dem Prozeß der Gesellschaft selbst hervorgehend erklärt.

Nicht nur zeitigt die Struktur der Gesellschaft Gegensätze von Interessen, sondern gleichermaßen Konflikte und Katastrophen, welche aus der Gesellschaftsordnung als ganzer unmittelbar hervorgehen.

Der Terminus ad quem der marxistischen Theorie ist es, die Entwicklungsgesetze der Gesellschaft, die diese ständig über sich hinaustreiben, der Tendenz nach aus der Ökonomie abzuleiten. Der erbarmungslose Zusammenhang zwingt zu der Einsicht, daß es in der Tat keine andere Möglichkeit eines Überlebens geben kann, als die des Sturzes der überkommenen kapitalistischen Gesellschaftsordnung. Es wäre zu einfach, als Vater dieses Zwanges den Wunsch zu verändern hinzustellen.

Zu einem Zeitpunkt, in dem die Geschichte, einer Höllenmaschine gleich, blind über die Köpfe der Menschen hinweg sich durchsetzt, verbleibt kein anderer Ausweg, um die anonyme Macht aufzuheben, über welche die Menschen nichts

---

56 Konjiziert für: »Auf die«.
57 Vgl. MEW, Bd. 20.

mehr vermögen. Das reale Leid wird auf diese Weise in möglichst unideologischer Art und Weise zum Bewußtsein gebracht.

Zur Frage der Existenzialien der Menschen sagte *Professor Adorno* weiter, der Begriff des Menschen als eines gesellschaftlichen Wesens sei enger zu fassen, als das ursprünglich Aristoteles getan habe.[58] Die Theorie der Gesellschaft begründe die Einsicht, daß es keine statische Natur des Menschen geben könne, ja, vielmehr diese als ein durch die Gesellschaft allererst Produziertes angesehen werden müsse.

Diese Erkenntnis: daß die Gesellschaft den Menschen gleichermaßen forme und deformiere, hebe den Gegensatz zwischen sozialer Lage und anthropologischer Beschaffenheit auf.

Der Begriff der Individuation selbst müsse als eine gesellschaftliche, durch den Tauschakt vermittelte, Kategorie verstanden werden.

Die eigentlich diese Theorie der Gesellschaft tragende Idee entstammt der schon bei Hegel formulierten Erkenntnis, daß der Mensch zugleich Subjekt und Objekt der Gesellschaft sei.

Die Tatsache, daß wir als Arbeitende Subjekte sind, aber durch das, was wir machen, uns unter einem selbst produzierten Netz gesellschaftlicher Notwendigkeiten zu Objekten entfremden, gibt der Idee den Inhalt, daß es auch von uns abhängen müsse, wieder zu Subjekten zu werden.

*Diskussion*

Anknüpfend an die zuvor von *Professor Adorno* vorgetragenen Thesen zum Verhältnis von Wirtschaft und Gesellschaft machte Herr *Harmuth*[59] geltend, ihm erscheine die von Marx behauptete Priorität der Ökonomie insoweit durchaus legitim, als durch den Verweis auf die Produktionsverhältnisse gezeigt werde, daß der Mensch allein durch das Medium seiner Arbeit eigentlich Geschichte mache.

Darauf erwiderte *Professor Adorno*, die Frage nach dem Vorrang von Wirtschaft oder Gesellschaft spezifischer fassend, entscheidend für die Priorität der Ökonomie sei bei Marx, daß in der Tat versucht werde, alle Herrschaftsverhältnisse aus immanenten, rein ökonomischen Gegebenheiten abzuleiten.

---

[58] Vgl. Aristoteles, Politik, übers. von Eugen Rolfes, in: Aristoteles, Philosophische Schriften in sechs Bänden, Bd. 4, Hamburg 1995, S. 4–6 (1253a).
[59] D.i. Erich Harmuth.

Herr *Munz* bezog sich anschließend auf die Problematik, daß der Mensch zugleich Subjekt und Objekt der Gesellschaft sei. Wenn der Begriff des Subjekts selbst seinen Sinn erst im Verlaufe des gesellschaftlichen Prozesses erhalte, ja, mehr, innerhalb desselben allererst erzeugt werde, so gehe man fehl, wenn man ihn, postulatorisch aus seinem Zusammenhang gerissen, zum Zielpunkt seiner eigenen Entwicklung mache. Die Kategorie der Subjektivität gewinne dadurch gleichsam doch wieder eine Autonomie, die ihrer eingestandenen Vermitteltheit widerspreche.

*Professor Adorno* gestand dies zu und erwiderte, es sei natürlich romantisch, anzunehmen, die gesellschaftliche Entwicklung habe ihren Anfang in einem paradiesischen, dem Subjekt angemessenen Zustand genommen, um letztlich über dessen »Entfremdung zum Objekt« wieder zu ihrem Ausgangspunkt zurückzukehren.

Dennoch dürfe man nicht daran vergessen, daß in der Tat der Mensch, soweit er arbeite, Subjekt sei, nicht allerdings für sich, wohl aber an sich. Teleologisch sei darin seine Freiheit angelegt, und der »Sinn der Geschichte« sei es, bei dieser seiner Befreiung Geburtshelferdienste zu leisten.

Die Forderung, das Netz gesellschaftlicher Notwendigkeit, welches sich das arbeitende Subjekt selbst übergeworfen habe, wieder aufzuheben, formulierte dann *Dr. Lenk*[60] als das Marxsche Postulat, die Herrschaft über Menschen wieder auf eine sinnvolle Verwaltung von Sachen zurückzuführen.

*Professor Adorno* entlarvte die in dieser Forderung steckende romantische Vorstellung von einer Ursprünglichkeit des Menschen, welche sowohl Marx wie auch Engels in der Vorstellung eines Urkommunismus noch eigne, und für die sie Rousseau verpflichtet seien.

Faßt man jedoch, so führte er aus, die menschliche Geschichte als die Fortsetzung der Naturgeschichte auf, so hat man sich einer solchen Utopie zu entschlagen.

Das Mündigwerden der Menschen könne nur bedeuten, daß die Vorgeschichte an ihr Ende komme, in der es so etwas wie einen paradiesischen Zustand nie gegeben habe. Es gelte, das bei Marx und Engels noch nicht durchdrungene aufklärerische Erbe zu durchschauen und den Begriff des Menschen dialektischer zu fassen.

---

60 Kurt Lenk wird 1956 mit der Schrift »Von der Ohnmacht des Geistes. Kritische Darstellung der Spätphilosophie Max Schelers« in Frankfurt a. M. promoviert.

Herr *Ehrhardt*[61] verlieh diesem Gedanken Nachdruck, indem er sagte, die utopische Vorstellung einer Wiederherstellung des paradiesischen Zustandes ließe sich heute auf das legitime Interesse der Menschen reduzieren, zu überleben.

Zweifellos, sagte darauf *Professor Adorno*, könne heute der Sozialismus nicht mehr mit einer utopischen Theorie verteidigt werden, sondern einfach mit diesem Anspruch des Menschen: zu überleben. Daß dieses Motiv bei Marx fehle, zeige einleuchtend, in wie drastischer Weise sich seither die Antagonismen zugespitzt hätten. So sei ja doch auch Ernst Blochs utopische Philosophie nicht deswegen dem Verdikt der Partei verfallen, weil sie nicht verwirklicht werden *könne*, sondern man dies gar nicht *wolle*.[62] Die gerechte Einrichtung der Gesellschaft sei die einzige Möglichkeit des Überlebens der Menschheit.

An dieser Stelle ließe sich der gesellschaftliche Schleier mit Händen greifen: Während es unmittelbar möglich geworden sei, eine derartige Gesellschaft einzurichten, werde der Gedanke an sie völlig abgeblendet.

Diese Abblendung amalgamiere sich den ohnehin bestehenden gesellschaftlichen Antagonismen.

Herrn *Borgmeiers*[63] Frage, ob Material darüber vorliege, warum im Dritten Reich die Vertreter des Kapitalismus, als sich der Zusammenbruch des Hitlerregimes abzuzeichnen begann, nicht auf seinen Sturz hingearbeitet hätten, führte zu einer Aussprache über das Verhältnis von Nationalsozialismus und Kapitalismus.

In seiner Antwort, das Bewußtsein der beteiligten Subjekte sei unmaßgeblich, sah *Professor Adorno* die immanente Gefahr, eine Klasse, in diesem Falle die kapitalistische, gewissermaßen zu metaphysizieren. Dadurch jedoch, daß der installierte Herrschaftsapparat, zumindest temporär, eine Art Selbständigkeit gewonnen habe, sei es der Industrie nicht möglich gewesen, ihre Delegierten zurückzurufen.

Überdies wäre ja ein von Hitler gewonnener Krieg auch für die Industrie von wesentlichem Interesse gewesen. Daß ihr Klasseninteresse sich letztlich als stärker erwiesen habe, liege in der objektiven Situation begründet.

Herr *Teschner* bezweifelte den Gegensatz von Nationalsozialismus und Kapitalismus. Es sei erwiesen, sagte er, daß das nationalsozialistische Regime durch seine ökonomischen Maßnahmen, z. B. durch staatliche Lohnfixierung und teilweise Reprivatisierung, den Interessen des Kapitalismus gedient habe.

---

61 D.i. Hans-Heinrich Ehrhardt.
62 Ernst Bloch, seit 1949 Professor für Philosophie in Leipzig, wird 1957 vorzeitig in den Ruhestand versetzt, weil er mit seiner Lehre ›nicht-marxistische Prinzipien‹ vertrete. Nach dem Bau der Berliner Mauer siedelt er 1961 nach Tübingen über.
63 D.i. Klaus Borgmeier.

*Professor Adorno* verwies darauf, daß der ökonomische Konzentrationsprozeß im Dritten Reich ungeheure Fortschritte gemacht habe. Von Gegensatz könne überdies deswegen wohl kaum gesprochen werden, weil die deutsche Industrie vor 1933 in der Tat bankrott gewesen sei, und in diesem Sinne der Nationalsozialismus ihre Sanierung bedeutet habe.

Man habe deshalb verständlicherweise nicht das geringste Interesse daran gehabt, Hitler zu stürzen. Die Terrorspitze, welche sich später gegenüber allem durchgesetzt habe, sei anfangs durchaus kalkuliert gewesen. Die objektive Tendenz des Nationalsozialismus, zugrunde zu gehen und alles zugrundezurichten, sei nicht oder fast nicht durchschaut worden.

Herr *Dörmer*[64] bezog sich auf die im Referat von Herrn *Teschner* dargestellte ökonomische Entstehungssituation des Faschismus und bekannte, er könne sich nicht recht vorstellen, wie trotz der aufgrund von Rationalisierungsinvestitionen verbesserten Produktionskapazitäten und damit der Ausweitung der Erzeugung von Konsumgütern dennoch eine Krise eingetreten sei.

In seiner Antwort lenkte Herr *Brandt* erneut die Aufmerksamkeit auf das Paradoxon der Realisationskrise, wie sie sich aus mangelnder effektiver Nachfrage zwangsläufig einstellen müsse.

Des Rätsels Lösung liege eben darin, daß in der kapitalistischen Gesellschaft nicht Gebrauchswerte, sondern Tauschwerte produziert würden, die Produktion also zum Selbstzweck geworden sei.

Im Gegensatz dazu sah Herr *Dörmer* in der erweiterten Produktion die Entwicklung angelegt, diese Problematik zu überholen.

Die Annahme, das Anwachsen der Güter auf der Gebrauchswertseite könne die gesellschaftlichen Antagonismen lahmlegen, verneinte *Professor Adorno*.

Einer solchen Annahme müsse entgegengehalten werden, daß die Welt im Zeichen von Monsterstaaten stände, die darauf angelegt seien, sich gegenseitig zu vernichten.

Das Anwachsen der Antagonismen sei derart offensichtlich, daß die Idee ihrer Beilegung in der Tat illusionär erscheinen müsse.

Zu unterscheiden sei sorgsam zwischen wirtschaftlichen Epiphänomenen und den tragenden Gesetzen der Produktion.

Im Zeitalter des Positivismus allerdings sei es jedermann einigermaßen schwer gemacht, blind sich durchsetzende Gesetze hinzunehmen. Doch nicht darum handele es sich, daß die Gütermenge als solche ansteige: Entscheidend sei

---

64 Ob diese oder die oben gewählte Schreibweise »Doermer« die korrekte ist, ist nicht ermittelt.

vielmehr die Relation zwischen den Gliedern c, v und m[65], welche die kapitalistische Produktion charakterisieren.[66]

Die Ordnung, in der diese Unmengen von Gütern produziert würden, unterstehe dem Tauschprinzip; das Konkurrenzprinzip mache zudem den Zwang zur Produktion unausweichlich: Gerade diese Bewegungsgesetze sollten ja von der Theorie getroffen werden, nicht hingegen die veränderlichen Phänomene einer ungeheuer angewachsenen Produktion.

Indes seien die Epiphänomene den Bewegungsgesetzen gegenüber keineswegs indifferent. Das Anwachsen der Gütermengen auf der Gebrauchswertseite verleite jedoch nur zu leicht zur Verwechslung der vollen Schaufenster mit den Produktionsgesetzen.

Die Analyse beziehe sich nicht auf veränderliche Momente, sondern auf die latenten Gesetzmäßigkeiten.

Darauf erwiderte Herr *Munz*, dies setze die menschlichen Bedürfnisse als konstant voraus, während doch in Wirklichkeit das gesellschaftliche Bedürfnis auf den jeweiligen Stufen der Geschichte variiere. Nie könne also bei variablen Bedürfnissen die Produktion volle Befriedigung gewähren.

*Professor Adorno* hielt diese These für zu radikal.

Er meinte, eine »natürliche« Grenze sinnvoller Bedürfnisse sei wohl anzusetzen.

---

65 Korrigiert aus: »C, V und M«.
66 Im dritten Band des »Kapitals« erklärt Marx: »Das Gesamtkapital C teilt sich in das konstante Kapital c und das variable Kapital v, und produziert einen Mehrwert m. Das Verhältnis dieses Mehrwerts zum vorgeschoßnen variablen Kapital, also m/v, nennen wir die Rate des Mehrwerts und bezeichnen sie mit m'. Es ist also m/v = m', und folglich m = m'v. Wird dieser Mehrwert, statt auf das variable Kapital, auf das Gesamtkapital bezogen, so heißt er Profit (p) und das Verhältnis des Mehrwerts m zum Gesamtkapital C, also m/C, heißt die Profitrate p'. Wir haben demnach: *[Absatz]* p' = m/C = m/(c + v), *[Absatz]* setzen wir für m seinen oben gefundnen Wert m'v, so haben wir *[Absatz]* p' = m' · v/C = m' · v/(c + v), *[Absatz]* welche Gleichung sich auch ausdrücken läßt in der Proportion: *[Absatz]* p' : m' = v : C; *[Absatz]* die Profitrate verhält sich zur Mehrwertsrate wie das variable Kapital zum Gesamtkapital.« (MEW, Bd. 25, S. 59 f.)

## 136 Hans Carle, 4. Februar 1958

Hans *Carle*

*Protokoll der Seminarsitzung vom 4. 2. 58*

Die Diskussion im Anschluß an das Kurzreferat von Herrn *Lorenz* über das Verhältnis von Ökonomie und Herrschaft in Engels' »Anti-Dühring«[67] leitete Prof. *Adorno* ein mit der Bemerkung, schon in der Fragestellung, ob Herrschaft oder Ökonomie das Ursprüngliche sei, liege ein wenig von dem Wahn des 19. Jahrhunderts, daß man alles, was ist, aus dem erklären könne, was zuerst gewesen sei. Engels habe Recht mit seiner Behauptung, daß dem Prozeß der Reproduktion der Gesellschaft etwas Substantielleres innewohne als den abstrakten Machtverhältnissen,[68] wie sie etwa in Nietzsches »Willen zur Macht«[69] verabsolutiert seien. Überdies entbehrten derartige Deduktionen dessen, was zuerst gewesen sei, einer gewissen Stringenz. Aussagen über die Urgeschichte seien meist von spekulativem Charakter, hinter einem vermeintlichen Ersten ließe sich immer noch ein

---

[67] Der Referatstext von Richard Lorenz wurde nicht aufgefunden.

[68] Bei Engels heißt es, »daß die Gewalt nur das Mittel, der ökonomische Vorteil dagegen der Zweck ist. Um soviel ›fundamentaler‹ der Zweck ist als das seinetwegen angewandte Mittel, um ebensoviel fundamentaler ist in der Geschichte die ökonomische Seite des Verhältnisses gegenüber der politischen.« (MEW, Bd. 20, S. 148)

[69] Diese Konzeption findet sich an verschiedenen Stellen sowohl in Nietzsches Werk als auch in dessen Nachlass, am frühesten publiziert im zweiten Teil der Schrift »Also sprach Zarathustra« [1884]: »›Wille zur Wahrheit‹ heisst ihr's, ihr Weisesten, was euch treibt und brünstig macht? [Absatz] Wille zur Denkbarkeit alles Seienden: also heisse *ich* euren Willen! [Absatz] Alles Seiende wollt ihr erst denkbar *machen:* denn ihr zweifelt mit gutem Misstrauen, ob es schon denkbar ist. [Absatz] Aber es soll sich euch fügen und biegen! So will's euer Wille. Glatt soll es werden und dem Geiste unterthan, als sein Spiegel und Widerbild. [Absatz] Das ist euer ganzer Wille, ihr Weisesten, als ein Wille zur Macht; und auch wenn ihr vom Guten und Bösen redet und von den Werthschätzungen. [Absatz] Schaffen wollt ihr noch die Welt, vor der ihr knien könnt: so ist es eure letzte Hoffnung und Trunkenheit. [Absatz] Die Unweisen freilich, das Volk, – die sind gleich dem Flusse, auf dem ein Nachen weiter schwimmt: und im Nachen sitzen feierlich und vermummt die Werthschätzungen. [Absatz] Euren Willen und eure Werthe setztet ihr auf den Fluss des Werdens; einen alten Willen zur Macht verräth mir, was vom Volke als gut und böse geglaubt wird. [Absatz] Ihr wart es, ihr Weisesten, die solche Gäste in diesen Nachen setzten und ihnen Prunk und stolze Namen gaben, – ihr und euer herrschender Wille! [Absatz] Weiter trägt nun der Fluss euren Nachen: er *muss* ihn tragen. Wenig thut's, ob die gebrochene Welle schäumt und zornig dem Kiele widerspricht! [Absatz] Nicht der Fluss ist eure Gefahr und das Ende eures Guten und Bösen, ihr Weisesten: sondern jener Wille selber, der Wille zur Macht, – der unerschöpfte zeugende Lebens-Wille.« (NW, Bd. 4, S. 146 f.)

anderes entdecken. Die Frage nach dem Prius – Ökonomie oder Herrschaft – sei mehr eine idealistische, die dialektischem Denken widerspreche. Im Laufe der Geschichte seien, mit der fortschreitenden Verselbständigung des Produktionsapparates, die Produktionsverhältnisse immer bestimmender geworden für die Formen menschlichen Zusammenlebens. In der Tauschgesellschaft habe die Ökonomie ein weitaus größeres Gewicht als im System des Feudalismus. Die Frage nach dem Zusammenhang von Wirtschaft und Gesellschaft sei nicht, wie bei Engels, in dieser ontologischen Weise zu formulieren. Es komme vielmehr darauf an, das Verhältnis von Wirtschaft und Gesellschaft in konkreten historischen Epochen, besonders aber in der Gegenwart, zu analysieren.

Herr *Lorenz* entgegnete, Engels habe sich seine Fragestellung von Dühring aufdrängen lassen. Er weise jedoch an mehreren Stellen auf die Bedeutung der Herrschaftsverhältnisse hin, so daß von einer Verabsolutierung der Ökonomie keine Rede sein könne. Prof. *Adorno* betonte, daß es hierbei um eine methodische Grundfrage gehe: Kann man eine Art absoluter Vormacht des Ökonomischen stipulieren, damit eine einheitliche Weltanschauung zustande kommt – wie es der Nationalsozialismus in ähnlicher Weise mit der Rassentheorie versuchte –, oder geht es darum, zu zeigen, daß in einer konkreten Gesellschaft die Menschen von der Ökonomie abhängig sind? Die erste Möglichkeit wies Prof. *Adorno* zurück, da sie, wie die bürgerliche Ökonomie, die Wirtschaft zu einem Gott mache.

Herr *Lorenz* warnte davor, Engels im einzelnen zu ernst zu nehmen. Seine Schrift sei zur Verteidigung der Marx'schen Lehre und außerdem für die Arbeiterklasse, also gemeinverständlich geschrieben. Ihre apologetische Intention lasse die Aussagen nicht unberührt. Prof. *Adorno* hob hervor, daß eine Kritik der politischen Ökonomie, d.h. eine Kritik der herrschenden Theorien über den Mehrwert geliefert habe. Er habe die Gesellschaft kritisiert, in der der Primat der Ökonomie bestehe. Dr. *Habermas* erklärte, daß auch aus dem Briefwechsel von Engels dessen Interesse an der Frage nach dem Vorrang von Herrschaft oder Ökonomie ersichtlich sei.[70] Herr *Brandt* vertrat die Auffassung, das Problem des Primates der Ökonomie habe für Engels strategische Bedeutung gehabt, da er sich von der Überwindung der kapitalistischen Produktionsweise – und damit der Vorherrschaft der Ökonomie – die Überwindung der Herrschaft schlechthin erhoffte. Heute stelle man mit der Annahme einer Vormachtstellung der Ökonomie zugleich die Marx'sche Theorie in Frage, wie es sich z. B. in Burnhams These von

---

[70] Vgl. Aus der Frühzeit des Marxismus. Engels['] Briefwechsel mit Kautsky, hrsg. von Karl Kautsky, Prag 1935; dort u.a. den Brief Friedrich Engels' an Kautsky vom 26. Juni 1884, ebd., S. 123–125; vgl. MEW, Bd. 36, S. 167f.

der »managerial revolution« dokumentiere,[71] die besonders die Verhältnisse in Rußland visiere, wo trotz der Überwindung des Primates der Ökonomie noch immer Herrschaft bestünde.

Prof. *Adorno* beendete die Diskussion der Engels'schen These mit der Bemerkung, das Geniale bei Marx liege darin, daß er die Geschichte zwar als eine Fortsetzung der Naturgeschichte begreife, sich aber gerade gegen diesen Zustand, in dem man den Darwinismus zur Weltanschauung erhebe, wende. Seine Kritik der politischen Ökonomie sei eine der heteronomen Herrschaft der Produktionsverhältnisse, von der sich die Menschen befreien sollten. –

Im zweiten Teil der Seminarsitzung referierte Herr *Mohl* über die neoliberale Konzeption von Wirtschaft und Gesellschaft.[72] Prof. *Adorno* äußerte Bedenken, die nach seiner Auffassung streng liberalen Theoretiker v. Hayek und v. Mises – ebenso wie Riehl[73] – der neoliberalen »Schule« zuzurechnen. Herr Mohl erwiderte, daß diese eine sehr inhomogene Gruppe darstelle, was beispielsweise in der Kontroverse zwischen v. Hayek und Rüstow evident werde.[74] –

Zu G. B. Shaws Charakterisierung des Liberalismus[75] bemerkte Prof. *Adorno*, diese werde dem klassischen Liberalismus nicht gerecht, demzufolge das Ineinanderspielen der individuellen Spontaneität die Reproduktion der Gesellschaft garantiere. Besonders für den von Shaw als einen Hauptvertreter jener Denk-

---

71 Vgl. James Burnham, Das Regime der Manager [1941], übers. von Helmut Lindemann, mit Nachw. von Léon Blum, Stuttgart 1948.
72 Ernst Theodor Mohl, »Wirtschaft und Gesellschaft. Der Beitrag des Neoliberalismus«, UAF Abt. 139 Nr. 3.
73 Das Referat nennt Wilhelm Heinrich Riehl lediglich als Vorläufer des Neoliberalismus.
74 Zwischen Friedrich August von Hayek, Alexander Rüstow und weiteren Ökonomen wie etwa Walter Eucken, Ludwig von Mises und Wilhelm Röpke herrscht zumal als Resultat der Weltwirtschaftskrise eine anhaltende Uneinigkeit darüber, ob der klassische Liberalismus beibehalten oder überwunden werden soll; diese Kontroverse reicht bis zur Uneinigkeit darüber, wie die eigenen ›Schule‹ sowie die der Gegner angemessen zu bezeichnen wären.
75 Das Referat bezieht sich auf einen Aufsatz von Carl Brinkmann in dem es eingangs heißt: »Vor einiger Zeit antwortete G. Bernard Shaw auf die scherzhafte Aufforderung einer liberalen Bezirksgruppe, durch einen Beitrag etwas von seinen Sünden gegen den Liberalismus wiedergutzumachen: ›Der Liberalismus gründete sich auf dem Glauben *Voltaires* und Adam *Smiths*, daß, was auch immer der selbstsüchtigste Schurke tun könne, von Gott zum Guten gewendet würde. Daher Freihandel und Laissez-faire. Aber da *Marx* bewies, daß Gott weder lenke noch dazwischentrete, und auch die Liberalen ihren Glauben an Gott verloren, ist von dem liberalen Programm nichts übriggeblieben als plutokratischer Anarchismus.‹« (Carl Brinkmann, Der Ertrag der neueren Wirtschaftstheorie für die Orientierung der Wirtschaftspolitik, in: Jahrbücher für Nationalökonomie und Statistik, hrsg. von Friedrich Lütge und Erich Preiser, Bd. 162, 1950, S. 421–427; hier: S. 421)

richtung genannten Voltaire treffe es nicht zu, daß er die Existenz eines transzendenten Lenkungsprinzips vertrete. –

Bei der These Rüstows, der Liberalismus sei aus dem Widerstand gegen den Zwangsstaat des Merkantilismus erwachsen,[76] dränge sich, so meinte Prof. *Adorno*, der Verdacht auf, daß hier ein Mythos geschaffen werde. Demgegenüber sei auf die Bedeutung des Profitstrebens für die Entwicklung des Liberalismus hinzuweisen. Herr *Mohl* zitierte die Meinung Heckschers, der in seinem Werk über den Merkantilismus die Bedeutung des staatlichen Interventionismus sehr in den Vordergrund stelle.[77] Herr *Brandt* hielt dem entgegen, daß Heckscher auch die Konvergenz der Interessen von Handelskapital und Fürstenpolitik betone.[78] –

Die von den Neoliberalen angestrebte Dezentralisierung der Industrie ist, nach Prof. *Adorno*, ein Problem, dessen Lösung zwar auf der Tagesordnung steht, aber mit Rücksicht auf die Anforderungen des Herrschaftsapparates nicht verfolgt wird. Dem widersprach Herr *Mohl*, der meinte, man könne unter kapitalistischen Produktionsbedingungen niemand dazu bewegen, entgegen dem von Bücher formulierten Gesetz der Massenproduktion[79] im Kleinbetrieb mit höheren Kosten zu produzieren. Beim gegenwärtigen Stand der Technik, entgegnete Prof. *Adorno*, könne man im Kleinbetrieb genausogut produzieren wie im Großbetrieb. –

In der an das Mohl'sche Referat anschließenden Diskussion ging Prof. *Adorno* zunächst auf die Frage des Verhältnisses von Wirtschaft und Gesellschaft in der neoliberalen Theorie ein. Diese – besonders in der Form, wie sie von Eucken vertreten wird[80] – sehe das Individuum abstrakt und hypostasiere es. Der Neoliberalismus erkenne nicht, daß das Individuum durch die Formen der Gesellschaft, in der es lebt, determiniert sei. Es werde so getan, als wäre der Mensch frei

---

76 Bei Rüstow heißt es: »Der Merkantilismus, den Adam Smith noch als die herrschende wirtschaftspolitische Praxis vorfand, hatte sich das Ziel des größtmöglichen Nationalreichtums – zu Händen des Fürsten freilich – gesetzt. [...] Durch seine bevormundende Vielgeschäftigkeit hatte er den wohltätigen Automatismus der Marktgesetze nur gestört. Wenn man ihm nun zurief; laissez faire! laissez passer! so war das zugleich die Aufforderung, Gott die Ehre zu geben und der ewigen Weisheit der Naturgesetze nicht mit kurzsichtigen menschlichen Sorgen ins Handwerk zu pfuschen.« (Alexander Rüstow, Das Versagen des Wirtschaftsliberalismus [1945], 2. Aufl., [Düsseldorf und München] 1950, S. 22f.)
77 Vgl. Eli F. Heckscher, Der Merkantilismus [1931], übers. von Gerhard Mackenroth, Bd. 2, Jena 1932, S. 39–156.
78 Vgl. ebd., S. 249–260.
79 Das vom deutschen Nationalökonom Karl Bücher 1910 entwickelte ›Gesetz der Massenproduktion‹ besagt, dass bei wachsender Produktionsmenge die Herstellungskosten pro Produkt tendenziell sinken.
80 Vgl. etwa Walter Eucken, Grundsätze der Wirtschaftspolitik [1952], hrsg. von Edith Eucken und K. Paul Hensel, 2. Aufl., Tübingen und Zürich 1955.

und nur durch geplante gesellschaftliche Veranstaltungen bedroht; das eigentliche Problem von Wirtschaft und Gesellschaft werde verfehlt. Die Freiheit des Einzelnen werde jedoch, entgegen der Auffassung Euckens, nicht durch die marxistische Theorie, sondern durch immanente gesellschaftliche Tendenzen auf ein immer kleineres Maß reduziert. Daß man, wie es Eucken tue, eine Theorie, die etwas Kritisches ausspreche, für die kritisierten Mißstände verantwortlich mache und ablehne, komme seit der bürgerlichen Aufklärung immer wieder vor. Herr *Mohl* ergänzte, daß für die Neoliberalen der Begriff der – heute bedrohten – autonomen Persönlichkeit von fundamentaler Bedeutung sei und ihnen als Ausgangspunkt ihrer Theorie diene. Dr. *Lenk* wies darauf hin, daß der neoliberale Gesellschaftsbegriff nicht mit dem von Hegel und Marx gebrauchten identisch sei, sondern eher Volk oder Gemeinschaft bezeichne. Es handele sich dabei, so meinte Prof. *Adorno*, um einen organizistischen Gesellschaftsbegriff. –

Bei Rüstow differieren die Chancen, die sich für den Einzelnen aus dem freien Spiel der Kräfte ergeben. Wie kann er, fragte Prof. *Adorno*, das Konkurrenzprinzip befürworten, wenn dieses nur dem Glücklichen eine gute Chance bietet? Herr *Mohl* antwortete, daß – nach neoliberaler Auffassung – das freie Spiel der Kräfte zu einer Maximierung des Sozialprodukts führe, was allerdings nicht ohne Friktionen abgehe. Daher müsse hier die Sozialpolitik als Linderungspolitik eingreifen. –

Die Frage von Prof. *Adorno*, warum sich die Neoliberalen – zum Teil sehr entschieden – gegen Interventionen in den wirtschaftlichen Bereich aussprechen, beantwortete Herr *Mohl* mit dem Hinweis, dieser Widerstand gelte nur den marktkonträren Interventionen. Marktkonforme Eingriffe – i.e. solche, die den Preismechanismus nicht beeinträchtigen – würden nicht abgelehnt. Dr. *Habermas* führte aus, die Neoliberalen seien nicht soziologisch, sondern anthropologisch orientiert. In ihrer Vorstellung existierten autonome Bereiche menschlichen Seins, deren Selbständigkeit gewahrt werden müsse. So solle durch die vorgeschlagenen Interventionen lediglich das ökonomische wieder an seinen Platz im Rahmen der menschlichen Existenz gerückt werden. Gerade darin bestünden, ergänzte Herr *Mohl*, Querverbindungen zur katholischen Soziallehre. Es wurde noch darauf hingewiesen, daß die auf dem Dreieck Anthropologie – Humanismus – Ökonomie basierende neoliberale Theorie nur solche Interventionen zulasse, die den Anforderungen dieser drei Sphären nicht widersprächen. Dies aber laufe, so bemerkte Prof. *Adorno* abschließend, auf eine verkappte Hereinnahme außerökonomischer Kontrollmechanismen in die Wirtschaft hinaus.

## 137 Wilke Thomssen,
## 11. Februar 1958

*Protokoll der Seminarsitzung vom 11. 2. 58*

Das Seminar beschäftigte sich mit der subjektivistischen Werttheorie der Nationalökonomie. Die Diskussionsbeiträge setzten bei verschiedenen Stellen des von Herrn Fecher vorgetragenen Referats an, die die Ausgangspunkte und Extreme der Theorie betreffen.[81]

Die subjektivistische Werttheorie geht aus von den Bedürfnissen, Tendenzen, Wünschen der Menschen. Wie allen traditionellen Theorien ist auch der subjektivistischen das »Robinsonkonzept« eigen. Die Präferenzen jedes Wirtschaftenden hängen ausschließlich von den Eigenschaften der Güter und den eigenen, möglicherweise aus diesen resultierenden Nutzenschätzungen ab. Jeder wird in seinen Handlungen ausschließlich von dem Nutzen geleitet, den ihm die in seinem Besitz befindlichen Waren gewähren, wobei er bestrebt ist, seinen Besitz so zu verwenden, daß dieser ihm eine weitestgehende Bedürfnisbefriedigung gewähre. Von der Güterproduktion wird abstrahiert, die Kosten werden unter bestimmten Bedingungen vernachlässigt. Innerhalb der gegebenen Rangordnung der Bedürfnisse handelt das Wirtschaftssubjekt rational, wenn es seine Ausgaben auf die einzelnen Bedürfniskategorien derart verteilt, daß es für jede einen gleichen Grenznutzen erzielt. Der Wert eines Gutes bemißt sich nach der individuellen Nutzenschätzung, d. h. wie Menger es ausdrückt (zitiert nach Fecher)[82], daß der Wert die »Bedeutung« konkreter Güter darstelle, von welchen die Menschen im Hinblick auf die Befriedigung ihrer Bedürfnisse abhängig zu sein sich bewußt sind.

Demgegenüber fußt die objektivistische Wertlehre auf den objektiven Faktoren des ökonomischen Gesamtprozesses, den Produktionsverhältnissen und

---

[81] Hans Fecher, »Probleme der subjektivistischen Werttheorie der Nationalökonomie«, UAF Abt. 139 Nr. 3.
[82] Das Referat paraphrasiert Zitate aus Carl Menger, Grundsätze der Volkswirtschaftslehre, Wien 1871, S. 3, S. 77–86 sowie S. 214. An für die Diskussion zentraler Stelle heißt es: »Für einen isolirten Pelzjäger hat das Fell eines erlegten Bären nur insoferne Werth, als der die Befriedigung irgend eines Bedürfnisses entbehren müsste, wofern er darüber nicht verfügen würde; für denselben Jäger hat, nachdem er in den Tauschverkehr getreten, das gleiche Pelzwerk genau unter denselben Voraussetzungen Werth. [...] Der Werth in dem ersten und der Werth in dem zweiten Falle sind demnach lediglich zwei verschiedene Formen derselben Erscheinung des wirthschaftlichen Lebens und bestehen beide in der Bedeutung, welche Güter für wirthschaftende Subjecte dadurch erlangen, dass diese letztern in der Befriedigung ihrer Bedürfnisse von der Verfügung über dieselben abhängig zu sein sich bewusst sind.« (Ebd., S. 214 f.)

Produktivkräften. Der Wert eines Gutes bestimmt sich gemäß der Arbeitswerttheorie nach der gesellschaftlich notwendigen Arbeitszeit.

Der Widerspruch zwischen diesen beiden Auffassungen wird zum Streit um die Determinanten der gesellschaftlichen Kräfte, entweder hängt die Gesellschaft von ihren objektiven Faktoren, der Produktionssphäre mit ihren Kostenelementen, oder aber von individuellen Bedürfnissen und Nutzenschätzungen ab.

Zunächst wurde gegen die subjektivistische Wertlehre eingewandt, daß es sehr problematisch sei, autonome, individuelle Bedürfnisse als letzte Gegebenheiten zu setzen und zum Ausgangspunkt der Theorie zu nehmen, ohne zugleich Faktoren wie den sozialen Zwang, den bandwagon effect[83] und dergleichen mit in den Ansatz hereinzunehmen (was bei den älteren Theoretikern nicht der Fall ist). Denn gerade die Bedürfnisse sind gesellschaftlich vermittelt und der historischen Wandelbarkeit unterworfen. Die Weise, wie Bedürfnisse sich an bestimmte Güter heften, von denen sie Befriedigung erwarten, unterliegt sozialpsychologischen Mechanismen, und ist zu manipulieren, wie es notwendig erscheint, um den ökonomischen Kreislauf in Gang zu halten. Da, wo man von monadologischen Bedürfnissen spricht, kann man immer annehmen, daß der Inhalt dieser Bedürfnisse bereits das Resultat gesellschaftlicher Vorgänge ist.

Die Auffassung, daß das wirtschaftliche Handeln einerseits niemals als Handeln der Gesamtheit anzusehen ist, sondern als das einzelner Wirtschaftender, andererseits in der Regel nicht auf die Verfügung über alle Quantitäten eines Genus, sondern auf die Verfügung über Teilmengen gerichtet ist, führt zu einer individualistischen Theorie, die das Individuum nicht im Zusammenhang mit der Gesellschaft sieht, sondern isoliert und als irreduzible Größe, deren Bedürfnisse autonom sind und nicht analysiert zu werden brauchen. Das dem Subjekt Nächste, sein Bedürfnis, wird als das Unmittelbare angesehen und zum Ausgangspunkt der Theorie gemacht. Hierin beweist die subjektivistische Werttheorie ihren positivistischen Denkansatz. Der Individualismus entspricht genau den Tendenzen einer entfalteten Tauschgesellschaft, die den Menschen in die Vereinzelung drängen.

---

83 Der Terminus geht zurück auf eine Untersuchung über die Meinungsbildung während der Präsidentschaftswahl in den USA von 1940. Die Verfasser der Studie erklären: »»Bandwagon effect«: Man schließt sich der Partei an, die in der Popularität etwas voraus ist. Man will also auf der siegreichen Seite sein [...]« (Paul F. Lazarsfeld, Bernard Berelson und Hazel Gaudet, Wahlen und Wähler. Soziologie des Wahlverhaltens [1944], hrsg. von Heinz Maus und Friedrich Fürstenberg, übers. von R. F. Schorling, Neuwied und Berlin 1969 [Soziologische Texte; 49], S. 216, Anm. 47).

Gegen das Gesetz der Bedürfnissättigung (1. Gossensche Gesetz)[84], daß die Intensität eines Bedürfnisses um so rascher abnehme, je rascher, öfter und nachhaltiger es befriedigt werde, ist zu sagen, daß dieses Gesetz nur unter erheblichen Einschränkungen Geltung hat. Gerade der Begriff des Bedürfnisses impliziert, daß dem Bedürfnis keine Grenzen gesetzt sind. Das Bedürfnis ist schlechthin eine Unendlichkeit. Daß es zeitweilig zu einer Saturierung kommt, ist eine sozialpsychologische Täuschung. Die subjektivistische Wertlehre ist in diesem Punkt idealtypischer als die objektivistische. Diese Kritik berührt jedoch das ganze System der Theorie, dem eine Rangordnung von Bedürfnissen, ein interdependentes System von Präferenzrelationen vorgegeben ist.

Eine längere Diskussion entzündete sich am Begriff des Wertes, speziell am Problem der Bewertung natürlich seltener Güter. Auf die Frage nach der Differenz zwischen Gebrauchswert und Tauschwert wurde geantwortet, daß die Arbeitswerttheoretiker den Wert erst an einer anderen Stelle innerhalb der ökonomischen Kausalfolge berücksichtigen. Für die Subjektivisten entsteht der Wert aus dem Nutzen, den konkrete Güter für die Bedürfnisbefriedigung des einzelnen haben. Der Nutzen ist nicht als Nutzen der Gesamtgütermenge aufzufassen, es handelt sich um einzelne Wirtschaftende mit einzelnen Bedürfnissen; insofern spricht man auch von individueller Nutzenschätzung. Der Nutzen bestimmt damit den Austausch der Güter und das Preisgefüge. Der Wert eines Gutes richtet sich also nicht nach der gesellschaftlich notwendigen Arbeitszeit, wie es die Arbeitswerttheorie besagt. Demgegenüber ist der Tauschwert zu verstehen nur im Zusammenhang mit nützlicher Arbeit. Arbeit ist nur nützlich, wenn das Produkt für die Gesellschaft, für den Austausch nützlich ist.

Daß die Arbeitswerttheorie nicht in der Lage sei, den Wert der natürlich seltenen Güter zu bestimmen und daß demzufolge die Theorie nicht allgemeingültig sei, wurde zunächst beantwortet mit dem Hinweis, daß die Marxsche Erklärung, daß der Wert eines Gutes sich nach der im Durchschnitt notwendigen Arbeitszeit richte, eben nur als Durchschnittgröße aufzufassen sei, d.h., der Wert der Gesamtgütermenge richtet sich nach der gesamten Arbeitszeit. Für die Wertbestimmung eines einzelnen Gutes, also für die mikro-ökonomische Analyse trifft das wohl nicht zu. Marx hat seine Auffassung auch im dritten Band des »Kapitals« eingeschränkt, indem er unter anderen das natürliche Monopol berücksichtigt und so zum Beispiel zur Grundrente kam. Die kapitalistische Gesellschaft beruht auch auf dem Privateigentum, und das natürliche Monopol ist für bestimmte Güter in

---

84 »Die Größe eines und desselben Genusses nimmt, wenn wir mit Bereitung des Genusses ununterbrochen fortfahren, fortwährend ab, bis zuletzt Sättigung eintritt.« (Hermann Heinrich Gossen, Entwickelung der Gesetze des menschlichen Verkehrs und der daraus fließenden Regeln für das menschliche Handeln, Braunschweig 1854, S. 4f.)

bezug auf ihre Wertbestimmung sehr entscheidend. Hinzu kommt, daß seltene Güter affektiv besetzt werden, deren Seltenheit fetischisiert und besonders hoch im Wert veranschlagt wird. Die Preise dieser seltenen Güter schwanken sehr, weil die Schwankungen manipuliert sind, d. h. die Macht eines Monopols, die auf der Mode beruht, ist schwächer, als wenn lebensnotwendigere Güter die Nachfragefunktionen bestimmen. Seltene Güter und deren Werte haben etwas ökonomisch Fremdes an sich, sie sind eigentlich tauschfremd. Residuen vorbürgerlicher Gesellschaftsformen, wie Briefmarkenbörsen etc. werden in der Tauschgesellschaft bewahrt; sie haben bestimmte Funktionen und werden besonders hoch honoriert. Das Irrationale wird so durch das Tauschprinzip in ein rationales System eingefügt.

Wahrscheinlich lassen sich mit den Mitteln der Transformation die objektivistische und subjektivistische Wertlehre ineinander überführen. Die Widersprüche, die mit der einen Theorie nicht zu klären sind, sind auch mit der anderen Theorie nicht zu lösen. Denn die Realität hat keinen einheitlichen Charakter; die Realität ist selbst antagonistisch. Jeder Versuch, komplexe Erscheinungen auf ein einheitliches Prinzip zu reduzieren, muß fehlschlagen. Wir sind eingefangen durch den Produktionsprozeß, unsere Bedürfnisse sind Epiphänomene. Die objektivistische Methode muß die subjektiven Momente in sich aufnehmen, wie die subjektivistische die objektiven Momente. Beide, die subjektiven und objektiven Momente, sind aufeinander Bezogen in einem Spannungsverhältnis. Man darf beide Momente nicht verabsolutieren.

## 138 Ursula Deininger, 25. Februar 1958

Protokoll über die Sitzung des soziologischen
Hauptseminars vom 25. Febr. 1958.

Im Zusammenhang des Gesamtthemas der Hauptseminars: Wirtschaft und Gesellschaft, antwortete das Referat von Herrn Fecher auf die Frage, welche Probleme sich für die subjektivistische Werttheorie der Nationalökonomie stellen.

Der Referent ging von der Wert- und Preistheorie der klassischen Nationalökonomie aus. Unter objektiver Werttheorie versteht man die Theorie, die das Kostenprinzip in der Produktion nach der Arbeitszeit als etwas »objektives« am Wirtschaftsgut ansieht, während die subjektive Werttheorie die individuelle Nutzenschätzung als Prinzip der Preisbildung auffaßt. Dem Anliegen der Nationalökonomie entsprechend, gab Herr Fecher einen Überblick über das Bestreben, den Mechanismus der Preisbildung in eine allgemeine Formel zu bringen.

Bereits früh finden sich Ansätze zu einer subjektivistischen Nutzentheorie (Bernoulli, der eine Art Zinsformel,[85] und Gossen, der die beiden Gesetze der Bedürfnisbefriedigung (Sättigung) und des Ausgleichs des Grenznutzens aufstellte[86]).

Die Kritik der subjektivistischen Werttheoretiker (Menger, Jevons, Walras) gilt vor allem Ricardo:[87] Die Arbeitswerttheorie gelte nicht für seltene Güter; hohe Arbeitskosten fallierten, wenn die Nachfrage überschätzt wurde, und schließlich sei der Wert der Arbeitskraft indifferent und werde vom fertigen Produkt bestimmt.

---

[85] Der Physiker und Mathematiker Jakob Bernoulli forscht Ende des 17. Jahrhunderts u. a. über die Berechnung des Zinseszinses.

[86] S. oben, Anm. 84; das zweite Gesetz lautet: »Eine ähnliche Abnahme der Größe des Genusses tritt ein, wenn wir den früher bereiteten Genuß wiederholen, und nicht bloß, daß bei wiederholter Bereitung die ähnliche Abnahme eintritt, auch die Größe des Genusses bei seinem Beginnen ist eine geringere, und die Dauer, während welcher etwas als Genuß empfunden wird, verkürzt sich bei der Wiederholung, es tritt früher Sättigung ein, und beides, anfängliche Größe sowohl, wie Dauer, vermindern sich um so mehr, je rascher die Wiederholung erfolgt.« (Gossen, Entwickelung der Gesetze des menschlichen Verkehrs und der daraus fließenden Regeln für das menschliche Handeln, a. a. O. [s. Anm. 84], S. 5)

[87] Die drei genannten Wirtschaftstheoretiker rechnen zur sogenannten Grenznutzenschule, die gegen die Arbeitswerttheorie, wie sie etwa David Ricardo vertritt, argumentiert; vgl. etwa Menger, Grundsätze der Volkswirtschaftslehre, a. a. O. [s. Anm. 82]; W[illiam] Stanley Jevons, The Theory of Political Economy [1871], 3. Aufl., London 1888; Léon Walras, Éléments d'économie politique pure, ou, Théorie de la richesse sociale, Lausanne 1874.

Die Probleme dieser Theorie liegen dann vor allem in der Abgrenzung von der Psychologie (Weber-Fechner'sches Grundgesetz der Proportionalität von Wertzuwachs und Stimulus)[88] und der Frage der Nutzenmessung.

Die »kardinale« Nutzenmessung arbeitete mit einfachen Größen von direkter Meßbarkeit, die damit allgemeine Vergleichbarkeit einschließen sollte. Der Begriff »Grenznutzen« wurde dabei definiert als Nutzenzuwachs bei Veränderung der Gütermenge (Wiener Schule).[89]

Der Referent bestätigte die vorgebrachte Kritik: Es handelt sich dabei um eine mathematische Fiktion oder um die Mathematisierung eines abstrakten psychologischen Modells; jedenfalls nicht um eine echte Aufnahme der Triebkräfte realer Gesellschaft.

Dagegen stellte die sogenannte »ordinale« Nutzenmessung, die von der Lausanner Schule (Walras, Pareto) entwickelt wurde, einen neuen Ansatz dar.[90] Es geht nicht um eine unabhängige Wertgröße, sondern um Nutzenrelationen, die

---

[88] Das ›Weber-Fechner-Gesetz‹, das auf den Physiologen Ernst Heinrich Weber und den Psychophysiker Gustav Theodor Fechner zurückgeht und 1860 formuliert wird, bezieht sich auf den Zusammenhang von subjektiv wahrgenommenen Sinneseindrücken und objektiven Sinnesreizen.

[89] Als Begründer der grenznutzentheoretischen sogenannten Wiener oder Österreichischen Schule gilt Menger; bei ihm heißt es: »Fragen wir nun, welchen Werth für einen wirthschaftenden Menschen, der sich im Besitze einer Güterquantität befindet, irgend eine Theilquantität hievon hat, so präcisirt sich die Frage, mit Rücksicht auf das Wesen des Werthes, dahin: Welche Bedürfnissbefriedigung würde nicht erfolgen, wofern das wirthschaftende Subject über jene Theilquantität nicht verfügen könnte, das ist, nur die ihm verfügbare Gesammtquantität nach Abzug jener Theilquantität in seiner Gewalt hätte? Die Antwort hierauf ergibt sich aus der obigen Darlegung des Wesens der menschlichen Wirthschaft und lautet dahin, dass eine jede wirthschaftende Person in diesem Falle mit der ihr dann noch erübrigenden Güterquantität jedenfalls ihre wichtigeren Bedürfnisse mit Hintansetzung der minder wichtigen befriedigen würde, und demnach nur jene der bisher gesicherten Bedürfnissbefriedigungen nicht erfolgen würden, welche für dieselbe die geringste Bedeutung haben. *[Absatz] Es sind demnach in jedem concreten Falle von der Verfügung über eine bestimmte Theilquantität der einer wirthschaftenden Person verfügbaren Gütermenge nur jene der durch die Gesammtquantität noch gesicherten Bedürfnissbefriedigungen abhängig, welche für diese Person die geringste Bedeutung unter diesen letztern haben und der Werth einer Theilquantität der verfügbaren Gütermenge ist für jene Person demnach gleich der Bedeutung, welche die am wenigsten wichtige der durch die Gesammtquantität noch gesicherten und mit einer gleichen Theilquantität herbeizuführenden Bedürfnissbefriedigungen für sie haben.«* (Menger, Grundsätze der Volkswirthschaftslehre, a.a.O. [s. Anm. 82], S. 98 f.)

[90] Die ordinale Nutzentheorie fragt, anders als die kardinale, nicht nach der Höhe der Differenz zwischen den einzelnen angenommenen Nutzen, sondern danach, ob ein Nutzen höher als der andere ist, sodass eine Gewichtung unterschiedlicher Nutzen möglich ist. – Vgl. Walras, Éléments d'économie politique pure, a.a.O. (s. Anm. 87), sowie Vilfredo Pareto, Manuale di economia politica con una introduzione alla scienza sociale, Mailand 1919 (Piccolo Bibliotheca Scientifica; 13).

aus der Nachfragefunktion abzuleiten sind. Die geometrische Darstellung der Interdependenzbeziehungen in Indifferenzkurven ließ – wie bereits vorher die mathematische Symbolisierung der einzelnen Theorien – die Frage entstehen, wie weit eine Verbalisierung dieser Zeichensprache noch möglich sei.

Der Referent wie darauf hin, daß der jederzeit möglichen Umsetzung in die Sprache genau das abgeht, was die Theorie wissenschaftlich brauchbar macht, nämlich mathematische Exaktheit, und damit die Möglichkeit ökonomischer Prognosen.

Da die Volkswirtschaft sich mit dem Wertproblem sowieso nur wegen der Preisbildung befaßt, konnte der letzte Teil des Referates (Zusammenfassung der subjektiven Preistheorien) gekürzt werden ohne wesentliche Einbuße für den soziologischen Aspekt.

Die anschließende Diskussion kreiste vor allem um das Formalobjekt der beiden Wissenschaften (Ökonomie und Soziologie). Bereits vorher war bei dem Einwurf, warum statt einer Kostenanalyse überhaupt die Bedürfnisfrage angegangen werde, bemerkt worden, daß Begriffe wie Preis und Markt vermittelt sind. Es wurden Bedenken über eine gewisse Willkürlichkeit mathematischer Setzung geäußert. Die eigentlichen Probleme der Soziologie erschienen meta-ökonomisch! Gesellschaftliche Prämissenforschung taucht nicht auf.

Herr Professor Adorno formulierte: Zweck einer ökonomischen Theorie sind exakte Marktgesetze, die mathematische Errechenbarkeit von Angebot und Nachfrage. Markt aber ist bereits etwas Abgebildetes! Es verzichtet die ökonomische Theorie also auf Konstitutionsprobleme. Es kann aber letztlich nicht darum gehen, systemimmanente Vorgänge auf Formeln zu bringen, sondern das tiefere Problem ist, den Stellenwert eines ökonomischen Phänomens in der Gesellschaft festzulegen.

Der Profit und die Reklame wurden als Beispiele genannt, in denen das Modell einer einfachen Tauschgesellschaft, das hier ständig vorausgesetzt wird, nicht mehr genügt. Der Formalismus größter Generalität neigt eher dazu, eine neue Funktion aufzustellen, als psychologische oder gesellschaftliche Voraussetzungen in die Theorie aufzunehmen.

Herr Dr. Habermas wies zusammenfassend auf die Verschiedenheit der Erkenntnisziele hin. Die subjektive Theorie enthält einen klaren Positivismus; ihr Ziel ist ein funktionales Wertableiten an den vorgefundenen Phänomenen! Dagegen ist die objektive Theorie – auch bei Marx – geradezu Metaphysik; denn sie fragt nach Ursprung und Wesen des Wertes. Dort erscheinen – von der Psychologie abstrahiert – sozialtechnische Eingriffe leichter. Hier bietet die Umsetzung einer objektiven Theorie in die Praxis neue, »andere« Probleme.

Deininger

# Sommersemester 1958:
# Adorno, »Zur Metakritik der Erkenntnistheorie« II

Philosophisches Hauptseminar mit Max Horkheimer

In diesem Semester hält Adorno zudem die philosophische Vorlesung »Einführung in die Dialektik« und gibt das soziologische Hauptseminar »Wirtschaft und Gesellschaft II«

Das Seminar findet donnerstags von 18 bis 20 Uhr statt

**139–143** Archivzentrum Na 1, 885

# 139 Rolf Tiedemann,
26. Juni 1958

*Protokoll der Sitzung des philosophischen Hauptseminars vom 26. Juni 1958*

Während der zweite Teil des Referats von Herrn Krüger Darstellung und Kritik der Sphäre einzelner Akte in der Husserlschen Phänomenologie fortführte[1] (cf. Theodor W. Adorno, Zur Metakritik der Erkenntnistheorie. Studien über Husserl und die phänomenologischen Antinomien. Stuttgart (1956). S. 182ff.)[2], um in dem zentralen Motiv: durch Systematisierung der Noesen und Noemata zu geben, was in der Kantischen Philosophie von der transzendentalen Synthesis geleistet wird, reine Phänomenologie ihrem potentiell obersten Begriff, dem des Systems, zu konfrontieren (cf. a.a.O., S. 187ff.)[3], bildete die Debatte – in den Vortrag des Protokolls der Sitzung vom 19. d. M.[4] und zwischen Protokoll und Referat eingeschoben und an das Referat anschließend – eine genaue Einheit mit der Formulierung der *Frage nach dem Idealismus* als unausgesprochenem Movens der ›Metakritik‹, als dem Wozu der dialektischen Erörterungen von Husserls Philosophie.

Die Rechenschaftslegung der Phänomenologie von ihrer Gegenstandserkenntnis konstruiert das *Modell von Noesis und Noema*, von wahrnehmendem Akt und in diesem Akt wahrgenommener Sinneinheit. Dem Kantischen Kritizismus, der die Transzendenz des Dings an sich stringent als ein das Subjekt lediglich affizierendes wahrt, soll dabei Genüge geschehen durch die Beteuerung, auch das Noema sei ja nicht »reelles Bestandstück« des Bewußtseins;[5] trotz eidetischer Reduktion bleibe jedes Gedachte als Gedachtes ja als nicht-selber-denkend quasi

---

[1] Ein entsprechender Referatstext wurde nicht aufgefunden.
[2] Vgl. Theodor W. Adorno, *Zur Metakritik der Erkenntnistheorie. Studien über Husserl und die phänomenologischen Antinomien*, Stuttgart 1956, S. 182–185; vgl. GS, Bd. 5, S. 7–245; hier: S. 176–179.
[3] Vgl. Adorno, *Zur Metakritik der Erkenntnistheorie*, a.a.O. (s. vorige Anm.), S. 187–195; vgl. GS, Bd. 5, S. 181–189.
[4] Das entsprechende Protokoll wurde nicht aufgefunden.
[5] »Während die gesehene Farbe – d.i. die in der visuellen Wahrnehmung an dem erscheinenden Gegenstande als seine Beschaffenheit miterscheinende und in eins mit ihm als gegenwärtig seiend gesetzte Farbe –, wenn überhaupt, so gewiß nicht als Erlebnis existiert, so *entspricht* ihr in diesem Erlebnis, d.i. in der Wahrnehmungserscheinung, ein reelles Bestandstück. Es entspricht ihr die *Farbempfindung*, das qualitativ bestimmte phänomenologische Farbenmoment, welches in der Wahrnehmung, bzw. in einer ihm eigens zugehörigen Komponente der Wahrnehmung (›Erscheinung der gegenständlichen Färbung‹) objektivierende ›Auffassung‹ erfährt.« (HEH, Bd. XIX/1, S. 358)

transzendent; auch Erkenntnis, die der Struktur von Noesis und Noema folge, erschöpfe sich ja keineswegs in der Tautologie. Zugleich aber sucht die Phänomenologie Immanenz innerhalb der Transzendenz zu retten, indem sie Noesis und Noema aufeinander bezogen und durcheinander vermittelt hält: Die Frage nach dem Aktsinn der einzelnen Akte konstituiere Noemata nur insofern sie vom Bewußtsein getroffen, gleichsam »aufgespießt« würden.[6] Der Husserlsche Versuch intendiert Freiheit vom Idealismus und in eins damit Bewahrung der Philosophie als strenger Wissenschaft; er verweigert den Preis für beide und gibt doch nur beide preis. Wie »der positivistische parti-pris auf ›Sachverhalte‹« – dies eine Formulierung der ›Metakritik‹ (S. 121)[7] – die Konzeption eines kritizistischer Philosophie äquivalenten Subjektbegriffs verwehrt, so führt das bewußtseinstranszendente Moment des Noemas, wie weit es die Phänomenologie auch von jedem naiven Realismus entfernen mag, dennoch zu keiner kritisch gereinigten Erkenntnis sondern zu einer verdinglichten.

Das Kapitel ›Zur Dialektik der erkenntnistheoretischen Begriffe‹[8] kritisiert die im Noema konvergierenden Tendenzen der Hypostasierung des immanenten Gedachten als eines je bereits vorgefundenen und der Abstraktion aller Vorfindlichkeit zu reiner Identität im noematischen »Kern«. Daß »der Versuch, im Noema eines zugleich bewußtseinseigenen und dennoch transzendenten Seins habhaft zu werden« (a. a. O., S. 178)[9], mißlingt, signalisiert die vollendete *Fetischisierung*

---

[6] *Aber während das Noema, zumindest in den die Phänomenologie eigentlich bezeichnenden und folgenreichsten Schriften aus Husserls mittlerer Periode, nicht als konstituiertes erkannt, sondern einzig an der isolierten Intention aufgespießt wird, die es »trifft«, unterscheidet er es doch wiederum emphatisch von dem Ding. Ein höchst paradoxer Sachverhalt stellt sich her. Gerade die verdinglichende Tendenz der reinen Phänomenologie, die das je Gemeinte, und insofern schon Fertige, dem Meinen korreliert, bewirkt die Differenz von dem vollen Ding der Erfahrung, auch dem Kantischen.* (Adorno, *Zur Metakritik der Erkenntnistheorie*, a. a. O. [s. Anm. 2], S. 182; GS, Bd. 5, S. 176)

[7] *Der Idealist Husserl erteilt von den Momenten, aus denen sich dem Kantianismus die Einheit des Selbstbewußtseins komponierte, einem, der symbolischen Funktion – in der Sprache der Vernunftkritik: der Reproduktion in der Einbildungskraft – den Vorrang. Der positivistische parti-pris auf »Sachverhalte« verwehrt ihm bis zu einer viel späteren Phase, einen Begriff vom Subjekt und gar von der Einheit des Selbstbewußtseins zu konzipieren, die, als Spontaneität, sich der tatbestandsmäßigen Beschreibung entzieht.* (Adorno, *Zur Metakritik der Erkenntnistheorie*, a. a. O. [s. Anm. 2], S. 121; vgl. GS, Bd. 5, S. 116)

[8] Vgl. Adorno, *Zur Metakritik der Erkenntnistheorie*, a. a. O. (s. Anm. 2), S. 135–195; vgl. GS, Bd. 5, S. 130–189.

[9] *Husserl faßt die Qualitäten als dem Gegenstand äußerlich und von ihm ablösbar, um ihn aus der Zufälligkeit der Erfahrung herauszuheben; dafür aber wird er selber zu einem ganz Leeren und Unbestimmten. So mißlingt der Versuch, im Noema eines zugleich bewußtseinseigenen und dennoch transzendenten Seins habhaft zu werden.* (Adorno, *Zur Metakritik der Erkenntnistheorie*, a. a. O. [s. Anm. 2], S. 178; vgl. GS, Bd. 5, S. 172)

*des Gedachten* bei Husserl. ›Zur Metakritik der Erkenntnistheorie‹ überhaupt leitet die Einsicht, die da in dem »entlegenen Extrem«, dem »scheinbaren Exzeß der Entwicklung« (cf. Walter Benjamin, Schriften. Bd. I. (Frankfurt a. M.) 1955. S. 163)[10], den Phänomenologie für die Erkenntnistheorie bedeutet, das Zwangshafte der Geschichte der Erkenntnistheorie ausmacht. Wenn Denken in der traditionellen Philosophie notwendig in Zwang sich verstricken muß, so fände dialektisches Philosophieren nicht seine geringste Auszeichnung darin, noch den Zwang in Gedanken zu verstehen, noch seiner objektiven Motivation nachzufragen. Aus diesem Anspruch resultiert die Radikalität der ›Metakritik‹, die einen desultorisch bereits von Scheler verfochtenen Gedanken[11] durchführt mit dem Nachweis notwendiger Inadäquatheiten zwischen den realisierbaren Erkenntnissen und ihren Begriffen und damit Erkenntnistheorie beim Versuch, den Prozeß des Denkens zu organisieren, zum Scheitern verurteilt findet. Eine ›Metakritik der Erkenntnistheorie‹ hat das Programm einzulösen, das die Einleitung zur ›Phänomenologie des Geistes‹ aufgestellt hat: Reflexion des Schuldzusammenhangs der Erkenntnistheorie, deren Begriffe – wie es in der ›Metakritik‹ heißt (S. 33) – »mit anwachsender Entmythologisierung ... immer spirtueller und immer mythischer zugleich« werden.[12] Der »Weg des Zweifels ... oder ... der Verzweif-

---

10 »Die philosophische Geschichte als die Wissenschaft vom Ursprung ist die Form, die da aus den entlegenen Extremen, den scheinbaren Exzessen der Entwicklung die Konfiguration der Idee als der durch die Möglichkeit eines sinnvollen Nebeneinanders solcher Gegensätze gekennzeichneten Totalität heraustreten läßt.« (Walter Benjamin, Ursprung des deutschen Trauerspiels [1928], in: Walter Benjamin, Schriften, hrsg. von Th[eodor] W. Adorno und Gretel Adorno, unter Mitw. von Friedrich Podszus, Bd. 1, Frankfurt a. M. 1955, S. 141–365; hier: S. 163; vgl. BGS, Bd. I·1, S. 227)

11 Bei Adorno heißt es etwa: *Die Not der Phänomenologie, daß die erkenntnistheoretische Klassifizierung der Bewußtseinstatsachen deskriptiv in der »Erfahrung des Bewußtseins« sich nicht bestätigt, hat Autoren wie Scheler bewogen, die Gestalttheorie aus der Wahrnehmungspsychologie in die Philosophie zu transponieren, und die Gestalttheoretiker selbst, vor allem [Wolfgang] Köhler, haben ihn darin bestärkt.* (Adorno, Zur Metakritik der Erkenntnistheorie, a.a.O. [s. Anm. 2], S. 168; vgl. GS, Bd. 5, S. 162f.) – Als Literaturnachweise sind an dieser Stelle angegeben: *cf. etwa: Max Scheler, Die deutsche Philosophie der Gegenwart, in: Deutsches Leben der Gegenwart, Berlin 1922* [Jahresreihe des Volksverbandes der Bücherfreunde; 3·3], *S. 191f. (unter Bezugnahme auf* [Karl] *Bühler,* [Max] *Wertheimer,* [Kurt] *Koffka,* [Adhémar] *Gelb, Köhler u.a.); Vom Ewigen im Menschen, 4. Aufl., Bern 1954* [1921] *(Ges. Werke, Band 5* [hrsg. von Maria Scheler]*), S. 250; Wesen und Formen der Sympathie, 5. Aufl., Frankfurt 1948, S. 29 und 284;* [Die] *Wissensformen und die Gesellschaft, Leipzig 1926, passim, insbes. S. 375ff.* (Adorno, Zur Metakritik der Erkenntnistheorie, a.a.O., S. 248; vgl. GS, Bd. 5, S. 241)

12 *Mit anwachsender Entmythologisierung wird der philosophische Begriff immer spirtueller und immer mythischer zugleich. Von solcher Not ahnt etwas die Einleitung der Phänomenologie des Geistes, bis heute uneingelöstes Programm.* (Adorno, Zur Metakritik der Erkenntnistheorie, a.a.O. [s. Anm. 2], S. 33; vgl. GS, Bd. 5, S. 32)

lung«, den die ›Phänomenologie des Geistes‹ (Ed. Hoffmeister, S. 67; cf. ›Metakritik‹, S. 135!)[13] beschreitet, liefert das Schema aufsteigenden Bewußtseins, die Reihe seiner Gestaltungen, die es als durch seine Natur sich vorgesteckte Stationen von der sinnlichen Gewißheit der Empfindung bis zum System des absoluten Geistes durchwandert (cf. Hegel, a.a.O.).[14] Diesem Schema vertraut die ›Metakritik‹ in ihrem dritten Kapitel sich an, dem die Husserlsche Phänomenologie Vehikel ist zum Ziel, den cartesianischen Ansatz der Erkenntnistheorie sich selbst ad absurdum führen zu lassen. Indem auf den Begriffen Husserls solange insistiert wird, bis der Schleier vor ihrer Unwahrheit sinkt, zeigt immanente Kritik zugleich, wie die Position der traditionellen Erkenntnistheorie in der eigenen Konsequenz sich aufhebt: Während jede erkenntnistheoretische Kategorie sich substantiell auf eine je höhere angewiesen findet, muß die oberste, die Kategorie des Systems, notwendig leer bleiben. Damit ist idealistisches Philosophieren in die entscheidende Frage gestellt: Eine Begründung von Erkenntnis in reiner Subjektivität scheint nicht länger möglich. Nicht soll Erkenntnistheorie als sinnlose Disziplin entlarvt, sondern gerade ihre Notwendigkeit, wenn auch als dialektische, aufgewiesen werden. Allein Dialektik, die um ihre Vermitteltheit durch subjektive Reflexion weiß, ist vorm Rückfall in Realismus gefeit.

---

13 Dem dritten Kapitel der *Metakritik der Erkenntnistheorie, Zur Dialektik der erkenntnistheoretischen Begriffe* (s. Anm. 2), ist das Zitat aus der »Phänomenologie des Geistes« [1807] vorangestellt: *Der Weg ... kann deswegen als der Weg des Zweifels angesehen werden oder eigentlicher als der Weg der Verzweiflung; auf ihm geschieht nämlich nicht das, was unter Zweifeln verstanden zu werden pflegt, ein Rütteln an dieser oder jener vermeinten Wahrheit, auf welches ein gehöriges Wiederverschwinden des Zweifels und eine Rückkehr zu jener Wahrheit erfolgt, so daß am Ende die Sache genommen wird wie vorher. Sondern er ist die bewußte Einsicht in die Unwahrheit des erscheinenden Wissens.* (Adorno, Zur Metakritik der Erkenntnistheorie, a.a.O., S. 135; vgl. GS, Bd. 5, S. 130) – Vgl. Georg Wilhelm Friedrich Hegel, Phänomenologie des Geistes, in: Georg Wilhelm Friedrich Hegel, Sämtliche Werke. Neue kritische Ausgabe, hrsg. von Johannes Hoffmeister, Bd. V, 6. Aufl., Hamburg 1952 (Philosophische Bibliothek; 114), S. 67; vgl. HW, Bd. 3, S. 72.

14 Hegel schreibt, der »sich vollbringende Skeptizismus ist [...] auch nicht dasjenige, womit wohl der ernsthafte Eifer um Wahrheit und Wissenschaft sich für diese fertig gemacht und ausgerüstet zu haben wähnt; nämlich mit dem *Vorsatze*, in der Wissenschaft auf die Autorität sich den Gedanken anderer nicht zu ergeben, sondern alles selbst zu prüfen und nur der eigenen Überzeugung zu folgen, oder besser noch, alles selbst zu produzieren und nur die eigne Tat für das Wahre zu halten. Die Reihe seiner Gestaltungen, welche das Bewußtsein auf diesem Wege durchläuft, ist vielmehr die ausführliche Geschichte der *Bildung* des Bewußtseins selbst zur Wissenschaft.« (Hegel, Phänomenologie des Geistes, hrsg. von Johannes Hoffmeister, a.a.O. [s. vorige Anm.], S. 67; vgl. HW, Bd. 3, S. 72f.)

Erkenntnistheorie – der ›Metakritik‹ zufolge »die Anstrengung, das Identitätsprinzip ... rein durchzuführen« (S. 35)[15] – bezeichnet im Gebäude des Idealismus den innersten Raum, wo Optimismus sich's wohl sein läßt, wo die Welt, was immer auch geschehe, eine »heile« bleiben wird. Alle bürgerliche Philosophie von Descartes bis Husserl sucht die gesellschaftlichen Antagonismen zu versöhnen, indem sie Geist und Stoff als identisch dekretiert. Schon Descartes' Denken, an Erkenntnistheorie noch desinteressiert, aber unbefriedigt von der vorgegebenen Interpretation der Welt durch die Theologie, läuft am Ende bereits darauf hinaus, mittels des Hervorspinnens der Welt aus dem Subjekt das, was nicht sinnvoll ist, dennoch als sinnvoll erscheinen zu lassen. Dem *apologetischen Moment*, wie es allem Idealismus etwa im Gegensatz zum Spiritualismus der englischen Empiristen einwohnt, muß die Welt, je fortgeschrittener ihre Entfremdung, desto mehr doch Besitztum werden. Noch Hegel, voll blanken Hohns über jene »Empfindsamkeit ..., welche alles in seiner Art gut zu finden versichert«, erstrebt, Idealist der er ist, nichtsdestoweniger eine »Station«, auf der »Befriedigung zu finden« (Hegel, a.a.O., S. 69)[16] wäre, um dann in der Apotheose des Systems auch nur »die gedankliche Verewigung der zugrundeliegenden irdischen Verhältnisse« (Max Horkheimer, Zum Problem der Wahrheit. In: Zeitschrift für Sozialforschung IV (1935), S. 332[17])[18] anzubieten. Den Hegel der ›Phänomenologie

---

**15** *Erkenntnistheorie, die Anstrengung, das Identitätsprinzip durch lückenlose Reduktion auf subjektive Immanenz rein durchzuführen, wird gegen ihre Absicht zum Medium der Nichtidentität. Als fortschreitende Entmythologisierung befestigt sie nicht bloß den Bann des von allem Heterogenen gereinigten Begriffs, sondern arbeitet auch daran, den Bann zu brechen.* (Adorno, *Zur Metakritik der Erkenntnistheorie*, a.a.O. [s. Anm. 2], S. 35; vgl. GS, Bd. 5, S. 34)
**16** »Das *Ziel* aber ist dem Wissen ebenso notwendig als die Reihe des Fortganges gesteckt; es ist da, wo es nicht mehr über sich selbst hinauszugehen nötig hat, wo es sich selbst findet und der Begriff dem Gegenstande, der Gegenstand dem Begriffe entspricht. Der Fortgang zu diesem Ziele ist daher auch unaufhaltsam und auf keiner frühern Station Befriedigung zu finden. [...] Das Bewußtsein aber ist für sich selbst sein *Begriff*, dadurch unmittelbar das Hinausgehen über das Beschränkte und, da ihm dies Beschränkte angehört, über sich selbst; mit dem Einzelnen ist ihm zugleich das Jenseits gesetzt, wäre es auch nur, wie im räumlichen Anschauen, *neben* dem Beschränkten. Das Bewußtsein leidet also diese Gewalt, sich die beschränkte Befriedigung zu verderben, von ihm selbst. Bei dem Gefühle dieser Gewalt mag die Angst vor der Wahrheit wohl zurücktreten und sich dasjenige, dessen Verlust droht, zu erhalten streben. Sie kann aber keine Ruhe finden, es sei, daß sie in gedankenloser Trägheit stehen bleiben will; der Gedanke verkümmert die Gedankenlosigkeit, und seine Unruhe stört die Trägheit; oder daß sie als Empfindsamkeit sich befestigt, welche alles in *seiner Art gut* zu finden versichert; diese Versicherung leidet eben so Gewalt von der Vernunft, welche gerade darum etwas nicht gut findet, insofern es eine Art ist.« (Hegel, Phänomenologie des Geistes, hrsg. von Johannes Hoffmeister, a.a.O. [s. Anm. 13], S. 69; vgl. HW, Bd. 3, S. 74f.)
**17** Korrigiert für: »351«.

des Geistes‹ ließ geschichtliche Erfahrung an der Möglichkeit, Geschichte in der Erkenntnis zum System gerinnen zu lassen, verzweifeln und das Denken in diesem Bruch sistieren. Die nachträglich gestiftete Verbindung zwischen objektivem und absolutem Geist wollte wiederum jene Geborgenheit »wissen«, die doch nicht gewußt werden kann. Die Befriedigung, daß »der Begriff dem Gegenstande, der Gegenstand dem Begriff entspricht« (Hegel, a. a. O.) suspendiert das in Denken nicht auflösbare Moment von Faktizität. Nur kraft des Herrschaftsprinzips vermag der Gedanke die Identität des Nichtidentischen totalitär zu behaupten und so das Heil von der stringenten Entfaltung seines Stufengangs sich zu versprechen (cf. T. W. Adorno, Minima Moralia. Reflexionen aus dem beschädigten Leben. Berlin u. Frankfurt a. M. (1951). S. 285)[19]. »Der Geist«, formulieren die ›Aspekte der Hegelschen Philosophie‹ (S. 28), ist »kein isoliertes Prinzip, keine sich selbst genügende Substanz, sondern ein Moment der gesellschaftlichen Arbeit«. In der Tiefe der Hegelschen Identitätsphilosophie, der Veneration des produktiven Geistes, die das Analogon zur bürgerlichen Ideologie von der Würde der Arbeit an sich bildet, bleibt dennoch Nichtidentität verborgen wie Marx sie in der ›Kritik des Gothaer Programms‹ beim Namen ruft: »Die Arbeit ist nicht die Quelle alles Reichtums.« (Cf. Theodor W. Adorno, Aspekte der Hegelschen Philosophie. Berlin u. Frankfurt a. M. (1957), S. 28.)[20] Dialektisches Denken, das die ›Metakritik der

---

18 »Jede geschichtliche Veränderung, in der eine neue Gestalt menschlichen Zusammenlebens sich verwirklichte, könnte auch die Begriffe von Gesellschaft, Freiheit, Recht usf. nicht unberührt lassen. Der Zusammenhang aller Kategorien bis in die abstraktesten hinein würde davon betroffen. Hegels Ansicht, dass sein Denken die Wesenszüge alles Seins erfasse, deren Einheit unberührt von Werden und Vergehen der Individuen als die vollkommene Hierarchie und Totalität bestehen bleibe, wie sie im System erscheine, bedeutet daher die gedankliche Verewigung der zugrunde liegenden irdischen Verhältnisse.« (Max Horkheimer, Zum Problem der Wahrheit, in: Zeitschrift für Sozialforschung, IV. Jg., 1935, H. 3, S. 321–364; hier: S. 332; vgl. HGS, Bd. 3, S. 290)

19 *Durch die Alleinherrschaft der Negation wird nach dem Schema des immanenten Gegensatzes die Bewegung des Gedankens wie der Geschichte eindeutig, ausschließlich, mit unerbittlicher Positivität geführt. Alles wird unter die in der gesamten Gesellschaft historisch je maßgebenden wirtschaftlichen Hauptphasen und ihre Entfaltung subsumiert: das ganze Denken hat etwas von dem, was Pariser Künstler le genre chef d'oeuvre nennen. Daß das Unheil gerade von der Stringenz solcher Entfaltung bewirkt wird; daß jene geradezu mit der Herrschaft zusammenhängt, ist in der kritischen Theorie zumindest nicht explizit, welche wie die traditionelle vom Stufengang auch das Heil erwartet. Stringenz und Totalität, die bürgerlichen Denkideale von Notwendigkeit und Allgemeinheit, umschreiben in der Tat die Formel der Geschichte, aber eben darum schlägt in den festgehaltenen herrschaftlich großen Begriffen die Verfassung der Gesellschaft sich nieder, gegen welche dialektische Kritik und Praxis sich richtet. (T[heodor] W. Adorno, Minima Moralia. Reflexionen aus dem beschädigten Leben, Berlin und Frankfurt a. M. 1951, S. 285; vgl. GS, Bd. 4, S. 172)*

20 *Die Marxische Kritik des Gothaer Programms benennt um so genauer einen in der Hegelschen Philosophie tief verschlossenen Sachverhalt, je weniger sie als Polemik gegen Hegel gemeint war. Es*

Erkenntnistheorie‹ konzipierte, läßt der Differenz vom Idealismus ihr Recht werden, indem es dem absoluten Geist seinen utopischen Charakter wahrt. Ihm bedeutet Identität Versöhnung nicht weniger als Denunziation der Gewalt, die der Geist dem antut, was nicht selber Geist ist. Es vollzieht Identität am Ende einzig, um an der Nichtidentität festzuhalten. Noch in den abstraktesten Begriffen wird es die Verfassung der Gesellschaft als Niederschlag von Herrschaft kritisieren (cf. Minima Moralia, a. a. O.). Erst in der vom Zwang befreiten Welt kämen beide, das Identische und das Verschiedene, Negative zu ihren Ehren. Erzeugen darf sowenig reiner Geist wie bloße Arbeit heißen. Das Desiderat, alles herstellen zu können, impliziert zugleich die mundane Machbarkeit als das eigentlich Entsetzliche. Die Konstruktion des Staates in der Hegelschen Philosophie belegt Hegels Einsicht, daß in der Dialektik das Heraustreten aus ihr gefordert bleibt. Dialektik hätte noch den Idealismus zu dialektisieren, ohne sich mit dem Satz zu beruhigen: Identität und Nichtidentität seien im absoluten Geist identisch – und so den Idealismus in alle schlechte Ewigkeit fortzuschleppen.

(Abgefaßt von Rolf Tiedemann)

---

geht um den allbeliebten Spruch: »Die Arbeit ist die Quelle alles Reichtums und aller Kultur.« Dem wird entgegengehalten: »Die Arbeit ist nicht die Quelle alles Reichtums. Die Natur ist ebensosehr die Quelle der Gebrauchswerte (und aus solchen besteht doch wohl der sachliche Reichtum!) als die Arbeit, die selbst nur die Äußerung einer Naturkraft ist, der menschlichen Arbeitskraft. Jene Phrase findet sich in allen Kinderfibeln und ist insofern richtig, als unterstellt wird, daß die Arbeit mit den dazugehörigen Gegenständen und Mitteln vorgeht. Ein sozialistisches Programm darf aber solchen bürgerlichen Redensarten nicht erlauben, die Bedingungen zu verschweigen, die ihnen allein einen Sinn geben. Und soweit der Mensch sich von vornherein zur Natur, der ersten Quelle aller Arbeitsmittel und -gegenstände, als Eigentümer verhält, sie als ihm gehörig behandelt, wird seine Arbeit Quelle von Gebrauchswerten, also auch von Reichtum. Die Bürger haben sehr gute Gründe, der Arbeit übernatürliche Schöpfungskraft anzudichten; denn gerade aus der Naturbedingtheit der Arbeit folgt, daß der Mensch, der kein andres Eigentum besitzt als seine Arbeitskraft, in allen Gesellschafts- und Kulturzuständen der Sklave der andern Menschen sein muß, die sich zu Eigentümern der gegenständlichen Arbeitsbedingungen gemacht haben.« (Theodor W. Adorno, Aspekte der Hegelschen Philosophie, Berlin und Frankfurt a. M. 1957, S. 28 f.; vgl. GS, Bd. 5, S. 270) – Das Zitat entstammt der »Kritik des Gothaer Programms« [1891] von Marx; vgl. MEW, Bd. 19, S. 15.

## 140 Hilmar Tillack, 10. Juli 1958

*Hilmar Tillack*

*Protokoll*

*der Seminarsitzung vom 10. Juli 1958*

Das Problem der synthetischen Urteile a priori bei Kant bildete den Gegenstand einer Diskussion zwischen den Seminarteilnehmern.

Wenn Kant sagt, alles bloß Empirische ist zur Begründung allgemeingültiger und notwendiger Urteile nicht tauglich, sondern komme seinerseits zustande durch das Zusammenspiel von synthetischen Verstandesfunktionen und dem vom Ding an sich gelieferten Sinnenmaterial, so radikalisiert Husserl den Anspruch des Apriori dadurch, daß er auch den letzten Rest von Empirischem aus der Erkenntnis entfernt. Indem sich so der Begriff des Apriori bei ihm in extremer Reinheit darstellt, wird dieser zugleich in seiner ganzen Problematik deutlich, die bei Kant noch in gewisser Weise verdeckt bleibt, weil er die Kategorien sowohl rein formal als auch inhaltlich gebrauchte.

Einerseits sagt er[21], daß alle Aussagen, die über die Möglichkeit von Erfahrung hinausgehen, notwendig zu Antinomien führen. Andererseits behauptet er die Existenz synthetischer Urteile a priori, d. h. solcher, die allgemeingültig und notwendig sind. Wie kann er aber deren Apriorität behaupten, wenn ein Sinnliches miteingeht in die Erkenntnis?

Was über die Möglichkeit von Erfahrung hinausgeht, gilt für ein Urteil, das nicht tautologisch ist, das also bloß in seinem Prädikatsbegriff das in der Definition des Subjektbegriffs Enthaltene wiederholt. Es kommt im synthetischen Urteil a priori ein Neues hinzu, etwas, was wir vorher nicht gewußt haben, was von Erfahrung nicht affiziert wurde. A priori ist ein solches Urteil nur deshalb, weil wir seine Gültigkeit ohne vorausgegangene Übereinstimmung mit der Erfahrung einsehen.

Die Marburger Neukantianer haben herausgestellt, daß die Gültigkeit der Grundsätze a priori die Bedingung der Möglichkeit einheitlicher Erfahrung ist. Ohne sie käme keine einheitliche Welt zustande. So etwas wie Erfahrung *ist* möglich, die Bedingungen solcher Möglichkeit von Erfahrung lassen sich in synthetischen Urteilen a priori aussprechen.

---

21 Scil. Kant.

Damit scheint das Problem aber noch nicht gelöst zu sein, denn dann wären ja synthetische Urteile a priori nur die Bedingungen der Möglichkeit von Erfahrung in die Form von Urteilen gebracht.

Die Schwierigkeit bei Kant liegt hier mehr in einer Äquivokation des Begriffs der Erfahrung als bei dem Unterschied synthetischer und analytischer Urteile. Zwei Begriffe von Erfahrung werden bei Kant nicht auseinandergehalten: Einmal bezeichnet Erfahrung die Sphäre des Konstituierten, zum anderen das Material, aus dem Erfahrung besteht und das in Raum und Zeit ausgebreitet ist. Wenn es eine einheitliche Erfahrung nicht gibt, gibt es auch nicht das Material. Diese Zweideutigkeit ist mehr als ein bloßes Versehen. Hier liegt einer der Knotenpunkte des Kantischen Systems vor.

Wenn synthetische Urteile a priori nicht analytisches Wiederholen des in ihrem Subjektbegriff Enthaltenen sein sollen, müssen sie das, was an ihnen nicht Begriff ist, woanders herhaben, nämlich aus der Anschauung. Daher führen Urteile notwendig auf Antinomien, welche über die Grenzen von Erfahrung hinausgehen. Freilich führen nicht alle auf Antinomien. Ein Urteil, das die Existenz von Engeln behauptet, ist einfach »falsch« (d.h., Engel sind nicht Gegenstände möglicher Erkenntnis) und führt nicht zur Antinomie. Man würde Kant nicht ganz fair behandeln, wenn man ihm vorwirft, daß er zu Existenzialurteilen Materie braucht, andererseits aber sollen sie ihrem Begriff nach a priori, d. h. nicht abhängig sein von Materialem.

Zunächst einmal muß Kants Leistung gesehen werden, die darin besteht, daß er uns sagt, was alles als Voraussetzung involviert ist in der Vorstellung einer Welt. Er zeigt, daß die einheitliche Welt geistig vermittelt ist.

Einer dialektischen Betrachtung stellt es sich dann so dar, daß die einheitliche Erfahrung nicht ohne Inhalte möglich ist.

Kant will die Existenz von Erfahrung nicht erst erweisen, sondern setzt sie immer voraus. Er muß sie deduzieren. Umgekehrt kann er Erfahrung nur begründen, wenn es welche gibt. In der 1. Auflage der Kritik der reinen Vernunft hat Kant versucht, die synthetischen Urteile a priori aus der synthetischen Einheit der Apperzeption zu deduzieren.[22] Wenn wir das als Intention unterstellen, so sind die synthetischen Urteile a priori als rein deduzierte notwendig selber formale Prinzipien ohne Inhalt. Gleichzeitig wird ihnen als obersten Grundsätzen positives Wissen, d. h. ein materialer Charakter zugesprochen. An dieser Stelle ist ein Bruch im System. Der Begriff der Welt enthält bereits das mir zukommende Material.

---

22 Vgl. die Abschnitte »Von dem Verhältnisse des Verstandes zu Gegenständen überhaupt und der Möglichkeit diese a priori zu erkennen« und »Summarische Vorstellung der Richtigkeit und einzigen Möglichkeit dieser Deduktion der reinen Verstandesbegriffe«, KW, Bd. III, S. 173–182 (A 115–130).

Damit aber ist Sinnliches zur Bedingung der synthetischen Urteile gemacht. Wir stehen hier vor einer Aporie, einem auf dem Boden der kantischen Philosophie unlösbaren Problem.

Die Äquivokation im Begriff der Erfahrung kann nicht so absolut sein, daß Welt und sinnliche Materie völlig voneinander abgetrennt sind. Kant würde nicht Urteile über die Welt aussprechen, in denen nicht der Rekurs auf sinnliche Materie mitgesetzt ist.

Sagt man, daß im Begriff von Bewußtsein stecke, daß es Bewußtsein von etwas sei, so vollzieht man den Übergang zu Fichte. Kant hätte sich geweigert zu sagen, daß in der Setzung des Ich das Nichtich mitgesetzt ist. Er hätte wohl gesagt, mit dem Ich sind ich und ein anderes unterstellt, das ich nicht aus dem Ich ableiten kann.

Die synthetischen Urteile a priori wollen das Positive sein in der Kritik der reinen Vernunft. Sie sind es aber nur im Hinblick auf den Begriff der Einheit. Kant hat hier gemeint, daß, wo überhaupt Bewußtsein ist, es als einheitliches Bewußtsein vorliegt, das auch zugleich Bewußtsein von Einheit sein muß.

Dann aber wären synthetische Sätze lediglich Explikationen des Satzes von der Einheit des Bewußtseins, also analytische Sätze. Hier liegt in der Tat ein Rest von Rationalismus gegenüber den englischen Empiristen vor.

Es ergab sich zum Schluß noch das Problem, ob Kants Philosophie auch ohne die synthetischen Urteile a priori bestehen könne. Bejaht werden kann diese Frage dann, wenn man die Frage der Konstitution für das Entscheidende hält und nicht diese durch Explikation gewonnenen Sätze. Demgegenüber erhebt sich der Einwand, daß die Konstitution steht und fällt mit den synthetischen Urteilen a priori. Erst im Urteil wird die formale Sphäre überschritten, erst hier hat ein Satz wie »Es ist« einen Sinn.

H. Tillack[23]

---

23 Unterschrift.

# 141 Ulrich Desselberger, 17. Juli 1958

Protokoll[24] der Seminarsitzung vom 17. 7. 58
Die Diskussion über die synthetischen Urteile a priori bei Kant, die sich beim Verlesen des letzten Protokolls erhob, muß deshalb hier kurz dargestellt werden, da sie auf das Problem der kategorialen Anschauung bei Husserl,[25] mit dem sich das Hauptreferat anschließend beschäftigte,[26] manches Licht wirft.

Auf der einen Seite soll alles Denken sich auf Sinnlichkeit beziehen, da ohne sie kein Gegenstand gegeben ist, andererseits auf einen transzendentalen Bereich, der sich mit Begriffen von Gegenständen überhaupt befaßt: *Synthetische* Urteile gehen als sachhaltige über die Begriffe hinaus und bedürfen deshalb der Anschauung – als apriorische synthetische Urteile der reinen Anschauung. Alle synthetischen Urteile a priori müssen aber (irgendwie) vom Bewußtsein abgeleitet, deduziert werden. Das Apriorische wird also durch eine reine Anschauung sehr viel mehr strapaziert als es zunächst scheint. Ebenso lassen sich die synthetischen Urteile der reinen Anschauung (a priori) durchaus nicht selbstverständlich mit sich selbst identisch als einheitgebendes Vermögen in der Erfahrung aufweisen.

Widerspruch erhob sich gegen die Meinung, »synthetische Urteile a priori seien nicht widerlegbar, solange man von der Einheit der Welt ausgeht, in der wir leben.« Durchaus gibt es subjektive Funktionen der einheitlichen Erfahrung, die Einheit der Erfahrung muß begründet (werden)[27], d. h. durch Elemente vermittelt werden, die sich in konstitutive und nichtkonstitutive sondern lassen.

Kategorien auf Erfahrung als Möglichkeit zu beziehen, erweckte Mißtrauen: Zu leicht entgeht man dadurch der Schwierigkeit der Kontingenz, von Erfahrung überhaupt zu reden ist nur sinnvoll, wenn eine Fundierung in der Faktizität vorliegt. Leicht wird der Widerspruch gegenüber den reinen Formen selbst formalisiert, statt ihn zur Kategorie zu machen.

Eine dialektische Problembehandlung erkennt an, daß das Apriori bei Kant gegenüber dem bei Husserl funktional gefaßt ist: Die Widersprüche sind größer, Scheidungen nicht immer ganz exakt durchgeführt; sie verhindern aber eine

---

24 Die Vorlage ist handschriftlich verfasst.
25 Vgl. den Abschnitt »Sinnliche und kategoriale Anschauungen«, HEH, Bd. XIX/2, S. 657–693.
26 Jürgen Scheschkewitz, »Darstellung des Kapitels ›Zur Dialektik der erkenntnistheoretischen Begriffe‹ (Seite 135–170) aus ›Zur Metakritik der Erkenntnistheorie‹ von Professor Theodor W. Adorno«, Archivzentrum Na 1, 885.
27 So in der Vorlage.

Verstrickung in Aporien durch die Reinheit des Begriffs (als solchen). Kants Versuch, dem Rationalismus und Empirismus in einem gerecht zu werden, bedeutet in diesem Zusammenhang: Synthetische Urteile a priori arbeiten positiv an einer Einheit und Ordnung in der Erfahrung mit.

Dieser Versuch ist um so höher zu achten, als die Kritik der reinen Vernunft auf die traditionelle Dreiteilung der Logik, Begriff – Urteil – Schluß, zurückgreift. In der transzendentalen Logik aber versucht er, »nicht die Vorstellungen auf Begriffe zu bringen«[28]. Kant kommt damit, daß die reinen Verstandesbegriffe nichts Empirisches haben, objektiv real aber nur in bezug auf eine Erfahrung sind, einer dialektischen Vermittlung zwischen der Einheit des Bewußtseins und den Kategorien nahe.

Die Kant-Diskussion schloß mit Bemerkungen zum transzendentalen Schematismus. Der Gebrauch der reinen Verstandesbegriffe wird möglich, weil sie »die formalen Bedingungen der Sinnlichkeit«[29] enthalten. Die Kantische Formulierung der Art der Verknüpfung ist funktional, sie vermittelt zwischen Schema und Bild: Die Schemata schaffen den Begriffen ihre Bilder, die allerdings nicht Abbild sind, »sondern gleichsam ein Monogramm der reinen Einbildungskraft a priori, wo-

---

28 »Analytisch werden verschiedene Vorstellungen *unter* einen Begriff gebracht (ein Geschäfte, wovon die allgemeine Logik handelt). Aber nicht die Vorstellungen, sondern die *reine Synthesis* der Vorstellungen *auf* Begriffe zu bringen, lehrt die transz. Logik.« (KW, Bd. III, S. 117 [B 104; A 78])
29 »Die Kategorien des Verstandes [...] stellen uns gar nicht die Bedingungen vor, unter denen Gegenstände in der Anschauung gegeben werden, mithin können uns allerdings Gegenstände erscheinen, ohne daß sie sich notwendig auf Funktionen des Verstandes beziehen müssen, und dieser also die Bedingungen derselben a priori enthielte. Daher zeigt sich hier eine Schwierigkeit, die wir im Felde der Sinnlichkeit nicht antrafen, wie nämlich *subjektive Bedingungen des Denkens* sollten *objektive Gültigkeit* haben, d. i. Bedingungen der Möglichkeit aller Erkenntnis der Gegenstände abgeben: denn ohne Funktionen des Verstandes können allerdings Erscheinungen in der Anschauung gegeben werden. Ich nehme z. B. den Begriff der Ursache, welcher eine besondere Art der Synthesis bedeutet, da auf etwas A was ganz verschiedenes B nach einer Regel gesetzt wird. Es ist a priori nicht klar, warum Erscheinungen etwas dergleichen enthalten sollten (denn Erfahrungen kann man nicht zum Beweise anführen, weil die objektive Gültigkeit dieses Begriffs a priori muß dargetan werden können), und es ist daher a priori zweifelhaft, ob ein solcher Begriff nicht etwa gar leer sei und überall unter den Erscheinungen keinen Gegenstand antreffe. Denn daß Gegenstände der sinnlichen Anschauung denen im Gemüt a priori liegenden formalen Bedingungen der Sinnlichkeit gemäß sein müssen, ist daraus klar, weil sie sonst nicht Gegenstände für uns sein würden; daß sie aber auch überdem den Bedingungen, deren der Verstand zur synthetischen Einsicht des Denkens bedarf, gemäß sein müssen, davon ist die Schlußfolge nicht so leicht einzusehen.« (Ebd., S. 129 f. [B 122 f.; A 89 f.])

durch erst Bilder möglich werden, die ihrerseits immer nur vermittels des Schemas mit dem Begriff verknüpft werden können«[30].

Das *mimetische* Moment dagegen, das wir forderten, Zeit und Raum mit den Kategorien, die reinen Verstandesbegriffe zusammenzubringen, gibt Kant nicht mit der transzendentalen Zeitbestimmung: »die transzendentale Zeitbestimmung ist mit der Kategorie insofern gleichartig, als sie allgemein ist und auf einer Regel a priori beruht, sie ist mit der Erscheinung insofern gleichartig, als die Zeit in jeder empirischen Vorstellung enthalten ist.«[31] Die transzendentale Zeitbestimmung »als Schema der Verstandesbegriffe« ermöglicht bei Kant, die Erscheinungen unter die Begriffe zu subsumieren. Müssen wir dies als »ein Wunder, rätselhaft«, mit Kants eigenen Worten »als verborgene Kunst in der Tiefe der menschlichen Seele« bezeichnen, so ist es nicht weit zu dem Vorwurf, es sei hier Kant durch formallogische Subsumption, durch eine Verdoppelung der Kategorien in Anwendung auf Denken und Erfahrung, auf den Stand des naiven Realismus zurückgefallen.

Es folgte das Referat über die kategoriale Anschauung bei Husserl (Herr Negt).[32] Die Wesensschau, die kategoriale Anschauung erscheint zunächst in strenger Wissenschaftlichkeit dazu in der Lage zu sein, nicht-sinnliche Sachver-

---

**30** »Dieser Schematismus unseres Verstandes, in Ansehung der Erscheinungen und ihrer bloßen Form, ist eine verborgene Kunst in den Tiefen der menschlichen Seele, deren wahre Handgriffe wir der Natur schwerlich jemals abraten, und sie unverdeckt vor Augen legen werden. So viel können wir nur sagen: das *Bild* ist ein Produkt des empirischen Vermögens der produktiven Einbildungskraft, das *Schema* sinnlicher Begriffe (als der Figuren im Raume) ein Produkt und gleichsam ein Monogramm der reinen Einbildungskraft a priori, wodurch und wonach die Bilder allererst möglich werden, die aber mit dem Begriffe nur immer vermittelst des Schema, welches sie bezeichnen, verknüpft werden müssen, und an sich demselben nicht völlig kongruieren. Dagegen ist das Schema eines reinen Verstandesbegriffs etwas, was in gar kein Bild gebracht werden kann, sondern ist nur die reine Synthesis, gemäß einer Regel der Einheit nach Begriffen überhaupt, die die Kategorie ausdrückt, und ist ein transzendentales Produkt der Einbildungskraft, welches die Bestimmung des inneren Sinnes überhaupt, nach Bedingungen ihrer Form (der Zeit), in Ansehung aller Vorstellungen, betrifft, so fern diese der Einheit der Apperzeption gemäß a priori in einem Begriff zusammenhängen sollten.« (Ebd., S. 190 [B 180 f.; A 141 f.])
**31** »Der Verstandesbegriff enthält reine synthetische Einheit des Mannigfaltigen überhaupt. Die Zeit, als die formale Bedingung des Mannigfaltigen des inneren Sinnes, mithin der Verknüpfung aller Vorstellungen, enthält ein Mannigfaltiges a priori in der reinen Anschauung. Nun ist eine transzendentale Zeitbestimmung mit der *Kategorie* (die die Einheit derselben ausmacht) so fern gleichartig, als sie *allgemein* ist und auf einer Regel a priori beruht. Sie ist aber andererseits mit der *Erscheinung* so fern gleichartig, als die *Zeit* in jeder empirischen Vorstellung des Mannigfaltigen enthalten ist. Daher wird eine Anwendung der Kategorie auf Erscheinungen möglich sein, vermittelst der transzendentalen Zeitbestimmung, welche, als das Schema der Verstandesbegriffe, die Subsumtion der letzteren unter die erste vermittelt.« (Ebd., S. 188 [B 177 f.; A 138 f.])
**32** Ein entsprechender Referatstext von Oskar Negt wurde nicht aufgefunden.

halte in gleicher Weise wie sinnliche Data – analog – aufzuschließen, ihnen die gleiche »Konkretheit« zu geben. Logischer Absolutismus bei Husserls, der logische Sätze an sich nur vorfindet, entlarvt die kategoriale Anschauung als eine Unterbindung der denkimmanenten Unvereinbarkeit, positivistische Gewißheit und rationalistische Wahrheit. Die Wahrheiten an sich – als Sachverhalte – sind uns im sie gebenden Akt der Gewahrwerdung unmittelbar-sachverhaltinnegeworden einsichtig, ohne dabei ihr An-Sich verloren zu haben, noch der Kontingenz schlichter Sinnlichkeit anheimgefallen zu sein. Um evident zu sein, ist dem bloßen Akt des Bedeutens eine Anschauung, eine Erfüllung nötig, die aber sich ihm anmißt. Dadurch entspricht bei Husserl die kategoriale Anschauung objektiv idealem Sein – entgegen der Tatsache, daß er Angeschautes nur ganz begrenzt als Abbild des Bedeuteten gelten ließ. Darin, daß Husserl mit der Möglichkeit der Enttäuschung beim kategorialen Gewahrwerden, anlog dem sinnlichen, rechnet, liegt die Zweideutigkeit *beider* Anschauungen.
1) Als unmittelbarer Wahrnehmungsakt,
2) als wahrnehmungskritische Leistung.

Durch 2) wird aber die Unmittelbarkeit überschritten: Kategoriale Anschaulichkeit darf nicht erst evident gemacht und dadurch erst legitimiert werden. ἐποχή[33] und kategorische Anschauung fallen dem naiven Realismus zu: Ihre Unhaltbarkeit gründet auf der Verbannung jeglicher Vermittlungen, Einschaltungen aus dem Erkenntnisprozeß: Bei Husserl soll das Sein als unmittelbar die erkenntnistheoretische Frage abdrosseln, welcher hierzu nötigen Faktizität aber gerade die Idealität es entheben sollte. Aus der Innewerdung der Nichtidentität Subjekt–Wahrheit tritt ein Meinen hervor, das Wesenheiten aus Einzelerscheinungen wahrzunehmen glaubt und damit mit einer Deskription sich begnügt (Hegels Seinsbegriff dagegen ist immanent kritisch). Husserl verläßt den Schutz des Idealismus, den die Bewegung der Widersprüche mit sehr weitgreifenden spekulativen Mitteln gewährleistet, indem er die Aporien gewaltsam zu lösen sucht: Die diskursive Denkleistung wird gegenüber dem Denken überhaupt zurückgesteckt. Wie kann nun im *Wissen* um diesen Bruch, ohne ihn zu lösen, eine Gegenvorstellung zum Idealismus begründet liegen? Eine Analyse, die Logik aus sich heraus entfaltet, kann zeigen, daß in der Form des Urteils ein Moment von Gewalt liegt, auf das man den *scheinbar* objektiven Zwang einer Sache zurückführen muß. Urteilend zwinge ich, richtend herrsche ich: Objektiver Zwang wird so zum Zwang vom Herrschen her vermittelt. Auf diesen Gedanken gründete eine Definition von Kunst, die Dinge ohne den Zwang (den des Urteils oder des Herrschens) {irgendwie} zusammenzubringen. Dialektik will den Zwang der Logik

---

33 Vgl. den Abschnitt »Die transzendentalphänomenologische *ἐποχή*«, HEH, Bd. III, S. 67–69.

durch Logik sprengen. – Die Diskussion müßte dialektisch weitergeführt werden, indem Dialektik durchaus ihre Nichtidentität sprechen lassen und insofern in *den* Denkmitteln selbst Zwangswerkzeuge sehen muß, die gerade von zwangvollem Denken befreien sollen.

Frankfurt am Main, 24. 7. 58                                  Ulrich Desselberger.

## 142 Rudolf Walter, 24. Juli 1958

*Protokoll der Seminarsitzung vom 24. Juli 1958*

Nach der Verlesung des Protokolls referierte Herr Schulte über den letzten Abschnitt der »Metakritik der Erkenntnistheorie« (S. 221–S. 242).[34] Hier geht es einmal um Husserls Bestreben nach Sekurität, weiter um seine Konstruktion des εἶδος ego.[35]

Husserls Philosophie weist avancierte und regressive Elemente auf. Avanciert ist sein Ideal des theoriefreien Forschers, seine Wendung gegen das System: Sein Denken entscheidet nicht von oben her, es läßt dem Gegenstand seine Widersprüche; trotzdem gibt es den kritischen Anspruch der Vernunft nicht preis. – Weiter ist fortschrittlich die Ablehnung der psychologistischen Logik. Husserl behauptet die Priorität der Logik vor dem Subjekt. Aufgedeckt hat er darin letztlich die Priorität der Gesellschaft vor dem Individuum: dessen Unfreiheit und Ohnmacht, die der bürgerlichen Illusion verborgen blieben. – Schließlich erreicht er die Einsicht in die Dynamik des Denkens. Einmalig ist, daß Husserls die Einsicht in diese Dynamik nicht dogmatisch, idealistisch aus einem System ableitet, sondern daß sie aus seinem positivistischen Beharren vorm Detail entspringt.

Husserls Wunsch nach Sekurität aber führt dazu, daß die Impulse des Ausbruchs durch regressive Züge überdeckt werden. Angst treibt ihn dazu, sich eines festen Eigentums zu versichern. Phänomenologische sowohl wie eidetische Reduktion sind Beschränkungen aus dem vermeintlich sicheren Besitz des philosophischen Selbstbewußtseins. Die letzte Sekurität, auf die seine Philosophie abzielt, ist die des εἶδος ego. Husserl übt hier Kritik an Descartes, dessen sum

---

34 Der entsprechende Referatstext wurde nicht aufgefunden. – Vgl. Adorno, *Zur Metakritik der Erkenntnistheorie*, a.a.O. (s. Anm. 2), S. 221–242; vgl. GS, Bd. 5, S. 215–235.
35 Bei Husserl heißt es: »Das Eidos selbst ist ein erschautes, bezw. erschaubares Allgemeines, ein reines, *unbedingtes*, nämlich durch kein Faktum bedingt, seinem eigenen intuitiven Sinne gemäß. Es liegt *vor allen Begriffen* im Sinne von Wortbedeutungen, die vielmehr als reine Begriffe ihm angepaßt zu bilden sind. *[Absatz]* Wird so jeder einzeln herausgegriffene Typus aus seinem Milieu des empirisch-faktischen transzendentalen ego in die reine Wesenssphäre hinaufgehoben, so verschwinden nicht die intentionalen Außenhorizonte, die seinen enthüllbaren Zusammenhang im ego indizieren; nur daß diese Zusammenhangshorizonte selbst zu eidetischen werden. Mit anderen Worten, wir stehen mit jedem eidetisch reinen Typus zwar nicht im faktischen ego, sondern *in einem Eidos ego*; oder jede Konstitution einer wirklich reinen Möglichkeit unter reinen Möglichkeiten führt implicite mit sich als ihren Außenhorizont ein im reinen Sinne mögliches ego, eine reine Möglichkeitsabwandlung meines *faktischen*.« (HEH, Bd. I, S. 105)

cogitans als kontingent nachgewiesen wird,³⁶ und an Kant, dessen transzendentales Ich ihm zu formal und inhaltsleer ist.³⁷ Für die Kritik gälte es nun nachzuweisen, daß Husserls εἶδος ego nicht jeder Spur von Faktizität, jeder raumzeitlichen Bestimmtheit enträt. Der Geltungsanspruch des gesamten Idealismus würde damit hinfällig werden.

Unter diese Kritik fällt auch Kant, dessen transzendentales Subjekt das empirische Ich zum Modell hat. Fichte ontologisiert das Verhältnis des Betrachtenden zum Betrachteten: Das Betrachtende erzeuge das Betrachtete.³⁸ Husserl behauptet sich widersprechend, das εἶδος ego konstituiere das empirische Ich, zugleich, beider Inhalt sei identisch mit Ausnahme der raumzeitlichen Bestimmtheit. Nun ist aber entweder das εἶδος ego bloße Form, dann kann es das empirische nicht aus reiner Immanenz konstituieren; oder es ist mehr als bloß formal, dann bedarf es keines von ihm getrennten empirischen Ichs mehr. Der strengste Begriff des Transzendentalen vermag aus der Interdependenz mit dem

---

36 »Daß das *ego sum*, bzw. *sum cogitans* apodiktisch auszusprechen ist, daß wir also einen ersten apodiktischen Seinsboden unter die Füße bekommen, das hat bekanntlich schon Descartes gesehen, er betont ja die Zweifellosigkeit des Satzes und daß selbst ein *Ich zweifle* schon das *Ich bin* voraussetzen würde. Dabei handelt es sich auch bei ihm um dasjenige Ich, das seiner selbst inne ist, nachdem es die Erfahrungswelt als möglicherweise zu bezweifelnde außer Geltung gesetzt hat. Es ist nach unseren präzisierenden Ausführungen klar, daß der Sinn der Zweifellosigkeit, in der das ego durch die transzendentale Reduktion zur Gegebenheit kommt, wirklich dem von uns früher ausgelegten Begriff der Apodiktizität entspricht. Freilich ist damit das Problem der Apodiktizität und damit des ersten Grundes und Bodens für eine Philosophie noch nicht erledigt. Es regen sich ja sofort Zweifel.« (Ebd., S. 61)

37 »Echte Erkenntnistheorie ist [...] allein sinnvoll als transzendental-phänomenologische, die statt mit widersinnigen Schlüssen von einer vermeinten Immanenz auf eine vermeinte Transzendenz, die irgendwelcher angeblich prinzipiell unerkennbarer ›Dinge an sich‹, es ausschließlich zu tun hat mit der systematischen Aufklärung der Erkenntnisleistung, in der sie sich durch und durch verständlich werden müssen als intentionale Leistung. [...] In dieser systematischen Konkretion durchgeführt ist die Phänomenologie eo ipso *transzendentaler Idealismus*, obschon in einem grundwesentlich neuen Sinne; nicht in dem eines psychischen Idealismus, nicht eines Idealismus, der aus sinnlosen sensuellen Daten eine sinnvolle Welt ableiten will. Nicht ist es ein Kantianischer Idealismus, der mindestens als Grenzbegriff die Möglichkeit einer Welt von Dingen an sich glaubt offen halten zu können – sondern ein Idealismus, der nichts weiter ist als in Form systematisch egologischer Wissenschaft konsequent durchgeführte Selbstauslegung meines ego als Subjektes jeder möglichen Erkenntnis, und zwar in Hinsicht auf jeden Sinn von Seiendem, mit dem es für mich, das ego, eben soll Sinn haben können.« (Ebd., S. 118)

38 So beginnt etwa die Einleitung des »Versuchs einer neuen Darstellung der Wissenschaftslehre« [1797/1798]: »Merke auf dich selbst: kehre deinen Blick von allem, was dich umgiebt, ab, und in dein Inneres; ist die erste Forderung, welche die Philosophie an ihren Lehrling thut. Es ist von nichts, was außer dir ist, die Rede, sondern lediglich von dir selbst.« (FGA, Bd. I/4, S. 186)

Faktum sich nicht zu lösen. Damit zerfällt Transzendentalphilosophie als prima philosophia.

Das transzendentale ego ist durch ἐποχή aus meinem Ich gewonnen. Daraus entspringt bei Husserl, aber auch bei Kant die Gefahr des Solipsismus. Trotz Variation bleibt das εἶδος ego mein Ich. »Die Bestimmung des reinen Wissens als Ich führt die fortdauernde Rückerinnerung an das subjektive Ich mit sich«[39] (Hegel).

Husserl setzt schließlich »mein Ich« als »Ich überhaupt«. Aber dieses Münchhausenkunststück vermag die Immanenz der Monade nicht zu brechen. Husserl führt die Unterscheidung von formalem und kontingentem Apriori ein: Über das εἶδος ego seien formal apriorische Urteile möglich. Aber das formale Apriori erweist sich entweder als analytisch oder kontingentes Aposteriori.

Diese Kritik trifft nicht nur Husserl, sondern an ihr entscheidet sich das Schicksal des Idealismus selber. Doch soll nicht dem Idealismus eine nichtidealistische Philosophie dogmatisch entgegengesetzt werden. Der Idealismus ist nicht einfach die Unwahrheit. Die Wahrheit, die er in seiner Unwahrheit enthält, gilt es durch immanente Kritik aufzusuchen und den Idealismus über sich selbst hinauszuführen. Aber auch gegen die zeitgenössischen anticartesianischen Ontologien richtet sich die Metakritik der Erkenntnistheorie. Gegen beide, Idealismus und Ontologie, wird festgehalten, daß ein Erstes überhaupt unmöglich ist. Was die Kritik demgegenüber einzig vermag, ist, gegen die Sekurität eine ungesicherte Hoffnung, daß die Gesellschaft sich ändere, zu setzen.

Die »Metakritik« bricht mit der gesamten traditionellen Philosophie. So wie die Störungsversuche der surrealistischen Kunst soll sie provozieren. Das Schlimmste, was beiden widerfahren könnte, wäre ihre Anerkennung und kritiklose Hinnahme als Bildungsgut.

---

**39** »Die Bestimmung des reinen Wissens als Ich führt die fortdauernde Rückerinnerung an das subjektive Ich mit sich, dessen Schranken vergessen werden sollen, und erhält die Vorstellung gegenwärtig, als ob die Sätze und Verhältnisse, die sich in der weiteren Entwicklung vom Ich ergeben, im gewöhnlichen Bewußtsein, da es ja das sei, von dem sie behauptet werden, vorkommen und darin vorgefunden werden können.« (HW, Bd. 5, S. 77)

## 143 Otto-Ernst Laske, 31. Juli 1958

Protokoll

der Sitzung des Philosophischen Hauptseminars vom 31. Juli 1958
=======================================================

*Die Unmöglichkeit der Ursprungsphilosophie*

»Nicht die Erste Philosophie
ist an der Zeit
sondern eine letzte.«⁴⁰[*1]

1.

Die Frage nach der Wahrheit einer Philosophie, legitim, wenn anders nur diese ihren Namen nicht zu Unrecht führen soll, ist im Sinne immanenter Kritik eine, die sich mißt an der inneren Logik der Geschichte von Philosophie selber.

Sie ist deshalb nicht ersonnen, sich am Gegensatz des Wahren und des Falschen zu bewähren, ebensowenig an dem von absoluter und relativer Wahrheit, weil diese, als wesentliche, das Negative niemals ausschließt, »dasjenige, was das Falsche genannt werden würde, wenn es als ein solches betrachtet werden könnte, von dem zu abstrahieren sei.«⁴¹[*2]

Als äußere Notwendigkeit, »insofern sie ... auf eine allgemeine Weise gefaßt wird, ist (diese) dasselbe, was die innere«[*3]; nur die Frage, welche darauf abzielte, solche Notwendigkeit zu treffen, wäre »an der Zeit«.⁴²

---

**40** GS, Bd. 5, S. 47.
**41** HW, Bd. 3, S. 46.
**42** »Die wahre Gestalt, in welcher die Wahrheit existiert, kann allein das wissenschaftliche System derselben sein. Daran mitzuarbeiten, daß die Philosophie der Form der Wissenschaft näherkomme – dem Ziele, ihren Namen der *Liebe* zum *Wissen* ablegen zu können und *wirkliches Wissen* zu sein –, ist es, was ich mir vorgesetzt. Die innere Notwendigkeit, daß das Wissen Wissenschaft sei, liegt in seiner Natur, und die befriedigende Erklärung hierüber ist allein die Darstellung der Philosophie selbst. Die *äußere* Notwendigkeit aber, insofern sie, abgesehen von der Zufälligkeit der Person und der individuellen Veranlassungen, auf eine allgemeine Weise gefaßt wird, ist dasselbe, was die *innere* {ist}, in der Gestalt nämlich, wie die Zeit das Dasein ihrer Momente vorstellt. Daß die Erhebung der Philosophie zur Wissenschaft an der Zeit ist, dies aufzuzeigen würde daher die einzig wahre Rechtfertigung der Versuche sein, die diesen Zweck haben, weil sie dessen Notwendigkeit dartun, ja sie ihn zugleich ausführen würde.« (Ebd., S. 14)

Sie richtete sich nicht so sehr auf die Verschiedenheit philosophischer Systeme als auf die fortschreitende Entwicklung des Bewußtseins, ohne doch der Antwort vorzugreifen und ohne einen Wechsel auf die Geschichte auszustellen, vertrauensvoll, er werde eingelöst.

Denn solches Vertrauen wäre durchaus apologetisch.

Wie immanente Kritik dort aufhört, wo an der geschichtlichen Kontinuität vergessen wird, so auch dort, wo sie deren Sicherheit behauptet und die Tendenz hypostasiert, um sie hinter sich zu lassen.

Also ist der Prozeß offen, und das Vertrauen wäre eines auf die schlechte Unendlichkeit des Immergleichen.

Will immanente Kritik am Idealismus zeigen, daß es so etwas wie Identität nicht gibt, so darf sie den Kreis nicht schließen, dessen perennierendes Sollen zwar die Negation des Endlichen ist, aber sich in Wahrheit nicht davon befreite.

Identität selber ist nicht die Versöhnung, weil sie an der Nichtidentität gebildet ward und von ihr lebt.

Aber um ihrer Verwirklichung willen, darin der Gegensatz sich als ein Nichtiges erweist, ist das »So-fort-ins-Unendliche« als mögliches Scheitern festzuhalten, weil nur im Eingedenken des Leidens laut wird, was die Geschichte der Philosophie sonst verschweigt.

Das Verschwindende selbst als wesentlich zu betrachten, ohne es »in der Bestimmung eines Festen, das vom Wahren abgeschnitten, außer ihm ... liegen zu lassen«, noch auch dieses Wahre »als das auf der anderen Seite ruhende, tote Positive«[*2] stillzustellen,[43] heißt, – es nicht bei der formalen Anzeige belassen, Idealismus sei die Unwahrheit. Vielmehr müßte mit dem Eindringen in seinen Begründungszusammenhang die Notwendigkeit seiner Momente aufleuchten, deren Anspruch auf Wahrheit lautet.

Ihnen zum Bewußtsein zu verhelfen, sie zum Reden zu bringen, ist Aufgabe philosophischer Kritik.

2.

Kritik am Idealismus, welcher Denken zum Urprinzip von Sein erhob, ist dem falschen Bewußtsein gleichlautend mit der Aufrichtung einer Metaphysik von Nichtdenken, nicht anders, als ob es beim Worte »Materialismus«, den es zwangshaft die Alternative heißt, so etwas wie eine mythische Welt assoziiert, aus

---

[43] »Das Verschwindende ist vielmehr selbst als wesentlich zu betrachten, nicht in der Bestimmung eines Festen, das vom Wahren abgeschnitten, außer ihm, man weiß nicht wo, liegen zu lassen sei, so wie auch das Wahre nicht als das auf der andern Seite ruhende, tote Positive.« (Ebd., S. 46)

welcher aller Geist gewichen ist, – einen Stoff, der nur von außen stößt; das mechanische Immerwieder und historische Umsonst der bloßen Quantität.

Darum bleibt es ihm unbegreiflich, daß Extreme voneinander leben und sich wechselfältig produzieren: Der Satz, daß es nicht das Bewußtsein sei, welches das Sein, sondern das gesellschaftliche Sein, welches das Bewußtsein bestimme,[44] gibt ihm seine Sicherheit zurück und erlaubt es ihm, der kritischen Vernunft sich zu entschlagen. Reicht es gar über das schlechte Entweder-Oder doch hinaus und gewahrt im Dasein der Begriffe so etwas wie Vermittlung, so eilt es sich, nun diese zu behaupten und ihren Anspruch fordernd festzubannen. Doch damit steht es wieder vor der Frage, wie aus dem Idealismus auszubrechen sei.

3.

Denn als Befangenheit im Idealismus offenbart sich immanenter Kritik nicht das Vertrauen aufs Medium der Philosophie, Denken selber, sondern auf dieses, sofern es den Anspruch des absolut Ersten erhebt.

Nicht, indem sie sich auf den Standpunkt des Seins stellt, sondern indem sie Standpunkte überhaupt aufgibt, geht sie über das Beharren auf dem Urprinzip hinaus, dessen absoluter Anspruch gerade die Unwahrheit am Idealismus bezeichnet.

»Idealismus herrscht, auch wenn das ὑποκείμενον Sein oder Materie oder wie immer genannt wird, vermöge der Idee des ὑποκείμενον. Totales Begreifen aus einem Prinzip etabliert das totale Recht von Denken.«[45][*4]

Was aber der Identitätsphilosophie zur Unwahrheit ausschlug: daß über die Subjekt-Objekt-Vermittlung entschieden wurde zuungunsten des Nichtidentischen, Nichtaufgehenden, ist selber als notwendig zu begreifen und als Aufgabe.

Ebenso wie das, was sie zur Kontingenz verdammt, trägt prima philosophia an sich Male eines Zwanges, dessen Unabwendbarkeit gesetzt ward mit der Begründung von Objektivität im Denken, als Herrschaft über Nichtdenken.

Jenes, als nach innen gewandte Naturbeherrschung, hat sich in Husserl allergisch gezeigt noch gegen die bloße Spur von Faktischem.

Erzwungen vom inneren Gang des Idealismus selber aber war Identität zugleich der Versuch, das Unrecht zu heilen, welches der Natur »unter der Form des Objekts«[46] widerfuhr.

---

44 »Es ist nicht das Bewußtsein der Menschen, das ihr Sein, sondern umgekehrt ihr gesellschaftliches Sein, das ihr Bewußtsein bestimmt.« (MEW, Bd. 13, S. 9)
45 GS, Bd. 5, S. 186.
46 In der ersten seiner »Thesen über Feuerbach« [1888] schreibt Marx: »Der Hauptmangel alles bisherigen Materialismus (den Feuerbachschen mit eingerechnet) ist, daß der Gegenstand, die

Die positive Philosophie nicht anders als der Positivismus haben dieses Unrecht gewahrt und es aufzuheben gesucht.

Doch ihr Trachten, Natur, als factum brutum, die Würde des Positiven zu verleihen, als geschehen nur im Geiste, war selber die Unwahrheit und half dazu, kritisches Denken vor ihr abzublenden. Denn »das menschliche Wesen der Natur ist erst da für den gesellschaftlichen Menschen ... Erst ... ihm (ist) sein natürliches Dasein sein menschliches Dasein und die Natur für ihn zum Menschen geworden«.[47]

Die Auferstehung der Natur, »der durchgeführte Naturalismus des Menschen und der durchgeführte Humanismus der Natur«, ist möglich allein in der freien Gesellschaft, der vollendeten »Wesenseinheit des Menschen mit der Natur«[*5].

4.

Dialektisches Philosophieren, das es unternimmt, den Zwang der Logik, als Methode von Naturbeherrschung, zu brechen mit Hilfe logischer Begriffe selber, kann bei der Einsicht in die Vermitteltheit von Konstituens und Konstitutum nicht verharren.

Fällt die gegenseitige Vermittlung von Subjekt und Objekt als solche noch unter den Kantischen Begriff der Wechselwirkung, so kann der idealistische Primat von Subjektivität, wie er mit dem Identitätsprinzip gesetzt ward, gebrochen werden nicht, indem der Primat ans Dasein abgetreten, sondern überhaupt auf einen solchen Verzicht geleistet wird. Ist doch die Gewichtsverteilung der Momente, Subjekt und Objekt, gerade das geschichtlich Offene, in keiner Weise Vorzuentscheidende.

Sie ist das Pendel der Geschichte selber, ohne daß damit dieser das Vertrauen ausgesprochen wäre, daß es zur Identität je einmal käme. Es stillzustellen, spräche das Verdikt über das, was sein könnte und rechtfertigte das, was ist.

---

Wirklichkeit, Sinnlichkeit nur unter der Form des *Objekts oder der Anschauung* gefaßt wird; nicht aber als *sinnlich menschliche Tätigkeit, Praxis*, nicht subjektiv. Daher die *tätige* Seite abstrakt im Gegensatz zu dem Materialismus von dem Idealismus – der natürlich die wirkliche, sinnliche Tätigkeit als solche nicht kennt – entwickelt.« (MEW, Bd. 3, S. 5)

47 »Das *menschliche* Wesen der Natur ist erst da für den *gesellschaftlichen* Menschen; denn erst hier ist sie für ihn da als *Band* mit dem *Menschen*, als Dasein seiner für den andren und des andren für ihn, wie als Lebenselement der menschlichen Wirklichkeit, erst hier ist sie da als *Grundlage* seines eignen *menschlichen* Daseins. Erst hier ist ihm sein *natürliches* Dasein sein *menschliches* Dasein und die Natur für ihn zum Menschen geworden. Also die *Gesellschaft* ist die vollendete Wesenseinheit des Menschen mit der Natur, die wahre Resurrektion der Natur, der durchgeführte Naturalismus des Menschen und der durchgeführte Humanismus der Natur.« (MEW, Bd. 40, S. 537 f.)

Einzig im Nichtidentischen, Nichtaufgehenden, das mehr ist als eine Gegenposition, ja, eben keine, liegt beschlossen das Elend der Menschen, um die es im letzten doch zu tun ist; ohne das gleich »alles auf sie ankäme«.

Denn der Geistbegriff, vom Subjekt qua Mensch nicht zu trennen, erinnert in seiner Vermitteltheit an die Schwäche des Menschen selber. Nicht, daß er diese Schwäche überspielt, sondern daß er sie reflektiert, zeichnet ihn aus als Denken.

Die Erinnerung an die Ohnmacht des Menschen darf nicht gerinnen zur Position einer skeptischen Philosophie; aber in der Nichtidentität ist ausgedrückt die Möglichkeit des Scheiterns der Menschen in der Geschichte, in der Gesellschaft.

Die Philosophie »verfehlt das Positive, sobald sie es bezeichnen will. Durch die Denunziation der Verhältnisse, die ihr zuwider sind, allein vermag sie sich zum Positiven zu bekennen«[48][*6].

Ihre Grenze, welche ihr immanent ist, kann nur von verändernder Praxis jemals überschritten werden.

Otto-Ernst Laske

Zitate sind entnommen:

[*1] Metakritik[49], S. 49
[*2] Hegel, »Recht, Staat, Geschichte«, A. Kröner Verlag, Stuttgart,[50] S. 149
[*3] ebenda, S. 128
[*4] Metakritik, S. 193
[*5] Marx, Nationalökonomie und Philosophie, Frühschriften, Kröner,[51] S. 237
[*6] Horkheimer, Plessner-Festschrift, Zum Begriff des Menschen heute,[52] S. 280

---

48 Das Zitat lautet vollständig korrekt: »Der Philosophie dagegen ist der Rekurs auf solche Heilmittel versagt, und sie verfehlt das Positive, sobald sie es bezeichnen will. Allein durch die Denunziation der Verhältnisse, die ihr zuwider sind, vermag sie sich zum Positiven zu bekennen.« (HGS, Bd. 7, S. 79)
49 Vgl. Adorno, *Zur Metakritik der Erkenntnistheorie*, a.a.O. (s. Anm. 2).
50 Vgl. G[eorg] W. Fr. Hegel, Recht – Staat – Geschichte. Eine Auswahl aus seinen Werken, hrsg. von Friedrich Bülow, Stuttgart 1955 (Kröners Taschenausgabe; 39).
51 Vgl. Karl Marx, Nationalökonomie und Philosophie. Über den Zusammenhang der Nationalökonomie mit Staat, Recht, Moral und bürgerlichem Leben (1844), in: Karl Marx, Die Frühschriften, hrsg. von Siegfried Landshut, Stuttgart 1953 (Kröners Taschenausgabe; 209), S. 225–316.
52 Vgl. Max Horkheimer, Zum Begriff des Menschen heute, in: Wesen und Wirklichkeit des Menschen. Festschrift für Helmuth Plessner, hrsg. von Klaus Ziegler, Göttingen 1957, S. 261–280; vgl. HGS, Bd. 7, S. 55–80.

# Sommersemester 1958:
# Wirtschaft und Gesellschaft II

Soziologisches Hauptseminar

In diesem Semester hält Adorno zudem die philosophische Vorlesung »Einführung in die Dialektik« und gibt das philosophische Hauptseminar »Adorno, ›Zur Metakritik der Erkenntnistheorie‹ II«

Das Seminar findet dienstags von 17 bis 19 Uhr statt

**144–149** UAF Abt. 139 Nr. 3

# 144 Ingrid Sommerkorn, 13. Mai 1958

*Protokoll*

der Seminarsitzung am 13. Mai 1958

Folgende drei Fragen sollten einleitend diskutiert werden:
1) Ist die Behauptung der Abhängigkeit der Gesellschaft von der Wirtschaft ein bloßes Dogma oder läßt sich diese Annahme aus der Sache selbst belegen?
2) Welche Bedeutung für die geschichtliche Entwicklung der wirtschaftlichen Formen hatten Ideen?
3) In welchem Verhältnis stehen individuelle Bedürfnisse und objektive wirtschaftliche und gesellschaftliche Tendenzen zueinander?

Die Diskussion über die Lehre des Primats der Wirtschaft über die Gesellschaft dehnte sich so aus, daß in dieser ersten Seminarsitzung des neuen Semesters Frage 2) und 3) gar nicht erörtert werden konnten.

Professor *Adorno* erweiterte den ersten Diskussionsbeitrag von Herrn *Munz*[1] und betonte, daß die Wirtschaft nicht nur heute den Vorrang über die Gesellschaft habe, sondern schon zu allen Zeiten – wenn auch in verschieden starkem Maße – vorhanden gewesen sei. Wichtig sei aber, daß man nicht dem apologetischen Denken verfalle und versuche, den Beweis der wirtschaftlichen Vormachtstellung bis zu Olims Zeiten zu erbringen. Interessant an dieser Problemstellung sei die Frage nach dem jeweiligen Grad der Abhängigkeit der Gesellschaft von der Wirtschaft in den verschiedenen Epochen der gesellschaftlichen Entwicklung. Es gelte also, geschichtliche Tendenzen und die Frage nicht in eine anthropologische umzuwandeln. Man solle nicht versuchen, sich bei dieser gesellschafts-dynamischen Problemstellung an einem invarianten Modell *des* Menschen zu orientieren, denn Mensch, Gesellschaft und Wirtschaft seien etwas geschichtlich Gewordenes.

Um überhaupt von einem Primat der Wirtschaft über die Gesellschaft sprechen zu können, muß von der Voraussetzung ausgegangen werden, daß nicht nur die Gesellschaft die Totalität der Zusammenhänge zwischen den Menschen und ihren Institutionen darstellt, sondern daß auch die Wirtschaft ihrerseits eine zu einem Ganzen zusammengeschlossene Einheit bildet. Das sei zumindest der Fall in einer vollausgebildeten Tauschwirtschaft.

---

1 D. i. Horst Munz.

Herr *Brandt*[2] betonte, daß die eigentliche Tauschgesellschaft erst mit der bürgerlichen Gesellschaft entstanden sei und daß man erst seitdem von einer starren Abhängigkeit der Gesellschaft von der Wirtschaft sprechen könne. Die alleinige Orientierung dieses Problems am Tauschverhältnis sei zu eng. Im Historischen Materialismus, der nicht umsonst in der bürgerlichen Epoche entstanden sei, sollten durch die Analyse des Tauschverhältnisses bestimmte Beziehungen zwischen Klassen aufgezeigt werden, die als invariant für die ganze Vorgeschichte gelten. Die apologetische Ökonomie verwandle sich dann in eine kritische, wenn sie den Schein des gerechten Tausches zerschlage und den Nachweis von ganz bestimmten Klassenverhältnissen erbringe, die sowohl die bürgerliche als auch die vorkapitalistische Gesellschaft charakterisieren. Man könne also durch Analyse der bürgerlichen Gesellschaft Rückschlüsse ziehen auf Abhängigkeitsverhältnisse in vorbürgerlichen Gesellschaften. Aber wichtig neben den Tauschbeziehungen seien die überkommenen Macht- und Klassenverhältnisse! Ihm, Herrn *Brandt*, scheine die alleinige Erklärung aus den Tauschverhältnissen nur ein Umweg, der letzten Endes zu dem fundamentalen Phänomen führen müsse, das sich in allen Gesellschaftsepochen finde und nicht nur aus Tauschbeziehungen entstanden sei, sondern auch aus Tatbeständen aus vorhergehenden Gesellschaften, nämlich die Existenz von Klassen.

Professor *Adorno* entgegnete, daß für ihn diese Einstellung unrealistisch sei. Man dürfe die Klassenverhältnisse nicht hypostasieren und versuchen, auf sie – unabhängig von der Wirtschaft – die Geschichte zu reduzieren, sondern im Gegenteil: man müsse die Klassentrennung aus wirtschaftlichen Gegebenheiten ableiten.

Der Primat der Wirtschaft herrsche immer, denn die Menschen haben zu allen Zeiten leben wollen, aber trotzdem sei es nicht ganz richtig, auch schon für primitive Gesellschaften von einer eindeutigen Abhängigkeit der Gesellschaft von der Wirtschaft zu sprechen, – in einer Zeit, in der es weder eine vollausgebildete Wirtschaft noch Gesellschaft gegeben habe. Damals seien rationale wirtschaftliche Momente nur rudimentär vorhanden gewesen und religiöse hätten die der Selbsterhaltung überwuchert. Alles sei Werden, deshalb sei auch die Abhängigkeit der Gesellschaft von der Wirtschaft etwas geschichtlich sich Produzierendes. Richtig akut werde diese Abhängigkeitsfrage erst dort, wo der Raum für das sich vermehrende Leben nicht ausreiche, – dort also, wo eine Wirtschaft völlig rational ausgebildet sein müsse, um ihre Bevölkerung ernähren zu können.

---

2 D.i. Gerhard Brandt.

Herr *Harmuth*[3] war der Ansicht, daß man die materialistische Auffassung auch bis in Urzeiten hinein bestätigt finden könne. Tauschverhältnisse seien Invarianten, die die ganze Geschichte durchziehen und sich sogar in religiösen und magisch bestimmten Formen wiederspiegelten. Da man ohne andere Hilfe und gegenseitige Ergänzung nicht auskam, habe man seinem Gott geopfert, um von ihm im Austausch Unterstützung zu erlangen. Auch Herr Dr. *Lenk*[4] meinte, daß These 1) nicht negiert werden könne. Auch dann nicht, wenn die Ethnologie fähig wäre nachzuweisen, daß in früheren Kulturen keine einseitige Abhängigkeit der Gesellschaft von der Wirtschaft bestanden habe, daß der Tausch noch keine wichtige Kategorie gewesen sei und auch das Klassenverhältnis noch keine Bedeutung gehabt habe. Die Behauptung des Primats der Wirtschaft sei solange gültig, als die Ethnologie nicht auch nachweisen könne, daß keine Arbeitsteilung und somit keine daraus entstehenden Abhängigkeitsverhältnisse vorhanden gewesen seien.

Herr *Villmar*[5] fügte hinzu, daß in Urgesellschaften selbst die sublimsten religiösen Regungen ein Gebundensein an die materielle Notdurft ausdrückten: Man müsse übernatürliche Kräfte zu Hilfe nehmen, um mit dem materiellen Leben fertig zu werden. Der Mensch sei früher genau so wenig frei gewesen, wie er es heute sei. Wenn wir auch nicht mehr mit irgendwelchen überirdischen oder magischen Mächten verstrickt seien, so seien wir heute dafür von den Tauschverhältnissen abhängig.

Herr *Villmar* glaubt, daß in diesem Zusammenhang die Erörterung der These 2), nämlich die Einwirkung der Ideen auf die wirtschaftliche Entwicklung von Wichtigkeit sei, und: In welchem Grade verstärkt sich die wirtschaftliche Determination der Gesellschaft im Laufe der Geschichte?

Die eigentliche Betonung bei diesem Streit über den Vorrang von Wirtschaft oder Gesellschaft müsse bei der Untersuchung der Frage liegen, wieweit die Wirtschaft für die moderne Gesellschaft zu einem Schlüsselphänomen geworden sei, betonte Professor *Adorno*. Diese Fragestellung sei deshalb so bedeutsam, weil wir von einer Wirtschaftsform beherrscht werden, die nicht die beste aller möglichen sei. Herr *Cramer*[6] meinte, unser Interesse an dieser Frage habe aus diesem Grunde einen ganz bestimmten Akzent. Nationalökonomien z. B. würden diese Frage gar nicht erst stellen, weil sie keinen grundlegenden Mangel in der heute gegebenen Form der Wirtschaft sehen.

---

3 D.i. Erich Harmuth.
4 Kurt Lenk wird 1956 mit der Schrift »Von der Ohnmacht des Geistes. Kritische Darstellung der Spätphilosophie Max Schelers« in Frankfurt a. M. promoviert.
5 D.i. Fritz Villmar.
6 D.i. Fokko Cramer.

Professor *Adorno* betonte, daß er trotz der Bedeutung, die er dieser These besonders für unsere heutige Gesellschaft zumesse, aus dem Materialismus keine Weltanschauung machen wolle. Es hieße, das geschichtliche Interesse an dieser Frage verkennen und bedeute eine Überforderung der materialistischen Auffassung, wenn man versuche, sie als universales Prinzip überall anzuwenden.

Herr *Lorenz*[7] wandte dagegen ein, daß aber Marx im 1. Band des Kapitals den Primat der Wirtschaft postuliert habe. Professor *Horkheimer* meinte, man müsse dieses Postulat aus dem humanistischen Ideal »Denken soll frei sein« verstehen, das für Marx eine große Bedeutung hatte. Marx war sich mit Nietzsche darin einig, daß freies Denken in der Vorgeschichte nicht möglich sei, denn die Wirtschaft bestimme das Verhalten eines jeden Menschen, so daß sogar unbewußt unsere Gedanken von Prinzipien beherrscht würden, die wir oft gar nicht kennen. Die Kritik der Politischen Ökonomie wollte einen Umschwung vorbereiten und die Bedingungen für ein freies Denken schaffen. Dazu sei nötig, daß wir nicht mehr von der Wirtschaft geformt würden, sondern – damit unsere Gedanken und damit wir Menschen uns wieder selbst durchsichtig werden – daß die Wirtschaft zu einem bloßen Instrument in der Hand der Menschen werde. Die eigentliche Aufgabe bestehe also zunächst in der Kritik daran, daß uns die gesellschaftlichen Zusammenhänge verschleiert sind und somit unserem Denken – bewußt oder unbewußt – unerkannte Faktoren anhaften. Es gelte also, den Schein der Freiheit der bürgerlichen Gesellschaft in wirkliche Freiheit umzuwandeln. Professor *Adorno* fügte noch hinzu, daß das Element der Unfreiheit in archaischen Gesellschaften gar nicht so habe empfunden werden können wie heute, denn das entfaltete Bewußtsein habe sich erst geschichtlich entwickelt und sei nicht von allem Anfang an vorhanden gewesen.

Herr *Molitor*[8] hatte Bedenken, daß man den An-sich-Charakter der Wirtschaft zu sehr betone. Seiner Meinung nach könne Wirtschaft nur funktionieren, wenn Gesellschaft als Grundlage vorhanden sei. Man könne nicht von einem Primat der Wirtschaft sprechen, sondern nur von einem Abhängigkeitsverhältnis gegenseitiger Art.

Professor *Adorno* überließ die Stellungnahme zu diesen beiden Positionen:
a) Wirtschaft setzt Gesellschaft voraus und
b) Gesellschaft setzt Wirtschaft voraus
   den Seminarteilnehmern.

Herr *Villmar* war der Ansicht, daß Herr *Molitor* undialektisch denke, wenn er Gesellschaft als eine nötige Voraussetzung für die Wirtschaft betrachte. Er meinte,

---

7 D.i. Richard Lorenz.
8 D.i. Jacob Molitor.

daß z. B. Nomaden sich aus wirtschaftlichen Notwendigkeiten zu einer Gesellschaft konstituieren, – dann, wenn sie in ein unbewirtschaftetes Gebiet kommen. Wirtschaft sei zu verstehen als der materielle Reproduktionsprozeß des menschlichen Lebens, der alles durchdringe und der deshalb nicht als ein abgegrenzter Sektor des gesellschaftlichen Lebens betrachtet werden dürfe.

Professor *Adorno* betonte noch einmal, daß dieser Fragenkomplex erst dort sinnvoll werde, wo es sowohl eine wirtschaftliche als auch eine gesellschaftliche Totalität gebe. Von Gesellschaft könne man erst sprechen, seitdem es so etwas wie rationales Wirtschaften überhaupt vorhanden sei, seitdem die Reproduktion des menschlichen Lebens nicht mehr der bloßen Zufälligkeit der jeweils vorliegenden Verhältnisse überlassen bleibe. Wichtig für die Erörterung von These 1) sei also das Vorhandensein von irgendwelchen systemartigen Einheiten.

Auf die Frage von Herrn *Mohl*[9], ob überhaupt jemals Mittel zur Bedürfnisbefriedigung bereitgestellt worden seien, die nicht in eine Art System – wenn auch in ein System im Rahmen der jeweiligen Gegebenheiten – eingebaut gewesen wären, antwortete Professor *Adorno*, daß rationales Handeln einmal eine psychologische Frage sei und zum andern, daß es auf jeder Gesellschaftsstufe Momente der Rationalität gegeben habe. Das Entscheidende sei aber nicht, den Beweis der Rationalität zu erbringen. Im Gegenteil: Bei der geschichtlichen Betrachtung der einzelnen Phasen der Produktionsverhältnisse dürfe man nicht das Auch-Vorhandene aussondern, sondern müsse versuchen, die die einzelnen Epochen bestimmenden Kategorien zu erkennen. Deshalb sei die zerstreut vorhanden gewesene Rationalität bei irgendwelchen Sammlergesellschaften nicht zu vergleichen mit der Extrem-Rationalität der vollentwickelten Tauschgesellschaft.

Auch Formen des Tausches habe es zu allen Zeiten gegeben, wenn auch seine Bedeutung in den einzelnen Perioden der Geschichte jeweils verschieden war. Entscheidend sei, so betonte Professor *Horkheimer*, daß der Tausch als Schlüsselkategorie erst mit der bürgerlichen Gesellschaft durchgebrochen sei und daß deshalb die menschlichen Beziehungen in keiner anderen Gesellschaftsepoche vorher so bestimmend durch die Tauschverhältnisse geformt wurden wie heute. Die einzige Invariante, die für die ganze Vorgeschichte gelte, sei die Tauschkategorie!

Herr *Brandt* wandte sich gegen eine so weite Ausdehnung des rationalen Tauschprinzips, weil dadurch These 1) eventuell doch zu einer Weltanschauung gestempelt werden könnte. Auch Herr *Ehrhardt*[10] meinte, daß man die ratio zu sehr beanspruche, wenn man jeden Vorgang als rational ansehe. Die Vorausset-

---

9 D. i. Ernst Theodor Mohl.
10 D. i. Hans-Heinrich Ehrhardt.

zung von Tausch überhaupt sei das Vorhandensein von Identitätsbewußtsein bei den Menschen, das ihnen gegeben sei im Vergleich zu den Ameisen z. B., die in gewisser Weise ja auch rational handelten.

Identitätsbewußtsein bedeute, daß sich die Menschen als »tool making animals« (Franklin)[11] betrachten und sich bewußt sind, daß sie zum Tausch über dauerhafte Dinge verfügen.

Ingrid Sommerkorn[12]
16/5/58

---

11 Dieses Zitat geht zurück auf James Boswells Beschreibung des Lebens Samuel Johnsons: »*Johnson:* ›[...] Aber manchmal können Begriffe durch Definition unklarer werden. Ich sehe eine *Kuh*, ich definiere sie als *animal quadrupes ruminans cornutum*. Aber eine Ziege käut auch wieder, und eine Kuh hat nicht immer Hörner. *Kuh* ist eindeutiger.‹ *Boswell:* ›Ich halte Dr. Franklins Definition des *Menschen* für gut – ‹ein werkzeugherstellendes Tier›.‹ *Johnson:* ›Aber mancher Mensch hat niemals Werkzeuge hergestellt; und denken Sie sich einen Menschen ohne Arme, der könnte kein Werkzeug herstellen.‹« (James Boswell, Das Leben Samuel Johnsons und Das Tagebuch einer Reise nach den Hebriden [1791, 1785], übers. von Jutta Schlösser und Anselm Schlösser, München 1985, S. 324)

12 Unterschrift.

# 145 Erna Hochleitner,
20. Mai 1958

*Protokoll*

der Seminarsitzung am 20. Mai 1958.

Das Hauptthema der Diskussion in der Seminarsitzung am 20. 5. war weiterhin die Frage, ob man mit hinreichendem Grund sagen könne, daß die Gesellschaft wesentlich von der Wirtschaft gelenkt werde; aber nicht die Lehre von der Abhängigkeit der Gesellschaft von der Wirtschaft sollte Gegenstand der Erörterung sein, sondern ein viel tieferes Problem, nämlich inwieweit die menschlichen Beziehungen durch die Wirtschaft determiniert sind, wobei zunächst offen blieb, was Wirtschaft heißt.

Prof. Horkheimer warnte davor, Wirtschaft ohne weiteres mit Tauschwirtschaft gleichzusetzen; denn bei der Wendung: Wirtschaft durch Tausch seien viele Äquivokationen möglich. Vor allem verwechsele man Tauschwirtschaft mit Konkurrenzwirtschaft. Wer gesellschaftliche Vorgänge aus der Konkurrenzwirtschaft erklären oder mit ihr in Zusammenhang bringen wollte, der könnte sich nur an die letzte Phase der bürgerlichen Gesellschaft halten, da das Phänomen der Konkurrenzwirtschaft erst in dieser späten Phase auftritt.

Um zu einem bestimmten Begriff von Wirtschaft zu gelangen, so führte Prof. Horkheimer weiter aus, sei es notwendig zu untersuchen, ob der Tausch – den Prof. Adorno als die Grundkategorie der gesamten Wirtschaft bezeichnet hatte – tatsächlich das Kennzeichen der Wirtschaft seit ihren Anfängen sei. Bei primitiven Stämmen etwa aus der Gruppe der Jäger und Sammler, die sich von Fischfang oder dem Sammeln von Muscheln ernähren, scheint der Tausch keine entscheidende Rolle zu spielen – hielt Prof. Horkheimer der Adorno'schen These entgegen. Nicht einmal in der griechischen oder römischen Gesellschaft sei der Tausch charakteristisch.

Prof. Adorno widersprach: Auch in der primitiven Gesellschaft liege Tausch vor. Der primitive Mensch will das Gut, das er nicht hat. Tausch spiele auch eine Rolle bei den Griechen: Wenn sie von den Barbaren Materialien bekommen haben, werden diese sicher im Wert höher gewesen sein als das, was sie dafür hergaben. Mehr zu bekommen als man hergibt, sei aber im Tauschprinzip teleologisch einbegriffen.

Prof. Horkheimer wandte ein, daß es fraglich sei, ob der Tausch die Vorgänge in der griechischen Gesellschaft erkläre. Was die Griechen wollten, war: Gut leben, möglichst viele Sklaven haben und von niemandem gestört werden. Die Wirtschaft war bei ihnen so beschaffen, daß sie im wesentlichen von Sklaven verrichtet wurde. Für diese Form der Wirtschaft sei der Tausch nicht charakteristisch. Das Bewußtsein der Griechen oder auch der Römer, die ihre Sklaven das aus den sizilianischen Bergwerken holen ließen, was sie für ihren eigenen Bedarf brauchten, sei doch im wesentlichen nicht das Bewußtsein des Kaufmanns. – – Oder wenn man an die indische Gesellschaft denkt: Auch hier sei das Bewußtsein der oberen Kaste doch nicht das Bewußtsein des Kaufmanns.

Das Tauschen habe aber doch wahrscheinlich eine äußerst tiefe menschliche Geschichte. Daß es im Alten Testament heißt: Auge um Auge, Zahn um Zahn,[13] bedeute eine Regelung der barbarischen Strafen, die im Grunde eine Milderung war, weil das Strafmaß vorher überhaupt nicht festgelegen hatte. Wenn es also heißt: Dir wird nicht mehr getan als du selber zufügst: Das ist der Preis, den du zahlen mußt, dann liegt hier das Tauschprinzip zugrunde. Die ganze Jurisprudenz in jener Zeit beruhe auf Tausch: Insofern erhalte Prof. Adornos Theorie hier eine Bestätigung. (In diesem Zusammenhang wurde auf Westermarcks[14] Buch über die Moralbegriffe verwiesen.)[15]

Bei der Frage, ob das eigentlich Wirtschaftliche mit dem Tauschprinzip gleichgesetzt werden könne, müsse man jedoch berücksichtigen – so führte Prof. Horkheimer weiter aus – daß die Sklavenwirtschaft der Griechen und Römer nicht die einzige Form der Wirtschaft in jener Zeit war. In relativ abgeschlossenen Ländern etwa wie Persien, das durch Berge eingeschlossen ist, mußten die Menschen sich selbst versorgen auf Grund der Mittel, die sie hatten, um die Natur zu bearbeiten. In diesen Ländern hatte die Wirtschaft im wesentlichen mit dem Sichversorgen zu tun. Diese Form der Versorgung oder Wirtschaft sei jedoch nicht die gleiche, wie wenn die Menschen sich durch das Gewinnmotiv versorgen.

Prof. Adorno machte geltend: Wirtschaft liege eigentlich nur dort vor, wo Tausch ist. Die Sklavenwirtschaft sei ja nicht in einem strengen Sinne ein wirtschaftliches Verhältnis, sondern vielmehr ein gesellschaftliches Verhältnis, das aufrechterhalten wurde durch die Ausübung von Macht und Kontrolle, die das, was man den Produktionsprozeß nennen könnte, in Gang hielten. Der Unterschied werde deutlich, wenn man sich vergegenwärtige, daß das wirtschaftliche Prinzip sein Wesen darin hat, daß es nicht selber durch gesellschaftliche Macht

---

13 »WEnn sich Menner haddern vnd verletzen ein schwanger Weib / das jr die Frucht abgehet / vnd jr kein schade widerferet / So sol man jn vmb geld straffen / wie viel des weibs Man jm auff legt / vnd sols geben nach der Teidingsleute erkennen. Kompt jr aber ein schaden draus / So sol er lassen / Seele vmb seele / Auge vmb auge / Zan vmb zan / Hand vmb hand / Fus vmb fus / Brand vmb brand / Wund vmb wunde / Beule vmb beule.« (Ex 21,22–25)
14 Korrigiert aus: »Westermanns«.
15 Vgl. Eduard Westermarck, Ursprung und Entwickelung der Moralbegriffe [1906], 2 Bde., übers. von Leopold Katscher, Leipzig 1913.

bedingt ist, sondern aus sich heraus gesellschaftliche Macht erst schafft. Bei der Sklavenherrschaft hingegen herrsche ein Primat von Gesellschaft über Wirtschaft. Nicht aus dem Produktionsapparat gehe die Sklavenwirtschaft hervor, sondern daraus, daß sich eine Gruppe von Menschen Macht angeeignet hat. Dieses unmittelbare Machtverhältnis sei aber im Sinne der Theorien von Engels nicht als ein wirtschaftliches Verhältnis zu bezeichnen.

Prof. Horkheimer erwiderte: Wenn dies zutrifft, dann scheine die Beziehung Wirtschaft und Gesellschaft bis zum Anbruch des bürgerlichen Zeitalters äußerst lose gewesen zu sein. Denken wir nur an die Feudalherren, die im 13. und 14. Jahrhundert auf ihren Burgen saßen und die Leibeigene hatten, die selber kaum getauscht haben: Die gesellschaftlichen Beziehungen der Feudalherren zu ihresgleichen können ebenfalls nicht durch Tausch erklärt werden und dadurch auch nicht durch Wirtschaft, sondern durch Machtverhältnisse.

Anders waren die Beziehungen zwischen dem Feudalherrn und den Handwerkern, die sich um die Burg herum angesiedelt hatten. Ihnen hat der Burgherr Schutz gewährt, wofür sie ihm Waren fertigten. Hier liege zweifellos ein Tauschverhältnis vor. Wie nun aber das Verhältnis des Feudalherrn zum Bauern war, wissen wir nicht genau, da es an entsprechenden Untersuchungen fehle.

Prof. Adorno führte den Gedankengang weiter: Wenn es zutrifft, daß die Beziehung zwischen Wirtschaft und Gesellschaft gar nicht so streng und eindeutig sei, dann sei die Theorie von Engels im Anti-Dühring angegriffen. Dührings Theorie war, daß die gesellschaftliche Macht über die wirtschaftliche entscheide.[16] Ohne der einen oder anderen Theorie den Vorzug geben zu wollen, könne man immerhin sagen, daß es Epochen gab, in denen eine Gesellschaft, die stark [...][17] [...]kräfte verfügte, sich anders als durch unfreie Arbeit nicht reproduzieren konnte.

---

**16** Friedrich Engels zitiert in seiner Schrift »Herrn Eugen Dührings Umwälzung der Wissenschaft« [1878] Dühring wie folgt: »›Das Verhältnis der allgemeinen Politik zu den Gestaltungen des wirtschaftlichen Rechts ist in meinem System so entschieden und zugleich *so eigentümlich* bestimmt, daß eine besondre Hinweisung hierauf zur Erleichterung des Studiums nicht überflüssig sein dürfte. Die Gestaltung der *politischen* Beziehungen ist das *geschichtlich Fundamentale*, und die *wirtschaftlichen* Abhängigkeiten sind nur eine *Wirkung* oder ein Spezialfall und daher stets *Tatsachen zweiter Ordnung*. Einige der neuern sozialistischen Systeme machen den in die Augen fallenden Schein eines völlig umgekehrten Verhältnisses zum leitenden Prinzip, indem sie aus den wirtschaftlichen Zuständen die politischen Unterordnungen gleichsam herauswachsen lassen. Nun sind diese Wirkungen der zweiten Ordnung als solche allerdings vorhanden und in der Gegenwart am meisten fühlbar; aber das *Primitive muß in der unmittelbaren politischen Gewalt* und nicht erst in einer indirekten ökonomischen Macht gesucht werden.‹« (MEW, Bd. 20, S. 147)
**17** An dieser Stelle fehlt die unterste Zeile in der Vorlage.

Prof. Horkheimer stimmte dem zu: Sklavenwirtschaft gab es – nicht weil es das Rationalste war, sondern weil es anders nicht ging. Weil Maschinen nicht da waren, um einen Steinblock fortzubewegen, mußten 20 Menschen gleichzeitig ziehen. Die Kunst, Pferde anzuspannen, so daß sie ziehen konnten, beherrschte man damals noch nicht. Damit aber die Kräfte der Menschen gleichzeitig eingesetzt werden konnten, brauchte man das Kommando. Auf Grund der wenig entwickelten Mittel zur Bearbeitung der Natur, die ein Kommando notwendig machten, entstand eine bestimmte Art der gesellschaftlichen Beziehung: Des Antreibers und der vielen angetriebenen Menschen.

Prof. Adorno betonte, daß mithin auch die Sklavenwirtschaft in letzter Instanz, eben weil diese Gesellschaft sich anders nicht ernähren konnte, *ökonomisch* determiniert war. Sicherlich war sie nicht das Rationalste bei dem damaligen Stand der Mittel zur Bearbeitung der Natur – (rational heißt in diesem Zusammenhang: Die auf dem jeweiligen historischen Niveau erreichbare günstige Beziehung zwischen Mittel und Zweck). Sicherlich gab es andere Gesellschaften auf demselben historischen Niveau, bei denen die extreme Ausbeutung nicht notwendig war. – Aber auch in anderen Epochen finden sich Beispiele dafür, daß die Reproduktion des Lebens einer Gesellschaft zuweilen mit einem ungeheuern Verschleiß vor sich geht.

In Indien z. B. sind Hungersnöte nicht selten; trotzdem könne man sagen: Das Leben der indischen Gesellschaft wird reproduziert, – wenn auch schlecht. Man könne sich den Begriff Reproduktion des Lebens auch an bestimmten Verhältnissen in einer Familie klarmachen, fuhr Prof. Horkheimer fort. Es kommt vor, daß dringende Bedürfnisse an Ernährung, Kleidung oder gar an ärztlicher Behandlung in einer Familie nicht befriedigt werden können, so daß sogar ein Kind stirbt. Trotzdem reproduziere sich das Leben der Familie.

Wenn wir gesellschaftliches Leben verstehen wollen, müssen wir doch zuerst erklären, wie dieses Leben zustande kommt: Doch nur, indem die Menschen sich ernähren. *Deshalb müsse die Reproduktion des Lebens der Gesellschaft logisch und genetisch den Vorrang haben vor den gesellschaftlichen Formen.*

Solange die Menschen noch zu wenig technische Hilfsmittel hatten, um ihre Arbeit anders verrichten zu können als dadurch, daß die unmittelbar als Lasttiere eingespannt waren, konnte auch der im Christentum ausgesprochene Grundsatz, daß die Menschen Kinder Gottes sind, nicht in die Praxis umgesetzt werden. Realisieren konnte er sich erst in der neueren Gesellschaft, als auf Grund der technischen Hilfsmittel eine gewisse Gleichheit der Arbeit erreicht war. Erst dann setzte sich der Gedanke der Brüderlichkeit in den menschlichen Beziehungen durch. Wenn diese Darstellung von [...][18] richtig ist, dann bestätige sie die Theorie, *daß die gesellschaftlichen Beziehungen der Menschen untereinander, aber auch das, was die einzelnen Menschen als das Richtige bezeichnen, wesentlich bestimmt sind durch die Mittel, die die Menschen haben, um ihr Leben zu reproduzieren.*

Wenn die Mittel so sind, daß man das Kommando braucht, dann sind die Beziehungen der Menschen im wesentlichen dadurch bestimmt, daß viele unter dem Kommando eines einzelnen arbeiten müssen. Das prägt der Gesellschaft den Stempel auf.

Als die Dampfmaschine erfunden wurde, entwickelten sich ganz andere Beziehungen in der Gesellschaft. Als schließlich die technischen Produktivkräfte einen Stand erreicht hatten, auf dem es Fabriken gab, konnte man es dem Arbeiter überlassen, sich selbst anzubieten. Erst dann entstand die eigentliche Gesellschaft, in der die Menschen frei sind.

Im Arbeitsprozeß bedarf es jedoch einer bestimmten Strukturierung der Beziehungen der Menschen zueinander. Daraus geht eine bestimmte Art und Weise, wie die Menschen einander ansehen, wie sie sprechen und denken hervor. Das Ideelle hängt sehr zusammen mit den Funktionen bei der realen Reproduktion des Lebens.

Wie sehr die ökonomische Notwendigkeit unerkannt das Denken der Menschen beeinflußt hat, zeige sich auch daran, daß die Menschen etwas als gut oder edel preisen, was einmal durch die wirtschaftlichen Verhältnisse notwendig geworden war. Die Wertschätzung des Ritterlichen z. B., die bis in unsere Tage hineinspielt, beruhe nicht etwa auf wirklicher Einsicht, sondern auf Beziehungen der Notwendigkeit. In jener Zeit war der schwerbewaffnete Ritter die beherrschende Gestalt der Gesellschaft, weil er Sicherheit gewährte. Deshalb wurde seine Mentalität, die in Wirklichkeit ebenso schwerfällig war wie seine Rüstung, als edel bezeichnet.

Welche Rolle die materielle Frage im gesellschaftlichen Verhalten spielt, lasse sich auch an solchen Einzelheiten wie etwa der Tracht auf dem Lande zeigen, führte Prof. Horkheimer weiter aus. Prof. Naumann hat die Ansicht vertreten, daß die Trachten herabgesunkenes Kulturgut seien.[19] Die Mädchen und Burschen vom

---

18 Die Stelle ist in der Vorlage freigelassen.
19 »Die sogenannten Volkstrachten sind nicht etwa im Volke entstanden, stellen keineswegs den schaffenden Geist des Volkstums dar, wie die romantische Volkskunde so gern es glaubt, sind nicht also primitives Gemeinschaftsgut, sondern sie sind gesunkene Kulturgüter aus höheren Schichten, sind die aufs Land gewanderten und hier scheinbar erstarrten Modekleidungen der Edelleute und Bürger vom 16. bis zum Anfang des 19. Jahrhunderts.« (Hans Naumann, Grundzüge der deutschen Volkskunde, Leipzig 1922 [Wissenschaft und Bildung. Einzeldarstellungen aus allen Gebieten des Wissens; 181], S. 7)

Lande, die in der Stadt gedient hatten, hätten die Kleidung ihrer Herrschaft imitiert. Auf diese Weise seien nach und nach die Trachten zustande gekommen. Der entscheidende Faktor dabei war das Arbeitsverhältnis oder in gewisser Weise die Produktionsverhältnisse.

Oder ein anderes Beispiel: Wir sprechen von der Ehrfurcht, die das Kind dem Vater gegenüber haben soll. Das Kind liebt den Vater und fürchtet ihn zugleich, weil er derjenige ist, der bestimmt, was mit ihm geschieht. Weil er die entscheidende Figur in seinem Bezirk ist, möchte das Kind so werden wie der Vater und nimmt unbewußt seine Gesten an. In der Individualpsychologie gibt es noch andere Beispiele für diesen unbewußten Prozeß.

*Wie die Menschen sprechen und wie sie sich verhalten, das haben sie angenommen von Individuen oder Gruppen, die für ihr Leben entscheidend sind.*

Wir dürfen uns von den menschlichen Beziehungen, die uns durch die Reproduktion unseres Lebens auferlegt worden sind, nicht das Bewußtsein trüben lassen, betonte Prof. Horkheimer. Oft wird das Ökonomische, das bestimmte Vorstellungen bedingt hat, vergessen. Aber darum treiben wir Soziologie, um zu erkennen, was in unseren Vorstellungen auf diese Weise unerkannt auf wirtschaftlichen Verhältnissen beruht. Deshalb werden Analysen gemacht und deshalb habe die Soziologie heute die aufhellende Wirkung, die vorher die Psychologie gehabt hat.

Ein Kommilitone stellte die Frage, ob die gesellschaftlichen Machtverhältnisse allein aus der Entwicklung der Mittel zur Reproduktion des Lebens zu erklären seien.

Prof. Horkheimer führte hierzu aus: Jede Gesellschaft wird versuchen, sich in einer den Werkzeugen, die sie besitzt, angemessenen Weise am Leben zu erhalten. Wenn bessere Mittel zur Reproduktion des Lebens zur Verfügung stehen, wenn dies durch andere Gesellschaften gezeigt wird, dann sind die alten gesellschaftlichen Beziehungen in Gefahr, geändert zu werden. Die Bewegung, die heute durch viele Staaten des Ostens geht, ist im Grunde hervorgerufen durch das Verlangen nach Industrialisierung, nach Reproduktion des Lebens auf einem höheren Niveau. Das ist die soziologische Erklärung des neuen Nationalismus.

Die Staaten zögern, die Industrialisierung einzuführen, weil sie die alten gesellschaftlichen Beziehungen aufrechterhalten möchten. In Amerika und Deutschland hat sich der Wandel der gesellschaftlichen Beziehungen auf Grund der Industrialisierung langsam und ohne äußeren Zwang vollzogen. In Rußland dagegen ist die Industrialisierung nachgeholt worden unter einem ungeheuern Druck. Deshalb das Schwanken der Staaten, weil sie sich fragen, wie der Industrialisierungsprozeß vor sich gehen soll: Auf die zivilisierte Art oder durch Terror?

Das mache überhaupt die Dynamik der Geschichte aus, daß Staaten auf Grund der veralteten gesellschaftlichen Beziehungen den Reproduktionsprozeß auf einem höheren Niveau zurückzuhalten versuchen.

Prof. Adorno machte weitere Ausführungen: Bei der Entwicklung der gesellschaftlichen Verhältnisse kamen früher historische Tatsachen hinzu; z. B. konnte der Einfall eines besser bewaffneten Volksstammes in das Land eines weniger gut bewaffneten Stammes zur Einführung der Sklavenwirtschaft führen. Diese Form der Gesellschaft war aber nicht die einzig mögliche bei dem damaligen Stand der Mittel zur Reproduktion des Lebens. Es genügte, sie mit Gesellschaft zu vergleichen, die den gleichen Stand der Reproduktionsmittel hatten, um zu erhärten, daß es nicht notwendig diese Gesellschaftsform sein muß. Bisher fehle es aber an geeigneten empirischen Untersuchungen.

Prof. Horkheimer wies nachdrücklich darauf hin, daß man mit Theorien vorsichtig sein müsse. Durch umfassende Formeln können die Verhältnisse in der Vergangenheit nicht erhellt werden. Die Theorie müsse in Wechselwirkung mit empirischen Untersuchungen stehen. Sie soll ebenso empirische umfassende Theorie inspirieren. Ohne eine gewisse Konzeption verliere man sich in der Fülle der Tatsachen. Aber die Theorie soll nicht nur empirische Untersuchungen inspirieren – so schloß Prof. Horkheimer –, sondern sie soll sich auch durch diese verändern lassen.

## 146 Otto-Ernst Laske, 3. Juni 1958

Otto-Ernst Laske

Protokoll der Sitzung des Soziologischen Hauptseminars
vom 3. Juni 1958
==================================================

Im Mittelpunkt der vergangenen Sitzung des Seminars stand das Referat von *Herrn Dr. Geyer* über die Verwendung des Begriffs »Gesellschaft« in der modernen Sozialökonomik.[20]

Unter dieser verstand der Referent die auf J. M. Keynes' Gedankengänge zurückgehende makroökonomische Axiomatik, welche versucht, quantitativ bestimmbare Aussagen über den Ablauf des Wirtschaftsgeschehens in seiner Gesamtheit zu machen; und zwar Aussagen, welche gegenüber der jeweiligen gesellschaftlichen Struktur indifferent und von anderen möglichen, wissenschaftlicher Arbeitsteilung entnommenen, Feststellungen streng gesondert sind.

Ihrem Anspruch nach von subjektiver ebenso wie objektiver Ökonomik gleichermaßen entfernt, muß die »Neue Wirtschaftslehre«[21] verstanden werden als der Versuch, nach dem offenbaren Versagen der liberalen sowie der[22] sozialistischen Theorie und den bitteren Erfahrungen der Weltwirtschaftskrise voraussetzungslose und zeitunabhängige Aussagen über den Verlauf des wirtschaftlichen Prozesses zu formulieren. Grundlage ihrer Axiomatik ist der individuelle Warenaustausch, verstanden als Kaufvorgang. (Im Lichte der Keynes-Schule besehen, bedeutet dies die Fixierung der Nachfragefunktion als der entscheidenden Kategorie. Wurde seit der Klassik die Produktion als primär, und die Nachfrage (der Bedarf) als deren Folge angesehen, so kehrt man nun, nach vielfachem, krisen-

---

20 Geyer, »Über die Verwendung des Terminus ›Gesellschaft‹ in der gegenwärtigen Nationalökonomie«, UAF Abt. 139 Nr. 3.
21 Vgl. etwa Andreas Paulsen, Neue Wirtschaftslehre. Einführung in die Wirtschaftstheorie von John Maynard Keynes und die Wirtschaftspolitik der Vollbeschäftigung [1950], 4. Aufl., Berlin und Frankfurt a. M. 1958, wo es einleitend heißt: »Als ›The New Economics‹, ›Neue Wirtschaftslehre‹ bezeichnet man eine Entwicklung der Wirtschaftswissenschaft, die durch das 1936 erschienene Buch des Engländers *John Maynard Keynes* ›The General Theory of Employment, Interest, and Money‹ den entscheidenden Anstoß erfahren hat. Ihr von der Wissenschaft auf die Wirtschaftspolitik übergreifender Einfluß hat die Geschichte unserer Zeit mit geprägt, und die Zukunft wird von ihr mit gestaltet werden.« (Ebd., S. 1)
22 Umgestellt aus: »wie der liberalen, so der«.

haftem Totlaufen der Erzeugung, zurück zur Nachfrage. Damit wird das Einkommen selbst und die Art und Weise seiner Verwendung bestimmend für die Produktion. Verbrauchen, Sparen, Investieren werden als Grundlagen der Erzeugung angesehen).

Die Enthaltsamkeit von weltanschaulichen Präferenzen, sei es vom klassischen liberalen Chiliasmus oder von der revolutionären Theorie des Sozialismus, tut sich kund im mathematischen Charakter des axiomatischen Systems selber.

Versuchte zum Beispiel Ricardo, der Prototyp der objektiven Ökonomik, Aussagen über den gesellschaftlichen Prozeß in seiner Totalität zu machen und folglich sozialstrukturelle, politische, biologische und andere Einsichten miteinander zu verknüpfen,[23] so trifft die moderne Nationalökonomie klassifikatorisch von anderen »gesellschaftlichen« Aussagen emphatisch geschiedene Feststellungen.

Ihre Axiomatik ist mithin unabhängig von der jeweils herrschenden Gesellschaftsform sowohl wie von allen übrigen, soziologisch relevanten Faktoren.

Der mathematische Aufbau ermöglicht jedoch nach der besonderen Fragestellung jeweils unterschiedene Differenzierungen der Aussage, d. h. die Berücksichtigung ökonomischer Gesichtspunkte, soweit sie durch Berechenbarkeit[24] sich dem System zuordnen lassen.

Dabei werden die berechneten Größen, kategorisierte Mengen, nur dann als »gesellschaftliche« angesehen, wenn sie unmittelbar sozialen Prozessen entstammen oder in entscheidendem Maße von gesellschaftlichen Einflüssen affiziert werden.

Das in seiner logischen Reinheit bewahrte System enthält in sich keinerlei Anweisung auf Praxis.

Sein instrumentaler Charakter erlaubt einzig, in ihrem ökonomischen Gehalt begriffene Organisationspostulate in Rechnung zu stellen (dies wörtlich) und Möglichkeiten einer (wirtschafts-) politischen Intervention aufzuzeigen sowie deren Tragweite abzuschätzen.

Indem diese Axiomatik die nur begrenzte Gestaltungsfähigkeit der wirtschaftlichen Abläufe offen eingesteht, bleibt dennoch die Gestaltung ihre Aufgabe.

---

23 Vgl. David Ricardo, Grundsätze der Volkswirtschaft und Besteuerung [1817], übers. von Heinrich Waentig, 3. Aufl., Jena 1923 (Sammlung sozialwissenschaftlicher Meister; 5).
24 Konjiziert für: »Rechenhaftigkeit«.

Nach Abschluß des Referats formulierte *Professor Adorno*, um einer zu weit gespannten Diskussion durch Markierung der entscheidenden Probleme vorzubeugen, drei grundsätzliche Fragen.
1. Die gesellschaftliche Neutralität des axiomatischen Systems.

Ist die »axiomatische« von der subjektiven Ökonomik (Grenznutzenschule) durch Eliminierung der irrationalen (d. h. einer Quantifizierung entzogenen) Verhaltensweisen einerseits unterschieden, andererseits durch diesen Verzicht auf Psychologie und durch Formulierung objektiv-ökonomischer Gesetzmäßigkeiten verwandt mit der klassischen Theorie, so erhebt sich die Frage, ob wirklich diese Axiomatik gesellschaftlich so indifferent sei, wie sie sich darstellt und mit ihrem Anspruch auf Reinheit und Voraussetzungslosigkeit zu sein vorgibt.

Die streng bewahrte Logizität des deduktiven Systems läßt vielmehr erwarten, daß sie im vorhinein gezwungen ist, den harmonischen, d. h. von Antagonismen freien, Verlauf des Wirtschaftsgeschehens zu hypostasieren und das Ungleichnamige nur als Zufall zu subsumieren. Indem sie von der historischen Dynamik abstrahiert und auf ihrer Identität mit der Sache beharrt, täuscht sie die Bruchlosigkeit von Theorie und Praxis vor. In diesem Sinne ist ihre gesellschaftliche Neutralität offen in Frage zu stellen.

2. Das axiomatische System als Produkt wissenschaftlicher Arbeitsteilung. Die Aussagen von Einzelwissenschaften (hier: der modernen Nationalökonomie), welche sich der willkürlichen Arbeitsteilung bedenkenlos unterwerfen, büßen in dem Maße an Verbindlichkeit ein, als sie an Prägnanz gewinnen. In dem arbeitsteiligen Schema der Wissenschaften fällt die Sache der Methode zum Opfer, und zwar im Namen der Sache selbst.

Die Beliebigkeit der Axiomatik wird verdeckt hinter der konsistenten Fassade und »Richtigkeit« der gemachten Aussagen, und die versteckten Determinanten werden von ihr überglänzt.

3. Die Grundkategorie des axiomatischen Systems ist gesellschaftlich vermittelt.

Indem die ökonomische Axiomatik von Kaufvorgängen (damit vom Einkommen) ausgeht, ist sie soziologisch voraussetzungsvoller, als sie zu sein vorgibt. Ihre Anwendbarkeit setzt eine funktionierende Tauschgesellschaft voraus. Da der Kaufvorgang einer Verkehrs- und Marktwirtschaft entnommen ist, hat sie für eine im strengen Sinne sozialistische Wirtschaft keine Geltung (in dieser würde sich die Tauschkategorie, wäre sie erfüllt, d. h. der Austausch von Äquivalenten Wahrheit, selber aufheben). –

Der rein operationelle Charakter, welche die axiomatische Theorie zur bloßen Technik herabsetzt, ist offenbar Ausdruck der Resignation gegenüber den ökonomischen Erkenntniszielen selber; denn die Bedingungen, auf welche das bereitgestellte Instrumentarium anzuwenden wäre, bestehen nicht »an sich«, sondern bedürfen der Erklärung.

Auf die unter 1) und 3) entwickelten Gedanken im Zusammenhang eingehend, verneinte *Herr Dr. Geyer* grundsätzlich den Verdacht, daß die ökonomische Axiomatik stillschweigend einen harmonischen Wirtschaftsprozeß unterstelle; und zwar deshalb, weil sie aufgrund ihrer mathematischen Struktur keinerlei derartige Voraussetzungen machen könne (also doch mache ...).

Das Vorhandensein einer funktionierenden Tauschgesellschaft vorausgesetzt, gelte sie in der bürgerlichen wie nicht-bürgerlichen Gesellschaft gleichermaßen. (In diesem Sinne verkürzen sich gesellschaftliche Antagonismen auf bloße Rechenprobleme.)

Auf die Frage, inwieweit ein der wissenschaftlichen Arbeitsteilung höriges Klassifikationsschema der Wirklichkeit gerecht werde und der Sache selber angemessen sei, erwiderte *Herr Dr. Geyer,* es gäbe »die Wahrheit« im Sinne dieser Axiomatik ebensowenig, wie es klassische Gesetze darin gäbe.

Inhaltlich nicht als Theorie, sondern als Verfahrensweise bestimmt, erhebe diese Axiomatik auf »die Wahrheit« keine Ansprüche und begnüge sich mit der »Richtigkeit«.

In diesem Sinne, sagte abschließend *Professor Adorno,* setze sich die Geschliffenheit des Instruments an die Stelle der Aufgabe: des Begreifens der Sache selbst.

Das Bemühen um Erkenntnis habe aber an dieser Stelle nicht aufzuhören, sondern anzusetzen.

## 147 Erwin Rogler,
## 10. Juni 1958

Erwin Rogler

Protokoll der Seminarsitzung vom 10. Juni 1958.

Der erste Teil der Seminarsitzung vom 10. 6. war für die Diskussion des Referats von Herrn Dr. Geyer vorgesehen.

Herr Professor Adorno warf die Frage auf, ob das dargestellte ökonomische Kalkül (expliziert an der Keynes'schen Axiomatik) dem eigentlichen Begriff einer Theorie genügt, deren Aufgabe nicht allein in der Formulierung von Wenn-dann-Aussagen bestünde, sondern die den Zusammenhang der Gesellschaft in ihrem Reproduktionsprozeß zu begreifen hätte. Diesem Anspruch wird die moderne Nationalökonomie nach der Ansicht des Referenten nicht gerecht, die sich in ihrem dynamischen Teil auf das kausale Erklären wirtschaftlicher Abläufe bei Annahme bestimmter Bedingungen mittels Modellkonstruktionen beschränkt.

Herr Weck[25] stellte anschließend die Frage nach der Position des »Menschen« in der zur Diskussion stehenden Theorie. Diese betrachtet menschliches Verhalten ausschließlich unter dem Aspekt der an den bestehenden Tauschverhältnissen gewonnenen ökonomischen Kategorien; d. h. als solches von Konsumenten, Produzenten usw. In diesem Punkte scheint eine gewisse Annäherung an die klassische und die Marx'sche Ökonomik vorzuliegen, in denen der »Mensch« unmittelbar nicht vorkommt. Der Vorwurf gegen diese Theorien, daß sie die Menschen lediglich als Objekte von Tauschvorgängen ansehen, ist ungerechtfertigt und sollte nicht gegen jene, sondern gegen die bestehende gesellschaftliche Realität erhoben werden. Allerdings gehen Bewußtseinsdaten in die moderne Theorie soweit ein, als sie sich vermittels menschlicher Verhaltensformen eindeutig feststellen lassen.

So stellen z. B. die Eckpfeiler des Keynes'schen Systems[*1] »drei Funktionen dar, in denen bestimmte Verhaltensweisen zum Ausdruck kommen: die Konsumfunktion, beziehungsweise deren Kehrseite die Sparfunktion, die Investitionsfunktion und die Liquiditätsfunktion.«[26] Manche solcher Verhaltensweisen,

---

25 Nicht ermittelt.
26 »Die Eckpfeiler in unserem analytischen Gerüst stellen drei Funktionen dar, in denen bestimmte Verhaltensweisen zum Ausdruck kommen: die Konsumfunktion bzw. deren Kehrseite die Sparfunktion, die Investitionsfunktion und die Liquiditätsfunktion. *Es sind die in diesen Funktionen zum Ausdruck kommenden Verhaltensweisen, die zusammen mit der vom Bankensystem bestimmten Höhe des Zinssatzes (oder der Geldmenge) die Höhe des Volkseinkommens sowie die*

die hier als nicht weiter ableitbare Data in die Rechnung eingehen, könnte man wahrscheinlich begreifen; und zwar nicht psychologisch, sondern auf Grund der Kenntnis der Dynamik des gesellschaftlichen Gesamtprozesses.

Herr Teschner stellte die Frage, ob sich aus der Theorie von Keynes die Behauptung einer krisenfreien Entwicklung ohne Änderung der bestehenden Eigentumsverhältnisse ableiten lasse. Eine dauernde Vollbeschäftigung ohne jede staatliche Regulierung ist sehr unwahrscheinlich. Im Gegensatz zur klassischen Theorie, die die Ansicht vertrat,[*2] »daß ein Vollbeschäftigungsgleichgewicht sich immer und schnell automatisch aus einem Zustand der Unterbeschäftigung entwickelt«, behauptet Keynes,[*3] »daß eine einmal eingetretene Unterbeschäftigung oder allgemein: ein einmal eingetretenes Ungleichgewicht in einer sich selbst überlassenen Marktwirtschaft automatisch, d.h. durch in der Marktwirtschaft selbsttätig wirkende Kräfte nicht nur nicht verschwinden, sondern über eine mehr oder weniger lange Zeit fortbestehen kann.«[27] Ob und in welchem Ausmaße Eingriffe in die Eigentumsverhältnisse notwendig sind, hängt von den gegebenen Umständen ab. So ist z.B. Vollbeschäftigung in den USA wahrscheinlich nur möglich, wenn man u.a. gewisse inflationistische Tendenzen in Kauf zu nehmen bereit ist. Die Theorie ist aber hinsichtlich der zu erstrebenden Ziele wirtschaftlichen Handelns völlig indifferent, da diese aus der in Konditionalsätzen sich erschöpfenden Rationalität der Modelle gleichsam herausfallen und den irrationalen Entscheidungen der jeweils bestimmenden Instanzen überlassen werden. Sie kann nur – wie schon Max Weber forderte – mögliche Wege und deren Folgen zur Erreichung vorgegebener Zwecke aufweisen. (Vergleiche: Gesammelte Aufsätze zur Wissenschaftslehre, 1951, S. 178 ff.)[28] Die Neu-

---

*Höhe des Konsums, der Nettoinvestition und der Geldmenge (oder des Zinssatzes) simultan bestimmen.«* (Erich Schneider, Einführung in die Wirtschaftstheorie. III. Teil. Geld, Kredit, Volkseinkommen und Beschäftigung [1952], 3. Aufl., Tübingen 1955, S. 186)
27 »Nach der älteren Auffassung ist der Grad der Reagibilität der handelnden Wirtschaftseinheiten auf Preis- und Zinsänderungen so groß, daß ein Vollbeschäftigungsgleichgewicht sich immer und schnell automatisch aus einem Zustand der Unterbeschäftigung entwickelt. Die neuere Theorie leugnet dagegen, daß ein solcher Grad der Reagibilität der Haushalte und Unternehmungen in einer freien Marktwirtschaft vorhanden ist. Sie vertritt vielmehr den Standpunkt, daß eine einmal eingetretene Unterbeschäftigung oder allgemein: ein einmal eingetretenes Ungleichgewicht in einer sich selbst überlassenen Marktwirtschaft automatisch, d.h. durch in der Marktwirtschaft selbsttätig wirkende Kräfte nicht nur nicht verschwinden, sondern über eine mehr oder weniger lange Zeit fortbestehen kann.« (Ebd., S. 206)
28 Die Angabe verweist auf etwa den zweiten Teil des Aufsatzes »Die ›Objektivität‹ sozialwissenschaftlicher und sozialpolitischer Erkenntnis« [1904], in: Max Weber, Gesammelte Aufsätze zur Wissenschaftslehre [1922], bes. von Johannes Winckelmann, 2. Aufl., Tübingen 1951, S. 146–214; hier: S. 178–214; vgl. MWG, Bd. I/7, S. 165–234.

tralität der Theorie gegenüber sozialpolitischen Zielsetzungen ist aber insofern nur scheinbar, als sie von vornherein in ihrer Begriffsbildung das Tauschprinzip hypostasiert.

Herr Brandt kam anschließend auf das Problem der gesamtwirtschaftlichen Daten zu sprechen. Diese sind nach der Ansicht der modernen Theorie nur unmittelbar nicht ökonomisch determiniert, während die Möglichkeit einer mittelbaren Beziehung zwischen ökonomischen Phänomenen und Daten eingeräumt wird.[*4] »Aber die Erforschung dieser Wechselbeziehungen in der zeitlichen Entwicklung der gesamtwirtschaftlichen Daten ist nicht Aufgabe der Wirtschaftstheorie, sondern der Bevölkerungstheorie, der Soziologie, der Rechtsgeschichte und anderer Disziplinen.«[29] Die Wirtschaftstheorie beschränkt sich darauf, bei einer gegebenen Datenkonstellation den Ablauf des Wirtschaftsprozesses zu analysieren beziehungsweise zu untersuchen, welchen Einfluß bestimmte Datenänderungen auf den Ablauf des wirtschaftlichen Geschehens haben.

Eine befriedigende Theorie des gesamten gesellschaftlichen Prozesses ist aber nicht von einer äußerlichen Synthese der Ergebnisse verschiedener Einzeldisziplinen, also von einer richtigen Organisation der Wissenschaften zu erwarten. Vielmehr wäre eine Art immanenter Kritik der Ökonomie zu fordern, die die Bewegungstendenzen des Lebensprozesses der Gesellschaft darzustellen hätte, welche sich in den erstarrten Kategorien der heutigen Nationalökonomie und Soziologie begrifflich nicht erfassen lassen. (Zur Kritik der gegenwärtigen Ökonomie: Soziologische Exkurse, S. 32)[30]

---

**29** Die herangezogene Stelle lautet vollständig: »Aber die Erforschung dieser Wechselbeziehungen in der zeitlichen Entwicklung der gesamtwirtschaftlichen Daten ist nicht Aufgabe der Wirtschaftstheorie, sondern der Bevölkerungstheorie, der Soziologie, der Rechtsgeschichte, der Technik und anderer Disziplinen.« (Erich Schneider, Einführung in die Wirtschaftstheorie. II. Teil. Wirtschaftspläne und wirtschaftliches Gleichgewicht in der Verkehrswirtschaft [1948], 3. Aufl., Tübingen 1955, S. 242)

**30** In den *Soziologischen Exkursen* heißt es, es sei *darauf zu insistieren, daß der Begriff der Gesellschaft der Einheit des Allgemeinen und Besonderen im sich reproduzierenden totalen Zusammenhang der Menschen gilt. Man könnte fragen, wie eine Soziologie, die es darauf abgesehen habe, sich eigentlich von der Ökonomie unterscheide; um so mehr als eines ihrer Hauptthemen, die Institutionen, ihrerseits ja selbst in weitem Maße ökonomisch abgeleitet werden könne. Dem ist prinzipiell nichts anderes entgegenzuhalten, als daß auch die ökonomische Wissenschaft in ihrer gegenwärtigen Gestalt es mit einem Abguß, einem bereits Vergegenständlichten, meist mit dem als solchen hingenommenen Mechanismus der entfalteten Tauschgesellschaft zu tun hat. In der historischen Realität gingen und gehen aber die Kontrahenten der Tauschvorgänge keineswegs vorwiegend solche rationalen Beziehungen zueinander ein, wie sie von den Tauschgesetzen vorgeschrieben werden, sondern gehorchen in jenen Beziehungen entscheidend Unterschieden der realen Macht, der gesellschaftlichen Verfügung, und zwar nicht erst in der Spätzeit eines differenzierten Kapitalismus,*

Anschließend trug Herr Bergmann einen Teil seines Referates »Zum Verhältnis von Wirtschaft und Gesellschaft bei Max Weber«[31] vor, dessen Diskussion in der nächsten Seminarsitzung vorgesehen ist.

[*1] Erich Schneider, Einführung in die Wirtschaftstheorie, Bd. III. S. 186
[*2] a.a.O., S. 206
[*3] a.a.O., S. 206
[*4] Schneider, Bd. II, a.a.O. S. 242

---

*sondern in allen Epochen, in denen von Gesellschaft im hier umrissenen Sinn überhaupt gesprochen werden kann. Der tragende Lebensprozeß, an dem die Soziologie ihren eigentlichen Gegenstand hat, ist zwar der ökonomische, aber die ökonomischen Gesetze stilisieren ihn bereits nach einem Begriffssystem streng rationaler Handlungen, das um so geflissentlicher sich als Erklärungsschema behauptet, je weniger es in der Welt verwirklicht war. Soziologie ist Ökonomie nur als politische, und das erheischt eine Theorie von der Gesellschaft, welche die etablierten Formen des Wirtschaftens, die wirtschaftlichen Institutionen selbst noch aus der gesellschaftlichen Verfügung ableitet.* (Institut für Sozialforschung, *Soziologische Exkurse. Nach Vorträgen und Diskussionen*, Frankfurt a. M. 1956 [*Frankfurter Beiträge zur Soziologie*; 4], S. 32)
**31** Der entsprechende Referatstext von Joachim Bergmann wurde nicht aufgefunden.

## 148 Reinhart Chr. Bartholomäi, 8. Juli 1958

stud. phil. R. Bartholomäi
Protokoll der Seminarsitzung am 8. 7. 1958

*Fräulein Bottenberg* faßte, als Abschluß ihres Referates,[32] das Verhältnis von Wirtschaft und Gesellschaft in der Theorie von Talcott Parsons zusammen: Parsons' Begriffssystem ist pyramidenförmig. Als Oberbegriff kennt er die Gesamtgesellschaft, ihr ordnet er die drei »Abteilungen« Kultur, Persönlichkeit und soziales System unter.[33] Jeder dieser drei genannten Begriffe zerfällt nun seinerseits in Sub-Systeme. Alle Untergruppen müssen den sogenannten funktionalen Imperativen genügen. D. h., sie müssen sich anpassen, ihr Ziel erreichen, sich integrieren und eine »Agentur der Systemerhaltung« besitzen.[34] An den Nahtstellen zweier oder mehrerer Systeme finden Grenzaustauschprozesse statt: Normen und Güter werden unter den Systemen getauscht. Das bedeutet, daß zwischen dem System »Wirtschaft« und den anderen Systemen ständige Interaktionen zu beobachten sind, Interaktionen, bei denen sich die Handelnden an der Situation orientieren.

Über allen Systemen wirkt ein Normsystem, das die Grenzen der einzelnen Systeme zieht.[35] Das – nicht zu stabil gedachte – Gleichgewicht und die Integration sind zum Funktionieren des Ganzen unumgänglich.

Die anschließende Diskussion begann mit dem Hinweis *Prof. Adornos*, daß Parsons keinen Primat von Wirtschaft über Gesellschaft oder umgekehrt kenne; er habe eine pluralistische Theorie entwickelt. Sein System sei prinzipiell eklektisch, indem viele Inhalte anderer soziologischer Lehren unter einen Hut gebracht

---

32 Ursula Bottenberg, »Zum Verhältnis von Wirtschaft und Gesellschaft bei Talcott Parsons«, UAF Abt. 139 Nr. 3.
33 Bei Parsons heißt es, »a social system is only one of three aspects of the structuring of a completely concrete system of social action. The other two are the personality systems of the individual actors and the cultural system which is built into their action. Each of the three must be considered to be an independent focus of the organization of the elements of the action system in the sense that no one of them is theoretically reducible to terms of one or a combination of the other two.« (Talcott Parsons, The Social System [1951], London 1964, S. 6)
34 Vgl. den Abschnitt »The Constitution of Empirical Societies«, ebd., S. 167–177.
35 So heißt es etwa: »The orientation to a normative order, and the mutual interlocking of expectations and sanctions which will be fundamental to our analysis of social systems is rooted [...] in the deepest fundamentals of the action frame of reference.« (Ebd., S. 11f.)

würden, man könne es als ein logisches System des materiellen Eklektizismus bezeichnen. Sein Akzent liege ganz formal auf dem Funktionieren eines Systems, was den Menschen darin widerfahre, sei gleichgültig. Was Parsons motiviere, sei der Versuch die bloß formale Soziologie und die nur nach dem Markt ausgerichtete Ökonomie in ein System zu bringen und die Kluft zwischen den Disziplinen zu überwinden.

*Dr. Lenk* fragte, warum Parsons eine Trennung von Kultur und Persönlichkeit durchführe, und nach welchen Kriterien dies geschehe.

*Dr. von Friedeburg*[36] antwortete, daß Kultur und Persönlichkeit bei Parsons logische Begriffe seien und keine »Sektoren«. Das Ganze würde einmal von der Seite der Persönlichkeit, dann von der Kultur und dem sozialen System her gesehen, weil am Ausgangspunkt der Betrachtung von Parsons die Wissenschaften: Psychologie, Anthropologie und Soziologie gestanden hätten.

*Prof. Adorno* erläuterte dies an dem Beispiel von Soziologie und Psychologie. Parsons wollte beide in ein Gesamtsystem einordnen. Zwischen den ausgebildeten Systemen braucht keine Einheit zu bestehen. Er unterschied deshalb diese Systeme und versuchte eine Gesamtstruktur zu finden, in der beide Raum haben. Dabei falle weg, daß Widersprüche zwischen beiden bestehen.

*Herr Ehrhardt* fragte, ob man Parsons nicht besser verstünde, wenn man ihn als einen Konservativen ansehe. Stahl habe die Ansicht vertreten, Gerechtigkeit sei Bestehen des Rechts,[37] und in ähnlicher Weise würde eine Katalogisierung zur Aufrechterhaltung des Status quo beitragen.

Dem hielt Prof. Adorno entgegen, daß Parsons nicht das Bestehen als solches anerkenne, er sei nicht ein konservativer Theoretiker, vielmehr ein liberaler im Sinne der Konzeption eines idealen Zusammenspiels der Kräfte. Sein Interesse gelte mehr [dem] Gleichgewicht. Sein System sei keine Apologie sondern nähre sich von der Angst, daß in einer zukünftigen Krise alles in die Luft gehen werde. Es läge etwas Resigniertes hinter diesem System, eine Resignation, die sich für das Klima der heutigen Theorien als bestimmend erwiesen habe.

---

36 Ludwig von Friedeburg wird 1952 mit der Schrift »Die Umfrage als Instrument der Sozialwissenschaften. Zur Methode und Verwendung der Umfrage unter besonderer Berücksichtigung der Umfrage in der Intimsphäre« in Freiburg i. Br. promoviert.

37 Friedrich Julius Stahl eröffnet sein Hauptwerk mit dem Satz: »Rechtsphilosophie ist die Wissenschaft des Gerechten.« (Friedrich Julius Stahl, Die Philosophie des Rechts nach geschichtlicher Ansicht. Erster Band. Die Genesis der gegenwärtigen Rechtsphilosophie, Heidelberg 1830, S. 1)

*Dr. Habermas*[38] erklärte, man dürfe Stahl und Parsons nicht miteinander vergleichen. Sie seien nahezu konträr. Die deutsche Rechtsphilosophie des 19. Jahrhunderts sei historisch und individualistisch gewesen, Parsons dagegen unhistorisch und universalistisch.

*Dr. von Friedeburg* ergänzte die vorangegangenen Erörterungen, indem er neben der Angst vor der Krise auf den anderen Impuls der amerikanischen Sozialwissenschaft hinwies: das Selbstverständnis der eigenen (amerikanischen) Gesellschaft. Und es sei leicht einzusehen, daß hierbei Integrationsprobleme in den Vordergrund rückten.

So groß die Probleme im Zusammenhang mit dem amerikanischen »melting pot« auch seien, sagte *Prof. Adorno*, so könne man nicht übersehen, daß in einem gewissen Sinn die amerikanische Gesellschaft viel integrierter sei als irgendeine europäische. Man könne dies die Tendenz zur fortschreitenden Vergesellschaftung der Gesellschaft nennen. Die gesamte Ideologie kreise um die Tatsache, daß in einer durchgebildeten Tauschgesellschaft der Einzelne zur Funktion des Sozialen werde.

Doch wolle er jetzt die »Gretchenfrage« stellen: Kann man mit einem solchen Modell die Wirklichkeit einfangen?

Parsons unterscheide sich von Max Weber darin, daß er »aufs Ganze gehe« und die Totalität der Gesellschaft im Auge behalte.

*Herr Molitor* meinte, bei Parsons sei der Akzent zu sehr auf das Begriffliche gerichtet, die lebendige Wirklichkeit ließe sich nicht mehr darunter subsumieren.

*Prof. Adorno* hielt dem entgegen, daß das Parsonssche Begriffssystem viel zu weitmaschig sei. Statt einer Zwangsjacke fänden wir das Sternenzelt als Mantel! Verbindung zwischen dem Oberprinzip und den Unterbegriffen müsse hergestellt werden. Das wirklich Wichtige erscheine als bloßes Beispiel, als Illustration für die Kategorie. Damit sei das wirklich Wichtige nebensächlich geworden.

*Herr Mohl* fragte, ob das nicht in der Natur eines solchen umfassenden Begriffssystems liege, daß es einen hohen Abstraktionsgrad besitze.

*Prof. Adorno* stellte die Gegenfrage, ob sich die Realität dadurch erfassen ließe, daß man von anderen Wissenschaften abstrahiere. Könne man zum Beispiel das Wesen der Religion dadurch herausdestillieren, daß man wie die Unitarier die oberflächlichen Gemeinsamkeiten aller Weltreligionen zum Dogma erkläre. Die Brüche zwischen zwei Systemen seien ein besserer Schlüssel zur Realität als die Gemeinsamkeiten. Parsons übe eine gewisse Faszination aus, die sich erkläre, wenn man bedenke, daß er sowohl eine Totalität wie auch Empi-

---

**38** Jürgen Habermas wird 1954 mit der Schrift »Das Absolute und die Geschichte im Denken Schellings« in Bonn promoviert.

rismus »biete«. Doch sei seine Totalität eine Scheintotalität. Es handele sich darum, ob überhaupt abstrakte Begriffe die Bewegungsgesetze der Gesellschaft aufzeigen könnten.

## 149 Hans-Heinrich Ehrhardt, 15. Juli 1958

Protokoll[39] des soziologischen Hauptseminars vom 15. 7. 58.

Zur Ergänzung der Auseinandersetzung mit der Soziologie Talcott Parsons' trug Herr Dr. Habermas ein Referat über das System des Sozialanthropologen Arnold Gehlen vor.[40] Wie Parsons' Theorie des »social system« sich am Modell der modernen Bürokratie ausrichte und insofern seine Berechtigung als adäquate Registrierung gegenwärtiger gesellschaftlicher Formen habe, jedoch in einer Unfähigkeit des Begreifens dieser Formen aus der historischen Entwicklung Geschichte in Gegenwart aufgelöst habe, so sei auch Gehlen an gegenwärtig Institutionell-Geronnenem ausgerichtet, äußerlich gegenüber dem historischen Prozeß. Die Differenz der beiden Theorien bestehe darin, daß Parsons formalisierend ein heuristisches Kategoriensystem aufbaue, während Gehlen die gesellschaftlichen Bestimmungen aus anthropologischen Konstanten ableite.

Das anthropologische Gerüst von Gehlens Theorie sei gestützt auf die von Portmann u. a. entwickelte Kinetische Anthropologie, die den Menschen wesentlich als von den Konsequenzen seiner Frühgeburt bestimmt interpretiert.[41]

Der Mensch sei ein biologisch minderbemitteltes Wesen: Geschwächt in seinen Instinkten, verfüge er über keine angeborenen Bewegungsschemata gegenüber bestimmten Umwelt-Reizen, den Mangel einer solchen tierischen Erbmotorik müsse er durch eine Erwerbsmotorik auf Grund von Lernvorgängen ersetzen. Das Prinzip des Lernens am Erfolg und Mittel der Übertragung des Gelernten (Tradition) hätten den Menschen aus den Fesseln der Instinkt-Schemata gelöst, ihm die volle Ausnutzbarkeit seiner Sinnesmöglichkeiten im Gegensatz zum Tier verschafft, ihm jedoch einer Überflutung durch Reize ohne angebbare Signalfunk-

---

39 Die Vorlage ist handschriftlich verfasst.
40 Ein entsprechender Referatstext wurde nicht aufgefunden.
41 »Das menschliche Leben ist primär, in seiner ganzen Struktur bereits sozial. *[Absatz]* Dieses primäre Sozialgefüge läßt sich in der frühen nachgeburtlichen Zeit ganz besonders drastisch nachweisen. Es gelingt (auch wenn er hier nicht in Einzelheiten geführt werden kann) der Nachweis, daß unser Menschenleben von dem hoher Säugetiere dadurch abweicht, daß die Dauer der Entwicklung im Mutterleib nicht entsprechend dem Komplexitätsgrad unseres Rangs verlängert ist. Sie ist um rund ein Jahr zu kurz, wenn wir mit Säugernormen messen wollen. Die für das lernende Hineinwachsen in die obligatorische Sozialwelt eingesetzte Zeit ist also nicht nur durch Hinausschieben der sexuellen Reifung und durch späten Abschluß des Wachstums verlängert, sie wird vielmehr in besonders gewichtiger Weise erweitert, nach rückwärts gleichsam, durch die frühe Geburt.« (Adolf Portmann, Die Biologie und das Phänomen des Geistigen [1948], in: Adolf Portmann, Biologie und Geist, Zürich 1956, S. 9–49; hier: S. 26 f.)

tion in bezug auf instinktives Handeln ausgesetzt sowie den Ansprüchen einer nunmehr diffus dem rationalen Prinzip gegenüberstehenden Triebenergie.[42]

Diese konstitutionellen Schwierigkeiten oder Mängel zwängen den Menschen zur ›Verarbeitung‹, machen den Menschen zum ›zur Arbeit verurteilten Wesen‹. Die Sprache als eines der wichtigsten Hilfsmittel des Menschen ermögliche ihm dabei die Entlastung von Sofortreaktionen durch die mit ihr erreichte Überschaubarkeit und Beherrschbarkeit des ›Überraschungsfeldes‹.[43]

In einer szientifischen Verallgemeinerung solcher Befunde versuche nun Gehlen die Ableitung einer Notwendigkeit autoritärer Gesellschaftsverfassung, ausgehend von der Frage nach den Lebens- und Erhaltungsmöglichkeiten für ein solchermaßen instinktentbundenes, antriebsüberschüssiges und umweltoffenes Wesen. Nach Gehlen ist für ein Wesen in dieser biologischen Lage die Unterwerfung der Individuen unter die Gewalt von Institutionen Bedingung des Überlebens.[44] Die bloße, möglichst dauerhafte Reproduktion des menschlichen Daseins, in Gleichgültigkeit gegenüber der Frage nach dem gesellschaftlichen Charakter des Reproduzierten, ist in Gehlens Ausführungen, wie Dr. Habermas zeigte, der Zweck der gesellschaftlichen Bemühungen. Prof. Adorno machte darauf aufmerksam, daß dieser Aspekt des bloßen Bewahrens, in der Angst vor einem Zusammenbruch des gesellschaftlichen Gefüges, heute in der Gesellschaftswissenschaft im Gegensatz zu deren bürgerlichen Anfängen vordringlich werde.

Wie Dr. Habermas weiter ausführte, findet Gehlen in den dem Willen der Individuen gegenüber verselbständigten, sozusagen automatisch funktionierenden Institutionen die Form gesellschaftlicher Zwangssysteme, die den Aufgaben einer dauerhaften Reproduktion des menschlichen Lebens am besten gerecht

---

42 »Denn schon die Weltoffenheit ist [...] grundsätzlich eine *Belastung*. Der Mensch unterliegt einer durchaus untierischen *Reizüberflutung*, der ›unzweckmäßigen‹ Fülle einströmender Eindrücke, die er irgendwie zu bewältigen hat. Ihm steht nicht eine Umwelt instinktiv nahegebrachter Bedeutungsverteilung gegenüber, sondern eine Welt – richtig negativ ausgedrückt: ein *Überraschungsfeld* unvorhersehbarer Struktur, das erst in ›Vorsicht‹ und ›Vorsehung‹ durchgearbeitet, d.h. erfahren werden muß. Schon hier liegt eine Aufgabe physischer und lebenswichtiger Dringlichkeit: aus eigenen Mitteln und eigentätig muß der Mensch *sich entlasten, d.h. die Mängelbedingungen seiner Existenz eigentätig in Chancen seiner Lebensfristung umarbeiten.*« (Arnold Gehlen, Der Mensch. Seine Natur und seine Stellung in der Welt [1940], in: Arnold Gehlen, Gesamtausgabe, hrsg. von Karl-Siegbert Rehberg, Bd. 3, hrsg. von Karl-Siegbert Rehberg, unter Mitw. von Zuhal Bayraktar, Albert Bilo, Harry Klinkenberg, Herbert Müller, Joachim Mansky und Diethard Neugebauer, Frankfurt a. M. 1993, S. 35)
43 Vgl. das Kapitel »Handlung und Sprache«, ebd., S. 47–52.
44 Vgl. vor allem Arnold Gehlen, Urmensch und Spätkultur. Philosophische Ergebnisse und Aussagen, Bonn 1956.

werden. Was mal ein von individuellen Motivationen abhängiger Zweck war, mußte von diesen unabhängiger Selbstzweck der Institutionen werden, die dann ihrerseits die Motivationen der Einzelnen prüfen. Gehlen exemplifiziert dies am Bild des Betriebes in der modernen Gesellschaft, dessen Eigentümlichkeiten als soziales Zwangsgefüge er trotz seiner grundsätzlich ahistorischen Theorie, wie Dr. Habermas zeigte, auf archaische Verhältnisse rückprojiziert.[45] Andererseits bemerke Gehlen an den archaischen Institutionen vor allem den Vorteil gegenüber vergleichbarem in der modernen Gesellschaft, daß sie grundsätzlich nicht der Sinnfrage gegenüber offen waren, die virtuell ein Verlangen nach anderen Einrichtungen wach halte. In Gehlens Sicht sei die einer institutionalisierten Gesellschaft adäquate Ethik die Gesinnung, die den Einzelnen zum Baustein des Gesamtgefüges macht.[46] Hierzu bemerkte Prof. Adorno, der Begriff der Gesinnung bei Gehlen sei als zum Prinzip gemachte Heteronomie das Gegenteil dessen geworden, als was er zunächst bei Kant unter dem Prinzip der Autonomie der Persönlichkeit eingeführt worden war.

Nach Gehlen sind moderne Organisationen, da tendenziell zweckrational, eher als das für die archaischen gegolten habe, in Gefahr, auf den Sinn hin überprüft zu werden.[47]

Gehlens Haltung gegenüber der modernen Gesellschaft sei deshalb ambivalent: Einerseits registriert er größte Stabilisation und Gewaltlosigkeit, andererseits in der sinnbezogenen Rationalität Symptome des Verfalls des institutionellen Zwangs.[48]

---

45 Vgl. ebd., S. 39f.
46 »Es gibt Institutionen mit großen Ansprüchen, die geradezu habituelle Gesinnungen vorschreiben: seit alters im religiösen und militärischen, neuerdings im politischen Bereich. Eine *Gesinnung* im strengen Sinne ist ein ›mitverpflichteter‹ Komplex von Ideen, Gefühlen, Affekten und Verhaltensbereitschaften, der von außen, vom täglichen Handeln und Unterlassen her vorgeformt sein muß, der durch konsequente Kontrolle der Motivbildung herangeführt und entwickelt wird und so schließlich die Person von der Motivbildung überhaupt entlastet, also nur noch Anwendungsfälle motiviert.« (Ebd., S. 81)
47 Vgl. den Abschnitt »Verpflichtungsgehalt der Institutionen«, ebd., S. 67–73.
48 So heißt es etwa: »Der moderne Mensch lebt im Schnittpunkt sehr zahlreicher Institutionen, die dem Einzelnen gegenüber die beschriebene Selbstzweckrationalität geltend machen und diese Einzelnen über die Sachlagen hinweg in Beziehung setzen. Mit dem Begriff ›Selbstzweck‹ soll natürlich nicht gesagt sein, daß diese verselbständigten Ordnungsgefüge des Berufes, Verkehrs, der Familie, des Staates usw. im strengen Sinne ›letzte‹ Normen und Handlungsziele anweisen. Das habitualisierte Handeln in ihnen hat vielmehr die rein tatsächliche Wirkung, die Sinnfrage zu suspendieren. Wer die Sinnfrage aufwirft, hat sich entweder verlaufen, oder er drückt bewußt oder unbewußt ein Bedürfnis nach anderen als den vorhandenen Institutionen aus. Die ›Kulturkritik‹ verfährt meist nur als locker rationalisierter Ausdruck subjektiven Unbehagens.

Dr. Habermas machte abschließend auf einige prinzipielle Fehlschlüsse in Gehlens Theorie aufmerksam: Gehlens Sozialanthropologie mache die Zucht archaischer Zwangssysteme, den Triebverzicht, die Disziplin und Unterwerfung der Einzelnen zur natürlichen und damit wünschbaren Verfassung menschlichen Lebens. Dagegen sei in dem Maß des Lernens gesellschaftlicher Fähigkeiten auch die Möglichkeit sich steigernder Unabhängigkeit von den sozialen Zwangssystemen gegeben. Gehlens Invariantenlehre sei ahistorisch, weshalb sich in ihr auch gewissermaßen unter der Hand Veränderungen der Kategorien vollzögen: In einem Übergang vom rein anthropologischen zum historisch-soziologischen werde, was für primitive Kulturen gelten möge, allen Kulturen als Maßstab zugerechnet; während bei der Analyse archaischer Institutionen Gehlen wiederum unbewußt von Verhältnissen geleitet sei, die gerade für die gegenwärtige Gesellschaft exemplarisch seien.

Zum Verhältnis von Wirtschaft und Gesellschaft bei Gehlen bemerkte Dr. Habermas, daß die Frage nach der Reproduktion des Lebens in der Gesellschaft reduziert sei auf die Frage nach institutioneller Mobilität als solcher. Es finde sich der Warentausch aufgezählt unter allen Beziehungen, die unter der anthropologischen Kategorie der Gegenseitigkeit subsumierbar seien, worunter auch die Sprache, welche Beziehungen dann auf das Maß ihrer Institutionalisierung überprüft würden, oder inwiefern sie als ›sozialer Zement‹ fungieren."[49]

Die Formen des Wirtschaftens seien abgeleitet aus irrationaleren, dauerhaften, deshalb von Gehlen als früher oder primär angenommenen Institutionalisierungen.[50]

Prof. Adorno führte nun, wobei er an den Anspruch einer dialektischen Kritik erinnerte, sich die kritisierten Argumente zunächst zu eigen zu machen, die Gehlenschen Theorien auf die Einsicht zurück, daß Zivilisation Zucht, Lebens-

---

Wird die Frage nach Institutionen höchsten Ranges, also nach letzten Normensystemen aufgeworfen, so kündigen sich sehr dramatische Auseinandersetzungen an.« (Ebd., S. 69)

49 »Im Normalfalle breiter Verkehrsflächen gegeneinander zeigen gerade die primitiven Gesellschaften deutlich, daß der Warentausch keineswegs auf die abstrakt ökonomische Seite reduziert ist, sondern daß er eine nichtökonomische Seite hat, also sozusagen als Sozialzement wirkt. Der Tausch wird dann geradezu zur führenden Figur des gesellschaftlichen Handelns, man tauscht Waren, Riten, Tänze, Zauberformeln, Feste, Begräbnisdienste, Kinder, heiratbare Mädchen – er wird ein Doppelgänger der Sprache im nichtflüchtigen Material.« (Ebd., S. 51f.)

50 »Unsere These ist nun die, daß die von der Gegenseitigkeit aus entwickelten und durchgehaltenen, dann verselbständigten Sozialstrukturen die elementaren und ursprünglichen Erfüllungsstellen für das Primärbedürfnis der Soziabilität hergeben. *[Absatz]* Der Warentausch hat ursprünglich eine nichtökonomische Seite, die wesentlich ist, und es ist selbst heute noch schwer, Beispiele für ein kontinuierliches, ›chemisch reines‹ ökonomisches Verhalten zu finden.« (Ebd., S. 53)

führung, Disziplin und Herrschaft voraussetze und auf die daraus resultierende Frage, ob Zivilisation ohne das Moment von Herrschaft denkbar sei. Der Ernst von Gehlens Ansatz liege in der Frage, ob in einem späteren Stadium, in dem die Disziplin überflüssig zu werden scheint, der Rückfall in die Barbarei unvermeidbar sei. Jedoch sei andererseits die Möglichkeit eines Neuen dialektisch zu begreifen, ohne dieses Neue als transzendentes von außen dem Bestehenden anzufügen. Prof. Adorno wies in diesem Zusammenhang auf die Theorien Herbert Marcuses hin, die allerdings unmöglich blieben im Rahmen einer naturalkategorialen Betrachtung.

In der anschließenden Diskussion sagte Herr Molitor, die Ergänzungsbedürftigkeit des Menschen als Rechtfertigung der Institutionalisierung bliebe bei Gehlen im biologischen Raum – ob demgegenüber aber Gehlen auch eine Ergänzungsbedürftigkeit im geistigen Sinn kenne? Dr. Habermas antwortete, dies sei nicht der Fall, jedoch habe Gehlen in späteren Arbeiten eine Art Selbstkorrektur vollzogen, indem er eine zweite Wurzel der Institutionalisierungen neben der Herleitung als Instrumente der Lebenssteigerung anerkenne: ein vom Muster arbeitsmäßigen Handelns abweichendes Verhalten, das sich als darstellendes oder mimetisches Verhalten bezeichnen lasse.[51]

Prof. Adorno sagte, im wesentlichen sei der Geist bei Gehlen als verlängerter Arm aufgefaßt, ohne Möglichkeit der Verselbständigung, was die Voraussetzung für einen ›totalen Ideologieverdacht‹ gebe. Ein Teilnehmer des Seminars sagte, die ausgeführte Kritik an Gehlen basiere auf der Zuversicht auf eine Konzeption eines von Naturinvarianten freien Menschen und stellte die Frage, woher eine solche Konzeption ihre Legitimation nehme.

Prof. Adorno verwies in seiner Antwort zunächst auf seine Bemerkungen hinsichtlich der Berechtigung des Gehlenschen Ansatzes und anschließend auf die Frage, ob es andererseits möglich sei, den Menschen auf die Invarianten zu reduzieren. Der Unterschied eines schamanengläubigen Wilden und eines ratio-

---

51 So heißt es etwa: »Wenn das hier abgeleitete, vom Gegenstand her bestimmte Verhalten an der *Wirklichkeit* desselben schlechthin orientiert ist, dann sprechen wir von *Transzendenz ins Diesseits*. Diese sehr bedeutende und ursprüngliche Verhaltensform besteht in der *Darstellung*, die Darstellung erfolgt zuerst als Nachahmung, als imitatorischer Ritus. Das rituell darstellende Verhalten geht *nicht* mehr, wie sonst jedes menschliche Handeln, auf eine *Veränderung* des Gegenstandes, gerade weil sein Inhalt das Sein desselben ist. Es geht also nicht mehr um ein Verbessern, Veredeln, Anreichern des Gegenstandes dieses Verhaltens, um irgendeine Veränderung, und es ist einsichtig, daß allein ein solches nichtveränderndes Handeln die Vorstellung eines dauernden, zeitüberlegenen Daseins zu tragen vermag. Es ist dies die Stufe daseiender, sichtbarer und doch transzendenter Wesenheiten, welche eine archaische Kultur geradezu charakterisiert.« (Ebd., S. 18)

nal denkenden Menschen erscheine ihm gesellschaftlich wichtiger als die Tatsache ihrer Gemeinsamkeiten. Ein dynamisches Denken sei wesentlich an die Vorstellung eines Invarianten gebunden, jedoch sei das Invariante nicht zum Schlüssel der Erkenntnis zu machen – die Herauspräparierung der invarianten Momente in Verfolg der Ideale der positiven Wissenschaftlichkeit sei einer optischen Täuschung zu vergleichen: durch sie gewännen die Invarianten ihrerseits einen gesellschaftliche vermittelten Stellenwert. Herr Borgmeier[52] wies darauf hin, daß bereits eine biologisch orientierte Beurteilung der Gehlenschen Theorie Material zu ihrer Kritik liefern könne.

Die restliche Zeit des Seminars nahm ein Teil des Referats von Herrn Wilkening über Staat und Wirtschaft in den USA ein.[53]

---

52 Korrigiert für: »Borkmeyer«; d.i. Klaus Borgmeier.
53 Werner Wilkening, »Staat und Wirtschaft in den USA«, UAF Abt. 139 Nr. 3.

# Wintersemester 1958/59: Hegels »Philosophische Propädeutik«

Philosophisches Proseminar

In diesem Semester hält Adorno zudem die philosophische Vorlesung »Ästhetik« und gibt das philosophische Hauptseminar »Kausalität [I]« sowie das soziologische Seminar »Kunstsoziologie«

Das Seminar findet montags von 16:30 Uhr bis 18 Uhr statt

**150** TWAA Pr 17/6–7; **151** TWAA Pr 17/8–10; **152** TWAA Pr 17/13–15; **153** TWAA Pr 17/16–17; **154** TWAA Pr 17/18–21; **155** TWAA Pr 17/22–25; **156** TWAA Pr 17/26–29; **157** TWAA Pr 17/30–32

## 150  Elisabeth Stehfen,
10. November 1958

E. Stehfen

*Protokoll* der Seminarsitzung vom 10.[1] 11. 1958

Herr Professor Adorno eröffnete die erste Sitzung des Proseminars[2] damit, daß er die kommende Arbeit als Experiment bezeichnete. Im Mittelpunkt soll Hegels Philosophische Propädeutik stehen. Dem philosophischen Laien begegnet die Geschichte der Philosophie als ein Nacheinander von mehr oder weniger befriedigenden Welterklärungen, die er zumeist bloß nach ihrem Schwierigkeitsgrad beurteilt. Dem gesunden Menschenverstand allenfalls zugänglich erscheinen etwa Texte von Descartes, von Locke oder Hume, deren Studium man sich im Hinblick auf philosophische Examina widmet. Kants Prolegomena bereits und endlich Hegels »Phänomenologie des Geistes« thronen ihm in unverständlicher Ferne, in ihrer Kompliziertheit allein dem zugänglich, der die Gedanken der großen vorhegelischen Systeme seit Descartes bereits nachvollzogen hat. Das Hegelsche System ist in der Tat Resultat der bürgerlichen Philosophie insofern, als es alle wesentlichen Elemente vorausgegangenen philosophischen Denkens enthält. Doch bietet gerade das Studium des Kompliziertesten erst die Möglichkeit, den Sinn des Früheren, weniger Differenzierten, zu begreifen. Wer etwa gewissenhaft die gemeinhin als leichtverständlich geltende Philosophie Descartes' studiert, wird bei aller Klarheit der Gedankenführung auf unaufgelöste Widersprüche stoßen, etwa auf folgenden: wie es der denkenden Substanz (res cogitans) eigentlich möglich sein könne, klare und deutliche Einsichten zu haben in das Wesen der ausgedehnten Substanz (res extensa), die doch gerade als dem Denken wesensverschieden bestimmt wird.[3] Solche dem einzelnen Denker selbst oftmals nicht bewußte Dunkelheit erhellt sich erst im Zusammenhang des Ganzen, wie Hegel ihn im Begriff der Totalität zum Bewußtsein gebracht hat.

Hegels Philosophische Propädeutik stellt gleichsam einen Extrakt seiner Philosophie dar; sie trägt einen unter den Hegelschen Schriften eigentümlichen dogmatischen Charakter. Darin äußert sich die pädagogische Absicht Hegels, daß

---

1 Korrigiert aus: »9.«.
2 Aus einer Notiz, die sich unter den Materialen des Seminars findet, geht hervor, dass es »Prof. Adorno gehalten für Prof. Horkheimer« (TWAA Pr 17/135) hat.
3 Vgl. den Abschnitt »Über die Existenz materieller Dinge und die reale Unterscheidung des Geistes vom Körper«, in: René Descartes, Meditationen [1641], hrsg. und übers. von Christian Wohlers, Hamburg 2009 (Philosophische Bibliothek; 596), S. 79–97.

der Studierende zunächst einmal den Text als solchen aufzunehmen habe, auch wenn er ihn in allen Einzelmomenten vollständig gar nicht versteht. Die dogmatische Darstellung impliziert zugleich den Glauben, daß durch die konkrete Bestimmung der Widersprüche in partikularen Urteilen hindurch als Resultat sich die Wahrheit des Ganzen einstelle.

Nach der Verteilung der Referate versuchten wir eine vorläufige Bestimmung des Begriffs der Dialektik. Es tauchte zunächst jene handliche Definition von Dialektik auf, die sie als der geschichtlichen Entwicklung inhärente Bewegung von der Thesis über die Antithesis zur Synthesis bestimmt. Hegel bezieht darüber hinaus auch die Natur in die dialektische Bewegung ein. Diese den Objekten selbst innewohnende dialektische Bewegung nennt er »Realdialektik«.[4] Sie ist nur ein Aspekt des Hegelschen Begriffs der Dialektik. Hegel hat eine Scheidung von Form und Inhalt nicht anerkannt. Gegenüber der Kantischen Vorstellung, daß im Erkenntnisprozeß das dem Subjekt bloß äußerliche sinnliche Material kategorisiert werde, ist Hegels Methode nichts der Sache von außen gewaltsam Aufgeprägtes, sondern sie reflektiert vielmehr die Bewegung der Sache selbst. So ist dialektisches Denken die Anstrengung des Begriffs, der das Wesen der Sache bestimmt, und doch zugleich reines Zusehen. Dieser Doppelcharakter der Dialektik ist untrennbar von der Annahme, daß die Sache kein dem erkennenden Subjekt äußerlicher Inhalt, sondern selbst ein Geistiges sei, die Identität des Nichtidentischen. Der Begriff der Identität von Subjekt und Objekt ist den Philosophen des deutschen Idealismus gemein. Diese unternehmen den Versuch, die Grenzen zu überschreiten, die Kant der Erkenntnis gezogen hatte, nämlich: das Ding an sich zu erkennen. Hegel geht insofern über Kant hinaus, als er den nach Kant unversöhnlichen Gegensatz von denkendem Subjekt und gegenständlicher Welt als vom Denken selbst gesetzten Dualismus begreift. Die Vernunft aber, die sich selbst Grenzen der Erkenntnis zieht, setzt bereits voraus, daß, was jenseits der Grenze sich befindet, ihr je schon bekannt sei. Im Hegelschen Denken lebt die

---

[4] Der Begriff der »Realdialektik« lässt sich bei Hegel nicht finden. In der Vorlesung zur *Einführung in die Dialektik* vom Sommersemester 1958 führt Adorno den Begriff auf Hermann Wein zurück: *Also Sie hören etwa auf der einen Seite von dialektischer Methode als einem Verfahren, das darin besteht, einen Gegenstand in der notwendigen Bewegung seiner Widersprüche zu entfalten. Sie hören aber auf der anderen Seite, um das heute und vor allem seit Hermann Wein sehr viel gebrauchte Wort zu verwenden, von Realdialektik, das heißt von einer Dialektik, die sich in der Sache selber abspielt, die ihrem eigenen Begriff nach sich in Widersprüchen bewegen soll. Wenn Sie das in dieser Form hören, dann drängt sich Ihnen wahrscheinlich zunächst einmal als eine notwendige Denkkonsequenz auf, daß, damit dieser Begriff von Dialektik in der Doppelschlächtigkeit gehandhabt werden kann, die ich versucht habe Ihnen zu bezeichnen, eine Art von Identität zwischen dem Denken und dem Sein angenommen werden muß.* (NaS, Bd. IV·2, S. 13f.) – Vgl. Hermann Wein, Realdialektik. Von Hegelscher Dialektik zu dialektischer Anthropologie, München 1957.

Hoffnung, daß der Geist, sofern er sich kritisch seiner eigenen Bewegung versichert, des Absoluten mächtig werden könne.

## 151 Volker Amend,
## 17. November 1958

V. Amend

*Protokoll der Sitzung des philosophischen Proseminars
vom 17. 11. 1958.*

I. Verlesung des Protokolls vom 10. 11. 1958 durch Frl. Stehfen.

II. Das Protokoll wies darauf hin, daß bei den Philosophen, die gemeinhin als leichtverständlich gelten, oft entscheidende Fragen umgangen werden, und nannte als Beispiel das Verhältnis der »res cogitans« zur »res extensa« bei Descartes. Dazu wurde ergänzt, daß beide res bei Descartes durch den »influxus physicus« verbunden sind.[5] Dies sei jedoch als dogmatisch empfunden worden und habe spätere Philosophen, unter anderen Leibniz, dazu angeregt, eine Verbindung der beiden res entweder anders zu begründen oder zu widerlegen.

III. Indem Prof. Adorno darauf hinwies, man bekomme auf die Frage »Was ist Dialektik?« meist die Antwort, Dialektik sei die Form, in der die geschichtliche Entwicklung vor sich gehe, sagte er, solche Antworten seien unbefriedigend. Als ein Ziel des Proseminars bezeichnete er, daß das Unbefriedigende solcher Ansichten gespürt und die Verbindung der Philosophie mit der Wirklichkeit aufgedeckt werden müsse. Die verschiedenen Philosophien seien nämlich keine vereinzelten, privaten Weltanschauungen einiger Gelehrter, sondern es gebe immer etwas Zwingendes, das zu ihrer Konzeption führe, und zudem seien sie alle untereinander verbunden.

IV. Anschließend referierte Herr Moos über Hegels Leben und Werk.[6]
Am 27. 8. 1770 wurde Hegel in Schwaben geboren und besuchte in Stuttgart das Gymnasium. Dort befaßte er sich mit der antiken Literatur. Bemerkenswert sind in dieser Zeit zwei Aufsätze (»Über die Religion der Griechen und Römer« und »Über einige charakteristische Unterschiede der alten Dichtern«), die er 1787 schrieb.[7] 1788 trat er als Student in das Tübinger Stift ein, wo er die Freundschaft

---

5 S. Anm. 3.
6 Der Referatstext »Hegel: Leben und Werke« von Karlheinz Moos wurde nicht aufgefunden.
7 Der zweite Text datiert von 1788; vgl. Georg Wilhelm Friedrich Hegel, Ueber die Religion der Griechen und Römer. 1787. 10. August, in: Georg Wilhelm Friedrich Hegel, Gesammelte Werke, in Verb. mit der Deutschen Forschungsgemeinschaft hrsg. von der Rheinisch-Westfälischen Aka-

Hölderlins und Schellings gewann, mit denen er zunächst durch das gemeinsame, von der Französischen Revolution erweckte, politische Interesse verbunden war. Nach seinem theologischen Kandidatenexamen trat Hegel 1793 eine Hauslehrerstelle in Bern an. Hier wird er durch Kants »Religion innerhalb der Grenzen der bloßen Vernunft«[8] stark beeinflußt. 1795/96 entstehen einige Fragmente über die »Positivität der christlichen Religion«.[9] Er zeigt darin, wie die Autonomie der Vernunft durch die Entwicklung der Dogmatik immer mehr beschränkt wird. Er verurteilt also, wie Prof. Adorno ergänzend hinzufügte, die Positivität. Später wird seine Stellung dazu weniger ablehnend. Die Positivität objektiver Dogmen ist dem Subjekt zwar fremd, läuft der Vernunft und der Freiheit zwar zuwider, ist aber vom Subjekt gesetzt und läßt sich daher mit ihm vereinigen.

1797 wurde Hegel von Hölderlin eine Hauslehrerstelle in Frankfurt/Main vermittelt.[10] Hier trieb er politische, historische und theologische Studien und erwarb sich empirische und einzelwissenschaftliche Erkenntnisse. So schrieb er unter anderem einen Kommentar zu »Inquiry into the Principles of Political Economy« von Steuart[11] (1799). Weiterhin setzte er sich mit Kant kritisch auseinander, dessen »Metaphysik der Sitten«[12] er kommentierte (1798).[13] Hier faßte er den Plan zu einem eigenen philosophischen System, zu dem er im Jahre 1800 auch einen Entwurf anfertigte.[14]

1801 kam Hegel als Privatdozent nach Jena, dem Zentrum der neuen philosophischen Bewegung, wo damals Reinhold, Fichte und Schelling lehrten. Hier entwarf er 1801/02 ein eigenes philosophisches System, das, wenn es auch Anklänge an Schelling zeigt, doch eine eigenständige Arbeit ist.[15] Im Wintersemester 1803/04 hielt er eine Vorlesung über das »System der spekulativen Philosophie«

---

demie der Wissenschaften, Bd. 1, hrsg. von Friedhelm Nicolin und Gisela Schüler, Hamburg 1989, S. 42–45, sowie Georg Wilhelm Friedrich Hegel, Ueber einige charakteristische Unterschiede der alten Dichter. 1788. 7. August, ebd., S. 46–48.
8 Vgl. KW, Bd. VIII, S. 645–879.
9 Vgl. HW, Bd. 1, S. 104–217.
10 Die endgültige Vermittlung der Stelle durch Hölderlin erfolgt bereits ein Jahr zuvor, Hegel kann sie jedoch erst im Januar 1797 antreten.
11 Korrigiert für: »Stewart«. – Vgl. James Steuart, An Inquiry into the Principles of Political Economy: Being an Essay on the Science of Domestic Policy in Free Nations, in which are particularly considered Population, Agriculture, Trade, Industry, Money, Coin, Interest, Circulation, Banks, Exchange, Public Credit, and Taxes, London 1767.
12 Vgl. KW, Bd. VII, S. 7–102.
13 Vgl. Karl Rosenkranz, Georg Wilhelm Friedrich Hegels Leben [1844], mit einer Nachbemerkung zum Nachdruck 1977 von Otto Pöggeler, 2. Aufl., Darmstadt 1988, S. 86–88.
14 Vgl. HW, Bd. 1, S. 419–427.
15 Vgl. HW, Bd. 2, S. 9–138.

mit den Teilen Logik und Metaphysik, Philosophie der Natur und Philosophie des Geistes.[16] 1805 wurde Hegel außerordentlicher Professor, 1805/06 entstand die »Phänomenologie des Geistes«, in der er die Wesensverbindung zwischen Denken und Sein, zwischen Begriff und Realität herzustellen versucht und als den Weg dazu die Selbstreflexion findet, die zum absoluten Erkennen führt. 1807 ging Hegel als Redakteur nach Bamberg,[17] 1808 wurde er Leiter der philosophischen Vorbereitung und Rektor am Gymnasium in Nürnberg, wo er im Jahre 1811 auch heiratete. Aus dieser Zeit stammt die »Philosophische Propädeutik«, ein vierjähriger Kursus für die Oberklassen.[18] Hierbei vertrat Hegel die Ansicht, daß die Philosophie erlernbar sei, denn wenn man den Inhalt der Philosophie, die ja eine Wissenschaft sei, erlerne, philosophiere man wirklich. Kant dagegen hatte behauptet, man könne nicht die Philosophie, wohl aber das Philosophieren lernen. Nach Hegel soll der philosophische Unterricht an Gymnasien eine Vorbereitung sein, der Erziehung zum abstrakten Denken dienen und schließlich zu den schwierigeren, dialektischen und spekulativen Formen des Denkens hinführen.

In dieser Zeit hielt Hegel auch fünf Gymnasialreden, 1809 eine Würdigung der antiken Sprache,[19] 1810 über einige methodische Grundsätze,[20] 1811 über die Schule als Verbindung zwischen Familie und wirklicher Welt,[21] 1813 über die Gymnasialbildung als Vorbereitung auf das Berufsleben[22] und 1815 über die Umwälzungen der Gegenwart und die Aufgaben der Erziehung in einer solchen Zeit.[23] In seiner Rede von 1810 legte Hegel dar, daß man eine Kenntnis nicht durch das bloße Empfangen, sondern durch das Ergreifen und Anwenden derselben zu seinem Besitz mache.[24] Hier fügte Prof. Adorno an, daß dies eine allgemeine Ansicht der Zeit gewesen sei, die auch Fichte vertreten habe, wie auch sonst Hegel

---

[16] Hegel hält im angegebenen Semester eine Vorlesung des Titels »philosophiae speculativae systema, complectens a) Logicam et Metaphysicam, sive Idealismum transscendentalem b) philosophiam naturae et c) mentis«.

[17] Hegel arbeitet von 1807 bis 1808 als Redakteur für die ›Bamberger Zeitung‹.

[18] Vermutlich ist weniger an die »Texte zur Philosophischen Propädeutik« (HW, Bd. 4, S. 7–302) insgesamt gedacht, die aus den Unterrichten der Ober-, Mittel- und Unterklassen hervorgehen, als vielmehr speziell an die »Philosophische Enzyklopädie für die Oberklasse« [1808–1811] (ebd., S. 9–69).

[19] Vgl. ebd., S. 312–326.

[20] Vgl. ebd., S. 327–343.

[21] Vgl. ebd., S. 344–359.

[22] Vgl. ebd., S. 360–367.

[23] Vgl. ebd., S. 368–376.

[24] »Schränkte aber das Lernen sich auf ein bloßes Empfangen ein, so wäre die Wirkung nicht viel besser, als wenn wir Sätze auf das Wasser schrieben; denn nicht das Empfangen, sondern die Selbsttätigkeit des Ergreifens und die Kraft, sie wieder zu gebrauchen, macht erst eine Kenntnis zu unserem Eigentum.« (Ebd., S. 332)

nicht als einzelner gesehen werden dürfe, sondern in einem Netz von persönlichen Verbindungen und Beziehungen, die in einem weit stärkeren Maße, als es heute überhaupt möglich sei, das geistige Leben geeint hätten. Der Idealismus sei als Ausdruck des frei werdenden Bürgertums eine Kollektivbewegung gewesen.

In den Jahren 1812/1816 entstand außerdem die »Wissenschaft der Logik«. Hier stellt Hegel dar, wie die Logik, die subjektive Form des Denkens, zur objektiven Struktur des Geistes entwickelt wird. Auch die Dialektik von Sein, Nichts und Werden wird hier dargestellt.

1816 erhielt Hegel eine Professur in Heidelberg und gewann hier seine ersten Anhänger. 1817 erschien die »Enzyklopädie der philosophischen Wissenschaften im Grundrisse«, in der Hegel alle philosophischen Disziplinen in einem System zusammenfaßt, wobei das einende und beherrschende Moment die Idee ist.

1818 kam Hegel nach Berlin, wo er viele Anhänger fand, unter ihnen der Minister Altenstein.[25] Hier interessierte er sich für Kunst und Theater. Er unternahm Reisen nach Holland, Wien, Paris und Karlsbad, traf zweimal mit Goethe zusammen[26] und versöhnte sich wieder mit Schelling, den er durch eine Kritik in der »Phänomenologie des Geistes« verletzt hatte.[27] 1820 entstand die »Philosophie des Rechts«. 1827 wurden die »Jahrbücher für wissenschaftliche Kritik« erstmalig herausgegeben, eine Zeitschrift, in der Hegel die Werke mehrerer Zeitgenossen, so Humboldts und Görres', rezensierte.[28]

1829/30 war Hegel Rektor der Universität Berlin. In dieser Eigenschaft hielt er drei Reden in lateinischer Sprache, davon eine über die englische Reformbill.[29]

---

25 Hegel wird vom Minister für Geistliche, Unterrichts- und Medizinalangelegenheiten, Karl Siegmund Franz von Stein zum Altenstein, als Nachfolger Fichtes an die Berliner Universität berufen.
26 Hegel besucht Goethe tatsächlich dreimal: 1818, 1827 und 1829.
27 Ohne Schelling namentlich zu nennen, spricht Hegel deutlich über dessen System im Sinne eines »einfarbige[n] Formalismus«: »Irgendein Dasein, wie es im *Absoluten* ist, betrachten, besteht hier in nichts anderem, als daß davon gesagt wird, es sei zwar jetzt von ihm gesprochen worden als von einem Etwas; im Absoluten, dem A = A, jedoch gebe es dergleichen gar nicht, sondern darin sei alles eins. Dies eine Wissen, daß im Absoluten alles gleich ist, der unterscheidenden und erfüllten oder Erfüllung suchenden und fordernden Erkenntnis entgegenzusetzen oder sein *Absolutes* für die Nacht auszugeben, worin, wie man zu sagen pflegt, alle Kühe schwarz sind, ist die Naivität der Leere an Erkenntnis.« (HW, Bd. 3, S. 22f.)
28 Vgl. HW, Bd. 11, S. 131–204, sowie ebd., S. 487–513.
29 Bei den drei Reden in lateinischer Sprache handelt es sich um die »Rede bei der Promotion des Dr. Rose« (vgl. Georg Wilhelm Friedrich Hegel, Berliner Schriften 1818–1831, in: Georg Wilhelm Friedrich Hegel, Sämtliche Werke. Neue kritische Ausgabe, hrsg. von Johannes Hoffmeister, Bd. XI, Hamburg 1956 [Philosophische Bibliothek; 240], S. 22–24), die »Rede beim Antritt des Rektorats an der Berliner Universität« (vgl. ebd., S. 25–29) sowie die »Rede bei der dritten Säkularfeier der Übergabe der Augsburgischen Konfession« (vgl. ebd., S. 30–55). Die Abhandlung –

Am 14. 11. 1831 starb Hegel, wie es offiziell hieß, an Cholera, wie Prof. Adorno erklärte, an einem Herzschlag.³⁰

V. Anschließend an das Referat ging Prof. Adorno auf den Vorwurf ein, den Jaspers gegen Schelling, Schopenhauer und Kierkegaard gegen Hegel erhoben haben, daß sie nämlich nicht existentiell genug gedacht hätten.³¹ Er führte dazu aus, Hegel sei kein abstrakter Philosoph gewesen, sondern habe eine Masse von Realitäten gehabt. Alle Strömungen seiner Zeit, so historische, politische und psychologische, seien in ihm gewesen. Er habe sie allerdings nicht ausgelebt, sondern nach innen gewendet. In der Innerlichkeit des Bewußtseins wiederhole sich, und zwar intensiver, das ganze Leben, etwa wie in der Musik, die nach Schopenhauer »die Welt noch einmal« sei.³² Äußerlich sei Hegel zwar ein Repräsentant der bürgerlichen Klasse gewesen, habe aber unter dieser Maske im Geist das ganze Leben reproduziert.

---

nicht etwa die Rede – »Über die englische Reformbill« (vgl. HW, Bd. 11, S. 83–128) entsteht und erscheint indes 1831.

30 Dass Hegel an der Cholera erkrankt sei, wird von der Forschung unterdessen angezweifelt, die nunmehr davon ausgeht, er sei an einer gastroenteritischen Erkrankung gestorben.

31 »Schelling ist das große Beispiel reflexiven Philosophierens, das sich seiner bewußt, aber nicht radikal bewußt wird. Er sucht den Boden und den Halt. Im Gedanken sucht er zu fassen, was die ›Wirklichkeit‹ sei. Er gelangt in die Situation dessen, was er Existentialphilosophie nannte und was seit Kierkegaard Existenzphilosophie heißen kann. Er formuliert einen für einen Augenblick hinreißenden Existenzbegriff, aber verkehrt ihn sogleich, sofern er ihn in einem gnostischen, nicht existentiellen Sinne trifft. Er kommt praktisch in Berührung mit dem Existenzgedanken, aber versagt sofort im Urteil wie im Handeln. Er bringt treffende Formulierungen auf dem Wege, aber ohne sie grundsätzliche zu begreifen und festzuhalten.« (Karl Jaspers, Schelling. Größe und Verhängnis, München 1955, S. 343)

32 Zu diesem Fehlzitat vgl. NaS, Bd. IV·3, S. 77, sowie die entsprechende Anm. des Hrsg., ebd., S. 423.

## 152 Otto-Ernst Laske, 15. Dezember 1958

*Protokoll der Sitzung des Philosophischen Proseminars vom 15. 12. 58*

1.

Die vorausgehende Stunde, vornehmlich der Entfaltung verschiedener Grundbegriffe gewidmet, nahm ihren Ausgang von der Darstellung des Wesens der *Arbeit*, wie es am Verhältnis von Herr und Knecht in der Hegelschen Phänomenologie hervortritt.[33] »Arbeit« wird von Hegel bestimmt als eine »Mitte« zwischen dem Menschen und der Welt; als »vermittelnde Bewegung« nicht nur im negativen Sinne des Zerstörens, sondern als positives Vernichten der natürlichen Unmittelbarkeit. Sie ist als formierendes Tun das Fürsichwerden des Subjekts innerhalb der Entäußerung: Wesen des Menschen ist die Selbsterzeugung als Prozeß.

Denn der Mensch *ist* nur, indem er sich und die Welt hervorbringt und kann nur als Resultat seines gegenständlichen Tuns begriffen werden. Im produktiven Arbeitsprozeß entwickelt sich sowohl die praktische wie theoretische *Bildung* des Menschen, weil nur in der tätigen Auseinandersetzung mit der Welt er zum Allgemeinen des Geistes sich hinaufzubilden vermag.

Eine derartige Auffassung von Arbeit ist ein Novum, ist Errungenschaft des 19. Jahrhunderts; denn erst mit Heraufkunft der modernen bürgerlichen Gesellschaft wird Arbeit »ehrlich«. Das hohe Lied der Arbeit, zum ersten Mal gesungen von Saint-Simon,[34] ist die Ideologie der – Bürger und Proletarier noch ungeschieden in sich schließenden – revolutionären Klasse, die gegen die Herrschaft des Absolutismus sich erhob.

Das Ethos der Feudalen, charakterisiert durch die Verachtung der Arbeit und die Verklärung der Muße, verfiel gegenüber den Ansprüchen der industriellen Gesellschaft selber in acht.

Die Dialektik der Arbeit, deren erste Bestimmtheit Sein für Anderes und Knechtschaft war, kommt zur Erscheinung darin, daß in dem aktiven Verhältnis zur gegenständlichen Welt das knechtische Bewußtsein zu sich selbst gelangt, sich überwindet zu der Freiheit gegenüber dem Objekt. Diese innere Gegenbe-

---

33 Vgl. den Abschnitt »Selbständigkeit und Unselbständigkeit des Selbstbewußtseins; Herrschaft und Knechtschaft«, HW, Bd. 3, S. 145–155.
34 Zum Arbeitsethos Saint-Simons vgl. etwa [Henri] comte de Saint-Simon und A[ugustin] Thierry, De la réorganisation de la société européenne, ou de la nécessité et des moyens de rassembler les peuples de l'Europe en un seul corps politique, en conservant a chacun son indépendance nationale, Paris 1814.

wegung aber setzt ein auf seiten des Herrn selber. Herausgenommen aus der Wechselwirkung mit der Welt und dem Genuß verfallen, gerät der Feudale in die Abhängigkeit und geht seiner Herrschaftsgewalt verlustig.

2.

Die Auseinandersetzung der Selbstbewußtseine, wie sie im Verhältnis von Herr und Knecht sich darstellt, steht für Hegel am Anfang des sozialen Geschehens überhaupt.

Als *diese* Aus-ein-ander-setzung[35] aber ist sie nur *eine* Stufe der Bewegung des Begriffs selber, der in der Phänomenologie des Geistes in der Verwandlung seiner verschiedenen Gestalten sich verwirklicht. Wissenschaft des erscheinenden Wissens, trachtet sie, die Entfaltung des individuellen Bewußtseins zu leisten in eins mit der des allgemeinen Geistes. In ihr wird ernst gemacht mit der Erkenntnis, daß philosophische Wahrheit nicht in der Form eines Urteils auszusprechen, – sondern als *Prozeß* darzustellen sei, der von der sinnlichen Gewißheit und Wahrnehmung fortschreitet zum absoluten Wissen.

Was das Bewußtsein von Stufe zu Stufe vorantreibt, ist die Negativität jedes erscheinenden Inhalts, der innere Zwiespalt eines besonderen Urteils.

Schon in der einfachen Wahrnehmung – wie »es ist Nacht« – liegt das Moment des Gegensatzes zum Tag, die Vergänglichkeit des Nachtseins eingeschlossen: In ihr ist die ganze Erfahrung des Einzelnen mitgedacht, und der historische Charakter dieser Erfahrung, das Verhältnis zur Natur und der Menschen untereinander, überhaupt.

Dies macht erst die Wahrheit eines Satzes aus: daß er über sich hinaus entfaltet wird zur Konkretion seines Inhalts im Begriff.

Denn das empirische Bewußtsein kann an dem sinnlichen Inhalt *Wahrheit* haben einzig um deswillen, daß es zugleich auch sein Anderes, daß es absoluter Geist ist. Darum darf es bei der bloßen Wahrnehmung nicht sich aufhalten, sondern muß, um nicht Lüge zu werden, fortgehen bis zum Wissen seiner selbst: Auch das Universum wäre noch nicht die Wahrheit, sondern wäre es einzig in der Gestalt des Begriffs, der konkreten Vernunft selber.

Deren immanente Bewegung will die Phänomenologie nachzeichnen und will die endlichen Formen, in denen Wahrheit erscheint, kraft der ihnen einwohnenden Negativität in fortschreitender Verwandlung aufheben im einheimischen Reich des absoluten Wissens.

---

[35] So in der Vorlage.

3.

Diese wahrhafte Unendlichkeit des Geistes, die Vollendung des Wahren als des Ganzen, ist aber die des Idealismus selber; Verwirklichung des Satzes, daß das Endliche ideell sei.

»Der Idealismus der Philosophie besteht in nichts Anderem als darin, das Endliche nicht als ein wahrhaft Seiendes anzuerkennen« (Logik I, 145)[36]. Er ist die philosophische Ansicht, daß die Wirklichkeit nicht in einer objektiven, materiellen; sondern in einer subjektiven Realität besteht, – gleichgültig, ob das Subjekt als individuelles, transzendentales oder absolutes begriffen wird.

Der Begriff des Geistes, in dem der Idealismus zu sich selber kommt, ist als das Andere der Materie aufzufassen. Denn erst in der Scheidung von dieser, und als das gegen den Materialismus Fremde, erlangt er substantielle Bedeutung.

Dessen Bestimmung würde lauten: daß er dem endlichen Dasein als solchem wahrhaftes, letztes Sein zuspreche; Wirklichkeit nur der Materie und ihrer Bewegung zuerkenne. Entscheidend aber wäre, auf welche Weise dieses Prinzip wirklich durchgeführt ist.

Die Scheidung von Materie und Geist, auf welche die Bestimmungen beider philosophischen Systeme verweisen, vollzog sich historisch in zwei Schritten: zunächst in der klassischen griechischen Philosophie und dann, grundlegend, bei Descartes zu Beginn der Neuzeit.

Grundlegend insofern, als weder die »Urelemente« der Vorsokratiker, noch die »Atome« des Demokrit als ein Materielles aufzufassen sind; vielmehr trägt das scheinbar[37] rein Materielle bei ihnen immer auch geistige, wie andererseits das scheinbar bloß Geistige stets materielle Bestimmungen an sich.

Die unversöhnliche Trennung von Geist und Materie, die als erkenntnistheoretische Voraussetzung der Begründung des Idealismus wie Materialismus zugrunde liegt, wird vollendet durch den Grundsatz des *Descartes*, daß die Wirklichkeit in zwei Arten von Substanzen zerfalle: in die res cogitans und res extensa.

Die denkende Substanz, der gegenüber die ausgedehnte durch absolute kausale Determiniertheit gekennzeichnet ist, stellt den Inbegriff des Selbstbewußtseins dar. Der cartesianische Zweifel findet absolute Sekurität einzig im denkenden Ich selber.

Dessen unbezweifelbare Gewißheit vorausgesetzt, ist die Grundfrage des Idealismus zunächst bestimmt als die des Solipsismus: Ist die Wirklichkeit der

---

[36] HSW, Bd. III, S. 145; vgl. HW, Bd. 5, S. 172.
[37] Konjiziert für: »anscheinend«.

Welt für den Menschen – damit der Anspruch auf Wahrheit von Erkenntnis – gelegen einzig im individuellen Bewußtsein, d. h. können allein die cogitationes wahrhaft gewußt werden (Henricus Regius),[38] – so liegt das Problem darin, zu erweisen, daß jenseits des Bewußtseins das Gedachte wirklich existiert.

Mit der paradoxen Erkenntnis, daß nur die Inhalte des Bewußtseins wahr sein können, ist in der Nachfolge des Descartes ernst gemacht worden von Berkeley und Hume.

Deren *subjektiver Idealismus*, demzufolge die Welt ist nur als erlebte und Wahrheit einzig den Inhalten des *Bewußtseins* zukommt, leugnet in der Konsequenz die Kategorie von Subjektivität selber (Hume).

Ist aber das empirische Subjekt keine Einheit des Bewußtseins und damit der Begründung von objektiver Wahrheit (im Kantischen Sinne) gar nicht fähig, so bleibt von der Wirklichkeit nichts übrig als ein Chaos von Sinneseindrücken und eine mehr oder *minder* geregelte Folge von Assoziationen.

Kants Frage, wie synthetische Urteile a priori möglich seien, umschreibt den Versuch, durch Kritik des Vernunftvermögens überhaupt »Ich« sowohl wie »Objektivität« zu retten.

Nach Kant hebt zwar alle Erkenntnis mit der Erfahrung an, entspringt aber nicht aus ihr. Sondern die Begründung objektiver Wahrheit ist allein möglich aufgrund von kategorialen Formen, die a priori,, vor aller Erfahrung, dem menschlichen Bewußtsein zugrunde liegen.

Zwar schreibt das transzendentale Subjekt – Träger der Kategorien und Formen der Anschauung – der Natur, als seinem Produkt, ihre Gesetze vor, vermag aber nichts über die Inhalte der Erfahrung: Vielmehr »verarbeitet« es – einer Fabrik ähnlich – mit Hilfe der transzendentalen Begriffe das ihm vorgegebene Material zu Erkenntnissen und wird dem Anspruch auf Wahrheit gerecht vermöge der objektiven Einheit seines Selbstbewußtseins.

Indem der *transzendentale Idealismus* die cartesianische Dichotomie von Geist und Materie reproduziert, Objektivität jedoch durch Subjektivität begründet, vermag er es, das Schicksal abzuwenden, das in Gestalt des Empirismus »Ich« und »Wahrheit« zu vernichten drohte.

Dafür aber muß er büßen mit der Aporie des Dinges an sich, das in den Formen der Natur nicht aufgeht; gleichsam ein unbewältigter Rest der res extensa.

---

38 Im Epilog seiner »Philosophia naturalis« legt Henricus Regius seine Ansicht dar, der zufolge es keine umfassende Erkenntnis geben könne, weder im Bereich der Natur noch in der Metaphysik (vgl. Henrici Regii Ultrajectini Philosophia naturalis; in qua tota rerum universitas, per clara et facilia principia, explanatur [1654], Amsterdam 1661, S. 521–523).

An dieser Stelle erreicht ihn die Kritik Hegels: Ist das Ding an sich ein Begriff des Subjekts und also von ihm, wenn auch als Schranke, gedacht, d. h. zugleich darüber schon hinausgegangen worden, so kann es nicht länger das Unbegreifliche heißen; denn als Grenzbegriff ist das Ding an sich nur bestimmt im Gegensatz gegen sein Anderes, das Unbeschränkte (I, 122)[39] und hat ihn so an sich[40] selber.

Es wird in der Bewegung des Begriffs erkannt als »wahrheitslose, leere Abstraktion« (I, 108)[41] und im Prozeß des sich selber begreifenden Absoluten zum bloßen Moment herabgesetzt.

Anspruch auf Wahrheit hat allein das konkrete Ganze als System.

Dieses umfaßt Natur und Geschichte gleichermaßen: Die gesamte Welt ist als Wirklichkeit zugleich Subjekt, d. h. ein Lebendiges, sich im Gange der Weltgeschichte Verwirklichendes.

Der Subjektcharakter des Absoluten offenbart sich darin, daß es Geist, und das Geistige das Alleinwirkliche, schöpferisch Wirkende ist.

Aber die ganze Weltgeschichte muß die Arbeit leisten, daß die Menschen so frei werden, die ihnen fremd entgegenstehende Natur in Kunst, Religion und Philosophie zu begreifen als Vergegenständlichung des Geistes und in ihr sich wiederzuerkennen.

Mit begrifflicher Notwendigkeit gehört daher die Weltgeschichte der Philosophie an. An ihr muß das menschliche Subjekt sich abarbeiten; denn ihm ist gegeben, auf keiner Stätte zu ruhen, bis es im Reich der Freiheit zu sich selber findet.

Das Grundproblem des Idealismus: zu erweisen, daß jenseits des Bewußtseins das Gedachte wirklich existiert, erweist sich als an den Begriff des Bewußtseins gebunden, welcher den Gegensatz des Ich und seines Gegenstandes in sich schließt.

Aber der *objektive Idealismus* hat es nicht mit dem Bewußtsein, sondern mit dem Denken als solchem zu tun, das »im absoluten Sinne als unendliches, mit der Endlichkeit des Bewußtseins nicht behaftetes, Denken« (I, 46)[42] aufzufassen ist.

»Es ist nun unnötig, dem konkreten Inhalt den Formalismus äußerlich anzutun; jener ist an ihm selbst das Übergehen in diesen, der aber aufhört, dieser äußerliche Formalismus zu sein, weil die Form das einheimische *Werden* des

---

[39] HSW, Bd. III, S. 122; vgl. HW, Bd. 5, S. 145.
[40] Konjiziert für: »ihm«.
[41] HSW, Bd. III, S. 108; vgl. HW, Bd. 5, S. 130.
[42] HSW, Bd. III, S. 45; vgl. HW, Bd. 5, S. 60.

konkreten Inhalts selbst ist«. (Phänomenologie, Vorrede)[43] Daß die Denkbestimmungen nicht bloße Formen, vielmehr ebenso von objektiver Existenz sind und der »Gegensatz des Bewußtseins«[44] sich als ein Nichtiges erweist, ist aber nicht nur dem System der Logik wesentlich. Sondern der immanente Rhythmus der Begriffe, welche gewissermaßen als seiende Formen sich projizieren, fällt zusammen mit der Entwicklungstendenz der Geschichte, weil die Geschichte der Philosophie die Philosophie selbst ist.

Das Prinzip des Fortgangs ist in ihnen »die innere Dialektik der Gestaltungen«[45], die immanente Bewegung des Inhalts; denn sie ist der Gang der *Sache* selbst.

4.

Diese fordert von sich aus die Aufhebung der Abstraktion, in der die natürliche Logik befangen bleibt, das Fortschreiten zu immer weiteren Bestimmungen: Im »Zusammenfassen des Mannigfaltigen in der Einheit« (Propädeutik, S. 114, § 2)[46], darin die Dinge zu reinen Formen des Geistigen werden, ist zugleich dies angelegt, die abstrakte Identität des isolierten Gegenstandes aufzulösen in die Bewegung von dessen Begriff. Denken als Abstraktion (ibid., § 3)[47] ist gekennzeichnet da-

---

43 »Die konkrete Gestalt, sich selbst bewegend, macht sich zur einfachen Bestimmtheit; damit erhebt sie sich zur logischen Form und ist in ihrer Wesentlichkeit; ihr konkretes Dasein ist nur diese Bewegung und ist unmittelbar logisches Dasein. Es ist darum unnötig, dem konkreten Inhalt den Formalismus äußerlich anzutun; Jener ist an ihm selbst das Übergehen in diesen, der aber aufhört, dieser äußerliche Formalismus zu sein, weil die Form das einheimische Werden des konkreten Inhalts selbst ist.« (HW, Bd. 3, S. 55)
44 »Die wirkliche Entwicklung der Wissenschaft, die vom Ich ausgeht, zeigt es, daß das Objekt darin die perennierende Bestimmung eines *Anderen* für das Ich hat und behält, daß also das Ich, von dem ausgegangen wird, nicht das reine Wissen, das den Gegensatz des Bewußtseins in Wahrheit überwunden hat, sondern noch in der Erscheinung befangen ist.« (HW, Bd. 5, S. 78)
45 »Wie die Entwicklung der Begriffe in der Philosophie notwendig ist, so ist es auch ihre Geschichte. Das Fortleitende ist die innere Dialektik der Gestaltungen. Das Endliche ist nicht wahr, noch wie es sein soll; daß es existiere, dazu gehört Bestimmtheit.« (HW, Bd. 18, S. 55 f.)
46 »Das Denken ist überhaupt das Auffassen und Zusammenfassen des *Mannigfaltigen in der Einheit*. Das Mannigfaltige als solches gehört der Aeußerlichkeit überhaupt, dem Gefühl und der sinnlichen Anschauung an.« (HJu, Bd. 3, S. 114)
47 »Das Denken ist *Abstraction*, insofern die Intelligenz von concreten Anschauungen ausgeht, eine von den mannigfaltigen Bestimmungen wegläßt und eine andere hervorhebt und ihr die einfache Form des Denkens giebt. *[Absatz] Erläuterung.* Wenn ich *alle* Bestimmungen von einem Gegenstand weglasse, so bleibt *nichts* übrig. Wenn ich dagegen *eine* Bestimmung weglasse und eine *andere* heraushebe, so ist dies abstract. Das Ich z. B. ist eine abstracte Bestimmung. Ich weiß nur von Ich, insofern ich mich von allen Bestimmungen absondere. Dies ist aber ein negatives

durch, Begriffe in ihrer Bestimmtheit festzuhalten (I, 39)[48] und auf diese Weise notwendig sich in Widersprüche zu verstricken. Seine Natur, in ihrer positiven Seite aufgefaßt, ist daher nichts anderes als die innere Negativität der Vernunft selber.

»In diesem Dialektischen, wie es hier genommen wird, und damit in dem Fassen des Entgegengesetzten in seiner Einheit oder des Positiven im Negativen besteht *das Spekulative*.« (I, 38)[49]

Seine Wahrheit ist allein das Ganze, die absolute Liberalität, die Konkretion der isolierten Bestimmungen zum Begriff. Dessen Einheit aber entstammt nicht nur dem Denken, sondern gehört ebenso dem Objekt an und bezeichnet zugleich das Übereinstimmen des Subjekts mit sich selbst: »denn Ich ist immer die einfache Identität mit sich und das ist Denken« (§ 4/5)[50].

Diesen Gedanken Hegels liegt die Erkenntnis zugrunde, daß das Ich einer Dichotomie von Subjekt und Objekt zum Opfer fallen muß; daß es nicht als solches gefaßt, sondern nur im System als Ganzem überhaupt begriffen werden kann: Der Versuch, das Ich als ein Jenseits des Objektiven zu begreifen, ist identisch mit dessen Verlust, weil nur an der Vermittlung beider Subjektivität ihr Leben hat.

---

Mittel. Ich negiere die Bestimmungen von mir und lasse mich nur als solchen. Das Abstrahiren ist die *negative* Seite des Denkens.« (Ebd., S. 114 f.)

**48** Im ersten Teil der »Wissenschaft der Logik« sagt Hegel über das Spekulative: »Es ist die wichtigste, aber für die noch ungeübte, unfreie Denkkraft schwerste Seite. Ist solche noch darin begriffen, sich vom sinnlich-konkreten Vorstellen und vom Räsonniren loszureißen, so hat sie sich zuerst im abstrakten Denken zu üben, Begriffe in ihrer *Bestimmtheit* festzuhalten und aus ihnen erkennen zu lernen.« (HSW, Bd. III, S. 38 f.; vgl. HW, Bd. 5, S. 52 f.)

**49** HSW, Bd. III, S. 38; vgl. HW, Bd. 5, S. 52.

**50** Das Zitat entstammt § 4 der »Philosophischen Propädeutik«, wo es heißt: »Der *Inhalt* der Vorstellungen ist aus der Erfahrung genommen, aber die *Form der Einheit* selbst und deren weitere Bestimmungen haben nicht in dem Unmittelbaren derselben als solchem ihre Quellen, sondern in dem Denken. [Absatz] Erläuterung. Ich heißt überhaupt *Denken*. Wenn ich sage: *ich denke*, so ist dies etwas Identisches. Ich ist vollkommen einfach. Ich *bin denkend* und zwar *immer*. Wir können aber nicht sagen: ich denke immer. An sich wohl, aber unser Gegenstand ist nicht immer auch Gedanke. Wir können aber in dem Sinne, daß wir Ich sind, sagen, wir denken immer, denn Ich ist immer die einfache Identität mit sich und das ist Denken. Als Ich sind wir der Grund aller unserer Bestimmungen. Insofern der Gegenstand gedacht wird, erhält er die Form des Denkens und wird zu einem *gedachten Gegenstand*. Er wird gleich gemacht dem Ich *d. h.* er wird gedacht.« (HJu, Bd. 2, S. 115) – Der folgende § 5 besagt: »Dies ist nicht so zu verstehen, als ob diese Einsicht erst durch das Denken zu dem Mannigfaltigen der Gegenstände hinzutrete und die Verknüpfung erst von Außen darein gebracht werde, sondern die Einheit gehört *eben so sehr* dem Object an und macht mit ihren Bestimmungen auch dessen eigene Natur aus.« (Ebd.)

Die Anstrengung der modernen Psychologie, »Ich« phänomenologisch zu erschließen, ist vergeblich nicht nur deshalb, weil das Gesuchte immer bereits vorausgesetzt werden muß; sondern weil die unmittelbare Evidenz des Ich in Wahrheit bereits eine Abstraktion und alles andere denn die Urerfahrung ist, als welche jene es zu reklamieren trachtet.

Otto-Ernst Laske

## 153 Gisela Brückner, 5. Januar 1959

stud. phil. Gisela *Brückner*

*Protokoll der Seminarsitzung vom 5. Januar 1959*

Herr Laske verlas das Protokoll der Seminarsitzung vom 15. Dezember. Er erwähnte, daß Herr Prof. Horkheimer noch einmal in Anknüpfung an das Thema der vorausgehenden Besprechung auf den Begriff der Arbeit bei Hegel sowie das Verhältnis von Herrschaft und Knechtschaft zu sprechen kam.

Herr Professor Adorno wies dabei noch einmal auf das Neue hin, das in Hegels Auffassung von Arbeit sich zeigt. Der spätere Marxsche Gedanke, daß der Mensch zum Subjekt werde dadurch, daß er die Objekte verändere, findet sich schon bei Hegel; er konnte nur vor dem Hintergrund einer bürgerlichen Gesellschaft gedacht werden.

Zum Verhältnis von Herrschaft und Knechtschaft erinnerte Prof. Adorno daran, daß dieses dialektische Verhältnis an einem bestimmten historischen Modell gebildet sei: nämlich an der Auseinandersetzung zwischen der bürgerlichen und der feudalen Klasse, die in der Französischen Revolution gipfelte. Tatsächlich hatte die bürgerliche Klasse ihre eigenen Produktivkräfte z. Zt. der Französischen Revolution weiter entwickelt als die feudale; sie war der alten Herrenklasse in der Tat überlegen und hielt auch alle wirtschaftlichen Machtpositionen besetzt. Die Französische Revolution war somit die Ratifizierung eines auf dem Grunde des Produktionsprozesses bereits realisierten Verhältnisses.[51]

Bei der Betrachtung dieser Situation drängt sich die Frage auf, ob diese Struktur, die Hegel und Marx von ihrer Zeit – bzw. der Zeit unmittelbar vor ihnen – extrapoliert haben, schlechterdings die Struktur der Geschichte überhaupt war. Diese Frage ist von eminenter Wichtigkeit, denn vom Verhältnis von Herrschaft und Knechtschaft her ist die gesamte Hegel-Marxsche Geschichtsphilosophie zu fassen. Darüber hinaus gewinnt das Problem für uns an Dringlichkeit, als man sagen muß, daß von dem Maß, wie die Theorie von Herrschaft und Knechtschaft gilt, abhängig ist, wieweit von der Philosophie her unsere Gesellschaft überhaupt zu deuten und zu beeinflussen ist. Die Frage also, inwieweit dieses ganze Verhältnis auf die heutige Gesellschaftsgliederung übertragbar sei, wurde in jüngster Zeit oft gestellt. Unter anderem von Lukács, der der Meinung war, in dem Verhältnis von Bürgertum und Proletariat in der neuesten Geschichte gelte nicht

---

[51] Vgl. NaS, Bd. IV·13, S. 53f.

mehr, was vom Verhältnis Bürgertum–Feudalismus galt. Die Produktivkräfte des Proletariats seien denen des Bürgertums nicht überlegen gewesen.[52]

Hegel und Marx glaubten, daß der, der näher an der Sache sei, der Fortgeschrittenere und mit innerer Zwangsläufigkeit »an der Reihe« wäre. Eben darauf beruhte ihr Fortschrittsglaube. Wenn dieses von Hegel und Marx aufgestellte Verhältnis nun nicht mehr ohne weiteres übertragbar ist, so bedeutet das, daß das Proletariat nicht mehr so weltgeschichtlich »dran« ist wie es das Bürgertum im Verhältnis zum Feudalismus war.

Hegel und Marx – so kann man argumentieren – waren nicht dialektisch genug. Die spezifische Struktur des Bürgertums während und unmittelbar vor ihrer Zeit machten sie zu einer Art Invariante und haben das Verhältnis Bürgertum–Feudalismus hypostasiert.

Heute hätte das eine ganz andere Perspektive. Um dem Rechnung zu tragen, versuchte der amerikanische Soziologie Veblen – wie überhaupt die Vertreter sogenannter technokratischer Anschauungen – die Hegel-Marxsche Theorie auf die heutige Situation anzuwenden. Sie sehen als ein Kriterium für näheres Verhältnis zur Sache ein sachgerechtes Verhalten, einen sogenannten »instinct of workmanship«[53] an. Diese Haltung wird vertreten von den »engineers« (also denen, die mit Maschinen umzugehen wissen). Ihnen gegenüber stehen dann die »captains of industry«. Den »engineers« würde zufallen, eine an den Sachen sachgerecht orientierte Gesellschaft herbeizuführen.

Es stellte sich aber heraus, daß die Gruppe der »engineers« keineswegs an einer Umgestaltung der Gesellschaft interessiert war, sondern vielmehr konservativ eingestellt in bezug auf die heutigen Eigentumsverhältnisse.

---

52 Nachdem er feststellt, die »Verdinglichung aller Lebensäußerungen« beträfen sowohl Proletariat wie auch Bourgeoise, sagt Lukács etwa: »Es scheint also, als ob – selbst für die Anschauung des Marxismus – an der objektiven Wirklichkeit gar nichts geändert wäre; nur der ›Gesichtspunkt ihrer Beurteilung‹ ist ein anderer geworden, nur ihre ›Bewertung‹ hat einen neuen Akzent erhalten. Dieser Schein verbirgt tatsächlich ein sehr wichtiges Moment der Wahrheit in sich. Und an diesem Moment muß unbedingt festgehalten werden, wenn die richtige Einsicht sich nicht unversehens in Verkehrtheit verwandeln soll. Konkreter gesagt: die objektive Wirklichkeit des gesellschaftlichen Seins ist *in ihrer Unmittelbarkeit* für Proletariat und Bourgeoisie ›dieselbe‹. Das verhindert aber nicht, daß die *spezifischen Vermittlungskategorien*, durch welche beide Klassen diese Unmittelbarkeit ins Bewußtsein heben, durch welche die bloß unmittelbare Wirklichkeit für beide zur eigentlichen objektiven Wirklichkeit wird, infolge der verschiedenen Lage der beiden Klassen in ›demselben‹ Wirtschaftsprozeß, grundverschieden sein müssen.« (Georg Lukács, Geschichte und Klassenbewußtsein. Studien über marxistische Dialektik [1923], in: Georg Lukács, Werke, Bd. 2, Neuwied und Berlin 1968, S. 161–517; hier: S. 332)
53 Vgl. Thorstein Veblen, The Instinct of Workmanship and the State of the Industrial Arts, New York 1914.

Festzuhalten ist also, daß das Hegel-Marxsche Schema von Herrschaft und Knechtschaft an höchst spezifische Dinge geknüpft war. Die bürgerliche Gruppe zur Zeit der Französischen Revolution hatte ihr eigenes Prinzip als das rationale ausgelegt, während das Proletariat seinem Bewußtsein nach gar nicht so sehr Träger eines rationalen Prinzips ist. Zugegebenermaßen finden wir bei Vertretern des Proletariats fast immer ein gutes Maß an gesundem Urteilsvermögen und illusionsloser Betrachtung der Gegebenheiten, aber diese Art von Realismus ist nicht notwendigerweise mit dem dialektischen Prinzip verbunden, das einen gesellschaftlichen Umschlag wünschte.

Im weiteren Verlauf des Protokolls wurde der Satz »es ist jetzt Nacht« erwähnt,[54] an dem Prof. Horkheimer demonstriert hatte, wie durch die Tätigkeit von Wahrnehmung, Verstand und Vernunft der Wahrheitsgehalt einer solchen Aussage entfaltet wird und Begriffe entstehen.

Professor Adorno ergänzte hierzu: Ein solcher Satz hat seinen Sinn nur durch die Grenze, die er sich selber setzt, d. h. durch »es ist jetzt nicht Tag«. Dieses »sich die Grenze setzen« ist eines der elementarsten Motive, die überhaupt zum dialektischen Denken führen. Das innere Leben eines Begriffs bestimmt sich durch ein Grenze-Setzen zugleich negativ zu dem, was er nicht ist, zu seinem Gegenbegriff. Zu Sinn und Substanz von »es ist Nacht« gehört dazu: »es ist jetzt nicht Tag«. Jeder Begriff treibt über sich selbst hinaus. Um ihn als das denken zu können, was er selbst ist, muß ich mitdenken, was er nicht ist.

Nach der Verlesung des Protokolls schlug Prof. Adorno vor, rückblickend auf das abgeschlossene Kapitel über Logik noch einige Fragen zu stellen. Er richtete sich dabei an die Seminarteilnehmer die Bitte, den Mut zu haben, sich einer gewissen Schockwirkung, die Hegels Gedanken über Logik ausüben, nicht zu entziehen.

Methodisch sei zu sagen: Bei der Beschäftigung mit einem bestimmten Philosophen kommt es darauf an, das Spezifische in seiner Gedankenführung zu erfassen, in unserem Falle also zu fragen, worin sich Hegel in bestimmten Punkten von anderen unterscheidet, denn wiewohl der Zusammenhang aller philosophischen Systeme unbestreitbar ist und es so etwas wie »die Philosophie« gibt, konstituiert sich doch ein solcher Begriff »der Philosophie« nur durch die einzelnen spezifischen Philosophien hindurch.

---

54 S. oben, S. 164.

Professor Adorno begann dann, den Anfang des Kapitels über Logik zu lesen, in dem die Logik bestimmt wird als ein Bereich des Denkens.[55] Demgegenüber steht als ein Heteronomisches der Bereich des Gegebenen, d. h. der Bereich dessen, was nicht durch die Gesetze meines eigenen Geistes hervorgebracht, nicht von ihnen ableitbar ist, also: der Gegenstand.

Ich wiederhole die soeben paraphrasierten Anfangssätze aus der Einleitung zu § 1 in ihrem vollen Wortlaut: (Leseprobe: »Die Logik ... Gegebenes.«)[56] Hegel fährt fort: »Die Logik ist also eine große Wissenschaft.«[57]

Der hier durch das ›also‹ hergestellte Kausalnexus und die darauffolgende Behauptung müssen zunächst unbegründet, ja widersinnig erscheinen. Man sollte erwarten, daß Hegel sagt: Das Gebiet der Logik ist also beschränkt, insofern als es bloß Denken ist und es nicht auch mit Gegenständen zu tun hat, die nicht aus dem Denken hervorgegangen sind.

Auf die Frage an das Seminar, wie dieses ›also‹ zu rechtfertigen sei, wurde in einer Antwort schon angedeutet, was in Professor Adornos Erklärung dann folgendermaßen lautete: Weil im Begriff des Denkens selber der Unterschied von Denken und Gegenständlichem gesetzt ist, wird das Gegenständliche mit hineingenommen; die Logik ist zugleich eben die Lehre von dem, was sie nicht selbst ist: vom Gedachten. Damit ist Logik im Hegelschen Sinne sowohl ein formaler als auch ein materialer Begriff, weil die Form den Gegenstand aus sich selber produziert und nicht etwa Form und Gegenstand getrennt sind. Das Denken bestimmt auch den Gegenstand; die Logik ist als die Sphäre des Denkens auch *das Ganze*, ist zugleich Metaphysik. In sich ist die Logik (wie z. B. auch die Phänomenologie des Geistes) eigentlich die ganze Hegelsche Philosophie.

Daran schlossen sich einige Begriffserklärungen an. Die Logik im herkömmlichen Sinne – so wurde festgestellt – befaßt sich mit 1) Begriffen, 2) Urteilen und 3) Schlüssen.

Es wurde definiert: 1) ein Begriff als eine Merkmalseinheit aller Gegenstände, die unter den Begriff befaßt werden; 2) ein Urteil als eine Verbindung von einem Subjekt- und Objektbegriff durch eine Kopula, als ein Tatbestand, auf den die Frage nach der Wahrheit sinnvoll angewandt werden kann (ein sprachlich formuliertes Urteil bezeichnet man – nach einer etwas willkürlich anmutenden

---

55 Vgl. HJu, Bd. 3, S. 113 f.
56 »Die Logik betrachtet das Gebiet des Gedankens überhaupt. Das Denken ist seine eigene Sphäre. Es ist ein Ganzes für sich. Der Inhalt der Logik sind die eigenthümlichen Bestimmungen des Denkens selbst, die gar keinen anderen Grund als das Denken haben. Das ihm *Heteronomische* ist ein durch die Vorstellung überhaupt *Gegebenes*.« (Ebd.)
57 Ebd.

Unterscheidung – als einen Satz); 3) ein Schluß als ein Zusammenhang zwischen mehreren Urteilen, der den Anspruch erhebt, daß aus diesem Zusammenhang ein Urteil als evident hervorgeht. Die Intention hierbei ist, aus mehreren Sätzen einen Satz abzuleiten oder die Wahrheit eines Satzes zu gewinnen.

Nach diesem Exkurs kehrte die Besprechung zu Hegels Logik zurück, und Prof. Adorno sagte, in Hegels emphatischem Begriff von Logik sei die These enthalten, daß Denken und Sache durch so und so viele Vermittlungen hindurch identisch seien.

Es schloß sich ein Referat über den 1. Teil der Logik, das Sein, an.[58] Als über den Hegelschen Begriff des reinen, unbestimmten Sein referiert wurde, fügte Prof. Adorno einen Hinweis auf die entsprechende Stelle in der großen »Logik« ein.[59] Dort, so sagte er, sei dieser Passus von großartiger sprachlicher Form. Der Begriff des Sein ohne jede nähere Bestimmung wird als ein reiner Begriff eingeführt, nicht als ein Urteil. Hegel vermeidet jede Aussage durch direktes Prädizieren, vielmehr bedient er sich der sprachlichen Form des Anakoluth bei der scheinbar absurden Behauptung von der Identität des reinen, unbestimmten Sein mit dem reinen, unbestimmten Nichts. Gerade dadurch, daß Hegel solche scheinbaren Absurditäten beim Wort nimmt, gewinnt er aus ihnen entscheidende Bestimmungen; mit einer Art grotesken Humors gibt er Gedanken adäquate sprachliche Form, die seine Philosophie als ein spekulatives Abenteuer kennzeichnen.

Das Referat soll in der heutigen Seminarsitzung zu Ende geführt werden.

---

**58** Dietrich Schmidt-Hackenberg, »G. W. F. Hegel. Philosophische Propädeutik II. Zweite Abteilung – Logik. Erster Teil – Das Sein« (TWAA, Pr 17/34–63).
**59** Gemeint ist der Passus, der das Kapitel vom Sein eröffnet: »*Sein, reines Sein*, – ohne alle weitere Bestimmung.« (HW, Bd. 5, S. 82)

## 154 Helga Thomas,
## 12. Januar 1959

Philosophisches Proseminar
Wintersemester 1958/59

*Protokoll vom 12. 1. 1959*

In dieser zweiten Sitzung über die Logik Hegels beschäftigte uns noch einmal eingehend die Frage des logischen Anfangs, auf die uns im Laufe der Geschichte der Philosophie die verschiedensten Bestimmungen entgegentreten. Sehen wir von Denkbestimmungen wie »das Eine«, der »Nus«, »Idee«, »Substanz« usw. ab, und betrachten wir nur den Begriff des Seins in diesem Zusammenhang, so stoßen wir selbst hier auf verschiedene Inhalte:

Der von Hegel mit leicht ironischem Unterton zitierte sog. »gesunde Menschenverstand« begreift das Sein als verschieden vom Nichts.[60] Das Sein wird also am Nichts unterschieden, ist somit *bestimmtes Sein* und genügt dem Anspruch der Unbestimmtheit nicht, den der logische Anfang notwendig stellt.

Einen Schritt weiter in der Abstraktion geht Parmenides mit seinem Begriff des *reinen Seins*.[61] Das »reine Sein« ist das Absolute schlechthin – es ist ganz und gar für sich. Da das Nichts nichts ist, also nicht existiert, gibt es auch nichts, an dem das reine Sein unterschieden werden könnte. Die Bedingung des logischen Anfangs als einer totalen Unbestimmtheit ist demnach tatsächlich erfüllt, doch ist in dieser absoluten Beziehungslosigkeit keine Möglichkeit einer Entwicklung aus dem Anfang heraus enthalten; es gibt nichts, wodurch das reine Sein zu einem

---

60 »Da nunmehr diese Einheit von Sein und Nichts als erste Wahrheit ein für allemal zugrunde liegt und das Element von allem Folgenden ausmacht, so sind außer dem Werden selbst alle ferneren logischen Bestimmungen: Dasein, Qualität, überhaupt alle Begriffe der Philosophie, Beispiele dieser Einheit. – Aber der sich so nennende gemeine oder gesunde Menschenverstand mag auf den Versuch hingewiesen werden, insofern er die Ungetrenntheit des Seins und Nichts verwirft, sich ein Beispiel ausfindig zu machen, worin eins vom anderen (Etwas von Grenze, Schranke, oder das Unendliche, Gott, wie soeben erwähnt, von Tätigkeit) getrennt zu finden sei. Nur die leeren Gedankendinge, Sein und Nichts selbst sind diese Getrennten, und sie sind es, die der Wahrheit, der Ungetrenntheit beider, die allenthalben vor uns ist, von jenem Verstande vorgezogen werden.« (Ebd., S. 86 f.)

61 »Den einfachen Gedanken *des reinen Seins* haben die *Eleaten* zuerst, vorzüglich *Parmenides* als das Absolute und als einzige Wahrheit, und, in den übergebliebenen Fragmenten von ihm, mit der reinen Begeisterung des Denkens, das zum ersten Male sich in seiner absoluten Abstraktion erfaßt, ausgesprochen: *nur das Sein ist, und das Nichts ist gar nicht.*« (Ebd., S. 84)

anderen überleiten, weiterführen könnte. Das reine Sein ist zwar logischer Anfang, aber zugleich auch Ende. – Schon bei Parmenides selbst drängt sich die Unfruchtbarkeit dieses Begriffes auf; im 2. Teil seines Lehrgedichts macht er Aussagen über die Welt, die – gemäß dem Begriff des reinen Seins als ein alles andere Ausschließendes – eine Scheinwelt ist, gar keine Existenz besitzt.[62] Dieser unaufgelöste Widerspruch zieht sich durch die ganze nachfolgende Philosophie.

Hegel nun kritisiert sowohl den Begriff des bestimmten Seins als auch den eleatischen des »reinen Seins«, insofern beide als logischer Anfang nicht hinreichen.[63] Es ist dies zugleich eine grundsätzliche Kritik des dialektischen Denkens als eines im eigentlichen Sinne kritischen, sich stets in Bewegung befindlichen und über seine vorläufigen begrenzten Bestimmungen stufenweise hinausgehenden an dem dogmatisch starren Begriff, der gerade im Eingrenzen das Wesen eines Dinges zu fassen glaubt.

In der Logik Hegels steht am Anfang als erste unmittelbare Bestimmtheit die Dreiheit von Sein, Nichts und der Vereinigung beider im Werden. Wir finden hier den Satz des Heraklit wieder: »Das Sein ist so wenig als das Nichts – alles fließt«.[64] Der Begriff des Fließens wie der des Werdens bei Hegel, repräsentiert die unbestimmte, in sich selbst zurückkommende Bewegung von Sein und Nichts. An diesem Punkt nun entsteht das Problem der Verknüpfung von Logik und Zeit, da das Fließen ja als ein in der Zeit sich Abspielendes gedacht wird. War bei Kant (in der »Kritik der reinen Vernunft«) die Zeit eine Form der Anschauung, das Schema, in dem die sinnlichen Inhalte des Bewußtseins geordnet sind, so ist sie bei Hegel das allgemeinste Element, in dem Sein und Nichts sich verbinden – also das objektive Werden selbst. Denn das Werden, abstrahiert man es von jedem Inhalt, erweist sich als das identische Moment der Verschiedenheit von Sein und Nichts, also, wie Hegel sagt, »dessen Wahrheit«.[65] Das Logische, insofern es Denken [ist],

---

[62] Vgl. Hermann Diels, Die Fragmente der Vorsokratiker. Griechisch und deutsch [1903], Bd. 1, 2. Aufl., Berlin 1906, S. 114–126.

[63] Vgl. HW, Bd. 5, S. 84f.

[64] »In orientalischen Systemen, wesentlich im Buddhismus, ist bekanntlich das *Nichts*, das Leere, das absolute Prinzip. – Der tiefsinnige *Heraklit* hob gegen jene einfache und einseitige Abstraktion den höheren totalen Begriff des Werdens hervor und sagte: *das Sein ist sowenig als das Nichts*, oder auch: Alles *fließt*, das heißt: Alles ist *Werden*.« (Ebd., S. 84)

[65] »*Das reine Sein und das reine Nichts ist also dasselbe.* Was die Wahrheit ist, ist weder das Sein noch das Nichts, sondern daß das Sein in Nichts und das Nichts in Sein – nicht übergeht, sondern übergegangen ist. Aber ebensosehr ist die Wahrheit nicht ihre Ununterschiedenheit, sondern daß *sie nicht dasselbe*, daß sie *absolut unterschieden*, aber ebenso ungetrennt und untrennbar sind und unmittelbar *jedes in seinem Gegenteil verschwindet*. Ihre Wahrheit ist also diese *Bewegung des* unmittelbaren Verschwindens des einen in dem anderen: *das Werden*; eine Bewegung, worin

ist aber nichts anderes als Zeit – nämlich die Tätigkeit des Geistes, in der sich dieser nach seiner zeitlichen Dimension entfaltet. Hierdurch begreifen wir die Verklammerung von Logik und Geschichte, wenn wir uns bewußt machen, daß das Absolute sich im Zeitlichen entfaltet, in ihm vermittelt ist – daß Geschichte Bewegung des Geistes in der Zeit bedeutet.

Ist nun der Begriff des Werdens bei Hegel rein zeitlich bestimmt, oder enthält er auch räumliche Momente? Wir haben im Verlauf unserer Betrachtungen festgestellt, wie von Hegel alle Begriffe als etwas Vermitteltes gedacht werden. In eben diesem dialektischen Verhältnis stehen auch Raum und Zeit zueinander. Hegel kennt keine abstrakte, hypostasierte Zeit. Wenn die Zeit auch bei ihm die »Wahrheit« des Raumes ist, so ist die doch nicht unabhängig von dem, was[66] in ihr ist, enthält also notwendig Ausgedehntes. – Die Ansicht, man könne sich zwar zeitliche Veränderung ohne räumliche, nicht aber räumliche unabhängig von zeitlicher vorstellen, beruht auf einem Irrtum. Nehmen wir als Beispiel die scheinbar überräumlichen »seelischen Zustände«: Entweder betrachten wir das Erkenntnissubjekt als ein rein transzendentales – in diesem Fall ist es überempirisch, enthält also weder Zustände noch empirische Zeit – oder aber bezogen auf den empirischen Menschen – demnach auch physisch und somit räumlich vermittelt. Für Hegel gibt es – im[67] Unterschied zu den anderen Idealisten – nicht den Begriff des »reinen Geistes«. Dem Wesen der Dialektik entsprechend ist der Geist durch das, was er nicht ist – also durch die Objekte – mitbestimmt.

Wie ist es aber überhaupt möglich, die Grundsätze der Logik mit denen der Dialektik zu vereinbaren? Das Wesen der formalen Logik, der streng eingrenzenden und bestimmenden Wissenschaft, scheint doch zu dem der Dialektik als dem Verhältnis von Festem und Bewegtem in scharfem Widerspruch zu stehen. Tatsächlich ist die formale Logik in der dialektischen in doppeltem Wortsinn »aufgehoben«, insofern diese die nur endliche Gültigkeit der formalen Logik aufweist. Falsch wäre es allerdings, von vornherein auf die Dialektik zu reflektieren – vielmehr muß das Denken aus den Sachen selbst heraus sich notwendig als dialektisches entfalten, indem es die zunächst festgehaltenen Begriffe in ihrer Relativität erkennt und stufenweise zu einer höheren, umfassenderen Wahrheit gelangt.

Kommen wir zurück auf das dialektisch verbindende Moment des leeren, unbestimmten Seins und des ebenso leeren Nichts: das Werden! Beide, das Sein wie das Nichts, sind selber Momente innerhalb des Werdens {– das uns nun als

---

beide unterschieden sind, aber durch einen Unterschied, der sich ebenso unmittelbar aufgelöst hat.« (Ebd., S. 83)
66 Konjiziert für: »das«.
67 Konjiziert für: »zum«.

der eigentliche Anfang erscheint, das Eine, das Sein und Nichts als seine Abstraktionen enthält, damit aber diesen gegenüber zugleich der Konkretisierung einen Schritt nähergerückt ist}. Im Werden als der höheren Einheit beider sind Sein und Nichts verschwunden in dem zweifachen Prozeß des Entstehens – der Aufhebung des Nichts im Sein – und des Vergehens – der Aufhebung des Seins im Nichts. Der Prozeß des Werdens stellt also die jeweilige Negation beider Momente dar, jedoch nicht mittels ihrer Zerstörung, sondern im Hineinnehmen eines jeden in sein Gegenteil, in dem es unter Verlust seiner Unmittelbarkeit weiterlebt.

In welcher Weise kommt man aber überhaupt von den inhaltlich vollkommen unbestimmten Begriffen, wie es das Sein und das Nichts bei Hegel sind, zum Werden, also einer Veränderung? – Die beide Begriffe sind in der Tat so unbestimmt, daß sie gegen nichts, nicht einmal gegeneinander unterschieden werden können. Das einzig Unterscheidende, das angegeben werden kann zu Sein und Nichts, ist die Bewegung des Denkens selbst, das dasselbe einmal positiv, einmal negativ denkt – ohne jede nähere Bestimmung. Diese Bewegung des Denkens als das Differenzierende bildet sozusagen die Copula, die die Begriffe in einen Satz faßt. Das Denken in seiner völligen Abstraktheit tritt zu Sein und Nichts hinzu und vermittelt das eine durch das andere – es ist im Grunde das Werden selbst.

Schon auf dieser ersten Stufe der Dialektik von Sein und Nichts sind die ganze Mannigfaltigkeit der Erscheinungen, die konkrete Zeit und konkrete Geschichtlichkeit zwar objektiv enthalten, werden jedoch noch nicht mitgedacht, da sie erst in der fortschreitenden Konkretisierung zum Bewußtsein ihrer selbst gelangen. – Im Folgenden wird uns nun die Frage beschäftigen, wie aus diesem völlig abstrakten Anfang das immer Bestimmtere folgerichtig heraustreiben kann.

Helga Thomas[68]

---

[68] Unterschrift.

## 155 Manfred Walther, 26. Januar 1959

Philosophisches Proseminar: Protokoll vom 26. 1. 59

1.) Grundsätzliches zur Beschäftigung mit der Philosophie (Herr Prof. Adorno)

Wenn Kant in der Kritik der reinen Vernunft sagt, es gebe keinen Königsweg in der Philosophie,[69] so kommt darin eine wesentliche Erkenntnis für alle Beschäftigung mit der Philosophie zum Ausdruck: daß es hier zunächst auf die persönliche Auseinandersetzung ankommt, darauf, daß etwas spontan noch einmal gedacht wird. Hier zeigt sich eine formale Analogie zur Mathematik, in der es ebensowenig mit dem Erlernen eines irgendwann einmal Vorgedachten getan ist.

Eine weitverbreitete Haltung der Philosophie gegenüber läßt sich vergleichen mit derjenigen Haltung, die bei vielen Lehrern gegenüber geistigen Dingen überhaupt festzustellen ist. Wenn Robert Musil in seinem Roman »Der Mann ohne Eigenschaften« den Mann der Agathe, einen Lehrer, als einen Menschen bezeichnet, dessen geistige Haltung darin besteht, möglichst an der Spitze hinter dem Produktiven herzulaufen,[70] so wird hier eine allgemeine Gefahr deutlich.

---

[69] So nicht ermittelt; bei Kant heißt es unterdessen: »Es gibt aber auch keinen zulässigen skeptischen Gebrauch der reinen Vernunft, welchen man den Grundsatz der *Neutralität* bei allen ihren Streitigkeiten nennen könnte. [...] Da indessen diese skeptische Manier, sich aus einem verdrießlichen Handel der Vernunft zu ziehen, gleichsam der kurze Weg zu sein scheint, zu einer beharrlichen philosophischen Ruhe zu gelangen, wenigstens die Heeresstraße, welche diejenigen gern einschlagen, die sich in einer spöttischen Verachtung aller Nachforschungen dieser Art ein philosophisches Ansehen zu geben meinen, so finde ich es nötig, diese Denkungsart in ihrem eigentümlichen Lichte darzustellen.« (KW, Bd. IV, S. 643f. [B 784f.; A 754f.])

[70] Agathe, die Schwester des Protagonisten Ulrich, fragt diesen, ob er gemerkt habe, wie ihr Gatte, Gottlieb Hagauer, in seinen Aufsätzen zu Fragen des Unterrichts und der Erziehung zitiert? – »›Wie er zitiert? Warte: mir ist dunkel, daß mir wirklich etwas aufgefallen ist. Er zitiert sehr viel. Er zitiert die alten Meister. Er – natürlich zitiert er auch die Gegenwärtigen, und jetzt weiß ich es: er zitiert in einer für einen Schulmeister geradezu revolutionären Weise nicht nur die Schulgrößen, sondern auch die Flugzeugerbauer, Politiker und Künstler des Tags ... Aber das ist schließlich doch nur das, was ich schon vorhin gesagt habe ...?‹ endete er mit dem kleinlauten Abschlußgefühl, womit eine Erinnerung, die ihr Geleise verfehlt hat, auf den Prellbock auffährt. *[Absatz]* ›Er zitiert so,‹ ergänzte Agathe ›daß er beispielsweise in der Musik bedenkenlos bis zu Richard Strauß oder in der Malerei bis zu Picasso gehen wird; niemals aber wird er, und sei es auch nur als das Beispiel von etwas Falschem, einen Namen nennen, der sich nicht schon ein gewisses Hausrecht in den Zeitungen zumindest dadurch erworben hat, daß sie sich tadelnd mit ihm beschäftigen!‹« (Robert Musil, Der Mann ohne Eigenschaften. Roman [1930, 1933, 1943], hrsg. von Adolf Frisé, Reinbek bei Hamburg 1978, S. 681)

Man glaubt nämlich weithin, mitten im geistigen Leben der Zeit zu stehen, wenn man sich jeweils kurz über das orientiert, was gerade allgemein als »fashionable« gilt. Unsere Beschäftigung mit Hegel soll nun dazu führen, diese Haltung abzubauen. Es geht im Bereich des Geistigen nicht um das Abschnurren auswendig gelernter Formulierungen, vielmehr müssen die sachlichen Fragen verantwortlich durchdacht werden, ohne daß man sich durch das gestützt weiß, was ohnehin durch Konformität in ausreichendem Maß gedeckt ist. Zu der im Westen allenthalben proklamierten Verteidigung der geistigen Autonomie gegen die Heteronomie gehört, daß man diese geistige Autonomie zunächst einmal selber besitzt und praktiziert. Das bedeutet aber den geistigen Dingen gegenüber die Verpflichtung, sich ständig der Wahrheit dessen zu versichern, womit man konfrontiert wird.

Für den Beginn der Auseinandersetzung mit der Philosophie bereitet Hegels »Philosophische Propädeutik« nun allerdings eine Reihe von Schwierigkeiten. Wenn dennoch dieser Text gewählt wurde, so einmal deshalb, weil dieses Werk Hegels durch seine dogmatische Art gut einleitet. Außerdem aber erfüllt ein etwas schwererer Text eine weitere wichtige Funktion: Es gehört zur selbständigen geistigen Entwicklung als notwendiges Moment, daß man an einem gewissen Punkt einmal den Mut hat, über das, was man nach dem eigenen Entwicklungsstande eigentlich erst einlösen könnte, bewußt hinauszugehen. Denn der Zugang zur Philosophie öffnet sich nur dann richtig, wenn man das Unbedingte erwartet und erstrebt. Dieses Interesse am Unbedingten, das Sich-Öffnen dem Unbedingten gegenüber, ist die wesentliche Qualifikation, die die Philosophie mit sich bringt. Dieses »utopische« Moment muß notwendig von jedem erwartet werden, der sich gewinnbringend mit der Philosophie auseinandersetzen will. Inwieweit es für jeden im geistigen Bereich tätigen Menschen notwendig ist, dieser Sachlage gegenüber alle Naivität abzulegen, sich ihr zu stellen und gegebenenfalls seine Haltung zu modifizieren, muß der Entscheidung des Einzelnen überlassen bleiben.

2.) Zum Referat von Herrn Schmidt-Hackenberg (Herr Prof. Adorno, Herr Schmidt-Hackenberg)

In dem Bestreben, die Kategorien Hegels durch Nachvollziehen der Gedanken zu verdeutlichen, hat sich der Referent zu sehr mit den Begriffen identifiziert und ist dadurch in einen gewissen Gegensatz zu Hegel geraten, der die Ausgangsbegriffe, die er als Objektivitäten betrachtet, durch bloße Analyse zu sich selbst bringen will. In dieser Art des Vorgehens impliziert Hegel eine Generalthesis, die eigentlich erst als Ergebnis seiner Untersuchungen auftritt. Er beansprucht hier, daß die Begriffe ihre Bewegung von sich aus vollziehen, daß also die Bewegung, die wir vollziehen, wenn wir diese Begriffe denken, dieselbe ist, die die Begriffe selbst vollziehen. Dies wurde ja schon deutlich an der Entwicklung der beiden Bestimmungen des Daseins, die sich aus der Befragung dieses Begriffes nach dem ergaben, was er wirklich ist.

Wenn die zu starke Beseelung der Kategorien auch etwas vom objektiven Charakter der Begriffe abgelenkt hat, so wurde doch dadurch deutlich, daß Hegels Begriffe sich von sich aus in einem gewissen Leben befinden. Der eingeschlagene Weg führt dann zu guten Ergebnissen, wenn der Prozeß, in dem der Begriff völlig durch das Subjekt hindurchgeht und damit wieder zur Objektivität gelangt, bis zu Ende durchgeführt wird.

3.) Verlesen des Protokolls vom 19. 1. 59 (Frl. Wolf[71])[72]

4.) Ergänzungen und Anmerkungen im Anschluß an das Protokoll (Herr Prof. Adorno, Herr Dr. Schweppenhäuser[73])

a) Zum Satz der Identität:
Bei Hegel findet sich eine Dialektik des einfachen identischen Urteils. In einem identischen Satz sind Subjekt und Prädikat grammatisch voneinander verschieden. Indem sie nun miteinander identifiziert werden, wird die Identität zweier zunächst unterschiedener Dinge behauptet. Also ist in jeder Identitätsaussage der Satz vom Widerspruch notwendig mitgesetzt. Der Satz von der Identität ist immer auch zugleich der Satz vom Widerspruch.

b) Zum Charakter der Dialektik
Dialektik ist nichts als der methodische Widerspruch, erwachsen aus einem ständigen Mißtrauen, das in seiner Sublimierung zum Organon der Philosophie wird. Wesentlich ist es, daß man um das dialektisch-idiomatische Element in der Hegelschen Philosophie weiß. Man darf sich nicht zu genau darauf einlassen, man braucht vielmehr eine gewisse »largesse«, sich von den einzelnen Dingen zu lösen und vor allem, die geistige Bewegung als das Wesentliche zu erfassen. Denn Hegel kommt es weniger auf messerscharfe Einzelformulierungen als eben gerade auf die Beschreibung der geistigen Bewegung an. Es gilt, dieses Moment der Labilität mit hineinzunehmen in die Beschäftigung mit der Hegelschen Philosophie.

---

71 Am Seminar nehmen sowohl Ute Wolf als auch Imme Wolff teil; um welche Teilnehmerin es sich hier handelt, konnte nicht ermittelt werden.
72 Das entsprechende Protokoll wurde nicht aufgefunden.
73 Hermann Schweppenhäuser wird 1956 mit der Schrift »Studien über die Heideggersche Sprachtheorie« in Frankfurt a. M. promoviert.

In dem soeben Ausgeführten wird das Renommistische deutlich, das jeder Philosophie in ihren abstrakten Formulierungen eigen ist. Verifiziert werden diese Aussagen immer erst in der Ausführung.

5.) Der Übergang vom Werden zum Dasein (Herr Prof. Adorno, Herr Dr. Schweppenhäuser, Herr Dr. Haag[74], verschiedene Seminarteilnehmer)

In der »Wissenschaft der Logik« heißt es in dem Abschnitt: Aufhebung des Werdens: »Das Gleichgewicht, worein sich Entstehen und Vergehen setzen, ist zunächst das Werden selbst. Aber dieses geht ebenso in *ruhige Einheit* zusammen. Sein und Nichts sind in ihm nur als Verschwindende; aber das Werden als solches ist nur durch die Unterschiedenheit derselben. Ihr Verschwinden ist daher das Verschwinden des Werdens oder Verschwinden des Verschwindens selbst. Das Werden ist eine haltungslose Unruhe, die in ein ruhiges Resultat zusammensinkt.«[75]

Das Werden als Entstehen und Vergehen ist nur durch die Unterschiedenheit von Sein und Nichts möglich. Im Werden nun verschwinden Sein und Nichts, indem sie sich aufeinander zubewegen. Da aber die Unterschiedenheit von Sein und Nichts die Bedingung für das Werden war, so ist das Verschwinden von Sein und Nichts gleichzeitig das Verschwinden des Werdens selbst. Durch die Aufhebung, die Negation des Werdens, entsteht das Dasein als gewordenes und bestimmtes Sein. Dasein ist die logische Kategorie, die als »terminus ad quem« im Werden enthalten ist, das, was wird und beim Verschwinden des Werdens zurückbleibt.

An diesem Übergang vom Werden zum Dasein wird zweierlei deutlich:

a) Der Weg der Logik ist die Konkretisierung vom Abstrakten her, jede Spezifikation setzt das Allgemeine voraus, d. h., mit jeder Spezifikation ist das Allgemeine immer schon mitgesetzt.

b) Rein formal wäre beim Prozeß der Negation des Werdens als Ergebnis die Rückkehr zum reinen Sein zu erwarten. Hier nun tritt das Eigentümliche der Dialektik deutlich zutage, daß alles Gewordene mehr ist als das Gewesene, daß also ein Begriff nie leer aus der Reflexion zurückkehrt. In der Rückkehr zum vorher Negierten kehrt das Gewesene wieder, aber zugleich ist es etwas qualitativ anderes. Ein Moment der Rückkehr liegt allerdings in der Hegelschen Philosophie, aber nicht im Sinne einer ewigen Wiederkehr des Gleichen: Der Inbegriff

---

[74] Karl Heinz Haag wird 1951 mit der Schrift »Die Seinsdialektik bei Hegel und in der scholastischen Philosophie« in Frankfurt a. M. promoviert.
[75] HW, Bd. 5, S. 113.

aller Bewegung, die mit dem Bewußtsein einsetzt, führt auf das Absolute als Bestimmtes zurück und damit auch die Dialektik auf ihre eigene Voraussetzung. Aber es kehrt hier nicht ein Gleiches wieder, sondern das in sich selbst Zurückkehrende ist das Ganze.

Dieser dialektische Prozeß bedeutet das Herauskommen aus dem Langweiligen und macht das metaphysische Faszinosum der Hegelschen Philosophie aus.

6.) Der Begriff des Geistes

Modell für den Geist ist zunächst das Denken. Indem sich das Denken aber immer wieder am endlichen Objekt bestimmt, tritt der Geist über das Subjekt hinaus, ist Subjekt und Objekt zugleich und damit ein Höheres: der unendliche Geist, der den Gegensatz Subjekt–Objekt transzendiert.

P.S. Anschließend machte Herr Dr. Haag noch einige Ausführungen über den Gottesbegriff bei Hegel. Zu diesem Zeitpunkt war der Geist des Protokollanten aber bereits derartig verbraucht, daß weder die augenblickliche Erfassung des Gedankens noch eine spätere Rekonstruktion gelang.

Manfred Walther[76], 2. Semester

76 Unterschrift.

## 156 [N.N.],
## 9. Februar 1959

*Protokoll der Seminarsitzung
vom 9. Februar 1959*

Zum Protokoll der vorigen Sitzung machte Herr Professor Adorno eine ausführliche Bemerkung den Enthusiasmus in der Philosophie betreffend, der auch ein »Gestus des Sich-Erhebens« genannt worden war. In diesem Gestus manifestierte sich die selbstverständliche und richtige Haltung des Studenten in der späten ersten Hälfte des 19. Jahrhunderts, die den Studierenden später geradezu abgewöhnt wurde. Die Jugendbewegung versuchte noch einmal in isolierter Weise, diese Haltung zu bannen. Heute steht die Universität dem genauen Gegenbild jenes Studenten gegenüber, nämlich dem, der sich das Realitätsprinzip und die Klugheit des Lebens schon zu eigen gemacht hat, und wenn die Universität etwas von der menschlichen Bestimmung behalten will, die ihr aufgetragen ist, so muß sie die Erinnerung des ernüchterten Studenten an den Enthusiasmus in der Philosophie wieder herzustellen versuchen, auch wenn ihr das Gelingen angesichts ihrer eigenen schwachen Kräfte und angesichts der starken Erschütterung in der Haltung des Studenten fraglich erscheint.

Die Philosophie Hegels ist wie kaum eine andere dazu fähig, diese Erinnerung wieder zurückzuholen, da Hegel die Welt rechtfertigt und in äußerstem Gegensatz zu Kant, der das Wissen einschränkt, um dem Glauben Raum zu schaffen, die Möglichkeit durchaus bestehenläßt, nach der es dem Geist gelingen kann, das Bewußtsein zu erfüllen, ohne die Vernunft zu opfern. In diesem sind das Moment der Utopie und das der fessellosen Vernunft eins.

Rückblickend auf den § 17 der »Propädeutik« Hegels (»Es ist *Eins*, das sich nur auf sich bezieht und sich gegen das Andere als *repellirend* verhält«)[77], bemerkte Herr Professor Adorno:
1) daß der Begriff »Eins« an dieser Stelle eingeführt wird und nicht explizit in Sein, Werden oder Dasein vorhanden ist;
2) daß dieser Begriff »Eins« durch die Unterscheidung von einem Anderen entsteht;
3) daß, wie sich aus beidem ergibt, dies auf die großartige Konzeption Hegels hinauslaufe, der zufolge die Kategorie des Ersten (oder die Kategorie der Einheit), auf der die traditionelle Philosophie gründet, eine entsprungene ist. Der Begriff

---

[77] HJu, Bd. 3, S. 119.

des Ersten ist, wie sich diese Konzeption auch in Professor Adornos »Metakritik der Erkenntnistheorie« findet,[78] immer vermittelt und deshalb nicht das Erste.

Die Zahlen sind also bei Hegel nicht hypostasiert, denn Eins ist nur durch den Unterschied zum Anderen, und das Andere wiederum bedingt das Eine. Mit dem Einen ist ein Kontinuum der Zahlen gesetzt, in welchem die Unterschiedenheit der einzelnen Zahlen in der Diskretion besteht. Kontinuum und Diskretes sind zugleichgedacht. Dadurch weisen die Ordnungsbegriffe, die Zahlen sind, über sich hinaus in den Zusammenhang des Ganzen.

Zum § 18, der Repulsion und Attraktion als sich gegenseitig bedingend bezeichnet,[79] bemerkte Herr Professor Adorno, daß das Fürsichsein nur soweit Fürsichsein ist, als es das Andere abstößt und von ihm unterschieden ist. Gerade dadurch aber zieht es alles andere herbei. Überleitend zur Fortsetzung des Referates von Herrn Schmidt-Hackenberg, wurde der Umschlag von Qualität in Quantität bei Hegel ein Ergebnis der sich wechselseitig bedingenden Repulsion und Attraktion genannt.

Die Definition von Qualität am Anfang des § 21[80] bezeichnete Herr Dr. Haag als übereinstimmend mit der Qualitätsdefinition Thomas': »Essentia est id quo res est id quod est« oder »essentia est quidditas«.[81]

Während Herr Schmidt-Hackenberg bei der Interpretation des § 21 auf § 15[82] zurückverwies, indem er eine Wiederholung festzustellen glaubte, bezweifelte

---

78 So heißt es in der *Metakritik der Erkenntnistheorie* [1956] etwa: *Im Begriff des Ersten, der in den Urtexten der abendländischen Philosophie waltet und im Seinsbegriff der Aristotelischen Metaphysik thematisch ward, sind Zahl und Zählbarkeit mitgedacht. Das Erste gehört an sich schon in die Zahlenreihe; wo von einem πρῶτον die Rede ist, muß ein δεύτερον sich angeben, muß sich abzählen lassen. Sogar der eleatische Begriff des Einen, das einzig sein soll, wird verständlich nur in seiner Beziehung auf das Viele, das er verneint. Man stößt sich am zweiten Teil des Parmenideischen Gedichts um seiner Inkompatibilität mit der These des Einen willen. Doch ohne die Idee des Vielen wäre die des Einen gar nicht zu bestimmen.* (GS, Bd. 5, S. 17)
79 Den vorigen § 17 fortführend (s. oben, Anm. 77) schreibt Hegel: »Oder mit der Repulsion des Eins sind unmittelbar *viele* Eins gesetzt. Aber die vielen Eins sind nicht von einander unterschieden. Eins ist, was das andere ist. Es ist ebenso ihre Aufhebung, die Attraction gesetzt.« (HJu, Bd. 3, S. 119)
80 »Durch die Qualität ist etwas das, was es ist. Durch Veränderung der Qualität verändert sich nicht blos eine Bestimmung an Etwas oder an dem Endlichen, sondern das Endliche selbst.« (Ebd., S. 119 f.)
81 Beide Wesensbestimmungen, die so nicht bei Thomas aufgefunden wurden, sind paradigmatisch für die Scholastik.
82 »Durch seine Qualität, durch das, *was* es ist, ist Etwas der *Veränderung* unterworfen. Es verändert sich, insofern seine Bestimmtheit im Zusammenhang mit Anderem zur Beschaffenheit wird.« (HJu, Bd. 3, S. 118)

Professor Adorno die Möglichkeit einer Wiederholung. Beide Paragraphen behandeln die Veränderung des Endlichen durch die Qualität. Während die traditionelle Philosophie den Dingen absolute Qualität durch sich selber zusprach, wie Herr Dr. Haag erläuterte, sah der Nominalismus die Qualität durch die Beziehung der Dinge auf anderes bedingt. Die quanta discreta wurden zum quantum continuum, deren Unterschied erst in der idealistischen Philosophie begriffen wurde.

Nach diesem Hinweis auf die Entwicklung des Qualitätsbegriffes leitete Herr Professor Adorno zurück zum Problem der Wiederholung bestimmter Inhalte in Hegels Propädeutik. Hegels Denken ist dynamisch, und es gilt für diese wie für alle philosophische Lektüre, sich klar zu machen, wo etwas dasselbe ist, und wo etwas ein Neues bedeutet. § 21 behandelt nicht dasselbe wie § 15, denn der Begriff des Fürsichseins als die durch Attraktion und Repulsion bestimmte Qualität hat im § 21 bereits die Stufe der Dialektik überwunden, auf der das Fürsichsein nur durch die Beziehung auf anderes für möglich erklärt wurde, und auf der die Isoliertheit der Zahl als unmögliche das Fürsichsein bereits herabgesetzt hatte zu einem Moment innerhalb des Ganzen.

Als Beispiel wurde das periodische System der Elemente herangezogen, das die einzelnen Elemente im vollkommenen Fürsichsein darstellt, und aus dem die unbekannten Elemente zu errechnen sind. Dadurch aber, daß die Elemente ihre Qualität nur im System finden, relativiert sich ihre Qualität. Sie wird zur Quantität.

Auch im Arbeitsprozeß zeigt sich der Fortschritt von der Qualität zur Quantität. Je kleiner die gewählte Einheit ist, die in der Reduktion des vielfältigen Arbeitsprozesses eines Handwerkers auf den immer wiederholten Griff am Fließband die kleinste geworden ist, desto mehr nimmt die Quantität gegenüber der Qualität zu.

Herr Dr. Schweppenhäuser führte für die Begriffsentwicklung der Repulsion eine Stelle aus Hegels »System der Philosophie« an. In der klassischen atomistischen Lehre bewegten sich die Atome in ständigem Fall, es herrschte lediglich Repulsion, zu der dann die Vorstellung einer Ablenkung aus der Senkrechten keinesfalls zur Vermittlung von Repulsion und Attraktion führte.[83] Kant hatte in den »Anfangsgründen der Naturwissenschaft« die Materie als Attraktion und Repulsion definiert,[84] und Hobbes hatte den Einzelnen im Staat als repellierend

---

83 Vgl. HJu, Bd. 8, S. 230–234; vgl. HW, Bd. 8, S. 205–209.
84 »Anziehungskraft ist die bewegende Kraft der Materie, wodurch sie eine andere treibt, sich ihr zu nähern, folglich, wenn sie zwischen allen Teilen der Materie angetroffen wird, ist die Materie vermittelst ihrer bestrebt, die Entfernung ihrer Teile von einander, mithin auch den Raum, den sie zusammen einnehmen, zu verringern. Nun kann nichts die Wirkung einer bewegenden Kraft

gesehen.[85] In seinen Bedürfnissen aber, die der Einzelne mit den Anderen gemeinsam hat, zeigt sich die Attraktion, die im Gesellschaftsvertrag dokumentiert ist.

Die Quantität, die laut § 21 nicht mehr »die Natur der Sache bestimmt«, offenbart mit diesem Mangel den tödlichen Ernst Hegels, der in den Bestimmungen der Qualität durch anderes bereits den Keim ihrer Vernichtung sieht. Der Übergang von Qualität in Quantität ist historisch und notwendig. Hegel wußte, daß Goethe Newton gegenüber im Unrecht war, als er in der »Farbenlehre« die Qualität verteidigte[86] und sich dadurch als Romantiker erweist, der ohnmächtig dem substanzentziehenden Prozeß der Quantifizierung[87] zusehen muß.

Herr Dr. Schweppenhäuser führte hierzu wiederum einen Beleg Hegels aus der »Enzyklopädie« an, in der Hegel verlangt, daß der Quantität ihr Recht werden müsse.[88] Hegel bezeichnete die Bestimmungen der Quantität als solche der Äußerlichkeit, was er am Beispiel des dreieinigen Gottes und der drei Dimensionen erläuterte. Die quantitative Bestimmung drei ist für den dreieinigen Gott unwesentlicher als für die drei Dimensionen.

---

hindern, als eine andere ihr entgegengesetzte bewegende Kraft; diese aber, welche der Attraktion entgegengesetzt ist, ist die repulsive Kraft.« (KW, Bd. IX, S. 66 [A 57])

85 Bei Hobbes heißt es, es lägen »in der menschlichen Natur drei hauptsächliche Konfliktursachen: Erstens Konkurrenz, zweitens Mißtrauen, drittens Ruhmsucht. [...] Daraus ergibt sich klar, daß die Menschen während der Zeit, in der sie ohne eine allgemeine, sie alle im Zaum haltende Macht leben, sich in einem Zustand befinden, der Krieg genannt wird, und zwar in einem Krieg eines jeden gegen jeden.« (Thomas Hobbes, Leviathan oder Stoff, Form und Gewalt eines kirchlichen und bürgerlichen Staates [1651], hrsg. und eingel. von Iring Fetscher, übers. von Walter Euchner, Frankfurt a. M. 1984 [Suhrkamp-Taschenbuch Wissenschaft; 462], S. 95f.)

86 Tatsächlich verteidigt Hegel, seit er Bekanntschaft mit Goethes Farbenlehre gemacht hat, diese vehement gegen Newtons Auffassungen vom Wesen des Lichts, prominent etwa im zweiten Teil der »Enzyklopädie« (vgl. HW, Bd. 9, S. 241–269).

87 Konjiziert für: »Quantität«.

88 »Die Quantität ist jedenfalls eine Stufe der Idee, welcher als solcher auch ihr Recht werden muß, zunächst als logischer Kategorie und sodann weiter auch in der gegenständlichen Welt, sowohl in der natürlichen als auch in der geistigen. Hier zeigt sich dann aber auch sogleich der Unterschied, daß bei Gegenständen der natürlichen Welt und bei Gegenständen der geistigen Welt die Größenbestimmung nicht von gleicher Wichtigkeit ist. In der Natur nämlich, als der Idee in der Form des Anders- und zugleich des Außersichseins, hat eben um deswillen auch die Quantität eine größere Wichtigkeit als in der Welt des Geistes, dieser Welt der freien Innerlichkeit. Wir betrachten zwar auch den geistigen Inhalt unter dem quantitativen Gesichtspunkt, allein es leuchtet sofort ein, daß, wenn wir Gott als den Dreieinigen betrachten, die Zahl *drei* hier eine viel untergeordnetere Bedeutung hat, als wenn wir z. B. die drei Dimensionen des Raumes oder gar die drei Seiten eines Dreiecks betrachten, dessen Grundbestimmung eben nur die ist, eine von drei Linien begrenzte Fläche zu sein.« (HW, Bd. 8, S. 211f.)

Herr Professor Adorno bemerkte hierzu, daß im Gesamtaufbau der Logik Hegels das Gewicht der Quantität dem der Qualität unterliege, was auch die Schwäche seiner Naturphilosophie bezeichne. Dagegen wies Herr Dr. Haag auf den Mangel an absoluter Qualität in der Philosophie Hegels hin, die sich schon darin zeigt, daß das Ganze das Vermittelte ist, das Einzelne also immer Qualität und Quantität sein muß. Herr Professor Adorno zeigte jedoch den Vorrang der Qualität im Denken Hegels daran, daß Hegel in allen Übergängen immer neue Qualitäten sucht, obwohl er den Vorrang der Qualität in der abendländischen Philosophie zerstörte, indem er die Qualität als vermittelte dachte.

Als Beispiel dafür, wie wir alle Begriffe Hegels mit Erfahrung anfüllen können, wurde für den Begriff der Gleichgültigkeit in der Quantität der Mensch angeführt, der nicht mehr als Individuum = Qualität, sondern als Repräsentant eines Quantums, als Quantität betrachtet wird. So geschieht es dem, der auf Grund seiner hohen Nummer auf einer Liste kein Ausreisevisum bekommt; die Kränkung, die der Mensch dadurch erfährt, daß er eine Quantität ist, durch die er sich jeder Bestimmung beraubt sieht, weil ihm die Quantität gleichgültig ist, kann aber unversehens zur Gefahr werden, wenn das ihm gleichgültige Quantitative über sein Leben entscheidet.

Im § 22 kommen keine neuen Negationen zum Begriff der Quantität hinzu, es werden vielmehr an der Phänomenologie des Fürsichseins die Begriffe demonstriert, die die Auflösung des Fürsichseins bewirken.[89]

Als Beispiel gilt der Fingerabdruck, da er doch das absolute Fürsichsein beweisen sollte, indem nur ein Mensch einen bestimmten Fingerabdruck besitzt. Aber das ganz reine Fürsichsein ist etwas Abstraktes. Es geht unmittelbar in das Quantitative über, und so auch der Mensch, dessen Fingerabdruck sein absolutes Fürsichsein bezeugen soll. Denn entäußert aller anderen Qualität wird er zur Nummer seines Fingerabdrucks. Durch das, wodurch ich unverwechselbares Individuum bin, werde ich Quantität.

Daß sich die Dialektik der Qualität in der der Quantität wiederholt, indem Hegel in beiden vom Unbestimmten zum Bestimmten und dessen Negation vorgeht, gilt nur insofern, als sich jede Stufe der Dialektik von der anderen auch unterscheiden muß und keine das Résumé der vorhergehenden darstellen darf.

An dem Begriff der Kontinuität entzündete sich am Schluß die Frage, ob man auf eine natürliche Zahlenreihe im strengen Sinn das Kontinuum anwenden kann. Dadurch, daß ich Eines denke, denke ich viele Eine in ununterbrochener Konti-

---

[89] »Die Quantität ist das aufgehobene für sich sein oder Eins. Sie ist also eine ununterbrochene *Continuität* in sich selbst. Aber da sie eben so sehr das Eins enthält, so hat sie auch das Moment der *Discretion* in sich.« (HJu, Bd. 3, S. 120)

nuität. Diese sind jedoch voneinander in der Diskretion unterschieden. In der Mathematik ist die Frage nach dem Kontinuum der natürlichen Zahlenreihe noch umstritten, während sie in der Physik bereits zuungunsten des Kontinuums entschieden ist.

## 157 Helmut Damm, 16. Februar 1959

Helmut Damm[90]
stud. phil.

Protokoll der Seminarsitzung am 16. 2. 1959

Nach dem Verlesen des Protokolls setzte Herr Schmidt-Hackenberg sein bereits in der vorhergehenden Seminarsitzung begonnenes Referat fort. Es wurden die § 21–29 der Logik in der Philosophischen Propädeutik Hegels behandelt.[91]
§ 21 stellt die Begriffe Qualität und Quantität gegenüber.
Die Qualität ist ein ganz Einfaches, Unmittelbares, sie ist die erste unmittelbare Bestimmung.
Die Quantität dagegen ist die Bestimmung, die dem Sein gleichgültig geworden ist, d. h., jede der verschiedenen quantitativen Größen an Etwas hat gleiche Geltung; sie sind für das Etwas nicht konstitutiv. Die Veränderung des Quantums ändert nichts an der Sache selbst, während eine Veränderung der qualitativen Größe eine Veränderung des Etwas selbst zur Folge hat.
Herr Schmidt-Hackenberg wies dabei auf das von Hegel selbst gegebene Beispiel hin: Man kann sich die Größe eines Ackers in zwei verschiedenen Weisen verändert denken, einmal, indem aus dem Acker ein ausgedehnterer wird, was eine quantitative Veränderung wäre, denn diese ändert nichts daran, daß der Acker ein Acker bleibt. Seine qualitative Größe verändern, würde bedeuten, ihn zur Wiese oder zum Wald zu machen.[92] –
Die Quantität ist zunächst ununterbrochene Kontinuität, sie ist das aufgehobene Für-sich-Sein, denn in ihr sind alle Unterschiede zwischen den verschiedenen Eins durch Attraktion aufgehoben.
Herr Dr. Haag erklärte: Die Quantität ist darum durchaus noch keine unmittelbare Einheit. Es ist die Vielheit der für-sich-seienden Eins, an denen statt des Unterscheidenden die Einheit betont wird.

---

90 Unterschrift.
91 Es handelt sich um den Abschnitt über »Quantität«; vgl. HJu, Bd. 3, S. 119–121.
92 »Am Etwas ist seine Grenze als Qualität wesentlich seine Bestimmtheit. Wenn wir aber unter Grenze die quantitative Grenze verstehen und z. B. ein Acker diese seine Grenze verändert, so bleibt er Acker vor wie nach. Wenn hingegen seine qualitative Grenze verändert wird, so ist dies seine Bestimmtheit, wodurch er Acker ist, und er wird Wiese, Wald usf.« (HW, Bd. 5, S. 210)

Vielheit der Eins läßt aber ebensosehr die Betonung der Diskretion zu. Eine Größe kann nur dann als Kontinuität betrachtet werden, wenn man zugleich in ihr eine Reihe diskreter, gleicher Teile sieht. –

Auf die Fragen eines Seminarteilnehmers nach dem Unterschied zwischen Qualität und Quantum discretum antwortete Dr. Haag: Die Qualität ist ohne Bezug auf andere Qualität. Die Quantität als reflektierende Bestimmung hat Bezug auf andere, selbst beim Quantum discretum, wo das Trennende betont wird. Als Qualität ist das Weiße einer Wand weiß, allein um seiner unmittelbaren, bezugslosen Eigenschaften willen. Als Quantität kommt ihm sein Weiß-Sein nur im Vergleich mit anderen Farben zu. Jedoch ist der Vergleich für die durch ihn verbundenen Quantitäten nicht konstitutiv. Er muß dem Gegenstand äußerlich bleiben.

Aristoteles sieht die Eigenschaften der Dinge noch im Sinne von Hegels Begriff der Qualität als bezugslos.[93] Die Nominalisten sahen sie nur als bezogene faßbar. So ist der Nominalismus der zu sich selbst gekommene Realismus. Man ist sich der Arbeitsweise des Verstandes bewußt geworden, wie auch der sogenannte gemeine Menschenverstand zum gesunden wird, wenn er erkennt, daß er bisher jeden Sinneseindruck vergleichend eingeordnet hat. –

Vorausdeutend erklärte Herr Dr. Haag weiter: Auf der Ebene des Wesens werden Qualität und Quantität als einander bestimmend angesehen, denn es wird erkannt, daß man zwar, um eine Sache aufzunehmen, vergleichen muß, daß man aber nur unmittelbar An-sich-Seiendes vergleichen kann. Identität in der Nichtidentität ist eine ständige Gedankenfigur. Sie bestimmt auch das Verhältnis von Kontinuität und Diskretion, die bei Kant noch unvermittelt nebeneinander oder eher gegeneinander stehen. –

---

[93] Bei Aristoteles heißt es etwa: »Jedes ohne Verbindung gesprochene Wort bezeichnet entweder eine Substanz oder eine Quantität oder eine Qualität oder eine Relation oder ein Wo oder ein Wann oder eine Lage oder ein Haben oder ein Wirken oder ein Leiden. *[Absatz]* Substanz, um es im Umriß (nur allgemeinen) zu erklären, ist z. B. ein Mensch, ein Pferd; ein Quantitatives z. B. ein zwei, ein drei Ellen Langes; ein Qualitatives z. B. ein Weißes, ein der Grammatik Kundiges; ein Relatives z. B. ein Doppeltes, Halbes, Größeres; ein Wo z. B. {auf dem Markt}, im Lyzeum; ein Wann z. B. gestern, voriges Jahr; eine Lage z. B. er liebt, sitzt; ein Haben z. B. er ist beschuht, bewaffnet; ein Wirken z. B. er schneidet, brennt; ein Leiden z. B. er wird geschnitten, gebrannt. *[Absatz]* Jeder der genannten Begriffe enthält an und für sich keine Bejahung oder Verneinung, sondern die Bejahung oder Verneinung kommt erst durch ihre Verbindung zustande. Denn jede Bejahung und Verneinung ist entweder wahr oder falsch. Das kann aber nicht von Worten gelten, die ohne Verbindung gesprochen werden, wie Mensch, weiß, läuft, siegt.« (Aristoteles, Kategorien, übers. von Eugen Rolfes, in: Aristoteles, Philosophische Schriften in sechs Bänden, Bd. 1, Hamburg 1995, S. 1–42; hier: S. 3 [1b–2a]).

Das Quantum als begrenzte Quantität ist insofern noch eine vage Größe, als seine Grenze nicht bestimmt ist, auf einem festen Wert zu beharren.

Das Quantum in diesen Bestimmungen ist die Zahl. Wie sie läßt es sich bis ins Unendliche vermehren oder bis Null vermindern.

Zum Verständnis von § 25[94] kann man folgendes Beispiel anführen: Ein Rotfleck auf einem Tischtuch hat zwei Formen der Größe, einmal seine Flächenausdehnung als die extensive, zum anderen als die intensive, die mehr oder weniger starke Rotfärbung. Auch die Intensität ist eine quantitative Größe und nicht eine qualitative, wie man glauben könnte, denn die Qualität des roten Fleckes verändern, würde bedeuten, ihn blau zu färben.[95] Zudem ist der Grad der Intensität insofern eine quantitative Größe, als er sich in Vergleichszahlen fixieren läßt.

Herr Dr. Haag erläuterte schließlich den Begriff der Schranke in § 28, der das Unendliche behandelt[96]: Grenze bedeutet, daß das Begrenzte vom Begrenzenden bestimmt wird und umgekehrt. Unendliches und Endliches, Gott und Welt grenzen aneinander. Indem nun die Welt durch die Existenz Gottes bestimmt wird, so kann man umgekehrt schließen, daß auch Gott durch die Welt, das Endliche, bestimmt wird. Jedoch darf man dieses gegenseitige Verhältnis nicht einseitig betonen und damit den Sachverhalt verzerren. Gott ist ohne eine vorgegebene Vermittlung ohnehin für den Menschen undenkbar. Zugleich ist es aber Hegels Meinung, um die Unwahrheit einer einseitigen Abstraktion zu bekämpfen, daß das Denken des Menschen bestimmend sei für die Existenz Gottes. Zu Gott gehörten die Gedanken der Menschen über ihn. –

Dagegen wurde die Frage geäußert: Muß Gott, um überhaupt diesen Namen noch zu verdienen, nicht unabhängig von unseren Gedanken sein, ja, ist es nicht geradezu unmöglich, als ein endliches Geschöpf über den unendlichen Schöpfer irgendwelche festen Aussagen zu machen?

---

94 »Die Grenze des Quantums in der Form des Insichseins giebt die *intensive* Größe, in der Form der Aeußerlichkeit die *extensive* Größe. Es giebt aber nicht ein Intensives, das nicht auch die Form von extensiven Dasein hätte und umgekehrt.« (HJu, Bd. 3, S. 120)
95 Dieses Beispiel wird ähnlich auch von Hegel selbst gegeben: »Ein Rot, das intensiver oder schwächer ist, ist immer Rot; wenn es aber seine Qualität änderte, so hörte es auf, Rot zu sein, es würde Blau usf.« (HW, Bd. 5, S. 210)
96 »Das Unendliche überhaupt ist im unendlichen Progreß zunächst das Aufheben der Schranke, sie sei eine qualitative oder quantitative, so daß diese Schranke als Positives gilt und daher gegen die Negation immer wieder entsteht. Das *wahrhaft Unendliche* aber ist[,] indem die Schranke als Negation gefaßt wird, *die Negation der Negation*. In ihm wird durch das Hinausgehn über das Endliche nicht wieder eine neue Schranke gesetzt, sondern durch das Aufheben der Schranke das Dasein zur Gleichheit mit sich wiederhergestellt.« (HJu, Bd. 3, S. 121)

Die Antwort lautete: Hegel ist nur konsequent; nicht zuletzt hängt mein Mensch-Sein davon ab, ob ich denke. So hat Thomas von Aquin einen Glauben, der nicht durch Wissen motiviert ist, als unsittlich erklärt.[97]

---

[97] So heißt es etwa bei Thomas: »Der Wille ist also schlecht, weil er etwas Schlechtes will – nicht freilich ein wesentlich Schlechtes, sondern, wegen der Erfassung der Vernunft, ein in akzidenteller Weise Schlechtes. In ähnlicher Weise ist der Glaube an Christus von seinem Wesen her gut und heilsnotwendig; und gleichwohl richtet sich der Wille nur insofern auf dieses Gut, als es von der Vernunft als dieses vorgestellt wird.« (Thomas von Aquin, Über sittliches Handeln. Summa theologiae I–II q. 18–21. Lateinisch/Deutsch, hrsg. und übers. von Rolf Schönberger, eingel. von Robert Spaemann, Stuttgart 2012 [Reclams Universal-Bibliothek; 18162], S. 105–107 [19,5])

# Wintersemester 1958/59:
# Kausalität [I]

Philosophisches Hauptseminar mit Max Horkheimer

In diesem Semester hält Adorno zudem die philosophische Vorlesung »Ästhetik« und gibt das philosophische Proseminar »Hegels ›Philosophische Propädeutik‹« sowie das soziologische Seminar »Kunstsoziologie«

Das Seminar findet donnerstags von 18 bis 20 Uhr statt

**158** Archivzentrum Na 1, 885; **159** TWAA Pr 17/11–12; **160–165** Archivzentrum Na 1, 885

## 158 Joachim Gaudigs, 20. November 1958

Protokoll[1] zum Oberseminar vom 20. Nov. 1958

Im Anschluß an das Referat von Pater Dr. Armbruster,[2] das in die zentrale Thematik des Seminars einführte, ergab sich:

Kausalität, deren Verwandlung in eine nach statistischen Gesetzen ablaufende durchschnittliche Regelhaftigkeit wenig Überzeugendes an sich hat, stellt sich als Problem dar, das mit größtem Ernst bedacht werden will, das zu unterdrücken, indem man jene Tendenz der Auflösung sanktioniert, ebensowenig angeht, wie ihm auszuweichen, indem man Kausalität einfach unterstellt. Vielmehr gilt es, eine Theorie der Kausalität zu erarbeiten, die nicht idealistisch, verleugnend ist, noch viel weniger aber einem blinden, unkritischen Realismus zum Opfer sich bringt. Zu fragen ist nach der Möglichkeit einer dialektischen Theorie der Kausalität. Nachzuholen ist, was die Phänomenologie versäumte: der Versuch, aus der Aporie, die mit dem Kausalitätsproblem seit langem gegeben ist, herauszukommen; das Schicksal zu deuten, das die Kausalität erleidet, wie Valéry es ebenso für den Begriff der Tugend konstatiert hat: daß Kausalität verschwindet und verschwinden muß und doch etwas mit ihr verlorengeht.

Das Kausalitätsproblem bringt sich in die grundsätzliche Kalamität, die mit der Degeneration des Seienden zu einem Konglomerat von sinnverlassenen Fakten begonnen hat; damit, daß die physische Wirkursächlichkeit, die causa efficiens des Aristoteles,[3] gesondert wurde von der Wesensbetrachtung der inneren Gründe des Seienden; damit, daß beide auseinandertraten und in der Folgezeit je einen eigens nur ihnen vorbehaltenen Raum konstituierten, in dem später hie Geisteswissenschaften, hie Naturwissenschaften sich ansiedelten, nun schon von vornherein den Vermittlungsversuchen der Philosophien entzogen. Mythische Sinnhaftigkeit konnte dem Seienden nicht belassen werden; Sinn wurde aus ihm eskamotiert. Mit dem Entstehen der Faktenwelt hob das Dilemma an.

---

1 Die Vorlage ist handschriftlich verfasst.
2 Der Referatstext von Ludwig Armbruster wurde nicht aufgefunden.
3 Zur Bewegungs- oder Wirkursache heißt es bei Aristoteles: »Woher der *anfängliche Anstoß* zu Wandel oder Beharrung kommt; z. B. ist der Ratgeber Verursacher von etwas, und der Vater Verursacher des Kindes, und allgemein das Bewirkende (Ursache) dessen, was bewirkt wird, und das Verändernde dessen, was sich ändert.« (Aristoteles, Physik, übers. von Hans Günter Zekl, in: Aristoteles, Philosophische Schriften in sechs Bänden, Bd. 6, Hamburg 1995, S. 1–258; hier: S. 31 [194b])

Aristoteles wollte dem entgehen,[4] indem er im Begriff der prote ousia hyle und eidos, Materie und Form aufs engste zu verschränken suchte.[5] Diese frühe Einheit jedoch ist trügerischen Wesens wie alle späteren. Denn für Aristoteles hat die Materie das Moment des Kontingenten, Unbestimmten an sich, das weder von der Form zu fassen ist und kaum von der Erkenntnis erfaßt werden kann, was doch gerade der Begriff der Verschränkung fordert, in dem selber das Moment subjektiver Reflexion enthalten ist. Entschieden hat denn auch der Nominalismus in dem Prozeß,[6] der gegen die Kausalität als principiam immanens läuft und dessen zwanghaft notwendiger Charakter hier so deutlich wird wie leicht nirgends sonst, diese Verschränkung rückgängig gemacht, was in der Trennung des Rationalen vom Irrationalen, eines physisch stoffhaften Dingbegriffs von der Form als einem Subjektiven resultiert. In der Naturphilosophie[7] der Renaissance wurde das Physische endgültig zum Quantitativen. Unterworfen dem Ideal des Meß- und Berechenbaren, erlangte es ein determinierendes Übergewicht.

Das Subjekt behielt gleichwohl noch sein Gesicht.[8] Erst Kant mußte es in der Auseinandersetzung mit dem englischen Empirismus in einem Akt, der – auf eine Art absoluter Logik zurückgehend – die Abhängigkeit von einem transzendentalen Subjekt herstellte, wieder als notwendiges einsetzen. Ihm gerinnt die Kausalität zur Kategorie, die für ihn besteht »in der Succession des Mannigfaltigen, insofern sie[9] einer Regel unterworfen ist.«[10]

Für Hegel ist das Subjekt Folge und Grund zugleich.[11] Sein Geistbegriff verweist zwar noch zurück auf Subjektivität. Seine Genialität ist es jedoch, daß er, der selber mit Objektivität gesättigt war, über die Subjektivität hinausgehen wollte, ohne daß es ihm zuletzt recht gelungen wäre. Im Grunde glaubte er nicht, daß in den Sachen nichts da sei, weil er selber beinahe des Falschen am Idealismus gewahr ward, dem alle Kategorien vom Subjekt abstammen, während dieses tatsächlich doch von der Sache bestimmt wird. Wenn aber die Reduktion des Sei-

---

4 Auf dem Bundsteg der Vorlage finden sich zuweilen überschriftartige Marginalien; an dieser Stelle: »Aristoteles«.
5 Vgl. das fünfte Kapitel in Aristoteles, Kategorien, übers. von Eugen Rolfes, in: Aristoteles, Philosophische Schriften in sechs Bänden, Bd. 1, Hamburg 1995, S. 1–42; hier: S. 3–10 (2a–4b).
6 An dieser Stelle (s. Anm. 4) findet sich die Marginalie »Nominalismus«.
7 An dieser Stelle (s. Anm. 4) findet sich die Marginalie »Renaissance«.
8 An dieser Stelle (s. Anm. 4) findet sich die Marginalie »Kant«.
9 Korrigiert für: »es«.
10 »Das Schema der Ursache und der Kausalität eines Dinges überhaupt ist das Reale, worauf, wenn es nach Belieben gesetzt wird, jederzeit etwas anderes folgt. Es besteht also in der Sukzession des Mannigfaltigen, in so fern sie einer Regel unterworfen ist.« (KW, Bd. III, S. 192 [B 183; A 144])
11 An dieser Stelle (s. Anm. 4) findet sich die Marginalie »Hegel«.

enden aufs Subjekt nicht geht, dann ist es nicht zwingend, daß der Zusammenhang im Seienden bloß subjektive Zutat sein soll.

Husserls Philosophie,[12] die insgesamt gezeichnet ist durch ihre »solipsistische Ausgangsposition« (Metakritik der Erkenntnistheorie S. 132)[13], bleibt der unvermittelte, statische Charakter eingeschrieben. Seinem schimärischen Ichbegriff, »dessen Bewußtseinsinhalte, als unmittelbar gewiß, schlechterdings hinzunehmen seien«, geht es nicht auf, daß »das Ich, das die Einheit des Denkens konstituiert«, eben selbst der Welt angehört, »die um der Reinheit der logischen Denkformen willen ausgeschlossen werden soll.« (L.c. S. 97)[14] Das trifft das Ich tödlich. Die Welt aber wird in der eidetischen wie in der phänomenologischen Reduktion, die nur sich halten möchte an das, was im Bewußtsein gemeint und wie es gemeint ist, zum reduzierten Gebilde, zu einem seiner raumzeitlichen Struktur beraubten Relikt, alsdann zum willfährig Ausgeschlossenen. Der Bereich, in dem Realität gilt, ist aber genau die natürliche Welt, mit deren Verkürzung und Verdünnung auch die Kausalität hinfällig und durch des Netzes Maschen gejagt wird. Einer Philosophie, die solchermaßen »rein«, wie sie mit Vorliebe heißt,[15] zu einer Deskription von bloßen Fakten des Bewußtseins sich

---

12 An dieser Stelle (s. Anm. 4) findet sich die Marginalie »Husserl«.
13 *Die Fülle der konkreten Bestimmungen, deren Husserl sich freut, und die allein etwas wie transzendentale Phänomenologie gestatten, sind aus dem Erfahrungsgehalt geschöpft und, gleichviel wie man variiert, auf Erfahrenes angewiesen. Er möchte auf die Drastik und Dichte der Erfahrung nicht verzichten, aber den Zoll dafür sparen, daß nämlich seine Aussagen eben dadurch auch in den Zusammenhang der Erfahrung und dessen Bedingtheit eingespannt bleiben. Und zwar der gefilterten Erfahrung, auf deren Begriff seine gesamte Methode basiert – der immanenzphilosophischen des persönlichen Bewußtseins des Meditierenden. Solange die solipsistische Ausgangsposition behauptet, also die fraglose Gewißheit an die Unmittelbarkeit des Mir gekettet ist, dürfte keine Variation den Umkreis dieses Mir überschreiten, wofern sie nicht eben jenen Typus Gewißheit einbüßen will, demzuliebe das ganze sum cogitans erfunden ward; jeder Modifikation der »empirischen Tatsächlichkeiten des transzendentalen ego« wäre der Rahmen der unmittelbaren Erfahrung des je Meditierenden vorgeschrieben. Sonst geriete sie nach dem Maß des eigenen Ansatzes in die Problematik des Analogieschlusses, der Relativität.* (Theodor W. Adorno, Zur Metakritik der Erkenntnistheorie. Studien über Husserl und die phänomenologischen Antinomien, Stuttgart 1956, S. 132; vgl. GS, Bd. 5, S. 127)
14 *Der Ausschluß des Mundanen führt nach dem altgewohnten Cartesianischen Schema auf das Ich, dessen Bewußtseinsinhalte, als unmittelbar gewiß, schlechterdings hinzunehmen sein sollen. Aber das Ich, das die Einheit des Denkens konstituiert, gehört selbst eben der Welt an, die um der Reinheit der logischen Denkformen willen ausgeschlossen werden soll.* (Adorno, Zur Metakritik der Erkenntnistheorie, a.a.O. [s. vorige Anm.], S. 97; vgl. GS, Bd. 5, S. 93)
15 In der *Metakritik der Erkenntnistheorie* heißt es entsprechend: *Wenn es »subjektive Bedingungen der Möglichkeit einer Theorie« gibt, die in einem Zusammenhang von Urteilen vorliegen, kann die logische Theorie als ein An sich nicht behauptet werden. Eben darauf aber muß Husserl von Anbeginn bestehen. Das gleiche Postulat der »Erfahrungsunabhängigkeit«, das auf die »realisti-*

macht, das sich an die Sachen zu halten glaubt, tatsächlich aber nur dem eigenen und, da ihm die Dimension wahrer Objektivität vorenthalten bleibt, einem schon verkümmerten Bewußtseinsstand anheimfällt, geht jedes kritische Bewußtsein ab; sie ist ein Rückfall in naiv realistische Betrachtungsweisen, nicht allzuweit entfernt von einem primitiven Animismus. In der einseitigen Blickrichtung auf bloße Bewußtseinsakte, denen Raum, Zeit, Kausalität, Individuiertes schon gar nicht mehr da sind, haftet ihr eine ungeheuerliche Resignation vor der Wirklichkeit an; in ihr liegt etwas unglaublich Defaitistisches. Ist einmal Kausalität um ihr Leben gebracht, verschwindet die Wurzel des Übels, so daß man auf höchst unheimliche Art den Boden unter den Füßen verliert und ein Ansatzpunkt zur Besserung des Ganzen nicht mehr in die Augen kommt. Diese Philosophie verzichtet endgültig darauf, über die Wirklichkeit noch etwas auszumachen; sie streckt die Waffen vor ihr, und das kommt ihrer eigenen Bankrotterklärung gleich. Da vermag auch die Tugend der Ehrlichkeit allein, die solches zugesteht, nicht mehr zu beeindrucken, denn auch die Phänomenologie muß es sich gefallen lassen, mit dem Maß gemessen zu werden, das einmal die große Philosophie bereitet hat, als ihr Spruch und Ausspruch noch über die ganze Wirklichkeit erging.

Wie für Husserl wird auch für die moderne Physik die Kategorie der Kausalität hinfällig.[16] In ihr stellt die Heisenbergsche Unbestimmtheitsrelation die Geltung kausaler Gesetzlichkeiten in Frage; den Naturgesetzen, die in der klassischen Physik uneingeschränkt herrschen, hat sie ihren strengen Charakter genommen. Sie besagt, daß von atomaren Teilchen gleichzeitig nicht mehr Ort und Geschwindigkeit sich feststellen lassen, daß der eingreifende Beobachter Ungenauigkeiten für eine der beiden Größen in Kauf nehmen muß, die dadurch zustande kommen, daß wir Vorgänge im atomaren Bereich, wenn wir sie beobachten, im Prozeß des Beobachtens beeinflussen und verändern. Das Subjekt kann bei der Beobachtung nicht subtrahiert werden: Es stört die Regelhaftigkeit in der

---

*sche« Konstruktion des logischen An sich hinausläuft und Logik und Mathematik behandelt, als wären sie schlechterdings da, gebietet zugleich die Idealität von Logik und Mathematik als ihre Reinheit von Faktischem. Verdinglichung und Idealisierung werden dieser Philosophie – und nicht ihr zum erstenmal – zu Korrelaten. Würden die logischen Sätze legitimiert durch die Analyse des Wie ihres »Erscheinens« – als des Bewußtseins, der Erfahrung von ihnen – so wäre die Konstitutionsfrage aufgerollt und Daseiendes nicht fernzuhalten. Nur als auf wie immer Seiendes bezogene sind logische Sätze überhaupt »erfahrbar« und lassen motiviert sich nachvollziehen; sonst bleiben sie leer vorgestellt, und es wird der Logik Stringenz zugeschrieben, ohne daß diese selbst im Denken der Logik einsichtig würde. Daher verschränkt sich der naive Realismus der Logik paradox mit der Behauptung der Idealität der Sätze an sich gegenüber dem Seienden. (Adorno, Zur Metakritik der Erkenntnistheorie, a. a. O. [s. Anm. 13], S. 66 f.; vgl. GS, Bd. 5, S. 64 f.)*
**16** An dieser Stelle (s. Anm. 4) findet sich die Marginalie »Moderne Physik«.

Sukzession der Gegenstände; eben diese entfällt damit. Die heutige Physik zieht das Fazit: »Es gibt keinen unumstößlichen Determinismus der Erscheinungen mehr, sondern nur noch Wahrscheinlichkeitsgesetze.« (Louis de Broglie, Die Entwicklung der zeitgenössischen Physik in Bd. 8 von dt. enzyklopädie S. 131)[17]

Der Prozeß der Auflösung von Kausalität trägt zur Entmythologisierung der Welt bei. Er hat teil am Fortschritt der Aufklärung. Indem Kausalität schon sehr früh zu einer Kategorie erhoben wird, macht man sie zu einem Allgemeinbegrifflichen, nimmt sie aus den Sachen und verwandelt sie in ein Schema, wie Kant selbst es nennt, unter das die aufeinanderfolgenden Ereignisse subsumiert werden. Und insofern nun der Begriff der Kausalität der Sache selbst äußerlich ist, wird die innere Abhängigkeit der Vorgänge voneinander aus der Welt geschafft, das Moment der Innerlichkeit aufgelöst. Das liegt in der Verselbständigung der ratio gegenüber ihrem Objekt. In diesem Augenblick setzt sie sich selbst als Geist, als Sinn und entzieht ihn den Sachen. Festzuhalten bleibt, daß der unentwegt fortschreitenden Aufklärung etwas unter den Tisch fällt, was nicht nur Superstition ist, was dem Vergessen nicht überantwortet werden darf. So scheint der Prozeß der Auflösung von Kausalität zugleich am Moment des Gewalttätigen und Unrechtmäßigen einer vollendet-unvollendeten Aufklärung teilzuhaben, die erst dann wahrhaft vollendet wäre, wenn sie diesen Trug durchschaute, und eben davon legt die »Dialektik der Aufklärung« schon auf den ersten Seiten Zeugnis ab.[18] Ganz gewiß gilt, daß der geschichtliche Gang, durch den Kausalität aus der Welt gekommen ist und der keineswegs einfach auf einem Sündenfall beruht, sondern schlicht um schlicht von der Sache erzwungen worden ist, das Problem Kausalität nicht wegräumen konnte, wie sehr man auch allerorten darum bemüht sein mag.

Joachim Gaudigs

---

**17** Louis de Broglie, Die Entwicklung der zeitgenössischen Physik, in: Werner Heisenberg, Das Naturbild der heutigen Physik, Hamburg 1955 (rowohlts deutsche enzyklopädie; 8), S. 115–132; hier: S. 131.
**18** Vgl. GS, Bd. 3, S. 7–296.

## 159 Gudrun Mohr, 27. November 1958

*Protokoll*

der Seminarsitzung vom 27. November 1958.

Die Diskussion entzündete sich an einzelnen Formulierungen des Protokolls. Von daher erklären sich thematische Entsprechungen zur vorhergehenden Sitzung.

Ausgegangen wurde von der *Irrealisierung der Universalien* in der Entwicklung der Philosophie von Platon zum Nominalismus. Hatte Platon das Allgemeine als geistige Wesenheit jenseits der sinnlichen Welt fixiert, das dann von Aristoteles als ein im Besonderen wirkendes Formprinzip begriffen wurde, so hat für den Nominalismus nur noch das Besondere Realität, und das Allgemeine wird zum bloßen Begriff des denkenden Subjekts. Der Gedanke, daß der Wirklichkeit nicht ein aktives Wesen innewohnt, läßt eine Leere. Es ist jedoch nicht Aufgabe der Philosophie, diese Leere auf eine künstliche Weise zu überwinden. Daß die Philosophie eine vom Gang der Wissenschaft aufgelöste Realität des Allgemeinen als eine sinnvolle wieder herstellen solle, ist eine romantische Vorstellung. Beide Positionen – die naturwissenschaftliche Aufklärung und das Verlangen der Philosophie nach einem Sinn – haben ihre relative Wahrheit.

Werden auf der aristotelischen Stufe des Universalbegriffes Ursache und Wirkung als Einheit begriffen, so fallen sie für den Nominalismus und die sich an ihn anschließende mechanistische Philosophie auseinander. Diese nominalistische Situation ist auch für *Kant* kennzeichnend. Es ist eigentlich zufällig, daß im Chaos der Gegebenheiten eine sinnvolle Einheit wahrgenommen wird. Bestimmte Zusammenhänge etwa des Körpers oder der Pflanze, die sich für die naturwissenschaftliche Forschung ergeben, führen aber notwendig dazu, sie als Wirkungen eines einheitlichen Prinzips zu sehen. Dieses einheitliche Prinzip ist für Kant das transzendentale Subjekt, ohne das Objektivität im Sinne von Naturgegenständlichkeit und im Sinne allgemeingültiger und notwendiger Urteile nicht zustande kommt. Indem Kant in seiner Erklärung einen Vorgang auf ein bestimmt formuliertes Gesetz bezieht, ist er dem mechanischen Wissenschaftsideal seiner Zeit verhaftet. Seine Kritik wendet sich ausdrücklich gegen dogmatische Metaphysik. Heute erscheint selbst die mechanistische Erklärung noch als zu metaphysisch. Für die gegenwärtige Naturwissenschaft ist der etwa noch für Drieschs Zeit maßgebliche Gegensatz von mechanistischer und teleologischer Naturerklärung¹⁹ hinfällig geworden. Die Naturgesetzlichkeit wird weiter gefaßt und verallgemeinert auf die Gesetze der Thermodynamik.

Bei *Hegel* spielt das Kausalprinzip keine so vorherrschende Rolle wie bei Kant, weil Kausalität nur ein Moment des universellen Zusammenhangs darstellt. Dieser Zusammenhang stellt die Selbstvermittlung des Geistes dar. Ihr Sinn ist es, daß sich das Subjekt schließlich in der Objektivität von Natur und Gesellschaft wiederzuerkennen vermag. Die Wahrheit wird dann realisiert, wenn der Geist im denkenden Subjekt um die Totalität der von ihm durchlaufenen Momente weiß. Das Denken darf nicht bei Begriffen wie Kausalität und Wechselwirkung verharren. Kausalität und Wechselwirkung werden aufgehoben durch das in sich selbst bewegte Absolute. Während Kant die Wahrheit zu retten versuchte als etwas vom Subjekt Konstituiertes, ist bei Hegel das aktive konstituierende Subjekt selbst noch im Ganzen zu begreifen. Die Reihe von Denkschritten, die bei Kant zur Erkenntnis nötig ist, bildet im Grunde Hegels ganzes System, hier aber als historisches Gestalten des Geistes auf dem Wege seiner Selbsterkenntnis. In diesem Anspruch, die Weltschöpfung aus sich noch einmal nachzuvollziehen, liegt eine unendliche Vermessenheit. Demgegenüber ist die heutige Naturwissenschaft wesentlich bescheidener, indem sie sich begnügt mit der Erkenntnis von Teilaspekten; Aussagen über das gesamte Universum gehören heute mehr in den Bereich der Populärwissenschaft.

In seinem weiteren Verlauf befaßte sich das Seminar mit dem Kausalbegriff bei *Husserl* und *Hume*. Zunächst wurde festgestellt, daß eine Phänomenologie der Kausalität bei Husserl nicht geleistet worden ist, wenn man von Ansätzen in »Erfahrung und Urteil«²⁰ und dem 2. Band der »Ideen«²¹ sowie einigen Arbeiten von Husserl-Schülern absieht. Durch die Ausklammerung der Welt in der eidetischen Reduktion bleibt auch die Kausalität außer Betracht. Die Frage nach Realität oder Irrealität der Bewußtseinsinhalte wird nicht thematisch. – Humes Zweifel an der Möglichkeit einheitlicher Erfahrung²² ist durch Kant entkräftet.

---

19 Vgl. Hans Driesch, Über die grundsätzliche Unmöglichkeit einer »Vereinigung« von universeller Teleologie und Mechanismus, Heidelberg 1914 (Sitzungsberichte der Heidelberger Akademie der Wissenschaften, Philosophisch-Historische Klasse; 1).
20 Vgl. Edmund Husserl, Erfahrung und Urteil. Untersuchungen zur Genealogie der Logik [1939], hrsg. und red. von Ludwig Landgrebe, Nachw. von Lothar Eley, 7. Aufl., Hamburg 1999 (Philosophische Bibliothek; 280).
21 Vgl. HEH, Bd. IV.
22 Bei Hume heißt es etwa: »Nur nach einer langen Reihe gleichförmiger Erfahrungstatsachen irgendwelcher Art erreichen wir feste Zuversicht und Sicherheit über ein bestimmtes Ereignis. Wo gibt es in der Vernunfttätigkeit ein solches Vorgehen, das aus einem Fall einen ganz anderen Schluß zieht, als aus hundert Fällen, die sich in keiner Weise von jenem einzelnen unterscheiden? Diese Frage stelle ich ebenso um der Belehrung willen, wie in der Absicht, Schwierigkeiten

Ohne einheitliche Erfahrung gäbe es niemals die Vorstellung von Dingen und gesetzmäßigen Zusammenhängen zwischen ihnen. Kants synthetische Urteile a priori sind Sätze, die mehr sind als bloße Tautologien und nicht widerlegt werden können durch neue Erfahrungen. Widerlegen durch Erfahrung ist aber nur in einer Welt möglich, in der es bereits so etwas wie eine einheitliche Erfahrung gibt. Humes Assoziationsgesetze,[23] ohne die er niemals einem Satz widersprechen könnte, sind eine rudimentäre Form des Transzendentalen bei Kant. Die Assoziationsgesetze bei Hume und das Transzendentale Kants sind zwei verschiedene Beschreibungsweisen des gleichen Phänomens. Humes Nachteil liegt in der fehlenden Reflexion auf die Bedingungen seines Skeptizismus.

Gudrun Mohr,<br>3. XII. 1958

---

hervorzuheben. [...] Sollte jemand sagen, aus einer Anzahl gleichförmiger Erfahrungsfälle *leiteten* wir eine Verknüpfung zwischen den sinnlichen Eigenschaften und den geheimen Kräften *ab*; so muß ich gestehen, daß mir dies die gleiche Schwierigkeit, nur anders ausgedrückt, zu sein scheint. Immer kehrt die Frage wieder: auf welchem Begründungsverlauf beruht diese *Ableitung?*« (David Hume, Eine Untersuchung über den menschlichen Verstand [1748], hrsg. und eingel. von Manfred Kühn, übers. von Raoul Richter, Hamburg 2015 [Philosophische Bibliothek; 648], S. 46 f.)

[23] »Obwohl die Verknüpfung verschiedener Vorstellungen zu augenfällig ist, um der Beachtung zu entgehen, so finde ich doch nicht, daß irgendein Philosoph versucht hat, alle Prinzipien der Assoziation aufzuführen und zu ordnen; und doch scheint der Gegenstand des Interesses wert. Soviel ich sehe, gibt es nur drei Prinzipien der Vorstellungsverknüpfung, nämlich *Ähnlichkeit*, *Berührung* in Zeit oder Raum, und *Ursache* und *Wirkung*.« (Ebd., S. 24 f.)

## 160 [N.N.],
## 4. Dezember 1958

Protokoll vom 4. Dez. 1958

Eine Frage blieb thematisch (Herr Prof. Adorno formulierte sie eingangs seiner Ausführungen zum Protokoll vom 27. 11. d. J.)[24], die Frage nämlich, ob die heutige Naturwissenschaft auf die Erkenntnis der Totalität verzichtet oder aber am Begriff des Universellen festhält. Diese Frage stellte sich in einer anderen Form im Referat des Herrn Bulthaup.[25]

Gegenstand der Untersuchung ist die Kausalität in den modernen Naturwissenschaften.

Der Referent zeigt – ausgehend von Humeschen Kausalitätsbegriff – den Wandel auf, den der Begriff der rein zufälligen Gesetzmäßigkeit durch eine überwiegend rationalistische Konzeption der Naturwissenschaftler jener Zeit erfährt. Wenngleich Messung »der erste und letzte Rechtsausweis jeder Theorie« bleibt (wie Herr Bulthaup feststellt), so legt doch der Gedanke eines einheitlichen Modells meßtechnisch zugänglicher Ereignisse es nahe: die Ursachen zu den beobachteten Erscheinungen ›zu schaffen‹. Aus der Gesetzmäßigkeit wird das Gesetz.

Die Stringenz der Kausalität, so formuliert Herr Prof. Adorno, wird »im Augenblick, wo nicht mehr von der causa materialis gesprochen wird, immer schwächer.« – Herr Dr. Haag[26]: »Die Mannigfaltigkeit reduziert sich immer mehr auf die mathematische.«

Nach Darstellung des Herrn Bulthaup unterscheidet der Naturwissenschaftler zwischen dem stringenten Gesetz und der einfach faßbaren Realität. Aus der Sache erhält er die Meßwerte; aus diesen ergibt sich die Theorie. Anders: Sache und Theorie konvergieren im Meßwert, sind aber nicht identisch. – Herr Prof. Horkheimer fragt: »Was heißt in diesem Zusammenhang Sache?« – Zu dieser Frage bemerkt Herr Bulthaup, mit »einfach qualitativen Unterschieden« könne man der Physik nicht gerecht werden. »Was nämlich geschieht, bekommt man mit dem mathematischen Modell nicht in den Griff.«

Der Referent setzt seine Ausführungen fort: Die Naturwissenschaftler – vor die Aufgabe gestellt, komplizierte Systeme unzähliger Masseteilchen zu berechnen – entdecken einen Weg in der Verknüpfung statischer Größen; das gilt vor

---

24 Das entsprechende Protokoll wurde nicht aufgefunden.
25 Der Referatstext von Peter Bulthaup wurde nicht aufgefunden.
26 Karl Heinz Haag wird 1951 mit der Schrift »Die Seinsdialektik bei Hegel und in der scholastischen Philosophie« in Frankfurt a. M. promoviert.

allem für die Thermodynamik. Doch die Thermodynamik wird durch Plancks Quantenbedingung²⁷ wieder auf ihr Anfangsstadium zurückgeworfen. »Die absolut sicher angenommene Kausalstruktur hatte Löcher bekommen.«

Diese Entwicklung führt zu der Heisenbergschen Unschärferelation und zu Heisenbergs Feststellung, das Geschehen verlaufe akausal.²⁸

Hierzu äußerte Herr Prof. Adorno: Tatsache sei es, daß nach den Heisenbergschen Versuchen eine genaue Aussage über das Geschehen im Mikrobereich nicht möglich ist; unbegründet scheine aber die Behauptung eines akausalen Geschehens zu sein. Herr Prof. Adorno stellt die Frage, ob nicht doch hinter dem Akausalen das streng deterministische Prinzip stehe.

Herr Bulthaup zitiert Heisenberg: »An der scharfen Formulierung des Kausalgesetzes: ›Wenn wir die Gegenwart genau kennen, können wir die Zukunft berechnen‹ ist nicht der Nachsatz, sondern die Voraussetzung falsch.« Heisenberg behauptet: »Wir können die Gegenwart in allen Bestimmungsstücken prinzipiell nicht kennenlernen.« – Herr Prof. Adorno meint: »Kant würde eine solche Formulierung nicht erlaubt haben, weil sie die vollständige Gegebenheit aller Gegebenheiten voraussetzt.« In Heisenbergs Aussage steckt (wie Herr Prof. Adorno feststellt) »ein dogmatischer, naiver« Begriff der Kausalität. – Herr Prof. Horkheimer wendet ein, der Naturwissenschaftler spreche wohl nicht »von Gegenwart überhaupt«, sondern von der »Gegenwart in einem bestimmten System«; und von Kant könne man die Formulierung annehmen: Wenn ich in einem bestimmten Bereich alles kenne, habe ich ein Wissen über die Zukunft.

Der Kantische Begriff des Ereignisses, das wird allgemein anerkannt, wandelt sich im naturwissenschaftlichen Denken: Der Begriff des Ereignisses, so formuliert der Referent, »verschwimmt«. Der Naturwissenschaftler spricht nur noch von einem System, von einem Zustand. Herr Bulthaup umreißt die Situation der modernen Naturwissenschaften: Der Physiker kann zwar den Impuls feststellen, unmöglich ist es ihm aber: zugleich den Ort zu bestimmen. – Kausalität ist mit den Worten von Herrn Prof. Adorno »gewissermaßen ein Spezialfall, in dem die Unschärferelation vernachlässigt wird, – wie die euklidische Geometrie ein Spezialfall in der Relativitätstheorie ist«.

Der Referent erläutert: In den Naturwissenschaften »fließen Makro- und Mikrobereich ineinander«; es gibt also nur das »halbwegs Geordnete«. Das

---

27 Der Terminus stammt nicht von Max Planck, sondern von Niels Bohr.
28 »An der scharfen Formulierung des Kausalgesetzes ›Wenn wir die Gegenwart genau kennen, können wir die Zukunft berechnen‹ ist nicht der Nachsatz, sondern die Voraussetzung falsch. Wir *können* die Gegenwart in allen Bestimmungsstücken *prinzipiell* nicht kennenlernen.« (Werner Heisenberg, Über den anschaulichen Inhalt der quantentheoretischen Kinematik und Mechanik, in: Zeitschrift für Physik, 43. Jg., 1927, H. 3–4, S. 172–198, hier: S. 197)

»scharf Geordnete« ist ein Spezialfall. – Ein Physiker bemerkt, in der Physik könne man von Teilen sprechen, die »ohne Anwendung der Kausalität existent sind, die man aber mit dem Begriff der Kausalität begreifen könne«. In der modernen Physik gibt es Gegenstände, so wird erläutert, die man *nicht* kausal erklären könne, »weil die Definition eines abgeschlossenen Systems nicht möglich ist«. – Von einem Kommilitonen vernimmt man: »Dinge müssen so gedacht werden, daß der Begriff der Kausalität nicht vorkommt.«

Der Physiker definiert: »In der klassischen Physik ist Kausalität die vollständige Determiniertheit eines abgeschlossenen Systems.« Bestimmt wird »durch eine hinreichende Zahl physikalischer Meßgrößen mit Bezug auf einen bestimmten Zusammenhang«.

Herr Prof. Horkheimer stellt fest:

»In der klassischen Physik tritt an die Stelle der Kausalität die eindeutige Beschreibung.« Und das ist (wie Prof. Adorno kommentiert) das Positivistische der Naturwissenschaften.

Herr Prof. Adorno:

»Indem der Begriff des Ereignisses erweitert wird auf den Begriff des Systems, macht sich das Problem des Systems deutlich. Die Wendung, die der Kausalität den Todesstoß versetzt, sitzt schon im Übergang zum System.« –

## 161 Hermann Peter Piwitt, 18. Dezember 1958

Hermann Piwitt/8. Semester

*18. 12. 1958*

Die Diskussion stand nach wie vor unter der Frage, ob die Kausalität in ihrer klassischen Formulierung angesichts der modernen naturwissenschaftlichen Erfahrungen zu retten ist, oder ob sie, einmal an einer Stelle durchlöchert, ihren Kategoriecharakter mit Zwang verliert. Die Frage verlangt nach einer Präzisierung, berücksichtigt man, daß neben der Kausalität weitere Begriffe von – in diesem Zusammenhang – konstitutiver Bedeutung der Aufweichung anheimgefallen sind, so der Begriff des Ereignisses selbst. – Grundsätzlich bleibt die Kausalität gültig *und* anwendbar im Bereich der klassischen Physik, wo immer Begriffe wie Masse, Geschwindigkeit, Kraft ohne Bedenken benutzt werden können. Durch die Einsichten der modernen Physik wurde sie denn auch weniger in ihrer Gültigkeit, als in ihrer Anwendbarkeit erschüttert. Die Unanschaulichkeit der Vorgänge im atomaren Bereich sowie die Unschärfe der der Kausalität zugeordneten Begriffe wie Ort, Zeit macht sie als Mittel der Beschreibung unbrauchbar und verlangt nach anderen Methoden zur Beschreibung und Ordnung der Erfahrung.

Auch der Versuch, die Kausalität von allen anthropomorphistisch und animistischen Resten zu reinigen, würde ihr über eine Formalisierung hinaus keinen neuen Platz im Bereich naturwissenschaftlicher Erkenntnis zusichern. Andererseits bleibt die moderne Physik, um zu einer vorläufigen Benennung ihrer Erfahrung zu gelangen, auf die Begriffe der klassischen Mechanik trotz deren Unschärfe angewiesen, will sie sich nicht durch eine »Sprachreinigung« in neue Unklarheiten begeben.

»Es scheint also für die Wissenschaft nur der eine Weg gangbar, zunächst unbedenklich die sich darbietenden Begriffe zur Beschreibung der Erfahrung zu benützen und die Revision der Begriffe jeweils nur unter dem Zwang der Erfahrung vorzunehmen.« (Heisenberg.)[29]

Herr Professor Adorno formulierte diesen Sachverhalt dahingehend, daß die moderne Naturwissenschaft empirisch und experimentell die traditionelle

---

[29] Werner Heisenberg, Prinzipielle Fragen der modernen Physik, in: Werner Heisenberg, Wandlungen in den Grundlagen der Naturwissenschaft. Sieben Vorträge [1935], 7. Aufl., Leipzig, Stuttgart und Zürich 1947, S. 35–46; hier: S. 37.

Struktur unseres Erkenntnisvermögens hinter sich gelassen, gewissermaßen den Schleier gelüftet habe, daß aber andererseits ihre Erfahrungen erkenntnistheoretisch durch die alten Begriffe vermittelt blieben.

Durch diese Wendung freilich wird die alte Unschuld, wie sie im Ausschließlichkeitsanspruch des Kantschen Kausalitätsbegriffes liegt, nicht zurückgewonnen.

Dem anschließenden Vorwurf, die Naturwissenschaft schmuggele die Kausalität selbst wieder in ihr Denken hinein, sobald sie behauptet, daß ein Teilchen sich unter den und den Bedingungen mit Zwang akausal verhalte, wurde wie folgt entgegnet: Es handelt sich bei der Feststellung, daß bei einem Teilchen Ort und Impuls nicht gleichzeitig zu bestimmen sind, zunächst nur um einen Nachweis, nicht um ein Gesetz. Andererseits ist einer solchen Aussage der Charakter der Notwendigkeit nicht abzusprechen. Es genügt jedoch, diese an ihrer Negativität festzumachen: »Wenn man das Teilchen so denkt, daß Kausalität darauf anwendbar ist, gerät man in Widerspruch.« – Die Richtigkeit solcher Aussagen ist belegt in einer einheitlichen, stringenten Theorie *und* in der Möglichkeit zur Manipulierung der Natur durch diese.

Eine Abhandlung von Heisenberg über »prinzipielle Fragen der modernen Physik«[30], die im Anschluß verlesen wurde, verwies teils auf zuvor Erörtertes, teils warf sie neue Fragen auf.

Die Erweiterung des naturwissenschaftlichen Erfahrungsbereiches durch die moderne Physik macht die klassischen Gesetze zu Grenzfällen allgemeinerer und abstrakter Zusammenhänge, doch bleiben die diesen Gesetzen zugeordneten Begriffe ein unentbehrlicher Bestandteil der naturwissenschaftlichen Sprache, ohne die es gar nicht möglich wäre über, naturwissenschaftliche Ergebnisse zu *reden*. Es ist nun notwendig, die Stellen zu bezeichnen, an denen die klassischen Begriffe auf Grund ihrer Unschärfe gegenüber der von der Natur gegebenen Situation ihre Anwendbarkeit verlieren. So wird in der Quantenmechanik wie gesagt unter anderem festgestellt, daß es experimentell nicht möglich ist, Ort und Impuls eines Teilchens gleichzeitig zu bestimmen; die Frage danach wird sinnlos, wird zur Scheinfrage, sobald die Annahme, daß eine solche Bestimmung *prinzipiell* unmöglich ist, die abstrakten Zusammenhänge erschließt, um die es ja in erster Linie geht, will man zu einer harmonischen und in sich widerspruchsfreien Ordnung der Erfahrung gelangen. »Prinzipiell« ist hier zu verstehen als in den Rahmen einer Theorie gehörig, die durch Subsumption einer größeren Mannigfaltigkeit von Ergebnissen unter relativ einfache Formeln in den Stand setzt, die Natur nach dem Ökonomieprinzip zu handhaben. Was den Anschein der Apo-

---

30 S. vorige Anm.

diktizität erweckt, ist dabei als heuristisches Prinzip zu begreifen, dessen Richtigkeit sich nachträglich an der Zweckmäßigkeit und Wirtschaftlichkeit *der* Gesetze mißt, zu denen es verhalf.

In Kurs bleiben dagegen die in den klassischen Begriffen formulierbaren Gesetze, was die Meßapparate anbetrifft. Man zieht hier einen *Schnitt* zwischen den Apparaten und den physikalischen Systemen, über die man etwas wissen will. Da die Wirkung der Meßapparate auf das zu messende System als eine teilweise prinzipiell unkontrollierbare Störung aufgefaßt werden muß, erhalten die Gesetze der Quantenmechanik an der Stelle dieses Schnittes ihren *statischen* Charakter, während die physikalischen Zusammenhänge auf beiden Seiten dieses Schnittes *eindeutig* formuliert werden können.

Makroskopische und mikroskopische Sachverhalte bedingen hier einander.

Professor Adorno markierte zum Schluß die Situation etwa so: Einerseits hat sich die moderne Physik auf eine neue Abstraktionsebene eingelassen, die mit den Formen der traditionellen Anschauung nicht darstellbar ist. Andererseits ist sie auf empirische Forschung angewiesen, sie gelangt über den Bereich der Anschauung hinaus durch Anschauung selbst, das Hinausgehen über den euklidischen Raum setzt dessen Gültigkeit voraus.

Zwar zwingt der Mikrobereich zu neuen Methoden der Darstellung, man bleibt jedoch, was Beobachtung, Messung, Experiment anbetrifft, der klassischen Physik unterstellt.

Allerdings scheint der Einwand, es bedürfe auch für die Untersuchung *großer* Masseteilchen nicht unbedingt der Kausalität, ja, die Kausalität hätte sich für die Erkenntnis der klassischen Gesetze erübrigt, hätte man damals schon die Quantenmechanik gekannt, erheblich und würde strenggenommen bedeuten, daß die Kausalität als Kategorie tatsächlich nicht mehr zu halten ist.

## 162 Elisabeth Barbara Meyer, 15. Januar 1959

Elisabeth B. Meyer

Protokoll der Seminarsitzung vom 15. Januar 1959

Nach Verlesung des Protokolls, während der es nochmals zu einer Diskussion über die Problematik des Gesetzbegriffes kam, trug Herr Tümler sein Referat vor.[31] Es behandelte das Buch »Vergeltung und Kausalität« von Hans Kelsen.

Für Kelsen ist das Verschwinden der Kausalität aus dem Zentrum der Philosophie, in dem sie sich noch bei Kant befindet, bedingt durch die strukturelle Umwandlung der Gesellschaft. Kelsen begründet diese Behauptung mit dem Hinweis, daß der »Primitive« im Gegensatz zum »Zivilisierten« das Kausalprinzip nicht kenne, sondern von personalistischen Vorstellungen geleitet werde.[32] Das heißt, daß der Begriff von Kausalität, der in der Philosophie entwickelt und als eine in den Dingen selbst befindliche Verknüpfung von Ursache und Wirkung bestimmt wurde, dem Menschen nicht ursprünglich gegeben sei. Nicht Naturbeobachtung und -deutung haben nach Kelsen die Bildung des Kausalgesetzes ermöglicht, sondern die Objektivierung sozialer Kategorien zur Ausübung von Herrschaft. Vergeltung, als ursprüngliches Wesen der Gerechtigkeit, scheint ihm die Wurzel des Kausalprinzips zu sein. Sie ist in der primitiven Gesellschaft, in der Natur und Gesellschaft noch als Einheit empfunden werden, das einzige Prinzip, nach dem das Naturgeschehen gedeutet werden kann. Erst als sich der Dualismus zwischen Natur und Gesellschaft abzeichnete, als die Natur zum Objekt menschlicher Verfügungsgewalt wurde, konnte aus dem Vergeltungsprinzip das Kausalgesetz sich entwickeln. Das bedeutet, auf eine einfache Formel gebracht, daß Vergeltung das Prinzip des Naturgeschehens, Kausalität das der Naturbe-

---

31 Heinrich Tümler, »Hans Kelsen: ›Vergeltung und Kausalität‹«, Archivzentrum Na 1, 885. – Vgl. Hans Kelsen, Vergeltung und Kausalität. Eine soziologische Untersuchung, Den Haag 1941 (Library of Unified Science, Book Series; II).
32 »Der Gedanke einer gesetzlichen Bestimmtheit des Geschehens, die Vorstellung des Kausalitätsprinzips, diese von der Menschheit nur schwer und langsam erarbeitete Grundvoraussetzung wissenschaftlichen Denkens, ist dem Primitiven noch völlig fremd. Kausales Denken liegt erst vor, wenn die erkannte Regelmäßigkeit des Ablaufs des Geschehens auch als notwendig vorgestellt wird. Aber gerade die regelmäßigen Abläufe des Geschehens, nach denen der Primitive sein tatsächliches Verhalten richtet, auf die er sich in seinem Handeln und Unterlassen verlässt, sind für ihn kein Gegenstand des Nachdenkens. Er nimmt sie, wie das Kind, durchaus gedankenlos hin.« (Ebd., S. 9)

herrschung ist. Diese ist jedoch nur durch Arbeitsteilung in der Gesellschaft möglich.

Eine große Rolle weist Kelsen dem Kollektiv in der primitiven Gesellschaft zu, das es dem Individuum ermöglicht, sich der Natur gegenüber zu behaupten.[33] Daher ist dieses an der Erhaltung der Gruppe interessiert, und jeder Verletzung der Normen und Vorschriften, welche den Bestand der Gruppe bedingen, folgt zwangsläufig die Bestrafung. Diese ist also keine Vergeltung eines an einem Individuum begangenen Unrechts, sondern des Schadens, der dem Kollektiv zugefügt wurde. Hier zeigt sich Kelsen als Nachfolger Durkheims, Lévy-Bruhls und Wundts.

Herr Prof. Adorno wandte hier ein, daß der Begriff des Individuums ein reflektierter sei und daß es daher fraglich sei, ob dieser Gegensatz von Individuum und Gesellschaft in der primitiven Gesellschaft existiert habe. Die Tatsache, daß der bestraft werde, der sich den Ansprüchen des Kollektivs entziehe oder entziehen wolle, sei schon immer Ideologie gewesen. Es sei Trug, daß Vergeltung gesellschaftlich notwendig sei. Dies sei bereits Ausdruck barbarischer Herrschaftsformen.

Herr Tümler führte in seinem Referat weiter aus, Kelsen weise darauf hin, daß der Primitive den Unterschied von Person und Sache nicht kenne.[34] Naturerscheinungen seien für ihn Handlungen personalistischer Mächte und nicht etwa personifizierter Dinge, da die letztere Annahme bereits das Wissen um den Unterschied von Ding und Person voraussetze. Es handele sich hierbei keineswegs um verschleiertes Kausaldenken, denn oft sähe der Primitive Personen als Urheber einer Sache an, die mit dieser in gar keiner Beziehung stünden.

Herr Prof. Adorno wies darauf hin, daß die Psychoanalyse dies bestätige. Auch Neurotiker neigten dazu, Ereignisse zu personalisieren und die Schuld an diesen Einzelpersonen oder auch Gruppen zuzuschieben, die damit in keinerlei Relation stehen oder stehen können. Es bestehe ein Zusammenhang zwischen der Moderne und der archaischen Regression, denn die Menschen fänden sich in der entpersonalisierten Welt nicht mehr zurecht und kämen bei der Suche nach einem Ausweg zur Personalisierung zurück.

---

33 Vgl. ebd., S. 16–25.
34 »Das animistische Weltbild pflegt man als anthropomorph zu kennzeichnen und glaubt, in ihm den Personifikationstrieb am Werke zu sehen, den man mit Recht für eines der ältesten Elemente des menschlichen Geistes hält. Allerdings ist es nicht ganz richtig, beim Primitiven von ›Personifikation‹ zu sprechen. Denn einen Gegenstand personifizieren setzt voraus, dass man das Erkenntnisobjekt vorerst als solches, d. h. als Sache, nicht als Person vorgestellt hat. Der Primitive apperzipiert aber schon von vornherein mit der Kategorie der Person.« (Ebd., S. 26)

Herr Tümler setzte sein Referat fort mit Kelsens These, die die personalistische Vorstellung der Natur mit dem Totenseelenglauben verbindet.[35] Der Primitive mache die Erfahrung, daß zwischen Menschen und anderen Wesen und Dingen ein Unterschied besteht. Trotzdem halte ihn die Ideologie in der personalistischen Vorstellung fest. Im Laufe der Entwicklung würden nun die Totenseelen zu den Hütern der gesetzten Ordnung. Besonders in der griechischen Mythologie werde dies deutlich; die Erinnyen hält Kelsen für ursprünglich identisch mit den Seelen der Toten.[36] Ihre Funktion geht später auf einzelne Götter, besonders auf Zeus, über; die Erinnyen werden zu bloßen Vollzugsorganen. Hiermit sei wiederum ein Wandel des Rechtsbegriffs verbunden. Die Götter werden zum Vorbild einer monarchischen Staatsgewalt. Nun tritt der Staat als Gesetzgeber und Hüter des Gesetzes an die Stelle des Stammes und der Sippe. Er liefert das Schema für die Ordnung der Natur. Es ist kein Zufall, daß das Grundprinzip des Anaximandros ἀρχή zugleich Anfang und Herrschaft bedeutet. Sein Fragment sagt, daß die Ursache die Wirkung herbeiziehe wie das Unrecht die Strafe.[37]

Kelsen bricht seine Theorie über die Beziehung von Kausalität und Vergeltung bei Hume ab.[38] Er untersucht weder, was nach dieser Zeit an die Stelle des Ver-

---

[35] »Ein Tier, ein Baum, ein Fluss usw. ist sichtbarlich kein Mensch. Wenn sich diese Wesen so verhalten wie Menschen, so muss wohl ein unsichtbarer Mensch in ihnen stecken. Hier ist vermutlich der Punkt, wo in die ursprünglich soziomorphe Deutung der Natur die Vorstellung von den toten, aber unsichtbar weiterlebenden Menschen, der Glaube an die Existenz der Totenseele einmündet, die jede beliebige Gestalt anzunehmen vermag; so dass jedes beliebige Ding der Tote ist oder doch sein kann.« (Ebd., S. 41)

[36] »Wie innig verwachsen die Vorstellung von der Totenseele mit dem Vergeltungsgedanken ist, beweisen die in der griechischen Mythologie so bedeutsamen Erinnyen. Sie gehören zu den ältesten Gottheiten des Rechts. In der vorhomerischen Periode waren sie die Vollstrecker der Rache an Mördern und traten – dem Familiencharakter der ältesten Rechtsgemeinschaft entsprechend – als Erinys des getöteten Vaters oder der ermordeten Mutter auf; und zwar mehr noch in dieser als in jener Eigenschaft.« (Ebd., S. 219)

[37] Das Fragment des Anaximander lautet: »Anfang der Dinge ist das Unendliche. Woraus aber ihnen die Geburt ist, dahin geht auch ihr Sterben nach der Notwendigkeit. Denn sie zahlen einander Strafe und Buße für ihre Ruchlosigkeit nach der Zeit Ordnung.« (Zitiert nach Hermann Diels, Die Fragmente der Vorsokratiker. Griechisch und deutsch [1903], Bd. 1, 2. Aufl., Berlin 1906, S. 13)

[38] »Erblickt man die entscheidende Wendung in der Entwicklung des Kausalbegriffs darin, dass dieser nicht mehr eine absolute Notwendigkeit, sondern eine bloss statistische Wahrscheinlichkeit zum Ausdruck bringt, dann ist diese Wendung im wesentlichen schon mit *Hume*'s Kritik erreicht oder doch zur Genüge vorbereitet. Ist die Kausalität kein objektives Band zwischen Ursache und Wirkung, dann ist jenes Element beseitigt, dem allein die absolute Notwendigkeit, die Unverbrüchlichkeit anhaften kann: der transzendente Wille, der diese objektive Verknüpfung stiftet. Zwar versuchte *Kant* etwas von dieser Unverbrüchlichkeit zu retten, indem er die Kausalität als apriorische Kategorie erklärte, ohne die Erkenntnis schlechthin unmöglich sei. Aber darin ist

geltungsprinzips tritt, noch die Möglichkeit, ob Gerechtigkeit auch etwas anderes als Vergeltung sein könne.

In der Diskussion wies Herr Prof. Adorno auf die beunruhigende Dialektik der Entmythologisierung hin. Einerseits führe eine zwingende Notwendigkeit dazu, die Kausalität als einen animistischen Rückstand zu betrachten und aufzulösen. Andererseits gerate jedoch die Analyse bei der Darstellung der Sachverhalte in eine notwendige Abhängigkeit von diesen. Die Aufklärung könne nicht auf die Begriffe verzichten, die sie auflösen wolle; sie komme einfach nicht um deren Benutzung herum. Diese Antinomie sei die wahre »Dialektik der Aufklärung«.

Die Kausalitätstheorie wurde ursprünglich vom Menschen in die Natur projiziert. Kant erkannte, daß das, was den Dingen zugeschrieben wird, eigentlich die Leistung des menschlichen Verstandes sei. Hier, so betonte Herr Prof. Adorno, erhebe sich die Frage, ob man die These »Es ist alles der Mensch« nicht noch einmal reflektieren müsse. Muß sie nicht alles ins Subjekt schieben, weil sie sich nichts vorstellen kann, was vom Objekt ausgeht? Es müsse darauf hingewiesen werden, daß die Kausalität zweifellos objektive Momente habe, die man nicht ins Subjekt hineinnehmen könne. Dieser Widerspruch weise die Kausalität aus als eine dialektische Kategorie, die sowohl am Subjekt als auch am Objekt hafte, und die sowohl wahr wie auch unwahr sein könne.

Herr Dr. Schäfer[39] wandte hier ein, daß er den dialektischen Charakter der Kausalität keineswegs bestreite, daß jedoch die genetische Ableitung Kelsens nicht zwingend sei, sondern nur den Wert einer ästhetischen Spielerei habe. Nach Kelsens Methode könne man die Kausalität auch aus der Liebe, dem Hunger und anderen Dingen ableiten. Herr Prof. Adorno meinte hierzu, daß man damit Kelsen Unrecht tue. Zwischen dem juristischen Begriff der Vergeltung und dem erkenntnistheoretischen der Kausalität bestehe ohne Zweifel eine Beziehung. In diesem Zusammenhang sei es interessant, daß sehr viele erkenntnistheoretische Begriffe deutlich auf ihre Herkunft von juridischen Kategorien verwiesen.

---

eher ein Rückschritt als ein Fortschritt gegenüber *Hume* zu erblicken. Denn die Annahme, dass Kausalität eine absolut notwendige Bedingung der Erkenntnis sei, ist in den Tatsachen nicht begründet.« (Kelsen, Vergeltung und Kausalität, a. a. O. [s. Anm. 31], S. 276 f.)
**39** D. i. Herbert Schäfer.

## 163 Heinz Eckardt, 22. Januar 1959

Heinz Eckardt

*Protokoll*

In der Seminarsitzung vom 22. 1. 1959 wurden zwei Referate über die Kausalität bei Freud und Schopenhauer vorgetragen.[40] Ich werde sie hier nicht noch einmal wiederholen, sondern nur auf einzelne Probleme eingehen, die in der Diskussion erörtert wurden.

*Herr Tillack: Die Kausalität in der Lehre Freuds*

*Zufall und Determinismus*
Zufallshandlungen und Fehlleistungen, Dinge, die die übliche Psychologie nicht behandelt, haben in der Lehre Freuds einen Schlüsselcharakter. Nach Professor Adorno erhalten sie ihren Stellenwert einmal durch das Ökonomieprinzip, das nichts von den seelischen Energien verlorengehen läßt und alles zu einem Ausdruck dieser macht, zum anderen aber durch die Sinnhaftigkeit, durch den Symbolcharakter alles Seelischen, das sich so immer auf etwas bezieht, was es nicht selber ist. Die Folge ist, daß Freud die Gesetzmäßigkeit unterstellen muß, daß alles Spätere von Früherem determiniert ist, daß die Zufallshandlungen also nicht zufällig, sondern determiniert sind.

*Das Gefühl des freien Willens*
Mit dem Vorigen hängt es zusammen, daß die Methode der freien Assoziation darauf beruht, daß sie eben nicht frei ist, sondern auf wesensmäßige Zusammenhänge führt. Die Illusion, daß man auch ebensogut etwas anderes hätte sagen können, wird schon von Hegel als solche entlarvt, denn das Seiende hat immer Vorrang vor dem bloß Möglichen.[41] – Das Gefühl des freien Willens hat allerdings – vom Subjekt aus gesehen – einen gewissen Rechtsgrund darin, daß die Motive aus dem Unbewußten kommen, daß ich ja gar nicht kenne.

---

40 Die entsprechenden Referatstexte wurden nicht aufgefunden.
41 Vgl. etwa folgenden Passus aus der »Wissenschaft der Logik« [1812–1816]: »Die Substanz ist das *Absolute*, das an und für sich seiende Wirkliche, – *an sich* als die einfache Identität der Möglichkeit und Wirklichkeit, absolutes, alle Wirklichkeit und Möglichkeit in *sich* enthaltendes Wesen, – *für sich* diese Identität als absolute *Macht* oder schlechthin sich auf sich beziehende *Negativität*.« (HW, Bd. 6, S. 246)

*Freuds Erkenntnistheorie*
Während Freud ständig seinen »strengen Determinismus« betont,[42] widerspricht diesem, daß die fraglichen Vorgänge auch sinnvoll motiviert sein sollen. Prof. Adorno verwies dazu auf eine von ihm unveröffentlichte Jugendarbeit, die den Widerstreit dieser Motive aus ihrem verschiedenen Ursprung ableitet.[43] – Mit der Organlust[44] setzt die Psychoanalyse Organisch-Materielles voraus und damit mechanische Kausalität, die andererseits unter dem Einfluß von Ernst Machs Positivismus Humescher Tradition als animistische Kategorie ausgeschlossen werden soll. Um Freuds Erkenntnistheorie zu analysieren, muß man sie als Kraftfeld verstehen, welches die Spannung zwischen empiriokritizistischen und organisch-materialistischen Elementen zum Ausgleich bringen will.

*Anthropomorphismus*
Die Instanzen, Kräfte, Symptome Freuds haben Ähnlichkeit mit einer Herde von Kobolden, die Absichten und Zwecke haben, die kontrollieren, prüfen und verdrängen. Daß die unbewußten Strebungen eine Selbständigkeit haben, die sie zu kleinen Personen in der Person macht, illustrierte Prof. Adorno an einem Zitat von Proust: Man begeht keine Taktlosigkeiten, sondern diese warten darauf, begangen zu werden.[45] – Andere trieben diese Theorie Freuds später noch weiter und schrieben selbst den einzelnen Organen individuelle Selbständigkeit zu.[46] Wenn ein Organ schmerzt, fühlt man, daß dem so ist, daß das Ich nicht so fest gefügt ist, wie man gerne annimmt.

---

42 So erläutert Freud etwa in seinen »Vorlesungen zur Einführung in die Psychoanalyse« [1917]: »Wenn Sie meinen, es sei willkürlich anzunehmen, daß der nächste Einfall des Träumers gerade das Gesuchte bringen oder zu ihm führen müsse, der Einfall könne vielmehr ganz beliebig und außer Zusammenhang mit dem Gesuchten sein, es sei nur eine Äußerung meines Gottvertrauens, wenn ich es anders erwarte, so irren Sie groß. Ich habe mir schon einmal die Freiheit genommen, Ihnen vorzuhalten, daß ein tief wurzelnder Glaube an psychische Freiheit und Willkürlichkeit in Ihnen steckt, der aber ganz unwissenschaftlich ist und vor der Anforderung eines auch das Seelenleben beherrschenden Determinismus die Segel streichen muß.« (FGW, Bd. XI, S. 104)
43 Mit der »Jugendarbeit« ist die von Adorno 1927 zurückgezogene erste Habilitationsschrift *Der Begriff des Unbewußten in der transzendentalen Seelenlehre* [1973] gemeint; vgl. GS, Bd. 1, S. 79 – 322.
44 »Zu einer allgemeinen Charakteristik der Sexualtriebe kann man folgendes aussagen: Sie sind zahlreich, entstammen vielfältigen organischen Quellen, betätigen sich zunächst unabhängig voneinander und werden erst spät zu einer mehr oder minder vollkommenen Synthese zusammengefaßt. Das Ziel, das jeder von ihnen anstrebt, ist die Erreichung der *Organlust*; erst nach vollzogener Synthese treten sie in den Dienst der *Fortpflanzungsfunktion*, womit sie dann als Sexualtriebe allgemein kenntlich werden.« (FGW, Bd. X, S. 218)
45 Auf welches Zitat Adorno hier anspielt (vgl. auch GS, Bd. 11, S. 383), ist nicht ermittelt.
46 An wessen Theorien hier gedacht ist, ist nicht ermittelt.

Während dieser Vorwurf des Anthropomorphismus logisch berechtigt ist, versteckt sich dahinter – wie bei fast allen Unstimmigkeiten großer Denksysteme – ein Bruch in der Sache selbst, in diesem Falle das große Problem, daß das Ich, die »Einheit des Bewußtseins« nichts Ursprüngliches ist, sondern etwas Gewordenes, ein spätes Produkt. Um also den einzelnen Strebungen überhaupt personalen Charakter zuschreiben zu können, mußte vorher erst aus ihren einzelnen Charakteren die Einheit der Person integriert werden. – Nicht provokativ hingegen ist es, wenn Freud dem »Ich« Leistungen zuschreibt, denn da es selbst die Person ist, kann man hier nicht von Anthropomorphismus reden.

*Das Ich*

Eine theoretische Ungeklärtheit, die wohl eine solche der Sache selbst ist, ist die Doppeldeutigkeit des Freudschen Ich-Begriffes. Es ist einmal das Bewußte und andererseits die sich selbst unbewußte Kraft des Verdrängten im Unbewußten.

All die Freudschen Widersprüche folgen daraus, daß er einen fixen Begriffsapparat hat, in dem seine dynamische Theorie natürlich nicht immer ohne Rest aufgehen kann. Die Folge sind oft Schattenkämpfe der Begriffen untereinander, die so tun, als ob sie die Wirklichkeit selber wären.

*Prinzessin Solms[47]: Schopenhauers vierfache Wurzel des Satzes vom Grunde*

*Kausalität*

Schopenhauer weist der Kausalität eine Sonderstellung zu, denn sie bleibt allein von Kants Kategorien bei ihm übrig. Schopenhauer gibt eine Phänomenologie des Kausalitäts-Begriffes, dessen vier Bedeutungen er als reale, logische, mathematische und moralische Notwendigkeit unterscheidet.[48] Jedoch bleibt es

---

47 D.i. Dorothea zu Solms-Hohensolms-Lich.
48 Schopenhauer zufolge »giebt es, den vier Gestalten des Satzes vom Grunde gemäß, eine vierfache Nothwendigkeit. 1) Die logische, nach dem Satz vom Erkenntnißgrunde, vermöge welcher, wenn man die Prämissen hat gelten lassen, die Konklusion unweigerlich zuzugeben ist. 2) Die physische, nach dem Gesetz der Kausalität, vermöge welcher, sobald die Ursache eingetreten ist, die Wirkung nicht ausbleiben kann. 3) Die mathematische, nach dem Satz vom Grunde des Seyns, vermöge welcher jedes von einem wahren geometrischen Lehrsatze ausgesagte Verhältniß so ist, wie er es besagt, und jede richtige Rechnung unwiderleglich bleibt. 4) Die moralische, vermöge welcher jeder Mensch, auch jedes Thier, nach eingetretenem Motiv, die Handlung vollziehn *muß*, welche seinem angeborenen und unveränderlichen Charakter allein gemäß ist und demnach jetzt so unausbleiblich, wie jede andere Wirkung einer Ursach, erfolgt; wenn sie gleich nicht so leicht, wie jede andere, vorherzusagen ist, wegen der Schwierigkeit der Ergründung und vollständigen Kenntniß des individuellen empirischen Charakters und der ihm beigegebenen Erkenntnißsphäre; als welche zu erforschen ein ander Ding ist, als die Eigen-

bei diesen vier Klassen, und er versucht nicht, sie wieder als Einheitliches darzustellen. Da die Notwendigkeit für ihn vierfach ist, ist sie nie einfach, d. h. nie absolut, und er wendet sich heftig gegen dieses Wort,[49] und zwar aus Opposition gegen Hegel und die Theologie, obwohl im Grunde auch bei ihm die Notwendigkeit absolut ist.

*Kausalität und Motivation*

Schopenhauer war neben Nietzsche der einzige Philosoph, den Freud richtig kannte.[50] Der sachliche Zusammenhang zwischen den Lehren beider besteht darin, daß beide den gleichen Unterschied zwischen Kausalität und Motivation machen.

Nach Dr. Haag ist dieser Unterschied bei Schopenhauer nicht neu. Schon in der Scholastik bestimmt die Kausalität das organische Geschehen und die es-

---

schaften eines Mittelsalzes kennen zu lernen und danach seine Reaktion vorherzusagen.« (Arthur Schopenhauer, Ueber die vierfache Wurzel des Satzes vom zureichenden Grunde. Eine philosophische Abhandlung [1813], in: Arthur Schopenhauers Werke in fünf Bänden, hrsg. von Ludger Lütkehaus, Bd. III, Zürich 1998, S. 7–168; hier: S. 162)

49 »Der Satz vom zureichenden Grunde, in allen seinen Gestalten, ist das alleinige Princip und der alleinige Träger aller und jeder Nothwendigkeit. Denn *Nothwendigkeit* hat keinen andern wahren und deutlichen Sinn, als den der Unausbleiblichkeit der Folge, wenn der Grund gesetzt ist. Demnach ist jede Nothwendigkeit *bedingt*; absolute, d. h. unbedingte, Nothwendigkeit also eine *contradictio in adjecto*. Denn *Nothwendig-seyn* kann nie etwas Anderes besagen, als aus einem gegebenen Grunde folgen. Will man es hingegen definiren ›was nicht nichtseyn kann‹; so giebt man eine bloße Worterklärung und flüchtet sich, um die Sacherklärung zu vermeiden, hinter einen höchst abstrakten Begriff; von wo man jedoch sogleich herauszutreiben ist durch die Frage, wie es denn möglich, oder nur denkbar, sei, daß irgend etwas nicht nichtseyn könne; da ja doch alles Daseyn bloß empirisch gegeben ist? Da ergiebt sich denn, daß es nur insofern möglich sei, als irgend ein *Grund* gesetzt oder vorhanden ist, aus dem es folgt. Nothwendigseyn und Aus einem gegebenen Grunde folgen sind mithin Wechselbegriffe, welche als solche überall einer an die Stelle des andern gesetzt werden können.« (Ebd., S. 161) – Soweit nach der zweiten Auflage der Schrift von 1847. In der Erstauflage folgt zudem der Passus: »Der bei den Philosophastern beliebte Begriff vom ›absolut nothwendigen Wesen‹ enthält also einen Widerspruch: durch das Prädikat ›absolut‹ (d. h. ›von nichts Anderm abhängig‹) hebt er die Bestimmung auf, durch welche allein das ›Nothwendige‹ denkbar ist und einen Sinn hat. Wir haben daran wieder ein Beispiel vom *Mißbrauch abstrakter Begriffe* zum Behuf metaphysischer Erschleichung, wie ich ähnliche nachgewiesen habe am Begriff ›Immaterielle Substanz‹, ›Grund schlechthin‹, ›Ursache überhaupt‹ u.s.w. Ich kann es nicht genug wiederholen, daß alle abstrakte Begriffe durch die *Anschauung* zu kontrolliren sind.« (Arthur Schopenhauer, Zürcher Ausgabe. Werke in zehn Bänden, der Text folgt der historisch-kritischen Ausgabe von Arthur Hübscher, die editorischen Materialien besorgte Angelika Hübscher, Red. von Claudia Schölders, Fritz Senn und Gerd Haffmanns, Zürich 1977, Bd. 5, S. 171)

50 Freud lernt als Student an der Universität Wien zunächst die Philosophie Franz Brentanos kennen und hört im ›Leseverein der deutschen Studenten Wiens‹ von den Philosophien Schopenhauers und Nietzsches.

sentia humana das psychische, wobei der Wille aber frei ist, seine Motivation als schlecht zu erkennen und das Gegenteil zu tun. Daneben gibt es den Unterschied von conditio und causa; so ist das Gehirn die conditio des Gedachten, aber nicht seine causa.

Der Schlüsselcharakter der Motivation für die Lehre Schopenhauers liegt darin, daß sie die einzige Vermittlung ist zwischen der Vorstellung und dem Ding an sich, dem Willen, der dem Unbewußten bei Freud entspricht. Die Parallelität geht weiter, denn wie bei Freud das Ich zugleich bewußt und unbewußt ist, so ist auch bei Schopenhauer in der Motivation das erkennende Subjekt, das Bewußtsein, identisch mit dem Unbewußten, mit dem Subjekt des Wollens.

Hier befindet man sich im Ding an sich. Subjekt und Objekt, die sich sonst gegenüberstehen, sind hier identisch. So sehr sich auch die Idealisten untereinander bekämpfen, hier zeigt sich ihre Identität. Das Selbstbewußtsein, Fichtes Tathandlung, Hegels Geist und Schopenhauers Wille sind für jeden das metaphysische Prinzip; wie für Hegel alles Geist ist, so verneinen auch Fichte und Schopenhauer alles, was nicht Subjekt ist.

*Freiheit*

Das Reich der Freiheit besteht für Schopenhauer einzig darin, daß man sich aus dem Zusammenhang des Willens herausstellen kann, daß man nicht mehr mitzumachen braucht. Diese These führt zu der Schwierigkeit, daß man sich nicht vorstellen kann, wie, wenn der Wille wirklich universal ist, das Subjekt da soll heraustreten können. Schopenhauers Nachfolger setzten daher den Willen nicht als Universales, sondern Individuelles. – Schopenhauer verneint kategorisch die Möglichkeit, durch den Selbstmord heraustreten zu können,[51] aber dann ist es nicht ersichtlich, wieso es durch die Verneinung des Willens zum Leben soll möglich sein.

Es stecken hier zwei Motive in seiner Lehre. Richard Wagner übertrieb das eine, die Möglichkeit des Heraustretens, und verliert dadurch den Pessimismus Schopenhauers.[52] Das zweite Motiv besteht im Gegensatz dazu in der Betonung

---

51 Vgl. den Abschnitt »Bei erreichter Selbsterkenntniß Bejahung und Verneinung des Willens zum Leben«, in: Arthur Schopenhauer, Die Welt als Wille und Vorstellung. Erster Band. Vier Bücher, nebst einem Anhange, der die Kritik der Kantischen Philosophie enthält [1819], in: Arthur Schopenhauers Werke in fünf Bänden, a.a.O. (s. Anm. 48), Bd. I, S. 355–528.

52 Im *Versuch über Wagner* [1952] schreibt Adorno: *Nichts ändert sich; gerade die individuelle Dynamik stellt den amorphen Urzustand wieder her; die Entfesselung der Kräfte dient selber nur der Invarianz und damit der herrschenden Macht, wider welche sie zu Felde ziehen. Das wird von Wagners Formgesinnung eindringlicher vertreten als je von seinen philosophischen Meinungen. Als ästhetisches Formprinzip aber wird, Schopenhauer entgegen, verklärt und zum tröstlichen Äquilibrium gemacht, was unerträglich ist in der realen gesellschaftlichen Welt, aus der Wagners Werk entflieht.* (GS, Bd. 13, S. 38)

der Objektivität des Willens. Das Individuum kann nicht aus ihm heraustreten, und in der Motivation setzt die blinde Notwendigkeit sich durch, d. h., Schopenhauer ist Determinist. Freud will ganz analog wie er Kausalität von innen mit strengster Determination verbinden.

*Freud und Schopenhauer*

Bei beiden ist das Bewußtsein von einem steuernden Prinzip, dem Willen bzw. dem Unbewußten abhängig, und beide kommen zur gleichen Konsequenz für die Kausalität: Sie wird nicht auf Erscheinungen angewandt, sondern zum Prinzip gemacht, das schlechterdings alles erklärt. Sie wollen die Kausalität retten, aber nicht, indem sie sie in einen szientischen Gesetzeszusammenhang übersetzen, sondern dadurch, daß sie sie selber zu einem Absoluten machen. Sie ist dadurch nicht vom Vorgefundenen der Art nach unterschieden, denn es existiert nichts als die Kausalität, das Sein schlechthin, nicht aber das, was uns als andersartig scheint, folglich auch keine Beziehung zwischen diesem und dem Urprinzip.

Freud fand den Urcharakter des Unbewußten dadurch bestätigt, daß er nicht, je tiefer er ins Unbewußte eindrang, desto mehr an Individuellem fand, wie man vorschnell vermuten möchte, sondern[53] statt dessen fand er etwas immer Gleichartigeres: Das Unbewußte ist in allen Menschen identisch, und das Bewußtsein ist demgegenüber schwach wie Schopenhauers principum individuationis. C. G. Jung mit seiner Theorie vom kollektiven Unbewußten hat diesen Befund Freuds, indem er ihn zu seiner Spezialität machte, popularisiert.[54]

Heinz Eckardt[55]

---

53 Konjiziert für: »und«.
54 Vgl. C. G. Jung, Über die Archetypen des kollektiven Unbewußten [1935], in: C[arl] G[ustav] Jung, Gesammelte Werke, Bd. 9·1, hrsg. von Lilly Jung-Merker und Elisabeth Rüf, Olten und Freiburg i. Br. 1976, S. 11–51, sowie C. G. Jung, Der Begriff des kollektiven Unbewußten [1936/1937], ebd., S. 53–66.
55 Unterschrift.

## 164 Herbert Schnädelbach, 29. Januar 1959

stud. phil. Herbert Schnädelbach
*Protokoll der Sitzung vom 29. 1. 1959*

Am Anfang der Diskussion steht die Frage, was aus den referierten Theorien Schopenhauers und Freuds für den philosophischen Kausalitätsbegriff überhaupt folgt, ob und wie sich Kontinuität mit dem naturwissenschaftlichen Kausalitätsproblem aufweisen läßt.

Freuds »Trieb« ist der säkularisierte, ins Positivistische gewendete metaphysische »Wille« Schopenhauers, aus dessen Triebmetaphysik bei Freud eine Trieblehre nach naturwissenschaftlichem Modell geworden ist. Den Trieb selbst denkt Freud naturwissenschaftlich, d. h. als statisches Energiequantum, das gleichsam plastisch ist, aus dem durch seiner unmittelbaren Entfaltung entgegengestellte Widerstände ganz Verschiedenartiges werden kann. Diese Modifikationen stehen unter strengen Gesetzmäßigkeiten und sind kausal determiniert. In dieser Übertragung eines naturwissenschaftlichen Modells auf Psychisches zeigt sich der materialistische Aspekt in Freuds Theorie. Diese Identifikation, der zufolge der ganze Bewußtseinsstrom der Kausalität unterstehen soll, ist problematisch, denn Freud steht ebenso in der immanenzphilosophisch-positivistischen Tradition, deren Intention er teilt, die Konstitution eines Begriffes wie der Kausalität aus dem Bewußtseinszusammenhang selbst aufzuzeigen. Die Aporie, um die es sich hier handelt, ist die der Konstitution des Kausalitätsbegriffs, die selbst der Kausalität untersteht. In einer dialektischen Theorie würde sich das Problem erheblich modifizieren; Freud dagegen kann (wie Schopenhauer) die Kausalität nur dadurch retten, daß er sie zum Wesen der Sache selbst, zum Absoluten erklärt.

Näher ausgeführt: Daß alle psychischen Erlebnisse einen Sinn haben, ist eine idealistisch-positivistische These, die in der gesamten erkenntnistheoretischen Tradition zu finden ist. Diese Theorie findet sich bei Freud als säkularisierte idealistische Erkenntnistheorie wieder, d. h., der Begriff der Sinnhaftigkeit wird vom Transzendentalen abgelöst und direkt auf Psychisches angewandt, das sich nun selbst wieder nur aus Psychischem erklären lassen soll. Dem steht aber das Sinnhafte qua Organlust, dessen leibhafte Momente sich nicht auf Bewußtsein reduzieren lassen, gegenüber. Die Psychoanalyse nimmt eine doppelte Frontstellung ein: Gegen die idealistische Tradition wendet sich ihr materialistischer Aspekt, gegen die materialistisch-psychologische, experimental-psychologische Richtung ihre Theorie des immanenten Sinnzusammenhanges alles Psychischen. Diesen Widerstreit löst Freud so auf, daß die auf das innerpsychische Kontinuum übertragene naturwissenschaftliche Kausalitätskategorie bei ihm die Kategorie der Sinnhaftigkeit selbst ist.

Die Übertragung kausal-mechanischer Erklärungsprinzipien auf psychische Vorgänge birgt ferner die Schwierigkeit, daß sich Kausalverknüpfungen anscheinend nur zwischen Dinglichem, Raum-Zeitlichem aufweisen lassen. Im Psychischen aber sind die Begriffe »Verursachendes« und »Verursachtes« selbst problematisch. Freuds Rettungsversuch fordert den Preis, daß die Kausalität eines eigentlichen Substrates entbehren muß.

Zum Verständnis Freuds, dessen Theorien sehr komplex sind, ist eine immanente erkenntnistheoretische Analyse und Kritik seiner Arbeit erforderlich, die ein Kraftfeld zweier sich durchdringender Sphären ist: Es findet sich bei ihm der Wille zur messenden Bestimmung wie die Machistisch-empiriokritizistische Intention. Freud ist auf seinem Wege durch Beweise praktischer Naturbeherrschung immer wieder von der Richtigkeit seiner Theorien überzeugt worden. Die Anwendung der Kausalitätskategorie eröffnete die Möglichkeit von Heilungen; durch die Erfahrung der Äquivalenz der anzuwendenden psychischen Energiequanta bei Heilungen (»Verstehen« ist bei Freud ein energetischer Begriff) geht die Analogie zu kausal-determinierten Vorgängen außerordentlich weit.

Das Intellektive erscheint bei Freud als Funktion des Triebenergetischen, als ein von der psychischen Energie abgezweigter Bereich. Das philosophisch Erste des Idealismus erscheint bei ihm als Abgeleitetes, Entsprungenes, das einen Rückbezug auf seinen Ursprung ermöglicht. Das Intellektive ist etwas Organologisches, das sich aus biologischer Notwendigkeit von der Gesamtheit des Psychischen abgespalten hat.

Der Vergleich der Freudschen Theorie mit Kant zeigt weitgehende Übereinstimmung: Auch bei ihm untersteht der Mensch als empirisches Wesen der Kausalität, das psychologische Subjekt konstituiert sich in Raum und Zeit. Zwischen ihm und Freud herrschte wahrscheinlich Übereinstimmung im gesamten Bereich der phaenomena. Die Freiheit dagegen gehört bei Kant in die noumenale Welt und ist nicht positiv-empirisch vorgegeben, der Mensch hat aber die Möglichkeit, aus Freiheit die Blindheit der kausierten Zusammenhänge zu durchstoßen. Bei Freud bleibt nur das Wissen um diese Zusammenhänge, die Hoffnung auf Befreiung aus diesem Kreis aber würde er als »infantil« abtun. Seine Lehre ist eine Psychologie der Wiederholung, in der kein Raum für Neues bleibt. Es bleibt nichts, als das zu tun, was die Welt fordert. Den Sinn der Vorgänge erfassen, heißt lediglich unbewußte Situationen in symbolischer Gestalt im Bewußtsein wiederholen.

Bei Kant steht der transzendentalen Freiheit das Empirische gegenüber. In dessen Irrationalität schlägt sich die Unbeherrschbarkeit der Außenwelt, der gesellschaftliche Zusammenhang in seiner Zufälligkeit nieder. Bei Schopenhauer und Freud wird die Kausalität von der Totalität abgelöst und zum Absoluten gemacht. In der Verabsolutierung eines Moments des Ganzen bezeugt sich die Ohnmacht des Denkens, ist das Moment der Zufälligkeit mitgesetzt.

## 165 Erich Harmuth, 5. Februar 1959

Harmuth[56]

*Protokoll der Sitzung des philosophischen Seminars vom 5. Febr. 1959*

Zum Vortrag kam der erste Teil des Referats Otto-Ernst Laskes: »Das Kausalitätsproblem in der dialektischen Philosophie«.[57]

Es handele sich um den »geschichtsphilosophischen Versuch, den methodischen Ort der Lösung des Kausalitätsproblems aufzuzeigen«, der sich vom »*bloß* philosophiehistorischen« dadurch unterschiede, »daß er den kategoriellen Zusammenhang und Aufbau der Wirklichkeit nicht als Problem der Reflexion, sondern des objektiven Geschichtsprozesses auffaßt«, welche Auffassung der Protokollant selbst zur Diskussion empfiehlt, weil sie widerspruchsvoll ausgedrückt scheint. Da es der Geschichtsprozeß ist, »darin die Auseinandersetzung des Menschen mit der Natur und der Menschen untereinander sich darstellt«, wird ferner auf die gehörige Vermittlung der Kausalität, wie sie als Naturgesetzlichkeit bestimmt ist, zu achten sein.

Die angezeigte Wendung gegen den »Dogmatismus des formalen Verstandes« fordert seine Erklärung als eines »Phänomens verdinglichten Bewußtseins«. Das Kausalitätsprinzip gehöre in den Zusammenhang der Anstrengungen, die Schranke der Irrationalität der Außenwelt, die Dichotomie von Subjekt und Objekt, philosophisch zu überwinden, was zunächst identitätsphilosophischer Dogmatismus versuchte. Kants Reinigung des Kausalbegriffs vollzieht sich im geschichtlichen Abstraktionsprozeß, worin die »Geltung mechanischer Naturgesetze ... gegenüber der abstrakten inneren Freiheit des sittlichen Individuums« zum Ausdruck der Irrationalitätsschranke wird und den *Makel* der »Unbeherrschbarkeit der verdinglichten Wirklichkeit in ihrer Totalität« trägt. Der absolute Chorismos habe die dialektische Philosophie gezwungen, diese Zweiheit »nur durch Setzung eines identischen Subjekt-Objekts« aufzuheben, welchen Vorganges Produkt Hegel im absoluten Ich des sich selber begreifenden Geistes darstellte.

Herr Professor Adorno bemerkte, gegen den Vereinheitlichungszwang sei ein kleiner Widerstand zu errichten. Der Zwang bestehe bei Kant darin, daß nicht zu

---

56 Unterschrift.
57 Otto-Ernst Laske, »Das Kausalitätsproblem in der dialektischen Philosophie«, Archivzentrum Na 1, 885.

verstehen sei, wie Form und Inhalt zueinanderkämen, daß das Problem der Konstitution nicht gelöst sei; diese legitime Forderung, die Vermittlung aufzuzeigen, und die nach dem Urprinzip seien nicht dasselbe. Der logischen Immanenz entspreche ein Vertrauen auf die Geistesgeschichte, das selber mechanistisch sei. Herr Negt[58] wandte ein, daß das Kriterium der Wahrheit fraglich werde, wenn sie nicht ein Moment der Nötigung enthalte. – Wohl reflektiere die dialektische Philosophie auf die Nötigung, war die Antwort; aber die Hegelsche Philosophie habe den Doppelcharakter des Kritischen und des Vereinheitlichenden. Es handele sich bei der Kritik der Identitätsphilosophie auch keineswegs um eine direkte und abstrakte Negation.

Der Referent fuhr fort: Hegel hätte die gewordene Totalität als universalontologischen Prozeß des Seins hypostasiert. Herr Laske deutete[59] diesen Ausdruck dahin, daß die Geschichte Hegel nur methodischer Ort sei. Man dürfe nun aber, sagte Herr Professor Adorno, Hegel am allerwenigsten der Hypostasis zeihen; der Prozeß konstituiere sich aus seinen Momenten. Überhaupt sei in diesem Punkt keine bedeutsame Differenz zwischen Hegel und Marx, auch bei Marx gebe es die Geschichte der Vernunft. Die Forderung, das identische Subjekt-Objekt »konkret« in der Geschichte aufzuzeigen, kritisierte Herr Dr. Haag mit der Frage, warum die geschichtlichen Verhältnisse, das nackte Substrat abzüglich der Philosophie, konkreter sein sollten als die begrifflichen Bestimmungen. Die radikale Forderung, die Hypostasis auszuschließen, würde zur schlimmsten Hypostasis führen.

Weiter merkte Herr Professor Adorno an, bei Hegel gebe es Totalität nur als aus der Bewegung des Einzelnen resultierende. Der Vergesellschaftungsprozeß hebt *nicht* alle Naturschranken auf, während er freilich alle naturwüchsigen Verhältnisse zu Reflexionsformen gesellschaftlicher Verhältnisse wandelt, wie es sich an der Familie exemplifiziere.[60]

Die Kausalität tritt nun unter dem Aspekt ihres Verhältnisses zur Totalität hervor, welch letztere als *Wirklichkeit* mit Emphase versehen einmal ontologisch-geschichtlich, dann gesellschaftlich betrachtet die »Kausalität als Kategorie dieser Wirklichkeit« darstellen läßt, – wozu logisch bemerkt wurde, die Wirklichkeit sei auch eine Kategorie. Marx' Forderung, die Wirklichkeit als menschliche Tä-

---

58 D.i. Oskar Negt.
59 Konjiziert für: »bedeutete«.
60 »Ob sich aber wohl das *sittliche Sein* der Familie als das *unmittelbare* bestimmt, so ist sie innerhalb ihrer *sittliches* Wesen nicht, *insofern* sie das Verhältnis *der Natur* ihrer Glieder oder deren Beziehung die *unmittelbare einzelner wirklicher* ist; denn das Sittliche ist an sich *allgemein*, und dies Verhältnis der Natur ist wesentlich ebensosehr ein Geist und nur als geistiges Wesen sittlich.« (HW, Bd. 3, S. 330)

tigkeit und als Produkt dieser Tätigkeit zugleich aufzufassen,[61] die noch reichlich hegelianisch ist, soll den Charakter der Kategorien als gesellschaftlicher Daseinsformen bestimmen. Hier war ergänzend auf die Kritik des Gothaer Programms hinzuweisen, die der Natur als Voraussetzung des kapitalistischen Produktionsmitteleigentums gedenkend gegen den ideologischen Arbeitsmythos anging.[62] Außerdem gibt es keine Unmittelbarkeit »der Denkformen als konkret geschichtlich-praktischer, nicht reflexiver Denkbestimmungen«.

Es seien die Reflexionsbestimmungen, wie die gegeneinander zufälligen »Naturgesetze« (welche Bemerkung mir dem Stand der physikalischen Theorie nicht wohl angemessen scheint) auf die konkreten Beziehungen der Menschen transparent zu machen, wobei diese vermittelte, »typische Verhältnisse« sind. Der mehr oder weniger notwendige Schein ihrer Reflexionszusammenhänge verschleiere, daß die Kategorien als Gegenständlichkeitsformen der Gesellschaft zentraler Gegenstand der Geschichte seien. Wenig Anklang fand die Ausdrucksweise, die den dialektischen Kategorien den gesellschaftlichen Reproduktionsprozeß zur *Grundlage* gab.

Die Identität der Genesis der Gedankenbestimmungen und der Geschichte (der Gesellschaft) seien die wesentlichen Momente für die Lösung des Kausalitätsproblems, und diese nur im historischen Prozeß »konkret gesellschaftlich« zu begreifen. Die Substantialität begrifflicher Formen komme in »den Veränderungen, die ihre Funktion in dem Gesamtprozeß der Geschichte, und d. h. in der

---

[61] »Der Hauptmangel alles bisherigen Materialismus (den Feuerbachschen mit eingerechnet) ist, daß der Gegenstand, die Wirklichkeit, Sinnlichkeit nur unter der Form des *Objekts oder der Anschauung* gefaßt wird; nicht aber als *sinnlich menschliche Tätigkeit, Praxis*, nicht subjektiv. Daher die *tätige* Seite abstrakt im Gegensatz zu dem Materialismus von dem Idealismus – der natürlich die wirkliche, sinnliche Tätigkeit als solche nicht kennt – entwickelt.« (MEW, Bd. 3, S. 5)

[62] »Die Arbeit ist *nicht die Quelle* alles Reichtums. Die *Natur* ist ebensosehr die Quelle der Gebrauchswerte (und aus solchen besteht doch wohl der sachliche Reichtum!) als die Arbeit, die selbst nur die Äußerung einer Naturkraft ist, der menschlichen Arbeitskraft. Jene Phrase findet sich in allen Kinderfibeln und ist insofern richtig, als *unterstellt* wird, daß die Arbeit mit den dazugehörigen Gegenständen und Mitteln vorgeht. Ein sozialistisches Programm darf aber solchen bürgerlichen Redensarten nicht erlauben, die *Bedingungen* zu verschweigen, die ihnen allein einen Sinn geben. Nur soweit der Mensch sich von vornherein als Eigentümer zur Natur, der ersten Quelle aller Arbeitsmittel und -gegenstände, verhält, sie als ihm gehörig behandelt, wird seine Arbeit Quelle von Gebrauchswerten, also auch von Reichtum. Die Bürger haben sehr gute Gründe, der Arbeit *übernatürliche Schöpfungskraft* anzudichten; denn grade aus der Naturbedingtheit der Arbeit folgt, daß der Mensch, der kein andres Eigentum besitzt als seine Arbeitskraft, in allen Gesellschafts- und Kulturzuständen der Sklave der andern Menschen sein muß, die sich zu Eigentümern der gegenständlichen Arbeitsbedingungen gemacht haben. Er kann nur mit ihrer Erlaubnis arbeiten, also nur mit ihrer Erlaubnis leben.« (MEW, Bd. 19, S. 15)

Totalität eines Kategoriensystems erleidet«[63] zum Vorschein. Hieran schloß Herr Professor Adorno folgendes: Das sehe so aus, als wäre die Kausalität radikal geschichtlich entsprungen; was die Kategorie aber meine, genauer ihre *Geltung, erschöpft sich nicht in der gesellschaftlichen Genese.* Herr Schmidt[64] bemerkte, daß hier erste und zweite Natur vermengt würden, was unter Marx' Kritik am Gothaer Programm falle. Der Protokollant möchte die Frage hinzufügen, ob der Schein dieser Vermengung nicht in einem voreiligen Schnitt zwischen Natur und Geschichte zu verdanken sei, der das eine zum Korollarium des anderen zu machen gestattet. Herr Laske bestand auf der Einheit der Reflexionsbestimmungen und der Daseinsformen, wenn man nicht den Fehler der Abstraktion begehen wollte; wozu aber zu sagen [sei], daß diese Einheit selbst die Abstraktion sei und der Willkür Raum gebe. Herr Professor Adorno meinte: Einerseits sei die Abfolge und der innere Zusammenhang dieser Formen keine rein logische Reihe, dann wieder sollten sie die »Totalität des Kategoriensystems« darstellen. In der Identifikation stecke eine petitio principii; woraus das Kategoriale abgeleitet wird, darf nicht selber als Kategoriales gefaßt sein. Es sei immer die Verschiedenheit der Momente zu bestimmen, die *Distinktion* festzuhalten. Herr Laske wollte dies im Begriff der »Gegenständlichkeitsformen«[65] durchaus als verwirklicht gelten lassen.

---

63 Bei Lukács heißt es: »Jede isolierte Einzelkategorie [...] kann – in dieser Isoliertheit – als in der ganzen gesellschaftlichen Entwicklung immer vorhanden gedacht und behandelt werden. (Ist sie in einer Gesellschaft nicht auffindbar – so ist es eben ein ›Zufall‹, der die Regel bestätigt.) Der wirkliche Unterschied der Stufen der gesellschaftlichen Entwicklung äußert sich weit weniger klar und eindeutig in den Veränderungen, denen diese einzelnen, isolierten Teilmomente unterworfen sind, als in den Veränderungen, die *ihre Funktion* in dem Gesamtprozeß der Geschichte, ihre Beziehung auf das Ganze der Gesellschaft erleidet.« (Georg Lukács, Geschichte und Klassenbewußtsein. Studien über marxistische Dialektik [1923], in: Georg Lukács, Werke, Bd. 2, Neuwied und Berlin 1968, S. 161–517; hier: S. 181)
64 D.i. Dietrich Schmidt-Hackenberg.
65 »Es ist keineswegs zufällig, daß beide großen und reifen Werke von Marx, die die Gesamtheit der kapitalistischen Gesellschaft darzustellen und ihren Grundcharakter aufzuzeigen unternehmen, mit der Analyse der Ware beginnen. Denn es gibt kein Problem dieser Entwicklungsstufe der Menschheit, das in letzter Analyse nicht auf diese Frage hinweisen würde, dessen Lösung nicht in der Lösung des Rätsels der *Warenstruktur* gesucht werden müßte. Freilich ist diese Allgemeinheit des Problems nur dann erreichbar, wenn die Problemstellung jene Weite und Tiefe erreicht, die sie in den Analysen von Marx selbst besitzt; wenn das Warenproblem nicht bloß als Einzelproblem, auch nicht bloß als Zentralproblem der einzelwissenschaftlich gefaßten Ökonomie, sondern als zentrales, strukturelles Problem der kapitalistischen Gesellschaft in allen ihren Lebensäußerungen erscheint. Denn erst in diesem Falle kann in der Struktur des Warenverhältnisses das Urbild aller Gegenständlichkeitsformen und aller ihnen entsprechenden Formen der Subjektivität in der bürgerlichen Gesellschaft aufgefunden werden.« (Ebd., S. 257)

Gegenüber der vorgetragenen These, daß »Bedeutung von Kausalität« nach ihrem geschichtsphilosophischen (d. i. gesellschaftlichen) Stellenwert frage, gab Herr Professor Adorno zu bedenken, ob das eigentlich die wichtigste Frage sei. Diese heiße vielmehr, ob es Kausalität *gebe* und *was* sie dann sei, wenn anders man Dialektik und nicht Wissenssoziologie treiben wolle. Auf die Entgegnung Herrn Laskes, von Kausalität als isolierter Kategorie könne nicht gesprochen werden, erwiderte er, daß es für die theoretische Physik auf den Wahrheitsgehalt der Kausalität ankomme. Man dürfe die Kategorie der Wirklichkeit und die Objektivität, die die naturwissenschaftliche Kausalität einschließt, nicht unvermittelt lassen und solchermaßen einen Pluralismus der Kausalitäten à la Gurvitch[66] herbeiführen.

Es folgte eine These in dreifacher Entfaltung: 1. Wäre die Kausalität auch in ihrer philosophiegeschichtlichen Gestalt nichts denn eine *Tatsache*; 2. sei sie mit anderen Denk- und Daseinsformen nicht unmittelbar verbunden (nach Lukács) und wäre daher durch die totale Vermittlung nur in aufsteigender Konkretion zu bestimmen; und 3. wird gefolgert, es wäre das Verschwinden des Kausalitätsbegriffs gleicherweise bloßes Faktum, und mithin, enthymematisch, wäre die Frage nach Kausalität als solcher *dogmatisch*. Solcher Dogmatismus erkenne den methodischen Primat der Totalität nicht an, aus der allein Kausalität begriffen werden könnte.

Herr Professor Adorno wandte ein: Die Kausalität sei nicht unmittelbares Faktum sondern ein Theorem, weiterhin eine Vermittlungsform; sehr fraglich sei es, ob Kausalität in den Naturwissenschaften einfach Faktizität wäre. Herr Laske: Kategorien als losgelöste werden zu bloßen Tatsachen in der Unmittelbarkeit der Reflexionsbestimmungen. Herr Negt erklärte, für Marx sei die Kausalität weder rein logisch noch bloß anschauend zu erweisen. Herr Laske: Als abgelöstes Phänomen sei sie aber im Marxschen Sinne des Wortes bloße Tatsache. Herr

---

[66] »Der Kontinuitätsdrang der historischen Methode bestätigt sich durch den gleichzeitig singulären und strikten Charakter der ›historischen Kausalität‹. In der soziologischen Erklärung ist die Kausalität nicht das einzige Erklärungsverfahren, und nicht immer gelingt es. Obendrein geht die soziologische Kausalität, die bereits singulär ist, nie bis ans Ende dieser Singularität, sondern sie impliziert verschiedene Grade. Die ›historische Kausalität‹ dagegen verstärkt die Singularität des kausalen Bandes viel mehr als es die soziologische Kausalität tut, wobei sie zugleich die Beziehungen zwischen Ursachen und Wirkungen strenger, kontinuierlicher und dadurch sicherer macht. Tatsächlich zieht sich die kausale Verkettung in der schon abgelaufenen, aber rekonstruierten und vergegenwärtigten Zeit, auf die sich das ›historische Wissen‹ beruft, trotz ihrer Unwiederholbarkeit und Unersetzbarkeit derartig zusammen und wird derart kontinuierlich, daß der Historiker zu viel strengeren und viel befriedigenderen Erklärungen gelangt, als der Soziologe sie anbieten kann.« (Georges Gurvitch, Dialektik und Soziologie [1962], übers. von Lutz Geldsetzer, Neuwied und Berlin 1965, S. 272f.)

Professor Adorno fügte hinzu, bei Marx gehe es um die Vermittlung der Einzelkausalitäten durch die Struktur der Gesellschaft.

Ist die wesentliche Wirklichkeit ein Werden, so schließt der Referent, dann wird sich die Bedeutung von Kausalität an der geschichtlichen Tendenz ausrichten, ohne daß diesem wirkenden Prinzip selber Kausalität zugesprochen werden dürfe. Also sei Beziehung auf die Totalität der Gesellschaft eigentlich keine Kausalbeziehung, interpretierte Herr Professor Adorno. Das Verschwinden der Kategorie erkläre sich daraus, daß fortschreitend alle Einzelfunktionen der Totalität anheimfallen. Herr Laske: Der Produktionsprozeß nimmt den Charakter eines mechanisch Wirkenden an, so daß der Begriff der Kausalität aus dem monadologischen Bewußtsein verschwinde. Aber genau diese ideologische Konsequenz scheint mir notwendig das Problem der Geltung zu stellen, entspricht ihr doch der höchste Stand der Naturwissenschaft und Technik.

# Wintersemester 1958/59: Kunstsoziologie

Soziologisches Hauptseminar

In diesem Semester hält Adorno zudem die philosophische Vorlesung »Ästhetik« und gibt das philosophische Hauptseminar »Kausalität [I]« sowie das philosophische Proseminar »Hegels ›Philosophische Propädeutik‹«

Das Seminar findet dienstags von 17 bis 19 Uhr statt

**166–174** UAF Abt. 139 Nr. 4

## 166 Günther Hepp,
## 18. November 1958

Soziologisches Seminar: Kunstsoziologie
Sitzung vom 18. November 1958
(Günther Hepp)

Im Gang der Sitzung bot sich Veranlassung, ein Mißverständnis zurückzuweisen, das von der vulgären Kunstsoziologie allenthalben herausgefordert wird. Es entsteht – namentlich bei Autoren angelsächsischer Provenienz – der Schein, als verdanke sich das Verhältnis von Kunst und Gesellschaft einem Äußerlichen, der Veranstaltung des Forschers oder gar dem Systemzwang der Wissenschaft, die kein Bereich unangefochten dulden mag. Ein Wundmal dieser Verkehrung ist die methodologische reservatio, mit welcher kunstsoziologische Schriften gemeinhin anheben: daß nämlich das Wesen des Kunstwerks, das, was das Kunstwerk zum Kunstwerk erhebt und worin es rein seinem eigenen Impulse folgt, der gesellschaftlichen Betrachtungsweise kraft ihrer Voraussetzungen notwendig verschlossen bleibe; nur am Saum der Künste, mit Beobachtungen in der Rezeptionssphäre oder – im Sinne grobschlächtiger Ideologiekritik – mit der Feststellung des sozialen Standorts der Werke, wenn nicht der Künstler dürfe die Disziplin sich zu schaffen machen. Es steht jedoch bei einer Kunstsoziologie, die ihren Gegenstand nur hat um den Preis, sein Inneres zu verfehlen, die also weder über die Kunst Triftiges ausmacht noch andererseits die Theorie der Gesellschaft irgend in ihrer begrifflichen Zusammensetzung affiziert – stört oder verändert –, das Recht der Existenz in Frage; sie ist die wahre Wissenschaft des Nichtwissenswerten. Ihr gegenüber ist darauf zu beharren, daß die Erkenntnis der Konvergenz von Kunst und Gesellschaft nicht zur Sache willkürlicher, totenhaft-mechanischer Zuordnungen oder Analogien erniedrigt werden darf. Vielmehr besitzt sie ihr Leben am Gehalt der Kunstwerke selber, »die überhaupt erst dann künstlerisch werden, wenn sie, gerade vermöge der Spezifikation ihres ästhetischen Geformtseins, Anteil am Allgemeinen gewinnen«[1][*1]. Zumal die Ansicht, das Artefakt sei so eng an die Intentionen seines Urhebers gebunden, daß es von dessen empirischer Person gar nicht abgelöst werden könne, erweist durch die einfachste Reflexion auf die Disziplin des Kunstwerks sich als trügerisch. Ganz abgesehen davon, daß auch die zuhöchst individuierte Regung aus dem Netz universaler gesellschaftli-

---

[1] *Denn der Gehalt eines Gedichts ist nicht bloß der Ausdruck individueller Regungen und Erfahrungen. Sondern diese werden überhaupt erst dann künstlerisch, wenn sie, gerade vermöge der Spezifikation ihres ästhetischen Geformtseins, Anteil am Allgemeinen gewinnen.* (GS, Bd. 11, S. 50)

cher Vermittlung nicht einfach herausfällt, sondern bestenfalls nach Möglichkeiten tastet, die dem Bestehenden nicht zu Willen sind, legt das zu Dichtende oder zu Komponierende dem Künstler eine Folge objektiver Verpflichtungen auf, die dem individuellen Ausdruckswillen wenig Spielraum gewähren, deren Einlösung oder Verfehlung über den Rang der Werke jedoch wesentlich entscheidet. Das heißt natürlich nicht, es bestehe die künstlerische Gestaltung darin, fixe Versatzstücke wie ein Puzzlespiel aneinanderzufügen; eine Anschauung, der Ernst Robert Curtius und die Schule der Toposforschung[2] nicht ganz entgangen sind: Indem sie die Macht inhaltlicher Motive und Schemata, sprachlicher Wendungen und Metaphern quer durch die Geschichte hindurch minutiös erweisen, legen sie insgeheim der Dichtung ein Prinzip zugrunde, das dem der philosophia perennis nur allzu ähnlich sieht. Soll nicht jegliche Dialektik abgeschnürt werden, gilt es, den Begriff der ästhetischen Subjektivität als der Instanz dessen, was jeweils zum geschichtlichen Stundenschlag sich füllen läßt, zu retten sowohl als streng vom psychologischen Subjekt zu unterscheiden. Nur ihrer Anstrengung, ihrer ungeschmälerten Hingabe an die Logik und Stringenz der Sache, gelingt das Gebilde, welches verschmäht, durch eine wohlfeil tradierte Technik oder Motivstruktur seine Organisation besorgen zu lassen. Indem ästhetische Subjektivität selbstvergessen der eigenen Stimme lauscht und gegen den sozialen Oberflächenzusammenhang sich allergisch verhält, ist ihr Werk gesellschaftlichen Tendenzen viel substantieller verschworen als das herkömmliche, worin gesellschaftliche Tendenzen explizit thematisch werden.

Die Möglichkeit von Kunstsoziologie hängt weitgehend davon ab, ob sie es versteht, solcher Befangenheit und Blindheit des Kunstwerks die Augen zu öffnen. Wissen von der Gesellschaft draußen muß zusammentreten mit dem Wissen um das, was in der inneren Zelle der Werke sich begibt. Keiner hat das unvergleichlicher vermocht als Walter Benjamin. Am Beispiel von E. T. A. Hoffmann, Poe, Baudelaire beschreibt er die Mechanismen, durch welche künstlerische Sensibilität der Erfahrung eines gesellschaftlichen Neuen, des Aufkommens der Massen, sich anmißt.[3] Diese Erfahrung wird – grob gesprochen – dahin charakterisiert, daß im Chokerlebnis des Passanten in der Menge der Tod von Erfahrung selbst sich anmeldet. Die Erfahrung des Verlusts der Erfahrung als gesellschaftliche Bedingung künstlerischer Produktion hat entscheidende Veränderungen im Gefolge: Diese »bestanden darin, daß am Kunstwerk die Warenform, an seinem Publikum die Massenform unmittelbar und vehementer als jemals vordem zum

---

[2] Vgl. etwa Ernst Robert Curtius, Europäische Literatur und lateinisches Mittelalter [1948], 2. Aufl., Bern 1954.

[3] Zur Behandlung Hoffmanns durch Benjamin vgl. BGS, Bd. VII·1, S. 86–92; zu der Poes und Baudelaires vgl. BGS, Bd. I·2, S. 509–690.

Ausdruck kam«[4][*2]. Indem Baudelaire in seine Gedichte einsenkt, was allen leibhaft widerfährt, indem er kollektives Geschehen unverstellt beim Namen ruft, weckt er nicht, wie vormals noch Hugo, den sympathetischen Widerhall der Öffentlichkeit, sondern entfacht den Skandal; keiner will im Spiegel seiner Verse die eigene »konfiszierte Visage« wiedererkennen.[5] Im Skandal und, was seine Erbschaft angetreten hat, in der falsch entgiftenden Rezeption reißt der Abgrund zwischen ästhetischem Subjekt und Kollektiv unüberbrückbar auf. Diesem Abgrund gilt der Hochmut des Albatros-Gedichts[6] wie nachmals die verletzende Distance des l'art pour l'art. Während aber Baudelaire, wenn er »die Verworfenheit und das Laster schildert, immer sich selbst mit einbegreift«[7][*3] und damit es verschmäht, aus seiner Not eine Tugend zu machen, entgleitet die Dichtung des l'art pour l'art ins Chimärische: Zu schwach, um in der Negativität auszuharren, verkümmern die Dichter – Mallarmé bereits, offenkundiger Stefan George – zu Stiftern eines positiven, im Gedicht verbürgten »schönen lebens« (George)[8], das

---

4 »Die Quellen, aus denen die heroische Haltung von Baudelaire sich speist, brechen aus den tiefsten Fundamenten der gesellschaftlichen Ordnung hervor, die sich um die Jahrhundertmitte anbahnte. Sie bestehen in nichts anderm als den Erfahrungen, kraft deren Baudelaire über die einschneidenden Veränderungen der Bedingungen künstlerischer Produktion belehrt wurde. Diese Veränderungen bestanden darin, daß am Kunstwerk die Warenform, an seinem Publikum die Massenform unmittelbarer und vehementer als jemals vordem zum Ausdruck kam.« (Ebd., S. 676)
5 Bei Benjamin heißt es: »Dem Schrecken preisgegeben, ist es Baudelaire nicht fremd, selber Schrecken hervorzurufen. Vallès überliefert sein exzentrisches Mienenspiel; Pontmartin stellt nach einem Porträt von Nargeot Baudelaires konfiszierte Visage fest; Cladel verweilt bei dem schneidenden Tonfall, der ihm im Gespräch zur Verfügung stand; Gautier spricht von den ›Sperrungen‹, wie Baudelaire sie beim Deklamieren liebte; Nadar beschreibt seinen abrupten Schritt.« (Ebd., S. 616)
6 Die letzte Strophe des Gedichts »Der Albatros« lautet in der Umdichtung von Stefan George: »Der dichter ist wie jener fürst der wolke · / Er haust im sturm · er lacht dem bodenstang. / Doch hindern drunten zwischen frechem volke / Die riesenhaften flügel ihn am gang.« (Charles Baudelaire, Die Blumen des Bösen [1857], übers. von Stefan George, in: Stefan George, Gesamt-Ausgabe der Werke. Endgültige Fassung, Bd. 13/14, Berlin 1930, S. 15)
7 »Baudelaire und Juvenal. Das Entscheidende ist: wenn Baudelaire die Verworfenheit und das Laster schildert, so begreift er sich immer mit ein. Er kennt nicht die Geste des Satirikers. Allerdings betrifft das nur die Fleurs du mal, die sich in dieser Haltung durchaus von den Prosaaufzeichnungen unterschieden zeigen.« (BGS, Bd. I·2, S. 689)
8 Das entsprechende unbetitelte Gedicht Georges lautet: »Ihr seid bekenner mit all-offnem blick / Opfrer bekränzt das freie haar im wind / Den besten gleich im regen spiel der glieder .. / Elend sind sie die eures bandes spotten / Die auf euch starren und in eignen fesseln / Sich lieber quälen als dem sprenger danken .. / Der bangste zwang nicht freiheit ist ihr zweifeln / Und missform müdigkeit und lähme .. Glaube / Ist kraft von blut ist kraft des schönen lebens.« (Stefan George, Der

sie in hämischer und verzweifelter Feierlichkeit dem unwirtlichen der Realität kontrastieren. Selbst die Chimäre jedoch hält, in ihrer Gegnerschaft gegen das Banale, gegen den Markt, die Idee des Widerstandes fest.

Benjamin, der einmal formulierte, die »Gewissenhaften unter den Intellektuellen« könnten nicht länger daran vorbeisehen, »daß sie zu lernen hatten, auf ein Publikum Verzicht zu leisten, dessen Bedürfnis zu befriedigen sich mit ihrer besseren Einsicht nicht mehr vereinbaren ließ«[9][*4], hat gleichwohl in späteren Jahren, vor allem in der Abhandlung über »Das Kunstwerk im Zeitalter seiner technischen Reproduzierbarkeit«[10], die Einheit des Kunstwerks mit kollektiven Tendenzen allzu ungebrochen auf Kosten seiner ästhetischen Differenz vom Dasein hervorgehoben. Um nur ja den Verdacht reaktionärer Innerlichkeit von sich zu wenden, gerät er in die beklemmende Situation dessen, der krampfhaft positiv auslegen muß, was »seine eigene Substanz, unreglementierte geistige Erfahrung, liquidiert hätte«[11][*5]. Der Impuls dazu freilich entsprang dem realen Humanismus. Ihm stand vor Augen, was Gottfried Keller einmal schrieb und was er, im Aufsatz über den Dichter, zustimmend zitierte: daß – auch wenn man das Gröbste sich zueignen müßte – vor allem daran gelegen sei, »ein Mensch zu bleiben, und nicht etwa ein Vogel oder Amphibium zu werden«[12][*6]. Doch die selige Unmit-

---

Stern des Bundes [1914], in: Stefan George, Gesamt-Ausgabe der Werke. Endgültige Fassung, Bd. 8, Berlin 1928, S. 89)
**9** *Hatte aber bereits Walter Benjamin jenen Bruch* [scil. zwischen Gesellschaft und neuer Kunst] *in seiner Notwendigkeit erkannt, weil »die Einsicht ... allmählich für die Gewissenhaften unter den Intellektuellen zwingend wurde: daß sie zu lernen hatten, auf ein Publikum Verzicht zu leisten, dessen Bedürfnis zu befriedigen sich mit ihrer besseren Einsicht nicht mehr vereinbaren ließ«, so wird es für die Kunstsoziologie entscheidend, gerade jenes Verhältnis selbst als vermittelt zu begreifen, statt automatisch Partei für die gesellschaftlich stärkeren Bataillone zu ergreifen.* (Institut für Sozialforschung, *Soziologische Exkurse. Nach Vorträgen und Diskussionen,* Frankfurt a. M. 1956 [*Frankfurter Beiträge zur Soziologie;* 4], S. 96; vgl. Benjamins Schrift »Zum gegenwärtigen gesellschaftlichen Standort des französischen Schriftstellers« [1934], BGS, Bd. II·1, S. 801f.)
**10** Vgl. BGS, Bd. II·2, S. 431–508.
**11** *In der Tuchfühlung mit dem stofflich Nahen, der Affinität zu dem was ist, war seinem* [scil. Benjamins] *Denken, bei aller Fremdheit und Schärfe, stets ein eigentümlich Bewußtloses, wenn man will Naives gesellt. Solche Naivetät ließ ihn zuweilen mit machtpolitischen Tendenzen sympathisieren, welche, wie er wohl wußte, seine eigene Substanz, unreglementierte geistige Erfahrung, liquidiert hätten. Aber auch ihnen gegenüber hat er verschmitzt eine auslegende Haltung eingenommen, als wäre, wenn man nur den objektiven Geist deutet, gleichzeitig ihm Genüge getan und sein Grauen als begriffenes gebannt. Eher war er bereit, der Heteronomie spekulative Theorien beizustellen als auf Spekulation zu verzichten.* (GS, Bd. 10·1, S. 247)
**12** Benjamin zitiert Gottfried Keller: »Das Volk, besonders der Bauer, kennt nur Schwarz und Weiß, Nacht und Tag, und mag nichts von einem tränen- und gefühlsschwangeren Zwielichte wissen, wo niemand weiß, wer Koch oder Kellner ist. Wenn ihm die uralte naturwüchsige Religion nicht mehr genügt, so wendet es sich ohne Übergang zum direkten Gegenteil, denn es will vor

telbarkeit menschlichen Miteinanderlebens, die Welt als Heimat, ist Idee. Indem Benjamin zuzeiten der Versuchung erlag, Massenreaktionen sich anzupassen – »nichts sollte mich von der Menge mehr unterscheiden«, heißt es in der Kleinen Prosa[13] – verkannte er deren Funktion in der repressiven Gesellschaft: als durch Herrschaft gesteuerte Herrschaft reproduzierend. Der »Identifikation mit dem Angreifer« (Anna Freud)[14] entspricht zudem ein Zug seiner innersten philosophischen Komplexion: die Belastung des Konkretionsbegriffs. Um keinen Preis wollte er den direkten Zugriff auf die Phänomene sich abhandeln lassen. So konnte es geschehen, daß er, zur Interpretation des Baudelaireschen Gedichts »Le vin du chiffonniers«,[15] auf spezifische sozialgeschichtliche Befunde rekurriert, anstatt auszumachen, »wie das Ganze der Gesellschaft, als einer in sich widerspruchsvollen Einheit, im Kunstwerk erscheint«[16][*7].

Das Modell einer Kunst, deren Zusammensetzung den Massen Teilhabe möglich macht, ist die der Apparaturen, insbesondere der Film. Wenn Benjamin aber unterstellt, Technik im Bund mit dem Kollektiv vermöchte aus eigener Schwerkraft die Distanz der auratischen Kunstwerke zu überwinden, ohne in den Kitsch und die Schwindelhaftigkeit der minderen zu fallen, die der Distanz nicht mächtig sind, verschließt er die Augen vor dem Offenkundigsten: daß nämlich die ungeheure Entwicklung der technischen Produktivkräfte während der Epoche des organisierten Kapitalismus, weit entfernt, das System der Herrschaft zu sprengen, diesem immer nur zum Guten ausgeschlagen ist. Kollektiv und Technik heute gehören in der Tat zusammen, nicht aber als Motoren der Zerstören des Beste-

---

allem Mensch bleiben und nicht etwa ein Vogel oder ein Amphibium werden.‹« (BGS, Bd. II·1, S. 286 f.; vgl. Gottfried Keller, Jeremias Gotthelf [1849–1855], in: Gottfried Keller's Nachgelassene Schriften und Dichtungen, hrsg. von Jakob Baechtold, Berlin 1893, S. 93–164; hier: S. 126)

13 »Aber seltsam – mich streifte kein Blick. Bemerkte mich keiner, oder schien der ganz an die Süßigkeit des Weines Verlorene, der ich mehr und mehr wurde, ihnen allen hierher zu gehören? Bei diesem Gedanken erfaßte mich Stolz; eine große Beglückung kam über mich. Nichts sollte mich von der Menge mehr unterscheiden.« (BGS, Bd. IV·1, S. 377)

14 Vgl. den Abschnitt »Die Identifizierung mit dem Angreifer«, in: Anna Freud, Das Ich und die Abwehrmechanismen [1936], mit Vorw. von Lottie M. Newman, München [1964], S. 115–127.

15 Vgl. BGS, Bd. I·2, S. 519–523; zur Diskussion über Benjamins Vorgehensweise vgl. NaS, Bd. IV·2, S. 130–132, sowie dort die entsprechenden Anm. des Hrsg.; eine deutsche Übertragung des Gedichts von George findet sich in: Charles Baudelaire, Der Wein der Bettler, in: George, Gesamt-Ausgabe der Werke, Bd. 13/14, a. a. O. (s. Anm. 6), S. 151–153.

16 *Dieser Gedanke aber, die gesellschaftliche Deutung von Lyrik, wie übrigens von allen Kunstwerken, darf danach nicht unvermittelt auf den sogenannten gesellschaftlichen Standort oder die gesellschaftliche Interessenlage der Werke oder gar ihrer Autoren zielen. Vielmehr hat sie auszumachen, wie das* Ganze *einer Gesellschaft, als einer in sich widerspruchsvollen Einheit, im Kunstwerk erscheint; worin das Kunstwerk ihr zu Willen bleibt, worin es über sie hinausgeht.* (GS, Bd. 11, S. 51)

henden, sondern als Gewalten von dessen Befestigung. Es läßt sich sogar fragen, ob nicht die Masse qua Masse, allein kraft der Irrationalität der sie zusammenschweißenden psychischen Mechanismen, immer schon und abgesehen von jeglichem Ziel, in dessen Dienst sie tritt, das Stigma des Regressiven trägt. Zu einer Stunde, da das objektiv Rettende und der subjektive Bewußtseinsstand des Normalbürgers völlig auseinanderklaffen, hält jedenfalls die Kunst, die den Massenreaktionen opponiert, den Massen besser die Treue als die willfährige; ihr Selbstopfer vorm Altar des Volkes wäre ideologisch und vergebens zugleich. Andererseits ist auch das Vertrauen auf die immanenten Möglichkeiten der technischen Entwicklung, vor allem der Reproduktionsverfahren, nur zum Teil gerechtfertigt. Die rationalen Momente, die sie zweifellos mit sich führt, sind eher Epiphänomene und definieren gewiß keinen Raum, dem eine Kunst von allgemeiner sozialer Authentizität zuwachsen dürfte. Gerade wo die fortgeschrittene technischen Innovationen sich aufschloß, blieb jegliches Verständnis aus: Weder von den Collages der Surrealisten noch von den Tendenzen der jüngsten Musik zu totaler Rationalisierung hat das breite Publikum irgend Notiz genommen.

Indessen ist es notwendig, bei der Anwendung des Begriffs der Technik auf die Kunst Vorsicht walten zu lassen. Es gilt zu unterscheiden zwischen der Technik als einer von außen an die Kunst herangebrachten und der Technik als Inbegriff der Mittel, vermöge deren ein Kunstwerk sich organisiert. Alle beide fallen in die gesellschaftliche Reflexion des Kunstwerks. Nur indem Kunstsoziologie gleichermaßen transzendent wie immanent verfährt, gelingt es ihr, der Geschichte der Kunst sowohl als Geistesgeschichte, als Einheit immanenter Problemzusammenhänge gerecht zu werden wie andererseits als einer Geschichte von Entwicklungsbrüchen, von Vergessen und neuem Beginnen. Selbst dort, wo technische Mittel die Kontinuität mit der Vergangenheit aufrechterhalten, können sie, kraft einer veränderten Verfassung der Welt, einen völlig anderen Stellenwert erlangen: Die Impassibilité, die ungerührte Schilderung des in Strudeln versinkenden Subjekts, war, als Darstellungsmittel bedeutender Künstler des 19. Jahrhunderts bis hin zu Proust und Thomas Mann, eine Form der Solidarität mit dem Leiden; inmitten anwachsender Barbarei ward sie zum Hohn auf die Opfer: Strawinskys »Sacre du printemps«[17], die Romane von Céline, manches von Benn haben den Faschismus zitiert, noch ehe es ihn gab.

---

17 Igor Strawinskys Balletmusik »Le sacre du printemps. Tableaux de la Russie païenne en deux parties« wird 1913 in Paris uraufgeführt.

Nachweise:

[*1] Adorno, Noten zur Literatur,[18] S. 74
[*2] Benjamin, Schriften I,[19] S. 484
[*3]      "          "      S. 492[20]
[*4] Soziologische Exkurse, S. 96
[*5] Adorno, Prismen, S. 294[21]
[*6] Benjamin, Schriften II,[22] S. 287
[*7] Adorno, Noten zur Literatur, S. 76

---

**18** Vgl. Theodor W. Adorno, *Noten zur Literatur*, Berlin und Frankfurt a. M. 1958.
**19** Vgl. Walter Benjamin, Schriften, hrsg. von Th[eodor] W. Adorno und Gretel Adorno, unter Mitw. von Friedrich Podszus, Frankfurt a. M. 1955, Bd. I.
**20** Korrigiert für: »493«.
**21** Vgl. Theodor W. Adorno, *Charakteristik Walter Benjamins* [1950], in: Theodor W. Adorno, *Prismen. Kulturkritik und Gesellschaft*, Berlin und Frankfurt a. M. [1955], S. 283–301; hier: S. 294; vgl. GS, Bd. 10·1, S. 9–287; hier: S. 247.
**22** Vgl. Benjamin, Schriften, a.a.O. (s. Anm. 19), Bd. II.

# 167 Klaus Horn, 2. Dezember 1958

Klaus Horn

*Protokoll des Soziologischen Hauptseminars vom 2. 12. 1958*

Anlaß zur Diskussion gab das Referat
»Darstellung, der soziologischen Aspekte in Arnold Hausers ›Philosophie der Kunstgeschichte‹«,
das von Herrn Tillack gehalten wurde.[23]

Eingangs bat Prof. Adorno das Seminar um die Zustimmung, strittige Punkte sogleich an Hand des Referates zu diskutieren, um den unmittelbaren Zusammenhang mit diesem zu wahren.

In der Darstellung der Diskussion wird auf Text und Inhalt des Referates nur insofern eingegangen, als er unmittelbar Anlaß zur Diskussion wurde. Die Kontinuität der Erörterungen bitte ich, an Hand des ausliegenden Referates herzustellen.

1. Prof. Adorno machte einleitend die kritische Bemerkung, daß Hauser in Bezug auf die Zuordnung der Kunst zu Klassen etwas zu »liberal« sei. So habe zum Beispiel das Bauerntum qua Bauerntum keine Kunst außer einer angewandten Kunst hervorgebracht;[24] lediglich das Bürgertum könne für sich in Anspruch nehmen, Kunst, nämlich als zur unmittelbaren Natur in Gegensatz tretende, als Scheinbereich, »von dem man nichts hat«, hervorgebracht zu haben.

2. Zur Kritik Hausers an den Verfechtern des l'art pour l'art[25] fügte Prof. Adorno hinzu, daß das Seminar bereits in der Diskussion der Benjaminschen Schriften

---

[23] Der entsprechende Referatstext von Hilmar Tillack wurde nicht aufgefunden. – Vgl. Arnold Hauser, Philosophie der Kunstgeschichte, München 1958.
[24] Vgl. das Kapitel »Volkskunst, Bauernkunst und Provinzkunst«, ebd., S. 312–323.
[25] »Die Verteidiger des *l'art pour l'art* – denn darum geht es – behaupten aber nicht nur, daß die künstlerische Wirkung eine vollkommen souveräne sei und auf der mikrokosmischen Geschlossenheit des Werkes beruhe, sondern auch daß jede Bezugnahme auf eine werkjenseitige Wirklichkeit die ästhetische Illusion unrettbar aufhebe. Das mag nun an und für sich richtig sein, man darf nur nicht vergessen, daß diese Illusion keineswegs den ganzen Inhalt des Kunstwerks ausmacht und daß sie nicht das ausschließliche, ja, nicht einmal das wichtigste Ziel des künstlerischen Bemühens darstellt. Denn wenn es auch wahr ist, daß wir uns von der Wirklichkeit in gewissem Maße loszusagen haben, um in den Zauberkreis der Kunst einzutreten, so ist es nicht

über diese Kritik hinausgelangt sei insofern, als erkannt wurde, daß die notwendig gesellschaftsbezogene Betrachtung eines Kunstwerkes keine werktranszendente ist, daß vielmehr der Wahrheitsgehalt eines Kunstwerkes unmittelbar auf die Gesellschaft bezogen werden müsse, eine starre Gegenüberstellung von Kunst und Gesellschaft dagegen unsinnig sei. Dabei erweist es sich als möglich, daß die gesellschaftliche Funktion und der Wahrheitsgehalt eines Kunstwerkes divergieren. So sei Balzac zum Konsumgut geworden und die Gesellschaft habe alsbald Henri Murgers »Vie de bohème« integriert.[26] Prof. Adorno wies hier auf die erkenntnistheoretischen Bemühungen hin, in denen der Gegensatz von Genesis und Geltung überwunden werden soll.

3. Volle Zustimmung fand die Feststellung Hausers, daß die Irrealität des Kunstwerkes zugleich auf die Realität verweise. Prof. Adorno fügte hinzu, daß dieses von grundlegender ästhetischer Bedeutung sei und ging in diesem Zusammenhang darauf ein, daß die Illusion in der Geschichte der Kunst eine große Rolle gespielt habe. Die Natur nachzuahmen, sei das große illusionäre Element gewesen, an dem sich die Kunst entwickelt habe. Sie hat diese Hülle parallel zur steigenden Beherrschung ihres Materials abgeworfen, ohne dieses vorkünstlerische Element jedoch wäre die Verwirklichung einer autonomen Malerei zum Beispiel unmöglich gewesen.

4. Prof. Adorno stimmte Hauser zu, wenn er sagt, daß der künstlerische Wert eines Kunstwerkes und die Idee der sozialen Gerechtigkeit nur in der spießbürgerlichen Vorstellung konvergieren.[27] Diese Auffassung sei ein Relikt des Glaubens an die Identität des Schönen und des Guten. Andererseits ließe sich aber nicht leugnen – und insofern habe diese Behauptung Hausers etwas Wahres und Unwahres zugleich –, daß die jedem, auch dem negativsten, Kunstwerk immanente Utopie, die

---

weniger wahr, daß jede echte Kunst zur Wirklichkeit in einem mehr oder minder weiten Umweg zurückführt. Ihre Größe besteht in einer Deutung des Lebens, die uns den chaotischen Zustand der Dinge besser zu bewältigen und dem Dasein einen besseren – verbindlicheren und verläßlicheren – Sinn abzugewinnen hilft.« (Ebd., S. 3)

26 Vgl. Henri Murger, Scènes de la vie de bohème, Paris 1851. Eine deutsche Übersetzung erscheint 1906 in Leipzig: Die Boheme. Szenen aus dem Pariser Künstlerleben (übers. von Felix Paul Greve), bald folgen Ausgaben unter dem Titel »Aus dem Zigeunerleben« (zuerst: übers. von Friedrich von Oppeln-Bronikowski, Berlin 1913 [Deutsche Bibliothek; 42]).

27 »Es ist nichts als ein Wunschtraum und ein Nachklang der Idee der Kalokagathie, daß soziale Gerechtigkeit und künstlerischer Wert sich irgendwo treffen und daß man von den sozialen Bedingungen, unter denen Kunstwerke produziert werden, auf das künstlerische Gelingen irgendwelche Schlüsse ziehen kann.« (Hauser, Philosophie der Kunstgeschichte, a.a.O. [s. Anm. 23], S. 7)

teilhabe an dem Menschheitstraum, bei einer kunstsoziologischen Betrachtung außer acht gelassen, zu einer positivistischen Auffassung führen müsse, mit der man die Kunst nie ganz begreifen könne.

5. Hauser behauptet, daß Unrecht und Unterdrückung nicht notwendig zu geistiger Unfruchtbarkeit führen. Sogar unter dem übelsten Despotismus im Orient seien »großartige Werke« entstanden.[28] Dagegen führte Prof. Adorno an, daß ihm ein assyrischer Fries den Eindruck des Barbarischen erwecke, daß seiner Meinung nach dieses Element aus den Produkten totalitärer Regime nicht ganz wegzudenken sei, da sich die Kunst schwer von der Idee der Freiheit trennen ließe. Diese Neutralisierung der Kunst bei Hauser, so sagte Prof. Adorno, ist naiv, denn das »Grandiose« kann über die ästhetischen Qualitäten nichts aussagen. Der von Hegel und Marx eingepflanzte Gedanke des Hindurchmüssens durchs Grauen sollte nicht ohne weiteres akzeptiert werden.

Auf einen Einwand antwortete Prof. Adorno, daß seiner Meinung nach das Archaische gar nicht mehr unmittelbar in Erfahrung gebracht werden könne, da es sich uns nur noch in einer gebrochenen Form darzustellen vermag. Er führte weiter aus, daß natürlich alle Perioden nur nach einer gewissen Umformung zu erkennen seien, daß aber zwischen der Archaik und der jüngeren Zeit ein entscheidender Bruch stattgefunden habe, der einen qualitativen Unterschied schaffe. Die archaische Kunst führt nur noch ein erloschenes Dasein, ein zweites Leben.

6. Prof. Adorno kritisierte Hausers Aussage, daß sich über das Verhältnis von künstlerischer Qualität und Popularität soziologisch gleich wenig Verbindliches ausmachen läßt.[29] Wie im Referat selbst noch weiter ausgeführt sei, ließe sich darüber wohl nichts Invariantes ausmachen, durchaus aber Verbindliches.

---

28 »Es wäre freilich eine große Genugtuung, wenn man wüßte, daß soziales Unrecht und politische Unterdrückung mit geistiger Unfruchtbarkeit bestraft werden. [...] Was soll man aber dazu sagen, daß im Alten Orient oder im Mittelalter der ärgste Despotismus und die unduldsamste geistige Diktatur die Entstehung der großartigsten künstlerischen Schöpfungen nicht nur nicht verhinderten, sondern noch dazu Verhältnisse schufen, unter denen der Künstler keineswegs mehr zu leiden schien als unter dem Zwang, der ihm, wenigstens seinem heutigen Gefühl nach, auch die liberalste Herrschaftsordnung auferlegt? Bedeutet dies nicht, daß die Voraussetzungen der künstlerischen Qualität jenseits der Alternative von politischer Freiheit und Unfreiheit liegen und daß dieser Qualität mit soziologischen Maßstäben überhaupt nicht beizukommen ist?« (Ebd., S. 7f.)
29 »Auf die Frage nach dem Zusammenhang von künstlerischer Qualität und Popularität bleibt uns [...] die Soziologie die Antwort schuldig, auf die Fragen nach der Entstehung des Kunstwerks aus dem materiellen Sein gibt sie uns wieder Antworten, die nicht ganz befriedigen.« (Ebd., S. 9f.)

7. Zur von Hauser festgestellten Orientierung der Halbgebildeten an kunstfremden Maßstäben[30] sagte Prof. Adorno erläuternd, daß die Vielzahl der Konsumenten auf Kunstwerke nicht als Kunstwerke, sondern wie auf stoffliche Reize reagiere, die sich von denen des täglichen Lebens nicht unterscheiden. Dieses Verhalten sei jedoch nicht unmittelbar vom Bildungsgrad abhängig, denn auch ein Gebildeter vermag sich durch das Eingespanntsein in den Lebensprozeß zu den Objekten nicht anders zu verhalten denn ein Abhängiger. Der Grund dieser Reaktion sei im allgemeinen in der nicht vorhandenen Distanz zu den unmittelbaren Zwecken zu suchen, in der Unmöglichkeit der Sublimation durch den permanenten Druck des Arbeitsprozesses. Die sogenannte niedere Kunst bezeugt, daß unsere Kultur im Grunde mißlungen ist, sagte Herr Prof. Adorno.[31]

8. Prof. Adorno kritisierte Hauser an der Stelle heftig, wo er behauptet, daß dort, wo sich eine soziologische Betrachtungsweise der Kunst als allein legitim ausgibt, die gesellschaftliche Bedeutung eines Werkes mit seinem künstlerischen Rang verwechselt werde.[32] Man könne, so sagte Prof. Adorno, die Kritik an den ewigen ästhetischen Werten nicht dadurch überwinden, daß man gesellschaftliche Wirkung und künstlerische Qualität unvermittelt nebeneinander stehen läßt. Das

---

30 »Es besteht zwischen Qualität und Popularität in der Kunst stets eine gewisse Spannung, und zeitweise sogar, wie z. B. in der modernen Kunst, ein offener Widerspruch. Die Kunst, das heißt die qualitativ gute Kunst, wendet sich an die Mitglieder einer Kulturgemeinschaft und nicht an den ›natürlichen Menschen‹ Rousseaus; ihr Verständnis ist an bildungsmäßige Voraussetzungen geknüpft und ihre Popularität von vornherein beschränkt. Die ungebildeten Schichten erklären sich jedoch in einer ebensowenig eindeutigen Weise für die schlechte wie für die gute Kunst. Der Erfolg richtet sich bei ihnen nach kunstfremden Gesichtspunkten.« (Ebd., S. 9)
31 In der *Ästhetischen Theorie* [1970] heißt es: *Auf den Verlust ihrer Selbstverständlichkeit reagiert Kunst nicht bloß durch konkrete Änderungen ihrer Verhaltens- und Verfahrungsweisen, sondern indem sie an ihrem eigenen Begriff zerrt wie an einer Kette: der, daß sie Kunst ist. In der niederen Kunst oder Unterhaltung von einst, die heute von der Kulturindustrie verwaltet, integriert, qualitativ umgemodelt wird, läßt das am sinnfälligsten sich konstatieren. Denn jene Sphäre gehorchte nie dem selbst erst gewordenen und späten Begriff reiner Kunst. Stets ragte sie als Zeugnis des Mißlingens von Kultur in diese hinein, machte es zu ihrem eigenen Willen, daß sie mißlinge, so wie es aller Humor besorgt, in seliger Harmonie seiner traditionellen und seiner gegenwärtigen Gestalt. Die von der Kulturindustrie Überlisteten und nach ihren Waren Dürstenden befinden sich diesseits der Kunst: darum nehmen sie ihre Inadäquanz an den gegenwärtigen gesellschaftlichen Lebensprozeß – nicht dessen eigene Unwahrheit – unverschleierter wahr als die, welche noch daran sich erinnern, was einmal ein Kunstwerk war. Sie drängen auf Entkunstung der Kunst.* (GS, Bd. 7, S. 32)
32 »Der soziologische Gesichtspunkt ist in bezug auf die Kunst nur dann abzulehnen, wenn er sich als die einzig legitime Betrachtungsweise ausgibt und die soziologische Bedeutung eines Werkes mit seinem künstlerischen Wert verwechselt.« (Hauser, Philosophie der Kunstgeschichte, a. a. O. [s. Anm. 23], S. 10)

führe zu so naiven Theorien, wie sie Lukács in seinem neuen Buch »Wider den mißverstandenen Realismus« vertrete.[33] Diese »zwei Wahrheiten« gebe es aber nicht, sie müßten auch in der Theorie in eins gesetzt werden. Hauser geht hier, so sagte Prof. Adorno weiter, nicht dialektisch genug vor, denn er läßt Wirtschaft und Kunst unvermittelt nebeneinanderstehen, obwohl doch bereits die Wirtschaft selbst durch den Tauschprozeß ein notwendig geistig Vermitteltes ist.

9. Prof. Adorno unterstreicht das Bedauern Hausers über die armselige soziologische Terminologie, die der kunstsoziologischen Forschung eine Grenze steckt, da sie der Kunst nicht im entferntesten gerecht zu werden vermag.[34] Die Primitivität der Terminologie führt dann zu der »Armseligkeit des allgemeinen Rechthabens«, in der die Gotik und Balzac großzügig unter dem Begriff »bürgerlich« subsumiert werden.

10. Wenn Hauser das Werk des Flamen Rubens in seiner Entstehung vorwiegend der höfisch-aristokratischen Umwelt des Künstlers zuschrieb und parallel dazu das Entstehen der Rembrandtschen Gemälde einer zur Verinnerlichung neigenden bürgerlichen Welt,[35] rief das Prof. Adornos Kritik auf den Plan. Diese Zuordnung der Kunst zu gewissen Gesellschaftsschichten sei außerordentlich oberflächlich, denn die genetische Erklärung spiele gegenüber der eine zweitrangige Rolle, auf welchen Markt die Werke zugeschnitten werden, wer sie konsumiert. So seien ihrer Genesis nach van Dyck und Chopin wohl aristokratisch, ihr hauptsächliches Publikum haben sie jedoch unter dem Bürgertum gefunden. In diesem Zusammenhang, sagte Prof. Adorno, sei es interessant zu untersuchen, in welchem Verhältnis in der frühkapitalistischen Gesellschaft, etwa bei Rembrandt, der Abbruch der Kommunikation seitens des Künstlers und dessen gesteigerte technische Manie stehe, es sei lohnend, die Spannung zu untersuchen, in der die Verinnerlichung und Entfremdung zum Effekt stehen.

---

33 Vgl. Georg Lukács, Wider den missverstandenen Realismus, Hamburg 1958. – Vgl. auch Adornos Schrift *Erpreßte Versöhnung. Zu Georg Lukács: ›Wider den mißverstandenen Realismus‹* [1958], GS, Bd. 11, S. 251–280.
34 »Neben dem Reichtum und der Subtilität der Schöpfungen der Kunst erscheinen die Begriffe, mit denen die Soziologie arbeitet, geradezu armselig. Kategorien wie höfisch, bürgerlich, kapitalistisch, städtisch, konservativ, liberal usw. sind nicht nur viel zu eng und schematisch, sondern auch viel zu unbiegsam, um der Eigenart eines Kunstwerks gerecht zu werden.« (Hauser, Philosophie der Kunstgeschichte, a.a.O. [s. Anm. 23], S. 15)
35 »Gibt es aber außer der soziologischen Feststellung, daß Rubens seine Werke in einer höfisch-aristokratischen Gesellschaft und Rembrandt die seinigen in einer zur Verinnerlichung neigenden bürgerlichen Welt hervorbrachten, überhaupt eine brauchbare genetische Erklärung der in Frage stehenden Stilunterschiede?« (Ebd., S. 16)

11. Prof. Adorno teilt die Meinung Hausers, daß der Künstler unbewußt und ungewollt zum Sprachrohr seiner Mäzene und Brotherren wird,[36] nicht. Er meint vielmehr, daß diese Annahme zu primitiv sei. So habe zum Beispiel im Zeitalter des Liberalismus durch den Markt die Möglichkeit bestanden, das durchzusetzen, was nicht unmittelbar vom Mäzen gefordert worden war. Es sei unsinnig, Beethoven als einen Marktschreier hinzustellen, das heißt als einen, der sich nach den Forderungen seiner Geldgeber gerichtet habe. Aber, so fügte Prof. Adorno hinzu, Hauser meint hier sicher nicht Kunst als Ideologie im kritischen Sinne, sondern Kunst als notwendig Gesellschaftliches Beinhaltende, Ideologie, die sich über den Kopf des Künstlers hinweg durchsetzt, ohne daß dieser sich darüber Rechenschaft ablegen kann.

12. Es entwickelte sich eine Diskussion über die Behauptung Hausers, daß Balzac eine Apologie des Bürgertums geschrieben habe,[37] die Prof. Adornos Kritik hervorrief. Dieser meinte vielmehr, daß Balzac eine restaurative Kritik am Bürgertum übt und dieses aus seinem Blickwinkel recht negativ sieht. Dr. Guggenheimer[38] fügte hier hinzu, daß bei Balzac etwas vom Verständnis für das dargestellte Objekt mitspiele, was in jedem großen Kunstwerk zu finden sei. Dieses Verständnis sei durch die Faszination hervorgerufen, die für Balzac vom Bürgertum ausgegangen sei, eine Faszination, die offenbart, daß die Kritik nicht von utopischer, sondern von restaurativer Seite erfolgt. Dem stimmte Prof. Adorno zu und sagte, daß es der wirtschaftliche Aufschwung des Bürgertums gewesen sei, der Balzac fasziniert habe. In der Comédie humaine hat Balzac, fügte Prof. Adorno an, die Notwendigkeit des Gesellschaftsprozesses mit seinem labyrinthischen Zusammenhang überzeugend dargestellt. Alle daran Unbeteiligten gehen zugrunde. Und hier offenbart sich auch die gleichzeitig darin steckende Utopie: Wo in der verdinglichten Welt noch Menschen unmittelbar leben wollen, wo Individuen noch manisch von einem irrationalen Element besessen sind und es noch wirkliche Liebende, Geizhälse und Spieler gibt, werden sie geopfert. Die Utopie ist in das

---

36 Hauser spricht davon, »daß der Künstler die ›Ideale‹ nicht nur seiner wirklichen, sondern auch seiner potentiellen Auftraggeber verherrlicht, und daß die Unentrinnbarkeit einer Ideologie, soweit sie eben unentrinnbar ist, sich darin äußert, daß er die Ideen und Intentionen der herrschenden, kulturtragenden Klassen zur Darstellung bringt, auch ohne Auftraggeber oder vielmehr ohne die richtigen Auftraggeber zu haben, das heißt, ohne gerade für jene Schichten der Gesellschaft zu arbeiten, mit denen er sich am tiefsten verbunden fühlt.« (Ebd., S. 27)
37 »Balzac begeisterte sich bekanntermaßen für das absolute Königtum, die katholische Kirche und die französische Aristokratie, dies hinderte ihn aber keineswegs daran, gleichzeitig die eindrucksvollste Apologie des Bürgertums zu schreiben.« (Ebd., S. 28)
38 Walter Maria Guggenheimer wird 1927 mit der Schrift »Der Imperialismus im Lichte der marxistischen Theorie« in München promoviert.

Nichtfungible eingewandert. Ein Einwurf von Dr. Lenk[39], daß Hauser wohl Balzac deswegen hier angeführt habe, um seine Behauptung, daß eine indirekte Kritik wesentlich wirksamer sei als eine direkte,[40] zu unterstützen, fand bei Prof. Adorno Zustimmung. Dieser fügte noch bestärkend hinzu, daß Balzac, gerade weil er nicht so »realistisch« geschrieben habe wie der langweilige Zola, eine weitaus effektivere Kritik darstelle.

13. Wenn Hauser die Bezeichnung Barock üblicherweise auf die Bachsche Musik angewandt hat,[41] meint Prof. Adorno, daß es außerordentlich gefährlich ist, einen aus der Kunstgeschichte gestohlenen Begriff auf einem anderen Gebiet einzusetzen. So sei es zum Beispiel unsinnig, Schütz mit Fischer von Erlach oder Balthasar Neumann zu vergleichen. Das Problem der Übertragung von Stilbegriffen bezeichnete Prof. Adorno als ein außerordentlich ernstes der Kunstsoziologie, seiner Meinung nach seien sich diese Begriffe, auf die verschiedenen Künste angewandt, nicht adäquat.

Ein zusätzliches Problem sei das der Kunst und der Künste,[42] sagte Prof. Adorno. Man sei heute im allgemeinen geneigt, in der Integration der Künste eine gewisse Einheit zu sehen. Wohl hätten Debussy und Ravel mit dem Impressionismus zu tun, sie genuin gleichzuschalten, sei jedoch außerordentlich gefährlich. Die verschiedenen Medien der Künste setzen hier eine Grenze. Wenn wir zwischen Picasso und dem frühen Strawinsky Parallelen ziehen, dann sind diese sehr problematisch, denn die kubische Gestaltung im Raum sei durchaus wesensverschieden von dem Element der Musik, der Zeit. Aus dieser Verschiedenheit der Medien erklärt Prof. Adorno auch die Anachronismen der Künste. Eine dia-

---

**39** Kurt Lenk wird 1956 mit der Schrift »Von der Ohnmacht des Geistes. Kritische Darstellung der Spätphilosophie Max Schelers« in Frankfurt a. M. promoviert.
**40** »Diderot, Lessing, Ibsen und Shaw schreiben ungetarnte Tendenzstücke; die Tendenz, für die sie werben, steht bei ihnen nicht bloß ›zwischen den Zeilen‹, wie etwa bei Sophokles, Shakespeare oder Corneille; sie ist in keine Ideologie gehüllt, überzeugt aber auch nur den, der schon halbwegs überzeugt ist. Die indirekte, ideologische Ausdrucksweise ist aber in der Kunst nicht nur die wirkungsvollere, sondern auch die stilgeschichtliche aufschlußreichere, denn eine soziale Gesinnung wird erst wirklich stilbildend, wenn sie nicht unmittelbar zum Ausdruck kommen kann.« (Hauser, Philosophie der Kunstgeschichte, a. a. O. [s. Anm. 23], S. 28 f.)
**41** »Das scheinbar triftigste Argument gegen die ideologische Bedingtheit der Geschichte der Kunst besteht in der Tatsache, daß die gleichen Stilmerkmale in den verschiedenen Künsten oft ungleichzeitig auftreten, daß ein Stil sich in einer Kunstform länger am Leben erhält als in den anderen und daß diese den übrigen in der Entwicklung nachzuhinken scheint, statt mit ihnen Schritt zu halten. So haben wir zum Beispiel in der Musik bis zur Mitte des 18. Jahrhunderts, das heißt bis zum Tode Bachs, einen blühenden Barock vor uns, wo in den bildenden Künsten auch das Rokoko bereits überreif geworden ist.« (Ebd., S. 30 f.)
**42** Vgl. Adornos Schrift *Die Kunst und die Künste* [1967], GS, Bd. 10·1, S. 432–453.

lektische Theorie erfordere ein Verständnis der Kunst genauso vom Widerstand ihres Materials her wie von den geistigen Voraussetzungen.

## 168 Roland Pelzer,
## 9. Dezember 1958

Roland Pelzer[43]

Seminar über Kunstsoziologie

Protokoll der Seminarsitzung am 9. 12. 1958.

Herr Tillack setzte die Verlesung seines Referates über Arnold Hausers »Philosophie der Kunstgeschichte« fort.

Eine von Hauser zitierte Marxstelle aus der »Kritik der politischen Ökonomie« wurde Gegenstand der Kritik.[44] Der dort unreflektiert gebrauchte Ausdruck »Kunstgenuß« hat das Peinliche, daß er am Kunstwerk das lobt, was es dem Konsumenten gibt und damit dessen Anspruch, auf seine Kosten zu kommen, über die an ihn ergehende Forderung stellt, dem Kunstwerk selbst gerecht zu

---

43 Unterschrift.
44 »Die Tradition verdankt ihr Dasein dem Umstand, daß die Kulturgebilde ihre historisch-sozialen Voraussetzungen überdauern und auch entwurzelt weiterleben können. Es liegt hier eine merkwürdige Verbindung von vergänglichen und des Nachlebens fähigen Momenten vor, deren Problematik Marx gerade im Zusammenhang mit künstlerischen Erlebnissen aufgegangen zu sein scheint. Die Stelle in der Einleitung zur *Kritik der politischen Ökonomie*, an der er von der Schwierigkeit spricht, die Wirkung des griechischen Epos auf Generationen zu erklären, die in einer von der homerischen vollkommen verschiedenen Welt leben, ist bekannt. Marx stieß hier auf die Diskrepanz von Genesis und Geltung, ohne jedoch das Problem richtig formuliert zu haben.« (Hauser, Philosophie der Kunstgeschichte, a. a. O. [s. Anm. 23], S. 33 f.) – Die »Stelle« der in Rede stehenden Schrift von Marx lautet: »Ist Achilles möglich mit Pulver und Blei? Oder überhaupt die ›Iliade‹ mit der Druckerpresse oder gar Druckmaschine? Hört das Singen und Sagen und die Muse mit dem Preßbengel nicht notwendig auf, also verschwinden nicht notwendige Bedingungen der epischen Poesie? *[Absatz]* Aber die Schwierigkeit liegt nicht darin, zu verstehn, daß griechische Kunst und Epos an gewisse gesellschaftliche Entwicklungsformen geknüpft sind. Die Schwierigkeit ist, daß sie für uns noch Kunstgenuß gewähren und in gewisser Beziehung als Norm und unerreichbare Muster gelten. *[Absatz]* Ein Mann kann nicht wieder zum Kinde werden oder er wird kindisch. Aber freut ihn die Naivetät des Kindes nicht, und muß er nicht selbst wieder auf einer höhren Stufe streben, seine Wahrheit zu reproduzieren? Lebt in der Kindernatur nicht in jeder Epoche ihr eigner Charakter in seiner Naturwahrheit auf? Warum sollte die geschichtliche Kindheit der Menschheit, wo sie am schönsten entfaltet, als eine nie wiederkehrende Stufe nicht ewigen Reiz ausüben? Es gibt ungezogene Kinder und altkluge Kinder. Viele der alten Völker gehören in diese Kategorie. Normale Kinder waren die Griechen. Der Reiz ihrer Kunst für uns steht nicht im Widerspruch zu der unentwickelten Gesellschaftsstufe, worauf sie wuchs. Ist vielmehr ihr Resultat und hängt vielmehr unzertrennlich damit zusammen, daß die unreifen gesellschaftlichen Bedingungen, unter denen sie entstand und allein entstehn konnte, nie wiederkehren können.« (MEW, Bd. 13, S. 641 f.)

werden. Wenn Marx antike Kunstwerke und Epen als unerreichte Normen und Vorbilder bezeichnet, so geht das an einer solchen Stelle vorliegende Abbrechen des dialektischen Denkens wohl zu Lasten der Arbeitsteilung. Der statischen Vorstellung vom unerreichten Vorbild steht entgegen, daß nicht nur die Bedingungen der künstlerischen Produktion, welcher überdies der Begriff von Vorbildern unangemessen ist, sondern auch die überkommenen Werke selbst als der Dialektik von Subjekt und Objekt unterliegende geistige Gebilde sich geschichtlich verändern.

In Auseinandersetzung mit Hauser wurde dann weiter folgendes entwickelt: Die soziologische Betrachtung der Kunstwerke und ihres gesellschaftlichen Wirkungszusammenhanges darf nicht ihre pure Reduktion auf zugrundeliegende gesellschaftliche Prozesse bedeuten; die gesellschaftlichen Bedingungen ihres Entstehens und ihrer Rezeption widerstreiten nicht ihrem Charakter als objektive Gebilde, welche einen Anspruch auf Wahrheit erheben, sondern gehen in ihn selbst mit ein. Die Nötigung zur Reduktion des Ästhetischen auf Gesellschaftliches entspringt selber noch aus der Trennung von Soziologie und Ästhetik, die zu kritisieren ist durch Aufweisung des gesellschaftlichen Gehaltes der Kunstwerke gerade als objektivierter.

Der Wahrheitsanspruch, den Kunstwerke erheben, haftet weder an aus ihnen zu abstrahierenden allgemeingültigen Formprinzipien wie etwa dem goldenen Schnitt bei Raffael, noch auch an einer vermeintlichen Zeitlosigkeit, auf die ohnehin keine adäquate Erfahrung in der Kunst ihr Interesse richtet, sondern am Kunstwerk in seiner ganzen Komplexität, einschließlich seiner genetischen Sinnesimplikate und in seiner geschichtlichen Veränderung. Wird nach den Kriterien der Wahrheit eines Kunstwerks gefragt, so können genannt werden die Konsequenz, mit der die in ihm enthaltenen Elemente entfaltet und zu einer Homöostase gebracht sind, die Tiefe, in der es den Widerspruchscharakter des Kunstwerks überhaupt ausdrückt, und schließlich, in eins mit diesen Kriterien, muß der im Kunstwerk aufweisbare gesellschaftliche Gehalt an einer Theorie der Gesellschaft gemessen werden, die ihrerseits alle ästhetischen Innervationen in sich aufzunehmen hat, da Verlust an Erfahrung, auch der fortgeschrittenen ästhetischen, und theoretisch falsches Bewußtsein sich wechselseitig bedingen. – Die Idee, an der das Kunstwerk zu messen ist, muß jedoch ihm selbst entnommen werden, so daß der Begriff des Kriteriums als einer vorgegebenen abstrakten Invariante hier selber nicht recht am Platze ist.

Die bei Hauser vorkommende Gleichsetzung von ästhetischer Objektivierung überhaupt und Verdinglichung[45] würde die Einsicht in den spezifischen Ver-

---

[45] »Das Kunstwerk als bloße Formstruktur, als pures Linienspiel oder Lautgebilde, als der

dinglichungsprozeß verwehren, der Kunstwerke in Kulturgüter verwandelt und die Rezeption von Stücken aus Symphonien der von Schlagern angleicht; ihn zu bezeichnen, wurde dieser Begriff aus der ökonomischen Sphäre in die ästhetische übertragen. Diesem Prozeß gehört gerade auch die Auflösung der ästhetischen Objektivität an, denn als Ware ist Kunst nur insofern an sich, als sie für anderes ist. Die ästhetische Objektivität selbst, auf deren Begriff man nicht verzichten kann, ohne die in Rede stehende Sphäre überhaupt aus dem Auge zu verlieren, ist wohl am ehesten als die von Kraftfeldern zu bestimmen. Fetischistisch könnte sie nur in dem abstrakten Sinne heißen, daß zu den Ursprüngen des Kunstwerks die Fetische zählen.

Ob die ideologische Funktion, die ein Kunstwerk annimmt, ihm selbst zur Last zu legen ist, kann nur am konkreten Fall entschieden werden. Zwar heftet sie sich an Momente, die sich dazu anbieten, in denen es sich jedoch nicht notwendig erschöpft. Kunstwerke sind gegen den Geschichtsprozeß nicht abzudichten. Sie selbst verändern sich, wenn ihr gesellschaftlicher Wirkungszusammenhang und die Stellung des sie erfahrenden Subjekts zu ihnen sich verändert. Sie können in der Zeit schlechter werden oder verstummen. Andererseits bleibt ihnen ein Recht auch gegen die Geschichte, der gegenüber sie, ohne aus ihr herauszufallen, doch zugleich eine kritische Instanz zu sein vermögen.

Das Aufkommen neuer Kunstrichtungen geschieht, wie schon in einer früheren Seminarsitzung erwähnt, teils äußerer gesellschaftlicher Einwirkung, teils der immanenten Entwicklungslogik der Kunst zufolge, wobei jedoch die Immanenz des ästhetischen Sonderbereichs ihrerseits gesellschaftlich durch Arbeitsteilung vermittelt ist. Die Tatsache der Erfindung neuer Techniken und Instrumente reicht zur Erklärung des Neuen in der Kunst nicht ohne weiteres zu. Sie können, solange die Notwendigkeit ihres Gebrauchs nicht in der Kunstentwicklung selbst liegt, ungenutzt bleiben, wie etwa das Beispiel des Ventilhorns zeigt.[46] Der Zwang zur Abkehr von einer bisher geübten Kunstpraxis kann sich daraus ergeben, daß das Abgegriffene der bisherigen Kunst den ästhetischen Nerven

---

Ausdruck eines zeitlosen, in geschichtlicher und sozialer Hinsicht indifferenten Wertes, verliert seine unmittelbare Beziehung zum Künstler und seinen humanitären Sinn für den Genießenden. Die Proklamierung oder Postulierung von überzeitlichen und überpersönlichen Werten hat auch hier, und besonders hier, etwas von jenem Fetischismus an sich, womit Marx den Prozeß der Verdinglichung charakterisiert.« (Hauser, Philosophie der Kunstgeschichte, a.a.O. [s. Anm. 23], S. 34f.)

46 In seiner Schrift *Musik und Technik* [1958] schreibt Adorno: *Technifizierung des musikalischen Kunstwerks reift heran mit der Einbeziehung von Techniken, die exterritorial, im Zuge der technischen Gesamtentwicklung sich herausgebildet hatten. So war das Ventilhorn, die entscheidende Bedingung von Wagners kompositorischer Instrumentationskunst, längst verfügbar, ehe seine kompositorische Stunde schlug, zu schweigen vom Saxophon.* (GS, Bd. 16, S. 231)

unerträglich wird, ohne daß es dazu des Gedankens an Publikumswirkung bedürfte. Die Einheit von Kunstrichtungen ergibt sich aus der Einheit des geschichtlichen Standes der Sache, mit der es die Künstler zu tun haben, nicht erst als Resultante individueller Bestrebungen oder als Konsensus. Vielfach befinden sich die individuellen Begabungen in prästabilierter Harmonie zu den Verfahrensweisen, die objektiv an der Zeit sind; das Allgemeine, welches sich in den Kunstbewegungen darstellt, kommt nicht, wie die nominalistische Vorstellung meint, erst durch wechselseitige Beeinflussung der Individuen zustande, sondern wohnt diesen bereits inne.

Den gängigen Stilbegriffen sind viele Mängel nachzuweisen; sie sind oft zu undifferenziert, den einzelnen Kunstwerken unangemessen, werden gegen diese verselbständigt oder auch unkritisch von einer Kunstgattung auf die andere übertragen, wie es etwa vom Begriff des Barock gilt, der zu Unrecht auf die Musik angewandt wird. Dennoch ist der übergreifende Zusammenhang des Stils nicht zu leugnen. Er kann jedoch nur als ein Moment am Kunstwerk gefaßt werden, das Prof. Adorno definierte als den Inbegriff des Sprachähnlichen an ihm, dessen Stellung im Kunstwerk sich selber geschichtlich verändert.

Konvention in der Kunst ist von substantiell vorgegebener Form zu unterscheiden, wobei aber das verbindlich Substantielle nicht als solches schon gepriesen zu werden verdient. Der Konvention selbst kommt Substantialität zu, soweit sie als höfische zu verstehen ist, während bürgerliche Konvention eigentlich eine contradictio in adiecto ist, weil das Subjekt sie als geltend ansieht und sich doch bewußt ist, sie selbst gesetzt zu haben. Andererseits kann sich in vermeintlich konventionsfreier Kunst die Konvention hinter dem Rücken des Subjekts durchsetzen, wenn der Künstler meint, es mit bloßem Naturmaterial zu tun zu haben, während dieses in Wahrheit schon gesellschaftlich vorgeformt ist.

## 169 Sebastian Herkommer, 16. Dezember 1958

Sebastian Herkommer
Kunstsoziologisches Seminar Wintersemester 1958/59

Protokoll über die Seminarsitzung am 16. Dezember 1958
==================================================

»Kunstsoziologische Betrachtungen zu Balzac« war das Thema des Referats von Frau Thomae,[47] von dem Prof. Adorno sagte, diese Arbeit über Literatur als Soziologie stelle eine Ergänzung dar zu der bisher im Seminar betriebenen Soziologie der Literatur.

Das Protokoll bringt zunächst die Anmerkungen und Ergänzungen, die Prof. Adorno an verschiedenen Stellen des Referats machte, daran anschließend die wesentlichen Punkte der Diskussion. –

Zu der Äußerung, das Bürgertum fühle sich am Anfang des 19. Jh. von außen noch nicht bedroht, meinte Prof. Adorno, das erscheine nur so in der Literatur. Die Bedrohung werde dort nicht so stark empfunden wie in der Wissenschaft, z. B. bei Comte und Saint-Simon. Auf der anderen Seite könne man aber auch das Proletariat nicht »verratene Schicht« nennen,[48] denn es habe sich zu dieser Zeit noch gar nicht als eine neue Klasse konstituiert.

Die Kritik einer Vulgärauffassung, nämlich der von der Abhängigkeit des Menschen von der Maschine, war Gegenstand eines anderen Einwurfs. Prof. Adorno betonte, daß die Abhängigkeit von der Maschine nur unter bestimmten Produktionsbedingungen bestehe. Diese Produktionsbedingungen des industriellen Kapitalismus – so eine weitere Bemerkung – lösten den alten Familienbetrieb, die traditionalistische Produktionsweise ab: Der allgemein gewordene Konkurrenzmechanismus lasse die vor die Hunde gehen, die sich ihm nicht unterwerfen.

Die referierte These, das Finanzkapital sei die alles beherrschende Macht im Frankreich des 19. Jahrhunderts, griff Prof. Adorno an. Der Vorrang, den das »allbeherrschende« Finanzkapital besonders bei Zola genieße[49] (bei Balzac im

---

47 Jutta Thomae-Burger, »Kunstsoziologische Betrachtungen zu Balzac«, UAF Abt. 139 Nr. 4.
48 Das Referat nennt die Lohnarbeiter die von der Bourgeoisie »verratene Schicht«, die sich noch nicht als Klasse konstituiert habe.
49 Vgl. etwa Émile Zola, Das Geld [1891], übers. von Wolfgang Günther, in: Émile Zola, Die Rougon-Macquart. Natur- und Sozialgeschichte einer Familie unter dem zweiten Kaiserreich, hrsg. von Rita Schober, Bd. 18, Berlin 1976.

»Haus Nucingen« schon anklingend)[50] und der sogar bei Marx an manchen Stellen erscheine, sei nur ein scheinbarer. Hinter der Fassade der überschätzten Gewalt des Bankiers verberge sich die eigentliche Entwicklung der Produktivkräfte, hinter dem Financier als dem »schwarzen Mann« (Zola)[51] die Schuld des Industriekapitalismus am Elend des 19. Jahrhunderts; diese Verschiebung der Schuld von der Produktionssphäre auf die Zirkulationssphäre sei charakteristisch noch für die ganze spätbürgerliche Literatur. Daß sie Balzac unterlief, könne nur erklärt werden aus dem Mangel an Investitionskapital in der Industrie der kapitalistischen Frühphase und der daraus resultierenden Machtstellung der Bankherren.

Einen weiteren Einwand gegen Hauser hatte Prof. Adorno zu dessen Darstellung der Verbannung der Künstler ins l'art pour l'art.[52] Richtig sei, daß die Tendenz des Bürgers von 1857 dahin ging, den Schriftsteller zu entpolitisieren und ins l'art pour l'art hineinzudrängen. Dies allein bleibe jedoch zu primitiv, wenn nicht auch gesehen werde, daß sich das Bürgertum nie mit der Forderung des l'art pour l'art identifiziert hat, daß es vielmehr aufs Wahre, Schöne, Gute vereidigt war und immer über einen Baudelaire, Flaubert, Verlaine und Wilde hergefallen ist. Viel eher sei das l'art pour l'art sogar als eine Position zu verstehen, von der aus die schärfste Kritik am Bürgertum geführt werden konnte, unverpflichteter gleichsam und viel radikaler als von George Sand z. B. mit ihren »sozialen Romanen«, oder von Victor Hugo, der vom Publikum viel eher akzeptiert worden sei als die verbannten Künstler.

An der Diskrepanz zwischen Balzacs persönlicher Haltung, die man als restaurativ bezeichnen müsse, und seiner konkreten und damit kritischen Analyse des Bürgertums, wies Prof. Adorno ein wesentliches Ergebnis für die Kunstso-

---

50 Vgl. Honoré de Balzac, Das Bankhaus Nucingen. Erzählungen [1837], übers. von Else von Hollander (Die menschliche Komödie; 21), Zürich 1977 (Diogenes-Taschenbuch; 130).

51 Im Roman »Das Geld« lässt Zola den Protagonisten Aristide Saccard über einen jener Financiers sagen: »Kein Zweifel, dieser Christ da war schlimmer als zwei Juden, und er galt als mörderischer Werwolf für die jungen Unternehmen, die man seiner Obhut anvertraute.« (Zola, Das Geld, a. a. O. [s. Anm. 49], S. 120)

52 Bei Hauser heißt es etwa: »Wer sich der Komplexität des künstlerischen Erlebnisses bewußt ist, wird mit Freuds Beschreibung des Kunstgenusses als einer bloßen Ersatzbefriedigung, eines Narkotikums oder Beruhigungsmittels kaum ganz einverstanden sein. Auch Nichtformalisten werden die Autonomie des Kunstwerks nicht ohne weiteres ausschließen und das Prinzip *l'art pour l'art* nicht von vornherein fallen lassen wollen. Denn soviel wird man jedenfalls zugeben müssen, daß ein Kunstwerk, worin auch immer sein praktischer Zweck besteht, eine äußere Funktion nur im Besitze von inneren formalen Vorzügen zu erfüllen vermag.« (Hauser, Philosophie der Kunstgeschichte, a. a. O. [s. Anm. 23], S. 67)

ziologie nach: Die zufällige politisch-soziale Überzeugung des Künstlers sei gleichgültig gegenüber dem objektiven Inhalt seines Produkts, des Kunstwerks.
Balzac fällt in die zu seiner Zeit umfassende Bewegung der Physiologie. Er schrieb die Physiologie des Lumpensammlers, der Midinette, der Bohème, er beschrieb gesellschaftliche Phänomene als wären sie Naturphänomene. Prof. Adorno nannte dies – analog der zoologischen Klassifizierungsweise Balzacs – die Beschreibung der Flora und Fauna der Großstadt. Die Entfremdung der Menschen in der bürgerlichen Gesellschaft drücke sich darin aus, daß ihnen die gesellschaftlichen Verhältnisse und Institutionen gleichsam als zweite Natur (Hegel)[53] gegenübertreten. Die naturhaften Leidenschaften in gleicher Weise wie die Natur der Gesellschaft. Aber nicht nur in der physiologischen Technik der Typenbildung werde dies deutlich, sondern auch in der gewählten Form der Darstellung: die Dämonie als adäquater Ausdruck für die Anonymität der Natur der Gesellschaft.

Im Referat wurde gesagt, Balzac habe mit der Comédie Humaine eine Kosmologie schaffen wollen, ähnlich den Systemen der Philosophie. Prof. Adorno korrigierte dies mit dem Hinweis, daß »systematisch« bei Balzac kein abstrakter Oberbegriff wie in der Philosophie sei, sondern daß seine Schilderungen auf eine extensive Totalität ausseien, auf die Darstellung des konkreten totalen Zusammenhängens aller Menschen durch das Tauschverhältnis. Das aber sei mehr als ein philosophisches System: Die Totalität des Lebens selbst komme zum Sprechen, eine eher empirische als systematische. Dieses Sich-Überlassen an das Leben, dieses dem konkreten Lebensprozeß Immanent-Bleiben, fern jedem Deduzieren, wirke bis zu Marcel Proust hin.

Ein Zitat aus den Illusions Perdues[54] veranlaßte Prof. Adorno, auf die Genialität Balzacs hinzuweisen, die sich u. a. bei seiner Einführung der anthropo-

---

53 Bei Hegel heißt es: »Der Boden des Rechts ist überhaupt das *Geistige* und seine nähere Stelle und Ausgangspunkt der *Wille*, welcher *frei* ist, so daß die Freiheit seine Substanz und Bestimmung ausmacht und das Rechtssystem das Reich der verwirklichten Freiheit, die Welt des Geistes aus ihm selbst hervorgebracht, als eine zweite Natur, ist.« (HW, Bd. 7, S. 46)

54 Das verlesene Zitat lautet: »Ohne seine Absichten auf die Frau de Bargeton würde Châtelet es hier nicht ausgehalten haben. Aber die Kastenmanieren und der Kastengeist, die adlige Atmosphäre, der Stolz des kleinen Schloßbesitzers, die Kenntnis der Gesetze der Höflichkeit hängten immerhin über diese ganze Leere einen wohltätigen Schleier. Vornehme Empfindung war hier viel mehr Wirklichkeit als in der Welt der Pariser Größen; man stieß doch auf echte Anhänglichkeit an die Bourbons, soviel man auch am Königshaus auszusetzen hatte. Diese Gesellschaft ließ sich, wenn das Bild erlaubt ist, mit einem Tafelsilber vergleichen, dessen Formen veraltet sind und das schwarz geworden ist, dessen Gewicht aber nicht geleugnet werden kann. Die Unbeweglichkeit der politischen Meinungen glich auf das Haar der Treue. Der Abstand vom Bürgertum und die Schwierigkeit des Zutritts täuschten Höhe des Rangs vor und verstärkten den Eindruck bester

logischen Kategorie, der sogenannten Charaktereigenschaft Treue als einer gesellschaftlichen erweise. Balzac habe schon gesehen, daß sich in dieser Kategorie ein sedimentiertes gesellschaftliches Verhältnis ausdrückt und daß sie in der Warengesellschaft notwendig zerfällt. Genausowenig seien, so bemerkte Prof. Adorno an anderer Stelle, vor Balzac ähnliche Gedanken gedacht worden wie diejenigen in den Illusions Perdues über die bürgerliche Familie und ihre Auflösungstendenzen. Balzac habe den Schein des naturwüchsigen Zusammenlebens in der bürgerlichen Familie als erster festgestellt und gezeigt, wie sich gesellschaftliche Konflikte auch in der »Intimsphäre« der Familie durchsetzen. Schon Balzac habe sich die väterliche Autorität als bürgerliche Ideologie entpuppt, nachdem sie, aus dem Traditionalismus übernommen, als invarianter Wert hypostasiert worden war.

Zu einem Zitat aus Père Goriot (Père Goriots Tod)[55] merkte Prof. Adorno an, der Realismus, dem das Moment des Entzauberns wesentlich innewohne, und die Vorliebe Balzacs für die Darstellung derjenigen, die die Zeche des Fortschritts, den prix de progrès, zahlen müssen, hätten zu zwei tiefen Einsichten geführt: einmal, daß die Form der Familie mit einer konsequent durchgebildeten Tauschgesellschaft gar nicht mehr vereinbar ist, zum anderen, daß in ihr, wenn die Familie einmal zur Interessengemeinschaft geworden ist, die Alten überflüssig geworden sind. So wie bei Balzac in Père Goriot sei dieses Überflüssigwerden übrigens heute bei Samuel Beckett in den Alten des »Endspiels« dargestellt.[56]

---

Haltung.« (Honoré de Balzac, Verlorene Illusionen [1837–1843], übers. von Otto Flake [Die menschliche Komödie; 18], Zürich 1977 [Diogenes-Taschenbuch; 130], S. 69 f.)

55 Das verlesene Zitat lautet: »Seine Familie nahm willig die härtesten Entbehrungen auf sich, um ihm zwölftausend Franken jährlich schicken zu können. Er hieß Eugen de Rastignac und gehörte zu jenen, die, durch Not und Entbehrungen für die Arbeit bestimmt, sich von früh auf der Hoffnungen bewußt sind, die ihre Familie in sie setzt; die sich auf eine glänzende Karriere vorbereiten, indem sie den Umfang ihrer Studien berechnen und bereit sind, sich jedem Wechsel in der Entwicklung der Gesellschaft anzupassen, um sie rechtzeitig auszusaugen. Ohne sein großes Beobachtungstalent und seine Fähigkeit, sich Zutritt in die Salons der Pariser Gesellschaft zu verschaffen, würde dieser Geschichte ein Hauch von Wahrheit fehlen.« (Honoré de Balzac, Vater Goriot [1834–1835], übers. von Rosa Schapire, [Die Menschliche Komödie; 10], Zürich 1977 [Diogenes-Taschenbuch; 130], S. 16 f.)

56 In Adornos Versuch, das Endspiel zu verstehen [1961] heißt es: *Das Endspiel ist die wahre Gerontologie. Die Alten sind nach dem Maß der gesellschaftlich nützlichen Arbeit, die sie nicht mehr leisten, überflüssig und wären wegzuwerfen. Das wird dem wissenschaftlichen Brimborium einer Fürsorge entrissen, die unterstreicht, was sie negiert. Das Endspiel schult für einen Zustand, wo alle Beteiligten, wenn sie von der nächsten der großen Mülltonnen den Deckel abheben, erwarten, die eigenen Eltern darin zu finden. Der natürliche Zusammenhang des Lebendigen ist zum organischen Abfall geworden. Unwiderruflich haben die Nationalsozialisten das Tabu des Greisenalters umgestoßen.* (GS, Bd. 11, S. 311)

Les mœurs nennt Balzac die von den Historikern vergessenen Geschichten,[57] und im Roman sieht er die einzige Möglichkeit, die Alltäglichkeiten, den »Zufall« des Lebens darzustellen. Wie noch unten in der Diskussion zu sehen sein wird, legte Prof. Adorno auf diesen Punkt besonderen Wert: Balzac habe sich quasi die Auffassung von der Aufgabe des Kunstwerks als der unbewußten Geschichtsschreibung zum Programm gemacht, indem er das gerettet habe, was die Historiker vergessen: das Besiegte, das am Wege des Fortschritts Niedergetretene. Diese eigentliche Aufgabe des Romans – die Rettung des Verlorenen – stehe ganz besonders auch für Proust im Vordergrund.

Frau Thomae ging in ihrem Referat nach Balzac noch auf Flaubert ein. Prof. Adorno betonte den Zusammenhang der Darstellungsmittel bei diesem anderen großen französischen Romancier mit der Verödung als der objektiven Kategorie der Welt des 19. Jh. Den Zusammenhang eines seiner principia stilisationis – Darstellung des Trivialen bis zur tödlichen Langeweile – mit der fortschreitenden Entfremdung des Menschen in der bürgerlichen Gesellschaft und ihrer Sinnverlassenheit. Der Demonstration der Beziehungslosigkeit und Sinnleere diene Flaubert außerdem die Montage-Technik. Dieses Prinzip bestehe darin, erläuterte Prof. Adorno, daß an sich beziehungslose Momente gleichzeitig dargestellt werden, um gerade dadurch ihre Beziehungslosigkeit zu unterstreichen und um die innere Scheinhaftigkeit und Nichtigkeit der Vorgänge bloßzustellen, indem sie gegenseitig sich kontrastierend noch nackter erscheinen.

Prof. Adorno warnte vor dem Mißverständnis, Flaubert habe sich auf die Seite der stärkeren Bataillone gestellt. Daß bei ihm im Gegensatz zu Balzac der größte Schuft und absolute Konformist (Homais z. B.)[58] es am allerweitesten bringt, sei blutigste, tragischste Ironie, wie überhaupt die Ironie das tragende Stilmittel bei diesem Schriftsteller sei. Ohne selbst Stellung zu nehmen, lasse Flaubert die Schändlichkeit der Welt, ihre ganze Abscheulichkeit selbst reden. Der konsequente Verzicht auf Stellungnahme (impassibilité) sei keineswegs wörtlich zu nehmen, sondern selbst ein Mittel der Kritik. –

---

57 Bei Balzac heißt es: »Die französische Gesellschaft sollte der Historiker sein, ich nur ihr Sekretär. Wenn ich die Inventur der Laster und Tugenden aufnahm, wenn ich die hauptsächlichsten Daten der Leidenschaften sammelte, wenn ich die Charaktere schilderte, wenn ich die wichtigsten Ereignisse des sozialen Lebens auswählte, wenn ich durch die Vereinigung der Züge vieler gleichartiger Charaktere Typen schuf, so konnte es mir vielleicht gelingen, die von so vielen Historikern übersehene Geschichte zu schreiben: die der Sitten.« (Balzacs Vorrede zur Menschlichen Komödie [1842], in: Honoré de Balzac, Die Menschliche Komödie. Die großen Romane und Erzählungen in zwanzig Bänden, Bd. 1, übers. von Gisela Etzel, durchges. von Eberhard Wesemann, eingel. von Hugo von Hofmannsthal, Frankfurt a. M. und Leipzig 1996 [insel taschenbuch; 1901], S. 29–48; hier: S. 36)
58 Monsieur Homais ist eine Figur aus Gustave Flauberts Roman »Madame Bovary« [1856].

In der Überleitung zur *Diskussion* griff Prof. Adorno das Problem der Zufälligkeit, des Alltäglichen bei Balzac heraus, von dem oben schon kurz die Rede war. Es sei entscheidend für eine Welt, die sich für blind mechanisch ablaufend halte, daß sie sich selbst auch als zufällig darstelle und so dem sinnlos gewordenen Leben zu Ausdruck verhelfe. Der Realismus sei der Versuch, ein sinnlos gewordenes Leben wenigstens dadurch mit Sinn zu versehen, daß es als sinnlos dargestellt wird. An der Zufälligkeit des Dargestellten gehe einerseits auf, daß die Welt eine zufällige geworden ist, auf der anderen Seite lasse sich das Wesen dieser Welt an dem Zufälligen ablesen: Balzac habe dieses Moment ganz gesehen, als er mit manischer Exaktheit alltägliche Einzelheiten beschrieben hat und dem Leser die unheilvolle Bedeutung vermittelte, die an diesen alltäglichsten Dingen haftet. Die Spuren der Welt hafteten am Zufälligen, die abgetretene Haustreppe sage uns mehr als eine abstrakte allgemeine Aussage, als ein Prinzip.

Aus diese Überlegungen stellte Professor Adorno dem Seminar die Frage, ob das Verhältnis von realistischer Kunst und Gesellschaft so unvermittelt sei, wie es Lukács behaupte, daß nämlich die gesellschaftliche Bedeutung des realistischen Romans darin liegt, daß die Gesellschaft so gezeigt wird wie sie ist;[59] ob die Gesellschaft von 1830 so sei, wie sie in der Comédie Humaine erscheint, d. h. ob die Schilderung wirklich realistisch sei – oder ob das Verhältnis auch von »realistischer« Kunst und Gesellschaft nicht wesentlich ein vermitteltes sei.

Dr. Lenk antwortete, daß die Gesellschaft, wie sie bei Balzac erscheint, natürlich eine Abstraktion sei, einmal von der Wirklichkeit seiner Zeit, zum anderen von Dingen, die es zu dieser Zeit *auch* gab, vom Dichter aber nicht berücksichtigt wurden. Wesentlich sei bei Balzac, daß er die verhüllten objektiven Tendenzen der bürgerlichen Gesellschaft bloßlegte, ihnen den Schleier abnahm.

Prof. Adorno stimmte dem zu und stellte ganz allgemein fest, daß Balzac einfach gehörig übertreibe, es gehe bei ihm zu wie im Wilden Westen oder besser wie in dessen Mythos. Seine Technik sei die des Schwarz und Weiß, und man müsse fragen, was denn daran Realismus sei. Noch die Welt des Bürgertums erscheine vielmehr als eine Welt des Abenteuers. Balzac stelle die entzauberte Welt zwar als entzauberte dar, aber es »passiere noch etwas« bei ihm, und zwar in

---

59 Bei Lukács heißt es etwa: »Wenn die Literatur tatsächlich eine besondere Form der Spiegelung der objektiven Wirklichkeit ist, so kommt es für sie sehr darauf an, diese Wirklichkeit so zu erfassen, wie sie tatsächlich beschaffen ist, und sich nicht darauf zu beschränken, das wiederzugeben, was unmittelbar erscheint. Strebt der Schriftsteller nach einer Erfassung und Darstellung der Wirklichkeit, wie sie tatsächlich ist, das heißt, ist er wirklich ein Realist, so spielt das Problem der objektiven Totalität der Wirklichkeit eine entscheidende Rolle – ganz einerlei, wie sie vom Schriftsteller gedanklich formuliert wird.« (Georg Lukács, Es geht um den Realismus [1938], in: Lukács, Werke, Bd. 4, Neuwied und Berlin 1971, S. 313–343; hier: S. 318)

umgekehrter Weise wie bei Don Quichotte, dem in der entzauberten Welt lächerlichen Helden. Das sinnlose Dasein, aus Phantasie konstruiert, gewinne bei Balzac noch etwas Sinnvolles, in der dämonischen Bedeutung, als stünden finstere Mächte hinter den Ereignissen und Dingen der Welt, als sei sie vom Teufel regiert, nicht in der positiven Bedeutung einer Entwicklung. Die Exaktheit der Phantasie zeige sich jedoch darin, daß Balzac, indem er weit über die Realität hinausgeht, das verborgene Wesen der Welt trifft. Die Wahrheit sei immer übertrieben.[60]

So sei, stellte Professor Adorno weiter fest, eine Rettung Balzacs für die Philosophie, d. h. für die Theorie von der Gesellschaft möglich. Den Gedanken könne man weiterverfolgen an dem Beispiel, daß Balzac die ganze Welt des Kommerzes als die finstere Welt des Geizes und Hasses erscheine, daß der Konkurrenzkampf bei ihm nie im Sinn der reinen Marktgesetze dargestellt sei, daß vielmehr das Wort Tauschen ihm soviel bedeute wie Täuschen, und die ganze Sphäre des materiellen Erwerbs bei ihm unter dem Zeichen des Schwindels, der Gaunerei, wenn nicht des Verbrechens stehe. Dies sei sicherlich übertrieben, aber die Affinität zwischen den Sphären des Tauschens und des Täuschens sei keineswegs zu leugnen, vielmehr reiche innerhalb der herrschenden Klasse um sich behaupten zu können das rationale Tauschverhalten allein nicht aus, sondern es bedürfe noch weitergehender, irrationaler Mittel im Konkurrenzkampf, wenn man nicht der Dumme bleiben wolle.

Professor Adorno vollendete den Gedanken: Die Darstellungen drückten das Wahre noch nicht aus, wenn sie einfach das Gegebene abbilden[61], das verborgene Wesen komme erst durch die phantasievolle Übertreibung zum Vorschein. Allgemein könne man sagen, daß die »realistische« Kunst wahrscheinlich nur dann zur Erkenntnis der Realität beitragen kann, wenn sie die Fassade der Realität durchschlägt und – mit der Phantasie zusammengebracht – die verborgenen Tendenzen der Gesellschaft aufstöbert. Zugespitzt formulierte Prof. Adorno, realistisch werde ein Kunstwerk in dem Moment, wo es nicht mehr realistisch ist, d. h., wo es über die bloße Oberflächenbeschreibung hinaus zu einer dialektischen Darstellung der Realität getrieben wird.

---

60 In den *Minima Moralia* [1951] heißt es: *Nur im Abstand zum Leben spielt das des Gedankens sich ab, welches in das empirische eigentlich einschlägt. Während der Gedanke auf Tatsachen sich bezieht und in der Kritik an ihnen sich bewegt, bewegt er sich nicht minder durch die festgehaltene Differenz. Er spricht eben dadurch genau das aus was ist, daß es nie ganz so ist, wie er es ausspricht. Ihm ist wesentlich ein Element der Übertreibung, des über die Sachen Hinausschießens, von der Schwere des Faktischen sich Loslösens, kraft dessen er anstelle der bloßen Reproduktion des Seins dessen Bestimmung, streng und frei zugleich, vollzieht.* (GS, Bd. 4, S. 143 f.)
61 Konjiziert für: »abschildern«.

Herr Brandt⁶² ergänzte in seinem Diskussionsbeitrag die Anmerkungen von Dr. Lenk. Das realistische Kunstwerk müsse betrachtet werden nicht bloß unter dem Aspekt, daß es die Tendenzen der bürgerlichen Welt aufweise, sondern daß es auch den Versuch darstelle, die Welt zu heilen, indem es den Bruch bewußt mache zwischen der spröden, fremden Welt und dem Menschen. Georg Lukács (Theorie des Romans) habe in diesem Zusammenhang aufmerksam gemacht auf das Stilisationsmittel der Ironie.⁶³ Es würden in den realistischen Romanen (Fielding, Flaubert) nur Pseudolösungen herbeigeführt, die vom Autor keineswegs ernstgenommen werden.

Dem stimmte Professor Adorno zu und betonte, ein Kunstwerk sei in dem Maße tief, wie sehr es die Widersprüchlichkeit zur Darstellung zu bringen vermöge, aus der es entstand. Es sei seine Aufgabe, die in der Realität nur angelegten Widersprüche zu Ende zu denken. Das von Herrn Brandt ins Gespräch gebrachte Moment der Utopie, das Lösende, bestehe beim Kunstwerk darin, daß durch die unausgesprochene Negation die Bruchlosigkeit, die Versöhnung überhaupt sichtbar und denkbar wird.

Am Ende der Seminarsitzung machte Fräulein Meyer⁶⁴ den Vorschlag, statt des Begriffs der Übertreibung, den der Konzentration zu gebrauchen. Professor

---

62 D. i. Gerhard Brandt.
63 »Die Selbsterkenntnis und damit die Selbstaufhebung der Subjektivität wurde von den ersten Theoretikern des Romans, den Ästhetikern der Frühromantik, Ironie genannt. Sie bedeutet, als formelles Konstituens der Romanform, eine innere Spaltung des normativ dichterischen Subjekts in eine Subjektivität als Innerlichkeit, die fremden Machtkomplexen gegenübersteht und der fremden Welt die Inhalte ihrer Sehnsucht aufzuprägen bestrebt ist, und in eine Subjektivität, die die Abstraktheit und mithin die Beschränktheit der einander fremden Subjekts- und Objektswelten durchschaut, diese in ihren, als Notwendigkeiten und Bedingungen ihrer Existenz begriffenen, Grenzen versteht und durch dieses Durchschauen die Zweiheit der Welt zwar bestehen läßt, aber zugleich in der wechselseitigen Bedingtheit der einander wesensfremden Elemente eine einheitliche Welt erblickt und gestaltet. Diese Einheit ist jedoch eine rein formale; die Fremdheit und die Feindlichkeit der innerlichen und der äußerlichen Welten ist nicht aufgehoben, sondern nur als notwendig erkannt, und das Subjekt dieser Erkenntnis ist geradeso ein empirisches, also weltbefangenes und in der Innerlichkeit beschränktes Subjekt, wie jene, die zu seinen Objekten geworden sind. Das nimmt der Ironie jede kalte und abstrakte Ueberlegenheit, die die objektive Form zur subjektiven, zur Satire und die Totalität zum Aspekt verengen würde, denn es zwingt das schauende und schaffende Subjekt, seine Welterkenntnis auf sich selbst anzuwenden, sich selbst, geradeso wie seine Geschöpfe, als freies Objekt der freien Ironie zu nehmen; kurz gefaßt: sich in ein rein aufnehmendes, in das für die große Epik normativ vorgeschriebene Subjekt zu verwandeln.« (Georg Lukács, Die Theorie des Romans. Ein geschichtsphilosophischer Versuch über die Formen der großen Epik [1916], in: Lukács, Werke, Bd. 1·2, hrsg. von Zsuzsa Bognár, Werner Jung und Antonia Opitz, Bielefeld 2018, S. 527–608; hier: S. 557 f.)
64 D. i. vermutlich Elisabeth Barbara Meyer.

Adorno warnte jedoch davor, aus dem Mittel der Übertreibung eine allgemeine realistische Regel zu machen. Bei Flaubert gebe es dieses Stilisationsmittel zum Beispiel gar nicht, die »Perspektive« sei bei ihm hergestellt allein durch die Mittel der Ironie und der Montage von Sinnlosem. Andererseits sei in der Gegenwart – beispielsweise im Film – die Technik der Konzentrierung gerade zu einem Mittel der Verdummung geworden.

## 170 Werner Sörgel, 6. Januar 1959

Werner Sörgel

Soziologisches Hauptseminar.
Protokoll über die Sitzung am 6. 1. 59

Herr Munz befaßt sich in seinem Referat mit Fragestellungen, die sich für eine Kunstsoziologie des beginnenden Mittelalters bis zum Hochmittelalter ergeben.[65] Seinen Ausführungen legt er zugrunde die Theorien A. Hausers aus den entsprechenden Kapiteln in dessen »Sozialgeschichte der Kunst und Literatur«, I. Band.[66] Das Referat beschränkt sich vornehmlich auf eine Darstellung der Soziologie der bildenden Kunst, die in jener Epoche die führende Rolle im künstlerischen Schaffen im weströmischen Bereich einnimmt.

Zur Erhellung der methodologischen Verfahrensweise Hausers zitiert der Referent aus dem ersten Kapitel des Werkes,[67] in dem der Autor über die »Äquivokationen der Kunstsoziologie« kritisch sich äußert. (S. 17–19) Was Hauser dort über die wirtschaftlichen und sozialen Bedingungen der Stile der älteren und jüngeren Steinzeit aussagt, umreiße seinen theoretischen Ansatz schlechthin.

Für Hauser lassen sich der paläolithische »Naturalismus« mit individualistisch-anarchischen Lebensformen, Traditionslosigkeit und dem Mangel an festen Konventionen und einer Diesseitigkeit der Weltanschauung, der neolithische »Geometrismus« mit einer Tendenz zur einheitlichen gesellschaftlichen Organisation, mit bleibenden Einrichtungen und einem mehr jenseitig orientierten Weltbild »in Beziehung setzen«. Was über eine solche Feststellung von Beziehungen hinausgehe, beruhe zumeist auf Äquivokationen.[68] Hauser verweist auf

---

65 Der entsprechende Referatstext von Horst Munz wurde nicht aufgefunden.
66 Vgl. den Abschnitt »Mittelalter«, in: Arnold Hauser, Sozialgeschichte der Kunst und Literatur, Bd. I, München 1953, S. 127–280.
67 Vgl. den Abschnitt »Vorgeschichtliche Zeiten«, ebd., S. 1–24.
68 »Die Übergangsformen zwischen Naturalismus und Geometrismus entsprechen den Zwischenstufen, die von der okkupatorischen zur produktiven Lebensfürsorge hinüberleiten. [...] Die Buschmänner, die wie die Paläolithiker Jäger und Nomaden sind, auf der Entwicklungsstufe der ›individuellen Nahrungssuche‹ stehen, keine gesellschaftliche Kooperation kennen, an keine Geister und Dämonen glauben, der rohen Zauberei und der Magie ergeben sind, produzieren eine der paläolithischen Malerei überraschend ähnliche naturalistische Kunst; die Neger der afrikanischen Westküste wieder, die produktiven Ackerbau treiben, in Dorfgemeinden leben und an den Animismus glauben, sind strenge Formalisten und haben eine abstrakte, geometrisch gebundene Kunst, so wie die Neolithiker. [Absatz] Über die wirtschaftlichen und sozialen Bedingungen dieser

solche Äquivokationen bei Wilhelm Hausenstein und hält diesem entgegen, daß Begriffe wie z. B. das »Planen« im Bereich der Kunst und der Gesellschaft nicht die gleiche Bedeutung haben; zwischen gesellschaftlichem und künstlerischem »Planen« bestehe überhaupt keine direkte Beziehung. Eine »zu lockere Fassung von Begriffen« habe nur zur Folge, daß einerseits der gleiche Stil mit sehr verschiedenen Gesellschaftsformen, andererseits das gleiche soziale System mit den verschiedensten Kunststilen in Verbindung gebracht werden könnten.[69] Nach Hauser gibt es für die soziologische Deutung geistiger Gebilde kaum eine größere Gefahr als die solcher Äquivokationen. Die von daher konstruierten »Zusammenhänge« beruhten letztlich auf einer Metapher, seien verhängnisvolle Fallen für die Wahrheit, sie verdienten als »idola aequivocationis« auf die Baconsche Warnungsliste gesetzt zu werden.[70]

---

Stile wird man in konkreter Form kaum mehr aussagen können, als daß der Naturalismus mit individualistisch-anarchischen Lebensformen, einer gewissen Traditionslosigkeit, dem Mangel an festen Konventionen und einer Diesseitigkeit der Weltanschauung, der Geometrismus dagegen mit einer Tendenz zur einheitlichen Organisation, mit bleibenden Einrichtungen und einem im großen und ganzen jenseitig orientierten Weltbild zusammenhängt; was über die Feststellung dieser Beziehungen hinausgeht, beruht zumeist auf Äquivokationen.« (Ebd., S. 17 f.)

69 »Solche zweideutig verwendeten Begriffe liegen auch der Korrelation zugrunde, die Wilhelm Hausenstein zwischen dem geometrischen Stil und der kommunistischen Wirtschaft der frühen ›Agrardemokratien‹ herzustellen sucht. Er stellt in beiden Erscheinungen eine autoritäre, egalitäre und planende Tendenz fest, übersieht jedoch, daß diese Begriffe im Gebiete der Kunst und der Gesellschaft nicht die gleiche Bedeutung haben und daß – wenn man die Begriffe so locker faßt – einerseits der gleiche Stil mit sehr verschiedenen Gesellschaftsformen, andererseits das gleiche soziale System mit den verschiedensten Kunststilen in Verbindung gebracht werden kann.« (Ebd., S. 18) – Vgl. Wilhelm Hausenstein, Bild und Gemeinschaft. Entwurf einer Soziologie der Kunst [1913], München 1920.

70 »Zwischen gesellschaftlichem und künstlerischem ›Planen‹ schließlich besteht überhaupt keine direkte Beziehung. Planen als die Ausscheidung der freien, unkontrollierten Konkurrenz im Gebiete der Wirtschaft und Gesellschaft und Planen als die Bindung an einen streng zu befolgenden, bis ins letzte Detail ausgearbeiteten künstlerischen Entwurf können miteinander höchstens in einen metaphorischen Zusammenhang gebracht werden; an und für sich stellen sie zwei vollkommen verschiedene Prinzipien dar, und es ist durchaus denkbar, daß in einer geplanten Wirtschaft und Gesellschaft eine formal ungebundene, in individuellen und improvisierten Formen schwelgende Kunst zur Führung gelangt. Es gibt kaum eine größere Gefahr für die soziologische Deutung geistiger Gebilde als solche Äquivokationen, und keine, der man öfter zum Opfer fällt. Nichts ist leichter, als zwischen den verschiedenen Kunststilen und den jeweiligen sozialen Seinsformen frappante Zusammenhänge zu konstruieren, die letzten Endes auf einer Metapher beruhen, und nichts ist verführerischer, als mit solchen gewagten Analogien zu glänzen. Sie sind aber ebenso verhängnisvolle Fallen für die Wahrheit wie jene Trugbilder, die Bacon aufzählt, und sie verdienen, als *idola aequivocationis*, auf seine Warnungsliste gesetzt zu werden.« (Hauser, Sozialgeschichte der Kunst und Literatur, a.a.O. [s. Anm. 66], S. 18 f.)

Prof. Adorno bezeichnet diesen theoretischen Ansatz Hausers als unbefriedigend und empfiehlt, das Seminar solle der Frage einer Methodologie der Kunstsoziologie seine Aufmerksamkeit widmen, sie stelle vorläufig noch immer das Hauptproblem für eine Soziologie der Kunst. Hausers Ansatz führe seiner Meinung nach zu unzulänglichen Aussagen, er sei im Grunde eine eigentümliche Mischung von Positivismus und dialektischem Materialismus.

Eine gültige »Faustregel« der Kunstsoziologie nennt Prof. Adorno die Feststellung, daß dort, wo eine »dynamische Entwicklung« der Gesellschaft zu konstatieren sei, diese auch in der Kunst ihren Ausdruck finde und umgekehrt, daß in »statischen Epochen« auch dem Kunstwerk eine gleichsam statisch-ontologische Form zu eigen sei. Exemplifizieren lasse sich dies an der Dichtung eines Baudelaire oder eines Rimbaud im Zeitalter des sich sprunghaft entwickelnden Industriekapitalismus im 19. Jahrhundert oder an dem ruhigen, fast schwerfällig anmutenden Zug der romanischen Kunst im frühmittelalterlichen Feudalismus, der bestimmt sei durch Traditionalismus, wenig entwickeltes Geldwesen, unverrückbar voneinander geschiedene Stände etc.

Diese Feststellung besage freilich noch nicht viel, sie verharre bei einer bloßen »Zuordnung« der Kunstwerke zu bestimmten geschichtlichen Epochen, die er mit Benjamin als problematisch empfinde. Das Gesellschaftliche hat sich im Kunstwerk selbst sedimentiert und müsse als solches mit der Methode einer genügend weit vorangetriebenen immanenten Kritik des Kunstwerkes sich bestimmen lassen.

Damit stelle sich das »Problem der Vermittlung« der kunstsoziologischen Forschung. An den einzelnen Kunstformen wäre aufzuzeigen, *wie* das Gesellschaftliche im Kunstwerk vermittelt sei. Dieses Problem sei speziell für weiter zurückliegende Epochen noch kaum in einer befriedigenden Weise von der Kunstsoziologie behandelt worden. Die damit zusammenhängenden Fragen bildeten »weiße Flecke«, eine »terra incognita« auf der Landkarte der Kunstsoziologie. Im Bereich der modernen Kunst sei man freilich in der letzten Zeit hinsichtlich der Frage nach der Vermittlung von Kunst und Gesellschaft etwas weitergekommen.

Ein weiteres Problem bilde das der »Spezifikation«. So werde etwa die bei Hauser erwähnte Übereinstimmung zwischen der als unantastbar geltenden Vormachtstellung der Kirche, die sich in den mächtigen romanischen Münstern und Domen manifestiere, von Sedlmayr für die gotischen Kathedralbauten reklamiert, wenngleich dieser davon spreche, daß die Macht der Kirche zu dieser Zeit bereits als problematisch empfunden wurde.[71] Man sehe aber daran, wie

---

[71] Vgl. Hans Sedlmayr, Die Entstehung der Kathedrale, Zürich 1950.

wenig durch bloße Zuordnung der Kunstwerke zu einer historischen Epoche ausgerichtet sei. In beiden Fällen verbleibe als eigentliches Problem die Fragestellung, warum sich die Macht in einer jeweils spezifischen Form reflektiere. Mit anderen Worten: Aufsteigende oder gefestigte gesellschaftliche Macht und niedergehende kongruieren nicht notwendig mit einer analogen Entwicklung in der Kunst. So könne, wie das Beispiel der Gotik zeige, die damals bereits als problematisch empfundene, schwankende Vormachtstellung einer gesellschaftlichen Institution – die der Kirche – in der Kunst zu einer weiteren großen und neuen Entwicklung, zu einer Reaktionsbildung gleichsam, führen.

Prof. Adorno bezweifelt auch, daß der Begriff der Äquivokation in Hausers Kunstsoziologie in seiner strengen philosophischen Bedeutung stehe. Wenn man einmal – wie immer auch unzulänglich – von dem »Lebensgefühl« einer bestimmten Epoche spreche, das sich dann auch in einem spezifischen »Kunstwollen« reflektiere, so sei dies noch keine bloße Äquivokation. Unbezweifelbar bestehe doch eine Beziehung zwischen dem »Lebensgefühl«, wie es die moderne Großstadt des späten 19. Jahrhunderts vermittle, und dem Impressionismus, der städtischen Kunst par excellence, die die Welt mit den Augen des Städters sieht und auf die Eindrücke von außen mit den Nerven des modernen technischen Menschen reagiert.

Der Referent vermerkte, daß Hauser sich um eine grundsätzliche Unterscheidung bemühe. Hauser argumentiere, daß beispielsweise die »dienende Funktion« von Skulpturen an einem romanischen Bauwerk, ihre Subordination unter die architektonische Einheit etwas qualitativ anderes sei als das »Prinzip des Zusammenschlusses«, das die gleichzeitigen Gesellschaftsformen beherrsche in Kollektivgebilden wie der Universalkirche und dem Mönchtum, der Feudalität und dem Fronhof.[72] Auf Grund dieser Fakten auf eine Parallelität zwischen beiden

---

72 »Die Skulpturen der romanischen Kirchen sind Bauglieder, Pfeiler und Säulen, Teile der Wand- oder der Portalkonstruktion. Der architektonische Rahmen ist für die figuralen Darstellungen konstitutiv. Nicht nur Tier und Blattwerk, auch die menschliche Gestalt erfüllt im Gesamtkunstwerk der Kirche eine ornamentale Funktion; sie biegt und beugt sich, streckt und verkleinert sich, je nach dem Platz, den sie einzunehmen hat. Die dienende Rolle jeder Einzelheit ist so stark betont, daß die Grenze zwischen freier und angewandter Kunst, zwischen Bildnerei und Kunstgewerbe durchaus fließend bleibt. Auch hier liegt der Gedanke des Parallelismus mit den autoritären Herrschaftsformen nahe. Es wäre wieder das Einfachste, den funktionalen Zusammenhang der Elemente eines romanischen Bauwerks und ihre Subordination unter die architektonische Einheit mit dem Autoritätsgeist des Zeitalters in Verbindung zu bringen und auf das Prinzip des Zusammenschlusses zurückzuführen, das die gleichzeitigen Gesellschaftsformen beherrscht und in Kollektivgebilden wie der Universalkirche und dem Mönchtum, der Feudalität und dem Fronhof zum Ausdruck kommt. Eine solche Deutung bliebe aber in einer Äquivokation befangen. Die Skulpturen einer romanischen Kirche sind von der Architektur in einem ganz an-

zu verweisen, würde Hauser als äquivok bezeichnen und kritisieren. Seiner Ansicht zufolge sind die Skulpturen einer romanischen Kirche von der Architektur in einem ganz anderen Sinn »abhängig« als es die Bauern und Vasallen von ihren Feudalherren sind.

Prof. Adorno stimmt dieser Feststellung Hausers zu, meint freilich, daß sie keineswegs das Problem erschöpfe. Natürlich kehre das Herrschaftsverhältnis nicht unmittelbar im Kunstwerk wieder. Das Kunstwerk vermag beispielsweise sinnvoller zu organisieren, ja es vermag die Organisation der Gesellschafft, wie sie sich in einem historischen Zeitalter darstelle, zu ideologisieren. Gleichwohl wirke Gesellschaft im Kunstwerk mit selbst dann, wenn es in Gegensatz zu ihr tritt oder sie ideologisiert.

Dr. Habermas[73] hebt hervor, daß es Hauser wohl darum gehe, »Stil-Analogien«, wie sie etwa Spengler zwischen der Organisation der Polis und der euklidischen Mathematik konstruiere,[74] zu kritisieren und er sich statt dessen darum bemühe, die eigene Folgerichtigkeit geistiger Gebilde innerhalb bestimmter gesellschaftlicher Grenzen zu betonen. Hauser würde beispielsweise nicht das scholastische System einfach mit dem feudalen Aufbau der Gesellschaft in Beziehung setzen, sondern argumentieren, die Scholastik sei durch die damals vorherrschende Schriftorthodoxie bedingt, diese wiederum diente der uneingeschränkten Vormachtstellung der Kirche zur Rechtfertigung etc.

Prof. Adorno hält dem entgegen, daß Kunstsoziologie weder bloße Stilanalogien im Spenglerschen Sinn konstatieren dürfe, die zu unsinnigen Ergebnissen führen müßten, noch sich darauf beschränken könne, einfach die Frage nach der Kausalität eines Kunstwerkes zu stellen. Letzteres würde zu einer Einengung der

---

deren Sinne ›abhängig‹, als es die Bauern und Vasallen von den Feudalherren sind.« (Hauser, Sozialgeschichte der Kunst und Literatur, a.a.O. [s. Anm. 66], S. 194)

73 Jürgen Habermas wird 1954 mit der Schrift »Das Absolute und die Geschichte im Denken Schellings« in Bonn promoviert.

74 »Wer weiß es, daß zwischen der Differentialrechnung und dem dynastischen Staatsprinzip der Zeit Ludwigs XIV., zwischen der antiken Staatsform der Polis und der euklidischen Geometrie, zwischen der Raumperspektive der abendländischen Ölmalerei und der Überwindung des Raumes durch Bahnen, Fernsprecher und Fernwaffen, zwischen der kontrapunktischen Instrumentalmusik und dem wirtschaftlichen Kreditsystem ein tiefer Zusammenhang der Form besteht? Selbst die nüchternsten Tatsachen der Politik nehmen, aus dieser Perspektive betrachtet, einen symbolischen und geradezu metaphysischen Charakter an, und es geschieht hier vielleicht zum ersten Male, daß Dinge wie das ägyptische Verwaltungssystem, das antike Münzwesen, die analytische Geometrie, der Scheck, der Suezkanal, der chinesische Buchdruck, das preußische Heer und die römische Straßenbautechnik *gleichmäßig* als Symbole aufgefaßt und als solche gedeutet werden.« (Oswald Spengler, Der Untergang des Abendlandes. Umrisse einer Morphologie der Weltgeschichte. Vollständige Ausgabe in einem Band [1918/1922], München 1963, S. 8 f.)

Kunstsoziologie führen, die dann schließlich nur noch über die Abnehmer von Kunstwerken Verbindliches auszusagen vermöchte und Kunst von daher zu bestimmen genötigt wäre. Kunstsoziologie dürfe weder stur nach der gesellschaftlichen Genese von Kunstwerken fragen, aber auch nicht statt dessen ein wie immer geartetes Lebensgefühl unterstellen, aus dem diese sich dann herleiten lassen sollen.

Am Beispiel der Musiksoziologie lasse sich aufzeigen, daß nicht voneinander getrennt eine immanente und eine soziale Logik der Kunstwerke existiere. Man könne eher von einer in dialektischem Verhältnis stehenden »doppelten Sinngenese« sprechen. Einzelne Kunstwerke und Künste hätten freilich ihre eigene Gesetzmäßigkeit, ihre eigene Folgerichtigkeit. Aber die Stilimmanenz, die logische Weiterentwicklung von Kunst bekomme auch ihre Grenzen durch die Gesellschaft vorgezeichnet, z. B. dadurch, daß von einem gewissen Grad ihrer Fortentwicklung an sie keine Abnehmer mehr finde. Dies führe häufig dazu, daß die Entwicklung ziemlich unvermittelt abbreche und später erst wiederaufgenommen werde, freilich um den Preis einer »Narbenbildung« in der Tradition, die sich beispielsweise in einzelnen Bereichen der Musik deutlich nachweisen lasse.

Die immanente, sachlogische Entwicklung in Kunstwerken habe stets eine gesellschaftliche Komponente. Auch, und häufig sogar gerade dann, wenn Kunst nicht auf die Gesellschaft reflektiere, sei sie durch diese bestimmt – diese wichtige Tatsache habe ihn eigentlich dazu bewogen, eine strikte Trennung beider gar nicht erst vorzunehmen.

## 171 Friedrich Rothe, 13. Januar 1959

*Protokoll des Soziologischen Hauptseminars vom 13. 1. 59*

(Friedrich Rothe)

Herr Munz referierte weiter die Sozialgeschichte der Kunst und Literatur von Arnold Hauser: Seit Mitte des 11. Jahrhunderts entfalteten sich in den Städten neue bürgerliche Lebensformen. Es scheine verwunderlich, daß gerade während der Blütezeit der Städte im 12. und 13. Jahrhundert sich der Ritterstand konstituiert habe.[75] Seine Entstehung leitete sich her aus dem Bedarf eines stehenden Heeres während der Kreuzzüge. So sei denn das Rittertum zunächst Berufsstand gewesen, der später zum Erbstand wurde. Unter seinen Mitgliedern fanden sich Ministeriale verschiedener Stufen, auch verarmte Adelige. Die Ritter emanzipierten sich von ihren Herren in dem gleichen Grade, wie diese ihr Lehen selbst als Besitz empfanden. Nach Gewinn der Unabhängigkeit zeigten sich die Ritter zumeist untreu, und Hauser sehe gerade in der Hervorhebung des Treuekodex im Rittertum ein ideologisches Moment. Im 13. Jahrhundert sonderte sich das Rittertum als eigener Stand ab und entwickelte eine spezifische Ideologie, in der Hauser – da diese besonders auf Form und Seelenadel aus sei – die Überkompensation eigener Minderwertigkeit dem alten Adel gegenüber erblicke.

Prof. Adorno bezweifelte die Tauglichkeit des Begriffs des »Minderwertigkeitsgefühls« als geschichtsphilosophische Kategorie. Zum andern sei das Rittertum einfach zu militant gewesen, um einem solchen Gefühl Raum zu geben. Der Referent führte weiter aus, daß sich – nach Hauser – im Rittertum die Einheit des Naturhaft-Besonderen und des Übersinnlich-Allgemeinen manifestiert habe, analog der Kunst des 13. Jahrhunderts. Sie zeichne sich, nach dem Satz des hl. Thomas – »Gott erfreut sich aller Dinge und stimmt mit allem überein«[76] –, durch

---

75 Vgl. Hauser, Sozialgeschichte der Kunst und Literatur, a.a.O. (s. Anm. 66), S. 211–217.
76 Für die Gotik bemerkt Hauser: »Das Organische und Lebendige, das seit dem Ende der Antike seinen Sinn und Wert verloren hat, kommt jetzt wieder zu Ehren[,] und die Einzeldinge der Erfahrungswirklichkeit bedürfen keiner jenseitigen, übernatürlichen Legitimation mehr, um zum Gegenstand künstlerischer Darstellung zu werden. *[Absatz]* Nichts beleuchtet den Sinn dieses Wandels besser, als die Worte des heiligen Thomas: ›Gott erfreut sich aller Dinge, denn jedes stimmt mit seinem Wesen überein.‹ Sie enthalten die ganze theologische Rechtfertigung des künstlerischen Naturalismus. Alles Wirkliche, und sei es noch so gering, noch so vergänglich, hat eine unmittelbare Beziehung zu Gott; alles drückt das Göttliche auf seine eigene Art aus, alles hat also für die Kunst seinen eigenen Wert und Sinn.« (Ebd., S. 243)

Würdigung des Einzelnen bereits aus, im Gegensatz zur Romanik. Eine »zusammenhängende Stufenleiter« (wohl: des Thematischen) innerhalb der Kunst entspräche einer Gesellschaft, deren Schichten nicht abgrundtief mehr voneinander getrennt seien.[77] Der Kunst gelänge es, die Polarität von Natur und Übernatur zu einigen, indem sie sich nicht nur um den Gegenstand als Symbol kümmere, sondern sich auch um dessen Übereinstimmung mit der Natur.[78]

Die Bauhütte vereinigte Künstler und Handwerker bis in das 14. Jahrhundert hinein; Wechsel des Arbeitsplatzes war gestattet, er ermöglichte gegenseitige Anregungen. Die Bauhütten seien nur bei entwickelter Geldwirtschaft möglich gewesen und seien bei weiterer Entwickelung der bürgerlichen Kultur in den Städten aufgelöst worden.[79] Der Referent sah – im Gegensatz zu Hauser – diese Auflösung in der Wirrnis des 14. Jahrhunderts begründet.

Prof. Adorno schlug vor, zuerst auf Fragen, die das Referat selbst beträfen, einzugehen, um dann zu Fragen der Methodologie der Kunstsoziologie zu gelangen. Frau Thomae vertrat die Auffassung, daß Hauser es völlig an Vergleichen der (kunstgeschichtlich zwar recht wenig erforschten) Romanik anderer Länder fehlen lasse und die Kulturhistorie nur um ihr wirtschaftliches Pendant bereichere. Prof. Adorno stimmte dem zu, daß Hausers Begriff von Romanik zu eng sei.[80] Insbesondere, so sagte Frau Thomae, seien die Unterschiede zwischen der

---

77 Bei Hauser heißt es: »Die metaphysische Rangordnung der Dinge spiegelt zwar noch immer eine ständisch gegliederte Gesellschaft, der Liberalismus des Zeitalters [scil. der Gotik] kommt aber bereits darin zum Ausdruck, daß auch die unterste Stufe des Seins in ihrer Eigenart als unersetzlich angesehen wird. Früher waren die Stände durch einen unüberbrückbaren Abgrund voneinander getrennt, jetzt berühren sie sich miteinander, und dementsprechend bildet nun auch die Welt als die Materie der Kunst eine kontinuierliche, wenn auch genau abgestufte Realität.« (Ebd., S. 244)
78 »Man sucht in der Natur nicht mehr nach bloßen Gleichnissen einer übernatürlichen Wirklichkeit, sondern nach den Spuren des eigenen Selbst, den Spiegelungen des eigenen Gefühls.« (Ebd., S. 245)
79 Vgl. den Abschnitt »Bauhütte und Zunft«, ebd., S. 256–265.
80 Hauser schreibt, mit Blick auf das Bauhüttenwesen: »Wie war aber eine Arbeitsteilung dieser Art bei einem so komplexen geistigen Prozeß wie das künstlerische Schaffen überhaupt möglich? [Absatz] Es gibt zwei einander vollkommen entgegengesetzte, nur in ihrer romantischen Eigenart ähnliche Einstellungen zu dieser Frage. Die eine neigt dazu, in der Kollektivität der künstlerischen Produktion geradezu die Voraussetzung des höchsten Gelingens zu erblicken, für die andere scheint dagegen die Atomisierung der Aufgaben und die Einschränkung der individuellen Freiheit das Zustandekommen von echten Kunstwerken zumindest zu gefährden. [...] Beide Standpunkte gründen sich, trotz der Gegensätzlichkeit der schließlichen Ergebnisse, auf die gleiche Vorstellung von der Wesensart des künstlerischen Schaffens: beide erblicken im Kunstwerk das Produkt eines einheitlichen, undifferenzierten unteilbaren, quasi göttlichen Schöpfungsaktes. Die Romantik des 19. Jahrhunderts personifizierte den Kollektivgeist der Bauhütte als eine Art Volks- und

deutschen und der italienischen Romanik beträchtlich. Diese Unterschiede gäbe es, nach den Worten Prof. Adornos, innerhalb Europas trotz relativ gleicher sozialer Struktur. Hauser stutze, um seinen Begriff von Romanik zu erhalten, das Material zurecht, indem er die Romanik Frankreichs und Italiens nicht berücksichtige. Es zeige sich gleichsam ein diagnostisches Problem – analog der Psychologie –: Soziale Gebilde und differenzierte Kunstformen könnten nicht in ihrer Entwicklung isoliert beschrieben werden, um sie dann einander lediglich zuzuordnen. Bei kunstsoziologischen Versuchen erwiesen sich gewöhnlich die soziologischen Kategorien als zu grob den ästhetischen gegenüber, da sie dem Kunstwerk selbst nur äußerlich seien. Sie gestatteten nur abstrakte Zuordnungen von Kunst und Gesellschaft. Auch die differenziertesten soziologischen Kategorien führten zu inadäquaten Urteilen über Kunst. In den Werken selbst müsse die Spannung zwischen Kunst und Gesellschaft nachgewiesen werden. Somit habe die Trennung von Kunstwollen und Technik, wie sie in der Streitfrage Dehio/Gall vorausgesetzt sei,[81] etwas Philiströses. Prof. Keller[82] fügte an, daß derartige Überschneidungen auch erst im 19. Jahrhundert üblich geworden seien. Die Kunstgeschichte habe vorher diese Trennung nicht gekannt.

Prof. Adorno ergänzte hierzu, daß auch in der Musik der Begriff der Technik erst gegen 1830 eingeführt worden sei.[83] Dieser Begriff habe eine doppelte Bedeutung: Einmal sei er der Inbegriff der Mittel, wodurch Kunstwollen sich realisiere, zum anderen sei er der der Kunst transzendente Begriff dessen, was als allgemein technisches Instrumentarium gesamtgesellschaftlich vermittelt sei. Kunst habe es somit nicht nur mit einer ihr immanenten Technik zu tun. Das lasse sich zeigen an der Geschichte der Instrumentation. Diese habe die Tendenz, möglichst die Kontinuität aller Klangfarben herzustellen. Daher habe sich in den letzten Jahren eine Konvergenz der Musik ergeben mit elektro-akustischen Versuchen, rein physikalischer Natur. Es konvergiere die innere ästhetische Entwicklung mit der technischen. Die Rede von »Kulturkreisen«, in denen alles mit allem zusammenhänge, habe sich allenfalls in diesem Punkte als wahr erwiesen.

---

Gruppenseele, individualisierte also etwas grundsätzlich Unindividuelles und ließ das Werk, das die gemeinsame Schöpfung eines Kollektivs war, aus dieser einheitlich und individuell vorgestellten Gruppenseele erstehen.« (Ebd., S. 259 f.)

81 »Nach Dehio stellt die Erfindung des Kreuzgewölbes das eigentlich schöpferische Moment in der Entstehung der Gotik dar, und die einzelnen künstlerischen Formen sind nur die Folgen dieser technischen Errungenschaft. Erst Ernst Gall kehrt das Verhältnis um und nimmt die formale Idee der vertikalen Gliederung als das Primäre an, die technische Durchführung dieser Idee aber als das Abgeleitete, das Dienende, das sowohl in entwicklungsgeschichtlicher als auch künstlerischer Hinsicht Sekundäre.« (Ebd., S. 252)

82 Harald Keller ist ab 1948 ordentlicher Professor für Kunstgeschichte in Frankfurt a. M.

83 Vgl. abermals Adornos Schrift *Musik und Technik*, GS, Bd. 16, S. 229–248.

Frau Thomae fragte, ob denn heute noch von karolingischer Renaissance rechtens die Rede sein könne. Nach den Worten von Prof. Keller könne von Renaissance, wenn überhaupt, dann in der Karolingerzeit gesprochen werden. Städte, in denen Neues entstehen könne, gebe es erst in Ottonischer Zeit. Die Merowingertradition sei recht dürftig, daher sei man in damaliger Zeit völlig auf die Antike verwiesen gewesen. Prof. Adorno fragte, ob es sich nicht eher um eine Pseudomorphose als um eine Renaissance gehandelt habe; wie denn überhaupt mit dem Begriff der Renaissance leichtfertig umgegangen werde. Andererseits frage es sich, ob nicht noch in der bloßen Rezeption, im Raub, ein Element des Kunstwollens stecke. So sei der Einfluß des Christentums nicht zu übersehen, der doch gewiß eine Zäsur der Antike gegenüber bedeute, was sich z. B. beim Bau der Krypta zeige. Prof. Keller stimmte dem mit der Bemerkung zu, daß zweifellos karolingisches Stilgefühl vorhanden gewesen sei, und die Kunst durch die christliche Idee verinnerlicht worden sei. Es gäbe z. B. zwischen 300 und 1000 keine Großplastik, wie sie für die Antike charakteristisch gewesen war, weil diese der frühen Christenheit das simulacrum des Kaisers gewesen sei, dem man opferte.

Prof. Adorno fügte an, daß die Erfindung des Organons einen nach innen gewandten Raum konstituiert habe; für eine solche Welt müsse sich auch die Antike gewandelt haben; denn sogar wiederkehrende Formelemente könnten eine radikal andere Bedeutung annehmen. Dafür hätten Spengler und Frobenius einen Blick gehabt.

Weiterhin scheine ihm der Unterschied zwischen feudalistisch und ritterlich nicht kunstsoziologisch relevant zu sein, denn es sei die Differenz aus der Dialektik des Feudalismus zu verstehen. Herr Dr. Habermas wies in diesem Zusammenhang darauf hin, daß – sozialgeschichtlich gesehen – mit dem Aufstieg der einst lediglich abhängigen Ministerialen die Konstituierung eines neuen Standes gewiß verbunden gewesen sei und daß hierdurch sich die Gesamtstruktur der Gesellschaft verändert habe. Prof. Keller warf ein, daß sicherlich die Dome nicht von Ministerialen, sondern von Bischöfen gebaut worden seien. Prof. Adorno fügte hinzu, daß zwischen dem Ritter als imago und als Träger der Kultur zu unterscheiden sei; weniger sei ihm diese Rolle, als vielmehr jene zugefallen, die zudem in engem Zusammenhang mit der Emanzipation des Bürgertums gesehen werden müsse. Die Kategorie der Verinnerlichung, wie sie Hauser allgemein dem Rittertum vindiziere, scheine voll zu gelten allenfalls für Wolfram.[84] Gewiß sei

---

84 Bei Hauser heißt es: »Der manifeste Idealismus der höfisch-ritterlichen Minne kann über ihren latenten Sensualismus nicht hinwegtäuschen und nicht verkennen lassen, daß sie aus der Empörung gegen das kirchliche Gebot der Enthaltsamkeit erwachsen ist. Der Erfolg der Kirche blieb

eine gesellschaftliche Mobilität als Folge der Konstituierung des neuen Standes vorhanden gewesen, ohne dabei jedoch unmittelbar auf Kunst einzuwirken. Herr Brandt stellte die Frage, ob nicht die Differenziertheit des Feudalismus als solche in ästhetischen Kategorien sich niedergeschlagen habe. Prof. Adorno bemerkte dazu, daß der Begriff von Differenziertheit, wie er bisher artikuliert worden sei, selbst eine Äquivokation darstelle: Gesellschaftliche Differenziertheit sei nicht ohne weiteres gleichzusetzen mit der des Kunstwerkes, da sich im Kunstwerk das principium individuationis manifestiere. Da aber Äquivokation selbst schon auf ein Gleiches in den Dingen hinweise, sei es sinnvoll zu untersuchen, wie weit äußere Differenzierungen in der Kunst nach innen gewendet würden, wie tote gesellschaftliche Kategorien in anthropologische sich umsetzten. Das bürgerliche Individuum als Monade scheine das spiritualisierte Feudalsystem zu sein.

---

in der Bekämpfung der geschlechtlichen Liebe immer weit hinter ihrem Ideal zurück; jetzt aber, wo die Grenzen der gesellschaftlichen Kategorien und mit ihnen die Kriterien der sittlichen Werte fließend werden, bricht die unterdrückte Sinnlichkeit mit doppelter Gewalt hervor und überflutet die Lebensformen nicht nur der höfischen Kreise sondern zum Teil auch die des Klerus. Es gibt kaum noch eine Epoche der abendländischen Geschichte, in deren Literatur so viel von körperlicher Schönheit und Nacktheit, von An- und Ausziehen, von Baden und Waschen der Helden durch junge Mädchen und Frauen, von Brautnächten und Beischlaf, von Besuchen am Bettlager und Einladungen ins Bett die Rede wäre wie in der ritterlichen Dichtung des sittenstrengen Mittelalters. Selbst ein so ernstes und auf so hohe sittliche Ziele gerichtetes Werk wie Wolframs *Parzifal* ist voll von Situationen, deren Schilderung ans Obszöne grenzt.« (Hauser, Sozialgeschichte der Kunst und Literatur, a.a.O. [s. Anm. 66], S. 228f.)

## 172 Hans-Heinrich Ehrhardt, 20. Januar 1959

H. H. Ehrhardt

Soziologisches Hauptseminar. Protokoll vom 20. 1. 59

Zunächst trug Herr Lorenz sein Referat über das Buch von Georg Lukács »Über den mißverstandenen Realismus« vor (s. d.).[85] Einleitend machte Prof. Adorno auf Gründe Aufmerksam, die das Buch einer besonders wachsamen Kritik empfehlen: Der Ruf und das politische Schicksal des Autors gebe dem Buch von vornherein die Aura des Kampfes geistiger Fortschrittlichkeit gegen Despotie, andererseits stehe es deutlich unter dem Einfluß der offiziellen Kulturpolitik des Ostblocks. Das Denken in spießbürgerlichen ästhetischen Klischees könne sich so durch Lukács' Schrift mit ihren »Interferenzerscheinungen« zwischen einem seinem Gegenstand folgenden und einem von oben angeordneten Denken als progressiv legitimiert sehen. Zwar bestehe die Gefahr eines quietistischen und affirmativen Moments der Kunst, wenn diese ihren spezifischen Gestaltungsprinzipien isoliert folge, aber der sozialistische Realismus sei nicht die angemessene Antwort auf diese Schwierigkeit. In bezug auf eine Stelle des Referats wies Prof. Adorno auf eins der von Lukács verwendeten kulturpolitischen Klischees hin: »Kafkas Angstvisionen«[86], – und bemerkte, bei Kafka werde Angst gerade da spürbar, wo die Verbildlichung *nicht* mehr gelinge; Symptom von Angst seien bei ihm auch weniger »Visionen« als vielmehr formale Eigenheiten selbst, wie der Protokollstil, der den Ausdruck des Schreckens nicht zulasse, wie um ihm nicht zu erliegen. Prof. Adorno machte auch auf ein gewissermaßen altgedientes Charakteristikum für Lukács' Stellung zu dem, was er unter der Bezeichnung Avantgardismus zusammenfaßt, aufmerksam – Kunst werde unter entrüstetem Gebrauch eines vorkritischen Begriffs von Positivität mit der Schuld für das von ihr dargestellte Negative belastet. Auch seien offene Widersprüche in den Ausführungen Lukács' zu sehen: So statuiere er einmal, die dem Kunstwerk vom Urheber beigelegte Gesinnung vermöge nichts gegen seinen objektiven Gehalt; und verlange später ein Übersteigen der objektiven Realität gerade seitens des künstlerischen Sensori-

---

85 Der entsprechende Referatstext von Richard Lorenz wurde nicht aufgefunden. – Vgl. Lukács, Wider den missverstandenen Realismus, a. a. O. (s. Anm. 33).
86 »Kafka, der in seinen Details immer außerordentlich packend real ist, konzentriert alle seine Kunstmittel darauf, seine Angstvision vom Wesen der Welt als ›die‹ Wirklichkeit zum Ausdruck zu bringen, also um in seiner besonderen Weise ebenfalls die Wirklichkeit aufzuheben.« (Ebd., S. 23 f.)

ums: Es dürfe bei dem Nihilismus »nicht stehengeblieben werden«.[87] Vorausgesetzt wird bei dieser Forderung, man könne durch willkürliche Wendung zum »Positiven« die Negativität objektiver Verhältnisse mitziehen; die subjektive Besinnung wird so an Stelle des objektiven geschichtsphilosophischen Standorts gerückt. Weiter wies Prof. Adorno auf Züge romantisch retrospektiven Denkens bei Lukács hin, die schon in seinen frühen Arbeiten zu bemerken seien (Theorie des Romans), um später zu Vorstellungen über das Wesen des Humanen oder von Positivität zu erstarren; dem entspreche ein Insistieren auf ähnlichen Stellen bei Marx. In einen offenen Widerspruch gerate Lukács auch, wenn er einerseits im (verstandenen) Realismus das Seiende durch das Bewußtsein filtriert sieht, d. h. den Unterschied von Erscheinung und Wesen setzt – andererseits die Unversehrtheit der Oberflächengestalt des Objekts verlangt. Lukács' Suggestionskraft, so bemerkte Prof. Adorno anläßlich einer anderen Stelle, liege in der Konsequenz der Ableitung seiner Gedanken aus einem gesetzten System und einigen Prämissen, d. h. in der Behandlung der ästhetischen Gebilde von einem philosophischen Standort her, nicht in Verfolg ihrer Eigengesetzlichkeit. Als Grundlage solchen Denkens enthüllte Prof. Adorno die Auffassung, Kunst und Wissenschaft hätten das gleiche Objekt – die Realität. Die Kunst spiegelt dabei diese bloß in der Anschauung, sei letzten Endes so etwas wie eine Abbreviatur der Wissenschaften, die ihr gegenüber in der Darstellung der Realität nur gründlicher abgeleitet sei (und von größerer Kommunikabilität).

Selbst da, wo Lukács den ideologischen Anspruch des östlichen Systems der Kritik unterzieht, darf er sich der Kontrolle durch dessen Denkgewohnheiten nicht entziehen. In Widerspruch zu seiner eigenen Konzeption von gesellschaftlicher Objektivität scheint er Erörterungen über die Möglichkeit des Umschlags nichtantagonistischer Widersprüche in antagonistische im sozialistischen System an Epiphänomenen aufzuhängen (Personenkult), obwohl er selbst dem Sowjetstaat die Praxis politischer Prozesse vorwirft, gesellschaftliche Spannungserscheinungen prinzipiell auf konspirative und sabotierende Tätigkeit von Einzelperso-

---

[87] »Es ist selbstredend vollauf verständlich, daß das Erlebnis der kapitalistischen Gesellschaft der Gegenwart, besonders bei den Intellektuellen, die Affekte der Angst, der Abscheu, der Verlorenheit, des Mißtrauens sich selbst und den anderen gegenüber, der Verachtung und Selbstverachtung, der Verzweiflung etc. auslöst. Ja, eine Darstellung der Wirklichkeit, ohne auch solche Emotionen hervorzurufen, ohne eine Gestaltung ihrer selbst, müßte jede Widerspiegelung der Welt von heute unwahr, schönfärberisch werden. Es fragt sich also nicht: ist dies alles in der Wirklichkeit wirklich vorhanden? Es fragt sich bloß: ist dies die ganze Wirklichkeit? Es fragt sich nicht: soll all dies nicht dargestellt werden? Es fragt sich bloß: soll dabei stehengeblieben werden?« (Ebd., S. 85)

nen zurückzuführen.[88] Abgesehen davon wird Kritik, wie Prof. Adorno bemerkte, durch den Rückgriff auf zu Etiketten geronnene Bestandteile der offiziellen Terminologie (antagonistisch–nicht-antagonistisch u.a.) neutralisiert und der Verwaltung ohne Rest unterworfen. Durch eine Frage von Herrn Tiedemann[89] wurde das Seminar auf den Zusammenhang von Lukács' Affinität zu klassizistischen Traditionen (Hebbel – Paul Ernst) mit seiner Stellung zum sowjetischen Realismusprogramm von 1932 aufmerksam gemacht.[90]

In der nun folgenden Diskussion stellte Herr Dr. Lenk die Frage zur avantgardistischen Kunst und ihrer objektiven Intention, ob, wenn ein Subjekt wie etwa Kafkas K.[91] mit allen realen Widersprüchen in ihrer subjektiven Entfaltung dargestellt werde, dann zugleich das Utopische sich einstellen müsse; ob in der künstlerisch adäquaten Extrapolation der im Subjekt sich entfaltenden Widersprüche der utopische Schein mitgesetzt sei? Diesen Punkt treffe auch Lukács' Kritik am »Avantgardismus«: Die radikale Darstellung der Entfremdung schlage um in ontologische Statik. Prof. Adorno erwiderte, zunächst falle unter Lukács' Avantgardismusbegriff durchaus auch Schund, man müsse vorsichtig sein mit einer Identifizierung des Substrats dieses Begriffs mit »moderner Kunst«, und über die Qualität von Kunstwerken entscheide auch nicht primär ihre Zugehörigkeit zu Richtungen. In der modernen Kunst sei eine Art Polarisierung zu bemerken: Indem das negative Moment konsequent weitergetrieben werde, trete das utopische Licht stärker hervor. Die Sphäre der Harmonie, der Mitte, sei ästhetischer Wahrheit nicht mehr zugänglich, aber gerade äußerste Negativität und Utopie seien als Komplemente verstehbar. Diese Fragen könnten aber *generell* für

---

88 »Die dogmatische Theorie von der permanenten Verschärfung des Klassenkampfes führte im öffentlichen Leben der Stalinschen Periode dahin, die real vorhandenen Widersprüche der Entwicklung und die aus ihnen entspringenden politisch-sozialen Gegensätze als Verschwörungen von Feinden aufzufassen. Im Leben erreichte diese Tendenz ihren Gipfelpunkt in den Moskauer Monstreprozessen, in denen die ideologisch-politischen Differenzen der Sowjetentwicklung in Tätigkeiten von Spionen und Diversanten verwandelt wurden. Das Grauen der hier begangenen fürchterlichen Ungerechtigkeiten und Ungesetzlichkeit erhält darin eine skurrile Vulgarisation: alle Konflikte und Schwierigkeiten des Aufbaus wären nämlich, nach dieser Konzeption, vermeidbar gewesen, wenn die Sicherheitsorgane besser gearbeitet und Bucharin, Sinowjev etc. schon 1917 unschädlich gemacht hätten.« (ebd., S. 144 f.)
89 D.i. Rolf Tiedemann.
90 Der sog. sozialistische Realismus – als Vereinigung romantischer sowie realistischer Ästhetik – wird 1932 vom Zentralkomitee der KPdSU als offizielles Stilideal für die Kunstschaffenden der Sowjetunion beschlossen.
91 Anspielung auf die Protagonisten der Romanfragmente Kafkas »Der Prozess« [1925] (›Josef K.‹) und »Das Schloss« [1926] (der Landvermesser ›K.‹).

die moderne Kunst zur Anwendung in der spezifischen Interpretation *nicht* behandelt werden.

## 173 Kurt Trautmann, 27. Januar 1959

Seminar über Kunstsoziologie
Protokoll[92] vom 27. Januar 1959

In der Sitzung vom 27. Januar ergriff das Seminar die Gelegenheit, die Thesen und Verdikte des späten Lukács über die fortschrittliche Literatur des Westens mit dem Begriff der Kunstsoziologie zu konfrontieren, wie er in den vergangenen Sitzungen erarbeitet wurde. Es zeigte sich, daß der junge Lukács in seinen Publikationen von »Die Seele und die Formen«[93] bis zur »Theorie des Romans« diesen Begriff selber hatte mitzukonstituieren geholfen. Eindringlich wies er damals auf, was er heute, im Getriebe einer terroristischen Herrschaft, an Einsicht sich verbieten muß: daß nämlich die objektiven Bedingungen der spätkapitalistischen Ära, kraft deren die Menschen als einsame in einer fremd und kalt ihnen gegenüberstehenden Welt dahinleben, dem Künstler es verwehren, aus bloßem Willen und Entschluß den Zustand einer positiv befriedeten Gemeinsamkeit zu fingieren; und dort, wo dies doch geschieht – wie etwa in der Kontrastierung des Gutsbesitzers Levin wider eine heuchlerische und in Vorurteilen befangene Gesellschaft in Tolstois »Anna Karenina«[94] –, die künstlerische Kraft der Gestaltung selbst Einbuße leidet. Heute vermeint Lukács, der Osten habe in der Realität eine Perspektive hergestellt, durch die die Anstrengungen der avantgardistischen Künstler der Obsoleszens verfielen: Fortgeschritten sei nicht, das geschichtsphilosophische Wesensgesetz in ästhetischer Treue auszusprechen, um durch Verfremdung die Fremdheit der Fassade zu sprengen, sondern vielmehr: die realistische Abbildung dessen, was dazu angetan ist, das Bewußtsein der Menschen, statt es zu verstören und der Gewöhnung ans Bestehende abwendig zu machen, bei der Stange zu halten. Solch offizieller Optimismus entbindet Lukács gleichsam, von den seit Flaubert für alle Kunst konstitutiven Form- und Darstellungsproblemen sich Rechenschaft abzulegen. Sein politischer Gesinnungsgenosse Brecht war darin besonnener: Vermöge des Stilisationsprinzips, das alle Inhalte der spätkapitalistischen Entwicklungsstufe in quasi archaische Urformen übersetzt, trifft er im »Guten Menschen von Sezuan«

---

92 Die Vorlage ist handschriftlich verfasst.
93 Vgl. Georg Lukács, Die Seele und die Formen. Essays [1911], in: Lukács, Werke, Bd. 1·1, hrsg. von Zsuzsa Bognár, Werner Jung und Antonia Opitz, Bielefeld 2017, S. 195–366.
94 Vgl. Lew N. Tolstoj, Anna Karenina. Roman [1875–1877], hrsg. von Gisela Drohla, Frankfurt a. M. und Leipzig 2006 (insel taschenbuch; 3307).

und in der »Heiligen Johanna der Schlachthöfe«[95] die Wirklichkeit weitaus genauer und »realistischer« als aller sogenannte sozialistischer Realismus: Wie ehemals in Ibsens »Wildente«[96] wird offenbar, daß der reine Wille zur Positivität dazu getrieben wird, ins gerade Gegenteil umzuschlagen. Freilich können auch die authentischen Werke der Avantgarde der Zweideutigkeit nicht entgehen: »daß es nicht bei ihnen steht, etwas darüber auszumachen, ob die geschichtliche Tendenz, die sie registrieren, Rückfall in die Barbarei ist oder doch auf die Verwirklichung der Menschheit abzielt, und manche fühlen sich im Barbarischen allzu behaglich ... Aber indem solche Kunstwerke gerade das Grauen ohne Kompromiß verkörpern und alles Glück der Betrachtung in die Reinheit solchen Ausdrucks werfen, dienen sie der Freiheit, die von der mittleren Produktion nur verraten wird, weil sie nicht zeugt von dem, was dem Individuum in der liberalen Ära widerfuhr.« (Noten zur Literatur, S. 71/2)[97] Indem Lukács bei seiner Kampagne gegen die avancierte Literatur über diesen paradoxen Sachverhalt geflissentlich hinweggleitet, ist es mit der genuin ästhetischen Tiefe und Konsequenz seiner Ausführungen schlecht bestellt. Die Wirkung, die er gleichwohl auf viele Menschen ausübt, rührt eher her von der massiven Reduktion auf Weltanschauung, wodurch die Theorie den Anschein einer gewissen Triftigkeit sich erschleicht. Den ästhetisch Nichtmitgekommenen, die ihren Nonkonformismus und ihre Progressivität sich dennoch beweisen wollen, macht Lukács das gute Gewissen. Bei aller Beschwörung Hegelscher und Marxscher Motive verkehrt sich die Dialektik, die lebt nur, solange sie sich unermüdlich mit den Phänomenen vermittelt, und an deren Spezifischstem des Allgemeinen innewird, zu einem caput mortuum. Als geronnene Lehre, ein Standpunkt neben andern, fällt sie über alles, was ihr über den Weg kommt, ihren Spruch. Daß Lukács es auch anders kann, an der zeitgenössischen russischen Produktion die Schwächen eines wie aus der Pistole geschossenen Utopismus kritisiert,[98] also gerade das fordert, worüber er bei der Avantgarde zu Gericht saß, läßt den Dogmatismus der Theorie unangefochten und zeitigt keine methodologischen Konsequenzen. Den Gestus des objektiven Ästhetikers straft die subjektive Gesinnung Lügen, welche mit Schlagworten wir »Personenkult«[99] und »Parteilichkeit«[100] operiert und damit die konkrete Ver-

---

95 Bertolt Brechts Drama »Der gute Mensch von Sezuan« wird 1943 uraufgeführt, »Die Heilige Johanna der Schlachthöfe« 1959.
96 Henrik Ibsens Drama wird 1885 uraufgeführt.
97 Vgl. Adorno, Noten zur Literatur, a.a.O. (s. Anm. 18), S. 71f.; vgl. GS, Bd. 11, S. 47.
98 Vgl. Lukács, Wider den missverstandenen Realismus, a.a.O. (s. Anm. 33), S. 133–136.
99 »Die Schriftsteller zeigen freilich – und oft nicht einmal unrichtig – bestimmte Konflikte im sozialistischen Leben der Gegenwart auf. Diese Konflikte müssen aber stets sofort, wenigstens im Rahmen des gegebenen Schriftwerks, vollständig zur Lösung gelangen. Es gibt z. B. im Dorf einen

mittlung von Kunst und Gesellschaft gar nicht mehr auszutragen vermag. Wegen dieser allzu offen zutage liegenden Inkonsistenz der Lukácsschen Konzeption meinte Dr. Habermas, eine immanente Kritik greife eigentlich zu kurz oder nehme mindestens eine Anstrengung auf sich, für die keiner Dank wisse; angemessener sei, die Enunziationen Lukács' unmittelbar als Ausdruck einer geschichtlichen Situation zu begreifen, in der die Kunst und ihre Theorie – qualitativ verschieden von den uns bekannten Begriffen autonomer Kunst oder Theorie – nichts weiter beanspruchen als, gleichsam auf magische Weise, die Konformität mit einer Gesellschaft zu befestigen, deren Zeit als Wahrheit vor Augen steht. Daß indessen dem angeblichen Strukturwechsel der östlichen Gesellschaft, aller Dialektik zum Trotz, eine objektiv und subjektiv andere Stellung der Kunst entspreche, bleibt zu bezweifeln: Es ist keineswegs der Fall, daß der »sozialistische Realismus« ästhetisch irgend etwas hervorgebracht hat, was den Anspruch eines neuen Weltalters beglaubigen, ja auch nur über den Abhub des bürgerlichen Realismus sich

---

Spekulanten. Dieser muß entweder bekehrt oder abgestraft werden usw. Daß es in der Entstehung sozialistischer Gesellschaften auch noch antagonistische Widersprüche gibt, daß der nichtantagonistische Charakter der Widersprüchlichkeit sich nur allmählich durchsetzt, daß auch in einer Gesellschaft, die von nicht antagonistischen Widersprüchen beherrscht wird, für einzelne Individuen noch immer auswegslose Lagen möglich sind, daß ein konsequentes Mißachten von vorhandenen – ihrer Natur nach nicht antagonistischen – Widersprüchen seitens des ökonomisch-politischen Subjektivismus, des Personenkults einer ganzen Schicht diese in antagonistische rückverwandeln kann usw., das alles wird in einer solchen Betrachtungsweise prinzipiell nicht zur Kenntnis genommen. Das Verkennen dieser Problematik ist viel mehr als eine bloße Verarmung einer neuen Struktur der Wirklichkeit, die das allmähliche Herrschendwerden der nichtantagonistischen Widersprüche mit sich führt. Indem die spezifische und neue Dialektik der nicht antagonistischen Widersprüche verkannt wird, wird die Widerspiegelung der neuen Wirklichkeit vollständig verzerrt: an Stelle einer neuen Dialektik steht eine schematische Statik vor uns. Auch hier zeigt sich das weltanschauliche Verwurzeltsein des neuen Naturalismus in der Ideologie der Stalinschen Periode. Daß auch dieses verzerrte Abbild mit dem »verschönernden« Stempel der revolutionären Romantik versehen wird, versteht sich von selbst.« (Ebd., S. 134 f.)
**100** »Wir haben die doppelt verhängnisvolle Funktion des ökonomischen Subjektivismus für die Literatur hervorgehoben: er erniedrigte die Wiedergabe der Wirklichkeit zu einem Naturalismus, und dort, wo die echte Poesie zur Prosa verdorrte, half er mit, der revolutionären Romantik einen Poesieersatz zu schaffen. (Es gehört nicht unmittelbar zu unserem Thema, muß aber in diesem Zusammenhang wenigstens erwähnt werden, daß diese Tendenzen auch zu einer subjektivistischen Entstellung der Leninschen Konzeption der Parteilichkeit geführt haben. Während Lenin den Struveschen Objektivismus so bekämpft, daß er nachweist, der Marxismus vereinige eine vertieftere und bereicherte richtige Objektivität mit einer bewußten subjektiven Parteinahme, wird in der Stalinschen Periode die Objektivität als ›Objektivismus‹ diffamiert, von der völlig subjektivierten Parteilichkeit verdrängt: der Zusammenhang mit dem ökonomischen Subjektivismus ist offenkundig. Zugleich ist auch sichtbar, daß damit ein trennender Abgrund zwischen kritischem und sozialistischem Realismus errichtet werden muß.)« (Ebd., S. 143 f.)

erheben würde. Der Hinweis auf die ökonomische Zurückgebliebenheit legitimiert nicht den Kniefall vorm ästhetisch Zurückgebliebenen; ganz abgesehen davon, daß es in den Jahren nach der Revolution eine rege avantgardistische Bewegung in Rußland gab, die man erst in der Folgezeit barbarisch unterdrückte (Meyerhold).[101] Die Ansicht gar, den Menschen sei mit der rosaroten Literatur besser gedient als mit der beängstigenden, die ihnen den Lebensmut und die Hoffnung raube, ist ebenso kunstfremd wie konträr zum Tatbestand. Gerade die große avantgardistische Kunst, in der Trauer und Utopie sich verschränken, hält, indem sie das Wesen der antagonistischen Wirklichkeit beim Namen ruft, den Menschen die Treue, die von den stracks auf die Veränderung der Realität zielenden Werken nur verraten wird.

---

[101] Der russische, kommunistische und radikal antirealistische Theaterregisseur Wsewolod Meyerhold wird 1940 im Zuge des ›Großen Terrors‹ unter Stalin hingerichtet.

# 174 Erich Cramer,
3. Februar 1959

Erich Cramer

*Protokoll zur Sitzung des Hauptseminars am 3. Februar 1959*

Fräulein von Solms-Lich hielt in dieser Stunde ihr Referat über einige musiksoziologische Schriften von Professor Adorno.[102] Dieses Protokoll gibt die dem Referat folgende Diskussion wieder.

Professor Adorno: Dem Ausdruck der Einsamkeit und der Angst in der modernen Kunst wird von Lukács zu Unrecht vorgeworfen, er sei nur die Fiktion eines menschlichen Grundverhältnisses. Seine erregende Wirkung kann nur so verstanden werden, als in seiner scheinbaren Isoliertheit die Form der Gesellschaft selbst hervortrete. Das fauvistische Element an der neuen Musik ist das, was noch nicht domestiziert ist und stellt eigentlich eine Regression auf Vormusikalisches dar. Die These, daß die Freiheit der Töne in der neuen Musik so eingeengt sei, daß Musik nahezu zum wissenschaftlichen Experiment werde, ist heute nicht mehr zu halten. Sie war schon provokatorisch formuliert, als sie entstand. Inzwischen aber haben sich Änderungen vollzogen, so daß sie zu modifizieren ist. Ansätze dazu finden sich in einem Artikel in den Schweizer[103] Monatsheften und in einem Buch, das bald über diese Dinge erscheinen wird.[104] Auch die Theorie, daß die Zwölftonmusik zu einer Art Statik führe, ist zu undifferenziert. So systematisch ist sie gar nicht. Durch das serielle Verfahren erschließen sich heute neue Möglichkeiten des Dynamischen und Differenziellen. Ansätze dazu finden sich bei John Cage.[105] Die Theorie vom statischen Charakter der Zwölftonmusik hat Thomas Mann in den Dr. Faustus übernommen und mit dem Faschismus gleichgesetzt.[106] Aber

---

102 Der entsprechende Referatstext von Dorothea Razumowsky, vormals zu Solms-Hohensolms-Lich, wurde nicht aufgefunden.
103 Korrigiert für: »Schweizerischen«.
104 Vgl. Theodor W. Adorno, *Ideen zur Musiksoziologie*, in: Schweizer Monatshefte, 38. Jg., 1958, H. 8, S. 679–691; vgl. GS, Bd. 16, S. 9–23. Mit dem »Buch« ist die *Einleitung in die Musiksoziologie* [1962] gemeint; vgl. GS, Bd. 14, S. 169–433.
105 In seiner Schrift *Schwierigkeiten* [1965/1968] schreibt Adorno: *In diese Situation des Seriellen* [scil. dessen Altern] *platzte John Cage herein; sie erklärt die außerordentliche Wirkung, die er übte. Sein Zufallsprinzip, das, was Ihnen allen unter dem Namen Aleatorik geläufig ist, möchte aus dem totalen Determinismus, aus dem integralen, obligaten Musikideal der seriellen Schule, ausbrechen.* (GS, Bd. 17, S. 270)
106 Im Dezember 1945 schreibt Thomas Mann bezüglich seines Romans »Doktor Faustus. Das Leben des deutschen Tonsetzers Adrian Leverkühn, erzählt von einem Freunde« [1947], an dem er

diese Beziehung ist falsch. Sie wurde etwa vor 20 Jahren entworfen: Damals konnte das Problem des Spannungsverlustes aus der Sache abgeleitet werden. Die Entwicklung aber ist anders verlaufen als erwartet. Neue Spannungen sind entstanden, die aber erst einer sachlichen Klärung bedürfen.

Herr Suhren[107] fragte, was unter seriellem Komponieren zu verstehen sei.

Professor Adorno: Es ist ein Komponieren, das über die Gesetzmäßigkeiten der Zwölftonmusik hinauszukommen sucht. Die Musik soll in diesem neuen Verfahren in all ihren Dimensionen einem Rationalisierungsproß unterworfen werden, dessen Prinzip aus dem Grundmaterial abgeleitet wird. Die Ordnung der Zwölftonmusik bezog sich zunächst nur auf die Töne und ihre Beziehungen, die Intervalle. Frei war die rhythmische Gestaltung, Klangfarbe, Instrumentalisierung etc. Auch diese »Parameter« sollen nun im seriellen Komponieren determiniert werden. Durch diese nahezu totale Definition einer Komposition aus dem Material heraus scheidet aber die kompositorische Freiheit aus dem Kompositionsprozeß aus; dabei zeigen sich jedoch Beschränkungen, die den Verzicht auf absolute Gebundenheit notwendig erscheinen lassen. Auch die Rhythmen sind im seriellen Komponieren genau determiniert; es gibt Regeln für die genaue Länge und Kürze der einzelnen Noten. Man sucht nach der strukturellen Einheit in den Intervallverhältnissen, um damit alle anderen Elemente zu bestimmen und in die Einheit hineinzuziehen. Hier aber zeigt sich der Unterschied zwischen Kunst und Wissenschaft. Diese Relationen gelten nur der Idee nach. Sie sind nicht mathematisch nachweisbar. Wären sie es, so würde die Kunst zur reinen Stoffhuberei.

---

gerade arbeitet, an Adorno: »Der Roman ist so weit vorgetrieben, dass Leverkühn, 35jährig, unter einer ersten Welle euphorischer Inspiration, sein Hauptwerk, oder erstes Hauptwerk, die ›Apocalipsis cum figuris‹ nach den 15 Blättern von Dürer oder auch direkt nach dem Text der Offenbarung in unheimlich kurzer Zeit komponiert. Hier will ein Werk (das ich mir als ein sehr *deutsches* Produkt, als Oratorium, mit Orchester, Chören, Soli, einem Erzähler denke) mit einiger Suggestiv-Kraft imaginiert, realisiert, gekennzeichnet sein, und ich schreibe diesen Brief eigentlich, um bei der Sache zu bleiben, an die ich mich noch nicht herantraue. Was ich brauche, sind ein paar charakterisierende, realisierende *Exaktheiten* (man kommt mit wenigen aus), die dem Leser ein plausibles, ja überzeugendes Bild geben. Wollen Sie mit mir darüber nachdenken, wie das Werk – ich meine Leverkühns Werk – ungefähr ins Werk zu setzen wäre; wie Sie es machen würden, wenn Sie im Pakt mit dem Teufel wären; mir ein oder das andere musikalische Merkmal zur Förderung der Illusion an die Hand geben?« (Mann an Adorno, 30. Dezember 1945, in: Theodor W. Adorno und Thomas Mann, *Briefwechsel 1943–1955*, hrsg. von Christoph Gödde und Thomas Sprecher, Frankfurt a. M. 2002 [*Briefe und Briefwechsel*; 3], S. 21f.) – Über Adornos Mitarbeit gibt Thomas Mann, Die Entstehung des Doktor Faustus. Roman eines Romans, Amsterdam 1949 Auskunft.

**107** Nicht ermittelt.

Herr Laske[108] fragte, wo der soziologische Ort dieser Theorie von der Präformation des musikalischen Materials sei.

Professor Adorno: Das musikalische Material ist nicht einfach Naturmaterial, sondern enthält schon geschichtliche Relationen. Sein historischer Charakter besteht auch darin, daß die Differenz zur traditionellen Musik mitgefühlt wird. Das kann man etwa beobachten an den Harmonien. Bei Richard Strauss verlangt das Ausdrucksbedürfnis Dissonanzen, diese können wiederum nur von Dissonanzen umgeben sein; Konsonanzen dazwischen erschienen als falsch. Im übrigen können analogisierend folgende Modelle zum Gesellschaftlichen hin entworfen werden.

Je weniger die Gesellschaft Unverbundenes duldet, desto mehr unterliegt auch die künstlerische Entwicklung dem Prozeß der fortschreitenden Rationalisierung. Die Forderung der Sachlichkeit im Bauhaus bezeichnet genau die Tendenz, nichts mehr zu dulden, was draußen wäre. Die gleiche Tendenz zeigt sich auch in der neuen Musik, in der alle Elemente des Musikalischen einem Prinzip verfügbar gemacht werden sollen.

Das eisern Verklammerte an der fortgeschrittensten Musik hängt zusammen mit dem Moment der Atomisierung in der Gesellschaft. In der Beziehung der Töne untereinander offenbart sich die Entfremdung; sie stehen zwar alle unter einem Gesetz, dafür entfallen aber die Einzelspontaneitäten wie in der klassischen Musik etwa das Leittonprinzip oder die Kadenz. Jeder Ton ist atomistisch für sich, das Ganze nur durch einen äußeren Apparat zusammengeschweißt.

All dies weist chiffrenartig auf die Veränderungen in der Gesellschaft hin. Die Vermittlungen sind heute nicht mehr alle offenbar, weil die Einzelkausalität gegenüber der Einheit der Kultur nichts mehr gilt. Die Kunst hat Anteil an dieser Einheit – in ihr konkretisiert sich die Gesellschaft wie in einer Monade.

Herr Laske fragte, ob die Schwierigkeiten der Vermittlung nicht vielleicht daher rührten, daß die Musik nicht so anschaulich sei wie etwa die Literatur, oder weil sie dem gesellschaftlichen Wirkungszusammenhang ferner stehe.

Professor Adorno: Gerade hier zeigt sich, daß die soziologische Fragestellung fruchtbar ist: Die Gesellschaft zeigt sich in den Gebilden, ohne daß sie direkt aus ihr abgeleitet werden könnte. In der Literatur erscheint sie unmittelbar in Stoff und Form wieder. Aber gerade in der Musik wird offenbar, wie weit Geist und Gesellschaft vermittelt sind. Diese These hat hier viel mehr Gewicht.

Herr Laske sagte, daß hieran sichtbar werde, wie sich die ökonomische Dynamik unabhängig von der Vermittlung durchsetze.

---

**108** D. i. Otto-Ernst Laske.

Professor Adorno: Wenn die Kunst in einer so tiefen Übereinstimmung mit der Gesellschaft steht, dann muß auch eine Theorie der Gesellschaft zugleich eine Theorie der Ideologie sein, wenn die Soziologie ihrem Gegenstand gerecht werden wolle. Sie müsse über lokale Interdependenzen hinausgehen. Eine unmittelbare kausale Abhängigkeit besteht nicht; auch die Künstler haben keine Ahnung von der gesellschaftlichen Implikation der Dinge, die sie vollziehen.

Fräulein Schölch[109] bat um eine Erläuterung des Problems des Funktionsloswerdens von Kunst.

Professor Adorno: Beethoven wollte mit seinen Sinfonien noch »dem Mann Feuer aus der Seele schlagen«.[110] Durch die unzähligen Aufführungen heute aber verändert sich die Rezeption. Sie wird gleichsam neutralisiert; sie geschieht mehr aus Bildungsrespekt als aus dem Willen, den Gehalt der Werke im Ernst nachzuvollziehen. Eigentlich ist das Kunstwerk nur noch die Erinnerung an das, was es einmal war: Es will von den Menschen nichts mehr. Tolstois Wut über die Kreutzersonate rührt daher, daß sie Schein der Leidenschaft erweckt, aber nicht mehr die Welt verändern will.[111] Die Kunstwerke sind heute zu reinen Stimuli degradiert.

Professor Keller bestätigte aus seinem eigenen Erfahrungsbereich, wie die Kunstwerke durch ihre endlose Wiederholung ihre Wirkung verlieren. Es bedürfe großer Anstrengung, beim Anblick des Filigranhelms des Freiburger Münsters, des ersten in dieser Art, all jene zu vergessen, die die historisierende Gotik des 19. Jh. bis zum Überdruß – und dazu noch zweitürmig – nachgebaut habe.

Professor Adorno: Dieser Anstrengung sind jedoch Grenzen gesetzt. Da die Kunstwerke etwas Geistiges sind, verändern sie sie durch die veränderte Rezep-

---

109 D.i. Ellen Schölch.
110 Zu diesem von Adorno mehrfach verwendeten Zitat (vgl. GS, Bd. 13, S. 273; GS, 14, S. 281) vgl. NaS, Bd. I·1, S. 28, sowie die entsprechende Anm. des Hrsg., ebd., S. 284f.
111 Tolstoi lässt seine Figur Posdnyschew in der »Kreutzersonate« [1891] sagen: »Sie spielten die Kreutzersonate von Beethoven [...]. Kennen Sie das erste Presto? Sie kennen es?! [...] Huhuhu! Ein furchtbares Werk ist diese Sonate. Und gerade dieser Teil. Und die Musik überhaupt ist etwas Furchtbares! Was ist sie? Ich verstehe es nicht. Was ist die Musik? Was bewirkt sie? Und warum wirkt sie so, wie sie wirkt? Man sagt, die Musik wirke erhebend auf die Seele. Das ist nicht wahr, das ist Unsinn! Sie wirkt, sie wirkt furchtbar – ich rede aus eigner Erfahrung –, aber keineswegs erhebend. Sie erhebt die Seele nicht, sie zerrt sie herab, sie stachelt sie auf. Wie soll ich das ausdrücken? Die Musik zwingt mich, mich selbst, meine wahre Lage zu vergessen; sie bringt mich in eine andere, mir freundliche Lage; unter der Einwirkung der Musik scheint es mir, als fühlte ich etwas, was ich eigentlich gar nicht fühle, als verstünde ich, was ich nicht verstehe, als könnte ich, was ich nicht kann. Ich erkläre mir das dadurch, daß die Musik ähnlich wirkt wie Gähnen oder Lachen: ich bin gar nicht schläfrig, aber ich gähne, weil ich andere gähnen sehe; es gibt nichts zu lachen, aber ich lache, weil ich andere lachen höre.« (Lew N. Tolstoj, Die Kreutzersonate, übers. von Arthur Luther, Frankfurt a. M. und Leipzig 2003, S. 97)

tion. Bestimmte Werke, wie etwa die Bilder Guido Renis, der zur Zeit Goethes in großem Ansehen stand,[112] können einfach schlechter werden und haben dann höchstens die Chance, durch eine Habilitationsarbeit gerettet zu werden.

Professor Keller: Das ist bereits im Falle Renis geschehen. Die Bologneser haben zugleich eine große Ausstellung organisiert, weil sie sich durch die Filmbiennalen in Venedig in ihren kommerziellen Interessen geschädigt fühlten. Goethe hat an Reni so großes Gefallen gefunden, weil dieser ein Erzklassiker war.

Professor Adorno: An Kunstwerken können alle möglichen Schichten abblättern. Dies kann man beobachten an der Geschichte der Rezeption Beethovens: Die Romantik hat ihn als Romantiker, nicht als realen Humanisten angesehen; Wagner entwirft ein panoramatisch-tragisches Bild von ihm;[113] dem folgt die programmusikalische Konzeption. Heute, wo Beethoven uninterpretierbar ist, können wir durch diese Schichten hindurchdringen, in denen mikrokosmisch der Gang der Geschichte verkapselt ist. Das Problem der Veränderung der Kunstwerke ist heute jedoch im Ganzen noch nicht gelöst: Jedenfalls ist das Kunstwerk nicht unabhängig von der Art seiner Auffassung. Als Renoir malte, galt er als Naturalist, heute sieht man an ihm nur noch das impressionistische Moment.

Professor Keller fragte, ob es nicht gegen das Kunstwerk spreche, wenn man alles aus ihm ablesen könne, daß man etwa durch Hölderlin Katholik oder Heide werden könne.

Professor Adorno: Das Verhältnis zum Kunstwerk ist zwar ein erkennendes, unterscheidet sich aber von der üblichen Erkenntnis dadurch, daß es keine prädikativen Urteile enthält. Die Komplexität Hölderlins erklärt sich aus seinem Versuch der Versöhnung von Antike und Christentum.

Professor Keller löste dann noch sein Versprechen ein, über die Bestellerschicht Watteaus etwas zu sagen: Watteau hat die gewerbliche Seite seiner Tätigkeit außerordentlich modern betrieben. Er verkaufte an zwei Kunstfirmen als Treuhänder für den weiteren Absatz. Zwei Generationen nach ihm befanden sich 14 seiner Gemälde im Besitz Friedrichs II. und 4 im Besitz des Grafen Brühl. Die Kunsthändler verkauften die Bilder sowohl an den Hochadel als auch an die

---

112 So heißt es etwa in der »Farbenlehre« [1810]: »Auch der große Guido Reni bediente sich in seinen frühern Gemählden höchst kräftiger großer Schattenpartien und bekleidete solche im Licht mit noch zarteren und helleren Fleischtinten als Guercino. Daher kann man seine in diesem kräftigen Geschmack des Colorits behandelten Bilder als höchste Gipfel desselben betrachten.« (Johann Wolfgang Goethe, Materialien zur Geschichte der Farbenlehre. Des Zweiten Bandes Erster, historischer Theil, in: Goethes Werke, hrsg. im Auftrage der Großherzogin Sophie von Sachsen, Bd. II·3, Weimar 1893, S. 368)
113 Vgl. Richard Wagner, Beethoven [1870], in: Richard Wagner, Sämtliche Schriften und Dichtungen. Volksausgabe, Bd. 9, Leipzig [1911], S. 61–127.

noblesse de robe (Finanzkontrolleure, Domkapitulare, Schatzkanzler, Staatssekretäre), daneben an bekannte Künstler, Maler und Architekten.

Professor Adorno: Der Vertrieb musikalischer Kunstwerke habe sich ganz ähnlich gestaltet. Zu einer bestimmten Zeit waren die Quartette zuerst nur für den Adel bestimmt, durften auch nicht vervielfältigt werden; erst nach abgelaufener Schutzfrist kamen sie auf den Markt des bürgerlichen Konzerts. Hier erscheint also das Klassenverhältnis in der zeitlichen Priorität. Aus der Darstellung Professor Kellers geht jedenfalls hervor, daß der Vorwurf, es sei ein Verfallssymptom an der modernen Kunst, daß sie vielfach von Künstlern gekauft werde, nicht zutrifft. (Keller: Rubens hat 18 Tizians besessen!) Allerdings ist zu bedenken, daß die Kunstwerke im Besitz von Künstlern auch eine andere Funktion hatten: Nachahmung großer Künstler war eine legitime Quelle der Kunst, mehr als Nachahmung der Natur.

# Sommersemester 1959:
# Kausalität II

Philosophisches Hauptseminar mit Max Horkheimer

In diesem Semester hält Adorno zudem die philosophische Vorlesung »Kant, ›Kritik der reinen Vernunft‹« und gibt das soziologische Hauptseminar »Was ist Gesellschaft?«

Das Seminar findet donnerstags von 18 bis 20 Uhr statt

**175** Archivzentrum Na 1, 886; **176** Archivzentrum Na 1, 886 sowie TWAA Pr 20/1–9 (Doublette); **177** Archivzentrum Na 1, 886 sowie TWAA Pr 20/10–18 (Doublette); **178–182** Archivzentrum Na 1, 886

## 175 Hilmar Tillack, 14. Mai 1959

Hilmar Tillack
5. Semester Soziologie

*Protokoll der Seminarsitzung vom 14. 5. 59
unter Leitung von Herrn Prof. Horkheimer und Herrn Prof. Adorno*

In diesem Semester wird sich das Seminar mit der Lektüre des Kapitels »Der Grund« aus dem zweiten Band der Hegelschen Logik beschäftigen.[1] Zur persönlichen Information können die thematisch parallellaufende Dissertation Schopenhauers über die vierfache Wurzel des Satzes vom zureichenden Grunde[2] (1813) sowie der entsprechende Abschnitt in der Enzyklopädie der philosophischen Wissenschaften[3] herangezogen werden.

Das Seminar erörterte zunächst den Unterschied von traditioneller Logik und Hegels Logik. Traditionelle Logik handelt von den formalen Gesetzen des Denkens überhaupt unter Absehung von allem Inhaltlichen. In ihrer frühen aristotelischen Fassung ist dabei noch offengelassen, ob die Formen und Regeln des Denkens logisch oder psychologisch, als objektive Verhältnisse oder subjektive Vorgänge zu verstehen sind, oder ob es, wie in der modernen Logik, um Verhältnisse von Zeichen geht.

Traditionelle Logik gliedert sich in die Lehren vom Begriff, Urteil und Schluß. Dabei ist ein *Begriff* die Merkmaleinheit aller Gegenstände, die unter ihm befaßt sind. Ein *Urteil* wird traditionell als Verbindung eines Subjekt- und eines Objektbegriffes durch eine copula bestimmt. Besser als auf diese recht äußerliche Weise begreift man jedoch das Urteil als einen Tatbestand, auf den die Frage nach der Wahrheit sinnvoll angewendet werden kann. Ein sprachlich formuliertes Urteil wird *Satz* genannt. In einem *Schluß* schließlich werden zwei oder mehr Urteile, die Prämissen, zu einem Zusammenhang verknüpft, der den Anspruch erhebt, daß aus ihm ein evidentes Urteil, die conclusio, zwingend hervorgeht.

Oberste Grundsätze traditioneller Logik sind die Sätze vom Widerspruch, von der Identität, ferner, wenn auch verschiedentlich unter kritischen Vorbehalten,

---

[1] Vgl. HW, Bd. 6, S. 80–123.
[2] Vgl. Arthur Schopenhauer, Ueber die vierfache Wurzel des Satzes vom zureichenden Grunde. Eine philosophische Abhandlung [1813], in: Arthur Schopenhauers Werke in fünf Bänden, hrsg. von Ludger Lütkehaus, Bd. III, Zürich 1988, S. 7–168.
[3] Vgl. HW, Bd. 8, S. 247–252.

der Satz vom ausgeschlossenen Dritten, der bis zum 16./17. Jahrhundert noch im Bereich der Ontologie abgehandelt wurde.

Diese der traditionellen Logik zentralen Gegenstände erscheinen auch bei Hegel, werden aber umfunktioniert und zu nicht wesentlichen Bestimmungen herabgesetzt. Die Hegelsche Logik ist das Lehre von dem, was an der Sache selbst wesentlich ist, identisch mit Metaphysik und Ontologie. Sie führt die transzendentale Logik Kants weiter. Gemeinsam ist beiden die Entfaltung der subjektiven Bestimmungen der Konstitution der Wirklichkeit. Während aber bei Kant das Konstituiertwerden der Welt nur eines der Welt als bloßer Erscheinung bleibt, und er das Ding an sich unerkannt stehenläßt, nimmt Hegel, viel ernster, den vollen Inhalt mit in die Logik hinein.

Wird aber die Kantische Trennung von An sich und Erscheinung aufgehoben, so ändert sich radikal der Charakter der Konstitution. Die Inhalte der Erfahrung selber müssen nun aus der Logik hervorgehen. Als Lehre von dem, was an der Sache selbst wesentlich ist, wird Logik identisch mit Metaphysik und Ontologie. Wenn Vernunft alles produziert, was ist, muß das vollständige System der Vernunftbestimmungen zugleich das System der Welt sein. Das ist der Ursprung für den inhaltlichen Reichtum der Logik Hegels.

Warum nennt Hegel das noch Logik? Weil hier versucht wird, aus Vernunft selber heraus alles Seiende als ein der Grundvoraussetzung nach mit Vernunft Identisches zu entwickeln. Kein Ding an sich steht als Block gegenüber; aktive Vernunft produziert die Gegebenheiten selber. Die Geschichte des Denkens gibt gleichzeitig die Geschichte der Welt. So ist Hegels Logik ebenso Logik wie absoluter Idealismus.

Voraus geht der Gedanke: Alles Wirkliche und was ihm zugrunde liegt, alles Sein muß sich begreifen lassen. Dazu muß es vernünftig sein. Daß es sich begreifen ließe, bliebe solange bloßer Zufall, wie die Einheit von Sein und Denken sich nicht vernünftig erweisen ließe. Noch daß beide getrennt sind, muß aus dem Gang der Untersuchung als vernünftig hervorgehen und damit überwunden werden. Vernunft wird zur mit Recht vernünftigen Vernunft, sofern sie die Wirklichkeit aus sich selber zu entfalten vermag.

Darum ist die Logik die erste Wissenschaft in der Philosophie, denn ihre Denkbestimmungen stellen sich im Verlauf als die Bestimmungen der Welt heraus. Ließe sich die Welt nicht als vernünftig dartun, so bliebe sie entweder unbegriffen wie im pragmatischen Positivismus oder – falls die Vernunft sich überhaupt für unzulänglich erklärt, die Vermittlung zu leisten – man begnügt sich mit einem Begreifen bloß aus Offenbarung.

Die Anstrengungen von Descartes und Spinoza bilden verzweifelte Versuche, durch Vernunft einzusehen, warum das Subjekt das Objekt zu begreifen vermag. Ihnen fehlte aber noch das Konstitutive, das erst mit Leibniz und Kant in die

Philosophie kommt. Nach der cartesianischen Idee, daß Wahrheit nur sein kann, wenn Gedachtes sich als mit Denken identisch erweist, unternimmt nun Hegel zu zeigen, wie die Welt sich nach der Vernunft buchstabieren läßt.

Wäre dann nicht der Gedanke der Vernünftigkeit des Seins eine glaubensmäßige Angelegenheit? Aber in dieser Frage deckt der Begriff des Glaubens Ungleiches: einmal – indem er doch Wahrheit prätendiert – schließt er zugleich die Vernunft als maßgebende Instanz aus und negiert so die wesentliche Bestimmung des Menschen. Glauben mutet, paradox und inhuman, vernunftlose Wahrheit zu. Soll aber auch ein Glaube an Vernunft statthaben, so geht er, dogmatisch nicht gebunden, gerade auf jenes humane Erhellungsmoment aus, das im Heteronomen des Glaubens verneint ist. Die Ausweitung dieses Begriffs, indem er inadäquat auf Vernunft selbst, seinen Widerpart, angewendet wird, betrügt um die entscheidende Differenz. Durch diese Überlegung soll das Vorhandensein eines Mythologischen bei Hegel nicht abgewiesen sein.

Während Hegel Humanität repräsentiert und aufzeigt, wieso das Subjekt das Objekt begrifflich machen kann, glaubt die moderne Ontologie, das hinter sich lassen zu können. Die Spaltung von Subjekt und Objekt, von ihr Metaphysik genannt, gilt ihr als eine künstlich von der Philosophie herbeigeführte. Man müsse dahinter zurück zu den Vorsokratikern, die sich des Seins annahmen. Statt nach der Vermittlung zwischen Sein und Denken zu fragen, wird dem Fundamentalontologen Sein selber unmittelbar laut. Da aber Sein Subjekt und Objekt ist, wird folgerichtig gesagt: In mir spricht Sein. Für Hegel wäre das die Unterschlagung der Vermittlung, ein Regreß. Wo alles dem Objekt zugeschanzt wird, ist das seiner selbst unbewußte Subjekt in Willkür am Werk.

Der Aufbau der Hegelschen Logik bedarf einer Erklärung: Wenn sie merkwürdigerweise nicht mit den Denkbestimmungen, dem Logos, einsetzt, sondern mit der Analyse des Gegenpols, mit der Entfaltung ontologischer Kategorien, so gerade deshalb, weil sie die Seinskategorien auf immer neuen Stufen als Vernunft erweisen soll. Das Verfahren ist das umgekehrte wie in der Phänomenologie des Geistes.

Am Anfang der Logik stehen Sein, Nichts, Werden, eine Reihe objektiver, scheinbar gar nicht logischer Bestimmungen. Mit welchem Begriff wird begonnen? So herkömmlich zu fragen wäre schon verkehrt, denn es ist zu argumentieren: mit dem Sein – aber das Sein ist ja das Nichts, und mit dem Nichts kann man nicht anfangen – also beginnt sie mit dem Werden.[4] Im Gegensatz zu aller

---

4 »*Das reine Sein und das reine Nichts ist also dasselbe.* Was die Wahrheit ist, ist weder das Sein noch das Nichts, sondern daß das Sein in Nichts und das Nichts in Sein – nicht übergeht, sondern übergegangen ist. Aber ebensosehr ist die Wahrheit nicht ihre Ununterschiedenheit, sondern daß

früheren Philosophie, Einwendungen hier zugestanden, sagt Hegel, daß Welt nicht ist, sondern wird, und das nicht im Sinne schlechter Unendlichkeit. Welt als Sein wird demoliert. Der Weg dieses Denkens ist ein kritischer Weg.

Wer irgend sucht, Wirklichkeit als Sein zu enträtseln, zu sagen, es sei, verfehlt es gerade, indem er es zu treffen vermeint. Wer es mit einem Wort glaubt, fassen zu können, sei es das höchste oder das tiefste, während die Welt den Wissenschaften zu überlassen wäre, ist im Irrtum befangen. Hegel hat gegen den Begriff des Seins, wo er wie das Om tibetanischer Liturgie hergebetet wird, den äußersten Hohn gehabt.[5] Ohne Sein geht es nicht, aber Welt als Sein zu bestimmen, als den abstrakten, isolierten, verdinglichten Allgemeinbegriff, bedeutet den Rückfall hinter die mit Hegel errungene Position.

H. Tillack[6]

---

*sie nicht dasselbe*, daß sie *absolut unterschieden*, aber ebenso ungetrennt und untrennbar sind und unmittelbar *jedes in seinem Gegenteil verschwindet*. Ihre Wahrheit ist also diese *Bewegung des unmittelbaren Verschwindens des einen in dem anderen: das Werden*; eine Bewegung, worin beide unterschieden sind, aber durch einen Unterschied, der sich ebenso unmittelbar aufgelöst hat.« (HW, Bd. 5, S. 83)

5 Nach Zitation eines Passus aus Friedrich Heinrich Jacobis Schrift »Über das Unternehmen des Kriticismus, die Vernunft zu Verstande zu bringen« [1803], fährt Hegel fort: »Bei dieser ganz abstrakten Reinheit der Kontinuität, d.i. Unbestimmtheit und Leerheit des Vorstellens ist es gleichgültig, diese Abstraktion Raum zu nennen oder reines Anschauen, reines Denken; – es ist Alles dasselbe, was der Inder – wenn er äußerlich bewegungslos und ebenso in Empfindung, Vorstellung Phantasie, Begierde usf. regungslos jahrelang nur auf die Spitze seiner Nase sieht, nur *Om, Om, Om* innerlich in sich oder gar nichts spricht – *Brahma* nennt. Dieses dumpfe, leere Bewußtsein ist, als Bewußtsein aufgefaßt, das *Sein*.« (HW, Bd. 5, S. 101)

6 Unterschrift.

## 176 Otto-Ernst Laske, 4. Juni 1959

*Protokoll der Sitzung des Philosophischen Hauptseminars vom 4. Juni 1959*

1.

Das *Buch vom Wesen*[7] reflektiert das Sein in sich selbst, das die entwickelnde Mächtigkeit seiner Totalität in die Geschichte des Insichgehens senkt. Derart aus dem Unmittelbaren resultierend und zum Begriffe unterwegs, konstituiert sich das Wesen als die Sphäre der Entzweiung, die aber[8] ebenso in ihm negiert und aufgehoben, einzig Moment seiner Entfaltung ist. Deren Medium machen Bestimmungen aus, welche nicht Seiende, sondern *Gesetzte* sind, vorerst mit der Bedeutung, als Momente an sich seiender Einheit anzugehören.

Ihr Aufkommen aber verläuft sich nicht an dieser bloß als Grundlage: sind sie doch ineins ihr eigenes Beziehen auf sich, das die Negativität ihrer selbst, ihres Ansichseins ist.

Denn das einfache, an sich seiende Wesen, das als die erste Negation des Seins in den Bestimmungen *innerhalb* seiner arbeitet, ist als das Absolute entscheidend auch Fürsichsein: mithin setzt es in seiner Sphäre die Bestimmungen, welche es an sich enthält, die aber selber sich auf sich beziehen, oder sich selber sich gegenübersetzen als das Andere ihrer, aus dem als die Rückkehr zu sich sie aufgehobene Unmittelbarkeit sind, darum im Ankommen bei sich (oder Zusammengehen mit dem Negativen ihrer) zugleich das Abstoßen ihrer von sich selbst: absolute Negativität. So daß der Baukern des Wesens nicht mehr die unmittelbare oder die leibhaftige Vermittlung, Organon der Selbstbewegung κατ' ἐξοχήν.

Ist doch das Wesen einer Sache in *einem* ihre Einheit und ihr Unterschied; so jedoch, daß es zugleich sich als die Einheit seiner Unterschiede, ihre vermittelte Entfaltung darstellt.

Noch aber ist es von Schatten umstellt, die nicht die eigenen; sondern die hinfallen auf das Wesen selber, das so dem Unwesentlichen, der an sich seienden Negation, gegenübersteht: gleichfalls nur »Anderes« oder sich selbst das Fremde, das bloß als aufgehobenes Sein genommen ist. Aber das Wesen ist die absolute Negativität des Seins, »es ist das Sein selbst, aber nicht nur als ein Anderes bestimmt, sondern das Sein, das sich sowohl als unmittelbares Sein, wie auch als

---

[7] Vgl. HW, Bd. 6, S. 11–240.
[8] Umgestellt aus: »aber die«.

unmittelbare Negation (als Negation, die mit einem Anderssein behaftet ist) aufgehoben hat« (II, 9)[9].

Oder: die Schatten, als noch vom Wesen geschiedenes Unmittelbare, machen das an und für sich Nichtige aus, den *Schein*.

Dieser, das unmittelbare Nichtdasein, fällt – und mit ihm die Sphäre des Seins – ganz in das Wesen; denn jene an sich seiende Nichtigkeit ist gar nichts anderes als die negative Natur des Wesens selbst; ferner: Das Unmittelbare seiner ist reflektiert.

So daß der Schein, derart der Fremdart entfremdet, das Wesen selbst ist, »aber das Wesen in einer Bestimmtheit, so jedoch, daß sie nur ein Moment ist, und das Wesen ist das Scheinen seiner in sich selbst« (II, 12)[10]. Damit hat die Sphäre des Wesens ganz sich eröffnet, ist der entscheidende Schritt nach innen schon getan: Das Wesen ist das Selbständige geworden, welches *ist* durch seine Negation, die es selbst darstellt, sich mir vermittelnd.

Denn hat es einmal die Schatten zu eigen sich gemacht, oder: die Unmittelbarkeit als schlechthin vermittelt (das Sein als Moment) ans Licht gezogen: so setzt es nun selbst sich als die Negation, die nur in ihrem Negiertsein Dasein hat.

Das Wesen in dieser seiner Selbstbewegung ist die Reflexion, »die nichts außer ihr hat, das nie negierte, sondern die nur ihr Negatives selbst negiert, das nur in diesem Negieren ist« (II, 14)[11]: das Sein als die Bewegung von Nichts zu Nichts, welche das Wesen.

---

9 »Genauer betrachtet, wird das Wesen zu einem nur Wesentlichen gegen ein Unwesentliches dadurch, daß das Wesen nur genommen ist als aufgehobenes Sein oder Dasein. Das Wesen ist auf diese Weise nur die *erste* oder die Negation, welche *Bestimmtheit* ist, durch welche das Sein nur Dasein, oder das Dasein nur ein *Anderes* wird. Das Wesen aber ist die absolute Negativität des Seins; es ist das Sein selbst, aber nicht nur als ein *Anderes* bestimmt, sondern das Sein, das sich sowohl als unmittelbares Sein, wie auch als unmittelbare Negation, als Negation, die mit einem Anderssein behaftet ist, aufgehoben hat. Das Sein oder Dasein hat sich somit nicht als Anderes, denn das Wesen ist, erhalten, und das noch vom Wesen unterschiedene Unmittelbare ist nicht bloß ein unwesentliches Dasein, sondern das *an und für sich* nichtige Unmittelbare; es ist nur ein *Unwesen, der Schein*.« (HSW, Bd. IV, S. 8 f.; vgl. HW, Bd. 6, S. 19)

10 »Die *Bestimmtheit* also, welche der Schein im Wesen ist, ist unendliche Bestimmtheit; sie ist nur das *mit sich* zusammengehende Negative; sie ist so die Bestimmtheit, die als solche die Selbständigkeit und nicht bestimmt ist. – Umgekehrt die Selbständigkeit als sich auf sich beziehende *Unmittelbarkeit* ist ebenso schlechthin Bestimmtheit und Moment und nur als sich auf sich beziehende Negativität. – Diese Negativität, die identisch mit der Unmittelbarkeit, und so die Unmittelbarkeit, die identisch mit der Negativität ist, ist das *Wesen*. Der Schein ist also das Wesen selbst, aber das Wesen in einer Bestimmtheit, aber so, daß sie nur sein Moment ist, und das *Wesen* ist das Scheinen seiner in sich selbst.« (HSW, Bd. IV, S. 12; vgl. HW, Bd. 6, S. 23)

11 »Das Sein ist nur als die Bewegung des Nichts zu Nichts, so ist es das Wesen; und dieses *hat* nicht diese Bewegung *in sich*, sondern ist sie als der absolute Schein selbst, die reine Negativität,

2.

Läßt derart das Denken hier keinen Stein auf dem andern, und läßt es auch keinen sich fremd sein nur als »gedacht«; sondern verzehrt es vielmehr alles Gegenständliche: so muß es selbst substantielles Denken, *Geist*; und dessen Anspruch auf Konstitution ein radikaler sein. Dadurch aber, daß der welterfüllte Geist das Absolute wird, tritt nun die Totalität des Seins, dem Anspruch nach, dem begreifenden Bewußtsein entgegen als ein Objektives.

Und zwar ist das Werden des Absoluten eines, worin das Objekt eher mit dem Subjekt, als umgekehrt, sich vermittelt, so daß die äußerliche Reflexion nur mehr als ein Moment festgehalten bleibt: Entscheidend ist die Einheit, nicht die Differenz des Absoluten.

In diesem Sinne scheint darum, wie in der Fundamentalontologie der Gegenwart, die Trennung von Subjekt und Objekt den eigentlichen Sündenfall des Geistes darzustellen; scheint das Subjekt, wie jenem Philosophieren nur der Lautsprecher des Seins, Hegel ein – wenn auch wesentlich – Verschwindendes auszumachen.

Dieses Subjekt aber ist bei Hegel eben nicht das subjektive Reflektieren, irrationales Verlautbaren, Seinsorakel, sondern das unabdingbar notwendige Moment der zur Welt kommenden Sache selbst, welche gerade jener Vermittlung und Arbeit sich verdankt, welche dort nur mehr ein Schattendasein führt, nicht jedoch das Material durchdringt und zu sich kommt daran. Mag ihm auch, nach Hegels Wort, »Hören und Sehen vergehen«[12] –: so ist doch gefordert, daß es aufrechtstehe, keinesfalls aber ins Sein hinausgeworfen oder von ihm geschüttelt sei.[13]

---

die nichts außer ihr hat, das sie negierte, sondern die nur ihr Negatives selbst negiert, das nur in diesem Negieren ist.« (HSW, Bd. IV, S. 14; vgl. HW, Bd. 6, S. 25)

12 »Dem Bewußtsein ist in der Dialektik der sinnlichen Gewißheit das Hören und Sehen usw. vergangen, und als Wahrnehmen ist es zu Gedanken gekommen, welche es aber erst im Unbedingt-Allgemeinen zusammenbringt.« (HW, Bd. 3, S. 107)

13 Anspielung auf die Terminologie Heideggers, bei dem es etwa heißt: »Das Verfallen bestimmt nicht nur existenzial das In-der-Welt-sein. Der Wirbel offenbart zugleich den Wurf- und Bewegtheitscharakter der Geworfenheit, die in der Befindlichkeit des Daseins ihm selbst sich aufdrängen kann. Die Geworfenheit ist nicht nur eine ›fertige Tatsache‹, sondern auch ein abgeschlossenes Faktum. Zu dessen Faktizität gehört, daß das Dasein, *solange* es ist, was es ist, im Wurf bleibt und in die Uneigentlichkeit des Man hineingewirbelt wird. Die Geworfenheit, darin sich die Faktizität phänomenal sehen läßt, gehört zum Dasein, dem es in seinem Sein um dieses selbst geht. Dasein existiert faktisch.« (Martin Heidegger, Sein und Zeit [1927], 9. Aufl., Tübingen 1960, S. 179)

Dessen Gewalt erfährt es an sich in der Zumutung, daß die Bewegung des Gedankens identisch sei mit der des Seins selber.

Ist Sein als solches auch nur das ganz Abstrakte: einfache Denkform, logische Bestimmung, zugleich und bereits zu Anfang ist es das Ganze (der Welt) in seiner Negativität, ist »einfache Kategorie«, deren Wesen es ausmacht, stets nur im Anderssein oder im absoluten Unterschiede sich selbst gleich zu sein.

Dieser Unterschied *ist* daher, aber vollkommen durchsichtig und als ein Unterschied, der zugleich keiner ist, der doch gerade als solcher und ἐξ ἀρχῆς der These: Vernunft sei das Absolute, axiomatischen Charakter abspricht, weil einzig in der Entfaltung des widersprüchlichen Sachverhalts, und das heißt zugleich: im Zurückkommen aus der Gegenständlichkeit, die Versicherung der Vernünftigkeit des Wirklichen Wahrheit, Wahrheit auch der »einfachen Kategorie« sein kann.

Daß diese, als Denkbestimmung, ebensosehr »von objektiver Existenz« (I, 32)[14]; »die Form das einheimische Werden des konkreten Inhalts selbst« sei (Vorrede zur Phänomenologie)[15], schließt in sich ein Bewußtsein des Verhältnisses nicht nur von Form und Inhalt, sondern von Sprache und Sache gleichermaßen.

Denn die dialektische Methode, als »das Bewußtsein über die Form der inneren Selbstbewegung ihres Inhalts« (I, 35)[16], kann auch darin nicht der Logik Aristoteles' folgen, daß sie der Sprache syntaktische Grundformen entnähme, ohne indes die Entscheidung herauszufordern, ob die »gemäß der Rede« (κατηγορία) entwickelten Kategorien Sach- oder Denkbestimmungen darstellen.

---

14 »*Denken* ist ein Ausdruck, der die in ihm enthaltene Bestimmung vorzugsweise dem Bewußtsein beilegt. Aber insofern gesagt wird, daß *Verstand, daß Vernunft in der gegenständlichen Welt ist,* daß der Geist und die Natur *allgemeine Gesetze* habe, nach welchen ihr Leben und ihre Veränderungen sich machen, so wird zugegeben, daß die Denkbestimmungen ebensosehr objektiven Wert und Existenz haben.« (HSW, Bd. III, S. 32; vgl. HW, Bd. 5, S. 45)

15 »In dieser Natur dessen, was ist, in seinem Sein sein Begriff zu sein, ist es, daß überhaupt die *logische Notwendigkeit* besteht; sie allein ist das Vernünftige und der Rhythmus des organischen Ganzen, sie ist ebensosehr *Wissen des* Inhalts, als der Inhalt Begriff und Wesen ist, – oder sie allein ist das *Spekulative*. – Die konkrete Gestalt, sich selbst bewegend, macht sich zur einfachen Bestimmtheit; damit erhebt sie sich zur logischen Form und ist in ihrer Wesentlichkeit; ihr konkretes Dasein ist nur diese Bewegung und ist unmittelbar logisches Dasein. Es ist darum unnötig, dem konkreten Inhalt den Formalismus äußerlich anzutun; Jener ist an ihm selbst das Übergehen in diesen, der aber aufhört, dieser äußerliche Formalismus zu sein, weil die Form das einheimische Werden des konkreten Inhalts selbst ist.« (HW, Bd. 3, S. 55)

16 »Die Exposition dessen aber, was allein die wahrhafte Methode der philosophischen Wissenschaft sein kann, fällt in die Abhandlung der Logik selbst; denn die Methode ist das Bewußtsein über die Form der inneren Selbstbewegung ihres Inhalts.« (HSW, Bd. III, S. 35; vgl. HW, Bd. 5, S. 49)

Der Verlust von Naivität gegenüber der Sprache aber – (und damit die Aufhebung ihrer *unbewußt*-ontologischen Hypothek) – nötigt dem Urteil eine Bedeutung auf, wie sie dem der formalen Logik fremd ist.

Denn das formale Urteil konstituiert sich in der gleichgültigen Äußerlichkeit von Subjekt und Prädikat, durch die Verbindung dieser Extreme mit Hilfe der Kopula.

Solches bewußtlose äußere Tun vergißt, daß die objektive Möglichkeit wie Wahrheit einer syntaktischen Verbindung von der Form A = B »es« voraussetzt, daß die Synthese des Bewußtseins keine nur subjektive, vielmehr von der Sache motiviert sei: daß mithin A und B wirklich Identische *sind*.

Deren geworden-ungewordene Einheit aber wirft Licht auf die Gedankenwege: Darin erscheint, daß in jedem Urteil etwas sich vollzieht, das über Subjekt und Sprache hinausgeht, hin auf eines, welches von sich aus verlangt, was durch das Urteil geschieht.

Folgt das Denken dieser Forderung, so macht es eines Widerspruchs sich schuldig, indem es voraussetzt, was zu beweisen war.

Solche petitio principii – notwendig der Form des prädikativen Urteils verhaftet –, ist als der Sache wesentlich zu betrachten, deren Wahrheit in der Sprache Schaden nimmt, welche das einzige Medium von Wahrheit darstellt.

Denn das Wort allein gibt dem Gedanken Dasein, und wie für Hegel der wahrhafte Gedanke die Sache ist, so auch das Wort, wenn es vom Denken gesetzt wird. Denn das Denken untersteht jederzeit dem kategorischen Imperativ eines Außersprachlichen: eines Solchen, das nur im Zuge des Denkens einzuholen und dessen Sprachwerdung mit dem Zurweltkommen der Sache identisch ist.

Indem der immanente Rhythmus der Begriffe die Syntax des Satzes durchschlägt, hebt er den Widerspruch auf, der sich im Aufheben setzt. Dieser bringt zur Sprache und erweist als Wahrheit die Identität, welche das formale Urteil nur behauptet: etwas, das allem Denken als Anfang vorausgesetzt ist, das aber einzig im Werden des Endes wird und wahr wird; wie denn zugleich das Anfangen des Denkens von sich das Setzen dessen ist, von dem es anfängt.

Movens der Hegelschen Philosophie ist der Widerspruch in diesem bestimmten Sinne, ein Mimetisches: die zum Prinzip der Lebendigkeit gemachte Gebärde eines, der seinen Schatten überspringt; innere Negativität der Sache und des Sprachlebens.

Mit ihm macht dieses Denken den Versuch, das an der Wahrheit zu retten, was in der Sprache zu Schaden kommt. Und vermag das, weil Sprache allein der Wahrheit Gestalt verleiht, nur mit den Mitteln des Worts, unter dem Bannspruch des Satzes.

Ihn zu brechen und die Sprache von sich selbst zu heilen, ist die Aufgabe, welche durch ihren Ansatz die Hegelsche Logik sich gestellt hat.

3.

Wie in ihr Sprache und Widerspruch wesentlich sich verklammern, Sprache selber dem Reich der Vermittlung angehört, so tut nicht von ungefähr sich die Sphäre des Wesens auf dadurch, daß es die Schatten des Unmittelbaren zu eigen sich macht und als vermittelt erweist – um sich selbst zur Sprache zu bringen.

Denn wie die Unmittelbarkeit – eigentlich sprachlos – einfach »da« ist, kommt auch in ihr das Wesen von selbst nicht zu Wort anders als Schein: am Maß des Unmittelbaren.

Seiner Hypostasierung macht sich ein Denken schuldig, das die Momente – Wesen und Schein – beläßt in der Entzweiung; »Reflexionsformen, durch welche die Trennung der Untrennbaren fixiert werden soll« (I, 79)[17]. Wenn aber gleich das Unmittelbare Schweigen gebietet – Schweigen, das über den Namen ein Tabu spricht –, so ist dies Versenktsein-in-Sich schon selber das Negative und, ernst genommen, das Unmittelbare – gewesen: das Wesen ist das zeitlos in sich versunkene Sein.

Also ist das Unmittelbare, als Schein, das Wesen selbst, »aber das Wesen in einer Bestimmtheit, so jedoch, daß sie nur ein Moment ist; und das Wesen ist das Scheinen in sich selbst« (II, 12)[18].

Diese Bewegung der Sache zu verhindern, mithin den Schein als das vom Wesen Getrennte bestehen zu lassen, mußte – nach Hegel – die Philosophie an einen Begriff sich halten, der das Verharren im Unmittelbaren möglich machte: den des Gegebenen oder des Seins als Bestimmtheit. So daß, was nur Schein, das Nichtige sein sollte – Dasein, in dessen Erkenntnis das Wesen gar nicht eintritt –, dennoch zugleich den mannigfaltigen Reichtum der Welt in sich befaßte.

Der Schein ist daher selbst ein unmittelbar Bestimmtes, seine Bestimmungen sind seiende gegeneinander, oder er ist vielmehr nur aus dem Sein »übersetzt« worden: Die »Erscheinung« des *Idealismus*, das »Phänomen« des *Skeptizismus* ist eine solche, sich widersprechende, Unmittelbarkeit. Als dem modernen Positi-

---

**17** »Die Einheit, deren Momente, Sein und Nichts, als untrennbare sind, ist von ihnen selbst zugleich verschieden, so ein *Drittes* gegen sie, welches in seiner eigentümlichsten Form das *Werden* ist. [...] Aber dieses Dritte hat vielfache empirische Gestalten, welche von der Abstraktion beiseite gestellt oder vernachlässigt werden, um jene ihre Produkte, das Sein und das Nichts, jedes für sich festzuhalten und sie gegen das Übergehen geschützt zu zeigen. Gegen solches einfache Verhalten der Abstraktion ist ebenso einfach nur an die empirische Existenz zu erinnern, in der jene Abstraktion selbst nur Etwas ist, ein Dasein hat. Oder es sind sonst Reflexionsformen, durch welche die Trennung der Untrennbaren fixiert werden soll.« (HSW, Bd. III, S. 79; vgl. HW, Bd. 5, S. 97)

**18** S. oben, Anm. 10.

vismus Verwandte, gehen sie beide »zurück« (!) auf ein schlechthin Gegebenes – doch nein!: »*es ist* erlaubte sich der Skeptizismus nicht zu sagen« (II, 9)[19]. Für ihn also ist das Gegebene nicht gegeben; und will er nicht Ding an sich und Theologie beschwören, so muß er noch gegen das Wort »gegeben« gleichgültig sein. Wenn darum der Positivismus auf das Gegebene trifft – (das er nicht Wort haben will) –: so schlägt ihm »das Schweigen unendlicher Räume«[20] entgegen, vor dem noch die δεῖξις zur bloßen Zuckung gerät.

So fällt das Tabu über das Unmittelbare – ausgesprochen über die Qual der Vermittlung, weltgeschichtliche Arbeit – jäh aus der Sprachlosigkeit des Dies-Da auf ihn zurück.

Diesem die »theologischen Mucken«[21] auszutreiben – (immer schon war *das Gegebene* phantasmagorisch) – erforderte den Begriff; das Wort mithin, vor dem die Gleichgültigkeit den Positivismus bewahren möchte. Indem er das Problem des Scheins (des Gegebenen) nicht ernst zu nehmen wagt, verhält er sich gleichgültig gegen sich selbst wie die Sache, die er vertritt, und schweigt grundlos.

Solche Bodenlosigkeit für Tiefe zu halten, hat sich Hegel erspart – wie denn die »Alternative«, das Stammeln von Urworten, ihm »indisch« geklungen hätte.[22]

Vielmehr hat er das Problem des Gegebenen ernst genommen; hat, weil es das Wort voraussetzt, gleichermaßen die Sprache als wesentlich behandelt; die Schranke des Unmittelbaren zugleich und Nominalismus durchbrechend.

Wie aber erst im Wort der Gedanke Dasein hat, so treibt das Benannte, soll es nicht in seiner Einseitigkeit zugrunde gehen, notwendig fort zu einem Andern,

---

19 »›Es ist‹ erlaubte sich der Skeptizismus nicht zu sagen; der neuere Idealismus erlaubte sich nicht, die Erkenntnisse als ein Wissen vom Ding-an-sich anzusehen; jener Schein sollte überhaupt keine Grundlage eines Seins haben, in diese Erkenntnisse sollte nicht das Ding-an-sich eintreten. Zugleich aber ließ der Skeptizismus mannigfaltige Bestimmungen seines Scheins zu, oder vielmehr sein Schein hatte den ganzen mannigfaltigen Reichtum der Welt zum Inhalte. Ebenso begreift die Erscheinung des Idealismus den ganzen Umfang dieser mannigfaltigen Bestimmtheiten in sich. Jener Schein und diese Erscheinung sind *unmittelbar* so mannigfaltig bestimmt. Diesem Inhalte mag also wohl kein Sein, kein Ding oder Ding-an-sich zugrunde liegen; er für sich bleibt, wie er ist; er ist nur aus dem Sein in den Schein übersetzt worden, so daß der Schein innerhalb seiner selbst jene mannigfaltigen Bestimmtheiten hat, welche unmittelbare, seiende, andere gegeneinander sind. Der Schein ist also selbst ein *unmittelbar* Bestimmtes.« (HSW, Bd. IV, S. 9f.; vgl. HW, Bd. 6, S. 20)
20 Anspielung auf Pascal, bei dem es heißt: »Das ewige Schweigen dieser unendlichen Räume erschreckt mich.« (Blaise Pascal, Gedanken [1670], übers. von Ulrich Kunzmann, Kommentar von Eduard Zwierlein, Berlin 2012 [Suhrkamp Studienbibliothek; 20], S. 22)
21 Anspielung auf Marx, bei dem es heißt: »Eine Ware scheint auf den ersten Blick ein selbstverständliches, triviales Ding. Ihre Analyse ergibt, daß sie ein sehr vertracktes Ding ist, voll metaphysischer Spitzfindigkeit und theologischer Mucken.« (MEW, Bd. 23, S. 85)
22 S. oben, Anm. 5.

das es von sich ausschließt; dessen Bestimmung es gleichwohl selber gesetzt hat, wie es nicht minder darauf als auf sich selbst bezogen, derart die Einheit seiner und seines Andern, welches die wesentliche Einheit ist.

4.

Die Bestimmung einer Sache selbst als ihres eigenen Andern ist aber das, was Hegel »Reflexion« nennt. Deren Bereich ist ausgezeichnet durch die Bezogenheit, in der auf sein Negatives alles Gesetztsein steht; so zwar, daß eine jede Relation auf anderes in sich zurückgebogen, »re-flektiert« ist, oder die Einheit der Unterschiedenen vermittelt durch die Bewegung, darin sie einander als ihr Negatives selber negieren, das einzig an solchem Negiertsein Bestehen hat.

Diese Bewegung stellt die Reflexion dar: eine, die ebensosehr das Unmittelbare ausmacht, doch welches *ist* nur als die absolute Negativität selbst, diese aber, insofern zugleich sie als das Unmittelbare sich bestimmt; Einheit, welche unendlich sich in sich selbst vermittelt, Sein als Moment aufgehoben in sich.

Derart die reine Negativität, aber als dem Ansichsein verhaftet, ist die Sphäre der Reflexion beschlossen zwischen der Unmittelbarkeit des bloß Daseienden und der sich selber transparent gewordenen Vermittlung der Momente.

Diese dem Gang des Begriffs vorgreifende Bestimmung ist der Entfaltung des Wesens angemessen insofern, als es – sich fortbewegend – ebenso in sich zurückkehrt oder das Werden des Gewordenen ist. Dessen Vollendung, oder das Absolute, ist der Geist, welcher zur Durchsichtigkeit seiner selbst gelangt ist. Doch als noch ausstehend setzt er in jeder Kategorie sich selbst voraus, ist als das Ganze in jeder an seinem Ende, gleichermaßen an seinem Anfang stehend: so Resultat und Ursprung in sich vereinend, deren sich selbst widersprechende Einheit aber gesetzt ist nur als Moment seiner Bewegung zu sich, welche das eigentümlich Motorische ausmacht.

Derart das Werden des Gewordenen, ist auch das Wesen bezogen auf sein Ende, oder es ist das Werden des Endes selbst, aber das Schritt für Schritt selber sich aus sich heraussetzt, weil nur das insistente Verharren auf dem je und je Erreichten es nicht abstrakt – es mächtig werden läßt.

Für die Sache also gilt nach Hegel, daß sie sprachlich wie gedanklich nur in ihrer Bewegung, nicht diese überfliegend, anwesend ist. So daß, wenn einmal der sprachliche Ausdruck ernst genommen, wenn der Begriff zutage getreten ist, er sich im Fortgang der Sache notwendig als sein Anderes, als unterschieden von ihm und identisch mit ihm, erweist oder in negativer Einheit mit ihm vermittelt.

Wie darum die Sprache niemals erläuternd verfährt, sondern in verweilender Entfaltung durch die Sache selbst bewegt wird, ist es ebenso, mit ganzem Ernst, das Wort, das die Sache setzt und fortbewegt. Denn das Wort wie die Sache ist erst im Untergange, oder vielmehr im Übergange in sein Anderes wirklich dieses Wort und diese Sache, nur als die Einheit seiner und seines Andern mehr als ein bloßer Schatten seiner selbst.

Indes der Begriff stetig fortwaltet, wird erst das Wort wesentlich nicht nur gesetzt, sondern reflektiert in sich – nicht bloß ein Zeichen, Marke, Terminus, sondern der in sich bewegte, intensive, ständig ein neues Geschehen entfesselnde Sachwalter.

So, wenn der *Schein* hervorgetreten ist, wird er dem Wesen nicht durch äußerliche Reflexion verbunden, oder es wird kein nur sprachliches Verhältnis zu ihm gestiftet, sondern das Tun der Sprache hat als Bewegung der Sache sich zu erweisen.

Indem das Denken sich in das Wort versenkt, holt es den Reichtum seiner Bestimmungen aus ihm hervor, derart, daß das Wissen durch die waltende Sache gezwungen wird zu erkennen, daß der Schein nicht bloß Schein, sondern das erscheinende Wesen ist.

Denn wie das Wort, so steht auch die Sache nicht fertig da; ebensowenig ist sie bodenlos und abgründig. Sondern Zugrundegehen ist ihre Art, zur Welt zu kommen, mithin im Ende den Anfang zu realisieren, der als ein solcher allererst Anfang ist.

Otto-Ernst Laske

# 177 Peter Gorsen, 11. Juni 1959

*Protokoll*

der Seminarsitzung vom 11. 6. 59.

Es ist sehr fraglich, ob zwischen der Logik des Seins und der Logik des Wesens (bei Hegel) mehr als ein bloß formaler, gliedernder Unterschied besteht: die Bestimmung von irgend etwas, daß es als das, was es ist, durch seine Spezifikation bezogen ist auf ein Anderes, ist der Kanon der *ganzen* Hegelischen Logik und liegt im Mechanismus der Logik des Seins bereits vor; bloß wird gegebene Bestimmung in der Logik des Wesens thematisch. In der Bestimmung des Wesens ist sie als solche gemeint: Daß das Wesen das Scheinen seiner selbst ist und daß es allein nicht nur so scheint, als ob das Wesen das Scheinen seiner selbst wäre, ist in der Kopula des Satzes selbst als ein nicht ausschließlich sprachliches Verhältnis gesetzt. Allerdings klingt das ›ist‹ zunächst so, als ob das Scheinen das Prädikat des Wesens wäre und nicht der Zwang durch die Sache, daß der Schein nicht Schein, sondern das erscheinende Wesen ist. In der Kopula steckt darinnen, daß das Wesen nicht das Scheinen seiner in sich ist, wenn es nicht meint, daß es im Schein als das Wesen scheint: daß das Wesen in sich reflektiert ist. Allein der Sprache mangelt es hier an der Sprache, um die Sprache noch weiter sprechen zu lassen, einer Sprache, die ablösbar wäre von ihrer fixierenden, verdinglichenden Funktion, die sie im Auseinanderfalten von Subjekt und Objekt hat. Der modernen philosophischen Modefrage, ob denn *jede* Sprache, etwa auch die aristotelische, davon betroffen sei, steht die Hegelische Anstrengung gegenüber, die Sprache *mit der Sprache* von der Sprache zu heilen. Die Unangemessenheit der Sprache wird von der Hegelischen zu überwinden versucht, ohne daß auf Sprache verzichtet würde. Die Kopula wird gewissermaßen mit sich selbst entzweit, aber nicht ausgelöscht: Als Gesetztsein ist sie »als die Mitte zu betrachten, welche das Daseyn mit dem Wesen und umgekehrt das Wesen mit dem Daseyn zusammenschließt« (Hegel, Logik, Glockner, Bd. 4, S. 501)[23]. Wenn der Begriff des Daseins mit dem des Wesens zugleich festgehalten wird, so heißt das für den Begriff des Wesens nichts anderes, als daß das Wesen *nur* Wesen ist, wenn es *nicht* nur Wesen

---

[23] »Das Gesetztseyn steht einer Seits dem Daseyn, anderer Seits dem Wesen gegenüber, und ist als die Mitte zu betrachten, welche das Daseyn mit dem Wesen und umgekehrt das Wesen mit dem Daseyn zusammenschließt.« (HJu, Bd. 4, S. 501; vgl. HW, Bd. 6, S. 32f.)

ist, oder m. a. W. – wenn das Wesen ist, darf es nicht auch noch von dem, wovon es unterschieden ist, *unterschieden* sein.

Genau an diesem Punkt fällt moderne Philosophie, die der ontologischen Differenz verhaftet ist, hinter Hegel zurück. Den Gedanken, daß der Begriff des Wesens überhaupt nur als Begriff des individuell Daseienden möglich ist, daß reine Unmittelbarkeit als solche selbst vermittelt ist, trifft sie nicht. Sie fände auch die Wahrheit, daß Wesen und Dasein gerade nicht unterschieden sind, outriert und den Begriff des Wesens seines Sinnes beraubt.

Bereits im transzendentalen Schema Kants ist unter einem *bestimmten* Blickwinkel die Dialektik von Wesen und Dasein angelegt, in jenem Dritten nämlich, »was einerseits mit der Categorie, andererseits mit der Erscheinung in Gleichartigkeit stehen muß, und die Anwendung der ersteren auf die letzte möglich macht. Diese vermittelnde Vorstellung muß ... einerseits intellectuell, andererseits sinnlich sein.« (Kritik der reinen Vernunft, B 177)[24] Daß die vermittelnde Vorstellung nicht leer –, wenn auch in einer anderen Dimension der Betrachtung »rein (ohne alles Empirische)« (s. o.), sondern einerseits allgemein, andererseits als Anschauung bestimmt ist; daß von beiden Momenten keines vom anderen innerhalb der Einheit des Schemas abstrahiert ist, bevor noch beide zur Einheit des Gegenstandes synthetisiert sind, widersteht noch ganz der typisch ontologischen Vorstellung von der Einheit in der Unterschiedenheit als der Einheit von Prinzip und principiatum.[*1] Vielmehr sind Wesen und Anschauung in jener vermittelnden Vorstellung ein und dasselbe und nicht isoliert voneinander.

Schelling steht an dieser Stelle von Kant und Hegel gleichweit entfernt, denn wenn selbst auch die Identität mit sich Wahrheit ist, sind auch Begriff und Anschauung ein und dasselbe –, eine Identität *ohne Reflexion* gibt es nicht. In diesem Zusammenhang ist die Bestimmung dessen, was Reflexion der Sache nach heißt, der Logik des Seins selbstverständlich entrückt; der Bewegung des Wesens ist gegenüber der des Seins schon etwas vom Subjekt, vom Fürsichsein des Begriffs immanent, ohne daß es sich hier schon um die Logik des Begriffs als Begriff handelte. Was da im Begriff des eigenen Anderen einer Sache: dem Sein des I. Teils der Logik vom Subjekt[25] drinsteckt, ist noch *objektivistisch* gewandt: Das Subjekt ist sozusagen in der Sache *an sich* drin, und insofern ist das Sein auch schon *für*

---

24 »Nun ist klar, daß es ein Drittes geben müsse, was einerseits mit der Categorie, andererseits mit der Erscheinung in Gleichartigkeit stehen muß, und die Anwendung der ersteren auf die letzte möglich macht. Diese vermittelnde Vorstellung muß rein (ohne alles Empirische) und doch einerseits *intellectuel*, andererseits *sinnlich* seyn. Eine solche ist das *transcendentale Schema*.« (Immanuel Kant, Critik der reinen Vernunft [1781], 2. Aufl., Riga 1787, S. 177; vgl. KW, Bd. III, S. 187 f. [A 138 f.])

25 Vgl. HW, Bd. 6, S. 272–401.

*sich*, d. h., in der Logik II. Teil[26] zum An- und Fürsichsein vermittelt. Wenn ›ich‹ in der Logik des Wesens so etwas wie das Sein reflektiere, dann finde ich auch etwas von ›mir‹ darin: Sein verharrt nicht an sich, bleibt nicht unberührt von meiner Reflexion. Im [Begriff der] Reflexion, der hier vorliegt, steckt das Spiegeln. Im I. Teil der Logik unthematisch, wird es hier zum Ausdruck der »Sphäre der Vermittlung« (Hegel, Logik, s. o., S. 61)[27] zwischen der Logik des Seins und der Logik des Begriffs. Der Begriff des Sichselbstspiegelns bleibt dabei objektivisch auf sein Gespiegeltsein beschränkt, d. h., im Begriff des Anderen als seines eigenen ist die Spiegelung *an* sich, aber *für* sich gar nicht gesetzt. Das Für-sich-selber-Spiegeln des Subjekts bleibt der Logik des Begriffs vorbehalten.

Im II. Teil der Logik steht der Begriff der Spiegelung für die dialektische Wahrheit, daß der Begriff, um gedacht zu werden, von sich selbst objektiv unterschieden werden muß. Es hieße daher den Objektivismus der Logik des Wesens mißverstehen, wollte man den Begriff der Reflexion, der zur Reflexion des I. Teils hinzutritt, mit dem Begriff des *Bewußtseins* oder gar des Selbstbewußtseins übersetzen. Steht doch dieser Begriff als abstrakte Beziehung eines subjektiven Wissens auf ein Objekt (Logik, s. o., S. 64)[28] in der dialektischen Logik in schlechtem Ansehen. Dem Schein von Subjektivität im Bewußtseinsbegriff, in dem das Wesen als verdinglichtes von seinem Dasein, auf das es sich bezieht, unabhängig gesetzt ist und im Anderen nur das verzerrte Bild seiner selbst spiegelt, steht das im Anderen entfaltete Subjekt selbst gegenüber: daß es in der subjektfernsten Sache noch sich spiegelt; daß das Sein an der aussetzenden Spiegelung in chaotische Splitter auseinanderreißt, hat die Vorstellung vom üblichen Subjektbegriff liquidiert. Dies besonders auch insofern, als die ihm vom common sense bedenkenlos und geheim zugestandene Positivität reflektiert und mit sich selbst entzweit wird. Der Riß, der mitten durch die abstrakte Positivität geht, ist bereits auch bei Kant in der Analyse der subjektiven Bedingungen des Denkens evident; einen statischen positiven Begriff vom reinen Subjekt hat er in der Kritik der reinen Vernunft sich nicht zugestanden und ist lieber die Antwort

---

**26** Vgl. ebd., S. 402–461.
**27** »Nach dem zu Grunde liegenden Elemente [...] der Einheit des Begriffs in sich selbst und damit der Unmittelbarkeit seiner Bestimmungen, müssen diese ferner auch, insofern sie *unterschieden*, der Begriff in ihrem *Unterschiede* gesetzt wird, wenigstens in *Beziehung* aufeinander stehen. Es ergibt sich daraus eine Sphäre der *Vermittlung*, der Begriff als System der *Reflexionsbestimmungen*, d. i. des zum *Insichseyn* des Begriffs übergehenden Seyns, der auf diese Weise noch nicht als *solcher* für sich gesetzt ist, sondern mit dem unmittelbaren Seyn als einem ihm auch Aeußeren zugleich behaftet ist. Dies ist *die Lehre von dem Wesen*, die zwischen der Lehre vom Seyn und der vom Begriff inmitten steht.« (HJu, Bd. 4, S. 61 f.; vgl. HW, Bd. 5, S. 58)
**28** Vgl. HJu, Bd. 4, S. 64; vgl. HW, Bd. 5, S. 60 f.

auf die Frage, woraufhin denn die Synthesen vollzogen werden, wenn das ›Ich denke‹ ein dynamischer Begriff ist,[29] schuldig geblieben. Bei Eliminierung aller empirischen Elemente ist die transzendentale Apperzeption Kants daher noch ein *Bewußtes* – der Subjektbegriff objektivisch gewandt.

An diesem Punkt kommt der Kantische Subjektbegriff seiner Bestimmung als Reflexion durch Hegel aus der Logik des Wesens recht nahe, *wenn* man davon absieht, daß das transzendentale Ich von seiner raum-zeitlichen Faktizität abstrahiert ist. Der Abstraktionsprozeß hat zwar auf einen spekulativen unbewegten Subjektsbegriff ›von oben her‹ verzichtet, dann aber von der empirischen Basis ein reines objektives Selbstbewußtsein abgezogen – gewissermaßen die Identität von der Verschiedenheit des Mannigfaltigen als deren Wesen isoliert.

– Dem steht allerdings die Hegelische Bestimmung des Wesens als das in *seiner* absoluten *Negativität Identische*[30] um so befremdender, ja, für abstrahierendes Denken geradezu als Schock gegenüber –, ist doch zunächst nichts anderes als die *paradoxe* Behauptung aufgestellt, daß etwas *im Anderen* und nicht von ihm abstrahiert, mit sich identisch sein soll. Wie sollte man aber Identität anders denken als ein durch Analyse des Verschiedenen Abgezogenes, d. h. dadurch, daß das Wesen seine Negativität, sein Sein, das es voraussetzt, wegläßt und die Identität des Wesens zurückbehält. Was sollte der mit sich identische Begriff anderes heißen, als daß er ein von dem, was unter ihn befaßt ist, Abstrahiertes ist; diese Frage kann im Interesse der vorhegelischen Philosophie gestellt werden, die von Abstraktion, sei es in Platons Ideenlehre, sei es vom Subjektivismus der Sophisten bis zum Empirismus Humes, lange gelebt hat. Entweder ist vom Allgemeinen oder vom Besonderen jeweils auf das Bleibende als auf das positiv mit sich Identische abstrahiert und reduziert worden. Daß aber ›etwas‹ sich nicht als das erweist, worauf es reduziert, sondern ebenso als das, wovon es abstrahiert ist –, daß m. a. W. das Allgemeine sich als das Besondere erweist, jedoch nur, wenn das Besondere erweist, daß das Allgemeine das Allgemeine und nicht das Besondere ist und nicht im Allgemeinen verschwindet –, dieses muß als der Trick der dialektischen Interpretation vom Bleibenden angesehen werden. Für ihre eigentliche Pointe gilt: Was das Bleibende ist, wird nur durch Negativität dazu und was durch Positivität wird, ist gerade das Verschwindende.

In der »Phänomenologie des Geistes« bleibt das Jetzt des sinnlich Gewissen mit sich nur identisch, weil es bei Nacht nicht Mittag und am Mittag nicht Nacht

---

**29** Vgl. den Abschnitt »Von der ursprünglich-synthetischen Einheit der Apperzeption«, KW, Bd. III, S. 136–138 (B 131–136).
**30** S. oben, Anm. 10 sowie Anm. 18.

ist, also weder Mittag noch Nacht, ein Negatives überhaupt ist.[31] Was jeweils positiv Mittag bzw. Nacht geworden ist, der Begriff der einzelnen Helligkeiten, ist gerade das Verschwindende, während die Identität der Gewißheit, daß stets ›etwas‹ *nicht* bzw. verschwunden ist, wenn sein Gegenteil positiv gesetzt ist, sich durchhält. Der Identität der negativen Gewißheit verdankt der Tag überhaupt sein Verschwinden –, denn verschwände selbst diese und mit ihr eben die *identische* Bestimmung des Jetzt, die den Unterschied zu einem Vergangenen, d.h. sein Verschwundensein setzt, wären Tag und Nacht ununterschieden eins – sozusagen ewig Nacht. Allein, daß die Nacht verschwunden, wenn es Tag ist, hat seinen Grund in der Identität des negativ bestimmten Jetzt; das *negative* Bestimmtsein der Identität aber ist der berechnete Grund dafür, daß weder Nacht noch Tag zum einzigen Prinzip des Anderen erhoben wird.

Die absolute Identität, die nicht als Identität gegen ein Anderes unterschieden ist, verschwindet als dieser Begriff in einer leeren abstrahierten »Sichselbstgleichheit«. Identität ist so gerade nicht mehr der bleibende identische Unterschied, sondern sich paraphrasierende: mit sich noch einmal identische Identität oder abstrakte Ununterschiedenheit. Nimmt absolute Identität das Andere in sich auf, muß sie notwendig zwar negativ bestimmt sein, eben als absolute Negativität –; als solche aber darf sie bleiben. Indem absolute Identität ihre Positivität mit dem hereingenommenen Anderen aufhebt, hat sie sich als aufgehobene Positivität ebensogut auch erhalten: *Das* macht ihre Identität aus. Als bleibende muß sie absolute Negativität sein; absolute, weil die Identität ihr Nichtsein in sich selbst und nicht an einem Anderen außerhalb ihrer haben will. Ein äußerlicher Unterschied macht die Identität so gut verschwinden wie schon ihre absolute Positivität, die nur die übriggebliebene Konsequenz des äußerlichen Unterschiedes selbst ist. Denn das Unterscheiden als Setzen des Nichtseins des Anderen hebt das äußerliche Andere ohne Gewinn für die Identität auf, d.h., es wird im einseitigen Sinne des Wortes aufgehoben, ohne daß es zugleich *für* die Identität positiv aufgehoben würde. Der Unterschied ist damit genauso aufgehoben, und mit ihm verschwindet das Unterscheiden und zwar das abstrakte Unterscheiden als ein gewissermaßen ›gegenstandsloses‹, d.h. ohne sein äußerliches Anderes; oder es bestimmt sich gegen alle Konsequenz der Dialektik positiv als absolutes unterschiedsloses Unterscheiden mit dem totalen Anspruch, die Unterschiede in einem Schöpfungsakt aus sich setzen zu können.

In dieser Dimension der Betrachtung ist die Identität nichts anderes als die absolute Negation des Begriffes selbst, die Sprachlosigkeit. Ist in der dialekti-

---

31 Vgl. den Abschnitt »Die sinnliche Gewißheit oder das Diese und das Meinen«, HW, Bd. 3, S. 82–92.

schen Interpretation der absoluten Identität dieser Begriff dadurch erhalten geblieben, daß in ihm Negativität und Identität wie ein inneres Scharnier, dessen beiden Teile aufeinandergeklappt sind, aufgehoben werden, reduziert die ontologische Auffassung vom Unterschied auf ein unterscheidbares Moment, das z. B. als Unterscheiden, als inneres Abstoßen von dem, wovon es sich abstößt, isoliert ist. Schelling beschreibt die Begriffslosigkeit und Objektlosigkeit der absoluten Identität so konsequent wie nur möglich: »das Ich kann ... kein Begriff seyn, weder ein reiner, noch ein abstrahierter, denn es ist weder zusammenfassende, noch zusammengefaßte, sondern absolute Einheit ... Wer das Ich für einen Begriff halten, oder von ihm numerische Einheit oder Vielheit aussagen kann, weiß nichts vom Ich. Wer es in einen demonstrierbaren Begriff verwandeln will, der muß es nicht mehr für das Unbedingte halten. Denn das Absolute kann nimmer vermittelt werden, also nimmer ins Gebiet erweisbarer Begriffe fallen. Denn alles Demonstrierbare setzt etwas schon demonstriertes, oder das höchste nicht mehr Demonstrierbare voraus. Wer also das Absolute demonstrieren will, hebt es eben dadurch auf, und mit ihm alle Freiheit, alle absolute Identität usw.« (Ausg. Schröter, Bd. I, S. 108, Vom Ich als Prinzip der Philosophie)[32] Das Absolute in Begriffen zu demonstrieren bzw. *sich* demonstrieren zu lassen, ist der Versuch der Hegelschen Logik, der gegenüber die Aspekte der Voraussetzungslosigkeit oder der Symbolik der Begriffe und der Sprache ganz inadäquat sind, eher noch zur Ehre des Schellingschen und auch noch des Fichteschen Systems gereichen. Gegenüber der Anmaßung, die Begriffe rein und von ihrer Genesis auskristallisiert zu haben oder so zu tun, als wüßte man schon, was die Begriffe der Sache nach meinten, steht die andere bissige, der Logik Hegels immanente, die ihr Recht aus der vorangegangenen zieht: daß der *erste* Satz der Logik, solange ihr letzter ungelesen bleibt, gar keiner ist – bloß reines Sein und nichts weiter.

Der Begriff der absoluten Negativität gibt auch für diesen Sachverhalt ein eklatantes Beispiel ab: Wo er zum ersten Mal auftaucht, ohne daß er im Sinne der Reflexionsbestimmung als »sowohl reflektierte Beziehung in sich selbst, als auch

---

[32] »*Begriff* überhaupt ist etwas, das Vielheit in Einheit zusammenfaßt: das Ich kann also kein Begriff seyn, weder ein reiner, noch ein abstrahirter, denn es ist weder zusammenfassende, noch zusammengefaßte, sondern *absolute* Einheit. Es ist also weder Gattung, noch Art, noch Individuum. Denn Gattung, Art und Individuum sind nur in Bezug auf Vielheit denkbar. Wer das Ich für einen Begriff halten, oder von ihm numerische Einheit oder Vielheit aussagen kann, weiß nichts vom Ich. Wer es in einen demonstrirbaren Begriff verwandeln will, der muß es nicht mehr für das Unbedingte halten. Denn das Absolute kann nimmer vermittelt werden, also nimmer ins Gebiet erweisbarer Begriffe fallen. Denn alles Demonstrirbare setzt etwas schon demonstrirtes, oder das höchste nicht mehr Demonstrirbare voraus. Wer also das Absolute demonstriren will, hebt es eben dadurch auf, und mit ihm alle Freiheit, alle absolute Identität u.s.w.« (SW, Bd. 1, S. 108)

Gesetztseyn« (Logik, 503)[33] eingeführt würde, ist er nicht frei von möglichen Mißverständnissen etwa dergestalt, daß die Absolutheit der Negativität überspannt und in einen naiv terminologischen Gegensatz zum Begriff der absoluten Positivität gebracht und damit der Sache nach als absolut gesetztes und von seiner setzenden Negation getrennte Negativität schlechthin spintisiert wird. Wenn die schwäbische Laxheit des Ausdrucks vom Absoluten der Negativität bisweilen sich gestattet, superlativische Negativität darunter zu denken, so ist jedoch streng der reflektierenden Sache nach gerade die Unabtrennbarkeit des Negativen schlechthin von der Positivität der Negation gemeint, nämlich die Negativität als »Gesetztseyn Negation, welche aber die Beziehung auf Anderes in sich zurückbeugt« (Logik, 504)[34] –, der blinde Spiegel der abstrahierenden schlechthinnigen Negativität ist nicht der sehende absoluter Negativität, die sich als Reflexion und Gesetztsein in die Einheit ihres Reflektiertseins teilt; eines spiegelt das andere, und keines ist seinem anderen äußerlich wie das Abbild des principiatums ›seinem‹ absoluten Original.

Nun steckt in der Einheit der Reflexion auch schon als Moment, als Hintergrund jenes auf die Form A = A gebrachte, sich selbst setzende Ich Fichtes, das im III. Teil der Logik thematisch wird.[35] Allerdings wird dort Subjekt-Objekt-Dialektik

---

[33] »Indem nun die Reflexionsbestimmung sowohl reflektierte Beziehung in sich selbst, als auch Gesetztseyn ist, so erhellt unmittelbar daraus ihre Natur näher. Als Gesetztseyn nämlich ist sie die Negation als solche, ein Nichtseyn gegen ein Anderes, nämlich *gegen* die absolute Reflexion in sich oder aber gegen das Wesen. Aber als Beziehung auf sich ist sie in sich reflektirt.« (HJu, Bd. 4, S. 503f.; vgl. HW, Bd. 6, S. 34f.)

[34] »Die Qualität geht durch ihre Beziehung in Anderes über; in ihrer Beziehung beginnt ihre Veränderung. Die Reflexionsbestimmung hingegen hat ihr Andersseyn in sich zurückgenommen. Sie ist *Gesetztseyn*, Negation, welche aber die Beziehung auf Anderes in sich zurückbeugt, und Negation, die sich selbst gleich, die Einheit ihrer selbst und ihres Andern und nur dadurch *Wesenheit* ist. Sie ist also Gesetztseyn, Negation, aber als Reflexion in sich ist sie zugleich das Aufgehobenseyn dieses Gesetztseyns, unendliche Beziehung auf sich.« (HJu, Bd. 4, S. 504; vgl. HW, Bd. 6, S. 35)

[35] »Es ist beim apodiktischen Urteil, wo, als in der Vollendung des Urteils, das Subjekt seine Bestimmtheit gegen das Prädikat verliert, an die daher stammende gedoppelte Bedeutung der *Subjektivität* erinnert worden, nämlich des Begriffs und ebenso der ihm sonst gegenüberstehenden Äußerlichkeit und Zufälligkeit. So erscheint auch für die Objektivität die gedoppelte Bedeutung, dem selbständigen *Begriffe gegenüberzustehen*, aber auch *das Anundfürsichseiende* zu sein. Indem das Objekt in jenem Sinne dem im subjektiven Idealismus als das absolute Wahre ausgesprochenen Ich = Ich gegenübersteht, ist es die mannigfaltige Welt in ihrem unmittelbaren Dasein, mit welcher Ich oder der Begriff sich nur in den unendlichen Kampf setzt, um durch die Negation dieses *an sich nichtigen* Anderen der ersten Gewißheit seiner selbst die *wirkliche Wahrheit* seiner Gleichheit mit sich zu geben. – In unbestimmterem Sinne bedeutet es so einen Gegenstand überhaupt für irgendein Interesse und Tätigkeit des Subjekts.« (HW, Bd. 6, S. 407f.)

gewissermaßen ›überflogen‹ (Schelling)[36] und wieder zum Subjekt und muß im Gang der Logik – der Wahrheit ihres zweiten Teils unterlegen sein. Denn daß das Subjekt ebenso als Objekt sich bestimmt wie umgekehrt das Objekt als Subjekt, heißt hier: noch mit beiden Beinen auf dem Boden des gesunden Menschenverstandes stehen und ihm zugleich mißtrauen; er wird geehrt und verachtet in eins: In der positiven Formel der reinen Identität A = A ist der Begriff des Subjekts mit dem Begriff des Subjekts, das erste mit dem zweiten A gerade nicht identisch. In dem ersten A des Satzes wird das absolute Subjekt schlechthin gesetzt und der gesunde Menschenverstand, daß es jeder bedenkenlos zugibt, geehrt –; im zweiten A desselben Satzes ist das Subjekt Prädikat oder als Objektives prädiziert im *erkenntnistheoretischen* Sinne des Begriffs: es ist das *sich* selbst zum *Objekt* der Reflexion *machende* Ich als in sich *gesetzt*, nicht mehr der objektlose Menschenverstand.

Als objektives Reflektiertsein ist der Subjektbegriff im zweiten Teil der Logik thematisch und gegen Äquivokationen mit seinem Begriff aus dem dritten Teil oder mit dem emphatischen von aller raum-zeitlichen Faktizität unabhängigen transzendentalen Subjekt abgeschirmt so gut wie gegen die Kritik von Marx am absoluten Subjekt, dem abstrakten Staat aus der Rechtsphilosophie.[37] Der Begriff des Subjekts aus dem zweiten Teil der Logik deckt sich m. a. W. mit dem gleichnamigen aus der Staatsphilosophie, den Marx anficht, nicht. Eher würde demnach der Subjektbegriff aus dem dritten Teil der Logik mit dem dritten Teil der Logik mit dem in der Rechtsphilosophie intendierten vergleichbar sein und der vorgebrachten Kritik anheimfallen.

[*1] Genau dann aber, wenn das transzendentale Schema in Funktion tritt, geraten seine ihm immanenten Momente in ein Subsumtionsverhältnis des Besonderen unter die Kategorie. Mit seinem transzendental-logischen Programm uneins: nämlich die Bedingung der Gegenstandserkenntnis selbst zu konstituieren, setzt Kant den Gegenstand naiv voraus, indem er nur nach der Subsumtion unter den Begriff fragt; damit sind der Begriff und das darunter Befaßte wie in der formalen Logik als fertig Konstituiertes vorausgesetzt.

---

36 »Die Behauptung eines absoluten Ichs ist *[Absatz]* [...] nichts weniger als *transcendente Behauptung*, so wenig als der praktische Uebergang ins übersinnliche Gebiet transcendent ist. Vielmehr, da gerade diejenige Behauptung transcendent ist, die das Ich *überfliegen* will, so muß die Behauptung eines absoluten Ichs die immanenteste aller Behauptungen, ja die Bedingung aller immanenten Philosophie seyn.« (SW, Bd. 1, S. 129)
37 Vgl. Marx' Schrift »Zur Kritik der Hegelschen Rechtsphilosophie« [1844], MEW, Bd. 1, S. 201–333.

## 178 [N.N.],
## 18. Juni 1959

Protokoll der Seminarsitzung vom 18. 6. 59.

Zu Beginn der Sitzung wurde noch einmal auf den Unterschied der Logik des Seins gegenüber der Logik des Wesens bei Hegel eingegangen. Unter dem Vorbehalt, daß jedes isoliert dargestellte Beispiel den Sinngehalt von Bestimmungen innerhalb der Hegelschen Logik nicht adäquat treffen könne, versuchte Herr Prof. Adorno jenen Unterschied des Seins gegenüber dem Wesen am Phänomen der Musik zu verdeutlichen. Unter den logischen Bestimmungen des Seins gedacht, wäre Musik der Inbegriff aller regulierten Tonsysteme, also geordneter Beziehung von Tönen. Von der Logik des Wesens her betrachtet, wäre dagegen Musik ein Zusammenhang von Tönen mit objektivem Sinngehalt. Subjektivität liegt beiden Ordnungsbegriffen von Tönen zugrunde, der wesentliche objektive Sinngehalt enthält sie jedoch in konkreterer Weise als ein nur formales Ordnungsschema.

Die allen Hegelschen Bestimmungen der Logik immanente Subjektivität entfaltet sich also mit zunehmender Konkretisierung zunächst in den die Objektivität entwickelnden Denkformen. Diese Auffassung von Subjektivität steht dem Begriff des Subjekts in der Erkenntnistheorie Kants viel näher als dies zunächst scheinen mag. Das Ich-denke des transzendentalen Subjekts bei Kant[38] ist zwar der ontologische Grund seiner Erkenntnistheorie, es enthält selbst aber keinerlei ontologische Bestimmungen. Es ist nur reine Tätigkeit, reine Spontaneität zur Integration aller Denkbestimmungen. Bei der Konzeption eines solchen Subjektbegriffes ging es Kant primär nicht darum festzustellen, wie das Subjekt funktioniert, sondern um die Rechtfertigung der Objektivität. –

Die weitere Diskussion über die Struktur der Hegelschen Logik setzte bei der Betrachtung von Hegels Interpretation des Satzes der Identität ein: A = A. Hegel verfährt bei dieser Interpretation rein phänomenologisch. In diesem Urteil soll von dem Subjekt A etwas prädiziert werden. Doch indem das Prädikat ebenfalls nur A lautet, kommt eine bloße Tautologie zustande, wobei die Erkenntnis »nichts« gewinnen kann. Dieses Nichts ist die Anzeige dafür, daß das Denken im Vollzug des Satzes der Identität dessen genaues Gegenteil, die Nichtidentität, und damit die Auflösung des Identitätssatzes hervortreibt.

Hieran anknüpfend wurde die Frage gestellt, ob Hegel in dem Wortspiel mit dem »Nichts« die Sprache nicht überfordere. Das »Nichts«, von Hegel zunächst beiläufig als Ausdruck der Bedeutungslosigkeit eines Gedankens gebraucht, wird

---

[38] S. oben, Anm. 29.

transponiert zur Bedeutung der logischen Negation von Identität. Ist eine moderne Sprache infolge ihrer vielfältigen historischen Kontingenz überhaupt in der Lage, aus ihrer eigenen Struktur heraus Zusammenhänge im Sinne einer Logik des Seins oder Wesens aufzudecken?

Hierauf wurde entgegnet, daß die Hegelsche Philosophie selbstverständlich auch Sprachphilosophie sei, aber in einem höchst reflektierten Sinne, der nichts mit dem Versuch Heideggers gemein habe, die Sprache unmittelbar zum Haus des Seins zu machen.[39] Das »Nichts« in der Hegelschen Interpretation des Satzes der Identität ist nur ein Moment der Reflexion, die voll entfaltet wird. Diese Reflexion stellt dar, wie die Form des Identitätssatzes den vermeintlich als identisch festgehaltenen Inhalt tatsächlich zunichte macht. Indem die Konstatierung eines Identischen in der Form des Urteils sich in Subjekt, Copula und Prädikat auseinanderfalten, zergliedern muß, begeht die traditionelle Logik uneingestanden permanenten Selbstmord.

Wenn also Hegel Wortspiele gebraucht, wie das des »Nichts« im Satze der Identität, dann will er diese nicht wörtlich ernst genommen haben. Solche sprachlichen Eulenspiegeleien sind Ausdruck der Ironie, die – indem sie die Sprache scheinbar ernst nimmt – die leere Anmaßung ihres Sinnes aufdeckt. Die Funktion der Sprache ist hier nicht apologetisch, wie etwa bei Heidegger, sondern kritisch. Die Kritik richtet sich gegen das endliche Urteil, das sich in seiner Partikularität so aufspielt, als enthalte es die absolute Wahrheit. Dieser falsche Anspruch soll zurückgewiesen werden, indem in jedes Urteil, das der traditionellen Logik zufolge an der Identität seines Inhaltes festhält, auch das Nichtidentische dieses Inhalts hineingenommen wird. Hegel versucht somit, die Unangemessenheit einer statischen Logik zur unendlich vermittelten Sache mit den Mitteln der Logik zu überwinden.

Auch die traditionelle Logik enthält implizit den Bezug zur Nichtidentität ihrer Urteilsinhalte. Doch der Sinn dieses Bezugs wurde niemals thematisch entfaltet. Hegels Kritik an dem in der Logik gebräuchlichen Satz der Identität richtet sich primär nicht gegen die Möglichkeit identischen Bestehens von Dingen in der Wirklichkeit. Die Möglichkeit von Identischem wird gar nicht bestritten. Die Kritik am Sinn des Satzes der Identität zeigt vielmehr, daß die von Hegel gezeigte Reflexion darin enthalten ist: Der Satz der Identität hat nur dann Geltung, wenn er

---

39 »Das Denken vollbringt den Bezug des Seins zum Wesen des Menschen. Es macht und bewirkt diesen Bezug nicht. Das Denken bringt ihn nur als das, was ihm selbst vom Sein übergeben ist, dem Sein dar. Dieses Darbieten besteht darin, daß im Denken das Sein zur Sprache kommt. Die Sprache ist das Haus des Seins. In ihrer Behausung wohnt der Mensch. Die Denkenden und Dichtenden sind die Wächter dieser Behausung.« (Martin Heidegger, Über den Humanismus, Frankfurt a. M. [1947], S. 5)

zugleich nicht gilt, weil Identität nur thematisch werden kann vermittels der Reflexion auf ihr eigenes Andere, die Nichtidentität.

Die zur Gegenständlichkeit geronnenen Aussagen wie A = A werden von Hegel durch diese Reflexion verflüssigt. Die im Identitätssatz latent enthaltene Dynamik wird als eine ihm konstitutiv zugehörende Komponente herausgearbeitet. Dadurch erfährt die traditionelle statische Logik eine Erweiterung, doch nicht bloß im Sinne einer additiven Zutat, die den vorherigen Bestand unverändert ließe. Die Erweiterung führt zugleich zur Relativierung der traditionellen Logik. Indem die Dialektik sich an die Bestimmungen der statischen Logik *hält*, werden diese zugleich gesprengt und kritisiert. Es gibt eben nur Identisches, soweit es den Fluß des Vergehens gibt, und der Fluß des Vergehens kann sich andererseits nur an der geronnenen, mit sich selbst identischen Gestalt vollziehen. Der Eleatismus und auch die Philosophie Heraklits sind als Momente in Hegels Denken aufgehoben, sie rechtfertigen sich gegenseitig. Sehr wahrscheinlich war es auch durch den notwendigen Bezug des Gegensatzes Eleaten–Heraklit bedingt, daß das Altertum (wie Reinhardt gezeigt hat)[40] im historischen Verlaufe der Auseinandersetzung der beiden Schulen die Trennung zwischen ihnen gar nicht so scharf zog, wie es die spätere philosophiegeschichtliche Darstellung im Interesse des Festhaltens an der statischen Logik aufzuzeigen versucht hat.

Es erhob sich in diesem Zusammenhang die bereits von Benedetto Croce gestellte Frage, warum bei Hegel alles durch seinen Widerspruch, die Identität durch die Nichtidentität, vermittelt sein müsse.[41] Warum können nicht beliebige Unterschiede von Denkbestimmungen mit gleichem Recht nebeneinander in Hegels Philosophie existieren?

Der Grund dafür, daß sich bei Hegel alle Beziehungen von Denkbestimmungen zum Widerspruch, zur bestimmten Negation zuspitzen, liegt darin, daß

---

40 Vgl. Karl Reinhardt, Parmenides und die Geschichte der griechischen Philosophie [1916], 2. Aufl., Frankfurt a. M. 1959, S. 231–249.
41 »Hegel machte zwischen der Lehre von den Gegensätzen und der Lehre von den Unterschieden nicht den so wichtigen Unterschied, den ich mich bemüht habe, ins rechte Licht zu stellen. Er faßte die Verknüpfung der Abstufungen *dialektisch, in der Art der Dialektik der Gegensätze*; er wandte für diese Verknüpfung die dreiheitliche (triadische) Form an, die der Synthese der Gegensätze eigen ist. Theorie der Unterschiede und Theorie der Gegensätze wurde für ihn beide ein und dasselbe. Und dies war fast unvermeidlich, wegen jener besonderen psychologischen Lage, in welcher sich derjenige befindet, der eine große und tiefe Wahrheit entdeckt hat (in diesem Falle die Synthese der Gegensätze), der von seiner eigenen Entdeckung derart gewaltsam beherrscht wird, der von dem neuen Wein dieser Wahrheit so berauscht ist, daß er sie überall vor Augen sieht, daß er dazu verleitet wird, alles nach dieser neuen Form aufzufassen.« (B[enedetto] Croce, Lebendiges und Totes in Hegels Philosophie mit einer Hegel-Bibliographie [1907], übers. von K[arl] Büchler, Heidelberg 1909, S. 75)

diese Bestimmungen alle in die Einheit eines Systems fallen. Dadurch können sie nicht mehr gleichgültig nebeneinander bestehenbleiben. Sie sind integriert in die Totalität und tragen daher jede für sich die Vermittlung der ganzen Totalität in sich. Eine solche Bestimmtheit jedes Momentes läßt sich nicht bei zufälliger Simultaneität gegeneinander gleichgültiger Denkinhalte erreichen. Sie läßt sich nur durch die bestimmte Negation der einzelnen Momente gegeneinander bewerkstelligen. Jedes Urteil wird dadurch zu einem lebendigen Kraftfeld, jeder analytische Satz ist nur analytisch, wenn er zugleich synthetisch ist, und jeder synthetische Satz erhält nur dann in der Dialektik einen logisch stringenten Sinn, wenn er aus der lebendigen Totalität des Systems deduzierbar ist.

Darin steckt bereits die Ahnung, daß Theorie und Praxis nicht zu trennen sind. Die ganze Welt ist in die Einheit ihrer Geschichte zusammengefaßt, und der Reichtum des in ihr scheinbar gleichgültig nebeneinander Bestehenden wird durch den bestimmten Widerspruch zum durcheinander Vermittelten. Vor dem Hintergrund einer solchen, die Zeitlichkeit als Moment mit einbegreifenden Dialektik, kann es auch keinen Sozialatlas geben, in dem – wie es etwa die positivistische Soziologie will – die bloß empirisch gesammelten sozialen Daten nebeneinander eingetragen werden. Die fernsten sozialen Randerscheinungen müßten dann noch verstanden werden als vermittelt durch die gesellschaftliche Totalität. Diese Totalität gesellschaftlicher Vermittlung von Herrschafts- und Knechtschaftsverhältnissen ist es letzten Endes auch, die in der Totalität der Vermittlung reiner Denkbestimmungen in der Logik Hegels am Werke ist.

# 179 Gudrun Mohr, 25. Juni 1959

*Protokoll*

des philosophischen Hauptseminars vom 25. VI. 59

Die Seminarsitzung vom 25. VI. 59 war der Interpretation des ersten Abschnittes aus dem Kapitel »Der Grund« im zweiten Band der Hegelschen Logik gewidmet.[42]

*I. Das Wesen bestimmt sich selbst als Grund.*[43]

Dieser Eingangssatz wurde dahingehend vereinfacht, daß er zunächst nichts anderes besagt als: Das Wesen *ist* der Grund. Es ist aber insofern der Grund, als es dazu nötigt, Erscheinung und Sein erst durch ihr Wesen zu erklären. Zum Wesen gehört es, daß es erscheint, und die Erscheinung ist notwendig Erscheinung des Wesens.

Wenn diese Formulierung mit einem Gefühl der Selbstverständlichkeit hingenommen wird, so zeigt sich darin noch der Einfluß des Platonischen Gedankens, der das Wesen als den Grund der Sache versteht. Die Ideen Platons sind der Realgrund für die einzelnen Dinge, seine »Methexis« bezeichnet die Teilhabe des Endlichen am Absoluten;[44] seine Dialektik als die Form der Begriffsbildung ist nur eine subjektive Logik, deren letzte Konsequenz durch die Mythen verwischt wird. Hegels Dialektik aber entfaltet sich an der Stelle, wo bei Platon der Mythos steht.

In den pessimistischen letzten Sätzen des vorangegangenen Kapitels von den »Wesenheiten«, in denen das Nichtsein des Endlichen zur Bedingung des Absoluten gemacht wird,[45] steckt das Rätsel der Hegelschen Philosophie. Das Sein des Absoluten besteht darin, daß das Endliche endlich ist; denn mit dem Endlichen ist immer auch schon seine Hinfälligkeit gesetzt, so daß das Sein des Absoluten identisch ist mit dem Zugrundegehen des Endlichen. In diesem Pessimismus dem

---

42 Vgl. den Abschnitt »Der Grund«, HW, Bd. 6, S. 80–123, darin den ersten Absatz, ebd., S. 80.
43 Ebd.
44 Zum Konzept des Teilhabeverhältnisses der Dinge an den Ideen vgl. etwa Platon, Phaidon, in: Platon, Sämtliche Werke, hrsg. von Ursula Wolf, Bd. 2, übers. von Friedrich Schleiermacher, Reinbek bei Hamburg 1994 (Rowohlts Enzyklopädie; 562), S. 103–184; hier: S. 162f. (100b–101b).
45 »Im gewöhnlichen Schließen erscheint das *Sein* des Endlichen als Grund des Absoluten; darum weil Endliches *ist*, ist das Absolute. Die Wahrheit aber ist, daß darum, weil das Endliche der an sich selbst widersprechende Gegensatz, weil es *nicht ist*, das Absolute ist. In jenem Sinne lautet der Satz des Schlusses so: ›Das *Sein* des Endlichen ist das Sein des Absoluten‹; in diesem Sinne aber so: ›Das *Nichtsein* des Endlichen ist das *Sein* des Absoluten‹.« (HW, Bd. 6, S. 79f.)

Endlichen gegenüber liegt aber zugleich ein tröstendes Moment: Wir sind nämlich das Absolute, indem wir uns als das Endliche erkennen.

*II. Wie das Nichts zuerst mit dem Sein in einfacher unmittelbarer Einheit, so ist auch hier zuerst die einfache Identität des Wesens mit seiner absoluten Negativität in unmittelbarer Einheit.*[46]

Die absolute Negativität des Wesens ist der Grund, weil durch ihn das Wesen zur Erscheinung kommt. Bei Hegel ist jedoch, im Gegensatz etwa zu Husserl, das Wesen immer auch schon als Grund gemeint, so daß es nicht endgültig aus der Kausalkette herausgebrochen wird.

Der Grund ist nicht nur positiv etwas begründend, sondern er steht zugleich gegen alles, was da ist. Er ist deshalb absolute Negativität, weil er selbst nie das ist, was da ist. Obzwar positiv alles begründend, erweist er sich doch gleichsam dämonisch als Negativität, sobald man ihn packen will.

Wollte man die Differenz von Grund und Wesen bestimmen, so müßte man den Grund als die konkretere Kategorie bezeichnen. Damit aber, daß der Grund das Konkrete in sich enthält, ist nur die eine Seite bestimmt; denn das immanente Konkrete muß zugleich entfaltet werden. Rein inhaltslogisch ist das Wesen die umfassendere Kategorie gegenüber der konkreteren Kategorie des Grundes, denn das Wesen umfaßt Grund und Begründetes.

Im Zusammenhang der abendländischen Philosophie ist Hegel als der Vollstrecker der Tendenz anzusehen, die aus der Not des Mangels die Tugend der größeren Allgemeinheit macht. Bei Hegel ist diese Tendenz zugleich bis zum äußersten Ende getrieben und kritisiert.

Im Grund kommt die Bewegung in das Wesen hinein: Das Wesen ist nämlich nicht einfach *bloß Wesen*, es *ist* vielmehr nur, indem etwas geschieht. Während die platonischen Ideen etwas mit den statischen epikureischen Göttern zu tun haben, ist es mit dieser Statik aus, sobald bei Hegel die Kategorie des Grundes eingeführt wird. Aber der Aufweis der Dynamik ist zugleich auch quieszierend, insofern dadurch die Ruhe dechiffriert oder enträtselt wird.

*III. Das Wesen ist nur diese seine Negativität, welche die reine Reflexion ist. Es ist diese reine Negativität als die Rückkehr des Seins in sich; so ist es an sich oder für uns bestimmt, als der Grund, in dem sich das Sein auflöst.*[47]

Als die absolute Negativität des Seins bezeichnet das Wesen die rein ideelle Sphäre, aber es ist zugleich auch die Rückkehr des Seins in sich. Allein dadurch,

---

46 Ebd., S. 80.
47 Ebd.

daß es selbst nicht seiend ist, wird das Wesen zur Bedingung des Seins, und die Rückkehr des Seins in sich ist nicht eine Rückkehr zum Sein, sondern zu dem, wodurch es ist. Damit sind zugleich der dialektische Fortschritt und die Verinnerlichung bezeichnet. Sein kann als Sein nur gedacht werden, indem es zugrunde geht. Und es geht zugrunde durch das, was an ihm wesentlich ist.

*IV. Aber diese Bestimmtheit ist nicht durch es selbst gesetzt; oder es ist nicht Grund, eben insofern es diese seine Bestimmtheit nicht selbst gesetzt hat. Seine Reflexion aber besteht darin, sich als das, was es an sich ist, als Negatives zu setzen und sich zu bestimmen.*[48]

Das Wesen als Grund der Existenz seiner Erscheinungen ist zugleich ein Gesetztsein und ein Gewordenes. Das Gewordensein aber enthüllt sich als Begriffensein. Dadurch, daß das Sein in sich geht, erweist sich seine Unmittelbarkeit als vermittelt. Der starre Gegensatz von Genesis und Geltung wird von Hegel überwunden, denn es ist gerade die Bedingung der Geltung, entsprungen zu sein, wie umgekehrt die Bedingung des Entsprungenen, zu gelten.

Diese Vermittlung steht im Gegensatz zu dem starren Nebeneinander der Verschiedenheiten in der Kantischen Kategorientafel. Die Kategorie des Wesens soll bei Hegel die Vermittlung von Substanz und Kausalität leisten, die in der Kritik der reinen Vernunft unvermittelt nebeneinanderstehen. Nur weil Kant in der Kritik der reinen Vernunft mit einer Art Willkür die Kategorien subjektiv bestimmt, kommt er überhaupt zu den separaten Kategorien. Gleichsam gegen seinen Willen muß er aber doch auf die Vermittlung kommen, wenn er die Kategorie der Kausalität transzendent werden läßt im Ding-an-sich. Denn das Ding-an-sich ist nur, insofern es uns affiziert und in Erscheinung tritt.

*V. Das Positive und Negative machen die wesenhafte Bestimmung aus, in die es als in seine Negation verloren ist. Diese selbständigen Reflexionsbestimmungen heben sich auf, und die zugrunde gegangene Bestimmung ist die wahrhafte Bestimmung des Wesens.*[49]

Wenn wir im allgemeinen abstrahieren, wird dabei das Dasein der einzelnen Momente zerstört. Für Hegel aber ist die Abstraktion nicht eine äußerlich vollzogene Bestimmung, sondern es geschieht damit etwas in der Sache: Das Sein wird vernichtet als die Substantialität des Wesens. Die Rettung eines jeden Partikularen geht immer zugleich auf seine Vernichtung. Die wahrhafte Bestimmung des Wesens aber ist das Allgemeine, das in der zugrunde gegangenen Bestim-

---

48 Ebd.
49 Ebd.

mung des Einzelnen besteht. In dem Allgemeinen als zugrunde gegangener oder aufgehobener Bestimmung ist das Einzelne negiert und doch zugleich enthalten. Das Aufheben hat zugleich negative und positive Bedeutung, weil dadurch das Unmittelbare relativiert wird und in höherer Form wieder in das Wesen hineinkommt. Das Wesen erweist sich somit zwar als der Feind, aber doch auch als die Form des Seins.

Gudrun Mohr.

# 180 Werner Becker, 9. Juli 1959

*Protokoll*

der Seminarsitzung vom 9. VII. 59

Die bisherige Reflexion des Wesens als Grund bezeichnete den Grund als ein dem Dasein gegenüber Äußerliches: gegen das Daseiende das, was nicht ist, jedoch so, daß er, der Grund, Voraussetzung des Daseins ist. Darin ist zwar das Dasein vom Grund gesetzt, der Grund jedoch noch nicht als ebenso auch vom Dasein gesetzt erkannt, welche Beziehung zu entwickeln der weiteren Reflexion aufgegeben ist. Wie das naive Denken das Daseiende gemeinhin als das Begründete erfährt, so ist auch auf der anstehenden Stufe der Reflexion der Grund das Aktive, Begründende, wobei es gilt, die Notwendigkeit der eigenen Konstitution zu entwickeln: das Voraussetzen einzusehen als ein Setzen, das, indem es Anderes setzt, sich selbst zu einem Gesetzten macht. Dabei ist eben das Unbestimmte des Grundes, indem es sich als die Negation aller Bestimmtheit bestimmt, das Bestimmte schlechthin. Im Verhältnis von Grund und Begründetem geht es nicht um die Feststellung eines Kausalkonnexes, denn der Grund als immer schon durch das Wesen der Sache vermittelt reflektiert nicht einfach deren bloßes Dasein. Das Unmittelbare ist als Erscheinendes zwar unmittelbar, doch auf seinen Grund hin befragt ein Gewordenes und Gesetztes, d. h. vermittelt. Das Begründete als nicht unmittelbar gesetzt, sondern als ein Gesetztsein, das, in sich reflektiert, sich als ein solches Gesetztsein qua Gesetztsein auch erkennt, wird zum Problem von Erkenntnistheorie: Ist das Erste in Wahrheit vermittelt, so ist es eben gar kein absolut Erstes. In seiner Unmittelbarkeit ist es bloßer Schein seiner selbst. Ja, die Bedingung der Möglichkeit für sein Erscheinen als Erstes, Unmittelbares ist gerade das, daß es wesentlich auch Nicht-Erstes, Vermitteltes ist. Im Schematismuskapitel von Kants »Kritik der reinen Vernunft«[50] ist diese Dialektik des Unmittelbaren schon unentfaltet angelegt, indem nämlich das als Sinnesmaterial Gegebene doch schon präformiert ist.

Eine Erscheinung wird immer erfahren als Erscheinung von etwas, von einem Anderen, das selbst nicht bloß Erscheinung ist. Darin zeigt sich das Bewußtsein nicht als lineares Fortgehen am roten Faden der Eindrücke oder als die Bewegung von deren Addieren, sondern als ein gedoppeltes: Indem es etwas als Unmittel-

---

[50] Vgl. den Abschnitt »Von dem Schematismus der reinen Verstandesbegriffe«, KW, Bd. III, S. 187–194 (B 176–187; A 137–147).

bares weiß, weiß es auch, daß diese einfache Unmittelbarkeit Lüge und deren Vermittlung die Wahrheit ist.

In der Beschreibung des gedoppelten Bewußtseins ist allerdings noch nicht die Art des Verhältnisses von erscheinender Unmittelbarkeit und deren Konstitution durch den Grund bedacht. Im Rationalismus wurde diese Beziehung rein logisch gefaßt. Dabei entsteht allerdings die Schwierigkeit, daß ein Nacheinander, wie das von Grund und Begründetem, außerhalb einer Zeit eben nicht gedacht werden kann. Auch für dieses Problem verweist Kant durch seine Widersprüche mehr auf Wahrheit als durch seine Stimmigkeit. Für die Synthesis der Apperzeption setzt er zwar das Durchlaufen einer Zeitreihe als transzendentales Moment voraus, will diese Bewegung aber logisch verstanden wissen, wodurch die Dialektik von Grund und Begründetem schon bezeichnet ist.

Das Verhältnis von Grund und Begründetem als eines von Grund und Folge ist nach Hegel zwar Vermittlung, jedoch nicht die der »reinen Reflexion«, die absolute Negativität und darin ununterschieden vom Wesen ist. Das Wesen nämlich ist, was es ist, indem es Anderes als Dasein, d. h. Nichts ist. Die Abhängigkeit von Grund und Folge besagt konstatierend, daß B auf A folgt, ohne daß damit zugleich auch diese Beziehung als eine notwendige, A und B wesensmäßig zusammenschließende aufgewiesen ist. Das unmittelbare Dasein hat als bloße Folgeerscheinung sein Negatives noch nicht an sich, es ist noch nicht begriffen. Indem B auf A als das, woraus es entsprungen ist, verweist, sind zwar beide nicht mehr bloß unmittelbar, doch ist auch andererseits noch nicht das Wesentliche erkannt, was im A das B hervortreibt. Somit ist hier ein Zwischenstadium zwischen reiner Unmittelbarkeit und Vermittlung im Begriff beschrieben.

Der Grund aber, begriffen als aufgehobene Reflexion und durch diese Negation vermittelt, gibt seinen Bestimmungen durch eben diese Negation alles Bestimmten, die sein Wesen ausmacht, Bestehen. Indem nun die Bestimmungen von Grund und Begründetem, Unmittelbarem und Gesetztem in ihren Grund und damit zugrunde gegangen sind, gehen sie dennoch nicht wie in einem Nirwana, wie es Schelling will, verloren.[51] Sie sind im Grunde aufgehoben, aufbewahrt. In

---

51 Schelling verwendet zwar nicht die Bezeichnung »Nirwana«, spricht aber vom absoluten Nichtsein: »Will man also das dem Ich ursprünglich und schlechthin entgegengesetzte Nicht-Ich Ding an sich nennen, so geht das recht gut an, sobald man nur unter Ding an sich absolute Negation *aller* Realität versteht; will man ihm aber als schlechthin entgegengesetztem Nicht-Ich Realität beilegen, so ist dieß nur durch eine Täuschung der empirischen Einbildungskraft möglich, die ihm diejenige Realität leiht, die dem Nicht-Ich *nur in der Qualität seines Gesetztseyns im Ich zukömmt.* Da nämlich dem ursprünglich entgegengesetzten Nicht-Ich schlechterdings keine Realität, sondern bloße Negation, weder reines noch empirisches Seyn, sondern gar kein Seyn

der Einheit des Grundes bleiben die getrennten Momente erhalten. Sie sind Einheit einerseits und Trennung andererseits jeweils nur durch die Negation des anderen in der Weise, daß diese Negation immer die wesentliche Bestimmung ist. Dasjenige, was sich nicht ausweist als etwas, was sein Negatives in sich proviziert, sich seiner Selbständigkeit begibt und selbst zum Moment eines Prozesses macht, in dessen Durchlaufen es, indem es untergeht, wesentlich gerade im Untergang aufgehoben bleibt, ist das bloß zufällige, schlecht hingenommene und darum verfliegende Dasein. Der Trost, daß dieses verfliegende Dasein in einem Akt der Erkenntnis gerettet wird, der Untergang die Bewahrung meint, das Verschwinden selbst die Versicherung dieser Rettung gibt, macht das Pathos des Hegelschen Satzes aus, daß im Grunde alle Bestimmungen ein Bestehen haben.[52] Hier erfüllen die logischen Kategorien den Anspruch von Metaphysik, nicht einfach deshalb, weil es so sein soll, sondern weil die Entfaltung des Begriffes dieses Versprechen als sein inneres Leben erweist. Gelingt Hegel die Erfüllung der Frage, ob die autonome Person als das Individuum, das die in sich reflektierte und darin die totale Vermittlung von Allgemeinheit ist, ohne daß ein unaufgelöster, zufälliger Rest übrigbliebe, so gäbe die Philosophie in der Tat das her, was die Theologie zu geben versprach: das Individuum als die Erfüllung des Weltordo.

Die Reflexion selbst ist bei Hegel nicht mehr irritierendes Moment in der Wahrheitsfindung, das als subjektive Zutat es am allerersten auszumerzen gilt, sondern sie ist Moment dieser Wahrheit selbst. Im Wesen wird das Dasein in seiner Reflexion, indem es als Wesentliches reflektiert wird, bewahrt. In seiner Unmittelbarkeit geht es darin zugrunde. Reflexion ist dabei die Kantische Spontaneität des Verstandes, Denken, und Spiegeln der Sache als deren immanente Bewegung in einer Einheit. Indem Reflexion als subjektives Tun festgehalten ist, verweist sie als reine Reflexion, absolute Negativität auf die Objektivität des Begriffs. Als positiv Vorfindliches ist sie Schein und Täuschung, als Negativität konstituiert sie als Movens des Seins dessen Zweck, den Begriff. Auch in ihrem Begriff sind die Momente des Reflektierenden und Reflektierten als in ihrem Grunde als Getrennte aufgehoben. Als Totalität von Identität und Nichtidentität ist diese Trennung nicht wie in der romantischen Philosophie bloßer Trug, son-

---

(absolutes Nichtseyn) zukömmt, so muß es, wenn es Realität bekommen soll, dem Ich nicht schlechthin entgegen, sondern *in ihm* selbst gesetzt seyn.« (SW, Bd. 1, S. 113)

52 Bei Hegel heißt es etwa: »Das Absolute ist darum Attribut, weil es als einfache absolute Identität in der Bestimmung der Identität ist; an die Bestimmung überhaupt können nun andere Bestimmungen angeknüpft werden, z. B. auch, daß *mehrere* Attribute seien. Aber weil die absolute Identität nur diese Bedeutung hat, nicht nur daß alle Bestimmungen aufgehoben sind, sondern daß sie auch die Reflexion ist, die sich selbst aufgehoben hat, so sind an ihr alle Bestimmungen *gesetzt als aufgehobene.*« (HW, Bd. 6, S. 192)

dern die Trennung ist wieder die Bedingung der Möglichkeit ihrer Einheit. So sehr Hegel in seiner Rechtsphilosophie die Reflexion als das subjektive, zufällige Tun auch beschimpft,[53] seine Größe hat er in seiner spekulativen Philosophie als der Reflexion der Reflexion.

Die Reflexion der Grundbestimmungen ergab, daß sie als solche wesentlich geworden, gesetzt sind. Bestehen haben sie insofern, als der Grund aufgehobene Reflexion ist; geworden sind sie andererseits dadurch, daß diese Bestimmungen des Grundes als aufgehobene Reflexion selbst durch einen Akt der bestimmenden Reflexion erstehen. Als durch Anderes bestimmt ist der Grund in diesen seinen Bestimmungen nicht unmittelbar das Wesen, sondern gegen dieses die Form.

Indem das Wesen sich als Grund bestimmt, die Bestimmungen des Grundes aber als solche entfaltet, die nur Bestehen haben, indem sie aufgehoben sind, sind die Grundbestimmungen des Wesens formal. Dabei bezeichnet Form das Moment der Vermitteltheit des Grundes und ist nach Kant als die Form der Erscheinungsweise des Wesens gefaßt.[54] Weil der Grund nichts anderes als das ist, was sich durch das Vermittelte selbst vermittelt, ein Identisches, das sich im Nichtidentischen erst bewährt und erhält, richtet sich diese Reflexion gegen jede naive Philosophie, in der dem Grund gleichsam animistisch und bloß behauptend Unmittelbarkeit zugeschrieben wird.

Frankfurt/Main, am 16. VII. 1959

Werner Becker[55]

---

53 Bereits in der Einleitung zu den »Grundlinien der Philosophie des Rechts« [1820] heißt es: »Man hat wohl die Unzulänglichkeit der Formen und Regeln der vormaligen Logik, des Definierens, Einteilens und Schließens, welche die Regeln der Verstandeserkenntnis enthalten, für die spekulative Wissenschaft erkannt, oder mehr nur gefühlt als erkannt, und dann diese Regeln nur als Fesseln weggeworfen, um aus dem Herzen, der Phantasie, der zufälligen Anschauung willkürlich zu sprechen; und da denn doch auch Reflexion und Gedankenverhältnisse eintreten müssen, verfährt man bewußtlos in der verachteten Methode des ganz gewöhnlichen Folgerns und Räsonnements.« (HW, Bd. 7, S. 12)

54 »In der Erscheinung nenne ich das, was der Empfindung korrespondiert, die *Materie* derselben, dasjenige aber, welches macht, daß das Mannigfaltige der Erscheinung in gewissen Verhältnissen geordnet werden kann, nenne ich die *Form* der Erscheinung. Da das, worinnen sich die Empfindungen allein ordnen, und in gewisse Form gestellet werden können, nicht selbst wiederum Empfindung sein kann, so ist uns zwar die Materie aller Erscheinung nur a posteriori gegeben, die Form derselben aber muß zu ihnen insgesamt im Gemüte a priori bereit liegen, und dahero abgesondert von aller Empfindung können betrachtet werden.« (KW, Bd. III, S. 69 f. [B 34 f.; A 20 f.])

55 Unterschrift.

## 181 Karlheinz Funk, 23. Juli 1959

*Protokoll*
der Seminarsitzung vom 23. 7. 1959

In der Hegelschen Philosophie enthüllt sich das Unmittelbare als ein Gewordenes, sie revoltiert gegen die falsche Autorität des Gegebenen und zeigt, daß Denken und Sein einzig in ihrer gegenseitigen Durchdringung das sind, was sie sind. Sie vermag so, plausibel zu machen, was Kants dingliche Auffassung nur zum Schein erklären konnte, nämlich die Konstitution des Dinglichen selbst. Bei Kant, dessen Gedankenformen von allem Inhaltlichen entleert sind, ist das Tätige so unbegreiflich wie jene Formen nicht zu begreifen sind, die reine Funktionen sein sollen. Was nicht gesetzt ist, setzt auch nicht, wäre Kant dialektisch entgegenzuhalten. Sind Formen etwas Gegebenes, dann sind sie unvermögend.

Die Dialektik erweitert den transzendentalphilosophischen Anspruch und vergegenwärtigt, daß ohne Inhaltliches mitzudenken, genausowenig Form als Form zu verstehen ist, wie andererseits ohne Form das Inhaltliche völlig unbestimmt wäre. Die dialektische Bewegung des Begriffs ist Tätigung, spontane Arbeit am zur Sprache kommenden Stoff, wodurch Form sich selbst erwirkt. Formen entspringen, als bestehende sind sie gesetzt; damit wird Kants transzendentale Apperzeption zu sich selbst gebracht, mit deren einfachem Dasein man vordem sich zu begnügen, mit ihrer Gegebenheit schlechterdings sich abzufinden hatte. Was rein sein sollte, erweist sich als Abstraktion. Hegel läßt Form und Geformtes aus dem Prozeß erst hervorgehen, läßt zugleich den Prozeß als solchen begreiflich werden. Denn Form als Tätiges ist das Begreifen, und weil sie das Begreifen ist, kann das, worauf Tätigkeit, Spontaneität, sich richtet, kein Unbekanntes sein. Tätig als bestimmende Reflexion ist die Form an der Materie; die Materie muß sich bestimmen lassen.[56]

Auf dieser Stufe der Logik klingen Probleme der alten Philosophie wieder an, zentral steht die metaphysische Frage, wie Form und Materie sich gegenseitig durchdringen. Der Standpunkt des Aristoteles ist überwunden, wenn die Materie selbst als vermittelte genommen wird. In der tätigen Form, die zwar nicht Grund ist für die Materie, welche ihrerseits die Grundlage ist für die Form, wirkt säkularisiert der Schöpfergott weiter.

Im Fortgang der Materie-Form-Dialektik wird deutlich, was eine »spezifische Differenz« zwischen Form und Materie genannt werden kann. Die Materie,

---

56 Vgl. den Abschnitt »Form und Materie«, HW, Bd. 6, S. 88–94.

grundlos und zugleich vermittelt, hat gewissermaßen ontologischen Vorrang, sie ist das erstere vor der Form. Denn Form ist stets Form von etwas. Ohne Form kann es zwar keine Materie geben, trotzdem ist die Nichtumkehrbarkeit des Verhältnisses beibehalten. Es gemahnt an ein Widersprechendes in der Sache, welches schon darin sich zeigt, daß, um von Vermittlung überhaupt reden zu können, an einem Unmittelbaren festgehalten werden muß. Materie ist durch Form vermittelt, doch bleibt sie auch Nicht-Form; sie geht in der Form nicht restlos auf.

Der Widerspruch zwischen Form und Materie ist im Inhalt aufgehoben. Von dorther gedacht, wird die Interpretation der Materie als von einem Ersten hinfällig. In der Genesis des Inhalts entspringt Materie nicht aus der Form, während diese hierarchisch das Höhere ist. Sie hat jedoch der Materie sich anzumessen, denn *an ihr* ist die Form nicht gesetzt. Was als Hegels »Materialismus« bezeichnet wurde, ist die Funktion des gegenüber Kant weitergetriebenen Idealismus. Bei Kant ist die Form weit schmiegsamer, eben weil über die Materie nichts auszumachen ist. Daß Erkenntnis, Rezeptivität, dem, wovon sie affiziert wird, nicht unangemessen sein kann, muß Kant konzedieren. Ob darüber hinaus einige Stellen der Vernunftkritik die Deutung zulassen – dies wurde vom Seminar als Frage aufgeworfen –, dort sei ebenfalls auf materiell-ontologischer Basis die Erkenntnistheorie aufgebaut, vermöchte nur genaue Analyse immanenter Widersprüche der Kantischen Philosophie zu entscheiden. Ganz auf die Seite des Subjekts, für ihn Kanon des Erkennens, schlägt Kant die Notwendigkeit, Materie zu formen. Bei Hegel muß die Materie formiert werden und die Form sich materialisieren; das doppelseitige Muß ist hier kein Gebot, vielmehr die Subjekt und Objekt übergreifende Gesetzmäßigkeit.

Form und Materie vermitteln sich gegenseitig und entäußern sich, so vollzieht sich der Übergang in die Nichtidentität. Obwohl Hegel, fast gewaltsam, aus der Logik des Wesens das Subjekt noch heraushält, darf jetzt zur Verdeutlichung die Form gleichgesetzt werden mit dem naturbeherrschenden Verstand. Durch ihn bricht auseinander, was ursprünglich eines war. Hegels dialektische Philosophie bleibt bei der Entfremdung nicht stehen, sie nimmt das Getrennte zurück, ohne dessen Nicht-Identität abstrakt zu negieren, indem sie sich daran erinnert, was äußerlich geworden, was entäußert ist. Damit bringt sie es wieder ein in das Innere.

Zweifel tauchen auf, ob nicht die dialektische Methode dazu sich hergäbe, gleichsam eine Nachdichtung der Wirklichkeit zu schaffen. Dem ist das Wesen der Spekulation entgegenzuhalten: Um die Sache zu sich selbst zu bringen, ist das Denken zu Konstruktionen gezwungen, die ihr Kriterium an dem Aufeinanderverwiesensein von Subjekt und Objekt haben.

Karlheinz Funk

## 182 Werner Kriesel, 28. Juli 1959

Protokoll[57] der Sitzung am 28. Juli 1959[58]

angefertigt von
Werner Kriesel

Wir nähern uns der Form-Materie-Identitätsproblematik der Hegelschen Logik, indem wir jeden Satz als ganzen zunächst sprechen lassen; können aber nur zum um- und erfassenden Verständnis gelangen, wenn wir anschließend jedes nicht-selbst-verständliche Wort und satzweise, unter Berücksichtigung des philosophiegeschichtlichen und Gesamtwerk-Bezuges, interpretieren.

II. Buch, 1. Abschnitt, 3. Kapitel
 b) Form und Materie (Seite 72 Felix Meiner Leipzig 1923)[59]

Satz: Zweitens, die Form als selbständig ...[60]

---

**57** Die Vorlage ist handschriftlich verfasst.
**58** Das angegebene Datum ist ein Dienstag. Ob das Datum fehlerhaft oder die Sitzung verschoben worden ist, ist nicht ermittelt.
**59** Vgl. HSW, Bd. IV, S. 70–75; hier: S. 72f.; vgl. HW, Bd. 6, S. 88–94; hier: S. 91f.
**60** Der hier behandelte Passus lautet: »*Zweitens*, die Form als selbständig ist ohnehin der sich selbst aufhebende Widerspruch; aber sie ist auch als solcher gesetzt, denn sie ist zugleich selbständig und zugleich wesentlich auf ein Anderes bezogen; – sie hebt sich somit auf. Da sie selbst zweiseitig ist, so hat auch dies Aufheben die gedoppelte Seite, *erstlich*, sie hebt *ihre Selbständigkeit* auf, sie macht sich zu einem *Gesetzten*, zu einem, das an einem Andern ist, und dies ihr Anderes ist die Materie. *Zweitens* sie hebt ihre Bestimmtheit gegen die Materie, ihre Beziehung auf dieselbe, somit ihr *Gesetztsein* auf und gibt sich dadurch *Bestehen*. Indem sie ihr Gesetztsein aufhebt, so ist diese ihre Reflexion die eigene Identität, in welche sie übergeht; indem sie aber diese Identität zugleich entäußert und als Materie sich gegenübersetzt, so ist jene Reflexion des Gesetztseins in sich als Vereinigung mit einer Materie, an der sie Bestehen erhält; sie geht also in dieser Vereinigung ebensosehr mit der Materie *als einem Andern*, – nach der ersten Seite, daß sie sich zu einem Gesetzten macht, – als auch darin *mit ihrer eigenen Identität* zusammen. [Absatz] *Die Tätigkeit der Form* also, wodurch die Materie bestimmt wird, besteht in einem negativen Verhalten der Form gegen sich selbst. Aber umgekehrt verhält sie sich damit auch negativ gegen die Materie; allein dies Bestimmtwerden der Materie ist ebensosehr die eigene Bewegung der Form selbst. Diese ist frei von der Materie, aber sie hebt diese ihre Selbständigkeit auf; aber ihre Selbständigkeit ist die Materie selbst, denn an dieser hat sie ihre wesentliche Identität. Indem sie sich also zum Gesetzten macht, so ist dies ein und dasselbe, daß sie die Materie zu einem Bestimmten macht. – Aber von der andern Seite betrachtet, ist die eigene Identität der Form zugleich sich entäußert und die Materie ihr Anderes; insofern wird die Materie auch nicht bestimmt, da-

Interpretation:

Das *aber* ist, sofern ihm ein kontrastierender Gehalt zukommen sollte, schwer zu verstehen, denn ist die selbständige Form eine contradictio in adjecto, dann ist es nur folgerichtig, daß sie auch so gesetzt wird. Das entsprechende Verbindungspartikel wäre »und«, oder das *aber* müßte wegfallen.

Das *ohnehin* wird unter 2 Aspekten gesehen:

a.) Spielt Hegel mit dem *ohnehin* auf den Begriff der Form in der traditionellen Logik an und will besagen, daß die reine – materiebezugslose – Form eigentlich nur von philosophischen Dilettanten, auf den niederen Stufen zur Wahrheit, konzipiert worden sein kann, so ist diese Aussage nicht einwandlos hinzunehmen.

b.) Aber auch sonst versteht sich dieses *ohnehin* nicht von selbst, es nimmt die erst folgenden Erklärungen vorweg, setzt voraus, daß man Hegelsches Philosophieren kennt und weiß, daß der Widerspruch zwischen Identität und Nichtidentität das Moment der Form ausmacht, denn ohne Reflexion verflüchtigt sich die Form ins Nichts – ihre[61] Heimat –.

Grundsätzlich wird unter *zweitens* die Dialektik der Form in-sich abgehandelt, nicht die Dialektik zwischen Materie und Form. Selbst wenn das *ohnehin* auch das Gesamtwerk voraussetzt, sind wir doch im Augenblick aufgefordert, uns an den akuten Moment zu halten, sonst verschwindet alles in allem, entwindet sich ins Nichts.

Satz: Da sie selbst zweiseitig ist, ...

Interpretation: Hier und jetzt erst wird das Andere, an dem die Form entsteht (wo sie ihren Sitz hat), gesetzt ist, benannt. Das Andere (der Sitz der Form) ist die Materie.

Im Gegensatz zu Kant erscheint die Form als ein Gesetztes, nicht ein Gegebenes. Somit ist für Hegel keine reine Apriori-Formenlehre der Erkenntnis möglich. Dieser Satz umreißt die philosophische Intention Hegels, der keine Erkenntnis als-wahr-haben kann, die nicht die Beziehung der Form auf den Inhalt, das Substrat einschließt.

---

durch, daß die Form ihre eigne Selbständigkeit aufhebt. Allein die Materie ist nur selbständig der Form gegenüber; indem das Negative sich aufhebt, hebt sich auch das Positive auf. Indem die Form also sich aufhebt, so fällt auch die Bestimmtheit der Materie weg, welche sie gegen die Form hat, nämlich das unbestimmte Bestehen zu sein. *[Absatz]* Dies, was als *Tätigkeit der Form* erscheint, ist ferner ebensosehr die *eigne Bewegung der Materie* selbst. Die *ansich*seiende Bestimmung oder das Sollen der Materie ist ihre absolute Negativität.« (HSW, Bd. IV, S. 72f.; vgl. HW, Bd. 6, S. 91f.)

**61** Konjiziert für: »seine«.

Satz: Zweitens, sie hebt ...

Interpretation: Obwohl Form nur denkbar ist als Form von etwas, als ein Materie-Vermitteltes, so schreibt Hegel der Form doch auch ein eigenständiges Moment zu. Und Form ist schließlich auch nur gedanklich fixierbar, sofern auf sie die Momente von Unmittelbarkeit und Dauer zutreffen. Die logischen Formen Kants werden trotz und eben durch ihre dialektische Bewegtheit, durch die Vorstellung von »Apriorität als Moment« gerettet.

Dieser Satz stellt eine Schlüsselposition dar für die Erörterung der Möglichkeiten, die es für eine Wissenschaft der Logik gibt. Und wir leiten ab, daß für Hegel eine Wissenschaft der Logik nur denkbar ist als eine Formenlehre der Bewegung selber; einer Bewegung, die durch Formen in sich an Bestand gewinnt.

Logik wird hier zu einer Lehre von den Formen qua Gesetztsein.

Hingewiesen sei auf die Analogie zum Denken Fichtes; für ihn ist alle Bewegung Bestehen. Nicht gemeint aber ist Nirwana, die totale Ruhe, sondern auch dieses subjektivistische Denken höherer Ordnung konzipiert hier die Apriorität als das Moment der Dialektik. Es ist der Gedanke, daß es Bewegung ohne Ruhe nicht gibt. Daß das Bestehen ebenso nur Moment wie die Bewegung ist, hierin liegt Hegels Zumutung an uns. Es gäbe keine Dialektik von Form und seinem Anderen oder Materie und seinem Anderen oder von Form und Materie, wären beide nicht fix. Es ist das Problem von Genesis und Geltung, das Problem von Werden und Sein. Dialektik ist dabei nicht Doktrin des Werdens oder agiert als integrierendes Moment von Sein und Werden; Dialektik ist Sein, das Bleibende, das Nichtaufgelöste, das sich doch selber erhellt. Das Bleibende ist kein statisches Gegenüberzusetzendes, es ist gewordenes Gesetztsein, ein Bestehen als Resultat.

Sein und Werden sind nicht statische Kategorie und dynamische Kategorie, sondern Fixa, aber durch einander vermittelte. So werden wir stets zwischen dem Werden und dem Bestehen (Sein) unterscheiden, aber in uno acto.

Satz: Indem sie ihr Gesetztsein aufhebt, ...

Interpretation: Nun ist die selbständige Form, indem sie sich ihrer Selbständigkeit entäußert, die eigene Identität aufhebt, zu sich selber, also zur Materie, zurückgekehrt. Form wird nur mit Materie vereinigt, wenn sie sich von ihr trennt, um zu Dauer zu gelangen. Das Apriori erweist sich als Bedingung des Aposteriori.

Bestehen (eigene Identität) und Entäußerung haben nur Sinn, kommt eine Vorstellung von Zeit hinzu. Endlichkeit ist hier die adäquate Dimension!

In der traditionellen Philosophie war, was besteht, das Höhere; meist wurde dieser Bestehens-Aspekt der Form als dem Göttlichen, somit Höherem, zugeschrieben. Bei Hegel jedoch befinden sich Theologie und Diamat, Form und Materie noch in wiegenhaftem Gleichgewicht.

Satz: Die Tätigkeit der Form ...
Interpretation: Wir sehen, Materie und Form sind voneinander getrennt, und sie sind es eben doch nicht. Diese tätige, sich negierende Form ist zu luftig, um als »formen« begriffen werden zu können. Die Dialektik hilft uns verstehen. Formen können nur »formen«, wenn sie etwas sind – Inhalte sind –. Und die Formen Hegels sind Seiendes, sind quasi Inhalte. Ein Unterschied zum Inhalt im eigentlichen Sinne wird nur per Materie konstituiert.

Satz: Aber umgekehrt ...
Interpretation: Die Komplexität des doppelgesichtigen Aussagegegenstandes erweist sich als zu ungeheuerlich, um eine gutorganisierte, gedankliche Ordnung zu gestatten. Der klarheitserheischende Versuch, eine gedankliche 3-Ebenen-Architektur zu errichten, die eine Unterteilung vornimmt in Form-Komplex, Materie-Komplex, Form-und-Materie-Komplex sowie ein sich anschließender Teil, der verdeutlichenden Wiederholung, von dem das Letztzitierte ein Teil sei, wird Hegelscher Intention nicht gerecht.

Augenblicke geistiger Überforderung stellen sich ein: Alles wird Alles, Nichts ist Nichts. Aber es bleiben Augenblicke. Die mahnende Stimme des professoralen Interpreten, Hegelscher Text selbst gebe zu erkennen, daß Dauer nur Funktion von Vergehen ist, der Wechsel das einzig Beständige ist, hinter allem Dialektik als letzte Erklärung harrt.

Satz: Allein die Materie ...
Interpretation: Hegel steht vor der Aufgabe, sich und dem Leser klarzumachen, daß es ein sich schließendes Auseinanderbersten geben muß und gibt, denn sonst ließe sich die Nicht-Identität nicht rettend in der Identität unterbringen; nichts anderes geschieht in diesem Satze.

Satz: Indem die Form ...
Interpretation: Wie die Form ist auch Materie nur gesetzt, sich auf sich selber zu beziehen.

Satz: Dies, was als Tätigkeit ...
Interpretation: Ohne das *ferner ebensosehr* hätte wir das Glaubensbekenntnis des Materialismus vor uns.

Gleichzeitig läßt sich mit diesem Satz eine der zentralen Differenzen zur Logik Kants aufweisen.

Ist z. B. Form A = Form B, so muß auch A = B sein; das aber ist nur denkbar, wenn die Materie so beschaffen ist, daß sich diese Synthesis vollziehen läßt. Dann aber ist es auch Bewegung der Materie selbst und nicht nur Fähigkeit der Form.

Satz: Die ansichseiende Bestimmung ...

Interpretation: Selbständige Materie muß als Negativität gedacht werden. Sie »schreit« – fast logischerweise – qua Materie nach Form.

Ständig begleitet Kantisches Denken uns, und es erhebt sich die grundsätzliche Frage, ein Zweifel, ob nicht eben die unzulänglichen Verstandesbegriffe der transzendentalen Logik, die Kategorien das letzte darstellen, was ernsthaft philosophisches Denken zu erfassen vermag. Es bliebe ein Denken der Intotalität. Hegelsche, dialektische Logik leistet vervollständigende Denkarbeit, nicht aber, ohne sich dabei zur Ontologie auszuweiten.

Es bleibt der nagende Zweifel des um seine Integrität ringenden Philosophierens, ob dieses ontologische Denken (onto-logisch) nicht bereits umschlug in ein modifiziert theo-logisches.

# Sommersemester 1959:
# Was ist Gesellschaft?

Soziologisches Hauptseminar

In diesem Semester hält Adorno zudem die philosophische Vorlesung »Kant, ›Kritik der reinen Vernunft‹« und gibt das philosophische Hauptseminar »Kausalität II«

Das Seminar findet dienstags von 17 bis 19 Uhr statt

**183–186** UAF Abt. 139 Nr. 4

## 183 U. Kloss,
## 12. Mai 1959

Protokoll der ersten Sitzung des Soziologischen Hauptseminars
am 12. Mai 1959

---

Das soziologische Hauptseminar von Herrn Professor Adorno begann mit dem Referat von Fräulein Mitscherlich über »Die ökonomischen Voraussetzungen des Begriffs von Gesellschaft bei Adam Smith«.[1]

Adam Smiths Gesellschaftsbegriff läßt sich erst aus der Zuordnung der von ihm analysierten Einzelphänomene erkennen.

Smith geht aus vom Prinzip der Arbeitsteilung, die er auf einen Trieb zum Tausch zurückführt. Gleichzeitig aber betont er, daß es sich beim Tausch nicht um das zufällige Zusammenfallen zweier Triebreaktionen handele, sondern daß der Tausch erst auf Grund von Übereinkommen zustande komme.[2] Smith erkennt die Arbeitsteilung in der Gesellschaft als eine Notwendigkeit. Hierzu erklärte Professor Adorno, daß die Theorie Smiths schon insofern einen Fortschritt zu den antiken Arbeitstheorien darstelle, als bei Plato die Arbeitsteilung aus Begabungsverschiedenheiten hergeleitet werde,[3] Smith jedoch den Mechanismus dahinter aufgespürt habe, daß sich die Gesellschaft nur durch Rationalisierung am Leben erhalten könne. Für Smith ist die notwendige wirtschaftliche Voraussetzung der Arbeitsteilung die Ansammlung von Vorräten, die er gleich Kapital setzt.[4]

---

1 Der Referatstext »Die ökonomischen Voraussetzungen des Begriffs von Gesellschaft bei Adam Smith« von Monika Mitscherlich wurde nicht aufgefunden.
2 Adam Smith zufolge ist die Arbeitsteilung »die notwendige, obwohl sehr langsame und allmähliche Folge eines gewissen Hanges der menschlichen Natur, der keinen so ausgebreuteten Nutzen erstrebt: des Hanges zu tauschen, sich gegenseitig auszuhelfen und ein Ding gegen ein anderes zu verhandeln. [...] Er ist allen Menschen gemeinsam und bei keiner anderen Gattung von Tieren zu finden, die weder diesen noch irgendeine andere Art von Verträgen zu kennen scheinen.« (Adam Smith, Untersuchung über das Wesen und die Ursachen des Volkswohlstandes (Der Wohlstand der Nationen) [1776], übers. von Franz Stöpel, mit Einführung von Horst Claus Recktenwaldt, Frankfurt a. M. [2009], S. 59)
3 Vgl. den Abschnitt »Entstehung der Stadt aus dem Bedürfnis. Die notwendigsten Berufe zu seiner Befriedigung«, in: Platon, Politeia, in: Platon, Sämtliche Werke, hrsg. von Ursula Wolf, Bd. 2, übers. von Friedrich Schleiermacher, Reinbek bei Hamburg 1994 [Rowohlts Enzyklopädie; 562], S. 195–537; hier: S. 259–262 (369b–371b).
4 »Ist [...] die Arbeitsteilung erst einmal durchweg eingeführt, so kann eines Menschen eigene Arbeit nur einen sehr kleinen Teil seiner gelegentlichen Bedürfnisse befriedigen. Den größten Teil

Der Wert der Ware bestimmt sich nach der Menge der in ihr investierten Arbeit.[5] Smith unterscheidet den Gebrauchswert, der durch seine Fähigkeit, menschliche Bedürfnisse zu befriedigen, bestimmt wird, und den Tauschwert, den er mit dem Preis gleichsetzt.[6]

Der Arbeiter kann nur in dem natürlichen Zustand in den vollen Genuß seines Arbeitsertrages kommen. In der entwickelten Tauschwirtschaft braucht er einen Unternehmer, der ihm Rohstoff und Lohn bis zur Fertigstellung seiner Ware vorschießt. Sein Lohn besteht dann nur noch in einem Anteil an seinem Arbeitsertrag.

Smith spricht von drei sozialen Klassen: den Grundbesitzern, den Arbeitern und den Arbeitgebern, die er auf Grund drei verschiedener Einkommensarten unterscheidet: Grundrente, Arbeitslohn und Kapitalgewinn.[7]

Smith identifiziert das Interesse der Grundbesitzer mit dem Interesse der gesamten Volkswirtschaft, da jede Zunahme der Menge nutzbringender Arbeit die

---

von ihnen liefern ihm die Erzeugnisse anderer, die er mit den Erzeugnissen seiner Arbeit, oder, was dasselbe ist, mit dem Preise dieser Erzeugnisse kauft. Dieser Kauf kann jedoch erst dann erfolgen, wenn das Produkt seiner Arbeit nicht nur fertig ist, sondern auch einen Käufer gefunden hat. Es muß daher ein hinreichender Vorrat verschiedener Waren gesammelt werden, um ihn zu unterhalten und wenigstens so lange mit Rohstoffen und Werkzeugen zu versorgen, bis beides eingetreten ist. Ein Weber kann sich seinem Geschäfte nicht gänzlich hingeben, wenn nicht zuvor irgendwo, sei es in seinem eigenen oder im Besitze einer anderen Person, ein hinreichender Vorrat gesammelt worden ist, um ihm Unterhalt zu gewähren und ihn mit den Materialien und Werkzeugen zu seiner Arbeit so lange zu versorgen, bis er sein Gewebe nicht nur vollendet, sondern auch verkauft hat. Diese Anhäufung muß offenbar erfolgt sein, ehe er seinen Fleiß für so lange Zeit einem solchen Geschäfte widmen kann.« (Smith, Untersuchung über das Wesen und die Ursachen des Volkswohlstandes, a. a. O. [s. Anm. 2], S. 333)

5 Bei Smith heißt es: »Der Wert einer Ware ist [...] für den, der sie besitzt und der sie nicht selbst zu gebrauchen oder zu verbrauchen, sondern gegen andere Waren umzutauschen gedenkt, gleich der Menge Arbeit, welche zu kaufen oder über welche zu verfügen sie ihm gestattet. Die Arbeit ist also der wahre Maßstab des Tauschwerts aller Waren. [Absatz] Der wahre Preis jedes Dinges, der Preis, den jedes Ding den Mann, der es sich verschaffen will, wirklich kostet, ist die Mühe und Beschwerde, die er hat anwenden müssen, um es sich zu verschaffen. Was jedes Ding dem Manne, der es sich verschafft hat und darüber verfügen oder es gegen etwas anderes vertauschen will, wirklich wert ist, das ist die Mühe und Beschwerde, welche er sich dadurch ersparen und auf andere Leute abwälzen kann.« (Ebd., S. 77)

6 »Das Wort *Wert* hat, was zu beachten ist, zwei verschiedene Bedeutungen, und drückt bald die Brauchbarkeit einer Sache, bald die durch den Besitz dieser Sache gegebene Möglichkeit aus, andere Güter dafür zu kaufen. Das eine kann Gebrauchswert, das andere Tauschwert genannt werden.« (Ebd., S. 75)

7 Vgl. den Abschnitt »Der natürliche Preis und der Marktpreis der Waren«, ebd., S. 104–114.

Grundrente erhöhe.[8] Prof. Adorno bemerkte jedoch, daß die Vernunft dort zur Unvernunft werde, wo sie nur Partikularinteressen verfolge. Auch das Interesse der Arbeiter, so sagt Smith, sei mit dem volkswirtschaftlichen Ganzen verknüpft. Die Arbeiter seien nur nicht in der Lage, diesen Zusammenhang zu begreifen.

Nur die Arbeitgeber verfolgten eigene, dem Volkswohlstand widersprechende Interessen.[9] – Prof. Adorno betonte, daß Smith bereits die der kapitalistischen Wirtschaft immanente Monopolisierungstendenz sehe, andererseits aber auch die Notwendigkeit einer Einschränkung dieser Tendenz erkenne, und daher das liberale Modell bejahen müsse

Nach Smith ist der Preis das Regulativ aller wirtschaftlichen Vorgänge; auch ein solches gegen den Mißbrauch privater Macht.

Daher ist eine Intervention des Staates nicht nötig, er muß nur seine schützende Hand über die freie Wirtschaft halten. Prof. Adorno erklärte hierzu, daß die »invisible hand«, das Regulativ der kapitalistischen Wirtschaftsordnung,[10] als

---

8 »Wenn sie [scil. die Warenmenge] irgendeinmal die wirksame Nachfrage übersteigt, so müssen gewisse Bestandteile ihres Preises unter ihrem natürlichen Satze bezahlt werden. Betrifft dies die Rente, so wird das Interesse der Grundbesitzer diese sogleich veranlassen, einen Teil ihres Bodens anders zu verwenden; betrifft es den Arbeitslohn oder den Gewinn, so wird das Interesse der Arbeiter im andern Falle sie bewegen, einen Teil ihrer Arbeit oder ihres Kapitals dieser Verwendungsart zu entziehen. Dann wird die feilgebotene Menge bald nur noch hinreichend sein, um die wirksame Nachfrage zu befriedigen. Alle Teile des Warenpreises werden auf ihren natürlichen Satz, und der ganze Preis auf den natürlichen Preis der Ware steigen. [Absatz] Wenn dagegen die feilgebotene Menge hinter der wirksamen Nachfrage zurückbleibt, so müssen einige Bestandteile ihres Preises über ihren natürlichen Satz steigen. Betrifft dies die Rente, so wird das Interesse aller übrigen Grundbesitzer sie naturgemäß bestimmen, mehr Land auf die Erzeugung dieser Ware zu verwenden; betrifft es den Arbeitslohn oder den Gewinn, so wird das Interesse aller übrigen Arbeiter und Geschäftsleute sie veranlassen, mehr Arbeit und Kapital auf die Herstellung der Ware und ihren Transport nach dem Markte zu verwenden. Dann wird die herbeigeschaffene Menge bald hinreichend sein, die wirksame Nachfrage zu befriedigen. Alle Teile ihres Preises werden bald auf ihren natürlichen Satz, und der ganze Preis auf den natürlichen Preis der Ware sinken.« (Ebd., S. 107)
9 Vgl. den Abschnitt »Der Arbeitslohn«, ebd., S. 115–140.
10 »Nun ist das Jahreseinkommen jedes Volkes immer gerade so groß, wie der Tauschwert der gesamten Jahresergebnisse seines Fleißes oder vielmehr das Einkommen ist nichts anderes, als dieser Tauschwert selber. Da aber jeder sein Kapital möglichst zur Unterstützung des inländischen Gewerbefleißes zu verwenden und diesen Gewerbefleiß so zu leiten sucht, daß sein Produkt den größten Wert erhält, so arbeitet auch jeder notwendig dahin, das Jahreseinkommen des Volks so groß zu machen, als er kann. Allerdings beabsichtigt er in der Regel weder, das allgemeine Wohl zu fördern, noch weiß er, in welchem Maß er es befördert. Wenn er dem heimischen Gewerbefleiß vor dem fremden den Vorzug gibt, so hat er nur seine eigene Sicherheit vor Augen, und wenn er diesen Gewerbefleiß so lenkt, daß sein Produkt den größten Wert erhält, so bezweckt er lediglich

materialistische Version dem Hegelschen Weltgeist vorausgehe. – Aber neben seiner Rolle als Beschützer der Wirtschaft fallen dem Staat noch der Schutz der Nation gegen fremde Angreifer zu. Weiter die Rechtspflege in der eigenen Nation.[11] – Mit diesen Funktionen gehört der Staat wie bei Hegel mit zum System der bürgerlichen Gesellschaft.

Ein in Adam Smiths System sehr wichtiges außerökonomisches Gesetz ist das Gesetz der Gerechtigkeit, ohne die keine Gesellschaft bestehen kann.[12] Die Gerechtigkeit in der menschlichen Gesellschaft werde aus einem natürlichen Trieb heraus verfolgt, der uns dazu bringe, vernünftigen Zwecken zu dienen. Smith sagt, daß wir geneigt seien, diese vernünftigen Zwecke als aus unserer eigenen Vernunft entstanden anzusehen. In Wirklichkeit kommen sie aus der Weisheit Gottes, die die ideologische Grundlage von Smiths System darstellt.[13]

U. Kloss, 3. Semester Soziologie

---

seinen eignen Gewinn und wird in diesem wie in vielen anderen Fällen von einer unsichtbaren Hand geleitet, einen Zweck zu befördern, der ihm keineswegs vorschwebte.« (Ebd., S. 524)
11 Vgl. den Abschnitt »Kosten der Landesverteidigung«, ebd., S. 783–801.
12 Bei Smith heißt es etwa: »In dem Wettlauf nach Reichtum, Ehre und Avancement, da mag er [scil. jeder] rennen, so schnell er kann und jeden Nerv und jeden Muskel anspannen, um all seine Mitbewerber zu überholen. Sollte er aber einen von ihnen niederrennen oder zu Boden werfen, dann wäre es mit der Nachsicht der Zuschauer ganz und gar zu Ende. Das wäre eine Verletzung der natürlichen Spielregeln, die sie nicht zulassen könnten. Der andere ist für sie in jeder Hinsicht so gut wie dieser; sie stimmen jener Selbstliebe nicht zu, in der er sich selbst so hoch über den anderen stellt, und sie können die Motive nicht nachfühlen, die ihn bewogen, den anderen zu Schaden zu bringen. Deshalb sympathisieren sie bereitwillig mit dem natürlichen Vergeltungsgefühl des Geschädigten und der Beleidiger wird zum Gegenstand ihres Hasses und ihres Unwillens.« (Adam Smith, Theorie der ethischen Gefühle [1759], hrsg. von Horst D. Brandt, übers. von Walther Eckstein, Hamburg 2010 [Philosophische Bibliothek; 605], S. 133)
13 So heißt es: »Die Glückseligkeit der Menschen wie die aller vernunftbegabten Geschöpfe scheint das ursprüngliche Ziel gewesen sein, das dem Schöpfer der Natur vorschwebte, als er diese Wesen ins Dasein rief. Kein anderer Endzweck scheint jener höchsten Weisheit und jener göttlichen Güte und Milde würdig, die wir ihm notwendig zuschreiben; und in dieser Ansicht, zu der wir durch die ganz abstrakte Erwägung seiner unendlichen Vollkommenheit gebracht wurden, werden wir noch mehr bestärkt, wenn wir die Werke der Natur einer Prüfung unterziehen, die alle dazu bestimmt scheinen, Glückseligkeit zu fördern und gegen Elend zu schützen. Indem wir aber den Geboten unseres moralischen Vermögens gemäß handeln, gebrauchen wir gerade das wirksamste Mittel, um die Glückseligkeit zu befördern, und man kann also in gewissem Sinne von uns sagen, daß wir Mitarbeiter der Gottheit sind, und daß wir, soweit es in unsere Macht steht, die Pläne der Vorsehung ihrer Verwirklichung näher bringen.« (Ebd., S. 264 f.)

## 184 Hans von Loesch, 9. Juni 1959

Protokoll

Zu dem Referat von Frl. Schölch am 9. 6. 1959.
Thema: Zum Begriff der industriellen Gesellschaft bei Saint-Simon.[14]

Hans von Loesch

---

Zu Beginn des Seminars machte Professor Adorno auf das, für einen Philosophen außerordentlich interessante Leben Saint-Simons aufmerksam: 1760 in Paris als Abkömmling eines der vornehmsten französischen Adelsgeschlechter geboren, führte Claude-Henri de Rouvroy, Graf von Saint-Simon-Sandricourt[15], ein sehr wechselreiches, abenteuerliches Leben. Prof. Adorno bezeichnete sein Leben als ein Experiment. Saint-Simon war in allen Volksschichten zu Hause. 1825 starb er in großer Armut.

Saint-Simon glaubte, daß durch die Revolution die feudale Gesellschaftsordnung beseitigt und der Weg für die Entwicklung und die Herrschaft des Industrialismus frei sei.

Da die Französische Nation volljährig geworden sei, so sagte Professor Adorno, glaubte Saint-Simon, an eine Erneuerung der Gesellschaft.

Saint-Simon wurde aber in der Revolution enttäuscht. Eine Verfassung folgte der anderen. Die »Mittelklasse«[16], bestehend aus Metaphysikern, Juristen, Militärs und Adeligen[17] rückte an Stelle der alten Feudalherren, die während der Revolution getötet oder vertrieben worden waren, und schloß, so sagte Professor

---

14 Der Referatstext »Zum Begriff der industriellen Gesellschaft bei Saint-Simon« von Ellen Schölch wurde nicht aufgefunden.
15 Die fälschliche Nennung von »Sandricourt« dürfte auf eine Namensverwechslung mit Charles-François de Saint Simon Sandricourt, dem Bischof von Agde im 18. Jahrhundert, zurückgehen.
16 Zur »Zwischenklasse« bei Saint-Simon vgl. Claude-Henri de Saint-Simon, Aus dem »Katechismus der Industriellen« [1823/1824], in: Saint-Simon und der Sozialismus, ausgew. und eingel. von Gottfried Salomon, übers. von Hanna Hertz, Berlin 1919, S. 72–108; hier: S. 89–92.
17 Diese Aufzählung beruht auf einem Missverständnis; Saint-Simon schreibt: »Der Zweck unserer Arbeit ist, die Tatsachen an die Stelle der Betrachtungen der Metaphysiker zu setzen, wir wollen aus diesem Grunde das Werden, den Bestand und die letzten Arbeiten der Zwischenklasse [...] untersuchen.« (Ebd., S. 89) Im Weiteren benennt er die drei Glieder der »Zwischenklasse« bündig: »Die Juristen, die bürgerlichen Militärs und die Landbesitzer, die weder Adlige noch Bauern waren, haben im allgemeinen die Rolle der Beschützer des Volkes gegenüber den Anmaßungen und Vorrechten der Nachkommen der Franken gespielt.« (Ebd., S. 91)

Adorno, Frieden mit den Vorrevolutionären. Saint Simon stellte fest, daß die alte Gesellschaftsordnung, begründet auf feudale Klassen- und Eigentumsverhältnisse, wiederhergestellt war. Die Revolution war nur ein Herrenwechsel gewesen.

Saint-Simon zeigt in seinen Werken die Wichtigkeit der industriellen Klasse. Zu dieser industriellen Klasse gehören bei ihm alle, die eine produktive Arbeit, die zum Allgemeinwohl beiträgt, leisten.[18]

Professor Adorno sagte, daß Saint-Simon hier zum ersten Mal eine klare Definition der industriellen Gesellschaft gegeben hätte. Marx, so fuhr er fort, hat einen großen Teil der Ideen und Definitionen Saint-Simons übernommen. Eine Einteilung in die drei Klassen: Industrielle, Zwischenklasse (siehe oben) und Müßiggänger, könne man auch bei Comte wiederfinden.[19] Insgesamt sei Saint-Simon der Ahnherr des gesamten modernen Positivismus. Das Motiv der Dialektik von Hegel und Marx reicht bis Saint-Simon zurück. Er ist solange mit der feudalen Gesellschaftsordnung einverstanden, wie sie nicht der Entwicklung im Wege steht.

Saint-Simon faßt die Geschichte als Entwicklung der Arbeiterklasse auf. Er unterteilt sie in [eine] organische und [eine] kritische Epoche.[20] Das Mittelalter

---

[18] »Ein Industrieller ist derjenige, der arbeitet, um Güter herzustellen oder um den verschiedenen Gliedern der Gesellschaft ein oder mehrere materielle Mittel zur Verfügung zu stellen, die der Befriedigung ihrer Bedürfnisse oder ihrer leiblichen Genüsse dienen sollen. Ein Landwirt, der Getreide sät, Geflügel oder Vieh aufzieht, ist ein Industrieller; Wagner, Schmiede, Schlosser, Maurer sind Industrielle, Fabrikanten von Schuhen, Hüten, Leinen, Tuchen sind ebenfalls Industrielle, Kaufleute, Spediteure, die auf Handelsschiffen angestellten Matrosen sind auch Industrielle. Alle Industriellen zusammen arbeiten, um für alle Glieder der Gesellschaft alle materiellen Mittel zu produzieren und sie ihnen zur Verfügung zu stellen zur Befriedigung ihrer Bedürfnisse und ihrer leiblichen Genüsse. Sie bilden drei große Klassen, die Bauern, die Handwerker und die Kaufleute.« (Ebd., S. 72)

[19] Saint-Simon benennt folgende drei Klassen: »Die erste, der anzugehören Sie und ich die Ehre haben, bewegt sich unter der Flagge des Fortschritts menschlichen Geistes; sie setzt sich aus Gelehrten, Künstlern und allen liberal gesinnten Menschen zusammen. Auf dem Banner der zweiten steht geschrieben: keine Neuerung. Mit dieser zweiten Klasse sind alle Eigentümer verbunden, die nicht in die erste hineingehören. [Absatz] Die dritte, die sich um das Wort *Gleichheit* schart, schließt den Rest der Menschheit ein.« (Claude-Henri de Saint-Simon, Briefe eines Genfer Einwohners an seine Zeitgenossen (1802), in: Claude-Henri de Saint-Simon, Ausgewählte Schriften, hrsg., übers. und eingel. von Lola Zahn, Berlin 1977 [Ökonomische Studientexte; 6], S. 1–35; hier: S. 12)

[20] Vgl. zu dieser Behauptung eine Passage aus der »Deutschen Ideologie« [1932] von Marx und Engels, in der die Autoren die Schrift »Die soziale Bewegung in Frankreich und Belgien« [1845] von Karl Grün kritisieren. Dessen Beurteilung von Saint-Simons Schrift »Nouveau Christianisme« [1825] wird kommentiert: »Wir geben nur *ein* Beispiel, um zu zeigen, daß er auch diese Schrift nie in der Hand gehabt hat. [Absatz] ›Es galt für Saint-Simon, eine einheitliche Weltanschauung herstellen, wie sie für organische Geschichtsperioden paßt, die *er ausdrücklich* den kritischen

war eine organische Epoche. (Gleichgewicht Kirche-Staat). Durch Entdeckungen, Reformation und vor allen Dingen durch die Entwicklung der industriellen Kräfte wird eine neue kritische Epoche eingeleitet.

Saint-Simon meint mit der kritischen Epoche das Gleiche wie Comte mit der metaphysischen,[21] sagte Professor Adorno.

Saint-Simon stellt dem kriegerischen Feudalismus den friedlichen Industrialismus, dem Prinzip der Eroberung das der Arbeit gegenüber. Organisation wird Herrschaft ablösen. Er fordert deswegen Freiheit der wirtschaftlichen Betätigung. Durch mangelnde Organisation der Gesellschaft gehen viele wertvolle Kräfte verloren. Professor Adorno sagte, daß die gleiche Idee bei Marx wieder auftaucht. Auch bei Engels wird die Herrschaft des Menschen durch die Verwaltung ersetzt.

Die Industriellen, als Organisatoren, müßten also eigentlich die Führung des Staates übernehmen. Sie haben aber nach der Revolution versäumt, Vertreter aus ihren Reihen für die Regierung zu wählen. Nur durch Einigkeit werden sie fähig sein, die Organisation des Staates in die Hand zu bekommen.[22] Sie bilden die

---

gegenübersteIlt. Seit Luther leben wir nach seiner Meinung in einer *kritischen* Periode, er gedachte den Anfang der neuen organischen Periode zu begründen. Daher das ‹Neue Christentum›.‹ [...] *[Absatz]* Saint-Simon hat *nie* und *nirgends* die organischen Geschichtsperioden den kritischen gegenübergestellt. Herr Grün lügt dies geradezu. Erst [Amand] *Bazard* machte diese Einteilung. Herr Grün fand bei Stein und Reybaud, daß im ›Nouveau christianisme‹ Saint-Simon die *Kritik* Luthers anerkennt, aber seine positive, dogmatische *Doktrin* mangelhaft findet. Herr Grün wirft diesen Satz mit seinen Reminiszenzen aus ebendenselben Quellen über die saint-simonistische *Schule* zusammen und fabriziert daraus seine obige Behauptung.« (MEW, Bd. 3, S. 492) – Vgl. Claude-Henri de Saint-Simon, Neues Christentum. Dialoge zwischen einem Konservativen und einem Neuerer [1825], in: Saint-Simon, Ausgewählte Schriften, a.a.O. (s. Anm. 19), S. 400–455; hier: S. 439–445.

**21** Bei Comte heißt es: »Jeder Zweig unserer Kenntnisse durchläuft der Reihe nach drei verschiedene theoretische Zustände (Stadien), nämlich den theologischen oder fiktiven Zustand, den metaphysischen oder abstrakten Zustand und den wissenschaftlichen oder positiven Zustand. Mit anderen Worten: Der menschliche Geist wendet in allen seinen Untersuchungen der Reihe nach verschiedene und sogar entgegengesetzte Methoden bei seinem Philosophieren an; zuerst die theologische Methode, dann die metaphysische und zuletzt die positive. Die erste ist der Punkt, an dem die Erkenntnis beginnt; die dritte der feste und endgültige Zustand, die zweite dient nur als Übergang von der ersten zur dritten.« (Auguste Comte, Die Soziologie. Die positive Philosophie im Auszug [1830–1842], hrsg. von Friedrich Blaschke, Leipzig 1933 [Kröners Taschenausgabe; 107], S. 2)

**22** »Wenn man den Charakter der Industriellen und ihr Verhalten während der Revolution prüft, erkennt man, daß sie in der Hauptsache friedlich gesinnt sind. Nicht die Industriellen haben die Revolution gemacht, sondern die Bourgeoisie, d.h. die Militärs, die keine Edelleute waren, die bürgerlichen Juristen und die Rentner, die keine Vorrechte hatten. Noch heute spielen die Industriellen nur die zweite Rolle innerhalb der bestehenden politischen Parteien, sie haben weder ein

große Mehrheit der Nation. Sobald sie daher eine eigene politische Anschauung haben, wird diese Anschauung die öffentliche Meinung sein. Die industrielle Klasse ist ja, sagt Saint-Simon, weil sie die arbeitende ist, durch Göttliche und menschliche Moral, zur ersten Klasse in der Gesellschaft bestimmt.[23] Er stellt sich die Gesellschaft pyramidenförmig vor. Jeder erhält darin den seiner Leistung entsprechenden Platz. Gekrönt wird diese Pyramide durch den König.

Saint-Simon unterscheidet zwischen Geburtseigentum, was abgeschafft werden soll, und dem erstrebenswerten Fähigkeitseigentum.[24]

Professor Adorno erklärte hier, daß Saint-Simon noch kein Sozialist war wie seine Schüler. Das Moment des Sozialismus ist aber schon objektiv bei ihm vorhanden.

Seine Schüler waren viel radikaler in Bezug auf Besitz und Familienerbrecht. Bei ihnen sollte auch der freie Wettbewerb abgeschafft werden. Alles sollte – im Gegensatz zu Saint-Simon – durch den Staat geregelt werden. Für Saint-Simon ist das Verhältnis: Proletarier–Unternehmer noch kein Problem. Bei seinen Schülern dagegen schließt der Unternehmer die Reihe der Ausbeuter.

Professor Adorno stellte hier die Verwandtschaft der Schüler Saint-Simons mit Marx fest.

Die Schüler entwickelten den Begriff der Gesellschaft systematisch. Sie machten diesen Begriff zur Religion.

---

Professor Adorno wies nach dem Referat darauf hin, daß die Theorie Saint-Simons noch eine andere Seite hat, die besonders in seiner Schule sehr stark geworden

---

Programm noch eine eigene politische Partei. [...] Die Industriellen fühlen wohl, daß sie am besten fähig sind, die finanziellen Angelegenheiten der Nation zu leiten, aber sie schieben diesen Gedanken nicht in den Vordergrund, aus Furcht, jetzt die Ruhe zu stören; sie warten geduldig, bis die öffentliche Meinung sich darüber bildet, bis ein wirklich soziales Gesetz sie an das Staatsruder beruft.« (Saint-Simon, Aus dem »Katechismus der Industriellen«, a.a.O. [s. Anm. 16], S. 76)

23 »Die Industriellen bilden mehr als vierundzwanzig Fünfundzwanzigstel der Nation, sie besitzen demnach auch die Übermacht im Hinblick auf die physische Gewalt. *[Absatz]* Sie produzieren alle Reichtümer, besitzen daher die finanzielle Macht. *[Absatz]* Sie besitzen auch die Überlegenheit an Intelligenz; ihre Pläne und Berechnungen tragen zum öffentlichen Wohle bei. Da sie auch am besten fähig sind, die finanziellen Interessen der Nation zu verwalten, beruft die göttliche wie die menschliche Moral ihre hervorragenden Vertreter zur Leitung der Finanzen.« (Ebd., S. 77)

24 Vgl. etwa Claude-Henri de Saint-Simon, Die nationale oder industrielle Partei im Vergleich mit der antinationalen Partei [1819], in: Saint-Simon, Ausgewählte Schriften, a.a.O. (s. Anm. 19), S. 257–267.

ist. Saint-Simon forderte ein völlig freies, libertäres Leben. Er wollte das das Leben so schrankenlos sei, wie sein eigenes gewesen ist.

Es entstand darauf eine Diskussion darüber, inwieweit die Ideen Saint-Simons Utopien gewesen seien.

Professor Adorno gab folgende Antwort: »Es ist charakteristisch für das bürgerliche Denken, daß die Vernunft gegenüber dem Dogma immer erhöht wurde. Aber nur immer so weit, bis sie in spekulative Gebiete übergeht. Mit Utopie ist alles falsch, ohne Utopie geht es aber auch nicht. Saint-Simon war der Ansicht, daß nur das gedacht werden soll, was in der Praxis verwirklicht werden kann.«

Frage: »Wenn die Güter nach den Fähigkeiten verteilt werden sollten, wie es Saint-Simon vorhatte; ist das Utopie?«

Professor Adorno: »Wenn es genug Güter gibt, verliert dieses ganze Problem an Realität. Der Gedanke von Saint-Simon ist heute schon durch die Technik überholt.«

## 185 Hilmar Tillack, 16. Juni 1959

Hilmar Tillack
5. Semester

*Protokoll der Seminarsitzung vom 16. 6. 59*

Herr Negt referierte über die Konzeption einer Theorie der Gesellschaft bei Marx.[25] Zu einzelnen Punkten des Referates wurde folgendes ausgeführt:

Herkömmliche offizielle Wissenschaft hält sich positivistisch an die Phänomene, ordnet sie, klassifiziert und systematisiert. Demgegenüber verfährt Marx in methodisch abweichendem Sinn. Er besteht – hierin nach Engels' Ausspruch »Erbe der deutschen idealistischen Philosophie«[26] – auf der Unterscheidung von Wesen und Erscheinung und tritt dadurch zum Positivismus mit seiner Vereidigung auf das Bestehende grundsätzlich in Widerspruch. Marx erweist die Phänomene, mit denen auch er zunächst und unmittelbar zu tun hat, als Epiphänomene, der Sache nach nicht primär, sondern Schein eines Wesentlichen, Zugrundeliegenden. So verbirgt sich hinter den Tauschbeziehungen der etablierten Marktgesellschaft, dem »Geldschleier«[27], ein gesellschaftliches Verhält-

---

25 Der Referatstext »Zum Begriff der Gesellschaft bei Marx« wurde nicht aufgefunden.

26 Bei Engels heißt es: »Marx und ich waren wohl ziemlich die einzigen, die aus der deutschen idealistischen Philosophie die bewußte Dialektik in die materialistische Auffassung der Natur und Geschichte hinübergerettet hatten.« (MEW, Bd. 20, S. 10)

27 In Adornos Text *Balzac-Lektüre* [1961] heißt es: *Als Zirkulationsmittel, Geld, erreicht und modelt der kapitalistische Prozeß die Personen, deren Leben die Romanform einfangen will. In dem Hohlraum zwischen den Vorgängen an der Börse und den tragenden der Wirtschaft, von der jene temporär sich ablöst, sei's, daß sie ihre Bewegungen diskontiert, sei's, daß sie nach eigener Dynamik sich verselbständigt, drängt individuelles Leben inmitten der totalen Fungibilität sich zusammen und besorgt doch durch seine Individuation hindurch die Geschäfte des Funktionszusammenhangs: das ist das Klima der Rothschildfigur des Barons Nucingen. Aber die Zirkulationssphäre, von der Abenteuerliches zu erzählen ist – Wertpapiere stiegen und fielen damals wie die Tonfluten der Oper –, verzerrt zugleich die Ökonomie, mit der der Schriftsteller Balzac so leidenschaftlich sich engagierte wie in seiner Jugend als homme d'affaires. Die Inadäquanz seines Realismus datiert schließlich darauf zurück, daß er, der Schilderung zuliebe, den Geldschleier nicht durchbrach, kaum schon ihn durchbrechen konnte. Wo die paranoide Phantasie überwuchert, ist er denen verwandt, welche die Formel des über den Menschen waltenden gesellschaftlichen Schicksals in Machenschaft und Verschwörung von Bankiers und Finanzmagnaten in Händen zu halten wähnen. Balzac ist Glied einer langen Reihe von Schriftstellern, die von Sade, in dessen Justine die Balzacsche Fanfare »insolent comme tous les financiers« vorkommt, bis zu Zola und dem früheren Heinrich Mann reicht. Im Ernst reaktionär an ihm ist nicht die konservative Gesinnung sondern seine Komplizität mit der Legende*

nis. Während man vulgär glaubt, die tragenden gesellschaftlichen Unterschiede seien solche von viel oder wenig Geld, arm oder reich, zeigen Marx und Engels, daß der Ursprung des gesellschaftlichen Verhältnisses in der Verfügung oder Trennung von der Kapitalmacht liegt. Die Inflationen gaben ihnen recht: Geld ist nur Äquivalentform, bloße Funktion.

Der Wert, der uns gewöhnlich als Eigenschaft der Waren an sich erscheint, drückt in Wirklichkeit ein gesellschaftliches Verhältnis aus, nämlich die gesellschaftlich durchschnittliche Arbeitszeit, die nötig ist, die betreffende Ware herzustellen. Geld enthält symbolisch diese Arbeitszeiten in sich.

Der geläufige Einwand, den hier die subjektivistische Wertlehre macht, lautet, Luxusgüter, z. B. Perlen oder Nerzmäntel, ließen sich wertmäßig nicht in den Kategorien der Marxschen Arbeitswerttheorie ausdrücken, vielmehr bedürfe es dazu einer Theorie individueller Inklinationen und Wahlakte, des subjektiven Grades des Begehrens.

Ohne dogmatisch behaupten zu wollen, daß die Arbeitswerttheorie hier zureiche, müsse doch gesagt werden, daß auch der Wert sog. natürlicher Monopole sich in gesellschaftlicher Arbeit ausdrücken ließe, wenngleich es sich hier um ein sehr verwickeltes, komplexes Verhältnis handelt.

Außerdem aber – und das sei entscheidend – muß eine Theorie ihre Begriffe schon so bilden, daß an ihnen etwas Wesentliches über die Verhältnisse aufgeht. Wenn der Wert von Kohle und Eisen adäquat abgeleitet wird, so ist das unvergleichlich wichtiger als eine Wertbestimmung von Perlen oder Diamanten, deren Anteil am gesellschaftlichen Gesamtprodukt doch einen Grenzfall darstellt.

Marx kritisiert, daß bei Hegel die Staatsphilosophie zu einem Kapitel der Logik werde.[28] Hegel mache den Staat zum Subjekt und die Gesellschaft zum Objekt, während es doch umgekehrt sei. Aber diese Kritik wird Hegel insofern nicht gerecht, als er ja nicht Logik als formale Sphäre des Denkens abtrennt von der Realität, sondern in ihr die objektiven Bewegungsgesetze des Realen selber abhandelt. Der Gegensatz Geist–Materie existiert hier bei Hegel nicht. Marx hat es sich zu leicht gemacht, hat Hegel wahrscheinlich gar nicht richtig verstanden, wenn er ihn in einen Geistesphilosophen verwandelt.

Wirklich neu bei Marx ist die These der Notwendigkeit der Trennung von Gesellschaft und Staat. Die Faktizität zwingt zu unterscheiden zwischen der politischen Apparatur als einer der Gesamtklasse einerseits und den realen Profitinteressen der gesellschaftlichen Subjekte auf der anderen Seite. Hat die Tren-

---

*vom raffenden Kapital.* (GS, Bd. 11, S. 153) – Das Zitat entstammt [Donatien Alphonse François de Sade], La nouvelle Justine, ou Les Malheurs de la vertu, suivie de l'histoire de Juliette, sa sœur, Bd. 1, [Paris] 1797, S. 13.
**28** Vgl. MEW, Bd. 1, S. 205–208.

nung daran ihr Wahres, so gilt es gerade darum, die Gesellschaft so zu verändern, daß die Scheidung der Institution von der lebendigen Produktion überflüssig wird.

Ein grober Fehler ist es, wenn Marxinterpreten sich nur am ersten Band des Kapitals orientieren und diesem dann Abstraktheit vorwerfen. Marx hat die Vermittlung nicht unterschlagen, sondern führt die abstrakten Allgemeinbestimmungen des ersten Bandes im dritten Band bis in die allerkonkretesten Dinge hinein aus. Daß allerdings diese Verfahrensweise nicht Hegelisch ist, gehört zu den zahllosen ernsten Problemen, die die Marxinterpretation heute aufwirft.

Mit den größten Schwierigkeiten ist heute die Marxsche Klassentheorie belastet. Aber vorweg ist jede Interpretation abzuweisen, die, weil sie den Sinn des Marxschen Klassenbegriffes nicht versteht, argumentiert, es gäbe heute dem Bewußtsein nach keine Proletarier mehr. Der Begriff der Klasse ist bei Marx objektiv definiert, nämlich durch Verfügung über Produktionsmittel oder Ausschluß von ihnen, nicht aber durch das Bewußtsein der Menschen. Subjektiv zu argumentieren ist unterhalb von Marx. Gegen die psychologische Klassenauffassung, etwa als Haß der Plebejer auf die Patrizier, der Armen auf die Reichen, haben Marx und Engels immer nur Hohn gehabt.

Problematisch ist auch die Interpretation der Dialektik bei Marx. Henryk Grossmann faßte seinerzeit die Marxsche Konzeption als einen abstrakten Entwurf auf, der durch Korrekturen, durch Methoden approximativer Annäherung an die Empirie charakterisiert werde.[29] Das Werk Marxens hat Stellen, die so lauten. Strenge Dialektik liegt dann nicht vor. Kein Zweifel, daß Marx von westlicher Wissenschaft, also auch westlichem Positivismus tief berührt wurde. Einerseits vertritt er eine Art positivistisches Wissenschaftsideal, bei dem das Allgemeine vorhergeht und nachher mit dem Besonderen aufgefüllt wird. Andererseits kreuzen sich diese positivistischen Züge mit dialektischen Motiven. Zu einem Ausgleich beider kam es nicht, konnte es aus sehr tiefen Gründen nicht kommen. Hier liegen auch die Wurzeln, die die spätere Hypostasierung und Ontologisierung erlaubten, seine Lehre zur Staatsreligion pervertieren ließen.

Zum Unterschied von Gebrauchswert und Tauschwert wurde gesagt, daß der Gebrauchswert das eigentlich Qualitative sei, die Beziehung zwischen den Menschen und den ihnen wichtigen Dingen. Der Wohlgeschmack einer Kirsche z. B. stellt ihren Gebrauchswert für mich dar und kann nicht in quantitative Relationen

---

29 Vgl. etwa den Abschnitt »Methodologische Vorbemerkungen. Das ökonomische Koordinatensystem: Die Notwendigkeit der vereinfachenden Voraussetzungen; die Annahme konstanter Preise als Ausgangspunkt der Analyse. [...]«, in: Henryk Grossmann, Das Akkumulations- und Zusammenbruchsgesetz des kapitalistischen Systems. (Zugleich eine Krisentheorie), Leipzig 1929 (Schriften des Instituts für Sozialforschung an der Universität Frankfurt am Main; 1), S. 79–99.

aufgelöst werden. Im Äquivalent des Geldes, im Tauschwert, geht er verloren. Genetisch geht der Gebrauchswert dem Tauschwert voran, der ökonomischen Relevanz nach tritt er zurück. In der vollkapitalistischen Gesellschaft wird der Gebrauchswert gleichsam nur mitgeschleift, werden die Bedürfnisse der Menschen nur nebenher befriedigt; primär ist Profitinteresse, Gewinnmaximierung. Marx will an diesem Punkt – hierin ganz 18. Jahrhundert – die Verkehrung der Natur nachweisen: daß die Bedürfnisbefriedigung bloßes Anhängsel ward.

Viel zu wenig Beachtung findet im allgemeinen das tiefe und zentrale philosophische Motiv von Marx, daß man Vergangenes aus Gegenwärtigem erklären müsse, nicht umgekehrt.[30] Die Anatomie der bürgerlichen Gesellschaft ist eigentlich die wahre Geschichtsschreibung. Walter Benjamin ist einer der wenigen, die darüber geschrieben haben.

Die Schrift »Zur Kritik der politischen Ökonomie« ist der Vorentwurf zum »Kapital« und gleichzeitig dessen Untertitel. Die Überschrift ist kontrapunktisch zur Kritik der reinen Vernunft zu verstehen; indem diese Kritik nicht rein, sondern politisch, nicht eine der Vernunft – also bloß geistig –, sondern eine der Ökonomie, des Lebensprozesses der Gesellschaft, sein soll.

H. Tillack[31]

---

30 In der »Einleitung {zur Kritik der politischen Ökonomie}« [1903] heißt es: »Anatomie des Menschen ist ein Schlüssel zur Anatomie des Affen. Die Andeutungen auf Höhres in den untergeordneten Tierarten können dagegen nur verstanden werden, wenn das Höhere selbst schon bekannt ist. Die bürgerliche Ökonomie liefert so den Schlüssel zur antiken etc. Keineswegs aber in der Art der Ökonomen, die alle historischen Unterschiede verwischen und in allen Gesellschaftsformen die bürgerlichen sehen.« (MEW, Bd. 13, S. 636)
31 Unterschrift.

## 186 Klaus Horn, 23. Juni 1959

Klaus Horn
Seminar: Was ist Gesellschaft?
Protokoll der Seminarsitzung vom 23. 6. 1959

Herr Negt referierte weiter über den Begriff der Gesellschaft bei Marx.

Wenn der Tauschwert als die wahre ökonomische Kategorie bei Marx erscheint, so geht ihm doch genetisch der Gebrauchswert voran, der als stofflicher Träger des Tauschwertes dessen Voraussetzung ist, selbst aber nicht unmittelbar in der politischen Sphäre liegt. An dieser Stelle machte Herr Prof. Adorno das Seminar auf eine Problematik aufmerksam, die sich heute aufdrängt. Die gesellschaftliche Relevanz des Gebrauchswertes nimmt in hohem Maße ab, er ist zum bloßen Anhängsel des Tauschwertes geworden, dessen universale Herrschaft die Bedeutung des Gebrauchswertes praktisch gleich Null werden läßt. In einer »richtigen« Gesellschaft soll nach Marx ganz im Gegenteil der Gebrauchswert einer Ware die einzige Bestimmung dieser sein. Die Herrschaft des Tauschwertes bedeutet die Produktion nicht um der Konsumtion, sondern die Produktion um ihrer selbst willen, eine perfide Verkehrung der ursprünglichen Ziele des Wirtschaftens überhaupt.

In diesem Sinne, als ein über die Köpfe der Menschen hinweg waltendes Prinzip, ist in der Marxschen Terminologie der Ausdruck »Naturgesetz« zu verstehen.[32] Er ist nicht – wie im Vulgärmarxismus – so zu interpretieren, daß er Gesetzmäßigkeiten im Sinne von Naturgesetzen verkündet, die wissenschaftlich beweisen, daß die Entwicklung des Kapitalismus notwendigerweise in den Sozialismus mündet. »Naturgesetz« ist vielmehr zu verstehen als blind waltende Gesetzmäßigkeit. Nach Marx ist alle bisherige Geschichte so, als Naturgeschichte,

---

[32] Bei Marx heißt es etwa: »Was ich in diesem Werk [scil. dem ›Kapital‹] zu erforschen habe, ist die kapitalistische Produktionsweise und die ihr entsprechenden Produktions- und Verkehrsverhältnisse. Ihre klassische Stätte ist bis jetzt England. Dies der Grund, warum es zur Hauptillustration meiner theoretischen Entwicklung dient. Sollte jedoch der deutsche Leser pharisäisch die Achseln zucken über die Zustände der englischen Industrie- und Ackerbauarbeiter oder sich optimistisch dabei beruhigen, daß in Deutschland die Sachen noch lange nicht so schlimm stehn, so muß ich ihm zurufen: De te fabula narratur! *[Absatz]* An und für sich handelt es sich nicht um den höheren oder niedrigeren Entwicklungsgrad der gesellschaftlichen Antagonismen, welche aus den Naturgesetzen der kapitalistischen Produktion entspringen. Es handelt sich um diese Gesetze selbst, um diese mit eherner Notwendigkeit wirkenden und sich durchsetzenden Tendenzen. Das industriell entwickeltere Land zeigt dem minder entwickelten nur das Bild der eignen Zukunft.« (MEW, Bd. 23, S. 12)

abgelaufen. Dieses Naturgesetz entspricht dem Hegelschen Ganzen, der Totalität, die sich konkret im Individuum durchsetzt.

Die Herrschaft des Tauschwertes hat sich auch in der Ware Arbeitskraft selbst durchgesetzt. Die Marxsche Prognose einer Gesellschaft, »worin die Individuen mit Leichtigkeit aus einer Arbeit in die andere übergehen und die bestimmte Art der Arbeit ihnen zufällig, daher gleichgültig ist«[33], hat in der heutigen Gesellschaft durch die »Jobgesinnung« bereits Erfüllung gefunden.

In der Arbeitswerttheorie muß von den spezifischen Eigenschaften, der Qualität einer bestimmten Arbeit, abstrahiert werden, um die verschiedenen Produkte auf einen Nenner beziehen zu können: die Verausgabung menschlicher Arbeitskraft überhaupt.[34] Diese Abstraktion ist weder willkürliche Reflexionsbestimmung, noch an die Sache von außen herangetragenes Prinzip zwecks besserer Übersicht, sondern liegt im Prozeß selbst. Die Tatsache, daß uns Vermitteltes als ein Erstes und Ursprüngliches erscheinen will – dieses ist der Irrtum des Positivismus –, offenbart die Undurchsichtigkeit des Schleiers der Verdinglichung, der uns als Natur vorlügt, was gesellschaftlich Produziertes ist. Die Phänomene sind nicht einfach tabellierbar und nach oberflächlichen Merkmalen zu ordnen. Vielmehr ist der Rekurs aufs Ganze notwendige Voraussetzung der Erkenntnis des Einzelnen, andernfalls die Rationalität des Einzelnen durch die Irrationalität des Ganzen erkauft wird und somit selbst zur bloßen Scheinrationa-

---

[33] »Die Gleichgültigkeit gegen die bestimmte Arbeit entspricht einer Gesellschaftsform, worin die Individuen mit Leichtigkeit aus einer Arbeit in die andre übergehn und die bestimmte Art der Arbeit ihnen zufällig, daher gleichgültig ist. Die Arbeit ist hier nicht nur in der Kategorie, sondern in der Wirklichkeit als Mittel zum Schaffen des Reichtums überhaupt geworden und hat aufgehört, als Bestimmung mit den Individuen in einer Besonderheit verwachsen zu sein.« (MEW, Bd. 13, S. 635)

[34] Bei Marx heißt es: »Schneiderei und Weberei, obgleich qualitativ verschiedne produktive Tätigkeiten, sind beide produktive Verausgabung von menschlichem Hirn, Muskel, Nerv, Hand usw., und in diesem Sinn beide menschliche Arbeit. Es sind nur zwei verschiedne Formen, menschliche Arbeitskraft zu verausgaben. Allerdings muß die menschliche Arbeitskraft selbst mehr oder minder entwickelt sein, um in dieser oder jener Form verausgabt zu werden. Der Wert der Ware aber stellt menschliche Arbeit schlechthin dar, Verausgabung menschlicher Arbeit überhaupt. Wie nun in der bürgerlichen Gesellschaft ein General oder Bankier eine große, der Mensch schlechthin dagegen eine sehr schäbige Rolle spielt, so steht es auch hier mit der menschlichen Arbeit. Sie ist Verausgabung einfacher Arbeitskraft, die im Durchschnitt jeder gewöhnliche Mensch, ohne besondere Entwicklung, in seinem leiblichen Organismus besitzt. *Die einfache Durchschnittsarbeit* selbst wechselt zwar in verschiednen Ländern und Kulturepochen ihren Charakter, ist aber in einer vorhandenen Gesellschaft gegeben. Kompliziertere Arbeit gilt nur als *potenzierte* oder vielmehr *multiplizierte* einfache Arbeit, so daß ein kleineres Quantum komplizierter Arbeit gleich einem größeren Quantum einfacher Arbeit.« (MEW, Bd. 23, S. 58f.)

lität werden muß. Das Erkennen des Momentes der Vermittlung bezeichnete Prof. Adorno als das konstitutive Element der Soziologie überhaupt.

Zur Darstellung der Mehrwerttheorie im Referat brachte Prof. Adorno noch eine Ergänzung. Der Arbeiter erhält exakt so viele Arbeitsstunden bezahlt, wie zur Reproduktion seiner Arbeitskraft notwendig sind. Jedoch ist diese gesellschaftlich notwendige Arbeitszeit, ausgedrückt im Wert von Lebensmitteln, kleiner als die wirklich vom Arbeiter geleistete Arbeitszeit. Der Arbeiter, der 12 Stunden am Tage arbeitet, erhält das Äquivalent für 12 Stunden insofern, als der Lohn ausreicht, um seine in den 12 Stunden verbrauchte Kraft zu erneuern. Es werden also Äquivalente getauscht, der Arbeiter erhält den Tauschwert seiner Arbeit zurück. In dieser Zeit hat er aber mehr Wert produziert, als er zurückerhält, den Mehrwert. Hier liegt die Quelle der Zunahme des Reichtums der Gesellschaft. Die Ausbeutung vollzieht sich gerade durch das formal stimmige Äquivalenzprinzip der Tauschwerte, die identisch sind und auch wieder nicht identisch. Anzufügen ist hier noch, daß die Quelle des Mehrwertes bei Marx, im Gegensatz zu Proudhon, nicht in der Zirkulation, sondern ausschließlich in der Produktion liegt.

Den Prozeß der Akkumulation verdanken wir keiner psychologischen Eigenschaft, keinem geheimnisvollen Trieb der bösen und raffgierigen Kapitalisten, so wie man es verstehen könnte, liest man »wissenschaftliche« Literatur über ökonomische Fragen, die jenseits des Eisernen Vorhanges veröffentlicht ist. Vielmehr wird bei Marx ausdrücklich festgestellt, daß der Kapitalist eine fungible Figur ist, Charaktermaske,[35] eine Funktion des Kapitals im Prozeß der Akkumulation, dem »bei Strafe des Untergangs«[36] keine andere Wahl gegeben ist, als zu akkumulieren. Somit ist die Schaffung des Mehrwertes und dessen Aneignung durch den Kapitalisten kein Gewaltakt, sondern aus der Sache sich ergebende Notwendigkeit. Der akkumulierte Wert ist ja nicht nur für den Kapitalisten da, sondern in erster Linie Voraussetzung für den Produktionsprozeß. Der Kapitalist

---

35 »Wir werden überhaupt im Fortgang der Entwicklung finden, daß die ökonomischen Charaktermasken der Personen nur die Personifikationen der ökonomischen Verhältnisse sind, als deren Träger sie sich gegenübertreten.« (Ebd., S. 100)

36 »Die gesamte Warenmasse, das Gesamtprodukt, sowohl der Teil, der das konstante und variable Kapital ersetzt, wie der den Mehrwert darstellt, muß verkauft werden. Geschieht das nicht oder nur zum Teil oder nur zu Preisen, die unter den Produktionspreisen stehn, so ist der Arbeiter zwar exploitiert, aber seine Exploitation realisiert sich nicht als solche für den Kapitalisten, kann mit gar keiner oder nur teilweiser Realisation des abgepreßten Mehrwerts, ja mit teilweisem oder ganzem Verlust seines Kapitals verbunden sein. [...] Dies ist Gesetz für die kapitalistische Produktion, gegeben durch die beständigen Revolutionen in den Produktionsmethoden selbst, die damit beständig verknüpfte Entwertung von vorhandnem Kapital, den allgemeinen Konkurrenzkampf und die Notwendigkeit, die Produktion zu verbessern und ihre Stufenleiter auszudehnen, bloß als Erhaltungsmittel und bei Strafe des Untergangs.« (MEW, Bd 25, S. 254 f.)

»glaubt zu schieben, und er wird geschoben.« Die objektive Kategorie der Charaktermaske kehrt heute in der amerikanischen Soziologie bei Parsons wieder, der den von Marx aufgezeigten Antagonismus in dem Begriff der Rolle soziologisch neutralisiert hat. Sombart und Weber glaubten, den Akkumulations-»Trieb«, den »Sinn« der Kapitalisten für Sparsamkeit, geistesgeschichtlich ableiten zu können. Herr Negt referierte über den Widerspruch der kapitalistischen Produktionsweise, der sich aus der Vergesellschaftung der Produktion auf der einen und der privaten Aneignung der Produkte auf der anderen Seite ergibt. Hierzu sagte Prof. Adorno, daß so lange, wie Privateigentum als Aneignung fremder Arbeit bestehe, ein individuelles Eigentum negiert sei.

Die Krisen des Kapitalismus, die nicht nur Disproportionalitätskrisen sind, sondern alle zum eigentlichen Grund den tendenziellen Fall der Profitrate haben, werden nach Marx die Grenzen des Privateigentum sprengen.[37] Jedoch ist der Übergang aus der kapitalistischen Gesellschaft in die sozialistische kein notwendiger, sondern ein Akt der Spontanität. Als Alternative bleibt die Barbarei. Der Wechsel ist eine Revolution, die sich nicht über die Köpfe der Menschen hinweg, als »Naturgesetz«, vollzieht, sondern als bewußter Akt der proletarischen Klasse.

Gegen Ende des Referates wurde an mehreren Stellen der frühe Marx zitiert mit Ausdrücken wie »Selbstverwirklichung des Menschen« und »Selbstbestätigung des Menschen«.[38] Dazu bemerkte Prof. Adorno, daß in diesen Ausdrücken noch so etwas wie ontologische Residuen steckten. Sie unterliegen beim späteren Marx einem Ausdruckstabu, denn diese viel zu abstrakten Formulierungen enthalten selbst Ideologie insofern, als sie eine Art ursprüngliches Wesen des Menschen voraussetzen, das ihm bestimmt ist, als ob es »den Menschen« zu verwirklichen gilt, der doch in Wirklichkeit nichts ist als das Produkt eines immer noch andauernden Prozesses.

Bevor Prof. Adorno die Probleme nannte, von denen er sich eine besonders fruchtbare Diskussion erhoffte, formulierte er die Aufgabe einer noch nicht in

---

37 Vgl. den Abschnitt »Gesetz des tendenziellen Falls der Profitrate«, ebd., S. 221–241.
38 Bei Marx heißt es etwa: »Der *Kommunismus* als *positive* Aufhebung des *Privateigentums* als *menschlicher Selbstentfremdung* und darum als wirkliche *Aneignung* des *menschlichen* Wesens durch und für den Menschen; darum als vollständige, bewußt und innerhalb des ganzen Reichtums der bisherigen Entwicklung gewordne Rückkehr des Menschen für sich als eines *gesellschaftlichen*, d. h. menschlichen Menschen. Dieser Kommunismus ist als vollendeter Naturalismus = Humanismus, als vollendeter Humanismus = Naturalismus, er ist die *wahrhafte* Auflösung des Widerstreites zwischen dem Menschen mit der Natur und mit dem Menschen, die wahre Auflösung des Streits zwischen Existenz und Wesen, zwischen Vergegenständlichung und Selbstbestätigung, zwischen Freiheit und Notwendigkeit, zwischen Individuum und Gattung. Er ist das aufgelöste Rätsel der Geschichte und weiß sich als diese Lösung.« (MEW, Bd. 40, S. 536)

Angriff genommenen dialektischen Psychologie. Diese hätte alle substantiellen psychologischen Bestimmungen als in letzter Instanz geschichtliche Kategorien abzuleiten, wobei aber die Frage zu stellen sei, ob nicht doch auch dumpf immer wiederkehrende Invarianten, gleichsam Archetypen, in der Psychologie vorhanden seien. Auch gegenüber der Sozialpsychologie erhebt sich hier eine ernste wissenschaftliche Forderung. In der Sozialpsychologie wird immer nur vom Einfluß der Gesellschaft auf den Menschen gesprochen, womit bereits so etwas wie »das Bild des Menschen« hypostasiert ist. Dagegen gilt es, den Einfluß des sich ständig wandelnden Individuums auf die Gesellschaft zu untersuchen. Herr Dr. Lenk[39] ergänzte, daß gleiches für die Wissenssoziologie gilt.

Ohne eine – mit Wesentlichem – darüber hinausgehende Diskussion beschränken zu wollen, formulierte Prof. Adorno abschließend drei Problemkomplexe, die ihm zur Aussprache besonders geeignet schienen.

1. Fragen zum Verständnis des Referates. Wie stellt sich Marx die Gesellschaft vor?
2. Inwieweit ist die Marxsche Darstellung der Gesellschaft wissenschaftlich, und inwieweit läßt sich die theoretische Darstellung in gesellschaftliche Praxis umsetzen?
3. Wie verhält sich die Marxsche Darstellung der Gesellschaft, soweit sie wissenschaftlich ist, zum empirischen Wissenschaftsbetrieb?

---

[39] Kurt Lenk wird 1956 mit der Schrift »Von der Ohnmacht des Geistes. Kritische Darstellung der Spätphilosophie Max Schelers« in Frankfurt a. M. promoviert.

# Wintersemester 1959/60:
# Hegels »Logik« [I]

Philosophisches Hauptseminar mit Max Horkheimer

In diesem Semester hält Adorno zudem die philosophische Vorlesung »Einleitung in die Philosophie« und gibt das soziologische Hauptseminar »Zum Studium des autoritätsgebundenen Charakters«

Das Seminar findet donnerstags von 18 bis 20 Uhr statt

**187–199** Archivzentrum Na 1, 887

## 187 Horst Albert Glaser, [ohne Datum]

[...][1] Beziehung der Logik zur Rechtsphilosophie.

Herr Horkheimer verwies auf den Zusammenhang von Hegels Logik und seiner Rechtsphilosophie. So wie die Kategorie im Ganzen aufgehen solle, aber doch als solche auch bewahrt bleibe, so nur könne der Bürger im Ganzen der Gesellschaft aufgehen, ohne sich aber seiner Freiheit als [die] eines Individuums entäußern zu müssen. Das Ganze aber sei nicht als solches, es bilde sich aus der Aktivität der Einzelnen.

Horst Albert Glaser

---

1 Die ersten beiden Seiten der Vorlage wurden nicht aufgefunden.

# 188 [N.N.],
## 26. November 1959

Protokoll der Sitzung des philosophischen Hauptseminars
vom 26. XI. 59

Daß in der Grundbeziehung ein bestimmter Inhalt nach zwei Seiten, der des Grundes und der des Begründeten sich auslege, sollte am Beispiel des Verhältnisses von Wasser und Eis erläutert werden. So hat das beim Schmelzen des Eises auftretende Wasser im Eis seinen Grund, ist also selbst das von diesem Begründete, doch hält sich gleichgültig gegen diese Beziehung in den beiden Formen ein Identisches durch, eben das Wasser, das in all diesen Beziehungen Grund des Eises, der Flüssigkeit und des Dampfes ist. Dieses Verhältnis ist jedoch nicht das von Grund und Begründetem, sondern das von Substanz und Modus. Die Grundbeziehung dagegen ist die der verschiedenen Modi aufeinander, also das Gesetz ihrer Abfolge. Die Grundbeziehung hat so sich zu Kausalität eingeschränkt.

Doch der Grund ist mehr als diese. Daß die verschiedenen Modi auf regelhafte Weise miteinander verbunden sind, daß das Eis schmilzt, um auf dem Beispiel zu insistieren, ist nicht letzte, nicht weiter erklärbare Tatsache, sondern durch die verzehrte Wärme zu begründen. Doch diese Wärme läßt sich im vorliegenden Fall nur am Schmelzen des Eises feststellen. Sie ist als Grund des Schmelzens erst durch dieses begründet, oder: daß sie als Grund ist, davon ist das Begründete der Grund.

Ist es allgemein schwierig und nicht ganz zulässig zu versuchen, die Hegelsche Logik durch Beispiele zu erhellen, so läßt sich eine gewisse Legitimation dazu doch darin finden, daß diese Logik nicht ein rein formales System der Beziehungen von Kategorien ist, sondern zugleich, zumindest der Intention nach, den Aufbau der Welt erläutert. Danach kann bei der Ergründung des Seins sowohl wie bei der des Subjektes, bei diesem ebensowohl wie beim Objekt begonnen werden. Dieses treibt im Buch des Wesens[2] über seine reine Objektivität hinaus kraft der Vermittlungen, die in ihm selber stecken. Diese Vermittlungen sind die des Begriffs, dem einzigen, das Hegel lebendig ist, selber. Doch dieser ist auf der hier erreichten Stufe noch blind gegen sich selbst, wohl am Werk, aber noch in sich selbst verschlossen, so daß wir seine Arbeit von außen als die Selbstbewegung des Objekts beobachten können. Erst im zu sich selbst gekommenen Begriff, im absoluten Geist, wird das Objekt letzten Endes als Subjekt sich begreifen wie

---

2 Vgl. HW, Bd. 6, S. 11–240.

dieses die zu sich gekommene Welt sein wird, diese dann andererseits als durchs Subjekt begründete, als Wirkung des Subjekts erscheint.

Vor dieser Anstrengung zerfällt der Anspruch einer Philosophie des Ersten, aus dem die hierarchische Ordnung der Wesenheiten sich ableiten sollte. Nicht, daß wie beim Positivismus der Obersatz nur die rationelle Zusammenfassung aller Einzelsätze, die man in ihn hineingesteckt hat, ist, aus dem also nichts folgen kann als eben diese Einzelsätze, die zur Konstruktion des Obersatzes schon bekannt sein müssen, sondern die Einzelsätze treiben kraft ihrer Insuffizienz als abgespaltene Einzelsätze zum Begriff. Der jedoch kann nicht nur als Erstes bleiben, denn der Begriff des Ersten selbst ist ohne das, vor dem er Erstes sein soll, nicht zu denken. Zwar hat das Ganze vor dem nur Einzelnen noch einen gewissen ontologischen Vorrang, jedoch nur soweit, als es in Einzelnem selbst lebendig, tätig ist und so in ihm als die die Unwahrheit seiner Beschränktheit festhaltende und damit über diese Beschränktheit hinaustreibende Kraft ist. Doch es ist nicht so, daß damit das Startzeichen zu einem allgemeinen Galopp zum absoluten Geist gegeben wäre, der das jeweils Einzelne, da doch unwahr, möglichst schnell hinter sich läßt, denn das Ganze, zur Bestimmung und Entfaltung des Partikularen notwendig, läßt nur durch dieses sich begreifen, und jede andere Form, sich des Ganzen zu bemächtigen, hat Hegel als unwissenschaftliche Schwärmerei abgelehnt.

Diese Insistenz auf dem Einzelnen weist sich aus auch darin, daß in der Logik nicht nur die kategoriale Struktur untersucht wird, sondern zugleich der Aufbau der Welt im einzelnen. So ist, wenn vom Grund gesprochen wird, sowohl der Grund ganz allgemein als Kategorie gemeint wie auch der konkrete Grund in einem bestimmten Fall. Es ist für Hegel die im einzelnen von den Naturwissenschaften erforschte Gesetzlichkeit der Natur nicht zu trennen von deren kategorialer Struktur. Da der formale Grund sich als Tautologie bestimmte, in der Grund und Begründetes wechselseitig ineinander übergehen und gleichgültig ihrem Inhalte gegenüber sind, dieser Inhalt damit zu einer ebenso formalen Konstruktion des im formalen Grunde sich durchhaltenden Identischen wird, muß der Fortgang der Untersuchung sowohl die Aufhebung des formalen Grundes zum realen Grund, der das wechselseitige Austauschen von Grund und Begründetem aufhebt zu inhaltlicher Unterscheidung der beiden, ergeben, als auch die der rein formalen Naturgesetze, die damit zu einem Gesetzten werden müssen.

## 189 Brigitte Reichardt, 3. Dezember 1959

Protokoll des philosophischen Hauptseminars,
Sitzung vom 3. XII. 59

Im zweiten Teil von Hegels Logik handelt es sich wesentlich um Formen, um Kategorien. Die Form wird aber nicht losgelöst vom Inhalt betrachtet. Grund und Begründetes werden allgemein verstanden, darunter fällt auch das Verhältnis von Ursache und Wirkung, wie wir gesehen hatten, das zeitliche Verhältnis von Grund und Folge.

Kann man nun das Kausalverhältnis in den Abschnitt über den bestimmten Grund einbeziehen?

Wie wir in dem Referat von Herrn Eckardt hörten,[3] behandelt Hegel Grund und Ursache an zwei verschiedenen Stellen in seinem System, im Abschnitt über den Grund verwendet er überhaupt nicht die Ausdrücke »Kausalität« und »Ursache«. Seine Beispiele, die den formellen Grund erläutern (S. 576f., Ausgabe von Glockner)[4], betreffen nicht Ursache und Wirkung im physikalischen Sinn. Der formelle Grund ist keine Ursache, denn er ist erst aus den Phänomenen, die Gravitationskraft aus dem Kreisen der Planeten etwa, erschlossen worden.

Auch mit dem realen Grund meint Hege keine Ursache. Die moralische Natur etwa wird erst Grund einer Handlung, wenn noch etwas Drittes hinzukommt, allein bewirkt sie nichts: »Beweggrund, der etwas bewirkt, wird der Grund z. B. durch die Aufnahme in einen Willen, der ihn erst zum tätigen und einer Ursache macht.« (Hegels Enzyklopädie, »Der Grund«, S. 250, Ausgabe von Henning)[5]. Der Grund ist also »nur als Form des reinen, nicht erscheinenden Wesens aufzufassen, nicht aber als Ursache, denn diese gehört im Gegensatz zum reinen Wesen in den Abschnitt über die Wirklichkeit,[6] über das existierende Wesen«, wie Herr

---

3 Der entsprechende Referatstext von Heinz Eckardt wurde nicht aufgefunden.
4 Vgl. HJu, Bd. 4, S. 576f.; vgl. HW, Bd. 6, S. 103–105.
5 Hegel schreibt, der bestimmte Grund sei »damit, daß er *Grund* ist, auch ein *guter* Grund, denn *Gut* heißt ganz abstrakt auch nicht mehr als ein Affirmatives, und jede Bestimmtheit ist gut, die in irgend einer Weise als ein zugestanden Affirmatives ausgesprochen werden kann. Ein Grund kann daher für Alles gefunden und angegeben werden, und ein *guter Grund* (z. B. guter Beweggrund zu handeln) kann etwas bewirken oder *auch nicht*, eine Folge haben oder *auch nicht*. Beweggrund, der etwas bewirkt, wird er z. B. durch die Aufnahme in einen Willen, der ihn erst zum thätigen und einer Ursache macht.« (HVA, Bd. 6, S. 250; vgl. HW, Bd. 8, S. 253)
6 Vgl. HW, Bd. 6, S. 186–240.

Eckardt in seinem Referat ausführte. Der wahre Grund entsteht aus der Summe der realen Gründe.

Problematisch bleibt, was Hegel unter diesem Grund versteht, nachdem er nicht im logischen Sinn als Grund einer Folge und auch nicht im kausalen Sinn aufgefaßt wird.

Im Anschluß an das Referat von Herrn Eckardt wurde die Frage erörtert, wie sich die Naturwissenschaft zu dem Angriff Hegels und seinem Vorwurf der Tautologie verhält. Leibniz wendet sich dagegen, daß man in der Naturwissenschaft Elemente gelten ließ, die sich in der Welt nicht empirisch feststellen lassen, etwa die Gravitationskraft bei Newton.[7] Auch wenn etwas aus dem freien Willen Gottes geschieht, muß bei ihm dafür das Prinzip vom zureichenden Grund anwendbar sein. Die Naturwissenschaft kennt den Unterschied Grund–Kausalität nicht, denn um die letzten Gründe kümmert sie sich nicht. Sie beschäftigt sich nur insoweit mit ihnen, wie sie sich funktionell darstellen lassen. Also braucht sie den Begriff vom »Grund« eigentlich überhaupt nicht. Die Naturwissenschaft ist rein nach dem Verhältnis von Ursache und Wirkung aufgebaut. Es herrscht in ihr nur *eine* Kategorie, die Gesetzlichkeit. Es gibt in ihr keine Dialektik. Die gebraucht aber hier Hegel, um zu seinem Begriff des Grundes zu kommen.

Die Ablehnung der Tautologie in der Naturwissenschaft durch Hegel erklärt sich aus seinem Gegensatz zum Nominalismus. Nach ihm ist, wie einmal im Verlauf der Diskussion formuliert wurde, das Allgemeine nur die Abbreviatur für das Gemeinsame der darunter befaßten Erscheinungen. Er ist die Voraussetzung für die moderne Naturwissenschaft. Ein Naturgesetz sagt nichts anderes als die Gesamtheit der Phänomene, aus denen es durch Vergleich und Abstraktion gewonnen wurde.

In dem Referat von Herrn Dr. Schäfer[8] hörten wir, daß sich in der Naturwissenschaft insofern seit Newton nichts geändert hat, als sie »Arbeitshypothesen« verwendet, Behauptungen oder Vermutungen, durch die ein Phänomen erklärt werden soll. Sie stimmen tatsächlich mit dem Inhalt der Erscheinungen, die aus ihnen abgeleitet werden sollen, weitgehend überein. Als Tautologie kann man sie aber deshalb nicht bezeichnen, weil sie zwingen, erwiesen oder widerlegt zu

---

[7] So schreibt Leibniz etwa: »Es ist auch etwas Übernatürliches, daß sich die Körper ohne irgendein Hilfsmittel von weitem gegenseitig anziehen sollen und daß sich ein Körper auf einem Kreis bewegen soll, ohne sich dabei entlang der Tangente zu entfernen, obwohl ihn nichts daran hindert, sich auf diese Weise zu entfernen. Diese Erscheinungen lassen sich nämlich nicht durch die Natur der Dinge erklären.« (Leibniz' viertes Schreiben. Antwort auf Dr. Clarkes dritte Erwiderung, in: Der Leibniz-Clarke Briefwechsel [1717], hrsg. und übers. von Volkmar Schüller, Berlin 1991, S. 51–61; hier: S. 59)

[8] Der entsprechende Referatstext von Herbert Schäfer wurde nicht aufgefunden.

werden, und dadurch die Wissenschaft gerade vorwärts treiben, stärker als gesicherte Erkenntnisse. Den Vorwurf der Tautologie kann man nur demjenigen machen, der diese Hypothesen als gesicherte Erkenntnisse hinnimmt. Als *die* können sie erst durch das Experiment erwiesen werden. Aber auch eine feste Theorie bildet keinen Abschluß, sondern gibt Anlaß zu neuen Versuchskonstruktionen. So ist die Physik die Gesamtheit von schöpferischen Akten, von Erkenntnissen, die nicht zwingend, sondern spontan erfolgen.

Diese Auffassung gibt der Physik, wie Herr Prof. Adorno bemerkte, eine sehr subjektive Richtung.

Aus der auf das Referat folgenden Diskussion ergab sich, daß man ein Gesetz nicht als die Ursache einer Erscheinung ansehen darf. Man kann in dem Sinne von Verursachung in einem physikalischen Prozeß sprechen, als ein fremdes Moment, ein neuer physikalischer Körper, der in eine physikalische Konstellation eingeführt wird, dann zur Ursache der Veränderung wird, die sich nach den physikalischen Gesetzen ergibt.

Will man (wie Herr Molitor[9] vorschlug) das Problem Grund–Kausalität bei Hegel dadurch klären, daß man auf die Behandlung der Kausalität erst im existentiellen Teil seines Buches über das »Wesen« verweist,[10] darf man doch die Einteilung in einen essentiellen ersten und einen existentiellen zweiten Teil nach der statischen ontologischen Essenz- und Existenz-Lehre im scholastischen Sinn nicht überspitzen. Der Titel des zweiten Buches der »Logik«[11] ist wohl essentiell und es werden Reflexionsbestimmungen behandelt. Dies geschieht aber nicht im abstrakt-eidetischen Sinn. Der Begriff des Eidetischen liegt Hegel vollkommen fern. Er entwirft keine Wesenslehre, die mit der Wirklichkeit nichts zu tun hat, denn in der Dialektik tritt ja das Essentielle vermittelt durch das Existierende auf. Hegels Kategorien muß man als Strukturen von Existierendem verstehen, sonst bleibt man bei der Scholastik stehen. Hegel ist antinominalistisch. Deswegen darf man ihn aber nicht als realistisch bezeichnen. Denn die Dialektik will gerade über die starre Gegenüberstellung Nominalismus–Realismus hinauskommen. Man kann Hegel also von eidetischer Sphäre her nicht interpretieren, denn er kann unmöglich erklärt werden im Sinne unmittelbarer Ontologie. Er ist nur zu verstehen aus der Dialektik von Objektivität und Subjektivität, die stets verwiesen bleibt auf die Entfaltung der Philosophie in der Geschichte.

Brigitte Reichardt[12]

---

9 D. i. Jacob Molitor.
10 Vgl. den Abschnitt »Das Kausalitätsverhältnis«, HW, Bd. 6, S. 222–237.
11 Vgl. den Abschnitt »Die Lehre vom Wesen«, ebd., S. 11–240.
12 Unterschrift.

## 190 Christine Herzog, 10. Dezember 1959

Protokoll vom 10. 12. 59.

Zuerst legte Herr Eckardt noch einmal dar, wie er sich den Unterschied von Grund und Kausalität bei Hegel vorstelle. Beim Menschen z. B. sei der Grund sein Wesen, als sein Charakter. Der Grund bewirke nichts und bringe nichts hervor; erst wenn ein bestimmter Willensentschluß eintrete, äußerte sich das Wesen in diesem. Bei der Planetenbewegung z. B. sei der Grund das Wesen dieses Vorgangs in der Natur, ausgedrückt in der mathematischen Formel, die das Ereignis beschreibe. Ursache hingegen sein ein anderes, konkretes einzelnes Naturereignis.

Prof. Adorno wandte nun dagegen ein, daß, wenn Hegel eine solche Unterscheidung gemeint habe, er mit sehr viel Aufwand, etwas ganz Allgemeines, Simples festgestellt habe, nämlich eben den Unterschied zwischen allgemeinen Gesetz und einzelner Ursache.

Es wurde nun noch einmal von Prof. Adorno herausgestellt, wie der Vorwurf beschaffen sei, den Hegel der Naturwissenschaft mache. Hege werfe der Naturwissenschaft vor, sie gäbe Gesetze, die die Phänomene erklärten, selbst aber nur deren Abbreviaturen seien. Aber die Naturwissenschaft erhebe ja gar nicht den Anspruch, das Wesen, das hinter den Phänomenen sei, zu finden. Hegel messe die Naturwissenschaft an dem Anspruch der Dialektik. Naturwissenschaft sei nominalistisch, und deswegen seien die Gesetze tatsächlich Abbreviaturen und nicht Wesensgesetzlichkeiten. Es wurde in diesem Zusammenhang an die Stelle erinnert, die im vorigen Semester gelesen wurde, aus der 2. Anmerkung zum Kapitel über die Identität, wo Hegel den Satz der Identität A = A als Tautologie kritisiere,[13] genauso, wie er es hier in der Anmerkung zum formellen Grund mit den Gesetzen der Naturwissenschaft tue. Nach dem Ansatz A =, sage Hegel, erwarte man auf der anderen Seite der Gleichung etwas Anderes, etwas Neues.[14] Es sei der besondere

---

[13] Hegel sagt über den Identitätssatz: »Dieser Satz in seinem positiven Ausdrucke $A = A$ ist zunächst nichts weiter, als der Ausdruck der leeren *Tautologie*. Es ist daher richtig bemerkt worden, daß dieses Denkgesetz *ohne Inhalt* sei und nicht weiter führe.« (HJu, Bd. 4, S. 510; vgl. HW, Bd. 6, S. 41)

[14] »Es liegt [...] in der *Form des Satzes*, in der die Identität ausgedrückt ist, *mehr* als die einfache, abstrakte Identität; es liegt diese reine Bewegung der Reflexion darin, in der das Andere nur als Schein, als unmittelbares Verschwinden auftritt; *A ist*, ist ein Beginnen, dem ein Verschiedenes vorschwebt, zu dem hinausgegangen werde; aber es kommt nicht zu dem Verschiedenen; *A ist – A*; die Verschiedenheit ist nur ein Verschwinden; die Bewegung geht in sich selbst zurück.« (HJu, Bd. 4, S. 514; vgl. HW, Bd. 6, S. 44)

Anspruch Hegels, daß in jeder Erkenntnis drinstecke, daß sie mehr sei, als was man schon hat, mehr als bloße Tautologie. Jede Erkenntnis frage nach dem Wesen. Dieser emphatische Maßstab von Erkenntnis sei zwar richtig, Hegel könne ihn aber nicht der Naturwissenschaft unterschieben. Es liege ein gewisses Mißverständnis Hegels der Naturwissenschaft gegenüber vor. Er unterstelle ihr gewissermaßen, sie erstrebe Wesenserkenntnis.

Es wurde nun im Verlaufe der Diskussion von einem Naturwissenschaftler die Art des Angriffs Hegels gegen die Naturwissenschaft noch auf folgende Weise charakterisiert: Für Newton seien das Gegebene Kräfte und Massenpunkte gewesen. Das seien Konstruktionen, Hypothesen, auf mathematisch stringente Weise gewonnen, die dann mit den Phänomenen konfrontiert werden, um ihre Richtigkeit zu prüfen. Hegel hake hier ein, wo Newton diese Kräfte (in der heutigen Zeit seien es elektrisches Feld und Energie) als das Gegebene stehen lasse. Das nenne Hegel dann tautologisch, weil dies »Gegebene« in der Tat identisch ist mit der Gesetzlichkeit, der es folgt, und kein tieferer Grund davon angegeben werden kann. Das letzte, an das die Naturwissenschaft im Laufe ihrer Entwicklung stoße und stoßen werde, und was sie dann als Gegebenes betrachte, sei zugleich das Unerklärliche. In diesem Zusammenhang wurde festgestellt, daß die Naturwissenschaft besser sei, als die Naturphilosophie. Die angemessenen Kategorien zu entwickeln, sei die entscheidende Schwierigkeit, vor der Physik sowohl wie Naturphilosophie immer wieder stehen. Die Naturwissenschaft tue gut daran, einfach davor haltzumachen, anstatt selbst darüber zu spekulieren.

Nach der Diskussion, die sich an das Protokoll angeschlossen hatte,[15] fuhr man mit der Lektüre der Anmerkung zum formellen Grund (Glockneraugabe S. 572)[16] fort. Es wurde festgestellt, daß Hegel hier immer wieder den Vorwurf der Tautologie, den er schon bei der Gravitation geltend gemacht hatte,[17] variiere. Prof. Adorno wies hier wieder auf die wichtige Tatsache hin, daß für Hegel nur die

---

15 S. das vorige Sitzungsprotokoll vom 3. Dezember 1959.
16 Vgl. HJu, Bd. 4, S. 572; vgl. HW, Bd. 6, S. 100.
17 »Die Wissenschaften, vornehmlich die physikalischen, sind mit den Tautologien dieser Art angefüllt, welche gleichsam ein Vorrecht der Wissenschaft ausmachen. – Es wird z.B. als der Grund, daß die Planeten sich um die Sonne bewegen, *die anziehende Kraft* der Erde und Sonne gegen einander angegeben. Es ist damit dem Inhalt nach nichts Anderes ausgesprochen, als was das Phänomen, nämlich die Beziehung dieser Körper aufeinander in ihrer Bewegung, enthält, nur in der Form von in sich reflektierter Bestimmung, von Kraft. Wenn danach gefragt wird, was die anziehende Kraft für eine Kraft sey, so ist die Antwort, daß sie die Kraft ist, welche macht, daß sich die Erde um die Sonne bewegt; das heißt, sie hat durchaus denselben Inhalt, als das Daseyn, dessen Grund sie seyn soll; die Beziehung der Erde und der Sonne in Rücksicht der Bewegung ist die identische Grundlage des Grundes und des Begründeten.« (HJu, Bd. 4, S. 570 f.; vgl. HW, Bd. 6, S. 98)

Erkenntnis wirklich Erkenntnis sei, die »vom Flecke« komme, wie Hegel sich hier ausdrückt,[18] daß jede Bestimmung erst dann Wahrheit sei, wenn sie mehr als sie selbst sei, wenn sie die Erkenntnis transzendiere, freilich nicht im Sinne der Reflexionsphilosophie, in der das Wesen gegenüber der Tatsache starr und äußerlich gegenüberstehe.

Es wurde gezeigt, daß Hegel in der Anmerkung gleichzeitig mit der Kritik an der Naturwissenschaft eine Stufe der Entwicklung seiner Logik kritisiere, nämlich die des formellen Grundes.

Bei dem letzten Abschnitt der Anmerkung zum formellen Grund wies Prof. Adorno darauf hin, daß der Gedanke Hegels, daß die Erkenntnis über sich hinausweise, der Schlüssel sei zu dem Verhältnis Hegels zu Kant.

Für Kant ist das Ding an sich als Ursache der Erscheinungen uns vollkommen unbekannt. Die Erkenntnis wird jedoch dadurch zur Tautologie, daß sie identisch ist mit dem Tun des Erkenntnisvermögens und ihr Gehalt, ihr Material, das vom Subjekt und seinen Formen – denen der Anschauung und der Kategorien – Geformte ist.

Erkenntnis bei Hegel jedoch verlangt über sich hinaus, verweist auf das Ding an sich. Wenn ich von dem Ding an sich schon die Feststellung treffe, daß es unbekannt ist, wenn ich überhaupt schon von ihm rede, habe ich es schon bestimmt. Wenn ich davon nicht wüßte, könnte ich davon nicht reden. Eine Grenze setzen, ist dem eigentlich Sinn nach, Grenze überschreiten. Eine Definition für Dialektik und ihr Prinzip ist:

Grenzen setzen heißt, Grenzen überschreiten. Grenzen überschreiten jedoch ist nur möglich, indem man sie setzt.

---

18 »Der Grund ist eines Theils Grund, als die in sich reflektierte Inhaltsbestimmung des Daseyns, das er begründet, andern Theils ist er das Gesetzte. Er ist das, woraus das Daseyn begriffen werden soll; *umgekehrt* aber wird *von diesem auf ihn geschlossen* und er aus dem Daseyn begriffen. Das Hauptgeschäfte dieser Reflexion besteht nämlich darin, aus dem Daseyn die Gründe zu finden, das heißt, das unmittelbare Daseyn in die Form des Reflektirtseyns umzusetzen; der Grund, statt an und für sich und selbstständig zu seyn, ist somit vielmehr das Gesetzte und Abgeleitete. Weil er nun durch dieß Verfahren nach dem Phänomen eingerichtet ist, und seine Bestimmungen auf diesem beruhen, so fließt dieses freilich ganz glatt und mit günstigem Winde aus seinem Grunde aus. Aber die Erkenntniß ist hierdurch nicht vom Flecke gekommen; sie treibt sich in einem Unterschiede der Form herum, den dieß Verfahren selbst umkehrt und aufhebt.« (HJu, Bd. 4, S. 572; vgl. HW, Bd. 6, S. 100)

# 191 Bülow,
# 17. Dezember 1959

*Protokoll der Sitzung des philosophischen Hauptseminars*
*vom 17. XII. 1959.*

Zu Beginn der Sitzung knüpfte das Gespräch noch einmal an den Vorwurf Hegels gegen Kant an. Kant leugnet, über das Ding an sich Aussagen machen zu können; indem er jedoch so sagt, sagt er schon Entscheidendes über das Ding an sich aus. Er ist insofern dem Nominalismus verfallen, als diese seine Aussage nicht mehr in die Erkenntnis fallen darf; würde sie in die Erkenntnis mit hineingenommen, geschähe der Fortschritt zur Vernunft, wie es Hegel vor allem in der Encyklopädie entwickelt.

Auch Hegels Verhältnis zur Naturwissenschaft wurde noch einmal erörtert. Es wurde festgestellt, daß Hegel der Naturwissenschaft Unrecht tue. Man kann nicht erwarten, daß sie bei den einfachen Tatsachen stehen bleibt. Die Formeln müssen mit hineingenommen werden, und das tut sie. Sie spricht wenig von Kräften, die über das Wesen aussagen. Die Frage nach dem Andern versteht sie nicht mehr in der rechten Weise. Wenn sie in ihren Formulierungen Gesetze beschreibt, dann wird die Tendenz deutlich, die Frage nach dem Wesen nicht mehr verstehen zu wollen. Was heißt Wesen? Die Antwort darauf wäre die ganze Logik. Wenn das Wort »verstehen« verstanden werden soll, muß die ganze Logik entfaltet werden. Damit verbindet sich die Frage, ob Sprache ohne den Begriff möglich sei? Kann noch ein Urteil gefällt werden, wenn nicht mit dem Wahrheitsanspruch zugleich die Frage nach dem Wesen verbunden ist? Die Naturwissenschaft würde nachnietzscheanisch antworten: Gebrauche deine Formeln und streiche den Anspruch auf Wesen. Jeder Satz erhebt einen Anspruch, der logisch aufgehellt werden muß. Aber die Naturwissenschaft neigt zu der Entschuldigung, das Bewußtsein reiche nicht so weit. Sie stellt nur ihre Formeln auf. Die Einlösung des Anspruchs sei nicht möglich.

Im folgenden stand die Lektüre und Interpretation der ersten Sätze des Abschnitts b) des »bestimmten Grundes«: der »reale Grund« im Mittelpunkt.[19] Schon der erste Satz[20] bot der Interpretation einige Schwierigkeiten. Herr Prof. Adorno versuchte nachzuhelfen mit dem Hinweis, daß jeder Satz eine Apparation sei, um

---

19 Vgl. ebd., S. 102–109.
20 »Die Bestimmtheit des Grundes ist, wie sich gezeigt hat, einesteils Bestimmtheit der *Grundlage* oder Inhaltsbestimmung, anderenteils das Anderssein in der *Grundbeziehung* selbst, nämlich die Unterschiedenheit ihres Inhalts und der Form; die Beziehung von Grund und Begründetem verläuft sich als eine äußerliche Form an dem Inhalt, der gegen diese Bestimmungen gleichgültig ist.« (Ebd., S. 102)

etwas zu erobern. Er stellte die Frage nach der Funktion des Satzes. – Hegel gibt zunächst eine Zusammenfassung des Vorhergegangenen, um dann zu dem dazu Gegensätzlichen fortzuschreiten. Nachdem er über die nur äußerliche Beziehung des formellen Grundes gesprochen hat, besteht das Bedürfnis, zu einer Beziehung weiterzuschreiten, die keine äußerliche mehr ist. Es muß eine Bestimmung folgen, die das Gesagte einlösen will. Die Verschiedenheit von Grund und Begründetem wurde bisher nur nach ihrer äußeren Form betrachtet, d.h. von ihrer Identität her. Der Grund wird erst durch das Begründete zum Grund und umgekehrt. Dieses Verhältnis beschränkt sich jedoch nur auf das Äußerliche, denn dem Inhalt nach muß ein wesentlicher Unterschied bestehen. Das wird daraus ersichtlich, daß das Begründete des Grundes in einem viel nachdrücklicheren Sinne bedarf als der Grund des Begründeten. Das Begründete wurde als Grund in Form der Notwendigkeit ausgesprochen, zu ihr war die Entfaltung bisher nicht gelangt.

Die folgenden Ausführungen Hegels legen dar, daß Grund und Begründetes nicht einfach vertauschbar sind, da sie sich ihrem Inhalt nach unterscheiden.

Von da aus wurde auch der Einwurf eines Seminarteilnehmers, der dieses Ergebnis nach der Feststellung der Identität der beiden als überraschend konstatierte, mit dem Hinweis beantwortet, daß es sich, soweit es um die Identität gehe, nur um eine formale Beziehung handle; aber dem Inhalt nach seien beide verschieden und nicht miteinander vertauschbar.

Immer wieder mußte die Frage nach der Funktion eines Satzes gestellt werden, da Hegel im Ganzen etwas Ungeheures leisten will und mit seinen Argumenten dieses Ziel im einzelnen verfolgt. Diese Argumente aber sind oft sehr schwierig. Als bloße Form wäre die Beziehung zwischen Grund und Begründetem unwesentlich, weil äußerlich. Im folgenden soll die innere Vermittlung geleistet werden. Dabei erweist sich, daß auch das Unwesentliche für das Wesentliche von Wichtigkeit ist. Dies ist geradezu das Wesen der Vermittlung. Es wird versucht, aus dem Unwesentlichen das Wesentliche mit Notwendigkeit abzuleiten.

Wenn Hegel von der Seite des Grundes und der des Begründeten spricht, an jeder die Identität des Ganzen zeigt, indem er sagt: »... so ist jede in ihrer Bestimmtheit die Identität des Ganzen mit sich«[21], so bedeutet die Aussage »in ihrer Bestimmtheit« zugleich: in ihrer Differenz. Denn um die Identität von Grund und Begründetem zu behaupten, müssen sie als voneinander Unterschiedene festgehalten werden. Nur, wenn das Begründete als solches vom Grund unterschieden

---

21 »Die Seite des Grundes hat sich gezeigt, selbst ein Gesetztes, und die Seite des Begründeten, selbst Grund zu sein; jede ist an ihr selbst diese Identität des Ganzen. Weil sie aber zugleich der Form angehören und ihre bestimmte Unterschiedenheit ausmachen, so ist jede *in ihrer Bestimmtheit* die Identität des Ganzen mit sich. Jede hat somit einen gegen die andere *verschiedenen Inhalt*.« (Ebd., S. 102f.)

ist, kann die Identität behauptet werden. Das eine bedarf notwendig des anderen. Diese Beziehung erhält nur ihren Sinn, wenn beide als Unterschiedene festgehalten werden. Die formale Betrachtung weist nicht nur auf die Einheit, sondern auch auf die Differenz. Die Differenz ist notwendig für das Wesentliche. Identisch ist der Inhalt nur mit sich, sofern beide Komponenten voneinander unterschieden sind, sonst würde es sich um eine bloße Tautologie handeln. Auch der Satz von der Identität gewinnt nur insofern seine Bedeutung, als er auch das Nichtidentische enthält. Das Formelle dient schon als Anweisung, was als inhaltliche Differenz eingebracht werden soll. Der Begriff der Form selbst ist schon ein dialektischer Begriff, weil er sich bezieht auf zwei nicht identische Momente. Wenn vom Grund gesprochen wird, gelangen zwei Momente zur Ineinssetzung, indem sie auseinandergehalten werden.

Das Materiale ist das Nichtidentische. Im Moment des Realen steckt das Nicht-Tautologische. Durch seine Realisierung drückt der Begriff aus, daß er wesentlich auch Nicht-Begriffliches sei.

Mit seiner Aussage, daß die Frage nach dem Grunde eine andere Inhaltsbestimmung verlange als die des Begründeten, wendet Hegel dieselbe Argumentationsweise an wie bei der Kritik des Identitätssatzes.

Der Vorwurf der Tautologie gegen die Naturwissenschaft wurde in den Anmerkungen zum formalen Grund schon behandelt. Wenn vom Grund gesprochen wird, ist zugleich die Verschiedenheit von Grund und Begründetem gemeint. Das führt auf die materiale Unterscheidung von Grund und Begründetem. Der reale Grund ist gegenüber dem nominal gesetzten ein Transzendentes. Hegel will das Transzendente mit dem Immanenten vermitteln, es erkennen. Hier steht er im Gegensatz zu Kant.

Nach einem nochmaligen Zurückgreifen auf schon vorher Gesagtes kommt Hegel zum Problem des Nichtidentischen. Der Grund hat sich als eine Beziehung dargestellt. Da das Nichtidentische aber dem eigenen Sinne nach dem Begreifen, Identischmachen widersteht, weil es unmittelbar ist, kann von ihm nur gesprochen werden durch die Identität, den Begriff.

Es war das Bestreben des absoluten Idealismus, alles in sich hineinzuziehen, aber das Nichtidentische kann vom Geiste nicht einverleibt werden. Nicht alles läßt sich in Geist auflösen. Diese Erfahrung hinterläßt ihre Narben bei Hegel. Dennoch versucht er immer wieder, dem Anspruch des Idealismus gerecht zu werden. Deshalb nimmt er das Nichtidentische in die Identität mit auf. Sein Fehler besteht darin, so formulierte Herr Prof. Adorno, daß er das Nichtidentische zum Begriff erhebt in dem Glauben, es dadurch zum Identischen zu machen. Derselbe Vorgang begegnet bei Heidegger. Er erfährt, daß das Sein im Dasein nicht aufgeht. Durch eine Verbegrifflichung des Seins versucht er es zu überspringen. Diese Art von Erschleichung findet sich auch bei Hegel. Der Übergang kann nicht rein gelingen, weil das Denken immer wieder unterbrochen wird. Diesen Punkt hat Kierkegaard richtig gesehen, so sehr er Hegel manchmal mißverstanden hat. Das Nichtidentische wird nicht ernst genug genommen. Indem Hegel das Nichtidentische bestimmt, macht er es zum Identischen. Dieselbe Verfahrensweise wird auf das Ding an sich Kants angewendet.

Was Hegel sagt, ist zugleich wahr und nicht wahr. Durch seine Bestimmung wird das Nichtidentische zwar identifiziert, aber im Nichtidentischen bleibt doch der Anspruch, als Nichtidentisches sich durchzuhalten. Dem Nichtidentischen wird der gebührende Ernst verweigert. An der zentralsten Stelle ist Hegel nicht dialektisch genug. Das ist die eigentliche Lösung des Problems. Es gibt nichts, was aus der Dialektik herausspringt, aber auch das Moment des Nichtaufgehens ist mitgesetzt. Hegels Philosophie meint zugleich die Identität der Nichtidentität wie auch die Nichtidentität der Identität.

Hegel wird dem Anspruch nicht gerecht, weil das Ganze am Ende aufgeht. Es erhebt sich als zentrales Problem die Frage, wie eine Dialektik ohne Identität möglich sei. Das Nichtidentische ist immer ein Stein des Anstoßes, wird aber als solcher verhältnismäßig leicht beseitigt. Hegel hat die Dialektik nicht so schwer genommen, wie er es hätte tun müssen.

Einem Einwurf Herrn Laskes[22], daß trotz allem das Moment der Hegelschen Resignation stark zur Geltung komme, stimmte Herr Prof. Adorno zwar zu, wie auch den Absichten Herrn Molitors, der das Ganze in die Sphäre der Gesellschaft zu übertragen wünschte – aber dies sollte in diesem Zusammenhang zurückgestellt werden, gerade Hegels zentraler philosophischer Absicht willen, d. h., durch immanente Betrachtung die Sache zu gewinnen. Dahinter steht der Entschluß, die Hegelsche Dialektik ungeheuer ernst zu nehmen, so daß das Maß seiner eigenen Dialektik zu dem einer anderen Dialektik wird.

Die These von der Vermitteltheit ist von ungeheurer Gewalt und kann nicht übersprungen werden.

Aber es ist ein anderer Begriff von Dialektik möglich, der wahrer ist als der Hegels. Die Kritik an seiner Dialektik ist selbst eine dialektische Theorie, wie auch in der neuen Musik die Verbote eine neue Theorie der Musik ergeben, führte Herr Prof. Adorno an.

In diesem Gedankengang ist die Grenze, aber zugleich auch die Gewalt des Hegelschen Denkens aufgezeigt worden. Die Momente der Grenze jedoch und des ihr Jenseitigen sind Funktionen voneinander.

---

22 D. i. Otto-Ernst Laske.

## 192 Elisabeth Barbara Meyer, 7. Januar 1960

*Protokoll der Seminarsitzung vom 7. Januar 1960*

Nach Verlesung des Protokolls trug Herr Dr. Schweppenhäuser einige Erläuterungen zu dem in Frage stehenden Problem vor.[23] Diese sehr konzentriert formulierten Ausführungen gingen davon aus, daß Hegel zwar wisse, daß der Begriff und das unter ihm Subsumierte nicht unmittelbar identisch zu setzen seien. Trotzdem betrachte er die Nicht-Identität stets im Hinblick auf die Identität. Darin liege ein Widerspruch, der sich aus einem Denkfehler der idealistischen Dialektik herleite. Diese verspräche zwar, die Nicht-Identität um ihrer selbst willen ernst zu nehmen; aber sie löse ihr Versprechen nicht ein, da sie trotz allem letzten Endes auf die absolute Identität hinauslaufe.

Wenn Hegel durch das Begreifen des Nicht-Begrifflichen zum Begriff des Nicht-Identischen gelange, so habe er diesen Begriff; aber nicht mehr. Das Nichtidentische erschöpfe sich nicht darin, nur Begriff zu sein. – Nun behauptet ja gerade Hegel, daß das Nicht-Identische notwendig sei, um Identität zu konstituieren. Das sei richtig – sei Dialektik; aber Hegel führe sie nicht konsequent durch, wenn er am Ende zur absoluten Identität komme. – Ebenso falsch sei es allerdings, in das andere Extrem zu fallen und in das unmittelbar Nicht-Identische zu springen. Wahre Dialektik sei eine Dialektik ohne Hypostasierung der Identität; die Vermittlung dürfe nicht als Vermittelt*sein* verstanden werden.

Herr Prof. Adorno sagte hierzu erläuternd, daß hierin zwar die Identität von Denken und Subjekt stecke. Hegel unterschlüge jedoch, daß das Nicht-Identische bestehenbleibe. Er verabsolutiere die Vermittlung ohne zu bedenken, daß er damit seinem eigenen dialektischen Anspruch widerspräche.

Herr Prof. Horkheimer wies auf das Emphatische in Hegels Identitätsbegriff hin und stellte dann die Überlegung an, daß man auch sagen könne, indem das Nicht-Identische begriffen werde, verliere der Begriff seinen geistigen Charakter; büße er etwas von seiner Reinheit ein. – Bei Hegel werde Absolutes angebetet, das darauf kein Recht habe. Hegel bestreite Kant die absolute Transzendenz der Wahrheit, indem er sie in das Nicht-Wahre mit hineinnehme. Damit beraube er sie des spezifischen Charakters, den sie bei Kant habe. – Bei Kant bleibe das Ding an sich »draußen«; er reflektiere nicht mehr darauf. Dagegen betone Hegel gerade

---

[23] Hermann Schweppenhäuser wird 1956 mit der Schrift »Studien über die Heideggersche Sprachtheorie« in Frankfurt a. M. promoviert; ein entsprechender Referatstext wurde nicht aufgefunden.

die Reflexion und nehme das Ding an sich – Kantisch gesprochen – in die Welt der Erscheinungen hinein. Die Wahrheit sei bei ihm nicht mehr von der Welt der Erscheinungen abgetrennt, sondern sie erscheine sozusagen als die »andere Seite«, d. h. das Wesen dieser Welt. Wahrheit ist das, was ist, zum Begriff erhoben! – Damit bleibe nichts mehr zu hoffen, da alles Immanenz sei.

Herr Prof. Adorno wies auf die Hegel eigentümliche logische Struktur hin, die das Nicht-Begriffliche auf einen Begriff zu bringen suche, damit es seine Fremdheit verlieren solle. – Herr Prof. Horkheimer entgegnete, daß es einen Schrecken des Sinnlosen erst dann gebe, wenn man von ihm wisse, also wenn es zum Begriff erhoben sei. Das unbegriffene Nicht-Identische sei das Begriffslose, Sinnlose, Chaotische und damit jenseits des Begriffes.

Dann kam Herr Prof. Horkheimer noch einmal auf Hegels Kritik an Kants »Ding an sich« zurück. Hegel werfe Kant vor, unlogisch zu sein: Indem er das Undenkbare gedacht habe, habe er sich in einen logischen Widerspruch verwickelt.[24]

Als Herr Prof. Adorno auf die ontologische Vorentscheidung aufmerksam machte, die in diesem Logizismus liege, wandte Herr Dr. Haag[25] ein, daß, wenn man aus dieser Vorentscheidung herauswolle, nicht einmal das Sinnlose, Begriffslose, Chaotische bleibe, sondern nur noch das Nichts bzw. das Schweigen.

Herr Prof. Adorno erwiderte, daß es sich nicht um eine abstrakte Abkehr von der Logik handele, weil es die Dialektik erlaube, die Logik zu kritisieren, ohne aus ihr herauszuspringen, und er forderte, man müsse sich dem Zwang der Logik mit logischen Mitteln entwinden.

An diese Bemerkung knüpfte Herr Dr. Schweppenhäuser wieder mit seinen Ausführungen an. Aus der Dialektik, so sagte er, könne man nicht herausspringen; aber das Moment des Nichtaufgehens sei in der Dialektik bereits mitgesetzt. Da Hegel dieses Moment zwar behandele, aber zum Schluß gewissermaßen unterschlüge, damit sich alles in die Identität auflösen könne, widerspreche sich seine Dialektik; bzw. nähme er sie nicht ernst genug. – Das optimistische Fortschreiten vom Nicht-Identischen zum absolut Identischen enthalte ein Moment der Unverantwortlichkeit. Es gehe nicht an, das Denken zu beginnen mit der tröstlichen Voraussetzung, daß am Ende alles aufgehe.

Herr Prof. Adorno schloß daran die Bemerkung an, daß Hegel das Gemeinte zu einer Kategorie mache, d. h. zu einem Begrifflichen. Dies sei auch falsch, da es als Wesen eben nicht begrifflich sei.

---

24 Vgl. etwa HW, Bd. 5, S. 59–62.
25 Karl Heinz Haag wird 1951 mit der Schrift »Die Seinsdialektik bei Hegel und in der scholastischen Philosophie« in Frankfurt a. M. promoviert.

Herr Prof. Horkheimer stellte hierzu fest, daß das Identische zugleich sein Untergang im Nicht-Identischen sei. Hegel verlange, das unendliche Sterben, das die Realität darstelle, als ein Unendliches zu begreifen und zu bejahen. Herr Prof. Adorno ergänzte dies mit dem Hinweis, daß diese Forderung noch ausgeprägter von Nietzsche gestellt werde, und daß sie dann bei Heidegger zur Parodie werde.[26] – Zu der Auseinandersetzung Hegels mit Kant um das Problem des Absoluten bemerkte er, Kant sei pessimistischer als Hegel und habe mehr Hoffnung.

Herr Prof. Horkheimer machte darauf aufmerksam, daß das Nicht-Identische, indem es begriffen werde, kritisch begriffen werde. Auch hier sei der Gegensatz zu Kant offensichtlich, denn während der Begriff des Begriffes bei Kant positiv sei, fasse Hegel ihn negativ. – Sehr deutlich mache sich in der gesamten Hegel'schen Philosophie ein stoisches Element bemerkbar: Es genüge ihm, das Nicht-Identische als solches zu begreifen, um es zu bejahen. Die historische, vergängliche Welt soll stolz sein, sich als Moment des absoluten Geistes zu wissen.

Herr Prof. Adorno wies darauf hin, daß die Philosophie, die die Bekämpfung des Mythos sei, hier selbst zum Mythos werde. Hegel sei mythischer als er selbst wisse. Die Doppelheit, die notwendig zur Struktur des Mythos gehöre, erscheine hier wieder: Der absolute Geist, der den Sinn des Lebens und der Welt geben solle, erweise sich als das Nicht-Identische, Sinnlose und Unbegreifliche. Und daß Hegel gerade das Bewußtsein der Trostlosigkeit zum Trost machen wolle, erweise deutlich die Verwandtschaft seiner Philosophie mit dem griechischen Mythos.

Auf den Einwurf Herrn Dr. Haags, es sei Hegels Verdienst, ausgesprochen zu haben, daß die »andere Welt« genauso trostlos sei wie diese, erwiderte Herr Prof. Adorno, das Trostlose bestehe darin, daß er es *nicht* ausspräche. Die Immanenz sei doppelsinnig: Zwar sei alles »darin und somit geborgen, aber auch von jeder Hoffnung abgeschlossen«. Dies sei charakteristisch für den Mythos.

In dieser Verwandtschaft mit dem Mythos sieht Herr Prof. Horkheimer auch den eigentlichen Grund für die Hegel eigentümliche Unartikuliertheit. Genau wie der Mythos sage auch er immer wieder dasselbe.

Aus dem Seminar wurde die Frage gestellt, ob Hegel nicht über die Grenzen der Philosophie hinausgehe; und ob die Philosophie mit Begriffen wie »Hoffnung« und »Trost« operieren dürfe, die doch aus einem anderen Bereich stammten.

Diese Frage wurde von Herrn Prof. Adorno bejaht. In Hegels Philosophie stecke die Generalthesis des Absoluten, und die Frage, ob dieser affirmative Anspruch eingelöst werde, sei legitim. Da er mehr geben wolle als nur eine De-

---

[26] Vgl. den Abschnitt »Das mögliche Ganzsein des Daseins und das Sein zum Tode«, in: Martin Heidegger, Sein und Zeit [1927], 9. Aufl., Tübingen 1960, S. 235–267.

skription des Seienden, seien Kategorien wie »Hoffnung« und »Trost« berechtigt. Hegel bejahe auch in seiner Religionsphilosophie ausdrücklich die theologischen Begriffe. Ergänzend zu dieser Frage wies Herr Prof. Horkheimer darauf hin, daß der absolute Grund der Welt, als den Hegel den realen Grund sehe, für ihn Gott sei.

Dann kam Herr Prof. Adorno auf das zentrale Problem des Kapitels »Der reale Grund« zu sprechen: den Begriff der Realisierung.[27] Es handle sich hierbei um die Relation zwischen dem Begriff und dem Nicht-Begrifflichen, das unter ihn subsumiert werde. Das Begründete wäre nicht ohne Grund. Aber aus dem Grund sei die Beschaffenheit des Begründeten – daß es gerade *so* sei und nicht anders – nicht zu entnehmen. Er wies auf das gleiche Problem in der Psychologie hin: Die Anlagen zu allen Neurosen seien vorhanden, aber es sei nicht vorauszusehen, welche spezielle Neurose sich entwickeln werde. Die Anlagen verhalten sich der speziellen Neurose gegenüber abstrakt. Ebenso stehe es mit der Deutung soziologischer Probleme. Auch hier sei kein Phänomen ohne Grund; der Grund jedoch reiche nicht aus, es zu spezifizieren. Es handle sich um einen notwendigen, aber nicht zureichenden Grund. – Die Problematik der Realisierung liege im Begründeten, denn dieses gehe in Bestimmungen auf; der Grund sei näher am Nicht-Identischen. Allerdings sei nicht klar, wieso die Realisierung in die Sphäre des Logos komme; die Erklärung, inwiefern die Realisierung eine logische Kategorie sei, bleibe Hegel schuldig. Das liege daran, daß Hegels Logik zugleich formal und inhaltsbezogen sei. Die Beziehung zwischen diesen beiden Momenten bleibe jedoch dunkel. Dies erlaube Hegel, alle Kategorien in der Logik unterzubringen, und hier gedeihe auch die Nivellierung von Identischem und Nicht-Identischem.

Herr Dr. Haag warf hier ein, daß bereits Aristoteles ähnliches unternommen habe, indem er unter den Kategorien die Akzidenzien abhandelte.[28] Herr Prof. Adorno entgegnete, daß es aber dazwischen die »Kritik der reinen Vernunft« gegeben habe. Hegel sei kein vorkritischer Denker.

Herr Prof. Horkheimer bemerkte, daß bei Hegel eigentlich die Naturphilosophie in die Logik hineingenommen werden müsse; denn wenn alles begriffen werden könne, gebe es keinen wesentlichen Unterschied mehr zwischen Logik und Naturphilosophie.

---

27 Vgl. HW, Bd. 6, S. 102–109; hier: S. 102f.
28 In der Kategorienschrift von Aristoteles heißt es: »Jedes ohne Verbindung gesprochene Wort bezeichnet entweder eine Struktur oder eine Quantität oder eine Qualität oder eine Relation oder ein Wo oder ein Wann oder eine Lage oder ein Haben oder ein Wirken oder ein Leiden.« (Aristoteles, Kategorien, übers. von Eugen Rolfes, in: Aristoteles, Philosophische Schriften in sechs Bänden, Bd. 1, Hamburg 1995, S. 1–42; hier: S. 3 [1b])

Dem stimmte Herr Prof. Adorno zu und erklärte, daß bei konsequentem Weiterdenken auch der Unterschied zwischen Subjekt und Objekt letzten Endes hinfällig werden müsse.

Elisabeth B. Meyer[29]

---

[29] Unterschrift.

## 193 Hans-Eberhard Steffen, 14. Januar 1960

Hans-Eberhard Steffen
*Frankfurt/Main*
Kurhessenstr. 164 bei Becker

Protokoll
–.–.–.–.–.–.–.–.–.–.–

über die Sitzung des Philosophischen Hauptseminars vom 14. Januar 1960

Nachdem im letzten Seminar Kategorien wie Hoffnung und Trost in der Diskussion aufgetaucht waren, war es von Interesse, Kategorien der Religionsphilosophie in ihrem Verhältnis zu Kategorien der Logik, genauer dem »bestimmten Grunde«[30] näher zu untersuchen.

Hegels Philosophie zu begreifen, so leitete Herr Krüger sein Referat ein,[31] heißt, die Arbeit der Vermittlungen nachzuvollziehen, an deren Ende die absolute Idee steht.

Hegel geht aus von der Entzweiung der Religion mit dem freien weltlichen Bewußtsein. Die Theologie, die sagt, »daß alles von Gott gemacht sey«[32], bleibe im Abstrakten stehen. Die Naturwissenschaft fragt nicht nach dem allgemeinen Grunde, sondern nach dem bestimmten für ihr jeweiliges Objekt, der im Endlichen gefunden wird und so Gottes nicht bedarf. Damit liegt jedoch der Mannigfaltigkeit von Gründen gegenüber der absolute, notwendige Zusammenhang im argen. Hegel sucht eine Überwindung des Gegensatzes zwischen und Naturwissenschaft, eines Gegensatzes, den die Theologie damals über die Naturtheologie aufzuheben angibt in einer Weise, die gleichzeitig zu Schmunzeln und auch

---

30 Vgl. HW, Bd. 6, S. 96–112.
31 Ein Referatstext von Heinz Krüger wurde nicht aufgefunden.
32 »Der Mensch fordert sein Recht, ob es ihm wirklich wird, ist von ihm unabhängig und er ist dabei auf ein Anderes gewiesen. Bei seiner Erkenntniß geht er von den Einrichtungen und von der Ordnung der Natur aus und dieß ist ein *Gegebenes*. Der Inhalt seiner Wissenschaften ist ein Stoff außer ihm. So treten beide Seiten, die der Selbständigkeit und die des Bedingtseins, in *Beziehung zu einander* und diese Beziehung führt den Menschen zu dem *Eingeständniß*, daß *Alles von Gott gemacht* sey, alle Dinge, die den Inhalt seiner Kenntnisse ausmachen, die er in Besitz nimmt und als Mittel für seine Zwecke gebraucht, so wie er selbst, der Geist und die geistigen Vermögen, deren er sich, wie er sagt, bedient, um zu jener Erkenntniß zu gelangen.« (HVA, Bd. 11, S. 11; vgl. HW, Bd. 16, S. 18 f.)

Achtung vor dem Ernst des Anspruches veranlaßt, wie Herr Adorno im Laufe einer Ergänzung aus der Geschichte der Theologie hinzufügte.

Hegel, dessen Verständnis der Theologie auf dem Hintergrund der im 18. Jahrhundert herrschenden Physiktheologie gesehen werden muß, berücksichtigt diesen totalen Anspruch, will aber dem Einzelnen sein Recht nicht nehmen.

Im »zureichenden Grunde« (der Verbindung von causa efficiens und causa finalis bei Leibniz) sieht Hegel nicht nur den der Mannigfaltigkeit enthobenen, zufällig gewählten Grund, sondern die zur Bewußtheit aufgehobene Totalität aller Gründe, die für ein Einzelnes konstitutiv sind. Insofern geht der bestimmte Grund über den noch äußerlichen realen Grund hinaus.[33]

Hier stoßen die Ausführungen von Herrn Krüger auf die Tautologiediskussion der früheren Seminarstunden. Herr Schäfer hatte vorgebracht, in der Naturwissenschaft sei der Grund nur eine Arbeitshypothese, die bei ungenügender Leistung verworfen werde. Damals schloß sich die Frage Herrn Adornos an, ob Hegel die Naturwissenschaft nicht zu flach gesehen habe, als er sie einem insofern sinnlosen Nominalismus zuteilte, als dieser die Phänomene nur wiederum durch Abstraktionen von Phänomenen erkläre. »Bei Hegel ist Gott mit der Natur im Wesen identisch, aber insofern sie nicht nur Natur, sondern auch bestimmtes Wesen ist.« Natur ist also Abstraktion, wenn Gott nicht ihr Grund ist, weder »der von ihm verschiedenen Mannigfaltigkeit (realer Grund) noch in seiner Verknüpfung mit ihr (formeller Grund).«[34]

Der Beitrag von Herrn Krüger schloß mit der Feststellung, wichtiges vom Nicht-Identischen sei bei Hegels Konzeption der absoluten Idee nicht eingeholt worden, bleibe außerhalb.

Herr Horkheimer schaltete sich in die Diskussion ein. Begreifen könne nur, wer im begrifflichen Ganzen drin sei; in der Logik entfalte jedes Urteil eigentlich nur seine eigene Voraussetzung und sei damit im letzten Sinne tautologisch.

Frl. Mohr entwickelte die Hegelinterpretation Mures und McTaggarts.[35] Mure verbinde den formellen[36] mit dem realen Grund, um durch simple Addition zum

---

33 Vgl. HW, Bd. 6, S. 82f.
34 Hegel schreibt, Gott als Grund der Natur sei ihr Wesen, »sie enthält es in ihr und ist ein Identisches mit ihm; aber sie hat noch eine weitere Mannigfaltigkeit, die von dem Grunde selbst unterschieden ist; sie ist das *Dritte*, worin dieses beides Verschiedene verknüpft ist; jener Grund ist weder Grund der von ihm verschiedenen Mannigfaltigkeit noch seiner Verknüpfung mit ihr. Die Natur wird daher nicht aus Gott als dem Grunde erkannt, denn so wäre er nur ihr allgemeines Wesen, der sie nicht, wie sie bestimmtes Wesen und Natur ist, enthält.« (Ebd., S. 106)
35 Ein entsprechender Referatstext von Gudrun Mohr wurde nicht aufgefunden.
36 Konjiziert für: »formalen«.

bestimmten Grunde zu kommen,[37] McTaggart dagegen nehme die Dialektik überhaupt nicht ernst, wenn er das Absolute als gesättigte Realität ansehe und meine, Verschiedenheit des Inhalts fordere und erzeuge die verschiedenen Grundkategorien.[38] Der Gedanke der Widersprüche in sich selbst wird in Kategorien diskursiver Logik umgewandelt. Sprachliche Schwierigkeiten sind an dieser Interpretation mitschuldig.

Die Negation, fügte Herr Horkheimer zur Erörterung des Grundes hinzu, werde um ihre Schärfe gebracht, wenn schließlich doch wieder alles im Absoluten aufgehoben ist. Bei den englischen Interpreten werde das Individuum durch Besinnung auf sich selbst zum Absoluten. Hegel hingegen hätte von der Warte des absoluten Geistes her das sich sträubende Individuum nur belächelt. Herr Adorno sagte von Kierkegaard ausgehend, die Hoffnung auf Unsterblichkeit werde durch die Philosophie so mediiert, daß die Hoffnung dabei zugrunde gehe.[39]

Die Diskussion kehrte zu dem ursprünglichen Stein des Anstoßes, dem Problem der »Realisierung« zurück. Herr Horkheimer sah die Realisierung darin, daß im Begriffe das Wesen sich dann realisiere, wenn das Realisierte ein anderes ist.

---

37 Vgl. G[eoffrey] R[eginald] G[ilchrist] Mure, A Study of Hegel's Logic, London 1950, S. 106–109.
38 Bei McTaggart heißt es etwa: »It is only the general nature of experience – those characteristics which are common to all of it – which forms the basis of the process [scil. Dialektik]. For it is not the only object of the dialectic to prove that the lower and subordinate categories are unable to explain all parts of experience without resorting to the higher categories, and finally to the Absolute Idea. It undertakes also to show that the lower categories are inadequate, when considered with sufficient intelligence and persistence, to explain *any* part of the world. What is required, therefore, is not so much the collection of a large mass of experience to work on, but the close and careful scrutiny of some part, however small. The whole chain of categories is implied in any and every phenomenon.« (John McTaggart Ellis McTaggart, Studies in the Hegelian Dialectic, London 1896, S. 19 f.)
39 »Und dann bringt der Geist *die Hoffnung*, die Hoffnung im strengsten, christlichen Sinn, die Hoffnung, die wider Hoffen ist. Denn eine unmittelbare Hoffnung ist in jedem Menschen: sie kann in dem einen lebenskräftiger sein als im andern; im Tode aber (d. h. wenn du abstirbst) erstirbt jede derartige Hoffnung und verkehrt sich in Hoffnungslosigkeit. In dieser Nacht der Hoffnungslosigkeit (es ist ja der Tod, den wir beschreiben) kommt dann der lebendigmachende Geist und bringt die Hoffnung, die Hoffnung der Ewigkeit. Sie ist wider Hoffen; denn für jenes bloß natürliche Hoffen gab es keine Hoffnung mehr; diese Hoffnung ist also eine hoffnungswidrige Hoffnung.« (Sören Kierkegaard, Zur Selbstprüfung der Gegenwart anbefohlen [1850/1851], mit Nachw. von Christoph Schrempf, übers. von A[lbert] Dörner und Christoph Schrempf, Jena [1922], S. 69) – Adorno zitiert diese Stelle in seiner Habilitationsschrift *Kierkegaard. Konstruktion des Ästhetischen* [1933] (vgl. GS, Bd. 2, S. 155 f.) und bemerkt: *Dies Bild der Hoffnung ist in all seiner Kraft kein echtes. Es geht darin nicht Hoffnung auf im Widersinn des natürlichen, naturverfallenen, gleichwohl doch geschaffenen Lebens. Sondern der Widersinn kehrt sich gegen Hoffnung selbst; indem sie Natur vernichtet, geht sie ein in deren Kreislauf; selbst in Natur entspringend, vermöchte sie sie wahrhaft nur zu übersteigen, indem sie ihre Spur bewahrt.* (Ebd., S. 156)

Herr Adorno suchte über Husserls Bedeutungsanalyse einen Zugang zu schaffen. Hegel sei eigentlich wie die Phänomenologen vorgegangen, er habe gleichsam den Begriff auf seine Bedeutungen hin abgeklopft. Herr Haag sah in der Identität den gemeinsamen Inhalt, der Gegensatz von Identität und Nicht-Identität sei, der Unterschied zwischen dem formalen und dem realen Grunde.

Nachdem Herr Pelzer[40] eingeworfen hatte, das Nicht-Identische werde logisch deduziert und sei daher nicht die Realität, schloß Herr Adorno die Diskussion mit der Feststellung, Hegel erwecke den Anschein, als ob Realität eine logische Form sei; der Begriff der Realisierung, der auf die Hegelsche Grundintention deutet, das Wirkliche als Vernünftiges, als Geist zu erweisen, wird hier in der Wissenschaft der Logik zum ersten Mal in den Text eingeschmuggelt.[41]

Frankfurt, den
20. Januar 1960
    HES[42]

---

**40** D. i. Roland Pelzer.
**41** Hegel spricht bereits in der Einleitung zur »Wissenschaft der Logik« sehr explizit von der Wichtigkeit dessen, was er »Realisierung« nennt, für seine Philosophie: »Die Exposition dessen [...], was allein die wahrhafte Methode der philosophischen Wissenschaft sein kann, fällt in die Abhandlung der Logik selbst; denn die Methode ist das Bewußtsein über die Form der inneren Selbstbewegung ihres Inhalts. Ich habe in der *Phänomenologie des Geistes* ein Beispiel von dieser Methode an einem konkreteren Gegenstande, an dem *Bewußtsein*, aufgestellt. Es sind hier Gestalten des Bewußtseins, deren jede in ihrer Realisierung sich zugleich selbst auflöst, ihre eigene Negation zu ihrem Resultate hat – und damit in eine höhere Gestalt übergegangen ist.« (HW, Bd. 5, S. 49)
**42** Handschriftliche Paraphe.

## 194 Herbert Schnädelbach, 21. Januar 1960

*Protokoll der Sitzung vom 21. 1. 60*

I

Der Begriff der »Realisierung« des Grundes, der im Abschnitt b) »Der reale Grund« unvermittelt erscheint, hatte die Erörterung eines Grundproblems der Hegelschen Philosophie angeregt. An dieser Stelle geht Hegel vom Begriff des realen Grundes zur Realität des Grundes unmittelbar über. »Realität« ist zunächst eine logische Kategorie, zu deren Wahrheit auch die gesamte erkenntnistheoretische Explikation hinzugehört – ihre eigene Bedeutung verweist auf Nichtbegriffliches –, aber das, worauf ein Begriff hindeutet, folgt nicht inhaltlich aus seiner formalen Entfaltung. Hegel kann die volle Inhaltsanalyse dessen, was die Realität des realen Grundes ausmacht, darum nicht geben, weil das durch Denken identifizierte Nichtidentische durch den Akt der Identifikation nicht zum Aufgehen in der Identität des Wissens gebracht werden kann; es bleibt ein unerhellter Rest. Es hieße aber Hegels eigene Leistung verkennen, wollte man nachträglich den Versuch machen, die Deduktion der Realität aus ihrem Begriff im Sinne der Existenzphilosophien zu leisten, die von Bedeutungsanalysen der Begriffe nach Husserls phänomenologischer Methode unmittelbar zu ontologischen Aussagen über die Begriffsdeutungen selbst meinen, übergehen zu können. Die Kritik am Ungenügen der Hegelschen Philosophie ihrem eigenen Anspruch gegenüber, die absolute Identität zu leisten, wendet deren eigene Methode gegen ihre tatsächlich erfolgte Durchführung und verweist an dieser Stelle auf die Differenz von »Realität« als logischer Kategorie und »Realität« als deren inhaltlicher Erfüllung, die dialektisch festzuhalten ist. Diese Kritik ist immanent, weil sie aus dem Vermittlungszusammenhang beider nicht herausspringt, sondern die dialektische Wahrheit der Unmöglichkeit der Reduktion auf ein absolut Erstes (hier des Inhalts auf seinen Begriff) mehr zu ihrem Recht kommen läßt, als es an dieser Stelle der Hegelschen Logik selbst geschehen ist, und darum auf den Versuch, diese trotzdem zu leisten, verzichtet.

II

Der Grund, der sich auf dieser Stufe als realer Grund bestimmt, ist noch nicht zureichender Grund, denn es ist im Begründeten noch ein unmittelbarer, dem Begründungszusammenhang äußerlicher Inhalt. Der Versuch, hier den Gegenstand als vollständig begründet zu erkennen, kann darum nur in einem »Räsonnement aus Gründen«[43] bestehen, der Bemühung, alle bestimmten Gründe des Begründeten anzugeben. Dieses »Räsonieren« kann aber immer nur ein wesentliches Moment des zu erkennenden Gegenstandes ergreifen, demgegenüber dann allen übrigen die Bestimmung der Unwesentlichkeit zukommt; die Doppelheit der Inhaltsbestimmungen – wesentlicher, mit dem Grund identischer Inhalt und unwesentliche Mannigfaltigkeit – kehrt beim Angeben jedes bestimmten Grundes wieder; das jeweils Wesentliche ist immer nur Grundlage, nie Grund des Unwesentlichen im Begründeten. So kommt das »Räsonnement« nie zur Sache selbst, sondern verharrt notwendig in seinen einzelnen Bestimmungen; sein Gegenstand ist ihm als Idee der erkannten Totalität aller bestimmten Gründe nur regulatives Prinzip.

Der Weg zu dieser Stufe der Äußerlichkeit des in der Grundbeziehung stehenden Inhalts war um des Ungenügens an der Tautologie des formellen Grundes willen beschritten worden; zunächst hatte die Grundbeziehung nur in ihrer allgemein-logischen Problematik im Vordergrund gestanden. Das Ziel aber der Denkbemühung ist der Grund als Totalität des Wesens, die sich nicht in bloß formalen Zusammenhängen eines identischen Inhalts erschöpft; das Verhältnis von Grund und Begründetem läßt sich nur mit einem Moment inhaltlicher Nichtidentität sinnvoll denken, sonst bleibt es die platte Wiederholung des schon Bekannten und ist nicht Erkenntnis einer Begründung. Es zeigt sich die Paradoxie, daß auf dieser Stufe der Grund nicht alles begründen darf, daß im Grundverhältnis nichtbegründete Momente enthalten sein müssen, soll vom Grund sinnvoll geredet werden können. Die Beschränkung auf das im Grund Enthaltene, aufs Wesentliche, die das Unwesentliche unberücksichtigt läßt, macht den Grund selbst zu einem für die Begründung des Ganzen Unwesentlichen.

Die inhaltliche Konkretion der Grundbeziehung aber hat deren Kontinuität gebrochen; die Entfaltung der inhaltlichen Nichtidentität hat diese Beziehung zu einer den verschiedenen Inhalten äußerlichen Verknüpfung werden lassen. Diese Inhalte haben die Beziehung, in der sie stehen, nicht selbst gesetzt, ihr Zusammenhang ist nicht ihre eigene wechselseitige Vermittlung, sondern ein äußeres Band hält sie zusammen. Die Grundbeziehung ist in der Diskontinuität von Inhalt und Form verschwunden: Grund oder Begründetes zu sein, sind nicht eigene Bestimmungen der Inhalte selbst, sondern von außen an sie herangetragene Bezeichnungen; ihre Verknüpfung zu einem Begründungszusammenhang ist nicht durch deren eigene Reflexion vermittelt, sondern ein ihnen äußerliches Tun.

---

43 »Was Sokrates und Platon *Sophisterei* nennen, ist nichts anderes als das Räsonnement aus Gründen; Platon setzt demselben die Betrachtung der Idee, d. h. der Sache an und für sich selbst oder in ihrem *Begriffe* entgegen.« (HW, Bd. 6, S. 109)

Diese Äußerlichkeit bezeichnet das durch den bestimmten Grund nicht Bewältigte: Äußerlichkeit heißt Zufälligkeit, Undurchsichtigkeit, Irrationalität. Der Grund müßte als Begründung des ganzen Begründeten, die er zu sein beansprucht, auch noch die ihm äußerlichen Momente begründen, um seinen eigenen Anspruch, allesumfassende Innerlichkeit zu sein, zu genügen.

III

An dieser Stelle wird die Methode der Hegelschen Philosophie sichtbar, eines Denkens, das sich ganz der Bewegung seines Inhalts überläßt. – Auf jeder Stufe der Reflexion geht es um die Wahrheit, die von den einzelnen Begriffen nicht erreicht werden kann und die darum, in immer größere Zusammenhänge eingehend, über ihre Beschränkung hinausgehen; es ist ihre Abstraktheit, die sie über sich hinaus zu immer konkreteren Bestimmungen weitertreibt.

So ist der Grund abstrakt, zunächst im Sinne des allgemeinen Gebrauchs des Wortes: Er befaßt als formeller Grund alle bestimmteren Begründungszusammenhänge (Seinsgrund, Motivation, Kausalität etc.) unter sich, die hier nur auf allgemeine logische Verhältnisse hin untersucht werden. Diese Abstraktheit aber durchschaut Hegel als schlechte Allgemeinheit, die in diesem Falle von allen Inhaltsbestimmungen absieht und darum nur ein Besonderes, die formalen Beziehungen identischer Inhaltsmomente, betrifft. Zugleich wird damit dem philologischen Wortsinn sein Recht: *Konkret* ist allein der ganze »zusammengewachsene« Zusammenhang, ihm allein kommt wahre Allgemeinheit zu, während das *abstrakt* Allgemeine der traditionellen Philosophie als ein Partikulares begriffen ist, das durch seine Genesis, dem Absehen vom Besonderen, dieses nicht mehr unter sich begreift. Die Kritik solcher Abstraktheit ist die Intention und der Antrieb des Hegelschen Denkens und schließt immer zugleich die Kritik an der Subsumtion des Einzelnen unter schlecht Allgemeines, die ihm nie gerecht wird, mit ein. Der Hegelsche Sinn der Worte »abstrakt« und »konkret« ist so die Wahrheit dieser Begriffe des allgemeinen Sprachgebrauchs.

Das Begründete ist das Ganze, zu dessen vollständiger Begründung dieser abstrakte formelle Grund werden muß, soll er das verwirklichen, was er selbst zu sein beansprucht: die Totalität des Wesens. Der Schritt der inhaltlichen Konkretion aber, der über die Tautologie des identischen Inhalts hinausführen sollte, trieb ihn in die Äußerlichkeit der Stufe des realen Grundes. Hier kehrt die Abstraktheit des Grundes wieder: Der reale Grund ist immer nur partikularer Grund, er leistet immer nur die Begründung eines wesentlichen Moments des Begründeten; hatte die Stufe des formellen Grundes vom bestimmten Inhalt abstrahiert, so ist hier immer vom Unwesentlichen abgesehen. Die Wesentlichkeit aber, die vom Unwesentlichen absieht, ist schlechte Allgemeinheit. Erst der vollständige

Grund überwindet solche Abstraktheit und mach den ganzen Zusammenhang durchsichtig.

Der Grund als die ganze Begründung ist zunächst die Bedingung, aus der die Existenz als neue Unmittelbarkeit hervorgeht. Das vollständig begriffene Kausalitätsverhältnis aber, vorher noch ein Spezialfall des allgemein-logischen Verhältnisses im formellen Grund, ist erst die volle Konkretion der Grundbeziehung: Hier bringt die Ursache ihre Wirkung hervor; das dem bestimmten Grund noch Äußerliche ist im Substanzverhältnis vollständig enthalten. Das aber, was das Kausalitätsverhältnis nicht erschöpft, ermöglicht dessen Übergang in die Unmittelbarkeit des Begriffs, d. h. den Schritt aus der Notwendigkeit heraus in das Reich der Freiheit.

stud. phil. Herbert Schnädelbach<br>7. Fachsemester

## 195 [N.N.],
## 28. Januar 1960

Protokoll zur Sitzung des philosophischen Hauptseminars
am 28. 1. 1960.

Es wurde zunächst daran erinnert, daß die formelle Grundbeziehung auf eine Tautologie hinauslaufe, da hier Grund und Begründetes in ihrem Inhalte identisch seien.

Im realen Grunde hingegen ist die Verschiedenheit von Grund und Begründetem gesetzt. Aber damit ist nunmehr die Grund-Beziehung von den Inhalten her nicht mehr zu begreifen und wird diesen äußerlich.
  Philosophiehistorisch geht dies – wie Prof. Adorno bemerkte – auf Kant zurück, bei dem ja aller Inhalt nur dazu gut sei, mittels ihm äußerlicher Maßstäbe (Kategorien) in ein System gebracht zu werden. Diese Beschneidung des Inhaltsbegriffes wird von Hegel mit der Frage kritisiert, was denn noch »Erkenntnis« sei, wenn sie nur darüber Auskunft gebe, wie das Subjekt seine Objekte (= Erscheinungen) systematisiere, nichts aber über diese selber sage. Es wird hier um so mehr an Innerlichkeit den Dingen entzogen, je mehr dem Subjekte gegeben wird.
  Gleichwohl müßte auch Kant ein den Dingen Innerliches annehmen, das den Kategorien entspräche: Andernfalls wäre nicht einzusehen, wie diese auf ihr Material sollten angewendet werden können. Ein Maßstab kann nur Meßbarem auferlegt werden, ordnen in ein System läßt sich Ordenbares – und gleicherweise muß die ins Subjekt verlegte Grundbeziehung potentiell in den Realien vorhanden sein, wenn diese in ihr erfaßt werden sollen.
  Die hier zutage tretende Bedingung für die Anwendbarkeit und selbst die Äußerlichkeit der Kategorie – diese Bedingung gerade für die Möglichkeit seiner eigenen Philosophie – hat Kant übersehen.
  Es wurde von Prof. Horkheimer auf folgendes hingewiesen:
  Wenn nun Hegel die genannte Veräußerlichung der Grund-Beziehung vollzieht, so geschieht dies bereits in der Intention und dem Vertrauen darauf, daß durch unendliche Fortführung dieses Prozesses die zwischen den Inhalten selber waltenden Beziehungen in den Griff kommen müssen. Die Objektivität des Realen entspringt ihrem konsequenten Verwerfen; und bei Hegel geschieht so die Rettung der Realien gerade aus der idealistischen Prämisse heraus, daß sie lediglich Fiktionen des Subjekts seien.

Der andere Mangel (neben ihrer Äußerlichkeit), der der Grund-Beziehung im realen Grunde anhaftet, ist die Beliebigkeit in der Auswahl desjenigen Bestimmungsstückes eines konkreten Dinges, das »Grund« sein soll. Es tritt hier ein Moment der Zufälligkeit ins Grundverhältnis ein, das dem im allgemeinen Kausalgesetz ausgesprochenen Notwendigkeitscharakter zunächst widerstreitet; und indem eines der genannten Bestimmungsstücke zum Grund erklärt wird, ist zu einem Weiteren fortzuschreiten, das diese Wahl begründet.

Hegel führt dies aus am Verhältnis von 1) Natur als Grund der Welt, 2) Gott als Grund der Natur.[44] Hegels hier zugrunde gelegter Naturbegriff ist der Schellings und Schleiermachers des »All-Einen«.[45] Im Verhältnis Natur–Welt tritt auf der Seite der Welt eine Mannigfaltigkeit von Zufälligem auf, welche in ihrem Grunde (Natur) noch nicht gegeben ist; und ebenso hebt sich Gott von der durch ihn begründeten Natur ab: Nicht nur kann ihre Vielfalt aus ihm als dem Grunde nicht abgeleitet werden, sondern auch sein Verknüpftsein mit dieser durch ihn begründeten Vielfalt erklärt sich nicht aus ihm. Man hat hier wohl einen Urteilsspruch über die (oder jedenfalls eine) Theologie vor sich.

Um der Inhaltsverschiedenheit von Grund und Begründetem willen, wird so auch der reale Grund abstrakt: Wie vorher der formelle Grund (infolge der in ihm herrschenden Tautologie) überführt sich nunmehr der reale der Insuffizienz, ein bloßer (d. h. seinen Inhalten äußerlich bleibender) Nominalismus zu sein. Das pure Reale ist im selben Maße »formal«, d. h. abstrakt, wie irgendeine logische Figur.

Hegel führt dies noch aus an verschiedenen Begründungen der Strafe,[46] welche dann in der Rechtsphilosophie üblich geworden sind.

---

44 Vgl. ebd., S. 105 f.
45 So schreibt Schleiermacher etwa in einer seiner Reden »Über die Religion« [1799]: »Die Metaphysik geht aus von der endlichen Natur des Menschen, und will aus ihrem einfachsten Begriff, und aus dem Umfang ihrer Kräfte und ihrer Empfänglichkeit mit Bewußtsein bestimmen, was das Universum für ihn sein kann, und wie er es nothwendig erbliken muß. Die Religion lebt ihr ganzes Leben auch in der Natur, aber in der unendlichen Natur des Ganzen, des Einen und Allen; was in dieser alles Einzelne und so auch der Mensch gilt, und wo alles und auch er treiben und bleiben mag in dieser ewigen Gährung einzelner Formen und Esen, das will sie in stiller Ergebenheit im Einzelnen anschauen und ahnden.« (Friedrich Daniel Ernst Schleiermacher, Über die Religion. Reden an die Gebildeten unter ihren Verächtern, in: Friedrich Daniel Ernst Schleiermacher, Kritische Gesamtausgabe, hrsg. von Hans-Joachim Birkner, Gerhard Ebeling, Hermann Fischer, Heinz Kimmerle und Kurt-Victor Selge, Bd. I·2, hrsg. von Günter Meckenstock, Berlin und New York 1984, S. 183–326; hier: S. 212)
46 »Die *Strafe* [...] hat die mannigfaltigen Bestimmungen, daß sie Wiedervergeltung, ferner abschreckendes Beispiel, daß sie ein vom Gesetz zur Abschreckung Angedrohtes, auch ein den

Prof. Horkheimer bemerkte hierzu noch: Hegels Intention gehe auch darauf, daß eine Unbestimmtheit im Begriff des realen Grundes bestehenbleiben müsse, soll dieser nicht in ungemäßer Weise verengt werden. Allerdings wird es dann fast trivial zu sagen, daß der [...][47]

---

Verbrecher zur Besinnung und Besserung Bringendes ist. Jede dieser verschiedenen Bestimmungen ist als *Grund der Strafe* betrachtet worden, weil jede eine wesentliche Bestimmung ist und dadurch die anderen, als von ihr unterschieden, gegen sie nur als Zufälliges bestimmt werden. Diejenige aber, die als Grund angenommen wird, ist noch nicht die ganze Strafe selbst; dieses Konkrete enthält auch jene anderen, die mit ihr darin nur verknüpft sind, ohne daß sie in ihr ihren Grund hätten.« (HW, Bd. 6, S. 107)

**47** Der Rest des Sitzungsprotokolls wurde nicht aufgefunden.

## 196 Peter Bochow, 4. Februar 1960

Stud. phil.
Peter Bochow
1. Fachsemester.

Wintersemester 1959/60. Philosophisches Hauptseminar
(Professor Horkheimer und Professor Adorno.)

*Protokoll der Seminarsitzung vom 4. 2. 1960*

Herr Professor Adorno wies im Anfang des Seminars darauf hin, daß die Schwierigkeit und Wichtigkeit einer im wesentlichen erst noch zu erarbeitenden exakten Hegelinterpretation es notwendig erscheinen lasse, in den Protokollen die Themen für philosophische Dissertationen, die sich aus der Arbeit des Seminars über Hegels »Wissenschaft der Logik« ergeben könnten, aufzuführen. Exemplarisch nannten Herr Professor Adorno und Herr Professor Horkheimer einige Themen, so zum Beispiel:
Wie läßt sich anhand des Studiums der »Wissenschaft der Logik« nachweisen, daß die Intention der gesamten Hegelschen Philosophie, in der Identität des Begriffes aufzugehen, scheitern mußte?
Oder wie ist das Verhältnis von Lessing zu Hegel zu sehen, wenn man beachtet, daß für Lessing die Einzelerscheinungen nicht bloße Vorstellungen des absoluten Geistes sind, sondern vielmehr als einzelne Beispiele der geschichtlichen Explikation Gottes angesehen werden.[48]
Das gesamte Verhältnis Hegels zum Zeitalter und der Philosophie der Aufklärung ist ebenso ein noch nicht befriedigend behandeltes Thema, das aber wohl den Rahmen einer einzelnen Dissertation überschreiten würde. Professor Horkheimer wies in diesem Zusammenhang darauf hin, daß es völlig falsch wäre, wollte man Hegel alleine in seiner Kontroverse zur Aufklärung sehen. Es lassen sich durchaus Stellen angeben, die eher einem Hymnus auf die Aufklärung gleichen als einer Kontradiktion zu diesem Zeitalter der Philosophie.

---

[48] Bei Lessing heißt es etwa: »Gott dachte seine Vollkommenheit zerteilt, das ist, er schaffte Wesen, wovon jedes etwas von seinen Vollkommenheiten hat; denn, um es nochmals zu wiederholen, jeder Gedanke ist bei Gott eine Schöpfung.« (Gotthold Ephraim Lessing, Das Christentum der Vernunft [1753], in: Gotthold Ephraim Lessing: Werke, hrsg. von Herbert G. Göpfert, in Zusammenarb. mit Karl Eibl, Helmut Göbel, Karl S. Guthke, Gerd Hillen, Albert von Schirnding und Jörg Schönert, Bd. 7, hrsg. von Helmut Göbel, München 1976, S. 278–281; hier: S. 279)

Hegel stimmt nicht allein im rein Erkenntnistheoretischen, sondern auch in seinen realen politischen Anschauungen in vielem mit den Thesen der Aufklärung überein. Seine Philosophie ist nicht eine des »Entweder–Oder«, sondern vielmehr eine des »Sowohl als auch«. Hier die Parallelen zu den Grundthesen des Liberalismus herauszuarbeiten, bezeichnete Professor Horkheimer als ein weiteres Thema einer philosophischen Dissertation, die sehr wohl aus der Arbeit dieses Seminars erwachsen könne.

Die Lektüre zu den Anmerkungen des Kapitels über den realen Grund griff nun noch einmal auf den schon in der letzten Stunde behandelten Passus über den Beamten und das Amt des Beamten zurück.[49]

Wenn Hegel sagt, daß die mannigfaltigen Eigenschaften, die ein Beamter haben kann und die alle gesondert für sich als Grund dafür angesehen werden können, daß der Beamte dieses spezielle Amt innehat, daß aber auch umgekehrt das Amt als Grund für die vielen verschiedenen Eigenschaften des Beamten gelten kann, so kommentierte Professor Adorno diese Aussage Hegels damit, daß für Hegel das Amt eben nicht nur ein durch die unmittelbar gegebenen Eigenschaften des Beamten Vermitteltes sei, sondern daß der Gedanke der Vermittlung bei Hegel es ebenso fordere, das spezielle Amt als unmittelbar Gegebenes und die verschiedenen Eigenschaften eines Menschen als durch dieses Amt Vermitteltes anzusehen. Die Eigenschaften eines Bürgers der Gesellschaft sind eben auch Funktion seines Amtes in der Gesellschaft, wie umgekehrt das Amt eines Menschen durch seine individuellen Eigenschaften konstituiert ist. Der Gedanke der Vermittlung des Unmittelbaren bei Hegel fordert diese Wechselbeziehung.

Einzelne spezielle Eigenschaften eines Beamten können daher von Hegel nur als äußerliche und unwesentliche Gründe für das Amt angesehen werden, da sie nie das Ganze der Sache erfassen können.

---

49 Hegels Beispiel lautet: »Oder ein *Beamter* hat Amtsgeschicklichkeit, steht als Individuum in Verwandtschaft, hat diese und jene Bekanntschaft, einen besonderen Charakter, war in diesen und jenen Umständen und Gelegenheiten, sich zu zeigen usf. Es kann jede dieser Eigenschaften Grund sein oder als solcher angesehen werden, daß er dies Amt hat; sie sind ein verschiedener Inhalt, der in einem Dritten verbunden ist; die Form, als das Wesentliche und als das Gesetzte gegeneinander bestimmt zu sein, ist demselben äußerlich. Jede dieser Eigenschaften ist dem Beamten wesentlich, weil er durch sie das bestimmte Individuum ist, welches er ist; insofern das Amt als eine äußerliche gesetzte Bestimmung betrachtet werden kann, kann jede gegen dieses als Grund bestimmt, aber auch selbst umgekehrt können jene als gesetzte und das Amt als Grund derselben angesehen werden. Wie sie sich *wirklich*, d. h. im einzelnen Fall verhalten, dies ist eine der Grundbeziehung und dem Inhalte selbst äußerliche Bestimmung; es ist ein Drittes, was ihnen die Form von Grund und Begründetem erteilt.« (HW, Bd. 6, S. 107 f.)

Professor Horkheimer wies darauf hin, daß die verschiedenen realen Gründe, die für das Innehaben eines Amtes angegeben werden können, allerdings nur im Rahmen des Systems der Logik als gegeneinander gleichgültige und damit dem Inhalt der Sache selbst äußerliche Gründe gelten können. Im System der reinen Logik müssen notwendig alle realen Gründe den Charakter der Äußerlichkeit tragen, da jeder für sich – als mit sich identischer Inhalt – Richtiges von der Grundbeziehung aussagt, keiner aber den ganzen Grund angibt.

In der realen Geschichte dagegen kann es durchaus sein, daß ein einzelner – oder mehrere – reale Einzelgründe eine Sache wesentlich bestimmten, zumindest innerhalb einer gewissen Zeitperiode der Geschichte. In einem besonderen Fall ist es denkbar, daß die rein menschlichen Eigenschaften eines Beamten wesentlicher Grund für sein Amt sind, während sie rein logisch äußerliche Gründe bleiben müssen.

Indem Hegel auf Konnexionen als Gründe für das Innehaben eines Amtes anspielt, will er zeigen, daß es in der Realität Gründe geben kann, die außerhalb der Sache liegen. Das entscheidende Dritte, die Zusammenfassung und eigentliche Begründung liegt eben nicht in der Logik, sondern in der gesamten Gesellschaftsstruktur, wird also durch die Geschichtsphilosophie bestimmt. Die realen Gründe sind damit nur in der reinen Logik äußerliche, nicht im Rahmen der gesamten Geschichtsphilosophie.

Mit dieser Behauptung fällt allerdings der emphatische Anspruch der Logik Hegels.

Ein so gewagter Satz müßte zwar in der Hinsicht eingeschränkt werden, daß Hegel ja an dieser Stelle noch nicht zu dem Ziel seines Systems der Wissenschaften vorgestoßen ist, zu dem Begriff, sondern erst bei dem Kapitel des Grundes angelangt ist. Es entspricht ganz der Intention des Hegelschen Systems, wenn er hier noch bewußt bei den Äußerlichkeiten der Gründe verharrt, um erst bei dem Begriff des Begriffes zu der wesentlichen Innerlichkeit der Grundbeziehung vorzudringen.

Professor Horkheimer meinte, daß das Fragen nach den realen Gründen über das einfache Räsonieren hinaus eine Frage nach dem jeweiligen Stand des Weltgeistes sei. Bleibe das Fragen nach den realen Gründen mehr oder weniger erfolglos, so zeige dies eben die Distanz des Weltgeistes vor der jeweiligen Situation an.

Der folgende Abschnitt in den Anmerkungen zum realen Grund wendet sich ganz bewußt gegen die Kantische Moralphilosophie.[50]

Während für Kant der Wert einer ethischen Handlung allein durch den guten Willen des handelnden Subjekts bestimmt ist, die Handlung also rein autonom, den Vorstellungen des Subjekts entsprungen, angesehen wird, zeigt sich für Hegel die ethische Gesinnung ebensosehr in der Folge der Handlung wie in ihrem moralischen Beweggrund.

Der abstrakte, rein ethische Wille kann durch seine Folge in der Realität in sein genaues Gegenteil umschlagen. Gedanken von Ibsen, wie sie sich z. B. in der »Wildente« zeigen,[51] sind hier schon von Hegel vorweggenommen.

Für Hegel steht das einzelne Subjekt immer einer bestimmten Objektivität gegenüber. Daher sind auch seine ethischen Handlungen nicht rein subjektiv begründet zu verstehen, sondern so wie das Subjekt für ihn nur als durch das Objekt dialektisch vermittelt ist, so ist auch die subjektive Handlung in ihrer Ethik mit durch die Objektivität konstituiert.

Für Hegel kann es daher keine vom Menschen oder vom Objekt losgelöste Ethik geben. Die objektiven Bedingungen und Bestimmungen gehen mit in das moralische Verhalten einer menschlichen Handlungsweise ein. Wird die Welt als Objektivität nicht beachtet, so kann eine – wie Kant sagen würde – gute ethische Handlung – in ihr Gegenteil umschlagen. Die einzelne Subjektivität kann nicht alleine über den ethischen Wert ihrer Handlungen entscheiden; auch die Weltgeschichte bestimmt die Moralität ihrer Handlung.

Hegel sieht also den ethischen Wert einer Handlung nicht alleine durch den guten Willen des handelnden Subjekts garantiert, sondern auch durch die – logisch gesehen äußerlichen – Folgen aus den moralischen Gründen in der Geschichte bedingt, da der abstrakte Wille sich auch in seiner Vermittlung mit Objektivität, also der Weltgeschichte manifestieren muß.

Der Kantische Begriff der moralischen Freiheit ist hier verlorengegangen.

---

50 »Die moralischen Beweggründe z. B. sind *wesentliche Bestimmungen* der sittlichen Natur, aber das, was aus ihnen folgt, ist zugleich eine von ihnen verschiedene Äußerlichkeit, die aus ihnen folgt und auch nicht folgt; erst durch ein Drittes kommt sie zu ihnen hinzu. Genauer ist dies so zu nehmen, daß es der moralischen Bestimmung, *wenn* sie Grund ist, *nicht* zufällig sei, eine Folge oder ein Begründetes zu haben, aber ob sie überhaupt zum Grund gemacht werde oder nicht. Allein da auch wieder der Inhalt, der ihre Folge ist, wenn sie zum Grund gemacht worden, die Natur der Äußerlichkeit hat, kann er unmittelbar durch eine andere Äußerlichkeit aufgehoben werden. Aus einem moralischen Beweggrunde kann also eine Handlung hervorgehen oder auch nicht.« (Ebd., S. 108)

51 Henrik Ibsens Drama wird 1885 uraufgeführt.

Professor Adorno zeigte, daß diese Art der Abhandlung einen Zugang zu der dialektischen Methode Hegels als einer immanenten Kritik der Begriffe in sich gebe.

Auf der einen Seite wendet sich Hegel gegen das reine Räsonieren, das bloße Drauflosfragen nach den Gründen als gegen ein einfaches Argumentieren. Auf der anderen Seite aber weiß er, daß man sich notwendig dem Argument hingeben muß, will man das Wesen einer Sache erfassen. Daraus ergibt sich die Notwendigkeit der dialektischen Methode. Das Argument bleibt so lange falsch, als es die Sache nicht zu ihrem Begriff bringt. Geschieht das aber, so ist das Argument das in der Sache vermittelnde Negative. Durch das Argumentieren als die Negation der Sache wächst in einem unendlichen Prozeß das Positive, der Begriff wird gewonnen. Dieser weist sich aber nur durch das negative Moment des Argumentes aus.

Der Begriff stellt sich bei Hegel somit dar als die Negation der Negation.

Zum Schluß der Anmerkung zum realen Grund zeigt Hegel, daß der reale Grund niemals zureichender Grund sein kann, da keiner der anführbaren realen Gründe die Sache, welche ihre Verknüpfung ausmacht, ganz erschöpft.[52] Professor Adorno machte dies an dem einfachen Beispiel der Lohnzufriedenheit der Arbeiter eines Werkes klar. Diese Lohnzufriedenheit kann die verschiedensten realen Gründe haben, z. B. Äquivalenz von geleisteter Arbeit und erhaltenem Lohn, zufriedenstellende Deckung der Lebensbedürfnisse durch den gezahlten Lohn usf.

Keiner der angeführten Gründe ist aber wirklich zureichender Grund für die Lohnzufriedenheit. Dieser kann vielmehr erst aus einer Betrachtung der gesamten sozialen Verhältnisse eines Landes gewonnen werden. Alle Einzelgründe oder »Faktoren« haben notwendig immer etwas Unzureichendes. Erst die Sicht der gesamten Lage, der Begriff, die Theorie des Ganzen also, gibt den zureichenden Grund.

Der Begriff wird damit von einem von der Theorie zu erschließenden Wesensgesetz. Alle Einzelkausalitäten bleiben ohne die Theorie der gesamten sozialen Struktur fraglich. Erst die Theorie ermöglicht es, einen letzten Grund anzugeben.

---

[52] »Die Gründe sind nur von *wesentlichen* Inhaltsbestimmungen, Verhältnissen und Rücksichten genommen, deren jede Sache, gerade wie auch ihr Gegenteil, mehrere hat; in ihrer Form der Wesentlichkeit gilt die eine so gut als die andere; weil sie nicht den ganzen Umfang der Sache enthält, ist sie einseitiger Grund, deren die anderen besonderen Seiten wieder besondere haben und wovon keiner die Sache, welche ihre *Verknüpfung* ausmacht und sie alle enthält, erschöpft; keiner ist *zureichender* Grund, d. h. der Begriff.« (Ebd., S. 109)

Der hier gebrauchte Begriff der Theorie ist aber nicht ein positiver wie der einer naturwissenschaftlichen Theorie, er ist vielmehr die Kritik, das Argument als die Negation der Einzelgründe.

Für Hegel bedeutet der daraus gewonnene Begriff dann das gesamte System der Philosophie.

Wie Professor Adorno zeigte, kann man daher im Rahmen des Positivismus nie von einem wirklichen Verstehen sprechen, da dieser Begriff des Begriffes hier ganz fehlt. Der Positivismus ist der Versuch eines begrifflosen Erkennens, das aber somit rein administrative Fertigkeit bleiben muß, die zum wirklichen Erkennen und Verstehen nach Hegel nicht ausreicht. Würde der Positivismus in sich reflektierend noch zum Begriff gelangen, so würde er sich selbst negieren und im Hegelschen Sinne zur Philosophie werden.

Wenn Hegel den realen Grund als äußerlich und unwesentlich bezeichnet, so ist er wiederum auch wesentlich in Bezug auf das ›hic et nunc‹ des real zu Begründenden. Unwesentlich ist er insofern, als er unzureichender Grund ist und damit den Begriff nicht fassen kann. Der Begriff aber ergibt sich wiederum nur durch die Betrachtung der einzelnen unwesentlichen Gründe. Professor Adorno wies darauf hin, daß sich hierin Hegels Anschauung zeige, daß man über eine Sache hinaus, zum Ganzen, zum Begriff erst kommen kann, wenn man sich ganz der Sache selbst überläßt, ganz in sie hineingeht.

So nur ist der Begriff zu gewinnen. Der Begriff verstanden als von der Theorie zu erschließendes Wesensgesetz, verstanden als zureichender Grund, verstanden als das gesamte System der Philosophie.

## 197 Hilmar Tillack, 11. Februar 1960

Hilmar Tillack
6. Semester

*Protokoll*

*der Seminarsitzung vom 11. 2. 60*

Bei der Verlesung des Protokolls der vergangenen Stunde ergab sich zunächst eine Erörterung der Rolle der Ethik in der Hegelschen Philosophie. Man versteht Hegel falsch, sagte Herr Prof. Adorno, wenn man ihm eine Art von Gesinnungsethik unterschiebt. Vielmehr begreift Hegel, in prononciertem Gegensatz zu Kant, Ethik nicht rein als Sache der Gesinnung, sondern ebenso als eine der Sitte, der Identifikation von Gesinnung und ihren Konsequenzen in der Praxis. Individuelle Gesinnung als von der Realität abgetrennte Subjektivität bedeutet für Hegel nicht eine Instanz, die von sich aus des Guten mächtig ist.

Dem Einwand Herrn Pelzers, Sittlichkeit lasse sich auch subjektiv formulieren, begegnete Herr Prof. Adorno mit dem Hinweis, daß Hegel reine Gesinnung ja nicht verwerfe. Wenn auch das Pathos Hegels nicht auf Gesinnung geht – sieht er sie doch verstrickt in Widersinn und Eitelkeit[53] –, so wird der reinen Gesinnung andererseits auch ihr Recht, freilich nur als Stufe, herabgesetzt zum Moment, das sich seiner selbst entäußern, die Kenntnis der Realität in sich aufnehmen muß.

Herr Krüger interpretierte Hegels Intention als Frage nach der Konkretisierbarkeit des Guten und zitierte einen Passus aus der Hegelschen Religionsphilosophie, der in extremer Form die objektive Position vertritt gegenüber bloß abstrakter Subjektivität. Herr Dr. Haag erläuterte diese Stelle dahingehend, daß für Hegel bei mangelnder Übereinstimmung des subjektiven Gefühls mit der Objektivität so etwas wie Religion unmöglich wird.

Weiterhin wurde das Problem der Argumentation diskutiert. Herr Prof. Adorno führte dazu aus: Hegel kritisiert die schlechte Unendlichkeit ungelenkten Argumentierens, jene Verfahrensweise nach dem Schema des Kindes, das, an der Selbstverständlichkeit der Welt einmal irre geworden, nun einem endlosen Warum verfällt, welches in die Sache selbst nicht mehr einzudringen vermag. Der Gestus begriffslosen Drauflosargumentierens: ob mehr dies oder mehr das Grund

---

[53] Vgl. etwa HW, Bd. 7, S. 496, und ebd., S. 413 f.

einer Sache ist, bleibt dem Verhältnis von Grund und Begründeten äußerlich und impliziert ein die sinnvolle Antwort ausschließendes Moment.

Hier ist der Ansatzpunkt der mit Husserl beginnenden Diskreditierung des Arguments.[54] Gegen diese wiederum wurde vorgebracht, mit dem Verzicht aufs Argument ende Denken in der Irrationalität bloßer Behauptung, die sich nicht auszuweisen vermag. Wie – so fragte Herr Prof. Adorno – hätte eine dialektische Art der Argumentation sich zu diesem Dilemma zu stellen?

Es wurde geantwortet, Hegel führe hier im Unterschied zum einseitigen den zureichenden Grund, d. h. den Begriff, ein. Herr Prof. Adorno erwiderte, das sei zwar richtig, doch helfe der hier zu früh herbeigerufene Begriff nicht weiter. Die Frage laute konkretisiert: Wie gelangt man, an bestimmter Stelle der Problematik stehend, zum Begriff? Antworte man darauf mit der Gesamtheit der Einzelgründe, so sei das nicht prägnant genug, da das Ganze sich nicht additiv aus allen erdenklichen Einzelgründen herstelle. Auch die Angabe der Verknüpfung aller Einzelgründe, wenngleich sie das Ganze, Richtige meine, erschöpfe die Sache nicht, bleibe ihr äußerlich. Ebenfalls dürfe man sich nicht mit der bloßen Einsicht in die Insuffizienz der Einzelkausalitäten begnügen. Würden in einer Stammtischkontroverse zu den gegenwärtigen antisemitischen Schmierereien[55] die verschiedensten Gründe vorgebracht, neben den Halbstarken etwa ein real vorhandener Antisemitismus oder östliche Drahtzieher, so ließe sich relativ leicht der Nachweis führen, daß ein solcher Einzelgrund nicht ausreiche. Das sei aber noch nicht die Angabe des wirklichen Grundes und bleibe als Erklärung unverbindlich.

---

54 Bei Husserl heißt es: »Echte Erkenntnistheorie ist [...] allein sinnvoll als transzendentalphänomenologische, die statt mit widersinnigen Schlüssen von einer vermeinten Immanenz auf eine vermeinte Transzendenz, die irgendwelcher angeblich prinzipiell unerkennbarer ›Dinge an sich‹, es ausschließlich zu tun hat mit der systematischen Aufklärung der Erkenntnisleistung, in der sie sich durch und durch verständlich werden müssen als intentionale Leistung. [...] In dieser systematischen Konkretion durchgeführt ist die Phänomenologie eo ipso *transzendentaler Idealismus*, obschon in einem grundwesentlich neuen Sinne; nicht in dem eines psychischen Idealismus, nicht eines Idealismus, der aus sinnlosen sensuellen Daten eine sinnvolle Welt ableiten will. Nicht ist es ein Kantianischer Idealismus, der mindestens als Grenzbegriff die Möglichkeit einer Welt von Dingen an sich glaubt offen halten zu können – sondern ein Idealismus, der nichts weiter ist als in Form systematisch egologischer Wissenschaft konsequent durchgeführte Selbstauslegung meines ego als Subjektes jeder möglichen Erkenntnis, und zwar in Hinsicht auf jeden Sinn von Seiendem, mit dem es für mich, das ego, eben soll Sinn haben können. Dieser Idealismus ist nicht das Gebilde spielerischer Argumentationen, im dialektischen Streit mit *Realismen* als Siegespreis zu gewinnen.« (HEH, Bd. I, S. 118 f.) – Vgl. GS, Bd. 5, S. 57.
55 Nachdem zwei Mitglieder der rechtsextremistischen Deutschen Reichspartei am 24. Dezember 1959 die erst im September desselben Jahres wiedereröffnete Synagoge in Köln mit Hakenkreuzen und antisemitischen Sprüchen geschändet haben, kommt es kurz darauf zu weiteren antisemitischen Bekundungen auf ähnliche Weise in unterschiedlichen Orten Westdeutschlands.

Herr Funk[56] äußerte, es müsse eine Konzeption der Totalität vorliegen, eine Theorie, die sich an den Einzelheiten abzuarbeiten habe.

Dem stimmte Herr Prof. Adorno zu. Erst wenn das Einzelne mit der Totalität, der Einsicht in den Zusammenhang der gesellschaftlichen Situation zu bestimmter historischer Stunde, konfrontiert wird, erhalten die Einzelmomente ihren spezifischen Stellenwert. Doch handelt es sich nicht um einen Sprung in abstrakte Totalität, nicht soll das Ganze an das Zerstreute von außen herangebracht werden, sondern hic et nunc, als ein im konkreten Einzelnen selbst steckendes, ist Totalität aufzuweisen. Das Verfahren ist nicht der Sache transzendent, mißt vielmehr in immanenter Kritik die Sache an dem, was sie von sich aus zu sein beansprucht. So muß beim Problem des Antisemitismus in einer demokratischen Gesellschaft diese Gesellschaft befragt werden, inwieweit sie wirklich demokratisch ist. Hegels Begriff bedeutet Schlichtung divergierender Einzelgründe, indem ein komplexes Phänomen so in einen theoretischen Zusammenhang gestellt wird, daß es sich in ihm artikuliert.

Die Bemerkung Herrn Martinis[57], daß zur Totalität auch der Blick auf den historischen Weg hinzukommen müsse, erweiterte Herr Prof. Adorno zu dem Paradoxon, daß immanente Kritik äußerste Versenkung ins Konkrete verlange, gerade darum aber zugleich ein Historisches, Transzendentes gegenwärtig haben müsse. Hegels Methode des reinen Zusehens ist nur möglich, wenn man als geistiges Subjekt herangeht. Findet man das Ganze nur durchs Besondere hindurch, so erschließt sich umgekehrt das Besondere nur dem Begriff. Hegels emphatischer Begriff aber meint eigentlich das System. An diesem Punkt weichen Horkheimer und Adorno von Hegel ab und versuchen, zu einem Begriff im emphatischen Sinn zu gelangen, ohne sich, wie die Identitätsphilosophie, das System vorzugeben.

Herr Kriesel[58] kam noch einmal zurück auf das Problem der moralischen Gesinnung bei Kant, indem er eine Bemerkung aus der Vorlesung von Herrn Prof. Horkheimer aufgriff, nach der im kategorischen Imperativ die rein moralische Gesinnung bereits aufgehoben sei.[59]

Dem hielt Herr Prof. Adorno entgegen, daß wohl der kategorische Imperativ gleich den gesamten Kategorien im Dienste der Objektivität stehe, daß Kant hier aber die Indifferenz von Subjekt und Objekt meine. Nach der gegenständlichen Seite hin, dem Verhältnis der moralischen Gesinnung zur Realität, lehne Kant rigoristisch jede Bedingtheit als dem Prinzip widersprechend ab. Man könne

---

56 D.i. Karlheinz Funk.
57 D.i. Joachim Carlos Martini.
58 D.i. Werner Kriesel.
59 Horkheimer hält im Wintersemester 1959/60 die philosophische Vorlesung »Die Aufklärung«, montags und freitags jeweils von 15 bis 16 Uhr.

heranziehen, daß in der Kritik der praktischen Vernunft Begriffe wie der des höchsten Gutes oder der Menschheit resultieren, daß also Kant nicht beim abstrakten Subjektivismus verharrt. Zu fragen ist aber, ob der Übergang zu sachhaltigeren humanen Kategorien im Sinne einer transzendentalen Deduktion aus dem kategorischen Imperativ wirklich herausgesponnen werden kann, ob nicht hier weit eher eine Subreption vorliegt. – Wenn Kant jeden Gedanken an die Moral einschränkende Bedingungen ablehnt, so geschieht das nicht, wie Scheler meint, auf Grund von Borniertheit,[60] sondern Kant hält den Impuls der Philosophie als kritischer Instanz nur sehr viel nachdrücklicher fest, als es der Fall ist in der Hegelschen Adaption an die Realität, jenem Zusammengehen von Ethik und Anpassung, das als erpreßte Versöhnung bezeichnet wird.[61]

Rückkehrend zum Thema machte Herr Pelzer darauf aufmerksam, daß Hegel die verschiedenen Einzelargumentationen allesamt als gleich unzulänglich subsumiere, während sie doch dem realen Gewicht nach sehr differieren. Herr Prof. Adorno sagte, dieser Einwand wende sich produktiv gegen Hegel selber und werfe ihm vor, bei der abstrakten Versicherung der Indifferenz der Einzelkausalitäten sich zu beruhigen. Ob man für antisemitische Schmierereien beispielsweise das Wetter verantwortlich mache oder Strukturelemente der Gesellschaft, habe wahrlich unterschiedliche Dignität. Zu Hegels Entschuldigung sei allerdings anzumerken, daß er hier im Grunde nicht von Kausalitäten redet, sondern eine Art Schwebelage einhält zwischen logischem Grund und Kausalität im gegenständlichen Bereich. An dieser Stelle darf er nur abstrakt reden, andernfalls wäre buchstäblich materialiter die Ausführung des Systems vorausgesetzt.

---

60 Bei Scheler heißt es: »Nur eine endgültige Aufhebung des alten Vorurteils, der menschliche Geist sei durch den Gegensatz von ›Vernunft‹ und ›Sinnlichkeit‹ irgendwie *erschöpft* oder es müsse sich alles unter das eine *oder* das andere bringen lassen, macht den Aufbau einer *a priori-materialen Ethik* möglich. Dieser grundfalsche Dualismus, der geradezu zwingt, die *Eigenart* ganzer Aktgebiete zu übersehen oder zu mißdeuten, muß in jedem Betrachte von der Schwelle der Philosophie verschwinden. *Wertphänomenologie* und *Phänomenologie des emotionalen Lebens* ist als ein völlig selbständiges, von der Logik unabhängiges Gegenstands- und Forschungsgebiet anzusehen. [Absatz] Es ist darum auch eine völlig grundlose Annahme, die Kant dazu bestimmt, in allem Heranziehen des ›Fühlens‹, des ›Liebens‹, ›Hassens‹ usw. als sittlicher Fundamentalakte schon eine *Abirrung* der Ethik in den ›Empirismus‹ zu sehen oder in das Gebiet des ›Sinnlichen‹, oder eine falsche Zugrundelegung der ›Natur des Menschen‹ für die Erkenntnis des Guten und Bösen.« (Max Scheler, Der Formalismus in der Ethik und die materielle Wertethik. Neuer Versuch der Grundlegung eines ethischen Personalismus [1913/1916], 5. Aufl., in: Max Scheler, Gesammelte Werke, Bd. 2, hrsg. von Maria Scheler, Bern und München 1966, S. 84 f.)
61 Vgl. Adornos Schrift *Erpreßte Versöhnung. Zu Georg Lukács: ›Wider den mißverstandenen Realismus‹* [1958], GS 11, S. 251–280.

Damit leitete die Diskussion über in die Erörterung des Abschnittes c) »Der vollständige Grund«[62]. Herr Prof. Adorno bemerkte vorweg, daß die offenbar wenig glückliche Ausführung dieses Kapitels es nahelege, auf die gründliche Durcharbeitung seitens des Seminars zu verzichten.

Zunächst resümierte Herr Becker[63] den Inhalt des Abschnittes, wobei er auf die schematisierende Behandlung des Themas durch Hegel hinwies. Herr Prof. Adorno erläuterte den Abschnitt noch einmal vom terminus ad quem her. Programm des Kapitels sei, die beiden einander negierenden Momente des formellen und des realen Grundes zu vereinigen. Erweist der formelle Grund, wie Grund und Begründetes der Form nach wechselseitig sich bedingen, so bleibt er zugleich so formell, daß zwischen Grund und Begründetem nicht mehr unterschieden werden kann. Im realen Grund hingegen sind beide wohl unterschieden, bleiben einander jedoch nur äußerlich. Dem vollständigen Grund obläge nun, den inneren Begründungszusammenhang als notwendig zu erweisen, nicht bloß im Sinne einer Verknüpfung, sondern als in der Sache selbst gelegen. Dieses Desiderat leiste offensichtlich das Kapitel nicht.

In der Folge zeigte das Seminar sich bestrebt herauszufinden, ob nicht der von Hegel selbst gesetzte Anspruch sich dennoch im Text irgendwie erfülle.

Frl. Mohr informierte zu Anfang darüber, daß die Hegelinterpretation der englischen Autoren McTaggart und Mure[64] auch hier unfruchtbar bleibt. Sie läßt es bei der summarischen Angabe bewenden, daß im zureichenden Grund sowohl der formelle wie der reale Grund enthalten sind, ein Verfahren, das Herr Prof. Adorno als wider den Geist der Hegelschen Philosophie verstoßend apostrophierte.

Eine Hinzuziehung des entsprechenden Kapitels aus dem »System der Philosophie«[65] erübrige sich ebenfalls, sagte Herr Dr. Haag, da nirgendwo über den vorliegenden Text hinausgegangen werde.

Herr Prof. Horkheimer und Herr Prof. Adorno waren sich darin einig, daß dieser Abschnitt keinen neuen Gedanken vorbringt. Einzig, daß der reale Grund selbst in seinen Grund zurückgegangen ist, d. h. sich selber als ein Gesetztes begreift, ließe sich als neu bezeichnen. Das aber leiste nicht die innere Verknüpfung, sondern komme auf einen unendlichen Regreß hinaus.

Herr Molitor versuchte, den Abschnitt vom letzten Satz des vorangegangenen Kapitels her aufzuschließen: »... keiner ist zureichender Grund, d. h. der Be-

---

62 Vgl. HW, Bd. 6, S. 109–112.
63 Werner Becker, »Der ontologische Gottesbeweis in der Großen Logik von Hegel«, Archivzentrum Na 1, 887.
64 Korrigiert für: »Moore«.
65 Vgl. HJu, Bd. 8, S. 281–288.

griff.«[66] Dieser emphatische Appell lege den Sinn in den Begriff, letztlich also in Hegels absolute Idee, die nichts anderes als die Form der Dialektik selbst sei.

Das wiederum, explizierte Herr Prof. Adorno, bleibe bloß formell und widerspräche dem Desiderat der Logik, daß jede Stufe etwas anderes sei. Wohl erhelle dieser Satz wie eine Laterne die sumpfige Landschaft, aber die Vermittlung von formellem und realem Grund erscheine nirgends.

Herr Krüger knüpfte an einen Passus an, in dem er die Intention Hegels zu erkennen glaubte, sich sowohl dem Nominalismus wie dem Realismus gegenüber abzusetzen: Nachdem Hegel die Unterscheidung zweier verschiedener Inhalte herausgearbeitet hat, fährt er fort: »Die eine der zwei Inhaltsbestimmungen der beiden Etwas ist daher bestimmt, als ihnen nicht bloß gemeinschaftlich nach äußerer Vergleichung, sondern ihr identisches Substrat und die Grundlage ihrer Beziehung zu sein.«[67] Gewiß gehöre dieser Satz weder zum Nominalismus noch zum Realismus, argumentierte Herr Dr. Haag, denn beide haben keine Dialektik von Grund und Begründetem, setzen diese Momente vielmehr einander starr gegenüber. Nur bestimmt sich nominalistisch, was Grund und Begründetes sei, erst im Vergleich, während es realistisch schon an sich bestimmt ist. Hegel vertritt demgegenüber die Reziprozität beider. Die zitierte Stelle ist als einfacher Übergang zu werten.

Herr Dr. Schäfer ging vom drittletzten Absatz des Kapitels aus[68] und legte dar, wie hier in einem formallogischen Skelett mit steigender Komplexität der Verhältnisse sich schließlich die ganze Begründung der Grundbeziehung ableiten ließe. Herr Prof. Adorno wertete das als einen plausiblen Versuch, das Desiderat zu leisten, indessen stehe es bei Hegel selbst so nicht. Will Hegel die Innerlichkeit und vollständige Abhängigkeit zweier Momente herstellen, so nutzt es nichts, wenn er außerdem noch eine andere Abhängigkeit angibt.

Herr Bulthaup[69] äußerte, das Auseinanderfallen von Grund und Begründetem im realen Grund setze erst den formellen, andererseits rufe der formelle Grund nach diesem Auseinanderklaffen. Es genüge, wenn der eine die Bedingung des

---

66 S. oben, Anm. 52.
67 HW, Bd. 6, S. 111.
68 »Die *Grundbeziehung* der Inhaltsbestimmungen im zweiten Etwas ist so durch die erste an sich seiende Beziehung des ersten Etwas *vermittelt*. Der Schluß ist, weil in einem Etwas die Bestimmung *B* mit der Bestimmung *A* an sich verknüpft ist, so ist im zweiten Etwas, dem nur die eine Bestimmung *A* unmittelbar zukommt, auch *B* damit verknüpft. Im zweiten Etwas ist nicht nur diese zweite Bestimmung mittelbar, sondern auch, daß seine unmittelbare Grund ist, ist vermittelt, nämlich durch ihre ursprüngliche Beziehung auf *B* im ersten Etwas. Diese Beziehung ist somit Grund des Grundes *A*, und die *ganze* Grundbeziehung ist im zweiten Etwas als Gesetztes oder Begründetes.« (Ebd., S. 111f.)
69 D.i. Peter Bulthaup.

anderen ist. Herr Prof. Adorno insistierte demgegenüber darauf, daß diese Position schon am Ende des vorigen Abschnitts erreicht sei.

Herr Prof. Horkheimer bemerkte, seiner Ansicht nach stelle dieses Kapitel nur eine Zusammenfassung der beiden vorangegangenen [Kapitel] dar. Wir dürften uns insofern beruhigen, daß es zwar eine Wiederholung sei, aber auf diese Weise den Übergang zum Kapitel von der Bedingung bilde.

Um eine Brücke zu finden zu dem, was am Anfang der Diskussion von Herrn Prof. Adorno mit »Theorie« gemeint war, brachte Herr Dr. Schäfer ein Beispiel aus der Naturwissenschaft vor: Wisse man, unter der Voraussetzung einer in sich geschlossenen, vollständigen Theorie, daß ein elektrisches Spannungsfeld allemal zugleich von einem magnetischen begleitet werde, so wisse man auch, daß, wo immer ein elektrisches Feld auftauche, zugleich ein magnetisches mitgesetzt sei. Mit der reinen Feststellung des einen Moments habe man immer schon das andere; das Beispiel sei durch seine Beziehung zur Theorie vollständig begründet.

Herr Prof. Adorno stimmte dem zu, nur finde dieser Versuch, Hegel zu erfüllen, im vorliegenden Kapitel keine Unterlage.

Herr Becker stellte die Frage, in welchem Verhältnis denn eigentlich A zu B stehen solle, nachdem Hegel im realen Grund eine Grundbeziehung ausschließe. Herr Prof. Adorno sagte hierzu, das Verbot im realen Grund hänge mit Hegels Doppelstellung gegen Kant und Leibniz zusammen: Bleibt Kants Modell der Kausalität als Zusammenfassung sukzessiver Momente unter Regeln der Sache äußerlich, so darf Hegel auch nicht apodiktisch in die Leibnizsche Position springen und sagen, es müsse so etwas wie einen zureichenden Grund geben. Die Insuffizienz beider hat Hegel auch an früherer Stelle ausgesprochen.[70]

Herr Prof. Horkheimer interpretierte das Kapitel als eines, in dem im wesentlichen das theoretisch erst noch zu Leistende als noch nicht Geleistetes angezeigt wird.

Ein letzter Versuch Prof. Adornos, über den Grund des Grundes hinaus durch eine neuerliche Synthesis das Verhältnis so zusammenzufassen, daß es sich gegenüber dem bisherigen zu einer neuen Einheit zusammenschließt, erwies sich ihm selbst als mythische Konstruktion, als schlechte Unendlichkeit.

H. Tillack[71]

---

70 Für die Behandlung der Position Leibniz' vgl. HW, Bd. 6, S. 83.
71 Unterschrift.

## 198 Marianne Zimmer, 18. Februar 1960

stud. phil. Marianne Zimmer[72]

Protokoll v. 18. 2. 60

1. Kant und Hegel bewerten die moralische Gesinnung verschieden. Bei Kant ist die moralische Gesinnung der einzige Bestimmungsgrund des Guten, betrifft aber nur das Formale der Handlung. Für Hegel kann die gute Absicht nicht der alleinige Rechtfertigungsgrund für das Ganze der Handlung sein. Er nimmt das Materiale hinein, dadurch wird das Kantische Gute zum Absoluten bei Hegel. Zugleich aber verschwindet sein subjektiver Grund – die Freiheit und deren Irrationalität in der Geschlossenheit des Systems, indem er als gesetzt anerkannt wird.

2. Im ersten Kapitel der Bedingung über das »Relativ Unbedingte«[73] wird der Unterschied von Bedingung und Grund, der beiden Seiten des Ganzen, gegeben. Beide sind unbedingt und gleichgültig gegeneinander und zugleich vermittelte. So ist in ihrer Beziehung für jede Seite der Widerspruch der unmittelbaren Selbständigkeit und der Bestimmung, »nur Moment zu sein«[74], enthalten.

In der Grundbeziehung ist der Grund das Unmittelbare, aber er ist zugleich setzende Reflexion.[75] Er ist nur unmittelbar, indem er sich auf das Begründete als sein Gesetztes bezieht, und damit ist auch das Unmittelbare vermittelt. Die Wahrheit des Unmittelbaren wird als etwas Gewordenes erkannt. Die Vermittlung

---

72 Unterschrift.
73 Vgl. ebd., S. 113–115.
74 »Daß die Bedingung das *Ansichsein* für den Grund ist, macht also ihre Seite aus, nach welcher sie eine vermittelte ist. Ebenso die Grundbeziehung hat in ihrer Selbständigkeit auch eine Voraussetzung und ihr Ansichsein außer sich. – Somit ist jede der beiden Seiten der *Widerspruch* der gleichgültigen Unmittelbarkeit und der wesentlichen Vermittlung, bei des in *einer* Beziehung, – oder der Widerspruch des selbständigen Bestehens und der Bestimmung, nur Moment zu sein.« (Ebd., S. 115)
75 »Der Grund ist das Unmittelbare und das Begründete das Vermittelte. Aber er ist setzende Reflexion; als solche macht er sich zum Gesetztsein und ist voraussetzende Reflexion; so bezieht er sich auf sich als auf ein Aufgehobenes, auf ein Unmittelbares, wodurch er selbst vermittelt ist. Diese Vermittlung, als Fortgehen vom Unmittelbaren zum Grunde, ist nicht eine äußere Reflexion, sondern, wie sich ergeben, das eigene Tun des Grundes, oder, was dasselbe ist, die Grundbeziehung ist als Reflexion in die Identität mit sich ebenso wesentlich sich entäußernde Reflexion. Das Unmittelbare, auf das der Grund sich als auf seine wesentliche Voraussetzung bezieht, ist die *Bedingung*; der reale Grund ist daher wesentlich bedingt. Die Bestimmtheit, die er enthält, ist das Anderssein seiner selbst.« (Ebd., S. 113)

stellt sich jedoch nicht als eine äußerliche Bewegung, sondern als eigenes Tun des Grundes dar. Es treibt den Grund aus sich heraus zur Kategorie Grund und umgekehrt. D. h., der Vermittlungszusammenhang von transzendentaler Kategorie und Material ergibt erst die ganze Wahrheit. Das zeigt, daß die Bewegung der Reflexion subjektiv und objektiv zugleich ist, das Sich-der-Sache-Überlassen oder das Zuschauen an der objektiven Bewegung führt zu demselben Ergebnis wie die kategoriale Anstrengung der subjektiven Deduktion. Das Sich-Überlassen ist nicht nur als psychologischer Anteil an der objektiven Bewegung der Sache zu betrachten. (?)

Der Grund hat in der Beziehung die Unmittelbarkeit der Bedingung zur Voraussetzung und ist darum vermittelt. Die Bedingung selbst ist ein Unmittelbares ohne Grund. Nach der Bestimmung aber, Bedingung zu sein, ist es auf ein anderes bezogen und damit ein Gesetztes. Als Bedingung bestimmt, ist das unmittelbare Dasein das Identische der Grundbeziehung, in die diese selbst zurückgeht, und macht so deren Inhalt aus. Die Bestimmung, Inhalt der Grundbeziehung zu sein, bezeichnet die vermittelte Seite der Bedingung.

Der Grund bestimmt das Dasein dazu, Bedingung zu sein. Aber diese Bestimmung ist dem Dasein äußerlich. »Ein Dasein ist gleichgültig dagegen, Bedingung zu sein«[76], jedes Dasein kann äußerlich zur Bedingung gemacht werden. Die Erwärmung des Eises ist Grund für das Wasserwerden, aber dafür ist die Bedingung, daß es überhaupt $H_2O$ gibt. Trotzdem kann diese Bedingung nicht als Grund für das Wasserwerden in diesem Fall angesehen werden. Der Bedingung steht also die Grundbeziehung gegenüber. Durch die Unmittelbarkeit des einfachen Daseins ist dessen Inhalt bloßes Material für die Form, der Inhalt, dem die Reflexion der Grundbeziehung äußerlich ist. Gegen diesen Inhalt der Bedingung hat die Grundbeziehung einen eigentümlichen Inhalt; sie stellt die Totalität der Form dar und hat darum Identität mit sich.

(Zur Terminologie von Grund und Bedingung)

3. Grund und Bedingung sind selbständig und haben einen jeweils[77] eigentümlichen Inhalt, aber sie scheinen außerdem jedes in das andere. Dieses gegensei-

---

76 »Die Bedingung ist also *erstens* ein unmittelbares, mannigfaltiges Dasein. *Zweitens* ist dieses Dasein bezogen auf ein Anderes, auf etwas, das Grund ist, nicht dieses Daseins, sondern in anderer Rücksicht; denn das Dasein selbst ist unmittelbar und ohne Grund. Nach jener Beziehung ist es ein *Gesetztes*; das unmittelbare Dasein soll als Bedingung nicht für sich, sondern für Anderes sein. Aber zugleich ist dies, daß es so für Anderes ist, selbst nur ein Gesetztsein; daß es ein Gesetztes ist, ist in seiner Unmittelbarkeit aufgehoben, und ein *Dasein ist dagegen, Bedingung zu sein, gleichgültig.*« (Ebd.)
77 Konjiziert für: »jedes«.

tige Ineinander-Scheinen heißt Reflexion. Es folgt daraus, daß Reflektieren nicht nur eine subjektive Tätigkeit ist, sondern auch die Bewegung der Sache selbst – aus der Konstellation der Sache heraus. Die Sache ist nicht nur ihr Ansichsein, sondern auch ihr Anderes.

(Sein als Reflexion)

Zunächst ist die Bedingung unmittelbares Dasein, aber diese Unmittelbarkeit hebt sich auf und geht zugrunde, indem sie sich als vermittelt erweist. (Das »Sich« des Sich-Aufhebens adelt den Vorgang und macht ihn zum aktiven, als eigenes Wollen des Seins.) Das Zugrundegehen der Unmittelbarkeit ist die notwendige Bewegung entweder aus sich selbst oder von außen.

Daß das Sein aus sich selbst zum Wesen wird, heißt, daß es in Wahrheit immer schon mehr gewesen ist als bloßes Sein; d. h., es ist nicht bloß unmittelbar, seine Unmit[telbarkeit] [...][78]

---

78 Der Rest des Sitzungsprotokolls wurde nicht aufgefunden.

## 199 Ingelore Kasprik, 25. Februar 1960

Ingelore Kasprik

*Protokoll der Seminarsitzung
vom 25. Februar 1960*

Das Seminar führte auf Anregung von Prof. Adorno die Interpretation des Textes der Hegelschen Logik nicht fort, sondern gestatte sich ein selbstüberprüfendes Atemholen, das sich aus der Natur des dialektischen Fortschritts von der einfachen Unmittelbarkeit zur vermittelten Unmittelbarkeit ergibt. Eingedenk der Mahnung Prof. Adornos, nicht in »Weltanschauung« zu geraten, würde das dem Seminar gestellte Thema der »Nötigung zur Dialektik« in Abweisung eines jeden esoterischen Anspruchs von Dialektik debattiert.

Die Notwendigkeit zum dialektischen Denken wird insofern drängend und bedrängend, wenn die Bewegung des Denkens sich als eine Bewegung der Sache ausweist, d. h. somit von der Sache selbst her ein Zwang zur Dialektik besteht. Dialektik wäre dadurch zu legitimieren, daß sich Objektivität als eine nicht völlig auf Subjektivität reduzierbare erweist, sondern, wenn sie nicht tautologisch sein will, geradezu eine Objektivität, welche für die subjektive Erkenntnis konstitutiv wird, erfordert.

Kants autonome Erkenntnisleistung des Subjekts ist im Grunde nur als heteronome, d. h. vom Objekt her mitbedingte Erkenntnis überhaupt möglich. Das Nicht-Ich wird konstitutiv für das Ich selbst, das Ich ist nur identisch mit seiner eigenen Negation. D. h., die dem begreifenden Denken gegenübergesetzte zu begreifende Sache wird zum Motiv des Begreifens. Reflektierendes Denken ist deshalb kein subjekt-immanenter, sondern ein das Subjekt transzendierender, vom Objekt her determinierter Vorgang. Von der Position des Idealismus aus, wo alles schon Geist-Subjekt ist, weist sich natürlich die Bewegung des subjektiven Denkens als konstitutiv für die Bewegung der Sache selbst aus. Diese standpunktphilosophische Antwort ist unbefriedigend, weil sie als ein im Grunde ontologisches Argument das absolut Gesetzte für die Identität von Denken und Sache verantwortlich macht und damit undialektisch den Widerspruch zwischen Subjektivität und Objektivität verschwinden läßt. Der Zwang zur Dialektik kann nur aus einer phänomenologischen Analyse des Erkenntnisvorganges selbst, sowohl als eines subjektiven als auch nicht-subjektiven, seine Rechtfertigung beziehen.

Was dialektisch ist, wird nur im Vollzug der dialektischen Bewegung und durch Herausgreifen ihrer funktionalen Momente sichtbar. Die Dialektik bestimmt sich weder vom abstrakten Ganzen, noch vom abstrakten Einzelnen her, sondern aus der Konkretion der jeweiligen Beziehung des Ganzen zum Einzelnen und umgekehrt. Jene Konkretion aber beinhaltet die Notwendigkeit der Identität von Theorie und Praxis, da die Theorie, abgespalten von der Praxis, nur die Abstraktheit des Ganzen wie auch des Einzelnen darstellt. So, wie sich die Theorie in der Praxis zu verifizieren hat, muß Denken an der Bewältigung von Erfahrung gemessen werden. Hieraus ergibt sich ein gewisser Vorrang der Objektivität vor der Subjektivität, weil im Denken, wenn es fortschreiten soll, die Gefahr der Tautologie von Subjektivem nur durch das dem Subjekt entgegenstehende Objekt zu überwinden ist. Damit wird die Sache konstitutiv für die dialektische Bewegung des Gedankens; die Dialektik lebt von der Sache her. Die Bewegung des Begriffs zeigt die Bewegung der Sache selbst an. Der Begriff als ein vom Individuum gesetzter kann sich nicht dem wechselseitigen Verhältnis von Individuum und Gesellschaft entziehen und seine gesellschaftliche Vermitteltheit verleugnen. Diese gesellschaftliche Vermitteltheit ist nicht in der abstrakten Polarität von Individuum und Gesellschaft, sondern in der jeweiligen konkreten Bestimmung des sowohl gesellschaftlichen Allgemeinen als auch des individuellen Besonderen auszumachen.

Erkennen ist bei Hegel Versöhnung des Allgemeinen mit dem Besonderen und des Besonderen mit dem Allgemeinen. Um aber überhaupt Versöhnung zu sein, muß das Allgemeine wie auch das Besondere konkret, real und material sein. Versöhnung von bloß Abstraktem, Irrealem und Formalem wird zur wirklichkeitsentfremdeten Erkenntnisaussage, damit typisch für eine ideologisch, dogmatisch gebundene Theorie und auch für eine von der Wirklichkeit abgetrennte Praxis.

Die Hegelsche Philosophie im ganzen bleibt haften am Modell einer sich absolut setzenden Subjektivität und ist im letzten selbst tautologisch. Nur eine Philosophie, die den emphatischen Anspruch der Subjektivität aufgibt, rettet Dialektik als die Bewegung des Begriffs, die von der Sache her motiviert sich eben als die Subjektivität selbst darstellt, die von der Nicht-Subjektivität her gerade ihre konstitutiven Bestimmungen empfängt.

Die individuelle Erkenntnis als die des konkreten, empirischen Ich vermittelt sich jedoch nicht von der abstrakten Ganzheit der Gesellschaft her – dies würde einem Erkenntnissoziologismus gleichkommen –, sondern von der Unabdingbarkeit der konkreten, gesellschaftlichen Totalität, in welcher, als einer konkreten, bereits der Widerspruch von Individuellem und Gesellschaftlichem, von Besonderem und Allgemeinem, von Subjektivität und Objektivität, in dem doppelten Sinn von verneint und bewahrt, aufgehoben ist.

Philosophie, die sich ihrer Aufgabe der[79] begrifflichen Reflexion der konkreten Bewegung des realen gesellschaftlichen Zusammenhangs entzieht, wird zu einer einzigen intellektuellen Selbsttäuschung. Indem sie sich dem herrschenden gesellschaftlichen Betrieb überläßt, dient sie der Etablierung kollektiver Kritiklosigkeit, fungiert nur noch als System vollkommender Anpassung an den gesellschaftlichen Zustand.

Philosophie, die sich nicht in solche Funktion verkehren will, muß in der Bewegung ihres Gedankens, die Bewegung der Sache selbst aufleuchten lassen, um damit sowohl die Sache selbst am kritischen Gedanken zu messen, als auch den Gedanken vom Leben der Sache her zu verlebendigen.

---

**79** Konjiziert für: »zur«.

# Wintersemester 1959/60:
# Zum Studium
# des autoritätsgebundenen Charakters

Soziologisches Hauptseminar mit Ludwig von Friedeburg

In diesem Semester hält Adorno zudem die philosophische Vorlesung »Einleitung in die Philosophie« und gibt das philosophische Hauptseminar »Hegels ›Logik‹ [I]«

Das Seminar findet dienstags von 17 bis 19 Uhr statt

**200–207** UAF Abt. 139 Nr. 6

# 200 Klaus Horn, 5. Januar 1960

Protokoll 5. 1. 1960

Das Seminar hat sich in der ersten Semesterhälfte mit den theoretischen Grundlagen der Skalen befaßt, die in »The Authoritarian Personality« zusammenfassend veröffentlicht wurden.[1] Aufbauend auf seine Erfahrungen in den USA legte Prof. Adorno dem Seminar in der Sitzung vom 5. 1. 1960 items vor, die in der Bundesrepublik zur Ermittlung autoritärer Tendenzen dienen sollten.[2] Die items, vorläufig aus technischen Gründen in zwei Skalen getrennt, werden dementsprechend A-Skalen genannt. Die Skalen enthalten auch Momente einer Nationalismus-Skala (N-Skala)[3] und einer Kommunismus-Skala (K-Skala)[4]. Bei der Diskussion im Seminar soll versucht werden, eine der Absicht jedes items entsprechende optimale Formulierung zu finden. Der sachlogische Gehalt des items muß in eine Form gebracht werden, die der psychologischen Motivation der Untersuchung entspricht. Die Absicht der Fragestellung muß geschickt verborgen und in allgemein übliches Gewäsch der Umgangssprache verkleidet werden, damit niemand durch einen Schock aus der Alltagssituation herausgerissen und seine Antwort durch Mißtrauen verzerrt wird. Auf die spezifisch deutsche Situation ist dabei in besonderem Maße Rücksicht zu nehmen. Die Reihenfolge der

---

[1] Vgl. T[heodor] W. Adorno, Else Frenkel-Brunswik, Daniel J. Levinson und R. Nevitt Sanford, in Zusammenarb. mit Betty Aron, Maria Hertz Levinson und William Morrow, *The Authoritarian Personality*, New York 1950 (Studies in Prejudice; 1); die *Gesammelten Schriften* Adornos geben jene Teile der *Authoritarian Personality* wieder, die Adorno alleine oder gemeinschaftlich geschrieben hat (vgl. GS, Bd. 9·1, S. 143–509).

[2] Es handelt sich um einen vierseitigen »*Rohentwurf* (Nur für den Unterrichtsgebrauch im Institut für Sozialforschung) *Ausgewählte Sätze für eine A-Skala. Fassung A*« mit dem Datum vom 5. Januar 1960 (IfS-Archiv, L 3, 1). Die insgesamt 42 Sätze sind unterteilt in »*A. Autoritäre Aggression und Unterwürfigkeit*«, »*B. Ich-Schwäche*«, »*C. Anti-Intrazeption*«, »*D. In-group/out-group*«, »*E. Reaktionäre Ideologie*«, »*F. K[ommunismus]*«, »*G. N[ationalismus]*« und »*I. Low*«. – Die erarbeiteten Fragebögen zum ›Pretest I‹ befinden sich im IfS-Archiv, L 3, 1–4 und 6.

[3] Dies sind die Items des Unterpunkts »*F. K[ommunismus]*«: »Was man auch gegen die Ostzone einwenden mag, es herrscht [sic!] dort Disziplin und Ordnung.«, »Die technischen Erfolge der Russen, vor allem auf dem Gebiet der Weltraumforschung, beweisen die Überlegenheit ihres Systems über das westliche.« und »Persönlichkeiten von der Kraft und Frische Chruschtschows hat der Westen heute nicht mehr aufzuweisen.«

[4] Dies sind die Items des Unterpunkts »*G. N[ationalismus]*«: »Das Wichtigste für eine deutsche Politik ist es, daß wir nicht für andere die Kastanien aus dem Feuer holen.«, »Deutschland ist und bleibt das einzige Bollwerk gegen den Bolschewismus.« und »Der Wert der allgemeinen Wehrpflicht für die Erziehung der deutschen Jugend kann gar nicht hoch genug angeschlagen werden.«

items ist durch den vorliegenden Rohentwurf zum Unterrichtsgebrauch nicht festgelegt.

1. Die wichtigste Aufgabe der deutschen Volkserziehung ist die Heranbildung einer starken und befähigten Führerschicht.[5]

Prof. Adorno bemerkte zu diesem item, es solle die Meinung ansprechen, daß trotz der demokratischen Staatsform elitäre Herrschaftsverhältnisse bestehen und daß gerade die Demokratie diese Elite heranbilden müsse. Angesichts der Entwicklung wäre das auch ein vernünftiger Gedanke, wenn er nicht in den Fehlschluß umschlüge, daß Sachautorität in personelle Autorität überspielt. In der Diskussion rief das Wort »Führerschicht« Widerspruch hervor, da es durch die deutsche Vergangenheit zu sehr belastet sei. Dafür »Elite« einzusetzen, lehnte Prof. Adorno ab, da das zu unverständlich, zu intellektuell sei. Obwohl »Führungsschicht« logisch der Sachautorität entspricht und unserer Ansicht zuwiderzulaufen scheint, wurde es an die Stelle von »Führerschicht« in das item aufgenommen, denn die strenge logische Konsequenz ist für unsere Zwecke unter Umständen eher hinderlich, wie Prof. Adorno dazu bemerkte. Unser Anliegen sei zweckdienlich nur psychologisch fundamentiert an die Versuchspersonen heranzutragen. Weiter wurde »deutsche« als zu offen auf die extremen Nationalisten anspielend beanstandet und durch das neutralere »unsere« ersetzt, das zur Ingroup-Identifikation ausreicht. Schließlich wurde »fähig« für das gekünstelt wirkende »befähigt« in das item aufgenommen.

Demzufolge lautet der neue Text des items:

Die wichtigste Aufgabe unserer Volkserziehung ist die Heranbildung einer starken und fähigen Führungsschicht.

2. Hitlers Ausrottungsmaßnahmen waren brutal, aber wenn man unverbesserliche Verbrecher und unheilbar Geisteskranke auf eine menschlichere Art loswerden könnte, wäre es gut für die Gesamtheit.[6]

Prof. Adorno sagte zu dem item, daß es wegen seiner Stärke an einer späteren Stelle der Skala einzuordnen sein wird. Es solle die destruktiv-totalitäre Meinung zum Ausdruck bringen, daß das Ganze über dem Individuum steht. Gleichzeitig bringt es für die sadistische Tendenz eine Rationalisierung: Die Vernichtung repräsentiert höhere Moral. Der sprachlichen Anpassung wegen wurde für »un-

---

[5] Dieses Item ist Teil des Unterpunkts »*A. Autoritäre Aggression und Unterwürfigkeit*«, ihm wird der Wert »Autoritär-elitär« zugeordnet.

[6] Dieses Item ist Teil des Unterpunkts »*A. Autoritäre Aggression und Unterwürfigkeit*«, ihm wird der Wert »destruktiv« zugeordnet.

heilbar« »unheilbare« eingesetzt. Starken Widerspruch rief das Wort »loswerden« als zu hart hervor, da jedoch alle Ersatzvorschläge noch stärkere Bedenken erweckten, blieb »loswerden« trotz seines offensichtlichen Mangels als kleineres Übel stehen.

3. Unser Volk ist zu offen und zu ehrlich; dafür werden wir immer wieder bestraft.[7]

Durch die scheinbare Kritik an sich selbst, erläuterte Prof. Adorno, die es in Wirklichkeit ganz anders meint, schlüge indirekt die Tendenz zur totalitären Herrschaft durch. Das Paranoische maskiert sich mit diesem Nach-außen-Schlagen. Der deutsche Michel in seiner Selbststilisierung als stark, aber schlafend, ist durch dieses item gut getroffen. Für den Nachsatz wurde ein Änderungsvorschlag angenommen, der sich der Umgangssprache vorzüglich anpaßt. Das item lautet nun:

Unser Volk ist zu offen und zu ehrlich; dafür müssen wir immer wieder bezahlen.

4. Für gewisse besonders scheußliche Verbrechen wie den Lustmord verlangt das gesunde Rechtsempfinden die Todesstrafe.[8]

Dieses item war in der F-Skala[9] in den USA sehr gut herausgekommen,[10] und Prof. Adorno glaubt, daß es auch bei uns trennscharf sein wird. Als Änderung wurde hier lediglich eine sprachliche Anpassung vorgenommen. Für »gewisse besonders« wird »so« eingesetzt. Das item lautet:

Für so scheußliche Verbrechen wie den Lustmord verlangt das gesunde Rechtsempfinden die Todesstrafe.

5. Die Welle des Verbrechertums steigt seit Kriegsende stetig[11] an.[12]

---

**7** Dieses Item ist Teil des Unterpunkts »*A. Autoritäre Aggression und Unterwürfigkeit*«, ihm wird der Wert »projektiv: den anderen will man bestrafen« zugeordnet.
**8** Dieses Item ist Teil des Unterpunkts »*A. Autoritäre Aggression und Unterwürfigkeit*«, ihm werden die Werte »Sadismus, punitiveness, anti-sex« zugeordnet.
**9** Zur »Fascism (F) Scale« vgl. GS, Bd. 9·1, S. 185–261.
**10** Das Item lautet in der *Authoritarian Personality*: *Sex crimes, such as rape and attacks on children, deserve more than mere imprisonment; such criminals ought to be publicly whipped, or worse.* (Ebd., S. 193)
**11** Korrigiert aus: »ständig«.
**12** Dieses Item ist Teil des Unterpunkts »*A. Autoritäre Aggression und Unterwürfigkeit*«, ihm werden die Werte »punitiveness + Projektion« zugeordnet.

Diese den Tatsachen nicht entsprechende Aussage, der unter Umständen auch ein Teil der lows zustimmen könnte, ist, obwohl sie an Trennschärfe verliert, interessant aus sozialpsychologischen Gründen, [so] daß man sie behielt.

6. Wenn man mit den Halbstarken nicht anders fertig wird, soll man die Prügelstrafe wieder einführen.[13]

Auch dieses item wurde nicht verändert. Prof. Adorno erläuterte dazu, daß es auf jeden Fall weit von item 4 (Todesstrafe) entfernt stehen müsse. Obwohl sich hier als Formulierung »eine Tracht Prügel« aus sozialpsychologischen Gründen mehr empfiehlt, entbehrt dieser Text doch des institutionellen Momentes, unter dem der Sadismus in dem zu erfassenden Charaktersyndrom steht. »Prügelstrafe« wird beibehalten. In der Formulierung wird der Versuchsperson eine Rationalisierung angeboten, ein gutes Gewissen. Das »wenn man nicht anders fertig wird« erlaubt ein Zur-Ruhe-Setzen der humanen Seite und offene Bestätigung des Sadismus unter dem Vorwand, daß keine anderen Möglichkeiten mehr bestehen.

7. Es wird immer Kriege geben, sie sind in der menschlichen Natur begründet.[14]

Dieses item wurde aus der Authoritarian Personality übernommen. Der Nachsatz wurde abgeändert, da seine Formulierung der Umgangssprache zu entrückt war. Das item lautet jetzt:

Es wird immer Kriege geben, die Menschen sind nun einmal so.

8. Den meisten Jugendlichen geht es heute zu gut; es ist höchste Zeit, daß sie wieder straffe Disziplin lernen.[15]

Prof. Adorno erläuterte hierzu, daß mit den Jugendlichen hier die out-group gemeint sei, die anderen [gemeint seien], denen die gebratenen Tauben nicht in den Mund fliegen dürften. Das item trifft die Glücksfeindlichkeit der autoritären Persönlichkeit; an dem Text wurde nichts geändert.

---

13 Dieses Item ist Teil des Unterpunkts »A. Autoritäre Aggression und Unterwürfigkeit«, ihm wird der Wert »punitiveness« zugeordnet.
14 Dieses Item ist Teil des Unterpunkts »A. Autoritäre Aggression und Unterwürfigkeit«, ihm werden die Werte »anti-utopisch, sadomasochistisch plus Veräußerlichung, Zynismus« zugeordnet.
15 Dieses Item ist Teil des Unterpunkts »A. Autoritäre Aggression und Unterwürfigkeit«, ihm werden die Werte »Masochismus, ›es soll nicht sein‹, there shall be no utopia. – Sadismus, punitiveness« zugeordnet.

9. Politik verdirbt den Charakter, ein anständiger Mensch hält sich draußen.[16]

In den USA hatte dieses item eine hohe Trennschärfe.[17] Ob die Befragten in der Bundesrepublik darauf ebenso reagieren, ist fraglich, denn die demokratische Staatsform ist bei uns noch nicht so eingespielt. In der vom Institut durchgeführten Untersuchung über Student und Politik erwies sich das item zwar als trennscharf,[18] jedoch kann es sich dabei um eine speziell akademische Haltung handeln, die keine breitere Basis hat. Prof. Adorno erhofft sich von dem item, daß entschieden unpolitische Menschen hier ihre autoritäre Tendenz verraten, indem sie Politik den anderen überlassen und sich unterordnen. Mit dem Nachsatz wird dabei zugleich das Moralische erfaßt, das Selbstgerechte des »anständigen Menschen«. Der Satz enthält zugleich auch ein rationales Element, das spricht für seine Qualität als Instrument. Das item wurde nicht geändert.

10. Wenn an der Astrologie gar nichts wäre, würden nicht so viele Leute daran glauben.[19]

Der Nachsatz des items wurde deswegen kritisiert, weil das Wort »glauben« unter Umständen die religiösen Gefühle der Befragten verletzten könnte. Eine andere Formulierung scheint unseren Zwecken besser zu entsprechen:

Wenn an der Astrologie gar nichts wäre, würden nicht so viele Leute etwas davon halten.[20]

---

**16** Dieses Item ist Teil des Unterpunkts »*A. Autoritäre Aggression und Unterwürfigkeit*«, ihm wird der Wert »antipolitisch-reaktionär« zugeordnet.
**17** Nicht als Item, sondern als Interpretation findet sich diese Wendung in der *Authoritarian Personality: Politics is viewed in much the same way as sport or the movies, not as something directly involved with one's own participation in the process of production. Viewed within this frame of reference, however, politics is necessarily »disappointing.« It appears to people conditioned by an industrial culture and its specific kinds of »entertainment values« as drab, cold, dry – as boring. This may be enhanced by that undercurrent of American tradition which regards politics somehow as a dirty business with which a respectable person should have but little to do.* (Ebd., S. 344)
**18** Vgl. die Fragen, die unter dem Punkt »Beschäftigung mit der Politik« wiedergegeben sind, in: Jürgen Habermas, Ludwig von Friedeburg, Christoph Oehler und Friedrich Weltz, Student und Politik. Eine soziologische Untersuchung zum politischen Bewußtsein Frankfurter Studenten, Red.: Frank Benseler, Neuwied 1961, S. 322.
**19** Dieses Item ist Teil des Unterpunkts »*B. Ich-Schwäche*«, ihm wird der Wert »Ich-Schwäche« zugeordnet.
**20** Das Item lautet im ›Pretest I‹: »An der Astrologie muß etwas dran sein, sonst würden nicht so viele Leute etwas davon halten.«

11. Kein anständiger Mensch darf eine Beleidigung seiner Ehre auf sich sitzen lassen.[21]

Prof. Adorno glaubt, daß dieses item in der Bundesrepublik kein gutes Ergebnis bringen wird, da dieser Gedanke durch die akademische Pseudoehre in Deutschland der Lächerlichkeit preisgegeben sei. Nach einer Umformulierung, deren Wortlaut vermeiden soll, daß dabei an tatsächliche gesellschaftliche Konsequenzen gedacht wird, die eine unbeachtete Ehrverletzung haben kann, wurde das item jedoch beibehalten. Es lautet:

Kein Mensch, der etwas von sich hält, sollte eine Beleidigung auf sich sitzen lassen.

Klaus Horn

---

[21] Dieses Item ist Teil des Unterpunkts »B. *Ich-Schwäche*«, ihm wird der Wert »verdinglichtes Überich« zugeordnet.

## 201 Werner Kriesel, 5. Januar 1960

|Protokoll[22] der Seminarsitzung
am 5. 1. 1960

angefertigt von
Werner Kriesel|

*Item Nr. 1*[23] will erforschen, ob die Meinung verbreitet ist, daß in der gegenwärtigen deutschen Demokratie elitäre Verhältnisse herrschen oder herrschen sollten.

Es enthält ebensosehr ein Moment von Vernunft – im Zeitalter der Technik –, wenn man an die Ausbildung sachqualifizierter Technologien denkt, denen kraft ihrer erworbenen Fähigkeiten »Sachautorität« zuzusprechen ist. Aber erfassen will das Statement, ob diese Sachautorität nicht gleichzeitig in »personale Autorität« umschlägt. Das Wort Führer... führt das Moment personaler Autorität ein.

Unmittelbar soll erfaßt werden, ob »autoritäre« Neigung zu einer »Elite-Schicht« besteht.

*Diskussion:* Sollte das *Führerschicht* nicht besser durch *Elite* ersetzt werden? Dieser »Pseudoausdruck« ist hinreichend verschwommen, erscheint somit rational und allgemein verständlich und ruft nicht die Assoziation *Führer* hervor; bleibt aber leider stets ein gebildeter Ausdruck. Im übrigen wird das Tabu, das auf dem Worte *Führer* ruht, aufgehoben, sofern es im Plural benutzt wird, s. *Wirtschaftsführer.*

Das Wort *Führungsschicht* wurde mit Beifall akzeptiert, obwohl auch Bedenken angemeldet wurde, ob dieses Wort nicht nur den Begriff *Experte* beinhalte, also nur den Rückschluß auf eine »sachautoritäre« Tendenz gestatte. Sachlogisch ist dieser Einwand gerechtfertigt, aber hier sollte man das »Gewäsch« mitdenken, das diese scharfe Trennung nicht vornimmt.

Sollten wir besser statt *deutsch unser* sagen, obwohl das *deutsch* die autoritäre Tendenz verstärkt, und seine Elimination den Satz »salzlos« machen würde? Doch das *deutsch* würde nur Extremgruppen »einfangen«, *unser* umfaßte alle Highs.

*Befähigt* assoziiert *Befähigungsnachweis*, sprachlich besser wäre *fähig.*

---

22 Die Vorlage ist handschriftlich verfasst.
23 S. oben, S. 394.

Die Diskussion, ob die Formulierung die *Erziehung unseres Volkes* oder *unsere Volkserziehung* intentionsadäquater sei, führte zur Annahme der letzteren, denn *Volkserziehung* würde in stärkerem Maße als Instrument der Heranbildung von elitären Schichten angesehen.

Neue Fassung:
*Die wichtigste Aufgabe unserer Volkserziehung ist die Heranbildung einer starken und fähigen Führungsschicht.*

*Formulierungsgrundsätze:*
Stets sollte man einen Unterschied machen zwischen dem objektiven oder sachlogischen Gehalt eines Satzes oder Wortes und der entsprechenden psychologischen Formulierung. Denn paradoxerweise versteckt sich, was eigentlich klar ist, was objektiv enthalten ist, versteckt sich der sachlogische Gehalt einer Aussage hinter undurchsichtigen Formulierungen. Dementsprechend wird nur als klar und rational verstanden, was sich auf versteckte Art und Weise zu erkennen gibt. – Die Sprache ist ein Mittel des Menschen, sich zu verstecken. –

In jeder Formulierung ist ein rationales Moment erforderlich, welches das irrationale Moment bemäntelt; es müssen Halbwahrheiten verwendet werden.

Die psychologische Formulierung muß das Gewäsch mit einbeziehen, indem es auch dem Volke aufs Maul schaut.

*Item Nr. 2*[24] will erforschen, ob der Befragte destruktiv-totalitäre Tendenzen aufweist, eine politische Gesinnung, in der das Ganze alles, das Individuum nichts ist. Ferner, ob er zur Rationalisierung von Unmoral zu einer Art höheren Naturmoral tendiert.

*Diskussion: Menschlichere* ohne re[25] wäre kein so starkes Indiz für verkappte Amoralität.

An Stelle von *Gesamtheit für uns alle* zu setzen,[26] bedeutete eine Entmythologisierung; so, wie man in Frankreich nur mittels der volonté général, nicht über die volonté de tous, die begangenen Greueltaten rechtfertigen konnte, so wäre auch die Ausrottung ebenfalls nur eine Erlösung für die Gesamtheit, nicht aber für alle.

*Unheilbar* ist mit einem e zu versehen, d. h., als dekliniertes Attribut zu verwenden, dann klingt es deutscher.

Das *loswerden* ist ein zu harter Ausdruck, sachlogisch zu richtig, daher ungeschickt.

---

24 S. oben, S. 394.
25 Das meint statt »Menschlichere«: »Menschliche«.
26 Das meint statt »Gesamtheit«: »für uns alle«.

*Sich entledigen* wird vom Normalbürger als Fremdwort empfunden, *Frage lösen* als zu abstrakt, *trennen von* läßt zu deutlich die Absicht durchblicken, ebenso *unschädlich machen*. Einzig das *befreien von* blieb als Möglichkeit.

Obwohl das Wort *Ausrottung* vom deutschen Normalbürger schon gefühlsmäßig abgelehnt werden wird und den eigentlich intendierten Befragungsgegenstand psychologisch nicht adäquat tangiert, sollte dieses Wort im Item gerettet werden.

*Gemeinschaft* statt *Gesamtheit* wird abgelehnt, da *Gemeinschaft* zu stark mit NS-Zeit assoziiert ist.

*Verbrecher* und *Geisteskranke* sollte nicht auseinandergerissen werden, in der Reihenfolge läßt es sich umstellen.

Statt *brutal verabscheuenswürdig* zu sagen, zerstörte die psychologische Konstruktion; brutal soll besagen, hart aber gesund; die Mittel sind schlecht, doch das Ziel ist gut.

Der Gedanke, man tut dem Asozialen, dem Verbrecher einen Gefallen, wenn man ihn von der Gesellschaft entfernt, läßt sich nicht mehr unterbringen. – Der Gedanke, daß die Menschheit dem Verbrecher die Strafe schuldig sei, findet sich schon bei Hegel.[27] –

Formulierungsvorschlag:

*Hitlers Ausrottungsmaßnahmen waren brutal, aber wenn man sich auf menschlichere Art von unheilbaren Geisteskranken und unverbesserlichen Verbrechern befreien könnte, wäre das gut für die Gesamtheit.*[28]

Item Nr. 3[29] liefert Hinweise auf markierte, paranoide Tendenzen, in der Form der Umkehrung als Scheinkritik an sich selbst. Archetypus (Imago) könnte das Bild vom betrogenen, treudeutschen, zipfelmützigen Michel sein.

*Diskussion:* Man meinte, *anständig und gerade* wären wohl in diesem Falle richtiger, doch der Verzicht auf diese logischen Partikel, das Beibehalten von *offen und ehrlich*, komme der notwendigen Forderung nach Gewäsch mehr entgegen.

Statt *bestraft bezahlen* wurde mit Beifall akzeptiert.

---

**27** So schreibt Hegel, »nicht nur der *Begriff* des Verbrechens, das Vernünftige desselben *an und für sich, mit* oder *ohne* Einwilligung der Einzelnen, was der Staat geltend zu machen hat, sondern auch die formelle Vernünftigkeit, das *Wollen* des *Einzelnen*, liegt in *der Handlung* des Verbrechers. Daß die Strafe darin als *sein* eigenes *Recht* enthaltend angesehen wird, darin wird der Verbrecher als Vernünftiges *geehrt*.« (HW, Bd. 7, S. 191)
**28** Das Item lautet im ›Pretest I‹: »Hitlers Ausrottungsmaßnahmen waren brutal, aber wenn man unverbesserliche Verbrecher und unheilbare Geisteskranke auf eine menschlichere Art loswerden könnte, wäre es gut für die Gesamtheit.«
**29** S. oben, S. 395.

Neue Fassung: *Unser Volk ist zu offen und ehrlich; dafür müssen wir immer wieder bezahlen.*

Item No. 4[30] wurde aus der »Authoritarian Personality« übernommen.
Diskussion: Statt *gewisse besondere so* wurde anstandslos akzeptiert.[31]
Jedoch erschien der Fakt *Lustmord*, ebenso wie das evtl. Substitut *Kinderschändung* viel zu rational, zu sachlogisch. Hier muß etwas weniger eindeutig Negatives gefunden werden. Wie auch der Ausdruck *gesundes Rechtsempfinden* bereits zu strapaziert und verpönt scheint, um noch mehr als nur zu »Primitivhighs« zu taugen.
Vorläufige Fassung: *Für so scheußliche ...*

Item Nr. 5[32] hat den großen Vorteil, daß es objektiv überprüfbar ist.

Item Nr. 6[33] soll, ähnlich wie 4, sadistische Tendenzen aufspüren helfen. Ob aber *Prügelstrafe* als mittelalterlich-angelsächsische Institution in Deutschland überhaupt verfängt, ist fraglich. Der Deutsche neigt mehr zur familiären oder scholaren *Tracht Prügel*; aber diese ist nicht institutionell, kein rationalisiertes sadistisches Syndrom.
Das Wort *Prügelstrafe* soll beibehalten werden, obwohl es in Deutschland die öffentliche Prügelstrafe nie gab, in der Annahme, die historische Wahrheit werden vom Unterbewußten weggeschwemmt.
Neue evtl. Fassung von Item Nr. 6:
*Mit den Halbstarken wird man nicht fertig werden, wenn nicht wieder die Prügelstrafe eingeführt wird.*[34]

Item Nr. 7[35] wurde aus Autoritäre Persönlichkeit übernommen.[36]

---

30 S. oben, S. 395.
31 Das meint statt »gewisse besondere«: »so«.
32 S. oben, S. 395.
33 S. oben, S. 396.
34 Das Item lautet im ›Pretest I‹: »Wenn man mit den Halbstarken nicht anders fertig wird, soll man die Prügelstrafe wieder einführen.«
35 S. oben, S. 396.
36 In der *Authoritarian Personality* berichtet Adorno von einer Diskussion mit einem Interviewteilnehmer: »*There will always be wars.*« *(Is there any way of preventing wars?)* »*No, it's not common goals but common enemies that make friends. Perhaps if they could discover other planets and some way of getting there, spread out that way, we could prevent wars for a time, but eventually there'd be wars again.*« (GS, Bd. 9·1, S. 489)

Die Frage, ob der 2. Teil des Satzes nicht besser durch *im kleinen gibt es auch immer Streit* zu ersetzen sei, da er sonst zu akademisch klingt, wurde durch die Neuformulierung *die Menschen sind nun einmal so* erledigt.
Neue Fassung:
*Krieg wird es immer geben, die Menschen sind nun einmal so.*

*Item Nr. 8*[37] erfordert ein glücksfeindliches Element, das hier nicht ohne den Generationsunterschied möglich wäre. Es enthält den versteckten Gegenbeweis für das Klischee, meinen Kindern soll es einmal besser ergehen. Ferner die Vorstellung, daß Disziplin, eigentlich aber Gehorsam gegenüber der öffentlichen Autorität, etwas Gutes sei, kombiniert mit dem Klischee-Gewäsch: Früher war es besser.

*Item Nr. 9.*[38] Hier wird die Politik zur Sphäre der Feme erklärt. Man überläßt damit das Geschehen den Politikern und ordnet sich selber unter.
*Diskussion:* Für den 2. Teil des Satzes wurde vorgeschlagen: *man hält sich am besten raus.*
Das »Sprichwort«: *Politik verdirbt den Charakter* wurde der Aussageweise: *Politik ist ein schmutziges Geschäft* vorgezogen. Letzteres sei zu hart, und man solle jenen Satz hier doch mit einer gemäßigten Halbwahrheit eröffnen.
Vorgeschlagene Fassung: *... Charakter, man hält sich am besten raus.*[39]

*Item Nr. 10.*[40] *Glauben* erweist sich als allzu irrational, um damit in der pseudo-aufgeklärten Gegenwart noch auf High-Fang gehen zu können. *Etwas davon halten* hat genau den Gehalt der Unsicherheit eines schwachen Ichs.
Neue Fassung: *An der Astrologie muß etwas dran sein, sonst würden nicht so viele Leute etwas davon halten.*

*Item Nr. 11*[41] wurde in den USA an der deutschen Satisfaktionsmentalität entwickelt. Es spricht aber in Deutschland zu präzise aus, was es wirklich meint. Durch weglassen von *seiner Ehre* wird es ungenauer, somit allgemein verständlicher.

---

37 S. oben, S. 396.
38 S. oben, S. 396.
39 Das Item lautet im ›Pretest I‹: »Politik verdirbt den Charakter, ein anständiger Mensch hält sich draußen.«
40 S. oben, S. 397.
41 S. oben, S. 398.

Durch das Wort *Beleidigung*, das übrigens, wie die Diskussion erwies, von dem objektiven Sachverhalt der Verleumdung (und wahrscheinlich sonstigen verbalen juristischen Sachverhalten ähnlicher Natur) kaum zu unterscheiden ist, befindet sich dieses Item zu sehr in einer formal-juristischen rationalen Sphäre. Durch Benutzung des Wortes *verächtlich machen* müßte diese Sphäre durchbrochen werden.

Die Abstimmung, ob dieses Item überhaupt aufgenommen werden sollte, ergab durch ungefähre Stimmengleichheit keine Entscheidung.

Vorgeschlagene und akzeptierte Fassung:

*Kein Mensch, der etwas auf sich hält, sollte eine Beleidigung auf sich sitzen lassen.*

## 202 Regina Schmidt und Hilmar Tillack, 12. Januar 1960

Regina Schmidt  Frankfurt am Main, den 16. 1. 60
Hilmar Tillack

*Protokoll*
*des Soziologischen Seminars von Prof. Adorno am 12. 1. 60*
(vergleichend mit dem Rohentwurf der A-Skala zu lesen)

Im Fortgang der Besprechung des Rohentwurfs einer A-Skala wurden heute die restlichen statements Nr. 12 – Nr. 42 behandelt. Dazu wurde im einzelnen folgendes ausgeführt:

*Zu Nr. 12:*[42] Der Satz spricht das merkwürdige, noch kaum untersuchte Phänomen an, daß die Menschen in Amerika zu allem eine Gebrauchsanweisung erwarten. Es handelt sich wahrscheinlich um ins Bewußtsein eingesickerte Verfahrensweisen der Reklame. Diese Manie – »Es muß für alles rechte Bräuche geben« (Elektra)[43] – sei ein Zeichen von Furcht vor einem Stück chaotischer Natur, das durch Zivilisation nur überdeckt sei. Für hiesige Verhältnisse verspricht das item wenig Erfolg. *Nr. 12 wird gestrichen.*

*Zu Nr. 13:*[44] Das item appelliert an den In-group-Komplex, an Parolen wie »verschworene Gemeinschaft«, »Wir sitzen alle in einem Boot« usw., behauptet

---

[42] »Beim Lernen und bei der Arbeit ist es besonders wichtig, daß man genaue, präzise Anweisungen bekommt, nach denen man sich richten kann.« – Dieses Item ist Teil des Unterpunkts »B. *Ich-Schwäche*«, ihm werden die Werte »Ich Schwäche, verdinglichtes Bewußtsein« zugeordnet.
[43] In Hugo von Hofmannsthals Libretto der Oper »Elektra« von Richard Strauss (op. 58), 1909 uraufgeführt, beantwortet Klytämnestra die Frage ihrer Tochter Elektra, ob sie, die Mutter, träume: »Hast Du nicht andre Worte, mich zu trösten? / Laß deine Zunge los. Ich träume, ja. / Wer älter wird, der träumt. Allein es läßt sich / vertreiben. Warum stehst du so im Dunkel? / Man muß sich nur die Kräfte dienstbar machen, / die irgendwo verstreut sind. Es gibt Bräuche. / Es muß für alles richtige Bräuche geben. / Wie man ein Wort und einen Satz ausspricht, / darauf kommt vieles an. Auch die Stunde. / Und ob man satt ist, oder nüchtern. Mancher / kam um, weil er ins Bad gestiegen ist / zur unrichtigen Stunde.« (Hugo von Hofmannsthal, Elektra. Tragödie in einem Aufzug [1904], hrsg. von Andreas Thomasberger, Stuttgart 2001, S. 24)
[44] »Jeder Mensch hat die Pflicht, für die Schicksalsgemeinschaft einzustehen, in die er hineingeboren ist.« – Dieses Item ist Teil des Unterpunkts »B. *Ich-Schwäche*«, ihm werden die Werte »in-group, Ich-Schwäche, Masochismus« zugeordnet.

ideologisch den Vorrang des Allgemeininteresses in dem Sinne, daß das Wohl des Einzelnen unmittelbar vom Wohl der Gruppe abhinge.

Die Phrase von der »Schicksalsgemeinschaft« klingt im heutigen prosperierenden Deutschland komisch. Zudem wird das fatalistische Moment des Wortes »Schicksal« bereits durch »hineingeboren« heimgebracht. Ergebnis: *statt »Schicksalsgemeinschaft« nur »Gemeinschaft«, sonst unverändert.*

*Zu Nr. 14:*[45] Reizt zum Lachen, dennoch wird die paranoide Phantasie von der Wirklichkeit beinahe eingeholt. Ersetzte man »wahrscheinlich« durch »vielleicht«, so bekäme der Satz etwas fatal Realistisches, und sozialpsychologisch wäre mit ihm nichts mehr auszumachen. Sollte man »radioaktiv« weglassen? Nein, dann klänge er geradezu verrückt. Ergebnis: *Nr. 14 bleibt unverändert.*

*Zu Nr. 15:*[46] Gehört zum alten totalitären Bestand: das Parlament als Schwatzbude;[47] läßt den knappen, zackigen Offizier assoziieren, der befiehlt, nicht diskutiert. Auch Lenin spricht von der Bourgeoisie als der ewig diskutierenden Klasse.[48] *Nr. 15 bleibt unverändert.*

*Zu Nr. 16:*[49] Seinerzeit fand dies statement keine Aufnahme in die F-Skala, da die wenigsten Amerikaner von der Existenz moderner Kunst überhaupt Kenntnis genommen hatten. Bei uns heute hat der Satz mehr Erfolgschancen.

Bedenken gegen das Wort »Empfinden« wurden zerstreut; analog zu »Volksempfinden« kann es als genügend eingeschliffen gelten. Ebenso der Aus-

---

45 »Die Schädigungen durch radioaktive Strahlen sind schon so weit gegangen, daß es wahrscheinlich keine Rettung mehr gibt.« – Dieses Item ist Teil des Unterpunkts »B. Ich-Schwäche«, ihm werden die Werte »Destruktionstrieb, paranoid« zugeordnet.
46 »Es wird in der Welt zuviel geredet und diskutiert, damit kommt man nicht weiter.« – Dieses Item ist Teil des Unterpunkts »C. Anti-Intrazeption«, ihm werden die Werte »anti-intrazeptiv, reakt[ionäre] Ideologie« zugeordnet. – Das Item lautet im ›Pretest I‹: »Es wird bei uns zuviel geredet und diskutiert, damit kommt man nicht weiter.«
47 Die Prägung dieses abwertenden Worts wird im allgemeinen Wilhelm II. zugeschrieben.
48 Nicht ermittelt. – Hingegen heißt es bei Carl Schmitt: »Es liegt, nach [Juan] Donoso [Cortés], im Wesen des bürgerlichen Liberalismus, sich in diesem Kampf [scil. zwischen dem Katholizismus und dem Sozialismus] nicht zu entscheiden, sondern zu versuchen, statt dessen eine Diskussion anzuknüpfen. *Die Bourgeoisie definiert er geradezu als eine ›diskutierende Klasse‹, una clasa discutidora.* Damit ist sie gerichtet, denn darin liegt, daß sie der Entscheidung ausweichen will.« (Carl Schmitt, Politische Theologie. Vier Kapitel zur Lehre von der Souveränität [1922], 10. Aufl., Berlin 2015, S. 63 f.)
49 »Die moderne Kunst ist häßlich, zersetzend und widerstrebt allem natürlichen Empfinden.« – Dieses Item ist Teil des Unterpunkts »C. Anti-Intrazeption«, ihm werden die Werte »anti-intrazeptiv« zugeordnet.

druck »zersetzend«, der nicht nur durch die nationalsozialistischen Kunstverbote bekannt genug wurde, sondern auch im Umkreis »abendländisch« orientierter Gruppen heute eine spezifische Funktion ausübt. *Nr. 16 wird geändert: statt bisher »allem natürlichen Empfinden«, jetzt »dem« natürlichen Empfinden.*

*Zu Nr. 17:*[50] Die Analyse der Verbände ergab, daß die Hetze gegen die Intellektuellen in gewissen Gruppen blüht. Im Bewußtsein der Highs treten sie, mit den entsprechenden Attributen ausgestattet, das Erbe der Juden an.

Dr. v. Friedeburg[51] gab zu bedenken, ob der Begriff »Intellektuelle« im Allgemeinbewußtsein hinreichend deutlich umrissen sei. Hingegen gehört »sympathisieren« dem allgemeinen Gewäsch an und ist dem gewählteren »neigen« vorzuziehen. Auch sollte »heimlich oder offen« nicht gestrichen werden, da sie, die Stimme der Vernunft beschwichtigend, als eine Art Geleitschutz[52] fungieren. Die Fremdwörterdoppelung »Intellektuelle sympathisieren« sollte abgeschwächt werden. Ergebnis: *statt »sympathisieren« nunmehr »liebäugeln«, sonst unverändert.*

*Zu Nr. 18:*[53] Der Satz erscheint zu kraß. Besser: »In Berichten über Konzentrationslager wird wohl doch auch viel übertrieben.« Endgültige Fassung: *»Vieles von dem, was über Konzentrationslager berichtet wird, ist übertrieben.«*

*Zu Nr. 19:*[54] Das item war in USA bei der dort bestehenden Aversion des regular guy gegen die egg-heads erfolgreich,[55] dürfte aber bei uns wegen des noch immer

---

50 »Die meisten Intellektuellen sympathisieren heimlich oder offen mit dem Kommunismus.« – Dieses Item ist Teil des Unterpunkts »*C. Anti-Intrazeption*«, ihm werden die Werte »anti-intellekt[uell] (verkappt[er] A[nti-]S[emitismus]) anti-intrazeptiv« zugeordnet. – Das Item lautet im ›Pretest I‹: »Die meisten Intellektuellen liebäugeln heimlich oder offen mit dem Marxismus und Kommunismus.«
51 Ludwig von Friedeburg wird 1952 mit der Schrift »Die Umfrage als Instrument der Sozialwissenschaften. Zur Methode und Verwendung der Umfrage unter besonderer Berücksichtigung der Umfrage in der Intimsphäre« in Freiburg i. Br. promoviert.
52 Konjiziert für: »Gleitschutz«.
53 »Das meiste von dem, was über Konzentrationslager erzählt wird, gehört ins Reich der Greuelpropaganda.« – Dieses Item ist Teil des Unterpunkts »*C. Anti-Intrazeption*«, ihm werden die Werte »Abwehr, anti-intrazeptiv, N[ationalismus]« zugeordnet.
54 »Menschen, die in der Fabrik oder im Büro arbeiten, sind für die Gesellschaft wichtiger als Künstler und Intellektuelle.« – Dieses Item ist Teil des Unterpunkts »*C. Anti-Intrazeption*«, ihm wird der Wert »anti-intrazeptiv« zugeordnet.
55 *The business man and the manufacturer are much more important to society than the artist and the professor.* (GS, Bd. 9.1, S. 229)

vorhandenen Respekts vor Goethe und Schiller wenig Aussichten haben. *Nr. 19 wird gestrichen.*

*Zu Nr. 20:*[56] Geht von den Artikeln der Illustrierten aus und versucht, ein projektives Element zu fassen: Die Leute erfinden Mädchenhändler, um diesen zuzuschreiben, was sie selbst gern täten. »Mädchenhandel« reizt zum Lachen, spielt im öffentlichen Bewußtsein jedoch eine Rolle und wäre darum beizubehalten. Auch scheint es nicht günstig, »Fremdenlegion« durch »Rauschgifthandel« zu ersetzen, da der In-group-Aspekt, etwa so, daß deutsche Jünglinge nach Argentinien, deutsche Mädchen nach Algier geschleppt werden, dann entfiele. *Nr. 20 bleibt, nur wird »Fremdenlegion« vor »Mädchenhandel« gerückt.*

*Zu Nr. 21:*[57] Bleibt unverändert.

*Zu Nr. 22:*[58] Dr. v. Friedeburg wandte ein, daß hier die Dimension des konformistischen Jugendmodells gegenüber dem nichtkonformen Altersmodell ins Spiel komme, die eine Verdoppelung der Werte der Highs brächte, die nicht in ihrer autoritativen Struktur entspränge. Außerdem wird der hier visierte Komplex schon durch das item über moderne Kunst eingefangen. *Nr. 22 entfällt.*

*Zu Nr. 23:*[59] Bleibt unverändert.

*Zu Nr. 24:*[60] Zugrunde liegt eine Beobachtung aus dem Gruppenexperiment[61]: Einer der Wege zur psychologischen Abwehr der Vergangenheit ist, pervertiert

---

56 »Gründliche Aufklärung über Gefahren wie den Mädchenhandel und die Fremdenlegion ist zum Schutz unserer Jugend dringend erforderlich.« – Dieses Item ist Teil des Unterpunkts »D. In-group/out-group«, ihm werden die Werte »anti-sex, Projektion[,] in-group« zugeordnet.
57 »Die Amerikaner mögen noch so zivilisiert sein, wirkliche Kultur haben sie nicht.« – Dieses Item ist Teil des Unterpunkts »D. In-group/out-group«, ihm werden die Werte »in-group + ›Innerlichkeit‹« zugeordnet.
58 »Die aufpeitschende Jazzmusik der Neger widerstrebt dem deutschen Gefühl.« Dieses Item ist Teil des Unterpunkts »D. In-group/out-group«, ihm werden die Werte »anti-sex + in-group« zugeordnet.
59 »Schon mit Rücksicht auf die Wirkung im Ausland sollte man Sensationsprozesse wegen angeblicher Vorfälle im KZ vermeiden.« – Dieses Item ist Teil des Unterpunkts »D. In-group/out-group«, ihm werden die Werte »in-group + Konventionalismus + ›Realpolitik‹« zugeordnet.
60 »Der Deutsche kann nicht ohne starke Führerpersönlichkeiten leben, zu denen er aufblickt.« – Dieses Item ist Teil des Unterpunkts »D. In-group/out-group«, ihm werden die Werte »Stereotypie, in-group + autoritär« zugeordnet.

sich selbst anzuklagen, hinzuweisen auf die Unreife des Deutschen; weil wir nun einmal so seien, ginge es nicht anders. Aber der Satz zeigt Ambivalenz, ein Low könnte ihn kritisch gegen die Deutschen wenden. Frau Dr. Adorno[62] wies darauf hin, daß statement Nr. 1 den gleichen Komplex anspreche. Ergebnis: *Nr. 24 wird gestrichen.*

*Zu Nr. 25:*[63] Nach der Heimkehrerstudie[64] korreliert eine gewisse Art, von Materialismus zu reden, mit high. Es handelt sich um eine unbestimmte Wut, daß es anderen Menschen zu gut geht. *Nr. 25 bleibt unverändert.*

*Zu Nr. 26:*[65] Trifft eher auf die amerikanische Einstellung zu, daß ein business-man mehr wert sei als einer, der doch nur Rosinen im Kopf habe. *Nr. 26 entfällt.*

---

**61** Horkheimer und Adorno berichten über das *Gruppenexperiment: Die Studie [...] war die erste, die das Institut für Sozialforschung nach seiner Neugründung 1950 in Angriff genommen hat. Das Material, das ihr zugrunde liegt, wurde im Winter 1950/51 gesammelt. [...] Das Gruppenexperiment entsprang unmittelbar aus der Formulierung der Aufgaben, die dem Institut bei seiner Wiedererrichtung im Frühjahr 1950 gestellt waren. Erziehung eines soziologischen Nachwuchses, Wiederbelebung der großen deutschen theoretischen Tradition, Verbindung dieser Tradition mit den neuen, vor allem in Amerika, Frankreich und England entwickelten empirischen Methoden, Ausbildung von Studenten in diesen Techniken durch Teilnahme an den Forschungen selbst – das waren wesentliche Gesichtspunkte. Es sollte ein Beitrag geleistet werden, die Oberfläche der öffentlichen Meinung, so wie sie sich offiziell bekundet, zu durchdringen und ein wissenschaftlich fundiertes Urteil zu ermöglichen, wie charakteristische Gruppen der Bevölkerung der Bundesrepublik zu weltanschaulichen und politischen Fragen tatsächlich stehen.* (GS, Bd. 9·2, S. 127) – Vgl. *Gruppenexperiment. Ein Studienbericht*, bearb. von Friedrich Pollock, mit Geleitw. von Franz Böhm, Frankfurt a. M. 1955 (*Frankfurter Beiträge zur Soziologie*; 2).
**62** Margarete ›Gretel‹ Adorno wird 1925 mit der Schrift »Über die Einwirkung von Calciumhydrid auf Ketone« in Berlin promoviert.
**63** »Der Materialismus im Zeitalter des Wirtschaftswunders läßt alle höheren Werte verkümmern.« – Dieses Item ist Teil des Unterpunkts »*E. Reaktionäre Ideologie*«, ihm werden die Werte »Materialismus und Idealismus aus Heimk[ehrerstudie]« zugeordnet.
**64** Von 1956 bis 1957 führte das IfS im Auftrag der Bundeszentrale für Heimatdienst (ab 1963 Bundeszentrale für politische Bildung) eine großangelegte empirische Studie »Zum politischen Bewußtsein ehemaliger Kriegsgefangener. Eine soziologische Untersuchung im Verband der Heimkehrer« mittels 40 Gruppendiskussionen innerhalb des Verbands der Heimkehrer, Kriegsgefangenen und Vermisstenangehörigen Deutschlands durch.
**65** »Weltverbesserer richten mehr Unheil an, als sie Gutes tun.« – Dieses Item ist Teil des Unterpunkts »*E. Reaktionäre Ideologie*«, ihm werden die Werte »›Realpolitik‹ – reaktionär« zugeordnet.

*Zu Nr. 27:*[66] Sollte man »unveränderlich« durch »unverbesserlich« ersetzen? Nein, denn in »unveränderlich« steckt der Kult des Natürlichen. *Nr. 27 bleibt wie bisher.*

*Zu Nr. 28:*[67] Erweist sich als ambivalent. Gerade gutartige Lows werden zu einer Bejahung neigen. Auch trifft Nr. 29 dasselbe besser.[68] *Nr. 28 wird gestrichen.*

*Zu Nr. 29:* Bleibt unverändert.

*Zu Nr. 30:*[69] Zielt auf Menschen mit verdinglichtem Bewußtsein, Zwangscharakter, Analcharakter, denen das Schema, das Geschäftsordnungsmäßige wichtiger ist als der Inhalt. In der vorliegenden Form ist das item zu unspezifisch. Änderungen wie »Bei allem, was man tut, ist das wichtigste, daß man systematisch zu Werke geht« oder »Es kommt darauf an, daß man seine Pflicht tut« befriedigten nicht. *Nr. 30 wird gestrichen.*

*Zu Nr. 31:*[70] Änderungsvorschlag: »Das wichtigste für eine gute Verwaltung ist, daß sie die Korruption mit eisernem Besen auskehrt.« Aber in dieser Fassung fehlen die »oberen Kreise«. Der Satz soll sowohl Antisnobistisches wie Antidemokratisches catchen: einerseits die Rancune gegen die oberen Kreise, die an Dingen teilhaben, die anderen nicht zugänglich sind, andererseits richtet er sich gegen die Spitze der demokratischen Bürokratie. – Der Antikorruptionskomplex ist so verbreitet, daß auch die Lows diesen Schleier nicht mehr ganz durchschauen.

---

66 »Die menschliche Natur ist im Grunde unveränderlich, der Mensch bleibt, was er ist.« – Dieses Item ist Teil des Unterpunkts »*E. Reaktionäre Ideologie*«, ihm werden die Werte »Natur + antiutopisch« zugeordnet.

67 »Die meisten sogenannten sozialen Probleme könnten durch den guten Willen der Menschen gelöst werden.« – Dieses Item ist Teil des Unterpunkts »*E. Reaktionäre Ideologie*«, ihm werden die Werte »Natur anstatt Gesellschaft« zugeordnet.

68 »Nicht auf Gesetze und Verfassungen kommt es an, sondern einzig und allein auf den Menschen.« – Dieses Item ist Teil des Unterpunkts »*E. Reaktionäre Ideologie*«, ihm wird der Wert »reaktionäre Ideologie« zugeordnet.

69 »Es kommt nicht so sehr darauf an, was man tut, als darauf, daß man es ordentlich tut.« – Dieses Item ist Teil des Unterpunkts »*E. Reaktionäre Ideologie*«, ihm werden die Werte »verdinglichtes Bewußtsein, real« zugeordnet.

70 »Die Korruptionsfälle in Bonn geben einen schwachen Vorgeschmack davon, wie faul es um die sogenannten oberen Kreise bei uns steht.« – Dieses Item ist Teil des Unterpunkts »*E. Reaktionäre Ideologie*«, ihm werden die Werte »Neid, projektiv« zugeordnet.

Eine Ausnahme macht Georg Simmel, der Bestechung verteidigt als Milderung der verhärteten Verhältnisse.[71] Ergebnis: *Nr. 31 bleibt unverändert.*

*Zu Nr. 32:*[72] Bleibt unverändert.

*Zu Nr. 33*: Als methodisches Problem bei der Auswertung ist festzuhalten: *Inwieweit ergeben sich Subgruppen nach den zugrundeliegenden Ideen?*
Das item appelliert an den Pragmatismus der Highs; vom technologischen Teilgebiet wird auf das Gesamtgebiet geschlossen. Weiter trifft es die autoritäre Zone, in der die Highs mit den Kommunisten kommunizieren. *Nr. 33 bleibt unverändert.*

*Zu Nr. 34*: Traf in Amerika den Hang zur Personalisierung, der sich mit zunehmender Verdinglichung des Lebens entwickelt. In Deutschland wird dabei das unbewußte anti-westliche Potential mit ins Spiel kommen, der Glaube, wir hätten im Grunde mit der Frische und unverbraucht-seelenhaften Kraft der Russen mehr zu tun als mit den dekadenten Westlern. *Nr. 34 bleibt so.*

*Zu Nr. 35:*[73] Bleibt unverändert.

*Zu Nr. 36*: Geht auf das Nachleben der Nazi-Ideologie: Identifizierung der eigenen Gruppe mit Macht und Herrlichkeit. Ist projektiv, da ja in Wirklichkeit die amerikanischen Atomwaffen das Bollwerk bilden. *Nr. 36 bleibt unverändert.*

*Zu Nr. 37*: Wird aus äußeren Gründen gestrichen.

*Zu Nr. 38:*[74] Scheint nicht ausbalanciert genug. *Änderung: »Der wiedererwachende Nationalismus gefährdet bereits die deutsche Demokratie.«*

---

71 Vgl. Georg Simmel, Philosophie des Geldes [1900], in: Georg Simmel, Gesamtausgabe, hrsg. von Otthein Rammstedt, Bd. 6, hrsg. von David P. Frisby und Klaus Christian Köhnke, Frankfurt a. M. 1989, S. 526–534.
72 Für die Items 32–34 s. oben, Anm. 3.
73 Für die Items 35–37 s. oben, Anm. 4.
74 »Nationalistische Phrasen gefährden bereits wieder die deutsche Demokratie.« – Dieses Item ist, wie die folgenden, Teil des Unterpunkts »*I. Low*«; ihnen werden keine gesonderten Werte zugeordnet. – Das Item lautet im ›Pretest I‹: »Der wiedererwachende Nationalismus gefährdet bereits wieder die deutsche Demokratie.«

*Zu Nr. 39:*[75] Bleibt als Check-Frage.

*Zu Nr. 40:*[76] Bleibt unverändert. Als *Zusatzitem* ist hier einzuschieben: »*Erzwungene Eide sind null und nichtig.*« Die ganze Diskussion um den 20. Juli geht um die Frage des Eides. Sie spielt in der Ideologie eine große Rolle.

*Zu Nr. 41:*[77] Erscheint nicht trennscharf. Highs reden zwar in Verallgemeinerungen, stößt man sie jedoch darauf, werden sie aufmerksam. *Nr. 41 muß wegfallen.*

*Zu Nr. 42:*[78] *Auch dies statement ist zu streichen*, da antidemokratische Tendenzen im Erziehungswesen durch diesen etwas klebrigen, salbadernden Satz nicht getroffen werden.

---

75 »Es ist ein Segen, daß Diskussionen und gegenseitige Aussprache wieder bei uns zu Ehren gekommen sind.«
76 »Die Männer des 20. Juli haben recht gehabt, sich nicht an ihren Eid zu binden, als sie sahen, wohin Hitler Deutschland treibt.« – Das Item lautet im ›Pretest I‹: »Die Männer des 20. Juli haben recht gehabt, sich nicht an ihren Eid zu binden, als sie sahen, wohin Hitler Deutschland trieb.«
77 »Verallgemeinerungen wie ›der Amerikaner‹, ›der Deutsche‹, ›der Russe‹, sind ungerecht und gefährlich.«
78 »Man sollte in der Erziehung mehr Gewicht auf freie Entfaltung und geistige Selbständigkeit legen; dann lernen die Menschen schon von selbst Achtung vor den anderen und Gemeinschaftssinn.«

## 203 Imme Wolff und Alexander Koch, 19. Januar 1960

*Protokoll der Seminar-Sitzung vom 19. 1. 1960*

Nachdem im ersten Teil der Sitzung die Methodik eines Pretests der Fassung A einer A-Skala besprochen wurde, beschäftigte sich das Seminar im weiteren Verlauf mit dem Rohentwurf der Fassung B.[79]

*A. Autoritäre Aggression und Unterwürfigkeit.*

Ad Item 1:[80] Prof. Adorno führte hierzu aus, daß die Religion für viele Menschen ihre frühere Funktion als Sinngebung des Lebens nicht mehr erfülle, so daß die Suche nach einer Bindung um jeden Preis in einem formal abstrakten Sinn zu einem wesentlichen Merkmal für die Menschen heute geworden sei.

Aus dem Seminar kam der Einwand, der 2. Teil des Items würde wahrscheinlich im Gegensatz zur 1. Hälfte wegen seines stark antitraditionellen Inhalts nicht akzeptiert werden.

Daraufhin wurde das Statement folgendermaßen abgeändert:
*Das Wichtigste heute ist, daß die unsicheren Menschen eine Bindung gewinnen, ganz gleich an was.*

Die Formulierung »ganz gleich an was« wurde als zu stark kritisiert, da sie bei *allen* Befragten zur Ablehnung des Statements führen könnte. Statt dessen wurde vorgeschlagen:
»– – – *irgendeine feste Bindung gewinnen.*«

Ad Item 2:[81] Der Änderungsvorschlag von Dr. Schönbach[82]:

---

79 Es handelt sich um einen vierseitigen »*Rohentwurf* (Nur für den Unterrichtsgebrauch im Institut für Sozialforschung) *Ausgewählte Sätze für eine A-Skala. Fassung B (Parallelform)*« mit dem Datum vom 11. Januar 1960 (IfS-Archiv, L 3, 1). Die insgesamt 44 Sätze sind unterteilt in »*A. Autoritäre Aggression und Unterwürfigkeit*«, »*B. Anti-sex*«, »*C. Anti-Intrazeption*«, »*D. In-group/outgroup*«, »*E. Reaktionäre Ideologie*«, »*F. K[ommunismus]*«, »*G. N[ationalismus]*« und »*I. Low*«.
80 »Der Mensch von heute braucht neue Bindungen; die alten Religionen reichen dafür nicht mehr aus.« – Dieses Item ist Teil des Unterpunkts »*A. Autoritäre Aggression und Unterwürfigkeit*«, ihm wird der Wert »Autoritär« zugeordnet. – Das Item wird nicht in den ›Pretest II‹ übernommen.
81 »Zuviel Demokratie ist auch nicht gut und im selben Maß abzulehnen wie zuviel Autorität.« – Dieses Item ist Teil des Unterpunkts »*A. Autoritäre Aggression und Unterwürfigkeit*«, ihm wird der Wert »autoritär« zugeordnet. – Das Item wird nicht in den ›Pretest II‹ übernommen.
82 D. i. Peter Schönbach.

*Zuviel Demokratie ist auch nicht gut und ebenso abzulehnen wie zuviel Autorität.*
wurde angenommen.

Ad Item 3:[83] Aus dem Seminar wurden hierzu Bedenken angemeldet, da Sedlmayr und sein Slogan vom »Verlust der Mitte«[84] zu wenig bekannt seien. Dadurch würde das Statement eher die Dimension »gebildet – wenig gebildet« messen, als die zu fassenden Einstellungen.

Nach Prof. Adornos Ansicht ist die These vom »Verlust der Mitte« bereits sehr eingeschliffen oder zumindest besitzt sie – auch wenn die Menschen sich kaum etwas darunter vorstellen können – hohe Suggestivkraft für »Highs«.

Daraufhin wurde das Statement in folgender Form beibehalten:
*Mit dem Wort vom Verlust der Mitte ist das Negative in unserer Welt getroffen.*[85]

Ad Item 4:[86] Der Kritik an der zu großen Länge des Items stimmte Prof. Adorno zu, betonte aber andererseits, daß Prägnanz aus sozialpsychologischen Gründen nicht immer und überall erstrebenswert sei. Gerade Menschen mit begrenztem Vokabular und Ausdrucksvermögen berauschten sich oft an weitläufiger Sprache und Geschwätz, wie die Art und Wirkung der Nazi-Propaganda bewiesen habe.

Das Item wurde in der ursprünglichen Form beibehalten.

Ad Item 5:[87] Summa cum laude angenommen.

---

83 »Mit dem Wort vom Verlust der Mitte hat Hans Sedlmeyr [sic!] etwas sehr Entscheidendes an der modernen Welt getroffen.« – Dieses Item ist Teil des Unterpunkts »*A. Autoritäre Aggression und Unterwürfigkeit*«, ihm wird der Wert »autoritär« zugeordnet.
84 Hans Sedlmayr diagnostiziert in seinem gleichnamigen Buch einen »Verlust der Mitte«, für den bestimmte »Tendenzen« symptomatisch seien: »1. Aussonderung ›reiner‹ Sphären (Purismus, Isolation); 2. Auseinandertreiben der Gegensätze (Polarisation); 3. Neigung zum Anorganischen; 4. Loslösung vom Boden; 5. Zug zum Unteren; 6. Herabsetzung des Menschen; 7. Aufhebung des Unterschieds von ›Oben‹ und ›Unten‹.« (Hans Sedlmayr, Verlust der Mitte. Die bildende Kunst des 19. und 20. Jahrhunderts als Symbol der Zeit, Salzburg 1948, S. 145)
85 Das Item lautet im ›Pretest II‹: »Mit dem Verlust der Mitte ist das Negative unserer Welt sehr gut getroffen.«
86 »Menschen, die besonders Schweres durchgemacht und besonders viel erfahren haben, wie die Heimkehrer, sollten auch besondere Rechte und viel Einfluß haben.« – Dieses Item ist Teil des Unterpunkts »*A. Autoritäre Aggression und Unterwürfigkeit*«, ihm wird der Wert »elitär-autoritär« zugeordnet. – Das Item wird nicht in den ›Pretest II‹ übernommen.
87 »Was auch vielleicht im Dritten Reich übertrieben war: Dienst an der Gemeinschaft haben die Menschen damals gelernt.« – Dieses Item ist Teil des Unterpunkts »*A. Autoritäre Aggression und Unterwürfigkeit*«, ihm wird der Wert »autoritär-kollektivistisch-masochistisch« zugeordnet. – Das Item wird nicht in den ›Pretest II‹ übernommen.

Ad Item 6:[88] Nach Prof. Adorno durch Item 1 erledigt. Fällt weg.

Ad Item 7:[89] Auf die Kritik an dem Wort »Hölle« hin, das als zu stark empfunden wurde, entschloß man sich zu der endgültigen Formulierung:
*Eine Welt ohne Leiden und Tod ist ein Traum und nicht einmal ein schöner.*

Ad Item 8:[90] Wurde fallen gelassen.

Ad Item 9:[91] Nach Prof. Adorno ist der einzige Einwand gegen dieses Statement, daß dessen Aussage den Tatsachen entspricht, was aber nicht so bekannt sein dürfte, daß die Identifikation mit der vermeintlichen Mehrheit nicht gelingen könnte.
Abänderung:
*Wenn es der Demokratie mit dem Willen der Mehrheit ernst wäre, müßte die Todesstrafe bei uns schon wieder eingeführt sein.*
Oder:
*Wenn es unserer Demokratie wirklich ernst wäre mit dem Mehrheitswillen, gäbe es die Todesstrafe schon längst wieder.*

Ad Item 10:[92] Aus dem Seminar wurden Bedenken laut gegen die Formulierung »elektronische Studios« als für die meisten Menschen unbekannt. Außerdem werde der Rundfunk nicht mit Steuergeldern, sondern durch eine besondere Gebühr finanziert.
Änderung:

---

88 »Menschen ohne tiefe Bindung an höhere, irrationale Mächte sind haltlos und auf die Dauer eine Gefahr für unser Volk.« – Dieses Item ist Teil des Unterpunkts »A. *Autoritäre Aggression und Unterwürfigkeit*«, ihm werden die Werte »autoritär + irrationalistisch« zugeordnet.
89 »Eine Welt ohne Leiden und Tod wäre die Hölle.« – Dieses Item ist Teil des Unterpunkts »A. *Autoritäre Aggression und Unterwürfigkeit*«, ihm wird der Wert »sado-masochistisch« zugeordnet. – Das Item wird nicht in den ›Pretest II‹ übernommen.
90 »Nicht nur die Ehre des Einzelnen, auch die der Familie gehört unter gesetzlichen Schutz.« – Dieses Item ist Teil des Unterpunkts »A. *Autoritäre Aggression und Unterwürfigkeit*«, ihm werden die Werte »sado-masoch[istisch] + Konventionalismus« zugeordnet.
91 »Wenn es in unserer Demokratie wirklich nach dem Willen der Mehrheit ginge, wäre die Todesstrafe längst wieder eingeführt.« – Dieses Item ist Teil des Unterpunkts »A. *Autoritäre Aggression und Unterwürfigkeit*«, ihm werden die Werte »Sadismus, punitiveness« zugeordnet. – Das Item wird nicht in den ›Pretest II‹ übernommen.
92 »Für elektronische Studios und ähnliche Einrichtungen beim Rundfunk werden nur die Gelder der Steuerzahler vergeudet.« – Dieses Item ist Teil des Unterpunkts »A. *Autoritäre Aggression und Unterwürfigkeit*«, ihm wird der Wert »punitiveness« zugeordnet. – Das Item wird nicht in den ›Pretest II‹ übernommen.

*Für Experimente beim Rundfunk mit elektronischer Musik und Ähnlichem (-es) werden nur die Hörergebühren vergeudet.*

Frankfurt am Main, 22. 1. 60

Imme Wolff
Alexander Koch

## 204 Dieter Müller und Elke Hanf-Dressler, 26. Januar 1960

Dieter Müller
Elke Hanf-Dressler

*Protokoll*

des Seminars vom 26. Januar 1960

Die Seminarsitzung beschäftigte sich mit der weiteren Besprechung ausgewählter Sätze für eine A-Skala, Fassung B.

*Nr. 11.)* Ein vernünftiges Ziel der Gesellschaft ist Vollbeschäftigung, nicht allgemeine Nichtstuerei.[93]

Eingangs führte Professor Adorno aus, daß die Angst, es ginge den Menschen zu gut, eine typische High-Einstellung sei, und daß der negative Akzent dieses Satzes für den utopischen Zustand diesen Affekt auslöse.

Es wurde eingewandt, daß »allgemeine Nichtstuerei« zu abfällig klinge und dadurch auch einen Low zur Zustimmung verführe, man solle es daher durch »Nichtstun« ersetzen. In derselben Richtung ging der Einwand, daß mit »allgemeiner Nichtstuerei« auch Lethargie assoziiert werden könnte.

Weitere Bedenken richteten sich gegen den Begriff »Vollbeschäftigung«, der aus sozialpolitischen Gründen für viele Befrage einen zu positiven Sachgehalt hat, denn wer einmal arbeitslos war, denkt nicht gern daran zurück.

Professor Adorno gab in diesem Sinn auch zu bedenken, daß wir selbst gewissermaßen in einer »High-Kultur« leben, die von dem Gedanken, daß Vollbeschäftigung sicher besser ist als Nichtstuerei, durchtränkt ist, und daher sei das Item wohl nicht sehr trennscharf. Zu sagen allerdings, daß das Ziel der Gesellschaft die Arbeit sei, würde als absurd zu leicht durchschaut.

Der Vorschlag, »allgemeine Nichtstuerei« durch »Wohlfahrtsstaat« zu ersetzen, wurde mit der Begründung abgelehnt, daß dieser Begriff für Deutschland zu unbekannt sei. Eine Änderung in »Unbeschäftigtsein« lehnte Professor Adorno

---

[93] Dieses Item ist Teil des Unterpunkts »*A. Autoritäre Aggression und Unterwürfigkeit*«, ihm werden die Werte »sad[istisch], anti-utopisch« zugeordnet. – Das Item wird nicht in den ›Pretest II‹ übernommen.

entschieden ab, denn das Item würde dadurch in seinem Sinn verkehrt, da Unbeschäftigtsein wirklich etwas Negatives ist.

Der Vorschlag von Professor Adorno, bei der allgemeinen Unstimmigkeit über dieses Item, es doch zunächst einmal probeweise zu übernehmen, stieß auf den Einwand von Dr. v. Friedeburg, nicht zu viele mutmaßlich nicht trennscharfe Items im Fragebogen zu belassen, es sei dies ein zu gefährliches Experiment.

Im Verlauf der weiteren Diskussion wurde noch der Begriff »Muße« als Gegensatz zu Vollbeschäftigung abgelehnt, da er erstens durch den Begriff Freizeit verdrängt sei und zweitens von denjenigen, die ihn noch nicht kennen, eine durchaus positive Stellungnahme zu erwarten sei.

Allgemeine Zustimmung fand schließlich die neue Formulierung:

»*Ein vernünftiges Ziel der Gesellschaft ist Vollbeschäftigung, nicht, daß keiner mehr etwas zu arbeiten braucht.*«

Nr. 12.) Die deutschen Frauen haben ihre Selbstachtung verloren und können sie nur dann wiedergewinnen, wenn ihnen nicht zu viel Freiheit gelassen wird.[94]

Hierzu äußerte Professor Adorno zwar, daß er Bedenken habe, ob der lächerlichen Wirkung, die dieses item hervorrufe, aber es berühre doch einen typischen Zug im nationalsozialistischen Denken, nämlich, etwas Autonomes wie die Selbstachtung an einen äußerlichen Zwang zu binden. Und wenn auch dieses Item 1945 aktueller gewesen sei als heute, so sei es doch oft der Fall, daß Ideologien den spezifischen Anlaß, an den sie gebunden waren, überleben.

Es wurde eingewandt, ob dieses Item nicht von Männern und Frauen unterschiedlich bewertet würde. Da man der Meinung war, daß Nr. 14[95] dieselbe Dimension besser erfasse, ließ man Nr. 12 fallen.

Nr. 13.) »Schuld an der Verkommenheit so vieler deutscher Frauen ist, daß sie sich mit Besatzungssoldaten eingelassen haben.«[96]

---

94 Dieses Item ist Teil des Unterpunkts »*B. Anti-sex*«, ihm werden die Werte »anti-sex, unmittelbar autoritär« zugeordnet. – Das Item wird nicht in den ›Pretest II‹ übernommen.
95 »Viele lachen heute darüber, aber das saubere deutsche Mädchen, das sich vor der Ehe mit keinem Mann einläßt, ist kein leerer Wahn.« – Dieses Item ist Teil des Unterpunkts »*B. Anti-sex*«, ihm werden die Werte »anti-sex, Realität« zugeordnet. – Das Item wird nicht in den ›Pretest II‹ übernommen.
96 Dieses Item ist Teil des Unterpunkts »*B. Anti-sex*«, ihm werden die Werte »anti-sex, Ethnozentrismus« zugeordnet. – Das Item wird nicht in den ›Pretest II‹ übernommen.

Auch hier wurde eingewandt, daß diese Vorfälle schon zu lange her seien und der Vorschlag gemacht, den Ausdruck »Besatzungssoldaten« durch »Ausländer« zu ersetzen.

Ebenfalls kam man überein, in diesem Falle das Prädikat »deutsch« zu streichen, da es in Verbindung mit Verkommenheit einen High beleidigen könne. Es bleib die Formulierung:

»*Schuld an der Verkommenheit so vieler Frauen ist, daß sie sich mit Ausländern einlassen.*«

*Nr. 14.)* »*Viele lachen heute darüber, aber das saubere deutsche Mädchen, das sich vor der Ehe mit keinem Mann einläßt, ist kein leerer Wahn.*«

Das Item wurde ohne weitere Diskussion übernommen.

*Nr. 15.)* »*Der Umfang der Prostitution in Deutschland ist eine öffentliche Schande.*«[97]

Dieser Satz wurde aus der Skala gestrichen, da man mit vernünftigen Gründen zustimmen könnte und daher keine Trennschärfe zu erwarten ist.

*Nr. 16.)* »*Die sogenannte internationale Gesellschaft ist nichts als ein Klub lasterhafter Nichtstuer.*«[98]

Die Formulierung wurde schließlich doch so übernommen.

Anstatt »lasterhafter Nichtstuer« wurde der Vorschlag gemacht, »Lebemänner« zu sagen, dieser Ausdruck wurde jedoch wegen seiner komischen Wirkung abgelehnt. Gegen eine Änderung in »dekadent« wurde eingewandt, daß dieses Wort zu unbekannt sei.

Die Bezeichnung »gelangweilt« sei dagegen zu lau und unter Umständen auch zutreffend.

Zweifel wurden geäußert, ob »internationale Gesellschaft« auch immer richtig verstanden würde. Professor Adorno führte dazu aus, daß es sich nicht vermögensmäßig um eine Gesellschaftsschicht handele, sondern um Illustriertenprominente, ein spezifisch soziologisches Phänomen, das damit zusammen-

---

[97] Dieses Item ist Teil des Unterpunkts »*B. Anti-sex*«, ihm werden die Werte »anti-sex, Projektion« zugeordnet. – Das Item wird nicht in den ›Pretest II‹ übernommen.
[98] Dieses Item ist Teil des Unterpunkts »*B. Anti-sex*«, ihm werden die Werte »anti-sex + Neid projektiv« zugeordnet. – Das Item wird nicht in den ›Pretest II‹ übernommen.

hängt, daß es keine eigentlich aristokratische Gesellschaft mehr gibt und diese imitiert wird.

Es wurde empfohlen, zunächst einmal im Bekanntenkreis zu testen, was man sich unter der »internationalen Gesellschaft« vorstellt.

*Nr. 17.) »Heute sind in Deutschland die Intellektuellen wieder zu einer Gefahr geworden wie vor 1933.«*[99]

Ein Kommilitone verlas aus einer privaten Umfrage verschiedene Definitionen des Begriffs »Intellektueller«,[100] woraus hervorging, daß er nicht von allen Leuten im gleichen Sinne verstanden wird. Professor Adorno gab darauf zu bedenken, daß man ja nicht reale Erfahrungen messen wolle, sondern ein klischeehaftes Verhalten. Der Affekt sei von einer genauen Vorstellung unabhängig, wichtig sei das Vorurteil, denn auch 1933 habe der für viele nur verschwommene Begriff »Jude« ausgereicht, um Verbrechen zu begehen. Wenn das Wort »Intellektueller« – wie die Umfrage u. a. erbrachte – zum Beispiel den Begriff »Neureicher« affiziert, so stecke dahinter als typischer High-Affekt die Vorstellung eines arbeitslosen Einkommens. Das beweise aber nur die Güte des Items.

*Nr. 18.) »Bücher wie ›Lolita‹*[101] *sollte man verbieten; sie machen womöglich die Scheußlichkeiten noch interessant, die heutzutage so viele Kinder treiben.«*[102]

Mit dem Einwand, der Kreis, der dieses Buch kenne, sei zu begrenzt, verzichtete man auf dieses Item.

*Nr. 19.) »Es hat keinen Sinn, im eigenen Unterbewußtsein herumzuwühlen; man wird dadurch nur aufgeblasen, überreizt und oft schmutzig in Gedanken.«*[103]

---

99 Dieses Item ist Teil des Unterpunkts »*C. Anti-Intrazeption*«, ihm werden die Werte »anti-intellekt[uell] (verkappt[er] A[nti-]S[emitismus,]) anti-intrazeptiv« zugeordnet. – Das Item wird nicht in den ›Pretest II‹ übernommen.
100 Ein entsprechendes Dokument wurde nicht aufgefunden.
101 Vgl. Vladimir Nabokov, Lolita [1955], übers. von Helen Hessel, unter Mitarb. von Maria Carlson, Gregor von Rezzori, Kurt Kusenberg und H[einrich] M[aria] Ledig-Rowohlt, Hamburg 1959.
102 Dieses Item ist Teil des Unterpunkts »*C. Anti-Intrazeption*«, ihm werden die Werte »Konventionalismus, anti-intrazeptiv« zugeordnet.
103 Dieses Item ist Teil des Unterpunkts »*C. Anti-Intrazeption*«, ihm werden die Werte »Berührungsangst + Konventionalismus[,] anti-intrazeptiv« zugeordnet.

Professor Adorno gab zu bedenken, ob die Menschen nicht zu wenig von Psychoanalyse wissen und der Satz somit speziell auf Highs unter den Intellektuellen gemünzt sei.

Folgende Formulierung wurde einstimmig angenommen:

»*Es hat keinen Sinn, gar zu viel in sich herumzuwühlen, man kommt dabei doch nur auf Negatives.*«[104]

*Nr. 20.)* »Bei den anderen sind genau so schlimme Dinge vorgekommen wie bei uns; Schwamm drüber.«[105]

Dieses Item wurde abgeändert in:

»*Wir sollten unter unsere Vergangenheit einen Schlußstrich ziehen, bei den anderen sind genau so schlimme Dinge vorgekommen.*«

*Nr. 21.)* »Ein gesunder Geist wohnt nur in einem gesunden Körper.«[106]

Obwohl diese Formulierung nicht für sehr gut befunden wurde, stießen auch alle anderen Vorschläge wie »Lehrjahre sind keine Herrenjahre« oder »man muß die Jugend hart anpacken, damit sie später etwas leistet«, oder »durch gelegentliche Schläge werden Verstand und Geist sehr rege« abgelehnt. Das Item blieb daher offen.

*Nr. 22.)* »Früher hat man gesagt: bös; heute sagt man: nervös.«[107]

Nr. 22 wurde weggelassen, da es zu schwer verständlich ist.

*Nr. 23.)* »Die Aufstellung eines Zeitplanes ist für jede produktive Arbeit notwendig.«[108]

---

104 Dieses Item lautet im ›Pretest II‹: »Es hat keinen Sinn, zuviel über sich nachzudenken, man kommt dabei doch nur auf Dinge, die einen beunruhigen.«
105 Dieses Item ist Teil des Unterpunkts »*C. Anti-Intrazeption*«, ihm werden die Werte »Abwehr, anti-intrazeptiv, N[ationalismus]« zugeordnet.
106 Dieses Item ist Teil des Unterpunkts »*C. Anti-Intrazeption*«, ihm werden die Werte »Veräußerlich[un]g, Masochismus, anti-intrazeptiv« zugeordnet. – Das Item wird nicht in den ›Pretest II‹ übernommen.
107 Dieses Item ist Teil des Unterpunkts »*C. Anti-Intrazeption*«, ihm wird der Wert »anti-intrazeptiv« zugeordnet.
108 Dieses Item ist Teil des Unterpunkts »*C. Anti-Intrazeption*«, ihm wird der Wert »verdinglichtes Bewußtsein« zugeordnet.

Professor Adorno betonte, daß hier eine wichtige Dimension im Denken des Highs berührt werde, nämlich das verdinglichte Bewußtsein, das sich darin äußert, daß den Menschen die Mittel zur Erlangung eines Zieles wichtiger seien als das Ziel selbst. Er riet dringend an, für die nächste Seminarsitzung eine passendere Formulierung vorzuschlagen, etwa im Sinne des Ausdruckes eines Musterhigh aus der »Authoritarian Personality«: »I like nice equipment«[109] oder auch der Redensart: »Wer äußerlich verschlampt ist, ist im allgemeinen auch innerlich verwahrlost.« Auch die Formulierung »Organisation ist alles« wäre evtl. in eine engere Wahl zu ziehen.

*Nr. 24.) »Nichts ist verächtlicher als der Vogel, der sein eigenes Nest beschmutzt.«*[110]

Dieses Item wurde ohne Veränderung übernommen.

*Nr. 25.) »Die Abneigung gegen kranke und mißgestaltete Personen ist natürlich und gesund.«*[111]

»Kranke und mißgestaltete Personen« dürfe auf keinen Fall durch »Kranke und Krüppel« ersetzt werden, da damit die Tradition der christlichen Barmherzigkeit berührt würde. Durch die sozialdarwinistische Formulierung wird dieser Affekt jedoch ausgeklammert. Aus diesem Grunde muß auch »gesund« stehen bleiben. Man einigte sich auf die Formulierung:

---

109 Bei Adorno heißt es entsprechend: *Bei dem Typus, der zur Fetischisierung der Technik neigt, handelt es sich, schlicht gesagt, um Menschen, die nicht lieben können. Das ist nicht sentimental und nicht moralisierend gemeint, sondern bezeichnet die mangelnde libidinöse Beziehung zu anderen Personen. Sie sind durch und durch kalt, müssen auch zuinnerst die Möglichkeit von Liebe negieren, ihre Liebe von anderen Menschen von vornherein, ehe sie sich nur entfaltet, abziehen. Was an Liebesfähigkeit in ihnen irgend überlebt, müssen sie an Mittel verwenden. Die vorurteilsvollen, autoritätsgebundenen Charaktere, mit denen wir es in der ›Authoritarian Personality‹ in Berkeley zu tun hatten, lieferten manche Belege dafür. Eine Versuchsperson – das Wort ist selber schon ein Wort aus dem verdinglichten Bewußtsein – sagte von sich: »I like nice equipment«, Ich habe hübsche Ausstattungen, hübsche Apparaturen gern, ganz gleichgültig, welche Apparaturen das sind. Seine Liebe wurde von Dingen, Maschinen als solchen absorbiert. Das Bestürzende ist dabei – bestürzend, weil es so hoffnungslos erscheinen läßt, dagegen anzugehen –, daß dieser Trend mit dem der gesamten Zivilisation verkoppelt ist. Ihn bekämpfen heißt soviel wie gegen den Weltgeist sein; aber damit wiederhole ich nur etwas, was ich zu Eingang als den düstersten Aspekt einer Erziehung gegen Auschwitz vorwegnahm.* (GS, Bd. 10·2, S. 686 f.)
110 Dieses Item ist Teil des Unterpunkts »*D. In-group/outgroup*«, ihm wird der Wert »in-group« zugeordnet. – Das Item wird nicht in den ›Pretest II‹ übernommen.
111 Dieses Item ist Teil des Unterpunkts »*D. In-group/outgroup*«, ihm wird der Wert »in-group« zugeordnet. – Das Item wird nicht in den ›Pretest II‹ übernommen.

»Jeder gesunde Mensch hat eine natürliche Abneigung gegen kranke und mißgestaltete Personen.«

*Nr. 26.)* »Es ist nicht wahr, daß man mit Penicillin *wirklich die Syphilis heilen kann; sie kommt immer wieder.*«[112]

Hier wurde »mit Penicillin« durch »*mit den modernen Mitteln*« ersetzt.

*Nr. 27.)* »*Mit Recht gelten die Deutschen für das innerlichste aller Völker.*«[113]

verblieb ohne Änderung.

*Nr. 28.)* »*Die Gewerkschaften sind eigennützige Interessenverbände, die für nichts gut sind als für ihre Bonzen.*«[114]

verblieb ohne Änderung.

*Nr. 29.)* »*Anständige Menschen lassen sich nicht scheiden.*«[115]

Der Einwand, daß dieses Item zu scharf nach Konfessionen trennt und daher eine andere Dimension hineinkommt, wurde anerkannt, und es wurde daher gestrichen.

*Nr. 30.)* »*Der Eid ist absolut bindend, ganz gleichgültig, unter welchen Bedingungen er geleistet wurde und zu welchen Konflikten er führen mag.*«[116]

Der Satz wurde beibehalten, Professor Adorno schlug aber vor, als Kontrolle an anderer Stelle des Fragebogens folgendes Item einzusetzen:
 »Erzwungene Eide sind null und nichtig.«

---

[112] Dieses Item ist Teil des Unterpunkts »*D. In-group/outgroup*«, ihm wird der Wert »in-group« zugeordnet. – Das Item wird nicht in den ›Pretest II‹ übernommen.
[113] Dieses Item ist Teil des Unterpunkts »*D. In-group/outgroup*«, ihm werden die Werte »in-group, kollektiver Narzißmus« zugeordnet. – Das Item wird nicht in den ›Pretest II‹ übernommen.
[114] Dieses Item ist Teil des Unterpunkts »*E. Reaktionäre Ideologie*«, ihm wird der Wert »reaktionäre Ideologie« zugeordnet.
[115] Dieses Item ist Teil des Unterpunkts »*E. Reaktionäre Ideologie*«, ihm wird der Wert »Konventionalismus« zugeordnet.
[116] Dieses Item ist Teil des Unterpunkts »*E. Reaktionäre Ideologie*«, ihm wird der Wert »Konventionalismus« zugeordnet. – Das Item wird nicht in den ›Pretest II‹ übernommen.

*Nr. 31.)* »Das Wichtigste an der Kunst ist, daß sie uns etwas gibt; alles andere ist nur intellektuelles Gerede.«[117]

Wegen zu vieler Kontroversen wurde dieses Item gestrichen.

*Nr. 32.)* »*Wir wissen aus vielen Äußerungen von Leuten wie Picasso und anderen, daß sie ihr Zeug selbst nicht ernst nehmen und uns nur zum Narren halten.*«[118]

verblieb ohne Änderung.

*Nr. 33.)* »*Man macht sich gar keine Vorstellung davon, wie sehr unser Leben in Wirklichkeit von geheimen Machenschaften* von Politikern und Finanzmagnaten *abhängt.*«[119]

Es wurde eingewandt, daß »Finanzmagnaten« zu altmodisch klinge. Man fand die Formulierung »*gewisser Politiker und Bankiers.*« Da in der Nazi-Ideologie die Unterscheidung zwischen schaffendem und raffendem Kapital gemacht wurde, wurde abgelehnt, das Wort »Industrielle« oder auch »Manager« mit hineinzunehmen, da die Assoziation zu schaffendem Kapital und daher zu positiver Bewertung naheliegt.

*Nr. 34.)* »Die Bürokratie ist das Erzübel der modernen Welt.«[120]

Wegen zu geringer Trennschärfe wurde auf dieses Item verzichtet.

---

[117] Dieses Item ist Teil des Unterpunkts »*E. Reaktionäre Ideologie*«, ihm wird der Wert »Waren-Denken« zugeordnet.
[118] Dieses Item ist Teil des Unterpunkts »*E. Reaktionäre Ideologie*«, ihm wird der Wert »projektiv« zugeordnet. – Das Item wird nicht in den ›Pretest II‹ übernommen.
[119] Dieses Item ist Teil des Unterpunkts »*E. Reaktionäre Ideologie*«, ihm werden die Werte »Projektion, paranoid« zugeordnet. – Das Item wird nicht in den ›Pretest II‹ übernommen.
[120] Dieses Item ist Teil des Unterpunkts »*E. Reaktionäre Ideologie*«, ihm werden die Werte »Verschiebung, scapegoating« zugeordnet.

## 205 Wulf Overdyck, 2. Februar 1960

Wulf Overdyck

Protokoll über die Seminarsitzung von Prof. Adorno
am 2. 2. 1960

---

Besprechung der Ergebnisse des Pretests über die neu entwickelte A-Skala (Abkürzungen: Prof. Adorno = A, Dr. von Friedeburg = F, Seminarteilnehmer = S).

264 Fragebögen über den A-Entwurf der A-Skala sind von vorher als high oder low eingeschätzten Bekannten der Interviewer ausgefüllt worden.[121] Es muß hier betont werden, daß es sich bei den Gefragten nicht um eine repräsentative Auswahl der Bevölkerung handelte, so daß das Gesamtergebnis in bezug auf die Korrelation der 38 statements mit den Charakteren und Merkmalen der Befragten mit Vorsicht zu genießen ist. Von den 38 statements mußten 11 (alle 9 low- und 2 high-statements) aus Mangel an Trennschärfe oder gar wegen negativer Trennschärfe geopfert werden. Dennoch hat eine ganze Reihe von statements eine ausgezeichnete Trennschärfe bewiesen. Ein Großteil der Zeit und Diskussion in der Seminarsitzung vom 2. 2. 60 wurde wieder vielfältigen, keineswegs eindeutigen Verhaltensweisen von Highs und Lows gewidmet. Der größte Gewinn des Pretests liegt darin, daß er eine ganze Anzahl von wichtigen Aufschlüssen und Fingerzeigen lieferte, die sich in der endgültigen Fassung der A-Skala niederschlagen werden.

F: 264 brauchbare Interviews wurden abgeliefert, sie verteilen sich, zu 56% auf männliche und zu 44% auf weibliche Personen. Die Aufgliederung in Berufe: 13% Arbeiter, 14% leitende Angestellte, 27% nicht leitende Angestellte, 5% obere, 8% mittlere und 1% untere Beamte, 4% Lehrer und 1% Landwirte. Der Schulabschluß bei den 264 Personen zeigt folgendes Bild: 30% Volksschule, 33% Mittlere Reife, 22% Abitur, 15% Hochschule. Das Alter der befragten Personen erstreckte sich vom 15. bis zum 80. Lebensjahr. Folgende Altersgruppen wurden von uns aufgestellt: Jahrgang 1944–30: 38%, 1929–10: 31%, 1909–1880: 31%. Die Aufgliederung in Konfessionen: evangelisch: 64%, katholisch: 25%, andere 3%. Zu ihrer wirtschaftlichen Lage äußerten sich 35% zufrieden, 30% mit »Es geht« und 13% unzufrieden. 88% füllten die Vorlage mit Interesse aus, 12% dagegen wurden unruhig oder haben sich jeder weiteren Stellungnahme enthalten.

---

**121** S. oben, Anm. 2.

Die durchschnittliche Ausfüllzeit betrug 38,3 Minuten, eine Zeit, die im Vergleich zu den vorher angestellten Vermutungen um ein Mehrfaches niedriger liegt; das Gros liegt zwischen 15 und 45 Minuten, 25% der Personen benötigten eine Zeit zwischen 45 und 90 Minuten und nur 3% überschritten die 90-Min.-Grenze. Auf die Frage an die Interviewer nach der Länge des Interviews antworteten 2% »Viel zu lang«, 23% »In der Länge noch tragbar«, 54% »genau richtig« und 20% »es könnte länger sein«.

Stimmen aus dem Kreis der Seminarteilnehmer. S: Ein Befragter hätte den Bogen am liebsten zerrissen, es war natürlich ein High!

S: Ein 25–26jähriger Bauarbeiter weigerte sich, den Fragebogen auszufüllen mit der Begründung: »Bei Studenten weiß man nie!«

S: Ein Low hatte den Fragebogen nicht ehrlich ausgefüllt, er meinte zu mir: »Laßt uns Freunde bleiben. Ich mag diese Schnüffelei nicht«.

A: Hier kommt wohl der antiamerikanische Fragebogenkomplex bei den Deutschen mit herein, außerdem ein gewisses soziales Moment, daß sich jemand von den Studenten ausgefragt fühlt.

S: Ein Low sagte, die items hätten ihre Haken, freiwillig antworte man darauf nicht.

S: Der Nachteil ist vielleicht, daß die anerzogene Haltung nach 1945 zu offensichtlich in dem Fragebogen herauskommt, mit der die innere Haltung nicht ganz übereinstimmt. Die Befragten hätten in einem Gespräch an der Straßenecke sicherlich anders gesprochen.

A: Wenn man alledem Rechnung trägt, würde das ganze Salz herausgenommen, ein gewisses Maß an Dickhäutigkeit muß hier gewahrt bleiben.

F: Wir müssen uns die Sozialdaten vor Augen führen, die High- und Low-Auslese geschah ja bereits vorher. *Ihre* (der Interviewer) Einschätzung und Einstufung stand uns zur Verfügung.

*A: In diesem Zusammenhang möchte ich anregen, künftig jedem Interviewer der A-Skala ein besonderes Blatt mit möglichst genauen Anweisungen und Verhaltensregeln mitzugeben.*

F: Wir konnten also auf drei Einstufungen zurückgreifen, auf die Vorher-Einschätzung, auf die Nachher- (nach dem Interview durch den Interviewer erfolgte) -Beurteilung und auf den Total-score.

A: Es kann nicht genug betont werden, daß es sich bei den Befragten nicht um eine repräsentative Auswahl handelte, die man prüfen wollte, sondern es waren die items und die Skala selbst, ihr Inhalt und die Trennschärfe der Sätze, die geprüft wurden.

Die drei Einstufungen:

|  | Vorher | Nachher | Total-score |
|---|---|---|---|
| AH[122] | 19 | 15 | 19 |
| TH | 24 | 29 | 31 |
| TL | 32 | 31 | 31 |
| AL | 20 | 21 | 19 |
| Nicht einzustufen: | 5 | 4 | |

A: Der Eindruck, wie sich der Befragte beim Interview verhalten hat, seine Gestik, seine Ausdrucksweise, kann viel »higher« und charakteristischer sein, als der Total-score im Endergebnis wiedergibt.

F: 50 Personen (= 19%) mit den höchsten und niedrigsten scores haben wir in unseren Total-scores abgesondert und von uns aus zu Highs und Lows bestimmt, auf dieselbe Weise wurden die TH (tendenziellen Highs) und die TL (tendenziellen Lows) definiert. Günstigerweise gab es keinen verwaschenen Haufen zwischen TH und TL, sondern einen ziemlich scharfen Schnitt. Das liegt an der Güte der Vorauswahl. Alle »dünnen« statements, d. h. solche ohne ausreichende Trennschärfe (sämtliche Low-statements) haben wir ausgeschieden, außerdem nahmen wir das statement »Solche Persönlichkeiten von der Kraft und Frische Chruschtschows«[123] sowie das statement »Aufklärung der Jugend über Mädchenhandel und Fremdenlegion«[124] (2 High-statements) heraus. (Zusammen wurden also 11 von 38 statements eliminiert, um die Differenz zwischen High und Low trennscharf zu machen.) 27 ist damit der kleinstmögliche score, bei lauter Zustimmungen für die Stufe 1, und 189 der größtmögliche bei lauter Ablehnungen in Stufe 7. Die scores bei der vorgenommenen Untersuchung pendeln zwischen 35 und 170. Weiter haben sich hierbei die Männer »lower« verhalten als die Frauen; die Korrelation mit den Berufen ist nicht nennenswert, *dagegen fällt ein starker Zusammenhang mit dem Alter auf. Die jungen Leute sind erheblich »lower« als die Alten*, die Jahrgänge 1909–1880 reagierten beispielsweise zu 76% high und 24% low. Daraus läßt sich schließen von der Wirkung des Instruments auf die Befragten und seinen Einfluß auf das Gesamtergebnis. Kluge Leute müßten demnach »lower« aus der Befragung herauskommen als sie nach der Einschätzung durch die Interviewer hineingegangen sind. Bei den Jungen ändert sich in dieser Beziehung praktisch

---

122 Die Abkürzungen stehen für ›Ausgeprägtes High‹, ›Tendenzielles High‹, ›Tendenzielles Low‹ und ›Ausgeprägtes Low‹.
123 S. Anm. 3.
124 S. Anm. 56.

nichts, nur die alten Leute über 50 Jahre stellten sich zum Schluß »higher« heraus, als sie zunächst taxiert waren.

Die Korrelation mit der Schulbildung tritt klar hervor, das beweisen die Zahlen des Total-score: 74% der Personen mit Volksschulbildung sind high und 82% der befragten Akademiker sind low.

Zur Veranschaulichung folgende Zahlenwerte:

| Schulbildung | Volksschule | | | Mittlere Reife | | | Abitur | | | Hochschule | | |
|---|---|---|---|---|---|---|---|---|---|---|---|---|
| High-Typen | 55 | 57 | 74 | 50 | 52 | 58 | 31 | 33 | 32 | 22 | 20 | 18 |
| (in %) | vorher | nachher | Total sc. | v. | n. | T.S. | v. | n. | T.S. | v. | n. | T.S. |

*Das Wesentliche ist schließlich, ob die Fragen »naiv« beantwortet werden, oder ob die Befragten sie durchschauen.*

*Weitere Erläuterung durch F: Wenn durch das Instrument um 20% mehr »Personen mit Volksschulbildung« high eingestellt sind als nach den vorhergehenden Taxierungen durch die Interviewer, dann liegt hier eine Korrelation zwischen Bildung und Verstehen beziehungsweise Nichtverstehen der items vor, was künftig noch mehr berücksichtigt werden muß.*

Die endgültige Interviewer-Einstufung deckt sich weitgehend mit dem Totalscore. 93% zu Highs deklarierten Personen erwiesen sich tatsächlich als high, bei den Lows lautet die entsprechende Verhältniszahl 95%.

F: *Die Befragung nahm einen sensationellen Ausgang. In der neuen Skala sind mit Abstand mehr trennscharfe items enthalten als zu den besten Zeiten der Skala über die Authoritarian Personality: 7 items besitzen eine Trennschärfe über 4, 11 items eine über 3 und 9 items eine über 2. Allerdings trennten einige items (nach Einschätzung der Interviewer 4, nach den Total-scores 5) verkehrt, d.h. Lows sprachen auf High-statements an und umgekehrt.*

A: Mit der eindeutigen Fixierung eines statements zu einem High- oder einem Low-Vertreter muß man sehr vorsichtig sein, die Korrelation zwischen dem Typus des Befragten und dem statement liegt nicht bei jedem Einzelstatement allein. Es kommt vor – und wir haben das erfahren müssen –, daß ein High angesichts eines plausibel formulierten Low-statements sagt: Hier steht einmal etwas Positives, hier muß man auch einmal zustimmen.

F geht nun an die Erklärung der[125] schriftlich vorliegenden Handauszählung des ersten Pretests der Fassung A der A-Skala.[126] Die Tatsache, daß eine ganze

---

125 Konjiziert für: »an die«.
126 S. oben, Anm. 2.

Reihe von Personen mehreren statements gegenüber unentschieden eingestellt war, d. h. keine Einkreuzungen in die vorgezeichneten 6 Kästchen vornahm, veranlaßte A. und F. zu folgenden Äußerungen:

A: Mehrere statements fordern eine Teils-teils-Ansicht geradezu heraus, was aber die items nicht disqualifiziert.

F: Vielleicht ist es doch empfehlenswert, ein Kästchen für die Unentschieden-Antworten noch einzusetzen. Es hat sich gezeigt, daß weitaus mehr Highs durch ein Unentschieden »aus dem Feld« gehen als Lows. Das hängt auch damit zusammen, daß manches statement so high veranlagt ist, daß es dem High-Typ verdächtig und zu anmaßend erscheint, ihm zuzustimmen beziehungsweise sich überhaupt darüber zu äußern. (In diesem Zusammenhang verdient eine S-Stimme Erwähnung, S: *Der High stimmt um so bereitwilliger zu, je glatter und »indikativer« ein statement formuliert ist, man müßte mehr Konjunktive in die Sätze einbauen, um den High damit herauszulocken und wohl oder übel Farbe bekennen zu lassen.*)

F (in Besprechung der einzelnen statements): Gesiegt hat das statement 28 (unser Volk ist zu offen und ehrlich ...)[127], es erhält einen Trennwert von 4,74 (alter Trennwert: 4,01). An zweiter Stelle liegt das statement 13 (Lustmord – Todesstrafe)[128] mit einem neuen Wert – nach dem Total-score – von 4,68 (3,81), an 3. Stelle das statement 29 (KZ-Sensationsprozesse vermeiden)[129], neuer Trennwert 4,54 (3,71), den 4. Platz hält das statement 21 (deutsche Politik – Kastanien)[130], neuer Wert 4,34 (3,41), es folgt statement 36 (Geisteskranke loswerden)[131] mit einem neuen Wert von 3,62 (3,28), dann an 6. Stelle das statement 5 (es wird bei uns zuviel geredet ...)[132] mit dem neuen Trennwert 4,16(?)[133] (3,13). (Dieses statement wurde darauf in Beziehung gesetzt zu dem statement 37 (Es ist ein Segen, daß Diskussion und gegenseitige Aussprache bei uns wieder zu Ehren gekommen sind), das den neuen Trennwert von –0,04 erhielt (alter Wert: –0,25).) Hierzu meldeten sich verschiedene S, z. B.: Es ist ein Kennzeichen der Highs, gerne zuzustimmen, die Highs sind politisch unsicher und stimmen gern einem positiven

---

127 »Unser Volk ist zu offen und ehrlich; dafür müssen wir immer wieder bezahlen.«
128 »Für so scheußliche Verbrechen wie den Lustmord verlangt das gesunde Rechtsempfinden die Todesstrafe.«
129 »Schon mit Rücksicht auf die Wirkungen im Ausland sollte man Sensationsprozesse wegen angeblicher Vorfälle im KZ vermeiden.«
130 »Das Wichtigste für eine deutsche Politik ist es, daß wir nicht für andere die Kastanien aus dem Feuer holen.«
131 »Hitlers Ausrottungsmaßnahmen waren brutal, aber wenn man unverbesserliche Verbrecher und unheilbar Geisteskranke auf eine menschlichere Art loswerden könnte, wäre es gut für die Gesamtheit.«
132 »Es wird bei uns zuviel geredet und diskutiert, damit kommt man nicht weiter.«
133 So in der Vorlage; der Trennwert ist korrekt wiedergegeben.

Faktor in der Politik zu. Oder: Man stimmt zu, weil man gelernt hat, daß Diskussion eine feine und wertvolle Sache ist. Der Protokollant meint dazu: Der High hat gewöhnlich nichts gegen eine Diskussion und Aussprache, nur sollen sie nicht zum Selbstzweck gemacht werden, d. h., nach einem gewissen Zeitpunkt will der High zu Taten übergehen, er will sehen, daß die Diskussion Früchte trägt. Er verabscheut es, ins Blaue und zum Fenster hinaus zu reden, wie es doch vielfach »bei uns« geschieht, deshalb war es ihm möglich, sowohl dem statement 5 als auch ein statement 37 zuzustimmen.

Zum Schluß noch zwei wichtige Anregungen aus dem Verlauf der Sitzung:

S: *Hier und da würde es sich lohnen, eine Einzelitem-Analyse auf die Korrelation mit der Bildung hin zu unternehmen.*

A: *Nicht nur die besten, d. h. trennschärfsten statements dürfen in die endgültige Skala aufgenommen werden, sondern es müssen zwischendurch auch ein paar lasche, verschwommene statements vorhanden sein, um die guten abzupolstern.* (Es darf den Befragten nicht zu einfach gemacht werden, weil sie sonst stutzig werden oder die Befragung mitsamt dem Fragebogen nicht mehr ernst nehmen könnten.)

## 206 Hans von Loesch, 9. Februar 1960

Protokoll 9. 2. 1960

Bei der Auswertung des Pretests zeigten sich zwei erhebliche Mängel, die aller Wahrscheinlichkeit nach auf das Instrument zurückzuführen sind. Es müßte demnach eine Möglichkeit geben, diese Fehler zu beseitigen.

Erstens waren alle Lowstatements Versager,

zweitens zeigte sich, daß alle wirklich trennscharfen Highstatements einen starken Bildungstrend aufweisen.

1) Problematik der Lowstatements.

Die Lowstatementversager teilen sich in zwei Gruppen. Die eine Gruppe der Statements (2, 11, 24, 32, 37)[134] versagte deshalb, weil Lows und Highs gleichmäßig zustimmten. Die Statements wurden dadurch nicht trennscharf. Die zweite Gruppe versagte deshalb, weil die gesamten Stimmen so gleichmäßig auf alle sechs Zustimmungs- und Ablehnungspunkte verteilt waren, daß sich deshalb auch keine Trennschärfe ergab (10, 17, 33, 34)[135].

Die Hypothese wurde aufgestellt, daß die Lowstatements daran kranken, daß sie nur aus demokratischem Gewäsch bestehen und keinen Stachel haben, einen Stachel der die Highs daran hindert, diesen Statements zuzustimmen. Die Aufgabe besteht also, ein etwas schärfer formuliertes und wirksames Statement zu finden.

Professor Adorno macht eine grundsätzliche Bemerkung:

»Wir müssen Lowstatements in dem Instrument haben, um dem Vorwurf zu entgehen, daß man durch das Fehlen der Lowstatements die Resultate in Rich-

---

[134] »Es sind nicht immer Feiglinge, die Angst haben.« – »Schuld soll man immer zuerst bei sich selbst suchen und nicht danach fragen, was andere gemacht haben.« – »Daß das Ausland uns nach allem, was geschah, mißtraut, ist begreiflich; wir müssen uns das Vertrauen erst langsam wieder erwerben.« – »Die Männer des 20. Juli haben recht gehabt, sich nicht an ihren Eid zu binden, als sie sahen, wohin Hitler Deutschland trieb.« – »Es ist ein Segen, daß Diskussion und gegenseitige Aussprache wieder bei uns zu Ehren gekommen sind.«

[135] »Den meisten Menschen kann man eigentlich doch vertrauen.« – »Der wiedererwachende Nationalismus gefährdet bereits wieder die deutsche Demokratie.« – »Wenn man die Geschichte so überblickt, kann man doch hoffen, daß die Menschen das Schlechte in der Welt allmählich überwinden.« – »Von anderen Ländern können wir in Fragen der Kindererziehung eine Menge lernen.«

tung auf die Highs in gewisser Weise verbiegen würde. Unter Umständen liegt das Versagen der Lowstatements aber gar nicht an der Formulierung der Statements, sondern an dem Charakter des Highs. Autoritätsgebundene Charaktere sind eher bereit, hohe Zahlen anzukreuzen. Unter Umständen kann ein High gar nicht ablehnend reagieren.«

Diese Annahme wird dadurch widerlegt, daß sich in dem Pretest auch Highs ablehnend verhalten haben.

Neuvorschläge und Veränderungsvorschläge für Lowstatements.
   Was soll bei Neuvorschlägen beachtet werden?
   »Man muß vermeiden, daß die Lowstatements Unsinn sind«
   »Zu glatt formulierte Statements sind unbrauchbar.« »Die Statements können ruhig länger sein und sollten eine Sperre für die Highs in Form eines Relativsatzes haben.«
   »Die Statements sollen so beschaffen sein, daß die Lows auf den Sinn reagieren, und die Highs auf die Formulierung reinfallen.«
   »Die Statements müssen so formuliert sein, daß die Bildung der Versuchspersonen das Verständnis und die Beantwortung nicht beeinflußt.«
   Die Statements im einzelnen:
   (37) Eine Sache gründlich durchzudiskutieren ist in jedem Fall besser, als sogleich tatkräftig zu handeln.
   Das Item soll trotz Bedenken aufgenommen werden.
   (24) Nachdem Deutschland im Zweiten Weltkrieg friedliche Völker überfallen hat, ist das Mißtrauen des Auslandes begreiflich.
   Kritik: »Spielt da nicht die Schulbildung mit rein?«
   Man kann der Schule nicht das Prügeln verbieten, wenn die Eltern noch mit dem Stock erziehen.
   Eltern, die ihre Kinder mit Prügel erziehen, beweisen ihre Unfähigkeit, Kinder wirklich zu erziehen.
   In unserer Erziehung spielt die Disziplin immer noch eine große Rolle. Würde weniger geprügelt und gestraft werden, ...
   Der Deutsche sollte nicht zu stolz auf seine Tüchtigkeit sein. Leben heißt nicht nur arbeiten.

---

2) Das Problem der Bildungsanfälligkeit der Highstatements. Es zeigte sich bei der Auswertung des Pretests, daß die höher gebildeten Versuchspersonen im allgemeinen niedriger reagierten als die weniger gebildeten. Die einzelnen Statements

wurden daraufhin untersucht. Bei den Statements 5, 30, 28, 25, 6, 31, 14, 21[136] spielte die Schulbildung eine große Rolle. Gerade diese Statements hatten sich aber als besonders trennscharf erwiesen. Bei den Statements 12, 9, 27, 8, 35[137] war kein Bildungstrend festzustellen.

Welches sind die Gründe für die Bildungsanfälligkeit der Items? »Die Statements sind gängige Redensarten in den höher gebildeten Schichten«, »Es wird zuviel reines Wissen vorausgesetzt« z. B. Das Statement ist zwar in der Aussage richtig; die Versuchspersonen können das zum Teil aber gar nicht beurteilen. »Man weiß nicht, wie woanders Kinder erzogen werden«. »Man glaubt sogar nicht einmal, daß es außer der eigenen noch andere Erziehungsmethoden gibt.«

Vorschläge für neue Highstatements:

Der Satz von Brecht, »Erst kommt das Fressen, dann die Moral«[138], klingt zwar unangenehm, trifft aber den Nagel auf den Kopf. Oder: Der Satz, »Erst kommt das Fressen, dann die Moral«, klingt zwar unangenehm, ist aber im Grunde richtig.

Wir haben allen Grund dazu, dem Ausland gegenüber bescheiden aufzutreten.

---

136 »Es wird bei uns zuviel geredet und diskutiert, damit kommt man nicht weiter.« – »Die moderne Kunst ist häßlich, zersetzend und widerstrebt dem natürlichen Empfinden.« – »Unser Volk ist zu offen und ehrlich; dafür müssen wir immer wieder bezahlen.« – »Die Korruptionsfälle in Bonn geben einen schwachen Vorgeschmack davon, wie faul es um die sogenannten oberen Kreise bei uns steht.« – »Die Welle des Verbrechertums steigt seit Kriegsende stetig an.« – »An der Astrologie muß etwas dran sein, sonst würden nicht so viele Leute etwas davon halten.« – »Die wichtigste Aufgabe unserer Volkserziehung ist die Heranbildung einer starken und fähigen Führerschicht.« – »Das Wichtigste für eine deutsche Politik ist es, daß wir nicht für andere die Kastanien aus dem Feuer holen.«
137 »Die meisten Intellektuellen liebäugeln heimlich oder offen mit dem Marxismus und Kommunismus.« – »Der Materialismus im Zeitalter des Wirtschaftswunders läßt alle höheren Werte verkümmern.« – »Den meisten Jugendlichen geht es heute zu gut; es ist höchste Zeit, daß sie wieder straffe Disziplin lernen.« – »Wenn man mit den Halbstarken nicht anders fertig wird, soll man die Prügelstrafe wieder einführen.« – »Die Amerikaner mögen noch so zivilisiert sein, wirkliche Kultur haben sie nicht.«
138 In der »Dreigroschenoper«, uraufgeführt 1928 in Berlin, heißt es: »Ihr Herrn, die ihr uns lehrt, wie man brav leben / Und Sünd und Missetat vermeiden kann / Zuerst müßt ihr uns was zu fressen geben / Dann könnt ihr reden: Damit fängt es an. / Ihr, die ihr euren Wanst uns unsre Bravheit liebt / Das eine wisset ein für allemal: / Wie ihr es immer dreht und wie ihr's immer schiebt / Erst kommt das Fressen, dann kommt die Moral. / Erst muß es möglich sein auch armen Leuten / Vom großen Brotlaib sich ihr Teil zu schneiden.« (Bertolt Brecht, Die Dreigroschenoper (Nach John Gays ›The Beggar's Opera‹) [1931], in: Bertolt Brecht, Werke. Große kommentierte Berliner und Frankfurter Ausgabe, hrsg. von Werner Hecht, Jan Knop, Werner Mittenzwei und Klaus-Detlef Müller, Bd. 2, bearb. von Jürgen Schebera, Berlin, Weimar und Frankfurt a. M. 1988, S. 229–322, hier: S. 284)

Oder: Es ist erniedrigend, wie die Bonner Regierung um das ohnmächtige und innerlich gespaltene Frankreich wirbt.

Wozu es ein Mensch in der Welt bringt, das hängt mehr von seinem Wert ab als von der Gesellschaft.

Oder: Wozu es ein Mensch in der Welt bringt, das hängt mehr von seinem Wert ab als von dem Geldbeutel seines Vaters.[139]

Alle Nachrichten, die wir hören, sind eigentlich Betrug, es stehen doch nichts als Machtinteressen dahinter.

Oder: Alle politischen Nachrichten, die wir hören, sind doch nur Schwindel.

Die moderne Kunst ist negativ, häßlich und widerstrebt dem natürlichen (modernen) Empfinden.[140]

Man soll der Bundesrepublik nicht Sattheit nachsagen. Man sollte eher sagen, daß noch viele Menschen Hunger leiden.

Es ist gut, daß das Mißtrauen des Auslandes uns immer wieder an unsere Verbrechen erinnert.

Es ist nichts so schlimm, daß es nicht auch noch eine gute Seite hätte.

---

[139] Dieses Item wird in den ›Pretest II‹ übernommen in der Fassung: »Wozu es einer in der Welt bringt, das hängt nur von seinem Wert ab, nicht aber von dem Geldbeutel seines Vaters.«

[140] Dieses Item wird in den ›Pretest II‹ übernommen in der Fassung: »Die moderne Kunst ist häßlich und widerstrebt dem natürlichen Empfinden.«

## 207 Sigrid Pesel, 16. und 23. Februar 1960

Wintersemester 1959/60                                      Sigrid Pesel
Professor Adorno
Soziologisches Seminar:
»Zum Studium des autoritätsgebundenen Charakters«

*Protokoll zur Seminarsitzung vom 16. und 23. II. 1960*

In der Seminarsitzung vom 16. II. verteilte Dr. von Friedeburg die Fragebogen mit der revidierten A-Skala.[141] Er wies die Interviewer an, nur gut einstufbare Personen zu testen. Im ersten Pretest hatte die Einschätzung der Befragten durch die Interviewer im wesentlichen übereingestimmt mit dem Skalenergebnis. Deshalb könnte die Voreinschätzung der Befragten durch den Interviewer als einigermaßen hinreichendes Kriterium zur Validierung der Skala gelten. Die Voreinschätzung sollte möglichst durch Beispiele aus dem Verhalten der interviewten Personen belegt werden und nicht durch Meinungsäußerungen. Auf diese Weise sei dem Vorwurf zu begegnen, der Pretest habe nur gemessen, wieweit der Interviewer mit der Skala vertraut ist. Die Interviewer wurden angehalten zu vermerken, zu welchem Statement der Befragte nicht im Sinne seines Verhaltenspatterns Stellung nahm, oder ob er aus dem Felde ging. Dieser Eindruck sollte kommentiert werden. Auf keinen Fall aber dürfe der Fragebogen vom Interviewer selbst abgeändert werden. Dr. von Friedeburg wiederholte, daß es von großer Wichtigkeit sei, sich zu vergewissern, ob der Befragte das System der Stellungnahme zu den Statements tatsächlich verstanden habe.

*Seminarsitzung vom 23. II. 1960:*
Die Erfahrungen mit der zweiten Form der A-Skala ergaben, daß das versuchsweise neu aufgenommene Statement Nr. 28[142] von vielen Befragten nicht verstanden worden war: Von verschiedenen Versuchspersonen wurde um Erklärungen zum Begriff »Verlust der Mitte« gebeten. Von anderen wurden darunter konkrete Dinge verstanden, wie China als Reich der Mitte, die Sackmode oder Einbahnstraßen. Professor Adorno meinte dazu, daß es im Zusammenhang der A-Studie sehr aufschlußreich sein könne, den Teilkomplex zu untersuchen, wieweit geistige Begriffe sublimiert oder wörtlich genommen werden. Die Tendenz,

---

141 Die Fragebögen zum ›Pretest II‹ befinden sich im IfS-Archiv, L 3, 7–9.
142 »Mit dem Wort vom Verlust der Mitte ist das Negative unserer Welt sehr gut getroffen.«

Dinge, die als geistige gemeint sind, unmittelbar konkret und wörtlich zu nehmen, sei weit verbreitet. Die Tendenz sei mit dem Begriff des Konkretismus zutreffend bezeichnet.

*Statement 17:*[143]
Einem Befragten war nicht klar, was mit dem Begriff der Gemeinschaft unmittelbar gemeint sei. Bedeutete er Familie, so hätte er ihm zugestimmt, sei damit der Staat gemeint, so müsse er ihn ablehnen.

*Statement 30:*[144]
Eine Versuchsperson erklärte, sie könne dem ersten Teil der Aussage zwar zustimmen, den zweiten aber müsse sie ablehnen.

Adorno: Wer ein Statement auseinandernimmt, reagiert von vornherein so differenziert, wie man es von einem Low erwartet! In der Gesamtheit wird man unter den Highs nur wenige antreffen, die so »fein spinnen«.

Ein Interviewer machte darauf aufmerksam, daß ältere Leute auf den NS-Wortschatz ablehnend reagieren, Jüngere dagegen bewerteten Begriffe wie Gemeinschaft häufiger positiv. In weitgestreuten Gruppen könnte das Ergebnis der Umfrage davon beeinflußt werden. Dr. von Friedeburg entkräftete diese Befürchtung mit dem Hinweis auf die positive Korrelation zwischen Autoritätsgebundenheit und Alter, die ohnehin bestehe und allenfalls etwas niedriger werden könne.

*Statement 14:*[145]
Hier tauchte die Vermutung auf, es würde eher zwischen Reich und Arm trennen als zwischen High und Low. Arme Leute würden der Meinung sein, man kann es nur zu etwas bringen, wenn man die nötigen Mittel zur Verfügung hat; Reiche dagegen würden sich als »Idealisten« herausstellen. Um das Statement trennscharf zu machen, sei es nötig, den Begriff »Wert eines Menschen« zu qualifizieren. Vorschläge: innerer Wert, Charakter, das Holz, aus dem einer geschnitzt ist.

---

[143] »Jeder Mensch hat die Pflicht, für die Gemeinschaft einzustehen, in die er hineingeboren ist.«
[144] »Die menschliche Natur ist im Grunde unveränderlich, der Mensch bleibt, was er ist.«
[145] »Wozu es einer in der Welt bringt, das hängt nur von seinem Wert ab, nicht aber von dem Geldbeutel seines Vaters.«

*Statement 3*:[146]

Ein Seminarteilnehmer fragte, ob es dem Statement nicht dienlich wäre, wenn man »Sache« etwas konkretisieren würde.

Professor Adorno: Dieser Satz ist als Antithese zu einem militärischen Prinzip formuliert, nach dem es in jedem Fall besser sei, etwas zu tun als gar nichts zu tun. In den meisten Situationen ist gründliches Überlegen und Diskutieren oder auch Nichtstun, wie etwa im Schachspiel, sinnvoller als dieses Prinzip. Diesen Gegensatz soll das Statement treffen. Bezöge sich die Aussage auf eine konkrete Situation, so würde dies das Statement wahrscheinlich zu Fall bringen.

Fräulein Jaerisch[147] meinte, der Fragebogen könne länger sein. Sie habe den Eindruck, die Befragten bräuchten eine gewisse Anlaufzeit. Erst auf der zweiten Seite seien ihre Stellungnahmen überlegt. Herr Koch[148] berichtete dagegen, eine seiner Versuchspersonen habe sich über die Länge des Fragebogens beklagt. Er habe den Eindruck, zu Beginn des Interviews seien die Befragten aufmerksamer. Die Gefahr der Ermüdung sei bei einem längeren Fragebogen größer. Dr. Schönbach: Der Gesichtspunkt der Ermüdung ist zwar wichtig, wird sich aber wahrscheinlich von selbst erledigen, da durch die Anforderungen des DIVO[149] der Anzahl der Statements eine Grenze gesetzt ist. Professor Adorno: Der Anregung von Fräulein Jaerisch kann man dadurch Rechnung tragen, daß man einfach einige Statements mitschleppt und an den Anfang setzt, die dann in der Auswertung nicht berücksichtigt werden. Dazu seien nichttrennscharfe Lowstatements geeignet. Ihre Aufnahme in den Fragebogen wirke gleichzeitig dem Eindruck entgegen, den ein vernünftiger Mensch sonst haben könne, nämlich daß er alle Sätze ablehnen müsse. Man könne überhaupt, um zu verhindern, daß der Fragebogen nur einheitlich trennscharfe Highstatements enthalte, irgendwelche Sätze aufnehmen, die inhaltlich nicht ausgewertet werden.

Einer der Befragten nahm Anstoß an der häufigen Verwendung von Superlativen in der Skala. Sie erschwere ihm die Zustimmung zu den Statements. Professor Adorno: Dieser Einwand sei eine Rektifizierung seiner Theorie vom Gewäsch. Die Skala enthielte vielleicht wirklich zu viele Superlative. Aber die Verwendung von Superlativen sei für die gesprochene Sprache durchaus charakteristisch. Auch er ertappe sich oft dabei. In der Umgangssprache bedeute z. B.

---

146 »Eine Sache vorher gründlich durchzudiskutieren, ist in jedem Fall besser, als sogleich tatkräftig zu handeln.«
147 D.i. Ursula Jaerisch.
148 D.i. Alexander Koch.
149 Abkürzung für das 1951 gegründete Deutsche Institut für Volksumfragen mit Sitz in Frankfurt.

»das Wichtigste« mehr »ziemlich wichtig«. Würde man die Formulierung jedoch dahingehend abändern, so ginge der Charakter des Gewäschs verloren und die Formulierungen bekämen etwas Gewaltsames. In der quasioffiziellen Situation des Interviews setze sich der Widerstand gegen die Affektbezogenheit der Statements in treffende Kritik am Instrument um. Diese Kritik sei Rationalisierung des Widerstandes, ohne daß sich der Befragte des eigentlichen Motivs seiner Ablehnung bewußt sei. Der Satz von Hebbel, der Philister mag in der Sache Recht haben, nicht aber in den Gründen,[150] enthält eben diese Einsicht. Man könne diesem Widerstand begegnen, indem man in die Einleitung zu dem Fragebogen aufnähme, die Sätze in diesem Fragebogen machten keinen Anspruch auf Schönheit und Gültigkeit der Formulierungen, und man bitte den Befragten, sie so zu beantworten, wie sie hier ständen.

---

[150] »Der Philister hat *oft* in der *Sache* recht, *nie* in den *Gründen*.« (Friedrich Hebbel, Tagebücher 1835–1843, hrsg. von Karl Pörnbacher, Bd. I, München 1984, S. 136)

# Sommersemester 1960:
# Hegels »Logik« II

Philosophisches Hauptseminar mit Max Horkheimer

In diesem Semester hält Adorno zudem die philosophische Vorlesung »Philosophie und Soziologie« und gibt das soziologische Seminar »Ausgewählte Texte zum Verhältnis von Philosophie und Soziologie«

Das Seminar findet donnerstags von 18 bis 20 Uhr statt

**208–215** Archivzentrum Na 1, 887

## 208 Werner Kriesel, 12. Mai 1960

|Protokoll[1] der Sitzung
des philosophischen Hauptseminars
am 12. Mai 1960

angefertigt von
Werner Kriesel|

*Einleitung:*
Worum geht es im 2. Buch der Hegelschen Logik? – Ausführung von Herrn Becker[2]: –
Die Wesenslogik hat zum Thema, daß das Wesen sich als Grund bestimmt; Reflexion als Einsicht in die Bewegungen des Seins. Diese Reflexion ist zugleich Denken des Subjekts und die Bewegung der Sache, des Objekts in uno acto. Der Mechanismus der Seinskategorien ist diesen selbst ein Äußerliches. Das Bewußtsein ihrer dialektischen Struktur erlangen sie in der Wesenslogik. Sie auf die Konstituentien ihrer Bewegung hin zu befragen, heißt, nach ihrem Grund fragen; deswegen: »das Wesen bestimmt sich als Grund.«[3] Insofern auch ist das Sein im Wesen »aufgehoben« (aufgehoben im Sinne von conservare), weil das Wesen so Wesen des Seienden ist, auf das es verweist. Zum anderen aber hebt das Wesen (in seinen Manifestationen) das Sein auch in der Weise auf, daß es dieses negiert, abstößt, hinter sich läßt.[4] Die Unmittelbarkeit des Seins wird bloßes Moment in der vermittelnden Tätigkeit des Wesens: Sie wird als vermittelte (gewordene und gesetzte) Unmittelbarkeit entwickelt; kurz: In der Wesenslogik vermitteln sich Subjekt und Objekt.

---

1 Die Vorlage ist handschriftlich verfaßt.
2 D. i. Werner Becker.
3 »*Das Wesen bestimmt sich selbst als Grund.*« (HW, Bd. 6, S. 80)
4 »Wie das *Nichts* zuerst mit dem *Sein* in einfacher unmittelbarer Einheit, so ist auch hier zuerst die einfache Identität des Wesens mit seiner absoluten Negativität in unmittelbarer Einheit. Das Wesen ist nur diese seine Negativität, welche die reine Reflexion ist. Es ist diese reine Negativität als die Rückkehr des Seins in sich; so ist es *an sich* oder für uns *bestimmt*, als der Grund, in dem sich das Sein auflöst. Aber diese Bestimmtheit ist nicht *durch es selbst* gesetzt; oder es ist nicht Grund, eben insofern es diese seine Bestimmtheit nicht selbst gesetzt hat. Seine Reflexion aber besteht darin, sich als das, was es *an sich* ist, als Negatives *zu setzen* und sich zu *bestimmen*. Das Positive und Negative machen die wesenhafte Bestimmung aus, in die es als in seine Negation verloren ist. Diese selbständigen Reflexionsbestimmungen heben sich auf, und die zugrunde gegangene Bestimmung ist die wahrhafte Bestimmung des Wesens.« (Ebd.)

Daß das Wesen sich als Grund bestimmt, diese Pauschalaussage zum 2. Buche ist nicht nur Voranzeige, sie ist ebenfalls schon das Resultat. Wird schon im 1. Buche der Logik über das Wesen gehandelt, so doch nur über die Beziehung des Wesentlichen zum Unwesentlichen;[5] die »Sache« blieb gleichgültig. Das Wesen der Erscheinungen wird erst im 2. Buche besprochen.

Daß das Wesen sich als Grund bestimmt, in dieser Aussage enthält das Buch der Wesenslogik das 1. und 3. Buch der Logik,[6] beide werden in ihm identisch, denn indem das Wesen sich als Grund bestimmt, ist das Sein zum Begriff geworden.

Die nachhegelianische Philosophie fällt zum Teil wieder hinter Hegel zurück. So werden bei Husserl Wesen und Erscheinung als absoluter Gegensatz begriffen; zwischen beiden klafft der Abgrund der Sinne, ohne Vermittlung – Platonische Fakten sui generis –. Hier in Frankfurt am Main aber werden Subjekt, Tatsache und Wesen als dialektisch vermittelt begriffen. Das Subjekt erschaut durch die Tatsache hindurch das Wesen. Die Notwendigkeit der Vermittlung ist nur in Hegels Philosophie voll hervorgetreten, ein verzweifelter Versuch, das Notwendige mit dem Sinnvollen zusammenzubringen.

*Interpretationen zum Text:*
– Hervorgang der Sache in die Existenz[7] –
»Das absolute Unbedingte« im ersten Satz[8] muß der mit seinen Bedingungen identische absolute Grund sein, sonst wäre das absolut Unbedingte nicht mehr es selbst, es wäre bedingt; ebensosehr, wie das Göttliche unbedingt zu sein hat, um nicht Bedingtes, also ein Abhängiges zu sein.

Wie aber kann das Absolute absolut sein? Wo ergäbe sich noch eine Möglichkeit der Freiheit? Schelling hat darauf die deutlichste Antwort gegeben: Es gibt keine Freiheit, alles geschieht innerhalb des Absoluten.

Wenn, wie der 2. Satz besagt, sich die Sache als Grund negativ auf sich selbst bezieht,[9] setzt sie sich zu sich selbst in Beziehung wie das Endliche zum Un-

---

5 Das erste Buch der »Wissenschaft der Logik« endet mit dem Abschnitt »Das Werden des Wesens« (vgl. HW, Bd. 5, S. 445–457); »Das Wesentliche und das Unwesentliche« hingegen findet sich im zweiten Buch im Abschnitt »Der Schein« (HW, Bd. 6, S. 17–35; hier: S. 18f.).
6 Mit dem »dritten Buch« ist der Textabschnitt »Die subjektive Logik oder Die Lehre vom Begriff« gemeint (vgl. ebd., S. 241–573).
7 Vgl. ebd., S. 119–123.
8 »Das absolut Unbedingte ist der absolute mit seiner Bedingung identische Grund, die unmittelbare Sache, als die wahrhaft wesenhafte.« (Ebd., S. 119)
9 »Als *Grund* bezieht sie sich negativ auf sich selbst, macht sich zum Gesetztsein, aber zum Gesetztsein, das die in ihren Seiten vollständige Reflexion und die in ihnen mit sich identische Formbeziehung ist, wie sich ihr Begriff ergeben hat. Dies Gesetztsein ist daher *erstlich* der auf-

endlichen; wie das Böse sich in Gott enthalten findet. Doch hätte in diesem Vergleich das Endliche gegenüber dem Unendlichen – nach Hegel – nicht die Dignität, die dem absoluten Grund und dem das ihm gegenüber Selbständige zukommt.[10] Die Selbständigkeit des absoluten Grundes äußert sich darin, daß in ihm auch das Andere als Selbstständiges ist.

Allgemein wäre zu sagen, daß in Hegels Identitätsphilosophie alles im Absoluten aufgeht; der Begriff der Identität wird gewonnen, indem sein Gegenteil als notwendig dazugehörig sich denkt und vom Subjekt gedacht wird. Der Begriff das »Eine« besagt, daß nicht alles in dem »Einen« aufgeht.

Wie auch das Begriffspaar Statik und Dynamik analog in dem Satze aus dem Abschnitt das absolute Unbedingte zu verstehen ist: Zitat: »Das *Sein* ist überhaupt nur das *Werden* zum Wesen; es ist seine wesentliche Natur, sich zum Gesetzten und zur Identität zu machen, die durch die Negation ihrer das Unmittelbare ist.«[11]

Das Werden ist notwendig als totale Kategorie ein Strukturelement Hegelscher Denkarchitektonik.

Auch an Gesellschaftstheorien ist nach Herr Prof. Horkheimer Identitätsdenken demonstrierbar. Der Gegensatz zwischen soziologischem Universalismus und Individualismus wäre für Hegel nur eine Folge unvermittelter Abstraktionen gewesen. Er selber hätte sich wahrscheinlich sofort zum Universalismus als dem Prinzip der Individuation bekannt, übrigens eine typisch bürgerliche Denkform.

Die dialektische Betrachtungsweise erweist beide Denkansätze als Momente.

Das dialektische Identitätsdenken vermittelt ebenfalls die beiden vorhegelianischen Lehren vom Begriff, den Realismus und Nominalismus; das hat in gewissen Grenzen auch schon griechische Philosophie geleistet. Doch daß das Eine notwendig auf sein Anderes verwiesen ist, daß das Objektive in und durch das Subjektive – als Momente – ineinander vermittelt ist, dieser sinnvollen Erkenntnis ermangelt es noch.[12] Erst in Hegel wird durch den Schmerz und die Sinnlosigkeit des – in vielfacher Bedeutung – Zugrunde-Gehens jedes einzelnen Gedankens, dadurch, daß das Ganze gleichschwingend zum Begriffe wird, dem erkennenden Individuum Versöhnung, eine Entscheidung zu seinen Gunsten.

Auch die unmittelbare Sache, als die wahrhaft wesenhafte, im ersten Satz, ist vermittelt; die Erscheinung wird vom Subjekt aus gesehen zur vermittelten Unmittelbarkeit.

---

gehobene Grund, die Sache als das reflexionslose Unmittelbare, – die Seite der Bedingungen.« (Ebd.)
10 Vgl. hierzu ebd., S. 84–95.
11 Ebd., S. 116.
12 An dieser Stelle findet sich in der Vorlage eine Marginalie: »Wesentliches Moment des Subjekts, dessen es noch ermangelte!«

Im 2. Satze macht sich die Sache zum Gesetztsein. Sie wiederholt in sich ihr Gewordensein als im Grunde Gegründetsein und Werden, eben den Gang der Reflexion, der sich ergeben würde, läsen wir das Buch vom Wesen rückwärts.

Was beinhaltet der Ausdruck »vollständige Reflexion?« – Ausführung von Herrn Becker –

Die Sache, die in die Existenz tritt, hat ihrer vollständigen Reflexion sich in ihrer Unmittelbarkeit als Produkt eines Vermittlungsprozesses begriffen: Sie ist sowohl unmittelbar Seiendes, wie nach seinem Grund, was sie selbst *nicht* ist, Befragtes. Sie ist Einheit ihrer selbst und der sie konstituierenden Gründe und Bedingungen (Identität von Identität und Nicht-Identität). In der vollständigen Reflexion hat die unmittelbar existierende Sache die sie konstituierenden Bedingungen von sich abgestoßen, doch erinnert sie diese in deren Negation: Sie ist unmittelbar nur, indem sie die Vermittlung, die sie notwendig zustande brachte, negiert; doch weiß sie auch, daß sie ihre Unmittelbarkeit dieser Negation von Vermittlung verdankt: Daher ist das Gesetztsein der Sache erstlich der aufgehobene Grund. D. h.: Die absolute Sache von der Seite des Gesetztseins her gesehen ist der negierte absolute Grund, das aber ist nur denkbar, da die vollständige Reflexion als dialektische immer noch die Spur des Vermittelten im Unvermittelten hinterläßt.

Hat das Wesen sich in der Bedingung seiner Unmittelbarkeit begeben, die Einheit seiner Reflexion-in-sich entlassen, so hat es sich relativiert und als zurücknehmende Vorwegnahme kommt das Dasein beim relativ Unbedingten wieder in den Gedanken.

Worin unterscheiden sich nun relativ Unbedingtes und absolut Unbedingtes? – Ausführung von Herrn Becker –

Das relativ Unbedingte macht sich die Vermittlung von Grund und Bedingung zum Problem. Der Bedingung ist es äußerlich, Bedingung eines Bedingten zu sein. Der Inhalt der Bedingung ist gleichgültig gegen die Form seines Auftretens als Bedingung. Was die Bedingung zur Bedingung macht, ist auf der einen Seite die Beziehungslosigkeit von Form und Inhalt und auf der anderen Seite die Form der Grundbeziehung, die die Verbindung von Bedingung und Bedingtem herstellt. In der Weise sind sich Bedingung und Grund im relativ Unbedingten noch äußerlich.

Im absolut Unbedingten erweist sich, daß die relative Äußerlichkeit, in der Grund und Bedingung zueinander stehen, selbst notwendige Moment der *ganzen* Bewegung (nämlich der Sache) ist; Grund und Bedingung setzen sich in der Beziehung auf die Sache, die sie konstituieren, gegenseitig voraus.

Abschließend sei hingewiesen auf 2 Dissertationsthemen zu Hegels Logik, wovon das eine die Analyse seines Denkgewebes beinhaltet; herauszufinden wäre, wie in der Logik konkret gedacht wird (denn Hegel argumentiert nicht wie üblich); etwa analog der Sinfonie-Analyse. Deutlich leuchtet die Verwandtschaft zwischen Hegelschem Denken und guter Musik auf. Verständnis für beide ist nur mittels einer doppelten Denkbewegung möglich: Indem erspürt wird, was das Partiale, der einzelne Satz will, und in dieser Betrachtung verschränkt ermittelt wird, welche Funktion der Teil auf das Totum, die Sinfonie hin hat.

Herr Prof. Adorno erwähnte als weiteres Dissertationsthema den Vergleich zwischen dem Denken Hegels und Comtes.[13] Obwohl sich hier der Positivist und der spekulative Idealist gegenüberstehen, müßte es möglich sein, Gemeinsamkeiten des Denkens herauszupräparieren; ähnlich dem in der Vorlesung »Soziologie und Philosophie«[14] aufgedeckten, impliziten dialektischen Moment für das Prinzip der Gewissensfreiheit in der metaphysischen Philosophie;[15] wo das gleiche Theorem in aufeinanderfolgenden historisch-sozialen Situationen sich sowohl als schlecht und gut erweist.

---

[13] Drei Jahre nach diesem Seminar wird Oskar Negt mit einer Dissertation zu ebendiesem Thema bei Adorno und Horkheimer promoviert; vgl. Oskar Negt, Strukturbeziehungen zwischen den Gesellschaftslehren Comtes und Hegels, Frankfurt a. M. 1964 (*Frankfurter Beiträge zur Soziologie*; 14). – In seiner Vorlesung *Philosophie und Soziologie*, die er im selben Semester wie dieses Seminar abhält, sagt Adorno seinen Studenten: *Nun ist es das Eigentümliche, und es liegt hier bereits eine der sehr merkwürdigen Analogien zwischen dem Erzpositivisten Comte und dem Erzidealisten Hegel vor, daß eigentlich die polemische Spitze dieser Konzeption – man weiß bei Comte nie recht, ob man von einer Philosophie oder einer Soziologie eigentlich reden soll – sich mehr gegen die Metaphysik, also gegen die Philosophie richtet als gegen die Theologie, eben deshalb, weil ja er in seiner eigenen Zeit es mit der philosophischen Spekulation als der eigentlich kritischen Macht wesentlich zu tun gehabt hat. Sie müssen dazu wissen [...], daß [...] bei Comte bereits die Angst vor den auflösenden Tendenzen der bürgerlichen Revolution sich bemerkbar macht. Die Furcht klingt schon überall bei ihm durch, daß die philosophischen Begriffe, insbesondere die der Freiheit, der Gleichheit, der Brüderlichkeit, also die aufklärerischen Ideen, die in der Französischen Revolution zugrunde gelegen haben, eine jede soziale Ordnung unterminieren und in die Anarchie führen können. Und diese Position bedingt dann bei ihm zunächst einmal den generellen Angriff auf die Philosophie, ganz ähnlich, wie es an einer Stelle {bei} Hegel – der man freilich sehr viele entgegengesetzte Stellen entgegenhalten könnte – einmal heißt, daß sich die spekulative Philosophie im Bunde mit dem Glauben gegen das bloß räsonierende oder bloß reflektierende Denken befinden würde. – Nebenbei gesagt, da ich es nun einmal für meine Aufgabe halte, Sie auch auf die Möglichkeit von Spezialstudien hinzuweisen: Ich glaube, es wäre eine außerordentlich fruchtbare Aufgabe gerade für diejenigen unter Ihnen, die spezifisch an dem Verhältnis von Philosophie und Soziologie interessiert sind, einmal eine vergleichende Analyse von Comte und von Hegel durchzuführen, bei denen gegenüber den flagranten Gegensätzen, die ohne Frage herrschen, außerordentlich viele Ähnlichkeiten herrschen.* (NaS, Bd. IV·6, S. 26 f.)

[14] So in der Vorlage.

[15] Vgl. ebd., S. 32–36.

## 209 [N.N.],
## 19. Mai 1960

*Philosophisches Hauptseminar*
    Protokoll vom 19. Mai 1960

Das Seminar setzte die Interpretation der Sätze S. 97, 10. Zeile v. unten der Ausgabe Georg Lasson 1951 von Hegels Wissenschaft der Logik, 2. Teil, Abschnitt c, »Hervorgang der Sache in die Existenz«[16], fort. Die Stelle lautet:
»Für die absolute uneingeschränkte Sache ist die *Sphäre des Seins selbst* die Bedingung. Der Grund, der in sich zurückgeht, setzt sie als die erste Unmittelbarkeit, worauf er sich als auf sein Unbedingtes bezieht. Diese Unmittelbarkeit als die aufgehobene Reflexion ist die *Reflexion* in dem Elemente des Seins, das also sich als solches zu einem Ganzen ausbildet; die Form wuchert als Bestimmtheit des Seins fort und erscheint so als ein mannigfaltiger, von der Reflexionsbestimmung verschiedener und gegen sie gleichgültiger Inhalt.«[17]

Die Logik des Wesens setzt die Logik des Seins voraus. Wir befinden uns hier an einem einschneidenden Übergang in der Logik Hegels, nämlich an dem Übergang von der Denkbestimmung zur realen Existenz. Die Logik des Wesens erweist sich als Wahrheit der Logik des Seins, aber umgekehrt wird im Wesen der Standpunkt des Seins wieder erreicht. Die erste Unmittelbarkeit stellt sich begrifflich durchdrungen wieder her.

Die Erörterung dieses Überganges führt zur Unterscheidung zwischen dem absoluten Idealismus Hegels und dem transzendentalen Idealismus Kants.

Warum unterscheiden sich an dieser Stelle absoluter und transzendentaler, d. h. kritischer Idealismus?

Das nach Kant »Nicht Ableitbare«, d. h. die Existenz, soll aus den reinen Denkbestimmungen hervorgehen.[18] Diese sind bei Kant kategoriale Formen des Denkens, die nur in Verbindung mit etwas, dem Denken Transzendenten zu empirischen, objektiven und Existential-Urteilen führen.

Der absolute Idealismus Hegels unterscheidet sich von Kants transzendentalem Idealismus darin, daß er die Inhalte des Denkens auch noch aus dem Denken selbst hervorgehen läßt. Jedes Denken ist ein Denken von etwas, das mit dem Denken selbst nicht identisch ist; andererseits aber übersetzt das Erkennen alles Nichtbegriffliche in Begriffe. Die Dinge erweisen sich als Begriff. Der Er-

---

16 Vgl. HSW, Bd. IV, S. 97–100; hier: S. 97; vgl. HW, Bd. 6, 119–123; hier: S. 120.
17 HSW, Bd. IV, S. 97; vgl. HW, Bd. 6, S. 120.
18 Vgl. etwa HW, Bd. 8, S. 113–116.

kenntnisprozeß, der sich die Sache aneignet, soll die Bewegung der Sache selbst sein. Das, was als vom Denken verschieden definiert worden ist, soll sich als Denken erweisen. Insofern ist Hegel Identitätsphilosoph.

Nach dieser Erörterung ging das Seminar dazu über, Hegels Begriff des »absolut Unbedingten[19]« zu klären. Das »absolut Unbedingte[20]« bei Hegel an dieser Stelle wurde interpretiert als das, was bei Kant das »Ding an sich« genannt wird. Die Differenz von »kritischem« und »absolutem« Idealismus besteht darin, daß bei Kant das »Ding an sich« unerkennbar bleibt, weil Form und Materie der Erkenntnis nicht identisch sind; bei Hegel dagegen ist das »Ding an sich« als eine Form der Selbstbestimmung des Geistes erkennbar, weil Form und Materie identisch sind.

Beim »Ding an sich« haben wir es mit einer Abstraktion zu tun. Alles Denken ist begrifflich. Auf Kant zurückgehend wurde gesagt: Alles, was wir denken, denken wir in Begriffen; aber, und hier versuchte Herr Prof. Adorno die mangelnde Dialektik Hegels an dieser Stelle aufzuweisen, was durch Begriffe[21] gesagt wird, geht nicht im Begriff auf. Nach Kant muß es einen Inhalt geben, der von der Form des Denkens verschieden ist; bei Hegel dagegen ist das »Ding an sich« eine Weise, in der wir denken. Eine Form ohne Inhalt, d. h. ohne Sein ist sinnlos, folglich muß das Sein sich aus der Form ergeben.

---

19 Konjiziert für: »Unmittelbaren«; s. oben, Anm. 8.
20 Konjiziert für: »Unmittelbare«.
21 Konjiziert für: »Begriff«.

## 210 Karlheinz Funk, 2. Juni 1960

*Protokoll*
der Seminarsitzung vom 2. 6. 1960

Wie die Hegelsche Logik zeigt, setzt sich die Sache, kraft der ihr einwohnenden Tätigkeit der bestimmenden Reflexion, zur *existierenden* Sache dann, wenn die Totalität der Bedingungen sich hergestellt hat; Existenz bedarf zu ihrer Ermöglichung der Reflexion, der dialektische Prozeß läßt Wesen und Existenz miteinander identisch werden. – Auf dieser Stufe der Spekulation hat die Differenz zwischen Hegels Denken und dem Kants einen kritischen Punkt erreicht, dessen sich zu versichern dem Seminar aufgegeben ist. Ein Resümee Herrn Krügers[22] trug dazu Bestimmungen bei, die aus der Konfrontation der »Sache an sich selbst«, wie sie Hegel begreift, mit Kants »Ding an sich« gewonnen wurden. An Kants Verbot, in intelligible Welten auszuschweifen, regulative Prinzipien für konstitutive zu nehmen, trat dessen andere Seite hervor: Das Verbot rettet die Idee vor der Verendlichung, durch die sie selber partiell würde. Ihre Bewahrung in bestimmungsloser Reinheit aber ist gleichbedeutend mit dem Verzicht, für Gegenstände der Erfahrung den Begriff zu geben, der allen Forderungen nach Vollständigkeit und Notwendigkeit genügte. Die Vernunft kann sich ihres Interesses an systematischer Einheit nicht entschlagen, bei Kant soll, im mathematischen Vergleich gesagt, der Gegenstand der Erkenntnis dem Ding an sich asymptotisch sich annähern. Beider Zusammenfallen im Unendlichen entspräche Hegels absolutem Begriff; das ist unter dem Wissenschaftsbegriff Kants, der das Zuendekommen der Annäherung verweigert, nicht zu erfüllen.

Die Vorstellung eines Grenzübergangs im Unendlichen ist mitbetroffen von der Kritik, die Hegel übt an den zweierlei Dingbegriffen Kants. Herr Prof. Adorno vergegenwärtigte: das Ding als unbekannte, unerkennbare Ursache der Erscheinungen, dazu das Ding als Gesetz seiner Erscheinungen. Zwischen beiden soll die Kritik der Urteilskraft vermitteln; Vermittlung kann jedoch nicht von außen herangebracht werden. Erst die Hegelsche, der Aristotelischen an Platon analoge Kritik sieht den Ansatz in der Verflüssigung von Kants erstem Dingbegriff, der als die Abstraktion, die er ist, vom Zusammenhang sich abspaltet. Indem er seine Bezogenheit eingesteht, wird Kants starre Unterscheidung zwischen phänomenalen und noumenalem Gegenstand hinfällig, beider Vermitteltheit durcheinander bestimmbar; Erscheinung selbst ist schon Aussage über etwas, das erscheint.

---

22 Ein entsprechender Text von Heinz Krüger wurde nicht aufgefunden.

Am Widerspruch einer doppelt existierenden Welt scheitert der Versuch ihrer Vereinheitlichung, Hegels Hinausgehen über Kant gründet im Nichtanerkennen des Pluralismus, der mit Kants These vom Block als das Auseinanderweisen der Sphären besteht. Kant ist, wie aufzuzeigen wäre etwa am »Schematismus der reinen Verstandesbegriffe«[23], zum Erfinden von Bindegliedern und Korrekturen genötigt, bei Kant ist nachträgliche Finesse das, was bei Hegel, dem die Sache sich aus sich selbst entfaltet, kein Zusatz mehr ist. – Daraus ist zu verstehen, was mit Herrn Krügers Bestimmung, Hegel habe, gewissermaßen, die Arbeit der asymptotischen Annäherung geleistet, gemeint war. Denn Hegels Synthese resultiert eben nicht aus einer gradlinigen Fortsetzung kantischer Gedankengänge, eher noch der absolute Idealismus Fichtes, der, weil er das Nichtidentische zu kurz kommen läßt, viel glatter ist als der Hegelsche. Herr Prof. Adorno bestand auf der Unvereinbarkeit der Hegelschen Motive mit Kant, durchaus im Sinne Kants, wofür dessen scharfe Ablehnung von Fichtes Wissenschaftslehre einsteht. Hegels Entschlossenheit, vorm angeblich Unerkennbaren nicht zu kapitulieren, ist aus Kant nicht herzuleiten. Im geschichtlich gewordenen Selbstbewußtsein der Vernunft, das in Hegel kulminiert, gilt der Vorsatz, Natur zu entschleiern, wieder uneingeschränkt. Daß Vernunft zum bruchlosen Beantworten der Frage fortzuschreiten vermag, folgt aus Prämissen, die in Kant schon enthalten sind; wenn Vernunft zum Richter über Erkenntnis gesetzt ist, muß sie absolute Erkenntnis sein. Dennoch ist in Kant das, was als über ihn hinausweisend Herr Krüger unterstrich, nur ein Moment, ein Sekundäres. Wohl liegt in der Kantischen Doppelheit die ganze Problematik schon vor, ebenso auch der Ansatz zur Dialektik, um jedoch Kant zu sich selbst zu bringen, was, wie immer wieder betont wurde, in Hegel vollzogen ist, mußte ein Begriff des Negativen sich konstituieren, der die Kantische Immanenz aufsprengt. – In zusammenfassenden Hinweisen zur Methode warnte Herr Prof. Adorno vor Verfälschungen, die aus einseitigem Beobachten von Übergängen entstehen. Der dialektischen Position zeigt sich die Bewegung der Sache durch ihre Extreme; dialektischem Denken, das im Nachvollzug der sich entäußernden Sache je schon Einheit hat, ist mithin die Vorstellung von Annäherungen des Entäußerten ans Absolute nicht angemessen.

Mit der weitergeführten Interpretation des Hegelschen Textes bekräftigten sich die in den Vorerwägungen herrschenden Motive; jene ihre eigenen Grundzüge rekapitulierende Stelle der Logik, die im Abschnitt »Hervorgang der Sache in die Existenz« sich findet,[24] vertieft die Einsicht, weshalb Reflexion als pure Ab-

---

23 Vgl. den Abschnitt »Von dem Schematismus der reinen Verstandesbegriffe«, KW, Bd. III, S. 187–194 (B 176–195; A 137–147).
24 Vgl. HW, Bd. 6, S. 119–123.

straktion an die Sache nicht heranzukommen vermag. Die Behandlung kategorialer Formen als ein Selbständiges ist im Ganzen, das die Hegelsche Logik ausmacht, ein notwendiges Moment, die in der Wesenslehre gewonnene Stufe begreift sich selbst als mit notwendiger Verdinglichung behaftet. Darin aber, was Hegel das »Fortwuchern« der Form nennt,[25] liegt die Besonnenheit, die deren Fetischisierung nicht zuläßt. Im Vergessen, daß Reflexionsbestimmungen Wesen von etwas sind, wesen diese bewußtlos fort als zweite Natur. Nominalistisch ist Hegel, insofern er geistiges Sein als ein Absolutes[26] kritisiert, und damit nimmt er die Kritik an der Phänomenologie und Ontologie im Stile Husserls und seiner Nachfolger schon vorweg. Das Wesen muß eingehen in die Existenz, weil es Wesen ist von etwas; anders gesagt: Das Wesen nimmt sich ins Dasein zurück, denn Wesen in abstracto gibt es nicht, Wesen ist Werden.

Das Sein hingegen streift seine Unwesentlichkeit ab, sobald es zur Bedingung wird, zur Totalität, die alles zusammenhält. Durch sie haben die Einzelmomente erst Leben, vom Ganzen her leuchtet alles einzelne auf. Zugleich wird die leere Unmittelbarkeit des als selbstverständlich hingenommenen, einfach daseienden Seins bedeutungsvoll. Daran gibt es nichts, was dazu da wäre, unbesehen weggeworfen zu werden, noch das Unwesentlichste kann, indem es reflektiert wird, als wesentlich sich enthüllen. Für uns, die wir uns um die Deutung gesellschaftlicher Phänomene zu bemühen haben, ist es geradezu eine methodische Forderung, am Entlegenen, kaum Beachteten, anzusetzen, um Aufschluß zu erhalten, was darin sich verbirgt. Im unmittelbar Gegebenen ist, das bewahrheitet sich in Hegels Logik, die Formeinheit schon versenkt. Das Problem Kants ist nun durchsichtig geworden. Damit mir etwas gegeben sein kann, mußte es, Kant zufolge, durch das transzendentale Schema auf die Kategorien bereits abgestimmt sein. Für Hegel erweist sich, im Sinne eines nicht ausgeschlossenen Dritten, die Nichtidentität als selbst schon vermittelt. Das gegebene Material ist beides: unmittelbar und zugleich mehr als unmittelbar, es ist in sich vermittelte Unmittelbarkeit. Der insistierenden Betrachtung geht das eine in das andere über.

Reflexion hat in der Sphäre des Seins schon statt. Indem mit der Formeinheit am Sein schon das Werden ist, muß ebenso Reflexion schon sein, die im Werden zum Wesen als die Bedingung, wodurch Sein als solches möglich ist, sich selbst

---

25 »Für die absolute uneingeschränkte Sache ist die *Sphäre des Seins selbst* die Bedingung. Der Grund, der in sich zurückgeht, setzt sie als die erste Unmittelbarkeit, worauf er sich als auf sein Unbedingtes bezieht. Diese Unmittelbarkeit als die aufgehobene Reflexion ist die *Reflexion* in dem Elemente des Seins, das also sich als solches zu einem Ganzen ausbildet; die Form wuchert als Bestimmtheit des Seins fort und erscheint so als ein mannigfaltiger, von der Reflexionsbestimmung verschiedener und gegen sie gleichgültiger Inhalt.« (Ebd., S. 120)
26 Konjiziert für: »eines Absoluten«.

begreift. Im Gegebenen ist also Subjekt schon enthalten, es ist der Sache nicht äußerlich. Bei Kant bereitet [das] Ich, die synthetische Einheit der Apperzeption, das transzendentale Subjekt, die Welt der Erfahrung zu, bei Hegel gibt es keine Spontaneität im Kantischen Sinne. Die Sache bricht selbst auf; wenn das Gegebene schon geformt ist, bedarf es keines Subjekts, welches etwas hinzufügen muß. Erkenntnis ist verbindlich, indem sie das ins Gegebene Versenkte wieder hervorholt, sie ist »intellektuelle Anschauung« insofern, als ihre Tätigung am Material die Selbstbewegung des Materials ist, der sie zuschaut. Aus dem, was bei Kant noch unartikuliert erscheint, was bei ihm noch drinbleibt, aus diesem Die-Sache-Verfehlen Kants macht Hegel dessen Wahrheit.

Auch hier ist es immanente Kritik, die das Vorausgesetzte beim Wort nimmt, wie sie das Vorausgesetztsein des Daseins versteht als gesetzt, vermittelt. Für Hegel gibt es kein Anfangen mehr im Sinn eines schlechthin Ersten. Die gesamte Tradition der »ersten Philosophie« ist negiert vom Tiefsinn Hegels, vor dem kein radikal Unmittelbares bestehen kann. Auch Vermittlung beginnt nicht, ebenso nicht das Werden. Die »Bewegung des Werdens« kann nicht am Anfang stehen, Werden ist kein Prinzip. Wenn das Sein als Resultat erkannt ist, wird Werden zu einer Bestimmung des Seins selber; im Begriff des Seins selbst liegt das Werden. Es ist »nur der Schein des Unbedingten«, in der vorausgesetzten Form ist Werden aufgespeichert, und die Unmittelbarkeit des Seins ist nur Moment der Form. –

Herrn Prof. Adornos Satz, die Hegelsche Logik sei unentwegte Kritik an jeder isolierten Bestimmung, kann an den Schluß gestellt werden.

Karlheinz Funk.[27]

---

[27] Unterschrift.

## 211 Kurt Jürgen Huch, 23. Juni 1960

Kurt Jürgen *Huch*

Protokoll der Sitzung des Philosophischen Hauptseminars vom 23. Juni 1960

Anhand des Protokolls von Herrn *Funk* ergab sich für das Seminar die Frage, was Hegel unter ›Sache‹ verstehe. Wie Herr Prof. *Horkheimer* erklärte, handelt es sich dabei immer um das Ganze: den Gegenstand der Logik, das Unbedingte, das seine Bedingungen als aufgehobene in sich enthält. Der Weg zum Unbedingten führt durch die Bedingungen, das abstrakt Seiende, hindurch. Jede bedingte Erkenntnis meint daher in abstracto schon das Unbedingte: man muß das Endliche ansprechen, um zur Wahrheit zu gelangen.

Wenn also die wahre Sache sich in jeder einzelnen Sache reflektiert, dann müssen die einzelnen Sachen in ihrer Gesamtheit schon auf das Absolute hin angelegt sein. Herr Prof. *Horkheimer* gab zu bedenken, ob nicht deshalb auch bei Kant die Sache schon dasein müsse, wenngleich dieser sie leugne. Man kann der Frage anhand von Kants Scheidung zwischen dem Ding an sich als Ursache der Erscheinungen und dem Ding als Gesetz seiner Erscheinungen nachgehen. Die Dinge der Sinnlichkeit sind Gesetze, die den Ablauf des Naturprozesses regeln. Die Noumena sind die Ursachen der Dinge und damit dieser Gesetze. Man darf also, wie Hegel gezeigt hat, das eine vom anderen nicht starr trennen: Es ist *ein* Ding, das die Erscheinungen setzt, daher kann die Sinnenwelt nur die in die Erscheinung getretene Sache sein. Dem Kantischen Ding an sich entspricht, wie Herr Prof. *Horkheimer* feststellte, bei Hegel der Grund, der durch die in ihn zurückgehenden Bedingungen gesetzt wird, sich als Gesetztsein negativ auf sich bezieht und damit die Bedingungen begründet. Im Unendlichen gleicht das Ding an sich dem absoluten Subjekt: dem Geist, der die Erscheinungen ordnet. Diese als Gegenstände der Erfahrung sollen bei Kant durch die reinen Verstandesbegriffe objektiv erkannt werden können. Hier nun setzt Hegels Kritik an Kant ein: Wie, fragt er, kann solche Erkenntnis objektiv sein, da sie doch immer auf mögliche Erfahrung bezogen sein soll? Sie kann es nur sein, wenn den endlichen Dingen das an ihnen selbst über die Endlichkeit Hinausweisende, sie als Erscheinung der absoluten Sache Bezeichnende zugestanden wird. Die Erkenntnis, daß es objektive *Verstandes*erkenntnis gebe, hat Hegel Kant zum Trotz als eine absolute erwiesen. Auch insofern kann er, wie Herr Prof. *Horkheimer* abschließend bemerkte, der zu sich selbst gekommene Kant genannt werden.

Es war nun Aufgabe des Seminars, die Selbstbewegung der Sache in die Existenz von der Seite der Grundbeziehung her näher zu betrachten.

Als Form der absoluten Sache ist die vollständige Grundbeziehung die *voraussetzende* Reflexion ihrer Momente: Grund und Bedingung. Die Sache nun ist bestimmt als die Einheit ihrer Form mit sich, das heißt auch, daß sie ihr eigener Inhalt ist. Sie setzt sich diesen als Bedingung voraus, als Gesetztsein muß er zugrunde gehen, damit ist seine Bestimmtheit aufgehoben, er ist [als] Moment des Prozesses zum Unbedingten geworden. Dieser Prozeß ist also bedingtes Werden: Die Sache hat sich ihre Bedingungen vorausgesetzt und hebt durch ihre eigene Bewegung das Vorausgesetzte auf, sie nimmt ihre Bedingungen in sich hinein. Herr Prof. *Horkheimer* wies an dieser Stelle auf den Unterschied zu Schelling hin, der das Absolute in unmittelbarem Zugriff zu erlangen meint, während Hegel es sich durch Vermittlungen erarbeitet.

Der reale Prozeß ist Werden sowohl des Grundes wie der Bedingungen, denn jedes seiner Momente ist an sich die ganze Sache. Der Grund setzt sich die Bedingungen voraus, diese gehen in ihn zurück und setzen in als Unmittelbares. In seiner Unmittelbarkeit stößt er sich von sich ab und setzt die Bedingungen, welche als Gesetztsein zugrunde gehen und den Grund erst zum Grund machen. Dadurch aber ist er wahrhaft aufgehoben: Er hat sich zum Naturprozeß, zum Werden an sich selbst gemacht. Im absoluten Werden ist die Vermittlung als negative Beziehung auf sich verschwunden, die vermittelte Bewegung der Sache zu sich ist nur dieses Verschwinden selbst. Was bleibt, ist die hervortretende Sache als grundloses Scheinen in sich.

›*Wenn alle Bedingungen einer Sache vorhanden sind*, so tritt sie in die Existenz‹[28]: Herr Prof. *Horkheimer* meinte, auch diese Formulierung zeige, wie sehr Hegel sich jederzeit dem Geist der Sprache anschmiegt – von Existenz spricht er erst, wenn das Erscheinende *ganz* als Ding da ist, als vermittelte Unmittelbarkeit. Daß er sich das Erscheinende als etwas real Sinnliches denkt, erhellt auch am Gebrauch des unbestimmten Artikels. Wenn die Bedingungen vorhanden sind, d. h., wenn die Welt sich in einer Struktur befindet, die zuläßt, daß die Sache hervortritt, so ist jede bestimmte Sache sie selbst und zugleich das Wesen. Die Welt bewegt sich aber fortgesetzt auf diese Struktur hin, deshalb trägt alles endliche Sein schon den Keim des Absoluten. So hat man auch Hegels Satz: ›Die Sache *ist, eh' sie existiert*‹[29] zu deuten: Was ist, sind die Momente der vorausset-

---

28 Ebd., S. 122.
29 »Die Sache *ist, eh' sie existiert*; und zwar ist sie erstens als *Wesen* oder als Unbedingtes; zweitens hat sie *Dasein* oder ist bestimmt, und dies auf die betrachtete gedoppelte Weise, einerseits in ihren Bedingungen, andererseits in ihrem Grunde. In jenen hat sie sich die Form des äußerlichen, grundlosen Seins gegeben, weil sie als absolute Reflexion die negative Beziehung auf sich ist und sich zu ihrer Voraussetzung macht. Dies vorausgesetzte Unbedingte ist daher das

zenden Reflexion: Grund und Bedingungen. Die Bedingungen, das abstrakte, äußerliche Sein, gehen durch die Erinnerung der Sache in den Grund zurück, setzen ihn als Grund und heben ihn damit auf. Was bleibt, ist das *grundlos Unmittelbare* als die Sache. In all diesen Reflexionsbestimmungen ist sie schon angelegt, jedoch erst auf der Stufe des grundlosen Unmittelbaren tritt sie in die Existenz. Als Aufgabe der nächsten Seminarsitzung bezeichnete es Herr Prof. *Horkheimer*, die Begriffe der Erinnerung und des grundlosen Unmittelbaren, die in der Kürze der verfügbaren Zeit nur gestreift werden konnten, näher zu bestimmen.

---

grundlose Unmittelbare, dessen Sein nichts ist, denn als Grundloses dazusein.« (HSW, Bd. IV, S. 97; vgl. HW, Bd. 6, S. 112)

## 212 Herbert Schnädelbach, 30. Juni 1960

*Protokoll der Sitzung vom 30. Juni 1960*

I. *Anmerkungen zum Protokoll*

An dem Ausdruck »die Sache«, der in dem behandelten Abschnitt von Hegel häufig und in verschiedenartigen Verbindungen gebraucht wird, läßt sich zeigen, daß selbst noch die sich wandelnden Wortbedeutungen eine Funktion der Bewegung des Begriffs sind. Wollte man an jeder Stelle, wo dieses Wort auftritt, unvermittelt »das Ganze«, »das Absolute« einsetzen, träfe man nur die eine Seite seines Inhalts. Obwohl es in einem sehr emphatischen Sinne und in bestimmten Wendungen diese Bedeutung hat, bezeichnet es zunächst den Erfahrungsgegenstand, dieses endliche Einzelne, um dessen Konstitution es in diesem Kapitel geht. Es partizipiert am Ganzen insofern, als jedes Einzelurteil Wahrheit beansprucht, die nach Hegel nur als die Totalität des Systems möglich ist; wahr ist ein Urteil nur dann, wenn es als Moment in diesen Zusammenhang eingeht. So ist die »Sache« als das Einzelding auch als auf das Ganze hin angelegt zu denken; diese Vermittlung des Allgemeinen durch das Besondere ist festzuhalten, wenn die »Sache« als das Ding-an-sich ausgesprochen wird. –

(Eine weitere Anmerkung Herrn Prof. Adornos zum Protokoll bezog sich auf das Verhältnis von Objektivität und Erfahrung.)

Erfahrungserkenntnis scheint Objektivität auszuschließen, denn sie ist stets relativ auf das erfahrende Subjekt. Kant hat Objektivität der Erkenntnis im Sinne von allgemeiner und notwendiger Gültigkeit der Erfahrungsurteile zu begründen versucht, indem er sie als die nach subjektiv a priori vorgegebenen Regeln geordnete Fülle der sinnlichen Daten bestimmte. Beide konstituierenden Momente dieser Objektivität aber sind im Subjekt: sowohl die Formen der Synthesis als auch das zu synthetisierende chaotische Material, und es entsteht die Paradoxie einer subjektiv gestifteten Objektivität, von der nicht einzusehen ist, daß sie mehr sei als das Subjekt noch einmal, als eine bloße Verdoppelung des Ich.

Hegel macht diesen Widerspruch thematisch: der Gedanke der Subjektivität, die die Objektivität konstituiert, wird zum Organon der Philosophie selbst gemacht. Das philosophische System soll den Beweis erbringen, daß die Objektivität sich durch alle Vermittlungen hindurch schließlich als das Werk des unendlich vermittelten und vermittelnden Absoluten Subjekts herausstellt, das in ihm bei sich selbst ist und sein Selbstbewußtsein hat. Hegel versuchte die totale Durchführung eines Kantischen Motivs, als er das Ding-an-sich – nach Kant die »unbekannte ... Ursache der Erscheinung« (Amphibolie-Kapitel, B 344)[30] – als Absolutes Subjekt darzustellen unternahm. Den Kongruenzpunkt von Ding-an-sich und Subjektivität verlegt Kant selbst ins Unendliche eines Fortschritts der Erkenntnis: Das dann erkannte Ding-an-sich wäre die vom Erkenntnisprozeß gestiftete Einheit von Form und Material, wäre Leistung des Subjekts und mit der Vernunft identisch. Ferner hat das endliche Subjekt als intelligibles Wesen schon jetzt teil an der »natura archetypa«, der »Natur unter der Autonomie der reinen praktischen Vernunft« (Kritik der praktischen Vernunft, A 75/76)[31], in die es durch das Sittengesetz versetzt ist; der Verwirklichung dieser Autonomie aber steht die empirische Welt mit ihren für das Subjekt heteronomen Gesetzen entgegen.

An diesem Punkt hat der nachkantische Idealismus angeknüpft: Es liegt in der Konsequenz jener Konstruktion, daß jedes wahre Erfahrungsurteil schon Bestandteil der ganzen Wahrheit sein muß, obwohl sie nach Kant erst im Unendlichen erreicht sein wird. Darum hat Fichte das Absolute Subjekt von vorn-

---

30 »Der Verstand begrenzt [...] die Sinnlichkeit, ohne darum sein eigenes Feld zu erweitern, und, indem er jene warnet, daß sie sich nicht anmaße, auf Dinge an sich selbst zu gehen, sondern lediglich auf Erscheinungen, so denkt er sich einen Gegenstand an sich selbst, aber nur als transzendentales Objekt, das die Ursache der Erscheinung (mithin selbst nicht Erscheinung) ist, und weder als Größe, noch als Realität, noch als Substanz etc. gedacht werden kann (weil diese Begriffe immer sinnliche Formen erfordern, in denen sie einen Gegenstand bestimmen); wovon also völlig unbekannt ist, ob es in uns, oder auch außer uns anzutreffen sei, ob es mit der Sinnlichkeit zugleich aufgehoben werden, oder, wenn wir jene wegnehmen, noch übrig bleiben würde.« (KW, Bd. III, S. 304 f. [B 344 f.; A 288])

31 »Nun ist Natur im allgemeinsten Verstande die Existenz der Dinge unter Gesetzen. Die sinnliche Natur vernünftiger Wesen überhaupt ist die Existenz derselben unter empirisch bedingten Gesetzen, mithin für die Vernunft *Heteronomie*. Die übersinnliche Natur eben derselben Wesen ist dagegen ihre Existenz nach Gesetzen, die von aller empirischen Bedingung unabhängig sind, mithin zur *Autonomie* der reinen Vernunft gehören. Und, da die Gesetze, nach welchen das Dasein der Dinge vom Erkenntnis abhängt, praktisch sind: so ist die übersinnliche Natur, so weit wir uns einen Begriff von ihr machen können, nichts anders, als *eine Natur unter der Autonomie der reinen praktischen Vernunft*. Das Gesetz dieser Autonomie aber ist das moralische Gesetz; welches also das Grundgesetz einer übersinnlichen Natur und einer reinen Verstandeswelt ist, deren Gegenbild in der Sinnenwelt, aber doch zugleich ohne Abbruch der Gesetze derselben, existieren soll. Man könnte jene die *urbildliche* (natura archetypa), die wir bloß in der Vernunft erkennen, diese aber, weil sie die mögliche Wirkung der Idee der ersteren, als Bestimmungsgrundes des Willens, enthält, die nachgebildete (natura ectypa) nennen. Denn in der Tat versetzt uns das moralische Gesetz, der Idee nach, in eine Natur, in welcher reine Vernunft, wenn sie mit dem ihr angemessenen physischen Vermögen begleitet wäre, das höchste Gut hervorbringen würde, und bestimmt unseren Willen, die Form der Sinnenwelt, als einem Ganzen vernünftiger Wesen, zu erteilen.« (KW, Bd. VII, S. 156 f. [A 74 f.])

herein in Ansatz gebracht, ohne die qualitative Differenz der Erscheinungen vom Subjekt festzuhalten; ebenso hat Schelling die dann von Hegel ausgeführte notwendige Vermittlung übersprungen: Bei ihm ist der Begriff der »Intellektuellen Anschauung« zentral, der bei Kant nur ein Grenzbegriff der Vernunft ist; durch sie soll es dem Erkennenden möglich sein, sich der Wahrheit im unmittelbaren Zugriff zu versichern.

II. *Fortsetzung der Interpretation des Textes*

Die Existenz ist im Unterschied zur ersten Unmittelbarkeit des Daseins die Einheit von Wesen und Dasein als neue Unmittelbarkeit, ist wesentliches Sein. Kantisch gesprochen entspricht das Wesen dem Kategorialen, der Form der Gegenstände der Erfahrung – das Dasein dem unstrukturierten Unmittelbaren, dem Material der Erkenntnis; »Existenz« bezeichnet die Dingsphäre und trifft als diese Einheit von Form und Material die immanente Bedeutung des Kantischen Dingbegriffs sehr genau: Das Ding ist bei ihm als Gegenstand der Erkenntnis die Gesetzmäßigkeit, unter die die sinnliche Mannigfaltigkeit gebracht ist. Das Wesen als Moment der Existenz ist bei Hegel aber nicht nur der Inbegriff der reinen Verstandesbegriffe, sondern zugleich die formierende Form, die ganze Kantischen Subjektivität, die das unmittelbare Dasein strukturiert und das Existierende als die Unmittelbarkeit der Welt, deren Form ihre Leistung ist, hervorbringt. Dieses subjektive Tun aber ist hier noch objektiv gefaßt: Die Existenz als die Unmittelbarkeit, die aus dem Wesen hervorgeht, ist erst die objektive Reflexion des Subjekts in sich, darin es sich selbst noch nicht wiedererkennt. Erst in der logischen Stufe der Objektivität hat das Subjekt in seinem Gegenstande Selbstbewußtsein.

Ist die Existenz das durch die Reflexion hindurchgegangene Unmittelbare, so gehören zu seinem Werden nicht nur alle Bedingungen, »die Totalität der Sache als grundloses Unmittelbares«[32] (Lasson II, S.99/100, wie alle folgenden Zitate)[33] und alle Gründe als die formierenden Elemente, sondern auch das Erlöschen der Reflexion selbst: die Verwandlung dieses Prozesses in allen seinen Momenten in ein gegenständlich Seiendes. Das unmittelbar Existierende ist »grundlos« durch dieses Verschwinden der Vermittlung; durch das Vergessen der formierenden Arbeit erscheint das Ding als äußerlich Vorfindliches, bloßes Dasein.[34] Das ist die

---

32 »Wenn also alle Bedingungen der Sache vorhanden sind, d. h. wenn die Totalität der Sache als grundloses Unmittelbares gesetzt ist, so *erinnert* sich diese zerstreute Mannigfaltigkeit an ihr selbst.« (HSW, Bd. IV, S. 99; vgl. HW, Bd. 6, S. 122)
33 Vgl. HSW, Bd. IV, S. 99 f.; vgl. HW, Bd. 6, S. 122 f.
34 S. oben, Anm. 29.

»absolute Reflexion« als »die negative Beziehung auf sich«; sie erlischt durch ihr Erfülltsein, durch ihre Vollständigkeit werden die vorangegangenen Bedingungen und Gründe und deren Bewegung in die unmittelbare Einfachheit des existierenden Dinges aufgehoben. Dieses Zusammengehen zur Einheit ist der Augenblick jenes Vergessens. Hegel gibt hier die Wesensgeschichte der Verdinglichung, die er kritisiert und zugleich das Zum-Ding-Werden des Erkenntnisprozesses selbst, Vergessen ist ein notwendiges Moment der Erkenntnis.

Dieses Vergessen als die Vermittlung des »grundlosen Unmittelbaren« ist der Komplementärbegriff zu dem des »Erinnerns« als einer objektiven Bewegung, wie es in diesem Kapitel konzipiert ist. – In der »Deduktion der reinen Verstandesbegriffe«[35] stellt Kant die Erinnerung als notwendige Stufe der Gegenstandserkenntnis heraus und nennt sie »Reproduktion in der Einbildungskraft«[36]: Sie reproduziert die Sukzession der erhaltenen sinnlichen Daten noch einmal für das Ich, bringt sie in die Kontinuität des Zeitbewußtseins und ermöglicht so die Synthesis zur Einheit des Gegenstandes. Auch hier ist die Erinnerung das Doppelte: das Festhalten am objektiv vergangenen Mannigfaltigen und zugleich dessen Verschwindenlassen in die vollbrachte Synthesis. – Was bei Kant als ein subjektives Tun erscheint, faßt Hegel als objektiven Prozeß, als die eigene Erinnerung der Mannigfaltigkeit, die die Bewegung eines Hineingehens in das einfache Innere des existierenden Dinges ist; dem entspricht das subjektive Vergessen der Konstitution und ihrer Momente. Die Hegelsche Darstellung dieser Bewegung ist auch »Deduktion der reinen Verstandesbegriffe«, die schon bei Kant die notwendigen Formen der Einheit des Gegenstandes sind. Das Aufheben der Vermittlung als die Vermittlung des Dinges in seiner Unmittelbarkeit ist die Genesis des Dingbewußtseins: Das unmittelbare Mannigfaltige wird in der Synthesis zum Ding aktualisiert und zugleich vergessen; sein Verschwinden als das Mannigfaltige ist das einfache Hervortreten der Einheit des Gegenstandes, beides in einer Bewegung.

Die Erinnerung des Mannigfaltigen ist zugleich das Werden der Vollständigkeit des Grundes und das Vergehen seiner Bestimmung, nur Grund zu sein. »Der

---

[35] Vgl. den Abschnitt »Von der Deduktion der reinen Verstandesbegriffe«, KW, Bd. III, S. 125–182 (B 116–169; A 84–130).
[36] Vgl. den Abschnitt »Von der Synthesis der Reproduktion in der Einbildung«, ebd., S. 163–165 (A 100–102). – In der *Negativen Dialektik* [1966] heißt es: *Unter den Leistungen der Kantischen Deduktion rangiert obenan, daß er noch in der reinen Form der Erkenntnis, der Einheit des Ich denke, auf der Stufe der Reproduktion in der Einbildungskraft, Erinnerung, die Spur des Geschichtlichen gewahrte.* (GS, Bd. 6, S. 63f.) – Vgl. GS, Bd. 5, S. 116; GS, Bd. 15, S. 186; NaS, Bd. IV·1, S. 102f.

Grund zeigt sich nur als ein Schein, der unmittelbar verschwindet«[37]. Die Position des Empirismus ist hier wiederholt: Reine Begriffe, bloße Reflexionsbestimmungen sind den Gegenständen gegenüber nichts Substantielles und sind scheinhaft, wenn sie für die Gegenstände selbst genommen werden. Hegel hat im ganzen ersten Abschnitt der Wesenslogik diese empiristische Kritik entfaltet:[38] die Kritik am bloßen Wesen der Sache, das nicht die Sache selbst, sondern als vermeintliche Substanz des Seienden nur Schein ist, der »unmittelbar verschwindet«. Die Reflexion, die auf halbem Wege zur Wahrheit stehenbleibt, wird in ihren Bestimmungen durch Reflexion selbst kritisiert und bis in ihre Selbstaufhebung getrieben.

(Herr Prof. Horkheimer verdeutlichte diese Kritik am Modell des Einzeldings.)

Naiv *realistisch* wird das Ding als Grund seiner Erscheinungen angesehen, als die Substanz, die ihre vielfältigen akzidentellen Bestimmungen trägt; so gefaßt aber ist das Ding nur das Andere seiner Erscheinungen, das ihnen transzendent bleibt und nicht in sie eingeht. Der *Empirismus* durchschaut hier den Schein eines Grundes: Er wird erkannt als die einfache Zusammenfassung der Einzelerscheinungen, hervorgebracht vom abstrahierenden Subjekt der Erkenntnis, dem sie erscheinen. *Beide* einander widerstreitenden Positionen werden bei Hegel kritisiert und aufgehoben, die von ihnen vertretenen entgegengesetzten Begründungszusammenhänge von Wesen und Erscheinung werden hier zu Momenten der einen »tautologischen Bewegung der Sache zu sich selbst«; der Begriff der ganzen Sache umfaßt notwendig den Prozeß ihrer Erkenntnis in allen seinen inhaltlichen und formalen Elementen: sowohl das realistische Werden des Grundes als auch die empiristische Kritik seiner Abstraktheit. Wenn erkannt ist, daß der Prozeß der Erkenntnis sich selbst notwendig gegenständlich wird und seine Inhalte in der Form der Unmittelbarkeit aus sich hinaussetzt, schwindet der Schein, und die unmittelbare Sache wird als die ganze Bewegung der Erfahrung des Subjekts gewußt.

Mit dieser Erkenntnis ist der absolute Idealismus erreicht: Der Grund selbst ist als Subjekt gedacht, er ist als abstraktes Wesen verschwunden und zugleich als mit seinem Andern vermittelte Unmittelbarkeit wiederhergestellt; die Sache geht

---

[37] »Der Grund zeigt sich nur, als ein Schein, der unmittelbar verschwindet; dies Hervortreten ist somit die tautologische Bewegung der Sache zu sich, und ihre Vermittlung durch die Bedingungen und durch den Grund ist das Verschwinden beider. Das Hervortreten in die Existenz ist daher so unmittelbar, daß es nur durch das Verschwinden der Vermittlung vermittelt ist.« (HSW, Bd. IV, S. 100; vgl. HW, Bd. 6, S. 122)

[38] Vgl. den Abschnitt »Das Wesen als Reflexion in ihm selbst«, HSW, Bd. IV, S. 7–100; vgl. HW, Bd. 6, S. 17–123.

»aus der eigenen wesentlichen Negativität oder reinen Form hervor«[39], noch ihre Unmittelbarkeit ist vom Subjekt hervorgebracht. – Das impliziert die Kritik einer jeglichen Metaphysik, die sich unmittelbar im Besitze der Wahrheit wähnt und meint, daß sie sich wie ein Spruch aussprechen ließe. Ist nur diese Bewegung des Subjekts Wahrheit, so ist zwar dem Empirismus sein Recht geworden, aber zugleich so, daß er total kritisiert ist, denn er begreift die Unmittelbarkeit des Sinnesmaterials nicht als ebenso vermittelt. Das richtet sich ebenso gegen Kant: Obwohl er dem Begriff der Existenz im Hegelschen Sinne näher ist, weil es bei ihm das Subjekt ist, das das chaotische Material zur Einheit des Gegenstandes bringt, bleibt auch er bei dessen unmittelbarer Gegebenheit stehen; darum ist das Aufeinanderpassen von transzendentaler und empirischer Sphäre ein okkasionalistisches Wunder. Er ist hier korrigiert. Die Äußerlichkeit das Daseienden ist aus der Reflexion deduziert; seine Unmittelbarkeit ist Schein, denn sie ist geworden.

Zugleich aber ist diese Unmittelbarkeit festzuhalten, denn nicht ein abstraktes Subjekt ist Wahrheit, sondern allein die Entfaltung des Zusammenhangs des Subjekts mit seiner Geschichte, die es zugleich erkennt und in sich hineinnimmt. Damit sind auch die undialektischen Philosophien eines Absoluten Subjekts kritisiert, das immer auf ein qualitativ auch verschiedenes Objekt verwiesen bleibt. Nach Hegel ist das Subjekt das einzige, was ist: das aber ebenso nur ist, wenn der Gegenstand ist, wenn es sich selbst als sein eigenes Anderes, als die unmittelbare Sache hervorbringt und darin Selbstbewußtsein hat. Nichts Fixes ist wahr, sondern allein der Gedanke, der diese Dialektik begreift und sich selbst darin als Bewegendes und Bewegtes wiedererkennt.

stud. phil. Herbert Schnädelbach<br>8. Fachsemester

---

39 »Die Sache ist [...] ebenso, wie sie das *Unbedingte* ist, auch das *Grundlose*, und tritt aus dem Grunde nur, insofern er *zugrunde* gegangen und keiner ist, aus dem Grundlosen, d. h. aus der eigenen wesentlichen Negativität oder reinen Form hervor.« (HSW, Bd. IV, S. 100; vgl. HW, Bd. 6, S. 123)

## 213 Herbert Schäfer, 7. Juli 1960

*Protokoll der Sitzung vom 7. Juli 1960*

*Anmerkungen zum Protokoll vom 30. 6.*

In der Frage des naiven Realismus unterscheidet sich die Hegel'sche von allen anderen idealistischen Positionen. Diese gehen von dem Unmittelbarkeitscharakter aus, den die Welt der Erscheinungen für das natürliche Bewußtsein hat und setzen der philosophischen Bemühung die Aufgabe, den diesem Unmittelbarkeitscharakter entsprechenden und entspringenden naiven Realismus (auf den die im Grunde herabsehen – Husserl!)[40] als das Unrichtige zu erweisen. Hegel geht nicht diesen gewissermaßen analytischen Weg, sondern erklärt umgekehrt, der Gedankenbewegung folgend, das Entstehen dieses Unmittelbarkeitscharakters aus dem Verschwinden der Bedingungen und des Grundes, als Verfestigung des Prozesses.

»Der Grund ... erhält durch die Vereinigung mit den Bedingungen die äußerliche Unmittelbarkeit und das Moment des Seins.«[41]

Der naive Realismus wird so in seiner Notwendigkeit verstanden, und seine Wahrheit wird gerettet.

Hier ist ein wesentlicher Berührungspunkt Kant–Hegel erreicht. Gerade durch den vollen Durchgang durch die Subjektivität ist die Rettung des Objekts geleistet.

---

40 In der *Metakritik der Erkenntnistheorie* [1956] bemerkt Adorno über Husserl: *Seine Rede von einer »›dogmatisch‹ behandelten reinen Logik« drückt aus, daß er sich in seiner transzendentalphilosophischen Phase schließlich selber am naiven Realismus der Logik geärgert hat.* (GS, Bd. 5, S. 62) – Bei Husserl heißt es entsprechend: »Der Forscher in der ›dogmatisch‹ behandelten *reinen Logik* erfaßt abstraktiv die apophantischen Formen (›Satz überhaupt‹ oder ›Urteil‹, kategorisches, hypothetisches, konjunktives, disjunktives Urteil usw.) und fixiert für sie Axiome formaler Wirklichkeit. Von analytischer Synthesis, von noetisch-noematischen Wesensbeziehungen, von der Einordnung der von ihm herausgefaßten und begrifflich fixierten Wesen in die Wesenskomplexe des reinen Bewußtseins weiß er nichts; er erforscht isoliert, was nur in diesem vollen Wesenszusammenhange sein volles Verständnis finden kann.« (HEH, Bd. III, S. 360)

41 »*Die Sache geht aus dem Grunde hervor.* Sie wird nicht durch ihn so begründet oder gesetzt, daß er noch unten bliebe, sondern das Setzen ist die Herausbewegung des Grundes zu sich selbst und das einfache Verschwinden desselben. Er erhält durch die *Vereinigung* mit den Bedingungen die äußerliche Unmittelbarkeit und das Moment des Seins.« (HW, Bd. 6, S. 122f.)

Schon Kants Intention ging auf Rettung der Objektivität, nicht auf deren Auflösung in Subjektivität.

(Geeignet als Thema einer Arbeit: »Das Verhältnis der Hegel'schen Philosophie zu Kants Deduktion der reinen Verstandesbegriffe.«)

Feuerbach hat einseitig den naiven Realismus als Resultat, Natur als das Gewordene aus Hegels System herausgewonnen und zur Grundlage seines Naturalismus gemacht. Er hat sich dabei als Hegels Vollstrecker, als den wahren Hegelianer empfunden. Die Antwort Hegels auf einen Brief, in dem Feuerbach diese Ansicht vertritt,[42] ist leider nicht überliefert.

Im Hinblick auf Kant (wie auf den Empirismus und den vor-Hegel'schen Idealismus) wird Hegels Philosophie zusammengefaßt in dem Satz des letzten Protokolls:

»Nach Hegel ist das Subjekt das einzige, was ist, das aber ebenso nur ist, wenn der Gegenstand ist, wenn es sich ... als die unmittelbare Sache hervorbringt ...«[43]

Herr Professor Horkheimer stellte die Überlegung an, ob Hegel überhaupt – z. B. in einem solchen Satz – zu resümieren sei. Der zitierte Satz ist zugleich richtig (da der Sachverhalt zusammenfassend nicht viel anders ausgedrückt werden kann) und unrichtig (eben weil er ihn zusammenfassend, also abstrakt darstellt). Im Grunde läßt sich Hegel nicht referieren. Wahr ist nur das Ganze, der sich entfaltende Geist, der Prozeß selbst, der nicht auf Sprüche abzuziehen ist. Sogar diese Feststellung muß jedoch durch ihr dialektisches Gegenstück ergänzt werden: Jeder Satz der Hegel'schen Philosophie ist Resümee in der intensivsten Wortbedeutung: Alles zuvor Gesagte wird in ihm wiederholt, ist in ihn übergegangen.

Jedenfalls ist festzuhalten, daß alles, was über die sich in der Geschichte realisierende Wahrheit hinausgreift, in gewisser Weise unerlaubt ist. Diesen Verzicht auf abstrakte Wahrheit hat Hegel mit dem Positivismus gemein, der ebenfalls den Versuch, sich über das Hier und Jetzt zu erheben, als unzulässig erklärt und sich auf die Wissenschaft beschränkt, die ihm eine Technik ohne Wahrheitsanspruch ist, der über die innere Widerspruchsfreiheit hinausginge. Hegel hat über die Meinung gelacht, Philosophie sei Denken in einem definierten Bereich, könne also auf ihrem Gebiet Resultate liefern, man könne etwa Sinn und

---

42 Vgl. den Brief Ludwig Feuerbachs an Hegel vom 22. November 1828, in: Briefe von und an Hegel, hrsg. von Johannes Hoffmeister, Bd. III, 3. Aufl., Hamburg 1969 (Philosophische Bibliothek; 237), S. 244–248.
43 S. oben, S. 459.

Befriedigung von ihr beziehen. – Hegels Philosophie – ungeheuerliches Weltbewußtsein auf der einen Seite (der Weltprozeß wird reproduziert!) – hat hier einen Moment tiefer Resignation in sich: Man kann eigentlich nichts sagen.

Exkurs von Herrn Professor Adorno:
Daß man's nicht auf den Spruch bringen kann, ist eigentlich Kriterium eines guten Textes überhaupt. Das Resümierbare ist schon diskreditiert – das Anspruchsvolle ist nicht resümierbar. Jeder Satz muß gleichnahe zur Sache stehen. Der Text muß die Bewegung der Sache selbst sein – das ist er aber nicht, wenn er sich ablösen, auf Sprüche bringen läßt. Hier konvergieren Philosophie und Kunst.[44]

Herr Professor Horkheimer betonte den Punkt, daß die Resignation Hegels nicht nur auf die von außen versuchte Zusammenfassung, sondern auch auf die Unmöglichkeit gehe, im Kreis der Systemimmanenz des Rätsels Lösung zu bringen. An der Stelle, an der man erwartet, daß der Sinn des Ganzen gesagt werde, mündet das System wieder in seine eigene Prämisse ein.

Herr Professor Horkheimer verdeutlichte das an der Anekdote über Hegels Vorlesungen:
Er begann mit den logischen Voraussetzungen, zeigte dann, wie sie die Formen in Natur und geschichtlicher Welt hervorbringen. Wenn man schließlich – zur Philosophie gekommen – zu hören erwartet, was die Triebfeder des Ganzen sei, stellte sich das Resultat als identisch mit der Prämisse her: Im nächsten Semester begann man wieder mit der Logik.

Herr Professor Adorno führte aus, daß dies Wieder-Einmünden in die eigene Prämisse auch der großen traditionellen Musik eigentümlich sei. Beethoven zeige es nicht weniger als Hegel.[45] Bei Mahler sei das anders: Die Erfüllung sei bei ihm

---

[44] Vgl. die Einleitung in die *Negative Dialektik*, in der es heißt: *An Philosophie bestätigt sich eine Erfahrung, die Schönberg an der traditionellen Musiktheorie notierte: man lerne aus dieser eigentlich nur, wie ein Satz anfange und schließe, nichts über ihn selber, seinen Verlauf. Analog hätte Philosophie nicht sich auf Kategorien zu bringen sondern in gewissem Sinn erst zu komponieren. Sie muß in ihrem Fortgang unablässig sich erneuern, aus der eigenen Kraft ebenso wie aus der Reibung mit dem, woran sie sich mißt; was in ihr sich zuträgt, entscheidet, nicht These oder Position; das Gewebe, nicht der deduktive oder induktive, eingleisige Gedankengang. Daher ist Philosophie wesentlich nicht referierbar. Sonst wäre sie überflüssig; daß sie meist sich referieren läßt, spricht gegen sie.* (GS, Bd. 6, S. 44)

[45] Für das geplante Buch über Beethoven notiert Adorno: *Das Gelingen bei Beethoven besteht darin, daß bei ihm, und ihm allein, das Ganze niemals dem Einzelnen äußerlich ist sondern allein aus dessen Bewegung hervorgeht oder vielmehr diese Bewegung ist. Es wird bei Beethoven nicht*

das Nicht-Tautologische, das Andere, Nicht-Vorgesehene.[46] Die Stringenz, die System-Immanenz gehe dabei natürlich verloren.

*Fortsetzung der Text-Interpretation (2. Abschnitt »Die Erscheinung«)*[47]
Der erste Satz:
»Das Wesen muß erscheinen«[48],
klingt provokatorisch. Von Plato bis Fichte hat die Philosophie das Gegenteil gesagt: Das Wesen ist gerade das, was hinter der Erscheinung steht, was nicht erscheinen kann.

Nach der herkömmlichen Klassifikation könnte der Satz entweder als synthetisches Urteil mißverstanden werden (was zwingt es zu erscheinen?) oder als analytisches (Wesen ist definiert als Wesen von anderem, von Erscheinung. Es ist also nicht weiter verwunderlich, daß es erscheint. Die vorgebliche Bedeutsamkeit des Satzes erweist sich als Trivialität, als Umordnen der Definition. Die Tautologie besteht darin, daß Wesen und Erscheinung identisch zu nehmen sind).

Dazu ist zu sagen, daß Wesen und Erscheinung vermittelt zu nehmen sind, also nicht identisch – wenigstens zunächst nicht.

Sein ist reine Negativität. Was übrigbleibt von ihm, ist sein Begriff, der verselbständigte, leere, seiner Beziehung auf Sein und Seiendes entäußerte Begriff: das Wesen. Oder vielmehr, da der Begriff »Begriff« auf der 2. Stufe der Dialektik eigentlich unzulässig ist, da das Wort »Begriff« also hier im gewöhnlichen, nicht im Hegel'schen Sprachgebrauch genommen werden müßte: Wesen ist aufgehoben in Sein, das sich selbst aufgehoben habende Sein.

Diese Überlegungen machen die folgenden Textstellen durchsichtig, bei denen es sich um Schlüsselsätze der Logik handelt:

»Das Sein ist die absolute Abstraktion; diese Negativität ist ihm nicht ein Äußerliches, sondern es ist Sein und sonst nichts als Sein nur als diese absolute Negativität. Um derselben willen ist Sein nur als sich aufhebendes Sein und ist *Wesen*.«[49]

---

*vermittelt* zwischen *Themen, sondern wie bei Hegel ist das Ganze, als reines Werden, selber die konkrete Vermittlung* [...] (NaS, Bd. I·1, S. 49 [57]).
**46** Vgl. Adornos Schrift *Mahler. Eine musikalische Physiognomik* [1960], GS, Bd. 13, S. 149–319; dort vor allem den Abschnitt »Charaktere«, ebd., S. 190–208.
**47** Vgl. HW, Bd. 6, S. 124–185.
**48** Ebd., S. 124.
**49** Ebd.

Die Sphäre des Wesens ist die Biographie des Nichts, die Darstellung des Nicht-Seienden, das vom Sein infolge dessen eigener Dialektik übrigleibt.

Damit, daß die Sphäre des Wesens sich als selbständig erwisen hat, hängt es also zusammen, daß der Anfangssatz keine tautologische Subjekt-Prädikat-Identität ist. Das Ganze der Philosophie jedoch ist allerdings ein gigantisches tautologisches Urteil: Auf höherer Stufe wird die notwendig vollzogene Trennung von Sein und Wesen wieder aufgehoben. Das Wesen muß erscheinen. Die Sache tritt in die Existenz, wenn die Totalität der Bedingungen da ist. Es liegt in der Konsequenz der Sache selbst zu erscheinen. Hier liegt Gesetzmäßigkeit vor. Aber auch ein normativer Zusammenhang kann bezeichnet werden: Wenn das Wesen nicht Erscheinung wird, bleibt es, was es war, nämlich Schein.

Herr Professor Horkheimer führte in einem Exkurs aus, daß dieser Satz wörtlich zur Charakterisierung des Marx'schen Ideologiebegriffs übernommen werden kann. Die kapitalistische Auffassung, neben der Arbeit sei auch das Kapital produktiv, wird nicht durch Zurückführen auf subjektiv-willkürliche Tendenzen (möglichst wenig Lohn zu zahlen) als Ideologie erwiesen. Aus der Produktionsweise ist vielmehr herzuleiten, daß diese Auffassung mit Notwendigkeit entstehen muß. In der gegebenen Situation, in der die Gesellschaft sich mit Hilfe von Privatunternehmern reproduziert, ist der Gewinn tatsächlich nicht bloß Funktion der Arbeit, sondern auch des investierten Kapitals. Als Ideologie erweist sich die genannte Auffassung erst dann, wenn nicht auf dem Boden der gesellschaftlich gegebenen Tatsachen argumentiert, sondern diese selbst in die Betrachtung einbezogen werden. Ideologie ist als solche nur erwiesen, wenn sie mit Notwendigkeit aus der Struktur der Realität, aus dem Wesen hergeleitet ist: Das Wesen muß erscheinen.

Wie Herr Professor Adorno noch anmerkte, ist die Notwendigkeit, mit der Ideologie aus der Gesellschaftssituation hervorwächst, nicht nur als Folgerichtigkeit zu verstehen, sondern als ganz realer Zwang: Der Unternehmer muß so denken, weil er sonst zugrunde geht.

Das Wesen hat in der Phase der Abgetrenntheit vom Sein eine Art Eigenleben. Seine Verselbständigung wird ihm in gewissermaßen listiger Weise als auch eine Art Sein gutgeschrieben:

»Das Wesen aber ist als die einfache Gleichheit mit sich umgekehrt ebenfalls *Sein*.«[50]

---

50 Ebd.

Daß dem Wesen Sein zuerkannt wird, weist aber gleichzeitig schon in den weiteren dialektischen Gang: Das abstrakte Sein ist das Nicht-Selbständige, das Abhängige – damit ist das Wesen gesetzt – nur als Wesen ist das Wesen Sein.

»Dieses Sein aber, zu dem das Wesen sich macht, ist das *wesentliche Sein, die Existenz*; ein Herausgegangensein aus der Negativität und Innerlichkeit.«[51] –

– ist das Herausgegangensein in Raum und Zeit, ist das Individuierte, könnte man ergänzen. »Wesentliches Sein« hieße bei Kant »bestimmtes, kategorial geformtes Sein«. Das Wesen in der Phase der Abgetrenntheit ist nur an-sich. Erst wenn alle kategorialen Bedingungen erfüllt sind, geht es in die Tatsächlichkeit über, wird für-uns. Es gibt keine Wahrheit, ohne daß wir dabei sind. Wesen, das nicht Faktum für uns wird, bleibt Hirngespinst. Wesen wird Wahrheit nur dadurch, daß es erscheint, existiert. Existiert es nicht, so ist es das Schattenhafte, bloßer Schein. Wesentliches ist wesentlich eben dadurch, daß es nicht bloß Wesen ist. – So impliziert der Ausdruck »Wesentliches Sein« auch die Identität mit dem Ding-an-sich. An späterer Stelle jedoch –

– »... der Welt der Erscheinungen stellt sich die in sich reflektierte, an sich seiende Welt gegenüber«[52] –

tritt die Ding-an-sich/Erscheinung-Dialektik (programmatisch hier erst) auf. Die Erscheinung wird als Gewordenes enthüllt, dem Ding-an-sich antithetisch gegenüberstehend, aber:

»das erscheinende und das wesentliche Sein stehen schlechthin in Beziehung aufeinander.«[53]
»So ist die Existenz ... wesentliches Verhältnis.«

In der Sprache des Neukantianismus: Das Ding ist Funktionsbegriff, nicht Substanzbegriff.

---

51 Ebd.
52 »Die Erscheinung ist das, was das Ding an sich ist, oder seine Wahrheit. Diese nur gesetzte, in das Anderssein reflektierte Existenz ist aber ebenso das Hinausgehen über sich in ihrer Unendlichkeit; der Welt der Erscheinung stellt sich die in sich reflektierte, *an sich seiende Welt* gegenüber.« (Ebd., S. 124 f.)
53 »Aber das erscheinende und das wesentliche Sein stehen schlechthin in Beziehung aufeinander. So ist die Existenz [...] wesentliches *Verhältnis*; das Erscheinende zeigt das Wesentliche, und dieses ist in seiner Erscheinung.« (Ebd., S. 125)

Anschließend wurde noch ausgeführt:

Daß das Wesen in seiner Erscheinung sei, ist nicht aristotelisch-scholastisch aufzufassen. »In« ist nicht wie »in re« zu lesen. Das Wesen geht in die Erscheinung über, es ist als Erscheinung, es bleibt kein Rest. Wesen ist nur noch als Erinnerung in der Erscheinung.

Jedenfalls entspricht das Wesen immer der Erscheinung. Alles Wirkliche ist vernünftig. Das ist das oft unterschätzte nominalistische Moment bei Hegel.

Herbert Schäfer

## 214 Jürgen Scheschkewitz, 14. Juli 1960

*Protokoll des Hegel-Seminars vom 14. Juli 1960*

In Anmerkungen zum Protokoll der vorausgegangenen Sitzung gab Professor Adorno verschiedene Hinweise zur Struktur des Hegelschen Denkens. Charakteristisch hierfür sei die Form der Zusammenfassung, die das Neue hervorbringe. In der Entwicklung des Systems werde die jeweils gewonnene Kategorie so lange hin und her gewendet, bis das Neue an ihr erscheine, darin gleiche die Hegelsche Methode einem gigantischen analytischen Urteil. Falsch sei es auch, die gängige Klischeevorstellung vom durchweg positiven Sinn des Aufhebens bei Hegel zu verabsolutieren. In der konkreten Entfaltung dieses Denkens zeige sich vielmehr, daß die einzelnen Kategorien je nach ihrer Gewichtigkeit mehr oder weniger substantiell in die positive Aufhebung eingehen. Beispielsweise habe der Begriff des Seins eine viel größere Resistenzkraft als der des Wesens, der stärker untergehe.

Professor Adorno betonte, es müsse auch Aufgabe des Seminars sein, den Unsinn über Hegel wegzuräumen, der sich in den Verballhornungen der offiziellen Philosophiegeschichte niedergeschlagen habe. So bestimme die übliche Hegelinterpretation den *Gegensatz zwischen Kant und Hegel* oberflächlich dahingehend, daß Kant die Erkennbarkeit des Dings an sich geleugnet habe und Hegel nicht. In Wirklichkeit halte Hegel die Differenz zwischen Phänomenon und Noumenon auch fest; während Kant beide aber abstrakt trennte, versuchte Hegel, jedes als Moment des Ganzen zu bestimmen und durcheinander zu vermitteln. In diesem Zusammenhang wurde auch der grundsätzliche *Unterschied des Hegelschen Objektivismus zum Realismus des aristotelisch-thomistischen Denkens* herausgearbeitet. Bei Hegel gibt es nicht die Bestimmungen der Essenz und des Akzidents als summierbarer zum Gegenstand, sondern beide sind durcheinander vermittelt, enthalten in sich selber das andere Moment als Bedingung ihrer Möglichkeit. Diese »*Verinnerlichung*« gegenüber der bloß logizistischen Auffassung bei Aristoteles und Thomas ist die eigentliche Leistung Hegels.

Anschließend wurde die Interpretation des Existenz-Kapitels begonnen. Professor Adorno wies auf das Schockhafte und Provokatorische Hegelscher Sätze wie den von der Existenz hin, das es mitzuverstehen gelte, um Hegel überhaupt zu verstehen. Der Satz: »Alles, was ist, existiert«[54], klingt, naiv gelesen, wie eine

---

54 »Wie der Satz des Grundes ausdrückt: ›*Alles was ist, hat einen Grund oder ist ein Gesetztes, ein Vermitteltes*‹, so müßte auch ein Satz der Existenz aufgestellt und so ausgedrückt werden: ›*Alles,*

bloße Tautologie. Hier heißt es, die Differenz aufzusuchen, die zwischen den scheinbar gleichsinnigen Termini besteht. Das Wort »*ist*« steht an dieser Stelle für *Sein als unmittelbares*, Existenz dagegen meint *das durch das Wesen vermittelte Seiende*. Der Sinngehalt des Satzes liegt also darin, alles Seiende als ein Vermitteltes, als Produkt kategorialer Arbeit auszuweisen. Diesen Vermittlungscharakter des Seins unterstreicht auch der folgende Satz. »Die Wahrheit des Seins ist, nicht ein erstes Unmittelbares, sondern das in die Unmittelbarkeit hervorgegangene Wesen zu sein.« Der Akzent liegt auf *Wahrheit* des Seins, die er als eine gewordene, durch das Wesen vermittelte bestimmt. Damit entfällt der denkbare formale Einwand, daß die Hegelsche Logik falsch aufgebaut sei und die Logik des Wesens vor der des Seins abgehandelt werden müßte.

Bei verschiedenen Interpretationsversuchen an dem Satz: »*Wenn aber ferner auch gesagt wurde, was existiert, hat einen Grund und ist bedingt, so müßte auch ebenso gesagt werden: es hat keinen Grund und ist unbedingt ...*«[55], warnte Professor Adorno davor, den formalen Gedankengang zu wiederholen, durch den Hegel zu solchen Bestimmungen kommt. Es sei leichter, solche Sätze innerhalb des Systems abzuleiten, als sie zu verstehen. Man dürfe nicht dahin kommen, daß man aus Angst vor dem Systemzwang nicht mehr wage, die einzelnen Sätze auf ihren Aussagesinn an Ort und Stelle zu befragen. Zum System gehöre, nicht nur das System zu verstehen, sondern auch die einzelnen Sätze zu erfüllen. So wird hier auf das naive, philosophisch unreflektierte Dingbewußtsein angespielt, dem das unmittelbare Haben des Dings primär und in sich selbst genügend ist und das nach den Gründen seines Daseins nicht fragt. Professor Horkheimer erklärte hierzu, Hegels Intention sei an dieser Stelle, das Moment der Wahrheit, das im naiven Dingbewußtsein liege, zu retten. Er stehe gewissermaßen über dem räsonierenden Verstand, der ständig nach den Gründen fragt und das Existierende in seinem bloßen Dasein nicht gelten läßt. Hegel gehe es darum, daß Theorie das Existierende nicht eskamotiere. Daher wehre er hier den gewitzigten Verstand ab, der alles ableiten will, er dagegen werde in solchen Formulierungen des Anderen, Unauflöslichen inne, das mit zum Begriff gehört. Zugleich offenbare sich darin allerdings auch die positivistische Seite an Hegel, seine Achtung vor dem Bestehenden.

---

*was ist, existiert*‹. Die Wahrheit des Seins ist, nicht ein erstes Unmittelbares, sondern das in die Unmittelbarkeit hervorgegangene Wesen zu sein.« (Ebd.)

55 »Wenn aber ferner auch gesagt wurde, *was existiert, hat einen Grund und ist bedingt*, so müßte auch ebenso gesagt werden, *es hat keinen Grund und ist unbedingt*. Denn die Existenz ist die aus dem Aufheben der durch Grund und Bedingung beziehenden Vermittlung hervorgegangene Unmittelbarkeit, die im Hervorgehen eben dies Hervorgehen selbst aufhebt.« (Ebd.)

Es wäre sehr unhegelisch, wenn andererseits der Begriff nicht sogleich wieder zum Existierenden hinzutritt, es kann in seiner Unmittelbarkeit nicht bestehen. Dennoch hält die Hegelsche Philosophie hier das Moment an der Sache fest, das sich nicht im Begriff auflösen läßt. Im Begriff ist damit selber sein Widerspruch gesetzt, alles Wirkliche ist auch mystisch, wie es in der Phänomenologie heißt.[56] Professor Adorno verwies ergänzend darauf, daß im Verhältnis von Unmittelbarkeit und Begriff die größte Schwierigkeit des Hegelschen Denkens stecke. Zwar gehe letztlich alles im absoluten Geist auf, aber selbst in ihm bleibe Existenz als ein unauflösbarer Rest.

Professor Horkheimer hob in diesem Zusammenhang hervor, daß bei Kant das Vertrauen in den Begriff im Grunde noch größer als bei Hegel sei. Kant wird zwar nie sagen, daß das Unmittelbare im Begriff aufgeht, aber hinter seiner Lehre von der unendlichen Annäherung an die Idee verbirgt sich die eminente Hoffnung darauf. Das ist der utopische Kern der Kantischen Philosophie: Die Dinge sollen einmal ins Reine kommen, so wie sie sich jetzt darstellen, sind sie noch nicht durch den Begriff sanktioniert. Hegel dagegen rechtfertigt die Existenz als ein Begriffliches und damit Leben und Tod. Seine Anerkennung des Existierenden bejaht nicht nur das, was ist, sondern zugleich auch, was *nur* ist.

Das Seminar ging dann zu einer vorläufigen Interpretation der Hegelschen Argumentation gegen die Kantische Abwehr des ontologischen Gottesbeweises über. Eine genauere Auseinandersetzung soll der nächsten Sitzung vorbehalten bleiben, in der Herr Krüger kurz über die Theorie des ontologischen Gottesbeweises bei Hegel referieren wird.[57] Im Kern laufen Hegels Einwände gegen Kant darauf hinaus, daß dieser den Gottesbegriff nicht in seiner Absolutheit fasse, sondern die Existenz des höchsten Wesens in Analogie zu jedem partikular Existierenden auch als eine bestimmte Existenz ansetzt. Hegel hingegen erweitert den Existenzbegriff derart, daß er nicht mehr auf die partikulare Bestimmtheit eingeschränkt bleibt, sondern als Existenz schlechthin der Beziehung auf ein anderes enthoben ist. Diese Ausweitung des Begriffs hat das Fatale an sich, daß sie damit zugleich den Begriff aushöhlt und Existenz ohne Existierendes in Ansatz bringt. Man könnte sagen, bei Hegel werde damit zur reinen Form, was bei Kant gerade den notwendigen Inhalt der Formen ausmacht.

Professor Adorno verwies auf einen charakteristischen Zug der Hegelschen Philosophie, das Wissen durch seine eigene Reflexion in den Glauben überzu-

---

56 Hegel sagt über die Tiere, »sie bleiben nicht vor den sinnlichen Dingen als an sich seienden stehen, sondern verzweifelnd an dieser Realität und in der völligen Gewißheit ihrer Nichtigkeit langen sie ohne weiteres zu und zehren sie auf; und die ganze Natur feiert wie sie diese offenbaren Mysterien, welche es lehren, was die Wahrheit der sinnlichen Dinge ist.« (HW, Bd. 3, S. 91)
57 Ein entsprechender Referatstext wurde nicht aufgefunden. – Vgl. etwa HW, Bd. 8, S. 135–137.

leiten. Eine abstrakte Trennung von Wissen und Glauben werde nicht anerkannt, vielmehr führe die Reflexion durch ihre eigene Konsequenz zu Gott als Absolutum und damit zur Negation des Wissens qua Glauben. Es wäre zu überlegen, ob nicht auch bei Kant schon ein ähnlicher Zug vorliegt und zwar in der Moralphilosophie, wo die Vernunft um ihrer eigenen Vernünftigkeit willen zu den Postulaten von Gott und Unsterblichkeit gedrängt wird. Die Differenz zu Hegel läge dann allerdings wiederum in dem utopischen Moment der Kantischen Philosophie, die sich mit dem bloß Seienden nicht genug sein läßt.

Dr. Haag schlug vor, die Stellen des Kapitels, die das »*Zugrundegehen der Vermittlung*«[58] in der Bestimmung der absoluten Existenz behandeln, als eine Kritik an Platon aufzufassen. Bei diesem Denker werde die Genesis des Wissens um die Ideen auch vergessen, seine Philosophie war ihrer Denkform nach noch Religion, ein unmittelbares Vorstellen, das seiner eigenen Genesis nicht inne wird oder im Resultat von ihr wegschaut.

Jürgen Scheschkewitz

---

**58** Vgl. HW, Bd. 6, S. 127 f.

## 215 Helmuth Reuss, 21. Juli 1960

*Protokoll des Hegel-Seminars vom 21. Juli 1960.*

Zu Beginn des Seminars hielt Herr Becker ein Referat über »Den ontologischen Gottesbeweis in der Großen Logik von Hegel«.[59]

Das Referat zitierte zuerst den Gottesbeweis, wie er von Anselm von Canterbury gefaßt und verstanden wurde, und zeigte dann auf, welche Inhaltsbestimmung er unter dem Griff Hegels erfuhr. Schon Anselm ist sich der eigentümlichen Problematik bewußt, die in der Ausgangsposition dieses Beweises liegt, indem er erkennt, daß im Beweisen die Subjektivität sich zugleich zum Konstituens dessen setzt, was sie beweisen will, und daß damit die Intention des Beweisens gegen die Funktion des Beweises steht. Anselm sieht das Denken, sofern es eine richtende Funktion im Beweisen übt, als eine Sünde gegen Gott an, befreit sich jedoch wieder von ihr durch die Erklärung, daß diese »Sünde« Teil Gottes sein muß, soll dessen Anspruch auf Allmacht bestehenbleiben.[60]

Diese Problematik in der scholastischen Auffassung wird für Hegel thematisch. Das Subjekt durfte sich bei Anselm im Beweisen seiner konstitutiven Funktion nicht innewerden.

Dieses Thematisch-geworden-Sein stellt sich bei Hegel dadurch dar, daß in den Begriff Gottes dessen Explikation in das endliche Subjekt miteinbezogen wird und jenen zugleich wieder begründet. Die Selbstbewegung des Begriffes bedeutet für Hegel dessen reale Einlösung. Das Unendliche soll sich als die Wahrheit des Endlichen beweisen. Was in der Scholastik Notlösung war, ist für Hegel Kernpunkt seiner Philosophie geworden. Nur in diesem scheinbaren Widerspruch zwischen Resultat und Moment liegt die Wahrheit Gottes. Auf diese Weise hat Hegel den ontologischen Gottesbeweis in seinem Anspruch zugleich gewahrt und in den kosmologischen umgewandelt, in welchem von der Existenz des Bedingten auf die des Unbedingten geschlossen wird.

---

59 Werner Becker, »Der ontologische Gottesbeweis in der Großen Logik von Hegel«, Archivzentrum Na 1, 887.
60 Vgl. Anselm von Canterbury, Proslogion. Untersuchungen. Lateinisch-deutsche Ausgabe, hrsg. und übers. von Franciscus Salesius [Albert] Schmitt, 2. Aufl., Stuttgart 1984 (frommann's studientexte; 2), die Abschnitte »Antrieb des Geistes zur Betrachtung Gottes«, ebd., S. 75–85, »Daß nicht gedacht werden kann, daß er nicht existiert«, ebd., S. 87, sowie »Wie er allmächtig ist, obgleich er vieles nicht kann«, ebd., S. 93–95.

Und so hat sich Hegel auch gegen die Kantische Kritik am ontologischen Gottesbeweis gewandt.

Kant sieht die Unmöglichkeit des Beweisens der Existenz Gottes aus dessen Begriff, da dieser für ihn nicht wie bei Hegel die Existenz durch immanente Bewegung vermittelt, sondern Phänomenon und Noumenon erst im Unendlichen vereint sind. Und so mußte denn Kant annehmen, daß die Existenz Gottes deswegen nicht beweisbar ist, weil das Sein dem Begriff transzendent bleibt.[61]

Das Seminar wandte sich nun der Besprechung des Textes, dem Kapitel über die Existenz, zu.[62]

»Das Wesen hat nicht Existenz, sondern ist die Existenz«[63]. Diese Aussage Hegels greift noch einmal, wie eine Reprise, auf den Leitsatz des ganzen Kapitels zurück: »Das Wesen muß erscheinen.« Nachdrücklich weist Hegel nochmals darauf hin, seine Aussage über Wesen und Existenz nicht als ein prädikatives Urteil anzusehen, nach Art einer starren Definition, vielmehr ergibt sich die Existenz aus der Bewegung der Gesamtheit der in der Logik angelegten Bestimmungen; das Wesen geht in der Existenz auf, mündet in die Existenz ein, das Wesen wird der Existenz geopfert. »Das Wesen ist in die Existenz übergegangen.« Als ein solches »Aufgehen«, ein solches »Münden in« ist das »ist« in dem Satz »Das Wesen ist Existenz« zu verstehen. Das Wesen bleibt nicht als ein Selbstständiges zurück. Es geht vielmehr als Grund ganz in der Existenz auf und zwar durch Vermittlung zwischen Wesen als Grund und Wesen als Begründetem. Diese aufgehobene Vermittlung vermittelt die Unmittelbarkeit der Existenz.

Herr Professor Adorno wies an dieser Stelle auf einen gewissen Zusammenhang der Denkweisen Humes und Hegels hin. Dabei bediente er sich der Humeschen Begriffe der »impressions« und »ideas«.[64] Jenen, den impressions, komme

---

61 Vgl. den Abschnitt »Entdeckung und Erklärung des dialektischen Scheins in allen transzendentalen Beweisen vom Dasein eines notwendigen Wesens«, KW, Bd. IV, S. 544–548 (B 642–648; A 614–620).
62 Vgl. HW, Bd. 6, S. 125–147.
63 »So ist die Existenz hier nicht als ein *Prädikat* oder als *Bestimmung* des Wesens zu nehmen, daß ein Satz davon hieße: ›Das Wesen existiert oder *hat* Existenz‹, sondern das Wesen ist in die Existenz übergegangen; die Existenz ist seine absolute Entäußerung, jenseits derer es nicht zurückgeblieben ist. Der Satz also hieße: ›Das Wesen ist die Existenz‹; es ist nicht von seiner Existenz unterschieden. – Das Wesen ist in die Existenz *übergegangen*, insofern das Wesen als Grund sich von sich als dem Begründeten nicht mehr unterscheidet oder jener Grund sich aufgehoben hat.« (Ebd., S. 128)
64 Vgl. den Abschnitt »Über den Ursprung der Vorstellungen«, in: David Hume, Eine Untersuchung über den menschlichen Verstand [1748], hrsg. und eingel. von Manfred Kühn, übers. von Raoul Richter, Hamburg 2015 (Philosophische Bibliothek; 648), S. 18–23.

ein höherer Grad der Realität zu als den ideas. Das Denken Hegels weist eine Parallele zur Auffassung Humes auf, indem der Gedanke des graduellen Unterschiedes, der sich in der Hervorhebung der Existenz gegenüber dem Wesen niederschlägt, hier eine gewisse Rolle spielt. Freilich ist damit das Verhältnis von Hegel zu Hume nicht genügend erklärt.

Wenn für Hegel der Begriff erfüllt ist, muß er in der Sache aufgehen, etwa in dem Sinne, wie ein unterzeichneter Geldwechsel eingelöst werden kann. Der Begriff ist nicht eine Zugabe zu der Sache, ein Außenstehendes oder Nebenherlaufendes, sondern die Sache.

Bei Kant bewährt sich der Begriff erst im Zusammenfallen von Phänomena und Noumena, einem Ereignis, das sich erst in der Unendlichkeit vollzieht. Im hic et nunc läuft er neben der Sache her, kann nicht wie bei Hegel durch sie eingelöst werden.

Gewissermaßen eine dritte Position in diesem Zusammenhang bezieht der Nominalismus, dem der Begriff, das »idea«, leer ist, weder in der Unendlichkeit noch im Hier und Jetzt seine Erfüllung findet.

Der folgende Abschnitt der Logik über das »Ding und seine Eigenschaften«[65] gibt einen interessanten Einblick in die Methode Hegels. Während der bisherige Gang der Hegelschen Logik synthetisch-genetisch war, indem aus dem Sein über die Reflexionsbestimmungen und das Aufheben des Wesens die Existenz geworden ist, wechselt die Methode hier mit einem Male und schlägt ins Gegenteil um. Jetzt, da der genetische Prozeß die Sache bis zu ihrer Existenz getrieben hat, hält Hegel inne. Er will nunmehr wissen, was das ist, was da geworden ist, wie die Sache, die er an der »Kausalität« hat entstehen lassen, beschaffen, wie sie kategorial bestimmt ist. Hegel will gleichsam die gewordenen kontrapunktischen Linien in ihrem vertikalen Aufbau erfassen, ihre Harmonie analysieren. Ließ sich Hegel bisher von dynamischen Grundsätzen leiten, so ist sein Verfahren nunmehr statisch bestimmt. Herr Professor Adorno faßte Hegels Intention in den Satz zusammen: Hegel läßt die Sache erst ihr Dingbewußtsein erreichen, um danach die Analyse ihrer objektiven Bestimmung vorzunehmen. Aus der Sphäre der Vermittlung, des Werdens und Gewordenseins, welche hier Leistungen und Subjektivität sind, schreitet Hegel nun zum Objekt. Es erhebt sich die Frage, wie dieser Umschlag in der Methode zu deuten ist.

Die Sache wird durch die Bestimmung zur Existenz zum Einzelnen gemacht, das heißt, als Geformtes dem Unendlichen gegenüber eingeschränkt, sie wird zum Existierenden, zum Ding. Dieses Ding ist vollends in der Doppelheit zu se-

---

65 Vgl. HW, Bd. 6, S. 129–139.

hen, die Kant für es beansprucht, nämlich als Phänomenon und Noumenon. Hegel bestätigt diese Doppelheit, geht aber im Gegensatz zu Kant zur Synthesis dieser Bestimmungen des Dings über.

Wie bestimmt sich Existenz zu Existierendem? Die Lösung dieser Frage bedeutet sogleich die Beantwortung der anderen, die das Warum des Übergangs von der synthetischen zur analytischen Methode zum Gegenstand hat. Herr Professor Adorno wies darauf hin, daß die Untersuchung dieser Frage uns einen Blick in Hegels Karten nehmen läßt. Die genetische Methode, die, vom Sein ausgehend, das Wesen zur Existenz gebracht hat, soll auf einmal durch die analytische ersetzt sein, das Existierende aus der Existenz herausgeholt werden.

Hegel untersucht die Existenz in ihrer immanenten kategorialen Bestimmtheit, betrachtet sie also analytisch. Damit untersucht er aber auch das Existierende in seiner kategorialen Bestimmtheit; denn das Existierende ist nicht etwa als eine Untergattung der Existenz zu sehen, sondern Existenz ist Sein, sofern es in sich vermitteltes Sein, kategoriales Sein, Existent-Sein. Existent-Sein ist nicht mehr Sein überhaupt, sondern bestimmtes Sein, das heißt Ding, Sein in Raum und Zeit. Einzelnes existiert im Gegensatz zu allem anderen. Hierdurch aber ist Existenz als Existierendes bestimmt; im Begriff der Existenz liegt es, daß sie nur als Existierendes bestimmt ist. Hegel hat so das Existierende auf dem Weg der analytischen Untersuchung gewonnen: »Das Existierende und das Ding ist unmittelbar eins und dasselbe. Aber weil die Existenz nicht die erste Unmittelbarkeit des Seins ist, sondern das Verhältnis der Vermittlung an ihr selbst hat, so ist ihre Bestimmung zum Dinge und die Unterscheidung beider nicht ein Übergang, sondern eigentlich eine Analyse, und die Existenz als solche enthält diese Unterscheidung selbst in dem Moment ihrer Vermittlung.«[66] Die analytische Methode ist also ein Moment der genetischen geworden: Das Existierende geht »synthetisch« aus der analytischen Betrachtung der Existenz hervor; synthetisch im Sinne der Entwicklung auf das Existierende hin, analytisch im Hinblick auf das Prinzip seiner Bestimmtheit. Die Auflösung dieser scheinbaren Ungereimtheit liegt darin, daß das Existierende aus der Existenz herausgeführt, indem es in sie hineingeführt wird.

Herr Professor Adorno zog Schopenhauers Begriffe von der »Welt als Wille« und der »Welt als Vorstellung« heran, um an ihnen Hegels »Existenz als Exi-

---

[66] Der Passus lautet vollständig korrekt: »Das Ding und das Existierende ist unmittelbar eins und dasselbe. Aber weil die Existenz nicht die erste Unmittelbarkeit des Seins ist, sondern das Moment der Vermittlung an ihr selbst hat, so ist ihre Bestimmung zum Dinge und die Unterscheidung beider nicht ein Übergang, sondern eigentlich eine Analyse, und die Existenz als solche enthält diese Unterscheidung selbst in dem Momente ihrer Vermittlung, – den Unterschied von *Ding-an-sich* und von *äußerlicher* Existenz.« (Ebd., S. 129)

stierendes« zu erläutern. Schopenhauers In-die-Welt-Treten des Willens ist der Akt der Aufspaltung des Willens in die Individuen, die Einzeldinge. Dies geschieht durch die Bestimmung von »Raum« und »Zeit«, den principia indviduationis. Diese Individuierung des Willens zur Welt der Dinge konstituiert das Individuum mittels jener Formen von Raum und Zeit, so daß die räumliche Welt nichts ist als Vorstellung.[67] Dem Hegelschen Begriff der Existenz entspricht in Schopenhauers Terminologie die Sphäre der Individuation; als solche aber ist sie als Existierendes bestimmt. In dem Sinne, in dem der »in« die Welt getretene Wille als Vorstellung ist, ist Hegels »Existierendes« mit Existenz identisch. Die Identität von Existenz und Existierendem liegt im Begriff der Existenz wesentlich angelegt, sie ist der Existenz immanent.

Helmuth Reuss[68]

---

[67] Bei Schopenhauer heißt es: »Aber wie mit dem Eintritt der Sonne die sichtbare Welt dasteht; so verwandelt der Verstand mit *einem* Schlage, durch seine einzige, einfache Funktion, die dumpfe, nichtssagende Empfindung in Anschauung. Was das Auge, das Ohr, die Hand empfindet, ist nicht die Anschauung: es sind bloße Data. Erst indem der Verstand von der Wirkung auf die Ursache übergeht, steht die Welt da, als Anschauung im Raume ausgebreitet, der Gestalt nach wechselnd, der Materie nach durch alle Zeit beharrend: denn er vereinigt Raum und Zeit in der Vorstellung *Materie*, d. i. Wirksamkeit. Diese Welt als Vorstellung ist, wie nur durch den Verstand, auch nur für den Verstand da.« (Arthur Schopenhauer, Die Welt als Wille und Vorstellung. Erster Band. Vier Bücher, nebst einem Anhange, der die Kritik der Kantischen Philosophie enthält [1819], in: Arthur Schopenhauers Werke in fünf Bänden, hrsg. von Ludger Lütkehaus, Bd. I, Zürich 1988, S. 42)
[68] Unterschrift.

# Sommersemester 1960:
# Ausgewählte Texte zum Verhältnis
# von Philosophie und Soziologie

Soziologisches Hauptseminar

In diesem Semester hält Adorno zudem die philosophische Vorlesung »Philosophie und Soziologie« und gibt das philosophische Hauptseminar »Hegels ›Logik‹ II«

Das Seminar findet dienstags von 17 bis 19 Uhr statt

**216–224** UAF Abt. 139 Nr. 7

# 216 Klaus Horn,
10. Mai 1960

Klaus Horn

Protokoll des Soziologischen Seminars von Prof. Adorno
Sitzung vom 10. 5. 1960

Das Seminar wird sich im Sommersemester 1960 mit dem Verhältnis von Philosophie und Soziologie beschäftigen.

Durch das einleitende Referat von Herrn Märthesheimer[1] über das spezielle Verhältnis von Philosophie und Soziologie bei Horkheimer (das Referat analysierte in erster Linie zwei Aufsätze Horkheimers, die in der Zeitschrift *Der Monat*, Nr. 134 und Nr. 138 erschienen)[2] wurde das Seminar nicht allein in dessen Gedankengänge eingeweiht, sondern durch Bemerkungen zum Referat sowie in der darauffolgenden Diskussion konnte Prof. Adorno zugleich die Intention der Semesterarbeit verdeutlichen.

Bei der Interpretation der Horkheimerschen Schriften durch den Referenten traten Schwierigkeiten zutage, die die sprachlich sehr differenzierten Texte einer Wiedergabe bereiten. Um der Sache zu ihrem Recht zu verhelfen, sah sich Prof. Adorno an manchen Stellen gezwungen, die Horkheimerschen Gedankengänge, die zumeist auch die seinen sind, genauer auszulegen. Er wies darauf hin, daß, wenn man die Texte zu sehr à la lettre nimmt, die Gefahr der Simplifizierung besteht. Ein Klischeedenken, das handfeste Wahrheiten einfordert, muß aber als Regressionsphänomen abgelehnt werden; entscheidend für die sachliche Darstellung ist vielmehr die Feinheit der Abstufungen.

Außer anderen Einwänden, die im Zusammenhang mit der Diskussion dargestellt werden können, waren es insbesondere drei Punkte, zu denen Prof. Adorno Stellung nahm. So sei im Referat zu summarisch über Nachkriegsuntersuchungen deutscher Soziologen geurteilt worden. In sehr vielen Arbeiten sei doch von Strukturveränderungen die Rede. Jedoch unterschlügen diese Darstellungen die wahren gesellschaftlichen Antagonismen – hier bezog sich Prof.

---

[1] Der Referatstext »Max Horkheimer: Verhältnis von Philosophie und Soziologie, Philosophie und Kulturkritik, Zum Begriff des Menschen heute« von Peter Märthesheimer wurde nicht aufgefunden.

[2] Vgl. Max Horkheimer, Philosophie und Soziologie, in: Der Monat, 12. Jg., 1959, H. 134, S. 3 – 11, sowie Max Horkheimer, Philosophie als Kulturkritik [1959], in: Der Monat, 12. Jg., 1960, H. 138, S. 12 – 22; vgl. HGS, Bd. 7, S. 108 – 121, sowie ebd., S. 81 – 103.

Adorno hauptsächlich auf die Schelskyschen Untersuchungen über die Familie[3] – und liefen letzten Endes doch auf Invarianten hinaus.

An einer anderen Stelle wollte Prof. Adorno die als unmittelbare Aussage Horkheimers dargestellte Behauptung, daß die Gesellschaft im Begriff sei, in Barbarei zu versinken,[4] nur als Tendenz verstanden wissen, um Horkheimer gerecht zu werden. Als Tendenz nämlich im Marxschen Sinne, als eine gesellschaftliche Gesetzmäßigkeit, die zwar fällig ist, zugleich aber immer auch durch antagonistische Kräfte hinausgezögert wird. Bei sozialen Gesetzmäßigkeiten müsse man sich hüten, sie als naturgesetzliche Zusammenhänge zu betrachten, da in einer Gesellschaft stets Antagonismen wirksam sind, die keine eindeutigen Aussagen zulassen. Dem Rückfall in die Barbarei steht als Kraft schon auch der Selbsterhaltungstrieb entgegen, sagte Prof. Adorno. Außerdem käme die undifferenzierte Behauptung, daß die Gesellschaft in Barbarei versinke, der Anerkennung dieser Gefahr gleich, der Anerkennung als einer notwenigen Entwicklung, gegen die nichts mehr zu machen sei. Es sei bei der Darstellung solcher dynamischen Kräfteverhältnisse, wie sie die Soziologie behandelt, stets zu berücksichtigen, daß diese eben Verhältnisse und keine unmittelbar gegebenen Dinge sind, die man sich als keiner Vermittlung unterworfene vorstellen darf. Gerade die Reflexion auf die Vermittlung, so sagte Prof. Adorno, ist eine der wesentlichen Aufgaben der philosophischen Selbstbesinnung der Soziologie.

An einer anderen Stelle wandte Prof. Adorno ein, daß man die Platonische Philosophie nicht unmittelbar als gesellschaftskritische darstellen dürfe. Gewiß seien von Sokrates, Platon und Aristoteles Motive der griechischen Aufklärung rezipiert worden; diese treten jedoch besonders bei Platon zurück und kommen erst wieder bei Aristoteles zum Vorschein. Gerade die Platonische Staatskonzeption habe eine stark restaurative Seite, die nicht übersehen werden dürfe. Überhaupt sei, so sagte Prof. Adorno, das Verhältnis der griechischen Philosophie zur Wirklichkeit ein sehr kompliziertes.

In der an das Referat sich anschließenden Diskussion wurde versucht, ein Plädoyer für die Verschränkung von Philosophie und Soziologie zusammenzustellen, ein Plädoyer für die Auffassung einer kleinen Minderheit inmitten der Strömung der reinen Soziologie, wie Prof. Adorno sagte.

---

3 Vgl. etwa Helmut Schelsky, Wandlungen der deutschen Familie in der Gegenwart. Darstellung und Deutung einer empirisch-soziologischen Tatbestandsaufnahme [1953], 5. Aufl., Stuttgart 1967.
4 »In dem durch Erfahrung, Ausgleich und Begriff nicht vermittelten Übergang der allmächtigen Ökonomie in Politik kündigt heute Barbarei sich an. Geist ist wesentlich Vermittlung. Er ist der Macht zu umständlich, zu differenziert und langsam, zu wenig ausgerichtet, analog zur Diskussion; die denkenden einzelnen sind für die Macht und die ihr hörigen Massen zunehmend lästig.« (HGS, Bd. 7, S. 91)

Es wurde von einem Diskussionsteilnehmer angeführt, daß die Begründung des als notwendig erachteten Zusammenhanges zwischen Philosophie und Soziologie in der Logik des Objekts liege. Die Soziologie stehe ihren Gegenstand nicht fix gegenüber, wie das bei den Naturwissenschaften der Fall ist, sondern sei mit ihm eng verflochten. So sei ja die Soziologie aus dem Bedürfnis entstanden, die Gesellschaft richtig einzurichten. Prof. Adorno stimmte dem wohl zu, meinte aber, daß sich unsere Gedanken noch mehr an den Gegenargumenten messen müßten, um speziell zu werden. So konnte er auch dem Beitrag, jene Soziologen, die eine scharfe Trennung von Philosophie und Soziologie befürworten, verstünden unter Philosophie nur Logik, nicht beistimmen, denn er verwandelte das Sachproblem lediglich in eins der Definition, ohne die Sache voran zu bringen.

Prof. Adorno führte aus, daß bei Comte, der die Soziologie als selbständige Wissenschaft etablierte, die Befreiung der Soziologie von der Philosophie noch eine progressive Absicht gewesen sei. Comte wollte, wie auch die gesamte Aufklärung, jede Sache, insbesondere die sich entwickelnde bürgerliche Gesellschaft, von an sie nur von außen herangetragenen, fremden Normen befreien, von heterogenen, entwicklungs- und fortschrittshemmenden Wesenheiten. Auch Max Webers Konzeption einer wertfreien Soziologie verdankt sich einer guten Absicht, nämlich der, sie aus der Ideologie der wilhelminischen Zeit herauszuhalten. Über die bloß antithetische Stellung des Faktischen zum Normativen muß aber, so sagte Prof. Adorno, hinausgegangen werden.

Die Begriffslosigkeit der Empirie ist in der Tat eine Illusion. Die Tatsachen sind nicht das Letzte, sie sind vermittelt. Wir fordern, so sagte Prof. Adorno, nicht, daß heterogene Wesenheiten von außen an Fakten herangetragen werden, wir wissen, daß ein Hinzuaddieren einer Weltanschauung zu empirisch gewonnen Ergebnissen soziologischer Forschung nicht der Sache dienen kann. Philosophie soll nicht etwa Soziologie begutachten. Wir verlangen nur, daß die empirisch gewonnenen Fakten reflektiert werden; das Problem der Vermittlung von Theorie und Praxis ist das Thema des Seminars.

Die Begriffslosigkeit der blinden Empirie ist Einbildung, weil schon allein in die Methode so viele Begriffe eingegangen sind, daß der Begriff einer Tatsache gar nicht mehr unmittelbar gewonnen werden kann. Deswegen darf sich Soziologie nicht nur als extremer Empirismus mit vermeintlich unpräformierten Tatsachen befassen, sondern sie muß sich gleichzeitig philosophischen Problemen zuwenden.

Wie die traditionelle Logik als Spiegel der Ständegesellschaft eine gewisse Berechtigung aufzuweisen hatte, vermeint die bloß empirische Soziologie fälschlicherweise, daß auch in einer dynamischen und in sich antagonistischen Gesellschaft wie der industriellen die Begriffe den Tatsachen entsprächen, das heißt, Identität herrscht. Das Material, das von der begriffslosen Soziologie jedoch als das letzte Seiende verstanden wird, ist gar nicht das, wofür man es unmittelbar hält. Durch sein naives Aufgreifen wird es nur verfälscht, denn dynamische Verhältnisse, wie sie als speziell soziologische erscheinen, können nur im gesellschaftlichen Prozeß als ganzem wirklich verstanden werden; der Verflechtung der Tatsachen wird begriffslos niemand gerecht. Durch die philosophische Besinnung der Soziologie gelte es, den Schleier der Verdinglichung, der über der Welt der Tatsachen liegt, zur Wahrheit hin zu durchstoßen, sagte Prof. Adorno abschließend.

## 217 Susanna Schad, 17. Mai 1960

Protokoll vom 17. 5. 1960

Philosophie und Gesellschaft bei Kant

In der Kantischen Philosophie ist der Gegensatz zur Soziologie sehr pointiert, der Standpunkt der Philosophie wird dem der Soziologie entgegengesetzt. Wenn es gelingt zu zeigen, daß diese antisoziologische Philosophie Soziologie impliziert oder sogar eine verschlüsselte Soziologie ist, zeigt man, daß die Philosophie dort, wo sie sich als reine Philosophie versteht, auf die Soziologie verweist, und umgekehrt, dann wäre die Intention dieses Seminars erreicht.

Nach Hegel ist Philosophie »ihre Zeit in Gedanken erfaßt«[5]. Dies wertete der Referent[6] als eine Selbstbescheidung der Philosophie Hegels, außerdem impliziert sie einen Vorwurf gegen Kant, ein Bild von der Welt zu schaffen, wie sie sein soll. Dr. Schweppenhäuser[7] hielt dieses Diktum für den besten Beleg für die Hypothese dieses Seminares über das Verhältnis von Soziologie und Philosophie, denn, wie auch Prof. Adorno bemerkte, bedeute dieser Ausspruch keine Selbstbescheidung, sondern eine »Erschwerung«, da er den Versuch der Erklärung des Gedankens durch die Sache und der Sache durch den Gedanken darstellt. Die Hegelsche Philosophie geht im Gegensatz zur traditionellen durch das zeitlich Bedingte hindurch zum Absoluten, nicht zeitlich Bedingten. Philosophische Wahrheit und soziologische Faktizität sind nicht isoliert zu betrachten, sondern durcheinander vermittelt. Der Inbegriff der endlichen Vermittlungen ist das Unendliche, das Absolute.

Der Referent vertrat die Ansicht, der entscheidende Mechanismus der Kantischen Philosophie sei das Tauschverhältnis. Ihm entspringt die Kultur, die Kant als den Endzweck der Menschengattung postuliert. Prof. Adorno hielt diese Darstellung der Zusammenhänge für vereinfacht. Bei Kant heißt es: Alles hat entweder Preis oder Würde, was einen Preis hat, kann durch ein Äquivalent er-

---

5 »Das *was ist* zu begreifen, ist die Aufgabe der Philosophie, denn das *was ist*, ist die Vernunft. Was das Individuum betrifft, so ist ohnehin jedes ein *Sohn seiner Zeit*, so ist auch die Philosophie *ihre Zeit in Gedanken erfaßt.*« (HW, Bd. 7, S. 26)
6 Jürgen Scheschkewitz, »Philosophie und Gesellschaft. Exkurs über Kant«, UAF Abt. 139 Nr. 7.
7 Hermann Schweppenhäuser wird 1956 mit der Schrift »Studien über die Heideggersche Sprachtheorie« in Frankfurt a. M. promoviert.

setzt werden; was kein Äquivalent hat, hat Würde.[8] Was sich auf menschliche Bedürfnisse bezieht, hat einen Marktpreis. Das sittlich Gute aber ist dem Tauschverhältnis entzogen, hat also Würde. Diese entsteht durch Freiheit. Dabei schwebte Kant die Idee von der Verwirklichung der Menschen als Gleiche und Freie vor, ein utopisches Bild vom autonomen Menschen.

In der heutigen bürgerlichen Gedankenwelt assoziiert man mit dem Wort Tauschverhältnis immer nur die Abhängigkeit von diesem. Beim frühen Bürgertum dagegen herrscht noch der Gedanke vor, daß die Freiheit sich durch und im Tauschverhältnis selbst verwirkliche und dadurch ein vernünftiges Ganzes sich bilde. (Entwicklung und Anwachsen der Gesamtproduktivkräfte durch Entfaltung der speziellen Kräfte und Begabungen.) Je weniger sich aber in der gesellschaftlichen Realität der Begriff der Freiheit und Würde realisierte, desto mehr wurde er zur Ideologie und Legitimation bestehender Verhältnisse herabgewürdigt.

Prof. Adorno wies weiter darauf hin, daß in diese Zusammenhänge immer ein ideologisches Moment eingeht, da Freiheit die Rücksicht auf die Freiheit anderer und somit eine Unterwerfung unter diese impliziert. Andererseits steckt darin auch der Gedanke von einer Klasse Menschen, die sich von ihrer Unabhängigkeit befreit, ein Moment, das bei den Interpretationen heute leicht vernachlässigt wird.

Der Referent stellte bei Kant die Kultur, die aus dem Tauschverhältnis resultiert, als den Inbegriff des Gedankens von der Freiheit dar. Die ersten Bedürfnisse des Lebens in den Anfängen der Menschen konnten nur gegeneinander getauscht werden. Daraus mußte Kultur, Kunst und Fleiß entstehen und somit auch einige Anstalt zur bürgerlichen Verfassung und öffentlichen Gerechtigkeit. Danach sind Tausch und Arbeitsteilung Grundlagen der bürgerlichen Gesellschaft. Deutlich wird dies besonders in der Kritik der Urteilskraft. Dabei hypostasiert Kant allerdings die bürgerlichen Verhältnisse, indem er sie auf die gesamte Geschichte bezieht.

Im Referat hieß es weiter, daß bei Kant das Tauschverhältnis als konstantes Prinzip seine Erscheinungsform in striktem Formalismus habe. Das Bestimmende einer Handlung liege auf Seiten der Form sowohl in den Kategorien des Sittenrechtes wie der Moral und Rechtslehre. Dazu erläuterte Prof. Adorno, daß die Praxis des sittlichen Handelns über kein Material verfüge, es sei eine Gesinnungsethik, denn das sittliche Handeln bestimmt sich aus dem eigenen Willen, dessen Reinheit für die Sittlichkeit der Handlung ausschlaggebend ist. Wie aber kann das Sittliche verwirklicht werden? Dabei bemüht sich Kant, Faktizität und Idee, die sich vermitteln, auseinanderzuhalten. An diesem Punkt ist Hegel, für

---

8 »Im Reiche der Zwecke hat alles entweder einen Preis, oder eine Würde. Was einen Preis hat, an dessen Stelle kann auch etwas anderes, als Äquivalent, gesetzt werden; was dagegen über allen Preis erhaben ist, mithin kein Äquivalent verstattet, das hat eine Würde.« (KW, Bd. VII, S. 68 [BA 77])

den diese Vermittlung ausschlaggebend ist, ein zu sich selbst gebrachter Kant. Nach Dr. Schweppenhäuser ist die ethische Instanz eine formale Instanz (summa bonum). Bei Kant ist eine Handlung der Materie nach im moralischen und rechtlichen Sinne qualitätslos. In solcher Abstraktion vom Inhaltlichen reflektieren sich Naturbeherrschung und Marktmechanismus. Der Gegenstand als Ware hat einen Tauschwert; dieser bestimmt sich durch die in den Gegenstand eingegangene Arbeit. Der Mensch bestimmt sich nur durch seine formale Stellung im Produktionsprozeß.

Gibt es eine Analogie des soziologischen und philosophischen Bereiches? 1) Die philosophische Seite: Das Gegebene ist ein völlig amorphes Material, das erst durch die Arbeit der Subjektivität in Form gebracht wird. Die sinnlichen Daten sind unbestimmt und werden erst durch die Arbeit zu bestimmten. 2) Die gesellschaftliche Seite (in Kategorien des gesellschaftlichen Prozesses ausgedrückt): Durch Arbeit verwandelt sich das Material zu Wert, die Produktion bestimmt das inhaltliche Moment der Sache. Philosophie in ihrer rein formalen Bestimmung entspricht dem, was der Markt der Sache angedeihen läßt. Im Tausch erscheint der Gegenstand als Ware, deren Preis sich als Tauschwert, nicht als Gebrauchswert offenbart. Also werden, wie Prof. Adorno bemerkte, die Gegenstände als immanentes Ding an sich getauscht; von der besonderen Beschaffenheit des Dinges wird dabei abgesehen. Er empfand aber diese Analogie nicht als völlig passend, denn dem philosophischen Bereich fehlt das, was im soziologischen den Preis ausmacht, die Bereiche haben nur den Produzenten gemeinsam. Der Referent verdeutlichte dies noch an Kants Rechtslehre. Rechtlich ist jede Handlung, die sich mit dem Prinzip der Gegenseitigkeit verträgt, Freiheit ist die Austauschbarkeit der Handlungsmaxime. Freiheit und Recht sind identisch. Wechselseitiger Zwang und jedermanns Freiheit können unmittelbar gesetzt werden, das Modell der bürgerlichen Gesellschaft. Nach Kant ist Recht ein Verhältnis zwischen agierenden Menschen, die in keinem andern Abhängigkeitsverhältnis stehen, als dem des Äquivalentes. Aber in diesem Sinne wäre Gleichheit nur die Gleichheit abstrakter Personen als solcher, ohne Einbeziehung der Unterschiede an privatem Besitz. (Dies ist auch ein Punkt, den Hegel an Kant kritisiert.) Prof. Adorno ergänzte noch, daß die Hegelsche Rechtsphilosophie als eine der reaktionärsten gilt, obwohl sie scharfe sozialistische Momente, die eklatanteste Kritik der Sozialisten an der bürgerlichen Gesellschaft enthält. Als Beispiel Anatole France: daß es Arm und Reich in gleichem Maße verboten sei, Feuerholz zu stehlen und unter Brücken zu schlafen.[9]

---

9 In seinem Roman »Le lys rouge« schreibt France: »Ils y doivent travailler devant la majestueuse égalité des lois, qui interdit au riche comme au pauvre de coucher sous les ponts, de mendier dans

Es ist bezeichnend für das bürgerliche Denken, welch große Teile der Kantischen Rechtsphilosophie der Eigentumsfrage gewidmet sind. Kant begründet das Eigentumsrecht aus dem Herrschaftsanspruch der Vernunft über die Natur, ein Postulat der praktischen Vernunft. Er fundiert das Recht auf Privatbesitz auf »der ursprünglichen Gemeinschaft des Bodens.«[10] Dabei lehnt er sich an Rousseau an. Privateigentum wird bei Kant durch zeitlich erste Besitzergreifung, durch Bemächtigung gestiftet. Bei Fichte z.B. wird das Eigentum am Boden funktionell dynamisch aus der Bearbeitung des Bodens abgeleitet.[11]

S. Schad[12]

---

les rues et de voler du pain.« (Anatole France, Le lys rouge, Paris 1894, S. 118) – Adorno übernimmt das nicht ganz korrekt übersetzte Zitat so von Ernst Bloch, der in der Zweitauflage seines Buchs »Geist der Utopie« [1923] notiert: »Das ist, sagt Anatole France, die Gleichheit vor dem Gesetz, daß es den Reichen wie den Armen gleichmäßig verbietet, Holz zu stehlen oder unter Brücken zu schlafen.« (Ernst Bloch, Werkausgabe, Bd. 3, Frankfurt a. M. 1985 [Suhrkamp-Taschenbuch Wissenschaft; 552], S. 297)

**10** Im Abschnitt »Ein jeder Boden kann ursprünglich erworben werden, und der Grund der Möglichkeit dieser Erwerbung ist die ursprüngliche Gemeinschaft des Bodens überhaupt« der »Metaphysik der Sitten« [1797] heißt es: »Alle Menschen sind ursprünglich (d.i. vor allem rechtlichem Akt der Willkür) im rechtmäßigen Besitz des Bodens, d.i. sie haben ein Recht, da zu sein, wohin sie die Natur, oder der Zufall (ohne ihren Willen) gesetzt hat. Dieser Besitz (possessio), der vom Sitz (sedes), als einem willkürlichen, mithin erworbenen, *dauernden* Besitz unterschieden ist, ist ein *gemeinsamer* Besitz, wegen der Einheit aller Plätze auf der Erdfläche, als Kugelfläche; weil, wenn sie eine unendliche Ebene wäre, die Menschen sich darauf so zerstreuen könnten, daß sie in gar keine Gemeinschaft mit einander kämen, diese also nicht eine notwendige Folge von ihrem Dasein auf Erden wäre. – Der Besitz aller Menschen auf Erden, der vor allem rechtlichem Akt derselben vorhergeht (von der Natur selbst konstituiert ist), ist ein *ursprünglicher Gesamtbesitz* (communio possessionis originaria), dessen Begriff nicht empirisch und von Zeitbedingungen abhängig ist, wie etwa der gedichtete aber nie erweisliche eines *uranfänglichen Gesamtbesitzes* (communio primaeva), sondern ein praktischer Vernunftbegriff, der a priori das Prinzip enthält, nach welchem allein die Menschen den Platz auf Erden nach Rechtsgesetzen gebrauchen können.« (KW, Bd. VIII, S. 373 [AB 83 f.])

**11** »Daß alle Menschen auf einen gleichen Theil Landes rechtlichen Anspruch haben, und daß der Erdboden zu gleichen Proportionen unter sie zu vertheilen sey, wie einige französische Schriftsteller behaupten, würde nur dann folgen, wenn jeder nicht bloß das *Zueignungs-*, sondern das wirkliche *Eigenthumsrecht* auf den Erdboden hätte. Da aber erst durch Zueignung vermittelst seiner Arbeit etwas zu seinem Eigenthume macht, so ist klar, daß der, welcher mehr arbeitet, auch mehr besitzen darf, und daß der, welcher nicht arbeitet, rechtlich gar nichts besitzt.« (FGA, Bd. I/1, S. 269)

**12** Unterschrift.

## 218 Hilmar Tillack, 31. Mai 1960

*Protokoll vom 31. 5. 60*

Zunächst ergänzte Herr Selig[13] die Kant-Diskussion der vorangegangenen Stunden durch einen Abriß[14] des Aufsatzes »Deutung und Mißdeutung des kategorischen Imperativs« (Julius Ebbinghaus im ›studium generale‹)[15].
Der kategorische Imperativ besagt: Handle nur nach derjenigen Maxime, durch die du zugleich wollen kannst, daß sie ein allgemeines Gesetz werde.[16] Ihm versucht Ebbinghaus Inhaltlichkeit zu vindizieren: Sofern Kant mit dem Begriff »allgemein« alle Menschen als verbindliche Gesetzmäßigkeit einführe, gehe er auf einen Begriff von Gesellschaft.

In der Tat, so legte Herr Prof. Adorno dar, enthält Philosophie gerade hier, wo sie sich nachdrücklich gegen jeden Psychologismus und, wie wohl legitimerweise hinzugefügt werden darf, Soziologismus wehrt, inhaltliche Momente als notwendige Bedingung ihres eigenen Verständnisses.
Sei Ebbinghaus zuzustimmen, sofern er den kategorischen Imperativ formal *und* inhaltlich nennt, so nicht mehr, wenn er darüber hinaus und unvereinbar dem Prinzip Kantische Philosophie ein bruchloses Ineins beider Momente supponiert.[17] Ebbinghaus übersehe, daß die Apriorität durch den Begriff »alle Men-

---

13 Nicht ermittelt.
14 Dieser »Abriß« wurde nicht aufgefunden.
15 Vgl. Julius Ebbinghaus, Deutung und Mißdeutung des kategorischen Imperativs, in: Studium Generale. Zeitschrift für die Einheit der Wissenschaften im Zusammenhang ihrer Begriffsbildungen und Forschungsmethoden, 1. Jg., 1948, H. 7, S. 411–419.
16 »Wenn ich mir einen *hypothetischen* Imperativ überhaupt denke, so weiß ich nicht zum voraus, was er enthalten werde: bis mir die Bedingung gegeben ist. Denke ich mir aber einen *kategorischen* Imperativ, so weiß ich sofort, was er enthalte. Denn da der Imperativ außer dem Gesetze nur die Notwendigkeit der Maxime enthält, diesem Gesetze gemäß zu sein, das Gesetz aber keine Bedingung enthält, auf die es eingeschränkt war, so bleibt nichts, als die Allgemeinheit eines Gesetzes überhaupt übrig, welchem die Maxime der Handlung gemäß sein soll, und welche Gemäßheit allein den Imperativ eigentlich als notwendig vorstellt. [Absatz] Der kategorische Imperativ ist also nur ein einziger, und zwar dieser: *handle nur nach derjenigen Maxime, durch die du zugleich wollen kannst, daß sie ein allgemeines Gesetz werde.*« (KW, Bd. VII, S. 51 [BA 51f.])
17 »Nennt man nun also in abgekürzter Sprechweise diesen Imperativ formal, so heißt das natürlich nicht, daß er *keinen* Inhalt habe. Er hat genau den Inhalt, den wir soeben angegeben haben, und man kann nicht den umgekehrten Schluß machen, daß eben deswegen, weil der kategorische Imperativ ja tatsächlich einen Inhalt habe, die Behauptung Kants, daß nur die Form der Tauglichkeit der Maxime zur Gesetzgebung einen allgemeingültigen Bestimmungsgrund für

schen«, der ins Konstitutum statt ins Konstituum gehört, schon gebrochen sei. Sein Versuch, die Kantische Moralphilosophie vom Vorwurf eines leeren und adaptablen Formalismus zu befreien, bringe gerade jene Momente herein, die Kant notwendig ausschließen muß. Der kategorische Imperativ darf keinen Inhalt haben, da in der Kantischen Philosophie unaufgebbar jeder Inhalt aus der Erfahrung kommt.

Erweise sich dennoch – und das sei immanente Kritik, die in den Wesensbegriffen von Philosophie selbst gesellschaftliche Kategorien aufspürt – der kategorische Imperativ als seinem eigenen Sinn nach einzig verstehbar in Extrapolation auf Gesellschaft, wovon diese Philosophie an Ort und Stelle keine Rechenschaft sich gibt, dann sei Kants extremer Begriff des »Reinen«[18], d. h. von aller Faktizität Gereinigten, demoliert. Als inhaltliche aber werde Kants praktische Philosophie in sich dialektisch.

Eine rein deduktive Schrift wie die Kritik der praktischen Vernunft könne nur erbringen, was sie zu Anfang schon enthalte. Springen trotzdem schließlich Begriffe wie Menschheit, höchstes Gut u. a. heraus, so heiße dies, daß dem Kantischen Formalismus seiner eignen Konsequenz nach und entgegen herkömmlich philosophischer Kantauslegung inhaltliche Prädikate immanieren.

Hier erinnerte Herr Molitor[19] daran, daß auch Scheler gegen Kants formale Pflichtethik opponiere.[20] Nur gehe er dabei nicht soziologisch vor, sondern po-

---

unseren Willen abgeben könne, falsch sei – wie das ein neuerer Ethiker tatsächlich getan hat.« (Ebbinghaus, Deutung und Mißdeutung des kategorischen Imperativs, a. a. O. [s. Anm. 15], S. 413)
18 Bei Kant heißt es etwa: »Wir werden [...] im Verfolg unter Erkenntnissen a priori nicht solche verstehen, die von dieser oder jener, sondern die *schlechterdings* von aller Erfahrung unabhängig stattfinden. Ihnen sind empirische Erkenntnisse, oder solche, die nur a posteriori, d. i. durch Erfahrung, möglich sind, entgegengesetzt. Von den Erkenntnissen a priori heißen aber diejenigen rein, denen gar nichts Empirisches beigemischt ist. So ist z. B. der Satz: eine jede Veränderung hat ihre Ursache, ein Satz a priori, allein nicht rein, weil Veränderung ein Begriff ist, der nur aus der Erfahrung gezogen werden kann.« (KW, Bd. III, S. 46 [B 2f.])
19 D. i. Jacob Molitor.
20 Bei Scheler heißt es etwa: »Nur eine endgültige Aufhebung des alten Vorurteils, der menschliche Geist sei durch den Gegensatz von ›Vernunft‹ und ›Sinnlichkeit‹ irgendwie *erschöpft* oder es müsse sich alles unter das eine *oder* das andere bringen lassen, macht den Aufbau einer *a priori-materialen Ethik* möglich. Dieser grundfalsche Dualismus, der geradezu zwingt, die *Eigenart* ganzer Aktgebiete zu übersehen oder zu mißdeuten, muß in jedem Betrachte von der Schwelle der Philosophie verschwinden. *Wertphänomenologie* und *Phänomenologie des emotionalen Lebens* ist als ein völlig selbständiges, von der Logik unabhängiges Gegenstands- und Forschungsgebiet anzusehen. *[Absatz]* Es ist darum auch eine völlig grundlose Annahme, die Kant dazu bestimmt, in allem Heranziehen des ›Fühlens‹, des ›Liebens‹, ›Hassens‹ usw. als sittlicher Fundamentalakte schon eine *Abirrung* der Ethik in den ›Empirismus‹ zu sehen oder in das

stuliere eine materiale Wertethik, die selbst wiederum als gesellschaftlich abgezogen und in sich hypostasiert sich erweise.

Herr Prof. Adorno erwiderte, es gehe nicht um die einfache Ablehnung des Kantischen Formalismus, dessen negativen Zügen auch Wahres gegenübersteht; man denke nur an eine Rechtsordnung, die nicht formal sei. Jedoch involviere dieser Formalismus unreflektierte materiale Momente.

Daß Schelers materiale Wertethik an Ort und Stelle auf Gesellschaft nicht sich einlasse, sei freilich nur möglich, weil Scheler Genesis und Geltung voneinanderreiße. In einer Art Parodie der Husserlschen Phänomenologie statuiere er einerseits eine Sphäre gleich der platonischer Ideen, die inhaltlich sei und isoliert von anderem; daneben fände sich dann das Bereich der Gesellschaft. Beides sei nicht zu halten. Der Gewaltstreich der Trennung führe zur Verdinglichung. Erkenne Scheler auf der einen Seite die philosophischen Normen in ihrer gesellschaftlichen Verflochtenheit, so fehle ihm andererseits die Kraft des Gedankens zur Vermittlung, und er rede sich auf die Arbeitsteilung von Philosophie und Soziologie heraus.

Einfach falsch zudem sei Schelers wissenssoziologische Zuordnung des Nominalismus zur Unter-, des Begriffsrealismus zur Oberklasse.[21] In Wahrheit haben weder Nominalismus noch Realismus einen fixen Stellenwert; z. B. diene Comtes Nominalismus der Apologie herrschender Zustände. Die Plausibilität solcher Schelerschen Theoreme verdanke sich mangelnder Kenntnis des Materials. Philosophie, soweit sie als Lehre vom richtigen Leben und Norm auftritt, sei nicht »bedingt von gesellschaftlichen Realfaktoren«[22], sondern könne ihrem Sinn nach anders nicht verstanden werden als gesellschaftliches Sein implizierend.

An diesem Punkt wandte Herr Schäfer[23] ein, daß er zwar in der Gesellschaft ein Anwendungsfeld des kategorischen Imperativs sehen könne, nicht aber, daß

---

Gebiet des ›Sinnlichen‹, oder eine falsche Zugrundelegung der ›Natur des Menschen‹ für die Erkenntnis des Guten und Bösen.« (Max Scheler, Der Formalismus in der Ethik und die materielle Wertethik. Neuer Versuch der Grundlegung eines ethischen Personalismus [1913/1916], 5. Aufl., in: Max Scheler, Gesammelte Werke, Bd. 2, hrsg. von Maria Scheler, Bern und München 1966, S. 84 f.)
**21** Scheler führt zehn Beispiele von »*klassenmäßig bestimmten formalen Denkarten*« an, darunter auch »Realismus (Welt vorwiegend als ›Widerstand‹) ↔ Unterklasse; Idealismus (Welt vorwiegend als ›Ideenreich‹) ↔ Oberklasse.« (Max Scheler, Die Wissensformen und die Gesellschaft [1926], 2. Aufl., in: Scheler, Gesammelte Werke, Bd. 8, hrsg. von Maria Scheler, Bern und München 1960, S. 171)
**22** Vgl. den Abschnitt »Kultursoziologie – Realsoziologie, und das Ordnungsgesetz der Wirksamkeit der Idealfaktoren und Realfaktoren«, ebd., S. 17–51.
**23** D. i. Herbert Schäfer.

dieser selbst Gesellschaft beinhalte; dazu sei er zu abstrakt. Auch zeige die im Referat zur Sprache gekommene Frage der mißlingenden Projektion auf den Hedonismus das Fehlen gesellschaftlicher Implikate.

Auf die stimulierende Frage Herrn Prof. Adornos hin, ob nicht jemand aus dem Seminar zur Rettung seiner These sich herbeifände, explizierte Herr Dr. Habermas[24]: Die Formalität Kantischer Ethik, insbesondere des kategorischen Imperativs, scheine in ihrer gesellschaftlichen Abhängigkeit erst durchsichtig zu werden im Hinblick auf eine bestimmte Verfassung der Gesellschaft, wie sie der Konkurrenzkapitalismus in der liberalen Ära erreicht. In dem Maße, wie die bürgerliche Gesellschaft von öffentlicher Gewalt sich emanzipiere, werde das Gesetz in Gestalt genereller Norm denkbar, d. h. als eines, unter das die Individuen gleichermaßen subsumiert werden müssen. Vorbereitend gewirkt habe auch eine naturrechtliche Tradition.

Diese Replik bleibe unbefriedigend, argumentierte Herr Schäfer, da sie, grob gesagt, darauf hinauslaufe, Kant auf die Königsberger Polizeiverhältnisse zurückzuführen. Hier aber werde der erhöhte Anspruch gestellt, daß Gesellschaft aus der Sache selbst hervorgehen müsse.

Dem stimmte Herr Prof. Adorno zu: Die bloß historische Ableitung der Kantischen Allgemeinheit, die eine letzte Sublimierung des Naturrechts ist, tue es nicht.

Sie gehöre aber *auch* dazu, warf Herr Schmidt[25] ein; die Formalisierung sei naturwissenschaftlich und historisch bedingt und läge im Zuge eines zunehmend manipulativen Umgangs mit den Dingen seitens der Vernunft.

Gewiß gehöre sie auch dazu, sagte Herr Prof. Adorno, zunächst aber sei gefordert, *wozu* sie dazu gehöre. Dem weiteren Einwand Herrn Schmidts, eine streng immanente Betrachtungsweise müsse an einem bestimmten Punkt transzendent werden, begegnete Herr Prof. Adorno mit dem Hinweis, dies bleibe dogmatisch, wenn es nicht rein aus der Sache hervorgehe.

Herr Dr. Habermas hielt es für möglich, bei hinreichend gründlicher Vorbereitung jenen Punkt zeigen zu können, an dem das Problem der Vermittlung von noumenalen und phänomenalen Bereich, das in der 3. Antinomie der Kritik der

---

24 Jürgen Habermas wird 1954 mit der Schrift »Das Absolute und die Geschichte im Denken Schellings« in Bonn promoviert.
25 Nicht ermittelt.

reinen Vernunft zu lösen versucht wurde,[26] bei dem gegebenen Stand bestimmter soziologischer Voraussetzungen von Kant nicht weiterreflektiert werden konnte.

Dies reiche nur die Speisekarte, nicht das Diner selbst, erklärte Herr Prof. Adorno.

Herr Bartels[27] vertrat die Ansicht, Kant wolle ein Prinzip geben, das für jede Art vernünftigen Wesens Geltung habe, nicht nur für diese Gesellschaft. Es gehe auch um die Autonomie der einzelnen.

Das wiederum, bemerkte Herr Prof. Adorno, erreiche nicht das Problem. Der Sachverhalt stelle sich folgendermaßen dar: Um überhaupt den Sinn des im kategorischen Imperativ Intendierten formulieren zu können, müsse Kant Ausdrücke wie »allgemein« und »Gesetzgebung« verwenden. Diese weisen nicht nur, wie Kelsen dartut,[28] auf ein gesellschaftliches Moment, auf Rechtsordnungen, zurück. Man müsse auch den Unterschied von Individuum und Gesellschaft hinzudenken. Wie im »du« des kategorischen Imperativs ein einzelmenschliches Substrat stecke, so sei die Allgemeinheit eine von empirischen Subjekten, wenn anders diese Ausdrücke nicht sinnlos bleiben sollen. Die Gesetzmäßigkeit, der der einzelne unterworfen ist, gilt für alle. Wie alle gleichermaßen als Subjekte konstituiert sind durch die Einheit der Vernunft, so konstituiert sich andererseits die Einheit der der Vernunft in Subjekten. Vorausgesetzt sei die Problematik von Individuum und Gesellschaft. Das spezifisch bürgerliche Problem: Wie kann das Besondere allgemein werden?, erscheine auch im kategorischen Imperativ. Ohne Rekurs auf inhaltlich-gesellschaftliche Kategorien fehle den reinen Begriffen der Vernunft der Sinn. Gehe auch der kategorische Imperativ in Gesellschaft nicht auf, so müsse er doch zunächst wie dargestellt verstanden werden. Erst wenn dieser Punkt erreicht, der Übergang vollzogen sei, komme die geschichtliche Problematik herein.

---

[26] Vgl. den Abschnitt »Der Antinomie der reinen Vernunft dritter Widerstreit der transzendentalen Ideen«, KW, Bd. IV, S. 426–433 (B 472–479; A 444–451).

[27] D.i. Siegfried Bartels.

[28] Bei Kelsen heißt es etwa: »Das Recht gilt nur als positives Recht, das heißt: als gesetztes Recht. In dieser Notwendigkeit des Gesetzt-Seins und der darin gelegenen Unabhängigkeit seiner Geltung von der Moral und von ihr gleichartigen Normensystemen besteht die Positivität des Rechts; darin der wesentliche Unterschied zwischen dem positiven Recht und dem sogenannten Natur-Recht, dessen Normen so wie die der Moral aus einer Grundnorm deduziert werden, die kraft ihres Inhalts als Ausfluß des göttlichen Willens, der Natur oder der reinen Vernunft für unmittelbar evident gehalten wird. Die Grundnorm einer positiven Rechtsordnung ist dagegen nichts anderes als die Grundregel, nach der die Normen der Rechtsordnung erzeugt werden, die Ein-Setzung des Grundtatbestandes der Rechtserzeugung.« (Hans Kelsen, Reine Rechtslehre. Einleitung in die rechtswissenschaftliche Problematik, Leipzig und Wien 1934, S. 64)

Herr Kriesel[29] glaubte die Gefahr einer Sinnhuberei sehen zu müssen, wenn die Vermittlung von Philosophie und Soziologie vom Sinn zu leisten sei.

Diesen Vorwurf lehnte Herr Prof. Adorno als der Sache inadäquat ab. Er beruhe auf einer Äquivokation. Sinnhuberei meine Vernachlässigung von Fakten zugunsten sinnhafter Momente. Er, Adorno, rekurriere nicht auf Sinnhaftes, sondern meine ganz einfach, daß der kategorische Imperativ zuerst in seiner Bedeutung verstanden werden müsse.

Auf die Bemerkung Herrn Kriesels, der kategorische Imperativ wäre ein Unerträgliches, vermittelten sich nicht Philosophie und Soziologie in ihm, äußerte Herr Prof. Adorno, die Philosophen hätten sich bisher trotz fehlender Vermittlung beim kategorischen Imperativ wohl gefühlt. Nicht subjektives Unbehagen, sondern Sachliches motiviere dem eigenen Gehalt der Theoreme nach die Vermittlung. Hier gelte Diltheys Wort, die Nachfolgenden verständen die Texte besser als die Autoren.[30] Paradoxerweise habe Kant die Vermittlung in der Kritik der praktischen Vernunft nicht intendiert, wohl aber in der Kritik der reinen Vernunft. Gerade die Kritik der praktischen Vernunft sei die der reinen, bleibe unabhängig vom empirischen Material, während die Kritik der reinen Vernunft in ihren Grundsätzen nur gilt, sofern sie angewandt werden können auf dieses Material.

An diese Diskussion schloß sich das *Referat* von Herrn Negt *»Zum Verhältnis von Philosophie und Soziologie bei Hegel«*[31]. Herr Prof. Adorno erläuterte dazu im einzelnen:

*Der Hegelsche Wissenschaftsbegriff* sei zu charakterisieren als im Gegensatz stehend zur Tradition der unreflektierten Wissenschaften. Hegel begründe aber nicht wie Bergson einen anderen Typus von Erkenntnis, der mit Wissenschaft nichts zu tun habe. Vielmehr befinde er sich mit der Wissenschaft im Einvernehmen – und dies gehöre in die projektierte Arbeit über das Verhältnis von Hegel und Comte wesentlich herein[32] –, insofern sie denkend der Philosophie den Stoff

---

29 D.i. Werner Kriesel.
30 Bei Dilthey heißt es: »Das letzte Ziel des hermeneutischen Verfahrens ist, den Autor besser zu verstehen, als er sich selber verstanden hat. Ein Satz, welche die notwendige Consequenz der Lehre von dem unbewussten Schaffen ist.« (Wilhelm Dilthey, Die Entstehung der Hermeneutik, in: Benno Erdmann, Wilhelm Windelband, Heinrich Rickert, Ludwig Busse, Richard Falckenberg, Hans Vaihinger, Alois Riehl, Wilhelm Dilthey, Eduard Zeller und Heinrich Maier, Philosophische Abhandlungen. Christoph Sigwart zu seinem siebzigsten Geburtstage 28. März 1900 gewidmet, Tübingen, Freiburg i.Br. und Leipzig 1900, S. 185–202; hier: S. 202)
31 Oskar Negt, »Zum Verhältnis von Philosophie und Soziologie bei Hegel«, UAF Abt. 139 Nr. 7.
32 Negt wird 1962 mit der Schrift »Die Konstituierung der Soziologie zur Ordnungswissenschaft. Strukturbeziehungen zwischen den Gesellschaftslehren Comtes und Hegels« in Frankfurt a. M. promoviert.

entgegenarbeitet. Bereiten die Einzelwissenschaften den Inhalt des Besonderen, die Daten, vor zur Aufnahme in die Philosophie, so gibt diese ihnen ihre Freiheit und Notwendigkeit statt der bloßen Beglaubigung des Vorfindens unter erfahrenen Tatsachen. Die traditionelle Methode wird als Moment der Wahrheit akzeptiert.

*Wirklichkeit* im Hegelschen Sinn decke sich nicht mit unserem Begriff von Wirklichkeit. Hegel verstehe darunter Identität von Sache und Begriff, die begriffene, sich selbst begreifende Sache, emphatisch: was in seinem Sein und seiner Notwendigkeit eingesehen ist. Wirkliches ist, was, von der sinnlichen Gewißheit bloß behauptet, im Fortgang sich dann als solches erweist. In diesem notwendigen Sinne ist alles Wirkliche vernünftig, keineswegs aber alle bloße Existenz.

*Dialektik* sei nicht, wie es der üblichen Vorstellung passe, eine bloße Veranstaltung des Geistes. Vielmehr sei sie zu kennzeichnen als das Sichanmessen der Erkenntnis an den in sich widerspruchsvollen Charakter der Wirklichkeit.

Der Hegelsche Terminus »*Arbeit des Begriffs*«[33] habe die Doppelbedeutung, einmal subjektive Anstrengung, zugleich aber im Zusammenhang mit der Vorstellung vom objektiven Begriff die Selbstbewegung des Begriffs zu meinen, die Mühe und Not, mit der das Objekt sich durchringt. Dieser Sachverhalt deute sich schon bei Kant an, wo das Moralische sich mühsam hindurchwinde, um schließlich zutage zu treten, als Anstrengung der Möglichkeit, in der Sache wirklich zu werden. Dabei sei die Reflexion, durch die der objektive Prozeß sich in Bewegung setzt, immer ein subjektives Moment. Da sich alle Stufen notwendig in sich reflektieren, enthalten sie alle Subjekt.

Die *Arbeit des Negativen* ist die Reflexion, also Tätigkeit des Geistes. Dieser Geist, als ein nicht abstrakt, sondern konkret historisch bestimmter, ist, weil der historische Prozeß durch das Interesse des Subjekts hindurch verläuft, objektiv geschichtlich wie subjektiv zugleich.

*Objektivität* liege auch darin, daß der Arbeitsprozeß nicht als bloße Tätigkeit einzelner am Stoff erscheine, vielmehr als ein gesellschaftlicher durch den Zusammenhang der Gesellschaft als einer ganzen.

Das der Philosophie zugrundeliegende Subjekt ist nicht das privat-einzelmenschliche. Als Vernunft bestimmt ist es Subjekt der Gesamtheit, damit aber Objektivität, die sich deshalb durchsetzt, weil sie sich als Allgemeinheit der Subjektivität selber erweist.

---

[33] »Wahre Gedanken und wissenschaftliche Einsicht ist nur in der Arbeit des Begriffs zu gewinnen.« (HW, Bd. 3, S. 65)

Objektivität im Sinne der Phänomenologie des Geistes bedeutet Gesellschaftlichkeit gegenüber der Zufälligkeit und Eitelkeit des Subjekts. Gesellschaft erscheint als Tätigkeit des Allgemeinen, die die Zufälligkeit der einzelnen motiviert. Kants Allgemeines wird bei Hegel seines gesellschaftlichen Wesens sich bewußt.

Der Ausdruck »*Bildung*«[34] besage – wie in der »Idee zu einer allgemeinen Geschichte in weltbürgerlichen Absicht«[35] – das Heraustreten der Menschen aus dem Naturstand, wodurch der subjektiv beschränkte einzelne Wille zum objektiven der Gattung wird. Bildung sei also nicht Aneignung von Kenntnissen, sondern der geschichtsphilosophische Zug des Seinerselbstmächtigwerdens.

Hegels Philosophie sei eine der *Versöhnung* mit einer uns entfremdet und heteronom entgegenstehenden Welt, in der wir nicht anwesend sind, die uns, wie die verwaltete Welt heute, nur Funktionen gibt, mit denen wir uns nicht identifizieren können. Doch nicht unmittelbar primär durch Beziehung zwischen Menschen, sondern durch Verdinglichung, Herrschaftsverhältnisse und Institutionen, durch Nichtidentisches hindurch soll Versöhnung, Identität statthaben. Marx nimmt das auf in der Form, daß der Sozialismus nicht Urkommunismus ist; ohne die Entfremdung des Kapitalismus kann er nicht hergestellt werden.

---

34 So spricht Hegel von »dem *Vorsatze*, in der Wissenschaft auf die Autorität {hin} sich den Gedanken anderer nicht zu ergeben, sondern alles selbst zu prüfen und nur der eigenen Überzeugung zu folgen oder, besser noch, alles selbst zu produzieren und nur die eigene Tat für das Wahre zu halten. Die Reihe seiner Gestaltungen, welche das Bewußtsein auf diesem Wege durchläuft, ist vielmehr die ausführliche Geschichte der *Bildung* des Bewußtseins selbst zur Wissenschaft. Jener Vorsatz stellt die Bildung in der einfachen Weise des Vorsatzes als unmittelbar abgetan und geschehen vor; dieser Weg aber ist gegen diese Unwahrheit die wirkliche Ausführung.« (Ebd., S. 72 f.)

35 »Wir sind im hohen Grade durch Kunst und Wissenschaft *kultiviert*. Wir sind *zivilisiert* bis zum Überlästigen zu allerlei gesellschaftlicher Artigkeit und Anständigkeit. Aber uns schon für moralisiert zu halten, daran fehlt noch sehr viel. Denn die Idee der Moralität gehört noch zur Kultur; der Gebrauch dieser Idee aber, welcher nur auf das Sittenähnliche in der Ehrliebe und der äußeren Anständigkeit hinausläuft, macht bloß die Zivilisierung aus. So lange aber Staaten alle ihre Kräfte auf ihre eiteln und gewaltsamen Erweiterungsabsichten verwenden und so die langsame Bemühung der inneren Bildung der Denkungsart ihrer Bürger unaufhörlich hemmen, ihnen selbst auch alle Unterstützung in dieser Absicht entziehen, ist nichts von dieser Art zu erwarten; weil dazu eine lange innere Bearbeitung jedes gemeinen Wesens zur Bildung seiner Bürger erfordert wird. Alles Gute aber, das nicht auf moralisch-gute Gesinnung gepfropft ist, ist nichts als lauter Schein und schimmerndes Elend. In diesem Zustande wird wohl das menschliche Geschlecht verbleiben, bis es sich auf die Art, wie ich gesagt habe, aus dem chaotischen Zustande seiner Staatsverhältnisse herausgearbeitet haben wird.« (KW, Bd. XI, S. 44 f. [A 402 f.])

## 219 Heidi Fricke, 14. Juni 1960

Protokoll der *Seminarsitzung* vom 14. *Juni* 1960.

Zu Beginn der Seminarsitzung nahm Professor Adorno Stellung zu einem der Einwände von Herrn Eckardt[36], der die gesellschaftlichen Inhalte des kategorischen Imperativs bei Kant betraf. Er lautete:

»Wenn der kategorische Imperativ ohne den Begriff der allgemeinen Gesetzlichkeit und diese ohne die Vorstellung der Gesellschaft undenkbar sein soll, so ließe sich sagen, da es den Begriff der Allgemeinheit auch in anderen Wissenschaften, etwa in der Mathematik gibt, daß er entweder von der Gesellschaft unabhängig und damit das obige Argument hinfällig ist, oder daß er auch hier, etwa in der mathematischen Mengenlehre, auf die Gesellschaft verwiesen ist und damit das Argument so verwässert wird, daß es nur noch behauptet, jeder Begriff setzt Gesellschaft voraus, d. h. die Gesellschaft steckte nicht in dem besonderen philosophischen Theorem, sondern nur in dessen Verwiesenheit auf die sprachliche Formulierung, die es mit jedem anderen beliebigen Theorem gemeinsam hat.«

Professor Adorno meinte dazu, er wolle eine triftigere Begründung als in der letzten Stunde versuchen, denn der Fehler liege offenbar mehr in der Argumentationsweise als in der Sache. Ein Vergleich zwischen Mathematik und Moralphilosophie sei außerordentlich schwach; moralisches Handeln beziehe sich auf die andere Person als Zweck und nicht als Mittel; es fordere also von vornherein mehrere Subjekte: das handelnde Subjekt und die Subjekte, zu denen es sich handelnd verhalte. Es liege hier folglich eine ganz andere Beziehung vor als im mathematischen Bereich: Es gehe nicht um einen formalen Mengenbegriff, sondern um den Begriff des Menschen. Selbst die Existenz eines Robinson wäre in sich gedoppelt durch ihre Trennung in den freien Menschen, der sich autonom sein Gesetz gibt, und in denjenigen, auf den sich das Gesetz bezieht. (Kantsche Unterscheidung zwischen dem allgemeinen transzendentalen und dem empirischen Subjekt.) Sie verkörpere in sich das Modell des Gesellschaftlichen.

Begriffe dürften nicht unter Absehen von Realitäten konzipiert werden: Kant sei in der Kritik der praktischen Vernunft in seiner Abschirmung der Moral gegen Psychologie und Soziologie in einen Begriffsrealismus zurückgefallen, den er in der Kritik der reinen Vernunft aufs schärfste angegriffen hätte. Man müsse im

---

[36] Heinz Eckardt, »Die gesellschaftlichen Implikationen des kategorischen Imperativs«, UAF Abt. 139 Nr. 7.

Begriff des Formalen selber differenzieren. Die Formbegriffe der Mathematik, die sich auf ein Etwas überhaupt beziehen, sind etwas völlig anderes als das Formelle in der Philosophie, die sich auf Subjekte beziehe.

Herr Negt setzte anschließend sein Referat über »Das Verhältnis von Philosophie und Soziologie bei Hegel« fort, dessen 1. Teil sich mit dem Verhältnis von Philosophie und Einzelwissenschaften befaßt hatte. Der 2. Teil beschäftigt sich mit den inhaltlichen Einsichten Hegels in die bürgerliche Gesellschaft. Nach Marx begreift Hegel die Arbeit als das Wesen, als das sich bewährende Wesen des Menschen.[37] In diesem Prozeß ist das vernünftige Begreifen kein Willkürakt, durch den dem äußeren Gegenstand wahllos eine ihm fremde Form aufgezwungen wird, sondern es bringt das Begreifen gerade erst die Dinge auf ihren Begriff, indem das einzelne empirische Datum auf das Wesen hin transzendiert wird. Indem der Mensch in der Arbeit die der Wirklichkeit unangemessene Erscheinung aufhebt, macht er sie zu dem, was sie an sich ist. Erst wenn alle Wirklichkeit »Geist« und daher mit uns in ihrem Wesen identisch ist, sind wir frei. Dasselbe gilt für die Arbeit am Naturmaterial, für den gegenständlichen Zwang, den dieses auf das Subjekt ausübt. Wie Herr Professor Adorno ausführte am Beispiel des Wilden, der sich für eine Stammesfehde aus einem Stein eine Speerspitze zurechtschlägt, ist das Handeln des Menschen wesentlich vom objektiven gesetzmäßigen Zusammenhang zwischen Zweckvorstellungen und den gegenständlichen Bedingungen bestimmt. Das kommt im Gang der Großen Logik darin zum Ausdruck, daß von der Materialbeschaffenheit, von Chemismus und Physik, die Teleologie abhängt.[38] Hier stecke ein wesentlich materialistisches Element in der Hegelschen Philosophie. Die rationale Naturbeherrschung schreibt so dem Menschen seine ratio vor, und nur dadurch, daß der Mensch sich seinerseits der Natur anmißt, erkennt er sie und kann er ihrer mächtig werden. Dieses Programm des Fortschritts in der Naturbeherrschung ist bereits ein wesentliches Motiv bei Bacon.

Die so durch das wechselseitige Verhältnis, von Mensch und Welt der Dinge bestimmte Arbeit vollzieht sich in der jeweiligen historischen Situation unter bestimmten Eigentums- und Herrschaftsverhältnissen. In dem Verhältnis von Herr und Knecht tritt ein Individuum als Anerkanntes einem anderen als Anerken-

---

37 »Hegel steht auf dem Standpunkt der modernen Nationalökonomen. Er erfaßt die *Arbeit* als das *Wesen*, als das sich bewährende Wesen des Menschen; er sieht nur die positive Seite der Arbeit, nicht ihre negative. Die Arbeit ist das *Fürsichwerden* des *Menschen* innerhalb der *Entäußerung* oder als *entäußerter* Mensch. Die Arbeit, welche Hegel allein kennt und anerkennt ist die *abstrakt geistige*.« (MEW, Bd. 40, S. 574)
38 Vgl. den Abschnitt »Die Teleologie«, HW, Bd. 6, S. 436–461.

nendes gegenüber. Wie Herr Negt ausführte, ist »im unmittelbaren Selbstbewußtsein das einfache Ich der absolute Gegenstand. Die Auflösung jener einfachen Einheit ist das Resultat der ersten Erfahrung. Es ist geworden 1. reines Selbstbewußtsein, 2. Bewußtsein in der Gestalt der Dingheit ... Da diese beiden Momente zunächst noch ungleich und entgegengesetzt, noch nicht in der Einheit sind, so treten sie als zwei entgegengesetzte Gestalten des Bewußtseins auf; die eine das selbständige, welchem das Fürsichsein, die andere das unselbständige, dem das Leben oder das Sein für ein Anderes das Wesen ist; jenes ist der Herr, dies der Knecht.«[39]

Auf die Frage, ob es sich hier um einen geschichtlichen Prozeß handele, verwies Professor Adorno auf die beiden Momente, die das eigentümliche Klima der Hegelschen Philosophie ausmachten: einmal die notwendige Entfaltung des Begriffs auf Grund konstruierenden schöpferischen Denkens, zum anderen die Beziehung auf geschichtliche Stadien, in diesem Falle die Gesellschaftsordnung des Feudalismus. Der durch Konstruktion gewonnene Begriff steckt in einem durch spezifische historische Verhältnisse bestimmten Spannungsverhältnis zur geschichtlichen Realität.

In konsequenter Weiterentwicklung des Ansatzes kommt Hegel zu der Erkenntnis, daß das wahre selbständige Bewußtsein das des Knechtes ist, weil es in der Beziehung auf den Herrn und auf den Gegenstand seiner Arbeit die absolute Negativität und das Fürsichsein erfährt. Es entspricht seinem Begriff. Im Gegensatz dazu ist das Bewußtsein des Herrn unselbständig, abhängig geworden, weil es den Knecht zwischen sich und das Ding schiebt und so einmal abhängig wird vom Knecht, zum anderen in der Arbeit nicht zu sich selbst kommen kann, d. h., sich nicht durch seine Arbeit zum Bewußtsein seiner Selbst emporarbeiten kann.[40]

In diesem Zusammenhang erinnerte Professor Adorno an die Ausführungen Veblens über die zunehmende Entfremdung von der Dingwelt unter dem kapitalistischen System: Je mehr der Mensch zwischen sich und die Dingwelt schalte, je mächtiger werde er einerseits durch Herrschaft, je ohnmächtiger andererseits durch die Abhängigkeit von denen, die näher an den Dingen sind.[41] Auf dieses

---

39 Dieser Passus konnte im entsprechenden Referatstext (s. oben, Anm. 31) nicht aufgefunden werden.
40 Vgl. den Abschnitt »Selbständigkeit und Unselbständigkeit des Selbstbewußtseins; Herrschaft und Knechtschaft«, HW, Bd. 3, S. 145–155.
41 Vgl. etwa den Abschnitt »Die Befreiung von der Arbeit und die konservative Einstellung«, in: Thorstein Veblen, Theorie der feinen Leute. Eine ökonomische Untersuchung der Institutionen [1899], übers. von Suzanne Heintz und Peter von Haselberg, Köln und Berlin 1958, S. 184–205; in seiner Schrift *Veblens Angriff auf die Kultur* [1941] scheibt Adorno: *Der Erfahrungsverlust des*

Phänomen, das die modernen Untersuchungen über die »Manager-Bürokratie« und die »abstrakten Eigentümer« zu ihrem Gegenstand gemacht hätten,[42] sei Hegel bereits auf rein spekulativem Wege gestoßen, ein Beweis dafür, daß man durch insistentes Denken unendlich viel antizipieren könne.

Auf die Frage, ob die Abstraktion von den Dingen bei dem Herrn nicht nur eine graduelle sei, meinte Professor Adorno, daß sie zunächst relativ sei, aber durchaus absoluten Charakter annehmen könne: Der Herr in Gestalt des technischen Direktors eines weitgehend technisierten Industriewerks sei beispielsweise durchaus in der Lage, den höchst komplizierten Produktionsmechanismus zu überschauen, verstehe aber unter Umständen nicht, einen Nagel einzuschlagen. Von Einstein, dessen genialer Geist die Relativitätstheorie zu entwickeln vermochte, heißt es, daß er für die Bewältigung einfacher Rechnungen der Mitarbeit von Mathematikern bedurfte. Die ursprüngliche Einheit von Allgemeinem und Besonderem sei immer tiefer gespalten und dann nicht mehr zusammenzubringen.

Auf den Einwand, ob das nicht ein allgemeines Phänomen der Arbeitsteilung sei, erwiderte Professor Adorno, daß es dabei nicht bleibe. Erst Eigentum ermögliche die völlige Trennung von Arbeit, den Abstand von der Produktion wie er für die Feudalen so charakteristisch gewesen sei. Dies folge nicht unbedingt aus der Arbeitsteilung. Das Landwirtschaftsstudium durch Vertreter des Großgrundbesitzes sei demgegenüber eine ganz neue Entwicklung. Gegen geäußerte Bedenken, daß die Dogmatisierung großer Zusammenhänge Kleinigkeiten vernachlässige, meinte Professor Adorno: Die Trennung habe sich durchgesetzt. Das man eins nicht ohne das andere haben könne, stecke in Hegel drin, aber sei eine sehr späte Erkenntnis; sie liege in uns allen unbewußt, wir seien gleichsam mit ihr durchtränkt, und es gelte nur, sie zu mobilisieren.

Im Gegensatz zur Scheinautonomie des von Knecht und Dingwelt abhängigen Herrn, vereinigt der Knecht beide Momente freien Bewußtseins in dem abstrakten Bewußtsein vom Selbst und in der im realen Prozeß von ihm vollzogenen Prägung

---

*Subjekts in der Welt des Immergleichen, Voraussetzung der gesamten Veblenschen Theorie, bezeichnet die anthropologische Seite des seit Hegel in objektiven Kategorien bestimmten Entfremdungsvorgangs.* (GS, Bd. 10·1, S. 91)

42 In *Spätkapitalismus oder Industriegesellschaft?* [1968] bemerkt Adorno entsprechend: *Weiter wird Herrschaft über Menschen ausgeübt durch den ökonomischen Prozeß hindurch. Dessen Objekte sind längst nicht mehr nur die Massen, sondern auch die Verfügenden und ihr Anhang. Der alten Theorie gemäß wurden sie weithin zu Funktionen ihres eigenen Produktionsapparats. Die vieldiskutierte Frage nach der managerial revolution, nach dem angeblichen Übergang der Herrschaft von den juridischen Eigentümern an die Bürokratie ist demgegenüber sekundär.* (GS, Bd. 8, S. 360)

der gegenständlichen Welt, in der er sich selbst wiederfindet. Er entspricht dem Begriff des Selbstbewußtseins auf dieser Entwicklungsstufe. Professor Adorno erklärte, die Identifikation mit der Naturvollendung sei ein echt idealistisches Moment und von Marx in den Gedanken übernommen, es gehe darum, mit den Dingen besser fertig zu werden. Es wäre aber hier zu bedenken, inwieweit nicht der Begriff der Naturbeherrschung den der Ausbeutung einschließe. Nicht zufällig gehe im Osten die Etablierung der Diktatur und die Funktionierung durch bürokratische Beherrschung einher mit einem Begriff von Arbeit, der die Natur zum Objekt gemacht habe.

Auf die Frage, ob Naturbeherrschung nicht vom Begriff der Herrschaft unabtrennbar sei, wies Professor Adorno am Begriff des Materialgerechten in der Kunst, die an dieser Stelle der Gesellschaft weit voraus sei, nach, daß durchaus eine Subjekt-Objekt-Beziehung denkbar sei, in der sich das Subjekt nach dem zu richten habe, was das Objekt ihm aufzwinge. Das Bewußtsein selbst werde zu einer Naturkategorie, indem es sich der Natur aufpräge.

Auf den Einwand, daß bei Marx im Begriff der Arbeit auch die Natur zu sich selbst komme, entgegnete Professor Adorno, daß dies nur für den jungen Marx gelte, später sei er an dieser Stelle echter Saint-Simonist, indem er glaube, daß die Welt in Ordnung komme, wenn durch Steigerung der Produktivkräfte fessellos produziert werden [könnte] und die Menschen alle ihre Bedürfnisse befriedigen könnten. Der historische Aspekt der Kinderarbeit und des allgemein herrschenden Mangels könnte diese Wendung zwar erklären, aber die Einsicht in die notwendige Begrenzung des Begriffs mache ihn noch nicht hinfällig. Hegels Philosophie sei keine Geistesmetaphysik außerhalb des Bezuges auf Gesellschaft, sondern der Geist sei geradezu bestimmt als die sich in der Arbeit darstellende Gesellschaft. Das philosophische System sei vermittelt durch das gesellschaftliche; Hegel sei gleichzeitig Kritiker des Nominalismus und des Realismus.

Auch Marx könne man nicht einen Nominalisten nennen, wenn er den Vorrang der Totalität vor den darunter gefaßten Realitäten behaupte; der Begriff der Gesellschaft sei durch den Tauschvorgang durch Begriffliches vermittelt ein Gedankenkonkretum. An dieser Bestimmung sei bei Marx der Begriff der Praxis gewonnen.

Der einzelne ist in diesem Prozeß unter ein geschichtliches Schicksal gestellt. Die großen führenden Persönlichkeiten in der Geschichte waren groß nicht durch persönlich hervorstechende Eigenschaften, sondern durch Einsicht in die geschichtlichen Bedingungen ihres Handelns. Hegel spricht von der »List der Vernunft«, die zugleich eine »List der Geschichte« ist:[43] Der einzelne Mensch kann glauben, er folge in seinem Handeln persönlichen Zwecken, in Wirklichkeit aber steht er im Dienste der Vernunft der Geschichte. Professor Adorno fügte hinzu, daß z. B. ein Robespierre gestürzt werden mußte, als seine staatskapitalistischen Forderungen mit den Interessen eines privatkapitalistischen Systems nicht mehr vereinbar waren; dies sei von Hegel genial gesehen worden.

In Zusammenhang der Darstellung Hegelscher Gedanken über die bürgerliche Tauschgesellschaft unterstrich Professor Adorno die für den Tausch konstitutive Tatsache, daß der Mensch seine Bedürfnisse befriedige, indem er sie nicht unmittelbar befriedige, d. h., »er erarbeitet nicht mehr das, was er braucht, oder er braucht nicht mehr das, was er sich erarbeitet, ... seine Arbeit wird eine formale, abstrakte allgemeine ..., er schränkt sich auf die Arbeit für eins seiner Bedürfnisse ein, und tauscht sich dafür das für seine anderen Bedürfnisse Notwendige ein.« (Hegel, Jenenser Realphilosophie.)[44]

Außerdem verwies Professor Adorno auf die bei Hegel und Marx gleiche Wertbestimmung der Arbeit und auf die Problematik der These Hegels, daß die durch Zunahme des Anteils der geronnenen Arbeit am Produkt verursachte Minderung des Tauschwertes nur über eine Verlängerung der Arbeitszeit zur Erzeugung gleicher Tauschwertmengen führen könne.[45] Marx folgere nicht eine

---

43 »Das besondere Interesse der Leidenschaft ist also unzertrennlich von der Betätigung des Allgemeinen; denn es ist aus dem Besonderen und Bestimmten und aus dessen Negation, daß das Allgemeine resultiert. Es ist das Besondere, das sich aneinander abkämpft und wovon ein Teil zugrunde gerichtet wird. Nicht die allgemeine Idee ist es, welche sich in Gegensatz und Kampf, welche sich in Gefahr begibt; sie hält sich unangegriffen und unbeschädigt im Hintergrund. Das ist die *List der Vernunft* zu nennen, daß sie die Leidenschaften für sich wirken läßt, wobei das, durch was sie sich in Existenz setzt, einbüßt und Schaden leidet. Denn es ist die Erscheinung, von der ein Teil nichtig, ein Teil affirmativ ist. Das Partikuläre ist meistens zu gering gegen das Allgemeine, die Individuen werden aufgeopfert und preisgegeben. Die Idee bezahlt den Tribut des Daseins und der Vergänglichkeit nicht aus sich, sondern aus den Leidenschaften der Individuen.« (HW, Bd. 12, S. 49)
44 »Der Mensch erarbeitet sich nicht mehr das, was er braucht, oder er braucht das nicht mehr, was er sich erarbeitet hat, sondern es wird, statt der Wirklichkeit der Befriedigung seiner Bedürfnisse, nur die Möglichkeit dieser Befriedigung; seine Arbeit wird eine *formale*, abstrakte, *allgemeine*, eine einzelne, er schränkt sich auf die Arbeit für Eins seiner Bedürfnisse ein und tauscht sich dafür das für seine andern Bedürfnisse Nötige ein.« (Georg Wilhelm Friedrich Hegel, Jenaer Systementwürfe I. Das System der spekulativen Philosophie. Fragmente aus Vorlesungsmanuskripten zur Philosophie der Natur des Geistes [1931], hrsg. von Klaus Düsing und Heinz Kimmerle, Hamburg 1986 [Philosophische Bibliothek; 331], S. 229)
45 »In der *Maschine* hebt der Mensch selbst diese seine formale Tätigkeit auf und läßt sie ganz für ihn arbeiten. Aber jeder Betrug, den er gegen die Natur ausübt und mit dem er innerhalb ihrer

Verlängerung der Arbeitszeit sondern ein Sinken der Profitrate.[46] Entscheidendes Moment der Hegelschen Philosophie – und das sei der subjektiven Ökonomie verlorengegangen – sei die Erkenntnis, daß die bürgerliche Gesellschaft nicht primär von den Bedürfnissen der Menschen, sondern von den Produktionsverhältnissen, unter denen sie arbeiten, bestimmt werde: Hegels Philosophie sei objektiv idealistische Philosophie.

Angewandt auf den Produzenten (bei Marx = Arbeiter) bedeute das, daß er sein Leben nur durch die Negation erhalten könne, d. h., er muß das Produkt seiner Arbeit hergeben, um am Leben zu bleiben. Diese Erkenntnis sei um so bedeutender als sich zur Zeit Hegels Deutschland noch auf der Stufe eines unentwickelten Industriestaates befunden habe.

Das wirksamste Mittel zur Hemmung der notwendig in der Gesellschaft entstandenen Gegensätze und widerstrebenden Interessen sieht Hegel im Staat, bestimmt als die Wirklichkeit der sittlichen Idee, als den sich so organisierten vernünftigen Willen.

Zusammenfassend schloß Professor Adorno die Seminarsitzung ab mit dem Hinweis, daß das gegenseitige Verwiesensein von Philosophie und Soziologie besonders in der Philosophie Hegels deutlich werde.

Heidi Fricke[47]

---

Einzelheit stehen bleibt, rächt sich gegen ihn selbst; was er ihr abgewinnt, je mehr er sie unterjocht, desto niedriger wird er selbst. Indem er die Natur durch mancherlei Maschinen bearbeiten läßt, so hebt er die Notwendigkeit seines Arbeitens nicht auf, sondern schiebt es nur hinaus, entfernt es von der Natur und richtet sich nicht lebendig auf sie als eine lebendige, sondern es entflieht diese negative Lebendigkeit, und das Arbeiten, das ihm übrig bleibt, wird selbst *maschinenmäßiger*; er *vermindert* sie nur fürs Ganze, aber nicht für den einzelnen, sondern vergrößert sie vielmehr, denn je maschinenmäßiger die Arbeit wird, desto weniger Wert hat {sie}, und desto mehr muß er auf diese Weise arbeiten.« (Ebd., S. 228)
46 Vgl. den Abschnitt »Gesetz des tendenziellen Falls der Profitrate«, MEW, Bd. 25, S. 221–241.
47 Unterschrift.

## 220 Michaela von Alth, 28. Juni 1960

Michaela v. Alth

*Protokoll des soziologischen Seminars von Prof. Adorno*

Sitzung vom 28. 6. 1960

Zu dem in der vorherigen Sitzung aufgeworfenen Problem der Dialektik zwischen Herr und Knecht bemerkte Prof. Adorno, das Wesen einer dialektischen Auffassung der Gesellschaft bestünde gerade in dem Rekurrieren auf Funktionszusammenhänge – ein außerhalb des jeweiligen Funktionszusammenhang stehendes soziales Phänomen wäre undenkbar, und eine Betrachtungsweise, die dabei stehenbliebe, notwendig inadäquat.

Wahrheit könne nur innerhalb eines Zusammenhanges bestehen, sei aber nicht an diesem zu messen.

In der vorhergehenden Sitzung war Marxens Gedanke, daß die Philosophie durch ihre Verwirklichung aufgehoben werden würde,[48] an den Beispielen Freiheit und Gleichheit erläutert worden, indem darauf hingewiesen wurde, wie sehr diese Begriffe seit der Emanzipation des Bürgertums an Inhalt verloren hätten. Prof. Adorno verfolgte den Begriff der Gleichheit bis in die ideale Gesellschaft und wies nach, daß in einer Gesellschaft, die schrankenlos produziert, die Forderung, daß alle gleich viel bekommen müßten, sinnlos wäre. Es wurde hierzu bemerkt, daß im Gegenteil gerade dadurch den individuellen Eigenarten weit besser Rechnung getragen werden könne.

Dies führte Prof. Adorno noch weiter, indem er erklärte, daß in diesem beschränkten Sinne nicht der Sozialismus, sondern die Gesellschaftsform des bür-

---

48 »Mit Recht fordert [...] die *praktische* politische Partei in Deutschland die *Negation der Philosophie*. Ihr Unrecht besteht nicht in der Forderung, sondern in dem Stehnbleiben bei der Forderung, die sie ernstlich weder vollzieht noch vollziehen kann. Sie glaubt, jene Negation dadurch zu vollbringen, daß sie der Philosophie den Rücken kehrt und abgewandten Hauptes – einige ärgerliche und banale Phrasen über sie hermurmelt. Die Beschränktheit ihres Gesichtskreises zählt die Philosophie nicht ebenfalls in den Bering der *deutschen* Wirklichkeit oder wähnt sie gar *unter* der deutschen Praxis und den ihr dienenden Theorien. Ihr verlangt, daß man an *wirkliche Lebenskeime* anknüpfen soll, aber ihr vergeßt, daß der wirkliche Lebenskeim des deutschen Volkes bisher nur unter seinem *Hirnschädel* gewuchert hat. Mit einem Worte: *Ihr könnt die Philosophie nicht aufheben, ohne sie zu verwirklichen.*« (MEW, Bd. 1, S. 384)

gerlichen Kapitalismus gleichmacherisch sei, da die Forderung nach Konformismus ja im Tauschverhältnis begründet sei.

Auf die in der vorherigen Sitzung gebrachte Erläuterung zurückkommend, bemerkte Prof. Adorno, dieses Absterben der Begriffe sei eine äußerst interessante Erscheinung, die soziologisch zu verfolgen es sich lohnen würde. Valéry habe dies erstmals für den Begriff Tugend nachgewiesen,[49] auch Spengler habe ein feines Organ dafür gehabt.

Zu der von der Referentin[50] zitierten Stelle der »Deutschen Ideologie«, in der Marx von abstrakten Empirikern spricht,[51] stellte Prof. Adorno die Frage, was hier mit »abstrakt« gemeint sei. Hegel, und mit ihm Marx, verstehe nämlich unter einer abstrakten Betrachtungsweise eine Betrachtungsweise, die von den Gestalten des Zusammenhanges absehe. Abstrakt bedeute ihm soviel wie isoliert – ganz im Gegensatz zur scholastischen und landläufigen Unterscheidung.

Zu Marxens These, daß das Proletariat die vollkommene Negativität der bürgerlichen Gesellschaft sei,[52] meinte Prof. Adorno, es sei notwendig zu prüfen, wie

---

49 »Befragen Sie Ihre Erfahrung. Konsultieren Sie Ihr Gedächtnis. Stellen Sie eine Statistik in Ihrer Umgebung auf. Fragen Sie sich selbst, ob Ihnen *Tugend* ohne eine dem Anlaß entsprechende Anstrengung über die Lippen kommen oder in die Feder fließen würde; kurzum, ohne das dunkle Gefühl, nicht ganz aufrichtig, nicht ganz zeitgemäß zu sein? [...] Wenn ich feststelle, daß *Tugend* im Sprachgebrauch dieser Zeit, die die unsrige ist und die in uns ist, dahinsiecht und im Sterben liegt, muß man sich dann nicht in diesem Sachverhalt wiedererkennen, diesen Todeskampf erforschen, der in uns selbst stattfindet, ihn in seiner ganzen Tiefgründigkeit sehen?« (Paul Valéry, Bericht über die Tugend-Preise [1934], in: Paul Valéry, Werke. Frankfurter Ausgabe in 7 Bänden, hrsg. von Jürgen Schmidt-Radefeldt, Bd. 4, hrsg. von Jürgen Schmidt-Radefeldt, Frankfurt a. M. 1989, S. 217–243; hier: S. 222)
50 Der Referatstext von Erika Lorenz, »Kritik an der Philosophie und die Idee der Verwirklichung der Philosophie bei Marx«, wurde nicht aufgefunden.
51 »Nicht das Bewußtsein bestimmt das Leben, sondern das Leben bestimmt das Bewußtsein. In der ersten Betrachtungsweise geht man von dem Bewußtsein als dem lebendigen Individuum aus. In der zweiten, dem wirklichen Leben entsprechenden, von den wirklichen lebendigen Individuen selbst und betrachtet das Bewußtsein nur als *ihr* Bewußtsein. [Absatz] Diese Betrachtungsweise ist nicht voraussetzungslos. Sie geht von den wirklichen Voraussetzungen aus, sie verläßt sie keinen Augenblick. Ihre Voraussetzungen sind die Menschen nicht in irgendeiner phantastischen Abgeschlossenheit und Fixierung, sondern in ihrem wirklichen, empirisch anschaulichen Entwicklungsprozeß unter bestimmten Bedingungen. Sobald dieser tätige Lebensprozeß dargestellt wird, hört die Geschichte auf, eine Sammlung toter Fakta zu sein, wie bei den selbst noch abstrakten Empirikern, oder eine eingebildete Aktion eingebildeter Subjekte, wie bei den Idealisten.« (MEW, Bd. 3, S. 27)
52 »Wenn das Proletariat die *Auflösung der bisherigen Weltordnung* verkündet, so spricht es nur das *Geheimnis seines eignen Daseins aus*, denn es *ist* die *faktische* Auflösung dieser Weltordnung.

weit und in welcher Gestalt dies auch heute noch gelte. Dies könne nur durch eine Konfrontation mit der objektiven Realität, nicht mit dem Bewußtsein des Proletariats geschehen. Es zeige sich hier, wie problematisch es sei, Philosophie rein subjektivistisch zu verstehen. Wir dürften nicht mehr, wie Marx es noch konnte, annehmen, daß subjektive Interessen und objektive Gegebenheiten des Proletariats noch übereinstimmten. Es müsse also geprüft werden, ob die Quelle des Reichtums noch der Mehrwert sei – darauf könne die Berechtigung der Ansprüche basieren. Daß die Verelendungstheorie in ihrer klassischen Formulierung[53] der Wahrheit nicht mehr entspräche, könne auch nicht durch den unsinnigen Begriff einer »relativen Verelendung« bemäntelt werden.[54]

Auf den Vorwurf der Apologetik gegen den Kommunismus, das Proletariat wolle die Auflösung der Gesellschaft, erwidert Marx, wie referiert wurde, das Proletariat sei bereits die Auflösung der Gesellschaft.[55]

Eine Klasse, so erläuterte Prof. Adorno, die nur noch Objekt der Gesellschaft ist, sei eben in sich bereits ihres gesellschaftlichen Charakters verlustig gegangen. Dieses Auseinanderstreben der Gesellschaft auf zwei entgegengesetzte Pole zu liege aber nicht an den Polen, sondern an der Gesellschaft. Die Zuspitzung der Formulierung bei Marx und Hegel habe stets den Sinn, auf Paradoxien innerhalb des Gegenstandes hinzuweisen. Daß sich die Apologetik gegen den »destruktiven Willen« des Sozialismus wende, sei übrigens im Einklang mit der allgemein üblichen Methode, sich dann, wenn die Argumentation gegen die Sache nicht funktioniere, gegen den Argumentierenden selbst zu wenden.

---

Wenn das Proletariat die *Negation des Privateigentums* verlangt, so erhebt es nur zum *Prinzip der Gesellschaft*, was die Gesellschaft zu *seinem* Prinzip erhoben hat, was in *ihm* als negatives Resultat der Gesellschaft schon ohne sein Zutun verkörpert ist.« (MEW, Bd. 1, S. 391)
53 Im ersten Band des »Kapitals« [1867] heißt es, »alle Methoden zur Produktion des Mehrwerts sind zugleich Methoden der Akkumulation, und jede Ausdehnung der Akkumulation wird umgekehrt Mittel zur Entwicklung jener Methoden. Es folgt daher, daß im Maße wie Kapital akkumuliert, die Lage des Arbeiters, welches immer seine Zahlung, hoch oder niedrig, sich verschlechtern muß. Das Gesetz endlich, welches die relative Übervölkerung oder industrielle Reservearmee stets mit Umfang und Energie der Akkumulation in Gleichgewicht hält, schmiedet den Arbeiter fester an das Kapital als den Prometheus die Keile des Hephästos an den Felsen. Es bedingt eine der Akkumulation von Kapital entsprechende Akkumulation von Elend. Die Akkumulation von Reichtum auf dem einen Pol ist also zugleich Akkumulation von Elend, Arbeitsqual, Sklaverei, Unwissenheit, Brutalisierung und moralischer Degradation auf dem Gegenpol, d. h. auf Seite der Klasse, die ihr eignes Produkt als Kapital produziert.« (MEW, Bd. 23, S. 674 f.)
54 Vgl. Abschnitt *VII* der *Reflexionen zur Klassentheorie*, GS, Bd. 8, S. 383–386.
55 S. oben, Anm. 52.

Das Grundprinzip dialektischer Erkenntnis, erklärte Prof. Adorno, sei die Voraussetzung, daß das, was die Philosophie der Welt entgegenhielte, nichts sei als die zum Selbstbewußtsein erhobene Tatsache. Es bestünde aber gerade hier zwischen Marx und Hegel ein subtiler Unterschied. Bei Hegel sei das Prinzip einer Gesellschaftsform als Ganzes die Positivität, während bei Marx die sich selbst erkennende Gesellschaft zur Kritik und Negativität würde. Auf den Einwurf, das sei bei Hegel auch der Fall, entgegnete Prof. Adorno, Marx sei aber in dieser Hinsicht viel radikaler, in gewissem Sinne instrumenteller, unmittelbarer. Marx sehe die Kritik von Subjekten an Institutionen im Sinne der dialektischen Entwicklung, während Hegel diese Dialektik nur innerhalb der Gesamtgesellschaft, nicht aber im Einzelbewußtsein zum Ausdruck kommen ließe, auch übertrage Marx den Begriff der Negativität auf die Philosophie selbst, was bei Hegel undenkbar gewesen wäre. Es stünden sich hier zwei grundsätzlich verschiedene Haltungen gegenüber: Auf der einen Seite das Vertrauen auf die Selbstbewegung des Geistes, auf der anderen Seite die Absicht, mit Mitteln der Philosophie spontan die Entwicklung weiterzutreiben.

Wenn Marx, wie referiert, die Frage, ob dem menschlichen Denken gegenständliche Wahrheit zukomme oder nicht, nur in der Praxis beantwortet haben will,[56] so klinge das, wie Prof. Adorno bemerkte, sehr pragmatistisch. Man dürfe diese These nicht so verstehen, als spräche sie der Praxis ein Urteil über die Bedeutung des Problems an sich zu, sondern dahingehend, daß dieses Problem der Entfremdung von Subjekt und Objekt kein rein erkenntnistheoretisches, sondern ein praktisches ist, und deshalb nur in der Praxis gelöst werden kann.

Die Referentin legte dar, daß nach Marx die Revolution eine Befreiung und zugleich Katharsis für die stürzende Klasse bedeuten würde.[57] »Stürzende« Klasse, meinte Prof. Adorno, sei wohl hier im Zusammenhang aktiv zu verstehen, es hätte

---

[56] »Die Frage, ob dem menschlichen Denken gegenständliche Wahrheit zukomme – ist keine Frage der Theorie, sondern eine *praktische* Frage. In der Praxis muß der Mensch die Wahrheit, i. e. Wirklichkeit und Macht, Diesseitigkeit seines Denkens beweisen. Der Streit über die Wirklichkeit oder Nichtwirklichkeit des Denkens – das von der Praxis isoliert ist – ist eine rein *scholastische* Frage.« (MEW, Bd. 3, S. 5)

[57] In der »Deutschen Ideologie« [1932] heißt es, »daß sowohl zur massenhaften Erzeugung dieses kommunistischen Bewußtseins wie zur Durchsetzung der Sache selbst eine massenhafte Veränderung der Menschen nötig ist, die nur in einer praktischen Bewegung, in einer *Revolution* vor sich gehen kann; daß also die Revolution nicht nur nötig ist, weil die *herrschende* Klasse auf keine andre Weise gestürzt werden kann, sondern auch, weil die *stürzende* Klasse nur in einer Revolution dahin kommen kann, sich den ganzen alten Dreck vom Halse zu schaffen und zu einer neuen Begründung der Gesellschaft befähigt zu werden.« (Ebd., S. 70)

aber auch die passive Bedeutung einen mit der Marxischen Theorie übereinstimmenden Sinn. Man fände nämlich bei Marx auch den Gedanken, daß durch die Revolution auch die Selbstentfremdung der Bourgeoisie aufgehoben würde und auch diese zu einem menschenwürdigen Dasein befähigt. Der Gedanke, daß es in einer falschen Gesellschaft kein richtiges Leben geben könne und eine Scheinzufriedenheit nur ein Ausdruck der Selbstentfremdung sei, sei gerade in einer Zeit, in der das Interesse an einer Änderung immer mehr schwinde, von großer Tragweite.

Wenn Marx sage, daß in der Realisierung die Idee zu etwas anderem würde, daß ihr So-Sein aufgehoben würde im Anders-Sein,[58] so sei damit, wie Prof. Adorno aufzeigte, nicht die bloße Inadäquation der Realisierung, sondern die wesensmäßige Verschiedenheit von der Idee gemeint.

Die Referentin ließ Marxens Kritik an den Utopisten zu Wort kommen.[59]

Prof. Adorno legte dar, daß Marx die Utopisten gerade deshalb kritisiere, weil er die Utopie ernstnehme und sie verwirklichen wolle. Während Hegel die Erkenntnis, daß eine Änderung der gesellschaftlichen Umstände erst eintritt, wenn die Gesellschaft reif dafür ist, zur Grundlage seiner apologetischen Haltung macht, sieht Marx unter dem Aspekt der technischen und industriellen Entwicklung die revolutionäre Bewegung als den Geburtshelfer des gesellschaftlichen Potentials.

Es erfolgte die Anfrage, wer denn darüber entscheide, wann die Zeit reif wäre und wann nicht.

Prof. Adorno beantwortete die Frage dahingehend, daß nach Marx die Theorie hierüber zu entscheiden habe, indem sie feststelle, worin die Entwicklung bestünde und wie weit sie gediehen sei. Die Verdammung derer, die es zu früh wollten, und das Vertrauen auf die Geschichte seien allerdings problematisch.

---

58 Marx schreibt, die materialistische Geschichtsauffassung »hat in jeder Periode nicht, wie die idealistische Geschichtsanschauung, nach einer Kategorie zu suchen, sondern bleibt fortwährend auf dem wirklichen Geschichts*boden* stehen, erklärt nicht die Praxis aus der Idee, erklärt die Ideenformationen aus der materiellen Praxis und kommt demgemäß auch zu dem Resultat, daß alle Formen und Produkte des Bewußtseins nicht durch geistige Kritik, durch Auflösung ins ›Selbstbewußtsein‹ oder Verwandlung in ›Spuk‹, ›Gespenster‹, ›Sparren‹ etc., sondern nur durch den praktischen Umsturz der realen gesellschaftlichen Verhältnisse, aus denen diese idealistischen Flausen hervorgegangen sind, aufgelöst werden können – daß nicht die Kritik, sondern die Revolution die treibende Kraft der Geschichte auch der Religion, Philosophie und sonstigen Theorie ist.« (MEW, Bd. 3, S. 38)
59 Vgl. etwa den Abschnitt »Der kritisch-utopistische Sozialismus und Kommunismus«, MEW, Bd. 4, S. 489–492.

Dazu komme, daß die Utopie ihre Funktion im gesellschaftlichen Kräftespiel seit Marx radikal geändert habe, daß sie in einer Zeit, in der man den Menschen das Träumen abgewöhnen wolle, sich von einer Stütze der Apologetik in einen Exponenten des Fortschritts verwandelt habe, was am Beispiel der Sowjetunion am besten abzulesen sei.

Wenn Marx Hegel vorwerfe, er verstünde unter Arbeit nur geistige Arbeit,[60] ergänzte Prof. Adorno das Referat, so tue er Hegel unrecht.

In der an das Referat anschließenden Diskussion erhob sich die Frage, wieweit das Postulat der Einheit von Theorie und Praxis bei Marx etwas wirklich Neues wäre.

Die Referentin antwortete mit dem Hinweis, daß bei Marx die Philosophie in die Praxis übersetzt würde, indem sie dem Proletariat Marxens an die Hand gegeben werde – dies gehe über die bloße Philosophie hinaus.

Prof. Adorno ergänze dies mit dem Hinweis, daß die Philosophie Marxens viel weniger selbstgenügsam sei und die konkrete gesellschaftliche Wirklichkeit in viel größerem Maße einbeziehe und in sie eingehe, zudem intendiere sie eine Veränderung von der Wurzel her. Wenn die Philosophie vor Marx an sich gesellschaftliche gewesen sei, so sei es die seine für sich, er habe bewußt im Gegensatz zur bisherigen Philosophie, als deren Vertreter er Hegel sah, die gesellschaftliche Praxis zum Kriterium der Wahrheit gemacht.

Es ergab sich die Frage, ob Marx nicht selbst die Utopie widerlege, indem er deren gesellschaftliche Bezogenheit postuliere.

Gegen diese Frage wendete Prof. Adorno ein, Marx hätte wahrscheinlich gesagt, sie sei zu abstrakt. Die bloß formale, historische Annahme, daß sich die Gesellschaft ständig verändere, genüge nicht, da gerade das Wesentliche gleichgeblieben sein könnte, man müsse hier von realen historischen Tatsachen ausgehen.

Eine weitere Frage suchte Aufklärung über das scheinbar gleichzeitige Bestehen von Selbstentfremdung und dem richtigen Begriff von sich selbst im Proletariat zu erhalten.

Marx habe das nie so gemeint, sagte Prof. Adorno, sondern insofern der Arbeiter gleichzeitig Glied der bürgerlichen Gesellschaft ist, sei auch sein Klassen-

---

60 S. oben, Anm. 37.

bewußtsein subjektives Bewußtsein, das gegen die objektiven Gegebenheiten gleichgültig ist.

## 221 Sigrid Pesel, 5. Juli 1960

Protokoll der Seminarsitzung vom 5. Juli 1960

Professor Adorno führte zum Referat über Husserls Antipsychologismus und Durkheims Soziologismus[61] folgendes aus:

Von einem Gegensatz Husserl–Durkheim kann man nicht im gleichen Sinne sprechen wie von dem Bergsons und der Durkheim-Schule.[62] Durkheim kannte die Werke Husserls nicht, und umgekehrt. Die Antithesen, die die Werke enthalten, sind nicht durch Polemik von außen her verschärft. Um sie herauszuarbeiten, müßte man sie vielleicht drastischer formulieren.

Der erste Band von Husserls Prolegomena zur reinen Logik enthält die Lehre vom Ansichsein der Gegenstände der Erkenntnis vom Gemeinten.[63] Husserl führt diese Lehre gegenüber aller subjektiven Konstitution durch. Eine letzte Konsequenz daraus zieht Heidegger, wenn er das Sein allem Subjekt vorordnet. Umgekehrt wie Durkheim, bei dem die Erklärung des Ursprungs der logischen Vorstellungen, ihre Genesis, ihre Objektivität begründet, kommt es Husserl darauf an, die reine Logik als eine Disziplin von den objektiv geltenden, deduktiven Zusammenhängen und den Formen von Begriff, Urteil und Schluß darzustellen. Husserl gibt eine Rechtfertigung der traditionellen, nicht der von Russell mathematisch erweiterten, modernen Logik. In seiner objektiv gerichteten Erkenntnistheorie der formalen Logik knüpft er an die Untersuchungen des Mathematikers Bolzano an.[64]

Der Ausdruck Logik ist äquivok: Einmal versteht man darunter die Gesetzmäßigkeiten, die jedem Denken zugrunde liegen. Dann aber auch, subjektiv gewendet, eine Anweisung, logisch zu denken. Husserl geht es allein um die Geltung der logischen Grundsätze, des Satzes vom Widerspruch, des Satzes der Identität, des ausgeschlossenen Dritten. Er lehnt den Psychologismus, die Ableitung der Logik aus den psychologischen Regeln, nach denen wir denken, deren Haupt-

---

[61] Heinz Eckardt, »Husserl und Durkheim. Antipsychologismus und Soziologismus«, UAF Abt. 139 Nr. 7.
[62] Korrigiert aus: »dem der Bergson-Durkheim-Schule«.
[63] Vgl. HEH, Bd. XVIII.
[64] Der Logiker, Mathematiker und Religionswissenschaftler Bernard Bolzano veröffentlicht in der ersten Hälfte des 19. Jahrhunderts Arbeiten, die zur Grundlagenforschung in der Analysis zählen.

vertreter J. S. Mill, in Deutschland Sigwart sind,⁶⁵ ab. Dabei geht er methodisch so vor, daß er zunächst zeigt, in welche Absurditäten der Psychologismus gerät, und dann kritisiert er seine Voraussetzungen. Die Vorstellung, daß die logischen Gesetze bloße Probabilität besitzen sollen, wäre für Husserl unvollziehbar gewesen. Er vindiziert ihnen dogmatisch Wahrheit schlechthin. Hinter dieser Vorstellung steht das Gebäude der Mathematik als eines von analytischen Urteilen. Die Möglichkeit, daß die logischen Gesetze nicht schlechthin die Geltung haben, in der sie uns erscheinen, wird von Husserl nicht ventiliert, ist Anathema. Unter dieser Prämisse absoluter Geltung erscheinen die Prolegomena als eine einzige Tautologie.

Die wirkliche Schlichtung des Psychologismusstreits wäre, zu klären, ob die Logik als ein Ansichseiendes Geltung haben soll, oder ob ihre Objektivität vermittelt ist. Husserl behauptet dogmatisch die Unvermitteltheit und Evidenz ihrer Geltung. Eine grundsätzliche Schwäche seines Buches ist, daß er nur transzendentale und damit unfruchtbare Kritik betreibt. Wenn Husserl stringent und geistreich argumentiert, daß die mechanischen Gesetze einer Rechenmaschine zu unterscheiden seien von den idealen, rein geistigen,⁶⁶ so stellt sich ihm gar nicht die Frage nach einem möglichen Zusammenhang zwischen beiden. Auch kausalmechanisches Funktionieren setzt notwendig die Geltung der logischen Gesetze voraus. Zu Husserls Rechtfertigung muß gesagt werden, daß er später, indem er die formale Logik in Konstitutionsprobleme einordnete, dieses Urteil revidiert.⁶⁷

---

65 Vgl. John Stuart Mill, System der deduktiven und induktiven Logik [1843], übers. von Theodor Gomperz, 3 Bde., in: John Stuart Mill, Gesammelte Werke, Bde. 2–4, Aalen 1968, sowie Christoph Sigwart, Logik [1873/1878], 2 Bde., 5. Aufl., Tübingen 1924.
66 »Ein Wesen ist so konstituiert, daß es in keinem einheitlichen Gedankenzuge widersprechende Urteile fällen, oder daß es keinen Schluß vollziehen kann, der gegen die syllogistischen Modi verstieße – darin liegt durchaus nicht, daß der Satz vom Widerspruch, der *modus Barbara* u. dgl. Naturgesetze seien, die solche Konstitution zu erklären vermöchten. Das Beispiel der Rechenmaschine macht den Unterschied völlig klar. Die Anordnung und Verknüpfung der hervorspringenden Ziffern wird naturgesetzlich so geregelt, wie es die arithmetischen Sätze für ihre Bedeutung fordern. Aber niemand wird, um den Gang der Maschine physikalisch zu erklären, statt der mechanischen die arithmetischen Gesetze heranziehen. Die Maschine ist freilich keine denkende, sie versteht sich selbst nicht und nicht die Bedeutung ihrer Leistungen; aber könnte nicht unsere Denkmaschine sonst in ähnlicher Weise funktionieren, nur daß der reale Gang des einen Denkens durch die in einem anderen Denken hervortretende Einsicht in die logische Gesetzlichkeit allzeit als richtig anerkannt werden müßte?« (HEH, Bd. XVIII, S. 79)
67 Vgl. etwa HEH, Bd. XVII.

Der Satz vom Widerspruch setzt eine zweideutige Logik voraus, im Gegensatz zur mehrwertigen der modernen mathematischen Logik. Die psychologistische Interpretation dieses formallogischen Satzes würde lauten, im gleichen Bewußtsein können diese beiden Urteile nicht enthalten sein. Die Ethnologie dagegen lehrt, daß das primitive Kollektivbewußtsein den Gegensatz der Urworte kennt, wobei ein Wort sowohl bedeuten kann, der König ist heilig, wie, der König ist verworfen. Bei einem komplexen Urteil läßt sich der Widerspruch erst später durch Analyse herausfinden. Das psychologische Bewußtsein sagt darüber nichts.

Die Aussage, alle Wahrheit ist relativ, führt einen Widerspruch zwischen dem apophantischen Anspruch dieses Satzes und dem, was er selbst beinhaltet, mit sich. Diese Argumentation sei nicht zwingend, weil die Stufe, auf der die Wahrheit dieses Satzes behauptet wird, und die Stufe, auf der ihr eigener Inhalt gilt, differieren (Problem der Russell'schen Stufe)[68]. Husserls Argumente gegen den Psychologismus sollen per analogia auch gegen den noch weit vermittelteren gesellschaftlichen Zusammenhang gelten.

Fraglich ist, ob man Ideelles, reine Form, sich vergegenwärtigen kann, ohne daß Faktisches mitzuvollziehen wäre. Wie Raum und Zeit ohne Räumliches und Zeitliches nicht vorstellbar sind, so verweisen alle »reinen« Sätze auf tatsächliches Sein. Die starre Entgegensetzung von Faktizität und individuellem Sein ist falsch und vergißt die entscheidende Leistung des spekulativen Gedankens. In der starren Entgegensetzung von Tatsachen und Wahrheit antizipiert sich in gewisser Weise der Einbruch der Barbarei.

Ein Urteil bezeichnet einerseits die objektive Gültigkeit des Beurteilten, andererseits den subjektiven Vollzug des Urteils. Die sprachliche Koinzidenz zeigt eine sachliche an. Gewalttätig wäre, zu behaupten, daß die Normen meines Denkens mit den objektiv geltenden Gesetzen der Logik nichts zu tun haben, während doch die logischen Sätze zugleich die Normen meines Denkens sind. Das Verbindende geht verloren, das Konstitutionsproblem wird übergangen. Geltung und Begründetsein in Subjektivität sind nicht voneinanderzureißen. Man könnte einwenden, daß ein mathematisches Urteil, das mit astronomischen Ziffern, etwa einer Tril-

---

**68** Gemeint ist die sogenannte Russellsche Antinomie, die sich einstellt, wenn die Menge derjenigen Mengen konstruiert wird, die sich nicht selbst als Element enthalten. Diese Paradoxie wird von ihrem Entdecker Bertrand Russell beschrieben, der mit einer logischen Typentheorie reagiert, die die verschiedenen Mengen bzw. Klassen in eine logische Ordnung gruppieren will, um die genannte antinomische Konstruktion zu verhindern (vgl. Bertrand Russell, The Principles of Mathematics [1903], 8. Aufl., London 1964, S. 523–528).

lion operiert, subjektiv nicht mehr erfahrbar, nicht zur Evidenz zu bringen wäre. Aber es steht dahin, ob nicht eine kybernetische Maschine dies Urteil in einem vermittelten Sinn evident machen könnte.

Den Konzeptionen von Husserl und Durkheim gemeinsam ist die Behandlung des gleichen Problems: die Begründung der Logik. Die Ergebnisse sind verschieden. Nach Husserl ist Logik aus Faktizität nicht ableitbar, ist sie unabhängig von ihrer Genesis. Durkheim dagegen erschließt die Geltung der Logik aus ihrer Genesis. Insofern widersprechen sich ihre Grundthesen. Sie konvergieren in der Ablehnung des Psychologismus, wenn sie auch beide darunter verschiedenes verstehen. In ihrer Intention stimmen sie auch darin überein, daß sie von der Objektivität der Logik überzeugt sind. Für Durkheim ist das Übergreifen der Gesellschaft gegenüber dem Einzelnen als fait social Modell von Objektivität. Er würde in Husserls Objektivitätsbegriff Gesellschaft entdecken. Objektivität selbst ist für ihn nur als ein Soziales zu fassen; einzig der Rekurs auf Soziales füllt den Begriff. Durkheim leitet die Kategorien aus der Religion ab, wobei er nicht am Wahrheitsgehalt der Religion interessiert ist, wie etwa ein Theologe. Religion ist fait social, Kollektivbewußtsein. Indem er die Kategorien aus etwas ableitet, das nicht an sich wahr sein soll, resultiert dies als wahrheitsbegründend. Der Schluß vom Erfolg einer Sache auf ihre Wahrheit eignet dem Positivismus insgesamt. Religion ist wahr für Durkheim, insofern sie Verschlüsselung des Kollektivbewußtseins ist. Dieses wird zur absoluten Wahrheit, zum absolut Wahren hypostasiert. Umgekehrt wie bei Freud, der aus dem individuellen Bewußtsein Gott herleitet, erscheinen bei Durkheim Totem und Gott als Projektion der Macht und Herrlichkeit der Gruppe.[69] Wenn das Kollektiv immer das Wahre gegenüber dem Individuellen darstellt, müßte Durkheim im Prinzip für Pogrome sein, weil sich darin der Volksgeist manifestiert. In sich überschlagendem Positivismus verherrlicht Durkheim Totem und Mana der Wilden. Hier schickt sich der Positivismus an, in Mythologie umzuschlagen. Eine Tendenz dazu findet sich auch bei Sorel und in der Musik Strawinskys.

Die faits sociaux sind immer der individuellen Verhaltensweise vorgeordnet. Das Substantielle im Leben gehört viel eher dem Volksgeist an als dem Individuum, das sich illusionär aufgrund perspektivistischer Täuschung für selbständig hält. Im Zerfall der Philosophie findet sich Hegels Lehre vom objektiven Geist in

---

[69] Vgl. den Abschnitt »Der Begriff des Totemprinzips oder des Mana und die Idee der Kraft«, in: Émile Durkheim, Die elementaren Formen des religiösen Lebens [1912], übers. von Ludwig Schmidts, Berlin 2007 (Verlag der Weltreligionen Taschenbuch; 2), S. 280–304.

ihre Momente zersplittert wieder, deren einzelne von Dilthey, Tönnies und anderen aufgegriffen und wie in einer Panacée in den Vordergrund geschoben.

Der Ausdruck Durkheims: »phénomène social total«[70] ist ein Widerspruch in sich, ein aporetischer Begriff, erfunden, um bestimmte Funktionen zu erfüllen, ohne daß er ein eigentliches Substrat hatte. Die Totalität kann kein Phänomen sein. Der Positivist Durkheim hat es schwer: Er sieht, daß die Totalität nicht aus Einzeltatsachen additiv zusammenfügbar, andererseits als Ganzes nicht greifbar ist. Aus diesem Dilemma resultiert ein solcher Ausdruck.

Als Institutionen erscheinen bei Durkheim nicht nur Gesetze, statistische Allgemeinheit gegenüber bloß individuellem Fall, und Mythos, sondern auch die Kategorien, die Denk- und Anschauungsformen. Die soziale Objektivität steht dem Subjekt als Mächtigeres und Undurchdringliches heteronom gegenüber. Die Kategorien sind sozial und zugleich objektiv als dem Subjekt vorgeordnete und nicht von ihm konstituierte. Die projektive Leistung des Kollektivbewußtseins bei Durkheim entspricht dem Apriorismus Kants. Durkheim sieht als Positivist, daß der Apriorismus die überindividuelle Dignität von logischen Formen dargetan hat. Durkheim leitet das genetisch ab, wobei sein Substrat die Gesellschaft ist.[71] Indem er aber Gesellschaft als Faktizität unmittelbar nimmt, macht er wieder ein Empirisches zum Substrat.

Sigrid Pesel –

---

70 Der »Ausdruck« stammt nicht von Durkheim, sondern von Marcel Mauss.
71 »An der Wurzel unserer Urteile steht eine bestimmte Anzahl von wesentlichen Begriffen, die unser ganzes intellektuelles Leben beherrschen; es sind die Begriffe, die die Philosophen seit Aristoteles die Kategorien des Urteilsvermögens nennen: [Absatz] Zeit, Ort, Substanz, Quantität, Qualität, Relation, Tätigkeit, Leiden, Verhalten, Befinden. Sie entsprechen den allgemeinsten Eigenschaften der Dinge. Sie sind die festen Regeln, die den Gedanken einengen; der Gedanke kann sich nicht davon lösen, ohne sich selbst zu zerstören, denn es scheint nicht möglich zu sein, von Dingen anzunehmen, daß sie außerhalb von Zeit und Raum oder unzählbar seien. Die anderen Begriffe sind zufällig und schwankend: Wir können annehmen, daß sie einem Menschen, einer Gesellschaft, einer Epoche fehlen können, während uns jene fast untrennbar vom normalen Funktionieren des Geistes erscheinen. Sie sind das Gerüst der Intelligenz. Wenn man die primitiven religiösen Glaubensüberzeugungen methodisch analysiert, begegnet man zwanglos den hauptsächlichsten dieser Kategorien. Sie sind in der Religion und aus der Religion entstanden; sie sind das Produkt des religiösen Gedankens.« (Ebd., S. 24f.)

## 222 Helga Pauck,
## 12. Juli 1960

Soziologisches Hauptseminar Sommersemester 60
Protokoll der Seminarsitzung am 12. 7. 60

Im Zusammenhang des Referates von Herrn Eckardt wurden die beiden Solidaritätsbegriffe Durkheims näher erläutert:

I. Mechanische Solidarität meint die unvermittelte Identität aller, ein kollektives Bewußtsein, wie es bei primitiven Völkern alle individuellen Vorstellungen umfassen soll.[72] Daß mechanische Solidarität indessen nicht nur bei primitiven Völkern zu finden ist, demonstrieren Ionescos »Nashörner«.[73]

II. Organische Solidarität dagegen beruht auf der Kooperation vieler verschiedener Individuen.[74] Die Einheit wird hergestellt durch die Vielheit, in die die Gesellschaft durch die Arbeitsteilung zerfällt. Wie »ratio« ursprünglich »auseinandernehmen um zusammenzusetzen« heißt, bedeutet organische Solidarität die Einheit der aufgeteilten Arbeit.

Prof. Adorno erinnerte daran, daß in der Tönnies'schen Gegenüberstellung von Gemeinschaft und Gesellschaft die Begriffe »organisch« und »mechanisch« in entgegengesetztem Sinn gebraucht werden.[75] Während der vom gemeinsamen »Wesenwillen« getragenen organischen Gemeinschaft bei Tönnies die mechanische Solidarität Durkheims entspricht, ist dessen Begriff der organischen Solidarität Tönnies' Begriff der Gesellschaft analog.

Die Verwandtschaft von Durkheims Solidaritätstypen mit dem Typusbegriff Max Webers ist nicht zu übersehen, wenn man ihre Funktion als Vermittlungskategorien zur Untersuchung einer Gesellschaft im Auge hat; insofern die Allgemeinbegriffe bei Durkheim jedoch Ausdruck des Kollektivbewußtseins einer konkreten historischen Gesellschaft sind, ist ihre Differenz von den Idealtypen Webers festgehalten.

---

72 Vgl. den Abschnitt »Mechanische Solidarität oder Solidarität aus Ähnlichkeiten«, in Emile Durkheim, Über soziale Arbeitsteilung. Studie über die Organisation höherer Gesellschaften [1893], übers. von Ludwig Schmidts, durchges. von Michael Schmid, eingel. von Niklas Luhmann, mit Nachw. von Hans-Peter Müller und Michael Schmid, 2. Aufl., Frankfurt a. M. 1988, S. 118–161.
73 Das Stück von Eugène Ionesco wird 1959 uraufgeführt.
74 Vgl. den Abschnitt »Die Solidarität, die sich der Arbeitsteilung verdankt, oder die organische Solidarität«, ebd., S. 162–184.
75 Vgl. das zweite Buch, »Wesenwille und Willkür«, in: Ferdinand Tönnies, Gemeinschaft und Gesellschaft. Grundbegriffe der reinen Soziologie [1887], 2. Aufl., Berlin 1912, S. 101–203; dort vor allem den Abschnitt »Erläuterung des Gegensatzes« (ebd., S. 150–174).

Zur Frage, ob nicht das, was Durkheim mit organischer Solidarität meint, besser als Herrschaft bezeichnet wäre, führte Prof. Adorno aus:

Ohne Arbeitsteilung, also ohne Trennung um der Einheit willen, ohne Aufspaltung des Produktionsprozesses im Interesse seiner Vereinheitlichung, kann sich die Gesellschaft nicht reproduzieren. Deshalb bedeutet organische Solidarität eine höhere Form des Kollektivbewußtseins. In der Arbeitsdisziplin, die von Durkheim als Leistung der Solidarität verherrlicht wird, wirkt diese zurück auf das Individuum. Da die Arbeitsdisziplin den Menschen mit Gewalt eingehämmert werden muß, wie es sich drastisch heute in Rußland zeigt, wo das System sich erst durch die Arbeitsdisziplin überhaupt zu erhalten vermag, enthält der Solidaritätsbegriff ein verklärendes Moment, das Durkheim übersehen hat.

Seine Bezeichnung: organische Solidarität entstand aus einer Vorstellung der arbeitsteiligen Gesellschaft als eines Organismus, eines Körpers, dessen Glieder die verschiedenen sozialen Gruppen sind (es gibt bei ihm keine Klassen). Der organizistische Teil seines Denkens ist direkter Reflex der deutschen Soziologie, obwohl Durkheim selbst das nicht zugegeben hat; Schäffle und besonders Gumplowicz hatten großen Einfluß auf Durkheim.[76]

Die aktuelle Auflösung der Gesellschaft, das Zerfallen der organischen Solidarität hat Durkheim gesehen und wie Comte vom Standpunkt der bestehenden Gesellschaft aus analysiert. In einer berufsständischen Gliederung als einziger Form, die Kollektivität der Arbeitsteilung, organische Solidarität ermöglichte, hat er zeitweilig eine Hilfe erblickt.

Wie sehr sich soziologische und philosophische Motive bei Durkheim durchsetzen, beweist die Diskrepanz von gesellschaftlich, d. h. in der Kommunikation der Individuen gewordenem Kollektivgeist und der apriorischen Objektivität seines Inhalts. Individualismus und Arbeitsteilung als Merkmale der organischen Solidarität erfordern Kommunikation der Individuen, deren Mittel nur gefunden werden können in der möglichst adäquaten Erkenntnis der Objekte. Objektivität der Erkenntnis ist aber keinem Individuum, sondern nur der Gesellschaft möglich. So übernimmt die Gesellschaft die Rolle des transzendentalen Subjekts. Kollektivvorstellungen, die das transzendentale Subjekt bildet, sind wahr im emphatischen Sinne. Sie geben eine unabhängig von Individuum und Gesellschaft bestehende Wahrheit wieder. Der Begriff des transzendentalen Subjekts, mit dem Durkheim ein Motiv der idealistischen Philosophie aufgegriffen hat, weist jedoch seinerseits zurück auf die Gesellschaft: Genesis und Geltung,

---

76 Vgl. etwa Emile Durkheim, Bau und Leben des sozialen Körpers nach Schäffle [1885], in: Emile Durkheim über Deutschland. Texte aus den Jahren 1887 bis 1915, hrsg. von Franz Schultheis und Andreas Gipper, übers. von Andreas Gipper, Konstanz 1995 (édition discours; 5), S. 189–216, sowie Emile Durkheim, Die Soziologie nach Gumplowicz [1885], ebd., S. 177–189.

obwohl getrennt gehalten, gehen bei Durkheim am Ende ineinander über: Das soziale Kollektiv wird zum absoluten Bewußtsein, die Gesellschaft erscheint hypostasiert.

Das belegen Bildung und Funktion der Durkheimschen Kategorien. Schon die erste Kategorienlehre war semantisch orientiert: Für Aristoteles hieß kategoriales Denken der Versuch, die invarianten Formen der Sprache als der Grundform des Seins zugrunde zu legen. Darauf rekurriert Durkheim, für den Kategorien aber erst zustande kommen, wenn Menschen mit Hilfe der Sprache kommunizieren. Für Kant bedeuten Kategorien dagegen nicht Denkinhalte, sondern begriffliche, nicht aus dem Sinnlichen abstrahierte Denkformen im Gegensatz zu den Formen sinnlicher Anschauung. Unvereinbar mit der Kantischen Spontaneität bleiben die Kategorien Durkheims als allgemeine Strukturen von Denkinhalten zwar nicht des einzelnen Subjekts, aber der Gesellschaft, die damit zu einem Denkenden, zum erhöhten Subjekt wird.

Durkheim war Soziologe, nicht Philosoph. Sein Interesse gilt nur dem sozialen Ursprung der Begriffe. Das Problem der Geltung bleibt außerhalb seiner Überlegungen: Die Objektivität der Logik wird nicht angezweifelt, sie gilt a priori. Läuft Husserls Theorie auf die Denunziation der positiven Wissenschaften hinaus, so sollen bei Durkheim umgekehrt alle apriorischen reinen Denkformen aus dem Wesen der Gesellschaft erklärt werden, deren Apriorismus selbst von außen gesetzt, unerklärlich bleibt. Die Antithese von Genesis und Geltung wird später etwas aufgelöst, das Apriori des deutschen Idealismus relativiert. Der Respekt vor dem Apriori steht bei den Durkheim-Schülern dann nur noch auf dem Papier, in der Theorie selbst ist er nicht mehr wirksam; sonst wäre auch die Kontroverse der Durkheim- und der Bergson-Schule undenkbar gewesen.

Husserl und Durkheim konvergieren in der Bemühung, die Objektivität von Logik zu begründen; die eingeschlagenen Wege zu diesem Ziel scheiden beide. Husserls objektiv gerichtete Philosophie lehnt jede Rückführung der Kategorien auf psychologische Ursprünge ab. Die Geltung steht bei ihm unabhängig über der Genesis; sie ist an sich; wir haben sie passiv, schauend zu registrieren. Durkheim dagegen sucht, wenn auch kaum eingestanden, virtuell Geltung auf Genesis zurückzuführen; er will Kant besser fundieren oder überhaupt erst begründen. Sein Apriorismus ist aber nur eine Verschiebung des Problems: Wenn er auch introspektive, d. h. psychologische Begründungen ablehnt, so gründet doch Logik für ihn zwar nicht im individuellen Bewußtsein, aber im Kollektivbewußtsein. Die Wahrheit der gesellschaftlichen Genese der Denkformen wird ideologisch, zur Unwahrheit, wenn Durkheim in diesem gesellschaftlichen Charakter kollektive Solidarität gespiegelt sieht. Der Kollektivgeist, zum Apriori verklärt, bedeutet nur die Hypostase des gesellschaftlichen Zwanges; Objektivität erscheint verwechselt mit Herrschaft.

Husserls wie Durkheims Denken ist verdinglicht wie die naive Erfahrung, indem es Subjekt- und Objektwelt einander unabhängig gegenüberstellt. Die Husserlsche Geltung an sich verwandelt das Subjekt in Objektivität und fetischisiert so die Logik.[77] Durkheim sieht im Denken eine Spiegelung der Objektivität des Kollektivgeistes, demgegenüber die Objektivität des Individuums beschränkt bleibe; er verlegt alle konstitutiven Elemente, ohne die Denken unmöglich wäre, in die Sphäre von Objektivität und beseelt so diese hylozoistisch. – Beide Systeme sind nur Hälften einer Fetischisierung, eines verdinglichten, undialektischen Bewußtseins. Beide behandeln Verdinglichtes, als ob es ein schlechthin Seiendes sei: Die Sätze an sich bei Husserl, die Gesellschaft bei Durkheim werden dinghaft als Wahrheit vorgestellt. Hier liegt das Tautologische beider Lehren, die Auflösung ihres Antagonismus.

Die Denunzierung der Husserlschen und Durkheimschen Begriffe von Subjektivität als Pseudobegriffe, ihrer Philosophie als idealistisch greift zu kurz. Durkheim ist Idealist nur in seiner Fetischisierung des Kollektivgeistes, im übrigen steht er im Gegensatz zum Idealismus, weil er konsequent vom Einzelsubjekt absieht. Man müßte ihn einen objektiven Idealisten nennen, während Husserl sich eher als subjektiver Idealist bezeichnen läßt. Das ist aber nur eine Schablone. Husserls Antipsychologismus wie Durkheims Soziologismus enthalten abgesprengte Momente einer Wahrheit, die in der Reflexion zusammengedacht werden müssen.

Anschließend begannt Frau Thomae ihr Referat über Georg Simmel[78]:
Simmel gehört in den Umkreis der südwestdeutschen Schule des Neukantianismus, zu Denkern wie Rickert, Windelband, Dilthey, Troeltsch, die den Versuch machten, Kants Kritik der reinen Vernunft zu ergänzen durch eine Kritik der historischen Vernunft; hierin liegt die Beziehung des Neukantianismus zur Soziologie.

---

**77** So heißt es in der *Metakritik der Erkenntnistheorie* [1956]: *Nur als auf wie immer Seiendes bezogene sind logische Sätze überhaupt »erfahrbar« und lassen motiviert sich nachvollziehen; sonst bleiben sie leer vorgestellt, und es wird der Logik Stringenz zugeschrieben, ohne daß diese selbst im Denken der Logik einsichtig würde. Daher verschränkt sich der naive Realismus der Logik paradox mit der Behauptung der Idealität der Sätze an sich gegenüber dem Seienden. Der Gedanke muß sich selbst sistieren, um dem als logischer Automatismus entfremdeten Geist, in dem der Gedanke sich nicht wiedererkennt, das Privileg in sich ruhender Absolutheit zu bewahren. Wird aber Wissenschaft als systematische, lückenlos immanente Einheit der »Sätze an sich« entworfen wie durchweg bei Husserl, so verfällt sie dem Fetischcharakter [...]*. (GS, Bd. 5, S. 64 f.)
**78** Der entsprechende Referatstext von Jutta Thomae wurde nicht aufgefunden.

Simmel sieht im Gegensatz zu Durkheim in der Gesellschaft einen der Geschichte und Psychologie gegenüber andersartigen Gegenstand. Die Objekte, die Formen der Vergesellschaftung, werden durch die Distanz zum Subjekt bestimmt. Andererseits ist die wissenschaftliche Verhaltensweise zu den Objekten durch das Subjekt vorgezeichnet. Beide Elemente hängen wechselseitig voneinander ab. In seinen späteren Arbeiten, für die diese Wechselwirkung entscheidend wichtig ist, akzeptierte Simmel die Soziologie dann nicht mehr als selbständige Wissenschaft.[79]

Für Simmels Denken steht der Begriff des Verstehens im Mittelpunkt, weil den Geistes- und Gesellschaftswissenschaften im Gegensatz zu den Naturwissenschaften der Geist selbst das Objekt ist. Simmel glaubt an die Möglichkeit »geistiger Einfühlung«,[80] ist aber zu sehr Idealist, um nur Gleiches durch Gleiches

---

[79] Bei Simmel heißt es etwa: »Steht [...] die Soziologie auf einer Abstraktion aus der vollen Wirklichkeit – hier unter Führung des Begriffes Gesellschaft vollzogen – und ist dennoch der Vorwurf der Irrealität hinfällig, der von der behaupteten alleinigen Realität der Individuen herkam, so schützt diese Einsicht sie auch vor der Überspannung, die ich zuvor als eine nicht geringe Gefährdung ihres Bestandes als einer Wissenschaft erwähnte. Da der Mensch in jedem Augenblick seines Seins und Tuns durch die Tatsache, daß er ein gesellschaftliches Wesen ist, bestimmt sei, so schienen alle Wissenschaften vom Menschen sich in die Wissenschaft vom gesellschaftlichen Leben zurückzuschmelzen: alle Gegenstände jener Wissenschaften seien nur einzelne, besonders geformte Kanäle, durch die das gesellschaftliche Leben, einziger Träger aller Kraft und alles Sinnes, rinne. Ich zeigte, daß damit nichts anderes erlangt sei, als ein neuer, gemeinschaftlicher Name für all die Erkenntnisse, die in ihren besonderen Inhalten und Benennungen, Richtungen und Methoden ganz ungestört und selbstgesetzlich weiterbestehen werden. Ist dies also auch eine irrige Dehnung der Vorstellung von der Gesellschaft und der Soziologie, so liegt ihr doch eine an sich bedeutsame und folgenreiche Tatsache zugrunde. Die Einsicht: der Mensch sei in seinem ganzen Wesen und allen Äußerungen dadurch bestimmt, daß er in Wechselwirkung mit andern Menschen lebt – muß allerdings zu einer neuen *Betrachtungsweise* in allen sogenannten Geisteswissenschaften führen.« (Georg Simmel, Grundfragen der Soziologie (Individuum und Gesellschaft) [1917], in: Georg Simmel, Gesamtausgabe, hrsg. von Otthein Rammstedt, Bd. 16, hrsg. von Gregor Fitzi und Otthein Rammstedt, Frankfurt a. M. 1999, S. 59–149; hier: S. 71f.)
[80] Tatsächlich heißt es bei Simmel dementgegen: »Daraus, daß ich das Erlebnis des anderen freilich vorstellen muß, schließt man ganz irrig, daß ich es wie mein eigenes vorstellen muß (wie die Ethiker des Egoismus daraus, daß ich das Subjekt meines Wollens bin, folgern, daß ich auch dessen Objekt sein müsse) – schließt so, weil nur das eigene als volle Wirklichkeit gilt, während man deren also bei dem anderen nicht sicher wäre, es sei denn durch die mögliche Übertragung von jenem in dieses oder als dieses. Auch müßte ich bei dieser Theorie des ›Einfühlens‹ meiner eigenen Innenvorgänge in den andern zuvor wissen, *welchen Teil* meiner eignen Erlebnisse ich zu dieser Mission delegieren soll; die Anschauung des Fremdvorgangs, die ich auf diesem Wege zu gewinnen hätte, wird für ihn also schon vorausgesetzt.« (Georg Simmel, Vom Wesen des historischen Verstehens [1918], in: Simmel, Gesamtausgabe, Bd. 16, a. a. O. [s. vorige Anm.], S. 151–179; hier: S. 160) Stattdessen scheint Simmel der »an sich nicht ansprechende Begriff der Intuition dennoch angemessen.« (Ebd., S. 163)

verstehen zu wollen, Verstehen wäre dann nur Interpretation mit subjektiver Zutat, Projektion.

Simmels Bücher sind dick. Ihr Verfasser ist fasziniert von der »unendlichen Fülle der Erfahrung«.[81] Durch die historische Dimension erscheinen ihm die Geisteswissenschaften unendlich weit im Gegensatz zu den Naturwissenschaften, die nur ein beschränktes Feld bieten, weil sie auf abstrakte Einheiten reduzieren. Die historisch orientierte Geisteswissenschaft findet sich durch eben diese Auszeichnung aber auch vor der Schwierigkeit, der Fülle des Verschiedenen gerecht werden zu müssen, ohne sie auf abstrakte Formeln zu bringen; spezifisch geisteswissenschaftliche Gesetze zu finden. Für Simmel ist die Frage »Wie ist Gesellschaft als Objekt der Erkenntnis möglich?« wichtiger als die Frage nach dem Zustandekommen von Gesellschaft überhaupt.[82] Diese Fragestellung der formalen Soziologie läuft Gefahr, die geschichtliche Dynamik auszuklammern. Sie übersieht die Möglichkeit des Individuums, nicht in der Gesellschaft aufzugehen.

Helga Pauck

---

[81] Anspielung auf Webers Schrift »Die ›Objektivität‹ sozialwissenschaftlicher und sozialpolitischer Erkenntnis« [1904], wo es heißt: »Wir erstreben eben die Erkenntnis einer *historischen*, d. h. einer in ihrer *Eigenart bedeutungsvollen*, Erscheinung. Und das entscheidende dabei ist: *nur* durch die Voraussetzung, daß ein *endlicher* Teil der unendlichen Fülle der Erscheinungen allein *bedeutungsvoll* sei, wird der Gedanke einer Erkenntnis *individueller* Erscheinungen überhaupt logisch sinnvoll.« (MWG, Bd. I/7, S. 184)

[82] Vgl. den Abschnitt »Exkurs über das Problem: Wie ist Gesellschaft möglich?«, in: Georg Simmel, Soziologie. Untersuchungen über die Formen der Vergesellschaftung [1908], in: Simmel, Gesamtausgabe, a.a.O. (s. Anm. 79), Bd. 11, hrsg. von Otthein Rammstedt, Frankfurt a. M. 1992, S. 42–61.

## 223 Hans Ulrich Engelmann,
## 19. Juli 1960

Protokoll des Soziologischen Hauptseminars von Prof. Adorno

Seminarsitzung vom 19. 7. 1960

Das Referat über Simmel wurde fortgesetzt mit der Bewußtseinsbildung, für die Simmel soziologische Apriorität en voraussetzt.[83] Gegenüber dem Kant'schen Apriori, von dem Simmel ausgeht, ist das soziologische Apriori bei ihm ein materiales Apriori, eine Art inhaltliche Vorform, bereichert um die soziale Dimension. Die Aprioritäten, die bei Simmel doppelte Bedeutung haben, beinhalten einmal die ideellen, logischen Voraussetzungen der perfekten Gesellschaft, zum anderen ganz bestimmte Bedingungen, die zur Bildung des sozialen Bewußtseins führen. Hierzu gehört das Bestreben, den anderen zu erkennen und zu erfassen, das aber schon deswegen nicht völlig realisierbar wird, weil die jeweilige Funktion, die er einnimmt, das Bild selbst verschleiert. Auch macht Simmel darauf aufmerksam, daß die Sozialisierung des Individuums, die nie vollkommen gelingt, andererseits die Vergesellschaftung erst recht notwendig macht. Die Art des Vergesellschaftetseins wird weitgehend auch bestimmt durch die Art seines Nicht-Vergesellschaftetseins.

Prof. Adorno bemerkte hierzu, daß beide Sektoren als dialektisch verbunden gesehen werden müssen. Das Soziale schafft auch das Asoziale. In der liberalistischen Ära ist das Asoziale gerade eine Funktion des Sozialen gewesen, da die Verfolgung egoistischer Ziele hier gefordert war. Heute ist an die Stelle von individuellen Interessen die Anpassung an die Gesellschaft, die soziale Rolle, getreten. Auch das Individuationsprinzip erweist sich – dialektisch gesehen – als ein durch die soziale Totalität vermitteltes. Die »Halbstarken« der heutigen Gesellschaft sind sowohl Indiz als auch Ersatz für eine mißlungene und beinahe unmöglich gewordene Individuation.

Gleiches trifft für die Stellung der Frau in der Gesellschaft zu. Nach Professor Adorno hat ihre Begabung hier noch keine konkreten Äußerungsformen gefunden. Sie ist der Arbeitsteilung der Gesellschaft weniger gut angepaßt als der Mann; die Arbeitswelt hat sich bei ihr noch nicht vergegenständlicht. Auch geistig ist die Befreiung der Frau noch nicht geleistet. Noch wird die Welt nach männlichen Kategorien interpretiert, an die sich die Frau nur anpassen kann. Alles Ge-

---

[83] Vgl. ebd., S. 47–61.

rede von der ›weiblichen Natur‹ ist nur Produkt einer sozialen Umwelt, die von besitzgierigen und herrschsüchtigen Männern modelliert worden ist.

Simmel hat zwar, seiner formalen Bestimmung gemäß, der Soziologie die Autonomie zuerkannt, sie greift aber trotzdem bei ihm in ihrer Grundlegung ins Gebiet der Philosophie über. Der Formalismus der Methode wendet sich hier in einen dynamischen Subjektivismus. Das Leben, der »Erlebnisstrom«, wird bei Simmel zur letzten Realität und zur Erkenntnisquelle schlechthin.

Prof. Adorno wies an dieser Stelle darauf hin, daß Schopenhauers Willens- und Individuationsbegriff bei Simmels Lebensbegriff wiederkehrt.

Bei ihm ist Leben »grenzlose Kontinuität« und zugleich auch Verhärtung, begrenzter, geformter Inhalt.[84] Indem es immer wieder über die selbstgesetzten Formen hinausflutet und sich transzendiert, wird es zum Mehr-als-Leben. In dieser Sphäre haben geistige Gebilde, wie z. B. die Kunst, ihren Standort. Losgelöst von ihrer Entwicklung, sind sie erstarrte Formen, die dort ein eigenes Leben mit eigenen Gesetzlichkeiten führen. Den Reichtum eines Kunstwerkes macht aus, wieviel vom Leben selbst darin eingegangen ist. Jedoch die »Weltinhalte«, die Simmel darin erblickt,[85] können unter Kategorien der Wirklichkeit gar nicht subsumiert werden. Simmel ist es auch gleich, ob sie der wirklichen oder der ideellen Welt angehören.

Prof. Adorno machte darauf aufmerksam, daß Simmel das Kunstwerk einfach hypostasiert und das Ästhetische für sich fein säuberlich getrennt hält. Er sieht nicht, daß es auch im Verhältnis zur Realität steht. So wird Kultur von ihm zu einem absolut Selbständigen gemacht und aus der Unterbau-Überbausphäre herausgebrochen. Zwar ist es wahr, daß ein Kunstwerk so etwas wie eine imma-

---

84 »Wir stellen uns das Leben vor als ein kontinuierliches Strömen durch die Geschlechterfolgen hindurch. Allein die Träger davon (d. h. nicht solche, die es haben, sondern die es sind) sind *Individuen*, d. h. geschlossene, in sich zentrierte, gegeneinander unzweideutig abgesetzte Wesen. Indem der Lebensstrom durch oder richtiger: als diese Individuen fließt, staut er sich doch in jedem von ihnen, wird zu einer festen Form und hebt sich sowohl gegen seinesgleichen wie gegen die Umwelt mit all ihren Inhalten als ein Fertiges ab und duldet keine Verwischung seines Umfanges. Hier liegt eine letzte metaphysische Problematik des Lebens: daß es grenzlose Kontinuität und zugleich grenzbestimmtes Ich ist.« (Georg Simmel, Lebensanschauung. Vier metaphysische Kapitel [1918], in: Simmel, Gesamtausgabe, Bd. 16, a. a. O. [s. Anm. 79], S. 209 – 425; hier: S. 222)

85 »Es existiert nicht Erkenntnis schlechthin, Kunst schlechthin, Religion schlechthin. Mit der absoluten Allgemeinheit dieser Begriffe verbindet sich keine bestimmte Vorstellung mehr, sie liegen sozusagen im Unendlichen, d. h. da, wo z. B. die Linien aller überhaupt möglichen künstlerischen Produktion sich schneiden; deshalb kann man vielleicht ›Kunst überhaupt‹ nicht definieren. Es existiert immer nur eine historische, d. h. eine jeweils in ihrer Technik, ihren Ausdrucksmöglichkeiten, ihren Stilbesonderheiten bedingte Kunst; eine solche aber kann ersichtlich nicht jedem der unbegrenzt vielen Weltinhalte Unterkunft gewähren.« (Ebd., S. 240)

nente Logik besitzt, doch wird die Eigengesetzlichkeit von Simmel zu einer Kulturmetaphysik gemacht.

Prof. Adorno ging am Ende des Referats noch einmal auf die Frage ein, warum es bei der Simmelschen Soziologie der Philosophie bedarf und stellte fest, daß Simmel vor allem deswegen den durch und durch philosophischen Lebensbegriff hinzunimmt, weil er Gesellschaft als Begriff nicht verabsolutiert sehen möchte. Er will »verstehen« und deshalb wegkommen vom Positivismus. Sein Verstehen will keine Subsumtion unter Ordnungsbegriffe sein, sondern Wesensverständnis. Das zwingt ihn zur Philosophie zurück, wie denn auch jedes perpetuierliche Denken notwendig seine philosophische Ausweitung erfährt. So ist auch sein Relativismus metaphysisch und ist kein wissenssoziologischer Relativismus Mannheimscher Prägung. Simmel gegen den Vorwurf der Irrationalität verteidigend, betonte Prof. Adorno abschließend, daß man ihn nur dann richtig verstehen kann, wenn man die Art kennt, wie er gedacht hat. Die heutige Soziologie ist im Vergleich zur Simmelschen Soziologie geradezu arm an der Differenziert- und Verzweigtheit des Denkens über Gesellschaft.

Im zweiten Teil der Seminarsitzung wurde mit dem Referat über Mannheim begonnen.[86]

Die Mannheimsche Wissenssoziologie zielt in ihrer Kritik auf die axiomatische Problemspaltung zwischen dem Denken und Wissen einerseits und dem Sozialen, der Gesellschaft andererseits.

Sie setzt ihrerseits die Ideologienlehre voraus, gibt aber deren strenge, von Marx konzipierte Fassung auf. Nach Marx war ein Bewußtsein ideologisch, das »notwendig falsch« war.[87] Mannheim erweitert diesen, seiner Ansicht nach partikularen Ideologiebegriff, bei dem die bewußte oder unbewußte Verhüllungsabsicht des Subjekts die Falschheit der Aussage bestimmt, um den totalen.[88] Der

---

[86] Otwin Massing, »Zum Verhältnis von Philosophie und Soziologie bei Karl Mannheim«, UAF Abt. 139 Nr. 7.
[87] Die Definition von Ideologie als notwendig falsches Bewusstsein wird erst im Anschluss an Marx eingeführt.
[88] »Mit einem partikularen Ideologiebegriff haben wir es zu tun, wenn das Wort nur soviel besagen soll, daß man *bestimmten* ›Ideen‹ und ›Vorstellungen‹ des Gegners nicht glauben will. Denn man hält sie für mehr oder minder bewußte Verhüllungen eines Tatbestandes, dessen wahre Erkenntnis nicht im Interesse des Gegners liegt. Es kann sich hierbei um eine ganze Skala von der bewußten Lüge bis zur halbbewußt instinktiven Verhüllung, von der Fremdtäuschung bis zur Selbsttäuschung handeln. Dieser Ideologiebegriff, der sich nur ganz allmählich von dem einfachen Begriff der Lüge abgehoben hat, ist in einem mehrfachen Sinne des Wortes partikular. Seine Partikularität fällt sofort ins Auge, wenn man ihm den *radikalen, totalen* Ideologiebegriff gegenüberstellt. Man kann von der Ideologie eines Zeitalters oder einer historisch-sozial konkret

totale Ideologiebegriff umfaßt bei ihm alle jene geistigen Gebilde, bei denen sich die Erkennbarkeit der sozialen Phänomene durch die eigene soziale Verwurzeltheit selbst äußert. Die Falschheit der Aussage wird hier bestimmt durch die unvermeidlich verschieden geartete Bewußtseinsstruktur der verschieden gelagerten Subjekttypen im historisch-sozialen Raum, wie das Mannheim nennt.

Prof. Adorno meinte an dieser Stelle, daß es bei Mannheim mangelndes Marxverständnis ist, wenn er den Marx'schen Ideologiebegriff als partikular bezeichnet. Marx würde wahrscheinlich umgekehrt sagen, daß Mannheims totaler Ideologiebegriff partikular ist, weil er ideelle Objektivationen als Seinslage interpretiert.

Der Ideologieverdacht hatte ursprünglich den Zweck, die gegnerische Aussage als Funktion einer sozialen Lage genetisch zu erklären. Da Mannheim aber die Denkstruktur des Subjekts überhaupt in Frage stellt, spricht er auch über den eigenen Standort den prinzipiellen Ideologieverdacht aus. An diesem Punkt entsteht bei ihm eigentlich erst die Wissenssoziologie. Sie zeigt die Standortgebundenheit jedes historischen Denkens und die daraus resultierenden »Bedingtheitsmomente am jeweiligen Denkergebnis« auf.[89] Es geht ihm also darum, festzustellen, wo und wie weit soziale Strukturen am Denkergebnis genetisch beteiligt sind, und zum anderen, ob und in welchem Sinne Denken vom sozialen Sein geltungsmäßig bestimmt wird.

Das Sein ist bei Mannheim, wie Prof. Adorno dazu bemerkte, mehr im Sinne von »Unterbau«, denn als ontologischer Fundamentalbegriff zu verstehen.

Das Problem von Genesis und Geltung drückt sich bei Mannheim darin aus, daß er die erkenntnistheoretische Relevanz der Seinsgebundenheit zum Problem erhebt.

---

bestimmten Gruppe – einer Klasse etwa – in dem Sinne reden, daß man dabei die Eigenart und die Beschaffenheit der *totalen Bewußtseinsstruktur* dieses Zeitalters bzw. dieser Gruppen meint.« (Karl Mannheim, Ideologie und Utopie [1929], übers. von Heinz Maus, 3. Aufl., Frankfurt a. M. 1952, S. 53f.)

89 Mannheim sagt, mit Hilfe der Wissenssoziologie könne »es uns gelingen, über eine vage und undurchdachte und deshalb unfruchtbare Form des Relativismus gegenüber der Wissenschaft Herr zu werden, die solange bestehen wird, als die Wissenschaft diese in der neuesten Entwicklung immer klarer gewordenen Bedingtheitsmomente am jeweiligen Denkergebnis gedanklich unbewältigt stehen läßt. Die Wissenssoziologie stellt sich demgegenüber die Aufgabe, nicht durch ein ängstliches Umgehen jener Einsichten, die sich auf die gesellschaftliche Seinsverbundenheit des Wissens beziehen, das Problem zu lösen, sondern der Beunruhigung dadurch zu entgehen, daß sie diese Einsichten in die Horizonte der Wissenschaft selbst einbezieht und als Korrekturen der wissenschaftlichen Ergebnisse benutzt; sofern sie aber hierbei noch vage, ungenau und übertrieben erscheinen, will die Wissenssoziologie sie auf ihren Richtigkeitskern reduzieren und dadurch der methodischen Beherrschbarkeit näherbringen.« (Ebd., S. 227)

## 224 Werner Kriesel, 26. Juli 1960

Protokoll[90] des soziologischen Seminars

Am 26. 7. 1960

angefertigt von
Werner Kriesel

---

Für Mannheim entwickelt sich Erkenntnis nicht aus immanenten geistigen Entfaltungsgesetzen; hier bestimmen soziale »Seinsfaktoren« ihre Geltung und Genese. Diese These – im wesentlichen bereits Synthese –, ist sie blind zu akzeptieren? Wird nicht in der platonisch-aristotelischen Philosophie stringent die Existenz rein logischer Strukturen aufgewiesen; die haecceitas bei Duns Scotus,[91] die Realismus-Nominalismus-Kontroverse, die Monadenlehre des Leibniz, das synthetisierende Denken Descartes', haben diese nicht ihren sozial unabhängigen Eigenwert? Hat nicht Kant das Denken Humes' und Chr. Wolffs kritisiert und weitergeführt? Das zeigt doch an, daß es immer auch eine kontinuierliche Geschichte des Geistes wie eine fortlaufende Geschichte des Sozialprozesses gibt.

Und doch, die Konzeption Mannheims hat auch ihr gehörig Quant an Wahrheit, denn soziale Veränderung steckt und spiegelt sich in der Theorie.

Die eingehende Prüfung der vorgegebenen These Mannheims, das erst ergäbe eine sinnvolle Wissenssoziologie. Die Analyse des Zusammentreffens von immanenter Logik der Sache und sozialer Determination am Modellfall stellt einen interessanten Dissertationsstoff; die Aufgabe wird um so schwieriger werden, je autonomer die geistigen Gebilde sind, je größer die Distanz zum sozialen Sein ist, etwa analog der Problematik einer Musiksoziologie.

Immer prägen die Seinsfaktoren Denken und Erkenntnis nach einer sozial konstituierten Aspektstruktur. In der Fortsetzung dieses Gedankens wird dann postuliert, daß somit die historisch-soziale Genese auch noologisch relevant sei.

---

90 Die Vorlage ist handschriftlich verfasst.
91 Diese scholastische Begriffsbildung von Johannes Duns Scotus bezeichnet eine Realität individueller Gegenstände unter Umgehung der von Aristoteles und Thomas von Aquin gelehrten jeweils spezifischen Formgebung jener Gegenstände durch ihre Materialität.

Wie aber kommt diese – mystische – Entsprechung zwischen Realität und geistigen Gebilden zustande? Diese totale Denkkategorie »Entsprechung« muß eingehend befragt werden; noch ist das Wort – der Begriff – nicht die Erklärung. Ferner ist soziale Realität, die Gesellschaft nur Einheit ihrer selbst in ihren Antagonismen. Der Antagonismus von Kapital und Arbeit, der gegenwärtige Antagonismus der Reproduktionsfaktoren ist Konstituens der Einheit unserer Gesellschaft; und nur als einheitlicher Antagonismus ist Gesellschaft überhaupt lebensfähig.

Fordert Mannheim, die alte Erkenntnistheorie müsse die Ergebnisse der Einzelwissenschaften für die Wahrheitsfindung miteinbeziehen, so wird hier, wie einst durch Kant die Naturwissenschaft, die Sozialwissenschaft zum Bestandteil der Philosophie gemacht.

Eine neugewonnene, Mannheimsche Objektivität wäre das transformierte, seines ideologischen oder utopischen Charakters entledigte, in sich stimmige Bild, als die Summe aspektbereinigter Subjektivismen. Logisch kann objektive Erkenntnis in einer Summe von Subjektivismen nur enthalten sein, wenn sie tatsächlich objektiv gegeben ist; der gleiche Einwand gilt auch für die Konzeption einer neuen optimalen Wahrheit. Theoretisch ist für den Nominalismus Mannheimscher Prägung Objektivität nicht denkbar.

Résumé: Mannheim geht weit über Durkheims positivistische Soziologie hinaus, er vertritt den radikalen Anspruch auf Geltung der Soziologie innerhalb der Philosophie, der Erkenntnistheorie, er kritisiert Philosophie als subjektivistisch. Die Philosophie ist zu liquidieren, indem Gesellschaft und Soziologie sie einzuholen haben; Objektivität wird zur soziologischen Fragestellung.

Aber mehr als ein Manifest hat Mannheim dazu nicht beigetragen!

# Wintersemester 1960/61: Schelling, »Die Weltalter«

Philosophisches Hauptseminar

In diesem Semester hält Adorno zudem die philosophische Vorlesung »Ontologie und Dialektik« und gibt das soziologische Hauptseminar »Probleme der Bildungssoziologie«

Das Seminar findet donnerstags von 18 bis 20 Uhr statt

**225–238** Archivzentrum Na 1, 888

## 225 Hannelore Ochs, 10. November 1960

|Protokoll des philosophischen Hauptseminars vom 10. 11. 1960|

Die Schrift Schellings von den drei Weltaltern[1] stellt einen Übergang dar zu der mystischen Spätphilosophie Schellings, die gegen seinen ursprünglich identitätsphilosophischen Ansatz verstößt, in dem wie bei Hegel Subjekt und Objekt, Geist und Natur in der absoluten Vernunft zusammenfallen.

Man darf hier jedoch nicht dem Irrtum verfallen mit der Annahme, es handle sich bei der vorliegenden Schrift um eine geschichtsphilosophische Darstellung, und die Bedeutung des Begriffes »Weltalter« umfasse einen im geschichtlichen Sinne begrenzten Zeitraum. Es handelt sich hier vielmehr um göttliche Weltzeiten oder Äonen, über die auch Wolfgang Wieland aussagt, daß von den Weltaltern weder die Rede sei im Sinne einer Sukzession von Welten noch einer Folge von Epochen, sondern sie müßten im Sinne einer Aneinanderreihung von Prozessen verstanden werden, die sich im Absoluten zutragen und in denen Zeitliches und Göttliches nicht abstrakt nebeneinander stehen, sondern die Zeit in Gott und Gott in der Zeit begriffen werden.[2] Zeitliches und Ewiges werden als zwei verschiedene Aspekte derselben Sache gedacht. Schelling zufolge leistet der Prozeßcharakter Gottes seiner Egoität keinen Abbruch.[3]

Obwohl wesentliche Gedanken Schellings an Hegel erinnern, bleibt er stärker noch als Hegel dem Platonismus verhaftet. Fast ließe sich sagen, es handle sich um einen Platonismus der Zeit, in welchem die Zeit als ein Qualitatives, Positives, in sich Bestimmtes, Ewiges aufgefaßt wird.

---

[1] Vgl. SW, Bd. 4, S. 571–720.
[2] Vgl. Wolfgang Wieland, Schellings Lehre von der Zeit. Grundlagen und Voraussetzungen der Weltalterphilosophie, Heidelberg 1956 (Heidelberger Forschungen; 4).
[3] »Alle stimmen überein, daß die Gottheit ein Wesen aller Wesen, die reinste Liebe, unendliche Mittheilsamkeit und Ausschließlichkeit ist. Doch wollen sie zugleich, daß sie als solche existiere. Aber von sich selbst gelangt die Liebe nicht zum Seyn. Seyn ist Einheit, Eigenheit; ist Absonderung; die Liebe aber ist das Nichts der Eigenheit, sie sucht nicht das Ihre und kann darum auch von sich selbst nicht seyend seyn. Ebenso ein Wesen aller Wesen ist für sich selbst haltlos und von nichts getragen; es ist an sich selbst der Gegensatz der Persönlichkeit, also muß ihm erst eine andere auf Persönlichkeit gehende Kraft Grund machen. Eine ebenso ewige Kraft der Selbstheit, der Egoität wird erfordert, daß das Wesen, welches die Liebe ist, als ein eignes bestehe und für sich sey. *[Absatz]* Also sind schon im Nothwendigen Gottes zwei Principien; das ausquellende, ausbreitsame, sich gebende Wesen, und eine ebenso ewige Kraft der Selbstheit, des Zurückgehens auf sich selbst, des in-sich-Seyns. Beide, jenes Wesen und diese Kraft, ist Gott ohne sein Zuthun schon von sich.« (SW, Bd. 4, S. 586)

Wenn wir schon für die hier zu erörternde Schrift den Begriff einer Geschichtsphilosophie in Anspruch nehmen wollen, so müssen wir sagen, daß es sich nicht um eine direkte sondern um eine mystische Geschichtsphilosophie handelt, in der die Prozesse nicht unmittelbar mit dem Gang der Menschheit verknüpft werden, sondern sich im Absoluten zutragen. Der Versuch, den absoluten Geist zu begreifen, steigert sich bei Schelling bis zum Gnostischen. Die drei Weltalter erscheinen zwar als Vergangenheit, Gegenwart und Zukunft, ihre Abfolge ist jedoch logisch, nicht temporal gemeint. Schelling charakterisiert bereits im ersten Satz diese drei Phasen: »Das Vergangene wird gewußt, das Gegenwärtige wird erkannt, das Zukünftige wird geahndet.«[4] Man besitzt die Vergangenheit nicht durch bloße, archivarische Erinnerung, sondern man muß sich ihrer bewußt werden, d.h. sie als ein in der Gegenwart Enthaltenes, Lebendiges begreifen. Auch bei Marx findet sich dieser Gedanke, daß die Philosophie sich in Geschichte verwandeln müsse.[5] Der Kern der Schellingschen Zeitmetaphysik besteht in dem Gedanken einer wechselseitigen Konstitution von Vergangenheit und Gegenwart. Vergangenheit in Gott bedeutet, daß Gott als absoluter Prozeß verstanden werden muß. Um zu diesem Verständnis zu gelangen, muß man das Absolute in verschiedene Stufen einteilen, eine Einteilung, die Schelling mit der Kabbala, einer Sammlung jüdisch-mystischer Schriften gemeinsam hat, in denen die Zeitmetaphysik ebenfalls als Theorie eines Prozesses im Absoluten, verbunden mit einer Lehre von den Potenzen, gesehen wird.[6] Jedes Weltalter soll der Offenbarung einer

---

4 Ebd., S. 575.
5 Bei Marx heißt es etwa: »Es ist [...] die *Aufgabe der Geschichte*, nachdem das *Jenseits der Wahrheit* verschwunden ist, die *Wahrheit des Diesseits* zu etablieren. Es ist zunächst die *Aufgabe der Philosophie*, die im Dienste der Geschichte steht, *nachdem die Heiligengestalt* der menschlichen Selbstentfremdung entlarvt ist, die Selbstentfremdung in ihren *unheiligen Gestalten* zu entlarven. Die Kritik des Himmels verwandelt sich damit in die Kritik der Erde, die *Kritik der Religion* in die *Kritik des Rechts*, die *Kritik der Theologie* in die *Kritik der Politik*.« (MEW, Bd. 1, S. 379)
6 Scholem erläutert diese Lehre u.a. wie folgt: »Die kabbalistische Lehre von der dynamischen Einheit Gottes, wie sie bei den spanischen Kabbalisten erscheint, ist die von einem theogonischen Prozeß, in dem Gott aus seiner Verborgenheit und dem Unnennbaren seines Wesens heraustritt und sich als Schöpfer darstellt. Die Stadien dieses Prozesses sind in einer unendlichen Fülle von Bildern und Symbolen erfaßbar, deren jedes einen Aspekt der Gottheit in ihrer besonderen Manifestation anvisiert. Diese Bilder aber, unter denen Gott erscheint, sind nichts anderes als die Urbilder allen Seins. Was nun die besondere mythische Struktur des kabbalistischen Symbolkomplexes ausmacht, ist die Beschränkung der unendlichen Fülle der Aspekte, unter denen Gott visiert werden kann, auf zehn Unterkategorien oder wie immer wir die Konzeption umschreiben wollen, die dem Begriff der Sefiroth zugrunde liegt. [...] Der Inbegriff dieser Potenzen, die in der Urdekas vereinigt sind, bildet die Welt der Sefiroth, der sich entfaltenden göttlichen Einheit, die

göttlichen Potenz entsprechen, wobei die Folge der Weltalter der Folge der Potenzen entspricht. Schelling unterscheidet drei Potenzen:[7]
1. Die verneinende oder sich in sich verschließende Kraft.
2. Das bejahende oder sich ausbreitende göttliche Prinzip.
3. Kopula, verglichen mit der Weltseele, Einheit der beiden Prinzipien.

Gott enthält diese drei Potenzen, geht jedoch nicht in ihnen auf, sondern stellt ein Viertes dar, das über die drei anderen Stufen hinausgeht, was auf die Heiligkeit der Vierzahl bezogen ist.

Der Drang Gottes, sich zu offenbaren, liegt in der Widersprüchlichkeit des Seins verwurzelt, die bei Schelling den Charakter eines Urprinzips hat, das als schlechthinnige Notwendigkeit hinzunehmen ist, außer von Gott selbst. Aus diesem Grunde betrachtet Schelling auch die Angst als Grundsachverhalt im Menschen.[8] Er war einer der ersten, der im Gegensatz zum Klassizismus eine

---

die Archetypen allen Seins in sich beschließt.« (Gershom Scholem, Zur Kabbala und ihrer Symbolik [1960], 8. Aufl., Frankfurt a. M. 1995 [suhrkamp taschenbuch wissenschaft; 13], S. 135)

7 »Mit der Zeugung des Geistes ist aber nothwendig das Ziel erreicht; denn nichts Höheres ist zu erzeugen. So also durch eine fortschreitende Zeugung des ersten begehrenden Willens wirkt sich die Totalität der Principien aus; denn in der verneinenden, nach innen zurückgehenden Kraft, dem bejahenden sich ausbreitenden Wesen und der thätigen, freyen, lebendigen Einheit beyder, die Geist ist, sind alle Principien beschlossen. Ueber den Geist hinaus geht keine Zeugung; er ist das, worinn sie ruht, worinn sie sich selbst faßt und zur Ewigkeit gelangt, und ebendarum stillsteht. [Absatz] Diese fortschreitende Zeugung läßt sich als eine Steigerung vorstellen. Setzt man das bejahende Princip als solches = $A$, das verneinende als solches = $B$, so ist der erste wirkende Wille zwar in sich ein Seyendes, aber ein Seyendes, das sich als solches verneint, also ein $A$, das sich als solches = $B$ verhält = ($A = B$). Dieses ist der Anfang, also die erste Potenz. Dieses $A$ aber setzt sich selber als verneintes, nur um das wahre Wesen als ein von ihm unabhängiges, freyes, wirkliches zu setzen; inwiefern nun dieses sich als das Seyende eines Seyenden ($A = B$) verhält, kann es als ein Seyendes der zweyten Potenz = $A^2$ betrachtet werden. Endlich läßt sich die Einheit, der Geist, als das gemeinschaftlich bejahende beyder, nur als Bejahendes der dritten Potenz = $A^3$ ansehen. In drey Potenzen also ist alle Zeugung geendet, und durch drey Stufen gelangt die erzeugende Kraft bis zu dem Geiste.« (SW, Nachlaßbd., S. 144)

8 »Gottes Wille ist, alles zu universalisiren, zur Einheit mit dem Licht zu erheben, oder darin zu erhalten; der Wille des Grundes aber, alles zu particularisiren oder creatürlich zu machen. Er will die Ungleichheit allein, damit die Gleichheit sich und ihm selbst empfindlich werde. Darum reagirt er nothwendig gegen die Freiheit als das Uebercreatürliche und erweckt in ihr die Lust zum Creatürlichen, wie den, welchen auf einem hohen und jähen Gipfel Schwindel erfaßt, gleichsam eine geheime Stimme zu rufen scheint, daß er herabstürze, oder wie nach der alten Fabel unwiderstehlicher Sirenengesang aus der Tiefe erschallt, um den Hindurchschiffenden in den Strudel hinabzuziehen. Schon an sich scheint die Verbindung des allgemeinen Willens mit einem besondern Willen im Menschen ein Widerspruch, dessen Vereinigung schwer, wenn nicht unmöglich ist. Die Angst des Lebens selbst treibt den Menschen aus dem Centrum, in das er erschaffen worden; denn dieses als das lauterste Wesen alles Willens ist für jeden besondern Willen

Ahnung von dem geheimen Untergrund der Weltgeschichte hatte, und der etwas von Blut, Leid und Schrecken auf dem Grunde der Dinge wußte.

Schelling ist insofern materialistischer als Hegel, als er das mit dem Geist Unidentische ernster nimmt und sich davor scheut, es vorschnell zur bloßen Kategorie herabzusetzen. Solche Einsichten werden freilich durch einen gewissen dogmatischen Rückfall hinter das vom Deutschen Idealismus Erreichte erkauft. Ein Dogmatismus, der auch seine rückschrittliche Seite hat, wenn er das Negative des Weltzustandes bedingungslos bejaht. Diese Haltung Schellings geht aus seiner Philosophie hervor, die die Selbstentzweiung des Seienden als notwendige Voraussetzung dafür ansieht, daß das Absolute zu sich selbst gelangt.

Die Lehre von den Weltaltern ist die Konstruktion des Widerspruches, der darin besteht, daß die vom Absoluten abgespalteten Substanzen ihrem Urdrang folgend, danach streben, sich selbst zu werden, d. h. zum Absoluten zurückzukehren. Die Notwendigkeit dieses Prozesses wird von Schelling selbst mythisch, d. h. als Naturzusammenhang begriffen. Gott, der ursprünglich mit der Natur behaftet ist, nimmt diese Natur in sich, in freiem Entschluß auf sich.[9] Er verwirklicht sich, indem er sich entäußert, und er entäußert sich, indem er sich verwirklicht. Die Wirklichkeit des Göttlichen außerhalb Gottes ist die Natur, das mit dem Geist Unidentische.

Gott selber muß durch Leid, Tod und Endlichkeit hindurchgehen, um zur Versöhnung mit sich zu gelangen.[10] Der freie Entschluß Gottes, sich zu offenba-

---

verzehrendes Feuer; um in ihm leben zu können, muß der Mensch aller Eigenheit absterben, weshalb es ein fast nothwendiger Versuch ist, aus diesem in die Peripherie herauszutreten, um da eine Ruhe seiner Selbstheit zu suchen. Daher die allgemeine Nothwendigkeit der Sünde und des Todes, als des wirklichen Absterbens der Eigenheit, durch welches aller menschlicher Wille als ein Feuer hindurchgehen muß, um geläutert zu werden.« (SW, Bd. 4, S. 273)

[9] »Jedermann erkennt, daß Gott Wesen außer ihm nicht vermöge einer blinden Nothwendigkeit seiner Natur, sondern mit höchster Freiwilligkeit erschaffen. Ja, genauer zu reden, vermöge der bloßen Nothwendigkeit Gottes, da sie nur auf *sein* Daseyn als das Seine geht, wäre keine Kreatur. Also durch die Freiheit überwindet Gott die Nothwendigkeit seiner Natur in der Schöpfung, und es ist die Freiheit, die über die Nothwendigkeit, nicht die Nothwendigkeit, die über die Freiheit kommt.« (Ebd., S. 586)

[10] »Schmerz ist etwas Allgemeines und Nothwendiges in allem Leben, der unvermeidliche Durchgangspunkt zur Freiheit. Wir erinnern an die Entwicklungsschmerzen des menschlichen Lebens im physischen wie im moralischen Verstand. Wir werden uns nicht scheuen, auch jenes Urwesen (die erste Möglichkeit des äußerlich offenbaren Gottes), so wie es die Entwickelung mit sich bringt, im leidenden Zustand darzustellen. Leiden ist allgemein, nicht nur in Ansehung des Menschen, auch in Ansehung des Schöpfers, der Weg zur Herrlichkeit. Er führt die menschliche Natur keinen anderen Weg als durch den auch die seinige hindurchgehen muß. Die Theilnehmung an allem Blinden, Dunkeln, Leidenden seiner Natur ist nothwendig, um ihn ins höchste Bewußtsein zu erhöhen.« (Ebd., S. 711)

ren, ist das Prinzip seiner Liebe. Aus dem Reich der Notwendigkeit geht die göttliche Freiheit hervor, dem zu unterstehen, Leiden bedeutet. Dieses Motiv Schellings erinnert an die Auffassung Hegels und Marx', daß die geschichtlichen Stufen des Unheils die unabdingbare Voraussetzung für das Zustandekommen eines menschenwürdigen Zustands bilden.

## 226 Claus Cebulla,
## 17. November 1960

Claus Cebulla
Frankfurt a. M.
Leipziger Str. 100

Adorno – Horkheimer: Philosophisches Hauptseminar Wintersemester 1960/61

*Protokoll der Seminarsitzung vom 17. 11. 1960*

Gleich die ersten Sätze der Einleitung in ihrer im spezifischen Sinn fragmentarischen Form setzen das Ganze in einen verschwimmenden Zusammenhang. Dieser Stil, der alles in einem zugleich aussagen möchte und es doch nicht in einem einzigen Begriff pointieren will, ist ein Abbild des in der Schellingschen Philosophie tendenziell angelegten Zuges zur umfassenden Identität in einem statuarischen Zustand der ewigen Ruhe und Erstarrung. Charakteristisch dafür ist die Bezeichnung Weltalter für die Momente eines lebendigen Prozesses, wodurch das Dynamische zu einer beharrlichen Zuständlichkeit aufgequollen ist. Das Gegenwärtige, das mittlere dieser drei Zeitalter, bezeichnet den actus des in die Erkenntnis eines Objektiven eintretenden Subjekts. Wenn dieser Epoche die Darstellung als ihre eigenste Ausdrucksform zugeordnet wird, so bedeutet das, daß sie über die Sprache als Mittel der Signifikation ihres Gegenstandes habhaft werden will, »daß sie eine bloße Folge und Entwickelung eigener Begriffe und Gedanken sey«.[11]

Diese Konzeption wird jedoch nur einen Augenblick lang festgehalten, unversehens verwandelt sie sich in ihr Gegenteil. Die prosaische Wissenschaft wirkt wie eine Ernüchterung auf den Enthusiasmus am Absoluten; man versucht sie daher zu sublimieren. An die Stelle von Begriffen und Gedanken tritt ein »lebendiges, wirkliches Wesen«, und die im Grunde verächtliche Wissenschaft nähert sich ihrem wahren Inhalt. Das Lebendige ist dabei die aus der Isolation wieder in den Zusammenhang zurückgeführte Einzelerkenntnis, die dann durch den Bezug aufs Ganze zur Philosophie wird; es gibt für den Idealismus in diesem Sinn keine andere als die philosophische Erkenntnis. Die Fachwissenschaften sind als nützliche Instrumente wertvoll, aber eben nicht das Eigentliche, was von

---

11 »Die bisher geltende Vorstellung von der Wissenschaft war, daß sie eine bloße Folge und Entwickelung eigener Begriffe und Gedanken sey. Die wahre Vorstellung ist, daß es die Entwickelung eines lebendigen, wirklichen Wesens ist, die in ihr sich darstellt.« (Ebd., S. 575)

der Wissenschaft erwartet wird: nämlich die Anstrengung zur Entfaltung der Wahrheit. So geht die Einzelwissenschaft aus dem ihr innewohnenden Trend zur Wahrheit in die höchste Wissenschaft über, deren Gegenstand nur das Absolute, das Urlebendige, sein kann. In dem Bestreben jedoch, die Philosophie unter Verleugnung ihres Charakters zur Wissenschaft zu machen, bringt sich allem zum Trotz die anfänglich verdammte und verdrängte Verwissenschaftlichung doch wieder zur Geltung; Kants Bemühung um die Metaphysik als Wissenschaft und Fichtes Wissenschaftslehre sind Zeugnisse für diesen Vorgang. Schelling selbst versucht, durch die Verwendung von Buchstabensymbolen seinen Manipulationen mit dem Absoluten den Anschein positiver Wissenschaft zu geben.[12]

Die Erkenntnisse der höchsten Wissenschaft sind aber nicht mehr durch Gedanken und Begriffe zu leisten, sondern nur, indem die verschütteten Quellen des Wissens, die Erinnerung an das ursprüngliche Einssein, aufgedeckt werden. Da der Mensch an der ganzen Schöpfung teilhat, ist ihm eine unmittelbare Erkenntnis der Dinge möglich; denn die Urbilder der Dinge schlummern nur in der menschlichen Seele, und wenn der Seele der Weg zum Ursprung wieder eröffnet wird, vermag sie in einem Prozeß der Verähnlichung die Dinge in unmittelbarer Anschauung zu erkennen. Dieses letzte ist nichts anderes als die Vergangenheit, die, wenn sie erst einmal wieder bewußt wird, dann auch erzählt werden kann. Dieses Wissen des Vergangenen erhält eine gewisse ahnungshafte Irrationalität, da es als ein verborgener, wenn auch dauernder Besitz in uns verschlossen liegt. Die eigentümliche Rückwendung, die in dem Bewußtsein solch eines sicheren inneren Reichtums liegt, wird zu einer Rückkehr zu dem Ursprünglichen unserer Herkunft; oder anders gewendet: Es wird die Heraufkunft der »geahndeten goldenen Zeit, wo die Wahrheit wieder zur Fabel und die Fabel zur Wahrheit wird«, ein drittes Zeitalter beschworen.[13] Einen ganz ähnlichen Gedanken äußert Novalis: »Mit der Zeit muß die Geschichte Märchen werden – sie wird wieder, wie sie anfing.«[14] Darum wendet sich die Wissenschaft von dem Geringen und Zufälligen weg dem Wesentlichen zu. Ihr Gegenstand kann dann nur das Wesen sein, »dem

---

12 Vgl. oben, Anm. 7.
13 »Nachdem die Wissenschaft dem Gegenstand nach zur Objektivität gelangt ist, so scheint es eine natürliche Folge, daß sie dieselbe der Form nach suche. *[Absatz]* Warum war oder ist dieß bis jetzt unmöglich? Warum kann das Gewußte auch der höchsten Wissenschaft nicht mit der Geradheit und Einfalt wie jedes andere *Gewußte* erzählt werden? Was hält sie zurück die geahndete goldne Zeit, wo die Wahrheit wieder zur Fabel und die Fabel zur Wahrheit wird.« (Ebd., S. 576)
14 »Bekenntnisse eines wahrhaften, synthetischen *Kindes* – eines idealischen Kindes. (Ein Kind ist weit klüger und weiser als ein Erwachsener – das Kind muß durchaus *ironisches* Kind sein.) – Die Spiele des Kindes – *Nachahmung* der Erwachsenen. (Mit der Zeit muß die Geschichte Märchen werden – sie wird wieder, wie sie anfing.)« (Novalis, Die Enzyklopädie [1798/1799], in: Novalis, Briefe und Werke, Bd. 3, hrsg. von Ewald Wasmuth, Berlin 1943, S. 297–706; hier: S. 632)

kein anderes vorausgeht, also das älteste der Wesen«.[15] Denn das Alte ist gemäß einem Platonischen Gedanken, der in der Philosophiegeschichte eine beziehungsreiche Bedeutung hat, auch das Wahre und Gute, da nur an seinem Anfang das Absolute rein und unvermindert dasteht und alles Gewordene in den Verdacht der Verschleierung gerät.[16]

Das Wissen dieses Vergangenen läßt sich freilich nicht durch Begriffe darstellen, etwa so wie in den Wissenschaften mit den Gegenständen verfahren wird; der Begriff Gottes ist für Schelling gar nicht mit einem Wort auszusprechen.[17] Unmißverständlich wird hiermit gegen Fichte Front gemacht, das Ganze aus einem Begriff bzw. obersten Grundsätzen abzuleiten. Das Vergangene kann angemessen nur erzählt werden; es geschieht also keine begriffliche Wiedergabe des Faktischen, sondern breite epische Schilderung der Zuständlichkeit. Der Sprache muß dabei ein erheblicher Anteil an dem Leben der Vergangenheit im Sinne des Novalis zugedacht werden. Für Novalis ist es das Geheimnis der Sprache, daß sich gerade in ihrem scheinbar willkürlichen und spielerisch unabsichtlichen Gebrauch die Weltseele äußert. Und wie bei Novalis Denken, Sprechen und Tun nur eine einzige modifizierte Operation sind, so bedeutet bei Schelling die Erschließung dieses Wissens, das vergangene Leben zu reproduzieren und erneut wirklich werden zu lassen. Damit ist der Bogen von der Vergangenheit zur Zukunft geschlagen, weil das Wissen erfüllt, was die Ahnung nur als unbestimmte Sehnsucht andeutete. Mit dem Wissen, meint Novalis, hört alle Tätigkeit auf: »Der Zustand des Wissens ist Eudämonie, selige Ruhe der Beschauung, himmlischer Quietismus.«[18]

Schelling geht es vor allem um die Erkenntnis des absoluten Wesens, so wie es sich in den vielen Seienden widerspiegelt und dort greifbar wird; anders ge-

---

15 »Das Lebendige der höchsten Wissenschaft kann nur das Urlebendige seyn, das Wesen, dem kein anderes vorausgeht, also das älteste der Wesen.« (SW, Bd. 4, S. 575)
16 Vgl. etwa den Abschnitt »Beginn der Rede des Timaios: Das Seiende und das Werdende. Die Welt als geworden und als nach einem Vorbild geschaffenes Abbild«, in: Platon, Timaios, in: Platon, Sämtliche Werke, hrsg. von Ursula Wolf, Bd. 4, übers. von Hieronymus Müller und Friedrich Schleiermacher, Reinbek bei Hamburg 1994 (Rowohlts Enzyklopädie; 564), S. 11–103; hier: S. 27–29 (27c–29d).
17 »Das älteste Wesen sey Gott, soll schon der milesische Thales geurtheilt haben. Aber der Begriff Gottes ist von großem, ja vom allergrößesten Umfang, und nicht so mit Einem Wort auszusprechen.« (SW, Bd. 4, S. 585)
18 »Zur Mathematik gelangt man nur durch eine Theophanie. *[Absatz]* Die Mathematiker sind die einzig Glücklichen. Der Mathematiker weiß alles. Er könnte es, wenn er es nicht wüßte. *[Absatz]* Die Tätigkeit hört auf, wenn das Wissen eintritt. Der Zustand des Wissens ist Eudämonie, selige Ruhe der Beschauung – himmlischer Quietism.« (Novalis, Die Enzyklopädie, a.a.O. [s. Anm. 14], S. 382)

sagt: Er nimmt alles einzelne in den Prozeß des Absoluten hinein. Der Geist, der sich in sich selbst zurückzieht, versichert sich des Absoluten ohne Vermittlung. Durch sein eigenes Innere kann das Subjekt »bis in die tiefste Nacht der Vergangenheit zurück, ... bis zum Anfang der Zeiten aufsteigen«.[19] In den Gegensätzen Tag–Nacht, Gegenwart–Vergangenheit, Antike–christliche Offenbarung und ihrer Beziehung aufeinander wiederholt sich genau die Motivik der »Hymnen an die Nacht«.[20] In der Nacht, in Schlaf und Traum, werden gemäß der romantischen Naturwissenschaft im Menschen Kräfte besonderer Art freigesetzt; denn »im Schlafe ist die Seele durch den Körper gleichmäßiger verteilt, der Mensch ist neutralisiert.« (Novalis)[21] »Jede Hineinsteigung, Blick ins Innre, ist zugleich Aufsteigung, Himmelfahrt, Blick nach dem wahrhaft Äußeren.« (Novalis)[22] Wie es Schelling formuliert, werden in diesem Zustand die (platonischen) Urbilder der Dinge erweckt, wodurch die menschliche Seele die »Mitwissenschaft der Schöpfung« wiedererlangt. Bei Schelling wird jedoch nicht wie bei Novalis das Niedere lediglich als Fessel beigegeben, sondern beide sind als solche nötig, damit die Bewegung auf die Heimkehr in die ursprüngliche Freiheit hin bestehenbleibe. Hierin ist der Mensch durchaus gottähnlich, denn auch das höchste Wesen ist nicht von schlackenloser Reinheit: Es bricht zumindest auf Zeit in ein gutes und ein böses Prinzip auseinander, bis dieser Dualismus in einer höheren Identität wieder verheilt ist.

Auf diese Weise wird ein Weltprozeß konstruiert, in den alles einzelne und zuletzt auch die menschliche Erkenntnis eingebettet ist. In dieser besonderen Form der Versöhnung von Subjekt und Objekt unterscheidet sich Schelling erheblich von seinen idealistischen Vorgängern. Bei Kant leistet die Spontaneität

---

19 »Dem Menschen muß ein Princip zugestanden werden, das außer und über der Welt ist; denn wie könnte er allein von allen Geschöpfen den langen Weg der Entwicklungen, von der Gegenwart an bis in die tiefste Nacht der Vergangenheit zurück verfolgen, er allein bis zum Anfang der Zeiten aufsteigen, wenn in ihm nicht ein Princip vor dem Anfang der Zeiten wäre? Aus der Quelle der Dinge geschöpft und ihr gleich, hat die menschliche Seele eine Mitwissenschaft der Schöpfung. In ihr liegt die höchste Klarheit aller Dinge, und nicht so wohl wissend ist sie als selber die Wissenschaft.« (SW, Bd. 4, S. 576)
20 Vgl. Novalis, Hymnen an die Nacht [1800], in: Novalis, Briefe und Werke, Bd. 2, hrsg. von Ewald Wasmuth, Berlin 1943, S. 241–292.
21 »Schlaf ist ein vermischter Zustand des Körpers und der Seele. Im Schlafe ist Körper und Seele chemisch verbunden. Im Schlafe ist die Seele durch den Körper gleichmäßig verteilt – der Mensch ist *neutralisiert*. Wachen ist ein geteilter – polarischer Zustand. Im Wachen ist die Seele punktiert – lokalisiert.« (Novalis, Die Enzyklopädie, a.a.O. [s. Anm. 14], S. 514)
22 »Platos Ideen – Bewohner der *Denkkraft* – des innern Himmels. *[Absatz]* (Jede Hineinsteigung – Blick ins Innre – ist zugleich Aufsteigung – Himmelfahrt – Blick nach dem *wahrhaft Äußern*.)« (Novalis, Neue Fragmente, in: Novalis, Briefe und Werke, Bd. 3, a.a.O. [s. Anm. 14], S. 113–295; hier: S. 240)

des reinen Verstandes die Konstitution der Gegenstände; erst im Begriff der ursprünglichen Einheit der Apperzeption als dem obersten Prinzip der Einheit, der aller Synthesis zugrunde liegt, deutet sich ein auch über das Subjekt hinausreichendes Prinzip an. Fichte ist noch konsequenter: Nur das Ich läßt er als einziges und oberstes Prinzip gelten; in freier Tathandlung setzt es in eigener Beschränkung die Negation seiner selbst – das Nicht-Ich.

Kant hat noch zwischen Rezeptivität und Spontaneität als den beiden Stämmen der Erkenntnis unterschieden und deren Rückführung auf eine Wurzel offengelassen. Fichte übernimmt davon allein die Spontaneität und läßt die Rezeption allenfalls in einer verminderten Aktivität des Ich erscheinen. Bei Schelling ist dieser Gegensatz überhaupt beseitigt. Das Wesen seiner Spekulation besteht gerade in der Verwischung der Kantischen Unterscheidung von Apriori und Aposteriori, wobei das Empirische den Maßstab für gültige Erkenntnis abgab. Diesen Maßstab scheint er zu übernehmen, wenn er seinem Absoluten eine fast körperhafte Augenscheinlichkeit verleiht. Dazu kommt, daß bei Schelling der Drang zu methodischer Einheit und Verwissenschaftlichung längst nicht so stark wie etwa bei Fichte entwickelt ist. Infolgedessen stehen bei ihm einzelne Momente oft relativ isoliert nebeneinander.

Da nun alles in den einen Weltprozeß hineingenommen ist, kann dieser nur in Gang bleiben, weil das Absolute nicht in totaler Indifferenz verharrt, sondern in einer inneren Entwicklung begriffen ist. Für diese Bewegung ist Schellings Unterscheidung von Notwendigkeit und Freiheit bedeutsam. Die Freiheit ist der Notwendigkeit nicht entgegengesetzt, sie geht vielmehr aus dieser hervor und kann darum nicht Willkür oder gesetzlos sein.[23] Die »Geprägte Form, die lebend sich entwickelt« (Goethe, »Urworte. Orphisch«),[24] realisiert die Freiheit. Sie ist nicht von vornherein fertig, sondern entfaltet sich über die Vermittlung der Objektivität. Das ist so zu verstehen, daß die Erkenntnis nicht den äußeren Weg über die Empirie nimmt. Durch die Teilhabe am höchsten Ursprung hat das Subjekt

---

23 »Vermöge der bloßen Nothwendigkeit seiner Natur (dieß ist bewiesen) kommt es weder in Gott selbst noch außer ihm zum wirklichen Daseyn. Darum mußten wir außer und über jenem Nothwendigen von Gott, das in den drei Potenzen die ewige Natur ausmacht, noch ein anderes erkennen, das die ewige Freiheit, das lautere Wollen selbst ist. Oder in einer andern Wendung: wir mußten erkennen, daß in dem wirklichen lebendigen Gott eine Einheit sey von Nothwendigkeit und Freiheit.« (SW, Bd. 4, S. 615)

24 Aus der ersten Stanze, »ΔΑΙΜΩΝ, Dämon«: »Wie an dem Tag, der dich der Welt verliehen, / Die Sonne stand zum Gruße der Planeten, / Bist alsobald und fort und fort gediehen, / Nach dem Gesetz, wonach du angetreten. / So mußt du sein, dir kannst du nicht entfliehen, / So sagten schon Sibyllen, so Propheten; / Und keine Zeit und keine Macht zerstückelt / Geprägte Form die lebend sich entwickelt.« (Johann Wolfgang Goethe, Urworte. Orphisch [1820], in: Goethes Werke, hrsg. im Auftrage der Großherzogin Sophie von Sachsen, Bd. I·3, Weimar 1890, S. 95 f.; hier: S. 95)

einen direkten Zugang zu seinem und aller Dinge Wesen. Indem sich das Objekt dem Subjekt aufprägt, gelangt dieses zur Freiheit. Solcherart gewinnt das Objektive den Vorrang vor dem Subjekt. Gerade durch das Prinzip im Menschen, das göttlich ist, kommt dieser von der vorfindlichen Natur weg. Nur was über dem Subjekt steht, kann ihm die Freiheit vermitteln. Daher entäußert es sich bereitwillig seiner Beschränkungen und verläßt damit den Bereich der strikten Notwendigkeit. Weil das Absolute in allem Seienden anzutreffen ist, kann das Subjekt im Objekt daran teilhaben. Wo dem Subjekt kein Objekt mehr entgegensteht und die Versöhnung vollzogen ist, da ist die eigentliche Natur und da entfaltet sich die Freiheit als das Ergebnis eines langwierigen Prozesses.

Der Weltprozeß ist die Darstellung dieses zu seiner Freiheit gelangenden Wesens. Bei Schelling ist im Anfang das Ziel bereits keimhaft angelegt; es gibt kein Fehlgehen und keinen Umweg. Die Geschichte ist zwangsläufig, aber sie führt zu dem vorgezeichneten Ziel; der Drang zum Guten, zur Versöhnung ist unbeirrbar. Wenn das Ende allerdings erwiese, daß im Prozeß weder das Gute noch das Göttliche zur Darstellung gelangte, dann erwüchse aus der Einsicht in diese Zwangsläufigkeit die Forderung, deren Lauf zu unterbrechen.

Frankfurt am Main, den 24. November 1960

Claus Cebulla[25]

---

**25** Unterschrift.

## 227 Annemarie Kohlmaier, 24. November 1960

> Philosophisches Hauptseminar
> Adorno – Horkheimer
> Wintersemester 1960/61
> Annemarie Kohlmaier

Protokoll der Seminarsitzung vom 24. 11. 1960

Die Sitzung begann mit einer Erörterung des Verhältnisses von Philosophie und Einzelwissenschaft.

Philosophie als Streben nach Wahrheit findet ihren Gegenpol in der auf Nützlichkeit bedachten Haltung der Einzelwissenschaften. Man mag es als einen Versuch betrachten, dem Vorwurf des Aberglaubens zu entgehen, das die Wahrheit ihren emphatischen Anspruch aufgibt und, sich mit den Einzelwissenschaften verbindend, zu einer praktisch umgestaltenden Macht wird. Aber auch die Einzelwissenschaft bedarf der Wahrheit in jenem emphatischen Sinn, um die Begrenztheit ihres Nutzens aufzuheben. Der Ausdruck »für die Wahrheit nützlich sein«[26] besagt, daß die wahren Aussagen der Einzelwissenschaften nicht nur in ihrem spezifisch Gemeinten das Richtige sagen, sondern mit jeder Aussage zugleich Anspruch auf absolute Wahrheit erheben, dem Ganzen dienen wollen. Mit diesem Anspruch sind wir noch Kinder des Zeitalters der Theologie, das sich auf die Genesis als letzte und absolute Wahrheit bezog. Alle philosophischen Gedankengänge führen auf diesen Begriff von Wahrheit zurück, der einer weiteren Erklärung nicht zu bedürfen vorgibt.

Auch hinter den »Weltaltern« Schellings steht der Anspruch der Vernunft, die Offenbarung zu ersetzen und den inneren Prozeß von Gott und Welt kraft des Denkens zu konstruieren. Die Reflexion der Vernunft soll einholen, was früher als theologische Wahrheit galt.

Referat über den Aufbau der »Weltalter«.[27]

Zu Anfang des Vortrages wandte sich der Referent gegen die Interpretation der Weltalter als Vollendung der Identitätsphilosophie, von der sich Schelling schon 1804 abgewendet habe.[28]

---

26 Nicht ermittelt.
27 Der entsprechende Referatstext wurde nicht aufgefunden.

Die Grunderfahrung, daß mit der Welt etwas nicht in Ordnung ist, beunruhigt ihn. (»ein Hemmendes, Widerstrebendes drängt sich überall auf – dies Andere, das nicht sein sollte und doch ist«.)[29] Er weist auf die anstößigen Phänomene in der Natur: die Macht des Zufalls, Gift, Krankheit, Tod;[30] in der Geschichte triumphiere das Böse in den Beziehungen der Menschen untereinander, der Staat sei zu einer Zwangsanstalt geworden.[31] Erst das Zurücksinken des Menschen in die Natur reißt die Natur selbst aus ihrer Unschuld. Zusammenfassend: »Die Über-

---

**28** So stellt es etwa Nicolai Hartmann dar: »Mit den Anfängen der Religionsphilosophie von 1804 vollzieht sich in Schellings Denken eine langsam fortschreitende Abwendung von seinem in der Identitätsphilosophie dargestellten Ideal eines reinen Vernunftsystems. Der Rationalismus seiner bisherigen Philosopheme erscheint ihm immer mehr in einem bloß negativen Lichte, und immer deutlicher tritt der Gedanke hervor, die volle philosophische Wahrheit müsse anderswo jenseits der Grenzen menschlicher Vernunft, gesucht werden.« (Nicolai Hartmann, Die Philosophie des Deutschen Idealismus. I. Teil Fichte, Schelling und die Romantik. II. Theil Hegel [1923/1929], 2. Aufl., Berlin 1960, S. 153)
**29** »Die meisten würden nichts natürlicher finden, als wenn in der Welt alles aus lauter Sanftmuth und Güte bestünde, wovon sie doch bald das Gegentheil gewahr werden. Ein Hemmendes, Widerstrebendes drängt sich überall auf: dieß andere, das, so zu reden, nicht seyn sollte und doch ist, ja seyn muß, dieß Nein, das sich dem Ja, dieß Verfinsternde, das sich dem Licht, dieß Krumme, das sich dem Geraden, dieß Linke, das sich dem Rechten entgegenstellt, und wie man sonst diesen ewigen Gegensatz in Bildern auszudrücken gesucht hat; aber nicht leicht ist einer im Stande es auszusprechen oder gar es wissenschaftlich zu begreifen.« (SW, Bd. 4, S. 587)
**30** Die entsprechende Stelle aus den »Stuttgarter Privatvorlesungen« [1860] von 1810 lautet: »Sowie aber der Mensch, anstatt sein natürliches Leben dem göttlichen unterzuordnen, vielmehr in sich selbst das zur relativen Unthätigkeit bestimmte (das natürliche, eigene) Princip aktivierte – zur Thätigkeit erweckte –, war auch die Natur wegen des nun verfinsternten Verklärungspunkts genöthigt, eben dieses Princip in sich zu erwecken, und nolens volens eine von der geistigen unabhängige Welt zu seyn. *[Absatz]* Daß etwas der Art vorgegangen, davon überzeugt uns alles. 1) Die jetzige Gestalt der Natur a) in Ansehung der verwischten Gesetzmäßigkeit (sonst wäre alles offen und klar); b) die Macht des Zufalls, die herein kam – die Natur erscheint gar nicht überall als ein so nothwendiges Ganze[s] –; c) die Unruhe der Natur bei ihrer Geschlossenheit, da sie vielmehr, wenn sie ihre höchste Einheit erreicht hätte, in Ruhe seyn müßte. 2) Besonders die Gegenwart des Bösen, und also der Anblick der moralischen Welt. Denn das Böse ist eben nichts anderes als das relativ Nichtseyende, das sich zum Seyenden erigirt, also das wahre Seyende verdrängt. Es ist von der einen Seite ein Nichts, von der andern ein höchst reelles Wesen. – Auch in der Natur ist ein Böses, *Gift* z. B., die Krankheit, und was der höchste Beweis der Wirklichkeit eines solchen Rückfalls der ganzen Natur und insbesondere des Menschen ist – der Tod.« (Ebd., S. 350 f.)
**31** »Es ist bekannt, wie viele Mühe man sich seit der französischen Revolution und den Kantischen Begriffen, gegeben hat, eine Möglichkeit zu zeigen, wie mit der Existenz freier Wesen Einheit vereinbar, also ein Staat möglich sey, der eigentlich nur die Bedingung der höchstmöglichen Freiheit der Einzelnen sey. Allein dieser ist unmöglich. Entweder wird der Staatsmacht die gehörige Kraft entzogen, oder wird sie ihr gegeben, dann ist Depotismus da.« (Ebd., S. 353 f.)

macht des blinden Seins, dies dunklen Grundes über den Menschen zeigt sich in der Gewalt, die das Äußere in diesem Leben über das Innere hat.«[32]

Seit 1804, mit der Schrift »Philosophie und Religion«[33], ist die Frage nach dem Ursprung des Bösen und seiner Tilgung maßgebend; die ontologische Fragestellung ›Warum ist Seiendes und nicht vielmehr nichts?‹ verschiebt sich in die praktische: ›Warum ist es so und nicht vielmehr anders?‹, was unlöslich verknüpft ist mit der Frage: ›Warum ist die Welt so geworden?‹ Aus den alten Theodizeespekulationen übernimmt Schelling die Voraussetzung, daß das Böse aus Freiheit in die Welt gekommen und auch wiederum nur durch Freiheit zu überwinden ist. Das Vermögen des Guten und des Bösen findet sein Feld in der Geschichte; denn Ereignisse, die auf Akte solcher Freiheit zurückgehen, sind einmalig und unableitbar. Daher ist die Polemik gegen Hegel vom Pathos einer, wie immer metaphysischen, Historie getragen: Die großen Ereignisse können bestenfalls berichtet und vergegenwärtigt werden; die wahre Erkenntnis ist episch.

Weil aber das Epos der Weltalter erst retrospektiv geschrieben werden könnte, sind wir, die das Weltalter der Zukunft vor uns haben, in der Verlegenheit, in dialektischer Konstruktion diesen Standpunkt, den Hegel schon einzunehmen glaubte, zu antizipieren: Dialektik als Instrument des subjektiven Geistes.

Wenn die Weltgeschichte als unfertige und unentschiedene ernstgenommen wird, wie muß das Absolute selber gedacht werden, das mit ihr vereinbar ist? Das ist die Ausgangsfrage der »Weltalter«. Die in der Retrospektive des absoluten Geistes erschlossene »Logik« der Geschichte, geht in gewisser Weise Geschichte auch immer schon voraus. Hegels Gott ist daher nicht geschichtlich. Die Kategorien der »Logik« treffen allenfalls einen Prozeß der Entstehung Gottes vor der Schöpfung, den wir uns freilich nur aus der Geschichte dieser Schöpfung rekonstruieren können. So »ist« denn dieses Weltalter der Vergangenheit erst, indem wir, der Geschichte, nämlich dem Weltalter der Gegenwart zugehörig, in Erwartung unserer Zukunft, uns zu ihm als Vergangenheit verhalten.

---

**32** »Der Mensch ist *als* Geist, als Wesen höherer Ordnung, wieder auf die Stufe des Seyns, der *ersten Potenz* zurückgesetzt. Der Proceß, der in der Natur begonnen hatte, fängt in ihm aufs neue und wieder von vorne an. Auch er muß sich erst wieder aus dem Nichtseyenden emporarbeiten, das Dunkle in sich verdrängen, und aus einer Finsterniß höherer Art, aus der Finsterniß des Bösen, des Irrigen, des Verkehrten das Licht des Guten, der Wahrheit und der Schönheit hervorrufen. Der Beweis dieser Uebermacht des Seyns über den Menschen, seines Zurücksinkens auf die erste Potenz liegt vorzüglich in der *Gewalt*, die das Aeußere in diesem Leben über das Innere hat.« (Ebd., S. 351f.)
**33** Vgl. ebd., S. 1–60.

Die Rekonstruktion des geschichtlichen Gottes vor der Geschichte stützt Schelling auf die spekulative Übersetzung einer, in der jüdischen und protestantischen Mystik (Luria,[34] Böhme) entwickelten dialektischen Metapher. Unter dem Titel des Zimzum oder des göttlichen Egoismus wird ein Akt der Selbstentthronung Gottes überliefert: Gott schickt sich selbst ins Exil, er veräußert sich, indem er sich in sich zusammenzieht: Kontraktion, in der sich Gott in seinem dunklen Grund verschließt, gibt er sich an die Natur in Gott preis, verliert sich sozusagen selbst aus der Hand.[35] Dieser Topos eignet sich zur Konstruktion eines Absoluten, daß sich an sein Gegenteil, an Geschichte preisgibt und so völlig an sie ausliefert, daß es sein eigenes Schicksal ernsthaft aufs Spiel setzt: nicht mehr Gott selbst, sondern die Menschheit entscheidet über Heil und Unheil. Die Erlösung muß allein das Werk der Menschen sein können, und mit ihrer eigenen Erlösung die der Natur und Gottes selbst, erst dann ist Geschichte, was sie ist: Selbsterzeugungsakt der Menschheit.

---

**34** Von der Lurianischen Mystik, *deren Grundbegriffe mir unendlich produktiv erscheinen* (Adorno an Scholem, 9. Mai 1949, in: Theodor W. Adorno und Gershom Scholem, *Briefwechsel 1939–1969*, hrsg. von Asaf Angermann, Berlin 2015 [*Briefe und Briefwechsel*; 8], S. 61; vgl. auch die entsprechende Anm. des Hrsg., ebd., S. 63f.), erfährt Adorno durch die Rezeption von Gershom Scholem, Major Trends in Jewish Mysticism, Jerusalem 1941; vgl. den Abschnitt »Isaak Luria und seine Schule«, in: Gershom Scholem, Die jüdische Mystik in ihren Hauptströmungen, Zürich 1957, S. 267–314.
**35** »Die Idee des *Zimzum*, von der der Sohar nichts weiß und die, aus anderen alten Traktaten geflossen, erst bei Luria zu ihrer eigentlichen Bedeutung kommt, ist höchst erstaunlich. Sie stellt an den Anfang des Weltendramas, das aber ein Drama Gottes ist, nicht wie ältere Systeme einen Akt der Emanation oder dergleichen, in dem Gott aus sich heraustritt, sich mitteilt oder offenbart, sondern vielmehr einen Akt, in dem er sich in sich selbst verschränkt, sich auf sich selbst zurückzieht und anstatt nach außen sein Wesen in eine tiefere Verborgenheit seines eigenen Selbst kontrahiert. [...] Die Kabbalisten sagen es nicht direkt; aber es ist implizite in ihrer Symbolik gelegen, daß dieses Zurücktreten des göttlichen Wesens in sich selbst eine tiefste Form des Exils, der Selbstverbannung ist. Im Akt des *Zimzum* werden die richtenden Gewalten, die in Gottes Wesen in unendlicher Harmonie mit den ›Wurzeln‹ aller andern Potenzen vereinigt waren, gesammelt und an einem Punkt, eben in jenem Urraum konzentriert, aus dem sich Gott zurückzieht.« (Scholem, Zur Kabbala und ihrer Symbolik, a.a.O. [s. Anm. 6], S. 148f.)

## 228 Hubert Hilleke,
## 1. Dezember 1960

*Protokoll der Sitzung vom 1. 12. 1960*

Zu Beginn der Sitzung wurde der Schlußteil des Referates von Dr. Habermas verlesen.[36] Die Wendung, die mit den »Weltaltern« in der Philosophie Schellings sich andeutet, kann mit der Wiederkehr eines gleichsam vorkritischen Motivs, des Theodizeeproblems, der Frage nach dem Ursprung und Sinn des Bösen in der Welt bezeichnet werden. Hier allerdings wird dieses Motiv durch den identitätsphilosophischen Ansatz selbst gezeitigt. Es wird zugleich dadurch verschärft, daß, nachdem die Welt als Produkt einer Selbstentäußerung des Absoluten gefaßt wird, die spekulative Notwendigkeit sich ergibt, auch den Grund ins Absolute selbst zu setzen. Ein Moment des Dunklen, Naturhaften, der Ohnmacht gegenüber jenem Prozeß, den es aus sich selbst entlassen hat, ist dem Absoluten selbst immanent. Es resultiert aus der Verinnerlichung und Selbstkontraktion, die die Entäußerung des Absoluten in die Realität außer ihm begleitet. Mit seiner Entäußerung in die Welt setzt das Absolute gleichsam sich selbst aufs Spiel. Die Verantwortung dafür, ob der Weltprozeß zum Guten ausläuft, ob Gott und die Natur errettet werden, fällt den Menschen zu. Hier berührt sich die Spekulation mit einem Motiv der jüdischen Mystik, der Kabbala: mit der Vorstellung, daß menschliches Handeln, wenn es die richtige Ordnung der menschlichen Dinge geschichtlich realisiert, ans Absolute heranreicht und mit der Menschheit die ganze Natur erlöst.[37]

---

36 Der Referatstext von Jürgen Habermas, »Absolutum und Geschichte«, wurde nicht aufgefunden.

37 Dieses Theologumenon führt Walter Benjamin bereits 1934 in seinem Text »In der Sonne« an, wo es heißt: »Es gibt bei den Chassidim einen Spruch von der kommenden Welt, der besagt: es wird dort alles eingerichtet sein wie bei uns. Wie unsre Stube jetzt ist, so wird sie auch in der kommenden Welt sein; wo unser Kind jetzt schläft, da wird es auch in der kommenden Welt schlafen. Was wir in dieser Welt am Leibe tragen, das werden wir auch in der kommenden Welt anhaben. Alles wird sein wie hier – nur ein klein wenig anders.« (BGS, Bd. IV·1, S. 419) – Das Motiv geht zurück auf den chassidischen Rabbi Nachman von Brazlaw und dessen »Geschichte von dem Königssohn und dem Sohn der Magd«. In jener Geschichte kommt der wahre Königssohn nach Jahren des Exils heim und beweist den Zweiflern, dass er der rechtmäßige Herrscher ist: »Sie führten ihn in die Halle zu dem Stuhl. Als er ihn ansah, erkannte er, daß er aus demselben Holze geschnitzt war wie der Stab, den ihm der Waldgeist geschenkt hatte. Er betrachtete ihn, um zu erforschen, wodurch er seine Kraft verloren habe. Da bemerkte er, daß an der Spitze des Sessels eine geschnitzte Rose fehlte, suchte und fand sie verborgen unter einem Stein der Halle. Er fügte sie dem Thron wieder ein. Hierauf betrachtete er den Leuchter und fand, daß er von der Mitte des Tisches um ein weniges abgerückt war, und er brachte ihn an seine rechte Stelle. Nun bestieg er

An dieser Stelle ist auf den unbeschreiblich hochgespannten Idealismus zu verweisen, der von einem solchen Gedanken vorausgesetzt wird. Daß die Erlösung, auch die der außermenschlichen Natur, allein das Werk der Menschen sein könne, diese Vorstellung widerspricht unmittelbar jedem kritischen Bewußtsein über Grenzen und Möglichkeiten menschlichen Handelns. Bei Schelling scheint der Gedanke mit der Einsicht Kants zusammenzuhängen, wonach Objektivität keineswegs ein dem Subjekt einfach Gegebenes ist, vielmehr durch Subjektivität konstituiert wird. Das aber hebt die Erfahrung nicht auf, daß es Bereiche gibt, vorab der des Vergangenen und der der Natur, die dem menschlichen Handeln, dem verändernden Eingriff, in letzter Instanz sich entziehen. Die Spannung, die das Verhältnis des Gedankens, wonach von menschlicher Praxis die Erlösung auch der Natur abhängt, zur unmittelbaren Erfahrung charakterisiert, muß ins Bewußtsein gehoben werden.

Umgekehrt aber sollte man jenem Einwand nicht bloß naiv nachgeben. Er könnte leicht gegen die Philosophie selbst, gegen den Gedanken, der an den Grund der Verhältnisse zu führen trachtet, sich wenden. Bei Schelling selbst ist jener Gedanke spezifisch motiviert; er hängt mit dem Ansatz der Identitätsphilosphie, der Intention, das Nichtidentische, die Immanenz der Subjektivität Transzendierende, zu denken, es als mit dem Geist identisch zu erweisen, unmittelbar zusammen. Das Ganze weist zurück auf eine Schwierigkeit in der Kantischen Philosophie. Daß Grenzen der Möglichkeit der Erkenntnis statuiert werden, kann ein Doppeltes bedeuten: Entweder muß Vernunft, wenn sie sich selbst Grenzen setzt, über diese Grenze bereits hinaus sein. So daß das Setzen der Grenze mit ihrem Transzendieren eins ist. Oder aber Vernunft muß, um in der Welt sich einzurichten, sich selbst einschränken. Die Grenze, die sie setzt, ist die Grenze gegen das, was anders ist als sie selbst. Das Verbot, in intelligible Welten auszuschweifen, nimmt die Form der Entsagung an; es richtet sich letztlich gegen das sinnliche, wie gegen das Glück des Gedankens. In der gegenwärtigen Phase der Aufklärung, nicht zuletzt in den Wissenschaften, hat dieses Verbot fast den Charakter des Selbstverständlichen angenommen.

---

den Thron und entzündete den Leuchter. Er überschaute das ganze Land und alle Gedanken und Taten, die vergangenen und die gegenwärtigen und erkannte, daß der alte König vor seinem Tode alles mit Absicht so verwirrt hatte, auf daß der Mann gefunden werde, der es wiederherstellen und jedes Ding an seinen rechten Ort bringen könnte. Er sah die goldenen Tiere auf den Wegen stehen und bemerkte, daß auch sie um ein weniges von ihrer Stelle gerückt waren. Er ließ alle Tiere an ihren alten Ort rücken, und die Tiere ließen die Menschen ungefährdet an sich herankommen. Als das letzte Tier an seine Stelle kam, war es Mitternacht, und alle stimmten die große Weise an.« (Die Geschichten des Rabbi Nachman. Ihm nacherzählt von Martin Buber [1906], Frankfurt a. M. und Hamburg 1955, S. 84–98; hier: S. 97 f.)

So sehr es möglich ist, daß alle Versuche, in intelligible Welten auszuschweifen, zum Scheitern verdammt sind, muß man doch der Suggestion sich entziehen, das Verbot sei die Wahrheit. Es hat etwas vom autoritären Gestus der Weisheit: »Bleibe im Lande und nähre dich redlich«[38]. Genau hier bricht Schelling aus. Seine Philosophie zehrt von der Erfahrung, daß die Grenze selbst etwas Positives ist, daß, was nicht in Denken sich auflösen läßt, gleichwohl nicht allein durch seinen Gegensatz zum Denken sich bestimmt.

Der Deutsche Idealismus fällt in jene Phase der Aufklärung, in der sie in zunehmendem Maße ihre prosaische Seite hervorkehrt. Das, worin die Aufklärung einmal ihr Pathos gesetzt hatte, die Befreiung, die Revolution, hatte sie hervorgebracht, ohne daß damit die Mächte der Vergangenheit endgültig sich aufgelöst hätten. Etwas wie Resignation vor der prosaischen Wirklichkeit beginnt auch im neuen Charakter der Aufklärung sich abzuzeichnen. Dagegen gehört es zu den spezifischen Impulsen der kritischen Philosophie, Erkenntnis einzuschränken, ihre Grenzen zu bestimmen, um das Andere, das nicht schon damit identisch ist, zu retten. Es ist dann ein merkwürdiger Vorgang, daß im nachkantischen Idealismus das Pathos, wenn auch nur um ein Geringes, sich verlagert. Es ist so etwas wie eine sublime positivistische Tendenz, die sowohl in der Autorität, die dem Begriff der Wissenschaft beigemessen wird, als auch darin sich anzeigt, daß das Telos der Denkbewegung gleichsam unter der Hand in ein Positives, im Grunde bereits Gegebenes sich verwandelt.

Am Ende seines Referates hatte Dr. Habermas auf zwei differierende Konzeptionen hingewiesen, die in den verschiedenen Fassungen der Weltalter sich ablösen. Die frühere ist jene, nach der das Absolute durch Selbsterniedrigung und Entäußerung an die Geschichte sich verliert, von deren Ausgang, der in die Hand der Menschen gelegt ist, das Schicksal des Absoluten selbst abhängt.[39] Diese Konzeption schließt die Gefahr des Mißlingens nicht aus. Sie läßt die Möglichkeit, ob die Geschichte einen guten Ausgang nehmen wird, offen. In der anderen, späteren Konzeption, die die eigentlich positive Phase der Philosophie Schellings

---

[38] Anspielung auf einen Psalm des Alten Testaments: »HOffe auff den HERRN vnd thu guts / Bleibe im Lande / vnd neere dich redlich.« (Ps 37,3)

[39] In der ersten Fassung der »Weltalter« [1946] von 1811 heißt es etwa: »Die beyden Kräfte, wenn wir sie so nennen dürfen, die still ausfließende, sanft sich mittheilende der Liebe und die zusammenziehende, der Ausbreitung widerstrebende, sind die Kräfte Einer und der nämlichen Natur; in so fern sind sie der Einheit untergeordnet. Von der andern Seite erscheinen sie frey und unabhängig von der Einheit und ordnen sich diese selbst wieder unter. Nur kraft seines Willens ist der Ewige da, aber es hängt nicht von seiner Freyheit ab, sich eine andere Folge der Offenbarung zu erwählen, als diejenige, welche durch die Natur jener beyden Principien bestimmt ist.« (SW, Nachlaßbd., S. 25)

einleitet, bleibt das Absolute seiner selbst mächtig.⁴⁰ In eins mit der Entäußerung, in der es die Welt außer sich setzt und hervorbringt, schließt es sich selbst zur Person zusammen und bleibt fähig, in den Geschichtsprozeß handelnd einzugreifen.

Die eigentliche geschichtsphilosophische Konzeption ist die frühere. Ihrer immanenten Tendenz nach hätte sie weder theistisch noch idealistisch bleiben können. In der späteren Konzeption setzt sich die Positivität gegen den geschichtsphilosophischen Ansatz durch. Es bleibt die Frage, ob dieser Übergang zur Positivität nicht doch in die Konsequenz der Identitätsphilosophie fällt, und ob die »Weltalter« nicht nur die Funktion der Vermittlung übernehmen. Das mystische Motiv, das hier erscheint, wonach das Böse als etwas der Seele wie auch dem Absoluten Inhärierendes gefaßt wird, ist möglicherweise verwandt mit dem identitätsphilosophischen; es steht vielleicht doch im Zusammenhang mit der Intention, das Heterogene, nicht aus dem Subjekt Stammende, aus Subjektivität herzuleiten. Das Nichtidentische, wenn es im Denken sich geltend macht, besitzt eine eigentümliche Härte, an der die These der Identität zerschellen kann. Der Versuch, es gleichwohl in Identität aufzulösen, gelingt nicht ohne Rest, ohne daß ein Unerhelltes, Naturhaftes zurückbleibt. Das ist bei Fichte und Hegel sehr viel schwerer zu fassen, weil es hier in den Prozeß der Vermittlung mit eingeht und gleichsam verflüssigt wird.

Hinzuweisen ist hier auf den Einfluß Spinozas, auf den Gedanken der Einheit von Natur und Bewußtsein im Absoluten. Dieser Gedanke wird von Schelling rezipiert und gleichsam eingeschmolzen in die spezifische spekulative Intention. Die Kritik des Nicht-Ich war einmal der Ausgangspunkt Schellings. Sie war bereits bestimmt von der Intention, das Nichtidentische, Natur selbst, in die Philosophie hineinzunehmen. Selbst das geschichtsphilosophische Element in den »Weltaltern«, dieses Moment, daß hier, im Gegensatz zur klassischen Phase der Identitätsphilosophie, einmalige historische Ereignisse zu bestimmten Prozessen im Absoluten in Beziehung gesetzt werden, scheint damit zusammenzuhängen. Die Geschichtskonstruktion hat etwas gleichsam Naturgeschichtliches. Das Moment der Fremdheit, das Natur gegen den Geist charakterisiert, mag mitgewirkt haben, wenn Schelling den Geschichtsprozeß mit entsprechenden Prozessen im Absoluten, nicht aber mit der geschichtlichen Menschheit zusammendenkt. Was die Konzeption in den »Weltaltern« von der früheren unterscheidet, was hier erst hineinkommt, ist die Stellung und Funktion des Bösen. Die Natur selbst ist gut, nicht böse. Umgekehrt scheint aber gerade das Element des Bösen das Naturmoment in der Geschichte zu bezeichnen, das, was blind in ihr sich reproduziert

---

40 S. oben, Anm. 9.

und was, nach der Konzeption in den »Weltaltern«, auf ein Dunkles, Naturhaftes im Absoluten selbst verweist. Mit diesem Gedanken, daß der Ausgang des Prozesses offenbleibt, daß die Geschichte der Gefahr des Mißlingens ausgesetzt ist, hat Schelling eine kritische Grenzposition erreicht. Die Idee bleibt allerdings unentfaltet, sie wird später wieder entschärft und zurückgenommen. Es ist ihm nicht eigentlich gelungen, den identitätsphilosophischen Ansatz zu sprengen.

Es folgte der Bericht über Schellings »Weltalter«, S. 199–238.[41] Bereits die Einleitung antizipiert die Konzeption des Ganzen. Bevor der Inhalt der Philosophie, wie er in den »Weltaltern« gefaßt wird, in die ihm eigentümliche Form der Darstellung eingehen kann, bevor er, wie Schelling es postuliert, »erzählt« werden kann, muß das ganze System der Wissenschaft expliziert sein.[42] Das Hegelsche Motiv der Entfaltung des Begriffs klingt darin an. Der Inhalt der Philosophie selbst wird als die »Entwickelung eines lebendigen wirklichen Wesens« bestimmt, der menschliches Erkennen kraft einer »Mitwissenschaft« der Seele beizuwohnen vermag. Zur Darstellung jener Entwicklung, des Prozesses, der das Leben des Absoluten selbst ist, bedarf es der Negativität, die gegenüber dem seienden überweltlichen als ein gewordenes niederes Prinzip auftritt. Erst im Durchgang durch die Negativität wird das Wesen seiner selbst sich bewußt und damit frei. In eins damit begreift Schelling im Gegensatz zu Hegel, die Dialektik nicht als ein Moment der Sache selbst, sondern als Durchgangsstadium; sie hat sich stets der Vermittlung durch das Wesen zu versichern. »Alles, schlechthin alles, auch das von Natur Aeußerliche, muß uns zuvor innerlich geworden seyn, ehe wir es äußerlich und objektiv darstellen können.«[43]

---

**41** Vgl. Friedrich Wilhelm Joseph von Schelling, Die Weltalter. Bruchstück. (Aus dem handschriftlichen Nachlaß), in: Friedrich Wilhelm Joseph von Schellings sämmtliche Werke, hrsg. von K[arl] F[riedrich] A[ugust] Schelling, Bd. I·VIII, Stuttgart und Augsburg 1861, S. 195–344; hier: S. 201–236; vgl. SW, Bd. 4, S. 575–612.
**42** »Also erzählt wird seiner Natur nach alles Gewußte; aber das Gewußte ist hier kein von Anbeginn fertig daliegendes und vorhandenes, sondern ein aus dem Innern durch einen ganz eigenthümlichen Proceß immer erst entstehendes. Durch innerliche Scheidung und Befreiung muß das Licht der Wissenschaft aufgehen, ehe es leuchten kann. Was wir Wissenschaft nennen, ist nur erst Streben nach dem Wiederbewußtwerden, also mehr noch ein Trachten nach ihr, als sie selbst; aus welchem Grund ihr unstreitig von jenem hohen Manne des Alterthums der Name Philosophie beigelegt worden ist. Denn die von Zeit zu Zeit gehegte Meinung, die Philosophie durch Dialektik endlich in wirkliche Wissenschaft verwandeln zu können, die vollkommenste Dialektik für die Wissenschaft selber anzusehen, verräth nicht wenig Eingeschränktheit, da ja eben das Daseyn und die Nothwendigkeit der Dialektik beweist, daß sie noch keineswegs wirkliche Wissenschaft ist.« (Schelling, Die Weltalter, a.a.O. [s. vorige Anm.], S. 201 f.; vgl. SW, Nachlaßbd., S. 5, sowie SW, Bd. 4, S. 577 f.)
**43** Schelling, Die Weltalter, a.a.O. (s. Anm. 41), S. 202; vgl. SW, Bd. 4, S. 578.

An dieser Stelle ist daran zu erinnern, daß auch für Hegel das Dabeisein des Geistes, seine Entäußerung und das sich Einlassen in die Sache selbst, Voraussetzung der Erkenntnis ist. Dieses Motiv, daß man nur begreift, was man von innen her erkennt, ist gegen den positivistischen Erkenntnisbegriff sehr wahr. Man muß gleichsam mit der Sache sich identifizieren, um sie hervorbringen zu können. Dieses Motiv, die Kraft der Entäußerung, ist den Menschen heute entglitten. Das Sterile, das jener Erkenntnis anhaftet, die, ohne auf die der Sache selbst immanente Differenziertheit sich einzulassen, auf die bloße Wiedergabe und Verdoppelung dessen, was der Fall ist, auf seine bloß klassifikatorische Einordnung sich beschränkt, zeugt vom Verschwinden jener geistigen Kraft. Diese Kraft aber ist es, die wir durch das Studium des Idealismus zu gewinnen und vorm Verschwinden zu erretten trachten. Die Forderung, was ist, von innen zu begreifen, ist es, wodurch philosophische Intention von der der Einzelwissenschaften sich unterscheidet. Das erinnert ein wenig an den geistesgeschichtlichen Verstehensbegriff Diltheys, an das, was in dieser Sphäre »Einfühlung« genannt wird.[44] Was die hier erörterte Intention von der geistesgeschichtlichen unterscheidet, ist ihr Verhältnis zur Objektivität. Das Substrat ist nicht das Subjekt und seine von ihrer Beziehung zur Sache getrennten Anschauungen, sondern die Stellung des Gedankens zur Objektivität. Diese Entäußerung und Identifizierung hat etwas sehr viel Härteres. Was in sie mit eingeht und sie bestimmt, ist gezeichnet von der Disziplin der Sache selbst.

In der weiteren Folge des Referates wird darauf hingewiesen, daß auch bei Schelling der Prozeß, in dem das Wesen seiner selbst sich bewußt wird, Vermittlung und damit Kritik des Unmittelbaren impliziert. Schelling mißachtet zwar das Kantische Verbot und schweift in intelligible Welt aus, aber bloß unmittelbar schauende Erkenntnis bleibt auch bei ihm verwehrt. Alle Wissenschaft, wenn sie in der ihr wahrhaft gemäßen Form erscheinen soll, muß durch die Dialektik hindurchgehen.

Mit dieser Bewegung klingt ein zentrales Motiv der Philosophie Schellings an: Ihr liegt ein gleichsam episches Ideal zugrunde. Erkenntnis soll das leisten, was das Epos nur zum Schein geleistet hat. Worauf es ankommt, ist, so zu erzählen, daß die Welt ihrem Gehalt nach hervortritt und erscheint, daß im Erzählen ihr Sinn sich entschleiert. Nicht indem das Denken dem Sinn bloß unmittelbar nachfragt, auf ihn reflektiert, sondern indem es aus sich herausgeht und sich

---

44 Vgl. Wilhelm Dilthey, Die Entstehung der Hermeneutik, in: Benno Erdmann, Wilhelm Windelband, Heinrich Rickert, Ludwig Busse, Richard Falckenberg, Hans Vaihinger, Alois Riehl, Wilhelm Dilthey, Eduard Zeller und Heinrich Maier, Philosophische Abhandlungen. Christoph Sigwart zu seinem siebzigsten Geburtstage 28. März 1900 gewidmet, Tübingen, Freiburg i. Br. und Leipzig 1900, S. 185–202.

entäußert, erzählt, wie es gewesen ist, vermag es das Wesen freizusetzen. Dem liegt die These der Identitätsphilosophie zugrunde, daß das Gegenständliche es von sich aus leistet, daß die Wahrheit, seine Identität mit dem Geiste, schon in ihm enthalten ist. Die innere Geschichte und die äußere Geschichte der Welt sind identisch. Jene steckt im Absoluten, und wenn ich diese genau auffasse, fasse ich in ihr jene auf, das, was anders ist als sie in ihrer Unmittelbarkeit, und doch, als ihr noch verborgenes Wesen, mit ihr identisch ist.

Wenngleich – so hieß es im Referat weiter – alle Wissenschaft durch Dialektik hindurchgehen muß, so bleibt bei Schelling doch das Ziel der Bewegung, einmal aus der Dialektik herauszuspringen und die Wahrheit als Resultat zu besitzen.

Diese Bestimmung der Wahrheit als Resultat klingt an Hegel an. Die Differenz liegt darin, daß Hegel diese Bestimmung weniger emphatisch gefaßt hat. Schellings Wendung, die ihrer immanenten Intention nach über den bestehenden Zustand hinauszielt, dürfte ihm zu utopisch geklungen haben. Hier denkt Hegel weniger geschichtlich als Schelling.

Gemeinsam ist Hegel und Schelling das Postulat, daß zwischen der Welt des Gedankens und der Wirklichkeit kein Unterschied mehr sein soll. Die Wirklichkeit selbst soll die Idee sein. Aber was ist das für ein Gott, was für eine Idee, darin das, was passiert, geschehen kann.

Bei Schelling klingt, über Hegel hinaus, ein apokalyptisches Motiv und in eins damit die Idee der Rettung an. Aber kann über dem entsetzlichen Elend, das in der Geschichte sich angehäuft hat, das Reich der Freiheit errichtet werden? Kann nach dieser Vergangenheit die Identität der Wirklichkeit mit der Idee, der Gedanke, daß, was wirklich ist, auch vernünftig sei,[45] im Ernst noch gehalten werden?

---

45 »Was vernünftig ist, das ist wirklich; [Absatz] und was wirklich ist, das ist vernünftig.« (HW, Bd. 7, S. 24)

## 229 Gudrun Mohr, 8. Dezember 1960

*Protokoll der Seminarsitzung vom 8. 12. 1960*

I. Im Zusammenhang mit dem Protokoll wurde zunächst das Problem des sich entfaltenden Absoluten bei Schelling an einigen Begriffen weiter erörtert.

1. Am Anfang steht bei Schelling das Blinde, Dunkle, Indifferente. Dieser *Indifferenzbegriff* Schellings, der gewöhnlich als die Grenzscheide zwischen Hegel und Schelling angesehen wird, berührt sich eng mit der Hegelschen Philosophie: Auch Hegels »Logik« kennt die Gleichgültigkeit getrennter Momente, die erst dadurch wirklich gegeneinandertreten, daß sie miteinander in Beziehung gesetzt werden.

2. Was Hegel als die Selbstentäußerung des Absoluten bezeichnet, erscheint bei Schelling unter dem Namen der *Kontraktion*. In der Kontraktion setzt sich die Gottheit aufs Spiel: durch das Negative, das sich in diesem Prozeß setzt, wird das Moment der Identität durchbrochen.

3. Entscheidend für Schelling ist, daß das vorausgehende Naturhafte nicht zugleich das Höhere ist. Er betont ausdrücklich, daß *Superiorität und Priorität* sich im umgekehrten Verhältnis befinden (S. 181).[46] Darin ist Schelling einig mit der Idee des Fortschritts bei Hegel und steht in schroffem Gegensatz zur Existentialontologie.

4. Die Analogietheorie von der »*Mitwissenschaft*« (S. 4) des Menschen am göttlichen Prozeß verbindet Schelling mit der mystischen Tradition.[47] Von Oetinger[48] und aus dem württembergischen Elternhaus stammt das protestan-

---

[46] »Unstreitig existirt der Ewige nur kraft seines freyen Willens; oder durch freye That setzt er sich als existirend. Aber dieß vorausgesetzt hängt es nicht von seiner Freyheit ab, welche Folge der Offenbarung er erwählen will, ob es gleich in ihm stand, sich überhaupt nicht zu offenbaren. Wollte er Offenbarung seiner selbst als letztes Ziel, so war die angegebene Folge nothwendig. Gerade der Wille, der keine Offenbarung wollte, mußte zum Anfang gesetzt werden. Bey der umgekehrten Folge hätte alles in Nichtoffenbarung, oder in wieder aufgehobener Offenbarung geendigt. Das in der Offenbarung Vorausgehende ist dadurch nicht an sich selbst das Untergeordnete, aber als das Untergeordnete gesetzt, das ihm folgende als das beziehungsweise Höhere. Die Priorität steht im umgekehrten Verhältniß mit der Superiorität; Begriffe, welche zu verwechseln nur der Blindheit im Urtheilen möglich ist, die unsere Zeiten auszeichnet.« (SW, Nachlaßbd., S. 181; vgl. SW, Bd. 4, S. 686f.)
[47] S. oben, Anm. 19.
[48] Vgl. Halophilo Irenäo Oetinger [d. i. Friedrich Christoph Oetinger], Die Metaphysic in Connexion mit der Chemie, worinnen sowohl die wichtigste übersinnliche Betrachtungen der Philosophie und theologiae naturalis & revelatae, als auch ein clavis und Select aus Zimmermanns

tisch-sektiererische Element, die zweite Quelle ist Jakob Böhme, den Schelling über Saint-Martin und Franz von Baader kennenlernt.[49] Beide Linien stehen unter dem Einfluß der Kabbala.

II. Im Mittelpunkt des Seminars stand die Diskussion der von Prof. Adorno an Dr. Habermas gerichteten Frage, wie bei Schelling die Theorie von der *Kontraktion des Absoluten als eines Sich-Einschränkens* sich verhalte zu der anderen Vorstellung, daß *Priorität und Superiorität einander entgegengesetzte Begriffe* seien. Schelling hat sich, wenn man absieht von der Spekulation von 1805 über die Genesis,[50] zuerst in der Freiheitsschrift dazu geäußert.[51] Hier gilt für Schöpfung und Geschichte das Negative als das Erste, in Gott aber sind Positives und Negatives von Anfang an enthalten. Ebenso gilt die Vergangenheitskonstruktion des ersten Buches der »Weltalter« zunächst der *Idee Gottes*, in der beide Momente als gleichursprünglich konstruiert werden. Die zweite Phase, in der Gott sich objektiviert, fängt erst in der Geschichte an. Neben die *Konstruktion* der Idee Gottes, die von der geschichtlichen Phase her verschlossen bleibt, tritt nun die *Rekonstruktion* durch die »Mitwissenschaft« des Menschen. Beide Formen bestehen in der Philosophie Schellings nebeneinander und heben sich deutlich voneinander ab. Gott als die schwebende Liebe ist zunächst eine *idealistische Ausgangsposition*. Das naturalistische oder materialistische Element, das mit der Kontraktion oder Aktivierung dieses Gottes eintritt, gehört bereits zur Korruption dieser idealistisch gedachten Welt. Die Priorität des Bösen ist somit reserviert für den rein *kosmogonischen Prozeß der Schöpfung*, der jedoch *theogonisch beginnt*.

Diese Problematik erscheint in der Freiheitsschrift in *anthropologischen Zusammenhängen*. Im Menschen erscheinen die beiden Prinzipien als das Gemüt im Sinne der romantischen Psychologie (das Individuationsprinzip) und als die darüber schwebende Seele (das allgemeine Prinzip). Das Band zwischen beiden ist auch im Menschen auflösbar: Im menschlichen Handeln wiederholt sich der Urakt der Sprengung und Verkehrung der beiden Prinzipien. Das Negative im Menschen wird erst dann explizit Bosheit, wenn der dunkle Grund sich emanzipiert von der Herrschaft der Seele. Damit nimmt Schelling ein kabbalistisches

---

und Neumanns allgemeinen Grundsätzen der Chemie nach den vornehmsten subjectis in alphabetischer Ordnung nach Beccheri heut zu Tag recipirten Gründen abgehandelt werden, samt einer Dissertation De Digestione, Schwäbisch Hall [1770].

**49** Vgl. etwa Jakob Böhme, Theosophische Sendbriefe [1618–1624], hrsg. von Gerhard Wehr, Frankfurt a. M. und Leipzig 1996 (insel taschenbuch; 1786).

**50** Vgl. die »Aphorismen zur Einleitung in die Naturphilosophie« [1805], SW, Bd. 4, S. 74–131.

**51** Vgl. die »Philosophischen Untersuchungen über das Wesen der menschlichen Freiheit und die damit zusammenhängenden Gegenstände« [1809], ebd., S. 223–308.

Element auf: Auch in der Kabbala entsteht das Böse dadurch, daß eine einzelne Kraft vom Ganzen sich absprengt und selbständig macht. Das Gute aber wird erst dadurch möglich, daß der dunkle Grund das Untere bleibt. Mit der Auffassung, daß der unterworfene Grund die Bedingung der Möglichkeit eines Höheren ist, daß nur der ein guter Mensch genannt werden kann, der das Böse schon überwunden hat – oder daß Vernunft gebändigter Wahnsinn ist –, stellt sich Schelling gegen die Theorie des Bösen in der Geschichte der Philosophie seit Augustin. Der *Krisenprozeß*, in dem sich die Kräfte der Gottheit scheiden, ist im ersten Entwurf der »Weltalter« noch so konzipiert, daß Gott durch seine Kontraktion sich an seinen dunklen Grund in der Welt verliert. Vor der in den Stuttgarter Privatvorlesungen daraus gezogenen Konsequenz, daß die vollkommene Auslieferung Gottes an die Welt den Menschen alleinlasse,[52] weichen die späteren Äußerungen Schellings zurück zugunsten heilsgeschichtlicher Garantien. Die Kontraktion der Gottheit wird nicht mehr als ein völliges Sich-Ausliefern verstanden, sondern als die mit der Schöpfung beginnende Herablassung oder Offenbarung Gottes, die dadurch wiederholbar wird, daß Gott noch etwas von sich zurückbehält. Als eine solche Wiederholung des göttlichen Uraktes wird auch die Erscheinung Christi verstanden. – Eine Sicherung der christlichen Intention liegt außerdem darin, daß Schelling die Mitwissenschaft des Menschen auf die historische Phase beschränkt.

In der Philosophie Schellings arbeiten sich *zwei Schichten* aneinander ab, ohne daß sie auf eine bruchlose Einheit zu bringen wären: Eine im strengen Sinne platonisierende Intention stellt die Vielheit an sich seiender Ideen heraus, eine neuplatonisch-mystisch-emanatistische setzt die einzelnen Momente in Beziehung zueinander und führt zu der Schelling eigentümlichen Dialektik. Gerade darin, daß die platonischen und gnostischen Motive nicht synthetisiert sind, weil mit beiden ein Spezifisches gerettet werden soll, hebt Schelling sich von Hegel ab, dem er die gewaltsame absolute Logifizierung vorwirft. Die unausgeglichenen Divergenzen bringen ganz bewußt das Heterogene zur Geltung, das im Denken nicht aufgeht. Für die Interpretation ist es wichtig, daß man sich dem von Fichte und Hegel ausgehenden Einheitsbann entzieht. Nach der bei Fichte nur formalen Anzeige des Nichtidentischen,[53] von dem praktisch nichts mehr übrigbleibt als

---

52 »Gerade so nun wie die Natur ihren wahren Einheitspunkt verloren hat, hat ihn auch die *Menschheit* verloren. Für sie lag er eben darin, daß sie eine Indifferenz oder Mittelpunkt blieb – dann wäre *Gott selbst* ihre Einheit gewesen – und nur *Gott* kann die Einheit freier Wesen seyn. *[Absatz]* Jetzt sind zwar noch immer freie Wesen, aber getrennt von Gott. *[Absatz]* Jetzt müssen auch sie ihre Einheit suchen, und können sie nicht finden.« (Ebd., S. 353)
53 So heißt es in der »Grundlage der gesammten Wissenschaftslehre« [1794–1795] etwa: »In der Wirksamkeit bestimmen sich gegenseitig die Thätigkeit, als synthetische Einheit gedacht, und der

das Wort, will Schelling das Nichtidentische ebenso zur Geltung kommen lassen wie das Subjektive. Er verleiht dem Endlichen eine gewisse Eigenständigkeit, ohne jedoch damit den Gedanken aufzuheben, daß jedes Endliche vermittelt ist durch das Bewußtsein. In diesem weiteren Sinne läßt sich auch von dem mittleren und späten Schelling noch als von einem Identitätsphilosophen sprechen. Wie Schopenhauer hält auch Schelling die platonische Ideenlehre fest jenseits der prozessualen Metaphysik, im Gegensatz zu Schopenhauer liegen die Ideen bei ihm jedoch auch außerhalb der Sphäre des Willens. Wie bei Kant werden die Ideen ›an sich‹ konserviert, zugleich aber sind sie bewegte Prinzipien zur Konstitution der Erkenntnis: eine Ambivalenz, die sich eigentlich in allen idealistischem Philosophien mit der Ausnahme der Hegelschen findet.

Zu den übereinstimmenden Momenten der *Schellingschen und Hegelschen Philosophie* gehört es, daß in beiden Systemen Heterogenes festgehalten und doch zur Identität gebracht wird. Zuweilen geht die Übereinstimmung so weit, daß Stellen aus den »Weltaltern« geradezu als Polemik Hegels gegen Schelling verstanden werden könnten (vgl. S. 7).[54] Philosophiehistorisch ist zu vermuten, daß Schelling sich die in der ›Phänomenologie‹ Hegels an seinem bis 1803/04 erschienenen System geübte Kritik zu eigen machte, um sie in seinen folgenden Schriften mit zu verwerten. Während jedoch Hegel die Identität erzwingt durch die konsequente Durchführung der Idee der Vermittlung, bleiben bei Schelling beide Tendenzen unverbunden. Dadurch, daß der frühe Schelling die Identität unmit-

---

Wechsel, als synthetische Einheit gedacht, und machen selbst eine synthetische Einheit aus. *[Absatz]* Die Thätigkeit als synthetische Einheit, können wir ein *mittelbares Setzen* (das letztere Wort im bejahenden Sinne gebraucht – ein Setzen der Realität vermittelst eines Nicht Setzens derselben) nennen; der bloße Wechsel, als synthetische Einheit, besteht in der *Identität des wesentlichen Entgegenseyns, und realen Aufhebens.*« (FGA, Bd. I/2, S. 331)

54 »Ein jedes Ding durchläuft, um zu seiner Vollendung zu gelangen, gewisse Momente: eine Reihe aufeinander folgender Prozesse, wo immer der spätere in den früheren eingreift, bringt es zu seiner Reife: diesen Verlauf in der Pflanze z. B. sieht der Bauer so gut als der Gelehrte und kennt ihn doch nicht eigentlich, weil er die Momente nicht auseinanderhalten, nicht gesondert, nicht in ihrer wechselseitigen Entgegensetzung betrachten kann. Eben so kann der Mensch jene Folge von Prozessen, wodurch aus der höchsten Einfalt des Wesens zuletzt die unendliche Mannigfaltigkeit erzeugt wird, in sich durchlaufen und unmittelbar gleichsam erfahren, ja, genau zu reden, muß er sie in sich selbst erfahren. Aber alles Erfahren, Fühlen, Schauen ist an und für sich stumm und bedarf eines vermittelnden Organs, um zum Aussprechen zu gelangen. Fehlt dieses dem Schauenden oder stößt er es absichtlich von sich, um unmittelbar aus dem Schauen zu reden, so verliert er das ihm nothwendige Maß, er ist Eins mit dem Gegenstand und für jeden dritten wie der Gegenstand selber; ebendarum nicht Meister seiner Gedanken und im vergeblichen Ringen das unaussprechliche dennoch auszusprechen ohne alle Sicherheit; was er trifft, das trifft er, jedoch ohne dessen gewiß zu seyn, ohne es fest vor sich hinstellen und im Verstande gleichsam als in einem Spiegel wieder beschauen zu können.« (SW, Nachlaßbd., S. 7; vgl. SW, Bd. 4, S. 579 f.)

telbar setzt, bleibt in seiner mittleren und späten Philosophie für viel mehr Heterogenes Raum. Die Akzente innerhalb der Identität machen den Unterschied ums Ganze aus, der die wütende Feindschaft zwischen Schelling und Hegel trotz aller Affinität erklärt. Es gibt zwar bei Schelling eine Fülle dialektischer Motive, doch bedeutet ihm Dialektik nur noch eine Methode des subjektiven Geistes ohne jede ontologische Leistung (vgl. S. 5).[55] Die beiden unversöhnten Schichten der Schellingschen Philosophie stellen zwar eine systematische Nötigung zu der ihr eigentümlichen Ambivalenz dar, aber die Wahrheit kann für ihn schließlich doch nur jenseits der Dialektik bestimmt und begriffen werden. Bei Hegel ist Wahrheit noch Prozeß und Resultat zugleich, bei Schelling hingegen ist sie nur noch Resultat.

III. Zum Referat von Herrn Huch.[56]

Gott als die einzige absolute Notwendigkeit enthält auch das Moment der Freiheit: sich selbst entäußern zu können. Er muß, um seine Freiheit erfüllen zu können, mehr und zugleich auch weniger werden: nämlich Mensch. Gegenüber diesem ursprünglich aus zwei gegensätzlichen Prinzipien konzipierten Gott wird in der Kabbala zunächst einmal die absolute Einheit gedacht, die dann durch eine Katastrophe eine Beschädigung erleidet. Das ›Absolute des Absoluten‹ erst entspricht bei Schelling Böhmes ›Urgrund‹[57] und dem Ensoph der Kabbala[58]. Diese

---

55 S. oben, Anm. 42.
56 Der entsprechende Referatstext von Kurt Jürgen Huch wurde nicht aufgefunden.
57 Bei Böhme heißt es etwa: »Günstiger Leser, merke den Sinn recht! Wir verstehen nicht mit solcher Beschreibung einen Anfang der Gottheit, sondern wir zeigen euch die Offenbarung der Gottheit durch die Natur; denn Gott ist ohne Anfang, und hat einen ewigen Anfang, und ein ewig Ende, das ist Er selber, und die Natur der innern Welt ist in gleichem Wesen von Ewigkeit. Wir geben euch dieß vom göttlichen Wesen zu verstehen. [...] Außer der Natur ist Gott ein Mysterium, verstehet in dem Nicht; denn außer der Natur ist das Nichts, das ist ein Auge der Ewigkeit, ein ungründlich Auge, das in nichts stehet oder siehet, dann es ist der Ungrund; und dasselbe Auge ist ein Wille, verstehet ein Sehnen nach der Offenbarung, das Nichts zu finden.« (Jakob Böhme, De Signatura Rerum oder von der Geburt und Bezeichnung aller Wesen [1622], in: Jakob Böhme's sämmtliche Werke, hrsg. von K[arl] W[ilhelm] Schiebler, Bd. 4, Leipzig 1842, S. 269–492; hier: 284f.)
58 »Das Ganze, mindestens aber der wesentlichste Teil der kabbalistischen Spekulationen und Lehren bezieht sich auf den Bereich der göttlichen Emanation oder *Sefiroth*, in denen sich die schöpferische Kraft Gottes entfaltet. [...] Der Gott, von dem die Religion spricht, wird stets unter einem oder mehreren solcher Aspekte seines Wesens aufgefaßt, in denen die Kabbalisten die verschiedenen Stufen im Prozeß der göttlichen Emanation erblickten. Diese Welt ist es, die sie als die Welt der Sefiroth auffassen und die das umfaßt, was Philosophen und Theologen die Welt der göttlichen Attribute nannten, die den Mystikern jedoch als das göttliche Leben selbst erschien, soweit es sich auf die Schöpfung zubewegt. Die verborgene Dynamik dieses Lebens fasziniert die

Einheit ist wie bei Heidegger indifferent gegen den Gegensatz, als solche selbst der Gegensatz des Gegensatzes.

Im Anfang muß das göttliche Wesen als nichtseiend, als nihil negativum gesetzt werden, dessen ursprüngliche Natur Sehnsucht ist. Der Anfang strebt zum Ende wie das ›Noch-Nicht‹ Ernst Blochs zum Sein.[59] Das Negative erweist sich als die zeugende, verwirklichende Potenz des Positiven. Es ist vor diesem, weil Positives ohne Negatives nicht entstehen kann. So wird auch die Zeit bei Schelling zu einer Bestimmung der Ewigkeit gemacht, oder die Ewigkeit wird eine Funktion der Zeit. Im Gegensatz zu Heideggers Ontologie wird nicht Zeitlichkeit verewigt, sondern Ewigkeit verzeitlicht.

Gudrun Mohr[60]

---

Die Stellenhinweise beziehen sich auf Schellings ›Weltalter‹ (hrsg. v. Manfred Schröter), München 1946

---

Kabbalisten, die es in jedem Bereich der Schöpfung widergespiegelt finden. Aber dieses Leben an sich ist nichts von der Gottheit Losgelöstes, ihr Untergeordnetes; es ist vielmehr die Offenbarung jener verborgenen Wurzel, von der, da sie nie und nimmer, auch nicht in Symbolen auftritt, nichts ausgesagt werden kann und die die Kabbalisten *En-Sof* nannten, das Unendliche. Aber diese verborgene Wurzel und die göttlichen Emanationen sind eines.« (Scholem, Zur Kabbala und ihrer Symbolik, a.a.O. [s. Anm. 6], S. 52f.)
**59** Vgl. den Abschnitt »Logikum/Zur Ontologie des Noch-Nicht-Seins«, der aus einem Vortrag resultiert, den Bloch 1960 hält, in: Ernst Bloch, Tübinger Einleitung in die Philosophie [1963], in: Ernst Bloch, Werkausgabe, Bd. 13, Frankfurt a. M. 1985 (Suhrkamp-Taschenbuch Wissenschaft; 562), S. 212–242.
**60** Unterschrift.

## 230 Klaus Hofmann, 15. Dezember 1960

Sitzungsprotokoll des philosophischen
Hauptseminars vom 15. 12. 1960, geführt
von Klaus Hofmann

Zunächst gab das Protokoll der vorangegangenen Sitzung Anlaß zu einigen Einzelbemerkungen:

So wurde auf den Unterschied des *Indifferenzbegriffs* bei Schelling und bei Hegel hingewiesen: Indifferenz bedeutet bei Hegel, daß Subjekt und Objekt gleiche Geltung haben (Gleichgültigkeit), während Schelling die mystische Einheit von Subjekt und Objekt im Sinne hat, eben das, was die Kabbala »Ensoph« und J. Böhme den »Ungrund« nennt.

Auf die enge Nachbarschaft von Schelling und Hegel wurde aufmerksam gemacht im Zusammenhang mit dem *Kontraktions*gedanken, nach dem das Unbestimmte sich ins Für-Sich verdinglichen muß, um schließlich im An-und-für-Sich zu sich selbst zu kommen.

Die Schellingsche Auffassung der *Mitwisserschaft* des Geschaffenen wurde erläutert im Hinblick auf mystische Gedanken, wie sie bei Luria oder auch bei Angelus Silesius zu finden sind, so in den Versen

›Ich weiß, daß ohne mich Gott nicht ein Nu kann leben, werd' ich zunicht, muß er vor Not den Geist aufgeben‹.[61]

Schließlich sind diese Gedanken auch in Hegels Konzeption der Geschichte als des Selbstbewußtseins Gottes zu entdecken. Die Gewißheit, daß das Leben des Endlichen über das Absolute, dessen Entfaltung es ja ist, entscheidet, ist somit ein uralter mystischer Gedanke, der im Deutschen Idealismus und letztlich auch bei Marx Geltung hat.

Eine wichtige Folgerung läßt sich aus der Schellingschen Darstellung der Weltschöpfung ziehen, die da gleichsam als Explosion im anfänglich ungeschiedenen »Ungrund« den kosmogonischen Prozeß anheben läßt. Diese mystisch-kabbalistische Vorstellung impliziert einen besonderen Charakter der Materie, jenes passiven Prinzips, das die Gottheit sich gebiert. Diese Materie kann auf Grund ihrer Herkunft nicht ein dem Geist völlig Fremdes sein; sie muß als eine »geistige Materie« gefaßt werden und bleibt somit stets Moment des Absoluten.

---

[61] Der Vers »GOtt lebt nicht ohne mich« lautet im Original: »Ich weiß daß ohne mich GOtt nicht ein Nun kan leben / Werd' ich zu nicht Er muß von Noth den Geist auffgeben.« (Angelus Silesius, Cherubinischer Wandersmann oder Geist-Reiche Sinn- und Schluß-Reime [1657], 2. Aufl., Glatz 1675, S. 22)

Schelling sah, daß der kosmogonische Prozeß der Materie ohne ein Moment des Geistes unmöglich wäre; das geistige Prinzip der Selbstreflexion ist der Materie notwendig. So gibt zumal die erste Fassung der »Weltalter« den eigentümlichen Eindruck des ›Schwebens‹ der Materie zwischen Materie und Nichtmaterie und erinnert dabei sehr an Hegel, der den Status der Materie als der schon vermittelten kennt. – Im Laufe der Seminarsitzung kam diese Eigentümlichkeit noch einmal zur Sprache, als Herr Prof. Adorno auf eine Passage im ersten Buch der »Weltalter« hinwies; es heißt da: »... es kann die im gegenwärtigen Augenblick sich erzeugende erste Materie noch keine dem Geist entgegengesetzte, sondern nur selbst geistige Materie seyn ...«[62][*1][63]

Als Eigenheit mystisch-kabbalistischer Spekulation wurde beobachtet, daß sie notwendig die Einheit des Absoluten sprengt, eine Notwendigkeit, die jedem denkerischen Bemühen um das Absolute auferlegt ist. So bedeutet auch die Potenzenlehre der Kabbala, die Lehre von den ›Sephirot‹,[64] letztlich eine Auffächerung der Gottheit. Diese pluralistische Tendenz brachte die Kabbala stets in die Gefahr der Ketzerei gegen den Monotheismus. Doch war sie unausweichlich, denn jeder Versuch, das Absolute zu denken, muß es bestimmend differenzieren und damit ins Vielfältige verkehren.

Zu einem Blick auf Hegel veranlaßte Schellings Bemühen, die vollkommene Auslieferung Gottes an die Welt, (vgl. das Referat des Herrn Dr. Habermas) durch heilsgeschichtliche Garantien einzuschränken. Hegel ist solcher Bemühungen ledig, da in seinem philosophischen System der Geist auch als Nichtidentisches letztlich bei sich selbst ist und deshalb keiner zusätzlichen Verklammerung bedarf.

Abschließend wies Herr Prof. Adorno darauf hin, wie das Schicksal bei der Hegelschen Philosophie verhängnisvoll bestimmt worden sei durch das Mißverständnis, das Hegels Schüler (Schelling, Marx, Schopenhauer, Kierkegaard) dem Kern dieser Philosophie entgegenbrachten.

An diese Bemerkungen zum Protokoll schloß sich ein Referat von Herrn Huch über »Das höchste Wesen in den drei Fassungen von Schellings ›Weltaltern‹« an,

---

62 »So früh finden sich Geistiges und Leibliches als die zwey Seiten derselben Existenz ein, und wir können wohl sagen, daß der gegenwärtige Moment ihrer höchsten Innigkeit die gemeinschaftliche Geburtsstätte dessen ist, was sich späterhin als Materie und Geist entschieden entgegensteht. [Absatz] Denn es kann die im gegenwärtigen Augenblick sich erzeugende erste Materie noch keine dem Geist entgegengesetzte, sondern nur selbst eine geistige Materie seyn, die, wenn sie auch in Bezug auf das Seyende leidende Eigenschaften hat, doch in sich und in Bezug auf alles Untergeordnete eitel Kraft und Leben ist.« (SW, Nachlaßbd., S. 32)
63 Das Anmerkungszeichen an dieser Stelle wird nicht wieder aufgegriffen.
64 S. oben, Anm. 6 und 58.

worin die verschiedenen Denkansätze Schellings zu diesem Problem aufgezeigt wurden. Herr Huch beobachtete wie sich Schellings Gottesvorstellung in der ersten Fassung der ›Weltalter‹ noch sehr im Rahmen der Identitätsphilosophie hält: Gott ist nur in Analogie zum Menschen zu erkennen; die Einheit von bejahender und verneinender Urkraft steht als dritte Potenz jenseits der Welt. – Eine Diskussion im Seminar erläuterte diese Gottesvorstellung durch den Begriff der ›reinsten Liebe‹ als der absoluten Ungeschiedenheit von Subjekt und Objekt, die sich als Liebe noch nicht kennt, weil sie ungeschieden ist. Diese höchste Liebe ist lauter, ganz in sich selbst beschlossen; sie ist abgesetzt von der Liebe, die als Gegenpol des Zornes im Weltprozeß wirkt. Die Lauterkeit ist unaussprechlich einfach; sie ist das Ungeteilte, das Antidestruktive schlechthin. Auf diese Lauterkeit beruft sich Schellings Enthusiasmus, der wahr haben will, daß das Andere dennoch unter der Garantie der Identität steht. – In der zweiten Fassung der ›Weltalter‹ stellte Herr Huch eine zunehmende Akzentuierung der Explikation des Wesens in die Zeit fest, eine Akzentuierung des Widerspruchs, den Schelling das »Gift des Lebens« nennt, dessen Überwindung Ziel aller Lebensbewegung sei. Diese Formulierung Schellings setzt ihn nachdrücklich von Hegel ab. Sie wäre eher Kant zuzutrauen. Bei Schelling geht der Widerspruch nicht in das Ganze auf; er soll vielmehr ausgemerzt werden, damit das ihm Transzendente, das Ruhende, allein Geltung behält. Schelling springt gleichsam aus der Dialektik hinaus und ist daher freilich zu einer Kritik am Endlichen eher fähig als Hegel, der sich eine umfassende Rechtfertigung des Seienden auferlegt. Bei Hegel wirkt das dialektische Moment selbst im Absoluten, so daß im Durchreflektieren der Widersprüche ihre Versöhnung erreicht wird. Eine Transzendenz, wie sie Schelling sich vorbehält, ist in Hegels Philosophie eigentlich erledigt. Die dritte Fassung der ›Weltalter‹ baut die dualistische Anordnung der ersten Fassung weiter ab und verstrickt Gott tiefer in den Gang der Geschichte der Menschheit. Dabei zwingt sich Schelling zu einem mehr begrifflichen Bestimmen der Gottesvorstellung, zu einer Reinigung von Anthropomorphismen, was die Darstellung scholastischer macht. Herr Prof. Adorno gab zu bedenken, daß eine solche Verbesserung des Denkens nicht unbesehen als eine solche anzuerkennen sei; sie entferne sich vielmehr von der Bündigkeit der ersten Version und damit auch von der Eigentümlichkeit Schellings.

In der Folge kommentierte Herr Prof. Adorno einige Passagen aus dem ersten Buch der ›Weltalter‹.

1) »Es ist nur ein Laut in allen höheren und besseren Lehren, daß das Seyn schon ein tieferer Zustand des Wesens, und daß das sein urerster unbedingter Zustand über allem Seyn ist. ... alles Seyende hat den Stachel des Fortschreitens, des sich Ausbreitens in sich, Unendliches ist in ihm verschlossen, das es aus-

sprechen möchte« (S. 14).⁶⁵ Zeit wird hier als Moment der Ewigkeit aufgefaßt; das Unendliche wird als der erste Zustand des Endlichen angesetzt und im Seienden als zwar verborgen, aber doch unmittelbar vorhanden vermutet: eine Auffassung, die man als eine Ontologisierung des Ontischen kritisieren kann. – Eine andere Passage bekräftigte diesen Sachverhalt: »Nur ein von der Ewigkeit als solcher verschiedenes, ja nur ein ihr thätig entgegengesetztes Princip kann das erste Setzende der Zeit seyn. Aber doch kann dieses Princip von der Ewigkeit nicht absolut getrennt; es muß, schon des Gegensatzes wegen, auf andere Weise wieder Eins mit ihr seyn. ... Dieser andere Wille (d. i. der Wille zur Existenz) aber ist in der Ewigkeit schon darum ein seiner Natur nach ewiger Wille. Er ist ... der Ewigkeit gleich der Existenz nach.« (S. 18)⁶⁶ Auch hier verweist die Zeit auf die Ewigkeit, die gleichsam das Implikat ihres Sinnes ist.

2) Eine weitere Stelle bezeichnet »Dunkelheit und Verschlossenheit« als den »Charakter der Urzeit« (S. 24).⁶⁷ »Alles Leben wird zuerst und bildet sich in der Nacht; ... Je höher wir in die Vergangenheit zurückgehen, desto mehr finden wir unbewegliche Ruhe, Ungeschiedenheit und gleichgültiges Zusammenseyn derselben Kräfte, die sich erst leise, dann zu immer wilderem Kampf entzünden.« Die Beziehung zwischen Zeitlichem und Ewigem ist bei Schelling ganz anders ge-

---

65 »Es ist nur Ein Laut in allen höheren und besseren Lehren, daß das Seyn schon ein tieferer Zustand des Wesens, und daß sein urerster unbedingter Zustand über allem Seyn ist. Einem jeden von uns wohnt das Gefühl bey, daß Die Nothwendigkeit dem Seyn als sein Verhängnis folgt. Alles Seyn strebt zu seiner Offenbarung und in sofern zur Entwicklung; alles Seyende hat den Stachel des Fortschreitens, des sich Ausbreitens in sich, Unendliches ist in ihm verschlossen, das es aussprechen möchte; denn ein jedes Seyendes verlangt nicht bloß innerlich zu seyn, sondern das, was es ist, auch wieder, nämlich äußerlich zu seyn. Nur über dem Seyn wohnt die wahre, die ewige Freyheit. Freyheit ist der bejahende Begriff der Ewigkeit oder dessen, was über aller Zeit ist.« (SW, Nachlaßbd., S. 14)

66 »Nur ein von der Ewigkeit als solcher verschiedenes, ja nur ein ihr thätig entgegengesetztes Princip kann das erste Setzende der Zeit seyn. Aber doch kann dieses Princip von der Ewigkeit nicht absolut getrennt; es muß, schon des Gegensatzes wegen, auf andere Weise wieder Eins mit ihr seyn. *[Absatz]* Wenn jener zweyte, in der Lauterkeit des Wesens sich selbst erzeugende, Wille der Wille zur Existenz ist, und wenn mit dem Seyn Streben zur Offenbarung und zur Entwicklung kommt: so ist dieser andre Wille das erste Setzende der Möglichkeit einer Zeit; denn von der Wirklichkeit ist noch überall nicht die Frage. *[Absatz]* Dieser andre Wille aber ist *in* der Ewigkeit schon darum ein seiner Natur nach ewiger Wille. Er ist, wie wir uns ausdrücken können, der Ewigkeit gleich der *Existenz* nach.« (Ebd., S. 18)

67 »Dunkelheit und Verschlossenheit ist der Charakter der Urzeit. Alles Leben wird zuerst und bildet sich in der Nacht; darum wurde diese von den Alten die fruchtbare Mutter der Dinge, ja nebst dem Chaos das älteste der Wesen genannt. Je höher wir in die Vergangenheit zurückgehen, desto mehr finden wir unbewegliche Ruhe, Ungeschiedenheit und gleichgültiges Zusammenseyn derselben Kräfte, die sich erst leise, dann zu immer wilderem Kampf entzünden.« (Ebd., S. 24)

knüpft als bei Hegel. Dieser macht geltend, daß das Bedingte in seiner Totalität als Konstituens des Unbedingten betrachtet werden kann. Schelling hingegen trifft das Absolute am Anfang der Geschichte an und kann sich ihm nähern, indem er in die Vergangenheit zurücktaucht. Das Leben ist Emanation und damit Entfernung vom Ursprung dessen Erbe (das mystische Fünklein) es jedoch wahrt.

3) Schon eingangs der Seminarsitzung war auf den eigentümlichen Schwebezustand hingewiesen worden, den die Materie in Schellings Philosophie auszeichnet; auf S. 31 heißt es in einer Erläuterung des Wortes »Idea«, daß »Jene vorbildlichen Erscheinungen der Dinge nicht gerade als physische Naturen im gewöhnlichen Sinne des Wortes anzunehmen sind«, daß sie aber auch »keine bloßen Verstandeswesen« sind und »nicht ohne alles Physische gedacht werden« können.[68] Es wird somit ergänzend zum Hinweis auf das spirituelle Moment der Materie der materielle Charakter des Geistes geltend gemacht.

4) »Dieß ist das Verhängnis alles Lebens, daß es erst nach der Einschränkung und aus der Weite in die Enge verlangt, um sich faßlich zu werden; hernach, nachdem es in der Enge ist und sie empfunden hat, wieder zurückverlangt in die Weite und gleich wiederkehren möchte in das stille Nichts, darinn es zuvor war, und doch nicht kann, weil es sein eigen selbstgegeben Leben aufheben müßte.« (S. 34)[69] Hier erkennt Schelling, wie die Rückführung der Zeit auf die Ewigkeit zur absoluten Ruhe, zum Nichts als dem höchsten Zustand des Seins führen muß. Das Bild des Todes prägt sich unweigerlich der Vorstellung des versöhnten Zustands auf, die Kategorie des Friedens ist von der des Todes nicht zu unterscheiden. Die Grundstruktur von Goethes »Faust« zeichnet diesen Gedankengang nach. Neben der Möglichkeit der Versöhnung des Entzweiten kraft der Liebe und des »strebenden Bemühens«[70] besteht der andere, der mephistophelische Weg zu dem gleichen Ziel: die Aufhebung der Vereinzelung in der Zerstörung:

Mephisto:     »Ich bin der Geist, der stets verneint!
               Und das mit Recht; denn alles was entsteht,

---

68 »Das schöne Wort Idea sagt seiner Urbedeutung nach dasselbe, was das deutsche Wort Gesicht. Wenn daher auch jene vorbildlichen Erscheinungen der Dinge nicht grade als physische Naturen im gewöhnlichen Sinn des Wortes anzusehen sind: so sind sie doch auch keine bloße Verstandeswesen, wie die Platonischen Urbilder verstanden worden und können nicht ohne alles Physische gedacht werden.« (Ebd., S. 31)
69 Ebd., S. 34.
70 Wenn die Engel die Seele Fausts gegen Ende des zweiten Teils der Tragödie zum Himmel tragen, sprechen sie: »Gerettet ist das edle Glied / Der Geisterwelt vom Bösen, / ›Wer immer strebend sich bemüht / Den können wir erlösen.‹ / Und hat an ihm die Liebe gar / Von oben Theil genommen, / Begegnet ihm die selige Schar / Mit herzlichem Willkommen.« (Johann Wolfgang Goethe, Faust. Eine Tragödie. Der Tragödie zweiter Theil in fünf Acten [1832], in: Goethes Werke, a. a. O. [s. Anm. 24], Bd. I·15·1, Weimar 1888, S. 330 f. [v 11934–v 11941])

> Ist wert, daß es zugrunde geht;
> Drum besser wär's, daß nichts entstünde.
> So ist dann alles, was ihr Sünde,
> Zerstörung, kurz das Böse nennt,
> Mein eigentliches Element.«[71]

Dieses Motiv klingt, freilich sanfter als aus dem Munde des Mephistopheles, auch in dem bitteren Trost auf, den die Verse »warte nur, balde / Ruhest du auch«[72] sprechen. – Hegel hat diese tödliche Konsequenz der Sehnsucht nach Frieden gefühlt und sie durch den Begriff der Erinnerung abzuwehren versucht, eine Aktion, die schließlich bei Proust ihre sorgfältige Ausführung erfuhr.

Am Ende der Sitzung verlas Herr Becker den ersten Teil seines Referats über »Die Dialektik von transzendentalem und empirischem Subjekt: Kant, Fichte, Schelling«.[73] Sein Gedankengang verfolgte die Entwicklung, die das empirische Subjekt des Nominalismus immer mehr in den Schatten des transzendentalen, letztlich absoluten Subjekts des Idealismus treten ließ. Die Entrückung der dem empirischen Subjekt zugänglichen Wahrheit im Nominalismus führte notwendig zu einer höheren Dignität der dort ganz abstrakten Denkkategorien: Sie werden bei Kant zu konstitutiven Voraussetzungen der Erfahrungswelt und lassen so die Spontaneität des transzendentalen Subjekts in Konkurrenz zur Rezeptivität des empirischen Subjekts treten. Diese Konkurrenz ist bei Kant freilich sorgfältig ausbalanciert. Kant hat die reale Erfahrung des empirischen Subjekts, den ›empirischen Realismus‹ nachdrücklich bewahrt, nachdem er allerdings dem empirischen Subjekt das transzendentale gleichsam eingesetzt hat, so daß sich eines dem andern verdankt. – Die Absicht des Referats von Herrn Becker war indessen nicht, diese von Kant versuchte Balance zur Geltung zu bringen, sondern die bei ihm angelegten Tendenzen aufzuzeigen, die für die Weiterentwicklung des Idealismus bestimmend waren.

Schon bei Kant bahnt sich die Verabsolutierung des transzendentalen Subjekts an, die von Fichte fortgeführt und von Hegel schließlich vollendet wird. Zwar

---

[71] »Ich bin der Geist der stets verneint! / Und das mit Recht; denn alles was entsteht, / Ist werth daß es zu Grunde geht; / Drum besser wär's daß nichts entstünde. / So ist denn alles, was ihr Sünde, / Zerstörung, kurz das Böse nennt, / Mein eigentliches Element.« (Johann Wolfgang Goethe, Faust. Eine Tragödie [1808], in: Goethes Werke, a.a.O. [s. Anm. 24], Bd. I·14, Weimar 1887, S. 67 [v 1338–v 1344])

[72] Aus dem Gedicht »Ein gleiches« [1815]: »Über allen Gipfeln / Ist Ruh, / In allen Wipfeln / Spürest du / Kaum einen Hauch; / Die Vögelein schweigen im Walde. / Warte nur, balde / Ruhest du auch.« (Johann Wolfgang Goethe, Ein gleiches, in: Goethes Werke, a.a.O. [s. Anm. 24], Bd. I·1, Weimar 1887, S. 98)

[73] Der entsprechende Referatstext von Werner Becker wurde nicht aufgefunden.

wird das empirische Subjekt weiterhin im Gegenüber des empirischen Objekts belassen, doch wird es in der Konstruktion des einen durch das andere aufgehoben; die Konstruktion erweist sich als das absolute transzendentale Subjekt. – So ist letztlich das empirische Subjekt am Ziel der absoluten Wahrheit angelangt, findet sich aber jetzt selbst nicht mehr vor, da es im Absoluten aufgegangen ist. Je mehr sich somit das Subjekt zur letzten Instanz aufwirft und das Leben des Absoluten begreift, desto mehr entäußert es sich der empirischen Realität und muß sich als Geist bestimmen.

## 231 Willi Lautemann, 5. Januar 1961

Willi Lautemann

*Protokoll:* Philosophisches Hauptseminar (5. Januar 1961)

Zu Beginn des Seminars gab das Protokoll von Herrn Hofmann Anlaß zu einigen Betrachtungen über das Verhältnis, in dem das Absolute und die Materie zueinander stehen und – ausgehend von einem Sinnspruch des Angelus Silesius[74] – über die Abhängigkeit von Schöpfer und Geschaffenem. In der Mystik ist die Materie das von Gott Abgespaltene, das, bei aller Verschiedenheit, doch ein Teil Gottes ist und, insofern es an dem Ganzen teilhat, auch ein Ganzes ist. In der Schellingschen Naturphilosophie kehren ähnliche Gedanken wieder, freilich nun mit dem Rüstzeug des Idealismus zum Zwecke der erkenntniskritischen Legitimierung seiner gedanklichen Spekulationen; wieder ist die Materie von dem Absoluten durch eine nicht zu schließende Kluft getrennt. Aber die Materie ist bei Schelling auch nicht bloße Besonderheit, sie ist nie völlig von der absoluten Position geschieden. Die Materie steht vielmehr als ein Gedoppeltes da, als: »... die unendliche Substanz + dem Nichts der Besonderheit«[75][*1]. Mit dem Absoluten befindet sie sich in relativer Identität; das vom All Verschiedene, Besondere in ihr ist bloße Nichtigkeit, aber indem das All sich in dieser Nichtigkeit anschaut, oder, um einen anderen Ausdruck Schellings zu gebrauchen, indem das All als die Einbildung seines unendlichen Begriffs in die Besonderheit des Dinges er-

---

74 S. oben, Anm. 61.
75 »Wir schauen nicht eigentlich das *Besondere* für sich an; denn das Besondere für sich ist nichts, und also auch nicht *sehbar*. Wir sehen immer nur das Allgemeine, das Eine, die unendliche Substanz. Indem wir also ein besonderes körperliches Ding anschauen, schauen wir nicht eine besondere Substanz an, sondern nur die Substanz im Besonderen, in dem, was für sich eigentlich nicht sehbar ist, weil es Nichts ist. Diesem Nichts, diesem μὴ ὄν, strahlt die unendliche Substanz ihr Wesen, nämlich die absolute Identität ein, aber wegen der *impotentia recipiendi Deum* kann die absolute Identität in ihm nur in der Form der Indifferenz oder der Synthesis erscheinen. Gott beseelt also das Nichts durch die *Irradiation* der Dimensionen, aber diese, und demnach auch die reale Materie, sind ein mittleres Produkt, ein Produkt aus der absoluten Identität der unendlichen Substanz und dem Unvermögen der Besonderheit. Wir sehen hier also nicht *Eines*, sondern wir sehen ein Gedoppeltes, die unendliche Substanz + dem Nichts der Besonderheit: wir sehen also ein Doppelbild, demnach ein wahres Spektrum, etwas, das an sich so wenig Realität hat, als es der Regenbogen hat, oder das *spectrum solare* im Prisma, welches gleichfalls ein Doppelbild ist.« (SW, Ergänzungsbd. 2, S. 159)

scheint,[76] produziert die unendliche Substanz unmittelbar die absolute Identität innerhalb ihrer selbst. Die unendliche Substanz, die ihr Wesen ausmacht, bewirkt die eigentliche Realität der Materie. Sofern die Materie aber ein Endliches, Abgespaltenes, Wesenloses ist, d. h., sofern die Materie als bloße Privation gedacht wird, hat sie keinerlei Realität. Von hier aus entwickelt Schelling seine Potenzenlehre, in der er sich bemüht, darzulegen, wie sich die Besonderheit des Dinges mit seinem endlichen Wesen vereinbaren läßt. So ist die Materie unablösbar mit dem Absoluten verbunden, ohne das sie nicht sein könnte, zugleich aber auch durch einen unüberbrückbaren Abgrund von ihm getrennt. Ihrem Wesen nach tendiert die Materie dazu, die Kluft zu schließen, die zwischen ihm und der Besonderheit als Form der Materie sich auftut, wie auch in den »Weltaltern« das erste Existierende von Schelling noch nicht als ein dem Wesen Entgegengesetztes angesehen wird, sondern mit ihm in Einheit verbleibt.

Im Mittelpunkt des Seminars stand das Referat von Herrn Becker über Schellings Begriff der Konstruktion. Der Begriff wurde von Fichte in die Philosophie eingeführt.

Das absolute Prinzip kann, nach Fichte, erst durch die unendliche Tätigkeit des endlichen Ich wirklich werden.[77] Die Aufgabe besteht darin, das Absolute aus dem Endlichen zu konstruieren. Dem nachkantischen Denken erweist sich das Konstituens ebensosehr als Konstitutum. Bei Kant war das Bewußtsein, das analysiert und das Bewußtsein, das analysiert wird, nicht voneinander geschieden. Bei Fichte erhebt sich nun die Frage, wie ich als Bewußtsein das Bewußtsein analysieren kann. Für ihn ist das analysierende, d. h. produzierende Bewußtsein ein unendliches, das analysierte aber ein endliches, wozu das Bewußtsein durch die Reflexion über sich wurde. Indem es reflektiert wird, wird es notwendig zu einem endlichen Bewußtsein. Die Annäherung des reflektierenden und des reflektierten Bewußtseins bahnt sich bereits bei Fichte an, bei Hegel werden dann beide vereinigt. Hegel konnte dann später mit Recht, von seinem Standpunkt aus,

---

[76] Schelling spricht etwa von »der Einbildung des unendlichen Begriffs der Allheit in seine Besonderheit (wodurch diese ein momentanes Leben erhält).« (Ebd., S. 151)
[77] Bei Fichte heißt es: »Ohne Unendlichkeit des Ich – ohne ein absolutes in das unbegrenzte, und unbegrenzbare hinaus gehendes Produktions-Vermögen desselben, ist auch nicht einmal die Möglichkeit der Vorstellung zu erklären. Aus dem Postulate, daß eine Vorstellung seyn solle, welches enthalten ist in dem Satze: das Ich sezt sich, als bestimmt durch das Nicht-Ich, ist nunmehr dieses absolute Produktionsvermögen synthetisch abgeleitet und erwiesen. Aber es läßt sich vorher sehen, daß im praktischen Theile unsrer Wissenschaft jenes Vermögen auf ein noch höheres werde zurückgeführt werden.« (FGA, Bd. I/2, S. 361)

Fichte ein abstraktes Zusammendenken von endlichem und unendlichem Subjekt vorwerfen.[78]

In der Philosophie Fichtes wird die gesamte Erfahrungswelt Material für Tathandlungen, die Welt wird eine Aufgabe, die zu erfüllen Pflicht ist; die Dinge an sich sind so beschaffen, wie wir sie machen sollen, Gedanken, die implizit schon in der Philosophie Kants enthalten sind.

Schelling versucht in seinem Ansatz, die Abstraktheit des Fichteschen Absoluten zu beseitigen; das Absolute soll sich ins Endliche einbilden. Doch auch diese Gestalt der Identität des Endlichen mit dem Absoluten entfaltet sich nicht in der Geschichte, daher haftet ihr im Gegensatz zu dem Absoluten Hegels, das sich in der Geschichte darstellt, noch etwas Unvermitteltes an.

Im weiteren Verlauf des Seminars wurde der Begriff der Konstruktion bei Schelling erörtert. Vermöge einer, dem Besonderen eingebildeten Idee des Allgemeinen vermag jenes über sich hinauszugehen. Alles Besondere verweist auf ein Allgemeines. Sofern es als Besonderes bestimmt ist, beinhaltet es seinem Sein nach eine Negation, sein Wesen dagegen ist als Allgemeines bestimmt. Durch diese Bestimmung aber kann das Besondere sich in seiner Wesenheit als das Allgemeine bestimmen. Das Bewußtsein ist zwar als empirisches Bewußtsein individuiert, seinem Prinzip nach aber ist es für Schelling der Begriff des unendlichen Erkennens und das Prinzip aller Erkenntnis a priori. Es ist daher das, was jedem empirischen Bewußtsein zugrunde liegt: nämlich Allgemeinheit. Bewußtsein als Begriff der Seele soll absolute Erkenntnis verbürgen: »Dasjenige nun, welches der unmittelbare Ausdruck der Art, wie wir im Absoluten sind, oder des ewigen und göttlichen Wesens in uns ist, ist eben deßwegen auch das Princip

---

[78] So heißt es bei Hegel: »Wir haben bisher die rein transzendentale Seite des [Fichteschen] Systems beschrieben, in welcher die Reflexion keine Macht hat, sondern durch die Vernunft die Aufgabe der Philosophie bestimmt und beschrieben worden ist. Wegen dieser echt transzendentalen Seite ist die andere, worin die Reflexion herrscht, um so schwerer sowohl ihrem Anfangspunkt nach zu ergreifen als überhaupt festzuhalten, weil dem Verständigen, worein die Reflexion das Vernünftige verkehrt hat, immer der Rückzug nach der transzendentalen Seite offenbleibt. Es ist demnach zu zeigen, daß zu diesem System die zwei Standpunkte, der der Spekulation und der der Reflexion, wesentlich und so gehören, daß der letztere nicht eine untergeordnete Stelle hat, sondern daß sie im Mittelpunkte des Systems absolut notwendig und unvereinigt sind. – Oder Ich = Ich ist absolutes Prinzip der Spekulation, aber diese Identität wird vom System nicht aufgezeigt; das objektive Ich wird nicht gleich dem subjektiven Ich, beide bleiben sich absolut entgegengesetzt. Ich findet sich nicht in seiner Erscheinung oder in seinem Setzen; um sich als Ich zu finden, muß es seine Erscheinung zernichten. Das Wesen des Ich und sein Setzen fallen nicht zusammen: *Ich wird sich nicht objektiv.*« (HW, Bd. 2, S. 56)

aller ewigen und absoluten Erkenntnißart, also besonders der philosophischen. (Hier die Philosophie zur Construktion von ihr selbst durchgedrungen).«[79][*2]

Das Endliche kann freilich nur Ausgangspunkt sein zur Konstruktion des Unendlichen. Daher muß es, dem Gesetze seiner Endlichkeit folgend, sich transzendieren, um zur Erkenntnis des ihm absolut Entgegengesetzten, des Unendlichen, zu gelangen. Aus der Einsicht des vollkommenen Gegensatzes zwischen ihm und der Unendlichkeit vermag es dann sich selbst als das Unendliche zu bestimmen, das es als sein Wesen und somit als Grund seiner Existenz erkennt.

Auch die Philosophie Kants, die den Begriff der Konstruktion nur auf bloße Größen angewendet gelten läßt, weshalb sie ihn auch in die Mathematik verweist und der die Vernunftideen nur als regulative Prinzipien gelten, beansprucht doch für die subjektiven Formen der Anschauung und des Verstandes objektive Gültigkeit. Diesem Anspruch liegt unausgesprochenerweise etwas seiner Konstruktion analoges zugrunde, gleichsam ein Moment des Dogmatischen, denn obwohl Kant leugnet, daß das empirische Bewußtsein als ein Endliches eine Allgemeingültigkeit beinhalten kann – die sich nur in den synthetischen Urteilen a priori findet – wird doch deutlich, daß auch bei ihm vermöge der allgemeingültigen subjektiven Formen auch im besonderen empirischen Bewußtsein das Allgemeine enthalten ist. In der Bestimmung der transzendentalen Ideen als regulativer Prinzipien ist bei ihm schon ein konstitutives Moment mit enthalten.

In dem Referat von Herrn Becker wurde dann ausgeführt, wie das empirische Subjekt, das das Wissen um seine Endlichkeit nicht als ein Letztes gelten lassen kann und nach Rechtfertigung aus dem Absoluten verlangt, bei Schelling in seiner Konstruktion der »intellektuellen Anschauung« mit dem unendlichen Subjekt in eins gesetzt wird.[80] Die intellektuelle Anschauung ist ein Wissen, das

---

79 SW, Ergänzungsbd. 2, S. 466.
80 »Die intellektuelle Anschauung ist das Organ alles transcendentalen Denkens. Denn das transcendentale Denken geht eben darauf, sich durch Freiheit zum Objekt zu machen, was sonst nicht Objekt ist; es setzt ein Vermögen voraus, gewisse Handlungen des Geistes zugleich zu produciren und anzuschauen, so daß das Produciren des Objekts und das Anschauen selbst absolut Eines ist, aber eben dieses Vermögen ist das Vermögen der intellektuellen Anschauung. [Absatz] Das transcendentale Philosophiren muß also beständig begleitet seyn von der intellektuellen Anschauung: alles vorgebliche Nichtverstehen jenes Philosophirens hat seinen Grund nicht in seiner eignen Unverständlichkeit, sondern in dem Mangel des Organs, mit dem es aufgefaßt werden muß. Ohne diese Anschauung hat das Philosophiren selbst kein Substrat, was das Denken trüge und unterstützte; jene Anschauung ist es, was im transcendentalen Denken an die Stelle der objektiven Welt tritt und gleichsam den Flug der Speculation trägt. Das *Ich selbst* ist ein Objekt, das *dadurch ist, daß es von sich weiß*, d. h. es ist ein beständiges intellektuelles An-

sein Objekt produziert, das Ich soll ein sich zum Objekt werdendes Produzieren sein. Sie bedarf eines Objektes, das sie sich selbst hervorbringt. Da sie als intellektuelle Anschauung aber der Einheit von Subjekt und Objekt bedarf, die objektiv angeschaut werden soll, muß ihr die absolute Identität zum Objekt werden. Die Erkenntnis des Absoluten soll vom Endlichen her begründet werden, aber selbst nicht Moment der Endlichkeit sein.

In der Kunst wird die Verdinglichung von Identität als absoluter Wahrheit erreicht; das absolute Erkennen wird in ihr objektiviert. Dem Endlichen bleibt in diesem philosophischen System die Hoffnung, daß es ihm doch noch gelingen könnte, sich mit dem Absoluten zu identifizieren, eine Hoffnung, die bei Hegel schwindet: Die vom Subjekt geleistete Arbeit tritt diesem in ihrer Verabsolutierung als ein völlig Entfremdetes gegenüber. Da Schelling die Differenz zwischen Subjekt und Objekt auf eine lediglich quantitative Unterschiedenheit reduziert, bleibt der eigentliche qualitative Unterschied zwischen dem endlichen Subjekt und dem ihm transzendenten Absoluten in seiner ganzen Schärfe bestehen. Das Absolute Schellings bleibt in viel höherem Maße objektiv als bei Hegel und steht somit dem reproduzierenden Subjekt als etwas im letzten Ende doch Transzendentes und Unvermitteltes gegenüber. Bei Hegel gehört es zur Selbstentfaltung des absoluten Begriffs, daß das ihn denkende Subjekt sich völlig negieren muß. Die objektivierte Identität von Subjekt und Objekt, soll, Schelling zufolge, in einem von dem Menschen Unabhängigen anschaubar werden, was nur in der Kunst möglich wird.

In der Naturphilosophie Schellings stehen Wesen und Form, die bei ihm in den endlichen Dingen nur quantitative Differenzen bedeuten, in völliger Geschiedenheit. Schelling ist in seiner Objektivität viel subjektiver als Hegel, da er beim inneren Bewußtsein des Absoluten verharrt, das sich in der sinnlichen Erscheinung nicht manifestieren kann. Die Manifestationen des Absoluten, die Potenzen, gehören zur bloßen Erscheinung, die aber das relative Nichtsein des Besonderen in Bezug auf das Universum ist, und können daher dessen eigentliche Wahrheit gar nicht darstellen.

Im konstruierenden Subjekt kann das Absolute sich nicht entfalten, vielmehr zielt die Naturphilosophie Schellings auf seine Objektivierbarkeit ab. Das Wesen behält bei ihm immer den Anspruch auf ungeschmälerte Äußerung bei, und da

---

schauen; da dieses sich selbst Producirende einziges Objekt der Transcendental-Philosophie ist, so ist die intellektuelle Anschauung für diese eben das, was für die Geometrie der Raum ist. So wie ohne Anschauung des Raums die Geometrie absolut unverständlich wäre, weil alle ihre Construktionen nur verschiedene Arten und Weisen sind jene Anschauung einzuschränken, so ohne die intellektuelle Anschauung alle Philosophie, weil alle ihre Begriffe nur verschiedene Einschränkungen *des sich selbst zum Objekt habenden Producirens*, d.h. der intellektuellen Anschauung sind.« (SW, Bd. 2, S. 369 f.)

das Subjekt sich mit dem Absoluten nicht vollständig identifiziert hat, wird es der dinghaften Erscheinung ähnlich. Der Begriff des Absoluten, wie er von Schelling konstruiert wurde, läßt die Differenz zwischen dem erkennenden Subjekt und den objektiven Absoluten unscharf werden, da die Form, die durch ihre Entgegensetzung das Absolute einen sollte, vollkommen unwesentlich wird. Damit schwindet aber auch das Interesse des erkennenden Subjekts gegenüber seiner Erkenntnis, in der sich das Absolute darstellt. Soweit Form und Wesen als im Absoluten seiend begriffen werden, sind beide eins, erst durch ihr Auseinandertreten entstehen die Besonderheiten der Materie; die Welt der sinnlichen Dinge. Es ist aber nicht das Wesen, das diese Verschiedenheit bewirkt, sondern das Nichts der Form. Die entstandene Differenz zwischen beiden ist eine rein quantitative und führt deshalb nicht zu der angestrebten Identität. Die Form bleibt ein Fremdes, Unvermitteltes, Abgespaltenes. Das erkennende Subjekt verlangt eine Bestätigung seiner gefundenen Wahrheit, das Absolute aber, das als Prinzip »der ewigen oder absoluten Erkenntnis« das Wesen des Alls ausmacht,[81] kann seiner Bestimmung nach niemals Erkenntnisobjekt für das Bewußtsein werden. Das All ist schlechthin unendlich, da es kraft seiner absoluten Position ist, das Endliche steht zu ihm im Verhältnis eines Nichtseienden: es ist als absolutes Sein negiert. Als nicht-wahres Sein soll es nichtsdestoweniger gesetzt sein und soll das Absolute als die Aufhebung seines relativen Nichtseins, die Negation seiner Endlichkeit begreifen. So ist das Wesen gleichsam in den Dingen verborgen, das Sein ist nicht die Wesenheit, sondern die Unwesentlichkeit der Dinge. Da in der absoluten Einheit, ihrem Begriff nach keine Differenzen vorkommen sollen, sind auch die Potenzen keine Bestimmung des Wesens der Einzeldinge, sondern, als Bestimmungen derselben in ihrer Besonderheit, Bestimmungen ihre Nichtseins. Da sie aber die Erscheinungsweisen des Alls sein sollen und daher nur auf endliche Art sein können, ist ihnen als rein quantitativen Differenzen das Absolute nicht eingeprägt und kann in ihnen nicht als absolute Identität zum Ausdruck kommen, da diese nicht in die Erscheinung eingeht. Als Besonderheiten können die Dinge der Erscheinungswelt lediglich ihrem Wesen nach eine Existenz haben, die aber in ihnen als Erscheinungen lediglich ihre Form, ihr relatives Nichtsein, keineswegs aber die absolute Einheit in ihnen, zu Ausdruck bringen kann. Zwischen dem realen und dem idealen All, die, qualitativ betrachtet, nur *eine* absolute Substanz (Gott) sein sollen, ist nur eine quantitative Differenz, daher aber auch nur quantitative Gleichheit, d.h. Indifferenz beider für sich betrachtet,

---

81 Bei Schelling heißt es: »*Wie das Bewußtseyn oder der mit der Seele zugleich gesetzte Begriff der Seele Princip aller Erkenntniß a priori ist, so ist das Ewige, welches das Wesen der Seele constituirt, Princip der absoluten oder der ewigen Erkenntniß.*« (SW, Ergänzungsbd. 2, S. 466)

möglich. Als unendliche Substanz sind beide in absoluter Identität: Gott, der affimierend affimiert ist (ideales All) und affimiert affimierend wirkt (reales All).[82]

Die Aussagen, die die Philosophie über das Absolute machen kann, können das Wissen, das als Wesen der Seele selbst bezeichnet ist, niemals zur Darstellung bringen, da diese Erkenntnis nur als der Begriff der Seele an sich vorhanden ist, die Seele aber immer nur in Beziehung auf den Leib gesetzt ist, d. h. nicht als der Begriff der Seele an sich, kann sie insofern keine Erkenntnis des Absoluten beinhalten. Daher vermag die Schellingsche Philosophie das Absolute im eigentlichen Sinne des Wortes nur als »Gott«, »All«, »Kunst« usw. zu benennen. Die verschiedenen Formen der Dinge der Erscheinungswelt stellen sich nur in der Erscheinung als verschieden dar, in der absoluten Position der unendlichen Realität sind sie unteilbar. Ist das Eine (Gott) gesetzt, so soll zugleich Alles gesetzt sein, und insofern die Einzeldinge an der absoluten Position Gottes teilhaben, ist diese auch als Totalität in ihnen enthalten, da letztere unabhängig von aller Quantität und unteilbar ist. Der von Schelling konstruierte Begriff des Absoluten ist durch keine endliche Bestimmung mehr aussagbar, man kann ihn nur als ein völlig Anderes von aller Endlichkeit Geschiedenes bestimmen. Eins ist Alles, aber Alles ist in seiner Bestimmtheit nur endliche Erscheinungsform und spricht insofern nicht sein Wesen, das Absolute, aus, sondern lediglich seine besondere und damit endliche Art zu sein. Um sich zu äußern, muß sich das Absolute entäußern, wie dies bei Hegel geschieht. In der Abgeschlossenheit, mit der das Absolute bei Schelling behaftet ist, kann und soll es nicht durch die Besonderheit, die für es ein Nichts ist, modifiziert werden, sondern soll sich in ihr lediglich als die eine, unendliche Substanz anschauen, darin dem Auge gleich, das sich in dem Spiegel nur dadurch erblicken kann, daß es den reflektierenden Spiegel negiert. Das Endliche wird zum »Reflex der absoluten Einheit«[83]. Es herrscht in diesem

---

82 »*Das reale und das ideale All sind nur ein und dasselbe All.* Denn in dem realen All ist dasselbe als real und in diesem Realseyn als affirmirend gesetzt, was im idealen All als ideal und in diesem Idealseyn als affirmirt gesetzt ist. – Oder kürzer: beide, das reale und das ideale All sind nur eine und dieselbe Substanz, nämlich Gott, der als affirmirt auf unendliche Weise affirmirend, und als affirmirend auf unendliche Weise affirmirt ist, und nicht nur der Substanz oder dem Wesen, sondern auch der Form oder der Weise nach ist [...] in dem einen gesetzt, was in dem andern gesetzt ist.« (Ebd., S. 134)

83 In den »Ferneren Darstellungen aus dem System der Philosophie« [1802] heißt es: »Daß wir alles in seinem wahren Seyn nur als absolut und wie es in jener – nicht höchsten, sondern schlechthin Einen Identität des Idealen und Realen prädeterminirt ist, begreifen, diese Forderung liegt schon in dem, alles als vernünftig zu begreifen; denn die Vernunft ist für die abgebildete Welt dieselbe Indifferenz, welche an sich und schlechthin betrachtet das Absolute selbst ist. Nur für die Vernunft ist ein Universum, und etwas vernünftig begreifen heißt: es zunächst als organisches

Denken eine Vertauschbarkeit der Begriffe, eine Ungeschiedenheit und somit, wie im mystischen Denken, ein Moment der Unwahrheit. Die absolute Identität des Objektiven und Subjektiven, das Selbsterkennen der absoluten Identität, ist Vernunft an sich. Relativ auf die besonderen Dinge, die ihr nicht gleichen, kann sie aber nur objektiv erscheinen, als Grund und eigentliche Realität der Erscheinungswelt, die daher auch ihrem Wesen nach vernünftig sein soll. Nichts soll außer der Vernunft Realität haben, die Vernunft wird als Substanz allen Dingen zugrunde gelegt. Auch im Denken Hegels wird das Absolute als in die jeweiligen besonderen Entwicklungsstufen vollkommen eingegangen betrachtet, aber nicht unentfaltet, als bloße Abstraktion stehen gelassen. In dem Prozeß seiner Selbstentäußerung wird das Absolute zu einem Konkret-Besonderen.

---

[*1] Schellings Werke (Ergänzungsband II) München 1956, Seite 159
[*2] Schellings Werke (Ergänzungsband II) München 1956, Seite 466

---

Glied des absoluten Ganzen, im nothwendigen Zusammenhang mit demselben, und dadurch als einen Reflex der absoluten Einheit begreifen.« (SW, Ergänzungsbd. 1, S. 442)

## 232 Wolfgang Adler,
## 12. Januar 1961

*Protokoll der Seminarsitzung vom 12. 1. 1961*

Der Bericht über die vorangegangene Sitzung gab noch einmal Anlaß, einige grundsätzliche Fragen zu beantworten.

In der Mystik wurde die Materie als von Gott abgespalten gedacht. Sie ist aber keineswegs als tot, ausgeschieden und für das Absolute bedeutungslos zu denken; vielmehr hängt nunmehr das Schicksal des Absoluten auch davon ab, was sich in den einzelnen Subjekten abspielt, gerade durch das Tun der einzelnen Menschen in der Geschichte wird über die Ewigkeit mitentschieden. Die Materie selber hat somit etwas wie Geist. Daher könnte sie auch bei Schelling ohne das Absolute gar nicht sein, und auf Grund dieses geistigen Ingrediens strebte sie von sich aus danach, den Abgrund zum Absoluten zu überbrücken.

Dieses Motiv taucht auch bei Fichte und Hegel auf. Hier zeigt es sich in der Problematik des Verhältnisses von endlichem und abstraktem, bei Hegel von betrachtendem und betrachtetem Subjekt. So handelt es sich in dessen Phänomenologie darum, daß sich durch die zeitliche Abfolge der Vermittlungen hindurch das individuelle Bewußtsein schließlich als identisch mit dem absoluten Bewußtsein erweist; sie fallen in diesem Prozeß nicht unmittelbar zusammen, das reflektierte Bewußtsein wird Geist. – Während es sich bei Hegel um einen tatsächlich durchgeführten Prozeß handelt, ist die Identität bei Fichte eine abstrakte Veranstaltung des Subjekts.

Bei Hegel ist das Motiv vor der Geschichte entwickelt. Bei ihm wäre letztlich das abstrakte Subjekt nicht das, was es ist, wenn die geschichtlichen Tatsachen nicht wären. Das Wie des Nicht-Ich ist für das Absolute entscheidend. Später fällt freilich diese Spannung weg, indem das Nicht-Ich als total identisch mit dem Geist entwickelt wird. Im ganzen kann man sagen, daß bei allen früheren Systematikern außer bei Hegel über den Phänomenalbereich vorentschieden ist. Bei ihm ist prinzipiell auch nicht vorentschieden, daß das Absolute überhaupt ist. Wenn einige unfrei bleiben müssen, so gibt es noch kein absolutes Subjekt, und deshalb geht Hegel wirklich im Ernst auf konkrete Zustände ein.

Zum Begriff der Konstruktion wurde ergänzt, daß nach Platon etwa die Idee der Tapferkeit so müsse eingesehen werden können, wie eine mathematische Konstruktion.[84] Auch empirische Bestimmungen müßten letztlich so zu konstru-

---

84 Vgl. dazu den Dialog »Laches«, in: Platon, Sämtliche Werke, a.a.O. (s. Anm. 16), Bd. 1, übers.

ieren sein. Dabei zeigt es sich, daß eine Beschränkung aufs Quantitative nicht möglich ist. Herr Professor Adorno sagte hierzu, daß Kants Konstruktion der Apprehension in der Anschauung eine für den deutschen Idealismus typische Tat sei; dieser versuche, aus der Position des Nominalismus das Absolute zu retten.[85]

Herr Becker fuhr in seinem Referat fort und setzte bei dem Problem der Vermittlung von Akt und Potenz bei Schelling ein. In ihm liegt die Aporetik des Schellingschen Absoluten beschlossen. Es soll zur Vermittlung in einer Art statischer Einbildung des Absoluten ins Endliche kommen. Bei einem wirklich dialektischen Prozeß würde die festgefügte Einheit der Antagonismen zergehen. Auf unmittelbare Quellen wird in der Philosophie immer dann rekurriert, wenn Subjekt und Objekt in einem System nicht durchgeführt vermittelt sind.

Die Unmittelbarkeit bei Hegel ist anderer Art: Vom Sein merke ich, in dem ich es denke, daß es Nichts ist, es ist in sich selbst vermittelt, die Sache ist mit dem Denken identisch.

Freilich wird der Glanz des Absoluten im Idealismus mit der Vernichtung des Individuellen bezahlt: Kierkegaard spricht von der »objektiven Verzweiflung«.[86] Bei Schelling ist die Vermittlung nicht so radikal durchgeführt oder angestrebt wie bei Hegel und Fichte; das Individuelle wird nicht restlos mediiert, nicht ganz von der Dialektik verschluckt. Ähnlich wie bei Kant zeigen sich Humanität und geringere Konsequenz dicht nebeneinander. Allerdings wird dessen Welt ohne Erfahrung bei Schelling zur Welt des Scheins. Zwar will Schelling es bei der systematischen Verfügung über die endlichen Dinge nicht bewenden lassen, und das untergegangene Endliche soll trotz allem ein Moment des Ganzen sein – ohne wiederum dessen indifferente Einheit zu stören – aber das Telos der Konstruktion ist nicht der strukturierte Organismus, sondern die Tautologie des abstrakten

---

von Friedrich Schleiermacher, Reinbek bei Hamburg 1994 (Rowohlts Enzyklopädie; 561), S. 181–213 (178a–201c).
85 Vgl. den Abschnitt »Von der Synthesis der Apprehension in der Anschauung«, KW, Bd. III, S. 162f. (A 98–100). In der *Metakritik der Erkenntnistheorie* [1956] heißt es: *Wahrnehmung [...] – nach dem historischen Sprachgebrauch stets auf Gegenständliches bezogen – läßt sich, ist einmal der naive Realismus verworfen, nur als denkende Leistung, Kantisch als »Apprehension in der Anschauung«, als Kategorisierung deuten; nach Abzug der kategorialen Formen bliebe die bloße ὕλη zurück. Der naive Realismus würde der Wahrnehmung den Charakter der Unmittelbarkeit, des Vorkategorialen retten, aber die Bewußtseinsimmanenz sprengen, auf deren Analyse der Gewißheitsanspruch der Erkenntnistheorie sich gründet. Die Insistenz auf dem kategorialen Anteil an der Wahrnehmung dafür bliebe zwar immanent und »kritisch«, opferte aber die Unmittelbarkeit und damit den Anspruch der Wahrnehmung, transzendentes Sein in reiner Immanenz ursprünglich, absolut zu begründen.* (GS, Bd. 5, S. 159)
86 Die Wendung ist Resultat einer Interpretation Adornos, vgl. GS, Bd. 2, S. 118–120.

Allgemeinen. Auf dieser Linie stehend ist Schelling das Bindeglied zwischen Kant und Fichte bzw. Hegel. In der Naturphilosophie versucht er die Vermittlung zwischen der Idee und der Endlichkeit durchzuführen, verstummt aber vor der geschichtlichen Welt. Schelling ist der Identitätsphilosoph der Natur und Kunst, nicht eigentlich des Absoluten. Nur Endliches ist konstruierbar – ganz im Sinne der ursprünglichen Intentionen Kants –, dieses ist aber dann eben nur Zeichen für Absolutes. Solange Schelling Absolutes in der Anschauung zu haben glaubte, konnte er konstruieren. Das Absolute konnte er, als er es wollte, dann nicht konstruieren. Zur Problematik der Konstruktion des Absoluten wurde auf Hermann Cohens Wort vom »Abgrund der intelligiblen Zufälligkeit« verwiesen.[87]

Die Potenzen sind in der Naturphilosophie Schellings keine existenten Größen, sondern subjektive Anweisungen, das Besondere der natürlichen Mannigfaltigkeit dem Allgemeinen einzubilden. Sie sind nicht einfache Verdopplung der Dinge, sondern Ideen, die Momente des Absoluten aufzeigen. Indem sie Momente der Entfaltung Gottes sind, ergeht durch sie der Spruch der Absolutheit, der über alles Besondere getan wird. In Kongruenz mit der destruktiven Funktion der Potenzlehre definiert Schelling das Leben als den Zustand, in dem das Gleichgewicht der Kräfte mit dem Zusammenbruch dieses Gleichgewichts permanent abwechselt. Erinnert wurde hier an Hölderlins Empedokles[88] und damit an den Begriff der Tragik. Die deutsche Ästhetik ist zur Zeit des Idealismus weitgehend eine Ästhetik des Tragischen. So, wie im Tragischen die Einzelwesen an einem größeren Schicksal untergehen müssen, zeigt sich in der idealistischen Philosophie das Unvermögen des endlichen Denkens, das sich in der Verabsolutierung seiner eigenen Abstraktion ausstreichen muß, damit diese den Schein der Objektivität erhält. Ein konkretes Beispiel bietet wiederum Hegels Phänomenologie, in der das Subjekt zuerst zum Objekt werden muß, um dann zum Subjekt, aber

---

[87] »Und doch reizt zu dieser Uebertragung der Begriffe der Erfahrung auf den Begriff der Einheit der Erfahrung selbst ein unabwendliches Schema unseres Denkens. So scheint es, als ob eine jede Kategorie ihren *besondern* problematischen Hintergrund hätte; sobald derselbe jedoch in die Erfahrung eintreten wollte, würde er die Kategorie aus dem Ringe der Erfahrung abschnüren, dieselbe Kategorie, die ihn erdacht hat. Ist das An-sich aber wieder in den Hintergrund zurückgetreten, so wird es gleichwohl wieder herausgefordert. Der Hintergrund *begrenzt* also den Bezirk der Erfahrung. Und das Ganze der Erfahrung schwebt sonach über dem ›Abgrund‹ der intelligiblen Zufälligkeit.« (Hermann Cohen, Kants Begründung der Ethik [1877], 3. Aufl., in: Hermann Cohen, Werke, hrsg. vom Hermann-Cohen-Archiv am Philosophischen Seminar der Universität Zürich unter der Leitung von Helmut Holzhey, Bd. 2, eingel. von Peter Müller und Peter A. Schmid, Hildesheim, Zürich und New York 2001, S. 39f.)

[88] Vgl. Friedrich Hölderlin, Empedokles, in: Friedrich Hölderlin, Sämtliche Werke. ›Frankfurter Ausgabe‹. Historisch-kritische Ausgabe, hrsg. von D. E. Sattler, Bd. 12 und Bd. 13, hrsg. von D. E. Sattler, Frankfurt a. M. und Basel 1985.

nun zum absoluten Subjekt werden zu können. Letztlich geht es aller Philosophie um die Frage der absoluten Erkenntnis. Kann Schelling in der Natur und Kunst Gleichnisse des Absoluten finden, so hat Hegel in typischem Unterschied dazu das Meinen mit dem Wissen vermittelt: Das Meinen ist an sich scheinhaft, und doch ist ohne es Erkenntnis nicht in Gang zu bringen.[89]

In der Konstruktion des Christentums, die Schelling in den »Vorlesungen zur Methode des akademischen Studiums« unternimmt,[90] bedeutet die Inkarnation Gottes die Entäußerung in die Dialektik von Wesen und Form. Die Menschen müssen im Angesicht des Absoluten der Hoffnung auf Erlösung in ihrer Welt endgültig verlustig gehen, und der Gekreuzigte dokumentiert die Weigerung, für das Leid der endlichen Welt, die seine Schöpfung sein soll, die Verantwortung zu tragen. In der Deutung des Kreuzes als der göttlichen Negation des Endlichen kommt Schelling der christlichen Wahrheit wohl näher als Hegel, dem der inkarnierte Gott vor allem der Heiland der Welt war. In ihrer Fortentwicklung um die Explikation des Absoluten kehrt die Philosophie Schellings dessen Herrschaftsanspruch über das Besondere immer mehr heraus. Platon hat Schelling zufolge damit recht »daß die Seelen aus der Intellektualwelt in die Sinnenwelt herabsteigen, wo sie zur Strafe ihrer Selbstheit ... an den Leib wie an einen Kerker sich gefesselt finden, und zwar die Erinnerung des Einklangs und der Harmonie des wahren Universums mit sich bringen, aber sie in dem Sinnengeräusch der ihnen vorschwebenden Welt nur gestört durch Mißklang und widerstreitende Töne vernehmen, sowie sie die Wahrheit nicht in dem, was ist oder zu sein scheint, sondern nur in dem, was für sie war und zu dem sie zurückstreben müssen, dem intelligiblen Leben, zu erkennen vermögen.«[91][*1]

[*1] Schelling, Philosophie und Religion, S. 47

---

89 Vgl. den Abschnitt »Die sinnliche Gewißheit oder das Diese und das Meinen« in der »Phänomenologie des Geistes« [1807], HW, Bd. 3, S. 82–92.
90 Vgl. die »Achte Vorlesung«, »Ueber die historische Construction des Christenthums«, in: SW, Bd. 3, S. 229–374; hier: S. 308–317.
91 »Allen jenen Zweifelsnoten, woran die Vernunft seit Jahrtausenden sich müde gearbeitet hat, macht die alte, heilige Lehre ein Ende: daß die Seelen aus der Intellektualwelt in die Sinnenwelt herabsteigen, wo sie zur Strafe ihrer Selbstheit und einer diesem Leben (der Idee, nicht der Zeit nach) vorhergegangenen Schuld an den Leib wie an einen Kerker sich gefesselt finden, und zwar die Erinnerung des Einklangs und der Harmonie des *wahren* Universums mit sich bringen, aber sie in dem Sinnengeräusch der ihnen vorschwebenden Welt nur gestört durch Mißklang und widerstreitende Töne vernehmen, sowie sie die Wahrheit nicht in dem, was *ist* oder zu seyn scheint, sondern nur in dem, was für sie *war*, und zu dem sie zurückstreben müssen, dem intelligiblen Leben, zu erkennen vermögen.« (Friedrich Wilhelm Joseph Schelling, Philosophie und Religion [1804], in: Friedrich Wilhelm Joseph von Schellings sämmtliche Werke, a.a.O. [s. Anm. 41], Bd. I·6, Stuttgart und Augsburg 1860, S. 11–70; hier: S. 47)

## 233 Peter Bochow, 19. Januar 1961

Peter Bochow

*Protokoll des philosophischen Hauptseminars vom 19. 01. 1961.*

Bemerkungen zum Protokoll der vergangenen Stunde sowie der Abschluß des Beckerschen Referates über den Begriff der Konstruktion gaben dem Seminar Anlaß, nochmals verschiedene Parallelen und Differenzen in der Philosophie Schellings und Hegels hervorzuheben.

Was sich an Schellings Philosophie, gemessen an Hegel, als Mangel zeigt, ist die nicht durchgeführt Vermittlung von Einzelnem und Absolutem – ein Nachteil, der sich aber ebensosehr gegenüber Hegel als Vorteil ausweist. Hegel läßt das, was Fichte das Nicht-Ich nennt, völlig im Ich aufgehen, ja er glaubt, das Nicht-Ich in seiner Aufhebung im Ich geadelt zu haben. Fichte weist dabei eine größere Verwandtschaft zu Hegel als zu Schelling auf, der dieses Nicht-Ich als solches ernster nimmt, es im absoluten Ich noch erhalten wissen will. Bei Hegel tröstet eine List der Vernunft, das Wissen darum, daß das Absolute ganz emphatisch das Gute sein muß, über das Moment der Trostlosigkeit dessen hinweg, was diese Vernunft in der Produktion des Absoluten leistet, indem sie das endliche Einzelne zu einem verschwindenden Moment des Unendlichen herabsetzt; eine Methode, durch die allein sich bei Hegel das Absolute entfaltet. Diese Negation des Einzelnen als der Tod alles Individuellen kann geradezu als der Motor der Hegelschen Philosophie bezeichnet werden. Ohne solche motorische Kraft wäre der Prozeß des Absoluten, der die Konstruktion ist, schon im Keim zur Stagnation verurteilt.

Im Hervorbringen der Harmonie des Ganzen muß für Hegel das Einzelne als Einzelnes negiert sein; ein Gedanke, der das Wesen des liberalistischen Gesellschaftssystems reflektiert. Diesem wird der Tod des Individuellen – man denke an durch Arbeitsüberlastung früh sterbende Kinder, an Ausbeutung untergeordneter Arbeitskraft etc. – nicht zum tragischen Moment; man kommt um des Ganzen willen leicht darüber hinweg. Schelling ist sich der Problematik, die im Verhältnis des Einzelnen zum Absoluten gründet, bewußter. Er zögert, den Tod des Individuellen, der im Liberalismus als unvermeidlich galt, als notwendiges Strukturelement des Systems für dessen Erhaltung zu bejahen. Für Hegel bedeutet dies die gedankliche Konsequenz des Aufgehens (der Vermittlung) des Dualismus im Monismus, während Schelling, bei freilich gleicher monistischer Intention, verführt durch die Bedeutung des Einzelschicksals an sich, den Dualismus thematisch auch für das Absolute selbst macht.

Der stärker durchgehaltene Dualismus innerhalb der Vermittlung verleiht dem Schellingschen Denken hier ein Moment des Materialistischen, jedoch im recht verstandenen Sinne. Freilich wird der Begriff der Materie des Einzelnen im Absoluten festgehalten. Aber diese Materie schillert bereits zwischen Geist und Nicht-Geist. Schellings Nicht-Ich muß verstanden werden als der dunkle Naturgrund, der, dem Absoluten transparent, zum Licht drängt. Den Geist hervorbringend wird er zu dem, was er an sich schon ist.

Ein wesentlicher Unterschied zwischen den Philosophien Schellings und Hegels liegt somit in dem Begriff der Negation begründet. Hegel faßt diesen Begriff absoluter, wodurch er aber zugleich auch produktiver wird. Als Motor seiner Philosophie leistet diese Negation eben den Fortgang der Einzelmomente und letztlich Geschichte. In diesem Fortgang, dieser echten Leistung von Geschichte, glaubt Hegel dann den Tod des Einzelnen gerettet zu haben, da in einem so verstandenen Tod das Ganze gewonnen wird. Vom Ganzen her verliert das Einzelschicksal an Bedeutung, es wird für Hegel gelichgültig und äußerlich, er geht leichter darüber hinweg.

Auch Schelling sieht diesen Untergang des Einzelnen, bleibt aber bei der Trostlosigkeit des Untergangs stehen. Hegel hingegen will nicht in der Negativität der Negation verharren. Diese hat für ihn nur funktionalen Rang. Es ist eine List der Vernunft, die die Harmonie des Absoluten garantiert. Wo Hegel das Nein zum Untergang bejaht, zögert Schelling. [Als] erklärend kann hier die größere Nähe Schellings zur Natur gelten. Die Unvermittelbarkeit des Geschehens, Erlebens und Erfahrens macht es ihm schwerer, negative Elemente bejahend in einen positiven Sinnzusammenhang zu stellen. Das Wissen um die Unmittelbarkeit der Todeskategorie versagt es Schelling, ihr nur den Rang des Funktionalen zuzuerkennen. Die Negativität des Einzelnen bildet für ihn einen wesentlichen Gehalt; und dies gerade im Hinblick auf die Konstruktion des Absoluten aus der Endlichkeit. Das Moment des Negativen bewahrt sich im Absoluten seine größere Selbständigkeit, während für Hegel, um in seiner Terminologie zu sprechen, im Begreifen des Nichtidentischen die Negation negiert ist, indem sie die Identität leistet: Identität von begriffenem Nichtidentischen ist für ihn reine Identität.

Die Problematik, die diese Formulierungen in sich bergen, wurde durchsichtiger, als das Seminar nach Beendigung des Beckerschen Referats zu einer allgemeinen Diskussion des Begriffes der Konstruktion überging.

Unter Konstruktion versteht die Philosophie des gesamten deutschen Idealismus den Versuch, das Unendliche aus dem Endlichen zu erklären durch die Reflexion des endlichen Bewußtseins in sich, mit anderen Worten die Hineinbildung des Unendlichen in das Endliche. Bei Kant geschieht diese Konstruktion durch die Reflexion auf die Verbindlichkeit der Prinzipien a priori, ist aber nur auf Quantität angelegt, während sie bei Schelling und Hegel in der Dialektik der

Versuch ist, die Qualität, das Wesen des Unendlichen zu denken. Diese Deduktion bleibt bei Fichte noch völlig abstrakt, und erst Hegel leistet den Prozeß, indem er ernsthafter auf den Gegenstand eingeht, wenn auch mit der Einschränkung, daß er ihn in seiner Negation nur funktional sieht – im Gegensatz zu Schellings Versuch, hierin konsequent zu sein.

Die Diskussion zu diesem Thema wurde mit der Frage eingeleitet, inwieweit Konstruktion die Bedingung der Möglichkeit von Philosophie schlechthin bedeute und damit für jedes Philosophieren verbindlich sein müsse.

Philosophiegeschichtlich stehen sich hier zwei Thesen gegenüber. Die nachhegelsche Philosophie, etwa Bergson, Husserl und Heidegger, verwirft den Begriff der Konstruktion überhaupt. Konstruktion gilt diesen Philosophien als das Verfehlen des Ziels der Leistung des Gedankens, wenn dieser sein Objekt begreifen will. Denken soll ganz bei den Sache bleiben; im konstruierenden Denken aber entfernt es sich willkürlich von seinem Gegenstand, erhebt sich über diesen, ohne sich der Verbindlichkeit dieses Erhebens versichert zu haben. Das Verbot von Konstruktion ist damit ausgesprochen als das Verbot der Negation des unter dem Gedanken befaßten Objektes. Damit ist diese Philosophie aber auf rein positivistisches Registrieren verwiesen.

Auf der anderen Seite steht die Frage des Deutschen Idealismus, wie Philosophie ohne die Leistung des Gedankens, sich über den Gegenstand zu erheben, wie sie außerhalb positivistischer, enzyklopädischer Tatsachensammlung eine allgemeingültige Leistung vollbringen kann. Will der Gegenstand vom Gedanken begriffen werden, so muß das Denken über die Grenze, die in der Faktizität der Dinge liegt, hinausgehen. Sonst wird der Begriff des Begreifens und Verstehens sinnlos.

Mit anderen Worten: Auf der einen Seite das strikte Verbot von Konstruktion, weil eben sie die Willkür des Gedankens seinem Objekt gegenüber ist, auf der anderen Seite ihre innere Notwendigkeit, wenn Denken einen Sinn über klassifikatorisches Wissen hinaus haben soll. Konstruktion *ist* eben dieses Hinausgehen des Gedankens aus seinem Gegenstand, das Einbilden des Unendlichen in das Endliche.

Die Frage nach der Konstruktion ist damit die Frage nach der Möglichkeit von Philosophie und Denken überhaupt.

Vergegenwärtigen wir uns die Schwierigkeiten dieser Problemstellung an der Aufgabe des Denkens, die Wahrheit zu leisten – und jedes emphatische Denken meint letzlich Wahrheit. Im Platonischen Realismus wird die Wahrheit als an sich seiend vorausgesetzt. Sie ist dieses Allgemeine, auf das sich das Denken als auf ein an sich Seiendes richtet. Daß man dieser Philosophie vorgeworfen hat, sie verdingliche Abstraktionen – in der Hypostase der Ideen –, zeigt nur, daß eben in dem Begriff der Wahrheit schon die Leistung des Denkens als eines Hervorbringens von Wahrheit gefordert ist. Von dieser Stufe der Kritik aus läßt sich sagen, daß Plato, ohne es gewußt und gewollt zu haben, bereits konstruiert hat. Hier treten nun die beiden Möglichkeiten, denen jedes Denken überantwortet ist, klar hervor. Entweder heißt Denken reines Anschauen an sich seiender Seinszusammenhänge – dann fällt der emphatische Anspruch der Leistung des Konstruieren von Denken –, oder aber Denken ist die Erfüllung der Forderung echter Synthesis, wahres Produzieren, wobei es dann aber dem nominalistischen Ansatz überantwortet ist, vom Besonderen ausgehend das Allgemeine, das auf dieser Stufe dann nicht anders als nominalistisch gesehen werden kann, zu leisten. Die Vorgängigkeit des Besonderen vor dem Allgemeinen, der jedes echte Denken, will es nicht reines Anschauen bleiben, sondern Synthesis leisten, hingegeben ist, bildet unumgänglich die nominalistische Ausgangssituation jeder Forderung von Konstruktion. Auf der anderen Seite aber impliziert der Begriff der Konstruktion gerade die Negation des Nominalismus in seinem Ergebnis.

Anders gesagt: Als reines Anschauen kann Denken nicht die in ihm selbst angelegte Forderung leisten und verfällt daher notwendig dem Fehler der Verdinglichung; als echte Synthesis ist es auf einen nominalistischen Ansatz verwiesen, den es in der Intention seiner Leistung negieren muß.

Die Schwierigkeit des Konstruktionsbegriffes geht also zurück auf die Antinomie dieser beiden Denkmöglichkeiten, die untrennbar, jedoch nicht auseinander reduzierbar sind.

An diesem Punkt stellte sich der Diskussion das Problem der Dialektik, innerhalb derer wohl einzig die Widersprüchlichkeit der Denkmöglichkeiten und des Konstruktionsbegriffes lösbar ist. Denken ist im Ausgang unausweichlich dem Nominalismus ausgesetzt. Das Ziel aber muß es sein, diesen in dialektischer Reflexion eben der Momente des Widerspruchs der Denkmöglichkeiten zu überwinden und durch das *Denken* des nominalistischen Ansatzes die Wahrheit hervorzubringen. Als Lösung der Antinomie des Konstruktionsbegriffes kann nur die ernste dialektische Reflexion dieser Momente der Antinomie der Denkmöglichkeiten selbst gelten. Wird diese Reflexion ins Bewußtsein erhoben, so ist dies dann selbst die beste Konstruktion. Damit ist ein Ausweg gegeben, in dem die Konstruktion sich ergibt als die immanente Kritik der antinomistischen Konstruktionsmomente selbst. Allerdings läßt sich wohl kaum eine feste Regel für das Gelingen eines solchen dialektischen Prozesses angeben.

Wie verwandt solche Methode dem Hegelschen Denken ist, erhellt daraus, daß ja auch bei Hegel der gesamte dialektische Prozeß, der die Konstruktion ist, die Wiederholung des reflektierenden Subjekts ist. Vorgegeben ist Hegel dieselbe Antinomie. Sie wird gelöst, indem das unendliche Subjekt das reflektierende endliche ist. Wenn Hegel damit Recht hat, so fragt es sich allerdings, was dann, emphatisch gesprochen, noch Philosophie ist, wenn sie sich doch in der bloßen Tatsache des subjektiven Tuns erschöpft, ihrer Intention nach aber die Produktion der absoluten Objektivität meint.

Hier kann der Ausweg nur so gesehen werden, daß der Begriff der Wahrheit sich nicht in der subjektiven Intention erschöpfen darf, denn das absolute Subjekt hat nicht die von ihm behauptete ontologische Vormacht. Wahrheit kann erst in der Insuffizienz des absoluten Subjektanspruches auf Objektivität herauskommen. Sie ist geradezu diese Insuffizienz. Sie ist dies andere, das Nichtidentität noch innerhalb des dialektischen Prozesses in ihrer begrifflichen Identifizierung als Nichtidentisches aufweist. Wahrheit ist das Nichtidentische, das dialektisch schon die Stufe der begrifflichen Fassung durchlaufen hat, dieses nach diesem Prozeß an der Nichtidentität noch verbleibende nichtidentische Moment selbst.

Dieser Begriff von Konstruktion ist allerdings klar gegen den Hegelschen abgehoben und steht der Schellingschen Intention viel näher. Hegel glaubt, im Begreifen des Nichtidentischen dieses in der Identität aufgehoben und aufgelöst zu haben. Der Prozeß, durch die Negation vorangetrieben, ist für Hegel selbst die Negation der Negation, die Rettung des Todes von Einzelnem, von der Nichtidentität in der Identität. Hier dagegen wird in dem dialektischen Prozeß das nichtidentische Moment in der begrifflichen Identifizierung nichtidentisch als Wahrheit festgehalten. Wenn Hegel in dem Prozeß dem Nichtidentischen nur funktionalen Rang zuschreibt, so ist es hier umgekehrt: Die Identität des Nichtidentischen ist Funktion, das nichtidentische Moment selbst aber die Wahrheit.

Vom nominalistischen Ansatz ausgehend die Wahrheit zu denken, heißt dann, in der dialektischen Subjekt-Objekt-Vermittlung mit ihrer bei Hegel erreichen Identität gegen Hegel gerade den Vorrang des Objektiven vor dem Subjekt um seiner selbst willen ernst in die dialektische Vermittlung aufzunehmen und durchzuhalten.

Allerdings muß wohl auf der jetzigen Stufe der Diskussion des Konstruktionsbegriffes allen auftretenden einzelnen Begriffen, auch dem Begriff des Begriffes selbst, eine neue und verwandelte Bedeutung im Sinne eines Umfunktionierens beigemessen werden. Das Nichtidentische wandelt sich von dem rein chaotischen Sinnesmaterial zu einer immer lichteren Identität, die es aber doch nie ist. Vielmehr muß gesagt werden, daß das Nichtidentische schon Produkt der Identität ist, wie auch umgekehrt. Die Selbstbewegung der Begriffe ist dann so zu sehen, daß sie alle voneinander leben, also auch die Nichtidentität von der Identität, die bei Hegel das Nichtidentische sterben läßt.

Wenn für diesen Begriff von Konstruktion spricht, daß er jetzt einer inneren Notwendigkeit und nicht bloß einer logischen Form folgt, so müßte an dieser Stelle die Diskussion doch fortgesetzt werden, denn was sich am Ende des Prozesses gezeigt hat, läßt sich kaum noch mit dem einen Wort Wahrheit sagen.

## 234 Konrad Balder Schäuffelen, 26. Januar 1961

Dr. B. Schäuffelen[92]

*Protokoll der Sitzung des Seminars vom 26. 1. 1961*

Mehrfach kam in dieser Seminarsitzung die Rede auf die Bedeutung der sprachlichen Darstellung in der Philosophie. So wie sie selbst dynamisch wird dadurch, daß sie an der Form der Sprache festhält, ist es ihre Sprache, die auf jeder Stufe des Fortschreitens scharfer Prägung bedarf, um am dynamischen Prozeß teilzuhaben. Die Sprache ist ihrem Inhalt gegenüber verantwortlich, so sehr auch dieser Inhalt auf der anderen Seite gegenüber seiner sprachlichen Fixierung gleichgültig ist. Zu erinnern ist hier an Hegels Satz im zweiten Buche der Logik, im Abschnitt über Form und Inhalt,[93] daß nämlich »die Bestimmungen der Form ein materielles, gleichgültiges Bestehen haben«.[94]

Jeder Satz erstarrt im Augenblick seiner Formulierung zu einer mitteilbaren Formel, die in der Anstrengung des gesamten dialektischen Prozesses wieder aufgelöst und zur reicheren Aussage weitergebildet werden muß. Nie kann man daher in einem Satze die ganze Wahrheit aussprechen, obgleich jeder Satz seiner Form nach notwendig diesen Anspruch erhebt. Jeder Versuch, das Ganze zu bestimmen, geht an diesem Anspruch zugrunde. Die ganze Wahrheit erweist sich jeweils als endliche Bestimmung ihrer selbst. Der Verfasser eines philosophischen Textes, der um diesen Sachverhalt weiß, ist daher genötigt, Askese zu üben: Auf jeder Stufe der gedanklichen Bewegung muß das für sie Gültige, und nur das, gesagt werden.

Schwierigkeiten sprachlicher Darstellung zeigten sich am Begriffe des »Erklärens«. Konstruktion bedeutet die Einbildung des Unendlichen ins Endliche. Es geht also nicht so sehr darum, das Unendliche aus dem Endlichen zu »erklären«, d. h. rationalistisch abzuleiten, als vielmehr, das Unendliche durch Endliche hindurch zu fassen, d. h., in der Konstruktion des Endlichen doch zum Unendlichen zu gelangen.

---

92 Schäuffelen wird 1959 mit der Schrift »Cerebrale Dekompensationserscheinungen unter der Behandlung mit Phenothiazinen und Tofranil« in Frankfurt a. M. promoviert.
93 Vgl. HW, Bd. 6, S. 94 f.
94 »Der Inhalt ist ferner *bestimmt* an ihm selbst, nicht nur wie die Materie als das Gleichgültige überhaupt, sondern als die formierte Materie, so daß die Bestimmungen der Form ein materielles, gleichgültiges Bestehen haben.« (Ebd., S. 95)

Es wurde hierzu bemerkt, daß mit »Klarheit« in der Philosophie seit Descartes' »clara et distincta perceptio«[95] das gemeint wird, was »klar gegeben« ist. Die Klarheit ist also immer auf Tatsachen (d. h. für Descartes: Bewußtseins-Tatsachen) bezogen. Wenn im oben genannten Zusammenhang von »erklären« gesprochen würde, so setzte das voraus, daß das Unendliche dem Denken quasi gegenständlich gegenübersteht. Nun ist aber das Unendliche nicht Gegenständliches, es kommt also zu keiner Adäquation des Gedankens an eine ihm gegenüberstehende res. Bergson beispielsweise hätte nicht gesagt, daß man das Absolute »begreifen« könne. Für ihn hätte hier sein Begriff der »Sympathie« bzw. des intuitiven Denkens Gültigkeit gehabt.[96] Je nach der Natur dessen, was einer Philosophie als Unendliches gilt, ändert sich korrelativ auch der Begriff dessen, wie und wodurch es methodisch angegangen wird. So gibt es den Vorgang des Begreifens, des Sich-Identifizierens, des Anschauens usw., aber kein für alle Philosophien verbindliches Tätigkeitswort dafür. Heidegger z. B. ist gegen die Konstruktion und verwahrt sich dennoch des Vorwurfs des Positivismus. Er will sich des Seins »versichern«, und zwar indem er ihm »lauscht«, auf es »hört« und dergleichen.[97]

---

**95** Im Abschnitt »Über das Wahre und Falsche« der »Meditationen« [1641] heißt es etwa: »Ich habe mich in diesen Tagen so daran gewöhnt, den Geist den Sinnen zu entziehen, und habe so eindringlich bemerkt, wie überaus wenig von den körperlichen Dingen wahr erfaßt, wie viel mehr jedoch vom menschlichen Geist, und sogar noch viel mehr von Gott erkannt wird, daß ich das Denken jetzt ohne irgendeine Schwierigkeit von den in der Anschauung vorstellbaren zu den nur mit dem Verstand einsehbaren und von aller Materie getrennten Dingen hinlenken kann. Und tatsächlich besitze ich eine viel deutlichere Idee des menschlichen Geistes, insofern er ein denkendes Ding und weder in Länge, Breite und Tiefe ausgedehnt ist, noch sonst irgendetwas vom Körper an sich hat, als eine Idee irgendeines körperlichen Dinges. Wenn ich jedoch berücksichtige, daß ich zweifle, also ein unvollständiges und abhängiges Ding bin, bietet sich mir eine so klare und deutliche Idee eines unabhängigen und vollständigen Seienden, will sagen, Gottes, daß ich allein aus der Tatsache, daß eine solche Idee in mir ist, bzw. ich als ein diese Idee besitzendes Ich existiere, so offenkundig schließe, daß auch Gott existiert und meine gesamte Existenz in jedem einzelnen Moment von ihm abhängt, daß ich mich ganz darauf verlasse, von der menschlichen Geisteskraft könne nichts evidenter, nichts sicherer erkannt werden.« (René Descartes, Meditationen, hrsg. und übers. von Christian Wohlers, Hamburg 2009 [Philosophische Bibliothek; 596], S. 59 – 68; hier: S. 59)
**96** Bergson sagt, »daß ein Absolutes nur in einer *Intuition* gegeben werden kann, während alles übrige zum Bereich der *Analyse* gehört. Wir bezeichnen hier als Intuition die *Sympathie*, durch die man sich in das Innere eines Gegenstandes versetzt, um mit dem, was er Einzigartiges und infolgedessen Unaussprechliches an sich hat, zu koinzidieren.« (Henri Bergson, Denken und schöpferisches Werden [1934], hrsg. und eingel. von Friedrich Kottje, übers. von Leonore Kottje, mit Nachw. von Konstantinos P. Romanòs, Frankfurt a. M. 1985, S. 183)
**97** Im *Jargon der Eigentlichkeit* [1964] heißt es: *Philosophie, die aufs Vermögen zu lauschen soviel sich zugute tut, macht sich taub gegen die Worte, während ihr Nachdruck den Glauben erweckt, sie*

Im weiteren wurde eine Intention skizziert, die man mit dem Ausdruck »negative Dialektik« charakterisieren könnte. Im Bestreben, die Wahrheit zu erfassen, gibt es zunächst zwei Wege, die einander ausschließen.

Es gibt den Weg des konstruierenden Denkens, das über das hinausgehen muß, was der Gedanke leisten kann. Zum anderen ist es der Versuch, Absolutes sich als dinghaft positiv vorzustellen. Während nun der erste Weg das Gebiet überschreitet, in dem überhaupt etwas faßbar ist, während er versucht, von einem endlichen Bewußtsein ausgehend, über die Grenzen dieses Bewußtseins hinauszukommen und dies tun muß, will er überhaupt Philosophie sein, muß der zweite, positivistische, darauf hinauslaufen, sich selber als ein bloßes Funktionieren zu verstehen, wobei aber andererseits einzugestehen ist, daß ohne Motivation von der Sache her eben gar keine Erkenntnis gedacht werden kann. Die Wahrheit verschwindet in beiden Richtungen. Sie besteht vielmehr in der bestimmten Negation beider entgegengesetzter Möglichkeiten, kommt zutage, wenn in beiden das Täuschungsmoment erkannt wird. Indem wir in den Denk-Konstruktionen befangen sind, wissen wir, daß nicht alles damit inhaltlich einbegriffen wird. Es geht also um eine kritische Einschränkung des idealistischen Identitätsanspruches und andererseits um einen Einspruch gegen die instrumentalistische Anwendung des Denkens im Positivismus. Erkenntnis muß mehr sein als ihre eigene Immanenz, als das, was sie selbst leistet.

Das Nicht-Identische gewinnt an Vorrang, denn was nicht selber Geist ist, tritt hervor. Der Geist durchschaut seine eigenen Verfahrensweisen als Trug. Die Negation idealistischer und positivistischer Wahrheits-Begriffe ist die Möglichkeit der Wahrheit, eine Formulierung, die selber fast schon wieder zu positivistisch klingt.

Der Gegenstand spielt eine bedeutende Rolle. Es kommt darauf an, seiner Melodie zu folgen. Das Subjekt gibt sich so dem Gegenstand hin, daß dieser zu sprechen anfängt. Dann erscheint am Gegenstand das, was nicht unmittelbar ist, das Negative. Im gleichen Maße, wie der Gegenstand an Bedeutung zunimmt, gewinnt das Subjekt an Freiheit. Es hat sie in höherem Maße, als sie ihm von Hegel zugestanden worden war. Zwar würde auch Hegel von einem »Sich-Anschmiegen« ans Objekt sprechen. Bei Hegel würde dies aber ein Sich-im-Objekt-Wiederfinden des Geistes bedeuten. Für ihn muß das Subjekt sich in der Sache wiederfinden. Wenn die Sache in sich selbst reflektiert, so ist es das Subjekt, das in ihr reflek-

---

*Deckbild der Willkür, schmiege den Worten sich an. Heideggers Urlaute äffen wie die meisten. Kaum allerdings vermöchte ein feineres sprachliches Organ als das seine besser zu leisten, was ihm mißlingt. Jede solche Anstrengung hat ihre sprachlogische Grenze am okkasionellen Moment noch des genauesten Wortes.* (GS, Bd. 6, S. 451 f.)

tiert. Dadurch aber ist die Freiheit des Subjektes gegängelt, d.h. an die Sache gebunden.

Dadurch, daß wir uns dem Objekt hingeben, ohne vorausbestimmen zu wollen, was herauskommen soll, ist unsere Freiheit größer. Damit haben wir die Einschränkung, die es bei Hegel gibt, überwunden. Hegels Freiheit zum Objekt stellt einen Akt des Sich-Unterordnens dar. Aber gerade wenn das Objekt nicht à tout prix Subjekt werden will, ist es selbst wieder freier. Wir geben auch dem Objekt mehr Freiheit.

Das Wissen darum, daß die Wahrheit das Ganze ist, lieferte Hegel den Motor, der über die Reflexions-Philosophie hinausführte. Die Wahrheit ist das, als was jeder Begriff sich durch alle Reflexion hindurch entfaltet. So hat Hegel zwar am subjektiven Idealismus (»Glauben und Wissen«) das Tautologische kritisiert,[98] aber seine Philosophie läuft letzten Endes selbst auf eine, wenn auch geniale Tautologie hinaus, die sich auf das Ganze beruft. Bei Hegel und dem ganzen deutschen Idealismus stößt man auf einen gewissen Trick: Man weiß schon, was herauskommt: Nicht die Konstruktion im vorher genannten Sinne, sondern die Identität. Das ist genau der Zwang, von dem die »negative Dialektik« sich frei machen will. Die Konstruktion ist das Neue, alles andere ist nur Nachkonstruktion. Nicht ein vorgestelltes Ziel soll erreicht werden. Man darf nicht gleich auf die General-Thesis der Subjektivität alles Erkennens kommen. Sonst ist alles vorentschieden. Ebensowenig aber darf – wie in den östlichen Ländern – die Philosophie zum Abbild der Wirklichkeit werden, denn das Denken ist die Sache selbst und nicht deren Bild.

Was man als negative Dialektik bezeichnen könnte, bedeutet den Versuch der Philosophie, mit philosophischen Mitteln der Pedanterie zu entgehen, die in der Philosophie selbst liegt. Der Satz aus der »Phänomenologie des Geistes«, daß nämlich die Dialektik »keine festzulegende Methode« sei, ist in ihr sehr wichtig.[99]

---

98 Vgl. HW, Bd. 2, S. 287–433.
99 Diese Phrase findet sich nicht in der »Phänomenologie des Geistes«. Das Gemeinte legt Hegel an einer Stelle aus deren »Vorrede« dar, wenn er sagt: »Ebensowenig ist – nachdem die Kantische, erst durch den Instinkt wiedergefundene, noch tote, noch unbegriffene *Triplizität* zu ihrer absoluten Bedeutung erhoben, damit die wahrhafte Form in ihrem wahrhaften Inhalte zugleich aufgestellt und der Begriff der Wissenschaft hervorgegangen ist – derjenige Gebrauch dieser Form für etwas Wissenschaftliches zu halten, durch den wir sie zum leblosen Schema, zu einem eigentlichen Schemen, und die wissenschaftliche Organisation zur Tabelle herabgebracht sehen.« (HW, Bd. 3, S. 48) Entsprechend bemerkt Adorno in der Vorlesung *Einführung in die Dialektik* im Sommersemester 1958: *Eine der Zumutungen des dialektischen Denkens, und vielleicht nicht die kleinste, ist eben die, daß man nun nicht, wenn man dialektisch denkt, so wie ein Schullehrer kantischen Stils denken wird: ›Nun habe ich die Methode, und wenn ich die einmal habe, dann kann mir überhaupt nichts mehr passieren.‹ Genau {gegen} diese Vorstellung einer Methode, mit der man*

Die Frage nach dem Unterschied zwischen philosophischer Konstruktion und wissenschaftlicher Theorie-Bildung wäre damit zu beantworten, daß naturwissenschaftliche Theorien nicht nur Abbreviaturen der darunter befaßten Phänomene, also nicht rein nominalistisch sind, sondern es sind Versuche von Konstruktionen, die hinterher mit den Phänomenen verglichen werden. So kann von einer Theorie zur nächsten besseren vorgeschritten werden. Man wird dabei allerdings auf Begriffe stoßen, die naturwissenschaftlich nicht mehr ableitbar sind. Schelling sagt in seiner Abhandlung »Über die Konstruktion in der Philosophie« (als Einleitung zur Vorlesung von Karl H. Höyer)[100], »daß Axiome und Definitionen keineswegs wahre Prinzipien, daß sie vielmehr Grenzpunkte der Prinzipien und der Wissenschaft – Grenzpunkte des Zurückgehens aus ein absolut Erstes sind. Der gleichen Grenzpunkte bedarf jede untergeordnete Wissenschaft, z. B. die Physik; durch dieselbe isoliert sie sich gleichsam und bildet sich für sich.«[101] Diese Isolierung führt allerdings zu einer Verarmung sowohl der Einzelwissenschaften als auch der Philosophie, die durchs bloße Schöpfen der Naturwissenschaften aus dem Reservoir der Philosophie nicht wettgemacht wird.

Einen Kontrapunkt zu den Betrachtungen über Probleme der Konstruktion stellte das Referat über Aspekte und Elemente der Mystik in Schellings Weltaltern dar.[102] Wenn man auch Schellings keineswegs einen Mystiker bezeichnen darf, so fällt die Konzeption seiner Weltalter doch in die Kontinuität des mystischen Denkens hinein. Für Schelling gibt es – um ein wichtiges Charakteristikum dieses Zusammenhangs zu nennen – keine Wahrheit jenseits des Subjektes, keinen Schöpfer, der über allem thront und von allem, von der Welt unterschieden ist.

---

*nun gewissermaßen automatisiert, blind weiterwursteln kann, anstatt in jedem Augenblick die Anstrengung des Gedankens selber zu vollziehen, dagegen eben hat Hegel sich aufs heftigste gewandt.* (NaS, Bd. IV·2, S. 76)
100 Vgl. Benj[amin] Carl Henrik Hoyer, Abhandlung über die philosophische Construction, als Einleitung zu Vorlesungen in der Philosophie [1799], Stockholm und Hamburg 1801.
101 »Wie komme ich nur überhaupt zu zwei und mehreren Dingen, um es als Axiom aufzustellen, daß zwei Dinge, die einem dritten gleich sind, sich selbst gleich sind, oder zu den Begriffen des Ganzen und des Theils, um zu sagen, daß das Ganze größer ist als sein Theil? Diese Fragen ließen sich, wie man wohl sieht, ins Unendliche fortsetzen, die Möglichkeit derselben beweist, daß Axiome und Definitionen keineswegs, wie sie hier von Kant vorgestellt werden, wahre *Principien*, daß sie vielmehr *Grenzpunkte* der Principien und der Wissenschaft – Grenzpunkte des Zurückgehens auf ein absolut Erstes sind. Dergleichen Grenzpunkte bedarf jede untergeordnete Wissenschaft, z. B. die Physik; durch dieselbe isolirt sie sich gleichsam und bildet sich für sich.« (SW, Bd. 3, S. 556f.)
102 Wolfram Wähner, »Aspekte und Elemente der Mystik in ›Druck I‹ (1811) von Schellings ›Weltaltern‹«, Archivzentrum Na 1, 888. – Der Referatstext zitiert zur Darstellung ausführlich aus Scholem, Die jüdische Mystik in ihren Hauptströmungen, a.a.O. (s. Anm. 34).

Aber diese Einheit müßte als eine vorher verlorene in einem mystischen Drang wiedergewonnen werden.

Gerade dadurch, daß die Kluft zwischen Göttlichem und Menschlichem aufgerissen worden ist, wurde der mystische Ansatz möglich. Durch die Entzweiung hindurch drängt die Seele zum Licht, zu dem, was Schelling »Seligkeit« nennt. Die Seligkeit ist das Bewußtsein der Einheit mit dem Grunde, mit dem Absoluten.

So ist also für Schelling das innere Prinzip der Subjektivität selber das Absolute – eine durchaus mystische Vorstellung. Wie könnte der Mensch, heißt es zu Beginn der Einleitung in die Weltalter, »er allein bis zum Anfang der Zeiten aufsteigen, wenn in ihm nicht ein Prinzip vor dem Anfang der Zeiten wäre?«[103] Die menschliche Seele hat Mitwissenschaft der Schöpfung, ja, sie ist selber die Wissenschaft. Die menschliche Seele ist also nicht der Schauplatz, auf dem sich objektives Stückwerk abspielt, sondern sie ist die Objektivität selbst. Wenn es nun ein Absolutes als Ausgangspunkt gibt, wie muß dieses beschaffen sein? Hier greift Schelling auf Topoi zurück, wie sie im Protestantismus und in der Kabbala entstanden sind und wie sie darüber hinaus – ungeachtet der von Religion, Idiom usw. gesetzten Grenzen und trotz der Inkommensurabilität des Gegenstandes – in allen mystischen Strömungen eine eigenartige Gleichartigkeit aufweisen. Die mystische Struktur ist ähnlich in allen Religionen.

Eine andere Eigentümlichkeit aller mystischen Theorie ist ihr Hang zu entfremdetem, dinghaftem Rationalismus. Der Zweck wird im bloßen Schauen nicht erreicht, heißt es in der Einleitung zu den Weltaltern.[104] Schelling möchte den Weg zur Objektivität der Wissenschaft geöffnet wissen.

»Solange diese (die Wissenschaft nämlich) auf das Innerliche beschränkt bleibt, fehlt es ihr an dem natürlichen Mittel äußerlicher Darstellung.«[105] Selbst dem übersinnlichsten Gedanken soll physische Kraft eingehaucht werden. Dies bedeutet aber auch eine gewisse Schematisierung. So sucht in der Darstellung der Potenzen die Wissenschaft (im vorher gemeinten Sinne), beim bewußten Dasein des Ewigen anfangend, dieses zur höchsten Verklärung in einem göttlichen Bewußtsein hinaufzuführen. In der jüdischen Kabbala ist das ebenfalls etwas schematische Sephirot den Schellingschen Potenzen nahe verwandt.

---

103 S. oben, Anm. 19.
104 S. oben, Anm. 54.
105 »Unsrem Zeitalter scheint es vorbehalten gewesen zu seyn, den Weg zu dieser Objektivität der Wissenschaft für immer zu öffnen. So lange diese auf das Innerliche beschränkt bleibt, fehlt es ihr an dem natürlichen Mittel äußerer Darstellung. Jetzt ist, nach langen Verirrungen, die Erinnerung an die Natur, und an ihr vormaliges Einsseyn mit ihr, der Wissenschaft wieder geworden.« (SW, Nachlaßbd., S. 8; vgl. SW, Bd. 4, S. 581)

Jede Mystik hat die Tendenz, irgendwo ins Mythologische zu regredieren. Wo das Absolute als Dynamisches aufgefaßt wird, wird es in seiner Einheit aufgehoben. Einzelne Mächtigkeiten lösen sich ab, es kommt zum Polytheismus, zum Rückfall in Naturreligion. Magische Kräfte gewinnen an Bedeutung (der Golem!)[106]. In diesem Zug der Mystik droht immer der Theologie ihre Re-Mythologisierung, und so wurde dieser auch von allen Religionen als Häresie verfolgt. Man kann also sagen, daß auf der einen Seite die Mystik dem mythologischen Wissen scharf entgegengesetzt ist, weil sie die Spaltung Mensch–Gott, Wesen–Erscheinung usw. scharf heraushebt; auf der anderen Seite besteht ein Hang der Mystik zum Mythischen: in der Dynamisierung des Absoluten.

---

[106] Einige jüdische Legenden berichten vom mystischen Golem, einem aus Lehm gefertigten menschenähnlichen Wesen. Die bekannteste schreibt dem spätmittelalterlichen Rabbi Judah Löw aus Prag die Fähigkeit zur Erschaffung jenes Wesens zu.

## 235 Elisabeth Barbara Meyer, 2. Februar 1961

Elisabeth Barbara Meyer

*Protokoll der Seminarsitzung vom 2. II. 1961*

Das Protokoll von Herrn Dr. Schäuffelen führte das Seminar wiederum auf das Problem, wie das philosophische Denken sich zur Sprache verhält. Es wurde dabei festgestellt, daß das philosophische Denken darin bestehe, den Gedanken in die Sprache hinein formulieren zu können, daß es also keineswegs gegen die Sprache gleichgültig sei. Herr Prof. Adorno erläuterte, daß die Theorie, die Inhalte seien gleichgültig gegen die sprachliche Formulierung, sich auf den verdinglichten Standpunkt der herrschenden Wissenschaft beziehe, der sich nicht nur in der Philosophie, sondern auch in der Philologie finde. – Ebensolche Schwierigkeiten treten bei den Begriffen des »Erklärens« und des »Konstruierens« auf. Jeder Versuch, durch generalisierende Abstraktion etwas »erklären« zu wollen, muß notwendig scheitern. »Erklären« bedeutet Unbekanntes auf Bekanntes zu reduzieren und damit begreiflich zu machen. Anders gesagt: durch ständige Reflexion über das Bekannte darüber hinaus zu gelangen zum Unbekannten. (Auf das Thema des Seminars bezogen heißt das: solange über das Endliche zu reflektieren, bis man durch dies hindurch das Unendliche erfassen kann.) »Konstruieren« dagegen meint den Vorgang, das bereits Bekannte zur Transparenz zu bringen, indem man den Zusammenhang konstruiert, der es sinnvoll macht.

Diese Problematik führt direkt zum Verhältnis von Religion und Mystik, dem Thema, mit dem sich das Seminar befaßte. Hierbei wurden gegenübergestellt: der Protestantismus als die radikal antimystische Religion, für die Gott – als das Unendliche – das schlechthin Andere ist, das unvermittelt der Welt – als dem Endlichen – gegenübersteht. Diese konsequente Trennung kennt und duldet keinerlei Vermittlung, und sie läßt daher kaum Platz für mystische Elemente. Der Katholizismus dagegen weist ein größeres Maß an Vermittlung auf. Durch seine Fähigkeit, die unterschiedlichsten Momente in sich aufzunehmen, vermag er auch die Mystik zu rezipieren. In der jüdischen Religion finden sich zwei einander entgegengesetzte Strömungen: Einerseits die rabbinisch-talmudistische, die ausgesprochen rationalistisch ist; andererseits eine mystisch-kabbalistische, zum Pantheismus hinstrebende Richtung.

In allen Religionen (auch – wenn auch in sehr geringem Maße – im Protestantismus) sind mystische Elemente enthalten. Werden sie jedoch übermächtig, so zeigt dies an, daß die jeweilige Religion erschüttert ist. In diesen Fällen tritt ein auffällig rationalistisches Element in der Mystik auf, das deutlich apologetisch ist:

Der von der Religion konstituierte ordo ist zerfallen, und die Mystik sucht ihn nachträglich zu retten. Indem jedoch die Mystik die verlorene analogia entis auf eigene Faust zu erreichen und wiederherzustellen sucht, fällt sie notwendig hinter diese zurück in eine – vom Neuplatonismus konstruierte – Identität.

Zugleich jedoch enthält die Mystik ein völlig anderes, in gewisser Weise revolutionäres Element, indem sie die »Freiheit der Kinder Gottes« proklamiert. Die Bekämpfung der Mystik durch die »offizielle« Religion hat daher zwei Gründe: Einmal will diese den Zerfall des ordo, den die Mystik deutlich werden läßt, nicht anerkennen; zum anderen ist der Kampf die Verteidigung der etablierten Ordnung, in die die Lehre von der »Freiheit der Kinder Gottes« als ein anarchisches Element einbricht.

In der Philosophie vertritt Kant den antimystischen-protestantischen Standpunkt. Seine Lehre vom Unvermögen der Vernunft, das »Ding an sich«, d. h. das Absolute, Unendliche zu denken, ist eindeutig säkularisierter Protestantismus. Schelling dagegen unternimmt den Versuch, theologische und auch mystische Überlieferungen zu rationalisieren. Bei ihm erfährt die Theologisierung der Metaphysik, wie die für das Mittelalter charakteristisch ist, eine völlige und konsequente Umkehrung.

Das Referat des Herrn Wähners befaßte sich mit den »Prozessen in der Gottheit« und interpretierte den »Zimzum«-Begriff Isaak Lurias. Um schöpferisch werden zu können, muß Gott sich zuerst durch einen Akt der Kontraktion in sich selbst zurückziehen, um damit einen »Ur-Raum« zu schaffen, in den hinein er sich dann in Schöpfung und Offenbarung entäußern kann. Dieser Begriff der Selbstverschränkung Gottes findet sich auch häufig bei Schelling. Er stammt aus der Mystik, die ihn als Akt der göttlichen Liebe auffaßte, da erst durch diese freiwillige Selbsteinschränkung Gottes die Freiheit der Menschen ermöglicht wird. Die Theorie Baaders interpretiert die Schöpfung gleichfalls als zwei voneinander verschiedene, jedoch notwendig zusammengehörende Akte: den esoterischen und den exoterischen, also das »in sich Zurückziehen« und das »aus sich Herausgehen« Gottes.

Herr Prof. Adorno wies auf die Unhaltbarkeit von Schellings Freiheitsbegriff hin, der durch den in ihm enthaltenen Determinismus ein entschieden autoritäres und antihumanistisches Moment aufweise. – Allerdings sind diese Schwierigkeiten bereits in der Ethik Kants angelegt, dessen Begriffe der »Kausalität der Freiheit«[107] und des intelligiblen Charakters widersprüchlich und unklar sind.

---

107 »Einer von den verschiedenen vermeinten Widersprüchen in dieser gänzlichen Unterscheidung der Naturkausalität von der durch Freiheit ist der, daß man ihr den Vorwurf macht: daß, wenn ich von *Hindernissen*, die die Natur der Kausalität nach Freiheitsgesetzen (den moralischen) legt, oder ihrer *Beförderung* durch dieselbe rede, ich doch der ersteren auf die letztere

Das hat zur Folge, daß der Begriff der Freiheit, der bei Kant und auch bei Fichte noch einen durchaus realen Sinn hatte, kassiert wird und in sein Gegenteil umschlägt. Und zwar geschieht dies dadurch, daß ein einziger Gedanke Kants, nämlich die Theorie vom intelligiblen Charakter, konsequent zu Ende gedacht wurde. Diese Entwicklung läßt sich bis in die gegenwärtige Philosophie weiterverfolgen. So vertritt z. B. Sartre die These von der völligen Freiheit der Entscheidung. Was jedoch einmal frei entschieden und gewählt wurde, läuft dann streng determiniert ab.

Der Referent behandelt in der Folge den Begriff des Nichts, der mit dem Alles und mit der Lauterkeit identifiziert wird. Es ist der potentielle Zustand Gottes, der »Nichts« ist, da er nach keiner Wirklichkeit verlangt; der »Alles« ist, da er alles beherrscht, ohne selbst von irgend etwas beherrscht zu werden, und der »lauter« ist, da er nicht mit Sein behaftet ist. – Der philosophische Begriff des »Reinen« ist dabei die Säkularisierung des theologischen »Nichts«. Seine spezifische Gestalt ist das »a priori«, die »Form«. Die aristotelische Gegenüberstellung von μορφή und ὕλη[108] tritt hier in veränderter Weise wieder auf. Der christlich vermittelte Neuplatonismus muß Gott als »Nichts« bezeichnen, da dies das einzig Uneingeschränkte ist. Jeder Name und auch jedes Attribut wäre ja eine Einschränkung, die dem Charakter des Uneingeschränkten und Uneinschränkbaren zuwiderliefe.

Bei Schelling tritt hier ein dialektisches Moment auf. Der Wille, der »nichts will« und der Wille zur Existenz sind zugleich identisch und einander entgegengesetzt. Der erstere ist Bejahung, der zweite Verneinung seiner selbst. Beide schaffen in ihrem Ineinanderspielen einen unendlichen Wechsel von Expansion und Kontraktion, den, wie Schelling es nennt, »sich selbst zerreißenden Wahnsinn«.[109] – Ähnliche Formulierungen finden sich bei Schopenhauer. Nach ihm ist

---

einen *Einfluß* einräume. Aber, wenn man das Gesagte nur verstehen will, so ist die Mißdeutung sehr leicht zu verhüten. Der Widerstand, oder die Beförderung, ist nicht zwischen der Natur und der Freiheit, sondern der ersteren als Erscheinung und den *Wirkungen* der letztern als Erscheinungen in der Sinnenwelt; und selbst die Kausalität der Freiheit (der reinen und praktischen Vernunft) ist die Kausalität einer jener untergeordneten Naturursache (des Subjekts, als Mensch, folglich als Erscheinung betrachtet), von deren *Bestimmung* das Intelligible, welches unter der Freiheit gedacht wird, auf eine übrigens (eben so wie eben dasselbe, was das übersinnliche Substrat der Natur ausmacht) unerklärliche Art, den Grund enthält.« (KW, Bd. IX, S. 271, Anm. [B LV; A LIII])

108 Zur Gegenüberstellung von Form und Materie vgl. etwa Aristoteles, Metaphysik, nach der Übers. von Hermann Bonitz bearb. von Horst Seidl, in: Aristoteles, Philosophische Schriften in sechs Bänden, Bd. 5, Hamburg 1995, S. 248–250 (1069b–1070a).

109 »Nicht umsonst haben die Alten von einem göttlichen und heiligen Wahnsinn gesprochen. So sehen wir ja auch die schon in freier Entfaltung begriffene Natur in dem Verhältnis, als sie dem Geist sich annähert, gleichsam immer taumelnder werden. Denn es befinden sich zwar alle Dinge

das Leben ein ständiges Schwanken zwischen dem Willen zum Leben und dem Willen zum Tode, d.h. zur Ruhe. Ein Stabilisieren dieses Schwankens gibt es nicht, und daher ist auch das Glück eine Unmöglichkeit, da es gerade in dieser Stabilität besteht.

Die Erlösung von diesem »sich selbst zerreißenden Wahnsinn« sieht Schelling darin, daß das »einende Prinzip« sich selbst verdoppelt, daß es zeugt. »So wird aus dem Mittelpunkt der Contraction des ewigen Vaters der ewige Sohn geboren«[110], der als solcher Ursache von dem Sein des Vaters ist. Damit wird das Absolut-Absolute vom Relativ-Absoluten abhängig. Nicht nur in der Relation Gott-Vater–Gott-Sohn, sondern auch darüber hinaus macht das Relative das Absolute von sich abhängig. Wenn Gott mit dem von ihm geschaffenen Geschöpf im Zentrum der Seele zusammenfällt, so entsteht eine Substanz-Einheit: Das Relative, also das Geschöpf, wird zum notwendigen Teil des Absoluten, also Gottes. (Hiermit hängt auch Schellings Zeitbegriff untrennbar zusammen, der meint, daß Vergangenheit erst dann möglich wird, wenn Gegenwart ist).

Auch das Moment der Abhängigkeit Gottes von seinen Geschöpfen stammt aus der Mystik. Bei Meister Eckart und vor allem bei Angelus Silesius finden sich Formulierungen, die diese Abhängigkeit klar aussprechen. Bei Schelling erscheinen sie da am deutlichsten, wo im theogonischen Prozeß Gott-Sohn zum »Erlöser« Gott-Vaters wird.[111]

Die Problematik des Bösen bei Schelling hat ebenfalls verschiedene Wurzeln; vor allem ist hier auf Böhme hinzuweisen, für den das Böse notwendig für das Sein des Guten ist.[112] Für Schelling ist das Böse ein notwendiger Teil des Guten,

---

der Natur in einem besinnungslosen Zustand; jene Geschöpfe aber, die der Zeit des letzten Kampfes zwischen Scheidung und Einung, Bewußtseyn und Bewußtlosigkeit angehören und in den Schöpfungen der Natur unmittelbar dem Menschen vorangehen, erblicken wir in einem der Trunkenheit ähnlichen Zustand dahinwandeln. [...] Die größte Bestätigung dieser Beschreibung ist, daß jener sich selbst zerreißende Wahnsinn noch jetzt das Innerste aller Dinge, und nur beherrscht und gleichsam zugutgesprochen durch das Licht eines höheren Verstandes, die eigentliche Kraft der Natur und aller ihrer Hervorbringungen ist.« (SW, Bd. 4, S. 713 f.)

110 »Was könnte aber die zusammenziehende Urkraft anders aus sich zeugen, als das, dessen die Wesenheit begehrt, durch deren Verlangen sie allein in jenen Widerstreit versetzt wurde, das ihr ähnliche, die *reinste Liebe!* Wie im Herzen die Liebe, so wird aus dem Mittelpunkt der Contraction des ewigen Vaters der ewige Sohn geboren.« (SW, Nachlaßbd., S. 58)

111 »Der Sohn ist der Versöhner, der Befreyer und Erlöser des Vaters, und wenn die väterliche Kraft vor dem Sohne war, so war sie nicht weniger auch vor dem Vater; denn der Vater selbst ist nur *in* dem Sohn und durch den Sohn Vater. Daher der Sohn auch wieder Ursache von dem Seyn des Vaters ist und hier vorzugsweise gilt jene den Alchemisten bekannte Rede: des Sohnes Sohn ist der des Sohnes Vater war.« (Ebd., S. 59)

112 Bei Böhme heißt es: »In GOttes Reich, als in der Licht-Welt, wird nicht mehr als ein *Principium* recht erkannt: Denn das Licht hat das Regiment, und sind die andern Qualen und Eigen-

der diesem seinen Halt verleiht. Gut und Böse sind also zwei Prinzipien, die nicht nur einander bedingen, sondern die darüber hinaus eine notwendige, untrennbar-identische Einheit bilden.

---

schaften alle heimlich, als ein *Mysterium*, denn sie müssen alle dem Lichte dienen, und ihren Willen ins Licht geben; darum wird die Grimme-Essentz im Lichte verwandelt in eine Begierde des Lichts und der Liebe, in Sanftmuth. [...] Darum ist die finstere Welt der Licht-Welt Grund und Urstand; und muß das ängstlich Böse eine Ursache des Guten seyn, und ist alles GOttes.« (Jacob Böhme, Sex puncta theosophica, oder Von sechs Theosophischen Puncten hohe und tiefe Gründung. Eine offene Porte aller Heimlichkeiten des Lebens, darinnen die Ursachen aller Wesen erkant werden [1620], in: Jacob Böhme, Sämtliche Schriften. Faksimilie-Neudruck der Ausgabe von 1730 in elf Bänden, hrsg. von Will-Erich Peuckert, Bd. 4, Stuttgart 1957, S. 28 f.)

## 236 Claus Behncke,
## 9. Februar 1961

*Protokoll der Seminarsitzung vom 9. Februar 1961*

Zu Beginn der Seminarsitzung vom 9. 2. 1961 wurden in einem Kurzreferat die hauptsächlichen Momente der Rolle des Übels in Leibniz' Theodizee entwickelt.[113]

Gott ist bei Leibniz die Ursubstanz, der Quell der Wahrheiten und des Seins. Als solche ist er allwissend und allmächtig, wobei in ihm der Intellekt das Primat vor dem Willen hat (im Unterschied zu Descartes). Gott hat in seiner Weisheit alle möglichen Welten auf den Grad ihrer Vollkommenheit hin geprüft und die vollkommenste der möglichen zur Verwirklichung gewählt. Da diese Welt aus endlichen Wesen besteht, konnte das Übel nicht von ihr getrennt werden, da Übel Negation, Endlichkeit ist. Diese ursprüngliche Endlichkeit der Geschöpfe nennt Leibniz »malum metaphysicum«. Mit ihm ist die Möglichkeit, nicht die Aktualität des »malum morale« (Sünde) und des »malum physicum« (Schmerz) gesetzt.[114] Gott will das Übel in der Welt nicht; er muß es aber als Bestimmtheit endlichen Daseins zulassen. Die Existenz des Übels ist zufällig und blind, das Gute hingegen der Weltzweck. Trotzdem hat das Böse oft das Verhältnis einer conditio sine qua non des Guten, in dem Sinne, daß Ärgernis sein müsse, damit das Gute sich um so glänzender davon abhebe,[115] ein Motiv, das schon bei Augustinus sich finden

---

113 Elisabeth Barbara Meyer, »Das ›Übel‹ in Leibniz' Theodicee«, Archivzentrum Na 1, 888.

114 »Man kann das Uebel metaphysisch, physisch und moralisch auffassen. Das *metaphysische Uebel* besteht in der einfachen Unvollkommenheit; das *physische Uebel* in den Schmerzen und das *moralische Uebel* in der Sünde. Obgleich das physische und moralische Uebel nicht nothwendig sind, so genügt deren Möglichkeit in Folge der ewigen Wahrheiten, und da diese ungeheure Region von Wahrheiten alle Möglichkeiten befasst, so muss es der möglichen Welten unendlich viele geben, und das Uebel muss in mehreren derselben mit eingehen und selbst die beste muss dessen enthalten. Dies ist es, was Gott bestimmt hat, das Uebel zuzulassen.« (Gottfried Wilhelm Leibniz, Die Theodicee [1710], übers. von J[ulius] H. Kirchmann, Leipzig 1879 [Philosophische Bibliothek; 71], S. 114)

115 Bei Leibniz heißt es, »dass Gott *vorgehend* das Gute will und *nachfolgend* das Beste, und was das Uebel betrifft, so will Gott das moralische Uebel durchaus nicht, auch will er nicht unbedingt das physische Uebel oder die Schmerzen und deshalb giebt es keine unbedingte Vorausbestimmung zur Verdammniss und von dem physischen Uebel kann man sagen, dass Gott oft es als eine der Schuld zukommende Strafe will und oft auch als ein Mittel für einen Zweck, d. h. um grössere Uebel zu hindern oder um grössere Güter zu erlangen. Die Strafe dient auch zur Besserung und Abschreckung und das Uebel lässt oft das Gute mehr empfinden und trägt auch manchmal zu einer grössern Vervollkommnung des Leidenden bei, wie ja auch der gesäete Same behufs des

läßt.¹¹⁶ Ohne das »malum morale«, den von Gott erlaubten Sündenfall Adams, wäre die Menschwerdung Gottes in Christo nicht möglich geworden, hätte Gott der Welt seine Güte nicht offenbaren können. Auch als »malum physicum« ist das Übel bei Leibniz lediglich ein Moment der von Gott prästabilisierten Harmonie.

In dem folgenden Referat wurde, vor allem anhand von Druck III der Weltalter, versucht, Schellings Potenzenlehre darzustellen.¹¹⁷ Die Überlegungen heben an mit der These, in Gott sei Notwendigkeit und Freiheit. In der Notwendigkeit Gottes selbst werden zwei Prinzipien unterschieden: die sich »verschließende Egoität« (B) und die »ausbreitsame Liebe« (A) oder kontraktive Urnegation und expansive Affirmation. Durch einen unbegreiflichen Entschluß Gottes als Freiheit werden diese beiden Prinzipien in fühlbaren Widerspruch gesetzt. Beide sollen jedoch auch ein und dasselbe sein, so daß in ihrer Einheit werden diese beiden Prinzipien in fühlbaren Widerspruch gesetzt. Beide sollen jedoch auch ein und dasselbe sein, so daß in ihrer Einheit das eine oder andere zum [Seienden] beziehungsweise nicht Seienden werden muß. Da beide »aequipolent« sind, muß, damit sie zur Einheit gebracht werden können, diese Einheit verdoppelt werden: erstens in verneinende Kraft (B), die das bejahende Wesen (A) zurückdrängt, oder erste Potenz, und zweitens in die ausbreitsame Bejahung (A), die die verneinende Kraft (B) in sich niederhält, oder zweite Potenz. Statt der einen Einheit haben sich nun zwei entgegengesetzte Einheiten ergeben. Dasselbe, das diese beiden Einheiten waren, bildet auch wieder ihrer beider Einheit, die gesteigerte Einheit des gesteigerten Gegensatzes oder die dritte Potenz. In diesen drei Potenzen ist wohl ein Anfang der Möglichkeit, nicht aber der Aktualität nach; sie sind in ständiger

---

Keimens einer Art Verderbniss unterliegt; ein schöner Vergleich, dessen auch Jesus Christus selbst sich bedient hat.« (Ebd., S. 115)
**116** Bei Augustinus heißt es etwa: »Sooft du also einen Fehler tadelst, lobst du in Wirklichkeit das, dessen Unversehrtheit du wünschest. Aber wessen Unversehrtheit ist das, wenn nicht diejenige der Natur? Denn die vollkommene Natur verdient nicht nur keinen Tadel, sondern in ihrer Art sogar Lob. Du nennst also das einen Fehler, was du als zur Vollkommenheit der Natur fehlend erkannt hast, und dadurch bestätigst du zur Genüge, daß dir die Natur gefällt, von der du im Tadel ihrer Unvollkommenheit willst, daß sie vollkommen ist. [...] Wenn also die Tadel ihrer Fehler die Schönheit und Würde jener Wesen preisen, deren Fehler sie sind, um wieviel mehr ist dann Gott, der Schöpfer aller Wesen, sogar in deren Fehlern zu loben! Denn von ihm haben sie es, daß sie Wesen sind, und insoweit sind sie fehlerhaft, als sie von seiner Kunst abweichen, durch die sie geschaffen sind, und insoweit werden sie getadelt, als ihr Tadler die Kunst sieht, durch die sie geschaffen sind, so daß er an ihnen tadelt, was er dort nicht sieht.« (Augustinus, De libro arbitrio – Der freie Wille, in: Augustinus, Opera · Werke, hrsg. von Johannes Brachtendorf und Volker Henning Drecoll, in Verb. mit Therese Fuhrer und Christoph Horn, Bd. B·9, hrsg., übers. und eingel. von Johannes Brachtendorf, Paderborn, München, Wien und Zürich 2006, S. 261–263)
**117** Der entsprechende Referatstext wurde nicht aufgefunden. – Mit »Druck III der Weltalter« ist die Fassung von 1814/1815 gemeint; vgl. SW, Bd. 4, S. 571–720.

besinnungsloser rotatorischer Bewegung. Ein wirklicher Anfang kann nur von außen, von dem an sich Potenzlosen oder der ewigen Freiheit geleistet werden. Dieses gegenüber dem notwendigen Kreislauf Höhere befreit die drei Potenzen aus ihrer blinden Bewegung, verleiht ihnen Bestand und sublimiert gleichzeitig ihre Sucht in Sehnsucht, die wilde Begierde in Verlangen.[118] Im Anblick dieses Höchsten strukturieren sich die drei Potenzen zur Natur, die 1. Potenz als mögliche Unterlage der äußeren Natur, die 2. Potenz als mögliche Unterlage der Geisterwelt und die 3. Potenz als allgemeine Seele oder das Band zwischen Gott und der Welt.[119] Aus der Spannung zwischen diesen drei Potenzen, ihrem Bestreben, sich auszuschließen und ihrer Sehnsucht nach dem Höchsten entsteht der Weltprozeß. Auf dieser Stufe der Manifestation des Seins entfalten sich die drei Potenzen jeweils wiederum in drei Potenzen, wobei jede ihr Vorbild in der jeweils höheren Potenz hat, ohne doch diese wegen der ursprünglich gesetzten Schranke erreichen zu können. Die erste Potenz versucht, ihr Vorbild aus der Geisterwelt zu verleiblichen, und verwirklicht in sich, was in der zweiten Potenz nur als möglich angelegt ist. Dadurch fühlt sich die zweite Potenz, in dem sie sich in der ersten Potenz verwirklicht sieht, zu dieser hingezogen und im gleichen Verhältnis von ihrem Höheren, der 3. Potenz, abgezogen. Gleichzeitig gehen aber

---

118 »Wie nun aber durch jenes Höhere der Widerspruch versöhnt, das blinde mit sich selbst streitende Wesen von der Nothwendigkeit erlöst werden könne, dieses ist, was uns zunächst darzustellen obliegt. [Absatz] Zunächst ist ihm schon eben durch jenes Höhere die Möglichkeit gegeben zum Seyn zu werden, da es einerseits nur gegen ein Höheres aufgeben kann, und also nur beziehungsweise sein kann, dadurch daß ihm ein anderes das Seyn ist. Denn obwohl an sich selbst das weder Seyende noch Nichtseyende, kann es sich doch gegen alles andere nur als das Seyende verhalten; nicht daß es als das, das an sich weder ist noch nicht ist, aufgehoben wird, sondern daß es eben als das weder Seyende noch nicht Seyende seyend ist. [Absatz] Aber in jenem ewig anfangenden Leben liegt selbst der Wunsch, aus der unwillkürlichen Bewegung und dem Drangsal zu entkommen; und durch seine bloße Gegenwart, ohne alle Bewegung (denn noch ist es das lautere Wollen selbst), gleichsam magisch weckt das Höhere in ihm das Sehnen nach der Freiheit. Die Sucht mildert sich zur Sehnsucht, die wilde Begierde löst sich in das Verlangen auf, mit dem Willen, der nichts will, mit der ewigen Freiheit sich als mit dem eignen wahren oder höchsten Selbst zu verbünden.« (Ebd., S. 615)
119 »Des unmittelbaren Bezugs zu dem unfaßlichen Geist ist die Natur nur durch dasjenige fähig, was in in [sic!] ihr selbst Geist, frei und über das nicht Seyende ($A = B$) und das Seyende ($A^2$) gleicherweise erhaben ist. Denn nur was selbst frei ist von allem Gegensatz, kann dem Widerspruchlosen sich nahen. Nun hängt wiederum dieses (das $A^3$) mit dem Untersten ($A = B$) nicht unmittelbar, sondern nur durch das Mittlere ($A^2$) zusammen. Um also mit dem Ueberseyenden in Bezug zu kommen, muß die ewige Natur in sich selbst jene Verfassung annehmen, daß, was in ihr das Freie ist, über das andere sich erhebt und zum unmittelbaren Subjekt wird des an sich unergreiflichen Geistes, von den beiden andern Principien aber jedes sich niederläßt an den ihm angemessenen Ort, dergestalt daß die erste Potenz den tiefsten, die zweite den mittleren, die dritte aber den obersten Ort einnehme.« (Ebd., S. 616)

die Bildungen der 1. Potenz bis in das Mittlere, die identisch mit der Gottheit, ihre weltzugewandte Seite ist. So werden die von unten aufsteigenden Bildungen auch der verborgenen Gottheit offenbar. Dieser ganze Prozeß hat gegenüber der allein wahrhaft seienden Gottheit das Verhältnis bloßer Potentialität, sinkt immer wieder ins Nichts zurück, um immer wieder unermüdlich aufzusteigen. Während dieses Vorgangs ist der Zustand der Natur nicht fest und stillstehend, sondern eine beständige Entfaltung mit dem Ziel, zu einem vollkommen geist-leiblichen Wesen zu gelangen, in der Weise, daß sich die erste Potenz immer mehr zur mittleren zweiten hin ausbreitet, ihre verborgene geistige Ursubstanz hervorkehrt. Die Sehnsucht, das Höhere (die dritte Potenz) an sich zu ziehen, wird auch in der zweiten Potenz Grund zur Entfaltung und Ausbreitung der Kräfte zur dritten Potenz hin, bis diese, vom Absoluten abgezogen, deren äußeres Subjekt sie war, der Gottheit zum Objekt wird, in dem sie alle geistigen Gestalten als ihre eigenen verborgensten Gedanken erkennt. Dieser Weg der Natur hat gegenüber der Gottheit noch keine Wirklichkeit, er hat noch nichts Bleibendes und Festes, sondern ist noch in unaufhörlicher Bildung. In der ursprünglichen Bedeutung der »Idea« bevor sie zum leeren Gattungsbegriff verkümmerte, war dieser schwebende Zustand der Natur zwischen göttlicher Vorstellung und physischem Prozeß lebendig. Diese stets wiederholte, immer wieder beginnende Bewegung der Natur ist der Versuch, die Gottheit herabzuziehen zum Unteren hin, sie zu veranlassen, »in die Natur zu wirken«.[120] Die Provokation kann jedoch nie gelingen, denn sonst wäre die Gottheit nicht ewige Freiheit. Sie ist an sich die Negation des Seins der Natur; durch ihre Provokation, die Natur zu erkennen, wird sie auch tätige Negation. Dieses Werden ist jedoch nur in Beziehung auf das Sein, nicht auf sich selbst. Da sie als absolute Freiheit die ewige Negation der Natur ist, muß sie auch ewige Affirmation sein, denn sonst wäre sie nicht der Wille, der nicht will, sondern verneinender, also bestimmter Wille. Als ewige Negation und Affirmation ist sie zugleich weder das eine noch das andere und die Einheit beider. Dies jedoch nur

---

[120] »So sehnsüchtig sehen wir die ganze Natur, so inbrünstig saugt die Erde Himmelskraft an sich, so strebt das Samenkorn nach Licht und Luft, um sich einen Geist zu ersehen, so wiegt sich die Blume im Sonnenstrahl, um ihn als feurigen Geist, als Farbe widerzustrahlen. Eben also jenes spielende Leben, und je höher es sich entfaltet, desto inniger ruft es das Unsichtbare an, daß es sich seiner annehme, sich anziehe und erkenne als sein eigen, und die an der Kette der Wesen wie in einer Tonleiter auf- und absteigende Weisheit klagt verlassen das Loos ihrer Geschöpfe, und daß die Kinder ihrer Luft nicht bleiben, sondern in immerwährendem Ringen sind und im Ringen wieder vergehen. [Absatz] Diese stets wiederholte, immer wiederbeginnende Bewegung der ewigen Natur läßt sich daher ansehen als eine unablässige Theurgie. Sinn und Zweck aller Theurgie ist kein anderer, als die Gottheit herabzuziehen gegen das Untere (coelo deducere numen), gleichsam die leitende Kette herzustellen, durch die sie vermocht würde, in die Natur zu wirken.« (Ebd., S. 673 f.)

in Beziehung auf das Sein, so daß die Gottheit vierwertig ist: Negation, Affirmation, die Einheit beider und die widerspruchslose, ewige Freiheit.[121] Hierin zeigt sich die Vermittlung zwischen Notwendigkeit und Freiheit, daß das Leben nun vermöge eines freien göttlichen Entschlusses sich fortentwickeln kann.

Während der Verlesung des Referates kam einige Male die Rede auf die Bedeutung der Potenzen als mathematischer Termini in Schellings Philosophie. Zu der Meinung, es handle sich bei der Schellingschen Potenzen-Lehre um eine bloße Wiederholung der aristotelischen Potenz-Akt-Metaphysik,[122] wurde der Gedanke geäußert, daß diese in der europäischen Philosophie seit dem spätmittelalterlichen Nominalismus keine Rolle mehr gespielt habe. Im frühmittelalterlichen Neuplatonismus, der die aristotelische Potenz-Akt-Lehre in sich aufgenommen hatte, waren die durch sie dargestellten Hierarchien die Gesellschaftsstruktur. Als solche bedurfte sie keiner Rechtfertigung durch die Mathematik. Das wurde anders, nachdem der Nominalismus im 14. Jahrhundert zur herrschenden Philosophie geworden war. Die Renaissance des Neuplatonismus im 15. Jahrhundert, die ihren ersten Höhepunkt in Nicolaus Cusanus erreichte, konnte nicht einfach mehr eine hierarchisch strukturierte Welt als das Medium ihrer eigenen Evidenz voraussetzen. Sie mußte vielmehr mit den Mitteln des Nominalismus, Mathematik und Physik, versuchen, ihren Restaurationsabsichten Evidenz zu verschaffen. Aus dieser Tradition heraus ist Schellings Potenzenlehre zu verstehen.

Claus Behncke
Frankfurt am Main
Herderstr. 33

---

[121] Vgl. ebd., S. 675 f.
[122] Vgl. Buch IX in Aristoteles, Metaphysik, a.a.O. (s. Anm. 108), S. 180–198 (1045b–1052a).

## 237 Hilmar Tillack, 16. Februar 1961

Hilmar Tillack
stud. phil.

*Protokoll vom 16. 2. 61*

Leicht verdirbt uns Bildung das unbefangene Urteil und schüchtert es ein durch Präsentation welthistorischer Berühmtheiten, an deren etabliertem Status und durchgängiger Bedeutsamkeit schließlich niemand mehr zu zweifeln wagt. Doch gehört es zur Komik in der Philosophie, wenn Leibniz argumentiert, das Böse werde gebraucht, damit das Gute um so strahlender davon sich abhebe. Hausbacken und spießig, selbst lästerlich ist die Vorstellung, göttlicher Glanz bedürfe der Folie allgemeinen Übels und Elends, um strahlen zu können. Während auf Wolff und die seichte Aufklärung geschimpft, Voltaire als flach denunziert wird, bedient sich der große Leibniz solch läppischer Beweisführung. In diese Sphäre ist auch Pascals Stück von der Wette zu rechnen,[123] das man gern als Paradigma von Tiefsinn zitiert. Vernunft soll rechtfertigen, was im Grunde nicht mehr geglaubt wird. Das nötigt zu Kapriolen. Wo der Rationalismus versucht, im Endlichen unmittelbar das Absolute zu denken, resultiert ein Moment von Dummheit. Andererseits motivierte gerade das die Kritik der reinen Vernunft, wie es ähnlich ohne Rokoko und Schäferlyrik zu Goethe nicht gekommen wäre.

Schellings Identitätsdenken – und das verbindet ihn mit Leibniz' Theodizee – schafft das Übel aus der Welt, indem der reine Begriff alles Seiende aus sich zu entwickeln sich vermißt und als Absolutes über die Differenz von Gut und Böse sich setzt. An diesem Punkt geht Idealismus über in Ideologie. Nicht erst sekundär in Anwendung auf ein Besonderes, sondern im Begriff selbst, in seinem Anspruch, das Nichtidentische auch noch denken zu können, liegt a priori apologetische Unwahrheit. Die Sanktionierung der Welt als dem Geist identisch beugt das widerstehende Negative unter die Positivität und leugnet es außerdem in ein Positives heraus, das es nicht ist.

Philosophiehistorisch erscheint der deutsche Idealismus als Widerkehr rationalistischer Motive. Gewiß entfaltet er sich durch Hereinnahme des Negativen zu größerer Fülle und differenzierterem Reichtum der Bestimmungen. Er ist eine

---

[123] Vgl. den Abschnitt »Daß es schwer ist das Dasein Gottes durch die natürlichen Geisteskräfte zu beweisen; aber daß das Sicherste ist es zu glauben«, in: Pascal's Gedanken über die Religion und einige andere Gegenstände [1670], übers. von Karl Adolf Blech, mit Vorw. von August Neander, Berlin 1840, S. 244–251.

andere Welt. Doch treten die Impulse vorkantischer, von Kant her vorkritisch dogmatischer Philosophie wieder hervor.

In Schellings pseudomathematischer Potenzenlehre, die nicht frei ist von der oben genannten Läppischkeit, bleiben die Potenzen nicht einfaches Nebeneinander wie die Sephirot der Kabbala, sondern werden durch spekulatives Denken miteinander vermittelt. Der Absicht nach sollen sie, wie die diskreten Momente der Hegelschen Logik, auseinander hervorgehen und insofern idealistisch zum System sich formieren. Hegelisch ist auch, daß den Stufen steigender Selbstentfaltung ein jeweils größerer Wahrheitsgehalt korrespondiert. Dabei ist Schellings Dialektik nicht immanent. Sie bedarf um ihrer Möglichkeit willen eines ihr Transzendenten, das in Zusammenhang steht mit Schellings Materialismus, denn dies Dialektik ermöglichende Moment, wie Hegels Naturbegriff bestimmt als das Absolute in seiner Andersheit, ist die Materie.

Schellings Terminus »Geisterwelt«[124] legt eine Interpretation im Sinne von Welt des Geistes nahe, doch läßt, nicht nur im Hinblick auf Querverbindungen zur Romantik, zu Oken u. a.,[125] der Gedanke an immaterielle Wesen nicht ganz sich abweisen, finden sich doch Stellen in Schellings Schriften, in denen er die Hierarchie der Engel verteidigt, wobei diese als logische Vermittlungsgrößen interessant werden.[126]

Wenn Schelling, im Bestreben, die ersten Entwürfe der Weltalter in der offiziellen 3. Fassung zu rationalisieren, die Potenzen in sich nochmals in je drei Potenzen entfalten läßt, wird Abstrusität offenbar, sein Hang zu magnetistischen, noch halbmagischen Vorstellungen, während der große Zug naturwissenschaftlichen Denkens schon zu seiner Zeit in andere Richtung wies. Statt sich an die avancierte Physik zu halten, orientierte er sich an der Chemie, deren damaliger

---

[124] Bei Schelling heißt es etwa: »Wie unvermögend für sich die untergeordneten Kräfte sind, erhellt aus jenen Jahren eines allgemeinen Mißwachses, der ohne besondere Vorgänge in der äußeren Natur bei nicht ungewöhnlicher Luft, Wärme, Regen, Witterung entsteht. Aber diese himmlischen Einflüsse, welche gleichsam die beständige Arzenei unserer Erde sind, von denen Leben und Gesundheit ausgeht, kommen, wenn auch durch noch so viele Mittelglieder, zuletzt aus jener Urquelle alles Lebens, und sind unmittelbare oder mittelbare Ausflüsse der Geisterwelt, deren Wesen allein der beseelende Hauch der ganzen Natur ist, ohne den sie bald in eine rückgängige Bewegung und dadurch in Zerrüttung gerathen, zuletzt jenem ursprünglichen Widerspruch und der anfänglichen Verstandlosigkeit wieder anheimfallen würde, aus der sie nur durch das organische Verhältniß zu der Geisterwelt gesetzt worden.« (SW, Bd. 4, S. 625)
[125] Vgl. Lorenz Oken, Uebersicht des Grundrisses des Sistems der Naturfilosofie und der damit entstehenden Theorie der Sinne, Frankfurt a. M. [1804].
[126] Vgl. die »Fünfunddreißigste Vorlesung«, in: Friedrich Wilhelm Joseph von Schelling, Philosophie der Offenbarung [zweiter Theil], in: Schellings sämmtliche Werke, a.a.O. (s. Anm. 41), Bd. II·IV, Stuttgart und Augsburg 1858, S. 279–293.

Stand allerdings, daß muß zu Schellings Entlastung gesagt werden, kaum über das hinausging, was er, in freilich verworrener, undurchleuchteter Weise, vorbringt. Vorstellungen wie die der Wahlverwandtschaft, daß gewisse Stoffe sich zueinander gezogen fühlen, spielten eine große Rolle, wie ja der Affinitätsbegriff selbst heute noch verwendet wird. Nachdem die Philosophie einmal die Naturwissenschaft aus sich entlassen hat, sinkt sie beim Versuch, die Verbindung wiederherzustellen, ins vorwissenschaftliche Bewußtsein zurück. Die Krise zwischen Philosophie und Naturwissenschaft datiert von diesem Zeitpunkt an. Berühmtestes Exempel dafür ist Goethes Kontroverse mit Newton, der Versuch einer Rettung qualitativer Differenz in der Begründung der Naturwissenschaft gegenüber ihrer konsequenten Quantifizierung. Die chemischen Elemente, denen alchemistisches Denken absolute qualitative Distanz zuerkannte, wurde dann durchs Periodische System als quantitatives Kontinuum geordnet, wenn es auch erst der Quantenphysik vorbehalten blieb, den Sachverhalt mathematisch faßbar zu machen. Es sei aber daran erinnert, daß auch damals ein spekulativer Idealist wie der Physiker Ritter zu sachlich richtigen Entdeckungen kam.[127]

An Schelling wie Heidegger läßt sich ein Zug konstatieren, der alles verdinglichende, hypostasierende Denken charakterisiert: Hat man die Momente eines Zusammenhanges erst vergegenständlicht, dann wird ihre Vermittlung, auf die man ebenfalls gestoßen ist, herausgegriffen und zu einem zusätzlichen Prinzip verdinglicht, wie man einen Funktionszusammenhang, in dem die Dinge in der Realität stehen, metaphysiziert und zu einem weiteren Ansich erhebt. Dieser Paralogismus durchzieht die ganze Geschichte der Philosophie. Ergreifen die Denker das Feste, Unwandelbare, so werden sie zugleich des Wandelbaren inne und machen es zu einer ergänzenden Idee.

Man nähme Schellings Potenzenlehre zu streng, leitete man sie von einer philosophischen Tradition her, die von der aristotelischen Dynamis-Energia-Lehre ausgeht und über die Potenz-Akt-Metaphysik des frühmittelalterlichen Neuplatonismus bis zu ihrem Wiederaufleben im Neuplatonismus des frühen Mittelalters reicht. Sicher bedurfte der Neuplatonismus des Cusaners aus seiner nominalistischen Position heraus einer Umfunktionierung dieser Lehre, um auf dem Umweg über die Mathematik dem Ganzen Rationalität und Evidenz zu verleihen, die es von sich aus nicht mehr hergab, – worauf der frühmittelalterliche Neuplatonismus dank einer unmittelbar einsichtigen Entsprechung zur hierarchisch gestuften Gesellschaft verzichten konnte. Auch Schelling ist der Nomina-

---

[127] Der deutsche Frühromantiker Johann Wilhelm Ritter entdeckt zu Beginn des 19. Jahrhunderts u.a. die Ultraviolettstrahlung, die er, gleich anderen empirisch beobachteten Naturphänomenen, in ein System naturphilosophischer Spekulationen einzuordnen versucht, das zuletzt in eine okkultistische Weltkonzeption mündet.

lismus vorgegeben, doch steht er zugleich in der Konstellation der Romantik und hat Anteil an deren Synkretismus. Ähnlich wie bei den Gebrüdern Schlegel[128] wird von Schelling alles, was weltgeschichtlich Rang und Namen hat, zum Pantheon des Geistes versammelt. Während Hegel den Synkretismus organisierend durchdringt, indem er die divergenten Momente auseinander hervorgehen läßt und durch Nachkonstruktion der Geschichte ihre Wahrheit entwickelt, gelangt Schelling nur dazu, die Dinge in einer Art von falscher Fülle zu vergegenwärtigen, vergleichbar der in einem Bücherschrank, wo das neutralisierende Nebeneinander von Lope de Vega und Calderón, Giordano Bruno und Aristoteles, Jacob Böhme und Platon Bildung qua Synkretismus demonstriert. – Überhaupt ist die Stellung der Mathematik kompliziert. Platon, der kein Nominalist war, handelt im Menon schon von der Mathematisierbarkeit der Tugend,[129] und im Philebos wird die Zahl zur Idee selbst.[130] Das berechtigt, die Mathematik der Alternative Nominalismus–Realismus gegenüber als adiaphoron anzusehen. Andererseits wird auch die Mathematik von dieser Problemstellung ergriffen, denn wenn bei Platon die Idee Voraussetzung der Zahl ist, so kehrt im Nominalismus dieses Verhältnis sich um. Inspiriert von Raimund Lullus kommt Cusanus von der Einheit der Zahl zur Einheit der Welt.[131]

---

**128** In der von August Wilhelm Schlegel und Friedrich Schlegel herausgegebenen Zeitschrift »Athenaeum« schreibt letzterer etwa: »Die Französische Revolution, Fichtes Wissenschaftslehre, und Goethes Meister sind die größten Tendenzen des Zeitalters. Wer an dieser Zusammenstellung Anstoß nimmt, wem keine Revolution wichtig scheinen kann, die nicht laut und materiell ist, der hat sich noch nicht auf den hohen weiten Standpunkt der Geschichte der Menschheit erhoben. Selbst in unsern dürftigen Kulturgeschichten, die meistens einer mit fortlaufendem Kommentar begleiteten Variantensammlung, wozu der klassische Text verloren ging, gleichen, spielt manches kleine Buch, von dem die lärmende Menge zu seiner Zeit nicht viel Notiz nahm, eine größere Rolle, als alles, was diese trieb.« (Friedrich Schlegel, Fragmente [1798], in: Kritische Friedrich-Schlegel-Ausgabe, hrsg. von Ernst Behler, unter Mitw. von Jean-Jacques Anstett und Hans Eichner, Bd. I·II, hrsg. von Hans Eichner, München u. a. 1967, S. 165–255; hier: S. 198f.)
**129** Vgl. Platon, Menon, in: Platon, Sämtliche Werke, Bd. 1, a. a. O. (s. Anm. 84), S. 453–500; hier: S. 481–483 (86c–87e).
**130** Vgl. Platon, Philebos, in: Platon, Sämtliche Werke, a. a. O. (s. Anm. 16), Bd. 3, übers. von Friedrich Schleiermacher, Hieronymus Müller und Friedrich Müller, Reinbek bei Hamburg 1994 (Rowohlts Enzyklopädie; 563), S. 419–504; hier: S. 427–433 (14c–18e).
**131** Tatsächlich heißt es bei Nikolaus von Kues: »Die Einheit kann aber nicht Zahl sein, denn die Zahl läßt ein Mehr oder Weniger zu und kann deshalb unmöglich ein schlechthin Kleinstes oder Größtes sein. Die Einheit ist vielmehr als Kleinstes Prinzip jeglicher Zahl, sie ist als Größtes Grenze jeglicher Zahl. Die absolute Einheit, der gegenüber es überhaupt keinen Gegensatz gibt, ist also die absolute Größe selbst, welche der benedeite Gott ist. Als größte ist diese Einheit nicht vermehrbar, ist sie doch alles, was sie sein kann. Sie kann folglich nicht Zahl werden. *[Absatz]* Die Zahl hat uns, wie du siehst, zu der Erkenntnis geführt, daß dem unbenennbaren Gott die Bedeutung der absoluten Einheit mit einiger Angemessenheit zukommt und daß dabei Gott in der

In den Weltaltern erscheint die 4. Potenz als die Freiheit Gottes.[132] Damit stellt sich die Frage nach Schellings Freiheitsbegriff, dessen Problematik Herr Schnädelbach mit einem Referat über die Freiheitsschrift von 1809 darlegte.[133]

Philosophie als System scheint unvereinbar mit Freiheit. Doch geht solche Inkompatibilität erst aus der Vermittlung durch den gesellschaftlichen Prozeß hervor. Solange die Gesellschaft sich rational erfährt, partizipiert auch die Vorstellung von Freiheit an Ratio. So kann die Aufklärung gesehen werden unter dem Aspekt, die Freiheit vernunftgemäß zu fassen. Kant, bei dem der Freiheitsbegriff zentral ist, bestimmt sie negativ als unbeschränktes Handeln aus eigener Vernunft, soweit man nicht in Konflikt gerät mit dem gleichen Recht anderer Personen. Erst als in der unentrinnbar sich zusammenschließenden Welt der Horizont möglicher Spontaneität der Subjekte schwindet, erscheint Freiheit mit dem Akzent des schlechthin Irrationalen.

Bei Schelling verschränkt sich das Problem der Freiheit unabdingbar mit dem des Bösen, denn Freiheit ist nur, wenn es Böses, und Böses nur, wenn es Freiheit gibt. – Wie die Idee, indem sie das Böse in sich aufnimmt, ideologisch wird, so wandelt sich Freiheit, die ins System aufgenommen und zum Moment der Dialektik wird, in eine Bestimmung von Notwendigkeit und hebt damit sich auf. Schellings progressive Kritik am Kantischen Chorismos führt schließlich dahin, daß Philosophie, die die Welt begreift, zugleich mit ihr paktiert. In dieser Doppelschlächtigkeit manifestiert sich das Tragische am deutschen Idealismus.

Der Schellingsche Satz: »Die Geburt des Geistes ist das Reich der Geschichte, wie die Geburt des Lichtes das Reich der Natur ist«,[134] enthält ein Allegorisches, dessen die anderen Idealisten ermangeln. Dem naturphilosophischen Klima verdankt sich auch das Verführerische von Schellings Philosophie. Jedes Phänomen transzendiert seinen bloßen Stellenwert im Prozeß und sagt etwas, kann enträtselt werden auf ein geheimes Bedeuten. Dies innerste, tief der Romantik verhaftete Motiv, das tröstlich Affirmative: Alles Einzelne hat unmittelbar Sinn, ist das objektive Korrelat zur intellektuellen Anschauung. Das Moment des physiognomischen Blicks, vor dem Natur zum Antlitz wird, das spricht, darf der Philo-

---

Weise Einer ist, daß er aktuell all das ist, was möglich ist. Die Einheit selbst nimmt kein Mehr oder Weniger in sich auf, noch ist sie der Vervielfältigung zugänglich. Die Gottheit ist demnach die unendliche Einheit.« (Nicolai de Cusa, De docta ignorantia. Liber primus · Nikolaus von Kues, Die belehrte Unwissenheit. Buch I, in: Schriften des Nikolaus von Kues in deutscher Übersetzung, hrsg. von Ernst Hoffmann und Paul Wilpert, H. 15a, hrsg. von Paul Wilpert, Hamburg 1964 [Philosophische Bibliothek; 264a], S. 23)
**132** Vgl. SW, Bd. 4, S. 680–689.
**133** Der Referatstext von Herbert Schnädelbach, »Freiheitsschrift«, wurde nicht aufgefunden.
**134** Ebd., S. 269.

sophie nicht verlorengehen – dahingestellt, ob hinter den Dingen Sinn oder Schein, selbst das Furchtbare sich verbirgt. Wollte man den spezifischen Erfahrungsgehalt der Schellingschen Philosophie angeben, so läge er wahrscheinlich in diesem Moment, ohne das Philosophie zu purer Philisterei degenerierte. Als ein Doppeltes stellt es sich dar: Dem schizophrenen Beziehungswahn, der in allem geheimen Bezug zu entdecken glaubt, ist es gefährlich verwandt; wer aber dieses Moments ganz enträt, kann nicht mehr denken.

# 238 Bodo Ahlborn, 23. Februar 1961

Protokoll der Seminarsitzung des Philosophischen Hauptseminars vom 23. Februar 1961

Das erste Referat der Seminarsitzung, das den letzten Abschnitt von Schellings Weltalterfragment, der im Inhaltsverzeichnis zur dritten Fassung als Teil C kenntlich gemacht ist, behandelte, hielt Herr Funk.[135] Dieser Teil hat zum Inhalt die Geburt Gottes in der Zeit. Muß bei Hegel der »Hervorgang der Sache in die Existenz«, die Entäußerung der Sache, mit Notwendigkeit erfolgen, sobald alle Wesensbestimmungen vollständig sind,[136] gerät bei Hegel nie in Vergessenheit, daß Wesen Wesen von etwas ist, läßt es Schelling ganz der Gottheit anheimgestellt sein, ob sie zu sich selbst und damit zur Welt kommen will. Bei Hegel gehen die verschiedenen Momente, auch die Freiheit, aus dem Anderen hervor; sie gewinnen ihre Bestimmung durch die Bewegung des Begriffs. Jeder Begriff ist Kraftfeld, und das Kräftespiel zeitigt neue Kategorien. Wenn überhaupt etwas ist, kann man es auch auf seinen Begriff, zu seinem Wesen bringen. Sein oder Wesen sind nur in ihrer Wesenhaftigkeit im Gegensatz zum Seienden. Aus dem Wesen folgt nicht das Seiende, Wesen ist nur Wesen mit Seiendem.

Dagegen hält Schelling ein Freies nur dann für frei, wenn es sich nicht offenbaren muß. Er billigt dem Wesen zu, daß es in der Unschuld reiner Jenseitigkeit verharren kann. Damit abstrahiert er aber in einer Weise, die vergißt, daß Wesen und Erscheinung nicht auseinanderzureißen sind. Das absolut Negative, zeitlos Vergangene, von dem zu erzählen Schelling anhebt, hat seine Bestimmtheit, so verflüchtigt sie auch sein mag vom Sein ausgeborgt. Sucht er einen Zustand in fernster Vergangenheit oder fernster Zukunft, er tut sich doch nur von der Gegenwart aus auf. Will Schelling auch soweit zurücktreten, daß er gleichsam hinter das »Ding an sich« zu stehen kommt, um dieses als ein völlig Grundloses zu begründen, so trägt der dem dialektischen Zusammenhang übergeordnete Urgrund des Ewigen als der Wille, der nicht will, noch Spuren des Endlichen. Denn Wille – sei er tätig oder untätig, bejahend oder verneinend, oder keines von beidem, schließt die Wirkungsweise eines naturhaften Subjekts ein. Schelling will Reflexion zur Vorausschau umgebogen an den Anfang stellen. So wenn er die

---

135 Karlheinz Funk, »F. W. J. Schelling. ›Die Weltalter‹. I. Buch, letzter Abschnitt«, Archivzentrum Na 1, 888.
136 Im Abschnitt »Hervorgang der Sache in die Existenz« in der »Wissenschaft der Logik« (vgl. HW, Bd. 6, S. 119 – 123) heißt es: »*Wenn alle Bedingungen einer Sache vorhanden sind, so tritt sie in die Existenz.*« (Ebd., S. 122)

ewig verlorene, ewig wiederzugewinnende Kindheit als eine göttliche Vision vor allen Anfang projiziert.[137] Soll sich in der urersten Lauterkeit, der reinen Ewigkeit keine Handlung, keine Tätigkeit denken lassen, so ist doch das andere, das sich in ihr erzeugen soll, schon hineingelegt. Der am Versuch einer Deduktion des Endlichen aus dem Unendlichen scheiternde Schelling sieht sich zuletzt doch genötigt, das Reflektieren unter Zuhilfenahme des Tatsächlichen wieder in Gang zu bringen. Dabei tun sich in Schellings angestrengten Bemühungen, die sich zuletzt dazu gezwungen sehen, um mit der Unvereinbarkeit fertig zu werden, das Inkompatible zeitlich auseinander zu nehmen, den einzelnen Weltaltern Stadien der Gottheit entsprechen zu lassen, gelegentlich tiefe Einsichten auf. So wenn Schelling sagt: »Wahl ist Qual; ist Folge des unerleuchteten, unaufgeschlossenen Willens; sie ist nicht Freiheit, sondern Mangel der Freiheit, Unentschlossenheit. Wer weiß was er will, der handelt geradezu ...«[138] Denn die Wahl zwischen zwei Möglichkeiten, wie sie etwa bei Buridans Esel[139] oder im Kierkegaardschen »Entweder–Oder«[140] vorkommt, widerspricht dem Prinzip des Handelns, des

---

137 »Wenn also auch diese Art der Einheit hier vielleicht auf einer tieferen Stufe sich darstellt, so verdient sie doch in's Auge gefaßt und wohl begriffen zu werden. Wollten wir uns für sie nach einem Gleichniß umsehen, so wäre sie wohl am schicklichsten jener Einheit der Kräfte zu vergleichen, welche man in schuldloser Kindheit gewahr wird, da zwar alle Kräfte vorhanden und in naturgemäßer Wirkung in holdem Wechsel-Spiel sich untereinander erregen, aber noch kein Charakter, keine Ichheit, kein sie beherrschendes Eins hervortritt. Wie man aber zu sagen pflegt, daß jener Zustand der Unschuld ein Vorbild desjenigen sey, zu dem wir durch den höchsten Streit aller Kräfte, nach endlicher Versöhnung, wieder gelangen sollen, so wäre es nicht unmöglich, daß diese Art der Einheit, wie sie uns hier noch auf einer tieferen Stufe erscheint, das Vorbild wäre einer zukünftigen, welche das Leben nach bestandenem Kampf und in der höchsten Verklärung wieder gewinnen soll.« (SW, Nachlaßbd., S. 146 f.)
138 »Die hohe Meynung des menschlichen Verstandes von sich selbst, da er sich in dem Fall dünkt, zu wählen und durch List und Kunst das Beste unter allem Möglichen zu ersehen, mußte wohl auch einmal auf Gott angewendet werden. Wer ihm aber keine andere Freyheit zugesteht, als die, unter mehreren möglichen Welten die beste auszusuchen, gesteht ihm den geringsten möglichen Grad der Freyheit zu. Wahl ist Qual; ist Folge des unerleuchteten, unaufgeschloßnen Willens; sie ist nicht Freyheit, sondern Mangel an Freyheit, Unentschiedenheit. Wer weiß was er will, der handelt geradezu.« (Ebd., S. 101)
139 Gleichnis, das vermeintlich auf Johannes Buridan zurückgeht: Ein Esel steht mittig zwischen zwei gleich beschaffenen Heuhaufen. Ohne Kriterium, das ihm nahelegte, von welchem er nun besser essen solle, kann er keine Entscheidung treffen und verhungert schließlich.
140 Kierkegaard schreibt über den Menschen: »Im Augenblick der Wahl ist er in der vollkommensten Isolation, denn er zieht sich ganz aus seiner Umgebung zurück; und doch ist er im selben Moment in absoluter Kontinuität, denn er wählt sich selber als Produkt; und diese Wahl ist eine vollkommen freie Wahl, also daß es, wenn er sich selber als Produkt wählt, ebensogut von ihm gesagt werden kann, daß er sich selber produziert. Er ist im Augenblick der Wahl am Ende, denn seine Persönlichkeit schließt sich zusammen; und doch ist er im selben Augenblick gerade am

Wählens aus Freiheit. Nur da kann von einer echten Wahl die Rede sein, wo das Subjekt spontan wählt, ohne daß eine Vorgegebenheit von außen gegeben ist. Freiheit ist nicht determiniert und erschöpft sich nicht in vorgegebenen Bedingungen. Sie ist eine subjektive Kategorie und spielt sich in der subjektiven Sphäre ab. Stellt sich Freiheit nachträglich als vermittelt heraus, liegt der Kant'sche Gedanke nahe, inwieweit man für seinen Charakter verantwortlich ist.[141] Allerdings kommen die meisten Menschen zur Erfahrung der Freiheit überhaupt nicht, weil die Welt so eingerichtet ist, daß es in ihr zur Freiheit nicht kommt.

Das zweite Referat der Seminarsitzung – es wurde von Herrn Schwab gehalten[142] – behandelte die Zusammenhänge von Schellings Schrift »Über die Gottheiten von Samothrake«[143] und der Szene im zweiten Teil von Goethes Faust, wo in der Prozession der Meergötter auch die Kabiren von Samothrake auftreten.[144] War jene

---

Anfang, denn er wählt sich selber nach seiner Freiheit. Als Produkt ist er in die Formen der Wirklichkeit eingeengt, in der Wahl macht er sich selber elastisch, verwandelt seine ganze Äußerlichkeit in Innerlichkeit. Er hat seinen Platz in der Welt, in der Freiheit wählt er selbst seinen Platz, das heißt, er wählt diesen Platz. Er ist ein bestimmtes Individuum, in der Wahl macht er sich selbst zu einem bestimmten Individuum, zu demselben nämlich; denn er wählt sich selbst.« ([Søren Kierkegaard], Entweder–Oder. Ein Lebensfragment [1843], übers. von Alexander Michelsen und Otto Gleiß, Leipzig 1885, S. 545f.)

141 Bei Kant heißt es etwa: »Um nun den scheinbaren Widerspruch zwischen Naturmechanismus und Freiheit in ein und derselben Handlung an dem vorgelegten Falle aufzuheben, muß man sich an das erinnern, was in der Kritik der reinen Vernunft gesagt war, oder daraus folgt: daß die Naturnotwendigkeit, welche mit der Freiheit des Subjekts nicht zusammen bestehen kann, bloß den Bestimmungen desjenigen Dinges anhängt, das unter Zeitbedingungen steht, folglich nur dem des handelnden Subjekts als Erscheinung, daß also so fern die Bestimmungsgründe einer jeden Handlung desselben in demjenigen liegen, was zur vergangenen Zeit gehört, und *nicht mehr in seiner Gewalt ist* (wozu auch seine schon begangene Taten, und der ihm dadurch bestimmbare Charakter in seinen eigenen Augen, als Phänomens, gezählt werden müssen).« (KW, Bd. VII, S. 222f. [A 174f.])

142 Der Referatstext von Otmar Schwab, »Über die Gottheiten«, wurde nicht aufgefunden.

143 Vgl. Friedrich Wilhelm Joseph Schelling, Ueber die Gottheiten von Samothrake. Vorgelesen in der öffentlichen Sitzung der bayerischen Akademie der Wissenschaften am Namenstage des Königs den 12. October 1815. (Beilage zu den Weltaltern), SW, Bd. 4, S. 721–746.

144 Im zweiten Akt, in den »Felsbuchten des ägäischen Meers« sprechen die »*Nereiden* und *Tritonen*«: »Ehe wir hieher gekommen / Haben wir's zu Sinn genommen, / Schwestern, Brüder, jetzt geschwind! / Heut bedarf's der kleinsten Reise / Zum vollgültigsten Beweise / Daß wir mehr als Fische sind.« Darauf die Sirenen: »Fort sind sie im Nu! / Nach Samothrace g'rade zu, / Verschwunden mit günstigem Wind. / Was denken sie zu vollführen / Im Reiche der hohen Kabiren? / Sind Götter! Wundersam eigen, / Die sich immerfort selbst erzeugen / Und niemals wissen was sie sind.« (Goethe, Faust. Eine Tragödie. Der Tragödie zweiter Theil in fünf Acten, a.a.O. [s. Anm. 70], S. 157f. [v 8064– v 8077])

Schrift auch als Beilage zu den Weltaltern gedacht,[145] so sollte sie doch auch den Anfang und Übergang zu anderen Schriften sein, die das eigentliche Ursystem der Menschheit ans Licht bringen sollten. In der Kabirenlehre sah Schelling den Schlüssel für andere mythische Systeme; auf sie schien ihm seine in den Weltaltern entworfene Theosophie zu passen. Im kabirischen System sah Schelling den Beweis für seine Potenzenlehre aus den Weltaltern. Auch dort ist die erste Potenz Mangel und Bedürftigkeit, die zweite eine beseelende geistige Kraft, die dritte aber die Weltseele. Zusammen machen sie die Natur in Gott aus. Gott aber erhebt sich in Freiheit über sie. Schelling sucht im Mythos eine Bestätigung.

Die Widersprüche, die bei Schellings Unternehmen sich ergaben, hat Goethe gesehen, der gerade zur Zeit, als die klassische Walpurgisnacht ihre endgültige Gestalt erhielt, Schellings Arbeit las.[146] Wie Goethe am Ende des 2. Aktes, beim Fest der Meerbewohner, die Kabiren auftreten läßt, zeigt er Ironie und leisen Spott gegenüber der verbissenen Bemühung Schellings, der diese Materie für seine Zwecke verwenden und mit einem ihm genehmen Sinn erfüllen will. Goethe beließ den Mythos als Mythos und kam damit seinem Wesen näher als der Gelehrte, der in seinem Bemühen, perfekte Erklärungen zu finden, scheitern mußte.

---

**145** In der Nachschrift seiner Schrift »Ueber die Gottheiten von Samothrake« [1815] schreibt Schelling: »Die voranstehende Abhandlung gehört ihrer ursprünglichen Bestimmung nach zu einer Reihe von Werken, die sich auf die Weltalter als gemeinschaftlichen Mittelpunkt beziehen. [...] Nicht an sich, nur der Intention des Verfassers nach Beilage eines andern Werks ist sie zugleich Anfang und Uebergang zu mehreren andern, deren Absicht ist, das eigentliche Ursystem der Menschheit, nach wissenschaftlicher Entwickelung, wo möglich auf geschichtlichem Weg, aus langer Verdunkelung ans Licht zu bringen. Denn untrennlich von Geschichte ist die bis zu einem gewissen Punkt gelangte Wissenschaft und fast nothwendig der Uebergang der einen in die andere. Nicht zufällig geht der allgemeineren Untersuchung die besondere des samothrakischen Systems voran; es war Absicht, dieses zum Grunde zu legen; denn wie gemacht zum Schlüssel aller übrigen ist durch hohes Alter wie durch Klarheit und Einfachheit ihrer Umrisse die Kabirenlehre.« (SW, Bd. 4, S. 746)

**146** Eckermann schreibt von einem Gespräch mit Goethe am 21. Februar 1831: »Goethe lobte sehr die neueste Rede von Schelling *An die Studierenden der Ludwig-Maximilians-Universität am Abend des 30.* [recte: 29.] *Dezembers 1830*, womit dieser die Münchener Studenten beruhigt. Die Rede, sagte er, ist durch und durch gut, und man freut sich einmal wieder über das vorzügliche Talent, das wir alle kannten und verehrten. Es war in diesem Falle ein trefflicher Gegenstand und ein redlicher Zweck, wo ihm denn das Vorzüglichste gelungen ist. Könnte man von dem Gegenstande und Zweck seiner Kabirenschrift dasselbige sagen, so würden wir ihn auch da rühmen müssen; denn seine rhetorischen Talente und Künste hat er auch da bewiesen. *[Absatz]* Schellings Kabiren brachten das Gespräch auf die Klassische Walpurgisnacht, und wie sich diese von den Brockenszenen des ersten Teils unterscheide.« (Goethes Gespräche. Gesamtausgabe, 2. Aufl., begr. von Woldemar von Biedermann, hrsg. von Flodoard von Biedermann, unter Mitw. von Max Morris, Hans Gerhard Gräf und Leonhard L. Mackall, Bd. 4, Leipzig 1910, S. 334; vgl. SW, Bd. 5, S. 61–70)

In dem Spott Goethes kommt seine Skepsis gegenüber der Philosophie, aber auch der Positivismus wie er sich gegen die Utopie stellt, zum Ausdruck. Bei Schelling ist seltsam, daß auch da, wo er sich an bestimmtes Material hält, das er allegorisch ausdeutet, er eigentümlich abstrakt, allegorisch im problematischen Sinne wird. Bei alledem darf der Philosophie das deutende Moment, wie wir es bei Schelling finden, das Moment des physiognomischen Blicks, vor dem Natur zum Antlitz wird, das spricht, das jedem Einzelnen einen unmittelbaren Sinn zuschreibt, auf den hin es enträtselt werden kann, nicht verlorengehen. Nur muß sich dabei die Deutung viel genauer in den spezifischen Zustand versenken. Es dürfen nicht fertige Kategorien an die Phänomene herangebracht und diesen unterschoben werden, sondern die Interpretation muß weitgehend aus der Sache herausgeholt werden.

# Wintersemester 1960/61:
# Probleme der Bildungssoziologie

Soziologisches Hauptseminar

In diesem Semester hält Adorno zudem die philosophische Vorlesung »Ontologie und Dialektik« und gibt das philosophische Hauptseminar »Schelling, ›Die Weltalter‹«

Das Seminar findet dienstags von 17 bis 19 Uhr statt

**239–249** UAF Abt. 139 Nr. 8

## 239 Klaus Horn, 8. November 1960

*Protokoll des Soziologischen Seminars vom 8. 11. 60*

Anläßlich zweier Studien über politische Bildung, an denen im Institut für Sozialforschung zur Zeit gearbeitet wird,[1] befaßt sich das soziologische Seminar unter der Leitung von Herrn Prof. Adorno im Wintersemester 1960/61 mit Problemen der Bildungssoziologie.

Eingangs detaillierte Herr Prof. Adorno die Problemstellung und das Arbeitsprogramm.[2] Dann hielt Herr Dr. Stuckenschmidt vom Pädagogischen Seminar ein Referat über »Der gegenwärtige Bildungsbegriff der Pädagogen«[3].

Das Referat gab Herrn Prof. Adorno Anlaß, nochmals auf eine Aporie des humanitären Bildungsbegriffs hinzuweisen, die sowohl er in seinem Extempore als auch Herr Dr. Stuckenschmidt hervorgehoben hatten. Kann das Humanitätsideal zum Programm gemacht werden, ohne daß man es dem Scheitern überantwortet? Die Antinomie im traditionellen Bildungsbegriff, die auf seine Überprüfung hindrängt, wird offenbar, wenn Goethe die Farbenlehre Newtons ablehnt, weil sie die unmittelbare sinnliche Realität übersteigt und diese somit sinnentleert. Prof. Adorno sagte hierzu, daß Goethe zwar ganz richtig gesehen habe, daß in der Versachlichung der Welt zugleich ihre Sinnentleerung liegt. Aber diese böse Folge sei noch kein Argument gegen die Richtigkeit der Newtonschen physikalischen Erkenntnisse. Die hoffnungslose Divergenz von Innen und Außen, das Auseinanderfallen von Mensch und Welt des Humanismus wurde hier deutlich.

Der Widerspruch zwischen dem humanistischen Bildungsideal und der gesellschaftlichen Realität, führte Herr Prof. Adorno weiter aus, eine Tatsache, die auch im Referat von Herrn Dr. Stuckenschmidt betont wurde, hat einen Grund darin, daß der in der traditionellen Pädagogik herrschende Begriff des Menschen zu abstrakt sei. Humboldt sieht einen Menschen, dessen Wesen sich isoliert in

---

[1] Die beiden Studien sind »Analyse der politischen Bildung an hessischen Schulen (Gymnasien)«, von 1959 bis 1961 finanziert von der Deutschen Forschungsgemeinschaft, sowie »Probleme und Möglichkeiten der Erwachsenenbildung«, von 1960 bis 1961 finanziert vom Landesverband der Volkshochschulen Nordrhein-Westfalen.
[2] Vgl. Theodor W. Adorno, *Einleitung in das soziologische Hauptseminar »Probleme der Bildungssoziologie«, 8. November 1960*, hrsg. von Dirk Braunstein, in: WestEnd. Neue Zeitschrift für Sozialforschung, 12. Jg., 2015, H. 1, 153–167.
[3] Kurt Stuckenschmidt, »Zur Problematik des Bildungsbegriffs heute«, UAF Abt. 139 Nr. 8; Stuckenschmidt wird 1957 mit der Schrift »Das Ringen der Volkshochschulen um die Verwirklichung ihrer Aufgaben in der Gegenwart. Dargestellt am Modell der VHS Wetzlar-Land« in Frankfurt a. M. promoviert.

sich selbst entfaltet.[4] Sowohl er als auch Schleiermacher sind zu sehr an der protestantischen Innerlichkeit orientiert, die sich bei Kant ausgeprägt findet. Goethe und Hegel hätten dagegen betont, daß der Mensch nur durch die Sache zu sich selbst kommt. Der Hegelsche Begriff der Entäußerung[5] hat die gleiche Bedeutung wie die Entsagung in den »Wanderjahren«[6]; beides heißt Versachlichung, Spezialisierung. Dieses Problem führt bereits über eine pädagogische Fragestellung hinaus in die der Bildungssoziologie. Die Kategorien Mensch, Menschenbild und Auftrag seien in der herkömmlichen Bildung unreflektiert verwandt worden. So bleibe zum Beispiel zu klären, wer, welche Instanz den Bildungsauftrag gibt und ob Bildung nicht zur bloßen Freizeitgestaltung degradiert würde, wenn sie gesteuert sei.

Überhaupt sei das gesamte Netz der Beziehungen zwischen Individuum und Gesellschaft in der humanistischen Pädagogik zu naiv aufgefaßt worden, fuhr Professor Adorno fort. Es sei jedoch nicht möglich, die Humboldtschen Gedanken heute einfach über Bord zu werfen, denn in verhängnisvollen Situationen ist der Widerstand gegen die Gesellschaft beim Individuum besser aufgehoben als bei den Kollektiven, um das Überleben der Gesellschaft überhaupt zu ermöglichen.

Die Problematik, die die Soziologie scheinbar von außen an die Pädagogik heranträgt, erweist sich als den pädagogischen Kategorien immanente. Die Bildungssoziologie will die Pädagogik zur Selbstreflexion auf ihre gesellschaftliche Verflochtenheit anhalten.

Klaus Horn[7]

---

4 »Im Mittelpunkt aller besonderen Arten der Thätigkeit nemlich steht der Mensch, der ohne alle, auf irgend etwas Einzelnes gerichtete Absicht, nur die Kräfte seiner Natur stärken und erhöhen, seinem Wesen Werth und Dauer verschaffen will. [...] Bloss weil [...] sein Denken und sein Handeln nicht anders, als nur vermöge eines Dritten, nur vermöge des Vorstellens und des Bearbeitens von etwas möglich ist, denn eigentlich unterscheidendes Merkmal es ist, NichtMensch, d.i. Welt zu seyn, sucht er, soviel Welt, als möglich zu ergreifen, und so eng, als er nur kann, mit sich zu verbinden.« (Wilhelm von Humboldt, Theorie der Bildung des Menschen. Bruchstück [1793], in: Wilhelm von Humboldt, Werke in fünf Bänden, hrsg. von Andreas Flitner und Klaus Giel, Bd. I, Darmstadt 1960, S. 234–240; hier: S. 235)
5 Vgl. etwa HW, Bd. 3, S. 359–362.
6 Vgl. Johann Wolfgang Goethe, Wilhelm Meisters Wanderjahre oder die Entsagenden [1821], in: Goethes Werke, hrsg. im Auftrage der Großherzogin Sophie von Sachsen, Bd. I·24, Weimar 1894, sowie ebd., Bd. I·25·1, Weimar 1905.
7 Unterschrift.

## 240 Klaus Hermann, 15. November 1960

*Protokoll*
vom
15. Nov. 1960

Seminar »Bildungssoziologie« Prof. Adorno

Im Anschluß an das in der vorhergehenden Sitzung von Dr. Stuckenschmidt gehaltene Referat diskutierte das Seminar über den Bildungsbegriff in der modernen Pädagogik. Herr Rang[8] kritisierte die mangelnde Realitätsbezogenheit dieser Disziplin: »Sie nimmt keine Kenntnis von Soziologie und Psychologie«. Prof. Adorno warnte vor der Gefahr der Pseudokonkretion. Ein Ausdruck wie die Seinsfrage sei ein solches Schema der Pseudokonkretion. Man mache den Leuten vor, es ginge um allerkonkreteste Dinge, obwohl der Sinn des Seins hermeneutisch nur zu verstehen sei. »Der Übergang in die Realität kann nicht vollzogen werden, denn er würde die kritische Theorie der Gesellschaft involvieren«. – »Kritik am Formalismus« einerseits und »ohnmächtiger Blick nach innen« andererseits seien weitere Kennzeichen der Situation. Gefährlich sei auch die Tendenz der Pädagogisierung, die »ihrer eigenen Schwerkraft nach dazu neigt, Kavaliersgarderobe zu tragen« ... »sie verwurstet das, was vor 30 Jahren schick war«. »Es besteht die Tendenz, alles zu verdinglichen, zur Ware zu machen: Ontologische Entwürfe erhalten Konsumcharakter, werden Geist aus zweiter Hand«. Solche Entwicklung sei prinzipiell aus der Struktur unserer Gesellschaft abzuleiten.

Prof. Adorno: »Etwas wird der Pädagogik als Schuld aufgebürdet, wofür sie eigentlich nichts kann. Dem Wesen nach ist sie eine praktische Disziplin, nämlich sie soll praktisch bilden. Dabei wird eine Art von Praxis verlangt, die ihrer Orientierung enträt, d. h. der Boden wird ihr unter den Füßen von vornherein weggezogen.« Man dürfe die Pädagogik nicht überfordern, nur eins sei verlangt: daß sie »mit allem Geschwätz der Begegnung«[9] aufhöre und die soziologische Kritik in aller Schärfe reflektiere.

Herr Rang wandte ein, daß die Pädagogik wünschenswert eine philosophische sei. Mit dem praktischen Aspekt sei der Anspruch zu tief angesetzt. Prof.

---

8 D. i. Adalbert Rang.
9 Das Wort von der »Begegnung«, zentral im *Jargon der Eigentlichkeit. Zur deutschen Ideologie* [1964], bezeichnet Adorno in seiner Schrift *Philosophie und Lehrer* [1962] als *Allerweltsphrase aus der heruntergekommenen und schon an Ort und Stelle fragwürdigen Existentialphilosophie* (GS, Bd. 10·2, S. 483).

Adorno entgegnete, die Pädagogik könne nicht Philosophie sein, sie müsse sich heute mit einem Ersatz zufriedengeben.

Auf die Frage, was denn nun eigentlich Pädagogik sei, antwortete Prof. Adorno: »Theorie für die Praxis«. Wenn sie sich nicht als solche verstehe, komme es nie zu Besinnungen, von denen die Praxis zehren könne. Das Desiderat einer philosophischen Pädagogik »wäre nicht einfach Philosophie, nicht einfach Anweisung für die Praxis, sondern wirklich Reflexion«.

Die von einem Teilnehmer für die kritische Betrachtung gewünschte Unterscheidung zwischen Erziehungswissenschaftler und Dorfschulmeister erwies sich als nutzlos, da nach Adorno ein großer Teil der Problematik »in den Demarkationsgraben zwischen Herrn Bollnow[10] und dem Dorfschulmeister hinunterfiele«.

Dr. Teschner[11] zeigte auf das Problem der Selektion und Umfunktionierung etwa bei der Vermittlung von politischen Theoremen an bestimmte Gruppen von Menschen. Seine Frage: »Gehört es zur Aufgabe der Pädagogik, darüber nachzudenken, wie Vermittlung als Erziehung stattfinden soll?«, war, nach Prof. Adorno, eine wesentliche Konkretion, die impliziere, daß Pädagogik im Sinne von Menschenbildung nicht mehr möglich sei. Die letzte Frage dieser Diskussion, was nun ausgewählt und vermittelt werden solle, kommentierte Prof. Adorno: »Solange man sich im Horizont des Wozu-Erziehens bewegt, ist man immer an leeren Dingen.« Er hege großen Zweifel, ob das Problem der Technifizierung und Entfremdung durch eine pädagogische Vermenschlichung zu lösen sei. In einer Gesellschaft, die durch und durch funktional sei, könne man Menschen nicht unmittelbar erziehen, weil sie sich zuerst der Inhalte entäußern müßten und sich in der Konfrontierung mit diesen als Menschen zu erweisen hätten.

Herr Schäfer begann anschließend mit der Verlesung seines Referates über die »Theorie der Halbbildung«[12]. Im Zuge kritischer Betrachtung der bisher angestellten Untersuchungen der Halbbildungs-Problematik wird der Bildungsbegriff auf seine gesellschaftlichen Bedingungen hin relativiert. Es wird festgestellt, daß bloße Sachverhalte-Übertragung[13], die die Aufgabe für gelöst hält, mögliche Aufklärung hintertreibt.

Zur Verdeutlichung fügte Prof. Adorno hinzu, daß Geist, der sich von der Realität verselbständige, zur Ideologie werde und damit im Betrieb aufgehe.

---

10 Gemeint ist der Erziehungswissenschaftler und Philosoph Otto Friedrich Bollnow.
11 Manfred Teschner wird 1960 mit der Schrift »Entwicklung eines Interessenverbandes. Ein empirischer Beitrag zum Problem der Verselbständigung von Massenorganisationen« in Frankfurt a. M. promoviert.
12 Herbert Schäfer, »›Theorie der Halbbildung‹ von Theodor W. Adorno«, UAF Abt. 139 Nr. 8.
13 Konjiziert für: »Sachverhaltensübertragung«.

»Damit wird dem Menschen die Möglichkeit genommen, den Betrieb, in dem er steckt, zu verändern. Diese Antinomie im Begriff des Geistes führt notwendig zur Antinomie im Begriff der Bildung.«

Der Untersuchung läge allerdings ein etwas romantischer Begriff des ungebildeten Menschen zugrunde. Es sei fraglich, ob ein Ungebildeter im Ernst fähig sei, Erfahrung zu machen, weil auch die Unbildung gesellschaftlich vermittelt sei. Die Fähigkeit, Neues wahrzunehmen, in sich hineinzunehmen und sich wieder davon zu emanzipieren, werde sabotiert durch die »Ausbildung«, die »wahrscheinlich aus blinden Wiederholungszwängen« bestehe. So seien Menschen, die unten waren, wahrscheinlich um ihr ganzes Selbstbewußtsein betrogen. Ohne Ansehung dieses Sachverhalts versuche man eine Widergutmachung, indem man geistige Güter, die auf die Autonomie bezogen seien, auf die Menschen schwemme, »die es aus gesellschaftlichen Gründen gar nicht zur Autonomie bringen«.

Selbst das genuine Bedürfnis, man müsse am Geist teilhaben, sei schon kanalisiert. Dadurch käme die Differenz Bildung–Bestseller z. B. gar nicht mehr zum Bewußtsein. Prof. Adorno illustrierte diese Entwicklung: »Schon im 19. Jahrhundert hatte man den sozialistischen Slogan ›Bildung macht frei‹ in ›Bildung macht fein‹ umgewandelt«.[14]

Zur Absicht seiner Theorie der Halbbildung sagte Prof. Adorno – und damit schloß diese Sitzung –, er möchte nicht, daß diese Arbeit als ein Manifest der Bildung aufgefaßt würde. »Sie ist im Grunde viel universaler und radikaler.« Selbst bei der Elite sei der Gedanke der Bildung von diesen Deformationserscheinungen ergriffen. Halbbildung hänge mit Arbeitsteilung zusammen und sei an keine politischen Grenzen, an keine Bevölkerungsgruppen gebunden; jeder Mensch sei von ihr angefressen.

»Sie liegt im Urgestein unserer Gesellschaft«.

Klaus Hermann[15]

---

14 Den ursprünglich liberal-bürgerlichen Ausspruch »Bildung macht frei« übernehmen viele Arbeiterwohlfahrtsvereine im 19. Jahrhundert, bis der Spruch schließlich umgewandelt vom Bürgertum wiederaufgenommen wird; vgl. etwa N. J. Anders [d. i. Nathan Jacob], Bildung macht fein! Ein unentbehrlicher Rathgeber für die junge Welt, Berlin 1896.
15 Unterschrift.

## 241 Nils Lindquist, 29. November 1960

Protokoll vom 29. November 1960

Die Frage nach den Hauptursachen der Halbbildung muß an die Arbeit »Theorie der Halbbildung« im vollem Umfang verwiesen werden, in der ja Professor Adorno, auch wo er sie beschreibt, die Halbbildung aus ihren Ursachen definiert.[16]

Die Ursachen lassen sich nicht einfach isolieren und herzählen, sondern der Ansatz zur Klärung muß dem Versuch, das Phänomen Halbbildung in all seine sozialen Vermittlungskategorien zu übersetzen, vorbehalten bleiben. Die wäre Aufgabe der Bildungssoziologie.

Mit Mangel an Bildung kann Halbbildung nicht erklärt werden. Vielmehr resultiert diese aus einem geschichtlichen Prozeß, der schon dort einsetzt, wo Bildung erst konzipiert wurde, als Anweisung an die Menschen auf ein Leben als Bürger einer Gemeinschaft von Freien (und Gleichen).

Als inwendige (subjektive) Gestalt realisierter Freiheit sollte Bildung das Bewußtsein wie das Unbewußte des Menschen betreffen. Sie sollte die Voraussetzung für die Autonomie des sich selbst bestimmenden und welterfahrenen Menschen sein, aber in dialektischer Beziehung so, daß Autonomie ihrerseits wieder Grundbedingung für das Gelingen von Bildung ist.

Diese Voraussetzung war jedoch seit der Genesis des Bildungsbegriffs nicht gegeben, und so ist Halbbildung das geschichtlich notwendige Produkt der Bildung. Sie liegt nicht vor, sondern jenseits der Bildung; sie ist mißlungene Bildung.

Bildung mußte an ihrer eigenen Voraussetzung scheitern, der subjektiven wie objektiven Autonomie. Sie blieb denjenigen vorbehalten, die aufgrund der materiellen Verhältnisse autonom leben konnten (Bildung und Besitz fielen zusammen). So blieb sie Privileg und war ihrerseits später Vorwand zum Privileg. Die allgemeine Autonomie und ihre materiellen Voraussetzungen wurden nie verwirklicht; was universal hätte werden sollen, blieb partikular beschränkt.

So trägt Halbbildung den Zug des Subjektivistischen (ihre Scheinautonomie ist die Gewißheit, dabei zu sein, gestützt auf den Vorrat an beziehungslosen Bildungspartikeln).

---

16 Vgl. Theodor W. Adorno, *Theorie der Halbbildung* [1959], GS, Bd. 8, S. 93–121.

Sie ist Bestandteil des Reproduktionsbetriebes und trägt die Male der Arbeitsteilung: verdinglichtes Bewußtsein und die Hypostasierung des herausgelösten Arbeitsprozesses (des Bruchstücks). Doch war diese Gefahr des Vorratcharakters, die Tendenz zur Verdinglichung, schon im hochbürgerlichen Bildungsbegriff angelegt.

Die Mechanismen, durch die Halbbildung aus Gesellschaftlichem vermittelt wird, charakterisierte Prof. Adorno an vier Beispielen:

a) »Die Kulturindustrie hat gelernt, das verpflichtende Element des Bildungsbegriffs zu exploitieren.« (Mündliches Zitat) Sie wird der Nachfrage der Konsumenten nach Kulturgütern (dem pseudodemokratischen Anspruch aller auf Bildungs*ergebnisse*) dadurch gerecht, daß sie Bildung in präparierter und verdünnter Form – gewissermaßen auf Flaschen gezogen – auf den Markt wirft. Das Niveau des Publikums wird reduziert. Es wird ihm Befriedigung des Bildungsanspruchs außerhalb der Verpflichtung zur eigenen Anstrengung gewährleistet.

b) Die Gesellschaft produziert ihren Schleier aus Ideologie und technischem Funktionieren so, daß es schwer und unzweckmäßig wäre, die Bildungsinhalte ernstzunehmen oder gar zu befolgen. Der Mangel an Muße und die Qualität der Inhalte machen Bildung für das Mitglied der Gesellschaft höchstens als hohlen Schmuck annehmbar. »Um in der Gesellschaft funktionsfähig zu sein, dürfte man aus der Bildung keine Konsequenz ziehen« (mündliches Zitat).

c) Durch Versagungen (an Autonomie) und »Unbehagen in der Kultur«[17] kommt sozialpsychologisch eine Ranküne gegen kulturelle Verpflichtung zustande. (Die Formen der Auflehnung gegen Kultur und Flucht in die Barbarei reichen von der Zote im Herrenzimmer bis zur Ausrottung ganzer Volksteile).

Der Druck, den die machtlose Kultur doch auf den Menschen ausübt, richtet sich rückwärts gegen sie selbst und trifft sie an der schwächsten Stelle, dort, wo sie unmittelbar aufgenommen wird (in der Sphäre des Kulturkonsums). Teenager»kultur« und Jazz demonstrieren, wie wenig Kultur ernstgenommen wird durch Verbreitung von Surrogaten. Bildung wird hier schon als vom Subjekt losgelöst, als Norm unter anderen gesellschaftlichen Normen verstanden, in denen man sich unwohl fühlt und denen man zu entkommen trachtet.

d) Das Proletariat ist noch immer vom Bildungsprivileg ausgenommen und hat nicht an Autonomie teil. Es ist zwar durch die »Mittelstandsgesellschaft rezipiert«, aber es wurde nur von der alten Unfreiheit in die Konsumabhängigkeit

---

17 Anspielung auf Freuds Schrift »Das Unbehagen in der Kultur« [1930], FGW, Bd. XIV, S. 419–506.

geführt, wo ihm sogar die Einsicht in die eigene Lage verwehrt ist. (Verschleierung der Gegensätze untergraben das Klassenbewußtsein.)

Die partikulare Autonomie müßte universal durchgesetzt worden sein, um Bildung demokratisch allen zugänglich zu machen. Dies berechtigt nicht zu der Konsequenz, daß man heute es hinnimmt, daß Bildung, durch Sozialisierung, der Halbbildung anheimfallen solle, und dann froh zu sein, wenigstens die halbe Bildung realisiert zu haben. Halbbildung kann *nicht* auf einem Kontinuum zwischen Unbildung und Bildung liegend verstanden werden, sondern ist von der dialektischen Auffassung her »durch subjektiven Gehalt wie objektive Gestalt« das genaue Gegenteil von Bildung. Im Begrifflichen und im objektiven Sachverhalt ist die Approximation an Bildung von der Halbbildung her nicht möglich.

In der Diskussion mit Walter Benjamin trat Prof. Adorno dessen Hoffnung entgegen, die Halbbildung könne doch noch zu so etwas wie Bildung transferiert werden.[18] Doch die Entwicklung, namentlich im Osten, gab ihm recht.

Dadurch, daß Halbbildung den Gehalt von Bildung verletzt und das Bewußtsein verstümmelt, das Bildung aufnehmen könnte, versperrt sie dem halbgebildeten Subjekt den Zugang zur Bildung. Zum Beispiel ist ein Erleben von klassischer Musik unmöglich, wenn den Themen Merkverse von S. Spaeth zugrunde liegen.[19] Oder: Die Toleranz im Jazz verhindert das Erleben der Dissonanz als Kunstelement (bei Strawinsky und Schönberg) gerade durch die Gewöhnung.

---

18 Nach der ersten Lektüre der Schrift »Das Kunstwerk im Zeitalter seiner technischen Reproduzierbarkeit ›Zweite Fassung‹« von Walter Benjamin (vgl. BGS, Bd. VII·1, S. 350–384) schreibt Adorno diesem einen Brief, in dem er seine Bedenken gegen die unvermittelte Rettung einer auf die Bedürfnisse des Proletariats zurechtgestutzte Kunst äußert; vgl. Adorno an Benjamin, 18. März 1936, in: Theodor W. Adorno und Walter Benjamin, *Briefwechsel 1928–1940*, hrsg. von Henri Lonitz, Frankfurt a. M. 1994 (*Briefe und Briefwechsel*; 1), S. 168–177.

19 *In Amerika existiert ein außerordentlich verbreitetes Buch, »Great Symphonies«, von Sigmund Spaeth. Es ist hemmungslos auf ein halbgebildetes Bedürfnis zugeschnitten: das, dadurch sich als kultiviert auszuweisen, daß man die im Musikbetrieb ohnehin unausweichlichen Standardwerke der symphonischen Literatur sofort erkennen kann. Die Methode ist die, daß den symphonischen Hauptthemen, zuweilen auch nur einzelnen Motiven daraus, Sätze unterlegt werden, die sich darauf singen lassen und die nach Schlagerart die betreffenden musikalischen Phrasen einprägen. So wird das Hauptthema der Beethovenschen Fünften Symphonie gesungen auf die Worte: »I am your Fate, come, let me in!«; das Hauptthema der Neunten Symphonie entzweigeschnitten, weil sein Anfang nicht singbar genug sei, und nur das abschließende Motiv betextet: »Stand! The mighty ninth is now at hand!« Dem ehedem oft freiwillig parodierten Seitensatzthema aus der Symphonie Pathétique von Tschaikowsky aber widmet Spaeth die Zeilen: [Absatz] This music has a less pathetic strain, / It sounds more sane and not so full of pain. / Sorrow is ended, grief may be mended, / It seems Tschaikowsky will be calm again! [Absatz] An dieser Explosion von Barbarei, die sicherlich das musikalische Bewußtsein von Millionen von Menschen beschädigt hat, läßt viel auch über die dis-*

Ein individuell-genetischer Zueignungsprozeß kann der Theorie der Halbbildung nicht entgegengehalten oder verglichen werden. Zwar ist im Modell der psychologischen Momentaufnahme die Gestalt der Halbbildung ähnlich dem Bewußtsein eines Halbwüchsigen. Doch ist diese individuelle Genesis in der Bildung als subjektiver enthalten, da für das Subjekt hier die Halbbildung ein Stadium des Zueignungsprozesses ist und nicht ein Faktum. Beim endgültig halbgebildeten Individuum bewirkt das *Faktum* der Halbbildung eine Verhärtung und Unansprechbarkeit, die auf ihre Mittelmäßigkeit pocht, und die überhaupt kennzeichnend für das verdinglichte Bewußtsein ist.

So ist Hoffnung auf Bildung, wie sie der soziologische Bildungsreformismus hegt, aus der Halbbildung nicht gerechtfertigt. Aufklärung müßte hier schon den ganzen »Schutt der Halbbildung wegräumen und den Menschen den Dégout daran einimpfen.«

Die Einsicht in die Negativität des halbgebildeten Zustandes verleitet zur Frage nach einem Ausweg.

Das Denken kann kein Rezept liefern, aber es darf nicht vor der Negativität kapitulieren. Wissenschaft darf sich nicht von der »Forderung auf Seelenfrieden« beirren lassen; ihre Aufgabe kann nur sein, Widersprüche, die in den objektiven Gegebenheiten liegen, dem Bewußtsein zu vermitteln.

Das Denken in einen – noch so kulturpolitisch wertvollen – Zweck zu spannen, hieße, es dem arbeitsteiligen Betrieb und damit der Verdinglichung ausliefern. Es kann Bildung nicht irgendwie restaurieren. Die empirische Beobachtung des verdinglichten Bewußtseins erhellte dessen Neigung, von jedem Gedanken die Zertifikation abzuverlangen, wozu er nütze – –. (Dabei würde der Gedanke abgeschnitten und praxisreif gemacht, bevor er sich immanent theoretisch entwickeln kann.)

Keineswegs soll damit das Problem der Praxis von Bildung ignoriert werden, sondern es spielt ja in die Definition der Halbbildung als einem Versagen von Bildung hinein.

In diesen Zusammenhang gehört auch die Abgrenzung von Prof. Adornos Auffassung gegen die von Litt und Weinstock.[20] Das dialektische Denken kann

---

*kretere mittlere Halbbildung sich lernen.* (GS, Bd. 8, S. 113) – Vgl. Sigmund Spaeth, Great Symphonies. How to Recognize and Remember Them, New York 1936.
**20** Vgl. Theodor Litt, Technisches Denken und menschliche Bildung [1957], 2. Aufl., Heidelberg 1957 [recte: 1960], und Heinrich Weinstock, Die politische Verantwortung der Erziehung in der demokratischen Massengesellschaft des technischen Zeitalters, Bonn 1958 (Schriftenreihe der Bundeszentrale für Heimatdienst; 33).

einen Bildungsbegriff nicht ohne seinen Gegenstand, die Gesellschaft entwickeln. Litt und Weinstock dagegen übernehmen »die Hypostasis des Geistes aus dem Idealismus« und treiben Bildungsesoterik ohne Begriffspraxis in Rechnung zu stellen. Einen »neuen Bildungsbegriff« zu formulieren, würde Prof. Adorno sich weigern (schon in Erinnerung an ähnliche Postulate der George-Schule, Jugendbewegung etc.).

Vielmehr muß, wenn man schon von Bildung spricht, der Bildungsbegriff aus einer Kultur entlehnt werden, in der er expliziert war, aus der hochbürgerlichen.

Die Chance, den Bildungs*begriff* zumindest zu gewinnen, liegt heute »in der in sich konsequent durchgeführten Reflexion auf die Halbbildung« (mündliches Zitat).

Der Aufteilung der Wissenschaft in Spezialgebiete entsprechend bietet sich ein Ansatz dazu in der Reflexion innerhalb der spezialisierten Einzelwissenschaft. Hier vermag schon begriffliche Klärung den Widerspruch zwischen Gehalten und der bruchstückhaften Erfahrung von Gehalten zu beheben, der zur Halbbildung gehört. Vor allem meint dieser Vorschlag die Geisteswissenschaften als Verwalter der Bildung. Weniger fruchtbar wäre Reflexion innerhalb der Naturwissenschaften, die »im Bezug auf Halbbildung ohnehin neutraler, unschuldiger, im Sinne realer Humanität nicht so verhärtet sind«. (Sinngemäßes mündliches Zitat) (Gemeint ist hier die Wissenschaft, nicht das Bewußtsein des Einzelnen, der möglicherweise seine Wissenschaft zur Religion fetischisiert.)

Die Gefahr einer so gerechtfertigten Spezialisierung liegt aber einmal darin, daß die Verwalter der Spezialgebiete selten in der Lage sind, die Halbbildung in ihren Gebieten zu erkennen, zum anderen, daß die Spielregeln der Arbeitsteilung verewigt werden könnten, was zur Hypostasierung und damit zur Verdinglichung des Partikularen führte.

Andererseits bietet auch eine Relativierung des Spezialgebiets auf das »Gesamte« hin nichts, denn wenn ein geistiges Gebilde nicht immanent reflektiert wird, widerfährt ihm eine Verdünnung und Regression, in der es mit zur »Gloriole der Ideologie des Bestehenden« beiträgt, während doch die Chance, je einmal die Arbeitsteilung zu überwinden, nicht durch Verhärtung verbaut werden soll. Es gibt zwar keinen Weg hinter die Arbeitsteilung zurück, jedoch sollte es im Bereich des technisch Möglichen liegen, die Rationalität der Arbeitsprozesse so zu steigern, daß die Gesellschaft von ihren verhärteten Formen befreit würde.

Sollte jedoch die Situation nicht mehr zulassen, einen Bildungsbegriff abzuleiten, so müßte ernst die Frage diskutiert werden, ob nicht die Menschheit Bildung überlebt hätte und ob man nicht daher ihre Forderungen fallen lassen sollte. Der Bildungsbegriff *wirkt* deshalb überlebt, weil von der Gesellschaft der Appell zur Autonomie, auf dem Bildung als Anweisung auf Freiheit beruht, nicht mehr an das Individuum gerichtet wird. Die Gesellschaft funktioniert auch ohne Bildung.

Nils Lindquist

## 242 Irmgard Lüter,
## 6. Dezember 1960

*Protokoll*
vom 6. 12. 60

Prof. Adorno:
Seminar »Probleme der Bildungssoziologie«.

In Anwesenheit von Herrn Hellmut Becker, dem Präsidenten des Deutschen Volkshochschulverbandes,[21] begann Herr von der Vring mit der Verlesung seines Referates »Kulturpolitik am Beispiel der Vorstellungen von Hellmut Becker«[22].
 Die Feststellung, Bildung sei heute das Zentralproblem, stellte Prof. Adorno als Frage zur Diskussion. Er meinte, dem Anspruch der Gesellschaft genügten die Menschen heute, wenn sie nur funktionieren und sich passiv verhalten. Demgegenüber wollte Herr Becker die Bildungspolitik in der BRD in den Vordergrund gerückt sehen. Da in der Gegenwart ständisches Bewußtsein zur Orientierung fehle, sei Bildung nötig, um sich in der Welt zurechtzufinden, was nicht gleichbedeutend mit funktionieren sei.
 Die Zwiespältigkeit der Bildung, Erziehung der Menschen einerseits zu autonomen Individuen, andererseits zu angepaßten, funktionalisierten Gliedern der Gesellschaft, wies Prof. Adorno als von der Gesellschaft bestimmt nach. Die Bedingung für die Möglichkeit einer richtigen Gesellschaft sei Autonomie, welche durch den Zwang zu funktionieren verhindert wird. Herr Becker hielt die Erziehung der Menschen zu autonomen Individuen in einer Gesellschaft, die unter Druck und Unfreiheit steht, für fragwürdig und führte eine Formulierung des Deutschen Ausschusses für Bildungs- und Erziehungswesen an, nach der Erziehung ein Prozeß von Anpassung und Widerstand sein soll.[23] Da aber die realen

---

21 Hellmut Becker, vormals Syndikus des IfS, ist von 1956 bis 1974 Präsident des Deutschen Volkshochschul-Verbands.
22 Thomas von der Vring, »Kulturpolitik am Beispiel der Vorstellungen Hellmut Beckers«, UAF Abt. 139 Nr. 8. – Das Referat führt zwei Texte von Becker an: Hellmut Becker, Forderungen an unser Bildungssystem. Schule, Hochschule, Volkshochschule und Gesellschaft, in: Hellmut Becker, Bildung zwischen Plan und Freiheit, Stuttgart 1957, S. 20–53, sowie Hellmut Becker, Schule und Verwaltung, in: Probleme einer Schulreform. Eine Vortragsreihe, mit Beiträgen von Hellmut Becker et al., Stuttgart 1959 (Kröners Taschenausgabe; 301), S. 105–118.
23 »Der Mensch, der in der beschriebenen Welt sich selbst zum Menschen bilden will, wird sich dieser Welt anpassen und ihr zugleich Widerstand leisten müssen. Im Feld der Polarität von Anpassung und Widerstand vollzieht sich der Prozeß der Bildung; in der Fähigkeit zu bestimmen, wo Anpassung und wo Widerstand geboten ist, bewährt sich die Freiheit des Menschen in dieser

Kräfte, die hinter der Autonomie stehen, zu gering sind, fürchtet Prof. Adorno, daß für ein Wechselspiel die Voraussetzungen fehlten. Er stellte die Möglichkeit einer derartigen Dialektik und ihrer Vermittlung in Frage. Herr Becker wollte seine Vorstellungen am Beispiel der Bildungseinrichtung in der UdSSR veranschaulichen. Die Heranbildung von Spezialisten sei ein Erziehungsideal gewesen, das jedoch gescheitert sei. Für die Spezialisten habe sich keine entsprechende Arbeit gefunden, da ihre Ausbildung bereits veraltet war. Daraus habe man gefolgert, daß die Förderung »personaler Qualitäten« Aufgabe der Pädagogik sein müsse. In der Gesellschaft zu funktionieren, ohne seine »personalen Fähigkeiten« zu verlieren, sei möglich, wenn auch gefährlich.

Dementsprechend sei die Demokratie nicht durch die Eingliederung der Menschen gewährleistet, sondern dadurch, daß sie sie kritisieren und versuchen, ihre Mängel zu beheben und ihre Einrichtungen zu verbessern. Es sei deshalb wichtig, die Urteilsfähigkeit der Menschen zu entwickeln und ihr zu vertrauen.

Das Ziel der Erziehung sei nicht, autonome Subjekte oder Funktionsatome der Gesellschaft heranzubilden, was einer falschen Isolierung entspräche, sondern zu vermitteln sei das Spannungsverhältnis zwischen Individuum und Gesellschaft, welches als Problem in der Gesellschaft zur Zeit des Idealismus, in der Individuation gleichzeitig einen Teil der Anpassung ausmachte, noch nicht vorhanden war. Prof. Adorno äußerte die Befürchtung, daß es dem Menschen mit »personalen Qualitäten« mehr noch als dem Spezialisten an Wirkungskraft und Gesellschaft mangele. Es sei nötig, diesen Spezialcharakter, der generell zu jeder Spezialisierung fähig oder ein Spezialist für Ganzheit sei, von einer kritischen Theorie her aufzulösen.

Nach Herrn Becker schließt die Erziehung zur Freiheit die Möglichkeit zu freiem Engagement ein, und das Bekenntnis der Bindung, sei sie religiös-konfessionell oder parteipolitisch, soll im Bildungsvorgang in Erscheinung treten. Dagegen steht die Frage Prof. Adornos nach der Legitimation von Bindung als Korrektiv der Freiheit überhaupt. Er forderte die Analyse des Begriffs Bindung und deutete sie kurz an, indem er Bindung als Ersatz der Religion erkannte, die als abstrakte Forderung ohne konkreten Inhalt aufrechterhalten wird. Ein radikaler Bildungsbegriff von Freiheit dürfe vor einem unreflektierten Bindungsbegriff nicht haltmachen.

Herr Becker betonte jedoch das Vorhandensein von Bindungen und wollte sie als Basis der Entscheidungen und Urteile ausgesprochen wissen, um den Unter-

---

Welt.« (Zur Situation und Aufgabe der deutschen Erwachsenenbildung. Bonn, den 29. Januar 1960, in: Empfehlungen und Gutachten des Deutschen Ausschusses für das Erziehungs- und Bildungswesen 1953–1965, bes. von Hans Bohnenkamp, Walter Dirks und Doris Knab, Stuttgart 1966, S. 877–928)

richt zu beleben und dadurch den Schüler zur Beteiligung anzuregen. Es sei nötig, ihn zum Erlebnis der Eigentätigkeit kommen zu lassen. Daß die autoritäre Situation des Lehrers zur Lenkung der Schüler führen könnte, sah Herr Becker durchaus, meinte jedoch, durch Verschweigen der Entscheidung werde diese Gefahr nicht geringer.

Die Reflexion auf die Entscheidung, die die mögliche Preisgabe der Bindung einschließt, bezeichnete Herr Becker als deren Voraussetzung. Wenn die Entscheidung in den Unterricht mit eingehen solle, so müsse doch die Vermittlung des Reflexionsprozesses, der zur Entscheidung geführt habe, einen wesentlichen Teil des Bildungsvorganges bilden, stellte Prof. Adorno abschließend fest.

Irmgard Lüter[24]

---

24 Unterschrift.

# 243 Hilmar Tillack,
## 13. Dezember 1960

Hilmar Tillack
stud. phil.

*Protokoll des Soziologischen Seminars vom 13. 12. 60
unter Leitung von Herrn Prof. Adorno*

Herr v. d. Vring setzte sein Referat »Kulturpolitik am Beispiel der Vorstellungen Hellmut Beckers« fort. Dazu wurde im einzelnen ausgeführt:

Die Termini »*Weltverständnis*« und »*Selbstverständnis*« bat Herr Prof. Adorno nicht im Sinne des herrschenden ontologischen Jargons mißzuverstehen.[25] In Beckers durchaus aufklärerischer Intention bedeuteten sie konkrete Einsicht in soziologische und psychologische Zusammenhänge. Weltverständnis meine Kenntnis der Verkettung usw., Selbstverständnis heiße, sich nicht naiv gegenüberzustehen, sondern – wie bei Freud – etwas von dem Dunklen, Triebhaften, Verdrängten, das auf dem Grunde unserer Seele umgeht, zu wissen. Beckers Begriffe gehören nicht in jene Sphäre von Seins- oder Daseinsverständnis, die von jeder Berührung mit Realem zu bewahren ist, aus Angst, es könne um etwas anderes als um Sein selbst gehen.

Beckers Begriff »*Zuverlässigkeit*« enthalte eine Äquivokation.[26] Herr Prof. Adorno erläuterte, inwiefern Zuverlässigkeit im Sinne der hochbürgerlich-libe-

---

[25] Bei Becker heißt es: »Im Unterschied zum 19. Jahrhundert sind wir heute in der Lage, die Entwicklung der industriellen Gesellschaft zu einem gewissen Grade vorauszusehen. Wir stehen dabei vor dem Phänomen, daß die sich wandelnde industrielle Gesellschaft wahrscheinlich von allen sozialen Schichten die gleichen Eigenschaften verlangen wird, die ich folgendermaßen bezeichnen möchte: erstens *Zuverlässigkeit*, zweitens *Mobilität*, drittens *Weltverständnis*. [...] Weltverständnis ist notwendig, weil die Verflechtung aller Vorgänge der Welt nicht mehr aus dem überschaubaren Daseinsbereich, sondern nur aus dem Bereich der Dinge, die man nicht sieht und ohne Bildung nicht kennt, zu begreifen ist. Ohne Weltverständnis kann heute die einfachste wie die differenzierteste Arbeit nicht mehr richtig vollzogen werden. Ohne Weltverständnis kann der Mensch weder seinen Platz in seiner täglichen Umgebung richtig finden, noch die Lebensangst des modernen Menschen überwinden. Dabei ist auch dieses Weltverständnis nur möglich, wenn es getragen ist vom Selbstverständnis des Menschen, so wie das Selbstverständnis des Menschen ohne Weltverständnis nicht mehr gegeben ist.« (Becker, Forderungen an unser Bildungssystem, a. a. O. [s. Anm. 22], S. 24–26)

[26] »Der Techniker, der immer wieder dieselben Vorgänge in einer automatisierten Fabrik abrollen sieht, soll das Nichtfunktionieren eines Details nach vierzehn Tagen möglichst im ersten Moment bemerken. Dabei wird deutlich, daß Zuverlässigkeit nicht so sehr eine menschliche als eine geistige Eigenschaft ist, die auch eine bestimmte rationale Durchdringung der beobachteten

ralen Gesellschaft und Zuverlässigkeit im modernen Arbeitsteam Verschiedenes deckt. Im 19. Jahrhundert ging es um die Zuverlässigkeit von Vertragspartnern, ums gegebene Wort, die Einhaltung von Bedingungen. Sehe man ab von der ersten wilden Zeit rücksichtsloser Akkumulation, wie Balzac sie beschreibt, so habe sich die bürgerliche Gesellschaft nicht ohne ein gewisses Maß an Zuverlässigkeit reproduzieren können. Vielleicht hing das Prestige der deutschen Wirtschaft im Zeitraum von 1870–1914 an der Genauigkeit, daran, daß etwa die Firma Krupp nach dem Satz: Ein Mann, ein Wort!, den einmal erhaltenen Auftrag auch unter allen Umständen ausführte. Zuverlässigkeit konvergiere hier mit Vorblick, richtiger Einschätzung von Marktlagen usw. Beckers Begriff Zuverlässigkeit hingegen besage soviel wie: keine falschen Griffe machen. Sie bestimme sich arbeitspsychologisch als Konzentration auf einzelne Verrichtungen, die hohe Aufmerksamkeit verlangen und daher, wie er, Adorno, mutmaßt, eher den Blick aufs Ganze verhindern.

Herr Dr. v. Friedeburg[27] warf ein, Becker knüpfe hier an etwas an, was über die Halbprozesse am Fließband, die Prof. Adorno offenbar im Auge habe, hinausgehe. Becker selbst gebe das Beispiel vom Großbagger im Braunkohletagebau, wo ein Arbeiter an der Schaltung sitzt und durch einen falschen Griff die Maschine ruinieren kann.[28] Beckers These sei, was die künftige Entwicklung betreffe, als tendenziell richtig zu bezeichnen.

Es müsse differenziert werden, erwiderte Prof. Adorno, in solchen Fällen komme es einerseits auf Zuverlässigkeit an, andererseits nicht. Wegen technischer Inkompetenz könne er hier nicht mitreden, doch wolle es ihm nicht einleuchten, daß beim heutigen Stand der Selbstkontrolle in der Technik ein falscher Handgriff gleich für hunderttausende DM Schaden stiften soll.

---

Vorgänge erfordert. [...] Die Zuverlässigkeit hat ihren Gegenbegriff, von dem her sie richtig verstanden werden muß. Sie darf nicht Abhängigkeit vom sozialen Apparat bedeuten, und sie darf nicht eingeschworen sein auf die Ansichten einer bestimmten Gruppe. Im Gegenteil, die Zuverlässigkeit des Menschlichen, um die es hier geht, kann Angehörige verschiedenster Gruppen in produktiver Zusammenarbeit verbinden.« (Ebd., S. 25)

27 Ludwig von Friedeburg wird 1952 mit der Schrift »Die Umfrage als Instrument der Sozialwissenschaften. Zur Methode und Verwendung der Umfrage unter besonderer Berücksichtigung der Umfrage in der Intimsphäre« in Freiburg i. Br. promoviert.

28 »In der rheinischen Braunkohlenindustrie werden heute Kohlenförderkräne verwendet, die je DM 20 Millionen kosten, 100 000 cbm Kohle in 16 Stunden fördern und von sieben Mann bedient werden, von denen keiner eine besonders qualifizierte Vorbildung hat. Dieses Beispiel ist in der Industrie nicht beliebig übertragbar, aber es macht deutlich, was mit Zuverlässigkeit hier gemeint ist.« (Becker, Forderungen an unser Bildungssystem, a. a. O. [s. Anm. 22], S. 25)

Demgegenüber verwies Herr v. d. Vring auf Bahrdts Beispiel der rationellen Wärmeverteilung in einem Hüttenwerk, wo sehr viel an der Zuverlässigkeit eines Arbeiters liegt.[29]

Das stimme gewiß, sagte Herr Prof. Adorno. Doch um das Problem zu verdeutlichen: Beckers Intention sei, zu zeigen, daß eigentlich auf Grund objektiver Anforderungen moderne Technik der Bildung bedarf. In dieser sozusagen materialistischen These gehe Adorno mit Becker einig. Bildung kommt zustande nur bei gesellschaftlichem Bedürfnis. Becker sucht die Möglichkeit von Bildung heute aus dem objektiven Stand der Produktivkräfte abzuleiten und stößt auf den Begriff der Zuverlässigkeit, der eine Art Brücke zu schlagen scheint zwischen Bildung und Arbeitswelt. Adorno will nun den Gedanken ventilieren, daß dieser neue Begriff von Zuverlässigkeit den alten, der mehr ein festes, starkes Ich meint, so variiert, daß zu zweifeln sei, ob die in Rede stehende Qualität noch dasselbe ist wie Bildung. Impliziert Bildung weiterhin Substantialität des Ich, das sich durchhält in Vorblick, Erinnerung, Gedächtnis usw., oder ist all das eher Ballast? Diese Frage sei von unendlichem dialektischen Ernst; die Denkprozesse, die hinter ihr stehen, weisen auf die Antinomie: Auf der einen Seite verlangt die Realität des Produktionsapparates Bildung nicht, andererseits liefern wir uns, wenn Bildung über Bord geht, der Kollektivierung, Heteronomie und blinden Herrschaft aus. Es handele sich nicht um bloße Divergenzen von traditioneller Bildung und Gesellschaft, sondern um antinomische Verhältnisse, die nicht durch den einfachen Gedanken an den Fortschritt der Aufklärung bewältigt werden können.

Herr Dr. v. Friedeburg gab zu erwägen, ob Adornos Bildungsbegriff mit dem Beckers überhaupt identisch sei. Becker meine eher, daß die Anforderungen der industriellen Arbeit, die den Arbeitern neue Qualifikationsbedingungen bringen, ein Mehr an Ausbildung verlangen. Sicher müsse in Ausbildung auch einiges von dem eingehen, was traditionelle Bildung heißt. Aber Beckers Bildungsbegriff komme von unten, der Adornos von oben. Mit aller Vorsicht könne man sagen, daß Beckers Bildung Ausbildung sei.

Dies Problem sei hier adiaphoron, erklärte Herr Prof. Adorno. Es gehe um Welt- und Selbstverständnis, nicht darum, ob die Leute auch Pindarische Oden übersetzen können. Zunächst sollen sich die Menschen über die Welt und sich selbst orientieren. Trotzdem bleibe die Frage, ob dies gegenüber der Maschine so entscheidend sei. Er hege den Verdacht, daß Becker bei der Zuverlässigkeit – wie

---

29 Vgl. den Arbeitsbericht von einem »3. Tiefofenmann im Walzwerk«, in: Heinrich Popitz, Hans Paul Bahrdt, Ernst August Jüres und Hanno Kesting, Das Gesellschaftsbild des Arbeiters. Soziologische Untersuchungen in der Hüttenindustrie, Tübingen 1957, S. 40–43.

vielleicht wir alle – insgeheim von der Vorstellung des Chauffierens geleitet wird. Diesen Typ der Zuverlässigkeit gibt es noch, und es wäre Aufgabe einer Industriesoziologie in höherem Sinn, angesichts des großen Trends festzustellen, wie die Anforderungen hier tatsächlich ohne ideologische Umkleidung aussehen.

Herr Schumann[30] machte darauf aufmerksam, daß man statt Zuverlässigkeit nur Verantwortung zu sagen brauche, um die Betriebsideologie der zwanziger Jahre vor sich zu haben: Jeder müsse sich verantwortlich fühlen. Historisch war das damals nicht der Fall, denn es wurde Fließbandarbeit geleistet. Heute sei zu differenzieren zwischen verschiedenen Qualifikationen. Statt Zuverlässigkeit oder Verantwortung empfehle sich der Begriff »technische Intelligenz«. Eine wachsende Reihe von Funktionen verlange ausgesprochene Ausbildung und Qualifikationen, die dann zusammengebracht werden mit Bildung.

Daß Verantwortung Ideologie gewesen sei, unterstrich Prof. Adorno, vor allem auch im Hinblick auf die damaligen vorfaschistischen Tendenzen. Daß es heute so anders sein solle mit der Verantwortung, komme ihm komisch vor, doch wolle er mit seinem Urteil zurückhalten und es einer sinnvollen Untersuchung überlassen, was vom Stand heutiger technischer Produktivkräfte her an Ausbildung wirklich benötigt wird.

Herr Trautmann[31] äußerte, das Zusammengehen von Zuverlässigkeit und Bildung sei heute überholt. Für die leitenden Funktionen der industriellen Bürokratie, für Zirkulationsfunktionen, z. B. den Vertrieb der durch Großproduktion erzeugten Waren usw., gelte das nicht mehr.

Dem hielt Herr Prof. Adorno entgegen, daß Becker wohl sagen würde, seine Beweisführung gehe auf Bildung und nicht auf Ausbildung.

Die Unterscheidung von Bildung und Ausbildung könne man, wie Herr Dr. Habermas[32] dartat, heuristisch wohl annehmen. Die Bildung der ehemaligen sog. gebildeten Stände verhalte sich hierzu neutral. Was sie an gesellschaftlich nützlicher Arbeit leistete, taugte zugleich, sich über unsere Welt zu verständigen. Man besuchte das Humboldtsche Gymnasium, absolvierte dann ein Studium in Göttingen. Das konnte man gebrauchen und zugleich die Beckersche Forderung einlösen. Inzwischen ist die Verbreitung der elementaren Bildungstechniken in der Masse der Bevölkerung unvergleichlich gewachsen gegenüber dem Stand vor 150 Jahren, als es die Bibel und nicht viel mehr in der Schule gab. Zusätzlich dazu haben technische Fertigkeiten zugenommen, die gesellschaftliche notwendig

---

30 Nicht ermittelt.
31 D. i. Kurt Trautmann.
32 Jürgen Habermas wird 1954 mit der Schrift »Das Absolute und die Geschichte im Denken Schellings« in Bonn promoviert.

sind. Aber verbürgt dieser höhere Grad an Fertigkeiten heute zugleich wie damals noch ein Verständnis der Welt?

Das sei Beckers These, nicht die seine, kommentierte Herr Prof. Adorno.

Herr Dr. Habermas verdeutlichte sich an einem Beispiel: Ein Lokalreporter um 1880, der sich mit Volksschulbildung hochgedient hat, war, gemessen an Ausbildungsvoraussetzungen und Fertigkeiten, weniger als ein Akademiker heute in ähnlicher Position. Die Frage sei, ob nicht der Lokalreporter damals die Welt, in der er funktionieren mußte, besser verstand als der Akademiker heute die seine. Übertragen aufs Technische: Sind die Anforderungen an Vorbereitungsfunktionen, für die vielfach Akademiker gebraucht werden, gewachsen, sind z. B. die Meisterfunktionen in der Industrie auf einem höheren Stand, so hatte doch damals ein Meister ein besseres Weltverständnis als ein Akademiker bei Bayer-Leverkusen. Dennoch bleibe anzuerkennen, was hier an wirklichem Fortschritt vorliegt. Man könne Becker noch mehr zugestehen: Was heute gesellschaftlich notwendig gelernt werden muß, ist objektiv gewachsen. Aber im Vergleich zur ebenfalls gewachsenen Welt ist es eher geringer geworden.

Es sei nicht kontrovers, daß die Breite von Kenntnissen zugenommen hat, sagte Herr Prof. Adorno. Nur habe Becker zu Recht die Intention, Bildung an ihrer gesellschaftlichen Funktion zu überprüfen, weil er spüre, daß Bildung, die nicht gesellschaftlich honoriert wird, sich aushöhlt. Nun könnte es ja der Fall sein, daß mit dem Anwachsen des gesellschaftlichen Reichtums u. dgl. die Bildungsmöglichkeiten zunehmen, zugleich aber, da sie nicht gebraucht werden, sich aushöhlen. Ob Beckers Welt- und Selbstverständnis von der Technik her wirklich nötig ist, sei das entscheidende Problem, und das sei wissenschaftlich lösbar.

Herr Cramer[33] fragte, ob nicht Bildung im Sinne von Aufklärung im 18./ 19. Jahrhundert mehr mit der Lage des Bürgertums als sozialer Gruppe innerhalb der Gesellschaft zusammenhing als mit Ausbildung zur Reproduktion der Gesellschaft.

Das verneinte Prof. Adorno. Bildung habe damals schon eine gewisse Funktion in der Reproduktion der Gesellschaft gehabt. Zwar sei auch die Verselbständigung der Bildung fortgeschritten und damit ihre Ideologisierung. Aber der Deutsche Idealismus z. B. sei in zahllosen Dingen unmittelbar mit dem gesellschaftlichen Lebensprozeß verflochten gewesen, bis in Verfassungsstreitigkeiten der Württembergischen Landstände hinein,[34] in Fragen der Theologie und des Gottesdienstes, ja in die medizinische Praxis, in der Schellings Naturphilosophie

---

33 D. i. Erich Cramer.
34 Vgl. etwa Hegels Schrift aus den »Heidelbergischen Jahrbüchern der Literatur«, »{Beurteilung der} Verhandlungen in der Versammlung der Landstände des Königreichs Württemberg im Jahr 1815 und 1816. XXXIII Abteilungen« [1817], HW, Bd. 4, S. 462–597.

methodisch angewandt wurde, bis schließlich ein Mädchen daran starb.[35] Im Vergleich dazu sei die Beschäftigung mit Schelling heute ein Luxus, dem nur einige interessierte Studenten frönen.

Die zweite Frage sei die nach der *Mobilität*.[36] Becker meint, die Entwicklung fordere Menschen mit Mobilität, um wechselnde Spezialitäten im Laufe ihres Berufslebens möglichst rasch zu erlernen. Soweit sei das richtig, nur: Entspricht diese hier geforderte Fähigkeit noch der Bildung, oder laufe sie vielmehr auf Wendigkeit, Anpassung, also gerade Dispension von Bildung hinaus? Um es überspitzt auszudrücken: In USA merkt man bei Menschen, die Soziologie und anderen, die Psychologie studiert haben, eigentlich keinen Unterschied. Im Grunde haben nämlich beide Statistik gelernt: ganz formal etwas auf Tabellen einzutragen, Samples zu bilden usw. Ein substantieller Unterschied einer Psychologie vom Typus Freud und einer Soziologie vom Typus Max Weber sei nicht mehr festzustellen. Die Menschen seien weniger spezialisiert, als die allgemeine Klage über die Spezialisierung es wahrhaben wolle. Vielmehr werde die Spezialisierung durch die Verlagerung des Gewichts auf die Methode in zweischneidiger Weise abgeschafft. Die spezifische Beziehung auf den Gegenstand gehe verloren. Gegenüber dem Triumph der Methodologie über die Sachhaltigkeit seien die Erwägungen über Spezialisierung etwas hinterm Berg. Die Dinge sind differenziert. Becker hat Recht darin, daß die von der Entwicklung geforderte Mobilität sich nur

---

35 Auguste Böhmer, Tochter von Caroline Schlegel und Stieftochter von August Wilhelm Schlegel, stirbt 1800 im Alter von 15 Jahren an der Ruhr, nachdem Schelling, der unterdessen ein Liebesverhältnis mit Caroline Schlegel hat, Einfluss auf den behandelnden Arzt genommen hat. Schelling ist mit dessen Behandlungsmethode nicht einverstanden und besteht auf die Anwendung der reformmedizinischen Methoden nach John Brown, wie er sie auch in seinem »System der Naturphilosophie« [1799] vertritt (vgl. etwa SW, Bd. 2, S. 235). Dass Schellings Verhalten ursächlich ist für den Tod des Mädchens, wird aus medizinischer Sicht inzwischen stark bezweifelt. – Vgl. Adornos, wenngleich historisch nicht ganz korrekte, Erwähnung jenes Vorfalls in seinem Vortrag *Die Einheit von Forschung und Lehre unter den gesellschaftlichen Bedingungen des 19. und 20. Jahrhunderts*. 8. 11. 1961, NaS, Bd. V·1, S. 265–299; hier: S. 274.

36 »Daß selbst in der Geisteswissenschaft nach der Epoche der Spezialisierung eine spezifische Form der *Mobilität* notwendig ist, wird deutlich, wenn man sich klarmacht, daß die Fähigkeit, sich auch über Forschungsergebnisse ganz anderer Fachgebiete orientieren zu können, das Wissen von den anderen Disziplinen, heute zu den Voraussetzungen geisteswissenschaftlichen Arbeitens gehört. Dabei muß betont werden, daß Mobilität in jeder Ebene überhaupt nichts mit Konformismus gemein hat. Vielmehr ist diese Mobilität aus ihrem dialektischen Verhältnis zu der Festigkeit und der Beharrlichkeit zu begreifen, die Ausdruck der Eigenverantwortlichkeit der selbständigen Persönlichkeit sind. Mobilität bedeutet daher nicht Anpassungsfähigkeit, sondern die Fähigkeit, selbständig die verschiedenartigsten Probleme und Berufssituationen zu bewältigen.« (Becker, Forderungen an unser Bildungssystem, a. a. O. [s. Anm. 22], S. 24 f.)

dort einstellt, wo die Menschen keine Spezialisten sind. Was sie aber dann sind, ist nichts, was auf Bildung und Weltverständnis geht.

Die *Frage des Sachverständnisses und der Sachverständigen* bezeichnete Herr Prof. Adorno als sehr ernst.[37] Es lasse sich zeigen, daß heute in vielen Bereichen die durch Amt und Beruf als Sachverständige Qualifizierten in Wirklichkeit die Sache, die sie verwalten, gar nicht mehr verstehen. Machtpolitische Erwägungen außersachlicher Natur bestimmen vielfach die Funktionen.

Ein großes Problem stelle die *Planung der Freiheit*.[38] Ihm, Adorno, komme es vor, als lasse man Zigeunerwagen in riesigen Hallen umherfahren unter der Illusion, sie bewegten sich in offener Landschaft, während sie doch Gottes freien Himmel und die Sterne nicht mehr über sich haben. Alles liege an der Leine der verwalteten Welt, aber man soll die Leine selbst nicht spüren. Freiheit, bei der nicht im altliberalen Sinn durchs Zusammenspiel der freien Kräfte das Ganze resultiert, die vielmehr selber synthetisch ist wie jene hostess, von der in den *Minima Moralia* die Rede ist,[39] kann davon nicht unberührt bleiben. Das Bewußtsein, daß die Welt, in der Freiheit besteht, ihr nicht mehr offen ist, muß das freie Verhalten affizieren. Beckers Vorschlag der Planung der Freiheit hat etwas Verzweifeltes, das in seinem Kräfteparallelogramm zu entwickeln sei. Becker sieht die Planung der verwalteten Welt und zugleich ihre Gefahr. Im Bewußtsein, am verwalteten Charakter der Welt lasse sich nichts ändern, kommt er zum Paradoxon geplanter Freiheit.

---

37 Worauf sich das Sitzungsprotokoll hier bezieht, ist nicht ermittelt.
38 Becker fragt: »Gibt die Schule und insbesondere gibt die höhere Schule dem sich entwickelnden jungen Menschen in den neun Jahren des eigentlichen ›Bildungsalters‹, in denen sie wenigstens acht Stunden seines Tages beherrscht, die Chance, ein freier Mensch zu werden?« (Becker, Schule und Verwaltung, a. a. O. [s. Anm. 22], S. 107), um zu antworten: »Die Schule ist heute weit entfernt davon, ein Modell der Freiheit zu sein. Sie zeigt bürokratische Seiten, die in einem einzigartigen Gegensatz zu ihrer Bildungsaufgabe stehen.« (Ebd., S. 108)
39 *Je näher man der Sphäre des unmittelbaren, leiblichen Daseins rückt, um so fragwürdiger wird der Fortschritt, Pyrrhussieg der fetischisierten Produktion. Manchmal graut solchem Fortschritt vor sich selber, und er sucht die kalkulatorisch getrennten Arbeitsfunktionen, wenngleich bloß symbolisch, wieder zusammenzufügen. Dabei entstehen Figuren wie die hostess, eine synthetische Frau Wirtin. So wie sie in Wirklichkeit für gar nichts sorgt, durch keine reale Verfügung die abgespaltenen und erkalteten Verrichtungen zusammenbringt, sondern sich auf die nichtige Gebärde des Willkommens und allenfalls die Kontrolle der Angestellten beschränkt, so sieht sie auch aus, verdrossen hübsch, eine schlanke aufrechte, angestrengt jugendliche und fanierte Frau. Ihr wahrer Zweck ist, darüber zu wachen, daß der eintretende Gast sich nicht einmal mehr den Tisch selber aussucht, an dem der Betrieb über ihn ergeht. Ihre Anmut ist das Reversbild der Würde des Hinauswerfers.* (GS, Bd. 4, S. 133)

Zum Punkt »*Prestigeverlust des Lehrers*«[40] schlug Herr Prof. Adorno vor, in einer bildungssoziologischen Untersuchung festzustellen, wovon das soziale Odium des Lehrers, das in derogativischen Ausdrücken wie Pauker, schulmeisterlich usw. greifbar wird, eigentlich lebt. In Deutschland sei es wahrscheinlich ein Erbe der Vergangenheit und scheine eher abzunehmen, was mit der materiellen Verbesserung des Lehrers zusammenhänge. Auf den Hinweis, wer Einblick in die Personalpapiere habe, könne feststellen, daß die Studenten mit den schlechtesten Abiturzeugnisses Germanistik und Geschichte studieren, entgegnete Herr Prof. Adorno, das sei empirisch zu überprüfen. Hier spiele die Spannung zwischen ungesicherten, aber chancenreichen Berufen auf der einen Seite und gesicherten, aber materiell beschränkten Berufen andererseits herein.

Die Betonung der *Eigenständigkeit der Schule* gegenüber staatlicher Aufsicht habe zunächst etwas sehr Plausibles.[41] Es könne aber vorkommen, vor allem in Zusammenhang mit gewissen personellen Besetzungen, daß das Ideal des Schulischen sich der Freiheit mehr in den Weg stellt als reformistische Intentionen einer fortschrittlichen Regierung. Staatsaufsicht könne materialiter Freiheit und Humanität befördern gegenüber einer möglicherweise repressiven schulischen Autonomie. Auch der Hochmut gegenüber dem Elternhaus und die Tendenz, niemanden in die Schule hereingucken zu lassen, seien hier anzuführen.

---

40 Bei Becker heißt es: »Der Ausbau der Hauptschule und die Wandlung der höheren Schule, die unbedingt im Interesse der methodischen Vertiefung von einer Verringerung der Stundenzahl des einzelnen Lehrers begleitet werden muß, schaffen einen erheblichen zusätzlichen Lehrerbedarf. Die neuen Wege zur Hochschule und der Ausbau des Volkshochschulwesens erfordern ebenfalls neue Lehrkräfte, wenn auch hier ›Bildner‹ sehr verschiedener Vorbildung in Frage kommen können. Die Wandlung der Schule verlangt zudem eine Reform der Lehrerbildung und einen erheblichen Ausbau der Lehrerfortbildung. Wie soll das im Zeichen der Lehrerknappheit und der schwindenden Zuneigung zum Lehrerberuf möglich sein?« (Becker, Forderungen an unser Bildungssystem, a.a.O. [s. Anm. 22], S. 44f.)

41 »Wenn die höhere Schule ihre Tradition darauf wenden will, dem Menschen ein Wirken in der modernen Gesellschaft zu ermöglichen, dann muß sie zugleich die Bildungswerte ihrer Fächer neu prüfen, ihre Stoffe neu ordnen und ihre Methode wandeln. Wir haben im Westen wie im Osten die gleichen Probleme der Massengesellschaft. Wenn wir sie im Westen im Zeichen der Freiheit lösen wollen und mit diesem Zeichen auch den unterentwickelten Ländern ein Beispiel bieten wollen, dann werden die Fragen der Methode des Unterrichtes zu Zukunftsfragen allerersten Ranges. Die höhere Schule wie die Hauptschule können ihre Aufgabe im Rahmen eines neuen Bildungsplanes aber nur dann richtig lösen, wenn ihnen in dieser Planung eine stärkere Freiheit und Eigenständigkeit, d.h. das zum geistigen Arbeiten notwendige Maß an Selbstverwaltung eingeräumt wird.« (Ebd., S. 34)

Zum Schutze des Kindes gegen *Lehrerwillkür*[42] sei zu bemerken, daß gerade in den fortgeschrittenen Demokratien wie den USA – und das sei Humanisierung – die Objektivierung der Schule für unsere Begriffe schockierend weit getrieben sei. Alles werde dort auf Lochkarten eingetragen.

Zum *Projekt eines »mittleren Abschlusses«* nach 11jähriger Schulzeit[43] meldete Herr Prof. Adorno Bedenken an. Bei der unbeschreiblichen emotionalen Besetzung von Abitur, Doktortitel usw. habe ein solcher Vorschlag etwas Illusorisches. Es handele sich um ein spezifisch deutsches Problem. Man müsse ins Ausland gegangen sein, um zu sehen, daß es anderswo eine viel geringere Rolle spiele. Die Analyse der ideologischen Bedeutung der Bildungsembleme wäre ein fruchtbares Thema für eine Arbeit. Der ideologische Akzent von Abitur, Diplom, Doktortitel usw. dürfe uns aber nicht verleiten, nun auf ein Diplom zu verzichten. Das wäre unrealistisch und brächte uns im gesellschaftlichen Getriebe in Nachteil, abgesehen davon, daß ein soziologisches Seminar dann seine raison d'être verlieren würde.

H. Tillack[44]

---

**42** »Die Entpersonalisierung durch die Zensur in Zahlen konnte einmal als ein Ausdruck abstrakter Gerechtigkeit erscheinen, in der Massengesellschaft bedeutet diese Entpersonalisierung in zunehmendem Maße den Verzicht auf die Feststellung der Kriterien, nach denen wir die Menschen bewerten müssen. Die Zensur als Produkt einer arithmetischen Überlegung bedeutet für den Lehrer häufig die Flucht vor der Verantwortung.« (Ebd., S. 36)
**43** »Wenn die höhere Schule in Zukunft nach sieben, inklusive Grundschule nach elf Jahren abschließt, dann ist für die Schüler, die nicht die Hochschulreife erstreben, die Möglichkeit einer gehobenen Bildung geschaffen. Ob die Ausgestaltung der Hauptschule und die Möglichkeit, im Rahmen der höheren Schule einen frühzeitigen Abschluß zu erhalten, die bisherige Mittelschule entbehrlich machen, muß man der praktischen Entwicklung überlassen.« (Ebd., S. 34)
**44** Unterschrift.

## 244 Alexander Koch, 10. Januar 1961

*Protokoll der Seminar-Sitzung vom 10. 1. 61*

Die Reflexion auf das Problem der
»Bildung als Ideologie«
– also die Untersuchung der ideologischen Funktionen, die der Bildungsbegriff überhaupt übernimmt, die Erforschung der Rolle, die die Bildung in der Gesellschaft spielt, und ebenso die Einsicht, daß die Lehren, die die Bildung vermittelt, ideologischen Charakter tragen, bzw., daß mit der Bildung zugleich auch Ideologie vermittelt wird –, mündet notwendig in die Frage, ob es je nichtideologische Bildung gegeben hat. Wie evident auch immer das Nein auf diese Frage erscheinen mag, es berechtigt nicht a priori zur pauschalen Ideologiekritik, wenn es um Bildungsprobleme geht, vielmehr liegt gerade hier die Wahrheit in der Differenzierung. Differenzlose Kritik an der ideologischen Bildung wäre differenzloser Identität mit ihr und der Gesellschaft, in der Ideologie zur Bildung bzw. Bildung zur Ideologie wurde, gleichzusetzen.

Den Beleg dafür, daß Bildung falsches Bewußtsein zu erzeugen vermag, liefert die Tatsache, daß sie den Glauben an große Persönlichkeiten, von denen das Schicksal der Welt abhängt, gleichsam indoktriniert. Der Hinweis, wie sehr die Menschen Funktionen objektiver Prozesse sind, und daß es auf das Individuum gar nicht so sehr ankommt, wird unterschlagen. Daß der Hang zur Personalisierung zweite Natur geworden ist, zeigt sich auf niederer Stufe, wenn die Massen ihre Demagogen bereitwillig mit Charisma ausstatten oder wenn diese Tendenz in der propagandistischen Behauptung einer jüdischen Weltverschwörung ihren paranoiden Ausdruck und verängstigte Konfidenten findet.

Erst mit der Emanzipation des Bürgertums und auf der Grundlage einer entwickelten Stadtgesellschaft mit Geldverkehr ist Bildung überhaupt möglich geworden. Trat sie auch zuerst mit dem universalen Anspruch und der realen Funktion auf, die Emanzipierten unterschiedslos zu autonomen Individuen zu formen, so verlor sie schon bald diesen substantiellen Charakter und fiel der Arbeitsteilung und dem Primat der nützlichen Arbeit zum Opfer.
 Bildung spaltete sich als professionalisierte Sparte ab und wurde als Schutzgebiet gleichsam im Windschatten des realen Reproduktionsprozesses der Gesellschaft institutionalisiert. Seither liegt die Spannung darin, daß Bildung einerseits ein allgemeines Konstituens der bürgerlichen Klasse ist, andererseits aber einer durchgreifenden Departementalisierung anheimfiel. Der Affekt des

angepaßten praktisch-biederen Kaufmanns gegen die unnützen Intellektuellen ist nur *ein* Indiz für dieses Verhältnis.

So glitt der bürgerliche Bildungsbegriff in einen ähnlichen Antagonismus zwischen Geist und Wirklichkeit, wie ihn das aufsteigende Bürgertum seinerseits erst überwinden mußte.

Bei Bacon und Descartes wurde damals die Kritik an der Scholastik zum Ausdruck der Inadäquanz der zu dieser Zeit vermittelten Bildung, und schon Boccaccio und Petrarca hatten bezweifelt, ob die kirchlich vermittelte und gesteuerte Bildung dem Anspruch der Zeit gerecht würde. Die Rebellion des universalen Bildungsbegriffes gegen den eingeschränkten der Scholastik wurde zur Rebellion der Philosophie gegen die Theologie.

Der Druck der gesellschaftlichen Notwendigkeit, der dahinter sich nachweisen läßt, ist ein Zeugnis dafür, wie eng Bildung mit den konkreten gesellschaftlichen Verhältnissen zusammenhängt.

Ebenso auch die Vermittlung von Geist und Geld.

Die materielle Realität ist durch den Geist vermittelt, sofern sie mit Geld arbeitet, denn die Abstraktion des Geldes ist bereits eine geistige Leistung, da Geld bedeutet, daß der Wert eines Produktes an der darin investierten Zeit gemessen und auf den abstrakten Index des Geldwertes genormt wird. Der uneingeschränkte Tausch wird erst dadurch möglich.

Wie sehr auf der anderen Seite der Geist durch das Geld vermittelt ist (die Beziehung von Geist und Geld als konstitutiv für Bildung ist bei Spengler, Sombart und Simmel behandelt)[45], wird am gebrochenen Versprechen des bürgerlichen Bildungsbegriffes deutlich.

---

**45** Bei Spengler heißt es: »*Adel und Priestertum* erwachsen zuerst aus dem freien Lande und stellen die reine Symbolik von Dasein und Wachsein, Zeit und Raum dar: aus den Seiten des Beutemachens und Grübelns entwickelt sich dann ein doppelter Typus von geringerer Symbolik, der in städtischen Spätzeiten in Gestalt von *Wirtschaft und Wissenschaft* zur Vormacht aufsteigt. In diesen beiden Daseinsströmen sind rücksichtslos und traditionsfeindlich die Ideen von Schicksal und Kausalität zu Ende gedacht; es entstehen Mächte, die eine Todfeindschaft von den Standesidealen des Heldentums und der Heiligkeit trennt: *das Geld und der Geist*. Sie verhalten sich beide zu jenen wie die Seele der Stadt zu der des Landes.« (Oswald Spengler, Der Untergang des Abendlandes. Umrisse einer Morphologie der Weltgeschichte. Vollständige Ausgabe in einem Band [1918/1922], München 1963, S. 989 f.) – Vgl. zudem etwa Werner Sombart, Der Bourgeois. Zur Geistesgeschichte des modernen Wirtschaftsmenschen, München und Leipzig 1913, sowie den Abschnitt »Das Geld in den Zweckreihen«, in: Georg Simmel, Philosophie des Geldes [1900], in: Georg Simmel, Gesamtausgabe, hrsg. von Otthein Rammstedt, Bd. 6, hrsg. von David P. Frisby und Klaus Christian Köhnke, Frankfurt a. M. 1989, S. 254–371.

Mit einigem Pathos verpflichtet sich das humanistische Bildungsideal seinem objektiven Sinn nach zur Bildung aller Menschen ohne Ansehen des Standes und des Besitzes; formal sind gleiche Chancen gegeben.

In der Praxis aber wurde Bildung zum Privileg der Besitzenden, konstituiert durch die Arbeit und Armut der Besitzlosen. Nur der Reichtum konnte – abseits von der Sphäre der Produktion – in der Familie den geschützten Raum und die Hüllen bieten, deren Bildung bedarf, um durch mimetische Aufnahme von Bildungsgehalten in der Kindheit schon sich zu entwickeln. Daß Bildung von Hegung abhängig sei, hatte Humboldt erkannt,[46] und Herder stimmt mit Hegel in dem Gedanken überein, daß Bildung als ein Vermitteltes nicht unvermittelt und nackt dem Individuum aufgezwungen werden darf.[47]

Zwar war diese Forderung für das Allgemeine ohnmächtig, aber gerade diese Ohnmacht kann die Wahrheit enthalten und die Idee der richtigen Bildung über die bloße Ideologie hinausheben.

Auf die Ohnmacht des bürgerlichen Bildungsanspruches weist auch die Erkenntnis Hegels hin, daß der richtige, also im eigentlichen Sinne gebildete Bürger nur in der richtigen Gesellschaft und die volle Humanität (oder Bildung) nicht als partielle Humanität (oder Bildung), sondern nur im humanen Allgemeinen möglich sei.[48]

---

**46** Humboldts Erziehungsideal äußert sich etwa in folgender Passage: »Es giebt schlechterdings gewisse Kenntnisse, die allgemein sein müssen, und noch mehr eine gewisse Bildung der Gesinnungen und des Charakters, die keinem fehlen darf. Jeder ist offenbar nur dann ein guter Handwerker, Kaufmann, Soldat und Geschäftsmann, wenn er an sich und ohne Hinsicht auf seinen besondern Beruf ein guter, anständiger, seinem Stande nach aufgeklärter Mensch und Bürger ist. Giebt ihm der Schulunterricht, was hiezu erforderlich ist, so erwirbt er die besondere Fähigkeit seines Berufs nachher sehr leicht und behält immer die Freiheit, wie im Leben so oft geschiehet, von einem zum andern überzugehen.« (Wilhelm von Humboldt, Bericht der Sektion des Kultus und Unterrichts, in: Wilhelm von Humboldts Gesammelte Schriften, hrsg. von der Königlich Preußischen Akademie der Wissenschaften, Bd. X [2. Abt., Bd. 1], hrsg. von Bruno Gebhardt, Berlin 1903, S. 199–224; hier: S. 205f.)
**47** Vgl. den Abschnitt »So gern der Mensch alles aus sich selbst hervorzubringen wähnet; so sehr hanget er doch in der Entwicklung seiner Fähigkeiten von anderen ab«, in: Johann Gottfried Herder, Ideen zur Philosophie der Geschichte der Menschheit [1784/1785/1787/1791], in: Johann Gottfried Herder, Werke in zehn Bänden, hrsg. von Günter Arnold, Martin Bollacher, Jürgen Brummack, Christoph Bultmann, Ulrich Gaier, Gunter E. Grimm, Hans Dietrich Irmscher, Rudolf Smend, Rainer Wisbert und Thomas Zippert, Bd. 6, hrsg. von Martin Bollacher, Frankfurt a. M. 1989 (Bibliothek deutscher Klassiker; 41), S. 336–345.
**48** Bei Hegel heißt es etwa: »Dagegen im ruhigeren Bette des gesunden Menschenverstandes fortfließend, gibt das natürliche Philosophieren eine Rhetorik trivialer Wahrheiten zum besten.

Der Zusammenhang der Bildung mit der ungerechten Einrichtung der bürgerlichen Gesellschaft zeigt sich daran, daß oft Bildung oder Unbildung mit der Klassenzugehörigkeit gleichgesetzt wird und daß dazu in der Tat eine objektive Berechtigung besteht. Das zu frühe und radikale Engagement im Produktionsprozeß hat es den Angehörigen der arbeitenden Klasse seit je erschwert oder verwehrt, sich Bildung anzueignen. Geschah es doch, dann unter größter materieller Not, ohne das Fundament der schützenden, bildenden Familie und in der unvermittelten und darum ungleich schwereren Form, die Hegel als bildungsabträglich erkannt hatte.[49]

Die Dialektik dieses Verhältnisses von Bildung und Klassenzugehörigkeit wird auch deutlich am aktuellen Beispiel der Ostblockstaaten, wo man in blinder Ignoranz die Vermittlung von Bildung lähmt, indem verhindert wird, daß Kinder gebildeter Familien Bildung sich aneignen können; die brutale Umkehrung dessen also, was bisher in der Gesellschaft der Fall war. (Trotzdem reproduziert der Geist sich auch durch Herrschaft hindurch, was H. Marcuse in einer Art summarischer Apokalypse für totalitäre Systeme verneint.[50] Die Gesellschaft bedarf auch unter totalitärer Herrschaft der geistigen Reproduktion, wie jede organisierte Gesellschaft überhaupt durch den Geist nur als Ganzes sich am Leben erhalten kann.)

Beide Formen des Bildungsprivilegs – die bürgerliche und ihre Umkehrung – verdeutlichen den Charakter des Zufälligen, Individuellen, der der Bildung stets anhaftete.

---

[...] Es ist nicht schwer, solche Wahrheiten an ihrer Unbestimmtheit oder Schiefheit zu fassen, oft die gerade entgegengesetzte ihrem Bewußtsein in ihm selbst aufzuzeigen. Es wird, indem es sich aus der Verwirrung, die in ihm angerichtet wird, zu ziehen bemüht, in neue verfallen und wohl zu dem Ausbruche kommen, daß ausgemachtermaßen dem *so und so*, jenes aber *Sophistereien* seien, – ein Schlagwort des gemeinen Menschenverstandes gegen die gebildete Vernunft, wie den Ausdruck: *Träumereien* die Unwissenheit der Philosophie sich für diese ein für allemal gemerkt hat. – Indem jener sich auf das Gefühl, sein inwendiges Orakel, beruft, ist er gegen den, der nicht übereinstimmt, fertig; er muß erklären, daß er dem weiter nichts zu sagen habe, der nicht dasselbe in sich finde und fühle; – mit anderen Worten, er tritt die Wurzel der Humanität mit Füßen. Denn die Natur dieser ist, auf die Übereinkunft mit anderen zu dringen, und ihre Existenz nur in der zustande gebrachten Gemeinsamkeit der Bewußtsein{e}. Das Widermenschliche, das Tierische besteht darin, im Gefühle stehenzubleiben und nur durch dieses sich mitteilen zu können.« (HW, Bd. 3, S. 64f.)
**49** Vgl. etwa HW, Bd. 4, S. 351–353.
**50** Vgl. Herbert Marcuse, Der Kampf gegen den Liberalismus in der totalitären Staatsauffassung [1934], in: Herbert Marcuse, Schriften, Bd. 3, Frankfurt a. M. 1979, S. 7–44.

Die bürgerliche Gesellschaft hatte den universalen Anspruch ihrer Bildungsidee kraft ihrer immanenten Ungerechtigkeit nicht verwirklichen können, also mußte diese Idee jetzt apologetisch verbogen werden, um als Sanktion bestehender Verhältnisse fungieren zu können. Von Anfang an hatte die Gesellschaft ihren Bildungsbegriff am Begriff des gebildeten Individuums, als seines Substrates, orientiert und damit ein Moment der Beschränkung in ebendiesem Bildungsbegriff involviert. Die Vermittlung zwischen Allgemeinem und Besonderem, also zwischen Gesellschaft und Individuum wird mit der Behauptung rein individueller Bildung unterschlagen. Bildung, als rein subjektive Leistung der Aneignung gesehen, konnte aber nun in den Köpfen der Bürger einer völligen Umstrukturierung unterworfen werden.

Die Einsicht, daß Bildung in Wahrheit von der konkreten gesellschaftlichen Realität abhängt, wird unmöglich. Bildung erscheint als das Primäre, unvermittelt Gültige.

Damit aber kann sie als Apologie des Reichtums auf Kosten anderer dienen, denn Ausbeutung erscheint jetzt als clevere Anwendung von Bildungsinhalten in der Praxis und die Unbildung des Pöbels wendet sich als Vorwurf gegen ihn selbst, der es nicht vermochte, bei gegebener Chancengleichheit aufzusteigen. Unbildung dient zur Rechtfertigung des Bildungsprivilegs, obwohl doch Bildung ihrem eigenen Anspruch nach zur Universalität im Allgemeinen und Besonderen tendiert und keineswegs impliziert, daß es auch Ungebildete geben müsse (so wie es etwa bei Hegel heißt, daß der Tag die Nacht voraussetzt)[51].

In der bürgerlichen Gesellschaft war und ist die Tendenz der Bildung zur Unbegrenztheit auch im subjektiven Bereich und auch bei genügender Muße stets gehemmt durch den unbedingten Primat der nützlichen Arbeit. Diese Fesselung geistiger Produktivkräfte durch die praktische Arbeit läßt die Antike mit ihren ungehemmten Bildungsmöglichkeiten als Modell der Freiheit erscheinen und macht verständlich, daß bei dieser Verflochtenheit mit dem Produktionsprozeß die Idee einer freiheitlichen Bildung von außen herangeholt wurde. Dadurch aber ist der bürgerliche Bildungsbegriff von Anfang an mit dem Moment der Pseudomorphose belastet und daher uneigentlich und posiert. Die in der Tauschgesellschaft stets und überall maßgebliche nützliche Arbeit widerspricht dem bürgerlichen Anspruch gegenüber der Antike, in der die Arbeit als Banausie galt und von Sklaven verrichtet wurde.

---

51 Vgl. HW, Bd. 3, S. 84f.

Dieser Affekt der Gebildeten gegen die Praxis, der in der Antike durchaus objektiv begründet war, fand in gewisser Weise besonders in Deutschland seinen neuzeitlich-ideologischen Niederschlag in der Unterscheidung von Kultur und Zivilisation.[52]

Die Vermittlung zwischen dem, was diese Begriffe abdecken sollen, bzw. die Kongruenz beider wird als Makel an der Sache der höheren Bildung, an der Kultur empfunden. Gerade weil man sich der Zivilisation bedient, um ohne Selbstlosigkeit und Menschlichkeit Geschäfte zu machen, muß die Kultur für den Feierabend als Reservat alles Edlen dagegengesetzt werden.

Die Unterscheidung zwischen Kultur und Zivilisation fällt erst spät, kommt aber dann der immer fesselloseren Naturbeherrschung nur zugute. Kultur im Sinne dieser Unterscheidung ist der Zivilisation stets verpflichtet gewesen. Die Sinfonik der Wiener Klassik z. B. wäre sicher nicht möglich gewesen ohne die verfeinerten Formen der höfischen Kultur, die Rousseau schon als bloße Zivilisation denunziert hat.[53]

Der Begriffsdualismus von Kultur und Zivilisation übersieht diese Vermittlung.

Unterdessen hat aber andererseits die Unterscheidung der beiden Begriffe, »welche die Aufklärung von Kant bis Freud so nachdrücklich verbunden hat« (Exkurse)[54], in der Wirklichkeit ihre Bestätigung und ihre Wahrheit gefunden, denn die Ohnmacht der Geisteskultur, wenn es um Veränderung der Praxis geht, und die Verselbständigung der Praxis als Zivilisation gegenüber dem Geist liegen auf der Hand.

Diese Tatsache, daß nämlich die Menschen ihrer eigenen Verhältnisse nicht mehr mächtig sind, deutet auf ein Versagen der Bildung und innerhalb der Bildung, auf das Mißlingen der Aufklärung hin.

Die Aufklärung konnte in Deutschland durch den Rationalismus Leibnizscher und Wolffscher Prägung nur in äußerst philiströser Form zur öffentlichen Wirkung kommen. So ging es dem rationalistischen Dogmatismus Wolffs nur darum, auch die simpelsten Dinge dem Krämerverstand noch plausibel zu machen. Kants

---

52 Vgl. den Abschnitt *Kultur und Zivilisation*, in: Institut für Sozialforschung, *Soziologische Exkurse. Nach Vorträgen und Diskussionen*, Frankfurt a. M. 1956 (*Frankfurter Beiträge zur Soziologie*; 4), S. 83–92.
53 Vgl. ebd., S. 90 f., Anm. 9.
54 *Nun ist nicht zu verschweigen, daß die beiden Begriffe, welche die Aufklärung von Kant bis Freud so nachdrücklich verbunden hat, mittlerweile in der Tat der Sache nach stets weiter auseinanderweisen. Wohl steht es nicht an, Kultur gegen die Zivilisation zu beschwören.* (Ebd., S. 87)

Unterscheidung von Verstand und Vernunft zielt auf dies Enge, Philiströse gegenüber einer sinnvollen Einrichtung des Allgemeinen.

Jedoch ist die deutsche Aufklärung (und mit ihr auch Lessing) nie zu einer klaren Emanzipation von der Theologie gekommen, sondern lediglich zu einem Waffenstillstand. Deshalb auch konnte der Irrationalismus gegen diese Art beschränkten Rationalismus wiederum sich durchsetzen. Dabei fällt nicht, wie Lukács es sieht, alles Licht auf den Rationalismus,[55] vielmehr traf die Irrationalität das, was die beschränkte Rationalität verstümmelt hatte.

Das Verhältnis Herders zur Aufklärung,[56] der Streit Goethes mit Nicolai[57] und der Kampf der Romantik gegen die Aufklärung erklären sich daraus.

Die Idee, durch Bildung eine bessere Einrichtung des Allgemeinen zu schaffen, verkommt in der Romantik vollends zum Rückzug auf das isolierte Subjekt. Die Realität, deren Versöhnung mit dem Subjekt einmal Programm der Bildung war, wird zum Akzidenz für die rein innerliche Bildung des Individuums. Doch während bei Fichte die Außenwelt lediglich noch der Anstoß für die Subjektivität sein soll,[58] tut die Beliebigkeit, die die Romantik dem Individuum anempfiehlt, wenn es um die Benutzung der Realität zur Bildung der Individualität geht, keineswegs die Welt *nur* als Rohmaterial für das Subjekt ab. Vielmehr erklärt sich die Bedeutung auch beliebiger Einzelheiten daraus, daß für die Metaphysik der Romantik alles Einzelne die Aura des Absoluten trägt und daß deshalb am zufälligen Besonderen die Totalität für das Individuum erfaßbar wird. Die Kritik an der Bildung, die ihr Ziel in der Schaffung isolierter, sich selbst genügender Indivi-

---

55 Vgl. Georg Lukács, Die Zerstörung der Vernunft [1954], in: Georg Lukács, Werke, Bd. 9, Neuwied und Berlin 1962.
56 Vgl. Johann Gottfried Herder, Eine Metakritik zur Kritik der reinen Vernunft [1799], in: Herder, Werke, a.a.O. (s. Anm. 47), Bd. 8, hrsg. von Hans Dietrich Irmscher, Frankfurt a. M. 1998 (Bibliothek deutscher Klassiker; 154), S. 303–640.
57 Vgl. Friedrich Nicolai, Freuden des jungen Werthers. Leiden und Freuden Werthers des Mannes. Voran und zuletzt ein Gespräch, Berlin 1775. – Goethe notiert in seinen Erinnerungen: »Die Freuden des jungen Werther, mit welchen Nicolai sich hervorthat, gaben uns zu mancherlei Scherzen Gelegenheit. Dieser übrigens brave, verdienst- und kenntnißreiche Mann hatte schon angefangen alles niederzuhalten und zu beseitigen, was nicht zu seiner Sinnesart paßte, die er, geistig sehr beschränkt, für die echte und einzige hielt. Auch gegen mich mußte er sich sogleich versuchen, und jene Broschüre kam uns bald in die Hände.« (Johann Wolfgang Goethe, Aus meinem Leben. Dichtung und Wahrheit. Dritter Theil [1814], in: Goethes Werke, hrsg. im Auftrage der Großherzogin Sophie von Sachsen, Bd. I·28, Weimar 1890, S. 228f.)
58 Vgl. den Abschnitt »Deduktion der Vorstellung«, FGA, Bd. I/2, S. 369–384.

dualität hat, findet in der Feststellung Hegels ihren Ausdruck, daß auch der Rückzug aus der Gesellschaft noch gesellschaftlich, daß auch Diogenes im Fasse noch durch die Gesellschaft bedingt sei.[59]

Bildung hätte nach Hegel damit zu beginnen, daß das Individuum »seiner Persönlichkeit sich entäußert, hierdurch eine Welt hervorbringt und sich gegen sie als eine fremde so verhält, daß es sich ihrer nunmehr zu bemächtigen hat.«[60]

Die Entäußerung des Individuums, die Hegel fordert, meint nicht Anpassung, sondern die Hingabe an ein Objektives, das Abarbeiten am Anderen und das dadurch erst mögliche Zu-sich-selbst-Kommen des Subjekts.

Der Mensch bestimmt sich durch Arbeit zu dem, was er ist, nicht durch Kontemplation.

Eine an Hegel orientierte Pädagogik hätte hier anzusetzen.

Alexander Koch.[61]

---

[59] »Fordert das einfache Bewußtsein endlich die Auflösung dieser ganzen Welt der Verkehrung, so kann es nicht an das *Individuum* die Entfernung aus ihr fordern, denn Diogenes im Fasse ist durch sie bedingt, und die Forderung an den Einzelnen ist gerade das, was für das Schlechte gilt, nämlich *für sich* als *Einzelnen* zu sorgen. An die allgemeine *Individualität* aber gerichtet, kann die Forderung dieser Entfernung nicht die Bedeutung haben, daß die Vernunft das geistige gebildete Bewußtsein, zu dem sie gekommen ist, wieder aufgebe, den ausgebreiteten Reichtum ihrer Momente in die Einfachheit des natürlichen Herzens zurückversenke und in die Wildnis und Nähe des tierischen Bewußtseins, welche Natur auch Unschuld genannt wird, zurückfalle; sondern die Forderung dieser Auflösung kann nur an den *Geist* der Bildung selbst gehen, daß er aus seiner Verwirrung als *Geist* zu sich zurückkehre und ein noch höheres Bewußtsein gewinne.« (HW, Bd. 3, S. 388 f.)

[60] »Der Geist dieser Welt ist das von einem *Selbst*bewußtsein durchdrungene geistige *Wesen*, das sich als *dieses für sich seiende* unmittelbar gegenwärtig und das *Wesen* als eine Wirklichkeit sich gegenüber weiß. Aber das Dasein dieser Welt sowie die Wirklichkeit des Selbstbewußtseins beruht auf der Bewegung, daß dieses seiner Persönlichkeit sich entäußert, hierdurch seine Welt hervorbringt und sich gegen sie als eine fremde so verhält, daß es sich ihrer nunmehr zu bemächtigen hat. Aber die Entsagung seines Fürsichseins ist selbst die Erzeugung der Wirklichkeit, und durch sie bemächtigt es sich also unmittelbar derselben.« (Ebd., S. 363)

[61] Unterschrift.

## 245 U. W.,
## 17. Januar 1961

*Protokoll der Sitzung vom 17. Januar 1961.*

Einleitend zu dem Referat von Herrn Adam über »Soziale Unterschiede in der Schulausbildung begabter Kinder«[62] sagte Prof. Adorno, daß damit der zweite Teil des Gesamtseminars beginne, der die bisherigen theoretischen Erörterungen mit empirischem Material unterbauen solle.

Die Probleme der Bildungssoziologie müssen wesentlich als Klassenprobleme verstanden werden; in der DDR, in der bestimmte Klassen (freie Berufe u. ä.) von höherer Schulbildung ausgeschlossen sind, offenbart sich nur (mit verkehrten Vorzeichen) die Ungerechtigkeit unseres eigenen Bildungssystems. Die Kinder aus sog. »besseren Häusern« haben bessere Startmöglichkeiten als solche aus proletarischen Familien; die unleugbar vorhandenen schichtspezifischen Begabungsdifferenzen sind bereits Ausdruck dieses Sachverhalts, da diese Differenzen wesentlich bestimmt werden durch das von der Klassenzugehörigkeit abhängige Familienmilieu. Das Problem dieser fast metaphysisch erscheinenden Ungerechtigkeit bedarf der empirischen Forschung, wenn es nicht solchen ideologischen Verbiegungen ausgesetzt werden soll wie bei den Rassetheoretikern oder (in neuerer Zeit) bei Karl Valentin Müller.[63] Daß die *generelle* Fragestellung der Bildungssoziologie der empirischen Forschung durchaus zugänglich ist, das solle hier mit dem Referat von Herrn Adam gezeigt werden.

---

62 Heribert Adam, »Soziale Unterschiede in der Schulausbildung begabter Kinder«, UAF Abt. 139 Nr. 8.
63 Bei Müller heißt es etwa, es gelte das »der liberalen Vorstellung zugrundeliegende Prinzip für die *horizontale* Schichtung nach gesellschaftlichen Funktionsstraten, nach denen sich im wesentlichen auch Geltung und Ansehen, Einkommen und Unabhängigkeit oder Macht differenzieren. Hier sind es wirklich unabdingbare und keineswegs selbstverständliche Eigenschaften, die für die einzelnen Funktionen auf den mittleren oder oberen Sprossen der sozialen Leiter für eine Dauerbewährung erforderlich sind. Zwar ist es zweifelhaft, inwieweit oder ob überhaupt gerade *spezifische* Anlagen für die meisten sozial gehobenen Funktionen erforderlich sind oder ob nicht weitgehend eine sehr allgemeine und auf beliebige Leistungsfelder anwendbare geistige Fähigkeit – Begabung – in einer rein quantitativ vorstellbaren Abstufung die Chancen bestimmt und begrenzt, Erfolg im sozialen Wettbewerb um die ›Plätze an der Sonne‹ zu haben. Sei dem, wie ihm wolle; eine bestimmte relativ seltene Höhenlage der geistigen Fähigkeiten ist noch stets die Vorbedingung jeglicher gehobenen Leistung gewesen.« (K. Valentin Müller, Begabung und soziale Schichtung in der hochindustrialisierten Gesellschaft, Köln und Opladen 1956 [Schriftenreihe des Instituts für empirische Soziologie; 1], S. 15 f.)

In Diskussionen über die Bildung stehen sich meist Vertreter einer ideologischen Elitetheorie und Anhänger der sog. Volksbildung gegenüber. Diese Antinomie ist etwas sehr Ernstes: zeigt sich doch darin, daß die Möglichkeit von Bildung sich heute *notwendig* (aufgrund der Sozialstruktur) polarisiert in diese beiden Momente einer elitären Klassenbildung auf der einen und der »Volksbildung« auf der anderen Seite, daß es zur Bildung im strengen Sinne gar nicht mehr kommen kann.

Nach diesen einleitenden Sätzen von Prof. Adorno begann Herr Adam sein Referat, das sich kritisch bezog auf Schelskys Theorie der Mobilität[64] und verwandte Thesen Dahrendorfs.[65] Prof. Adorno verdeutlichte noch einmal Schelskys theoretische Position: Es gebe in unserer Gesellschaft zwar soziale Unterschiede; für diese seien aber nicht Herkunft und Familie entscheidend, sondern der Auf- oder Abstieg vollziehe sich nach den Leistungen in der Schule; diese aber sei für alle gleich offen; der soziale Aufstieg sei also demokratisch, d. h. unabhängig von Klassendeterminanten. Die Frage, ob sich in diesem Prozeß nicht doch Familien- und damit Klassendeterminanten durchsetzen, ist *empirisch* entscheidbar.

An Schelskys Thesen ist jedoch soviel richtig: daß die Familie die Erziehungsaufgaben heute allein nicht leisten kann (wenn sie es je überhaupt gekonnt hat); die eigentliche Adaption kann nur durch die Schule geleistet werden, deshalb ist diese entscheidend für die späteren Lebenschancen des Individuums.

Wenn, wie Herr Adam referierte (Tabelle 1, Begabte Volksschüler)[66], 7,5 % der Volksschüler der 5. und 6. Klasse nach Meinung ihrer Klassenlehrer für den Be-

---

64 Bei Schelsky heißt es etwa, es könne »die soziale Mobilität innerhalb der deutschen Sozialverfassung nicht mehr wesentlich als ein Umschichtungsvorgang, d. h. als der Prozeß des sozialen Aufstiegs und Abstiegs innerhalb vorhandener sozialer Schichten verstanden werden, sondern allenfalls gerade als Entschichtungsvorgang, als ein Abbau der Bedeutung gesellschaftlicher Schichten überhaupt. Tatsächlich löst sich die soziale Mobilität, indem sie universal wird, mehr und mehr von der Schichtungsgetzlichkeit ab und gewinnt andere, wahrscheinlich rein dynamische Kriterien. Selbstverständlich bleibt eine Analyse der sozialen Schichtung auch in der nivellierten Mittelstandsgesellschaft nach den alten Kriterien möglich, da deren Kennzeichen ja nicht ganz verwischt sind; es ist aber fraglich, ob damit noch Gruppierungen erfaßt werden, aus deren sozialem Status man wirklich spezifische, einheitliche und gemeinsame soziale Interessen und Bedürfnisse ableiten kann.« (Helmut Schelsky, Die Bedeutung des Schichtungsbegriffes für die Analyse der gegenwärtigen deutschen Gesellschaft [1953], in: Helmut Schelsky, Auf der Suche nach Wirklichkeit. Gesammelte Aufsätze, Düsseldorf und Köln 1965, S. 331–336; hier: S. 333)
65 Vgl. etwa Ralf Dahrendorf, Soziale Klassen und Klassenkonflikt in der industriellen Gesellschaft, Stuttgart 1957 (Soziologische Gegenwartsfragen · Neue Folge; 2), S. 105–112.
66 Die entsprechende Tabelle zeigt die Ergebnisse einer Befragung von Volksschullehrern in Frankfurt a. M., Offenbach a. M. und Schlüchtern über ihre Schüler des 5. und 6. Schuljahres: Von insgesamt 9 494 Schülern sind 713 nach dem Urteil ihrer Klassenlehrer zum Besuch einer weiterführenden Schule fähig.

such einer weiterführenden Schule geeignet sind, so drängt sich doch die Frage auf, warum diese trotz ihrer Qualifikation in der Volksschule verbleiben und ob die Aufstiegswünsche und -chancen nicht doch schichtgebunden sind. (Dieser Frage geht die Erhebung von Herrn Adam nach.)

Anschließend an die von Herrn Adam referierte These K. V. Müllers, daß die Begabungsstreuung proportional dem sozialen Status sei, mit anderen Worten: daß Arbeiterkinder weniger begabt seien als solche aus anderen Familien,[67] sagte Prof. Adorno, daß ihn das an die nazistische Rassentheorie erinnere: Der Platz, den dort die Juden eingenommen hätten, werde hier den Arbeitern zugewiesen. Daraufhin distanzierte sich einer der anwesenden Pädagogen von Müllers Thesen, indem er erklärte, daß K. V. Müller sowohl von Psychologen wie Pädagogen vom ersten Tage an nicht ernst genommen worden sei, obwohl, worauf Dr. v. Friedeburg hinwies, die Gutachten, die der Philologenverband zum Rahmenplan heranzieht, sich auf K. V. Müller stützen.

Prof. Adorno stellte an den Referenten die Frage, wieso die Rechtfertigung der Unterschiede in der Begabtenauslese geschlossen werden könne aus der Begabungsstruktur und der These von der ausgepowerten Volksschule, wie da die logische Argumentation laufe. Herr Adam antwortete, daß die schichtspezifische *festgelegte* Begabungsreserve hier als Schranke wirke, als eine nicht zu überspringende *Naturanlage*; deshalb müßten alle Bemühungen zum Scheitern verurteilt sein, mehr Kinder aus Arbeiterfamilien auf weiterführende Schulen zu bringen.

Diese Ausführungen des Referenten zu den Thesen Müllers veranlaßten Prof. Adorno, näher auf die *Kategorie Begabung* einzugehen: Die Realität entspricht in gewissem Maße der These K. V. Müllers, aber nur weil Begabung hier als naturgegebene Anlage hypostasiert wird, während sie in Wirklichkeit selbst durch Milieu und tiefenpsychologische Momente determiniert ist. Wenn das aber so ist, wie fürchterlich ist dann eine Welt, die ihre repressiven Mechanismen bis in die Begabung, bis in die Grunddisposition des Individuums hinein fortsetzt. Aber *wie* diese Mechanismen sich durchsetzen, ist nachweisbar; deshalb sind sie etwas, das man ändern kann.

---

[67] »Offenbar ist eine starke Siebwirkung gemäß dem entscheidenden Faktor der Begabung nicht zu leugnen: die einzelnen Schichten, gegliedert nach dem Maße ihrer sozialen Geltung, das wiederum mit der Verantwortlichkeit ihrer sozialen Funktion weitgehend zusammenhängt, zeigen in ihren – noch nicht durch Berufsübung spezifisch geformten – Kindern eindrucksvolle Unterschiede der Begabungshältigkeit, die sie tatsächlich in sehr verschiedenem Grade als für den Elitennachwuchs geeignete Rekrutierungsgebiete erkennen lassen.« (Müller, Begabung und soziale Schichtung in der hochindustrialisierten Gesellschaft, a. a. O. [s. Anm. 63], S. 44)

Die Begabung ist wesentlich abhängig von den *Reizen,* die in der frühen Kindheit auf den Menschen eindringen, von dem größeren Reichtum an Erfahrungen. So spielt z. B. in einem allgemeinen Intelligenztest der Reichtum des Vokabulars eine Rolle. Dieser ist aber abhängig vom Reichtum des Vokabulars der Familie, in der das Kind aufwächst; es ist also nicht gleichgültig, ob es aus einer gebildeten oder einer Arbeitsfamilie kommt. Überhaupt sind für die Begabung die Bilder und Vorstellungsinhalte entscheidend, die den Kindern übermacht werden.

Außerdem besteht dort, wo der soziale Druck sehr stark vom Ernährer der Familie verspürt wird, die Tendenz, diesen nach unten, also in erster Linie an die Kinder, weiterzugeben. Unterdrückung macht nicht besser. Selbst wenn solche Väter Zeit und Muße für ihre Kinder hätten, so wäre doch *durch objektive Gründe* keine so gute Behandlung der Kinder möglich wie in den Familien der oberen Schichten. Der auf der Familie lastende soziale Druck hat gefährliche Konsequenzen für die Begabung der Kinder, die bis in die tiefsten Schichten des mimetischen Vermögens hinabreichen. Es sei z. B. an einen Vater gedacht, der im Betrieb von seinem Vorarbeiter angeschnauzt worden ist, und wenn sein Kind ihm Fragen stellt, es anfährt: »Das verstehst du doch nicht«. Wenn Antworten auf die Fragen des Kindes versagt werden, so zieht es sich gezwungenermaßen auf sich selbst zurück, die Fähigkeit zu fragen vernarbt, es fragt gar nicht mehr, das Bedürfnis danach verkümmert: Es verdummt.

Ein weiteres Beispiel für die Psychodynamik der Begabung ist die Musikalität. Man kann immer wieder die Beobachtung machen, daß die musikalische Begabung bei Kindern autoritärer Väter durchweg verkümmert ist, daß also auch solche *von sozialen Inhalten unabhängigen* Begabungen von psychoanalytischen und damit von sozialen Faktoren abhängig sind. Das kleine Wörtchen »Reiz«, von dem diese Erörterungen ausgingen, beinhaltet also einen ganzen Kosmos von Erfahrungen.

Die biologisch-psychologischen Dispositionen (wozu Begabung gewöhnlich gerechnet wird) sind ein Grenzwert: Sie können nicht festgelegt werden, vielmehr sind sie vielfältig durch die Gesellschaft vermittelt. Von pädagogischer Seite wurde hierzu darauf hingewiesen, daß sich das mit den neuesten Erkenntnissen der Psychologie decke (Handbuch der Psychologie, Lotte Schenk-Danzinger, Art. Begabung)[68], wonach reine Anlagen nicht diagnostizierbar sind.

---

[68] »Die Fähigkeiten des Menschen werden uns in seinen Leistungen und in der Art seiner Lebensbewältigung offenbar. Da sich die Entwicklung jedoch im sozialen Raum vollzieht und die Entfaltung des anlagemäßig Vorgegebenen den hemmenden oder fördernden Einflüssen der Umwelt ausgesetzt ist, ist der Anteil von Anlage und Umwelt an der einzelnen Leistung niemals abzugrenzen.« (Lotte Schenk-Danzinger, Begabung und Entwicklung, in: Entwicklungspsychologie, hrsg. von H[ans] Thomae, in: Handbuch der Psychologie in 12 Bänden, hrsg. von Ph[ilipp]

Prof. Adorno warf dann die Frage auf, was das eigentlich sei, wenn man sage, einer »hat etwas mitbekommen«: die Sprache, Vorstellungen, die Vorstellung von Zusammenhängen. Nötig aber ist vor allem die Vorstellung von der Relevanz des Geistes. Wenn diese Vorstellung fehlt, wo also der Erwerb des nackten Lebens allem vorangeht, muß notwendigerweise auch die libidinöse Beziehung zum Geist fehlen. Es ist also wesentlich der soziale Druck, der dieses Moment der Regression bewirkt, der zurückstößt in Primitivität. Und dann kommt K. V. Müller noch mit seinem »ihr verdient es gar nicht besser«. Auch ist der Gegensatz von Stadt und Land für dieses Problem maßgebend, denn das Land ist in diesem Falle die Agentur, durch die die Gesellschaft die Roheit reproduziert. Unter Vernachlässigung all dieser Vermittlungen tut K. V. Müller jedoch so, als habe er mit der Begabung eine letzte Gegebenheit in der Hand.

Aus dem Referat von Herrn Adam wurde deutlich, daß die Begabungspotenz nicht als solche meßbar ist, sondern nur bereits in der Umwelt ausgebildete Eigenschaften. Deskription, nicht Potenzmessung ist möglich.

Auf die Ausführungen des Referenten, daß der Nachhilfeunterricht von den Lehrern bei der Abwicklung des Pensums bereits einkalkuliert werde (45 % aller Schüler erhalten Nachhilfeunterricht, jedoch nur 28 % der Schüler aus der Arbeiterschaft), sagte Prof. Adorno, daß der Nachhilfeunterricht nur ein Epiphänomen sei, da die Dinge tiefer liegen. Man kann den Menschen im Leben anmerken, was sie in früher Kindheit aus dem Milieu mitbekommen und was sie sich nur angelernt haben. Es handelt sich bei der Bildung weitgehend um mimetische, nicht so sehr um rationale Dinge.

Herr Schäfer meinte zum Problem des Nachhilfeunterrichts, daß, wenn Arbeiterkinder doch auf die höhere Schule kämen, diese *so* begabt seien, daß sie keinen Nachhilfeunterricht nötig hätten. Demgegenüber wandte Dr. v. Friedeburg ein, daß es sich ja zeige, daß die Arbeiterkinder wieder von der höheren Schule verschwinden (was auch aus Tabelle 2 des Referats ersichtlich ist)[69].

Herr Adam referierte dann, daß von den 7,5 % begabten Volksschülern (Tabelle 1) 60 % aus Arbeiterfamilien stammen (15 % nichtleitende Angestellte, 10 % kleine Selbständige). Prof. Adorno schloß daran die Bemerkung an, daß selbst, wenn man K. V. Müller zugestehe, daß er phänotypisch genau beschrieben habe, daß Nettoresultat bleibe, daß die Begabungsreserve der Volksschule größtenteils aus Arbeiterkindern bestehe, daß das Begabungspotential der Arbeiterschaft

---

Lersch, F[riedrich] Sander, H[ans] Thomae und K[urt] Wilde, Bd. 3, Göttingen 1959, S. 358–403; hier: S. 358)

69 Die entsprechende Tabelle zeigt die Häufigkeit, mit der Elf- und Zwölfjährige abhängig von den Berufen ihrer Eltern auf weiterführende Schulen wechseln. Untersucht sind 7562 Personen aus dem Landkreis sowie der Stadt Offenbach a. M.

größer sei, als sich im Anteil der Arbeiterkinder an den höheren Schülern ausdrücke. Herr Schäfer teilte dazu ergänzend mit, daß K. V. Müller die 60% Arbeiterkinder wieder auf die Gesamtarbeiterschaft beziehe (50% der Bevölkerung), so daß sich am Gesamtbild nicht ändere.[70]

Anschließend an Tabelle 2 des Referats (Anteil der höheren Schüler an den Kindern der betreffenden Schicht, höhere Beamte 91%, Arbeiter 5%) fragte Prof. Adorno, ob die Kinder von Beamten noch (wie zu seiner Jugendzeit) durch Stipendien u. ä. begünstigt würden. Die Frage wurde verneint, höchstens durch Kindergelder sei eine gewisse Vergünstigung gegeben.

Nachdem Herr Adam die Anteile der Extremgruppen an den Schülern der Sexta/Quinta mit den Anteilen in der Prima verglichen hatte (Tabelle 3[71], höhere Beamte: Sexta/Quinta 4,5%, Prima 12,2%; Arbeiter: Sexta/Quinta 13,4%, Prima 7,7%), sagte Prof. Adorno, daß er dieselbe Beobachtung in seiner Schulzeit gemacht habe, ihm sei die Gehässigkeit der Lehrer gegen Kinder aus armen Familien aufgefallen. Seine erste soziologische Erfahrung sei es gewesen, daß Kinder von »geringe Leut'« mehr von den Lehrern geschlagen wurden als Kinder von »beß're Leut'«.

Prof. Adorno wies darauf hin, daß auch die *Gruppenmeinung* in der Schulklasse sich nachhaltig auf die Kinder aus kleinen Verhältnissen auswirke. So können sie ihre Kameraden z. B. nicht ebenso zu Kaffee und Kuchen einladen wie die Kinder aus wohlhabenderen Familien, sie sind ganz allgemein benachteiligt in der Gewährung von Gefälligkeiten. Das Gesamtklima der höheren Schule ist ein ständiger Druck auf die Kinder armer Leute, der sich psychodynamisch potenziert, so daß sie das als noch schlimmer empfinden, als es in Wirklichkeit ist. Die höhere Schule ist tatsächlich die »Gemeinschaft der besseren Leute gegen die Außenseiter«. Hieran zeigt sich auch, daß das Klassenbewußtsein, das seinen Ausdruck im Snobismus findet, etwas sehr Frühes ist; ja, man findet dieses Phänomen sogar bei Tieren, die Leute in zerschlissener Kleidung eher beißen als solche im Frack. In der Kindheit ist der Snobismus (= Klassenbewußtsein) wahrscheinlich viel brutaler als im Leben der Erwachsenen, durch die Erziehung wird er eher gebrochen und gemildert.

Zu den von Herrn Adam referierten Motiven, warum Arbeiterkinder nicht auf die höhere Schule geschickt werden (»Wir können es uns nicht leisten«, »Beziehungen sind wichtiger als Schulbildung«), sagte Prof. Adorno, daß auch das materielle Motiv sich zur Ideologie verhärten könne, deshalb sei der Vergleich mit der objektiven Basis nötig. Aus der kurzen anschließenden Diskussion dieser

---

70 Das Gemeinte ist nicht ermittelt.
71 Korrigiert aus: »2«.

Frage ergab sich, daß das Einkommen von Arbeitern und Angestellten noch keineswegs gleich ist, daß also materielle Argumente durchaus berechtigt sind, wenn nach dem Grund des Verzichts auf höhere Schulbildung gefragt wird. Dagegen ist das Argument, daß Beziehungen wichtiger seien als Schulbildung, rein ideologisch; denn gerade die Unterklasse besitzt diese Beziehungen ja nicht, sie redet also nur nach, was in den oberen Klassen bis zum gewissen Grade durchaus gelten mag; das Argument ist sozusagen »herabgesunkenes Kulturgut der Oberklasse«.

Herr Kriesel[72] führte als weiteres Verzichtsargument an, daß der spätere höhere Verdinest der höheren Schüler mit einer längeren Ausbildungszeit erkauft werden müsse, so daß das Gesamteinkommen während des ganzen Lebens nicht wesentlich höher sei, als wenn das Kind gleich nach der Volksschule einen Beruf erlerne, in dem es früher, wenn auch weniger, Geld verdiene. Prof. Adorno meinte, dieses Argument setze einen solchen Grad von Abstraktion voraus, daß er es für unwahrscheinlich halte, daß es tatsächlich von Arbeitern verwendet werde. Verschiedene Teilnehmer des Seminars bestätigen jedoch, daß das ein durchaus gängiges Argument sei.

Zu der vom Referenten vorgetragenen Ansicht von Picht, daß das noch vor kurzem so starke Bedürfnis der Arbeiter nach Sozialprestige abgenommen habe und daß deswegen so wenig Arbeiterkinder die höhere Schule besuchte,[73] sagte Prof. Adorno, daß dieser Satz von Picht nicht stimme, sondern eine reine Rückphantasierung sei, die bereits von Vorstellungen der »Mittelstandsgesellschaft«[74] beeinflußt sei. Demgegenüber wäre zu bedenken, daß der Wunsch, in eine andere Klasse zu kommen, in der Klassengesellschaft utopisch erscheinen muß. Die Tatsache, daß der Anteil der Arbeiterkinder an der Studentenschaft die letzten 40 Jahre lang etwa konstant war, ist Index dafür, daß die Sehnsucht nach sozialem Aufstieg bei den Arbeitern früher nicht stärker war als heute. Solche quantitativen Aussagen wie die von Picht verpflichten dazu, Zahlen, d. h. statistische Beweise zu geben. Diese widerlegen jedoch die Aussage Pichts. Die ganze Diskussion um das Bildungsproblem, sagte Prof. Adorno, sei voll von solchen unbewiesenen quantitativen Aussagen, denen man nachgehen müsse.

---

72 D. i. Werner Kriesel.
73 Im Referat heißt es: »G[eorg] Picht berichtete in einem Brief von seinen Erfahrungen, daß manche Arbeiter nicht einsehen, ›warum sie einen so langen und kostspieligen Ausbildungsweg in Kauf nehmen sollen, wenn sie auf anderem Wege nahezu ebensoviel verdienen können ... Das noch vor k[u]rzem sehr starke Streben nach dem mit höherer Schulbildung verbundenen Sozialprestige befindet sich, wie mir scheint, stark im Abnehmen.‹« (UAF Abt. 139 Nr. 8) – Jener »Brief« ist nicht ermittelt.
74 S. oben, Anm. 64.

Die Vorstellung, daß ein Studium sich heute »nicht mehr lohne«, daß das Facharbeitereinkommen dem Akademikereinkommen nahezu gleichkomme, bezeichnete Prof. Adorno als Illusion, und Dr. v. Friedeburg wies darauf hin, daß nur sehr wenige Facharbeitereinkommen das Anfangsgehalt eines Dipl.-Soziologen erreichen dürften.

Zu dem von Herrn Adam zitierten Ausspruch eines Arbeiters, höhere Schule, »das sind alles Hirngespinste mit Krücken«[75], meinte Prof. Adorno, daß sich hier deutlich der psychoanalytische Mechanismus zeige, den Anna Freud Identifikation mit dem Angreifer genannt hat.[76]

Ein wichtiges Resultat der Erhebung von Herrn Adam sei, sagte Prof. Adorno, daß viele Volksschullehrer meinen, es bekomme der Schule nicht, wenn die guten Schüler abgehen. Manchmal sind (nach dem hessischen Meßziffernsystem: 55 Kinder = 1 Lehrer, 56 und mehr Kinder = zwei Lehrer) die Volksschullehrer darauf verwiesen, möglichst wenig Kinder in weiterführende Schulen gehen zu lassen, um die betreffende Schule als zweiklasige überhaupt aufrechterhalten zu können. Herr Horn wies auf die tatsächlichen Vorteile einer zweiklasigen gegenüber einer einklassigen Volksschule hin, so daß Lehrer bei ihrer Argumentation doch auch etwas Gutes im Sinne hätten. Prof. Adorno antwortete, daß in unserer Gesellschaft selbst das Unvernünftigste noch vernünftige Gründe für sich in Anspruch nehmen könne.

U. W.

---

[75] Dem Referat zufolge hat sich ein Elternteil zur Überlegung, ob sein Kind eine weiterführende Schule besuchen solle, geäußert: »Das sind Hirngespinste mit Krücken, es ist das einzige Kind, wir haben für es gesorgt.«
[76] Vgl. den Abschnitt »Die Identifizierung mit dem Angreifer«, in: Anna Freud, Das Ich und die Abwehrmechanismen [1936], mit Vorw. von Lottie M. Newman, München [1964], S. 115–127.

## 246 Irmela Nitz, 24. Januar 1961

Irmela Nitz

Protokoll der Seminarsitzung vom 24.[77] 1. 1961

In einem Koreferat zum Thema »Soziale Unterschiede in der Ausbildung begabter Kinder«[78] berichtete Herr Pressel über die Ergebnisse von vier Gruppendiskussionen,[79] in denen eine Arbeitergruppe und drei Angestelltengruppen über den geringen Anteil von Arbeiterkindern an höheren Schulen diskutierten.

Die aus den Angestelltendiskussionen gewonnene Unterteilung in zentrale und periphere Argumente dient zunächst als Ausdruck der statistischen Häufigkeit dieser Argumente und darf nicht fraglos auf Inhaltliches übertragen werden: Es kann ein Argument, etwa wenn es mit einem gesellschaftlichen Tabu belegt ist und deshalb selten auftaucht oder nur vage ausgesprochen wird, dennoch analytisch bedeutender sein als ein eingeschliffener Satz, der stereotyp wiederholt wird.

Das zentrale Argument der Angestellten wies immer wieder auf den Idealismus hin, der zusammenhänge mit der eher geistigen Arbeit der Angestellten, die trotz materiellen Schwierigkeiten »einen Sinn für höhere Dinge bewahrten«, im Gegensatz zu den auf Stundenlohn ausgerichteten Arbeitern. Als Bestandteil einer Angestelltenideologie wird dieses Argument aus einem früheren Zustand abgeleitet und seither als Differenzierungsmerkmal gegenüber dem Proletariat benutzt. (Schon vor dreißig Jahren konnte *Kracauer* in einem kritischen Vergleich diese Ideologie untersuchen.)[80] Tatsächlich liegt der Durchschnitt der Angestellteneinkommen höher als der Durchschnitt der Arbeiterlöhne, wenn auch Spitzenlöhne etwa von Facharbeitern die Höhe von Angestellteneinkommen erreichen. Das bedeutet im Zusammenhang des Themas, daß bei Angestellten nicht nur eine bessere finanzielle Voraussetzung für die höhere Schulausbildung der Kinder besteht, sondern auch ein materiell begründetes Interesse, den Kindern

---

77 Korrigiert für: »23.«.
78 Alfred Pressel, »Zum Besuch höherer Schulen. Stellungnahmen von Arbeitern und Angestellten in Gruppendiskussionen«, UAF Abt. 139 Nr. 8.
79 Jene Diskussionen finden 1960 in einer Industriestadt in Nordrhein-Westfalen statt; eine Gruppe setzt sich aus Angestellten zusammen, drei weitere aus Arbeitern.
80 Vgl. Siegfried Kracauer, Die Angestellten. Aus dem neuesten Deutschland [1930], in: Siegfried Kracauer, Werke, hrsg. von Inka Mülder-Bach und Ingrid Belke, Bd. 1, hrsg. von Inka Mülder-Bach, unter Mitarb. von Mirjam Wenzel, Frankfurt a. M. 2006, S. 211–310.

durch eine gute Ausbildung die höheren Einkommen der Angestelltenberufe zu garantieren.

In der Einzelanalyse der Protokolle wäre die Differenz zwischen einer speziellen Äußerung und der ihr zugrundeliegenden speziellen Erfahrung zu überprüfen. So könnte zum Beispiel die Behauptung eines Angestellten, die Arbeiter befürchteten eine Entfremdung von ihren besser gebildeten Kindern, eine Projektion enthalten. Es hat sich aber erwiesen, daß tatsächlich Bildungsunterschiede in vielen Fällen eine Entfremdung der Kinder verursachen.

Zur Arbeiterdiskussion: Im Argument eines Arbeiters, der sich auf seine schlechte finanzielle Lage beruft, die es ihm nicht erlaubt, »auf lange Sicht zu planen«, scheint eine reale Situation richtig verarbeitet zu sein. Dagegen zeigt eine Sprachanalyse – welche bei der Auswertung der Protokolle unerläßlich ist –, daß darin, daß solche hochtrabenden Ausdrücke der Amtssprache zur Bezeichnung eines individuellen Problems übernommen werden, und darin, daß die Sprache der »verwalteten Welt« in den Wortschatz der Einzelnen eingeht, jener Konformismus sich offenbart, der dem »richtigen Bewußtsein« der Verwalteten vorbeugt und ihre Auflehnung unterdrückt.

Die Abwehr der Arbeiter gegen die Meinung, ihr sozialer Status liege unter dem der Angestellten, stützt sich auf den Vergleich von Einkommen und Ausbildung eines Facharbeiters mit denen eines kaufmännischen Angestellten. Es wird also ein gehobener Arbeiterberuf mit einem unteren Angestelltenberuf verglichen – die optimistische Selbsteinschätzung ist nur möglich, solange die Chancen eines realen sozioökonomischen Aufstieges aus dem Blickwinkel ausgeschlossen bleiben. Bewußte Resignation spricht aus der Befürchtung, daß der Aufwand sich nicht lohnen und daß das gewünschte Ziel nicht erreicht werden könnte. Die Angst des Arbeiters, daß sein Kind den Anforderungen einer höheren Schulausbildung vielleicht nicht gewachsen ist, deutet eine Ahnung an von jenem psychologischen Handicap, das seinen frühen Ursprung im Milieu eines ungebildeten Elternhauses hat. Die »Relevanz des Geistes« im Elternhaus hat einen weit tieferen Einfluß, als es in unmittelbaren Nachteilen offenkundig wird, etwa in der Unfähigkeit der Eltern, dem Kind bei seinen Aufgaben zu helfen (was auch als Argument vorgebracht wurde). Für die Arbeiter, für eine Schicht also, die gerade erst begonnen hat, die bloße Reproduktion des Lebens zu überwinden, scheint sich der historische Ausschluß von Bildung zu einer psychologischen Barriere zu verfestigen. In der Äußerung eines Angestellten, daß »bei der gewissen Primitivität« der Arbeiter eine »gewisse Erbmasse mit hineinspielt«, wird dieser Zustand zu einem unabänderlichen, »natürlichen« erklärt – aus der Situation einer Klasse werden die Merkmale einer Rasse.

Auch aus dieser Perspektive muß das Argument gesehen werden, daß der Aufstieg von Arbeiterkindern sich im Sektor der technischen Berufe vollzöge, die keine höhere Schulausbildung erforderten und auch deshalb bevorzugt würden, weil sie noch im Arbeitsbereich des Vaters lägen, ihm vertrauter und überschaubarer wären. Es müßte in einer besonderen Untersuchung geprüft werden, wie weit in diesem Argument solche Arbeiter, die im Zuge der Automation für die Bedienung komplizierter Maschinen geschult sind, mit Technikern identifiziert werden und in welchem Umfang tatsächlich Arbeiterkinder in technische Berufe aufsteigen. Vielleicht liegt in einer solchen Entwicklung eine Erklärung für die Unterrepräsentation von Arbeiterkindern an höheren Schulen. Sie könnte aber im Zusammenhang unserer bildungssoziologischen Probleme noch nicht als eine Lösung betrachtet werden.

Anschließend begann Frau Feidel-Mertz ihr Referat »Zur Problematik der Arbeiterbildung heute«[81].

Bei Marx ist der Arbeiter durch seine Trennung vom Produktionsmittel definiert, nicht durch die bloße Abhängigkeit seiner Arbeit. Die Verflüchtigung dieser Abgrenzung heute ist ein Ausdruck für die Veränderung der Ideologie: Indem Abhängigkeit der Arbeit zum Merkmal gemacht wird, und zwar zu einem so allgemeinen Merkmal, daß schließlich jedermann als Arbeitnehmer fungiert, erscheint es zumindest problematisch, die Arbeiterschaft als Klasse aufzufassen. Dies ist die Grundlage, auf der die aktuelle Diskussion die Arbeiterbildung in den Rahmen der allgemeinen Erwachsenenbildung stellen möchte.

Historisch entstand Arbeiterbildung aus dem allgemeinen Bildungsstreben der unteren Schichten nach der bürgerlichen Revolution. Die Geschichte dieser Bestrebungen muß aus der Situation der wilhelminischen Ära verstanden werden. Bildung war die Waffe des Bürgertums gegenüber der nach wie vor mächtigen bildungsfeindlichen Ideologie der Feudalen. Andererseits aber wurde dieser Gegensatz nicht ausgetragen, da die Bürger den Schutz der Feudalen suchten unter dem Druck des Proletariats, das mit der damals noch recht verstandenen Erkenntnis »Wissen ist Macht« nicht mehr bloßes Objekt bürgerlicher Gunst bleiben, sondern Träger einer eigenen Bildung werden wollte. Die faktische Entwicklung wurde unmittelbar bestimmt von diesem Zwiespalt, der der Bildung als einem fortschrittlichen, demokratisierenden Moment einerseits und einem staatsgefährdenden, rebellierenden Moment andererseits anhaftete. Der manifeste Analphabetismus, begründet durch ein Schulwesen, das die Rede vom Intelligenzstaat Lügen strafte, und der psychologische Analphabetismus, dessen *eine* Ursache wohl in der Tatsache liegt, daß Bildung seither nie einen eindeutig po-

---

81 Hildegard Feidel-Mertz, »Zur Problematik der Arbeiterbildung heute«, UAF Abt. 139 Nr. 8.

sitiven Akzent erlangen konnte, legen den Gedanken nahe, daß der Faschismus nicht ein »Rückfall in die Barbarei«, sondern ihre Perpetuierung ist.

## 247 Hans von Loesch, 31. Januar 1961

Protokoll zur Seminarsitzung am 31. 1. 1961 unter
Professor Adorno.

---

Frau Feidel-Mertz setzte ihr Referat – »Zur Problematik der Arbeiterbildung heute« – fort. Dazu die Einwände und Erörterungen Professor Adornos.

Arbeiterbildung gerichtet auf menschliche Autonomie und sittliche Bildung.

Je mehr die Arbeiterbewegung selbständig wurde, desto dringender wurde ihr Bedarf an gut geschulten und verantwortlichen, zur Führung fähigen Leuten. Zu Beginn rekrutierten sie sich aus der »klassenlosen Intelligenz«. Nach und nach jedoch brachte der ehrgeizigste Teil der Arbeiterschaft eigene fähige Männer hervor, durch die das Problem der Bildung zum Zweck des Klassenkampfes entstand. Bei Brecht erschien die These zum kategorischen Imperativ formuliert: »Lesen ist Klassenkampf«[82]. Diesen Satz als unmittelbar anzusehen, ist sehr problematisch, weil es neben dem reinen Akt des Lesens ja hauptsächlich auf das ankommt, was man liest.

Die Arbeiterbildung bestand zunächst, neben den Kenntnissen von der sozialistischen Lehre, aus dem Wissen über wirtschafts- und sozialpolitische Vorgänge, dem Schriftverkehr und der Redetechnik. Das reichte zwar am Anfang aus, der Arbeiterschaft teilweise ein eigenes Klassenbewußtsein zu geben, nicht aber dazu, den Arbeiter zum gleichberechtigten Bürger zu machen. Da diese beiden Bestrebungen als unvereinbar erkannt wurden, flachte die Arbeiterbildung als Bildung in einer Klasse, nur für die Klasse mehr und mehr ab und wurde zur bloßen Schulung zur Agitation.

Was von der Gewerkschaft wirklich noch an umfassender Bildungsarbeit geleistet wird, ist zur Halbbildung verurteilt. So zum Beispiel die Ruhrfestspiele,[83]

---

[82] In Brechts Stück »Die Mutter«, uraufgeführt 1932 in Berlin, sagt die Protagonistin: »Lesen ist Klassenkampf, das bedeutet: wenn wir lesen und schreiben können, dann können wir unsere Broschüren selber verfassen und unsere Bücher lesen. Dann können wir den Klassenkampf führen.« (Bertolt Brecht, Die Mutter. Nach Gorki. Schauspiel [1933], in: Bertolt Brecht, Werke. Große kommentierte Berliner und Frankfurter Ausgabe, hrsg. von Werner Hecht, Jan Knopf, Werner Mittenzwei und Klaus-Detlef Müller, Bd. 3, bearb. von Manfred Nössig, Berlin, Weimar und Frankfurt a. M. 1988, S. 261–324; hier: S. 289)
[83] Die Ruhrfestspiele finden seit 1946 in Recklinghausen statt.

die nur noch durch den verdinglichten Charakter, den die Klassiker (übrigens auch für das Bürgertum) angenommen haben, bestehen können. Die Bildungsarbeit wird zum Klassikerkonsum.

Das dialektische Problem, das dabei auftaucht, ist, daß wenn die Arbeiterschaft versucht, an der traditionellen bürgerlichen Bildung teilzuhaben, die Halbbildung dabei herauskommt. Wenn sie aber die Bildung ganz ablehnt, so ist das Proletariat nicht mehr fähig, seine Aufgabe zu erfüllen. So steht ein Arbeiterführer zum Beispiel einmal zwischen der Theorie der Arbeiterbewegung und der rein technischen Schulung auf der anderen Seite. Hat er nur, wie in den meisten Fällen, die rein technische Schulung, dann fällt bei ihm das Problem des »wozu?« unter den Tisch. Er versteht dann die theoretischen Hintergründe der Arbeiterbewegung nicht mehr. Die Theorie wird zum Dogma. Nur noch ein kleiner Teil der Arbeiter erfährt überhaupt diese »Bildung zum Klassenkampf«. Dadurch ist das Proletariat gar nicht fähig, die Theorie zu durchschauen. Auch das Bürgertum versteht unter der Arbeiterbewegung nur noch das, was die Funktionäre zum jeweiligen Zweck daraus machen. Es ist nicht mehr fähig, das Bewußtsein des Proletariats aus dem objektiven Produktionsprozeß heraus zu verstehen.

Arbeiterbildung in der Sicht und Absicht des Bürgertums.

1848 wurde in der Paulskirche von Liberalen und Demokraten das »Recht auf Bildung für alle« gefordert. Die Beseitigung der Standesunterschiede und der Kluft zwischen »Gebildeten« und »Ungebildeten« wurde im weiteren Verlauf der Entwicklung zum immer wieder proklamierten Ziel der Volksbildungsarbeit. Es ist in diesem Zusammenhang wichtig zu wissen, daß bis zur Novemberrevolution 1918 im Landtag noch das Dreiklassenwahlrecht bestand, daß also, nach Ansicht der Liberalen, zum Staatsvolk nur die gehörten, die wahlberechtigt waren. Die Wahlberechtigung und der Wert der Stimmen aber waren wieder von Besitz, Steuerleistung, Alter, Familienstand und anderem abhängig.

Das Bürgertum traute der Bildung eine Palliativwirkung zu. Es sah die Bildung der Arbeiter als Akt der Integration in die bürgerliche Gesellschaft, was sie auch zweifellos war. Daß man sich überhaupt an die arbeitenden Klassen wandte, beruhte zum Teil »auf einem humane Akte provozierenden schlechten Gewissen und einer damit verbundenen, ehrlich gefühlten sozialen Verpflichtung, zum anderen auf dem dringenden Bedürfnis nach der ›Integration‹ des Proletariats«.

Wie weit durch die Bildung eine Veränderung des Bewußtseins bei den Arbeitern hervorgerufen wird, zeigt ganz deutlich die Porz-Studie, über die Herr Ehrhardt berichtete.[84] Mit empirischen Mitteln wurde dort unter anderem festgestellt, wie sich die Hörerschaft einer Volkshochschule zusammensetzt. Ein Typ des Hörers, der in der amerikanischen Soziologie unter dem Namen »joiner« schon lange bekannt ist, war auch hier anzutreffen. Ein joiner ist der, der gleichzeitig an mehreren Gruppen teilnimmt, um sich dadurch das Bewußtsein der Unentbehrlichkeit zu geben.

Die Arbeiter, die laufend an Volkshochschulkursen teilnehmen, zählen sich gegenüber den Arbeitern, die solche Kurse nicht besuchen, weitgehend zum Mittelstand. Ihr Klassenbewußtsein ist also noch geringer als das der Arbeiter, die nicht daran teilnehmen.

Mit fortschreitender Integration der Arbeiter in die Gesellschaft gleicht sich das Bewußtsein der Arbeiterschaft und der Bürger mehr und mehr an.

In der sowjetischen Besatzungszone wird der Wunsch des Arbeiters nach »Bürgerlichkeit« einfach unterdrückt. Mit Hilfe der Machtinstrumente des Regimes wird versucht, das Arbeiterbewußtsein gewaltsam zu formen. Das entscheidende Problem der Bewußtseinsbildung hat dort einem sturen Dogmatismus Platz gemacht. Man muß lernen, in der ganzen Theorie der Arbeiterbewegung das weitgehend schönschwärmerische dogmatische Bewußtsein von den objektiven Bedingungen des Arbeiters im Produktionsprozeß zu trennen.

Das Problem, das im Laufe des Seminars klar hervortrat, war folgendes: Die Bildung der Arbeiter im bürgerlichen Sinne zieht eine Änderung des Klassenbewußtseins, den Wunsch der Arbeiter zur Integration und die Entrevolutionierung des Proletariats nach sich. Die Arbeiterbildung nur für die Arbeiterbewegung hat weitgehend versagt. Sollte man daraus folgern, daß man der arbeitenden Klasse, um ihr Bewußtsein zu erhalten, die bürgerliche Bildung vorenthalten muß?

Hans von Loesch[85]

---

[84] Von 1960 bis 1961 wird am IfS die Studie »Probleme und Möglichkeiten der Erwachsenenbildung – Porz« (»VHS-Studie I«), finanziert vom Landesverband der Volkshochschulen Nordrhein-Westfalen, unter Beteiligung von Adorno, von Friedeburg und Hans-Heinrich Ehrhardt durchgeführt. Letzterer verfasst 1962 den Endbericht »Zum Verhältnis von Aufstiegshoffnung und Bildungsinteresse. Ergebnisse soziologischer Untersuchungen über Probleme der Erwachsenenbildung am Beispiel der Volkshochschulen in Porz/Rhein und Köln«. – Ein entsprechender Referatstext wurde nicht aufgefunden.
[85] Unterschrift.

# 248 Hans Ulrich Engelmann, 7. Februar 1961

H. Engelmann

*Protokoll*

Soziologisches Hauptseminar am 7. 2. 1961

In der Sitzung beendete Herr Ehrhardt zunächst sein Referat über die Arbeit der Erwachsenenbildung.

Der Referent führte aus, daß Arbeiter-Hörer häufiger bestimmte Vorstellungen im Sinne einer beruflichen Weiterbildung haben, als Arbeiter-Nichthörer. Daß jedoch über den beruflichen Werdegang keineswegs immer klare Vorstellungen bestehen, läßt vermuten, daß die Motive der Weiterbildung sich nicht nur an objektiven Chancen des Fortkommens orientieren, sondern mehr auf Bildung schlechthin zielen. Das macht auch die Frage nach dem Sinn der Volkshochschule deutlich, die ebenso wie bei den Angestellten unter den Hörern von ¾ der Arbeiter-Hörer mit der Erweiterung der Allgemeinbildung beantwortet wird, obwohl diese fast ausschließlich die berufsnahen Kurse besucht haben.

Professor Adorno meinte hierzu, daß viele Menschen glauben, das, was sie tun, mit gesellschaftlichem Nutzen rationalisieren zu müssen, obwohl kein konkreter Nutzeffekt vorhanden ist. Diese allgemeinen Maßstäbe können auf keine wirklichen Probleme vom lebendigen Menschen angewendet werden. Prof. Adorno betonte, daß es einmal nützlich wäre, der Rationalisierung des Nützlichen nachzugehen. Zu dem Einwand, die Volkshochschule könne vielleicht gewisse Leitbilder vermitteln, sagte Prof. Adorno, daß hier schon eher von Schnittmustern die Rede sein muß. Die Situationen des Einzelnen sind schon so präformiert, daß es nur noch bestimmter Regieanweisungen bedarf. Was schließlich den subjektiven Glauben an den Machtfaktor des Wissens betrifft, so ist dieser selbst durch die Macht der Maschinerie erzeugt und entspricht nicht den objektiven gesellschaftlichen Gegebenheiten.

Wie der Referent abschließend resümierte, ist der allgemeine Bildungsanspruch, den Angestellten – wenn auch in höherem Maße – und den Arbeitern unter den Hörern gemeinsam. Darüber hinaus läßt sich feststellen, daß die Motivation zur Weiterbildung in der Regel nicht rationaler Überlegung über den Nutzeffekt der Veranstaltung entspricht.

Im weiteren Verlauf der Seminarsitzung hielt Herr Tjaden sein Referat über den Begriff der politischen Bildung.[86]

Der Begriff der politischen Bildung bezeichnet die Vermittlung von Wissen über Politik wie eine Bildung. Historisch gesehen, ist politische Bildung zunächst das subjektive Komplement jener rationalen Politik, welche das frühe Bürgertum begründet und dann auch zu realisieren versucht. Der Doppelcharakter der politischen Bildung zeigt sich daran, daß er nicht allein der Aufklärung, sondern auch als Instrument der Interessen bestimmter gesellschaftlicher Gruppen dient. Bei Hobbes ist politische Bildung nicht nur Aufklärung über die Gesellschaft, sondern hat gleichzeitig die Funktion, die Bürger von der Notwendigkeit des sozialen Friedens zu überzeugen. Dabei übernimmt verwaltete Religion, im Dienste des Bündnisses von Bürgertum und politischer Macht, die Aufgabe, rebellierende Individuen einzuschüchtern.[87] Es ist ein Dualismus von Aufklärung und Manipulation, der hier evident ist. Die seiner Theorie zugrundeliegende Fiktion der Identität von Staat und Gesellschaft und der gleichen Gewichtung der Interessen aller Staatsbürger, wird zum politischen Postulat. So gesehen gewinnt Aufklärung bei Hobbes den Charakter eines Instruments, welches die politische Emanzipation des Bürgertums betreiben hilft.

Prof. Adorno ergänzte hierzu, daß Hobbes nie den Begriff der politischen Bildung gebrauchen würde. Er wäre für ihn etwas sehr Subversives gewesen. Hobbes setzt zwar eine gewisse rationale Selbstverwaltung voraus, muß sie dann aber wieder beschneiden. Die Morallehre ist bei Hobbes der Gesellschaftslehre untergeordnet. Wenn Autonomie durch die Sezession der Freiheit ans Ende gesetzt wird, hat man es leicht, von Identität von Moral und Gesellschaftslehre zu sprechen.

Bei Condorcet sind später die Bildungsprogramme zur Nationalerziehung das politische Instrument zur Vollendung der Revolution.[88] Das egalitäre Prinzip und dasjenige bürgerlicher Autonomie werden zum Kriterium, vor dem sich die Gesellschaft rechtfertigen soll. Die Kritik gesellschaftlicher Formen und der Rolle, welche Individuen und Klassen in ihr spielen, ist bei Condorcet Inhalt politischer

---

86 Der entsprechende Referatstext von Karl Hermann Tjaden wurde nicht aufgefunden.
87 Vgl. den Abschnitt »Vom christlichen Staat«, in: Thomas Hobbes, Leviathan oder Stoff, Form und Gewalt eines kirchlichen und bürgerlichen Staates [1651], hrsg. und eingel. von Iring Fetscher, übers. von Walter Euchner, Frankfurt a. M. 1984 (Suhrkamp-Taschenbuch Wissenschaft; 462), S. 283–459.
88 Vgl. Condorcet, Bericht und Entwurf einer Verordnung über die allgemeine Organisation des öffentlichen Unterrichtswesens [1804], hrsg. von Carl-Ludwig Furck, Georg Geißler, Wolfgang Klafki und Elisabeth Siegel, übers. von Rita Schepp, eingel. von Heinz-Hermann Schepp, Weinheim 1966 (Kleine Pädagogische Texte; 36).

Bildung. Nicht das formale Anerkennen gesellschaftlicher Normen und Gesetze ist bei ihm wichtig, sondern die Einsicht in die Nützlichkeit und Richtigkeit der ihnen innewohnenden Prinzipien.[89]

Die Konzeption wie die der gesamten Aufklärung setzte allerdings die Koinzidenz der Interessen aller und die Möglichkeit einer allgemeinen und freien Konkurrenz der Individuen voraus, die keine gesellschaftliche Adäquation fand.

Der Referent führte weiter aus, daß politische Bildung, die in den Theorien des 19. Jahrhunderts als ein Moment der Kritik der bürgerlichen Gesellschaft als ganzer fungiert, seither sehr oft zum Mittel restaurativer Politik wurde.

Im Bismarckschen Deutschland wird sie geprägt durch die Forderung nach Unterwerfung unter die Monarchie. In der Weimarer Republik gibt sie sich als Versuch einer Erziehung zur Verfassungstreue. Zwar geht der demokratische Anspruch in die Verfassung ein, doch ist er selbst gekennzeichnet durch seine Unreflektiertheit, mit der er sich mit den liberalen rechtsstaatlichen Prinzipien identifiziert.

Wie Prof. Adorno hierzu bemerkte, hat zwar die Bevorzugung der gesellschaftlichen Vernunft vor der Wahrnehmung der Vernunft durch den Einzelnen etwas Tiefes, andererseits aber auch etwas Ideologisches. Trotz ihres ideologischen Moments ist die Erziehung in der Weimarer Republik eine in Richtung auf Autonomie des Individuums. Denn auch Rationalität und Autonomie sind ihrem Wesen nach dasselbe. Zu undifferenziert ist es auch, den Faschismus damit zu apologisieren, daß eine formale Demokratie notwendig zum Faschismus führen müsse. Richtiger ist, wenn man sagt, der Staat meine materiale Demokratie, ohne sie jedoch einzulösen, was wiederum feindselige Affekte auslöst. Das Wort vom »Staatserlebnis«[90] in der Bildungsarbeit der Weimarer Republik verwarf Prof. Adorno als unsinnig.

---

[89] »Aber damit die Bürger die Gesetze lieben, ohne aufzuhören, wahrhaft frei zu sein, und damit sie die Unabhängigkeit der Vernunft bewahren, ohne die die Begeisterung für die Freiheit nur eine Leidenschaft und keine Tugend ist, müssen sie diese Prinzipien der natürlichen Gerechtigkeit, diese wesentlichen Rechte des Menschen kennen, von denen die Gesetze nur die Ableitung oder Anwendung sind. Man muß bei den Gesetzen zu unterscheiden wissen zwischen den Folgerungen aus diesen Rechten und den mehr oder weniger glücklich gewählten Mitteln, ihre Gewährleistung zu sichern; die einen muß man lieben, weil die Gerechtigkeit sie diktiert hat, die anderen, weil sie wohl überlegt gegeben sind.« (Ebd., S. 41 f.)

[90] So sehen die »Richtlinien für die Gestaltung des staatsbürgerlichen Unterrichts« an den Höheren Schulen 1924 u. a. vor: »Der gesamte Unterricht muß getragen sein von einem Verantwortungsgefühl für das Volks- und Staatsganze, das den Staat als eine lebendige und geschlossene Einheit erkennen lehrt, zum Staatserlebnis hinleitet und eine kommende geistige Führerschaft vorbereitet.« (Politische Bildung in Deutschland. Entwicklung – Stand – Perspektiven,

Der Referent führte weiterhin aus, daß in der gegenwärtigen Situation politische Bildung in der politischen Organisationsform der Gesellschaft ihren Ausdruck findet. Ziel von politischer Bildung heute ist die Erziehung zur Einhaltung »sozialer Spielregeln«, zu einem demokratischen »Lebensstil«. Die politisch-gesellschaftliche Mitbestimmung und Meinungsmanifestation der Individuen bleibt im wesentlichen auf die von Parteien vermittelten Wahlen oder »Leserzuschriften« an Zeitungen beschränkt. An dem Begriff der »partnerschaftlichen Kooperation« von Oetinger[91] entzündete sich dann die Diskussion.

Wie Prof. Adorno hierzu ausführte, ist der Partnerschaftsbegriff nichts anderes als die Erhebung des »Seid nett zueinander!« zur Ideologie. Im Begriff der Partnerschaft liegt das Moment der Unwahrhaftigkeit schon deshalb, weil der Einzelne von vornherein verschiedene Voraussetzungen für diese mitbringt. Sie kann auch nur subjektive Gesinnung bleiben, da sie an den objektiven Gegebenheiten nichts ändert. Der Glaube, daß Menschen sich in bestimmter Weise zur Realität verhalten, ist selbst schon Ideologie. Die Kompromißstruktur der Partnerschaft bezeichnet genau das, was man Integration der Gesellschaft nennt. »Being cooperative« verlangt von den Menschen das scheinbar selbstlose Gewähren von unbezahlten Diensten mit dem Blick auf spätere Vergeltung durch das Genießen ähnlicher Dienste. Solches Verhalten kommt dem Marktinteresse der anderen entgegen und bedeutet eigentlich nichts anderes als die Einbeziehung des Nicht-Tauschbaren in das Tauschverhältnis. Die antagonistischen Interessen, die hier ausgetragen werden sollen, sind von vornherein zum Kompromiß verurteilt.

Der Referent betonte, daß Partnerschaftsapelle keineswegs die Gegensätze der miteinander konkurrierenden Individuen aufheben, daß sie sich im Gegenteil als ein Mittel politischen Totalitarismus gegen jene wenden können, die sie für bare demokratische Münze nehmen, wie auch am Beispiel des Nazi-Regimes gezeigt wird.

---

hrsg. von Hans-Werner Kuhn und Peter Massing, unter Mitarb. von Werner Skuhr, Opladen 1990, S. 65–69; hier: S. 69)

91 Vgl. den Abschnitt »Die Kooperation der Partner«, in: Friedrich Oetinger, Partnerschaft. Die Aufgabe der politischen Erziehung [1951], 3. Aufl., Stuttgart 1956, S. 105–125, wo es etwa heißt: »Gesellung, Assoziation ist überall in der Natur schon da. Es ist zur Entfaltung der Brüderlichkeit kein besonderes Organ, kein eigener Sinn erforderlich; es bedarf dazu nur der Fortbildung der natürlichen menschlichen Genossenschaftlichkeit zu antizipierender Kommunikation. *Sich ganz in den anderen hineinzuversetzen, mit ihm immer wieder auf Augenblicke die Rolle tauschen und sich auf dieses dialogische Gespräch so einzuspielen, daß es möglichst weitgehend für uns den Charakter der Störung verliert – das ist echte Partnerschaft.*« (Ebd., S. 119f.)

Zum Schluß umriß der Referent noch einmal die Anforderungen, die an einen Begriff von politischer Bildung gestellt sind. Diese muß nicht nur die objektiven, institutionellen Zusammenhänge, in denen sich gesellschaftliche Macht reproduziert, aufweisen, sondern auch auf den historischen Charakter der politischen und ökonomischen Organisationsformen der Gesellschaft, den gesamten gesellschaftlichen Funktionszusammenhang und auf die gesellschaftliche Rolle der einzelnen Individuen dabei reflektieren. Kritische Soziologie also muß zum Substrat politischer Bildung gemacht werden.

Nach Prof. Adorno ist politische Erziehung nur möglich als soziologische Einsicht in die objektive Struktur der Gesellschaft. Anstatt der Partnerschaft zu huldigen, sollte man besser die Objektivität sozialer Spannungen aufzeigen. Die Frage nach den konkreten Möglichkeiten solcher Erziehung läßt sich allerdings sehr schwer, wenn überhaupt, beantworten. Freilich ist es mit der abstrakten Negation: die objektive Theorie von der Gesellschaft wird gar nicht zugelassen; ergo gibt es keinen Ausweg, zunächst nicht getan, denn das würde die Menschen nur noch mehr zu bewußtlosen Objektiven der Manipulation machen. Aber Soziologie als politischen Unterricht zu gestalten, was schlechthin die einzige Möglichkeit wirksamer politischer Bildungsarbeit wäre, ist deswegen vorläufig nicht praktikabel, weil einmal die Soziologie selbst sich nicht einig ist und zum anderen, weil man zwar in den Schulen abstrakt von den Machtverhältnissen reden könnte, die Möglichkeit dafür in concreto aber wahrscheinlich gar nicht vorhanden ist.

## 249 Wolfgang Wintzer,
## 21. Februar 1961

Protokoll zum Seminar »Probleme der Bildungssoziologie«
bei Herrn Prof. Adorno
Sitzung vom 21. Februar 1961

In Anwesenheit von Herrn Prof. Monsheimer (vom Staatlichen Berufspädagogischen Institut)[92] berichtete Herr Herkommer über ein im Auftrage des Instituts für Sozialforschung durchgeführte Studie, die die praktische Wirkung der Lehrpläne für den politischen Unterricht auf das Bewußtsein der Schüler untersucht[93].

Der Referent führte aus, daß bereits die unterschiedlichen Bezeichnungen für dieses Fach für die herrschende Unsicherheit gegenüber der Materie symptomatisch seien. Zudem ist man sich keineswegs darüber einig, welche Stoffe vermittelt werden sollen, die Richtlinien der Ministerien sind für die Lehrer nicht bindend, und meist gipfeln sie in der Forderung, der Unterrichtende habe sich so neutral als möglich zu äußern. Daß ein wesentliches Ziel des politischen Unterrichtes die Erziehung zum kritischen Denken sein sollte, wird explizit nur im hessischen Lehrplan verlangt.[94]

---

92 Otto Monsheimer hat zur der Zeit, in der das Seminar stattfindet, eine Professur am Staatlichen Berufspädagogischen Institut in Frankfurt a. M. inne.
93 Sebastian Herkommer, »Bericht für das Soziologische Hauptseminar WS 1960/61«, UAF Abt. 139 Nr. 8. – Zur Bewertung dieser Studie vgl. auch Adornos Vortrag *Der Begriff der politischen Bildung 1. 2. 1963*, in: NaS, Bd. V·1, S. 337–386, sowie dort die Anm. des Hrsg., ebd., S. 710 f., Anm. 531.
94 »Politische Bildung ist durch ein noch so genaues Wissen um die Einrichtungen und Verfahrensweisen dieser Ordnungen und des Staates nicht geleistet. Es geht vielmehr darum, dem jungen Menschen den Blick zu öffnen für soziale Tatbestände und Probleme, sein Urteil zu üben und zu verselbständigen, ihn gegen Schlagworte und Ideologien zu immunisieren, ihn fähig zu machen, daß er in jeder Auseinandersetzung das höhere Ganze erkennt und im Auge behält. Politische Bildung will das Wesen der grundlegenden gesellschaftlichen Ordnungen und ihre Funktionen bewußt und verständlich machen. Sie soll dabei, soweit es der Altersstufe entspricht, die soziale und politische Wirklichkeit, nicht ein wirklichkeitsfremdes Idealbild, zeigen und als verbesserungswürdig erkennen lehren; denn dies erst gibt Anreiz zum Mitgestalten und bewahrt vor einem Konformismus, der dem Staat die Verantwortung überläßt und auf Kritik und sittliche Entscheidung verzichtet.« (Bildungspläne für die allgemeinen Schulen im Lande Hessen. II. Das Bildungsgut. A. Gemeinsame Bildungs- und Erziehungsaufgaben der allgemeinbildenden Schulen, in: Amtsblatt des Hessischen Ministers für Erziehung und Volksbildung, 10. Jg., 1957, Sondernr. 1, S. 13)

An dieser Stelle bemerkte Herr Prof. Adorno, alle diese Dinge seien ein Ausdruck unserer Unsicherheit im Umgang mit der Demokratie, ganz im Unterschied zu den USA. Während dort der Äther von der demokratischen Idee erfüllt sei und schonungslose Kritik nicht als parteipolitische Grenzüberschreitung betrachtet werde, fehle in Deutschland noch diese Selbstverständlichkeit. Man solle dabei nur an die Reaktion jener Eltern denken, deren Kinder von einem Lehrer unterrichtet werden, der in politischen Fragen entschiedene Ansichten vertritt. Bei uns gelte Demokratie noch immer als eine bestimmte politische Richtung. Prof. Adorno zeigte hier als soziologisches Problem die Analyse dieses Zustandes auf.

Der Referent erläuterte weiter, wie bei ungenügender Ausbildung der Lehrer und der Unsicherheit über die Gesamtrichtung des politischen Unterrichts die Aufgabe subjektiviert werde. Der Lehrer wird aufgefordert, etwas zu leisten, wozu er noch gar nicht befähigt ist. Eine abstrakte Wertlehre verhindert das Verständnis für konkrete Interessengegensätze in der Gesellschaft; strukturelle Gegensätze werden übergangen.

Herr Prof. Adorno schloß die Bemerkung an, wenn man ohne Berücksichtigung gerade dieser zuletzt genannten Dinge unterrichte, so sei das eigentlich die Verwandlung der Politik in eine Art Schauspiel, man könne es beinahe Ästhetisierung nennen. Allerdings müsse man dabei auch an den Einfluß des repräsentativen Systems der Demokratie auf das Bewußtsein der Menschen denken. Die Verwandlung lebendiger Begebenheiten in deren bloßen Neuheitswert deute zugleich auf ein allgemeineres Phänomen. Überhaupt solle man sich davor hüten, in konkreten Gebieten, wie der Politik, unbesehen Phänomene ausschließlich einem Einzelgebiet zuzuschreiben. Vielmehr sind es Erscheinungsformen eines allgemeineren Zustandes.

Nachdem der Referent noch weiter ausgeführt hatte, wie sehr die gegenwärtige Form des politischen Unterrichtes von der Person des Lehrers abhängt, schloß er mit Hinweisen auf die Beobachtung, daß gerade dieses Fach in den Schulen als zweitrangig angesehen werde. Man finde immer wieder die Bemerkung, das sei eben keine Wissenschaft.

Herr Prof. Adorno fragte, was bei ernsthafter Betrachtung überhaupt in der Schule unter den Begriff der Wissenschaft falle; das Festhalten an dieser Kategorie sei ja eigentlich eine Fetischisierung.

Sehr bedeutsam scheine ihm deshalb die Verachtung der Wahlfächer. Das hänge auch mit Fragen des Prestiges innerhalb der Lehrerschaft zusammen. Man urteile nach Machtgefühl, für das die Lehrer und auch die Schüler eine ausgeprägte Witterung hätten: Schließlich geht es ja bei der Beurteilung der Schüler in »wichtigen Fächern« um Entscheidungen über deren weiteres Schicksal. Der

Druck dieser inoffiziellen Hierarchie erweist sich als Gegner des politischen Unterrichts.

Ein Teilnehmer wies darauf hin, daß auch die Mitarbeit der Schüler in den Selbstverwaltungsorganen der Schule positiven Einfluß auf ihre staatsbürgerliche Entwicklung habe. Dagegen wurde aber angeführt: Die Erfahrung zeige, daß diesen Selbstverwaltungen eigentlich nur mühsame und unwichtige Arbeiten übertragen werden, die diesen Versuch zum demokratischen Spielchen und damit pseudodemokratisch werden läßt.

Zu diesem Einwand sagte Herr Prof. Adorno, daß sich hieraus aber nicht ohne weiteres eine Verantwortung fürs Versagen politischer Bildung ableiten lasse.

Vielmehr stecke das Problem in der Sache selbst: Wenn man sich frage, was diese Schüler denn eigentlich an ernsthafter Arbeit in der Selbstverwaltung machen sollten, dann stehe man sehr schnell an der Grenze ihres Betätigungsbereiches. Sicher habe das etwas von Soldatenspielen; er halte es aber im Hinblick auf die Sensibilität der jungen Leute dennoch für wichtig, solche Einrichtungen zu behalten. Kinder merkten den Unterschied zwischen ihrer Rolle und dem Anspruch, dem sie gar nicht genügen könnten, sehr wohl. Um aber mehr darüber sagen zu können, seien raffinierte Untersuchungen nötig. Herr Prof. Adorno vermutet auch, daß Studenten, die in der akademischen Selbstverwaltung mitwirken, weitgehend von vergleichbaren Einrichtungen der Schule präformiert sind.

Der zweite Referent, Herr Dr. Wolfenstädter, sprach anschließend über die »Politische Bildung an berufsbildenden Schulen«[95]. Nach einer Einleitung, die sich mit der politischen Erziehung an diesen Schulen bis zum Jahre 1945 befaßte, wurde über die Entwicklung nach diesem Zeitpunkt berichtet.

Aus den sehr aufschlußreichen Einzelheiten des Referates soll hier eine Zahl erwähnt werden: Wenn man die[96] statistischen Angaben aus dem Jahre 1958 zugrunde legt, ergibt sich, daß etwa 80 % aller jungen Menschen in der Bundesrepublik nach dem Abschluß der Volksschule auf den politischen Unterricht an den berufsbildenden Schulen angewiesen sind.

Dr. Wolfenstädter referierte dann über den Entwurf des neuen Bildungsplanes für den politischen Unterricht an berufsbildenden Schulen im Lande Hessen.

---

95 Ein entsprechender Referatstext von Oskar Wolfenstädter wurde nicht aufgefunden. – Wolfenstädter wird 1960 mit der Arbeit »Der Zusammenhang zwischen Wirtschaftspädagogik und Sozialpolitik: Dargestellt am Beispiel der Berufsberatung und Berufswahl« in Frankfurt a. M. promoviert.

96 Korrigiert für: »Wenn man sich die«.

Nach diesem Plan soll der politische Unterricht dem Jugendlichen die notwendigen Orientierungshilfen und Verhaltensregeln mitgeben, damit er an dem politischen Geschehen aktiv teilnehmen kann. Zu diesem Zweck soll jeder Schüler ein Mindestmaß von »allgemeinverbindlichen politischen Einsichten aus dem Raum der Schule mit in das Leben nehmen«[97].

Daran schloß Herr Prof. Monsheimer die Überlegung an, man sollte so etwas wie eine Dienstanweisung für Demokratie anfertigen können, um die »Selbstverständlichkeit wiederzuerwerben«. Immerhin solle man sich vor Augen halten, was 400 Jahre Protestantismus mit seinem Großen und Kleinen Katechismus bedeuteten.[98]

Prof. Adorno bemerkte hierzu, daß solch ein Unternehmen in postliberaler Lage wohl schwierig sein dürfte.

Nach weiteren Ausführungen des Referenten über das Verfahren des Unterrichtes sagte Prof. Adorno, daß die berufsbildenden Schulen in der Frage des politischen Unterrichtes vermutlich insofern privilegiert sind, als sie nicht nach außen abgedichtet bleiben. Die mögliche Reflexion der gesellschaftlichen Realität bietet hier eine günstige Situation für diesen Unterricht. Daraus solle man lernen, wie man sich in den anderen Schulen diesem Komplex gegenüber zu verhalten habe, und an die konkreten Interessen der Schüler anknüpfen.

Herr Dr. Wolfenstädter schloß sein Referat mit der Erwähnung einiger Faktoren die den politischen Unterricht immer noch so problematisch machen: dieses Fach hat erst eine sehr kurze Tradition, die Kontrolle des Gelernten ist für den Schüler erst spät möglich, und außerdem ist die Zeit, die für dieses Fach zur Verfügung steht, sehr knapp bemessen.

In seiner Schlußbemerkung sagte Herr Prof. Adorno, nur die Kenntnis der politischen Verfahrensweisen leiste nicht das, worum es bei dem ganzen Komplex eigentlich geht.

---

[97] Zitat nicht ermittelt. – Der offizielle Rahmenplan für Berufsschulen in Hessen benennt als Ziel des politischen Unterrichts, die »Fähigkeit zur Selbstkritik« möge »den jungen Staatsbürger dazu führen, seine Urteile und Entscheidungen anhand der Ergebnisse« – im Sinne eines Kompromisses aus Position und Gegenposition – »zu überprüfen. Das Ziel dieses Bildungsprozesses ist der einsichtig und verantwortlich handelnde Mensch im demokratischen und sozialen Rechtsstaat.« (Bildungspläne für die beruflichen Schulen im Lande Hessen. Gruppe: Berufsschulen, in: Amtsblatt des Hessischen Kultusministers, 18. Jg., 1965, H. I/2, S. 4)

[98] Martin Luther veröffentlicht 1529 sowohl den sogenannten kleinen Katechismus, »Der kleine Catechismus für die gemeyne Pfarherr und Prediger« (Marburg), als auch den sogenannten großen Katechismus – unter dem Titel »Deudsch Catechismus« (Wittenberg). Beide Schriften werden die Grundlage protestantischer Kirchen- und Gemeindepraxis.

Seine These lautet: Eigentlich ist politischer Unterricht nicht anders vorstellbar denn als Soziologie. Man kommt mit einem »Sozialatlas« allein nicht weiter. Vielmehr kommt es darauf an, das politische Kräftespiel in Beziehung auf die reale Gesellschaft zu sehen. Dazu gehört nicht zuletzt, daß junge Menschen Kategorien wie etwa Aktiengesellschaften, Monopole etc. erläutert bekommen. Kategorien der Macht müssen in die Reflexion aufgenommen und nicht nur hingenommen werden. Wenn das gelingt, so ist das schon die erzieherische Wirkung der Demokratie. Werden diese Dinge übergangen, so bleibt es nur ein »Kratzen an der Fassade«.

Die Gefahr, daß die Menschen ins ideologische oder rein Technische abgleiten, ist sehr ernstzunehmen. Man muß ihnen Politik als das aufzeigen, was sie wirklich ist: der institutionalisierte Ausdruck der realen Gesellschaft. Für die praktische Arbeit denkt Herr Prof. Adorno an ein soziologisches Lehrbuch wie es die im Auftrage des Instituts für Sozialforschung herausgegebenen »Soziologischen Exkurse« in bestimmter Weise schon seien.

Natürlich gelte es, dabei eine sorgfältige Auswahl zu treffen, Prioritäten zu klären und auf die Zeitnot im Unterricht zu achten.

---

Wolfgang Wintzer

# Personenverzeichnis

Adam, Heribert  638–640, 642–645
Adler, Wolfgang  568–571
Adorno, Gretel  409
Ahlborn, Bodo  601–605
Altenstein, Karl Siegmund Franz vom Stein zum  161
Alth, Michaela von  500–506
Amend, Volker  158–162
Anaximander  212
Angelus Silesius (eigentlich Johannes Scheffler)  553, 560, 588
Anselm von Canterbury  471
Aristoteles  28, 31f., 39, 81, 186, 192, 196f., 201, 284, 291, 317, 360, 447, 466f., 478, 511, 514, 522, 587, 594, 597f.
Armbruster, Ludwig  196
Aron, Betty  393–397, 402, 422
Augustinus von Hippo  549, 590f.

Baader, Franz von  548, 586
Bach, Johann Sebastian  243
Bacon, Francis  259, 494, 631
Bahrdt, Hans Paul  623
Balzac, Honoré de  238, 241–243, 249–255, 334, 622
Bartels, Siegfried  489
Bartholomäi, Reinhart Chr.  144–147
Baudelaire, Charles  231f., 234, 250, 260
Bazard, Amand  331
Becher, Johann Joachim  548
Becker, (?)  362
Becker, Hellmut  618–629
Becker, Werner  331–316, 383, 385, 440, 443, 471, 558, 561, 563, 569, 572f.
Beckett, Samuel  252
Beethoven, Ludwig van  242, 280f., 462, 614
Behncke, Claus  590–594
Benjamin, Walter  45, 101, 231–234, 236f., 260, 337, 540, 614
Benn, Gottfried  235
Berelson, Bernard  92
Bergmann, Joachim  143

Bergson, Henri  41f., 74, 490, 507, 514, 574, 579
Berkeley, George  166, 422
Bernoulli, Jakob  95
Bernstein, Eduard  58, 60, 69f., 73
Billerbeck, Rudolf  64–72
Bismarck, Otto von  655
Bloch, Ernst  26, 83, 484, 552
Boccaccio, Giovanni  631
Bochow, Peter  373–378, 572–577
Böhme, Jacob  539, 548, 551, 553, 588f., 598
Böhmer, Auguste  626
Bohr, Niels  205
Bollnow, Otto Friedrich  610
Bolzano, Bernard  507
Borgmeier, Klaus  83, 153
Boswell, James  128
Bottenberg, Ursula  144
Brandt, Gerhard  52, 54–56, 59–61, 64f., 84, 87, 89, 124, 127, 142, 256, 268
Brecht, Bertolt  273f., 433, 650
Brentano, Franz  28f., 30–35, 37, 39–41, 217
Brinkmann, Carl  88
Broglie, Louis de  200
Brown, John  626
Brückner, Gisela  171–175
Brühl, Heinrich von  281
Bruno, Giordano  598
Buber, Martin  541
Bucharin, Nikolai Iwanowitsch  271
Bücher, Karl  89
Bühler, Karl  101
Bülow, (?)  353–356
Bulthaup, Peter  204f., 384
Buridan, Johannes  602
Burnham, James  87
Busse, Ludwig  490, 545

Cage, John  277
Calderón de la Barca, Pedro  598
Carle, Hans  86–90

Cebulla, Claus 530-535
Céline, Louis-Ferdinand 235
Cervantes, Miguel de 255
Chopin, Fréderic 241
Chruschtschow, Nikita Sergejewitsch 427
Cladel, Léon 232
Clarke, Samuel 348
Cohen, Hermann 570
Comte, Auguste 249, 330 f., 444, 479, 487, 490, 513
Condorcet, Marie Jean Antoine Nicolas Caritat, Marquis de 654 f.
Corneille, Pierre 243
Cornelius, Hans 37
Cramer, Erich 277-282, 625
Cramer, Fokko 125
Croce, Benedetto 307
Curtius, Ernst Robert 231
Curtius, Marcus 231

Dahrendorf, Ralf 639
Damm, Helmut 191-194
Darwin, Charles 88, 422
Debussy, Claude 243
Dehio, Georg 266
Deininger, Dieter 28 f., 32
Deininger, Ursula 95-97
Demokrit von Abdera 165
Descartes, René 41, 103, 114 f., 155, 158, 165 f., 198, 285 f., 522, 579, 590, 631
Desselberger, Ulrich 109-113
Dewey, John 24
Diderot, Denis 243
Diels, Hermann 34, 177, 212
Dilthey, Wilhelm 490, 511, 515, 545
Diogenes von Sinope 637
Dobb, Maurice 66
Doermer (oder Dörmer), (?) 62, 84
Donso Cortés, Juan 406
Driesch, Hans 201 f.
Dühring, Eugen 80, 86 f., 131
Duns Scotus, Johannes 522
Dürer, Albrecht 278
Durkheim, Émile 43, 46, 211, 507, 510-516, 523
Dyck, Anthonis van 241

Ebbinghaus, Julius 485
Eckardt, Heinz 214-219, 347 f., 350, 493, 507, 512
Eckermann, Johann Peter 604
Ehrhardt, Hans-Heinrich 83, 127, 145, 148-153, 269-272, 651-653
Eckhart von Hochheim 588
Einstein, Albert 496
Empedokles 570
Engelmann, Hans Ulrich 518-521, 653-657
Engels, Friedrich 60, 71, 80, 82, 86-88, 131, 330 f., 334-336, 503 f.
Epikur 310
Erdmann, Benno 490, 545
Ernst, Paul 271
Eucken, Walter 88-90
Euklid von Alexandria 262

Falckenberg, Richard 490, 545
Fecher, Hans 91, 95-97
Fechner, Gustav Theodor 96
Feidel-Mertz, Hildegard 648, 650
Fein, (?) 43
Feuerbach, Ludwig 119, 225, 461
Fichte, Johann Gottlieb 26, 108, 115, 159-161, 218, 302 f., 321, 397, 426-429, 448, 455, 463, 484, 531 f., 534, 537, 543, 549 f., 558, 561 f., 568-570, 572, 574, 587, 598, 636
Fielding, Henry 256
Fischer von Erlach, Johann Bernhard 243
Flaubert, Gustave 250, 253, 256 f., 273
France, Anatole 483 f.
Franklin, Benjamin 128
Frenkel-Brunswik, Else 393-397, 402, 422
Freud, Anna 234, 645
Freud, Sigmund 214-221, 250, 510, 613, 621, 626, 635
Fricke, Heidi 493-499
Friedeburg, Ludwig von 145 f., 407 f., 418, 425, 435 f., 622 f., 640, 642, 645, 652
Friedrich II. (Preußischer König) 281
Fries, Jakob Friedrich 239
Frobenius, Leo 267
Funk, Karlheinz 317 f., 381, 447-451, 601

Gall, Ernst 266

Gaudet, Hazel 92
Gaudigs, Joachim 196–200
Gautier, Théophile 232
Gehlen, Arnold 148–153
Gelb, Adhémar 33, 36, 101
George, Stefan 232–234, 616
Geyer, (?) 136, 139 f.
Glaser, Horst Albert 344
Glockner, Hermann 297, 347, 351
Goethe, Johann Wolfgang 161, 188, 281, 408, 534, 557 f., 595, 597 f., 603–605, 607 f., 636
Görres, Joseph 161
Gorsen, Peter 34, 36 f., 297
Gossen, Hermann Heinrich 95
Grossmann, Henryk 69–72, 336
Grün, Karl 330 f.
Guercino (eigentlich Giovanni Francesco Barbieri) 281
Guggenheimer, Walter Maria 242
Gumplowicz, Ludwig 513
Gurvitch, Georges 227

Haag, Karl Heinz 183 f., 186 f., 189, 191–193, 204, 217, 224, 358–360, 365, 379, 383 f., 470
Habermas, Jürgen 68, 70, 87, 90, 97, 146, 148 f., 151 f., 262, 267, 275, 397, 488, 540, 542, 548, 554, 624 f.
Hamelin, Octave 46
Hanf-Dressler, Elke 417–424
Harmuth, Erich 81, 125, 223–228
Hartmann, Nicolai 537
Hausenstein, Wilhelm 259
Hauser, Arnold 237–243, 245–247, 250, 258–262, 264–268
Hayek, Friedrich August von 88
Hebbel, Friedrich 271, 438
Hebel, Johann Peter 60
Heckscher, Eli F. 89
Hegel, Georg Wilhelm Friedrich 23 f., 26 f., 35, 37, 44 f., 61, 66, 69, 81, 90, 101–105, 112, 116–118, 121, 155 f., 158–169, 171–179, 181–189, 191–194, 197, 202, 204, 214, 217 f., 223 f., 239, 251, 274, 284–295, 297 f., 300–311, 314–323, 328, 330, 335 f., 339, 344–360, 362–368, 370–387, 389 f., 401, 440–463, 466–475, 481–483, 490–492, 494–499, 501–505, 510, 525, 528 f., 538, 543–547, 549–551, 553–555, 557 f., 561 f., 564, 566–576, 578, 580–582, 596, 598, 601, 608, 625, 632–634, 637
Heidegger, Martin 21 f., 32 f., 182, 290, 306, 355, 357, 359, 481, 507, 552, 574, 579 f., 597
Heisenberg, Werner 199 f., 205, 207 f.
Henning, Leopold von 347
Hepp, Günther 230–236
Heraklit von Ephesos 177, 307
Herder, Johann Gottfried 632, 636
Herkommer, Sebastian 249–257, 658
Hermann, Klaus 609–611
Hertz Levinson, Maria 393–397, 402, 422
Herzog, Christine 350–352
Hilferding, Rudolf 66
Hilleke, Hubert 540–546
Hitler, Adolf 74, 83 f., 394, 401, 412, 429, 431
Hobbes, Thomas 187 f., 654
Hochleitner, Erna 129–135
Hoffmann, Ernst Theodor Amadeus 231
Hoffmeister, Johannes 102
Hofmann, Klaus 553–560
Hofmannsthal, Hugo von 405
Hölderlin, Friedrich 159, 281, 570
Homer 245
Horkheimer, Max 33, 35 f., 44, 47, 103 f., 121, 126 f., 129–135, 155, 171, 173, 200, 204–206, 213, 284, 344, 357–360, 363 f., 370, 372–375, 381, 383, 385, 409, 442, 444, 451–453, 458, 461 f., 464, 468 f., 477 f., 530, 536
Horn, Klaus 49–51, 237–244, 338–342, 393–398, 477–480, 607 f., 645
Hoyer, Benjamin Carl Henrik 582
Huch, Kurt Jürgen 451–453, 551, 554 f.
Hugo, Victor 232, 250
Humboldt, Wilhelm von 161, 607 f., 624, 632
Hume, David 155, 166, 202 f., 212 f., 215, 300, 472 f., 522
Husserl, Edmund 20 f., 29, 32 f., 35–43, 45–47, 99–103, 106, 109, 111 f., 114–

116, 119, 198f., 202, 310, 365f., 380,
441, 449, 460, 487, 507–510, 514f., 574

Ibsen, Henrik 243, 274, 376
Ionesco, Eugène 512

Jacobi, Friedrich Heinrich 287
Jaerisch, Ursula 437
Jaspers, Karl 162
Jevons, William Stanley 95
Johnson, Samuel 128
Jung, Carl Gustav 219
Jüres, Ernst August 623
Juvenal (eigentlich Decimus Iunius Iuvenalis) 232

Kafka, Franz 269, 271
Kaiser, Horst Helmut 73–76
Kant, Immanuel 24, 31, 33, 36f., 44, 46, 99f., 106–111, 115f., 120, 150, 155f., 159f., 166, 177, 180, 185, 187f., 192, 197, 200–203, 205, 208, 210, 212f., 216, 218, 221, 223, 285, 298–300, 304f., 311, 313–318, 320–322, 352f., 355–359, 370, 376, 379–382, 385f., 389, 445–451, 454–457, 459–461, 465, 467, 469f., 472–475, 481–493, 511, 514f., 518, 522f., 531, 533f., 537, 541f., 545, 550, 555, 558, 561–563, 569f., 573, 581f., 586f., 595f., 599, 603, 608, 635f.
Kasprik, Ingelore 389
Kastil, Alfred 40
Kautsky, Karl 70, 87
Keller, Gottfried 233f.
Keller, Harald 266f., 280–282
Kelsen, Hans 210–213, 489
Kesting, Hanno 623
Keynes, John Maynard 136, 140f.
Kierkegaard, Søren 162, 356, 364, 554, 569, 602f.
Klages, Ludwig 22
Kloss, U. 325–328
Koch, Alexander 413–416, 437, 630–637
Koffka, Kurt 101
Köhler, Wolfgang 101
Kohlmaier, Annemarie 536–539
Kopernikus, Nikolaus 79

Kracauer, Siegfried 646
Kraus, Oskar 28, 32
Kriesel, Werner 319–323, 381, 399–404, 440–444, 490, 522f., 644
Kröner, Alfred 121
Krüger, (?) 99
Krüger, Heinz 362f., 379, 384, 447f., 469

Laske, Otto-Ernst 65, 77–85, 117–121, 136–139, 163–171, 223f., 226–228, 279, 288–296, 356
Lassalle, Ferdinand 75
Lasson, Georg 445, 456
Lauderdale, James Maitland, Earl of 56
Lautemann, Willi 560–567
Lazarsfeld, Paul F. 92
Leibniz, Gottfried Wilhelm 44, 158, 285, 348, 363, 385, 522, 590f., 595, 635
Lenin, Wladimir Iljitsch 56, 275, 406
Lenk, Kurt 82, 90, 125, 145, 243, 254, 256, 271, 342
Lessing, Gotthold Ephraim 243, 373, 636
Levinson, Daniel J. 393–397, 402, 422
Lévy-Bruhl, Lucien 211
Lindquist, Nils 612–617
Litt, Theodor 615f.
Llull, Ramon 598
Locke, John 155
Loesch, Hans von 329–333, 431–434, 650–652
Lope de Vega, Félix 598
Lorenz, Erika 501, 503, 505
Lorenz, Richard 86f., 126, 269
Löw, Judah 584
Ludwig XIV. (König von Frankreich) 262
Lukács, Georg 67, 74, 171f., 226f., 241, 254, 256, 269–271, 273–275, 277, 382, 636
Luria, Isaak 539, 553, 586
Lüter, Irmgard 618–620
Luther, Martin 331, 661
Luxemburg, Rosa 60, 71

Mach, Ernst 215
Mahler, Gustav 463
Maier, Heinrich 490, 545
Mallarmé, Stéphane 232

Malthus, Thomas Robert   56
Mann, Heinrich   334
Mann, Thomas   235, 277f.
Mannheim, Karl   520–523
Marcuse, Herbert   152, 633
Märthesheimer, Peter   477
Martini, Joachim Carlos   381
Marx, Karl   45, 50, 52–71, 73, 77, 79–83, 85, 87f., 90, 93, 97, 104f., 119–121, 126, 140, 171–173, 224–228, 239, 242, 245–247, 250, 270, 274f., 294, 304, 330–332, 334–342, 407, 433, 464, 478, 492, 494, 497–505, 520f., 526, 529, 553f., 648
Massing, Otwin   520
Mauss, Marcel   511
McTaggart, John McTaggart Ellis   363f., 383
Meiner, Felix   319
Menger, Carl   91, 95f.
Menon von Pharsalos   598
Meyer, Elisabeth Barbara   210–213, 256, 357–361, 585–589
Meyerhold, Wsewolod Emiljewitsch   276
Mill, John Stuart   37, 52, 508
Mises, Ludwig von   88
Mitscherlich, Monika   325
Mohl, Ernst Theodor   54, 62, 88–90, 127, 146
Mohr, Grudrun   201–203, 309–312, 363, 383, 547–552
Molitor, Jacob   43, 51, 126, 146, 152, 349, 356, 383, 486
Monsheimer, Otto   658, 661
Moos, Karlheinz   158
Morrow, William   393–397, 402, 422
Müller, Dieter   417–424
Müller, Karl Valentin   638, 640, 642f.
Munz, Horst   61, 64, 82, 85, 123, 258, 264f.
Mure, Geoffrey Reginald Gilchrist   363f., 383
Murger, Henri   238
Musil, Robert   180

Nabokov, Vladimir   420
Nachman von Brazlaw   540f.
Nadar (eigentlich Gaspard-Félix Tournachon)   232

Nagel, Ivan   433, 496
Napoleon I. (Napoléon Bonaparte)   71
Nargeot, Jean-Denis   232
Naumann, Hans   133
Negt, Oskar   43, 111, 224, 227, 334, 338, 341, 444, 490, 494f.
Neumann, Balthasar   243
Neumann, Caspar   548
Neumann, Helga   39–42
Newman, Francis William   60
Newton, Isaac   188, 348, 351, 597, 607
Nicolai, Friedrich   636
Nietzsche, Friedrich   21, 86, 126, 217, 359
Nikolaus von Kues   594, 597–599
Nitz, Irmela   646–649
Novalis (eigentlich Georg Philipp Friedrich von Hardenberg)   531–533

Ochs, Hannelore   525–529
Oehler, Christoph   61, 397
Oetinger, Friedrich Christoph   547f., 656
Oken, Lorenz   596
Opeln-Bronikowski, Friedrich von   238
Ortland, Eberhard   162
Overdyck, Wulf   425

Pareto, Vilfredo   96
Parmenides von Elea   34, 176f., 186, 307
Parsons, Talcott   66, 144–148, 341
Pascal, Blaise   294, 595
Pauck, Helga   512–517
Paulsen, Andreas   136
Pelzer, Roland   245–248, 365, 379, 382
Pesel, Sigrid   435–438, 507–511
Petrarca, Francesco   631
Picasso, Pablo   180, 243, 424
Picht, Georg   644
Pindar   623
Piwitt, Hermann Peter   207–209
Planck, Max   205
Platon   32, 47, 201, 300, 309f., 325, 367, 441, 447, 463, 470, 478, 487, 522, 525, 532f., 549f., 557, 568f., 571, 574f., 586f., 594, 597f.
Plessner, Helmuth   121
Poe, Edgar Allan   231
Pontmartin, Armand de   232

Popitz, Heinrich   623
Portmann, Adolf   148
Pressel, Alfred   646
Proust, Marcel   215, 235, 251, 253, 558

Raffael da Urbino   246
Rang, Adalbert   43–47, 609
Ravel, Maurice   243
Razumowsky, Dorothea   216, 277
Regius, Henricus   166
Reichardt, Brigitte   347–349
Reinhardt, Karl   307
Reinhold, Karl Leonhard   159
Rembrandt van Rijn   241
Reni, Guido   281
Renoir, Pierre-Auguste   281
Reuss, Helmuth   471–475
Reybaud, Louis   331
Ricardo, David   52, 56, 95, 137
Rickert, Heinrich   40, 490, 515, 545
Riehl, Alois   490, 545
Riehl, Wilhelm Heinrich   88
Rimbaud, Arthur   260
Ritter, Johann Wilhelm   597
Robespierre, Maximilien de   498
Robinson, Joan   493
Rogler, Erwin   140
Rolfes, Eugen   360
Röpke, Wilhelm   88
Rosenkranz, Karl   159
Rothe, Friedrich   264–268
Rothschild, Mayer Amschel   334
Rousseau, Jean-Jacques   82, 240, 484, 635
Rubens, Peter Paul   241, 282
Russell, Bertrand   507, 509
Rüstow, Alexander   88–90

Sade, Donatien Alphonse François de   334f.
Saint-Martin, Louis Claude de   548
Saint-Simon, Claude-Henri de Rouvroy de   163, 249, 329–333, 497
Saint Simon Sandricourt, Charles-François de   329
Sand, George (eigentlich Amantine Aurore Lucile Dupin)   250
Sanford, R. Nevitt   393–397, 402, 422
Santayana, George   24

Sartre, Jean-Paul   587
Say, Jean-Baptiste   56
Schad, Susanna   481–484
Schäfer, Herbert   213, 348, 363, 384f., 460–466, 487f., 610, 642f.
Schäffle, Albert Eberhard Friedrich   513
Schäuffelen, Konrad Balder   578–585
Scheler, Maria   101
Scheler, Max   29, 31–33, 36, 101, 243, 342, 382, 486f.
Schelling, Friedrich Wilhelm Joseph   68, 125, 146, 159, 161f., 262, 298, 302, 304, 314f., 371, 441, 452, 456, 488, 525–554, 556–558, 560–573, 576, 582f., 586–605, 624–626
Schelsky, Helmut   76, 478, 639
Schenk-Danzinger, Lotte   641f.
Scheschkewitz, Jürgen   109, 467–470, 481f.
Schiller, Friedrich   408
Schlegel, August Wilhelm   598, 626
Schlegel, Caroline   626
Schlegel, Friedrich   598
Schleiermacher, Friedrich Daniel Ernst   371, 608
Schmidt, (?)   488
Schmidt, Regina   405–412
Schmidt-Hackenberg, Dietrich   175, 181, 186, 191, 226
Schmitt, Carl   406
Schnädelbach, Herbert   220–222, 366–369, 454–459, 599
Schneider, Erich   140–143
Schölch, Ellen   56–63, 140–280, 329
Scholem, Gershom   526, 539, 551f., 582
Schönbach, Peter   413, 437
Schönberg, Arnold   462, 614
Schönberg, Karl   614
Schöne, Wilhelm   250
Schopenhauer, Arthur   162, 214, 216–221, 284, 474f., 519, 550, 554, 587
Schröter, Manfred   302, 552
Schulte, (?)   114
Schumann, (?)   624
Schütz, Heinrich   243
Schwab, Otmar   603

Schweppenhäuser, Hermann   182 f., 187 f., 357 f., 481, 483
Sedlmayr, Hans   260, 414
Selig, (?)   485
Shakespeare, William   243
Shaw, George Bernard   88, 243
Sigwart, Christoph   490, 508, 545
Simmel, Georg   411, 515–520, 631
Simons, Josef   330
Sinowjew, Grigori Jewsejewitsch   271
Smith, Adam   52, 88 f., 325–328
Sokrates   286, 367, 478
Solms-Hohensolms-Lich, Dorothea zu (s. Razumowsky, Dorothea)
Sombart, Werner   55, 341, 631
Sommerkorn, Ingrid   123–128
Sophokles   243
Sorel, Georges   510
Sörgel, Werner   258–263
Spaeth, Sigmund   614 f.
Spencer, Herbert   66
Spengler, Oswald   262, 267, 501, 631
Spinoza, Baruch de   285, 543
Stahl, Friedrich Justus   145 f.
Stalin, Josef Wissarionowitsch   271, 275 f.
Steffen, Hans-Eberhard   362
Stehfen, Elisabeth   155, 158
Stein, Lorenz von   331
Stein zum Altenstein, Karl Siegmund Franz von Steinbart, Gotthelf Samuel   161
Steuart, James   159
Strauss, Richard   180, 279, 405
Strawinsky, Igor   235, 243, 510, 614
Stuckenschmidt, Kurt   607, 609
Suhren, (?)   278
Sweezy, Paul M.   67

Taylor, Frederick Winslow   64
Teschner, Manfred   54, 66–68, 70, 73, 77, 79, 83 f., 141, 610
Thales von Milet   532
Thierry, Augustin   163
Thomae, Jutta   249, 253, 265, 267, 515
Thomae-Burger, Jutta (s. Thomae, Jutta)
Thomas, Helga   176–179
Thomas von Aquin   186, 194, 264, 467, 522
Thomssen, Wilke   91–94

Tiedemann, Rolf   5, 99–105, 271, 280
Tillack, Hilmar   28–34, 52–55, 106–108, 214, 237, 245, 284–287, 334–337, 379–385, 405, 485–492, 595–600, 621–629, 405–412
Timaios von Lokroi   532
Tizian (eigentlich Tiziano Vecellio)   282
Tjaden, Karl Hermann   654, 656 f.
Tolstoi, Lew Nikolajewitsch   273–276, 280
Tönnies, Ferdinand   511 f.
Trautmann, Kurt   273, 624
Troeltsch, Ernst   515
Tschaikowsky, Pjotr Iljitsch   614
Tugan-Baranowsky, Michael von   57 f.
Tümler, Heinrich   210–212

Vaihinger, Hans   490, 545
Valéry, Paul   196, 501
Vallès, Jules   232
Varga, Eugen   55
Veblen, Thorstein   24, 172, 495 f.
Verlaine, Paul   250
Vilmar, Fritz   125 f.
Vischer-Bilfinger, Wilhelm   21
Vogel, Ulrich   233 f., 422
Voltaire (eigentlich François-Marie Arouet)   88 f., 595
Vring, Thomas von der   618, 621, 623

W., U. (?)   638–645
Wagner, Richard   218, 247, 281
Wähner, Wolfram   582, 586
Walras, Léon   95 f.
Walter, Rudolf   25–27, 114–116
Walther, Manfred   180–184
Watteau, Jean-Antoine   281
Weber, Ernst Heinrich   96
Weber, Marianne   49
Weber, Max   49, 55, 141, 143, 146, 341, 479, 512, 517, 626
Weck, (?)   140
Wein, Hermann   156
Weinstock, Heinrich   615 f.
Weitling, Wilhelm   60
Weltz, Friedrich   397
Wertheimer, Max   101
Westermarck, Eduard   130

Wieland, Wolfgang   525
Wilde, Oscar   250
Wilhelm II. (Friedrich Wilhelm Viktor Albert von Preußen)   406
Wilkening, Werner   153
Winckelmann, Johannes   49
Windelband, Wilhelm   490, 515, 545
Wintzer, Wolfgang   658–662
Wolf, Ute   182
Wolfenstädter, Oskar   660f.
Wolff, Christian   522, 595, 635

Wolff, Imme   182, 413–416
Wolfram von Eschenbach   267f.
Wundt, Wilhelm   211

Zeller, Eduard   490, 545
Zieler, (?)   62
Ziermann, Christoph   234
Zimmer, Marianne   386
Zimmermann, Johann Christian   547
Zola, Émile   243, 249f., 334
Zoll, Rainer   35–38

www.ingramcontent.com/pod-product-compliance
Lightning Source LLC
Chambersburg PA
CBHW031407230426
43668CB00007B/234